대우고전총서
Daewoo Classical Library

057

소피스트 단편 선집

①

The Fragments of the Sophists

강철웅 엮어 옮김

아카넷

차례

··················

2권 차례

....

머리말

오늘 우리에게 소피스트란?

1. 기원전 5세기 민주주의 아테네와 소피스트

"우리가 누리고 있는 정치 체제는 이웃 나라 사람들의 법률들을 본뜬 것이 아닙니다. 우리는 다른 사람들을 모방하는 사람들이기보다 우리들 자신이 본입니다. … 공적인 일들에 조금도 관여하지 않는 사람을 자기 일에만 신경 쓰는 사람이 아니라 아무짝에도 쓸모없는 사람으로 여기는 건 우리밖에 없습니다. 우리는 그런 일들을 우리 스스로 결정하거나 제대로 숙고하려 시도합니다. 토론(logos)이 실행에 해로운 게 아니라, 오히려 실행을 통해 해야 할 것들을 향해 가기 전에 토론으로 미리 가르침을 얻지 못하는 게 더 해로운 것이라고 우리는 생각하니까요."[1]

---

[1] 페리클레스 「장례 연설」(투키디데스 『역사』 2.35~46)의 일부다. 17B.13에 수록.

기원전² 431년 겨울 아테네 케라메이코스³ 지역의 전몰자 무덤 앞에서, 화려했던 자신의 지난 50년을 회고하며 민주주의(민주정)⁴ 아테네는 페리클레스의 입을 통해 이렇게 외쳤다. 강대국 페르시아를 물리칠 수 있었던 저력이 참주를 몰아내고 세운 자신들의 민주주의에 있었으며 그 민주주의의 요체는 공공의 일을 자신들이 직접 결정하고 책임도 스스로 지는 데 있다는 것이다. '우리가 본이다!' 전몰자 장례 자리에서의 이 호기로운 외침은 그러나 곧 닥

2 앞으로 이 책에서 '기원전'은 자주 생략될 것이며, 별다른 표시 없이 등장하는 연대는 기본적으로 기원전 연대다.

3 아크로폴리스 북서쪽 성벽 안팎에 넓게 자리 잡은 (디필론 문 양편에 걸쳐 있고 에리다노스강을 끼고 있는) 무덤 지역을 가리킨다. 도공들이 살던 지역이어서 그런 이름으로 불렸다. 도공의 흙을 가리키는 '케라모스'(keramos)에서 도공 마을이라는 뜻의 구역(dēmos) 이름 '케라메이스'(Kerameis)가 나왔고, 거기서 파생된 지역명이 '케라메이코스'(Kerameikos)인 것이다. 영어의 '세라믹'(ceramic)도 같은 연원을 갖는 말이다. 이런 지명의 연원이 될 만하게 도공들의 거주 지역이었지만, 중요한 무덤이 있던 곳이기도 하며, 아테네로부터 엘레우시스로 향해 가는 길을 따라 많은 장례용 조각물들이 줄지어 서 있었다.

4 이 책에서 '민주주의'는 '데모크라티아'(dēmokratia)의 번역어다. 우리말에서는 이념이나 사상으로서의 '민주주의'와 체제 내지 제도로서의 '민주정'이 종종 구별되지만, 원어인 희랍어에서는 '데모크라티아' 한 단어다. 고대 아테네에서 '데모크라티아'는 특정한 정치 체제를 가리키는 말로 쓰였으니 우리말로 옮기자면 '민주정'이 더 적합할 수 있다. 하지만 오늘날 우리말 '민주주의'는 맥락에 따라 이념·사상과 체제·제도를 모두 아우르는 포괄적 의미로 사용된다는 점에서, '데모크라티아'의 번역어로 '민주정' 대신 '민주주의'를 골랐다. 그러니까 '민주주의'는 이 책에서 대개의 경우 '민주정'과 바꿔 쓸 수 있는 말이다. 앞으로는 편의상 괄호 안의 병기를 생략하기로 한다. 고대 아테네에서 특정한 정치 체제를 가리키던 단어 '데모크라티아'가 이후 2천여 년에 걸쳐 시공간을 가로지르며 겪게 되는 의미 변화에 관해서는 던(J. Dunn 2005)을 참고할 것.

칠 페리클레스 자신의 죽음을 기리는 제문이 되고, 아테네 민주주의 역시 긴 내전과 적대를 거듭한 끝에 쇠락하여 이후 2천여 년 동안 역사의 전면에서 사라지게 된다.[5]

기원전 5세기 아테네는 이렇게 자유, 배려, 교양, 말의 호사, 자신감으로 가득 찬 황금시대와, 방자함, 증오, 불신, 야생의 폭력, 패배감이 난무하는 영락의 시대를 불과 두세 세대 안에 연이어 산 특이한 역사적 경험의 현장이었다. 누가 그 화려했던 아테네를 밑바닥까지 떨어뜨렸는가? 그 세기의 끝자락을 '화려하게' 장식한 소크라테스 재판은 그 질문에 대한 민주주의 아테네의 대응이었다. 그리고 소크라테스가 받았던 그런 혐의는 그가 당대의 문제적 그룹인 소피스트들과 한통속이라는 세평으로부터 기인한 바 컸다. 423년 아리스토파네스는 자신의 희극 작품에서 서슴없이 소크라테스를 '소피스트'라는 타이틀에 연루시켰는데,[6] 당대인들의 눈에는 또 그게 아주 자연스러워 보였던 것이다. 결국에 죽은 건 소크라테스지만, 애초에 '죽일 놈'(?)은 소피스트였던 셈이라고나 할까.

---

5 이후 민주주의가 근현대 인류 역사에서 다시 화려하게 부상하게 되는 맥락과 계기는 던(2005)이 잘 보여 준다.

6 아리스토파네스 『구름』 360-363(6A.15)과 218-225(6A.43). 물론 아리스토파네스가 직접 그런 호칭을 사용하여 부른 건 아니다. 이 대목을 비롯해서 소크라테스가 당대의 '소피스트' 명칭과 얼마나 관련되는가에 관해서는 에드먼즈(L. Edmonds 2006)를 참고할 것(특히 415쪽). 에드먼즈는 소크라테스만이 아니라 프로타고라스 등 주요 소피스트들에게조차 직접적으로 '소피스트' 명칭이 부여되었다는 5세기 증거는 매우 빈약하며 그 명칭은 4세기에 와서야 표준적 용어가 된다고 주장한다(418-422쪽).

하지만 소크라테스는 그런 '오명'에서 머지않아 벗어나게 된다. 그의 제자 플라톤이 발 벗고 나서서 그 타이틀을 다른 소피스트들에게 되돌려 주고 선생에겐 온전한 '철학'의 화관을 씌워 주려고 무던히도 애쓴 덕택이다. 그런 시도는 성공적이어서 우리가 익히 아는 대로 민주주의 아테네의 손에 죽은 소크라테스는 곧 철학사와 지성사의 핵심 인물로 화려하게 부활한다. 반면, 민주주의의 토양에서 함께 자란 다른 소피스트들은 민주주의와 더불어 오랜 혐오와 폄하의 세월을 겪게 된다.

이 책은 이런 역사적 변전들의 단초가 된 자리로 되돌아가 5세기 소피스트 운동의 발자취와 함의를 추적하고 탐색하는 작업이다. 대략 460년경부터 길게 잡아도 100년 안쪽의 시간 동안 아테네와 주변 지역에서 활동한 소피스트들의 흔적을 모으고 정리한다. 누가 소피스트였고, 어떤 순서와 흐름으로 그들의 활동을 정리할 수 있을까? 이것은 결국 이 책의 1장부터 16장까지 개별 소피스트들의 단편과 전승들을 하나하나 살펴본 후에 독자들 각자가 스스로 판단해서 답할 물음이며, 선입견과 선이해는 자칫 각자의 열린 탐색을 방해할 수도 있을 것이다. 따라서 여기서는 앞으로 전개될 각자의 탐색이 너무 막연하지 않도록 방향을 제시하는 정도로만 길 안내를 하고자 한다. 특히 두 개의 열쇳말을 중심으로 소피스트 운동의 특징과 면모의 일단을 살펴보기로 한다.

2. 로고스, 그 설득의 힘

소피스트들을 한자리에 불러 모으는 첫째 열쇳말은 '로고스' (logos), 즉 '말'이다. 특히 손으로 하는(즉, 쓰는) 말이 아니라 입으로 하는(즉, 말하는) 말이다.[7] 사실 입으로 하는 말이야말로 진짜 말이다. 5세기 아테네에서 말하기의 본령은 입으로 말하기다. 말하는 사람을 '레토르'(rhētōr)라 하고 그의 기술, 즉 말(하는) 기술은 '레토리케'(rhētorikē)[8]라 부른다. 제대로 말하는 사람, 진짜 레토르의 역할과 기능은 수사학에 의심의 눈길을 보낸 소크라테스도 매우 중시한 바 있다.[9]

쓰기로서가 아니라 말하기로서의 말 아래 소피스트들이 한자리에 모이는데, 여기에 고르기아스가 합세하며 소크라테스도 들어온다. 차차 분명해지겠지만, 내가 이 책에서 이소크라테스를 빼고 오히려 소크라테스가 들어가도록 설정한 이유 가운데 하나도 실은 소피스트가 가진 이런 기본적인 특성 때문이다.[10] 이소크라테스

---

7 입으로 하는 말에 해당하는 동사는 '말하다'(legein)인데, 손으로 하는 말에 해당하는 동사는 '쓰다'(graphein)이다. 이 두 말과 두 말로 대변되는 두 문화(즉, 구술 문화와 문자 문화)의 특성과 차이에 관한 고전적인 연구로는 옹(W. J. Ong 2002)을 참고할 것.

8 이 용어는, 쉬아파(E. Schiappa 1990)에 따르면, 플라톤이 처음으로 만들었다. 2B.35의 『고르기아스』 448d '연설술'(rhētorikē) 관련 주석을 참고할 것.

9 플라톤 『소크라테스의 변명』(이하 『변명』으로 줄임) 17a(6B.47).

10 이 책에 왜 소크라테스가 포함되는가 하는 물음에 관한 상세한 논의는 6장과 17장의 안내 글을 참고할 것.

나 플라톤은 '쓰는 사람'이다. 반면에 저들의 선생 고르기아스나 소크라테스는 '말하는 사람'이다. 이들은 둘 다 '레토르'다. 저들 둘이 '로고그라포스'(logographos)였던 것과 달리 말이다. 역설적으로, 이 점에서는 소크라테스야말로 오히려 가장 소피스트답다. 아예 쓰지를 않았다. 정말이지 그는 '입만 살았던'(?!) 사람이다. 어떤 의미에서 '진짜 소피스트'[11]는 소크라테스였던 것이다. 쓰는 사람인 플라톤조차 이런 '말하기'를 적잖이 존중했다. 소피스트를 경계해 마지않던 플라톤이 실은 가장 소피스트적인 것을 존중했던 셈이다.

소피스트들이 말하기에 주목했던 가장 큰 이유들 가운데 하나는 말이 가진 힘 때문이다. 말 한마디로 천 냥 빚도 갚는다 했던가. 말은 인간의 영혼을 움직이는 힘을 갖는다. 말이 가진 이런 설득의 힘은 사랑의 힘이나 물리적 강제의 힘에 비견되고 심지어 신적 운명의 힘과도 맞먹을 정도로 괴력을 가진 신비로운 마법에 속한다는 게 고르기아스의 찬사였다.[12] 그렇기에 희랍인들 사이에서 '설득'은 '진리' 못지않게 자주 신으로 표상되곤 했다.[13]

---

11 사실 이것은 『향연』이나 『소피스트』 등에서 플라톤이 의미심장하게 제출하는 표현이다.

12 그의 『헬레네 찬양』(2B.13)은 헬레네 찬양을 빙자한 로고스 찬양이라 해도 과언이 아니다.

13 이 분야에서는 꽤 알려져 있는 파르메니데스 단편 2의 한 대목을 언급할 만하다. 그곳에서 파르메니데스는 탐구자가 가야 할 유일한 길로 '있다라는 길', 즉 페이토(설득)의 길을 추천하면서 이유를 이렇게 덧붙인다. "알레테이아(진리)가 페이토(설득)를 따르니까(opēdei)." 앞선 논자들은 하나같이 이 텍스트를

3. 덕과 교육: 삼각 구도

소피스트들을 모이게 하는 열쇳말이 하나 더 있다. '덕'(aretē)[14]
이다. 그런데 앞으로 확인되겠지만 덕에 관한 한 고르기아스는 프
로타고라스의 반대편에 자리해 있다. 덕을 가르친다고 공언하는
프로타고라스와 다른 길을 간다. 그러나 그가 덕의 선생이 아니라
(공언한다고) 해서, 덕보다 로고스가 더 중요하다고 역설한다 해서
곧바로 그의 소피스트 자격이 박탈되는 것은 아니다. 덕과 로고스
를 화두의 중심에 두고 전자에는 소극적이면서(혹은 다른 방식으로
접근하면서) 후자에는 적극적이었던 게 고르기아스이며, 어떤 의미
에서는 소크라테스도 그렇다. 고르기아스와 소크라테스가 이번에
는 로고스를 두고 프로타고라스의 맞은편에 함께 서 있는 셈이다.

"알레테이아(진리)에 페이토(설득)가 따르니까."로 고쳐 읽었다. 설득의 여신
이 진리의 여신의 시중을 받는다고 파르메니데스가 말했을 리 없다고들 생각
했던 것이다. 이젠 설득과 진리의 관계에 관한 플라톤적 관점을 내려놓고 파
르메니데스도 읽어야 하지 않을까? 소피스트에 온전히 접근하는 일은 이제
까지의 철학사 상식들을 과감히 내려놓는 데서 시작될 수 있다. 강철웅(2016)
260-263쪽을 참고할 것.

14 혹은 '훌륭함'. 플라톤·아리스토텔레스적인 방식으로 이 용어를 풀면 다음과
같다. 모든 사물에는 그것이 수행해야 할 기능(ergon)이 있다. 사물 x가 그것
의 기능을 잘 수행할 때 우리는 그것을 '훌륭한/좋은' x라 부른다. 그 훌륭함/
좋음을 가리켜 그 사물의 '덕'(aretē)이라 부른다. 칼의 기능은 '자름'이고, 그
기능(즉, 자름)을 잘 수행할 때 우리는 그 칼을 '훌륭한(좋은) 칼'이라 부르며,
잘 자름은 칼의 훌륭함/좋음, 즉 '덕'이다. 사물 일반에 적용되는 이 훌륭함 내
지 덕을 주로 사람에게 적용하면서 사람의 덕을 계발하는 것이 소피스트들(소크
라테스를 포함한)의 관심사다.

이렇게 놓고 보면 소피스트들의 이야기는 크게 세 갈래로 나뉜다. 차차 밝혀지겠지만, 덕의 선생임을 자처하면서 반론(안틸로기아)으로서의 로고스를 화두로 제시하여 균형을 잡은 게 프로타고라스라면,[15] 덕의 선생임을 부인하고 로고스(특히 설득력을 가진 로고스)에 집중하면서 덕과 진리의 실재성에는 괄호를 치자는 게 고르기아스요, 덕의 선생임을 부인하면서도 로고스(특히 진리를 드러내는 로고스)에 집중하면서 덕과 진리의 실재성은 받아들이는 제3의 길을 가는 게 소크라테스다.[16] 이 셋 사이의 차이와 경쟁은 그 자체로 자못 흥미롭다. 5세기 '소피스트들'을 둘러싼 논란을 지켜보는 중요한 관전 포인트도 이 삼파전이 어떻게 펼쳐지는가에 있다는 것이 이 책을 기획하고 탐색을 시작하면서 내가 취하는 입장이다.

어떤 측면에서 보면, 소피스트들에 대한 플라톤의 관점과 자세는 일종의 '갈라서 정복하기'(divide and conquer)다. 그가 보기에는 프로타고라스가 진정한 소피스트이고, 고르기아스는 로고스로 '물 탄' 소피스트다. 그 점에서는 고르기아스가 소크라테스와 유사할지 모르지만, 그가 보기에 고르기아스는 로고스의 힘만 강조하다 보니 오히려 사람들을 로고스 혐오에 빠지게 한 장본인이다.

---

15 진리의 실재성은 몰라도 유용성으로서의 덕은 가르침의 대상이라는 게 프로타고라스의 입장이다.

16 주지하다시피 이 제3의 길을 아예 따로 '철학'으로 떼어 발전시킨 것이 플라톤의 전통이다. 소크라테스를 소피스트 역사에 포함시킨 이 책의 의도는 '소크라테스가 소피스트(였)다.'라고 적극적으로 주장하려는 데 있다기보다는, '소피스트 운동 속에서의 소크라테스'를 상정하는 것이 소피스트를 이해하는 데나 소크라테스를 이해하는 데 상당히 유용하고 유의미함을 보이려는 데 있다.

이 두 사람만 해도 이렇게 서로 갈라진다는 데 초점을 맞추면서 플라톤은 일종의 '김 빼기' 전략을 구사한다. 그러나 프로타고라스에게 고르기아스가 맞서고 다시 이 둘에게 소크라테스가 맞서면서 덕과 로고스를 둘러싼 일대 논의와 담론 경쟁이 벌어졌다고 보면, 소피스트 이야기가 훨씬 더 박진감 있고 의미 있는 이야기로 다가온다. 흔한 막장 드라마가 아니라 흥미진진한 액션 드라마가 된다. 이런 관점에서 보면 이를테면 플라톤의 『에우튀데모스』[17] 조차 그저 막장 드라마가 아니라 뭔가 의미 있는 이야기를 보태려 한 노력의 흔적이 담긴 작품으로 고쳐 읽을 수 있다.

사실 고대 철학사는 삼각형 중심으로, 즉 삼각 구도 내지 삼총사(trias)로 엮어 살펴보는 게 대체로 의미 있고 재미도 있다. 소피스트 이야기도 이 삼각형(혹은 변증법) 이야기 가운데 하나다. 플라톤이 드러내는 양각 구도는 너무나도 일리아스적이다. 철학에서의 싸움은 이미 그런 상고적(archaic) 경쟁과 양상이 달라졌고 복잡해졌다. 긴장과 균형은 삼각 구도에서 가장 효과적으로 유지되고 발전한다.

"훌륭한 시민으로 살아가는 데 필요한 숙고 잘하는 능력(euboulia)을 가르친다"는 것으로 시작한 프로타고라스, 그 노선을 이어받아 "다 가르친다"는 것으로 확장한 주류 노선의 히피아스, "말만 가르

---

17 에우튀데모스 형제가 소크라테스와 지혜의 대결을 벌이는 두 소피스트로 등장하는 희극적 성격의 작품이다. 두 사람의 논의에 아주 궤변스럽고 막말에 가까워 보이는 논변들이 적잖이 포함되어 있다.

친다"는 것으로 다른 수사학 노선을 연 고르기아스, "아무것도 안
가르친다"는 것으로 '힘 빼기'를 보여 준 또 다른 교육 노선의 소크
라테스, 이렇게 네 사람이 펼치는 삼파전 이야기만 놓고 보아도 이
들의 교육 경쟁 이야기는 매우 흥미롭고 의미심장하게 전개된다.

4. 말의 힘에 대한 반성과 실용적·변증적 접근

아주 오랫동안 우리는 소피스트를 비철학적 그룹으로 바라보는
경향을 당연시해 왔다. 소피스트'가' 비철학적이라고 치부해 왔지
만, 어쩌면 소피스트'를' 비철학적이라고 보는 우리 자신이 오히려
비철학적일지도 모른다. 이른바 '주류' 전통은 소피스트들이 말의
힘을 '구사'했다, '사용'했다는 데 주목한다. 그런데 말 기술의 '구
사'나 '사용'에 주목하다 보면, 그 기술을 어떤 의도로 구사하고 어
떤 목적에 사용했는지가 주된 관심 대상이 되고, 또 그걸로 뭘 했
느냐, 돈을 벌었느냐 등등 말의 본래 내용이나 기능 말고 주변적
인 사항들에 자꾸 시선을 빼앗기기 십상이다.

그렇다면 이제 그들이 말의 힘을 '반성'하고 '성찰'했다는 데 주
목해 보면 어떨까? 이런 관점에서 바라보기 시작하면, 우리는 철
학자만 반성하는 게 아니라 소피스트도 똑같이 반성한다는 점을
새삼 발견할 수 있다. 중요한 건 어떻게 반성하면서 말을 사용하
느냐에 있지, 얼마나 실효성 있는 말을 사용하느냐에 있지 않다.[18]
철학은 결과보다 과정에 요체가 있다. 이런 기본적인 관점을 오

랫동안 '주류' 철학 진영은, 아니 우리는, 소피스트를 바라보는 데
는 적용하지 않았다. 그러니 그들의 말(혹은 말 기술) '반성'에 주목
하다 보면, 우리가 오히려 철학과 진리에 대한 독단과 선입견에서
벗어날 수 있을지 모른다.

　'주류' 철학 전통은 말의 내용이 진실이냐, 말이 사태에 부합하냐
에 주로 주목해 왔다. 그런데 소피스트 전통은 말이 적실하고 진정
성 있게 우리 삶을 바꿀 수 있느냐에 더 주목한다. 참이냐 아니냐
를 일단 괄호 치고 나면, 즉 일종의 회의주의자가 되고 나면, 말의
가치는 그게 그 자체로 어떠하냐가 아니라 우리 삶에 무슨 의미와
유용성을 주느냐의 문제로 바꿔 이해될 수 있다. 말과 세계(즉, 우
리와 세계)와의 관계보다 어쩌면 말과 우리의 관계, 그리고 말을
매개로 한 우리들 서로 간의 관계가 더 중요할 수 있다.

　역사 발전은, 그리고 역사 속에서 형성되어 온 말은 단선적이지
도 이분법적이지도 않다. 어느 사회, 어느 영역에서든 조금만 유
심히 살피면 대개 이런 복합성과 다중성, 다층성을 통찰해 낼 수
있다. 그러니 역사와 말에 관한 우리의 접근 방식 역시 단선적이
기보다 사선적이고, 양자택일적이기보다 변증적이어야 하지 않을
까? 세상은, 역사는, 진실은, 볼 준비가 된 사람에게만 보인다!

18　내가 안티폰의 4부작들을 이 책에서 제외한 이유 가운데 하나도 실은 이런 관
　　점, 즉 실용성보다는 반성성이 우선이라는 관점을 고려해서다.

5. 대중 '운동'으로서의 소피스트 활동과 그 한계

이 책의 자료들을 확인해 가는 과정에서 자연스럽게 드러나겠지만, 소피스트는 어떤 '학파'라기보다는 하나의 '운동'이다. 서로 가족 유사성을 지니고 공동의 시대적, 사회적 기능과 역할에 충실했던 사람들이 함께 모색하고 펼쳐 간 하나의 운동이다. 그들은 주제만이 아니라 방법과 목표에서도 일정한 유사성을 지닌다.

플라톤적 관점에 선 사람들이 애써 외면하려 한 소피스트들의 기여에 주목하는 것은 어쩌면 당연한 우리 시대의 책무에 속하는 일이라 할 수 있다. 이제는 그들의 주관적, 개인적, 심리적 의도나 목적이 아니라 객관적, 사회적, 물리적/제도적 효과나 기능에 초점을 맞춘 탐색이 필요하다. 그런 탐색을 꾸준히 전개하다 보면, 소피스트 운동의 의의와 가치가 보다 입체적으로 조명되면서 고대 지성사에 대해 우리가 가지고 있던 일면적이고 부분적인 관점과 시야에 균형과 조화가 회복될 수 있을 것이다.

그러나 다른 한편으로는 소피스트의 기여에 주목하는 '주류' 비판적 탐색이 자칫 반대편 극단을 향해 물색없이 달려가지 않게 경계해야 할 것이다. 다시 말해, 소피스트의 기여 못지않게 한계에도 주의를 기울일 필요가 있다. 반대자들이 대척점에 서서 자신들의 관점을 세우기 위해 지적하는 소피스트의 한계만을 말하는 것이 아니다. 반대자들은 물론 소피스트 자신들도 미처 인식하지 못한 한계를 오늘 우리의 관점에서 들여다보아야 한다. 무엇보다도 지나친 경쟁이 그들의 문제점으로 거론될 만하다. 경쟁이 그들을 건강하게 하고 자기만족(authades)에 빠지지 않도록 끊임없이 긴장을 유지하게 하지만, 다른 한편 지나친 경쟁은, 특히 지나친 인기 경쟁은 대중 교육에 해악을 가져다줄 수 있다. 대중은 교육 수요자로서 그들의 목소리에 귀를 기울여야 할 어떤 '의견의 원천'이지만 '절대적' 원천은 아니다. 그 의견은 끊임없이 좋은 방향으로 생겨나도록 유도되어야 하는, 즉 '교육되어야 하는', '갈고 닦여야 하는' 원천이다.

요컨대, 대중은 단순히 교육이라는 상품의 수요자로서 구매 여부를 결정하는 '주체'일 뿐만 아니라 교육의 '대상'이기도 하다. 그렇기에 배울거리의 내용 못지않게 배울거리의 제공 여부(즉, 적절한 대상, 적절한 시기의 문제)도 전적으로 피교육자에게만 맡길 수는 없다. 이런 대중과의 '밀당', 즉 '길항' 작용이 민주주의(적 교육)의 관건이다. 사실 어떤 면에서 민주주의 자체가 교육이고 교육 자체가 민주주의다. 소피스트를 읽는다는 건, 소피스트를 음미한다는 건 바로 이 점을 잘 유념하고 살려 나가는 일이기도 하다. 소피스트들이 상호 협력적 운동을 펼치기보다 각개 전투적인 '각자도생'을 도모한 측면이 있다고 한다면, 그것까지 우리가 꼭 본받아야만 하는 건 아닐 것이다.

6. 역사가로서의 플라톤: 역사적 소피스트 탐색과 자료의 문제

이 책에서 가장 많이 언급될 자료 산출자는 아마도 플라톤일 것이다. 그런데 역사가(다른 철학자들의 이야기를 보고하는 자)로서의 플라톤은 대개 자신의 이야기를 하기 위한 발판으로 다른 철학자들을 이용할 뿐이다. 그러니 플라톤을 자료로 활용할 때는 매우 주의를 기울여야 한다. 소크라테스를 찾기 위해 플라톤을 이용할 때 주의해야 하는 것과 꼭 마찬가지로(그리고 꼭 반대 방향으로) 소피스트를 찾기 위해 플라톤을 이용할 때도 우리는 주의를 기울여야 한다.[19] 플라톤에게서 소크라테스는 너무 긍정적으로 미화되는 측면들이 있는 것처럼 소피스트는 너무 부정적으로 매도되는 측면들이 있을 것이다.

그렇다고 가장 유용한 자료 가운데 하나인 플라톤을 덮어놓고 외면할 수는 없는 노릇이다. 중용을 잘 찾아야 한다. 그가 매도와 비아냥, 폄훼와 희화화를 통해 소피스트의 단점들을 지나치게 침소봉대하거나 자기 관점에서 일방적으로 묘사하고 평가하는 측면이 있기는 하지만, 소피스트가 기본적으로 갖고 있지 않은 면모를 일부러 지어내는 것으로 보이지는 않는다. 소피스트적 교육관, 방법, 특징 등에 관한 그의 묘사가 큰 그림에서 방향성이나 정확성을 결여하고 있는 것 같지 않다는 말이다. 편파적 사용 방식, 자기 나름의 해석과 적용 등 본모습을 흐릴 만한 요소들을 적절히 걷어

---

19 소피스트 자료의 가장 중요한 출처가 되어 있는 플라톤 자신이 정작 소피스트를 '표절'했다는 의혹을 받는 것이 흥미롭다(1B6, 1B7). 이 의혹이 만약 사실이라면, 역사 속에서 소피스트의 운명은 그야말로 기구한 것이었다고 할 만하다. 빼딱하게 보자고 들면, 대화라는 장치는 철학함에 유용할 뿐만 아니라 표절에도 유용했을 수 있다.

낼 수만 있다면,[20] 가장 유용하고 풍부한 자료의 원천을 일부러 외면할 필요가 없을뿐더러, 우리 손에 남겨진 증거들이 너무도 소략하고 표피적이라는 현실을 고려하면 외면해서도 안 된다.[21] 아마 주된 원천으로는 몰라도 다른 독립적인 출처들에서 확인된 이야기들에 대한 재확인용으로는 꽤 적당할 것이다. 결국 우리는 플라톤에서 역사적 소크라테스 찾기와 유사하게 역사적 소피스트들을 찾아야 한다.

7. 오늘 우리에게 소피스트 탐색이란?: 소통과 기억을 위하여

이 책의 탐색을 따라가면서 누군가는 이 중에 '메이저'는 누굴까를 물을 수도 있다. 어쩌면 당연한 물음일 수 있고 의미와 흥미가 담긴 물음이기도 하다. '메이저'를 묻는 프레임은 늘 우리 곁을 맴돌고 있다. 그러나 역사 속에 묻히고 가려져 희미해진 목소리들 가운데 오늘 우리를 깨우쳐 주고 힘 솟게 만들 이야기들을 눈과 귀를 모아 찾아보자는 게 이 책 이야기를 함께 나누는 우리의 소망이자 목표라고 한다면, 우리는 '메이저' 프레임에 다시 갇히는 일을 끊임없이 경계해야 할 것이다. 우리 이야기를 '대세'로 만들

---

20 예컨대, 『프로타고라스』나 『테아이테토스』에서 이야기되는 프로타고라스에는 의도와 목적을 가진 플라톤이 들어가 있을 가능성을 배제하기 어렵다.

21 예컨대, 그 두 작품의 프로타고라스를 프로타고라스 탐색의 증거 목록에서 배제하는 것도 지나치다.

고 '마이너'를 '메이저'로 만드는 게 우리의 목표일 수는 없다! 철학은, 우리의 말놀이는, 플라톤이 주구장창 외쳤듯 '이기기 위해 싸우는' 놀이가 아니다. 이제까지 우리가 함께 반성해 온 '주류' 철학과 '메이저' 담론 세상은 플라톤이 영수가 되어 있기는 하지만 플라톤이 꿈꾸던 세상(아니, 적어도 그가 내세우던 세상)은 아니다.

역사적 소피스트 탐색은 탐색 그 자체가 역사일 뿐만 아니라 철학하는 일이다. 학(學)과 사(思)의 균형과 긴장[22]은 탐색을 위해서도 필요하지만 탐색 자체가 그걸 다시 강화해 줄 것이다. 앞에서 나는 볼 준비가 된 사람에게만 보인다고 말했는데, 거기에 덧붙이자면, 본다고 다가 아니다! 이 책이 전달하는 이야기들의 입을 독점하다시피 한 '메이저' 철학자들이든, 입은 거의 잃었으나 그 '메이저'들의 입을 통해 희미하나마 자기들 이야기를 역사에 남긴 '마이너' 철학자들이든 모두가 한결같이 주목하고 매진한 것은 '소통'이다. 보고 나서가 실은 더 중요하다. 우선, 본 게 혹 잘못 본 것일 수 있다. 끊임없이 확인하고 수정해야 한다. 게다가, 같이 보아야 한다. 즉, 남기고 전달해야 한다. 역사는 누구의 것인가? 역사는 이긴 자의 것이 아니다. 역사는 호기심을 가진 자의 것, 그래서 기억하는 자의 것이다.

---

22 "배우기는 하지만 생각하지 않으면 어둡고[즉, 갈피를 못 잡아 헤매고], 생각은 하지만 배우지 않으면 위태롭다."(學而不思則罔 思而不學則殆) 『논어』 위정(爲政)편에 나오는 공자의 말이다.

일러두기

___ 기준 판본: 이 책에 번역되어 인용된 희랍어(일부 라틴어나 다른 고
대어 포함) 원전의 판본은 DK, 즉 헤르만 딜스가 1903년 초판을 내
고 발터 크란츠가 수정, 증보한 『소크라테스 이전 사람들의 단편들』
(H. Diels & W. Kranz, *Die Fragmente der Vorsokratiker*, Weidmann,
1951-1952) 제6판을 기준으로 하고 운터슈타이너의 『소피스트들:
간접 전승과 단편』(M. Untersteiner, *Sofisti: Testimonianze e
Frammenti*, Vol. 1-4, Bompiani, 1949-1967)으로 보완하며, 나중
에 나온 락스와 모스트의 『초기 희랍 철학』 제8권과 제9권: 소피스
트들 제1부와 제2부(A. Laks & G.W. Most, *Early Greek Philosophy*,
Vol. 8 & 9, Sophists, Part 1 & Part 2, Harvard, 2016), 그레이엄
의 『초기 희랍 철학의 원전들: 주요 소크라테스 이전 철학자들의
단편 전체와 간접 전승 발췌』(D. Graham, *The Texts of Early Greek
Philosophy: The Complete Fragments and Selected Testimonies of the
Major Presocratics*, Cambridge, 2010) 등으로도 보완한다. 이 책들
에 포함되지 않은 원전은 OCT(Oxford Classical Texts)나 토입너

(Teubner), TLG(Thesaurus linguae Graecae) 등에서 해당 저자나 저술에 관한 권위 있는 판본을 선택하여 인용한다.

___ 번역: 이 책에 나오는 텍스트들의 우리말 번역은 시리아어나 아랍어 텍스트의 유럽어 번역으로부터 중역한 단편들(1B.51, 1B.54, 2B.8, 5B.52) 외에는 모두 해당 희랍어(혹은 일부 라틴어) 원전으로부터 내가 직접 옮긴 것이다.

___ 각 장의 구성: 12, 13장과 17장을 제외하면, 각 장은 '삶과 행적', '사상과 가르침'의 두 절로 나누고 각각 'A절'과 'B절'로 칭한다. 해당 저자를 알 수 없는 텍스트(즉, 다른 장들의 B절에 해당)만 다루는 12, 13장에서는 A절을 생략한다. 특정 소피스트가 아닌 소피스트 일반에 귀속되는 자료를 다루는 17장은 '소피스트 개념, 소피스트 기술 및 운동에 관한 언급들'과 '소피스트적인 사상이나 운동을 대변하는 발언들'이라는 두 부분으로 나누어 각각 A와 B를 할당하므로 다른 장들과 구성이나 인용문 지칭 방식이 같다.

___ 각 인용문 표제부 구성: 각 인용문의 표제부는 인용문의 일련번호, 텍스트 출처, DK 등 저작 인용 번호(소괄호로 묶음) 순서로 제시되며, 이후 화자나 청자 등 인용문의 발화 맥락을 표시할 필요가 있는 경우에는 사각 괄호로 제시한다. 예컨대, "1B.14. 플라톤 『프로타고라스』 334a3-c2 (DK 80A22) [화자: 프로타고라스]." '※' 표시는 일련번호 앞에서 해당 인용문이 A와 B를 아우르는 기본적인 인용문임을 나타낸다.

___ 일련번호: A와 B 각각에 속하는 인용문들은 장 번호 뒤에 각각 A와

B를 붙여 구분한 후 일련번호를 매긴다. [예] 프로타고라스 장(1장) A절(즉, 삶과 행적)의 첫째 인용문은 1A.1; 알키다마스 장(15장) B절(즉, 사상과 가르침)의 둘째 인용문은 15B.2.] 일련번호 뒤에 's'를 붙인 경우는 같은 일련번호 단편의 부속 단편(즉, 거의 같은 내용 혹은 인용문을 포함한 것이어서 독립적으로 분류하기에 부적절한 단편)에 해당한다. [예] '1B.69s' 해당 단편은 '1B.69' 해당 단편의 부속 단편이다.] 다음 11개 단편에 적용된다. 1B.69s, 2B.4s, 2B.36s, 2B.80s, 3B.23s, 5B.13s, 5B.29s, 5B.30s, 5B.54s, 5B.56s, 9A.8s] 일련번호 뒤에 영어 소문자 괄호 번호 '(a)', '(b)', '(c)' 등을 붙인 경우는 기본적으로 같은 취지이거나 같은 역할을 하는 단편이어서 같은 번호를 할당한 경우에 해당한다. 다음 4개 단편에 적용된다. 2B.9.(a), (b); 9B.10.(a), (b), (c); 9B.12.(a), (b); 9B.13.(a), (b), (c).

___ 무명 저자의 경우: 인용문 표제부에서 저작명 앞에 저자명이 붙어 있지 않은 경우(주석이나 사전류 등의 경우가 특히 그렇다.)는 기본적으로 저자가 알려지지 않은 경우다. 사전류 외에는 흔히 '무명씨'(Anonymous)를 앞에 붙이기도 하지만 이 책에서는 그렇게 하지 않는다.

___ 저작 인용 번호(DK): 소크라테스 이전 사람들의 저작을 인용할 때 표준적으로 이용되는 'DK 번호'를 사용한다. 예컨대, DK 80B4는 'DK의 80장(해당 철학자 번호. 이 경우 프로타고라스)에 나오는, 직접 인용 단편으로 분류된(B) 4번 자료'라는 뜻이다. B 외에 A는 나중 사람이 풀어서 전한 간접 전승 내지 보고로 분류된 자료를, C는 진위가 의심스럽다고 분류된 자료를 가리킨다. DK에 나오는 해당 자료보다 더 많이 인용하는 경우도 있을 수 있지만, 별도로 표시하지 않

는다. 운문의 경우 우리말과 어순이 달라 행수 차이가 있을 수 있다.

___ 저작 인용 번호(보충): DK 번호가 없거나 보충이 필요한 네 장(즉, 5장, 6장, 9장, 11장)에는 다른 텍스트 번호를 병용한다. 5장에는 M 이, 6장에는 *Soc*와 *SSR*이, 9장에는 Ws가, 11장에는 S가 쓰인다. 이 텍스트들의 서지 사항은 〈약어 일람〉을 참조할 것.

___ 각 장 내 인용 방식(DK 장 번호 생략): 각 장에서 DK 장 번호 표시 없이 A, B, C 등으로만 인용될 때에는 해당 철학자에 대한 DK 장 번호가 생략된 것이다. 예컨대, 제1장 프로타고라스에서 'A1'이 나오면 앞에 'DK 80A1'로 보면 된다. 참고로, 이 책의 각 장에 나오는 소피스트의 해당 DK 장 수는 다음과 같다.

제1장 프로타고라스 (DK 80)　　제2장 고르기아스 (DK 82)

제3장 프로디코스 (DK 84)　　제4장 히피아스 (DK 86)

제5장 안티폰 (DK 87)　　제6장 소크라테스 (DK에 없음)

제7장 트라쉬마코스 (DK 85)　　제8장 칼리클레스 (DK에 없음)

제9장 에우에노스 (DK에 없음)　　제10장 크리티아스 (DK 88)

제11장 에우튀데모스 형제　　제12장 『이암블리코스의 익명

　(DK에 없음)　　　저술』(DK 89)

제13장 『이중 논변』(DK 90)　　제14장 뤼코프론 (DK 83)

제15장 알키다마스 (DK에 없음)　　제16장 크세니아데스 (DK 81)

제17장 소피스트 일반 (DK 79)

___ 인용문 내 굵은 글씨 강조: 각 장의 철학자가 직접 발언한 내용(즉, 기본적으로 DK의 B 단편에 해당하는 내용)이나 그것에 어느 정도 근접하는 내용(즉, DK B 단편에 해당할 만큼 엄밀한 직접 인용은 아

니지만 해당 철학자의 발언 내용에 가깝다고 간주되는 내용)은 굵은 글씨체로 강조한다. 직접 발언으로 간주할 만한 자료와 범위에 관한 판단은 경계를 정하기 어려운 경우가 많고 내용과 맥락을 바라보는 관점에 따라 얼마든지 달라질 수 있다는 점에 유의할 필요가 있다.

___ 인용문 내 괄호 사용: 인용문 내 대괄호 [ ] 표기는 인용자의 것으로, 문맥상 생략된 것으로 보이거나 이해를 위해 보충할 필요가 있다고 판단한 문구를 삽입하거나 지시 대상을 밝히기 위해 쓴다. 인용문 내 소괄호 ( ) 표기는 제시된 희랍어(예컨대, 신 이름)의 뜻을 밝혀 주거나 반대로 우리말 번역어의 희랍어 원어를 밝혀 주기 위해 사용될 수 있고, 한자어를 병기하거나 원문에 객관적으로 함축된 내용(즉, 인용자의 해석적 개입이 아닌 3인칭 주어 등)을 더 분명히 밝힐 때 사용될 수도 있으며, 앞뒤 문맥의 흐름을 끊고 삽입되는 대목을 묶기 위해 사용될 수도 있고, 해당 부분을 넣고 읽거나 빼고 읽거나 둘 다가 가능한 경우에 사용될 수도 있다. 삼각 괄호 〈 〉는 원문 편집자가 원문의 탈자나 누락된 문장을 보충하기 위해 사용한 기호를 그대로 옮긴 것이다. 인용문이 아닌 경우에도 이 괄호 용법은 기본적으로 준용한다.

___ 희랍어 표기: 특별한 경우 외에는 아티카 방언의 표기를 적용한다. 희랍어의 우리말 표기는 희랍어 원 발음에 가까운 표기를 택한다. 다만 우리말에서 굳어진 관행을 수정하기 어려운 경우는 예외로 한다.

___ 서양어 단어 병기: 우리말 단어에 대응하는 서양어 단어를 병기할 때 희랍어는 로마자로 음사하되 윕실론은 'y'로 적고 밑에 쓴 요타는 앞에 장모음 표시로 보통의 이중모음과 구분한다. 기타 표기 관련 사항은 표준적 관행으로 간주되는 것을 따른다.

____ 연대 표시: 이 책의 연대는 기본적으로 기원전 연대다. 혼동의 여지가 없는 한 '기원전'은 표시하지 않는다. 기원전과 기원후에 관한 약어는 정치적 올바름을 감안해 'BC'(Before Christ)와 'AD'(Anno Domini) 대신 'BCE'(Before Common Era)와 'CE'(Common Era)를 사용하기로 한다.

____ 높임말: 플라톤 대화편이나 연설문 등 구어체 글(맥락상 구어체가 분명하고 긴요한 경우 외에는 문어체를 적용한다.)을 인용할 때 희랍 문화에 없는 경어나 하대 관행은 적용하지 않는다. 특히 연장자는 하대하고 연하자는 존대하는 비대칭적 경어 사용 관행은 부자 관계 등 꼭 필요한 경우에만 적용하며, 평등한 상태에서 상호 존중하는 분위기를 살리는 데 중점을 두기로 한다. 예컨대, 연장자에게 '당신'이라는 호칭을 자유롭게 사용하고 이름도 쉽게 부르는 희랍적 관행을 그냥 이용하며, 반대로 연하자에게 하대하는 비대칭적인 말투가 없으므로 특별한 경우 외에는 서로 적당히 존대하는 말투를 적용한다. 친한 친구 간 대칭적 평어 사용(예컨대, 소크라테스와 크리톤 간의 대화)도 가급적 도입하지 않고 적당히 존중하는 어법을 적용한다.

____ 우리말다운 표현의 문제: 내용 이해에 긴요한 경우 우리말 어법이나 관행에 덜 어울리는 표현을 도입한다. 대표적인 사례를 들자면, 원문을 번역하면서 희랍어 여격의 의미를 보다 온전히 음미하기 위해 필요한 경우에 사람에게만이 아니라 사물에도 '…에게'를 폭넓게 적용하기로 한다. 그리고 우리말에는 복수 표현을 거의 덧붙이지 않는 경우가 많은데, 이 책에서는 상당히 많은 경우에 원문의 복수 표현을 그대로 살리고자 했다. 예컨대, '모든 것들'.

1. 고대 저술

CAG = *Commentaria in Aristotelem Graeca*, Berlin, 1882~1909.

DL = 디오게네스 라에르티오스, 『유명한 철학자들의 생애와 사상』 /
Dorandi, T. (2013) (ed.), *Diogenes Laertius: Lives of Eminent
Philosophers* (Cambridge Classical Texts and Commentaries),
Cambridge.

MXG = 위-아리스토텔레스 『멜리소스, 크세노파네스, 고르기아스에 관
하여』.

2. 현대 연구서

초판 출간순. 가장 기본인 일차 문헌이 DK이며, '주요 현대 참고문헌'이
라는 이름으로 지칭되면서 자주 언급되는 것들은 '*'로 표시한 다섯 개,

즉 DG, G, GW, LM, W다. 개별 장 이름을 적시한 경우는 그 문헌이 그 특정 장에 주로 언급된다는 뜻이다.

주요 현대 참고문헌 다섯 개 가운데 GW, W, DG는 번역본이고 보다 나중에 나온 G와 LM은 텍스트-번역 대조본이다. 나중 둘이 대조본이어서 연구자가 참조하기에 유용한 측면이 있지만, 전반적으로 연구자와 비연구자 모두에게 실질적인 도움을 줄 수 있는 건 오히려 세 번역본 쪽이다. 물론 소피스트를 다룬 2부에 한정되는 말이지만, G는 서양고대철학 분야 일차 자료 모음으로 같은 출판사가 펴낸 기념비적인 전작들(KRS, LS)에 비해 20여 년의 세월, 연구 성과나 정보와 기술의 진전이 무색할 정도로 작업의 질과 수준이 매우 떨어진다. 사소한 것부터 중요한 것까지 여러 종류의 오류들은 말할 것도 없고 오역 내지 나쁜 번역어 선택이나 일관성 없는 번역, 그리고 이해와 해석에 있어 수긍하기 어려운 대목들이 상대적으로 너무 많이 발견된다. 히피아스 등이 빠지고 여섯 소피스트 내지 문헌만 다룬다는 것 또한 중대한 단점에 속한다. 물론 각 장 서두의 간략한 소개, 각 장 말미의 자료 해설 주석과 참고문헌은 참조 가치가 있다. LM은 G보다는 실수가 상대적으로 적고 나름 자료적 참조 가치가 있지만, 편집자가 설정한 일련의 분류에 맞춰 자료가 분산 수록되어 있다는 것이 주제에 관한 자료를 일별할 수 있다는 장점도 있지만, 전승자 특유의 특징이나 이야기 방식, 전승들 간의 연결 등을 볼 수 없게 하는 단점이 더 크다. 앞의 세 번역본 가운데 GW는 각 장의 안내와 주석이 소략하지만 직접 단편에 가까운 것들만 간명하게 일별할 수 있도록 모으면서 의미 있는 자료를 발굴하여 수록하려는 시도가 인상적이며 서두의 안내글과 주석들도 상당히 유용하다. DG는 다섯 참고문헌 가운데 가장 망라적이다. 망라적인 만큼 번역의 질이 아쉬운 대목들을 간혹 포함하지만, G 등에 비하면 눈감아 줄 만하다. 일정한 스토리에 의해 자료들이 잘 정리되어 있고, 자료들 사이사이에 전승들의 연계까지 고려된 설명과 해석이 붙

어 있다는 점은 이 책만이 가진 특장점이다. W는 양적 기준으로 보면 이
두 번역본의 중간쯤에 해당하는 자료인데, 번역이나 해석의 질과 창의성
은 가장 높으며 DG가 가진 설명과 해석의 장점도 일정하게 정제된 형태
로 가지고 있다.

DK = Diels, H. & W. Kranz (1951, 1952), *Die Fragmente der
    Vorsokratiker*, 6th ed., Weidmann, Vol. I-III.

U = Untersteiner, M. (1949-1967), *Sofisti: Testimonianze e Frammenti*,
    Vol. 1-4, Bompiani, 1967/1949/1954/1962. [Italian edition. rep.
    2009]

Soc = Giannantoni, G. (1971), *Socrate. Tutte le testimonianze: da
    Aristofane e Senofonte ai padri cristiani*, Bari. [6장(소크라테스)]

S = Sprague, R.K. (1972a) (ed.), *The Older Sophists*, South Carolina. [DK
    번역 편집본. 11장(에우튀데모스 형제)]

M = Morrison, J.S. (1972), "Antiphon," in R.K. Sprague (ed.), *The
    Older Sophists*, South Carolina, 1972, 106-240. [5장(안티폰)]

SSR = Giannantoni, G. (1990), *Socratis et Socraticorum Reliquiae*, Vol. 1,
    Naples. [6장(소크라테스)]

Ws = West, M.L. (1992), *Iambi et Elegi Graeci ante Alexandrum cantati*,
    Vol. II, editio altera, Oxford, 63-67. [9장(에우에노스)]

*GW = Gagarin, M. & P. Woodruff (1995) (trs. & eds.), *Early Greek
    Political Thought from Homer to the Sophists*, Cambridge.

*W = Waterfield, R. (2000), *The First Philosophers: The Presocratics and
    Sophists*, Oxford. [단편 구분 약자: T = testimonia; F = fragments]

P = Pendrick, G.J. (2002), *Antiphon the Sophist: The Fragments*,
    Cambridge. [5장(안티폰)]

*DG = Dillon, J. & T. Gergel (2003) (trs.), *The Greek Sophists*, Penguin.

*G = Graham, D.W. (2010), *The Texts of Early Greek Philosophy: The Complete Fragments and Selected Testimonies of the Major Presocratics*, Part 2, Sophists, Cambridge.

*LM = Laks, A. & G.W. Most (2016) (eds. & trs.), *Early Greek Philosophy*, Vol. 8 & 9, Sophists, Part 1 & Part 2, Harvard. [절 표시 약자: P = person, biography; D = doctrines; R = reception]

3. 서지류 및 텍스트 자료 모음

AIO = Attic Inscriptions Online. [https://www.atticinscriptions.com/]

LSJ = Liddell, H.G. & R. Scott (rev. & aug. by H.S. Jones) (1961), *A Greek-English Lexicon*, 9th ed., Oxford.

OCD = Hornblower, S., A. Spawforth & E. Eidinow (2012) (eds.), *The Oxford Classical Dictionary*, 4th ed., Oxford.

SOL = Suda On Line: Byzantine Lexicography, vetted edition completed 2014, ed. by D. Whitehead et alii. [https://www.cs.uky.edu/~raphael/sol/sol-html/]

TLG = Thesaurus linguae Graecae. [http://stephanus.tlg.uci.edu/]

제1장

프로타고라스

프로타고라스는 누가 뭐래도 '첫 소피스트'다. 그가 소피스트 운동의 첫 장을 장식한다는 데 이견을 달 사람은 아마 없지 않을까 싶다. 우선, 그는 플라톤이 칼리아스 집에서 열린 것으로 묘사한 예의 그 '소피스트 대회'의 으뜸 주빈이었다(1A.5). 이미 폄하나 경원의 대상이 되기 시작한 '소피스트'라는 타이틀을 버젓이 자처하고 나선 첫 번째 사람도 바로 그였다(1B.47). 키케로 역시 별 주저 없이 "당대에 가장 위대한 소피스트였다"는 평가를 남겼다(1B.41). 유명 철학자 전기인 디오게네스 라에르티오스 『유명한 철학자들의 생애와 사상』(이하 'DL'로 줄임)에 들어 있는 유일한 소피스트이기도 하다.[1]

---

1 물론, 철학자의 대명사로 인정되는 인물, 그래서 이 책에 포함된다는 게 오히려 설명이 필요하다고 할 인물인 소크라테스를 예외로 한다면 말이다. 곧 확인되

그는 기원전 490년경 압데라[2]에서 태어났다. 그가 받은 교육에 관해서는 두 이야기가 전해져 온다. 그런데 둘 중 어느 것에도 논자들이 선뜻 신빙성을 인정하는 분위기는 아니다. 하나는 데모크리토스의 제자라는 이야기다(1A.2, 1A.3, 1A.4, 1B.39 등). 연배로 볼 때 데모크리토스가 훨씬 젊고 그들 사이에 관찰되는 명백한 연관도 없다. 또 하나는 그의 아버지 마이안드리오스와 크세륵세스의 관계에 관한 일화다(1A.2). 그가 아버지의 주선으로 마고스[3]들한테 배웠다는 이야기다. 그런데 그 당시(481년)는 그가 10세가 채 안 된 때여서 신빙성이 낮다. 그러나 그 이야기의 배경에 깔려 있는 정보, 예컨대 그가 잘나가는 집안 출신이었다는 점만큼은 아마도 사실일 가능성이 있다. 아무튼 그가 페르시아적 교육을 받았다는 이야기는 필로스트라토스의 전승(1A.2)인데, 이것과 꽤 상반되어 보이는 전승이 DL(1A.1의 9.53)이나 밀레토스 출신 헤쉬키오스(1A.3) 등에 나온다. 그가 짐꾼이었다는 이야기다. 물론 두 전승이 다 참일 수도 있지만, 둘 다 거짓일 수도 있다.[4] 아무튼 그의 초

겠지만, 이 책의 인용 자료도 이 DL의 프로타고라스 장으로 시작한다(1A.1).

2 압데라라는 도시 테오스가 490-486년경 에게해 북쪽에 있는 트라키아 연안(타소스섬과 마주한 해안)에 세운 희랍 식민지다. 데모크리토스의 출생지로도 유명하다.

3 1A.2에 등장하는 '마고스'에 관한 주석을 참고할 것.

4 DL(1A.1)에 따르면 아버지의 이름에 관한 전승도 둘로 나뉜다('아르테몬'과 '마이안드리오스'). 아마도 방금 언급한 교육 내지 철학 활동 이전 삶에 관한 두 전승과 연계된 것일 가능성이 높다. 즉, '아르테몬'은 헤쉬키오스의 짐꾼 전승(1A.3)과, 그리고 '마이안드리오스'는 페르시아적 교육 전승(1A.2)과 연관되어 있다.

년 시절 이야기는 압데라 출생이라는 것 말고는 확실한 게 거의 없다. 꽤 넉넉한 형편의 집안에 태어났으리라는 것 정도가 그나마 어느 정도 받아들일 만한 정보다.

교육 이야기에 못지않게 그의 재판(추방)과 죽음 관련 이야기들 (1A.11-15)에도 다분히 극적인 분색과 포장이 끼어 들어가 있을 수 있다. 『신들에 관하여』의 회의주의적 입장 때문에 아테네인들에게 추방(혹은 어떤 버전에 따르면 사형)을 선고받은 후 시장(아고라)에서 책이 불태워졌고 그 자신은 시칠리아로 항해해 가는 도중에 배가 난파하여 익사했다는 것이 이야기의 기본 골격이다. 이것이 사실이라면 프로타고라스에 대한 일반적인 평가적 전언을 제시하는 『메논』 91d-92a(1A.7) 같은 곳에서 플라톤이 적어도 시사 정도는 했어야 한다[5]는 등의 이유로 이 이야기의 신빙성을 의심하는 사람들이 있으며, 아낙사고라스가 겪은 일이 그에게 잘못 적용되었을 수 있다[6]고 짐작하기도 한다.[7] 그런가 하면, 난파 사고나 재판 이야기 자체는 개연성이 없지 않다고 보고,[8] 세부 사항들이 구체적으로 전해지는 것으로 보아 어느 정도 신빙성이 있는 게 아닐까 추측하

---

5 예컨대, 그레이엄(D.W. Graham 2010: 이하 'G'로 줄임). 앞으로 자주 언급되는 주요 현대 참고문헌(DG, G, GW, LM, W 등)과 여타 현대 연구서(DK, M, P, S, *Soc*, *SSR*, U, Ws 등), 고대 저술 및 저자(*CAG*, DL, *MXG*, SE 등), 주요 서지 및 텍스트 자료(LSJ, *OCD*, TLG 등)는 편의상 약어로 표기한다. 관련된 상세한 정보는 〈약어 일람〉을 참고할 것.

6 예컨대, 플루타르코스(1A.13)에 이미 이런 유의 비교의 흔적이 들어 있다.

7 예컨대, 락스-모스트(A. Laks & G.W. Most 2016: 이하 'LM'으로 줄임).

8 예컨대, 딜런-거젤(J. Dillon & T. Gergel 2003: 이하 'DG'로 줄임)과 G.

기도 한다.[9]

페리클레스의 두 철학자 지인(즉, 아낙사고라스와 프로타고라스)이 공교롭게도 비슷한 운명에 처했다(혹은 그랬다는 이야기가 전해 온다)는 것은 이야기의 사실성 여부를 떠나, 또 다른 철학자 소크라테스의 운명과 중첩되면서 우리에게 주는 깨달음이 작지 않다. 5세기의 핵심적인 세 철학 그룹(즉, 자연철학, 소피스트 철학, 주류 아테네 철학)의 대표 인물들이 각기 방향과 색깔은 달랐으나 그들 모두가 공히 아테네인들과, 즉 국가 아테네와 불화했다는 사실을 선명히 우리에게 각인시키는 이야기라 할 수 있으니 말이다. 게다가 그들의 죄목이 하나같이 불경죄였다는 것은 그러니까 철학과 대중이 신 문제에 있어서 첨예하게 생각이 갈렸음을 보여 준다.[10] 이는 철학의 대중화를 운위하는 오늘 우리에게도 여전히 문제적 사안이며, 그들 가운데 둘은 이 책의 핵심 인물이기도 하다.

이미 언급한 플라톤 『메논』의 보고(1A.7)가 맞다면, 490년경 출생한 프로타고라스는 460년경부터 사망 시점인 420년경까지 소피스트로 활동했으리라 추정된다. 그의 40년 소피스트 활동은 페리클레스와 맺은 친분과 여러모로 얽혀 있었을 것이다. 1B.65, 1B.66 등은 두 사람의 인격적 교제나 학문적 교류의 면모를 짐작게 하며, 특히 1A.1의 9.50과 1B.53은 페리클레스가 야심 차게 기

---

9 예컨대, DG.

10 예컨대, 프로타고라스에 관해서는 1A.13, 1B.42-43을, 소크라테스에 관해서는 6A.44, 6B.20-22 등을 보라.

획한 투리이 식민지 건립에서 프로타고라스가 입법자로 활약했음을 알 수 있게 해 준다. 이런 정황들을 보면 플라톤이 『프로타고라스』에서 프로타고라스에게 귀속시킨 '위대한 연설'(1B.48)은 단순 창작이라기보다 역사적 프로타고라스의 발언이나 저작에서 왔을 개연성이 상당히 높다. 그리고 당대 아테네 민주주의와의 그런 밀접한 관계는 그가 설파한 것으로 전해지는 인간 척도설과도 잘 연결된다. 공동체 구성원 모두가 정치적 결정에 참여할 능력과 의무가 있다는 생각은 개인이 만물의 본성이나 모습을 판가름하는 궁극적 기준이 된다는 생각과 궁합이 잘 맞아 떨어지며,[11] 당대 민주주의의 이론적 필요에도 잘 부응하는 것이었을 가능성이 높다.

인간 척도설이나 정치 참여 능력의 보편성 논의가 그의 교설 전부는 아니다. 신에 대한 불가지론이나 말(언어)의 옳음 논의가 그 두 교설 각각과 긴밀히 연결되어 있다. 게다가 아마도 이 모든 논의들이 보다 근본적인 교설이라 할 수도 있을, 반론의 보편적 가능성 논의로 귀착 내지 환원되어 설명될 가능성도 있다. 또한 이것들 전부가 그를 명실상부한 '최초의 휴머니스트'(인간주의자)[12]라 부를 만한 근거가 될 수도 있다.

---

11 이 해석에 회의적인 김대오(2013)는 '인간'을 단순히 개인으로 한정할 것이 아니라 최소한 공동체 수준의 집단적 인간 개념을 상정해야 하며 그것이 역사적 프로타고라스의 견해에 가깝다는 견해를 소개한다(240–241쪽과 주석 3). 그러나 그런 집단 수준의 척도 논의도 그 밑바탕에 깔린 개인 수준 척도 논의의 연장선상에 있는 것으로 보는 것이 합당하지 않을까 싶다.

12 오설리반(N. O'Sullivan 1995) 15쪽. 그리고 이미경(Mi-Kyoung Lee 2005) 20쪽 주석 13에도 '휴머니스트'라는 표현이 들어 있다.

'인간이 척도다!' 이제까지의 간략한 일별만으로도 분명 그는 인간주의적이고 민주주의적인 소피스트 운동의 역사를 연 명실상부한 '첫 소피스트'다. 그러나 그의 이름으로 등재된 '처음'은 거기서 그치지 않는다. 그가 '처음' 한 것들이 DL 프로타고라스 장(1A.1의 9.51-53)에 줄줄이 기록되어 있다. 모든 것에 대해 맞서는 두 논변이 있다는 발언 및 그걸 기반으로 물음을 묻는 일, 보수(수업료) 받는 일, 시제 정의, 논변 경연 조직, 궤변 제시, 소크라테스적 논변 형식 창안, 안티스테네스 식 반론 불가능성 논변 이용, 입론들에 대한 반박 방법 개발, 어깨 패드 발명, 네 담론 구분 등이 깨알같이 열거된다. 그 가운데 반론 불가능성의 경우는 그가 처음 시작한 게 아니라고 되어 있지만, 실은 그것조차 논의의 여지가 있다고, 즉 그 자신이 시작한 것일 수 있다고 보는 사람도 있다.

이 '처음'들 목록이나 이어지는 여러 보고들을 통해 우리는 그가 철학자라는 것, 그것도 획기적인 결과물들을 산출해 낸 대단한 철학자라는 것을 확인하게 될 수도 있고 어쩌면 그것에 맞게 철학사를 고쳐 써야 할지도 모른다.[13] 그러나 오늘날 우리가 그런 결과물

---

13 예컨대, 1B.13 같은 자료가 프로타고라스의 원래 이야기를 다소나마 대변하는 것이라면, 『테아이테토스』 1부에 등장하는 두루뭉술한 프로타고라스-헤라클레이토스 동일시가 그저 플라톤 쪽에서의 해석을 통해 나온 것이 아니라 애초에 그 동일시의 단초가 프로타고라스에 있었던 것일 수도 있다. 1B.14 같은 자료를 보면, 플라톤의 많은 문제의식과 고뇌가 소피스트들에게서 연원한 것일 가능성이 상당히 높다(그곳의 주석을 참고할 것). 이와 연관해서 프로타고라스와 고르기아스의 철학 활동이 파르메니데스 철학의 계승이라는 관점에서 재조명될 필요가 있다.

들보다 더 주목해야 할 것은 그가 새롭게 열려 했고 함께 만들어 가고자 했던 담론 세상과 담론 전통이 아닐까 싶다.[14] 누가 처음이고 누가 일등이었는지를 기록하고 등재하는 일보다 어떤 경쟁과 게임을 만들어 가야 하는지가 오히려 더 긴박하고 중요할 수 있으니 말이다.

A. 삶과 행적

1. 삶과 가르침 전반

※ 1A.1. 디오게네스 라에르티오스[15] 『유명한 철학자들의 생애

---

14 그의 책 제목 "넘어트리는 논변들"(Kataballontes: 1B.2) 및 그것에 대해 플라톤이 개진한 "다른 논변들을 거꾸러트릴(anatrepōn) 뿐만 아니라 스스로 자신도 거꾸러트리는 논변"(1B.18)이라는 촌평이 주목할 만하다. 가히 프로타고라스는 새로운 '뒤집기'(반론) '경쟁'(아곤) 전통을 시작한 인물이라 할 수 있다.

15 디오게네스 라에르티오스는 기원후 3세기 전반에 살았을 것으로 추정되는 철학사가로 『유명한 철학자들의 생애와 사상』의 저자다. 그에 관해 달리 알려진 것은 없다. 이 저서는 비평적 가공 없이 섞여 들어온 듯한 다양한 자료들과 사소하거나 때로는 악의적으로 보이기까지 하는 '야사'적 일화들이 포함되어 있어서 그 가치에 관한 평가가 갈린다. 그러나 원자료에 손을 대지 않는다는 바로 그 이유 때문에 자료적 가치를 무시하기 어렵고, 게다가 7권이나 10권 등에는 이 책에만 특유한 자료들이 있어서 중요시되기도 한다. 소크라테스 이전 철학은 1, 2권과 8, 9권에 흩어져 있고, 3권이 플라톤, 4권이 그의 아카데미 계승자들을 다루며, 5권이 아리스토텔레스와 소요학파, 6권이 견유학파, 7권이 스토아학파, 10권이 에피쿠로스를 다룬다. 전통적 소피스트들 가운데서는

와 사상』9.50-56[16] (DK 80A1)[17]

|50| 프로타고라스는 아르테몬[18]의 아들이거나, 아폴로도로스[19]가, 그리고 디논[20]이 『페르시아 역사』 5권에서 말하는 대로라면 마이안드리오스[21]의 아들이다. 폰토스(흑해) 출신 헤라클레이데스[22]가 『법률들에 관하여』에서 말하는 바에 따르면 그는 압데라 출신이며, 헤라클레이데스는 그가 투리이인들을 위해 법률들을 썼다고도 말한다.[23] 그런데 에우폴리스[24]가 『아첨꾼들』에서 말하는 대로라면 그는 테오스[25] 출신이다.

프로타고라스가 유일하게 9권에 포함되어 있고, 소크라테스는 2권에서 그의 제자들과 함께 다루어진다.

16 프로타고라스 장.

17 3A.11, 1B.28, 1B.10 (DK 80B1), 1B.38, 1A.15, 1B.22, 6A.42, 15B.13, 1B.1 포함.

18 이 아버지 이름은 아래(9.53)에[그리고 다른 곳들(1A.3, 1A.4)에도] 나오는 짐꾼 전승과 연관된 것으로 보인다. 만일 짐꾼 전승이 악의적 허구라면, 이 아버지 이름 역시 허구일 가능성이 있다.

19 기원전 140년경이 전성기였던 아테네 출신의 연대기 저자. 이암보스 운율로 된 그의 주저 『연대기』(Chronika)는 트로이 몰락(기원전 1184년)부터 그의 시대(기원전 144년)까지를 포괄한다.

20 콜로폰 출신 디논은 기원전 4세기의 역사가인데, 저작은 현재 소실되었다.

21 아래에 언급되는 테오스(압데라의 식민 모국)보다 약간 남쪽의 소아시아 연안의 바다로 흘러가는 마이안드로스강과 연관된 이름일 가능성이 있다.

22 폰토스(흑해) 출신 헤라클레이데스(390-310년경)는 흑해의 헤라클레이아(나중에 폰토헤라클레이아로 불림)에서 태어나 아테네로 이주한 철학자이자 점성가다. 태양 중심설의 주창자로 이야기되기도 하지만 의심하는 사람들도 있다.

23 투리이 법률에 관해서는 1B.53 참고.

24 아테네의 구희극 시인(446-411년경). 펠로폰네소스 전쟁 때가 전성기였다.

25 이오니아 해안의 도시로 압데라의 식민 모국이었다. 그 도시의 자리는 지금의

안에 테오스 출신 프로타고라스가 있어요.

라고 에우폴리스가 말한 바 있으니 말이다. 이 사람과 케오스 출신 프로디코스는 담론들(logoi)[26]을 발표하면서(anaginōskontes)[27] 사례비를 받았다(ēranizonto)[28]. 그리고 플라톤은 『프로타고라스』에서 프로디코스가 목소리가 묵직하다(baryphōnos)고 말한다.[29] 프로타고라스는 데모크리토스의 제자였다.[30] 또, 파보리누스가 『잡다한 탐문』(*Pantodapē Historia*)에서 말하는 바에 따르면 "지혜"(Sophia)라고 불리기도 했다.

|51| 그리고 그는 무슨 일(pragma)에 관해서든 서로 맞서는 두

터키 도시 '시가식'(Sığacık)의 남쪽에 있다.

26 혹은 '연설들', '강연들', '저작들', '이야기들', '논변들', '담화들' 등. 이 외에도 '로고스'(logos)는 '이성', '추론', '문장', '근거' 등 다양한 의미를 포함하는 말이다. 지금 이 단편에서만도 여러 번 나오는데, 문맥에 가장 적확한 번역어를 취하면 단일 용어를 구사한 원저자의 발화 의도로부터 멀어지고, 단일 번역어를 취하면 문맥으로부터 멀어지게 된다. 이런 형편을 고려하여 이 책에서는 '로고스'의 번역어를 '담론', '이야기', '논변' 등 몇 가지 용어로 좁혀 옮기기로 한다.

27 직역하면 '읽어 주면서'.

28 혹은 '출연금을 모았다', '성금을 거두었다'.

29 플라톤 『프로타고라스』 316a1(3A.6에 수록). cf. 필로스트라토스 『소피스트들의 생애』 1.12(3A.17에 수록).

30 데모크리토스가 소크라테스보다 연하임을 고려하면, 이 언명은 연배에 관한 플라톤의 보고(1A.7)나 다른 여러 연대적 고려들(490년경으로 출생 연대를 추정하게 하는)과 기본적으로 충돌한다. 하지만 아래 9.53의 세부 정황 묘사까지 덧붙이는 것을 보면, 동향 출신인 데모크리토스와의 사제 관계 이야기는 고대에 상당히 확대되어 있었던 것으로 보인다. DL의 보고가 가진 가치를 무시할 수 없지만, 옥석을 가리는 지혜 또한 필요하다.

논변[31](dyo logoi antikeimenoi)이 있다고 처음으로 말했다.[32] 이런 것들을 가지고(hois) 일련의 물음들을 묻는 일도(kai synērōta)[33] 했는데, 이 일은 그가 처음 실행한 것이다. 그는 또한 어딘가에서[34] 이런 식으로 시작했다. "모든 사물들(chrēmata)의 척도(metron)는 인간(anthrōpos)이다. …인[/있는] 것들에 대해서는 …이다[/있다]라는 것의[35] 척도요, …이지[/있지] 않은 것들에 대해서는 …이지[/있지] 않다라는 것의[36] 척도다.[37]"(DK 80B1)[38] 또 그는, 플라톤도 『테아이테토스』[39]에서 말하고 있는 것처럼, 영혼이 감각들을 넘어서서는

---

31 혹은 '진술', '담론'. 앞 9.50에서는 보다 넓은 의미의 '담론'으로 옮긴 바 있다. 사실 아래 9.53, 54에 나오는 '로고스'와의 일관성만 고려하면 보다 넓은 함축을 가진 '담론'이 적절하고, 9.52, 53에 나오는 '로고스의 경연', '로고스의 형식'과의 일관성을 고려하면, 그리고 더 나아가, 『이중 논변』(이중 로고스) 등 다른 저작들과의 비교 맥락까지 고려하면 보다 특수한 의미를 띤 '논변'이 그럴듯하다.

32 1B.28에도 수록.

33 단순히 '물음의 형태로 논변을 제시한다'(DG 3쪽과 341쪽 주석 6)는 뜻일지 따져볼 만한 일이다.

34 즉, 어떤 책에서(혹은 소수 해석에 의하면, 책의 어떤 절에서). 섹스투스의 보고 (1B.2)에 따르면 제목은 『반박들』이다. 플라톤은 "『진리』,"라고 언급한 바 있다 (1B.4와 1B.5). 소수 해석에 관해서는 1B.1의 관련 주석들을 참고할 것.

35 혹은 '…이다[/있다]라는 것의' 대신 '어떻게 …인가[/있는가]의'. 이하 마찬가지.

36 혹은 '…이지[/있지] 않다라는 것의' 대신 '어떻게 …이지[/있지] 않은가의'. 이하 마찬가지.

37 '…이다'와 '있다'의 번역에 관해서는 1B.8에 나오는 DK80B1의 주석을 참고할 것.

38 1B.10에도 수록.

39 152a 이하. 1B.11에 수록.

아무것도 아니라고, 그리고 모든 것들이 참이라고 말했다. 그리고 또 다른 곳에서[40] 그는 이런 식으로 시작했다. "신들에 관해서는 그들이 있다는 것도, 있지 않다는 것도, 형상(idea)이 어떤 자들인지도 나는 알 수가 없다. 내가 아는 걸 가로막는 것들(ta kōlyonta)이 많기 때문이다. 불분명함(adēlotēs)도 그렇거니와 인간의 삶도 짧으니 말이다." (DK 80B4)[41] |52| 그 저작의 이 시작 대목 때문에 그는 아테네인들에게서 추방당했고(exeblēthē), 그들은 포고령을 내려 그의 책들을 각 소유자들에게서 모아 시장(agora)[42]에서 불태웠다.

이 사람이 처음으로 보수(misthos)[43]를 받았는데, 100므나였다.[44]

---

40 즉, 또 다른 책에서(혹은 소수 해석에 의하면, 책의 어떤 다른 절에서). 에우세비오스의 보고(1B.39)에 따르면 제목은 『신들에 관하여』다.

41 1B.38에도 수록.

42 혹은 '광장'. 이하 마찬가지.

43 혹은 '수업료'.

44 문장 자체만 보면 '이 사람이 처음으로 100므나의 보수를 받았다.'로 읽을 수도 있다. 1므나는 100드라크마인데, 당시의 통상 하루 일당(예컨대, 건장한 젊은이가 군대 장교가 되는 훈련을 받을 때의 하루 일당)이 1드라크마였다고 하니 100일치 임금인 셈이다. 비커스(M. Vickers 1990)는 은 430g에 해당하는 은화 1므나의 가치를 20세기 말과 기원전 5-4세기의 금의 가격, 금과 은의 가격 비율 등을 고려하여 353.92달러쯤으로 추정한다(613쪽 주석 3과 주석 6). 우리 돈으로는 얼추 42만 원쯤에 해당한다고 보면 프로타고라스가 받았다는 100므나는 대략 4,200만 원쯤에 해당하는 금액이 된다. 크세노폰이 『가정 경영』 2.3에서 소크라테스의 전 재산의 평가액으로 제시한 액수가 5므나였다 (6A.25). 한편, 이름에 관한 프로디코스 강좌의 수업료가 50드라크마였다고 하고(『크라튈로스』 384b: 3A.20), 에우에노스의 수업료는 5므나였다고 한다 (9A.1). 기준 혹은 지불 단위나 방식이 어떠냐(예컨대, 월사금인지 건당 수업료인지 등)가 명시되지 않은 정보들이어서 평면적으로 비교하기는 어렵다.

또 그가 처음으로 시간의 부분들을 나누어 정의했고(dihōrise)[45] 알맞은 때(kairos)[46]가 가진 힘을 내보였으며, 논변 경연(logōn agōnes)[47]을 구경했고(etheasato)[48] 논쟁하는 사람들(pragmatologountes)을 위해 궤변들(sophismata)을 제시했다. 또 그는 자구(tóunoma)[49]를 위해 취지(dianoia)[50]를 포기하고 대화했으며, 요즘(nyn)[51] 수면 위에 떠오르는 쟁론가(eristikoi) 부류(genos)를 낳았다. 그래서 티몬도 그에 관해서

　잘 섞이는(t' epimeiktos) 프로타고라스, 쟁론(erizemenai)을 잘 줄
　아는 사람

이라고 말한다.

45　동사의 시제를 나누어 정의했다는 뜻으로 보인다.

46　혹은 '시의적절함'.

47　혹은 '담론 경연'. cf. 1B.32와 6B.45.

48　'구경했고'(etheasato) 대신 '조직했고'(epoiēsato)로 읽는 사본도 비슷한 정도로 갈려 있고 그레이엄 등 그쪽을 받아들이는 연구자도 있다. 사본 가운데 F, D, P⁴가 전자로, B, P¹, Q가 후자로 읽는다(G 692쪽). 어느 쪽이든 큰 상관은 없지만, 전자가 '더 어려운 독법'(lectio difficilior)이기도 하고 더 풍부한 의미를 가지므로 선호할 만하다. 후자를 '조직했다'로 읽든 '벌였다'로 읽든 간에 '구경했다'라는 말은 그런 이야기들을 모두 포괄할 수 있는 말이면서 별도의 의미를 더해 준다. 상세한 내용 이해에 관해서는 강철웅(2016) 436-437쪽을 참고할 것.

49　혹은 '단어', '말'.

50　혹은 '뜻', '생각'.

51　이 말이 가리키는 시대가 DL의 시대인지 아니면 DL의 출처가 되는 인물의 시대인지 불분명하다.

|53| 이 사람은 또한 소크라테스적인 논변 형식[52](to Sōkratikon eidos tōn logōn)을 처음으로 창안해 냈다.[53] 그리고, 플라톤이 『에우튀데모스』[54]에서 말하는 것처럼, 반론한다(antilegein)는 것이 불가능함을 논증하려고 시도하는 안티스테네스의 논변을 대화에 이용한 것도 이 사람이 처음이다.[55] 그리고 그는, 변증가 아르테미도로스가 『크뤼시포스에 반박하며』에서 말하는 것처럼, 입론들(theseis)에 대해 반박을 제기하는 법(epicheirēseis)을 처음으로 개발했다(katedeixe). 또 그는, 아리스토텔레스가 『교육에 관하여』에서 말하는 것처럼, 무거운 짐을 들고 나를 때 대는 이른바 '어깨 패드'(tylē)를 처음으로 발명했다. 에피쿠로스도 어딘가에서 말하는 것처럼 그는 짐꾼이었고, 또 이런 식으로 해서 그는, 그가 막대기들을 묶어 놓은 것을 보게 된 데모크리토스에 의해서 더 높은 위치로 올라가게(ērthē) 되었다.

그는 처음으로 담론(logos)[56]을 넷으로 나누었다. 청원(euchōlē),[57] 질문, 대답, 명령으로. |54| (어떤 사람들은 일곱으로 나누기도 한다. 서사(dihēgēsis),[58] 질문, 대답, 명령, 보고, 청원, 호소(klēsis)[59]로.) 그것

---

52 혹은 '논변[/담론] 형태[/방식]'.
53 소크라테스 장 6A.42에도 수록.
54 286c. 1B.23에 수록.
55 이 문장과 다음 문장은 1B.22에도 수록.
56 혹은 '문장'. 원어는 앞에서 '논변'으로 옮긴 말과 같은 '로고스'(logos)다. 이하 마찬가지.
57 혹은 '기원', '기도', '요청'.
58 혹은 '해설'.

들을 그는 **담론들의 기초들**(pythmenai logōn)[60]이라고 불렀다. (알키다마스는 담론을 넷으로 말한다. 긍정, 부정, 질문, 인사(prosagoreusis)[61]로.)[62] 자신의 담론들 가운데 『신들에 관하여』를 처음으로 발표했는데,[63] 그 시작 대목은 위에서 우리가 인용한 바 있다. 그런데 그는 그것을 아테네에서 발표했다. 에우리피데스의 집에서, 혹은 어떤 사람들이 말하기로는 메가클레이데스의 집에서 말이다. 다른 사람들이 말하기로는 뤼케이온에서 제자인, 테오도토스의 아들 아르카고라스가 그를 위해 목소리를 제공해서 발표했다. 4백인 참주 가운데 하나인, 폴뤼젤로스의 아들 퓌토도로스가 그를 고발했다. 그런데 아리스토텔레스는 에우아틀로스가 그랬다고 말한다.

|55| 남아 있는 그의 책들은 다음과 같다.[64] 『쟁론가들의 기술』, 『레슬링에 관하여』, 『수학에 관하여』, 『정치 체제(*Politeia*)에 관하여』, 『명예 사랑에 관하여』, 『덕들에 관하여』, 『태초의 상태(*Katastasis*)에 관하여』, 『하데스의 일들에 관하여』, 『인간들의 옳지 않은 행위들에 관하여』, 『명령적 담론』(*Prostaktikos*), 『보수를 받아 내기 위한[65]

---

59 혹은 '호출', '지칭', '초청', '소환', '부름' 등.
60 혹은 '기본 줄기들', '근본 원리들'.
61 혹은 '부름', '호칭'.
62 알키다마스 장 15B.13.
63 직역하면 '읽었는데'.
64 DK 이래 이 부분에 공백을 상정하는 논자들이 많다. 여기 목록은 1B.1에 별도로 수록하여 상세히 다루게 된다. 공백에 관한 논의를 비롯해 목록의 주요 사항들에 관한 주석은 그곳을 참고할 것. 여기서는 아래위 맥락에 관련된 주석만 간략히 언급할 것이다.
65 혹은 '보수에 관한'.

송사』,[66] 『반론들』(Antilogiai) 1권과 2권. 이것들이 그의 책들이다. 플라톤도 그에 대한 대화편을 쓴 바 있다.

필로코로스는 그가 시칠리아로 항해하다가 배가 바다에 가라앉았다고, 에우리피데스가 『익시온』에서 이것을 넌지시 언급한다 (ainittesthai)고 말한다. 어떤 사람들은 그가 여행 중에 죽었다고 말한다. 90세가량 살고서 말이다. |56| 그런데 아폴로도로스는, 40년을 소피스트로 살고 84회 올림피아 기[67]에 절정기를 맞았던 그가 70세까지 살았다고 말한다.

이 사람에 대해 내가 지은 시구가 있는데 다음과 같다.

또한 당신에 대해서 이야기되는 것을 나는 들었소, 프로타고라스.
　노인이 된 당신이 언젠가
아테네에서 떠나 길에서 죽었다고 말이오.
케크롭스의 도시가 당신을 쫓아내기로(se phygein) 결정했지만, 어쩌
　면 당신이
희랍의 도성(asty)은 피했는지(phyges) 몰라도 플루토스의 도성은 피
　하지(ephyges) 못했구려.[68]

66　아래 9.56에 언급된 송사와 관련된다면, 그 일화 때문에 이 책 이름이 나중에
　　만들어 넣어졌을 수도 있다.

67　444~440년.

68　우리말에서는 추방과 도피 내지 망명이 서로 다른 말로 구분되지만, 희랍어
　　에서는 '피하다, 떠나다, 벗어나다, 망명하다'를 뜻하는 한 단어 '페우게인'
　　(pheugein)으로 표현된다. 언어 유희가 들어 있는 원어의 뉘앙스를 살려 이 대
　　목을 다시 풀어 보자면 이렇게 된다. '케크롭스의 도시[즉, 아테네]가 당신을

그리고 언젠가 그가 자기 제자 에우아틀로스에게 수업료를 달라고 요구했는데,[69] 제자가 "아니, 아직 내가 재판에 이기질 못했거든요."라고 하자, 그가 말했다고 한다. "아니, 내가 재판에 이기면 내가 이겼으니 내가 수업료를 받아야 하고, 당신이 이기면 당신이 이겼으니 내가 받아야죠." […][70]

2. 교육 및 철학 활동 이전 삶: 데모크리토스와의 관계, 페르시아적 교육, 짐꾼 노릇[71]

1A.2. 필로스트라토스[72] 『소피스트들의 생애』 1.10.1-4 (DK

쫓아내기로[직역하면, 당신이 (아테네를) 벗어나라고(/피하라고)] 결정했지만, 당신이 희랍의 도성[즉, 아테네]은 피했는지[= 벗어났는지] 몰라도 플루토스의 도성[즉, 하데스. 따라서 죽음]은 피하지[= 벗어나지] 못했구려.'

69 맥락으로 보아 수업료 청구 소송을 제기했다는 뜻으로 이해할 수 있다.

70 여기에 덧붙여진 마지막 대목은 동명이인에 대한 보고다. 다음과 같은 내용이다. "프로타고라스라는 이름을 가진 또 다른 사람이 있었는데, 에우포리온이 그를 위해 애도가를 써 주기도 한 천문학자다. 그리고 제3의 인물이 있는데 스토아 철학자다."

71 출신과 가문에 관해서는 1A.1의 9.50; 연대에 관해서는 1A.1의 9.55-56, 1A.7(『메논』), 1B.47(『프로타고라스』)의 317c; 데모크리토스와의 관계에 관해서는 1B.39; 보수에 관해서는 1A.1의 9.52 및 A의 4절; 불경죄 재판과 난파 사고에 관해서는 아래 6절을 참고할 것.

72 필로스트라토스(170-245년경)는 이른바 '제2 소피스트 시대'(통상 네로 통치기인 기원후 60년경부터 230년경까지를 가리키며, '데클라마티오'(declamatio)라 불리는 연설 훈련이 단지 수사학 교육의 일환으로서만이 아니라 그 자체로 주요 문예 활동 형태로 자리 잡은 시대.)에 속하는 소피스트다. 아니, 바로 그 '제2 소피스트'라는 용어를 창안해 내면서 당대의 수사가 그룹을 고전 시대 소피

80A2)[73]

|1| 소피스트인 압데라 출신의 프로타고라스는 고향에서 데모크리토스의 제자(akroatēs)였지만, 크세륵세스의 희랍 원정 기간 중에 페르시아에서 온 마고스들(Magoi)[74]과도 사귀었다. 그의 아버지 마이안드리오스[75]는 트라키아에 사는 대다수의 사람들보다 월등히 부를 모은 사람이었는데, 크세륵세스를 집으로 초대했을 뿐만 아니라 선물들을 가지고서 크세륵세스가 자기 아들에게 마고스들과의 교제를 하게 하도록 만드는 수완을 발휘했던 것이다. (페르시아의 마고스들은 왕이 허락하지 않는 한 페르시아인이 아닌 사람들을 가르치지 않으니까 그랬던 것이다.)

|2| 신들이 있는지 아니면 있지 않은지 가리기가 막막하다

스트들과 연결하려 한 장본인이다. 같은 이름을 가진 그의 아버지 역시 소피스트였다. 그의 전체 이름은 라틴어로 루키우스 플라비우스 필로스트라투스인데, '아테네인'으로 불렸다. 아마 렘노스섬에서 태어나 아테네에서 공부한 후 로마에 정착하여 활동했던 것으로 보인다. 집정관(후에 잠시 황제가 된) 안토니우스 고르디아누스(혹은 그의 아들 고르디아누스 2세)에게 헌정된 책인 『소피스트들의 생애』는 우리의 이 책이 다루고 있는 대상인 '옛 소피스트들'만이 아니라 이른바 '제2 소피스트들'까지 망라하는 준-전기적 희랍 소피스트사에 해당하는 책이다. 이 책의 대상 인물 가운데 7명(처음 다섯 인물과 트라쉬마코스, 크리티아스)이 그 책에서 다루어진다.

73 1A.14 포함.

74 '마고스들'(Magoi)은 조로아스터(교)의 추종자들을 가리키기 위해 늦어도 기원전 6세기 이후에 사용된 용어다. 마술, 주술을 뜻하는 '매직'(magic)이라는 말의 유래가 된다.

75 사본에 있는 '마이안드로스'(Maiandros)를 딜스(H. Diels)가 '마이안드리오스' (Maiandrios)로 고쳤다.

(aporein)고 주장했던 것에 관해서 말하자면, 내가 보기에 프로타고라스는 페르시아적 교육을 받았던 까닭에 그렇게 관습에 어긋나는 주장을 한(paranomēsai) 것이다. 마고스들은 은밀한 의식을 행할 때에는 신들에게 기원하지만, (자기들의 능력이 신적인 존재에게서 온 거라고 여겨지길 원치 않기에) 공공연하게 신적인 존재에 대해 믿음을 드러내는 일은 거부하기 때문이다. |3| 바로 이것 때문에 그는 아테네인들에게서 추방당해(ēlathē) 그들의 땅 전역에 발을 붙이지 못하게 되었다. 혹자들은 재판을 받아 추방당했다고 하고, 또 혹자들은 재판은 없이 투표로 정해진 명령에 따라 추방당했다고 생각한다. 대륙에서 섬들로 왔다 갔다 하면서, 온 바다에 흩어져 있는 아테네인들의 삼단노선들을 피해 가면서 작은 배로 항해하던 중 침몰 사고를 당했다.

|4| 그는 처음으로 보수를 받고 대화하는 일을 고안해 냈고, 처음으로 그것을 희랍인들에게 소개해 주었는데, 그건 비난받을 만한 일이 아니다. 왜냐하면 우리는 공짜로 얻는 것들보다 비용을 지불하면서 추구하는 것들에 더 애착을 가지기 때문이다. 플라톤은 프로타고라스가 위엄 있게 표현하면서(semnōs hemēneuonta) 또 그런 위엄(semnotēs)을 뿌듯해한다는 것과 때로는 적정선을 넘어 장광설을 펼치기도 한다는 걸 알고서 긴 신화에 그의 그런 모습이 드러나게 연출한 바 있다.[76]

---

76 플라톤 『프로타고라스』 320c 이하(DK 80C1)에 나오는 이른바 '위대한 연설'을 가리킨다. 아래 1B.48에 제시되어 있다.

1A.3. 밀레토스의 헤쉬키오스,[77] 플라톤『국가』600c에 관한 주석에 인용됨 (DK 80A3)[78]

아르테몬의 아들 압데라 출신 프로타고라스. 이 사람은 짐꾼 (phortobastaktēs)이었는데, 데모크리토스를 만나 철학을 하게 되었고(ephilosophēse) 수사학(rhētoreia)에 몸담게 되었다(esche). 쟁론적인 담론들(logoi eristikoi)을 최초로 발견했고 제자들에게서 100므나를 보수로 받았다. 그것 때문에 "담론"(Logos)[79]이라는 별칭으로 불리기도 했다. 연설가 이소크라테스와 케오스 출신 프로디코스가 이 사람의 제자였다. 이 사람의 책들이 아테네인들에 의해 불탔다. 그가 다음과 같이 말했기 때문이다. "신들에 관해서 나는 그들이 있는지도 있지 않은지도 알 수가 없다." 플라톤은 그에 대해 대화편을 쓴 바 있다. 그가 시칠리아로 배를 타고 가다가 배가 난파하여 죽었는데, 그때 나이가 70세였고 소피스트로 활동한 (sophisteusas) 지는 40년 된 때였다.

1A.4. 아울루스 겔리우스[80]『아티카의 밤』(Noctes Atticae) 5.3.1-7

프로타고라스가 철학 문헌들 쪽을 향해 가게 된 데 어떤 까닭과

---

77   밀레토스의 헤쉬키오스는 기원후 6세기 유스티니아누스 통치 기간에 콘스탄티노플에 살았던 희랍의 연대기 및 전기 작가다. 시인, 철학자 등 부류별로 배열된 그의『학식 있는 사람들의 전기 사전』은 아일리오스 디오뉘시오스와 헤렌니오스 필론의 저작을 주된 출처로 삼아 만들어졌는데, 그중 상당 부분이 나중에『수다』에 통합되었다.

78   3A.4 포함.

79   혹은 '이성', '계산', '논변'.

어떤 계기가 있었다고 이야기되는지.

가르침들(doctrinai)의 추구(studia)에 있어서 걸출한 사람인 프로타고라스는 (플라톤이 저 유명한 자기 책에 그의 이름을 써 넣은 바 있는데) 청소년기에 생계를 도모하기 위해 고용 일꾼이 되었고 무거운 짐들을 자기 몸으로 자주 나르곤 했다고들 한다. 그런 부류를 희랍인들은 '아크토포로이'(achthophoroi: 짐꾼들)라 부르고 우리는 라틴어로 '바이울리'(baiuli: 짐꾼들)라 칭한다. 그 사람이 근처 시골에서부터 자기가 속한 도시 압데라로 아주 많은 목재들을 짧은 줄에 동여맨 채 운반하고 있었다. 그때 마침 같은 도시의 시민이고 덕과 철학 때문에 다른 사람들보다 존경을 받을 만한 사람인 데모크리토스가 도시 밖으로 나가고 있다가 그가 저런 종류의 아주 거추장스럽고 아주 통제 불가능한 짐을 갖고도 쉽고 간편하게 걸어가는 걸 보고는 가까이 다가가서 목재의 묶임과 배열이 정교하고 솜씨 좋게 되어 있는 걸 알아채고 잠시 멈춰 쉬면 어떻겠느냐고 요청한다. 프로타고라스가 요청대로 하자 데모크리토스는 거의 둥그런 모양으로 쌓인 저 목재 더미가 짧은 줄에 결합되어 있어서 거의 기하학적인 어떤 비율로 균형 잡힌 채 지탱되고 있다

---

80 아울루스 겔리우스(기원후 125년경-180년 이후 사망)는 로마의 저자요 문법학자. 아마도 로마에서 태어났으리라 짐작되고 확실히 로마에서 자랐으며 아테네에서 교육받은 후에 다시 로마로 돌아와서 활동했다. 『아티카의 밤』을 쓴 것으로 유명한데, 그 책은 문법, 철학, 역사, 골동품 연구 등에 관한 노트들의 모음으로서, 달리는 알려지지 않은 많은 저자들이 쓴 작품들의 단편들을 보존하고 있는 책이다.

는 걸 다시 한 번 주목하게 되었고, 누가 그 목재를 그렇게 결합시켰는지를 물었다. 그리고 프로타고라스가 자기가 결합시켰노라고 말하자 그는 그걸 풀어서 한 번 더 같은 방식으로 결속시켜 보기를 청했다. 프로타고라스가 풀어서 비슷하게 결합시키고 나자 데모크리토스는 배우지 않은 사람의 정신이 명민하고 영리하다는 데 놀라서 말했다. "나의 젊은이, 당신이 잘 만드는[81] 재주(ingenium bene faciendi)를 가졌으니 당신이 나와 함께 만들[82] 수 있는 더 크고 더 훌륭한 것들이 있어요." 그러고는 곧바로 그를 데리고 가서 자기 곁에 두고 생활비를 대 주며 철학들(philosophiae)을 가르쳤고 그래서 그가 이후에 도달한 만큼의 그런 위대한 사람이 되게 만들어 주었다.

하지만 이 프로타고라스는 그야말로 진지한 철학자라고 하긴 어려웠고(insincerus quidem philosophus) 오히려 가장 명민한 소피스트(acerrimus sophistarum)였다. 제자들에게서 한 해 수업료로 막대한 돈을 받을 작정으로 그는 자신이 다음과 같은 걸 가르쳐 준다고 공언하곤 했다(pollicebatur). 즉, 말들을 어떻게 공들여 사용하면(industria) 더 약한(infirmior) 논거(causa)[83]가 더 강하게 (fortior) 될 수 있을지를 가르쳐 준다고 말이다. 그가 희랍어로 이렇게 표현하곤 했던 바로 그 일 말이다. "톤 헤토 로곤 크레이토 포

---

81 혹은 '잘 행하는'.

82 혹은 '행할'.

83 혹은 '이유', '주장', '변명', '송사', '대의'. 희랍어 '로고스'를 라틴어 '카우사'(causa)로 옮긴 것은 키케로였다[『브루투스』 8.30-31(6A.45 = 17A.37)].

이에인"(ton hēttō logon kreittō poiein: 더 약한 논변을 더 강한 논변으로 만들기).[84]

3. 칼리아스 주최 '소피스트 대회': 젊은이들의 반응, 아테네 방문 시점과 횟수 (플라톤의 연대 설정 관련 논란)

1A.5. 플라톤 『프로타고라스』 314e3-315b8[85]

[전달자: 소크라테스; 피전달자: 동료]

우리가 들어갔을 때 앞쪽 주랑(prostōion)을 거닐고 있는 (peripatounta) 프로타고라스를 보게 됐지요. 그분 바로 뒤로 두 무리가 따르며 함께 거닐고 있었는데(symperiepatoun), 한쪽에는 히포니코스의 아들 칼리아스와 그 동복형제인, |315a| 페리클레스의 아들 파랄로스,[86] 그리고 글라우콘의 아들 카르미데스가 따르고 있었고, 다른 쪽에는 페리클레스의 다른 아들 크산티포스와 필로멜로스의 아들 필리피데스, 그리고 프로타고라스의 제자들 가운데 가장 유명한 사람이고 소피스트가 되겠다고 전문적으로 (epi technēi)[87] 배우고 있는 사람인 멘데 출신 안티모이로스가 따르

---

84 '더 약한 논변과 더 강한 논변'에 관해서는 아래 B의 9절을 참고할 것.

85 4A.10과 3A.6으로 이어짐.

86 여기와 바로 아래에 언급되는 페리클레스의 두 아들 파랄로스와 크산티포스의 어머니(이름은 모름)는 페리클레스와 결혼하기 전에 히포니코스의 아내였고 그때 칼리아스를 낳았다.

87 직역하면 '기술(technē)을 얻기 위해서'가 된다. '교양(paideia)을 (얻기) 위해서'와 대비되는 말이다. 이런 용어의 대비는 (여기 인용되지 않은) 앞 312b에서

고 있었어요. 이 사람들이 하고 있는 이야기들(ta legomena)에 귀를 기울이며 뒤에서 따라오는 사람들은 대개 외지인으로 보이더군요. 프로타고라스는 거쳐 온 각 나라들로부터 그 사람들을 마치 오르페우스처럼 목소리로 홀려 내어(kēlōn) 이끌고, |315b| 그 사람들은 홀린 채(kekēlēmenoi) 그의 목소리를 좇아 따라다니는 거죠. 물론 그 합창 가무단(choros)에는 이곳 토박이들도 몇명 있긴 했지요. 나로서는 이 합창 가무단을 보며 아주 많이 즐거워했어요. 프로타고라스가 가는 길에 한순간이라도 방해가 될세라 조심들을 하는 모습이 얼마나 아름답던지(kalōs)! 그분 자신이 그리고 그분과 함께 있는 사람들이 반대로 방향을 꺾을 때마다(anastrephoi) 이 청자들은 어떻게든 잘 그리고 질서 있게(en kosmōi) 이쪽저쪽으로 갈라져서는 빙 돌아가서 매번 그분 뒤쪽으로 가 서곤 했지요. 무척이나 아름답게 말이에요.[88]

1A.6. 아테나이오스[89] 『만찬 자리의 소피스트들』 5, 218b-c; 11, 505f-506a (DK 80A11)

게다가 『프로타고라스』에 나오는 대화, 즉 히포니코스가 죽은 후 칼리아스가 이미 재산을 물려받고 나서 있었던 대화[90]도 며칠

플라톤이 이미 언급한 바 있다.

88 이어지는 대목은 히피아스 장 4A.10과 프로디코스 장 3A.6을 참고할 것.

89 나우크라티스(오늘날의 이집트에 있음)의 아테나이오스는 기원후 2세기 말과 3세기 초에 전성기를 보낸 희랍인 수사학자이자 문법학자다.

90 『프로타고라스』의 연대 착오에 관해 강성훈(2021)은 430년대 말에 칼리아스

전 프로타고라스가 두 번째로 여기[91]에 오게 된 것을 〈언급한다〉.[92] 그런데 히포니코스는 [...] 알카이오스 재임 시기에 에우폴리스의 『아첨꾼들』이 상연되기[93] 불과 얼마 전에 죽었다는 것이 그럴법하다. 그 극은 칼리아스의 재산 상속이 최근에 일어난 어떤 일임을 밝히고 있기 때문이다. 그런데 이 극에서 에우폴리스는 프로타고라스가 이 도시에 머물고 있는 것으로 소개하지만, 아메입시아스는 2년 앞서 상연된 『콘노스』에서 그를 사색하는 사람들(phrontistai)의 합창 가무단에 넣어 계산하지 않는다. 그러므로 그가 이 두 날짜 사이[94]에 여기에 왔던 게 분명하다. [...]

그러나 프로타고라스가 아테네에 두 번째로 왔을 때, 페리클레

의 나이가 대회 주최자가 되기에 충분한 20대 후반이었거나, 플라톤이 의도적으로 두 시대 배경(즉, 430년대 말과 420년대 말)을 혼합했거나 둘 중 하나라고 정리한다[240-243쪽 = 강성훈(2011) 52-54쪽]. 이하 아테나이오스의 언급은 그중 전자를 무력화하는데, 꽤 그럴법한 추정이라 할 만하다. '칼리아스의 집'(311a1-2)에 찾아온 손님들에게 소피스트가 또 찾아온 거냐, 그분(즉, 자기 '주인')은 바쁘다며 돌려보내려는 노예, 그러자 자기들은 그 주인 '칼리아스'를 만나러 온 게 아니며 소피스트도 아니라고 밝히는 소크라테스 일행, 이 인상적인 서두 부분(314c7-d8)만 봐도 『프로타고라스』에 등장하는 칼리아스의 집은 히포니코스가 시퍼렇게 살아 있는 상황으로 설정되고 있지 않다는 것이 어느 정도 분명해 보인다. 결국 관건은 칼리아스 나이에 얽힌 역사적 사실 관계를 추적하는 것이기보다는 연대 설정을 굳이 복잡하게 얽은 문학적(혹은 철학적) 이유를 더듬는 일이 될 것이다. 이 점에 관한 한은 아테나이오스의 이 글 역시 역사적 사실 쪽에 지나치게 시선이 쏠려 있지 않았나 싶다.

91 즉, 아테네.
92 플라톤 『프로타고라스』 309d와 310e.
93 421년.
94 423-421년.

스의 아들들인 파랄로스와 크산티포스가 그와 대화를 나눴을 수는 없다. 이들은 이미 그것보다 앞서[95] 〈역병으로〉 죽었기 때문이다.[96]

4. 소피스트로서의 활동과 보수[97]

1A.7. 플라톤 『메논』 91d2-92a2 (DK 80A8)[98]

[화자: 소크라테스; 청자: 아뉘토스][99]

프로타고라스 한 사람이, 아름다운 작품들을 그토록 분명하게 만들어 낸 페이디아스만이 아니라 다른 조각상 작가들 열 명을 합친 사람들이 번 것보다도 더 많은 돈을 이 지혜로부터 벌었다는 걸 나는 알거든요. 정말이지, 당신 말은 황당하네요. 오래된 신발을 매만지고 옷을 수선하는 사람들이 그 옷과 신발을 |91e| 넘겨받았을 때보다 더 못한 상태로 되돌려 주면서 30일을 눈치 못

---

95 429년.

96 아테나이오스는 『프로타고라스』의 연대 설정에 대해 히피아스와 관련해서도 부정적 평가를 하고 있다(4A.11).

97 보수에 관해서는 1A.1의 9.52 및 위 A의 2절 참고. 크세노폰 『향연』 1.5(프로디코스 장 3A.12)에도 칼리아스가 프로타고라스를 위시해 고르기아스, 프로디코스에게 많은 돈을 주었다는 보고가 나온다.

98 17A.28로부터 약간의 간격을 두고 이어짐.

99 맥락: 젊은이들이 가정과 국가를 잘 경영하게 해 줄 지혜와 덕을 배우게 하려면 누구에게 보내야 하는가? 덕의 선생임을 표방하고 가르치며 보수를 받는 소피스트들에게 보내야 할까? 이렇게 묻는 소크라테스에게 아뉘토스는 이들은 추종자들을 망치는 자들이어서 이들에게 보내는 것은 미친 짓이라고 답한다. 이에 대해 소크라테스가 의문을 제기하며 덧붙이는 말이다.

채게 속일 수가 없고 오히려 이런 일들을 하면 곧 굶어 죽기 십
상일 텐데, 아니, 프로타고라스는 함께 지낸 사람들을 망쳐 놓고
(diaphtheirōn)[100] 자기가 넘겨받았을 때보다 더 못한 상태로 돌려보
내면서도 40년도 넘게 온 희랍이 눈치 못 챘다(elanthanen)고 한다
면 말입니다. 내 기억에 그 사람은 70살 가까이 돼서 죽었고 그 기
술에 몸담은 게 40년이었으니 하는 말입니다. 그런데도 이날 입때
까지 이 모든 세월 동안 여전히 유명세가 멈춘 적이 없었지요. 비
단 프로타고라스만이 아니라 |92a| 다른 하고많은 사람들도 그랬
고요. 그중 일부는 그 사람보다 먼저 살았고, 일부는 지금도 아직
살아 있지요.

---

100 피교육자인 '젊은이들을 망친다'는 것이 소크라테스 재판의 주된 죄목이었다
는 것을 기억할 필요가 있다. 만약에 이 소크라테스의 발언이 아이러니컬한
것이라면, 저자 플라톤은 일종의 '비극적 아이러니'를 구사하면서, 소크라테
스에게 씌워질 죄목을 오히려 소피스트들에게, 특히 그 대표자인 프로타고라
스에게 떠넘기는 발언을 소크라테스 자신에게 할당하고 있는 셈이다. 그것도
바로 그를 고발하게 될 당사자인 아뉘토스가 청자로 설정된 상태에서 말이다.
게다가 『프로타고라스』의 주인공 프로타고라스가 자랑스럽게 '일신우일신'
(日新又日新) 교육을 표방했던 것(1B.47)을 떠올리면, 거기서의 배역과 발언은
이 드라마에서 이렇게 정면으로 뒤집기 위한 준비 과정이었을 수 있다. 이렇
게 읽을 경우에 여기 소크라테스의 프로타고라스 평가는 여느 때보다 냉소적
인 음조를 띠는 것이 된다. 반면에, 이 소크라테스의 발언을 액면 그대로 받
아들일 경우에는 마치 『파르메니데스』의 주인공 파르메니데스가 그랬던 것
처럼 프로타고라스가 당대 최고 소피스트로서의 합당한 예우를 균형감 있게
(그것도 일반적으로는 그닥 호의적이지 않은 저자에게서) 받게 되는 셈이다.
게다가 비극적 아이러니를 통해 프로타고라스는 소크라테스와 죄목을 공유
하는 동지가 되고 대중의 비난을 같이 헤쳐 나가야 할 공동의 과제와 운명을
떠안게 되는 셈이다. 선택은 읽는 이의 것이다.

1A.8. 플라톤 『프로타고라스』 328b1-c2 (DK 80A6)

[화자: 프로타고라스; 청자: 소크라테스 (전달자: 소크라테스; 피전달자: 동료)]

나는 [⋯] 누군가가 아름답고 훌륭한 사람이 되는 데 도움을 줌에 있어서 나 자신이 다른 사람들보다 월등하다고 생각해요. 또 내가 받아 내는 보수를, 심지어 훨씬 더 많은 보수를, 받을 만하다고 생각해요. 배우는 사람 자신도 그렇게 생각하고요. 그렇기 때문에 나는 보수를 받아 내는 절차 또한 다음과 같이 만들어 놓았지요. 누군가가 나에게서 배우고 나서, 그가 원하면 내가 요구하는 돈을 바로 내지만, |328c| 원치 않으면 신전으로 가서 선서를 한 후에, 배울거리가 얼마만큼의 가치가 있다고 그가 주장하든 바로 그 액수만큼을 맡기게 됩니다.

1A.9. 플라톤 『대 히피아스』 282d3-5, d8-e3[101]

소크라테스: [⋯] 반면에 이 두 사람[즉, 고르기아스와 프로디코스] 각각은 다른 어떤 장인이 어떤 기술이 됐든 자기 기술로부터 버는 돈보다도 많은 돈을 지혜로부터 벌어들였습니다. 또 이들보다 앞에 프로타고라스도 있고요.

히피아스: [⋯] 언젠가 시칠리아에 간 적이 있었죠. 프로타고라스가 |282e| 그곳에 머물고 있었는데, 유명하기도 하고 나보다

---

101 4A.5, 17B.1, 2A.8, 3A.13, 17A.14로부터 이어짐. 이후 4A.6, 17B.2, 6B.18로 이어짐(일부 내용 4A.6과 중복).

나이가 많기도 했는데요. 훨씬 젊은 내가 짧은 시간에 150므나를
훨씬 상회하는 돈을 벌어들였지요.

5. 제자

1A.10. 『수다』[102] Π.2958 (프로타고라스 항목)[103]

그[즉, 프로타고라스]는 케오스 출신 프로디코스와 다른 많은
사람들의 선생이었다.

---

102 『수다』(*Souda*; 라틴어 식으로는 '*Suda*') 혹은 『수이다스』(*Souidas*; 라틴어 식으
　　로는 '*Suidas*')는 어휘 사전이다. 제목으로 쓰인 단어 자체는 라틴어로부터 차
　　용한 말이며 '요새'라는 뜻이다. 단순한 단어 사전이라기보다 역사 백과사전
　　이라 할 수 있는데, 기원후 10세기 말경에 집성되었다. 대체로 이전 모음집
　　들과 고대 텍스트 주석들에 의존하고 있고, 그 전기적 정보는 주로 밀레토스
　　의 헤쉬키오스(기원후 6세기)로부터 가져왔다. 앞뒤가 안 맞는 등 부적절한
　　내용들을 포함하고 있지만, 불완전하나마 고대 학계에서 가장 시대적으로 앞
　　선 혹은 가장 좋은 권위를 많이 인용하고 있고 희랍 지성과 문명에 속하는 많
　　은 분야의 자료들을 포괄하고 있어서 매우 중요성이 높은 자료다. 별도의 언
　　급이 없는 한 『수다』의 자리 표시는 희랍어 알파벳과 아라비아 숫자로 조합된
　　아들러(A. Adler) 번호다. 기본적인 텍스트는 수다 온라인 버전(SOL: Suda
　　On Line)을 이용하면서 아들러 번호를 사용하고, 필요한 경우에만 베커판(I.
　　Bekker 1854)을 이용하면서 그 쪽수를 병기하기로 한다.
103 = 3A.5. 『수다』Π.2365(3A.1)와 플라톤 『국가』600c에 관한 주석(3A.2)에도
　　프로디코스가 그의 제자라는 언급이 나온다. 1A.3에 이소크라테스와 프로디
　　코스가 그의 제자라고 언급된다.

6. 재판(추방 혹은 사형 판결)과 난파와 죽음

1A.11. 키케로 『신들의 본성에 관하여』 1.63[104]

[…] 프로타고라스는 […] 아테네인들의 명령에 의해 도시 및 변두리로부터 추방되었고 그의 책들은 시장에서 불태워졌다.

1A.12. 섹스투스 엠피리쿠스 『학자들에 대한 반박』 9.56-57 (DK 80A12)[105]

바로 그런 이유[106] 때문에 아테네인들이 그에게 사형 판결을 내렸을 때 그[즉, 프로타고라스]는 피해 떠났다가(diaphygōn) 바다에서 배가 난파되어 죽었다. |57| 그런데 이런 이야기(historia)를 플리우스 출신 티몬도 『풍자시들』(Silloi) 2권에서 다음과 같은 말들을 개진하면서 언급한 바 있다.

… 그래서 그다음으로 소피스트들 가운데서도
목소리가 안 또렷하지(aligyglōssos)도 않고 목표에 대한 집중력이 없
지(askopos)도 않으며 입심[107]이 없지(akylistos)도 않은
프로타고라스에게. 그들은 그의 저작들을 재로 변하게 할 의향이 있
었다.

---

104 1B.41에 포함.
105 1B.40으로부터 이어짐.
106 1B.40에 인용된, 신에 대한 그의 불가지론적 입장을 가리킨다.
107 혹은 '다재다능함'.

자기는 신들을 알지도 못하고

그들이 어떤 자들인지 또 그들이 누구인지를 관찰할 능력도 없다고 썼기 때문이다.

공정성(epieikeia)을 어떻게든 지켜보려고 온갖 애를 다 쓰면서 그렇게 했다.

하지만 이것들은 그에게 별 도움이 못 되었고 그는 도망을 시도했다 (phygēs epemaieto).

그럼으로써 소크라테스의 쓴 잔을 마시고 하데스로 내려가지 않으려고 말이다.

1A.13. 플루타르코스 『니키아스』 23.3

사람들은 자연학자들과 당대에 '천상의 것들을 논하는 자들'(meteōroleschai)이라 불리는 사람들을 용인하지(ēneichonto) 않았던 것이다. 그들이 신적인 것(to theion)을 논하면서(diatribontes) 비이성적인 원인들(aitiai alogoi)과 선견지명 없는 능력들(dynameis apronoētoi)과 강제된 현상들(katēnankasmena pathē)로 치부한다고 생각해서 말이다. 아닌 게 아니라 프로타고라스는 추방당했고(ephyge), 아낙사고라스는 감옥에 갇힌 걸 페리클레스가 간신히 구출해 냈으며, 소크라테스는 적어도 그런 일들 중 아무것도 그에게 어울리지 않았음에도 불구하고 철학 때문에 죽임을 당했던 것이다.

1A.14. 필로스트라토스 『소피스트들의 생애』 1.10.3 (DK 80A2)[108]

바로 이것[즉, 신들의 존재 여부에 대해 입장을 못 정하겠다고 주장한 것] 때문에 그는 아테네인들에게서 추방당해(ēlathē) 그들의 땅 전역에 발을 붙이지 못하게 되었다. 혹자들은 재판을 받아 추방당했다고 하고, 또 혹자들은 재판은 없이 투표로 정해진 명령에 따라 추방당했다고 생각한다. 대륙에서 섬들로 왔다 갔다 하면서, 온 바다에 흩어져 있는 아테네인들의 삼단노선들을 피해 가면서 작은 배로 항해하던 중 침몰 사고를 당했다.

1A.15. 디오게네스 라에르티오스 『유명한 철학자들의 생애와 사상』 9.52, 54-56 (DK 80A1)[109]

|52| 그 저작[110]의 이 시작 대목 때문에 그는 아테네인들에게서 추방당했고(exeblēthē), 그들은 포고령을 내려 그의 책들을 각 소유자들에게서 모아 시장에서 불태웠다. […]

|54| […] 자신의 담론들 가운데 『신들에 관하여』를 처음으로 발표했는데,[111] […] 그는 그것을 아테네에서 발표했다. […] 4백인 참주 가운데 하나인, 폴뤼젤로스의 아들 퓌토도로스가 그를 고발했다. 그런데 아리스토텔레스는 에우아틀로스가 그랬다고 말한다.

---

108 1A.2에 포함.
109 1A.1에 포함.
110 아래 에우세비오스의 보고(1B.39)에 따르면 그 저작의 제목은 『신들에 관하여』다.
111 직역하면 '읽었는데'.

|55| [⋯] 필로코로스는 그가 시칠리아로 항해하다가 배가 바다에 가라앉았다고, 에우리피데스가 『익시온』에서 이것을 넌지시 언급한다(ainittesthai)고 말한다. 어떤 사람들은 그가 여행 중에 죽었다고 말한다. 90세가량 살고서 말이다. |56| 그런데 아폴로도로스는, 40년을 소피스트로 살고 84회 올림피아 기[112]에 절정기를 맞았던[113] 그가 70세까지 살았다고 말한다.

B. 사상과 가르침

1. 저작

1B.1. 디오게네스 라에르티오스『유명한 철학자들의 생애와 사상』 9.55 (DK 80A1)[114]

남아 있는 그의 책들은 다음과 같다.[115] 『쟁론가들의(*Eristikōn*)[116]

---

112 444-440년.

113 에우세비오스『연대기』(DK 80A4)에도 같은 보고가 기록되어 있다. "84회 올림피아 기: 에우리피데스가 [⋯] 유명하다고 여겨지며, 소피스트인 프로타고라스도 그렇다."

114 1A.1에 포함.

115 텍스트(DK) 편집자 딜스는 여기 목록 앞부분에 공백이 있으리라고 추정한다. 적지 않은 논자들이 이런 추정을 받아들였다. 가장 잘 알려진 두 저작(위 9.51과 9.54에서 언급된)이 빠져 있다는 것에서부터 이 목록이 불완전하다는 결론을 추론한 것이다. 그 외에도 질리올리(U. Zilioli 2007)가 거론했듯(5쪽) '있는 것에 관하여'(1B.7)나 이른바 '위대한 연설'(1B.48)도 적어도 표면적으

기술』, 『레슬링에 관하여』,[117] 『수학에 관하여』, 『정치 체제(*Politeia*)[118] 에 관하여』, 『명예 사랑[119]에 관하여』, 『덕들에 관하여』, 『태초의 상태 (*Katastasis*)에 관하여』, 『하데스의 일들에 관하여』, 『인간들의 옳지 않은 행위들에 관하여』, 『명령적 담론』(*Prostaktikos*),[120] 『보수를 받아 내기 위한[121] 송사(*Dikē*)』,[122] 『반론들』(*Antilogiai*)[123] 1권과 2권.[124] 이것

로는 언급이 없다. 다수 견해에 관한 반론으로는 아래 이미경(2005)의 논의를 참고할 것. 저작의 체재와 내용에 관한 이해(혹은 추측)와 재구성이 프로타고라스 사상의 해석과 재구성에 매우 중요한 것임엔 틀림없다.

116 혹은 '쟁론적 논변들의'.

117 아래 1B.3 참고. 그곳의 책 언급을 기초로 이 책 이름이 여기에 들어와 있을 수도 있다.

118 혹은 플라톤 작품 제목을 고려하면 '국가'.

119 혹은 '야망'.

120 혹은 '명령하는 문장'. '담론'이나 '문장'에 해당하는 '로고스'(logos)라는 말은 생략되어 있다.

121 혹은 '보수에 관한'.

122 9.56(1A.1)에 언급된 송사와 관련된다면, 그 일화 때문에 이 책 이름이 나중에 만들어 넣어졌을 수도 있다.

123 혹은 '대립 논변들'.

124 위에 언급한 공백 설정 논의에 대한 반론을 제시하는 이미경(2005)은 그 논의를 재고하면서 이 목록의 항목들 일부가 『진리』의 절들 제목이거나 아예 이 중 하나가 『진리』일 가능성을 제안하는데, 특히 후자이리라고 추측하면서 그 후보로 이 『반론들』 1권과 2권을 제시한다(25쪽). 그리고 그 모습은 아마도 이 장르의 현존 작품인 『이중 논변』이 잘 보여 준다고, 따라서 아마도 긴 철학적 논변들이라기보다 간단간단한 대립 논변들의 사례를 담은 연습 내지 시범용 연설 내지 말기술 교범일 것이라고 추측한다(26-28쪽). 여기 항목들이 『반론들』 (*Antilogiai*)이라는 한 책의 하위 절들(신들, 존재, 법들, 기술들)이라는 주장은 운터슈타이너(M. Untersteiner)의 것이다(1947-1948 34쪽, 1996 17-23쪽). 이미경(2005) 25쪽 주석 34 및 질리올리(2007) 5쪽 주석 10 참고.

들이 그의 책들이다.

1B.2. 섹스투스 엠피리쿠스 『학자들에 대한 반박』 7.60[125]

어쨌든 『반박들』(Kataballontes)[126] 서두에서 그는 다음과 같이 설파했다.

1B.3. 플라톤 『소피스트』 232d5-e1 (DK 80B8)[127]

엘레아인 손님: 모든 기술들과 각각의 기술 하나하나에 관한 것들에 대해, 각각의 기술자 자신을 상대로 무슨 반박들을 해야 (anteipein) 하는지는, 배우기를 원하는 사람을 위해 써져서, 말하자면 공적인 영역에 이미 공표되어 있지요(katabeblētai).[128]

테아이테토스: 레슬링이라든지 다른 기술들에 관한 프로타고라스의 저술들을 |232e| 말씀하시는 것 같네요.

1B.4. 플라톤 『테아이테토스』 161c3-6[129]

[화자: 소크라테스; 청자: 테오도로스]

하지만 그 담론(logos)[130]의 시작에 대해 난 놀랐어요. 자신의 『진

---

125 1B.8에 포함. 그곳에 인용된 DK 80B1의 맥락.
126 생략된 단어가 들어 있는 'Kataballontes (Logoi)'를 보다 구상적으로 옮기면 '넘어뜨리는 논변들'이 된다.
127 1B.31과 17A.19에 포함.
128 레슬링 용어를 이용한 언어 유희일 가능성이 농후하다. 보다 구상적으로 옮기면 '이미 메다꽂아져 더 이상 일어나지 못하는 상태다'가 될 것이다.
129 1B.13에 포함.

리』(Alētheia)를 시작하면서 그[즉, 프로타고라스]가 "모든 사물들
의 척도는 돼지"라거나 "개의 머리를 한 개코원숭이"라거나 감각
을 가진 것들 가운데 그것들보다 더 이상한 다른 어떤 것이라고
말하지 않았다는 것에 대해서 말이에요.[131]

1B.5. 플라톤『크라튈로스』391c5-7 (DK 80A24에 포함)[132]
[화자: 헤르모게네스; 청자: 소크라테스]

정말이지, 소크라테스, 내가 간청한다는 건 이상합니다. 내가 프
로타고라스의『진리』는[133] 아예 받아들이지 않으면서 그런『진리』에
의해[134] 말해진 것들은 뭔가 가치가 있는 양 소중해 한다면 말입
니다.

1B.6. 디오게네스 라에르티오스『유명한 철학자들의 생애와 사상』
3.37-38, 57 (DK 80B5)[135]

에우포리온과 파나이티오스는『국가』[136]의 시작 부분(archē)이 여

---

130 흔히 '책'이라고들 옮기기도 하지만, '책'에만 해당되는 단어가 사용된 것은 아
    니다. 이것 역시 제목에 관한 논자들의 논란에 대해 시사하는 바가 있다.
131 '말하지 않았다는 것에 대해서 말이에요' 대신 '말하지 않았거든요'로 옮길 수
    도 있다. 혹은 '말하지 않은 까닭이 무엇인지에 대해서 말이에요'로 옮기는 것
    도 불가능하지 않다.
132 1B.57에 나오는 소크라테스의 발언에 대한 대응. 17A.40에 포함.
133 혹은 '진리는'.
134 혹은 '그런 진리에 의해'.
135 고르기아스 관련 표절 언급은 2B.3 참고.
136 플라톤의『국가』.

러 번 개작되었다(estrammenē)고 말했다. |38| 아리스톡세노스는 그『국가』의 거의 전부가 프로타고라스의『반론들』(Antilogika)에 쓰여 있다고 말한다.[137] […]

|57| […]『국가』 […] 파보리누스는『잡다한 탐문』 2권에서 그 것[138]의 거의 전체가 프로타고라스의『반론들』(Antilogika)에 발견되기도 한다고 말한다.[139]

1B.7. 포르퓌리오스『문헌학 강좌』 1권의 한 대목, 에우세비오스『복음을 위한 준비』 10.3.25-26에 인용됨 (DK 80B2)

"플라톤 전에 살았던 사람들의 책들은 희귀하다. 그게 아니었다면 어쩌면 그 철학자의 〈표절들(klopas)〉[140]을 더 많이 목도했을 테니까 말이다. 어쨌든 나[즉, 프로세네스[141]]는 프로타고라스의『있

---

137 이미경(2005)의 추측에 따르면 음악에 관한 저작들과 전기들로 잘 알려져 있는 기원전 4세기 소요학파 철학자 아리스톡세노스는 거칠고 불평이 많았던 것으로 알려져 있어서 프로타고라스를 옹호하려는 의도보다는 플라톤을 깎아내리려는 의도가 더 두드러져 있는 것으로 보인다(26쪽).

138 즉,『국가』.

139 이미경(2005)은 플라톤주의자에 속하는 파보리누스에게 아리스톡세노스의 보고를 반복하면서 깎아내릴 동기가 딱히 있지는 않았을 것으로 추측한다 (26쪽).

140 누락된 단어가 보충된 것이다. 우리는, 플라톤에게 이 '표절들'이 더 많이 귀속되면 될수록 소피스트들에 관해 우리가 얻게 될 정보의 양과 정확성이 증가될 것이라는, 기대와 실망의 미묘한 제로섬 게임을 하면서 플라톤이라는 자료를 대하게 되는 셈이다.

141 기원후 270년경 활동한 소요학파 철학자. 그에 관해서는 이 저작(에우세비오스『복음을 위한 준비』 10.3.1)에 인용된 신플라톤주의자 포르퓌리오스

는 것에 관하여』(*Peri tou Ontos*)[142]라는 담론(logos)[143]을 우연히 접한 적이 있는데, 그때 그것을 읽으면서 나는 그가 있는 것을 하나로 제시하는 사람들에 대해[144] 이런[145] 유의 대응들을 구사하는 것을 발견하였다. 나는 말해진 것들을 표현 그대로 써서 기억하려고 노력했기에 하는 말이다." 그리고 이렇게 말한 후에 그는 그 논증들을 길게 개진한다.[146]

[2-6. 인간 척도설 및 관련 논의]

2. 인간 척도설의 내용과 그것에 대한 해석[147]

1B.8. 섹스투스 엠피리쿠스 『학자들에 대한 반박』 7.60-64[148]

그리고 어떤 사람들은 압데라 출신 프로타고라스도 판단 기준 (kritērion)을 제거한 철학자의 대열(choroi)[149]에 귀속시켰다. 모든 현상들(phantasiai)[150]과 의견들(doxai)이 참된 것으로 실재하며

(234-305년경)가 전해 주는 정보가 유일하다. 그 정보에 따르면 롱기누스가 270년경 아테네에서 플라톤을 기리며 연 향연의 참석자 중에 프로세네스라 는 소요학파 철학자가 있었다. 린치(J.P. Lynch 1972) 213쪽.

142 버네이즈(J. Bernays 1850)는 이것을 『진리』와 동일시하는 가설을 제안한 바 있다. 상세한 내용과 동조자 목록은 이미경(2005) 28쪽과 주석 34 참고.

143 혹은 '연설', '이야기', '논변'.

144 혹은 '대항하여'.

145 혹은 '다음과 같은'. 맥락상 '플라톤과 유사한'이라는 의미일 것이다.

146 에우세비오스는 그러나 이 논증들을 재현하지는 않는다.

(hyparchein)[151], 누군가에게 드러나는 혹은 여겨지는[152](phanen ē doxan tini) 모든 것이 그 사람과의 관계하에서(pros ekeinon) 실재하기 때문에 진리[153]는 어떤 것과의 관계하에 있는(pros ti) 것들[154]에 속한다고 그가 말하기 때문이다. 어쨌든『반박들』(Kataballontes) 서두에서 그는 다음과 같이 설파했다.[155] "모든 사물들의 척도는 인간이다.[156] …인[/있는] 것들에 대해서는 …이다[/있다]라는 것의[157] 척도요,

---

147 인간이 모든 …임/있음과 …이지/있지 않음의 척도라는 교설, 그리고 그것에 대해, 각자에게 드러나는 대로 있다거나 모든 드러남(감각)은 참이라는 교설이라고 해석하는 입장들. 국내의 관련 연구 가운데 정준영(1997)은『테아이테토스』에 논의된 인간 척도설을 주관주의-객관주의나 실재론-관념론 이분법을 통해 규정하는 데 반대하면서 지각 상대주의 내지 상대주의적 무오류주의로 규정한다. 반면에 편상범(2005)은 상대주의 해석은 플라톤적 입김이 지나치게 많이 반영된 것이므로 프로타고라스의 다른 단편들을 참고로 하여 종합할 필요가 있으며, 이를 토대로 인식의 상대성보다 경험의 중요성이 더 강조되어야 한다는 점을 들면서 경험주의자로 볼 것을 제안한다. 그런가 하면 이윤철(2014)은 상대주의로 해석하는 플라톤의 논의 대신 무오류주의 입론으로 이해하는 아리스토텔레스『형이상학』4권 등의 논의(이 책의 1B.25, 1B.21 그리고 1B.17, 1B.20 등)를 고찰하여 논의의 균형점을 제공하려 시도한다.

148 1B.2(DK 80B) 포함. 11B.14와 2B.5로 이어짐.

149 직역하면 '합창 가무단'.

150 혹은 '드러난[/나타난] 모습들'.

151 혹은 '존속하며'. 이하 마찬가지.

152 혹은 '생각되는'.

153 혹은 '진실'.

154 즉, 상대적인 것들.

155 이 문장은 위 1B.2에 별도 인용하여 다루었다.

156 혹은 '인간이 모든 사물들의 척도다.' 이하 마찬가지.

157 혹은 '…이다[/있다]라는 것의' 대신 '어떻게 …인가[/있는가]의'. 이하 마찬가지.

···이지[/있지] 않은 것들에 대해서는 ···이지[/있지] 않다라는 것의[158] 척도다![159](DK 80B1) |61| 그리고 대립하는 진술(ho antikeimenos logos)[160]조차 이것에 증거 노릇하는(martyrein) 것으로 드러난다(phainetai). 누군가가 인간이 모든 사물들의 판단 기준이 아니라고[161] 주장하게 되면, 인간이 모든 사물들의 판단 기준임을[162] 확고하게 만드는(bebaiōsei) 것이 될 테니까 말이다. 이것을 이야기하는 사람 자신이 인간이며, 그와의 관계에서 드러나는 대로의 것을 상정하면서(titheis) 그는 또한 바로 이것이 그와의 관계에서 드러나는 대로의 것들에 속한다는 것에 동의하기 때문이다. 이것으로부터, 미친 사람도 광기 가운데 드러나는 것들에 대

---

158 혹은 '···이지[/있지] 않다라는 것의' 대신 '어떻게 ···이지[/있지] 않은가의'. 이하 마찬가지.

159 이 단편은 아래(1B.9-11) 이어지는 인용문들의 기본적인 전달 내용이기도 한 대표적인 단편(DK 80B1)이다. 희랍어에서는 '있다'라는 말과 '···이다' 혹은 '진짜로 ···이다'라는 말이 나뉘어 있지 않다. 통상 '있다'라는 말을 대표 번역어로 사용하지만, 실은 '···이다'나 '진짜로 ···이다'로 읽는 것이 더 원의에 가까운 경우가 많다. 지금 이 경우가 특히 그렇다고 생각하여 우리말 어법에 덜 어울리는 '···이다'를 앞세우고 '있다'를 괄호 안에 언급하였다. 앞으로도 꼭 필요한 경우에는 다소 부자연스럽지만 '···이다'와 '있다'를 병용할 것이고 문맥에 더 적절하게 보이는 쪽을 앞세울 것이다. 이런 예외적인 경우들 외에는 대체로 우리말의 자연스러움을 고려하여 어느 한쪽을 택해 옮기게 되고 그 경우에 대개 '있다'를 대표 번역어로 사용할 것이지만, 이런 애매성이 잠재되어 있다는 점을 의식하며 새기는 것이 좋겠다.

160 혹은 '논변'.

161 혹은 '모든 사물들의 판단 기준은 인간이 아니라고'.

162 혹은 '모든 사물들의 판단 기준은 인간임을'.

한 신뢰할 만한(piston) 판단 기준이며, 잠자는 사람도 잠잘 때 드러
나는 것들에, 그리고 어린애도 어릴 때 드러나는 것들에, 그리고 노
령이 된 사람도 노령일 때 다가오는(prospiptonta)[163] 것들에 대한 믿
을 만한 판단 기준임이 따라 나온다. |62| 그런데 차이 나는 상황
들(diapherousai peristaseis)에 근거해서 또 다른 차이 나는 상황들
을 거부하는(athetein) 것은 적절하지(oikeion) 않다. 즉, 제정신인
(sōphronein)[164] 상태에서 마주치는(hypopiptonta)[165] 것들에 근거
해서 광기 속에서 드러나는 것들을, 깬 상태에 마주치는 것들
에 근거해서 잠잘 때 드러나는 것들을, 노령일 때 마주치는 것
들에 근거해서 어릴 때 드러나는 것들을 거부하는 것은 적절하
지 않다. 저들[166]에게는 그것들이 그렇게 드러나지 않으며, 이번
에는 역으로 이들에게 드러나는 것들도 저들에게는 그렇게 다
가오지 않기 때문이다. |63| 바로 그렇기 때문에 미친 사람이나
잠자는 사람이 특정의 어떠어떠한 상태(diathesis)[167]에서 바라보
고 있기(theōreitai) 때문에 그에게 드러나는 것들에 대한 확고한
(bebaios) 판단자가 아니라면, 제정신이고 깨어난 사람도 또한 특
정의 어떠어떠한 상태에 처해 있으므로 그 사람 또한 그에게 마주
치는 것들에 대한 분간(diagnōsis)에 관해서 신뢰할 만하지 않다.

---

163 혹은 '(들이)닥치는'.
164 혹은 '절제'. 이하 마찬가지.
165 혹은 '(마음에) 와 닿는'.
166 즉, 후자들.
167 혹은 '조건'.

그러니까 어떤 것도 상황과 떨어져서(chōris peristaseōs) 받아들여지지(lambanomenon) 않으므로 각자는 자기 자신의(oikeia) 상황에 따라 받아들여지는 것들에 관해서 신뢰해야 한다(pisteuteon). |64| 그리고, 어떤 사람들이 짐작하기로는(hyponoēsan)[168], 바로 이 사람[169]은 판단 기준을 공격한다(kinein)[170]. 이것이 그 자체로 밑에 놓여 있는(hypokeimena) 것들에 대해서 시험할 능력이 있는(dokimastikon) 것으로 있고 참된 것과 거짓된 것에 대해서[171] 분간할 능력이 있는(dihoristikon) 것으로 실재한다(hyparchein)고 자처하지만(bouletai), 방금 말한 그 사람은 그 자체로 실재하는 어떤 것도 거짓인 것도 그냥 놔두지(apoleloipen)[172] 않았던 것이다.[173]

1B.9. 섹스투스 엠피리쿠스 『퓌론주의 개요』 1.216-219 (DK 80A14; DK 80B1 포함)

프로타고라스는 주장한다(bouletai). "모든 사물들의 척도는 인간이다. …인[/있는] 것들에 대해서는 …이다[/있다]라는 것의 척도요, …이지[/있지] 않은 것들에 대해서는 …이지[/있지] 않다라는 것의 척도다."(DK 80B1) 이때 '척도'란 판단 기준(kritērion)을 뜻하고, '사물

---

168 혹은 '의심하기로는'.
169 즉, 프로타고라스.
170 혹은 '문제시한다'.
171 혹은 '참과 거짓에 대해서'.
172 혹은 '받아들이지'.
173 에우튀데모스 형제 장의 11B.14로 이어진다.

들'(chrēmata)은 대상들(pragmata)[174]을 뜻한다.[175] 의미상으로는 다음과 같이 주장하는 것과 같다. "모든 대상들의 판단 기준은 인간이다. …인[/있는] 것들에 대해서는 …이다[/있다]라는 것의 척도요, …이지[/있지] 않은 것들에 대해서는 …이지[/있지] 않다라는 것의 척도다." 그리고 바로 이것 때문에 그는 각자에게 드러나는(phainomena) 것들만 놓으며(tithēsi), 그런 식으로 그는 관계적인 것(to pros ti)[176]을 끌어들인다(eisagei). |217| 그렇기 때문에 그는 퓌론주의자들과 공통점을 갖는 것으로 생각되기도 한다. 하지만 그는 그들과 다르며, 우리가 프로타고라스의 견해(to dokoun)를 적절히 해명하고 나면 그 차이를 알게 될 것이다.

자, 그런데 그 사람은 질료가 흐른다(rheustē)고 말한다. 그것이 연속해서 흐르고 있으니까 방출되는 것들 대신에 추가되는 것들이 생겨나며, 감각들은 나이 및 몸의 다른 조건들(kataskeuai)[177]

---

174 혹은 '일들', '사태들'. 실재라는 의미로 이해할 수도 있겠다.

175 '크레마타'(chrēmata)를 나도 계속 '사물들'로 옮기고 있고, 여기서 섹스투스도 그런 의미로 새겨야 한다는 뜻으로 '프라그마타'(pragmata)와 동일하다고 굳이 밝히고 있다. 달리 말하면, 이런 식으로 '크레마타'를 사용하는 용법은 굳이 설명이 필요할 정도로 의고적인 것이 되어 버렸다는 말이다. 고전 시대부터 이미, 그리고 이후엔 뒤로 가면 갈수록 더더욱 많이, 일상인들에게 이말은 '돈'이라는 의미로 상당히 굳어져 있었다(원래 말뜻은 '필요한 것', '유용한 것'). 마치 우리말에서도 '물건'이라는 말이 어느 때부터인가 '상품'이라는 뜻으로 많이 사용되는 것과 유사한 사례라 할 수 있다.

176 혹은 '상대적인 것', 혹은 그냥 '관계', '상대성'. 직역하면 '뭔가와의 관계하에서'라는 것.

177 혹은 '상황들'.

에 따라 구조가 바뀔(metakosmeisthai) 뿐만 아니라 성질이 달라진다(alloiousthai). |218| 그리고 그는 또한 드러나는 모든 것들의 근거들(logoi)[178]이 질료에 존속한다(hypokeisthai)고, 그래서 질료는 그 자체만으로 모두에게 드러내는 대로의 모든 것들일 수 있다고 이야기하기도 한다. 그리고 인간들은 서로 다른 때에 서로 다른 것들을 그들의[179] 상이한 상태들(diatheseis)[180]에 따라 파악한다(paralambanesthai). 자연에 따른 상태에 있는 사람은 질료 안에 있는 것들 가운데 자연에 따른 상태에 있는 사람들에게 드러날 수 있는 것들을 파악하는 반면, 자연에 반하는 상태에 있는 사람은 자연에 반하는 상태에 있는 사람들에게 드러날 수 있는 것들을 파악하는 것이다.

|219| 그리고 같은 이치가 나이에도 적용되고, 잠을 자는 상태나 깨어난 상태에도 적용되며, 조건들의 유형(eidos) 각각에도 적용된다. 그러니까, 그에 따르면, 인간이 있는 것들의 판단 기준이 된다. 인간들에게 드러나는 모든 것들은 또한 있기도 하지만(kai estin), 인간들 가운데 어느 누구에게도 드러나지 않는 것들은 또한 있지도 않으니까(oude estin)[181] 말이다.

그러니까 우리는 본다. 질료가 흐른다는 것에 관해서도, 그리고 드러나는 모든 것들의 근거들이 질료에 존속한다는 것에 관해서

---

178 혹은 '원리들', '설명들' 등.
179 혹은 '그것들의'로 옮기는 것도 가능하다.
180 혹은 '조건들'.
181 '또한 있지도 않으니까' 대신 '아예 있지(도) 않으니까'로 옮길 수도 있다.

도 그가 교설을 설파하고 있다(dogmatizei)는 것을. 그것들이 실은
불분명하고(adēla) 우리[182]에게 판단이 유보될 만한 것들(aphekta)
임에도 불구하고 말이다.

1B.10. 디오게네스 라에르티오스 『유명한 철학자들의 생애와
사상』 9.51 (DK 80B1 포함)[183]

그는 또한 어딘가에서[184] 이런 식으로 시작했다. "모든 사물들의
척도는 인간이다. …인[/있는] 것들에 대해서는 …이다[/있다]라는 것의
척도요, …이지[/있지] 않은 것들에 대해서는 …이지[/있지] 않다라는
것의 척도다."(DK 80B1) 또 그는, 플라톤도 『테아이테토스』[185]에서
말하고 있는 것처럼, 영혼이 감각들을 넘어서서는 아무것도 아니
라고, 그리고 모든 것들이 참이라고 말했다.

1B.11. 플라톤 『테아이테토스』 151e8-152c6 (DK 80B1 포함)

소크라테스: 정말이지, 앎과 관련해서 당신이 한 이야기(logos)[186]
는 사소하지(phaulos) 않은 것 |152a| 같네요. 프로타고라스가 했
던 이야기이기도 하지요. 다만 그분은 똑같은 이 이야기를 뭔가
다른 방식으로 했지요. 어딘가에서 이렇게 말하거든요. "모든 사물

---

182 저자 섹스투스 같은 회의주의자들을 가리킨다.
183 1A.1에 포함.
184 이 말의 의미에 관해서는 1A.1의 해당 주석을 참고할 것.
185 『테아이테토스』 151e8-152c6. 다음 1B.11에 인용됨.
186 즉, 앎을 감각(aisthēsis)으로 정의하는 이야기.

들의 척도는 인간이다. 있는[/…인] 것들에 대해서는 있다[/…이다]라는 것의 척도요, 있지[/…이지] 않은 것들에 대해서는 있지[/…이지] 않다라는 것의 척도다."(DK 80B1) 읽어 봤겠지요, 아마도[187]?

테아이테토스: 읽어 봤죠, 여러 번.

소크라테스: 그분 이런 어떤 식의 이야기를 하고 있는 것 아닌가요? 각각의 것들이 내게 드러나는(phainetai) 대로 내게 있고[/…이고], 당신에게는 또 당신에게 드러나는 대로 당신에게 있다[/…이다][188]는 이야기 말이에요. 이때 당신도 나도 다 인간이고요.

테아이테토스: 그런 식의 이야기를 하고 있는 거죠.

|152b| 소크라테스: 그런데 지혜로운 사람은 허튼소리를 하지(lērein) 않는 법이죠. 그러니 그분 뒤를 따라가 봅시다. 같은 바람이 불고 있는데 우리 중 한 사람은 추워하고 다른 사람은 안 그러는 일이 가끔 있지 않나요? 혹은 한 사람은 조금 추워하고 다른 사람은 몹시 그러는 일도 있고요.

테아이테토스: 물론입니다.

소크라테스: 그렇다면 그때 그 바람 자체가 그 자체로 차거나 차지 않다고 우리가 말할까요, 아니면 프로타고라스를 믿고서, 추워하는 사람에게는 찬데 추워하지 않는 사람에게는 아니라고 할까요?

---

187 혹은 '어딘가에서'.
188 앞으로 특별한 필요가 있는 경우 외에는 편의상 '있다[/…이다]'로 병기하지 않고 '있다'로만 표기하기로 한다.

테아이테토스: 후자인 것 같습니다.

소크라테스: 두 사람 각각에게 그것이[189] 그렇게 드러나기(phainetai)도 하겠지요?

테아이테토스: 예.

소크라테스: 그런데 '드러난다'(phainetai)는 건 지각함(aisthanesthai)이지요?

테아이테토스: 그렇습니다.

|152c| 소크라테스: 그렇다면 뜨거움만이 아니라 그 비슷한 모든 것들에서 드러남(phantasia)과 지각(aisthēsis)은 같은 것이네요. 각자가 지각하는 대로 각자에게 있기도 한 것 같거든요.

테아이테토스: 그런 것 같습니다.

소크라테스: 그렇다면 지각은 언제나 있는 것에 대한 것이고, 앎인 것으로서 거짓이 없는 것(apseudes)이네요.

3. 인간 척도설에 대한 반박 및 재반박[190]

1B.12. 플라톤 『크라튈로스』 385e4-386e5 (DK80 B1의 일부인 DK 80A13 포함)[191]

소크라테스: 자 이제, 봅시다, 헤르모게네스, 있는 것들(ta onta)도[192]

---

189 즉, 그 바람이.

190 인간들 각자가 모두 기준이 됨에도 불구하고 어떻게 인간들 사이의 차이나 특정인의 지혜 및 우월성을 확보할 수 있느냐는 반론과 그것에 대항하는 옹호 논의(재현을 통한 보고).

그렇다고, 즉 그것들의 본질(ousia)[193]이 각자에게 고유하게(idiāi) 있다고 당신에게 보이는지(phainetai)[194] 말이에요. 프로타고라스가 "모든 |386a| 사물들의 척도는 인간이다."라고 말하면서 이야기하려던 것처럼 말이죠. 그러니까 사물들이 내게 드러나는(phainetai) 대로 내게 있고, 당신에게 드러나는 대로 당신에게 있다는 이야기 말이에요. 아니면 그것들이 자기들의 본질의 어떤 확고함(bebaiotēs)을 가진다고 당신은 생각하나요?

헤르모게네스: 나는, 소크라테스, 예전에 언젠가 해결하기 어려운 문제에 막막해하다가 프로타고라스가 이야기하는 바로 이런 것들에 이끌렸던 적이 있습니다. 하지만 실상이 그렇다고는 전혀 생각하지 않습니다.

소크라테스: 이건 어떤가요? 사람들 가운데 누군가 나쁜 사람이 있다는 생각이 전혀 들지 않을 정도로까지 |386b| 당신이 이끌렸던 적이 있나요?

헤르모게네스: 제우스에 맹세코 그렇지 않고요. 오히려 사람들 가운데는 아주 나쁜 사람들이 있고, 그것도 아주 많다는 생각이 들 정도의 느낌을 가졌던 적은 여러 번 있었지요.

---

191 11B.9 포함.

192 이름의 경우 각자가 부르는 것이 자기에게 고유하게 제대로 된 이름으로 기능한다는 것이 이 대화 이전에 헤르모게네스가 제시한 입장이었다. 이제 소크라테스는 이름에 대한 그런 입장(이름의 옳음이 각자에게 의존한다는 입장)이 존재자(즉, 있는/…인 것)들에 대해서도 적용되는지 묻고 있는 것이다.

193 혹은 '실재', '있음[/…임]'.

194 혹은 '드러나는지'.

소크라테스: 이건 어떤가요? 사람들 가운데 아주 쓸 만한(chrēstoi) 사람들이 있다는 생각이 든 적은 한 번도 없었나요?

헤르모게네스: 아주 적지요.

소크라테스: 어쨌든 있다는 생각은 했었던 거네요?

헤르모게네스: 그랬지요.

소크라테스: 그럼 이것에 대해서는 어떤 식으로 상정하고(tithesai) 있나요? 이런 식인가요? 아주 쓸 만한 사람들은 아주 분별 있는 (phronimoi) 반면, 아주 나쁜 사람들은 아주 무분별한가요(aphrones)?

|386c| 헤르모게네스: 나로선 그렇다고 생각합니다.

소크라테스: 그럼 프로타고라스가 참된 것들을 이야기했고 그 진리란 각자에게 생각되는 것들 그대로 각자에게 있다는 것이라면, 우리 가운데 어떤 사람들은 분별 있는 반면 어떤 사람들은 무분별하다는 게 있을 수 있을까요?

헤르모게네스: 그럴 수 없죠.

소크라테스: 그리고 내 생각에 당신은 적어도 이런 생각만큼은 틀림없이 하고 있는 거네요. 분별(phronēsis)과 무분별(aphrosynē)이 있다면 프로타고라스가 진리를 말하고 있다는 건 전혀 가능한 일이 아니라는 생각 말이에요. 각자에게 생각되는 것들이 각자에게 참이라고 한다면 실제로 한 사람이 다른 사람보다 더 분별 있게 되는 일이란 |386d| 아예 없을 테니 말이죠.

헤르모게네스: 그렇지요.[195]

소크라테스: 하지만 내 생각에 당신은 에우튀데모스를 따라 모

든 것들에게[196] 모든 것들이 동시에 그리고 늘 똑같이 있다고 생각하지도 않아요. 그런 경우 누구에게나 덕과 악(kakia)이 늘 똑같이 있다면 어떤 사람들은 쓸 만한데 어떤 사람들은 나쁘게 되는 일도 없을 테니까요.

헤르모게네스: 맞는 말입니다.

소크라테스: 그렇다면 모든 것들에게[197] 모든 것들이 동시에 그리고 늘 똑같이 있지도 않고, 있는 것들 각각이 각각에게[198] 고유하게 있지도 않다면, 사물들은 그것들 자체가 자기들의 |386e| 어떤 확고한 본질을 갖는 것들임이 분명해요. 우리와의 관계하에서 혹은 우리에 의해서, 즉 우리의 상상(phantasma)에 의해 이리저리 끌려다니는 것들이 아니라 그 자체로(kath' hauta) 자기들의 본질(즉, 바로 그런 방식으로 본성 지어졌다고 할 때의 그런 것)과 관계를 맺으면서 말이죠.

헤르모게네스: 실상이 그렇다고 난 생각합니다, 소크라테스.

1B.13. 플라톤 『테아이테토스』 161c2-e3[199]

[화자: 소크라테스; 청자: 테오도로스]

다른 것들에 대해서는 내게 아주 흡족하게 그가 말했지요. 각자

---

195 이후 대목은 11B.9와 중복되는 대목이다.

196 혹은 '누구에게나'. 우리말 어법에 완전히 맞지는 않지만, 이 책에서는 희랍어 여격의 의미를 보다 온전히 음미하기 위해 '… 것들에게'를 도입하기로 한다.

197 혹은 '누구에게나'.

198 혹은 '각자에게'.

에게 생각되는 것 그대로 있기도 하다는 것 말이에요. 하지만 그 담론(logos)의 시작에 대해 난 놀랐어요. 자신의 『진리』(*Alētheia*)를 시작하면서 그가 "모든 사물들의 척도는 돼지"라거나 "개의 머리를 한 개코원숭이"라거나 감각을 가진 것들 가운데 그것들보다 더 이상한 다른 어떤 것이라고 말하지 않았다는 것에 대해서 말이에요. 그래야, 우리는 그의 지혜에 대해 마치 신처럼 그를 경탄스럽게 보지만(ethaumazomen) 정작 그는 현명에 있어서 |161d| 인간들 가운데 다른 누구는 고사하고 올챙이보다도 조금도 더 낫지 않다는 걸 보여 주면서, 거창하게 무시하듯 우리에게 이야기를 시작할 수 있었을 텐데 말이죠. 아니면 우리가 어떻게 이야기를 해야 할까요, 테오도로스? 감각을 통해서 각자가 생각하는 것이 각자에게 참이어서, 어떤 사람이 다른 사람의 겪음을 더 잘 분간해 낼 수도 없고, 다른 사람의 의견이 옳은지 거짓인지 살펴보는 데 더 권위를 가지는 것도 아니라, 여러 번 이야기된 것처럼, 각자가 자신의 의견들을 자신만이 만들어 내고 이 모든 의견들이 옳고 참이라고 한다면, 도대체 왜, 벗이여, 프로타고라스는 지혜로워서 다른 사람들에게도 |161e| 큰 보수를 받는 선생이 되기에 적절하다고 생각하는 게 정당한 거며 왜 우리는 더 무식해서 저 사람 곁으로 배우러 다녀야 하는 건가요? 각자가 자기 지혜의 척도인데도 말이죠.

---

199 1B.4 포함.

1B.14. 플라톤 『프로타고라스』 334a3-c2 (DK 80A22)[200]

[화자: 프로타고라스]

하지만 나는 인간들에게 이롭지 않은(anōphelē) 많은 것들을 압니다. 음식이든 마실 것이든 약이든 다른 무엇이든 수없이 많지요. 그런데 어떤 것들은 이롭지요. 또 어떤 것들은 인간들에게는 이도저도 아닌데 말들에게는 둘 중 어느 한쪽인 것도 있고요. 어떤 것들은 소들에게만, 또 어떤 것들은 개들에게만 그런 것도 있고요. 그런데 어떤 것들은 이것들 가운데 어떤 것에게도 이롭거나 이롭지 않거나 하지 않은데 나무들에게는 그런 것도 있습니다. 또 어떤 것들은 나무의 뿌리들에게는 좋은데,[201] 싹들에게는 몹쓸 것들인(ponēra) 게 있지요. 예컨대, 거름[202]은 모든 |334b| 식물들의 뿌리들에 던져 주면 좋지만 당신이 그걸 싹들이나 어린 잔가지들에다가 던져 주겠다고 들면 그게 모든 걸 망치게 되지요. 올리브 기름도 식물들 모두에게는 완전히 나쁘고(pankakon) 인간 말고 다른 동물들의 털에는 가장 치명적[203]이지만, 인간의 털과 나머지 몸

---

200 프로타고라스에게 돌려진 이 이야기들은 상당히 헤라클레이토스적인 느낌을 준다. 물론 헤라클레이토스와 연관 짓는 『테아이테토스』 제1부의 기획과 유사한 것이 기본적으로 바탕에 깔려 있어서 논의를 이런 방향으로 이끈 것일 수도 있지만, 애초에 프로타고라스에게 이런 헤라클레이토스적인 색깔을 띤 논의가 있어서 그런 유의 연관 짓기가 플라톤에게 자연스럽게 다가왔을 가능성을 무시하기 어렵다.

201 이로움에서 슬쩍 좋음으로 넘어왔다.

202 혹은 '똥'.

203 직역하면 '적대적'.

에는 도움이 됩니다(arōgon)[204]. 좋은 것은 이렇게 다채롭고 다양해서 여기 이 경우에도 인간의 몸 바깥에 |334c| 있는 것들에는 좋지만, 안에 있는 것들에는 이 똑같은 것이 가장 나쁘기도 합니다.

1B.15. 플라톤 『테아이테토스』 166c9-168a2 (DK 80A21a)

[전달자: 소크라테스; 실제 화자: 프로타고라스][205]

나는 |166d| 진리가 내가 쓴 그대로라고 주장하거든요. 우리들 각자가 있는 것들과 있지 않은 것들의 척도입니다. 그렇지만 어떤 사람은 다른 사람과 다음과 같은 바로 그 점에서 수많은 차이를 갖습니다. 즉, 어떤 사람에게는 어떤 것들이 있기도 하고 드러나기도 하는데, 다른 어떤 사람에게는 다른 것들이 있기도 하고 드러나기도 한다는 점 말입니다. 그리고 지혜와 지혜로운 사람이 없다고 내가 주장하는 거냐? 천만의 말씀이죠. 그게 아니라 다음과 같은 바로 그런 사람을 지혜롭다고 말합니다. 우리 가운데 누군가에게 나쁜 것들이 드러나기도 하고 있기도 한 경우에 그 사람을 바꿔 놓아서(metaballōn) 좋은 것들이 드러나기도 하고 있기도 하게 만들어 주는 사람 말입니다.

그런데 내 이야기를, |166e| 이번에는, 내 말의 자구(rhēma)를 쫓지 말고 다음과 같이 이야기할 테니 내가 무슨 이야기를 하는

---

204 혹은 '유익합니다'.

205 맥락: 프로타고라스 주장에 대해 제기된 반론에 프로타고라스가 다시 살아온다면 할 수 있는 대응을 프로타고라스로 빙의하여 이야기한다.

건지 훨씬 더 분명하게 이해해 보세요.[206] 앞서 어떤 것이 이야기되었는지 상기해 보세요. 몸이 편치 않은 사람에게는 그가 먹는 것들이 쓴 것들로 드러나기도 하고 있기도 하지만,[207] 건강한 사람에게는 정반대의 것들이 있기도 하고 드러나기도 한다는 것 말이에요. 그런데 이 두 사람 가운데 어느 누구도 더 지혜롭다고 여기면(poiēsai)[208] 안 됩니다(dei). 그럴 수조차 없거든요. |167a| 아픈 사람은 이러이러한 생각들을 갖고 있기 때문에 무지하지만 건강한 사람은 달리 저러저러한 생각들을 갖고 있기 때문에 지혜롭다고 규정해서도 안 됩니다(katēgorēteon). 다만 한쪽을 다른 쪽으로 바꿔 놓아야 합니다(metablēteon). 그 다른 쪽 상태(hexis)가 더 좋거든요(ameinōn). 그런 식으로 교육에 있어서도 한쪽 상태로부터 더 좋은 상태로 바꿔 놓아야 합니다. 다만 의사는 약들을 가지고 바꿔 놓는데 소피스트는 이야기들(logoi)을 가지고 바꿔 놓는다는 것만 다르지요.

하지만 아무도 누군가가 거짓된 것들을 생각하는 걸 나중에 참된 것들을 생각하게끔 만들어 놓는 게 전혀 아닙니다. 있지 않은

---

206 그가 "자구(toûnoma)를 위해 취지(dianoia)를 포기하고 대화했"다는 DL의 보고(1A.1의 9.52)가 정확하다면 꽤나 아이러니컬한 대사다.

207 '쓴 것들로 드러나기도 하고 있기도 하지만' 대신 '쓰다고 드러나기도 하고 실제로 쓰기도 하지만'으로 옮길 수도 있다. 이미 우리는 희랍어에서 '있다/…이다', 즉 '있다'와 '…이다'가 함께 들어 있는 말을 편의상 '있다'로 줄이기로 했다. 사실 지금 만난 맥락의 경우에는 '…이다'로 새기는 것이 훨씬 자연스럽고 부담이 없다. 주의를 환기하는 차원에서 짚고 넘어가고자 한다.

208 직역하면 '만들면'.

것들을 생각하거나 자기가 겪고 있는 것들 말고 다른 것들을 생각하는 것은 가능하지 않고 이것들은 늘 참이거든요.[209] |167b| 오히려 누군가가 몹쓸(ponēra)[210] 영혼의 성향으로 인해 자기와 동종적인 것들을 생각하고 있을 때, 그로 하여금 쓸 만한(chrēstē)[211] 영혼의 성향으로써 다른 그와 비슷한[212] 것들을 생각하도록 만들어 주는 거라고 나는 생각합니다. 바로 그렇게 드러나는 것들(phantasmata)[213]을 어떤 사람들은 경험 부족 때문에 참되다고 부르

---

209 프로타고라스의 인간 척도설을 아래에 나오는 반론 불가능성 교설로 연결 짓는 고리 노릇을 하는 주장이 바로 이 '있지 않은 것을 생각함의 불가능성' (그리고 이것과 연결된 '거짓된 것을 생각함의 불가능성')이다. (플라톤 초기 의 『에우튀데모스』 등에서부터 중기 말에서 후기까지의 『테아이테토스』, 『소 피스트』 같은 작품에서 이 문제가 무게감 있게 거론된 것을 보면 플라톤의 적 지 않은 주요 문제들의 기본 출처가 소피스트였을 가능성이 있다.) 프로타고 라스의 저작 가운데 『있는 것에 관하여』가 있었다는 것을 상기하면(1B.7), 고 르기아스만이 아니라 프로타고라스도 파르메니데스 전통에 대한 반론을 통 해 계승을 시도했을 가능성이 높다. 두 사람 작품의 제목(후자의 '진리', '있 는 것에 관하여'나 전자의 '있지 않은 것에 관하여')만 보아도 상당히 그럴법 해 보인다. 그런 의미에서 프로타고라스 저작의 면모를, 상대적으로 풍부한 일차 자료가 확보된 고르기아스 저작(및 『이중 논변』)과의 비교를 통해 밝히 려는 연구는 상당히 의미가 있는데, 그런 시도의 한 사례를 이미경(2005)이 보여 주고 있다(특히 27-29쪽). 고르기아스에게 계승된 파르메니데스 전통에 관해서는 강철웅(2017)을 참고할 것. 플라톤의 주요 문제들이 파르메니데스 에게서 파생되었다는 점은 우리가 너무도 당연시하지만, 그 전통의 전달 선 상에 소피스트들(소크라테스를 포함하여)이 있었다는 점은 우리에게 아직 너 무도 낯설다. 함께 추적해 볼 만한 일이다.

210 혹은 '나쁜'.

211 혹은 '훌륭한'.

212 즉, 쓸 만한.

지만, 나는 어떤 것들이 다른 것들보다 더 좋다고는 부르지만 조금도 더 참되다고는 부르지 않습니다.

그리고, 친애하는 소크라테스, 지혜로운 사람들로 말할 것 같으면, 내가 올챙이들을 이야기한다니, 천만의 말씀입니다. 그게 아니라 몸에 대해서는 의사들을 이야기하고, 식물에 대해서는 농부들을 이야기하는 거죠. 이들도 식물들 가운데 |167c| 어떤 것이 아픈 상태일 때면 그것들에게 나쁜 감각들 대신에 쓸 만하고 건강할 뿐만 아니라 참된 감각들을 심어 넣어 주는데(empoiein), 지혜롭고 훌륭한 연설가들은 몹쓸 것들 대신 쓸 만한 것들이 정의롭다는 생각이 국가들에게 들도록 만들어 준다(poiein)고 나는 주장하거든요. 각 국가에게 정의롭고 아름답다고 생각되는 바로 그것들이, 그 국가가 그것들을 생각하는(nomizēi)[214] 한 그 국가에 그렇게 있기도[215] 하니까요. 그러나 지혜로운 사람은 각각의 것들이 그들에게 몹쓸 것들일 때 그것들 대신 쓸 만한 것들이 있고 또 그렇게 생각되기도 하도록 만듭니다. 그리고 같은 이치에 따라 소피스트도 교육받는 사람들을 그런 식으로 |167d| 인도할 능력이 있을 때 지혜롭기도 하고 교육받은 사람들에게서 많은 돈을 받을 가치가 있지요. 그리고 그런 식으로 어떤 사람들이 다른 사람들보다 더 지혜로우면서도 아무도 거짓된 것들을 생각하지 않으며, 당신

---

213 혹은 '현상들'.

214 혹은 '믿는'.

215 즉, 정의롭고 아름다운 것들로 있기도. 혹은 더 자연스럽게는 '정의롭고 아름답기도'.

은 당신이 원하든 원치 않든 척도임을 견뎌 내야만(anekteon) 합니다. 나의 이 이야기(logos)는 바로 이런 것들 안에서 꿋꿋이 살아남아 있으니까요(sōizetai).

그걸 당신이 시작점(archē)[216]에서부터 반박할(amphisbētein) 수가 있다면, 반대편 이야기로 죽 진행하면서(logōi antidiexelthōn) 반박하세요.[217] 혹은 질문들을 통해서 하고 싶다면 질문들을 통해서 하고요. 제대로 정신이 박힌 사람이라면 이걸 피하면 절대 안 되고 오히려 무엇보다도 가장 추구해야만 하니까요. |167e| 하지만 이렇게 해 주세요. 질문하면서 불의를 저지르지 마세요. 덕을 돌본다고 주장하는 사람이 이야기들을 하면서 불의를 저지르는 일로 일관하는 것 말고는 아무것도 하지 않는다는 건 아주 불합리하니까요. 그리고 불의를 저지른다는 건 다음과 같은 것 안에 있지요. 즉, 누군가가 상(賞)을 놓고 겨루면서(agōnizomenos) 논의들을 수행하는 것과 대화하면서(dialegomenos) 논의들을 수행하는 것을 나누지 않는 일입니다. 앞의 것에서는 농도 건네고 가능한 한 넘어트리려(sphallēi) 하지만, 대화에서는 진지하게 임하기도 하고 다음과 같은 것들만, |168a| 즉 대화 상대자 자신이 스스로 이전 교제들에서도 저지른 실수들만을 대화 상대자에게 보여 줌으로써 그를 똑바로 세워 주지요(epanorthoi).

---

216 혹은 '원리'.

217 '반박한다'(amphisbētein)는 말은 '반론한다'(antilegein)는 말과 사실상 같은 말이 아닐까 싶다. 지금의 이 논의가 결국 반론 불가능성 논의로 연결된다는 점에서 이 말은 매우 흥미로운 언어 유희, 아니 사고 유희에 속한다.

4. 척도와 감각

1B.16. 헤르메이아스[218] 『이교도 철학자들에 대한 조롱』(*Diasyrmos tōn Exō Philosophōn*) 9 (DK 80A16)

그러나 프로타고라스는 다른 쪽에 선 채 다음과 같이 말하면서 나 [즉, 엠페도클레스]를 그쪽으로 끌어당긴다. "인간이 사물들의 기준 (horos)이요 준거(krisis)이며, 감각들 아래 떨어지는(hypopiptonta) 것 들은 사물들이지만 그것들 아래 떨어지지 않는 것들은 존재(ousia)의 부류들(eidē) 가운데 있지 않다." 이런 논변으로 프로타고라스에 의 해 추켜세워지니 난 흔쾌하다(terpomai). 그는 모든 것 혹은 대부 분의 것을 인간에게 할당하기 때문이다.

1B.17. 아리스토텔레스 『형이상학』 I(10).1, 1053a31-b3[219]

앎도 사물들의 척도요 감각도 같은 이유 때문에 그렇다고 우리 는 말한다. 즉, 그것들에 의해 우리가 뭔가를 알게 된다는 것 때문 이다. 하지만 그것들은 측정하기보다는 오히려 측정된다. 그러나 우리에게 일어나는 일은 이를테면 다른 누군가가 우리를 잰다고

---

218 '철학자 헤르메이아스'라고도 불리는 헤르메이아스는 기원후 3세기에 살았던 것으로 추정되는 무명의 기독교 호교론자다. 그에 관해 거의 알려진 바가 없다. 희랍 철학의 주제들에 관한 짧은 패러디인 『이교도 철학자들에 대한 조롱』이 라는 책을 썼다. 『플라톤 『파이드로스』 주석』의 저자인 헤르메이아스와는 동 명이인이다.

219 맥락: '하나'의 주요 의미들을 논의하는 가운데 척도로서의 하나가 거론되며, 직전 문맥에서는 척도가 언제나 측정되는 것과 동류(syngenes)임이 개진된다.

할 때 완척을 우리에게 적용하여 몇 번 적용되는가를 가지고 우리가 얼마나 큰지를 우리가 알게 될 때와 같은 상황이다. 그런데 프로타고라스는 인간이 모든 것들의 척도라고 주장한다. 마치 아는 자나 감각하는 자를 두고 말하는 것처럼 말이다. 이들을 두고 그럴 수 있는 건 한쪽은 감각을 다른 쪽은 앎을 갖고 있는데, 바로 그것들이 밑에 놓인 대상들(hypokeimena)의 척도라고 우리가 주장하는 것들이기 때문이다. 그러니 그들은 실은 아무런 대단한 것도 말하지 않으면서도 뭔가 의미 있는 말을 하고 있는 것처럼 보이는 것이다.

1B.18. 아리스토텔레스 『형이상학』 Θ(9).3, 1047a4-7 (DK 80A 17)[220]

영혼이 없는 것들도 마찬가지다. 그들[즉, 메가라학파] 말대로라면 그것들이 감각되고 있는 게 아닐 경우 아무것도 차갑지도 뜨겁지도 달지도 않게 될 것이고, 일반적으로 말해 아무것도 감각되지 않게 될 것이다. 그래서 결국엔 프로타고라스의 논변을 말하게 되는 일이 그들에게 일어나게 될 것이다.

---

220 맥락: 현실적으로 발휘되는 경우에만 능력을 인정하고 가능태로서의 능력을 인정하지 않는 메가라학파에 대한 비판이 전개된다.

5. 척도와 무차별성

1B.19. 플루타르코스『콜로테스에 대한 반박』4, 1108d6-1109a6
(DK 68B156)

그런데 그[즉, 콜로테스]가 그[즉, 데모크리토스]를 비난하는
건 그 무엇보다도 사물들 각각이 저러하기보다 오히려 이러하다고 할
게 아니다(ou mallon toion ē toion einai)라고 말함으로써 삶을 온
통 뒤섞어 놓았다(synkechyke ton bion)는 것 때문이다. 그러나 데
모크리토스는 사물들 각각이 저러하기보다 오히려 이러하다고 할
게 아니라고 생각하는 것과는 아주 거리가 멀어서 그런 말을 하는
소피스트 프로타고라스와 싸움을 벌이고 그를 반대해서 많은 설
득력 있는 것들을 쓴 바 있을 정도였다. 그런 것들을 콜로테스는
꿈에서조차 접한 적이 없었기에 저 사람의 언표(lexis)에 관해 실
수했던 것이다. 어떤 '것'(to den)이 '아무것도 아닌 것'(to ouden)보
다 오히려 있는 거라고 할 게 아니라(mē mallon to den ē to mēden
einai)고 천명한(dihorizetai) 그 언표에 관해서 말이다.

6. 반론 불가능성, 모든 것이 참임: 인간 척도설은 모순 주장이라는 비판

1B.20. 아리스토텔레스『형이상학』K(11).6, 1062b13-19,
1062b34-1063a6 (DK 80A19 포함)

프로타고라스에 의해 말해진 것도 이야기된 것들[즉, 대립하는

진술들이 같은 것에 대해 참일 수 없는데, 그렇게 불가능한 것을 가정하면 결국 이를테면 같은 것이 사람이면서 말이라는 결론을 주장하는 것과 같다는 논의]과 비슷하다. 이유는 이렇다. 저 사람도 인간이 모든 **사물들**의 척도라고 말했다. 각자에게 여겨지는 것 (to dokoun hekastōi)이 확고하게(pagiōs) …이기[/있기]도 하다는 것과 전혀 다르지 않은 것을 이야기하면서 말이다. 그런데 이런 일이 생기면 같은 것이 …이면서[/있으면서] …이지[/있지] 않기도 하고 나쁘면서 좋기도 하다는 게 따라 나오며(symbainei), 대립하는(antikeimenai) 진술들(phaseis)[221]에 따라 이야기되는 다른 것들도 마찬가지다. 흔히 어떤 사람들에게는 이것이 아름답다고 드러나고 어떤 사람들에게는 반대되는 것(tounantion)이 그렇다고 드러나는데, 각자에게 드러나는 것이 척도이기 때문이다. […]

실로 서로 논란을 벌이는 사람들(hoi pros hautous diamphisbētountes)의 의견들(doxai)[222]과 인상들(phantasiai)[223]에 똑같이 주의를 기울이는 것이야말로 순진한(euēthes) 일이다. 그들 가운데 한쪽 사람들이 필연적으로 잘못을 범하고 있다(diepseusthai)[224]는 게 분명하기 때문이다. 그런데 이것은 감각에 따라 생겨나는 것들로부터 분명하다. 같은 것이 어떤 사람들에게는 달다고 드러나고 어떤 사람들에게는 반대라고 드러나는 일은 결코 없기 때문이

---

221 혹은 '언명들'.
222 혹은 '생각들'.
223 혹은 '상상들'.
224 혹은 '기만을 당하고 있다'.

다. 한쪽 사람들이 가진, 언급된 이 맛들에 대한 감각 기관, 즉 판단 기준이 망가지고 손상되어 있지 않는 한은 말이다. 그런데 이런 상황이 일어나는 경우에는 한쪽 사람들은 척도라고 상정해야 하는 반면, 다른 쪽 사람들은 그렇게 상정해서는 안 된다. 나는 좋은 것과 나쁜 것, 아름다운 것과 추한 것, 그리고 그 비슷한 다른 것들에 대해서도 똑같이 이렇게 이야기한다.

1B.21. 아리스토텔레스 『형이상학』 Γ(4).5, 1009a7-16

프로타고라스의 논변(logos)도 같은 의견으로부터 나오며, 그 논변들은 둘 다가 똑같이 있거나[/…이거나] 아니면 있지[/…이지] 않거나[225] 한 것이 필연적이다. 여겨지는(ta dokounta) 그리고 드러나는(ta phainomena) 모든 것들이 참이라면 모든 것들이 동시에 참이면서 거짓임이 필연적이니까. (많은 사람들이 서로 반대되는 것들을 상정하고, 서로와 같은 의견들을 갖지 않는 사람들은 잘못을 범하고 있는 거라고 믿으며, 그래서 같은 것이 있으면서 있지 않음이 필연적이게 되기 때문이다.) 그리고 이것이 그렇다면 여겨지는 모든 것들은 참임이 필연적이다. (잘못을 범하는 사람들과 참을 말하는[226] 사람들(alētheuontes)은 서로 대립하는 의견들을 가지기 때문이다. 그러니까 있는 것들이 이러하다면, 모든 사람들이 참을 말하게 될 것이다.) 그렇다면 그 두 논변이 모두 같은 생각(dianoia)으로부터 나온

---

225 즉, '참이거나 아니면 참이 아니거나'.
226 혹은 '참에 이른'. 이하 마찬가지.

다는 것이 분명하다.

1B.22. 디오게네스 라에르티오스『유명한 철학자들의 생애와 사
상』9.53 (DK 80A1)[227]

그리고, 플라톤이『에우튀데모스』[228]에서 말하는 것처럼, 반론
한다(antilegein)는 것이 불가능함을 논증하려고 시도하는 안티
스테네스의 논변을 대화에 이용한 것도 이 사람이 처음이다. 그
리고 그는, 변증가 아르테미도로스가『크뤼시포스에 반박하며』
에서 말하는 것처럼, 입론들(theseis)에 대해 반박을 제기하는 법
(epicheirēseis)을 처음으로 개발했다(katedeixe).

1B.23. 플라톤『에우튀데모스』285d7-286d3 (DK 80A19)[229]

[전달자: 소크라테스; 청자: 크리톤; 대화자: 디오뉘소도로스와 크테시포스][230]

그러자 디오뉘소도로스가 "반론한다(antilegein)[231]는 게" 하고 말

---

227 1A.1에 포함.

228 286c. 아래 1B.23에 인용됨.

229 11B.4와 상당 부분 중복. 에우튀데모스 형제의 발언으로 설정되어 있지만 프
로타고라스에게도 귀속될 수 있는 발언으로 보아 여기에도 수록한다. 중복되
므로 다른 부분들은 두 형제에게 기본적으로 귀속시키되 프로타고라스의 영
향을 확인하는 방향으로 읽으면서, 286c 전후 프로타고라스가 언급되는 부분
에 주목하여 읽는 것이 좋겠다.

230 소크라테스와 크리톤은 죽마고우 절친이어서 우리말 맥락에서도 서로 편하
게 말을 놓고 대화하는 것으로 옮기는 게 더 자연스러울 수 있다. 이 책에서
는 높임말과 관련한 우리 식 어법을 가능한 한 덜 적용하고자 하기에, 이 두
사람 사이에도 적당히 존중하는 말투를 적용하기로 한다.

했어요. "있다고[232] 여기고, 크테시포스, 당신은 그 논변들(logoi)[233] 을 하고(poiêi)[234] 있는 건가요?"

|285e| "물론이죠." 하고 그가 말했어요. "그것도 무척이나요. 아니면 당신은, 디오뉘소도로스, 반론한다는 게 있다고 생각하지 않나요?"

"어쨌거나 당신은" 하고 그가 말했어요. "어떤 사람이 다른 사람에게 반론하는 걸 들었다는 걸 절대 보여 줄(apodeixais)[235] 수 없을 겁니다."

"그게 정말인가요?" 하고 그가 말했어요. "하지만 내가 당신에게 보여 주는지 어쩐지 우리가 지금 들어 봅시다(akouōmen nyn ei).[236] 크테시포스가 디오뉘소도로스에게 반론하는 걸 말이에요."

"이것에 대한 논변(logos)을 책임질 건가요(hyposchois)[237]?"

"물론이죠." 그가 말했어요.

---

231 혹은 '반대 진술한다'.

232 혹은 '있을 수 있다고'. 이하 마찬가지.

233 혹은 '진술들', '설명들'. 이하 마찬가지.

234 혹은 '만들고'.

235 혹은 '증명할', '논증할'.

236 T 사본을 따라 'akouōmen nyn ei'로 읽었다. B 사본을 따라 'akouō men nyn ei'로 읽으면 '하지만 내가 당신에게 보여 준다면 나는 듣고 있습니다.'가 되고, W 사본을 따라 'akouomen nyn ei'로 읽으면 '하지만 내가 당신에게 보여 준다면 우리는 듣고 있습니다.'가 되어 어색하다. OCT가 택한 독법은 배덤(Badham)의 수정 'akouōn men nyni'인데, 이 수정을 따르면 '하지만 나는 지금 들으면서 당신에게 보여 주고 있지요[/보여 주겠습니다].'로 새길 수 있다.

237 혹은 '논변[/설명] 부담을 질 건가요', '근거[/논변]를 제시할 수 있나요'.

"그럼 어떤가요?" 하고 그가 말했어요. "있는 것들 각각에 진술들 (logoi)[238]이 있나요?"

"물론이죠."

"그렇다면 각각의 것이 있다라는(hōs estin)[239] 건가요, 아니면 있지 않다라는(hōs ouk estin)[240] 건가요?"

|286a| "있다라는 거죠."

"당신이 기억한다면" 하고 그가 말했어요. "크테시포스, 방금 전에도 우리는 있지 않다라고는(hōs ouk esti)[241] 아무도 진술하지 (legonta)[242] 못한다는 걸 보여 주었으니까요(epedeixamen). 있지 않은 것(to … mē on)은 아무도 진술하지 못한다는 게 드러났거든요."

"그래서 그게 대체 이거와 뭔 상관인가요?" 하고 그가, 즉 크테시포스가 말했어요. "그렇다고 나도 당신도 조금이라도 덜 반론하고 있는 게 되나요?"

"자, 그럼" 하고 그가 말했어요. "우리 두 사람이 모두 같은 사물 (pragma)[243]에 대한 진술을 제시하면(logon … legontes) 반론을 하는 게 될까요, 아니면 그렇게 되면 정말로 우리가 같은 것들을 진술하는 게 될까요?"

---

238 혹은 '설명들', '정의들'.
239 혹은 '있는 대로인', '있다고 하는'. 이하 마찬가지.
240 혹은 '있지 않은 대로인', '있지 않다고 하는'.
241 혹은 '있지 않은 대로는'.
242 혹은 '말하지'. 이하 마찬가지.
243 혹은 '사태'. 이하 마찬가지.

그는 후자에 동의했어요.

"하지만[244] 둘 중 아무도" 하고 그가 말했어요. "그 사물에 대한 |286b| 진술을 제시하지 않을 때 우리는 반론을 하는 걸까요? 아니면 그렇게 되면 우리 둘 중 아무도 그 사물을 아예 언급조차 안 하는 걸까요?"

이번에도 그는 후자에 동의하더군요.

"하지만 보세요,[245] 나는 그 사물에 대한 진술을 제시하는데 당신은 어떤 다른 사물에 대한 다른 진술을 제시한다고 할 때 우리는 반론을 하는 건가요? 아니면 나는 그 사물에 대해 진술하지만 당신은 아예 진술조차[246] 하지 않는 건가요? 그런데 진술하지 않는 사람이 어떻게 진술하는 사람에게 반론을 할 수 있을까요?"

그러자 크테시포스는 침묵했지만, 나는 그 논변(logos)[247]에 놀라서 "무슨 뜻으로 하는 말인가요(legeis), 디오뉘소도로스." 하고 말했지요. "아닌 게 |286c| 아니라 바로 이 논변을 나는 정말 많은 사람들에게서 자주 들었지만 매번 놀라지 않은 적이 없지요. 프로타고라스를 위시한 그 주변 사람들도 그걸 뻔질나게(sphodra) 이용했고 훨씬 이전 사람들도 그랬거든요. 그런데 나에겐 늘 그게 놀랄 만한 논변으로, 즉 다른 논변들을 거꾸러트릴(anatrepōn) 뿐만

---

244 혹은 '그런가 하면'.
245 혹은 '그런가 하면'.
246 '그 사물에 대해'가 생략된 것으로 볼 수도 있지만, 아예 그런 생략 자체가 없는 것으로 볼 수도 있다. 전자가 쉬운 해석이지만, 후자가 음미해 볼 만하다.
247 혹은 '진술', '말'. 이하 마찬가지.

아니라 스스로 자신도 거꾸러트리는 논변으로 보입니다.[248] 그런데 그것의[249] 진리를 당신에게서 가장 멋지게[250] 들을(peusesthai) 수 있을 거라는 생각이 드네요. 거짓된 것들을 진술한다는 건 없다[251]는 말 아닌가요? 당신의 논변이 이걸 뜻하는(dynatai) 거니까요. 안 그런가요? 아니, 누군가가 진술을 할 때면 참된 것들을 진술하거나, 아니면 진술하지 않거나(mē legein)[252] 하는 거 아닌가요?"

그가 동의하더군요.

|286d| "그렇다면 거짓된 것들을 진술하는 건 없지만, 생각하는 (doxazein)[253] 건 있는 건가요?"

"생각하는 것도 없지요." 그가 말했어요.[254]

---

248 프로타고라스류 논변의 자기 반박성에 관해서는 이어지는 논의들에서 소크라테스가 지속적으로 간간이 언급하게 된다(287e-288a, 303e 등).

249 즉, 그것에 대한.

250 직역하면 '아름답게'.

251 혹은 '있을 수 없다'.

252 앞에 '참된 것들을'이 생략된 것으로 보는 것이 불가능하지는 않지만, 맥락상 '아예 진술하지 않거나'(mēde legein)로 이해하는 것이 더 적절할 것 같다.

253 혹은 '의견을 갖는', '믿음을 갖는'. 아래도 마찬가지.

254 질리올리(2007)에 따르면 "반론 불가능성 발언에 대한 반향이 이소크라테스의 『헬레네』(혹은 『헬레네 찬양』) 1.1에 나온다. 여기 『에우튀데모스』 285d-286d가 보여 주듯이 이건 다른 사람들도 공유한 슬로건이었다. 그러나 프로타고라스와 추종자들이 많이 사용했다."(6쪽 주석 18) 논쟁 진영에 관한 이윤철(2008)의 보고에 따르면 프로타고라스의 것이라는 데 대해 적극적인 인정파는 커퍼드(G.B. Kerferd), 거드리, 쉬아파 등이, 회의파는 DK, 뒤프렐, 이미경 등이 있다(67-70쪽). 이윤철은 표현상의 기원은 프로타고라스에, 의미상의 기원은 파르메니데스에 있다고 본다(70-71쪽). 그런데 이미경 등이 지적하는 전거상 확실성의 문제는 인정파들도 부인하기 어렵다. 결국 강조의 문

98

1B.24. 이소크라테스 『헬레네』 1-2[255]

|1| 얼토당토않고(atopos) 통념에 반하는(paradoxos) 가정 (hypothesis)을 만들어 낸 후에 이것에 관해 어지간히 참아 줄 만하게(anektōs) 말하는 능력이 있다면 자신들이 대단한 거라고 여기는 어떤 사람들이 있습니다. 그 가운데 어떤 사람들은 거짓된 것들을 말하는(pseudē legein) 것은 불가능하다고, 반론하는(antilegein) 것도 불가능하다고, 같은 대상들에 관해 두 논변(logō)을 대립시켜 말하는(anteipein) 것도 불가능하다고 주장하며 나이를 먹었는가 하면,[256] 다른 사람들은 용기와 지혜와 정의가 같은 것이라고, 우리는 그것들 가운데 어떤 것도 자연적으로 갖고 있지 않다고, 오히

제일 수 있다. 이미경은 전거상 확실한 것은 안티스테네스 쪽이라는 입장인 반면, 인정파들은 전거상 불확실성에도 불구하고 프로타고라스에게 귀속시켜 볼 만한 중요한 이유들이 있지 않느냐는 입장이다. 둘 다 일리가 있다고 생각한다. 중요한 것은 이윤철의 입장에서도 간접적으로 시사되듯이, 소피스트 운동의 중요한 자극 유발자(trigger) 노릇을 하는 게 파르메니데스라는 점이다. 또 하나, 사실 '누구 거냐'의 문제가 우리 생각보다 덜 중요할 수 있다. 마치 '너 자신을 알라'가 소크라테스의 것이 아니면서 누구보다도 소크라테스의 것이라 할 수 있듯이, '반론이 불가능하다'도 프로타고라스의 것이 아니면서 또한 누구보다도 프로타고라스의 것일 수 있다. 다만 같은 방식으로 그런지가 문제다. 소크라테스는 자기 거라고 말하는 플라톤과 아리스토텔레스 말에 전적으로 공감할 것인데, 프로타고라스도 과연 그럴지는 모른다. 어떤 해석을 주느냐에 따라 갈라질 것이다.

255 작품 서두. 2B.6으로 이어짐.
256 직접적으로는 안티스테네스 및 그 추종자들을 가리키는 것으로 보인다. 예컨대, 미레이디(D.C. Mirhady)[미레이디-투(D.C. Mirhady & Y.L. Too 2000) 32쪽]. 그러나 간접적으로 프로타고라스에게 소급될 만하다고 볼 여지도 있다 (cf. 1B.22).

려 모든 것들에 관련해서 단 하나의 앎이 있다고 역설하면서 나이를 먹었지요.[257] 또 다른 어떤 사람들은, 조금도 이로움을 주지 않고 오히려 옆 사람들에게 성가심을 제공할 가능성이 있는 쟁론들을 일삼으며 시간을 보내지요.[258]

|2| 나로서는 이런 쓸데없는 일(periergia)이 담론 영역에서(en tois logois) 최근에 생겨났으며 이들이 자기들이 발견해 낸 것들의 새로움에 자부심을 가지고 있다는 걸 내가 관찰한다고 하면, 그것들[259]에 대해 그리 놀라지 않을 겁니다. 하지만 지금, 프로타고라스 및 그 사람 시대에 살았던 소피스트들이 그 비슷한 것들만이 아니라 그것들보다 훨씬 더 따분한(pragmatōdestera)[260] 책들을 우리에게 남겼다는 걸 모를 정도로 그렇게 배움이 더딘 사람이 누가 있습니까?[261]

1B.25. 아리스토텔레스 『형이상학』 Γ(4).4, 1007b18-25 (DK 80A19)

게다가, 모든 모순된 진술들(antiphaseis)[262]이 같은 것에 대해 동시에 참이라면, 모든 것들이 하나가 될 것임이 분명하다. 프로타

---

257 플라톤 및 그 추종자들을 가리키는 것으로 보인다.
258 메가라 출신 에우클레이데스를 위시한 메가라학파를 가리키는 것으로 보인다.
259 혹은 '그들'.
260 혹은 '더 공을 들인'.
261 이 구절은 2B.6과 연결되며, 결국 그곳에서 언급되는 고르기아스의 『있지 않은 것에 관하여』 등과 관련지어 종합적으로 이해되어야 한다.
262 혹은 '부정 진술들'.

고라스의 논변(logos)[263]을 이야기하는 사람들에게 필연적인 것처럼, 어떤 것에 대해서도 뭔가를 긍정할 수도 부정할 수도 있다면, 같은 것이 삼단노선이면서 성벽이면서 인간이기도 할 테니까 말이다. 누군가가 보기에 인간이 삼단노선이 아니라면 인간이 삼단노선이 아님이 분명하며, 그러니까 모순된 진술이 참이라고 하면 인간이 삼단노선이기도 하기 때문이다.

1B.26. 섹스투스 엠피리쿠스 『학자들에 대한 반박』 7.389-390 (DK 80A15)

드러남(phantasia) 모두가 참이라고는 말할 수가 없을 것인데, 그 자기 반박성(peritropē) 때문이다. 데모크리토스도 플라톤도 프로타고라스에게 반론하면서 그렇게 가르쳤다. 모든 드러남이 참이면, 모든 드러남이 참은 아니라는 것 또한 드러남에 따라 존립하므로(hyphistamenon) 참이 될 것이며, 그렇게 되면 모든 드러남이 참이라는 것 또한 거짓이 될 것이기 때문이다.

1B.27. 다마스키오스[264] 『제일 원리들에 관한 난문들과 해법들』 (Aporiai kai Lyseis peri tōn Prōtōn Archōn) 126.2[265]

그런 종류의 뭔가[즉, 관여]가 사물들(ta pragmata) 가운데 있고, 어떤 것이 다른 것에 관여하지만(metechei) 각각이 그 자체로 존립하는(hestēken) 건 아니라는 것, 즉 각각이 다른 것들로부터 떨어

---

263 혹은 '이론', '논의'.

져 홀로 있게 되어(memonōmenon) 오직 그것이 무엇이다라고 할 때의 그 무엇(ho esti)으로만 불리는 것으로 존립하는 건 아니라는 것, 실은 바로 그런 것을 프로타고라스가 보여 주려(hypotithesthai)[266] 시도하고 있고, 뤼코프론이 천명했던(apephēnato) 것도 그런 것인데, 바로 그것을 그 논변이 드러내 주게(dēlōsei) 될 것이다. 적절하게 시험되고 난 후의 그 논변이 말이다.

7. 반론 혹은 대립 논변[267]

1B.28. 디오게네스 라에르티오스 『유명한 철학자들의 생애와 사상』 9.51 (DK 80A1)[268]

그리고 그는 무슨 일(pragma)에 관해서든 서로 맞서는 두 논변[269] (dyo logoi antikeimenoi)이 있다고 처음으로 말했다. 이런 것들을 가지고 일련의 물음들을 묻는 일도(kai synērōta) 했는데, 이 일은

---

264 기원후 458년경-538년 이후. '마지막 신플라톤주의자'로 알려져 있는 사람으로서 신플라톤주의 아카데미의 마지막 수장이었다. 유스티니아누스 1세에 의해 박해를 받은 이교도 철학자들 가운데 한 사람이었고 페르시아 궁정에 도피처를 구하기도 했다. 전해지는 저작으로는 플라톤 작품에 관한 세 주석서와 『제일 원리들에 관한 난문들과 해법들』이라는 제목의 형이상학 텍스트가 있다.

265 = 14B.4. 프로타고라스에 관한 신플라톤주의자의 발언. 발언의 의미만이 아니라 성격조차, 그것이 프로타고라스 입장의 전달에 가까운 것인지, 해석이 개입된 방식의 전언에 가까운 것인지 분명치 않다.

266 혹은 '논증하려', '제안하려', '가설로 받아들이려'.

그가 처음 실행한 것이다.

1B.29. 세네카『편지들』88.43 (DK 80A20)

프로타고라스는 이렇게 말한다. 무슨 일(res)에 관해서든 양편 중
어느 편으로든 동등한 입장에서(ex aequo) 논변할 수 있다(disputari
posse). 바로 이것 자체, 즉 모든 일이 양편 중 어느 편으로든 논변 가
능한가(disputabilis) 하는 물음 자체도 포함해서.

1B.30. 알렉산드리아의 클레멘스『학설집』6.65 (DK 80A20)[270]

프로타고라스를 위시해서 희랍인들은 어떤 논변에 대해서든 논변
이 맞선다고 말한다.

---

267 반론(안틸로기아) 전통이 결국 『이중 논변』에까지 이어지게 되는데, 이 일련
    의 흐름을 관통하는 계기는 아마도 회의주의적 태도일 것이다. 이를 웅변적
    으로 잘 드러내는 것이 섹스투스 엠피리쿠스의 다음과 같은 발언이다. "회의
    주의 체계의 원리는 모든 진술에 동등한 진술이 맞서 있다(antikeisthai)는 원
    칙이다. 이것으로부터 우리가 결국 교설을 갖지 않음이 귀결되는 것으로 보
    이기 때문이다."(『퓌론주의 개요』1.12) 17B.4 및 13장『이중 논변』과 비교해
    볼 만하다.
268 1A.1에 포함.
269 혹은 '진술', '담론', '이론'. 이하 마찬가지.
270 위 DL의 단편(1B.28)과 비교되는 사항은 여기 클레멘스는 반대 논변 맞세우
    는 일(안틸로기아)을 희랍인 일반의 성향으로 확대하고 있다는 점이다. 희랍
    인들에게 공통적으로 반대 논변 맞세우기를 통해 균형 찾기를 꾀하는 성향이
    있다는 관찰은 초기 희랍 철학자들의 작업을 특징지으며 조명하는 중요한 한
    계기를 제공한다는 점에서 의미심장하다.

8. 반박(거꾸러트리기) 시도와 논변 경쟁

1B.31. 플라톤 『소피스트』 232b2-233a6[271]

엘레아인 손님: [···] 우선 소피스트에 관해 이야기된 것들 가운데 하나를 다시 취해 봅시다. 그를 가장 잘 드러내는(mēnyon) 것으로 내게 분명해 보이는(katephanē) 것 하나가 있었거든요.

테아이테토스: 어떤 거죠?

손님: 그가 반론에 능하다(antilogikos)고 우리가 말했었죠, 아마.

테아이테토스: 그랬죠.

손님: 이건 어떤가요? 그가 다른 사람들에게 바로 이것에 대한 선생이 된다고도 말하지 않았나요?

테아이테토스: 물론입니다.

손님: 자, 그럼 이런 사람들이 도대체 무엇에 관해 다른 사람들을 반론에 능하도록 만들어 준다고 주장하기도 하는 건지 살펴봅시다. 그런데 우리의 그 고찰(skepsis)을 처음에 다음과 같은 어떤 식으로 시작해 봅시다. |232c| 자, 그들이 다른 사람들로 하여금 이걸 행하기에 충분한 능력을 갖추도록 해 주는 게, 다중들에게 불분명한(aphanē) 신적인 것들에 관해서인가요?

테아이테토스: 어쨌거나 바로 그들에 관해서 이런 것들이 이야기되긴 하지요.

손님: 땅과 하늘에 속한, 그리고 그 비슷한 것들에 관련되는 것

---

271 1B.3의 포괄적 문맥. 17A.19에 포함.

들에 속한 분명한(phanera) 것들은 어떤가요?

테아이테토스: 물론 그것들도죠.

손님: 게다가 사적인 모임들에서도 모든 것들에 대한 생성과 존재(ousia)에 관해서 뭔가가 이야기될 때마다 그들 자신이 반박하는(anteipein) 데 능란할 뿐만 아니라 다른 사람들도 그들 자신이 능력 있는 바로 그것들에 대해 능란하도록 만들어 준다는 걸 우리는 이해하고 있지요?

테아이테토스: 전적으로 그렇습니다.

|232d| 손님: 그럼 이번에는 법률들과 정치적인 일들(ta politika)[272] 일반에 관해서는 어떤가요? 이것들에 관해서 논쟁을 벌이는 데 능하도록(amphisbētētikoi) 만들어 준다고 그들은 약속하지(hypischnountai) 않나요?

테아이테토스: 그들이 이걸 약속하지 않는다면 그들과 대화를 나누려 할 사람은 사실상 아무도 없을 테니까요.

손님: 모든 기술들과 각각의 기술 하나하나에 관한 것들에 대해, 각각의 기술자 자신을 상대로 무슨 반박들을 해야 하는지는, 배우기를 원하는 사람을 위해 써져서, 말하자면 공적인 영역에 이미 공표되어 있지요(katabeblētai).

테아이테토스: 레슬링이라든지 다른 기술들에 관한 프로타고라스의 저술들을 |232e| 말씀하시는 것 같네요.

손님: 그래요. 다른 많은 사람들의 것도 그렇고요. 복받은 친구.

---

272 혹은 '국가에 관한 일들'.

하지만 반론 기술(antilogikē technē)이라는 것은, 한마디로, 모든 것들에 관해 논쟁(amphisbētēsis)[273]하는 데 충분한 어떤 능력인 것 같은데, 그렇지 않나요?

테아이테토스: 어쨌거나 거의 아무것도 남겨 두지 않는 것으로 보이긴 합니다.

손님: 신들 앞에서 묻는데, 소년이여, 당신은 이게 가능한 일이라고 생각하나요? 아마도 당신네들 젊은이들은 그걸 더 날카롭게 볼 수 있을 테고 우린 더 흐릿하게 볼 거여서 하는 말이에요.

|233a| 테아이테토스: 어떤 걸 이야기하는, 그러니까 무얼 특히 염두에 두고 이야기하는 건가요? 방금 물으신 걸 내가 제대로 이해 못 하고 있는 게 아닌가 싶어서요.

손님: 인간들 중 누군가가 모든 걸 안다는 게 가능한 것인지를 물은 겁니다.

테아이테토스: 만약 그렇다고 한다면 우리 족속은 축복받은 족속이겠지요, 손님.

손님: 그렇다면 도대체 어떻게 누군가가 그 자신이 알지 못하는 자이면서 아는 사람에 대해 뭔가 건강한(hygies) 이야기를 하면서 반박할 수가[274] 있겠습니까?

테아이테토스: 전혀 그럴 수 없지요.

---

273 혹은 '반박'.
274 혹은 '능력이'.

1B.32. 플라톤 『프로타고라스』 334e4-335a8[275]

[대화자: 소크라테스와 프로타고라스; 전달자: 소크라테스; 피전달자: 동료]

"어쨌거나 난 들었거든요." 하고 내가 말했지요. "당신 자신은 원하면 스스로 다른 사람에게 같은 것들에 관해 가르칠 수도 있고 길게 이야기를 할(makra legein) 수도 있다고, 그래서 이야기에 결코 허점이 없을 정도이고, 또 |335a| 아무도 당신보다 더 짧은 것들로 말할 수 없을 정도로 짧게 이야기를 할 수도 있다고 말이에요. 그러니 당신이 나와 대화를 하겠다고 한다면 후자의 방식으로, 즉 짧은 이야기(brachylogia)로 나를 상대해 주세요."

"소크라테스," 하고 그[즉, 프로타고라스]가 말하더군요. "난 이미 많은 사람들과 담론 경쟁(agōn logōn)에 돌입했더랬지요. 그리고 당신이 요청하는 일을 내가 하게 되어 내 반론자가 나에게 대화하기를 요청하는 방식으로 대화를 나눈다면, 그 누구보다도 뛰어나다고 드러나지 못할 것이고 프로타고라스의 이름이 희랍 사람들 사이에서 생겨나지도 못했을 겁니다."

9. '더 약한 논변을 더 강한 논변으로': '프로타고라스의 공언'[276]

1B.33. 아리스토파네스 『구름』 112-115 (DK 80C2)[277]

[화자: 스트렙시아데스(아버지); 청자: 페이디피데스(아들)]

그들[즉, 소피스트들]에겐 두 논변[278]이 다 있다고들 하더구나.

---

275 6B.45에 포함. cf. 고르기아스의 2B.44(길고 짧게 말을 조절하는 능력).

더 강한 논변(그게 뭐든 말이지)과 더 **약한 논변**, 이렇게 말이야.
이 두 논변 가운데 하나, 즉 더 약한 논변이
이긴다고 하더라. 더 부정의한 것들을 이야기하면서도 말이지.

1B.34. 아리스토텔레스『수사학』2.24, 1402a21-28 (DK 80A21)[279]
그리고 다른 경우들에서도 비슷하다. 고발 혐의에 대해 책임이
있거나(enochos) 책임이 없거나 둘 중 하나일 수밖에 없기 때문이
다. 그러니까 양쪽이 다 그럴법해(eikota) 보이지만, 한쪽은 실제
로 그럴법한 반면 다른 한쪽은 무조건적으로가 아니라 앞에 말한
조건하에서만 그렇다. 더 **약한 논변**을 더 강하게 만든다(ton hēttō
de logon kreittō poiein)는 것[280]이 바로 이런 것이다. 그렇기 때
문에 사람들이 프로타고라스의 공언(epangelma)에 거부감을 가졌
던 것도 정당하다. 그것은 그저 거짓일 뿐만 아니라, 참되지 않고
그럴법해 보이는 것이며 수사학과 쟁론술(eristikē) 말고는 그 어떤
기술에서도 나오지 않기 때문이다.

---

276 '더 약한 논변을 더 강한 논변으로'에 관해서는 1A.4, 그리고 소크라테스 장
   의 6A.44-45, 17장 A의 4.3절(기만자) 참고. '프로타고라스의 공언'에 관해서
   는 1B.31, 그리고 아래 14절 참고.
277 = 17A.20.
278 혹은 '담론'. 이하 마찬가지.
279 = 17A.21.
280 프로타고라스의 것으로 돌려진 이 활동은 플라톤『변명』에 언급된 소크라테스
   에 대한 비난거리이기도 하다. 6장(6A.44 등)과 17장 A의 4.5절을 참고할 것.

1B.35. 뷔잔티온(비잔티움)의 스테파누스『지리 사전』(*Ethnika*) '압데라' 항목 (DK 80A21)

프로타고라스. 에우독소스가 전하기로는(historei), 그는 더 약한 논변을 더 강한 논변으로 만들기까지 했고(ton hēssō kai kreissō logon pepoiēkenai) 제자들에게 같은 사람을 비난하고 칭찬하기를 가르쳤다.

10. 공통의 말터(topos) 및 정념론

1B.36. 키케로『브루투스』46.7-47.1 (= 아리스토텔레스『수사학 교범 모음』단편 137 Rose) (DK 80B6)[281]

잘 알려진 주제들(res inlustres)[282]에 대한 토론들(disputationes)[283]이 프로타고라스에 의해 써지고 갖추어졌는데, 그것들을 요즘엔 공통의 말터[284]들(communes ... loci)이라고들 부른다.

1B.37. 퀸틸리아누스[285]『연설에 대한 훈련』(*Institutio Oratoria*) 3.1.12 (DK 80B6)[286]

이 사람들[즉, 예전의 수사학 교사들] 가운데서 프로타고라스, 고르기아스가 공통의 말터들(communes loci)을 처음으로 논의했

---

281 2B.45에 포함.

282 혹은 '일들'.

283 혹은 '논쟁들', '논의들'.

284 혹은 '주제', '담론 영역', '논변 창고', '논소'(論所).

다고 이야기들을 하며, 프로디코스, 히피아스, 다시 프로타고라스 그리고 트라쉬마코스가 정념들(affectus)을 논의했다고 한다.

11. 신들에 관하여

1B.38. 디오게네스 라에르티오스 『유명한 철학자들의 생애와 사상』 9.51 (DK 80B4)[287]

그리고 또 다른 곳에서[288] 그는 이런 식으로 시작했다. "신들에 관해서는 그들이 있다는 것도, 있지 않다는 것도, 형상(idea)이 어떤 자들인지도 나는 알(eidenai) 수 없다. 내가 아는 걸 가로막는 것들(ta kōlyonta)이 많기 때문이다. 불분명함(adēlotēs)만이 아니라 인간의 삶이 짧다는 것도 그렇다."

1B.39. 에우세비오스 『복음을 위한 준비』 14.3.7 (DK 80B4)

데모크리토스의 동료[289]였던 프로타고라스는 무신론자라는 평판을 얻었다. 어쨌거나 그는 『신들에 관하여』라는 저술에서 다음과 같은 도입(eisbolē)을 구사한 바 있다고 이야기되는 것이다. "신들

---

285   마르쿠스 파비우스 퀸틸리아누스(기원후 35년경-90년대)는 히스파니아(스페인) 출신이며, 로마의 수사학 권위자로 유명하다. 12권으로 된 수사학 교과서 『연설에 대한 훈련』(Institutio Oratoria)이 유일하게 남아 있는 작품이다.
286   = 3B.2, 4B.36, 7B.16, 2B.46 포함.
287   1A.1에 포함.
288   아래 에우세비오스의 보고(1B.39)에 따르면 제목은 『신들에 관하여』다.
289   cf. 1A.2, 1A.3.

에 관해서는 그들이 있다는 것도, 있지 않다는 것도, 형상(idea)이 어떤 자들인지도 나는 알(eidenai) 수 없다. 아는 걸 가로막는 것들(ta kōlyonta)이 많기 때문이다. 불분명함(adēlotēs)만이 아니라 인간의 삶이 짧다는 것도 그렇다."

1B.40. 섹스투스 엠피리쿠스 『학자들에 대한 반박』 9.55-56 (DK 80A12)[290]

어떤 사람들에 따르면 프로타고라스도 이 사람들[즉, 무신론자들]과 같은 마음이다(sympheretai). […] 어딘가에서 명시적으로 (rhētōs) 다음과 같이 씀으로써 말이다. "그런데 신들에 관해서 그들이 있는지, 또 어떤 자들인지(hopoioi) 나는 말할 수(dynamai legein) 없다. 나를 가로막는(ta kōlyonta) 것들이 많기 때문이다."[291]

1B.41. 키케로 『신들의 본성에 관하여』 1.63[292]

실로 당대에 가장 위대한 소피스트였던 […] 압데라 출신 프로타고라스는 그의 책 서두에서 다음과 같이, 즉 "신들에 관해서는 그들이 있다는 것도, 있지 않다는 것도 나는 말할 수(habeo dicere) 없다."고 설파했기(posuisset) 때문에, 아테네인들의 명령에 의해 도시 및 변두리로부터 추방되었고 그의 책들은 시장에서 불태워졌다.

---

290 1A.12로 이어짐.
291 이후 그의 추방과 죽음에 관한 이야기(1A.12)로 이어진다.
292 1A.11 포함.

1B.42. 플라톤『테아이테토스』162d5-e6 (DK 80A23)

[전달자: 소크라테스; 청자: 테아이테토스; 전달 내용의 화자: 프로타고라스]

"고상한 소년들과 노인들이여, 여러분은 함께 앉아서 대중 연설을 하고 있군요(dēmēgoreite). 신들을 공공연히 |162e| 끌어들이면서 말이죠. 나로서는 이야기하는 것으로부터도 글 쓰는 것으로부터도 그들을 빼 버립니다(exairō). 그들에 관해서 그들이 있다거나 없다거나 하는 것들을 말입니다. 그리고 당신들은 다중이 들으며 받아들일 만한 것들을 이야기합니다. 인간들 각자가 지혜에 있어서 그 어떤 짐승과도 조금도 차이가 없을 거라면 얼마나 끔찍한 일인가 하고 말이죠. 하지만 당신들은 그 어떤 논증이나 필연성도 이야기하지 않고 그저 그럴법함만 이용하지요. […]"

1B.43. 오이노안다의 디오게네스[293] 단편 16.II-III (DK 80A23)

|II| 압데라 출신 프로타고라스는, 디아고라스[294]와 의미상으로는 똑같지만 어투는 다른 의견을 견지했다. 그 의견이 지나치게 성급하게 되는 일을 피하려고 그런 것이다. 그는 신들이 있는지

---

293 오이노안다의 디오게네스는 기원후 2세기 에피쿠로스학파에 속한 사람이고, 뤼키아의 오이노안다(오늘날 터키 남서쪽에 위치)에 있는 한 주랑 벽에 에피쿠로스 철학 요약을 비문에 새겼다. 원래 80미터에 달했던 비문의 일부가 아직 남아 있다.

294 멜로스 출신 디아고라스는 기원전 5세기 희랍의 시인이자 소피스트. 고대 내내 무신론자의 전형으로 간주되었지만, 실제로 그가 무슨 믿음을 가졌는지에 관해서는 알려진 바가 별로 없다. 불경죄로 아테네에서 추방되어 코린토스에서 죽었다고 한다.

알지 못한다고 말했으니까. 그런데 이것은 그들이 있지 않다는 걸 안다고 말하는 것과 같은 것이다. 이유는 이렇다. 그가 첫 번째 언명(phōnē)[즉, "신들이 있다는 것도(/신들이 있는지) 나는 알(/말할) 수 없다"]에 대해 "그들이 있지 않다고 하는 건 물론 아니다."라는 대립적 언명을 맞세웠더라면(antitethēkei),[295] |III| [아마도] 신들을 완전히 제거한다고 여겨지지 않기 위한 모종의 [에둘러 말하기(periphrasis)]를 거의 성취할 수 있었을 것이다. 하지만 그가 말한 건 "그들이 있다는 것"이었지, "있지 않다는 것"이 아니었다. 그들이 있다는 것을 알지 못한다는 말을 쉴 새도 없이 끝없이 이야기했던 디아고라스와 정확히 똑같은 일을 하고 있었던 것이다.[296]

---

295 혹은 '대립적 언명으로 균형을 맞췄더라면'. 이 조건절을 '그가 "그들이 있지 않다는 것도 물론 [나는 알(/말할) 수 있는 것이] 아니다"라는 첫 번째 언명에 대해 대립적 언명을 맞세웠더라면'으로 새길 수도 있다.

296 이제 사람들이 그토록 확신하던 신조차 있다고도 없다고도 할 수 없을 정도로 노모스(관행적인 믿음이나 규범)들의 퓌시스(자연, 본성)적 기초가 전면적으로 의심되는 지경이 되었다는 것을 프로타고라스는 있는 그대로 받아들인다. 이런 솔직한 인정은 지적 성실성의 발로일 수 있지만, 일상인들에겐 그저 또 하나의 무신론을 지성의 허울로 포장했을 뿐인 것으로 받아들여지기 십상이다. 불가지론은 무신론과 마찬가지라는 이런 편협한 동일시가 그를 아마도 불경죄 재판으로 몰고 갔을 것이고 고대 희랍판 분서갱유의 희생자로 만들었던 것 같다. 그에게 적용된 죄목과 비난이 나중에 또 다른 재판의 희생자가 된 소크라테스에게 적용된 것과 크게 다르지 않다는 건 아주 흥미로운 일이 아닐 수 없다.

12. 현상론: …임/있음은 드러남에 의존, 드러나지 않는 자에겐 불분명[297]

1B.44. 맹인 디뒤모스[298] 『시편』 34.17 주석 (투라 파피루스 V,
222.20-25)[299]

프로타고라스 주변 사람들은 또 다른 의견을 향해 간다. 그런데
프로타고라스는 소피스트였다. 그는 말한다. "…인[/있는] 것들에게
…임[/있음]은 드러남(phainesthai)에 있다."[300] 그는 말한다. "곁에 있
는 당신에게 나는 앉아 있다는 것이 드러나지만(phainomai), 곁에 없
는 그 사람에게 나는 앉아 있다는 것이 드러나지 않는다. 내가 앉아 있는지
앉아 있지 않은지는 불분명하다(adēlon)."[301] 그리고 그들은 말한다.

---

297 디뒤모스 단편을 별도의 절로 분류했지만, 2-3절 인간 척도설 논의에 속한
    것 내지 그 논의의 연장선상에 있는 것으로 간주할 수도 있다.

298 기원후 4세기(CE 313년경-398년경)에 알렉산드리아의 콥트 교회에서 활동
    한 '정통' 계열의 기독교 신학자. 오리게네스의 제자였다. 1941년 이집트 투라
    (Tura 혹은 Toura: 카이로 남쪽 16킬로미터쯤에 위치한 고대 석회석 광산촌
    이며 스트라본의 영향으로 '트로이아'라고 불리기도 한 마을)의 채석장에서
    6세기 혹은 7세기 파피루스 코덱스들이 발견되었는데, 여기에 오리게네스의
    저작들과 디뒤모스의 성서 주석들(『스가랴』, 『창세기』 1-17장, 『욥』 일부, 『전
    도서』, 『시편』 20-46편 등에 관한 주석들)이 포함되어 있다.

299 1968년에 그로네발트(M. Gronewald 1968)에 의해 '새로 발견된' 단편이다.
    이 단편에 대한 대표적인 영어권 연구로 우드러프(P. Woodruff 1985)가 있다.
    고르기아스 장 2B.55와 비교할 만하다.

300 '…인', '…임'과 '있는', '있음'의 번역에 관해서는 1B8의 DK 80B1 관련 주석을
    참고할 것.

301 인간 각자에게 드러나는 대로 …임이 성립한다는 것, 그런데 그런 드러남이

"모든 …인[/있는] 것들은 드러남(phainesthai)에 있다. 예컨대, 나는 달을 보지만, 다른 사람은 보지 않는다. 그것이 있는지 있지 않은지는 불분명하다. 건강할 때의 나에게 꿀에 대한 파악(antilēpsis),[302] 즉 그것이 달다는 파악이 일어나지만, 다른 사람에게는 그가 열이 있을 때 쓰다는 파악이 일어난다. 그러니까 그것이 단지 쓴지는 불분명하다." 그리고 이런 식으로 그들은 파악 불가능성(akatalēpsia)을 교설로 주장할(dogmatizein) 의향이 있다.

13. 담론 형태: 긴 이야기와 짧은 문답 모두를 소화하는 능력[303]

1B.45. 플라톤 『프로타고라스』 329b1-5 (DK 80A7)

[화자: 소크라테스]

대립하는 경우 해당 사태를 분명하다(dēlon)고 확정할 수 없다는 것은 플라톤이 전해 주는, 인간이 척도라는 테제와 크게 어긋나 보이지 않는다. 드러나지 않으면 불분명한 것이라는 얘기는 신의 존재 여부가 불분명해서 알거나 말할수 없다는 신 단편과도 어울리는 언급이다. 실제로 …인지 여부를 …로 보임, …로 드러남을 통해 이야기하겠다는 정신만큼은 이 여러 단편들을 관통해 있는 것 같다. 플라톤의 …임 대 …로 보임 도식이 프로타고라스에겐 그런대로 무난하게 적용될 수 있을 것 같다. 사실 이 도식이 철저하게 적용될 수 있을지 의심스럽게 만드는 요소가 있기는 하다. 『테아이테토스』가 전하는 프로타고라스의 논의에서 참-거짓은 주관적 상대성으로 귀착하지만, 현자의 강점이 작용하는 영역으로 남겨진 유익-무익, 즉 좋음-나쁨은 객관적인 평가가 가능한 영역으로 남아 있기 때문이다.

302 혹은 '지각'.

303 짧은 대화(문답)가 소피스트술에 속한다는 것이 『이중 논변』 8.1(13B.8)에 개진되어 있다.

그것들[즉, 프로메테우스 관련 신화와 그것에 대한 설명]이 보여주듯, 여기 프로타고라스는 길고 아름다운 이야기들[304]을 말하기에 충분한 능력을 갖추고 있지만, 또한 질문을 받았을 땐 짧게 대답하고 질문을 할 땐 기다렸다가 대답을 받기에 충분한 능력을 갖추고 있습니다. 그건 소수의 사람들에게만 갖추어져 있는 것들이죠.

1B.46. 플라톤 『프로타고라스』 335b7-c1[305]

[화자: 소크라테스; 청자: 프로타고라스]

당신은, 당신에 관해 다들 이야기하기도 하고 당신 스스로도 그렇게 이야기하듯, 긴 이야기로도 짧은 이야기로도 함께 논의를 할 능력이 있지만 |335c| (당신은 지혜로우니까요.) […]

14. 소피스트 교육자로서의 정체성과 정치적 기술에 대한 공언[306]

1B.47. 플라톤 『프로타고라스』 316b8-317c5, 318a6-9, 318c8-319a7, 348c5, 348e5-349a4 (DK 80A5)[307]

[전달자: 소크라테스; 피전달자: 동료; 대화자: 소크라테스와 프로타고라스 및 히포크라테스]

"여기 히포크라테스는 이곳 토박이, 아폴로도로스의 아들로, 중

---

304 혹은 '연설들'.
305 6B.45에 포함.
306 '프로타고라스의 공언'에 관해서는 위 9절 참고.
307 6B.25 포함.

요하고 잘나가는(eudaimōn) 가문 출신인데, 그 자신 타고난 능력
(physis)도 동년배들 누구하고도 필적한다고 여겨집니다. 그런 그가
|316c| 이 나라에서 이름을 얻고 싶어 하는 걸로 내겐 보이는데,
그는 당신과 함께 있으면(syngenoito) 그걸 가장 잘 이루게 될 거라
생각하고 있지요. 그러니까 그런 일들에 관해서 혼자 우리들하고
만 대화를 나눠야 할지, 아니면 다른 사람들과 함께 있는 데서 대
화를 나눠야 할지 생각해 봐 주시지요."

"옳은 일입니다, 소크라테스." 하고 그[즉, 프로타고라스]가 말
했어요. "날 위해서 미리 배려해 주시는 게 말이에요. 외지 출신
인 사람이 큰 나라들에 가서, 그 나라 젊은이들 가운데서 가장 훌
륭한 사람에게 (자기 쪽 사람이든 외국인이든, 나이 든 사람이든 젊
은 사람이든 간에) 다른 사람들과의 교제(synousia)를 그만두고 자
신과 함께 있으라고, 그러면 자신과의 교제 때문에 결국 더 훌륭
한 사람들이 될 거라고 설득하는 경우에, |316d| 그런 일을 행하
는 사람은 조심해야 합니다. 그런 일들 주변에는 시기만이 아니
라 다른 앙심이나 음모가 적잖이 생겨나기 마련이니까요. 이제 나
는 이렇게 주장합니다. 소피스트 기술(sophistikē technē)이 오래된
(palaia) 것이지만 오래전 사람들 가운데 그 기술에 손을 대는 사람
들은 그것이 자칫 남의 심기를 건드릴까(to epachthes) 두려워 위
장막(proschēma)을 만들어 쓰고 다녔지요. 어떤 사람들은 (예컨대,
호메로스, 헤시오도스, 시모니데스같이) 시를, 어떤 사람들은 또 (예
컨대, 오르페우스와 무사이오스 주변 사람들처럼) 비교 의식과 신탁
을 위장막으로 삼았죠. 어떤 사람들은 (예컨대, 타라스[308] 사람 이

코스만이 아니라 지금도 여전히 살아 있으면서 그 누구에 못지않은 소피스트인 |316e| 셀륌브리아 사람(이지만 옛날에는 메가라 사람이던) 헤로디코스도 그렇듯) 체육술을 위장막으로 삼은 걸 난 압니다(ēisthēmai). 시가술(mousikē)[309]을 위장막으로 삼은 경우도 있는데, 당신네 나라 사람인 아가토클레스도 위대한 소피스트인데 그랬고, 케오스 사람 퓌토클레이데스도 그리고 그 외 많은 사람들도 그랬지요. 이 모든 사람들은 내가 이야기하고 있던 것처럼 시기가 두려워서 이런 기술들을 가림막(parapetasmata)으로 이용했던 겁니다. 그런데 나는 |317a| 이것과 관련해서 이 모든 사람들에게 동의하지 않아요. 그 사람들은 원하던 바를 조금도 이루어내지 못했다고 난 생각하거든요. 인간들 가운데 각 나라들에서 일을 행할 권력을 갖고 있는 사람들의 눈을 그들은 피해 가지 못했으니까요. 물론 다수 대중은 거의 아무것도 알아채지 못하고 이들이 선포하는 것들을 따라 계속 읊어 댈 뿐이지만요. 그러니까 달아나려고(apodidraskonta) 하는데 달아날 능력은 없고 뻔히 탄로만 난다(kataphanē)는 건 그런 시도만으로도 대단히 어리석은 짓이요. |317b| 사람들에게 훨씬 더 반감만 사는 빌미를 제공할 게 필연적이지요. 이런 유의 사람이란 다른 일들에서도 무슨 짓이고 다 저지를 위인(panourgos)이라고 그들이 생각하기 마련이니까요. 그래서 나는 이 사람들과 정반대의 길을 갔지요. 내가 소피스

---

308 즉, 타렌툼.
309 혹은 '음악'.

트일 뿐만 아니라 사람들을 그렇게 교육하기도(paideuein) 한다는 걸 나는 인정하며, 이런 조심이 저런 조심보다, 즉 부인하는 것보다 오히려 인정하는 것이, 더 낫다고 생각합니다. 또 이런 조심 말고도 다른 조심들도 했지요. 부디 신의 가호로 내가 소피스트라는 걸 인정한 것 때문에 그 어떤 끔찍한 일도 당하지 않도록 말이에요. |317c| 그랬는데 이미 여러 해에 걸쳐 이 기술에 종사해 왔지요. 정말 내가 보낸 그 모든 세월이 많네요. 나이로만 보면 여러분 모두[310] 중 그 누구에게도 내가 아버지뻘이 안 될 사람은 아무도 없지요. 그러니까, 여러분이 조금이나마 원하기만 하면, 그것들에 관해서 여기 안에 있는 사람들 모두가 보는 앞에서 이야기를 하는 게 나에게는 단연 무엇보다도 즐거운 일입니다."

[...][311]

그러자 프로타고라스가 대답해서 말했어요. "젊은 친구, 그러니까 당신이 나와 함께한다면, 나와 함께하는 날마다 당신에게는 더 나은 사람이 되어 집으로 돌아가는 일이 있게 될 겁니다. 그리고 매일매일 계속 더 나은 상태로 진전을 이루면서 말이죠."

---

310 즉, 프로디코스, 히피아스, 소크라테스, 크리티아스(여기까지는 이 책의 대상 인물들이다.), 그리고 칼리아스(이 대화편의 장소 제공자인 초청자), 알키비 아데스(소크라테스의 제자) 등.

311 생략된 대목에서는 여럿 앞에서 과시하고 싶어 하는 프로타고라스의 의사를 간파한 소크라테스가 프로디코스와 히피아스 및 그들과 함께 있는 사람들을 다 부르자고 제안해서 그들을 다 모이게 한 후에, 히포크라테스가 프로타고 라스의 제자가 되고 싶어 하는데 제자가 되면 어떤 변화가 그에게 일어나는 지를 히포크라테스 대신 프로타고라스에게 묻는다.

[…]

"[…] 그렇게 이제 당신도 이 젊은이와 대신해서 질문하는 나를 위해 말해 주세요. |318d| 이 히포크라테스가 프로타고라스와 함께하게 되면 그와 함께하게 되는 그날 더 나은 자가 되어 돌아가고 또 다른 날들 각각에 그렇게 진전을 이루게 되는 게 무엇을 위해서고 무엇에 관해선가요, 프로타고라스?"

그러자 나의 이 말을 듣고 프로타고라스가 "당신은 질문을 멋지게 하는군요(kalōs erotāis), 소크라테스." 하고 말하더군요. "나도 질문을 멋지게 하는 사람들에게 대답하는 걸 즐깁니다. 히포크라테스는 내 곁에 오게 되면 소피스트들 가운데 다른 누군가와 함께하게 될 때 겪게 될 바로 그런 것들을 겪지 않을 겁니다. 다른 사람들은 젊은이들을 험하게 대하거든요(lōbōntai)[312]. |318e| 젊은이들은 기술들을 피해서 왔는데 그리고 싶은 생각도 없는 그들을 다시 또 이끌어 기술들로 몰아넣으니까요. 대수학[313]과 천문학과 기하학과 화성학을 가르치면서 말이죠. (그러면서 동시에 히피아스 쪽을 쳐다보더군요.) 하지만 내 곁에 오면 그는 다름 아닌, 그가 그것에 관해 배우려고 온 바로 그것을 배우게 될 겁니다. 그 배울거리란 집안일들에 관해서 어떻게 하면 자기 가정을 가장 잘 경영할 수 있을까에 대해서만이 아니라, |319a| 국가의 일들에 관해서 어떻게 하면 국가의 일들을 행하고 말하는 데 가장 힘을 가진 사

---

312 혹은 '젊은이들에게 해를 입히거든요'.
313 혹은 '산술'.

람이 될 수 있을까에 대해 잘 숙고하는 일(euboulia)³¹⁴입니다."

내가 말했지요. "당신의 이야기를 내가 따라가고 있는 건가요? 당신은 정치적 기술(politikē technē)³¹⁵을 이야기하고 있고 훌륭한 시민인 사람들을 만들어 준다고 약속하고 있는 걸로 내겐 보이거든요."

그가 말했어요. "바로 그게 딱 내가 하고 있는 공언(epangelma)이죠."

[…]

그러자 내가 말했지요. "프로타고라스, [⋯] 그리고 당신은 그렇게나 당신 자신에게 확신을 가졌던 거죠. 남들은 이 기술을 감추려 |349a| 드는데, 당신은 몸소 당신 자신에게 소피스트라는 이름을 붙여서 온 희랍인들을 향해 당신 자신을 버젓이 광고했고, 교양(paideusis)과 덕의 선생이라고 천명했으며, 이런 일에 대해 보수를 받는 게 적절하다고 여겨 최초로 보수를 받아 낼 정도로 말입니다."

---

314   요즘 식 표현으로 말하자면 '합리적 (의사) 결정'. 『국가』 1권에서 재현되는 대화 (7B.24)에서 트라쉬마코스는 부정의가 바로 이 '잘 숙고함'(euboulia)이라고 선언한다(348d).

315   혹은 '시민적 기술'.

15. '위대한 연설 1': 문명의 기원, 자연과 관습/법, 정치적 기술, 덕의 교육 가능성

1B.48. 플라톤 『프로타고라스』 320c2–322d5 (DK 80C1 포함)[316]

[전달자: 소크라테스; 피전달자: 동료; 대화자: 소크라테스와 프로타고라스]

"아니, 소크라테스," 하고 그[즉, 프로타고라스]가 말했어요. "인색하게 굴지 않을게요(ou phthonēsō). 그건 그렇고, 내가 여러분에

---

[316] 플라톤의 작품들이 으레 그렇듯 여기저기에 플라톤 자신의 색깔이 들어가 있다는 것을 부인하기 어렵지만, 아무 기초 자료 없는 순수 창작일 가능성보다는, 적어도 기본 착상이나 서사의 뼈대만큼은 프로타고라스의 어떤 자료에, 예컨대 『태초의 상태에 관하여』(DK 80 B8b) 같은 책에 기반을 두었을 가능성이 더 높아 보인다. [cf. 예컨대, "연설 전체가 플라톤의 순수 창작"이라고 보는 강성훈(2013)은 "역사적 프로타고라스의 사상과 전혀 무관하다고 보는 극단적 견해"에 반대하면서도 "플라톤과 같이 창조적인 작가가 프로타고라스의 저작 일부를 그대로 옮겨 적었으리라는 추정은 받아들이기 어렵다"고 주장한다(36쪽 주석 2). 그러나 이런 추정에 반대하는 보고가 고대에 이미 있었다는 것, 즉 적어도 세 고대인이 플라톤의 '표절'에 관해 보고한 바 있다(1B.6, 1B.7)는 점을 우리는 상기할 필요가 있다. 반면에 김요한(2014)은 소피스트 주류 사유에 속하는 이 연설의 강점과 약점이 안티폰이나 데모크리토스 같은 동시대인들의 논의에도 반영되고 있는 것으로 보아 "최소한 프로타고라스의 생애 동안 지지될 수 없었던 교설들을 그에게 귀속시키고 있지 않다는 점만큼은 확신할 수 있을 것"이라고 주장한다(68쪽).] 플라톤 저작에 들어 있는 정치적 기술에 관한 이 '위대한 연설'(*Megas Logos*)이 역사적 프로타고라스를 반영하고 있는 것이라면, 사람들의 불안감과는 달리 프로타고라스의 정치철학은 당대 민주주의의 가치관과 잘 어울리고 민주주의 체제를 잘 뒷받침할 수 있는 것이었을 가능성이 높다. 인간이면 누구에게나 정치에 참여할 만한 기본 식견과 성향(정의와 염치의 가능성)이 주어져 있다는 그의 정치철학적 입장은 그의 인식론적 입장과 크게 어긋나지 않는 것으로 보인다.

게, 마치 더 나이 든 사람이 더 젊은 사람들에게[317] 하듯 설화(mythos)를 이야기하면서 보여 줄까요(epideixō), 아니면 논변(logos)을 죽 개진해서 보여 줄까요?"

그러자 곁에 앉아 있던 많은 사람들이 그에게 둘 중 어느 쪽이든 그가 원하는 대로 개진하라고 대답했어요. "그렇다면 내겐" 하고 그가 말하더군요. "설화를 여러분에게 이야기하는 게 더 근사해(chariesteron)[318] 보이네요.

예전에 신들은 있는데 가사적인 종족들(genē)[319]은 없던 때(chronos)가 있었지요. |320d| 그런데 이들에게도 태어날(genesis) 운명의 시간(chronos)이 왔을 때, 신들은 땅 속에서 그 종족들을 빚어 냅니다(typousin). 흙과 불로부터 그리고 불과 흙으로 혼합된(kerannytai) 것들로부터 섞어서 말이죠. 그 종족들을 빛으로 내보내려 할 즈음에 그들은 프로메테우스와 에피메테우스에게 명했습니다. 그들 각자에게 알맞게 능력들(dynameis)을 갖춰 주고(kosmēsai)[320] 분배하라고(neimai) 말이죠. 그런데 에피메테우스는 프로메테우스에게 자기가 분배하게 해 달라고 청했습니다. '내가 분배를 하고 나면' 하고 그가 말했지요. '그대가[321] 검사하시오.' 그래서 그렇게 설득을 해서 그가 분배를 하게 되지요. 분배를 하면

---

317 혹은 '나이 든 사람이 젊은[/어린] 사람들에게'.
318 혹은 '멋져', '마음에 들어'.
319 혹은 '부류들'.
320 혹은 '배치하고'.
321 우리 식으로는 '형이'.

서 그는 어떤 것들에게는 빠름은 없이 힘을 붙여 주었고 |320e| 어떤 것들에게는 더 약하긴 하지만 빠름을 장착해 주었습니다. 어떤 것들에게는 무기를 갖춰 주었고 어떤 것들에게는 무기 없이 어떤 다른 본성을 주면서 안전(sōtēria)[322]을 도모할 능력을 강구해 주었습니다(emēchanato). 그것들 가운데 그가 작음을 붙여 준 것들에겐 날개 달린 도망(ptēnos phygē)이나 땅 밑 거처를 분배해 주었고, 큼으로 키워 놓은 것들에겐 그것 |321a| 자체로써 안전하게 해 주었지요. 그리고 나머지 것들도 그렇게 그것들 간에 균형이 이뤄지도록(epanisōn) 분배해 주었습니다.

이런 것들을 강구하면서 그는 어떤 종족(genos)도 멸절되지 (aistōtheiē) 않도록 주의를 기울였습니다. 그리고 그들에게 상호 도륙(allēlophthoriai)[323]을 피할 수 있는 방도들을 마련해 주고 나서 그는, 추위를 막기에 충분하고 더위를 막는 데도 효과적인 수북한 털과 단단한 가죽으로 그들을 감싸 줌으로써 제우스에게서 나오는 계절들[324]에 대비하여 보호 수단을 강구해 주었고, 잠자리에 들 때는 바로 이 똑같은 것들이 각자에게 저절로 생겨난 자기 고유의 |321b| 침구가 될 수 있게 했습니다. 그리고 어떤 것들은 발굽으로, 어떤 것들은 단단하고 피 안 나는 가죽으로 발을 감싸 주었습니다. 그러고는 서로 다른 종족들에게 서로 다른 먹을거리들

---

322 혹은 '생존'.
323 혹은 '상호 궤멸'.
324 혹은 '날씨들'.

(trophai)을 마련해 주었습니다. 어떤 것들에게는 땅에서 나오는 목초(牧草)를, 어떤 것들에게는 나무 열매를, 어떤 것들에게는 뿌리를 말이죠. 또 어떤 것들에게는 다른 동물들을 잡아먹어 먹을거리로 삼도록 허락하기도 했지요. 그리고 어떤 것들에게는 적은 수의 자손만을 낳게 했지만, 이들에 의해 소비되는 다른 어떤 것들에게는 그 종족의 보존(sōtēria)을 도모해 주려고 많은 수의 자손을 낳게 해 주었습니다.

자, 그런데 에피메테우스는 아주 지혜롭지는 않았기 때문에 자기도 모르게 |321c| 비이성적인 것들에다[325] 능력들을 남김없이 다 써 버렸죠. 그래서 인간 종족은 아직 아무것도 갖추지 못한 (akosmēton) 채로 남아 있었고 그는 어떻게 할지 난감해하게 되었지요(ēporei). 난감해하고 있는 그에게 프로메테우스가 분배 (nomē)를 검사하러 와서, 다른 동물들은 모든 것들을 적절하게 갖춘 상태인 반면 인간은 맨몸과 맨발에 침구도 없고 무기도 없다는 걸 보게 되지요. 그런데 예의 그 운명의 날, 인간도 땅에서 나와 빛으로 나아가야 할 운명의 날은 벌써 다가왔어요. 그러자 프로메테우스는 인간에게 어떤 생존 수단(sōtēria)을 |321d| 찾아 줄지 난감해하던 차에 헤파이스토스와 아테나에게서 기술적 지혜 (entechnos sophia)를 불과 함께 훔쳐서(불 없이는 누군가가 그 지혜를 얻을 가망이 없거나 얻어 봤댔자 소용이[326] 없거든요.) 바로 그런

---

325 '비이성적인 것들에다'(eis ta aloga)가 생략된 사본(B)도 있다. 여기서는 T, W 사본의 독법을 따랐다.

것들을 인간에게 선물로 주게 됩니다.

그러니까 인간은 이런 식으로 삶[327]에 관한 지혜(hē peri ton bion sophia)는 얻었지만, 아직 정치적[328] 지혜(hē politikē (sophia))는 갖고 있지 않았습니다. 제우스 손에 있었거든요. 그리고 프로메테우스는 제우스의 거처인 성채(akropolis)에 들어갈 시간이[329] 더 이상 없었지요(ouketi enechōrei). (게다가 제우스의 파수꾼들이 무섭기도 했고요.) 반면에 아테나와 헤파이스토스가 공동으로 이용하는 집, 즉 그 둘이 기술을 연마하던(ephilotechneitēn) 집에는 |321e| 몰래 들어가 헤파이스토스의 것인 불의 기술과 아테네의 것인 또 다른[330] 기술을 훔쳐서 인간에게 준 거죠. 그리고 이런 연유로 인간에게는 삶(bios)의 자원이 풍족하게 되지만, 프로메테우스는 |322a| 에피메테우스 때문에 나중에, 흔히 이야기되는 것처럼, 절도의 대가를 치르게 되지요.

인간은 신적인 운명(moira)[331]을 나눠 가졌기에(metesche), 처음에 그는 신과의 친연성(syngeneia)[332] 때문에 동물들 가운데서 유일하게 신들을 믿게 되었고, 제단들과 신상들을 세우려 시도했습니다. 그 후 자기의 그 기술을 가지고 빠르게 말(phōnē)[333]과 단어들

---

326 직역하면 '쓸모 있을 가능성이'.
327 혹은 '생존', '생활'. 아래도 마찬가지.
328 혹은 '시민적'.
329 혹은 '권한이'.
330 혹은 '나머지'.
331 혹은 '몫', '섭리'.
332 혹은 '동종성'.

(onomata)을 뚜렷이 분절하여 표현하게(diērthrōsato) 되었고, 거처와 옷과 신발과 침구와 땅에서 나오는 먹을거리들을 발견하게 되었지요. 바로 이렇게 갖추어진 상태로 처음에 인간들은 여기저기 흩어져 살았고, |322b| 국가들(poleis)은 아직 없었습니다. 그래서 그들은 모든 면에서 짐승들(thēria)보다 약했던 까닭에 짐승들의 손에 멸망해 가고 있었지요. 장인적 기술(dēmiourgikē technē)이 먹을거리를 얻는 데는 충분한 도움이 되었지만 짐승들과 싸우는 데는 부족했던 겁니다. 정치적 기술(politikē technē)을 아직 가지고 있지 못했는데, 전쟁술이 그것의 일부니까요. 그래서 그들은 국가를 세움으로써 한 덩어리로 뭉쳐 안전해지기를 추구했습니다(ezētoun). 그런데[334] 한 덩어리로 뭉쳤을 때 그들은 정치적 기술을 갖고 있지 않기 때문에 서로에게 불의를 행했고, 결국 다시 흩어져 파멸되어 가고 있었어요.

그러자 제우스가 |322c| 우리 종족이 완전히 멸망할까 두려워 헤르메스를 보내 인간들에게 염치(aidōs)와 정의(dikē)[335]를 가져다주라고(agonta) 시키게 됩니다. 국가의 질서와 친애의 결속이 함께 모으는 일을 하도록 말이죠. 그러자 헤르메스가 제우스에게 어떤 방식으로 인간들에게 염치와 정의를 줄지를 묻습니다. '기술들이 분배된 것과 똑같은 방식으로 그렇게 이것들도 분배해 줄까요? 그

---

333 혹은 '언설', '언어'.
334 혹은 '그렇게 해서'.
335 혹은 '도의'.

것들은 다음과 같이 분배되었지요. 한 사람만 의술을 가져도 많은 수의 문외한들에게 충분하고 다른 장인들도 마찬가지지요. 그러니까 정의와 염치도 그런 방식으로 인간들 사이에 놓을까요, 아니면 모두에게 분배해 줄까요?' |322d| 제우스가 말하길, '모두에게 분배해 주어 모두가 나눠 갖게 하시오. 다른 기술들처럼 소수만이 그것들을 나눠 가지면 국가들이 생겨날 수 없을 테니까. 그리고 염치와 정의를 나눠 가질 능력이 없는 사람은 국가의 병으로 여겨 죽이는 것을 내게서 나온 법으로 삼으시오.' […]"

16. '위대한 연설' 2: 교육과 훈련

1B.49. 『파리 일화집』(*Anecdota Parisiensia*) 1.171.31 Cramer[336] [『히포마코스에 관하여』 B3[337]] (DK 80B3)[338]

『위대한 연설』(*Megas Logos*)이라는 표제가 붙은 작품에서 프로타고라스가 말하길, 가르침(didaskalia)은 천성(physis)[339]과 훈련(askēsis)을 필요로 한다. 그리고 어려서부터 시작해서 배워야 한다.[340]

---

336 텍스트: 크레이머(J.A Cramer 1839).

337 텍스트: 뵐러(A. Bohler 1903) 46.3.

338 『이암블리코스의 익명 저술』 단편 1(12B.1)에 비슷한 착상의 발언이 전해진다.

339 혹은 '천품', '타고난 기질[/구조/생김새]', '자연', '본성'. 아래도 마찬가지.

340 플라톤 『프로타고라스』의 '위대한 연설' 설화에 뒤이어 논변을 개진하는 가운데 나오는 프로타고라스의 발언, 즉 "적어도 그렇게[즉, 훌륭한 사람들이 자식들에게 덕을 갖도록 가르치고 돌본다고] 생각해야 합니다, 소크라테스. 작은 아이 때부터 시작해서 자기들이 살아 있는 동안은 내내 가르치고 훈계하

그런데, 에피쿠로스가 프로타고라스에 관하여 생각하고 말한 것처럼, 그 자신이 늦게 배운(opsimathēs) 사람이었더라면 이런 이야기를 하지 않았을 것이다.

1B.50. 스토바이오스 『선집』 3.29.80 (DK 80B10)

프로타고라스가 말하길, 연습(meletē) 없는 기술(technē)도, 기술 없는 연습도 아무것도 아니다.

1B.51. 위-플루타르코스 『훈련에 관하여』 178.24-25 (DK 80B11)[341]

프로타고라스가 말하길, 사람이 아주 깊숙이까지 이르지 못하는 한 교육은 영혼 속에 생겨나지 않는다.

1B.52. 플라톤 『프로타고라스』 350e6-351b2

[화자: 프로타고라스; 청자: 소크라테스 등]

나는 여기서든 다른 어디서든 능력 있는(dynatoi) 사람들이 힘 있다(ischyroi)는 데 동의하지 않습니다. 물론 힘 있는 사람들이 능력 있다는 데는 동의하지만요. |351a| 능력(dynamis)과 힘(ischys)은 같은 것이 아니라, 하나는, 즉 능력은 앎으로부터도 생기고 광기와 분노(thymos)로부터도 생기지만, 힘은 몸들의 천성(physis)

지요."(325c4-6)라는 발언은 여기 이 언명에서 나왔을 가능성이 있다.

341 시리아어 사본의 유럽어 번역(독일어, 불어 등)으로부터 중역하였다.

과 좋은 양육(eutrophia)으로부터 생기니까요. 그런 식으로 저 경우에도 대담함(tharsos)과 용기(andreia)는 같은 것이 아니어서 용기 있는 사람들은 대담하지만 대담한 사람들 모두가 용기 있지는 않습니다. 인간들에게 대담함은 능력처럼 기술로부터도 생기고 |351b| 분노와 광기로부터도 생기지만, 용기는 영혼들의 천성과 좋은 양육으로부터 생기니까요.

17. 언어와 교육: 보편 교육에 대한 관심

1B.53. 시칠리아의 디오도로스 『일반 역사』 12.13.3.3-6

그래서 그[342]는 글자를 모르는 사람들(agrammatous)이 어떤 큰 유익들[343]을 빼앗긴(aposteroumenous) 것이라고 여겨 이 입법으로 이를 시정하려 했으며(diōrthōsato), 이들이[344] 공적인 돌봄[345](dēmosias

---

342 피터 그린(P. Green 2006)은 저자의 주장대로 카론다스(Charondas)로 보는 반면(200쪽), 워터필드(R. Waterfield 2000: 이하 'W'로 줄임)는 프로타고라스로 본다(210-211쪽 및 주석 10, 219쪽). 워터필드에 따르면, 디오도로스는 이것과 다른 개혁들을 아마도 6세기 초에 살았을 준-전설적인 입법자 카론다스에게 돌리지만, 여기서 그가 논의하고 있는 것은 투리이 개척이기에 이것은 잘못이다(주석 10). 뮈르(J. V. Muir 1982)도 이것을 디오도로스의 착오로 간주하고 여기 투리이 입법자가 가리키는 인물 목록에서 카론다스를 배제한 후, 헤라클레이데스의 보고(DL 9.50: 1A.1)를 존중하여 그 인물의 강력한 후보를 프로타고라스로 본다(19쪽). 특히 그는 문맹에 대한 공적 지출과 관련한 여기 이 인용 자료가 카론다스나 잘레우코스에게 귀속되기 어렵다고 주장한다(20쪽).

343 직역하면 '좋은 것들[/좋음들]'.

344 혹은 '이 일[즉, 문맹 퇴치]이'.

epimeleias)만이 아니라 공적인 경비 지출(dapanēs)[346]까지도 받을 가치가 있다고 생각했다.

1B.54. 『시리아어로 된 희랍 금언집』(*Studia Sinaitica*) 1, 34쪽 Smith Lewis (DK 80B12)[347]

프로타고라스는 말했다. "노력, 일, 공부, 교육, 지혜는 유창한 말[348]의 꽃들로 엮어져서 그것을 사랑하는 사람들의 머리맡에 놓인 영광의 화관이다. 사실 말은 어렵지만 그것의 꽃장식은 풍부하고 늘 새로우며, 보는 사람들과 박수를 보내는 사람들과 가르치는 사람들은 행복하며, 그들의 학생들은 진보를 이루고 바보들은 짜증이 난다. 혹은 아마도 그들이 짜증이 나는 정도까지는 아닐 것이다. 그럴 만큼 충분히 지적이지 않기 때문이다."

18. '말의 옳음'(orthoepeia): 문법과 수사학[349]

1B.55. 플라톤 『파이드로스』 267b10-c7 (DK 80A26)[350]

소크라테스: 그런데 이번엔 폴로스의 말들의 뮤즈의 전당들

---

345 혹은 '관심'.

346 혹은 '예산[/비용]의 지출[/사용/투자]'.

347 시리아어 사본의 유럽어 번역(불어, 영어 등)으로부터 중역하였다.

348 유럽어 번역들은 '언어'로 되어 있지만, 원래 말은 '로고스'였을 것이다.

349 cf. 1A.1의 9.52 시간의 부분 구분과 9.53-54 담론의 기초들 구분; 10A.1 그리고 2A.1

(mouseia logōn),[351] 예컨대 |267c| 단어 반복(diplasiologia)과 금언
조(gnōmologia)와 비유조(eikonologia) 같은 것들에 대해서는 우리
가 뭐라고 의사 표명을 할까요(phrasōmen)? 멋진 표현을 만들어
내는 데 쓰라고 그에게 리큄니오스가 제공했던 단어들에 대해서
는 또 뭐라고 할까요?[352]

파이드로스: 그런데 프로타고라스에도 정말로 그 비슷한 어떤
것들이 있지 않았나요, 소크라테스?

소크라테스: 바로 모종의 말의 옳음(orthoepeia)[353]이란 거죠, 어
린 친구,[354] 다른 많은 아름다운 것들도 있고요.

1B.56. 헤르메이아스[355] 『플라톤 『파이드로스』 주석』 239.14-16
(267c에 관하여)

"모종의 말의 옳음(orthoepeia)": 즉, 일상어 사용(kyriolexia).[356]

---

350 9B.2, 2B.44, 3B.8, 4B.11로부터 이어짐. 이후 7B.18로 이어짐. 이것들 전체
     가 맥락과 더불어 17A.48에 포함됨. 프로타고라스의 수사학(교본?) 기본 사
     항(내지 수사학적 발견)에 말의 옳음이 포함되어 있다는 내용의 단편. 맥락:
     일련의 수사학 이론사로서 여러 소피스트들을 열거하고 있다.
351 알키다마스에게 이 비슷한 제목의 저서가 있었다. 15장 B의 5절을 참고할
     것. 여기도 책 제목일 가능성이 있다.
352 할리카르나소스의 디오뉘시오스(기원전 30년경 전성기)도 이 두 사람(즉, 폴
     로스와 리큄니오스)을 고르기아스의 제자로 함께 언급한 바 있다(2B.64). 리큄
     니오스에 관해서는 그곳 주석을 참고할 것.
353 혹은 '옳은[/올바른] 말 쓰기'. 이하 마찬가지. 책 제목이라는 견해도 있다
     (DG 34쪽과 351쪽 주석 121).
354 혹은 '소년이여'.

프로타고라스는 비유들(parabolai)과 형용어들(epitheta)을 통해서
가 아니라 일상적인[357] 단어들(kyria onomata)을 통해 자기 담론
(logos)을 수행했기 때문이다.

1B.57. 플라톤『크라튈로스』391c2-4 (DK 80A24에 포함)[358]

[화자: 소크라테스; 청자: 헤르모게네스]

그런데 당신은 […] 당신의 형제[즉, 칼리아스]에게 그가 프로타
고라스에게서 배운, 그런 것들에 관한 **옳음(orthotēs)**을 당신에게
가르쳐 달라고 애원하고 간청해야겠지요.

1B.58. 아리스토텔레스『수사학』3.5. 1407a19-20, b6-9 (DK
80A27)

단어 선택(lexis)의 원리(archē)는 희랍어를 하는 것(to
hellēnizein)[359]이다. 이것은 다섯 가지에 달려 있다. […] 넷째는 프
로타고라스가 어떻게 이름들[360]의 종류(genē)를 남성, 여성, 물건

---

355 알렉산드리아의 헤르메이아스는 기원후 5세기(410-450년경)의 신플라톤주
    의자로서, 그의 현존 저작으로는『플라톤『파이드로스』주석』만이 남아 있다.
    410년경 알렉산드리아 태생으로 아테네로 가서 쉬리아노스 밑에서 공부했으
    며, 더 잘 알려진 신플라톤주의자 암모니오스의 아버지다. '철학자 헤르메이
    아스'라고도 불리는 기독교 호교론자 헤르메이아스와는 동명이인이다.

356 혹은 '통용어[/통용 표현] 사용', '문자적 표현 사용'.

357 혹은 '통용되는'.

358 1B.5에 이 말에 대한 헤르모게네스의 대응이 나옴. 17A.40에 포함.

359 즉, 순수한 혹은 옳은[/올바른] 희랍어 구사하기. 크리티아스의 '아티카 말 하기'
    (attikizein)와 비교해 볼 만하다.

(skeuē)³⁶¹으로 나뉘는가에 있다. 이것들 또한 옳게(orthōs)³⁶² 할당해야(apodidonai) 하는 것이다. "그녀가 와서(elthousa) 이야기를 나누고(dialechtheisa) 떠났다."처럼 말이다.

1B.59. 아리스토텔레스 『소피스트적 논박』 14, 173b17-25 (DK 80A28)

어법 위반(soloikismos)이 어떤 것인지는 앞에서 이야기가 되었는데, 이것을 할 수 있을 뿐만 아니라, 하지 않으면서 하는 것으로 여겨질(dokein) 수도 있고, 하면서 안 하는 것으로 여겨질 수도 있다. 프로타고라스가 이야기하곤 하던 것처럼 '분노'[= '메니스' (mēnis)³⁶³]와 '투구'[= '펠렉스'(pēlēx)³⁶⁴]가 남성이라면 말이다. '파괴적인'[= '울로메네'(oulomenē)³⁶⁵]이라고 [여성형 어미를 붙여] 이야기하는 사람은 저 사람에 따르면 어법을 위반하는 것이지만 다른 사람들에겐 그렇게 보이지(phainetai) 않는 반면, '파괴적인'[= '울로메노스'(oulomenos)³⁶⁶]이라고 [남성형 어미를 붙여] 이야기하는 사람은 어법을 위반하는 것으로 보이지만 실제로는 아니기 때문이다.³⁶⁷ 그러므로 누군가는 심지어 기술을 가지고도 이것을 할

---

360 혹은 '단어들'.
361 혹은 '사물'. 본래 '안 움직이는 물건'을 뜻한다.
362 혹은 '올바로'.
363 희랍어에서 여성 명사.
364 희랍어에서 여성 명사.
365 희랍어 분사 여성형.
366 희랍어 분사 남성형.

수 있을(dynaito) 것임이 분명하다. 그렇기 때문에, 논박들에서 그렇듯, 논변들 가운데 상당수는 실제로는 어법 위반을 추론으로 도출해 내는(syllogizesthai) 것이 아니면서도 그런 것을 추론으로 도출해 내는 것으로 보인다.

1B.60. 아리스토텔레스 『시학』 19, 1456b8-18 (DK 80A29)

단어 선택(lexis)에 관한 사항들 가운데 고찰할 한 종류(eidos)는 단어 선택의 유형들(schēmata)인데, 그것들을 아는 것은 연기술(hypokritikē)[368] 및 그런 것들에 대한 총괄 기획 기술(architektonikē)을 가지고 있는 사람에게 속한다. 예컨대, 명령(entolē)이 무엇인지, 기원이 무엇인지, 사건 진술(diēgēsis)[369]이 무엇인지, 협박이 무엇인지, 질문이 무엇인지, 대답이 무엇인지, 그 비슷한 다른 어떤 것이 무엇인지 등이 그것이다. 이것들에 대한 앎 혹은 모름에 대해서는 시학과 관련해서 뭔가 진지하게 여길 만한 가치가 있는 그 어떤 비난도 가해지지 않으니 하는 말이다. 하긴 누군들 프로타고라스가 비난하는 것들이, 즉 "분노를 노래하소서, 여신이여"(mēnin aeide thea)[370]라고 말할 때 기도한다고 생각하면서 명령을 한다(epitattei)는 것이 왜 잘못을 범하는 거라고 생각하겠는가? 그

---

367 『일리아스』 서두(1권 1행과 2행)에 나오는 '파괴적인 분노'(mēnin ... oulomenēn)를 놓고 어법 위반에 관해 논의하고 있는 것으로 보인다.

368 혹은 '발표술', '실연술'.

369 혹은 '서사'.

370 역시 『일리아스』 서두의 같은 곳(1권 1행)에 나오는 구절에 대한 논의다.

는 말하기를, 뭔가를 하거나 하지 말라고 시키는 것은 명령(epitaxis)이라는 것이다.[371]

1B.61. 아리스토파네스 『구름』 658-679 (DK 80C3)[372]

소크라테스: 하지만 이것보다 먼저 당신은 다른 것들을 배워야 합니다.

발이 넷인 것들 가운데 어떤 것들이 제대로(orthōs)[373] 수컷(arrena)[374]인지.

|660| 스트렙시아데스: 아니, 난 수컷들을 알아요. 내가 미치지 않았다면 말이죠.

숫양(krios), 숫염소(tragos), 황소(tauros), 개(kyōn), 닭(alektryōn).

소크라테스: 당신이 무슨 상황을 겪고 있는지 알아요? 당신은 암컷도 수컷도 똑같이 닭이라고 부르고 있어요.

스트렙시아데스: 대체 어째서죠? 어서 말해 주세요.

소크라테스: 어째서냐고요? 이것도 닭, 저것도 닭이라고 하니까요.

---

371 명령법 대신 희구법을 사용하여, 이를테면 '분노를 노래해 주시면 좋겠습니다, 여신이여"(mēnin aeidois thea) 정도로 고치는 것이 옳다는 논의다.

372 표면상 소크라테스의 발언으로 되어 있지만, 그 내용상 아마도 프로타고라스를 풍자하고 있는 것으로 보아도 좋을 것이다. 그러나 이윤철(2013, 64-66쪽)처럼 그 내용 전체를 온전히 프로타고라스에게 귀속시켜도 좋을지는 별도로 따져야 할 문제다.

373 혹은 '옳게'.

374 혹은 '남성'.

|665| 스트렙시아데스: 포세이돈에 걸고 말하건대, 정말 그렇죠. 그런데 이제 내가 어떻게 불러야 하나요?

소크라테스: 하나는 '암탉'(alektryaina), 그리고 다른 하나는 '수탉'(alektōr)이라고 해야죠.

스트렙시아데스: '암탉'이라고요? 아에르[= 공기](Aēr)에 걸고 말하건대, 정말 좋네요.

그렇다면 이 가르침을 받은 것만으로도 그 보답으로

내 쪽에선 당신의 반죽통(카르도포스)에(tēn kardopon) 보릿가루를 가득 채워 줄게요.

|670| 소크라테스: 거, 참 이것 보세요, 또 이러시네. 반죽통(카르도포스)이

여성인데 당신은 그걸 남성으로 부르고 있네요.

스트렙시아데스: 어떤 방식으로 내가 반죽통(카르도포스)을 남성으로 부른다는 거죠?

소크라테스: 정말 그렇게 하고 있죠. 마치 클레오뉘모스[375]를 말하는 것처럼 말이죠.

스트렙시아데스: 어째서죠? 말해 주세요.

---

375 기원전 420년대 아테네에서 활동했던 정치가다. 아리스토파네스에게서 대식가, 거짓말쟁이, 겁쟁이 등으로 놀림을 받았는데('겁쟁이'와 관련해서는 실제로 424년 델리온 전투에서 도망을 친 적이 있다고 한다.), 여기도 그런 맥락 가운데 하나다. 426년에 두 중요한 제안을 내놓았는데, 하나는 트라키아의 메토네에 관한 것이고, 다른 하나는 델로스 동맹으로부터 공물을 모집하는 일에 관한 것이었다.

소크라테스: 당신에겐 반죽통(카르도포스)이 클레오뉘모스와 같
은 걸 뜻하죠(dynatai).

|675| 스트렙시아데스: 하지만, 훌륭한 분, 클레오뉘모스에게
는 반죽통(카르도포스)조차 없었고,

오히려 그는 둥근 막자사발(thyeia)에다 반죽을 했었죠.

하지만 앞으로 내가 그걸 어떻게 불러야 하나요?

소크라테스: 어떻게냐고요? '카르도페'(kardopē)라고 불러야죠.

마치 당신이 '소스트라테'를 부를 때처럼 말이죠.

스트렙시아데스: '카르도페'라고 여성으로 말이죠?

소크라테스: 이제 옳게 말하는군요.

19. 문학 비평: 시 해석과 비평

1B.62. 암모니오스,[376] 『일리아스』 21.240 주석 (옥쉬륑쿠스 파피
루스 221, XII.20-29) (DK 80A30)

프로타고라스가 말하기를, 그다음 삽화(epeisodion), 즉 크산토
스[377]와 한 가사자[378]의 전투에 대한 삽화는 그 전투를 따로 구별해 주기

---

376 파피루스에 '암모니오스의 아들 문법학자 암모니오스'로 서명되어 있는 것으
로 보아 이 암모니오스가 주석들의 저자 혹은 집성자일 가능성이 높다. 그
런데 문법학자 암모니오스에 해당하는 인물이 복수여서 그 가운데 누구인지
가 논란의 대상이다. 상세한 내용은 그렌펠-헌트 2권(B.P. Grenfell & A.S.
Hunt 1899) 53-55쪽을 참고할 것.

377 강 신의 이름. 호메로스에 따르면 신들에게는 '크산토스'로, 인간들에게는 '스
카만드로스'로 불렸다(『일리아스』 20.74)고 한다. 이로 미루어 볼 때, 후자가

(dialabein) 위한 것이었다. 신들의 전투(theomachia)로 옮겨 가기 위해서 말이다. 그리고 또 아마도 아킬레우스를 드높이기 위해서, […][379]

1B.63. 플라톤 『프로타고라스』 338e6–339d9 (DK 80A25)[380]

[전달자: 소크라테스; 피전달자: 동료; 대화자: 소크라테스와 프로타고라스]

그러자 그[즉, 프로타고라스]는 다음과 같은 어떤 방식으로 묻기 시작하더군요. "나는" 하고 그가 말했어요. "소크라테스, 사람에게 교육의 가장 중요한 부분은 시구들(epē)에 관해 |339a| 능란하게 되는 거라고 생각합니다. 이것은 시인들에 의해 이야기되는 것들을, 즉 어떤 것들이 옳게 지어졌고 어떤 것들이 그렇지 않은지를 이해할 수 있는 것, 그리고 그것들을 구분할 뿐만 아니라 질문을 받았을 때 해명을 할 줄 아는 것입니다. 그래서 이제 나와 당신이 지금 그것에 관해 대화를 나누는 바로 그 똑같은 것에 관해, 즉 덕에 관해 질문이 있게 될 겁니다. 다만 시 짓기 쪽으로 질문의 방향을 바꿔 놓고서 말이죠. 딱 고만큼만 차이 나게 될 겁니다. 어딘가에서 시모니데스는 테살리아의 크레온의 아들 스코파스와 관련해서 다음과 같이 이야기를 하거든요.

강 자체의 지리적 이름이고 전자가 신을 가리키는 이름일 것이다.

378 즉, 아킬레우스.

379 텍스트가 손상되었다. 듬성듬성 남아 있는 단어들을 대강 옮겨 보면 다음과 같다. '그리고 아래로(?) … 위험들에 … 따라잡으면서 … 그리고 더 이상 냇물에서가 아니라 평원에서 뛰어올랐다.'

380 이 인용문에 들어 있는 시모니데스 시 해석에 관한 상세한 논의로는 강성훈(2009, 2010)을 참고할 것

|339b| 실은 어렵다, 참으로 훌륭한 사람이 되는 건(andr' agathon men alatheōs genesthai chalepon).[381]

손과 발과 마음이 사각형처럼 반듯한,

비난받지 않게끔 잘 만들어진 사람이 말이다.

이 노래(âisma)를 아시나요, 아니면 전체를 당신을 위해 죽 읊을 까요?"

그리고 내가 말했지요. "전혀 그럴 필요 없어요. 내가 알 뿐만 아니라 그 노래라면 마침 내가 대단히 관심을 기울이고 있었거든요."

"잘됐네요." 하고 그가 말하더군요. "그 말씀 들으니 말이에요. 그런데 그게 아름답고 옳게[382] 지어졌다고 당신에겐 보이나요, 아니면 아닌가요?"

"아주" 하고 내가 말했지요. "아름답고 옳게 지어졌지요."

"그런데 시인 스스로 자신과 반대되는 것들을 이야기하면 그게 아름답게 지어진 거라고 당신에겐 보이나요?"

"아름답게 지어진 게 아니죠." 하고 내가 말했지요.

"그럼 더 잘 보세요." 하고 그가 말했어요. |339c|

"아니, 훌륭한 분, 난 충분히 숙고했어요."

"그렇다면" 하고 그가 말하더군요. "그 노래가 진행되는 중에 어

---

381 '실은 참으로 훌륭한 사람이 되는 건 어렵다.'로 읽을 수도 '실은 훌륭한 사람이 되는 건 참으로 어렵다.'로 읽을 수도 있는 애매한 구절이며, 이 애매성이 결국 이 시구에 대해 소크라테스가 제시하는 한 해석의 바탕이 된다.

382 혹은 '올바르게'. 이하 마찬가지.

딘가에서 그가 이렇게 이야기하고 있다는 걸 아시나요?

또한 내가 보기에 피타코스의 말이 적절치도 않다.
물론 지혜로운 사람에게서 나온 말이긴 하지만 말이다.
고상하기가 어렵다고 그는 말했다.(chalepon phat' esthlon emmenai)

똑같은 이 사람이 이것도 이야기하고 앞서의 저것도 이야기한다는 걸 알고 있나요(ennoeis)?"

"알고 있어요." 하고 내가 말했지요.

"그렇다면 당신에겐" 하고 그가 말하더군요. "이것이 저것과 일치하는(homologeisthai) 걸로 보이나요?"

"적어도 내겐 그렇게 보이는데요(phainetai). (그렇지만 동시에 그가 뭔가 의미 있는 이야기를 하고 있는 게 아닌가 하는 두려움을 느꼈지요.) 그런데" 하고 내가 말했지요. "당신에겐 그렇게 보이지 않나요?"

"어떻게 |339d| 이 둘 다를 이야기하는 사람이 스스로 자신과 일치한다고 보일 수가 있을까요? 처음에는 어렵다고 참으로 훌륭한 사람이 되는 게,[383] 이렇게 스스로 놓았는데, 자기 시에서 조금 더

---

383 '어렵다고 참으로 훌륭한 사람이 되는 게'라고 굳이 원래 어순대로 옮기는 까닭은 우리에게 자연스럽게 '참으로 훌륭한 사람이 되는 게 어렵다'라고 옮기면 애초의 긴장과 문제가 번역과 동시에 자연스럽게 해소되어 버리기 때문이다. 그러나 문장의 애매성을 보존하는 원문에서는 그 긴장과 문제가 해소되지 않는다.

앞으로 나아가서는 그걸 잊어버리고 자신과 똑같은 것들을, 즉 '고상하기가 어렵다'고 이야기하는 피타코스를 비난할 뿐만 아니라 그 사람이 자신과 똑같은 것들을 이야기하고 있는 걸 받아들이길 거부하는 사람이 말이에요. 하지만 그가 자신과 똑같은 것들을 이야기하는 사람을 비난할 때마다 그가 자기 자신을 비난하기도 하는 것이어서 결국 앞의 것을 그가 옳지 않게 이야기한 것이거나 나중 것을 옳지 않게 이야기한 것이거나 둘 중 하나라는 게 분명합니다."

1B.64. 『바티칸 금언집』(*Gnomologium Vaticanum*) 468 (DK 80A25)

어떤 시인(epopoios)[384]이 자기 시들을 인정해 주지 않는다고 그에게 악담을 하고 있을(blasphēmountos) 때 프로타고라스는 말했다. "친구여, 당신의 시들을 듣느니 차라리 당신에게서 험담을 듣는(kakōs akouein) 게 내겐 더 낫군요."

20. 평정심, 페리클레스와의 우정[385]

1B.65. 위-플루타르코스 『아폴로니오스에게 주는 위안』 118e (DK 80B9)

페리클레스가 […] 자기 아들들, 파랄로스와 크산티포스 둘 다

---

384 혹은 '서사시인'.
385 cf. 1A.1의 9.50 투리이의 법률 기초.

가 삶을 마친 것을 알게 되었을 때, 프로타고라스가 다음과 같은 말로 전해 주는 바에 따르면, "젊고 멋있는 자기 아들들이 다해 봤자 8일 만에 죽었을 때, 그는 슬픔 없이 견뎌 냈다. 그는 평정심(eudiē)을 유지했으며, 그 평정심으로부터 하루하루 행운과 고통 없음과 많은 사람들 사이에서의 명성(doxa)에 이르는 데 도움이 되는 많은 것을 얻어 냈던 것이다. 누구라도 그가 자신의 슬픔을 꿋꿋하게 견뎌 내는 것을 지켜보는 사람이라면 모두가 다, 그런 상황에서 자신이 얼마나 하릴없어지는지(amēchaniē)를 너무도 잘 알기에, 그가 호방할(megalophrōn) 뿐만 아니라 남자답고 자신을 이겨 내는 사람이라고 생각하게 되었으니까 말이다."

21. '가장 옳은 설명': 인과와 책임

1B.66. 플루타르코스 『페리클레스』 36.5 (DK 80A10)[386]

어떤 5종 경기 선수 파르살로스의 에피티모스를 본의 아니게 쳐서 죽였을 때, 그[즉, 페리클레스]는 프로타고라스와 함께 조사하고 다니느라 온종일을 보냈다. 가장 옳은 설명에 따르면(kata ton orthotaton logon) 그 불행의 탓이 투창이라고 생각해야 하는지, 아니면 던진 사람이라고 생각해야 하는지, 아니면 경기 주관자들이라고 생각해야 하는지를 말이다.

---

386 프로타고라스가 책임의 문제에 관한 분석과 법의 본성에 관한 성찰을 했을 법하다는 점을 알려 주는 보고.

22. 수학, 기하학에 대한 비판과 경험 중시

1B.67. 아리스토텔레스 『형이상학』 B(3).2, 997b34-998a4 (DK 80B7)[387]

그러나 실로 천문학(astrologia)은 감각되는 크기들(aisthēta megethē)에 대한 것도 아니고 여기 이 하늘[388]에 관한 것도 아니다. 감각되는 선들도 기하학자가 말하는 그런 선들이 아니니까. 감각되는 것들 가운데 아무것도 그런 식으로 곧거나 굽지 않으니까. 원환(ho kyklos)[389]은 자와 한 점에서 접하지 않고 프로타고라스가 기하학자들을 논박하면서 이야기한 것처럼[390] 접하니까.

1B.68. 필로데모스[391] 『시에 관하여』 (헤르쿨라네움 파피루스 1676, 세로단 1.12-13) (DK 80B7a 추록)

프로타고라스는 수학에 대해 말하기를, [다루는] 대상들(ta prag-mata)은 알 수 없는 것들이고 용어들(lexeis)은 받아들이기 어렵다(ouk

---

387 기하학 비판. cf. 원적 문제에 관한 안티폰의 발언(5B.16).

388 즉, 우리가 사는 세상.

389 혹은 그냥 '그려 놓은 원'으로 새겨도 된다.

390 즉, 한 점에서가 아니라 선에서.

391 가다라의 필로데모스(110-30년경)는 에피쿠로스학파 철학자이자 금석학자였다. 시돈의 제논이 아테네의 에피쿠로스학파를 이끌 당시에 그에게 배웠고 70년대에 이탈리아로 이주했다. 한때는 『희랍 선집』에 남아 있는 시로 주로 유명했지만, 18세기 이래 헤르쿨라네움에서 파피루스 형태의 다양한 작품들이 많이 발견되어 오고 있다.

arestai).

1B.69. 심플리키오스 『아리스토텔레스 『자연학』 주석』 1108.18 (『자연학』 H.5, 250a19에 관한 주석) (DK 29A29)

그는 이것을 통해서 엘레아학파 제논의 논변(logos), 즉 그가 소 피스트 프로타고라스에게 물었던 그 논변도 해결한다(lyei). "내게 말해 주세요." 하고 그는 말했다. "프로타고라스, 좁쌀(kenchros) 한 톨 혹은 좁쌀 만분의 일이 떨어지면 소리를 내나요(psophon poiei)?" 저 사람이 소리를 내지 않는다고 말하자 "그럼 좁쌀 한 가 마(medimnos)[392]가 떨어지면 소리를 내나요, 안 내나요?" 한 가마 는 소리를 낸다고 말하자 "그렇다면" 하고 제논이 말했다. "좁쌀 한 가마가 좁쌀 한 톨과 심지어 한 톨의 만분의 일에 대해 갖는 비 율(logos)이 있지 않나요?" 저 사람이 그렇다고 말하자 "그렇다면" 하고 제논이 말했다. "소리들도 서로에 대해 갖는 비율들이 같지 않나요? 소리를 내는 것들이 그런 것처럼 소리들도 그럴 테니까 요. 이게 그러하다면 좁쌀 한 가마가 소리를 내면 좁쌀 한 톨도 좁 쌀 만분의 일도 소리를 내겠지요." 그러니까 제논이 묻곤 하던 논 변이 바로 이러했던 것이다.

---

392 메딤노스(medimnos)는 부피를 재는 단위로 대개 마른 곡식의 양을 재는 데 쓰였다. 지역에 따라 다르지만 아티카에서는 대략 51.84리터에 해당한다. 편 의상 '가마'로 옮긴다.

1B.69s. 아리스토텔레스『자연학』7.5, 250a19-21 (DK 29A29)

그렇기 때문에 다음과 같은 제논의 논변은 참이 아니다. 즉, 좁쌀 한 가마 전체가 떨어질 때는 움직이게 하는 공기를, 좁쌀의 부분이 어떤 것이든 움직이게 하지 못할 아무런 이유가 없기 때문에, 좁쌀의 부분은 어떤 것이든 소리를 낸다는 논변 말이다.

23. 자연학

1B.70. 키케로『연설가에 관하여』(*De Oratore*)[393] 3.128 (DK 84B3 = DK 85A9)[394]

왜 내가 케오스 출신 프로디코스에 대해서, 칼케돈 출신 트라쉬마코스에 대해서, 압데라 출신 프로타고라스에 대해서 이야기를 해야 하는가? 그들 각 한 사람 한 사람이 자연 사물들에 관해서 (de natura rerum)도 그 당시로선 아주 많이 말도 하고(disseruit) 쓰기(scripsit)도 했는데 말이다.

1B.71. 에우스타티오스[395]『호메로스『오뒤세이아』주석』1547.53 (에우폴리스 단편 157 Kassel-Austin 포함)

에우폴리스는 "천상의 것들(meteōra)에 관해 마구 떠벌려 대며 (alazoneuetai) 죄를 저지르면서도 땅에서 나는 것들을 먹는 사람"

---

393 기원전 55년에 키케로가 쓴 대화편.

394 = 3B.29, 7B.28.

이라는 구절에서 그를 희화화하면서 자연학자로서의 프로타고라스를 보여 주고 있다고 이야기된다.

1B.72. 에우폴리스 단편 158 Kassel-Austin

"프로타고라스는 그[즉, 칼리아스]에게 마시라고 시켰다. 그가 개의 날 전에 폐를 씻어 낼 수 있도록 하기 위해서 말이다."

---

395 테살로니카(테살로니케)의 에우스타티오스(기원후 1115년경-1195년)는 비잔틴 희랍의 주석가이자 테살로니카 주교. 1185년에 일어난 노르만인들의 테살로니카 공격에 대한 동시대적 설명과 여러 연설들, 그리고 아주 이른 시기 연구자들의 언급들을 포함시킨 호메로스 주석들로 가장 잘 알려져 있다.

제2장

고르기아스

    프로타고라스와 더불어 소피스트 운동 1세대에 속하는 인물인 고르기아스는 시칠리아섬의 레온티니에서 483년경 출생하여 376년경까지 아주 긴 삶을 살았다.[1] 427년 레온티니가 파견한 사절로 아테네에 처음 와서 수사가로, 그러니까 수사학 선생, 시범 연설 작가 내지 연설가로 아주 큰 인기를 누렸는데, 이는 가히 희랍 수사학의 무대를 시칠리아에서 아테네로 옮긴 일대 사건이라 할 만하다. 이후로도 그는 적어도 두 번 이상 더 본토를 방문하여 420년대 말까지는 아테네에서 활동했고, 이후 어느 시점부터는 테살리아로 이주해서 생을 마감할 때까지 그곳에 머물며 활동했는데, 415년 전후부터 380년경까지는 라리사에서, 이후 376년경 사망 시까지는 페라이에서 활동했던 것으로 보인다.

---

1 생몰 연대 추정에 관해서는 아래 A의 2절 제목의 주석을 참고할 것.

고르기아스는 당대의 가장 혁신적인 연설가요 최초의 산문 문장가라 할 수 있는데, 그의 문체에 관해서는 상반된 평가가 공존해 왔다. 즉, 아주 인상적이라는 호평이 있는가 하면 지나치게 작위적이라는 혹평도 만만치 않았다. 이런 양가적 평가는 그를 수사가로 볼 것인가 소피스트로 볼 것인가 하는 (아마도 플라톤에서 연원하여 오늘 우리에게까지 여전히 관심거리로 남아 있는) 물음으로 연결된다. 첫 장의 프로타고라스와 달리 고르기아스에게는 정체성에 관한 질문이 늘 따라다녔다.[2] 덕의 선생을 자처하는 프로타고라스가 소피스트 자격의 기준 노릇을 한다고 보면 이런 논란이 이해가 되는 측면도 있다. 실제로 이런 논의들의 도화선이 된 플라톤 『고르기아스』나 『메논』 등에서 고르기아스학파는 덕의 선생임을 극구 부인하면서 자신들을 말 선생으로 자리매김한다(8B.6, 2B.30 등). 그러니까 그들이 말 선생 내지 연설가(수사가)[3]이면서 소피스트로 받아들여진다면, 덕의 선생인가 여부는 자연스럽게 소피스트 자격 조건에서 빠지게 되는 셈이다. 여기서 우리는 덕의 선생임을 부인한다는 것이 덕 논의에서 아예 발을 뺀다는 의미는 아니라는 점을 유념할 필요가 있다. 소크라테스가 덕의 선생임을

---

2 필로스트라토스는 "소피스트들의 아버지"라고 부른다(2A.1). 그런가 하면 아리스토파네스는 "혀로 먹고사는 자들의" 우두머리(2A.19)로, 시칠리아의 디오도로스는 "연설 재능(deinotēs logou)에 있어서 당대 사람들 가운데 단연 두각을 나타내는 연설가(rhētōr)"(2A.7)로, 키케로는 "가장 오래된 수사가(rhetor)" (2B.49)로 칭한다.

3 이 책에서는 이 두 용어가 같은 뜻으로 혼용된다.

부인한다고 해서 그가 덕에 관심이 없었다거나 덕을 사소하게 보았다고 말할 수는 없듯이, 고르기아스 역시 마찬가지였을 것이다. 굳이 필요하지는 않겠지만 혹시라도 누군가는 의문을 가질 수도 있으니 한두 가지 근거만 들자면, 덕을 중요시하는 고르기아스 자신의 언급을 얼마든지 찾을 수 있으며,[4] 심지어 올림피아의 새김글 (2A.32)은 그를 '덕의 경쟁을 위해 영혼을 훈련시키는 데 가장 멋진 기술을 발견한 사람'으로 추켜세우기까지 한다.

이렇게 놓고 보면, 6장에서 다루게 될 소크라테스는 결국 소피스트 자격 조건 후보 중 하나에 대한 운명을 고르기아스와 공유하게 된다. 덕의 선생임 내지 덕을 가르친다는 데 대한 일정한 긍정적 입장 표명이 있어야 한다는 엄격한 조건은 소크라테스로 가기도 전에 고르기아스에서 이미 걸러지는 것이다. 사실 『고르기아스』 등에서 '본의 아니게'(어찌 되었든 역사는 고르기아스를 소피스트로 받아들이게 되었기에 하는 말이다.) 소피스트 자격의 문턱을 몸소 낮춘 셈이 되었기 때문에 플라톤으로서는 자기 선생을 '입장 불가'로 만들기 위해 또 다른 문턱이 필요했을 것이다. 그리고 『변명』 등에서 그가 열심히 강조한 '수강료 받는 선생일 것'이라는 조건이 바로 이 문턱으로 내세우기에 안성맞춤이었을 것이다.

방금 언급했던 플라톤의 '본의'는 그가 『고르기아스』에서 열심히 소피스트술과 수사술/연설술(다른 맥락에서 내가 '수사학'이라 부르

---

4 예컨대, 『헬레네 찬양』(2B.13) 1; 『팔라메데스를 위한 변명』(2B.14) 16, 20, 32; 『장례 연설』(2B.23); 『올림피아 축제 연설』(2B.19) 등.

던 것)을 나누었던 데서도 일정하게 시사되어 있다. 프로타고라스 장에 언급되었고 또 앞으로 다른 장들에서도 계속 언급될『프로타고라스』의 칼리아스 주최 '소피스트 대회'(1A.5)에 초청된 인사 목록에 고르기아스는 빠져 있다. 물론 곧이곧대로 읽으면 그 대회가 페리클레스의 두 아들이 시퍼렇게 살아 있었을 430년대 말에 열렸다고 되어 있으니 아직 고르기아스의 아테네 방문(427년) 전이 기는 하다. 어쩌다 플라톤이 그 시점을 작품 연대로 잡았는데 그러다 보니 마침 고르기아스는 아직 아테네에 온 적이 없어 빠지게 된 거라고 보아도 싱겁지만 다소간 설명이 되는 측면이 있기는 하다는 것이다.

그러나 그 작품에는 아테나이오스가 지적하는 것(1A.6[5])과 같은 이런저런 연대 착오가 (의도적이든 아니든) 있었던 것이 분명해 보인다.[6] 마음만 먹었다면 또 다른 연대 착오를 이용해서 고르기아스를 초청 목록에 얼마든지 포함할 수도 있었다는 말이다. 그러니 고르기아스가 빠진 것이 우연이거나 연대 설정 등의 비교적 사소한 이유 때문(만)은 아닐 것이라 짐작할 수 있다.『고르기아스』에서의 수사학과 소피스트술의 분리와 연결 지어 보면, 얼마간 고르

---

5 거기서 아테나이오스는 420년대 말로 그 대회의 시간을 늦춰 잡을 가능성이 열려 있음을 논증하고 있다.

6 그것 말고도 예컨대 주최자인 칼리아스의 나이와 관련한 논란도 있을 수 있고, 강성훈(2021)에 따르면 그게 어쩌면 더 중요한 문젯거리일 수도 있다[240-241쪽 = 강성훈(2011) 52쪽]. 내가 보기에 나이 문제는 생각보다 덜 무게를 주어도 좋고, 430년대 말과 420년대 말이라는 두 연대 설정을 의도적으로 섞어 놓았다는 쪽으로 정리해도 좋을 것 같다. 해당 대목(1A.6)의 주석을 참고할 것.

기아스를 소피스트들과 분리해서 다루고자 하는 플라톤 쪽에서의 의도가 개재되어 있다고 보는 것이 그럴법하지 않을까 싶다. 그리고 그 의도의 중요한 부분은 『프로타고라스』의 그 대회 현장에 미리부터 와 있거나 주요 초청 인사로 등장시킬 인물 목록에 소크라테스가 들어가 있지 않은 것과 무관치 않으리라는 것 역시 꽤 개연성 있는 추측이 되리라 생각한다.

그렇다면 고르기아스는 철학자인가? 이 물음에 관한 판단은 기본적으로 이 책 전체의 물음, 즉 소피스트는 철학자인가 하는 물음과 맞물려 있기도 하고 이 장의 자료들을 통해 각자가 판단할 몫이다. 여기서는 그저 고대의 철학사가들이 고르기아스의 위상을 어떻게 바라보았는가만 잠깐 살펴보기로 하자. 이 장의 인용 자료들을 보면 첫 자료부터가 앞의 첫 장과 다르다. 앞으로도 계속 그러겠지만, 이제 (소크라테스 장과 크세니아데스 장을 빼면) DL이 처음에 나오지 않는다. 왜 그렇고 무슨 의미일까? 왜에 대한 대답은 비교적 간단하다. 소크라테스를 예외로 하면 DL의 장들에 프로타고라스만 포함되니까 그렇다. 고르기아스는 단 7회, 그러니까 누군가의 선생으로 3번(2A.16, 2A.17, 2A.18), 두 주요 아테네 철학자의 저작에 관련되어 4번(2B.4s 등)[7] 이름이 언급될 뿐이다. 심지어 흔히 고르기아스 단편(DK 82B29)으로 전해지기도 하는 발언(2B.54)이 DL에서는 아리스티포스의 것으로 보고되기도 한다(DL 2.79).

---

7 여기서는 2B.4s만 맛보기용을 겸해 포함시켰다. 나머지 세 번은 그저 플라톤 저작 『고르기아스』의 제목이나 등장인물로 거명될 뿐이다.

고르기아스만이 아니라 이후 장들에 나오는 다른 소피스트들도 모두 (소크라테스를 빼면) DL의 철학자 목록에 들어 있지 않다. 대신 이런 '억울함'(?)은 이 장의 첫 자료로 나오는 필로스트라토스 (제2 소피스트 시대에 소피스트의 역사를 저술한 인물)에서 보상받는다. 이 책에 나오는 소피스트들 가운데 일곱 사람이 필로스트라토스의 책에 등재되는데, 그는 그 일곱 사람 가운데서 고르기아스를 단연 '소피스트의 아버지'로 꼽는다. 비극에서 아이스퀼로스가 차지하는 위상에 견주면서 말이다. 이게 빈말이 아닌 건 일곱 명이 논의되는 순서에서도 드러난다. 맨 첫 자리에 언급되는 사람은 프로타고라스가 아니라 고르기아스다.[8]

기본적으로는 아래 인용 자료들에서 읽는 이 각자가 확인해 가야 할 일이겠지만, 고르기아스는 플라톤 작품들에서도 자주 그랬던 것처럼 여러 면에서 소크라테스와 비교될 만한 철학자다. 거칠게 일반화해서 비교해 보자. 두 사람 모두 아름다운 말(logos)을 믿고 중요시한 사람들이다. 그런데 소크라테스는 말이 진실되어야 한다고 믿었다. 그런 말이 사람을(그리고 아마도 세상을) 반영하며, 사람을(그리고 아마도 세상을) 아름답게 변화시키는 힘을 갖고 있다고 믿었다. 아름다운 말은 진실된 말, 정의로운 말(다시 말해 진실된 사람에게서 나오고 정의로운 사람에게서 나온 말), 그래서 사람을 진실되고 정의롭게 하는 말이라고 생각했다. 그런가 하면 고르기아스는 말이 사람을 잘 반영하고 세상을 잘 반영한다는 보장

---

8 일곱 사람의 목록과 등장 순서는 해당 구절(2A.1) 첫 문장의 주석을 참고할 것.

이 어디서 나오는가를 묻는다. 사람들은 거의 누구나 진실되고 정의롭다고 자신을 말로써 포장한다. 하지만 고르기아스는 말이 '진실'에서 나오느냐라고 출처나 실재를 묻기보다 오히려 어떤 말이 설득의 힘을 갖느냐, 우리가 그걸 어떻게 봐 줄까를 함께 물어야 한다고 믿었다. 그렇게 설득의 힘을 가진 말이 그에겐 아름다운 말이다. 그게 우리를 아름답게 할 것이라 믿었다.

소크라테스에 못지않게 고르기아스의 철학 담론에도 교육에 대한 고려가 들어 있다. 그의 존재, 사유, 언어(소통)에 대한 반성에는 기본적으로 교육에 대한 숙고가 들어 있다. 교육은 소통을 기반으로 한다. 소피스트는 교육을 모토로 삼는다. 소통이 불가능하다는 건 자기들의 일 자체가 성립하지 않음을 자인하는 일이다. 그러니까 소통 불가능을 말한다는 건 아마도 문자 그대로 받아들이지 말라는 표시일 것이다. 우선, '고르기아스의 아이러니'(Gorgian irony)를 언급할 만하다. 마치 가르치지 않는다는 말을 하면서 가르치는 소크라테스(이를 가리켜 '소크라테스의 아이러니'라 부른다.)처럼, 소통이 안 된다는 말을 하면서 소통하는 게 고르기아스다. 이 점에서도 고르기아스는 천생 소크라테스의 선생이다. 플라톤의 『변명』이 그렇듯 문자적, 표면적 의미만 읽어서는 그 저작의 의미가 온전히 들어오지 않는다.

그의 『비존재에 관하여』는 반론(안틸로기아)의 일환으로 볼 여지가 많다. 즉, 파르메니데스적인 주류 철학이 내세우는 존재-앎(사유)-소통(교육)의 가능성 전제 자체를 문제 삼고 나서는 반론 말이다. 여기서 중요한 건 안티테제 자체의 진리성 여부라기보다 그것으로 인한 사유의 균형 혹은 담론의 균형 확보다. 어느 정도의 균형이 확보되어야 숙고와 회의가 가능하다. 너무 한쪽으로 미리부터 기울어 있으면 회의 자체가 안 되고 독단, 교조에 빠지게 된다. 고르기아스에 따르면 "아무것도 없다."(2B.4, 2B.5) 이를테면, 다 '꽝'이다! 또 그는 이렇게 권고한다. "진지한 이야기는 익살로 허물고, 익살스러운 이야기는 진지함으로 허물어라!"(2B.47) 이런 균형 잡기용 반론을 통해 그는 결국 "연설들의 연습을 처음으로 되살린 사람"(2A.31)이요, 소크라테스에 앞서 '반대를 위한 반대'를 행하며 '웃픈' 이야기를 퍼트린 '악마의 대변자'다. 촌철살인의 '뒤집기' 계승자요, 제2의 헤라클레이토스다. 균형을 이야기하면서 이야기 자체도 균형을 갖추려 한, 아름다운 말로 아름다움을 되찾을 수 있다고 믿은, 말의 예술가다.

A. 삶과 행적

1. 삶과 가르침 개관: 소피스트술 창시자이자 연설가

※ 2A.1. 필로스트라토스 『소피스트들의 생애』 1.9.1-6 (DK 82A1)[9]

|1| 시칠리아는 레온티니에서 고르기아스를 낳았는데, 우리는 그에게 소피스트들의 기술(hē tōn sophistōn technē)을, 마치 아버

---

9 2B.16, 2B.21, 2B.24, 2B.31, 10A.8 포함.

지에게 하듯, 소급하는(anapherein) 게 마땅하다고 생각한다.[10] 아이스퀼로스가 의상, 굽 높은 반장화(半長靴: okribas),[11] 영웅들의 유형(eidē), 먼 데 소식을 전하는 사자들과 무대 뒤에서 벌어지는 일을 전하는 사자들, 무대 위와 무대 아래에서 해야 할 행동들을 비극이 갖출 수 있게 해 줌으로써 얼마나 많은 기여를 비극에 했는지를 우리가 마음속에 떠올린다면, 고르기아스도 같은 기술에 종사하는 사람들에게 바로 이런 걸 한 사람일 테니까 말이다. |2| 소피스트들을 위해 그는 자극(hormē),[12] 역설적 진술(paradoxologia),[13] 단숨에 쏟아내는 문장(pneuma),[14] 거창한 이야기를 거창하게 개진하기(to ta megala megalōs hemēneuein), 단절적 표현(apostaseis)[15]과 단도직입적 이행(prosbolai)[16](이런 것들에 힘입어 이야기가 원래의 것보다 더 즐겁고(hēdiōn) 위풍스럽게(sobarōteros)[17] 되기 마련이다.)

---

10 필로스트라토스가 이렇게 고르기아스를 선두에 세우는 것이 그저 우연이 아님은 그의 논의 순서에서도 알 수 있다. 그는 우리 책에 나오는 사람들 가운데 일곱 사람을 언급하고 있는데, 1권에서 그들의 등장 순서는 다음과 같다. 고르기아스, 프로타고라스, 히피아스, 프로디코스, 트라쉬마코스, 안티폰, 크리티아스.

11 영웅을 연기하는 비극 배우들이 신던 반장화를 가리키는 말이다. 3A.23에는 같은 뜻의 다른 단어 '코토르노스'(kothornos)가 나온다.

12 혹은 '충동', '충격', '박력'.

13 혹은 '상식을 넘어서는 이야기[/표현]'.

14 혹은 '영감'.

15 혹은 '거리 두기'.

16 통상 '아쉰데톤'(asyndeton)으로 표현되는 '접속사 생략'을 가리키는 것으로 보인다(cf. 10A.1). 혹은 '저돌적 언사', '(주제에) 다가가기', '들이대기', '공격'.

17 혹은 '고상하게', '호방하게', '인상적이게'.

을 창안했고, 이야기에 돋우미(kosmos)[18]와 위엄(semnotēs)[19]을 주기 위해 시적인 단어들을 또한 구사했던 것이다.[20] |3| 그런데 그가 아주 쉽게 즉흥 연설[21]을 했다(apeschediazen)는 것은 내 이야기를 시작할 때 내가 이미 말한 바 있는데,[22] 이미 노령에 접어든(ēdē gēraskōn)[23] 상태에서 아테네에서 대화를 나누게 되었을 때[24] 많은 사람들이 그에게 탄복을 했다고 하는 게 그리 놀랄 일이 아니다. 또 내 생각에 그는 가장 명성 있는 사람들의 이목을 집중시켰다. 크리티아스와 알키비아데스(이 둘은 젊었다.), 투키디데스와 페리클레스(이 둘은 이미 노령에 접어들었다.)[25] 같은 사람들 말이다. 지

---

18 혹은 '장식', '질서', '화사함', '우아함'. 고르기아스가 강조해 마지않는 『헬레네 찬양』 첫 단어이기도 하다.

19 혹은 '격조', '진중함', '점잖음'.

20 이곳의 서술은 크리티아스에 관한 같은 저자의 서술(10A.1)과 비교해 볼 만하다.

21 혹은 '즉석연설'. 이하 마찬가지.

22 아래 2A.6에 인용된 대목을 가리킨다.

23 직역하면 '이미 늙어 가던'.

24 다른 보고들에 따르면 427년에 처음 방문하게 된다.

25 고르기아스가 427년 이전에 아테네에 왔다는 증거는 우리에게 없다. 이것이 그대로 사실일 것이라는 가정하에서 이야기하자면, 페리클레스는 2년 전인 429년에 이미 사망했을 것이므로 저자가 연대를 착각한 것으로 보인다. 2A.10 등에 페리클레스가 제자였다는 언급이 있다. 1) 만일 여기 이 언명이 두 사람이 제자였다는 언급이라면(아마 그럴 것이다.), 투키디데스가 제자였다는 언급도 신빙성을 의심할 여지가 생긴다. 저자는 427년 이전에 고르기아스가 아테네에 왔다고 믿을 만한 이유나 (우리에게 없는) 별도의 증거를 갖고 있었거나 아니면 착각과 약간의 과장이 섞인 보고를 하고 있거나 둘 중 하나인 셈이다. 반면에 2) 여기 이 언명이 두 사람이 제자였다는 언급이 아닐 경우라면, 이 언명 자체는 그럴법하지 않다고 볼 이유가 없다. 명망 있는 두 아

혜롭고 "말솜씨가 멋지다"(kalliepēs)[26]는[27] 걸 희극이 알아주는 비극 시인 아가톤 역시 이암보스 작품 여러 곳에서 고르기아스 식으로 말한다(gorgiazei)[28].

|4| 그리고 그는 희랍인들의 축제들에서도 이목을 끌었는바, 제단[29]에 서서 『퓌티아 축제 연설』이 울려 퍼지게 했고, 이를 계기로 심지어 금으로 된(chrysous) 그의 조각상이 퓌토의 신전[30]에 봉헌되기도 했다.[31] 그런가 하면 그가 행한 『올림피아 축제 연설』은 아주 중요한 사안에 관해 국가적[32] 차원에서 이루어진(epoliteuthē)

테네 노인이 주목할 정도의 소문이 퍼졌을 수도 있으니 말이다. 과장이 섞여 있을 게 분명하긴 하지만, 2B.64의 마지막 문장(훨씬 전부터 표현에 대한 경탄이 있었다는)이 이런 유의 추측을 가능케 하기도 한다.

26 아리스토파네스 『테스모포리아 축제를 거행하는 여인들』 49.

27 '지혜롭고 "말솜씨가 멋지다"는' 대신 '솜씨가 있어서 "말이 멋지다"는'으로 옮길 수도 있다.

28 혹은 '고르기아스 흉내를 낸다', '고르기아스 풍으로 (작품을) 쓴다'. 2A.22와 크리티아스 장 10A.1에서는 테살리아 사람들과 관련해서 '고르기아스 식 말하기'가 언급되며, 2B.78(2A.23과 중복)에서는 아이스키네스의 연설에 대해 이 용어가 언급된다. 그리고 2B.80(플라톤 『향연』)에 아가톤이 고르기아스 흉내를 내어 연설하는 것으로 플라톤이 재현하는 패러디가 수록되어 있다. 특히 197c의 운문이 아마도 이런 '고르기아스 풍' 작품의 대표적 사례일 텐데, 다만 아쉽게도 이암보스가 아니라 호메로스적 닥튈로스 운율로 되어 있다. 그리고 이암보스가 일상 언어에 가깝다는 아리스토텔레스의 언급(2B.66)이나 플라톤과 고르기아스의 가상 만남에 관한 이야기(2A.36)도 함께 참고할 만하다.

29 혹은 '연단'. 델피에 있는 아폴론의 제단.

30 즉, 아폴론 신전.

31 2B.21에도 수록.

32 혹은 '시민적', '공적', '공동체적', '정치적'.

것이었다. 희랍이 내적 분열을 겪고 있는(stasiazousa) 것을 보면서 그는 그들을 위해 화합(homonoia)의 조언자가 되어 이방인들을 향해 눈을 돌리도록 유도하면서, 그들이 든 무기로 얻게 될 상(賞)은 상대방 국가들이 아니라 이방인들의 영토가 되어야 한다고 설득을 시도했다.[33] |5| 그가 아테네에서 개진했던 『장례 연설』은 아테네인들이 찬사와 함께 공적으로 장례를 치러 주는 전몰자들을 향해 이루어졌으며, 비범한 지혜(sophia)[34]로 지어졌다. 아테네인들이 메디아인들과 페르시아인들에게 맞서도록 촉구하며 『올림피아 축제 연설』과 같은 마음으로 노력하고 있으면서도 [다른] 희랍인들과의[35] 화합에 관해서는 아무런 언급도 하지 않았던 것이다. 제국을 열망하는 아테네인들을 향한 연설이었기 때문인데, 제국은 단호한 자세를 취하지 않고서는 얻어 낼 수 없는 것이었다. 그저 그는 메디아인들에 대한 승전들을 칭찬하는 데만 집중했다. 다음과 같은 것을 그들에게 보여 주면서 말이다.[36]

이방인들에 대한 승전들(ta … tropaia)은 찬가를(hymnous) 요구하지만, 희랍인들에 대한 승전들은 비탄을(thrēnous) 요구한다.[37]

---

33 이 연설은 아마 420년 전후, 즉 펠로폰네소스 전쟁이 한창이던 시절에 올림피아에서 벌어진 경기/축제들에서 행해졌을 것이어서 시의에 맞는 절절한 것이었을 가능성이 높다. 보다 상세한 설명과 해당 연설의 내용에 관해서는 이 대목을 수록한 2B.16의 주석과 해당 절의 내용을 참고할 것.

34 혹은 '솜씨'.

35 혹은 '희랍인들 사이에서의'.

36 여기 1.9.4와 1.9.5는 2B.16에도 수록.

|6| 고르기아스는 108세까지 살았는데, 몸이 노령에 의해 쇠하지 않고 오히려 온전한 상태로 감각은 청춘인 채 삶을 마쳤다는 이야기가 전해진다.[38]

2. 출생 및 연대 문제[39]: 전성기와 사제 관계 관련

2A.2. 위-플루타르코스『열 명의 연설가들의 생애』832f (DK 82A6)[40]

그[즉, 람누스의 안티폰]는 페르시아 전쟁 때[41], 소피스트인 고르기아스 때에, 그러나 그 사람보다 조금 더 나중에 태어났다.

---

37 2B.24에도 수록.

38 나이 관련 언급에 관한 상이한 보고들에 관해서는 아래 생몰 연대 관련 주석 참고.

39 생몰 연대를 정리하면 다음과 같다. 2A.2에 따르면 안티폰(480년)보다 약간 이르게 출생했고 2A.3도 참고로 하면 대체로 485-480년경에 출생한 것으로 잡을 수 있다. [참고로 림스-쉬아파(R. Reames & E. Schiappa 2017)는 480년경으로 설정한다(143쪽).] 이아손에게로 옮긴 정황 증거[2A.31에 따르면 페라이의 이아손이 참주 재임(380-370년) 시 그를 칭송했다]를 참고하면 대체로 380-375년경 사망한 것으로 잡을 수 있다. 사망 시 나이는 105세(2A.30), 108세(2A.1), 109세(2A.3, 2A.4, 2A.10)로 갈린다. 105-109세니까 중간 나이를 잡으면 107세가 되고, 출생도 중간 시점 483년으로 잡으면 사망 연대는 378-374년(중간 시점은 376년)이 된다. 종합하면 483-376년(/375년)이 그럴 듯하다. (참고로 LM, G는 485-380년으로, DG는 483-376년으로 잡는다.)

40 5A.4에 포함. 통상의 추정과 달리 고르기아스 출생 연대를 460년경으로 잡는 포르퓌리오스의 연대 설정도 있는데, 이에 관해서는 2A.10을 참고할 것.

41 즉, 480년.

2A.3. 올림피오도로스 『플라톤 『고르기아스』 주석』 서론 9[42] (DK 82A10 포함)[43]

그[즉, 플라톤]가 고르기아스를 언급하는 일이 어떻게 일어나게 되는지를 탐색하는 일이 남아 있다. 자, 우리는 우선, 글 쓰는 사람이 개인적으로 알지 못하는 사람들에 대해서도 보고하고(historein) 그들이 대화를 나누는 것을 작품으로 만드는 일이 조금도 이상할 게 없다고 이야기하겠다. 둘째로, 우리는 그들[44]이 같은 시대에 살고 있었다는 것을 말할 것이다. 소크라테스는 77회 올림피아 기의 셋째 해[45]에 [태어났고/전성기였고][46], 〈…〉[47] 피타고라스주의자요

---

42 출생과 전성기 내지 사제 관계 관련 연대 문제를 다룬다. 저자의 혼동 혹은 혼동 여지가 많아 해석 논란이 크다. 이렇게 논란 대상이고 엉망인 보고이긴 하지만, 플라톤과 고르기아스가 같은 시대에 살고 있었다는 이야기가 매우 강조되어 있다는 것만큼은 분명하다. 플라톤이 10대 말 소크라테스를 만나기 전후 시점부터만 따져도 410년부터 375년경까지 적어도 35년이 겹친다. 서로 대면할 기회가 있었는지는 논란의 여지가 있을 수 있지만(아테나이오스 등에 이와 관련한 비교적 구체적인 일화들이 전해져 있다. 아래 2A.36 참고.), 적어도 서로에 관해 잘 들어 알고 있었을 개연성이 높으며, 이 보고는 그런 면에서 일깨워 주는 용도로서의 가치는 충분히 있다.

43 2B.9.(a) 포함.

44 즉, 플라톤과 고르기아스. 잭슨 외(R. Jackson et al. 1998)도 이렇게 이해한다(62쪽). 다음 문장만 보면 소크라테스와 고르기아스로 볼 수도 있다. G가 그렇게 읽는다(739쪽).

45 즉, 470/469년. DL이 전하는 아폴로도로스의 『연대기』에는 넷째 해(469/468년)로 나온다(6A.1의 DL 2.44).

46 별도의 동사가 명시되어 있지는 않다. 역사를 좇으면 '태어났고'가 맞는데, 아래에서 논의되는 연대 계산의 그럴법함을 위해서는 '전성기였고'라고 읽어야 한다. 잭슨 외(1998)는 '태어났고'로 읽어도 된다, 즉 올림피오도로스가 헷갈

고르기아스의 선생인 엠페도클레스는 그[48]에게서 배웠다. 고르기 아스가 『자연에 관하여』라는 여간 세련되지 않은(ouk akompson) 저 작을 84회 올림피아 기[49]에 썼다는 것 또한[50] 분명하다.[51] 그래서 소 크라테스가 28년 혹은 그보다 약간 더 많이 더 앞섰던 것이다.[52] 다 른 면에서 보면,[53] 플라톤[54]은 『테아이테토스』[55]에서 말한다. "내가

리지 않았을 수도 있다고 보았다(62쪽 주석 43).

47 태런트(H. Tarrant 1997) 등을 따라 공백이 있다고 상정할 수 있겠다.

48 앞의 공백에 언급되기도 했을 여기 '그'는 파르메니데스일 가능성이 있다. 태 런트의 추측으로는 공백에 소크라테스가 아낙사고라스에게 배웠다는 내용 이 있고, 여기 '그'는 아낙사고라스이리라는 것이다. 태런트(1997) 및 잭슨 외 (1998) 63쪽 주석 44를 참고할 것. 아래에 나오는 올림피오도로스의 다소 엉 뚱한 계산에 대한 나름 그럴법한 설명이라 할 수 있다. 다만 아래의 계산법을 논외로 치고 그저 지리나 학맥만 고려하면 파르메니데스가 더 잘 어울릴 수 있으며, 실제로 그런 별도의 고려가 아래에 언급된다.

49 즉, 444~441년.

50 '또한'을 '고르기아스'에 붙여 '고르기아스도 … 썼다는 것이 분명하다'로 옮길 수도 있다.

51 이 문장은 아래 2B.9에서 다시 다룬다.

52 잭슨 외(1998)는 부인하지만, 이 대목을 보면 올림피오도로스가 출생 연대와 절정기를 헷갈렸을 가능성이 높다. 결국 올림피오도로스의 머릿속에서는 다 음과 같은 계산법이 작동했을 수 있다. 우선 아낙사고라스에게 동문 수학한 소크라테스와 엠페도클레스가 동세대인이다. 소크라테스의 제자 플라톤과 엠 페도클레스의 제자 고르기아스는 동세대인일 것이다. 그런데 기록을 보니, 470년경이 절정기인 소크라테스와 440년대 말에 작품을 쓴(그래서 단순히 보 면 그때가 절정기인) 고르기아스가 대략 30년(한 세대) 차이가 난다. 따라서 앞선 추측대로 소크라테스의 제자 플라톤과 고르기아스는 같은 세대에 속한 다는 것이 기록으로 확인되었다.

53 혹은 '게다가'.

54 더 정확히는, 플라톤에 나오는 소크라테스.

아주 젊었을 때 아주 노인(pany prestytēi)인[56] 파르메니데스를 만났고 아주 심오한 사람임을 알게 되었지요." 그런데 이 파르메니데스가 바로, 고르기아스의 선생인 엠페도클레스의 선생이었다. 그런데 고르기아스도 노인이었다.[57] 보고되는 바로는 109세에 죽었으며, 따라서 그들은 같은 시대에 살고 있었다.

3. 시칠리아에서의 교육과 수사학 계보: 연설가 엠페도클레스의 제자, 가장 오래된 수사학 저자

2A.4. 디오게네스 라에르티오스 『유명한 철학자들의 생애와 사상』 8.58-59 (DK 82A3)[58]

사튀로스[59]가 『생애들』에서 말하길, 그[즉, 엠페도클레스]는 의사이면서 가장 훌륭한 연설가이기도 했다. 어쨌든 수사학에 있어

---

55 183e.

56 혹은 '나이 지긋한'. 이하 마찬가지. 다른 작품에서 같은 저자, 즉 플라톤이 전해 주는 바로는, 파르메니데스는 65세경에 40세경의 제논을 데리고 아테네를 방문해서 "아주 젊은" 소크라테스를 만났다(『파르메니데스』 127b). 이 만남이 실제로 일어났다면 소크라테스의 나이로 미루어 볼 때 대략 450년경의 일이리라 추측들을 한다.

57 앞 2A.1의 1.9.3에서와 비슷하게, 아테네를 방문했을 때(즉, 427년) 그랬다는 의미일 수도 있고, 혹은 보다 일반적인 의미로 '나이 지긋한 사람이 되었다', 즉 '노인이 될 때까지 살았다'는 말로 새길 수도 있다.

58 2A.25 포함.

59 기원전 3세기에 활동했으리라 추측되는 칼라티스(현재 루마니아의 망갈리아) 출신 소요학파 문인. 여기 언급된 전기의 작가로 유명하다.

서 탁월하고 기술 교범(technē)[60]을 남긴 사람인 레온티니 출신 고르기아스가 그의 제자였다. 고르기아스는, 아폴로도로스가 『연대기』에서 말하길, 109세까지 살았다. |59| 사튀로스가 말하길, 이 사람은 엠페도클레스가 마법을 행할(goēteuonti) 때 자신이 곁에 있었다고 이야기한다.

2A.5. 퀸틸리아누스 『연설에 대한 훈련』 3.1.8-9 (DK 82A14 포함)

그 시인들이 [기록으로] 전해 준(tradiderunt) 사람들 이후로 수사학(rhetorice)에 관련해 어떤 움직임을 일으킨(movisse aliqua) 첫 사람이 엠페도클레스라고 이야기된다.[61] 그런데 기술 교범들(artes)의 가장 오래된 저자들이 시칠리아의 코락스[62]와 티시아스[63]이며,

---

60 혹은 '교과서', '체계'.

61 cf. "아리스토텔레스는 엠페도클레스가 처음으로 수사학을 일으켜 놓은 (kekinēkenai) 사람이라고 말한다."[섹스투스 엠피리쿠스 『학자들에 대한 반박』 7.6(DK 31A19)]

62 기원전 5세기에 활동한 시라쿠사 출신 코락스는 최초의 수사학 선생이었는데, 서론, 논변 제시, 마무리 등의 기법에 대해 가르쳤고 그럴법함(to eikos)에 기반한 논변들에 대해 논의했다고 이야기된다. 아리스토텔레스도 코락스의 '기술 (교범)'(technē)에 대해 알고 있었고(『수사학』 2.24, 1402a17), 후대 연설가들은 그를 '기술(교범) 저자'(technographos)로 부르지만, 그의 가르침이 체계적이 었거나 교과서에 수록되었는지는 확실치 않다.

63 희랍어로는 '티시아스' 말고 '테이시아스'로 표기되기도 한다. 이하 마찬가지. 아래에서는 텍스트에 나오는 대로 표기하기로 한다. 시라쿠사 출신 티시아스 (테이시아스)는 기원전 5세기에 활동한 원조 수사학 선생으로 코락스의 제자다. 흔히 '과학적' 수사학 이론의 창시자로, 고르기아스의 선생으로 간주된다.

같은 섬 출신 사람 레온티니의 고르기아스가 이들 뒤를 따랐는데, 전해지는 바로는 엠페도클레스의 제자다. 그는 아주 긴 수명을 누린 덕분에(109세를 살았으니 말이다.) 많은 사람들과 동시대에 활동했다(simul floruit)[64]. 그렇기 때문에 그는 위에서 내가 말한 저 사람들의 모방적 경쟁자(aemulus)였으며 소크라테스보다도 더 오래도록 죽 삶을 이어 갔다.

4. 소피스트술 창시(테살리아에서)와 즉흥 연설 시작, 프로디코스 (테베와 스파르타에서 활동)와의 경쟁[65]

2A.6. 필로스트라토스 『소피스트들의 생애』 1. 서론 481, 482, 483 (DK 82A1a 확장, DK 82A24의 일부)[66]

그런데 옛것[즉, 옛 소피스트술]은 레온티니 출신 고르기아스가 테살리아에서 시작한(ērxe) 반면,[67] 둘째 것은 아트로메토스의 아들 아이스키네스가 아테네 정치로부터 망명하여 카리아와 로도스에

그럴법함(to eikos)의 중요성을 가르쳤고 말의 힘으로 사물들의 가치를 재편했다고 언급하는 플라톤 『파이드로스』 267a(2B.44에 수록)가 티시아스의 수사학 교육에 관한 현존 자료들 가운데 가장 오래된 보고다. 코락스의 정체나 두 사람의 교육 형식과 방법에 관한 정보는 확실치 않다.

64 보다 직역에 가깝게는 '같은 시점에 절정기를 누렸다'로 옮길 수 있다.

65 상세한 내용은 B에 있다. 테살리아와 보이오티아(테베)의 교육 및 정치 상황에 관해서는 아래 2A.13의 '테살리아'에 관한 주석을 참고할 것.

66 2B.50과 일정 부분 중복.

67 플라톤의 『메논』 서두(70b)의 이야기(2A.21에 수록)에 상당히 영향을 받은 보고라 할 만하다.

들어가고 나서 시작하게 되었다.[68] 그리고 후자 쪽 사람들은 기술 교범에 따라(kata technēn) 주제들(hypotheseis)을 다룬 반면, 고르기아스에게서 나온 사람들은 그렇다고 여겨지는 것에 따라(kata to doxan)[69] 주제들을 다루었다.[70]

[…] 그런데 즉흥 연설을 시작한 사람은 고르기아스다.[71] 이 사람은 아테네의 극장에 나타나서 "내놔 보세요들(proballete),[72]" 하고 자신 있게 말했던 것이다. 그리고 이런 배짱 좋은 말을 입 밖에 꺼낸 건 이 사람이 처음이다. […]

[…] 프로디코스는 도시들(astē)을 돌아다니며 이 이야기의 시범을 돈을 받고 보여 주었다. 오르페우스와 타뮈리스의 방식으로 매혹시키면서(thelgōn) 말이다.[73] 이런 시범들을 통해서 그는 테베인들 사이에서 큰[74] 가치가 있다고 생각되었으며, 라케다이몬[75]인들 사이에서는 더 큰 가치가 있다고 생각되었다. 이것들을 가르침으로써 젊은이들에게 유익을 주는 사람으로 여겨졌기 때문이다. 그래서 고르기아스는 진부하고도 여러 번 써먹은 이야기들을 해

---

68 세부 내용은 17A.10의 해당 주석을 참고할 것.

69 혹은 '마음에 맞는 것에 따라'.

70 이 단락은 17A.10과 겹치는 부분이다.

71 즉흥 연설에 관해서는 2A.1의 1.9.3.

72 '아무 질문[/요구 사항/주제]이나'쯤에 해당하는 목적어가 생략되어 있다고 보면 된다.

73 플라톤 『프로타고라스』 315a를 연상시키는 대목이다.

74 혹은 '큰 보상을 받을'. 아래도 마찬가지.

75 스파르타를 가리킨다. 이하 마찬가지.

댄다고 프로디코스를 비웃으면서 자신을 때(kairos)[76]에 내맡겼다
(epaphēken)[77].[78]

5. 아테네 사절 방문(공적 연설과 사적 시범 연설, 자줏빛 의복): 수사학 초기 역사에서의 위상(시칠리아에서 아테네로)[79]

2A.7. 시칠리아의 디오도로스 『일반 역사』 12.53.1-3, 5 (DK 82A4)[80]

|1| 이 당시에[81] 시칠리아에서 (칼키스인들에게서 온 식민자들이고[82] 아테네인들과 동족인) 레온티니인들은 마침 시라쿠사인들과 전쟁을 하고 있었다. 전쟁으로 압박을 받고 시라쿠사인들의 우위 때문에 힘으로 정복당할 위험에 처하자, 그들은 아테네로 사절을

---

76 혹은 '임기응변'.
77 혹은 '밀착시켰다'.
78 이 단락은 2B.50에도 수록.
79 에노스(R.L. Enos 1992)는 아테네 사절 방문 전승의 정확성(무엇보다도 문헌적, 역사적 설명에만 의존하는 데서 기인한 증거의 빈약성)에 대해 근본적으로 문제를 제기하면서, 특히 고르기아스의 아테네 방문 이유를 비문 증거를 통해 분명히 하려 시도하면서 수사학 진흥의 동기들이 지적인 것만큼이나 정치적이었음을 주장한다(1쪽). 그가 제시하는 비문 증거는 새김글 EM6855(아테네 비문 박물관 소장)로서, 433/2년 아프세오도스 아르콘 재임기에 아테네-레온티니 간 동맹이 갱신되었음을 입증해 주는 새김글이다. 에노스(1992) 10, 13쪽에 사진과 원문이 있고, 그가 참고한 새김글의 기본적인 출처가 되는 문헌은 IG, 즉 루이스 외(D. Lewis et al. 1981-1998)이며 그 번역문은 AIO(Attic Inscriptions Online) 웹사이트에 있다. https://www.atticinscriptions.com/inscription/IGI3/53.

보냈다. 민회(ho dēmos)[83]가 최대한 빨리 원군을 보내 자신들의 국가를 위험으로부터 구출해 줄 것을 부탁하기 위해서였다. |2| 파견단의 우두머리(archipresbeutēs)는 연설 재능(deinotēs logou)에 있어서 당대 사람들 가운데 단연 두각을 나타내는 연설가(rhētōr) 고르기아스였다. 이 사람은 처음으로 연설[84] 기술들(technai rhētōrikai)을 발견했고, 소피스트임(sophisteia)에 있어서 다른 사람들을 능가해서 제자들에게서 100므나를 보수로 받을 정도였다. |3| 그래서 이 사람이 아테네에 도착해서 민회로[85] 이끌려져서 아테네인들과 동맹에 관해 대화를 나누게 되었고, 그 말투의 기이함으로 (태생이 좋고 연설[86]을 사랑하는(philologoi) 사람들인) 아테네인들을 놀라게 했다. |4| [⋯][87] |5| 결국 그는 레온티니인들과 동맹을 맺도록 아테네인들을 설득해 내고 연설 기술로 아테네인들 사이에 탄복을 자아낸 후에 레온티니로 다시 돌아갔다.

---

80 2B.68과 일부 중복. DK 설명: 4세기 말 시칠리아의 역사가 타우로메니움 출신 티마이오스(356-260년경)에 의존한 보고. 이 보고가 티마이오스에서 연원한 것임은 거의 동시대(디오도로스는 기원전 1세기에 활동)의 할리카르나소스 출신 디오뉘시오스(기원전 30년경 전성기)의 보고(2B.64)에 의해 분명히 드러난다.

81 에우클레스가 아테네의 아르콘으로 재임하던 때, 즉 기원전 427년.

82 혹은 '식민자들이지만'.

83 혹은 '인민[/민중]'. 이 책에서 '데모스(dēmos)' 및 관련 단어는 주로 '인민'으로 옮기지만, 맥락에 따라 '민중'이나 '대중'으로 옮기기도 하며, 여기처럼 '민회'로 옮기는 경우도 있다.

84 혹은 '수사적'. 아래에도 마찬가지.

85 혹은 '인민[/민중]에게로'.

86 혹은 '말', '담론'.

87 12.53.4의 내용은 2B.68에 수록.

2A.8. 플라톤『대 히피아스』282b4-c1[88]

[화자: 소크라테스; 청자: 히피아스]

이분[89] 레오티니 출신의 소피스트인 고르기아스는 레온티니인들 가운데 공동체의 일들을 행하는 데 가장 유능하다고 여겨져서 고국이 보낸 사절로서 공적으로 이곳에 와서 민회에서 말을 가장 잘한다는 평판을 얻었을 뿐만 아니라 사적으로도 시범들(epideixeis)을 보여 주고 젊은이들과 함께 지내면서 많은 돈을 벌고 |282c| 이 국가로부터 얻어냈지요.[90]

2A.9. 아일리아누스[91]『잡다한 역사』(*Varia Historia*) 12.32 (DK 82A9)[92]

히피아스와 고르기아스는 자줏빛 옷을 입고 나다녔다(proïenai[93])는 이야기(logos)가 잊혀져 가고[94] 있다(diarrhei).

---

88 4A.5와 17B.1로부터 이어짐. 이후 3A.13, 17A.14, 1A.9, 4A.6, 17B.2, 6B.18로 이어짐.

89 이 자리에 참석했다는 말은 아니다. 다만 심리적으로 상당히 가깝다는 뜻이다. 아마 아테네에 온 지 얼마 안 되었다거나 한창 인기를 올리고 있다거나 사람들 입에 자주 오르내리거나 하고 있다는 느낌의 말이다.

90 '많은 돈을 벌고 이 국가로부터 얻어냈지요.' 대신 '이 국가로부터 많은 돈을 벌고 얻어냈지요.'로 옮길 수도 있다.

91 클라우디우스 아일리아누스(기원후 175-235년경)는 로마의 저자이자 수사학 선생. 셉티무스 세베루스 치하에 전성기를 보냈고 '꿀의 혀를 가졌다'고 불릴 정도로 희랍어에 유창했다. 로마에 태어났지만 희랍 저자들을 선호했고, 다소 고풍스러운 희랍어로 썼다.

6. 희랍 본토에서의 교육 활동 1: 학파 형성(제자들 목록)[95]

6.1. 이소크라테스(그리고 폴로스, 페리클레스, 투키디데스, 알키다마스 등)[96]

2A.10. 『수다』 Γ.388 (고르기아스 항목) (DK 82A2)[97]

고르기아스, 카르만티데스의 아들, 레온티니 출신, 연설가, 엠페도클레스의 제자, 아그리겐툼 출신 폴로스[98]와 페리클레스[99]와 이소크라테스와 그의 학파 수장 자리를 계승하기도 했던 엘라이

---

92   = 4A.8. DG는 시 음송가와의 관계에 주목한다. 이는 이전 시인들의 역할을 계속 이어받음을 강조하려는 의도일 것이라는 커퍼드(1981a)의 견해를 받아들인 것으로 보인다(29쪽). LM은 자줏빛 염색이 고대에 비싸기로 유명하다는 데 주목하며 '부'(富) 항목에 포함시킨다(132-133쪽). 프로디코스의 『헤라클레스의 선택』에 나오는 악덕의 의복 빛깔이기도 하다(3B.49). 아울러 6A.1의 2.25는 전자와 관련되는, 16B.9의 노예 매수인 복장은 후자와 관련되는 증거일 수 있다.

93   혹은 '사람들 앞에 나타났다'.

94   혹은 '돌아다니고'.

95   제자 목록은 8절에서 보완된다. B의 23절도 참고할 것.

96   이미 인용한 2A.1의 1.9.3에 페리클레스, 투키디데스, 알키비아데스, 크리티아스가 언급된다. 또한 아래 2A.22에 페리클레스, 투키디데스, 크리티아스, 아이스키네스가 언급된다. 그리고 투키디데스에 관해서는 2B.74가 특히 주목될 만하다. 『수다』 I.564(3A.30)에는 히포크라테스의 선생으로 언급된다. 플라톤 『메논』 96d(3B.19)에는 메논의 선생으로 언급된다.

97   중간 생략 부분은 2B.67에 수록. 첫 단락 = 15A.2. 출생 연대를 480년대 말로 잡는 위-플루타르코스의 견해는 2A.2 참고.

98   2B.64나 아래 2A.11에도 고르기아스의 제자 폴로스에 관한 언급이 있다.

99   2A.1의 1.9.3에도 페리클레스가 제자였다는 언급이 있다.

아 출신 알키다마스의 선생.[100] 그는 의사 헤로디코스의 형제였다.[101]

포르퓌리오스는 그를[102] 80회 올림피아 기[103]에 놓았지만, 그는 그것보다 더 나이 든 것으로 간주해야 한다.[104]

이 사람은 처음으로 수사학 장르(eidos)에 교육(paideia)[105]의 언표적인(phrastikē)[106] 능력(dynamis)과 기술을 부여했으며,[107] [...][108] 그는 제자들 각각에게 100므나를 내게 했다. 그는 109세까지 살았고 많은 저술들을 했다.

---

100 알키다마스의 선생이었다는 보고는 『수다』 A.1283(15A.1), 아테나이오스 『만찬 자리의 소피스트들』 13.61, 592c(15B.6) 등에도 나온다.

101 플라톤 『고르기아스』 448b와 456b에 형제인 의사 헤로디코스에 대한 언급이 나온다. 기본적으로 의사의 기술과 연설가의 기술이 비교되는 맥락인데, 특히 후자가 인상적인 대목으로 잘 알려져 있다. 플라톤의 이런 언급들 말고 별도로 이 의사에 관해 알려진 바는 없다. 플라톤이 다른 작품들에서 간간이 언급(그중 하나가 1B.47에 수록된 『프로타고라스』 316e이며, 그 외에도 『국가』 3권 406a, 『파이드로스』 227d 등에서 언급)하는 셀륌브리아 출신 의사 헤로디코스는 동명이인으로서, 체육과 의술을 결합한 (요즘 식 표현으로 말하면) '학제적' 기술이라 할 스포츠 의학의 선구자로 유명하다.

102 즉, 그의 출생 연대를.

103 즉, 460-457년.

104 『수다』는 포르퓌리오스의 연대 추정을 인용하자마자 기각하고 있다. 통상 받아들이는 연대는 위-플루타르코스(2A.2) 등의 480년대 말이다.

105 혹은 '교양'.

106 혹은 '말로 표현하는', '제시'.

107 혹은 '수사학적 장르에 교육의 언표적인 능력과 기술을 부여했으며' 대신 '교육의 수사학적 장르에 언표적인 능력과 기술을 부여했으며'로 옮길 수도 있다.

108 여기 생략된 구절은 2B.67에 수록. 수사학 장르에 고르기아스가 처음 도입했다는 여러 표현적 장치의 사례들이 열거되어 있다.

2A.11. 필로스트라토스『소피스트들의 생애』1.13

아그리겐툼 출신 폴로스는 고르기아스가, 사람들 말로는, 많은 돈을 받고 소피스트로 훈련시켰다.[109] 아닌 게 아니라 폴로스는 부유한 사람들 가운데 하나이기도 했다. 그런데 폴로스가 균등 대칭(ta parisa),[110] 대조(ta antitheta),[111] 각운을 처음으로 발견했다고 말하는 사람들이 있는데, 옳은 이야기는 아니다. 말의 이런 화려함(aglaia)은 이미 발견되어 있던 것을 폴로스가 이용한 것뿐이기 때문이다. 바로 그것 때문에 플라톤은 그의 공명심(philotimia)을 비웃으면서 다음과 같이 말하는 것이다. "훌륭한 폴로스(ō lōiste Pōle), 당신 방식대로 당신을 부르느라 이렇게 말하는 거요."[112]

2A.12. 퀸틸리아누스『연설에 대한 훈련』3.1.13 (DK 82A16)

많은 사람들이 이들[즉, 프로타고라스, 고르기아스, 프로디코스, 히피아스, 트라쉬마코스]을 따랐지만, 고르기아스의 학생들(auditores) 가운데 가장 유명한 사람은 이소크라테스였다. 그의 선생에 관해서는 저자들 사이에 의견이 일치되지 않지만 우리 자신은 아리스토텔레스를 믿는다.

---

109 혹은 '소피스트인 아그리겐툼 출신 폴로스는 고르기아스가, 사람들 말로는, 많은 돈을 받고 훈련시켰다.'
110 혹은 '양적 균형'.
111 혹은 '대립'.
112 『고르기아스』467b. '훌륭한 폴로스'에 해당하는 희랍어 표현 '오 로스테 폴레'(ō lōiste Pōle)가 유사한 음의 연결 표현으로 되어 있다.

2A.13. 키케로『연설가』(*Orator*)[113] 176 (DK 82A32)[114]

이소크라테스는 청소년(adulescens)일 때 테살리아[115]에서 이미 노인이 된 고르기아스에게 배웠음(audisset)에도 불구하고 [...][116]

---

113 기원전 46년 후반부에 키케로가 쓴 작품. 수사학에 관해서는 그가 마지막으로 쓴 작품.

114 2B.69에 포함. 이소크라테스(436-338년)가 아직 청소년인 때는 대략 410년대 초중반일 것이다(DG 44쪽에 따르면 415년경). 테살리아에서의 활동은 다른 절에서 다시 다룬다.

115 아테네 외에 고르기아스의 교육 활동 공간으로 두 지역, 즉 테살리아와 보이오티아가 언급되는데, 이 두 곳은 예컨대 플라톤『크리톤』53b-e만 보아도 정치적 상황(따라서 교육 여건)이 서로 상당히 대비되는 곳으로 여겨졌다. 고르기아스가 활동하던 시절 테살리아는 귀족들 간의 지배권 다툼으로 인해 통치 체제가 상당히 불안정했고, 그나마 5세기 말과 4세기 초 뤼코프론(이 책 14장의 뤼코프론과는 동명이인)과 이아손 부자가 잠깐씩 참주로 지배했던 때에 힘에 의한 안정을 잠깐 유지했던 것 외에는 내적 갈등이 일상화했던 곳이다. 반면에 보이오티아의 테베는 부근의 메가라와 더불어 비교적 안정된 과두정 체제가 존속하고 있었고, 이 두 도시에 친구(즉, 제자)들을 갖고 있던(예컨대, 『파이돈』등에 등장하는 테베 출신 심미아스와 케베스나『테아이테토스』에 등장하는 메가라 출신 에우클레이데스) 소크라테스가 '좋은 법으로 다스려지는 국가'라고 연신 칭찬하곤 했다. (나중에 전쟁을 겪으며 가세가 기울긴 하지만 적어도 그전엔 번듯했던) 아테네 부자 가문 출신이고 일급 고등 교육을 받은 이소크라테스가 (문화의 중심지인 자기 고향도 아닌) 교육 여건이 열악한 외지 테살리아에까지 가서 또 다른 외지 출신 고르기아스에게 배웠다는 보고가 흥미롭다.

116 이어지는 나머지 문장 부분을 포함하여 전후의 대목들 전부는 2B.69에 수록.

174

2A.14. 위-플루타르코스 『열 명의 연설가들의 생애』 838d (DK 82A17)

또한 그것[즉, 이소크라테스의 무덤]의 근처에 시인들과 그의 선생들을 담고 있는 새김판이 있었다. 그들 중에는 천문학에 관련된 구를 쳐다보고 있는 고르기아스도 있었고, 이소크라테스 자신도 그 곁에 서 있었다.

6.2. 프록세노스[117]

2A.15. 크세노폰 『페르시아 원정기』(*Anabasis*) 2.6.16-17 (DK 82A5)

보이오티아 출신 프록세노스는 일찍이 아이 때부터 큰일들을 행하기에 충분한 능력을 갖추게(hikanos) 되기를 욕망하고 있었고, 이런 욕망 때문에 레온티니 출신 고르기아스에게 돈을 주었다. 그와 함께 지내고 나서 이젠 다스리는(archein) 데도 충분한 능력을 갖췄고 우두머리들과 친구가 되더라도 혜택을 베푸는 데도 뒤떨어지지 않겠다고 생각하게 되자 퀴로스와 함께 이 일들을 행

---

117 보이오티아(테베)의 귀족. 그가 퀴로스와 함께 군대를 이끌고 사르디스를 떠나 원정에 나서 결국 죽음에 이르게 된 401년에 30세였다고 하므로, 아마도 이소크라테스보다 다소 늦은 410년경 추정컨대 라리사에서(DG 50쪽) 고르기아스에게 배운 후에 사람들을 다룰 수 있다는 확신을 얻었을 것이다. 보이오티아(테베)의 교육 및 정치 상황에 관해서는 위 2A.13의 '테살리아'에 관한 주석을 참고할 것.

하기 위해서 오게 되었다. 그러면서 그는 이것들로부터 큰 이름과 큰 권력[118]과 많은 돈을 얻게 되리라 생각하고 있었다.

2A.16. 디오게네스 라에르티오스 『유명한 철학자들의 생애와 사상』 2.49[119]

그[즉, 크세노폰]에게는 프록세노스라는 이름의 지인(synēthēs) 이 있었는데, 보이오티아 출신이며, 레온티니 출신 고르기아스의 제자이자 퀴로스의 친구였다.[120]

6.3. 기타 추종자나 모방자들: 안티스테네스, 아이스키네스 등[121]

---

118 혹은 '능력'.

119 맥락: 크세노폰이 퀴로스와 친구가 된 사연. 이어지는 대목에 보면 그를 퀴로 스에게 소개한 사람이 바로 프록세노스였다. 퀴로스의 궁에서 친구로 지내던 프록세노스가 퀴로스에게 소개해 주려고 크세노폰을 초청했는데, 크세노폰 은 소크라테스의 완곡한 만류에도 불구하고 퀴로스에게 가서 결국 프록세노 스보다도 더 친한 사이가 되었다(401년).

120 메논도 나중에 퀴로스의 용병 대열에 합류하게 된다. 플라톤 대화편(『메논』) 에서 언급(정확히는 함축)되는 아테네 행(2A.21)은 아마도 그가 고향 파르살 로스를 대변하는 외교적 사명을 수행하기 위해 403/2년경에 아테네에 왔던 일을 가리키는 것으로 보인다. 그것보다 약간 뒤에 그는 퀴로스의 '원정' 대열 에 합류한다.

121 아래 8절과 B의 23절에서도 목록을 추가하거나 보완할 수 있다. 이들은 모두 동시대 사사(師事)의 가능성이 열려 있는 인물들이지만, 아래 12절은 생애가 겹치지 않고 사숙(私淑)한 사람들을 다룬다. 3A.30에서는 히포크라테스가 그 의 제자로 거명된다.

2A.17. 디오게네스 라에르티오스 『유명한 철학자들의 생애와 사상』 6.1

이 사람[즉, 안티스테네스]은 처음에는 연설가[122] 고르기아스의 제자였다(ēkouse). 그가 자기 대화편들에서, 특히 『진리』와 『철학에의 권유』(Protreptikos)에서 수사학적 장르(eidos)[123]를 끌어들이고 있는 것도 바로 그것 때문이다.

2A.18. 디오게네스 라에르티오스 『유명한 철학자들의 생애와 사상』 2.63[124]

그[즉, 소크라테스학파 아이스키네스]는 수사학 훈련 또한 충분히 받은 상태였다. 이는 장군인 파이악스[125]의 아버지의 항변 (apologia)을 보아도, 그리고 디온의 항변을 보아도 분명하다. 특히나 그는 레온티니의 고르기아스를 모방한다(mimeitai). 게다가 뤼시아스는 '소송 남용(sykophantia)에 관하여'라는 연설(logos)을 써서 그를 공격한 바 있다. 이걸로 보아도 그는 수사학에 능한 사람이었음이 분명하다. 그의 지인(gnōrimos)[126]으로 단 한 사람이

---

122 혹은 '수사가', '수사학자'. 다른 곳에서도 마찬가지.
123 혹은 '수사학적 형태'.
124 앞 2.61-62는 소크라테스 장 6A.41에 인용되어 있다.
125 파이악스는 아테네의 연설가이자 정치가였다. 투키디데스 『역사』 5.4-5에 따르면, 펠로폰네소스 전쟁 중이던 기원전 422년에 파이악스는 동료 두 명과 함께 이탈리아와 시칠리아에 사절로 파견된다. 여기 언급되는 그의 아버지는 에라시스트라토스다.
126 혹은 '제자'.

회자되는데, "설화"(Mythos)라는 별명으로 불린 아리스토텔레스다.

7. 희랍 본토에서의 교육 활동 2: 연대 문제[127]

2A.19. 아리스토파네스 『새들』 1694-1705 (DK 82A5a)[128]

[화자: 합창 가무단]

파나이(Phanai)에 클렙쉬드라[= 물시계](Klepsydra)[129]

부근에 혀로 먹고 사는 자들(glōttogastores)의

---

127 여기 두 구절은 그가 아테네에서 420년대 말에 가르치는 활동을 했다고 추측
해 볼 만한 증거다. 그리고 『고르기아스』 503c에 페리클레스의 죽음이 최근의
일이라고 언급된 것도 방증이 된다. 물론 『고르기아스』는 플라톤 자신의 의도
적인 시대착오들이 많이 들어 있긴 하지만 말이다. DG 44쪽 참고. 그리고 그
는 위에 언급한, 테살리아에서 이소크라테스를 가르친 전승과 더불어 427년
이후에 적어도 두 번 이상 더 본토를 방문했다고 추측할 만하다. 그는 420년
대 이후 계속 테살리아에 거주했다. 415년 전후부터 380년경까지 라리사에
거주했고(보이오티아의 프록세노스도 가르쳤다.), 380-379년경 페라이로 이
주했으며 376/5년경 사망한다.

128 414년 상연. 414년 이전에 이미 고르기아스의 '족속'(genos), 즉 학파가 아테
네에 형성되어 있음을 드러내는 증거다.

129 두 명사 모두 실제 지명은 아니고 극적 효과를 위한 작명일 가능성이 높다.
'파나이'(phanai)는 횃불들이라는 뜻으로 디오뉘소스 컬트에서 행해지는 것과
같은 횃불 행렬을 가리키는 말이기도 하고, 혹시 그 단어와 연관되지 않고 그
냥 신조어라면 '밝히다', '알리다'라는 뜻의 '파이노'(phainō) 동사를 갖고 만든
'고발자들[/밀고자들]이 모여 사는 동네' 정도의 말일 수도 있다. 후자는 아래
'무화과 따기', 즉 소송 남발하(는 밀고자가 되)기와, 전자는 마지막의 '혀 제
물'과 보다 잘 연결될 것이다. '클렙쉬드라'는 아크로폴리스 북서쪽 돌출부에
있는 샘의 이름이기도 했지만, 보통 명사로는 법정에서 발언 시간을 제한하
는 용도로 쓰이는 물시계를 가리킨다. 물시계 언급은 2B.62에도 나온다.

무도한(panourgon) 족속(genos)이 있는데,

이들은 자기들의 혀로 수확하기도

씨 뿌리기도 하며 거둬들이기도 하고

무화과를 따기(sykazousi)[130]도 한다네.

그들은 태생(genos)[131]이 이방인(barbaroi)이라네[132].

고르기아스들(Gorgiai)과 필리포스들(Philippoi)[133] 말이네.

그런데 혀로 먹고사는

저 필리포스들에게서 비롯된 거라네.

아티카 도처에서 혀가

따로 잘려 제물로 바쳐지는(temnetai) 게 말이네.

---

130 '무화과를 수확한다'는 뜻의 쉬카조(sykazō)는 '소송을 남발한다'는 뜻의 쉬코
   판테오(sykophanteō)와 발음이 유사하다. 유사한 발음을 가진 다른 단어를
   연상케 하는 언어 유희다.

131 혹은 '족속'.

132 즉, '희랍말을 잘 못한다네'.

133 '필리포스'는 이전에 『말벌들』(422년)에서 고르기아스의 제자 이름으로 소개
   된 바 있다(다음 2A.20에 수록). 이 제자에 관해서는 달리 알려져 있지 않지
   만, 꽤 알려진 연설가/수사가요 (여기 넌지시 언급되기도 하는) 소송 남발자/
   과잉 고발자였을 가능성이 높다. 이런 증거들로 볼 때, 고르기아스는 이미
   420년대 말에, 적어도 422년 이전에 아테네에서 교육 활동을 했고 아마도
   410년대 초중반, 적어도 414년 이전에는 일정한 무리를 형성했을 것으로 보
   인다. 이 무리에는 라리사에서 합류한(아마도 410년대 전반) 이소크라테스가
   포함되어 있었을 것이다(2A.13).

2A.20. 아리스토파네스『말벌들』 420-421 (DK 82A5a)[134]

크산티아스: 맙소사![135] 그들이 침들도 갖고 있군요. 보이지 않나요,
　　주인님?

브델뤼클레온: 바로 그것들을 가지고 그들이 송사에서(en dikē)[136]
　　고르기아스의 아들[137] 필리포스를 죽였더랬지.

8. 희랍 본토에서의 교육 활동 3: 테살리아에서의 삶을 중심으로 한 총평과 반응[138]

2A.21. 플라톤『메논』 70a5-b5 (DK 82A19)[139]

[화자: 소크라테스; 청자: 메논]

메논, 예전에는 테살리아 사람들이 희랍인들 사이에서 승마술
과 부로 유명하고 찬탄의 대상이었는데, |70b| 지금은, 내가 보기

134　422년 상연.

135　직역하면 '헤라클레스시여!'

136　'정당하게'를 뜻하기도 한다.

137　즉, 제자. 원문은 다른 경우에도 그렇듯 이 구체적인 명사를 밝히지 않고 생략하며, 대개는 '아들' 내지 '자손'으로 새긴다. 여기도 그럴 수 있지만, 그렇더라도 의미는 제자라는 뜻일 것이다. 고르기아스의 남녀 형제에 관한 언급에 비해 결혼이나 자식에 관해서는 보고가 별로 없다. 그런데 그렇기 때문에도 더더욱 그는 비혼이었고 자식도 없었을 것이라고 추측하는 게 자연스러울 뿐더러, 그것에 관한 이소크라테스의 보고도 있다(2A.23).

138　유복한 귀족들을 포함한 훌륭한 희랍인들과의 교류, 연설가로서의 성공적 삶과 돈벌이, 그런 성공 사례만 있는 것이 아니라 부정적 반응 사례도 공존(아르고스에서). 6절의 제자 목록 일부가 여기서 확인되거나 증보된다.

139　2B.29에 대한 소크라테스의 대답. 2B.48로 이어짐. cf. 2A.23의 155.

에, 지혜로도 그런 것 같고, 특히나 당신의 동료 아리스티포스의 동료 시민들인 라리사 사람들이 그런 것 같네요. 당신들에게 있어서 이건 고르기아스 덕분이죠. 그 도시에 도착해서 그는 알레우아스의 자손들 가운데 제일가는 사람들(prōtoi)(그들 가운데는 당신을 사랑하는 사람(erastēs)인 아리스티포스가 있지요.)과 다른 테살리아 사람들 가운데 제일가는 사람들을 지혜를 향해 사랑하는 사람들로 붙잡았죠.

2A.22. 필로스트라토스 『편지』 73 (DK 82A35)[140]

고르기아스의 찬탄자들(thaumastai)은 가장 훌륭한 사람들(aristoi)[141]인 데다 가장[142] 많기도 했다. 우선, 테살리아에 있는 희랍인들의 경우, 그들 사이에서는 연설 실행하기(rhētoreuein)[143]란 '고르기아스 식으로 말하기'(gorgiazein)라는 별칭을 얻게 되었다.[144] 그다음으로, 희랍 족속 전체로 말할 것 같으면, 그들이 올림피아에 모인 자리에서 그는 신전에 속하는 경기 출발선에 서서 이방인들을 공격하는 논의를 펼쳤다(dielechthē). 밀레토스 출신 아스파시아도 페리클레스의 혀를 고르기아스에 따라서 날카롭게 해

---

140 3B.47로부터 이어짐. 2B.78과 일부 중복. 10A.7 포함.

141 혹은 '귀족들'.

142 혹은 '아주'.

143 혹은 '연설가가 되기'.

144 2A.1의 1.9.3에도 아가톤의 작품에 관해서 같은 말이 등장하며, 크리티아스 장 10A.1에서도 여기서처럼 테살리아 사람들과 관련해서 언급이 이루어진다.

주었다(thēxai)고 이야기된다. 그리고 크리티아스와 투키디데스
는 큰 명성과 긍지를 그에게서 얻어 그것을 결국, 한 사람은 달변
(euglōttia)에 의해 다른 한 사람은 힘(rhōmē)에 의해, 자기 자신의
것으로 바꿔 놓았다는 게 꽤나 알려져 있다.[145] 소크라테스에게 속
한 아이스키네스도 […] 타르겔리아[146]에 관한 연설에서 고르기아
스 식으로 말하기를 주저하지 않았다. […][147] 고르기아스 연설들
의 단절적 표현(apostaseis)[148]과 단도직입적 이행(prosbolai)[149]이 많
은 곳에서 유행되고 있었는데, 서사시인들(epopoioi)[150]의 동아리
가운데서는 특히나 그랬다.

2A.23. 이소크라테스 『재산 맞교환』(*Antidosis*) 155-156 (DK
82A18)[151]

그런데 일반적으로 말해서 소피스트들이라고 불리는 사람들 가
운데 아무도 많은 돈을 모은 것으로 발견될 사람은 없고, 오히려
어떤 사람들은 가난하게, 다른 어떤 사람들은 아주 평범한 생활

---

145 이 대목까지는 크리티아스 장 10A.7에도 인용된다. 이 문장의 의미에 관해서
   는 그곳의 주석을 참고할 것. 투키디데스의 고르기아스 모방에 관한 다른 보
   고로는 그의 전기 저자 마르켈리누스의 것(2B.74)을 참고할 만하다.
146 연설의 내용은 아래 생략된 사례 문장이 수록된 2B.78을, 그리고 타르겔리아
   에 관한 보다 상세한 정보는 4B.7의 본문과 관련 주석을 참고할 것.
147 사례로 든 문장은 생략하였다. 2B.78에 수록.
148 혹은 '거리 두기'.
149 혹은 '(주제에) 다가가기', '들이대기', '공격'.
150 혹은 '시인들'.
151 cf. 100므나 보수 언급은 2A.7의 12.53.2나 2A.10.

수준으로 삶을 살았다는 걸 우리는 알게 될 겁니다. 우리가 기억하는 사람들 가운데 가장 많이 번 사람은 레온티니 출신 고르기아스입니다.[152] 이 사람은 테살리아 쪽에 살았는데, 그때는 테살리아인들이 희랍인들 가운데 가장 유복한(eudaimonestatoi)[153] 사람들이었을 때였고, 그는 아주 오랜 시간 동안 살기도 했고 이 돈벌이에 몸담기도 했으니까요. |156| 그리고 어떤 국가에도 오래 정착해 산 적이 없고 공적인 일들과 관련해서 비용을 지출한 적도 없거니와 세금을 내라고 강요당한 적도 없지요. 게다가 이것들 말고도 그는 여자와 결혼하지도 아이를 낳지도 않았고, 오히려 가장 끝이 없고 가장 돈이 많이 드는 이런 공적 의무 이행(leitourgia)조차 면제받았습니다(atelēs). 그만큼 다른 사람들보다 더 많이 버는 것과 관련해서 유리한 상황이었지만, 그는 죽으면서 달랑 천 스타테르[154]를 남겼지요.

2A.24. 올림피오도로스 『플라톤 『고르기아스』 주석』 7.2 (DK 82A22a 추록)[155]

고르기아스가 아르고스에 갔는데, 그곳 사람들이 그에 대해 아주 적대적인 태도를 갖고 있었다는 것, 그래서 심지어 그의 곁으

---

152 돈벌이가 매우 좋았다는 언급은 2A.35에도 있다.
153 혹은 '가장 행복한'.
154 이 화폐의 가치에 관해 논란이 되지만, 대략 1스타테르가 30드라크마라고 치면, 3만 드라크마, 즉 3만 일에 해당하는 일당 정도가 된다. 상당한 액수이겠지만, 갑부라고 말할 수준은 아니었을 것이다.

로 배우러 가는 사람들에게 벌금을 매기기까지 했다는 것을 알아
야 한다.

9. 노령과 죽음: 장수와 생활 방식[156]

2A.25. 아폴로도로스 『연대기』 (디오게네스 라에르티오스 『유명
한 철학자들의 생애와 사상』 8.58) (DK 82A10)[157]

고르기아스는 109세까지 살았다.

2A.26. 아테나이오스 『만찬 자리의 소피스트들』 12, 548c-d (DK
82A11)

레온티니 출신 고르기아스는, 그에 관해 같은 클레아르코스[158]
가 그의 『생애들』 제2권에서 말하는 바로는, 절제 있게 살았기 때

---

155 당대의 부정적 반응(cf. 2B.20의 화합을 강조하는 올림피아 연설에 대한 멜
  란티오스의 힐난 등). 2A.6에는 프로디코스가 테베와 스파르타에서 성공을
  거둔 것으로 나와 있다. 그곳에서는 확실히 아테네와 테살리아에서 성공적
  인 고르기아스가 이 사람과 대비된다. 결국 에노스(1992) 등도 강조하듯 고
  르기아스의 성공 내지 호의적 반응 도출은 그의 도시 레온티니와 민주주의
  아테네 사이의 정치적 관계와 긴밀히 연결되어 있다는 것이 여기서도 잘 드
  러난다.
156 나이 관련 언급은 105세(2A.31의 6.17.9), 107세(2A.28), 108세(2A.1
  의 1.9.6, 2A.27, 플리니우스 『박물지』 7.156), 109세(2A.3, 2A.4, 2A.5,
  2A.10), 110세(2A.26) 등 다양하다.
157 2A.4에 포함.
158 솔로이 출신 클레아르코스(340~250년경)는 역사가로서, 저자가 직전에 이미
  인용한 바 있다.

문에 거의 110¹⁵⁹세까지 사리분별을 가지고 살았다(tōi phronein synebiōsen). 그리고 누군가가 그에게 무슨 생활 방식을 채택하고 있길래 그렇게 적정선을 벗어나지 않고 감각도 가진 채로 그토록 긴 시간 동안 살 수 있는지를 물었을 때, 그는 말했다. "나는 도대체 쾌락을 위해서 아무것도 하지 않았습니다."

그런데 뷔잔티온 출신 데메트리오스는『시들에 관하여』제4권에서 말한다. "레온티니 출신 고르기아스는 그에게 있어서 100세를 넘게 살 수 있었던 까닭이 무엇이었냐는 질문을 받고서 '내장을 (enterou)¹⁶⁰ 위해서 도대체 아무것도 하지 않는 것'이라고 말했다."

2A.27. 위-루키아노스『오래 산 사람들에 관하여』23 (DK 82A13)

연설가들 가운데서 고르기아스는, 어떤 사람들은 그를 소피스트라 부르기도 하는데, 108세까지 살았는데, 곡기를 끊고 죽었다. 사람들이 말하기를, 노령을 길게 유지하고 모든 감각들을 가진 채로 건강했던 까닭을 질문으로 받았을 때 그는 다른 사람들의 연회 (euōchiai)에 함께 휩쓸려 다니는 일이 전혀 없었기 때문이라고 말했다.

---

159 사본의 숫자 표기상으로는 '80'이지만, 거의 분명히 '110'에 대한 필사자의 실수다.

160 원래 사본은 '헤테루'(heterou), 즉 '남을' 혹은 '다른 것을'이라는 뜻의 말로 되어 있다. 문맥이 더 잘 통하는 '엔테루'(enterou), 즉 '내장을'이라는 뜻의 말로 고쳐 읽었다. DG는 고치고(54쪽), LM은 그대로 둔다(139쪽).

2A.28. 키케로『노령에 관하여』5.12 (DK 82A12)

이 사람[즉, 이소크라테스]의 선생 레온티니 출신 고르기아스는 107세를 살았으며, 자신의 탐구(studium)와 작업(opus)을 한 번도 멈춘 적이 없다. 이 사람이 그에게 왜 그토록 오래 삶 속에 있기를 바라냐고 물었을 때, 그는 말했다. "나는 노령을 탓할 게 아무것도 없어요."

2A.29. 아일리아누스『잡다한 역사』2.35 (DK 82A15)

레온티니 출신 고르기아스가 삶의 끝(terma)[161]에 다다라서 아주 많이 늙었을 때, 어떤 병에 걸려서 조금씩 잠 속으로 미끄러져 들어가면서 누워 있었다. 친구들 가운데 누군가가 그를 살펴보러 와서 어떻게 지내냐고 물었을 때, 고르기아스가 대답했다. "벌써부터 잠이 나를 자기 형제[162]에게 위탁하러(parakatatithesthai) 오고 있네요."

2A.30. 스토바이오스『선집』4.51.28

다음은 아리스토텔레스의『금언집』으로부터 나온 것이다. 연설가 고르기아스가 이미 노인이 되었을 때 죽어 가고 있는(apothnēskoi) 게 즐겁냐는 질문을 받고서 말했다. "아주 즐겁죠. 마치 여러 식구가 다닥다닥 붙어 지내던 낡고 다 쓰러져 가는 집에서 벗어나는 것처럼 반갑답니다."

---

161 혹은 '경계선'.
162 즉, 죽음.

10. 조각상 봉헌

10.1. 올림피아 조각상 봉헌(누이의 손자가)

2A.31. 파우사니아스『희랍 땅 순례기』6.17.7-9 (DK 82A7)[163]

|7| 아주 유명하지는 않은 봉헌물들과 섞여 있는 조각상들로
는 아이들 레슬링에서 승리를 쟁취한 엘리스 출신 알렉시니코스
를 볼 수 있고(이건 시퀴온 출신 칸타로스의 작품이다.) 또 레온티
니 출신 고르기아스도 볼 수가 있다. 고르기아스의 누이와 결혼
한 데이크라테스의 손자인 에우몰포스는 자기가 올림피아에 그
의 상(像: eikōn)을 봉헌했다고 말한다[164]. |8| 이 고르기아스는
카르만티데스의 아들이었고, 사람들 사이에서 완전히 등한시되
어(ēmelēmenē) 거의 망각 상태에 이른 연설들[165]의 연습[166](meletē
logōn)을 처음으로 되살린(anasōsasthai)[167] 사람이다.[168] 고르기아스

---

163 2B.34 포함. 이전의 강력한 주류 철학에 대한 회의 내지 해체를 들고 나섰다
  는 점 말고도 비혼이었고(2A.23), 어쩌면 그 때문에, 여기서 언급되듯, 사후
  에 누이가 철학자 자신의 위상 내지 수용사에 연루된다는 점이 나중 시대 니
  체와 닮은꼴이다.

164 즉, 새김글에 쓰여 있다.

165 혹은 '말들', '논변들', '담론들'.

166 혹은 '훈련', '실연(實演)', '연마', '연구'. '멜레테'(meletē)는 후대에 기원전 1세기
  무렵부터 로마에서 수사학의 주요 교수 대상이 된 '데클라마티오'(declamatio:
  연설 훈련)의 희랍어 대응 개념이다.

167 혹은 '소생[/회복/부활/부흥]시킨'.

168 2B.34에도 수록.

는 올림피아 축제에서만이 아니라 티시아스와 함께(homou)[169] 사절로 아테네인들에게 와서 했던 연설들로도 유명했다고들 한다. 하지만 티시아스는 연설들에 있어서 기여한 바가 있었는데, 특히나 한 시라쿠사 여인을 위해 재산권을 주장하는 연설문(amphisbētēsis)을 써 주었는데 당대인들이 쓴 것 가운데 가장 설득력 있는 것이었다. |9| 그러나 고르기아스는 아테네 사람들 사이에서 저 사람보다 더 많은 존경을 받았을 뿐만 아니라, 이아손이 테살리아의 참주였을 때,[170] 폴뤼크라테스[171]가 아테네 학교에서 꽤나 끗발을

---

169 이 말에 대한 통상의 이해대로 동행으로 간주하기도 하지만[예컨대, LM 131쪽, G 729쪽 등 최근 두 저자는 "together with Tisias"로, 오래전 로웁(Loeb)판 존스(W.H.S. Jones 1918)는 "accompanied Tisias"로 옮긴다.] 당시 레온티니와 시라쿠사의 정치적 관계나 고르기아스의 공식 방문 목적을 고려하면 문자 그대로 받아들이기 어렵다. '고르기아스가 티시아스와 함께 사절로 아테네에 와서'를 '고르기아스가 사절로 아테네에 왔는데 마침 비슷한 시점에 티시아스도 같은 곳에 함께 와 있는 상황이 되었다'는 의미로 받아들이는 것이 더 적절한 것이다[cf. 예컨대, DG 51쪽과 355쪽 주석 32. 혹은 에노스(1992) 11쪽].

170 라리사를 위시한 여러 도시의 귀족들(메디오스 등)과 내전을 벌이면서 테살리아를 장악하겠다는 야망을 가졌던 뤼코프론(406-390년경 테살리아의 참주)의 아들인 페라이 출신 이아손은 결국 아버지 대의 야망을 이루고 380-370년에 테살리아를 참주로 다스렸다. 이 시기는 그다음 패권을 쥐게 되는 마케도니아의 필리포스 2세가 집권하기 직전이다.

171 폴뤼크라테스(440-370년경)는 아테네 출신 소피스트인데, 생애 후반에는 퀴프로스에서 살았다. 지금은 소실된 『소크라테스 고발』(Katēgoria Sōkratous)로 가장 잘 알려져 있는데, 393/2년 이후에 쓴 이 가상 고발 연설의 주체는 아뉘토스였다. 이 연설의 내용으로 보이는 것을 크세노폰이 『소크라테스 회상』에서 전해 주고 있다(10A.13 참고). 『소크라테스 회상』은 랄코프스키(M.A. Ralkowski 2019)도 언급하듯 소크라테스 재판 자체에 대한 대응이라기보다 폴뤼크라테스 연설에 대한 대응이라고 볼 만한 작품이다(24쪽). 나중에 제2 소피스트 시

날리던 사람인데도 불구하고, 이아손은 이 사람보다 그를 더 앞선
인물로 추켜세웠다.[172] 고르기아스는 105세까지 살았다고들 한다.

2A.32. 『희랍 경구시집』(*Epigrammata Graeca*: G. Kaibel 1878)
875a (1876년 올림피아에서 발견된 기원전 4세기 초 조각상 받침대
의 새김글)

  카르만티데스의 아들 고르기아스, 레온티노이 출신.

1

  데이크라테스는 고르기아스의 누이를 아내로 얻었으며,

  그녀로부터 그에게 히포크라테스가 태어나고,

  히포크라테스로부터 에우몰포스가 태어나는데, 그가 이 상(像)
  을 봉헌하였다.

  교육과 우정, 그 둘을 위해서.

2

  이제까지 가사자들 가운데 그 누구도 덕의 경쟁들을 위해 영
  혼을

대 소피스트인 리바니오스도 이 연설에 대응하는 또 다른 변명을 지은 바 있다
(cf. 6A.53). 폴뤼크라테스는 '역설적 찬양'이라는 장르도 구사했는데, 그의
부시리스 찬양은 이소크라테스를 자극해서 결국 이소크라테스는 자기 작품
『부시리스』에서 이 작품을 비판하게 된다. 그리고 클뤼타임네스트라와 파리스
에 대한 찬양이나 쥐와 소금에 대한 찬양도 지었다고 전해진다.

172 이 보고는 고르기아스의 사망 시기를 흔히 거론되는 480년보다 약간 더 뒤
로 상정할 만하게 하는 자료다. 출생과 수명 관련 자료를 참고할 때, 대략
376-375년 전후까지는 살았을 것으로 보인다.

훈련시키는 데 고르기아스보다 더 멋진 기술을 발견한 사람은
없었다.

아폴론의 골짜기에 봉헌되는 것이 바로 그의 상인데,

이는 부(富)의 전범이 아니라 경건한 성격의 전범이다.

10.2. 델피 조각상 봉헌(고르기아스 자신이)[173]

2A.33. 파우사니아스『희랍 땅 순례기』10.18.7 (DK 82A7)

[델피에 있는] 금을 입힌(epichrysos) 상(像: eikōn)은 레온티니 출
신 고르기아스의 봉헌물인데, 고르기아스 자신이다.

2A.34. 키케로『연설가에 관하여』3.129 (DK 82A7)

희랍인들은 그[즉, 고르기아스]에게, 델피에 있는 모든 사람들
가운데 오직 그를 위해서만 금을 입힌(inaurata)[174] 조각상이 아니
라 금으로 된(aurea) 조각상이 세워질 정도로 큰 영예를 주었다.

---

173 이 보고들이 전해 주는 순금이냐 도금이냐는 논란은 결국 플라톤『파이드로스』
의 가장 인상적인 '아르킬로코스적'(아래 2A.36에 나오는) 반응이라 할 마지
막 기도에 의해 한편으로는 이용된 것이면서 다른 한편으로는 확대 재생산된
것이라 할 수 있다. 수사학의 발자취와 가야 할 길을 더듬던 그 작품에서 소
크라테스의 입을 빌려 플라톤은 기도한다. 내면이 아름답게 되고 바깥 소유
물은 내면과 잘 어울리게 되어 지혜로운 자가 부자라 여길 수 있게 되면 좋겠
다고, 황금은 더도 말고 덜도 말고 절제 있는 자가 지니고 다닐 수 있을 만큼
만 소유하길 바란다고 말이다. 누구 들으라는 기도일까? cf. 2A.1의 1.9.4에
언급된 "금으로 된" 조각상, 그리고 2A.36.

174 혹은 '도금된'.

190

2A.35. 대 플리니우스 『박물지』 33.83 (DK 82A7)

90회[175] 올림피아 기 무렵에 사람들 중에서 처음으로 고르기아
스가 델피에 있는 신전에 자신을 위해 금으로 된(auream) 조각상
을, 그것도 순금으로(solidam) 세웠다. 그만큼 연설 기술을 가르치
는 것에서 오는 돈벌이가 컸다.

11. 플라톤과의 가상(?) 만남에 관한 일화

2A.36. 아테나이오스 『만찬 자리의 소피스트들』 11, 505d-e (DK
82A15a 포함)[176]

---

175 사본의 'LXX'(70회(= 500-496년)는 손상된 것으로 보인다. 베르크(Bergk)의
수정 제안을 따라 'LXXXX'(90회)(= 420-416년)로 읽었다.

176 논란의 여지가 많은 이 보고가 사실 전부가 가상이거나 허구인 것은 아니다.
중간에 들어가 있는 헤르미포스의 보고는 매우 진실에 가깝다. 플라톤이 구
체적으로 그런 말로 반응했느냐까지는 몰라도 적어도 고르기아스의 황금 조
각상 봉헌에 대해 플라톤이 보낸 반응의 분위기까지는 잘 전달된 것으로 보
인다. 이렇게 말할 수 있는 이유는 플라톤 자신이 『파이드로스』에서 소크라테
스의 연설을 시작하기 전에 파이드로스의 입을 통해 두 번이나 델피 황금 조
각상과 올림피아 조각상 봉헌을 언급한 것(235d6-e1, 236a8-b4)이 거의 분
명히 고르기아스를 염두에 둔 것이기 때문이다. 그러니까 이 보고를 통해 우
리는 고르기아스 쪽의 대응까지는 몰라도 적어도 고르기아스 수사학과 그 성
취에 대해 플라톤 쪽의 문제 제기와 도전이 분명 노골적이고 모욕적으로 받
아들일 만한 것이었다는 것은 확인할 수 있다. 『파이드로스』의 해당 구절을
둘러싼 해석의 문제만이 아니라 위에 언급된 고르기아스 조각상 봉헌 관련
자료들, 특히 순금이냐 도금이냐 논란 등을 이해하는 데 있어서도 모건(K. A.
Morgan 1994)의 논의를 참고할 만하다. cf. 2A.3에 기록된 플라톤과 고르기
아스의 동시대 관련 논변.

고르기아스 자신도 자기와 같은 이름의 대화편[177]을 읽고서 자기 지인들에게 말했다고 한다. "플라톤이 얼마나 아름답게[178] 풍자를 할(iambizein)[179] 줄 아는지!" 그리고 헤르미포스[180]는 『고르기아스에 관하여』에서 말한다. "고르기아스가 델피에 금으로 된[181] 자신의 상(像)(heautou chrysē eikōn)을 헌정한 후 이곳 아테네에 왔고, 플라톤이 그를 보고 이렇게 말했다. '아름답고도 금으로 된 고르기아스가 우리에게 왔네요.' 그러자 고르기아스가 말했다. '과연 아름답군요. 아테네가 낳은(enēnochasin) 이 새로운(neos)[182] 아르킬로코스[183]야말로.'[184]" 또 다른 사람들은 말하기를, 고르기아스는 플

---

177 플라톤의 대화편『고르기아스』.

178 혹은 우리말의 자연스러움만 보면 '멋지게'. 나는 이 단어의 일관된 사용에 주목하는 것이 더 중요하다고 본다.

179 혹은 '비방하다'. 본래 뜻은 '이암보스로 말하다'인데, 단장격 운율을 가리키는 이암보스는 일상 대화체에 가깝다는 이유로 비극의 대사 부분에 광범위하게 이용되었다. 이 점에 관해서는 아리스토텔레스『수사학』의 언급을 참고할 만하다(2B.66). 그리고 아가톤이 이암보스로 고르기아스 식 담론을 펼쳤다는 보고도 있다(2A.1의 1.9.3, 2A.36).

180 스뮈르나의 헤르미포스(기원전 3세기)는 고대 작가들이 '칼리마코스의'라는 말을 이름에 붙였던 것으로 보아 알렉산드리아 도서관의 시인 학자 칼리마코스(310/315-240년경)의 제자일 것으로 추정되는 소요학파 철학자다. 아테나이오스의 여기 인용이 그의 이 책에 관한 유일한 현존 단편이다.

181 조각상이 순금인지 도금인지가 논란이 된 바 있다. 위 10.2절을 참고할 것.

182 혹은 '젊은'.

183 기원전 7세기 중엽에 활동한 파로스섬 태생의 서정시인이자 용병인 아르킬로코스(기원전 680-645년경)는 비천한 태생이나 가난 때문에 고향을 떠났다는 등의 일화도 갖고 있는 기구한 개인사를 가진 사람으로서, 고달픈 용병 생활 가운데서도 자부심을 갖고 서정적 감성과 세상을 살피는 혜안으로 개인적

라톤의 대화편을 읽고서 곁에 있는 사람들에게, 자기는 이것들 가운데 아무것도 말한 적도 들은 적도 없다고 말했다고 한다.

12. 고르기아스 전통에 대한 후대(제2 소피스트 시대) 소피스트들의 반응

2A.37. 필로스트라토스 『소피스트들의 생애』 1.21.5

그[즉, 스코펠리아노스[185]]는 소피스트들 가운데서 특히나 레온티니 출신 고르기아스를 사숙(私淑)하였다(hōmilei)[186].

경험과 감정이 잘 담긴 서정시의 세계를 개척한 인물이다. 형식적으로도 이 암보스를 새로 채택함으로써 호방하고 신랄하면서도 때로는 유쾌한 풍자들로 잘 알려져 있다. 그의 풍자적 악담과 모난 성격 모두가 아마 여기 '아르킬로코스' 은유를 통해 바라보는 고르기아스의 플라톤 그림에 담겨 있을 것이다. 실제 성사 여부는 논란의 여지가 없지 않지만, 상당히 일찍부터(아마 4세기 후반쯤에 이미) 이런 일화들이 지식인들 사이에 회자되었던 것 같다. 이 비슷한 추측과 보다 상세한 설명을 제공하는 롯스타인(A. Rotstein 2010) 298-299쪽을 참고할 것.

184 혹은 '과연 아름답고 새롭군요[/젊군요]. 아테네가 낳은 이 아르킬로코스야말로.' 두 번역 가능성에 관한 상세한 검토와 연구는 앞 주석에 언급한 롯스타인 (2010)의 해당 부분을 참고할 것.

185 기원후 80-115년경에 활동한 클라조메나이 출신 제2 소피스트 시대 소피스트로서 헤로데스 아티쿠스의 선생이다.

186 LM은 '호밀레인'(homilein)을 '공부'(studying)로 옮겼지만, 그것으로는 훨씬 더 깊숙한 관계를 가리키는 단어를 고른 저자의 의도가 잘 드러나지 않는다. 대화, 사귐, 배움, 결혼이나 성교 등 내밀하고 인격적인 인간관계를 가리키는 단어로서, 동시대였다면 '사사'(師事)로까지 옮길 수 있는 말이다. 고르기아스의 제자 내지 추종자들을 표현하는 용어가 보고자마다 혹은 묘사 대상에 따라

2A.38. 필로스트라토스 『소피스트들의 생애』 2.11.3[187]

대화를 나누게(dialechthēnai)되는 일이란 그[즉, 나우크라티스의 프로클로스[188]]에게 아주 가끔씩만 있었다. 하지만 대화(dialexis) 속으로 일단 뛰어들고(hormēseien) 나면 그는 히피아스처럼 말하는(hippiazonti) 것 같기도 고르기아스처럼 말하는(gorgiazonti) 것 같기도 했다.

B. 사상과 가르침

1. 저작[189]

2B.1. 쉬리아노스[190] 『헤르모게네스[191] 『문체의 종류들에 관하여』

조금씩 다르다. 이른바 '고르기아스처럼 (말)한다'/'고르기아스(쟁이) 노릇 한다'(gorgiazein)는 것의 여러 양태에 해당될 것이다. 1) '경청'(akouein: 2A.17) 과 그것의 라틴어 대응어 '아우디레'(audire: 2A.13), 2) '모방'(mimeisthai: 2A.18), 3) 아마도 2) 쪽에 더 가까울 그러나 숭경의 뉘앙스가 좀 더 들어 간 '선망'(zēloun: 2B.74)과 그것의 라틴어 대응어 '아이뮬라티오'(aemulatio: 2A.5), 4) 아마도 1) 쪽에 좀 더 가까울 '찬탄'(thaumazein: 2A.22), 5) 앞의 용어들 가운데 1)에 가장 가까운 표현일 '사숙'(homilein: 2A.37) 등.

187 = 4A.14.

188 기원후 2세기에 활동한 이집트의 나우크라티스 출신의 수사학 선생이며, 그의 제자 가운데 하나가 바로 저자인 필로스트라토스다.

189 『자연에 관하여』에 관해서는 2B.9 참고.

190 쉬리아노스(기원후 ?-437년)는 알렉산드리아 출신 신플라톤주의 철학자다. 431/2년에 선생 플루타르코스(기원후 350-430년경)를 이어 아카데미 수장이

주석』 90.12-16; 플라누데스『헤르모게네스에 관하여』 5.548.8-9[192]

더 나이 든 쪽 디오뉘시오스[193]는 『문체 유형들에 관하여』(Peri Charaktērōn) 제2권에서 고르기아스에 관해 이야기하면서 다음과 같이 말한다. "그의 법정 연설들(dikanikoi)은 내가 접해 본 적이 없지만, 일종의 심의 연설들(dēmēgorikoi) 몇 개와 [수사학] 교범들(technai) 그리고 보다 많은 시범 연설들(epideiktikoi)을 접해 보았다. […]"

2B.2. 폴룩스[194]『어휘집』(Onomastikon) 9.1

소피스트인 고르기아스에 의해 어떤 어휘집(onomastikon ti

되었다. 프로클로스(기원후 412-485년)의 선생으로 중요하며 그 두 사람처럼 플라톤과 아리스토텔레스의 주석가로서 중요하다. 현존 저작 가운데 가장 잘 알려진 것은 아리스토텔레스『형이상학』에 관한 주석이다.

191 타르소스 출신 헤르모게네스는 기원후 2세기에 활동한 희랍 연설가/수사가다. 『수다』에 따르면 '윤내는 사람'(Xystēr)이라는 별칭이 붙은 소피스트다. 마르쿠스 아우렐리우스 통치 기간(기원후 161-180년)에 전성기였다. 연설가로서의 포부를 실현하는 데 실패했지만, 일찍이 일련의 수사학 논고들을 지었고, 그것들이 이후 비잔틴 및 르네상스 시대에 잘 알려진 교과서가 되고 주석들의 주제가 되었다. 예컨대, 가장 의미 있는 저작이 된『문체의 종류들에 관하여』(Peri Ideōn)를 비롯하여『법적 쟁점들에 관하여』(Peri Staseōn),『논변 발견에 관하여』(Peri Heureseōs),『수사학 연습』(Progymnasmata) 등.

192 2B.23에 포함. 플라누데스에 관해서는 10B.53의 주석을 참고할 것.

193 할리카르나소스 출신 (알렉산드로스의 아들) 디오뉘시오스를 가리킨다. 그는 기원전 60년경에 출생하여 적어도 기원전 7년 이후에 사망한 희랍의 역사가이자 문학 비평가, 수사학 선생이다. 아우구스투스 통치 기간에 전성기였다.

biblion)이 지어진 바 있다.

2B.3. 알렉산드리아의 클레멘스 『학설집』 6.26 (DK 82A34)[195]

역사가들인 레온티니 출신 고르기아스와 낙소스 출신 에우데모스가 멜레사고라스[196]를 표절했다(eklepsen).[197]

2. 『있지[/…이지][198] 않은 것에 관하여 혹은 자연에 관하여』 1: 두 풀어쓰기 버전[199]

2B.4. 위-아리스토텔레스 『멜리소스, 크세노파네스, 고르기아스에 관하여』(MXG) 979a12-33, b20-980b21[200]

|5장| |1| 그는 말한다. [1] 아무것도 있지 않다(ouk einai …

---

194 율리우스 폴룩스(희랍명 율리오스 폴뤼데우케스)는 기원후 2세기경 활동한 이집트 나우크라티스 출신 희랍 학자요 수사가. 목소리가 듣기 좋아서(필로스트라토스의 전언) 콤모두스 황제가 아테네 아카데미의 수사학 선생으로 임명했다고 하며 『어휘집』의 저자로 알려져 있다. 그의 『어휘집』은 알파벳 순이 아니라 주제 순으로 배열되었다.

195 프로타고라스와 관련된 표절 언급은 1B.6 참고.

196 칼케돈 출신의 역사가.

197 이 표절이 무엇을 염두에 둔 것인지는 분명치 않다.

198 파르메니데스 시에서 그렇듯 이 저작에서도 '있다', '있지 않다' 등으로 새기는 말들은 '…이다', '…이지 않다' 등으로 새길 수도 있는 말들이다. 앞으로는 따로 표시하지 않겠다.

199 6B.43의 말미에 이어지는 '메논의 역설' 대목(플라톤 『메논』 80d5-e5), 특히 메논의 문제 제기에 대한 소크라테스의 딜레마적 재진술(80e1-e5)은 고르기아스에서 유래한 것일 가능성이 높다.

ouden). 그리고 [2] 있다면 그것은 알 수 없다(agnōston). 그리고 [3] 있고 알 수 있다고 해도[201] 남들에게 보여 줄 수 없다(ou dēlōton). [1] |2| 그리고 그는 [아무것도] 있지 않다는 것을 추론해 낸다.

---

200 DK에는 DK 82B3(즉, 아래 2B.5의 섹스투스 엠피리쿠스(SE) 『학자들에 대한 반박』 7.65-87) 뒤에 다음과 같이 안내만 붙이고 인용문은 따로 없다. "비슷한 요약이 위-아리스토텔레스 『멜리소스, 크세노파네스, 고르기아스에 관하여』 (MXG) 5, 6, 979a11-980b21에 들어 있다. 아리스토텔레스 자신이 『고르기아스의 의견들에 대하여』라는 저작을 썼다(DL 5.25)." 주요 현대 참고문헌 가운데서 MXG, SE 순은 LM(D26a, 26b)만 취하고, SE, MXG 순은 G(38, 39), W(T11, T12), DG(30(i)a,b,c; 30(ii)a,b,c)가 취한다. 이 넷과 달리 GW(18)는 MXG만 인용한다. DG는 특이하게 테제별로 나누어 세 꼭지로 교차 배열하여 두 텍스트에 공평한 평가의 흔적을 남기려 애쓴다. 커퍼드(1981a)는 첫 테제에 관한 한 MXG가 더 원본에 가까울 것이라고 추측한다(96쪽). 국내의 경우 양태범(2007)은 SE는 회의주의적 각색이 들어 있고 MXG는 더 먼저 쓰인데다가 학자들 사이에서 문헌학적 신빙성이 인정되었다는 점을 근거로 MXG를 선호하는(78-79쪽 주석 2) 반면, 김귀룡(2008)은 오히려 MXG가 아리스토텔레스 자신의 것인지도 불분명하고 고르기아스에 대한 비판적 시각이 지나치게 많다는 이유로 SE를 선호한다(138쪽). SE의 회의주의적 논의 맥락을 선호하는 박승권(2018)은 아예 고르기아스를 부정적 교설주의자가 아닌 회의주의자로 자리매김하는 논의를 펼친다. 『비존재에 관하여』에서 고르기아스가 자신의 진지한 이론을 제시하는 것이 아니라 변증적 논박 혹은 반론을 행한다고 보는 것이다. 나는 내가 다른 곳[강철웅(2016) 418-421쪽, 강철웅(2017) 등]에서 제시한 논의들과 궤를 같이하는 논점들을 포함하고 있어서 그 기본 취지에 동의하지만, 『헬레네 찬양』과 달리 이 저작에서 고르기아스가 자신의 논의가 유희(혹은 패러디)임을 밝히지 않는 이유가 그럼으로써 철학적 논의 가치를 거의 무로 돌릴 것이기 때문이라는 논의(111쪽과 주석 18)에는 선뜻 동의하기 어렵다. 암암리에 철학-수사학, 진지함-유희를 나누는 반고르기아스적 논의 진영의 구도와 관점을 고르기아스 작품 해석에 무비판적으로 적용하면 고르기아스의 진면목이 온전히 드러나기 어려울 것이기 때문이다.

201 '있기도 하고 알 수 있기도 하다면'으로 옮길 수도 있다.

있는 것들에 관해서 서로 반대되는 것들을 천명하는 것으로 보이는 다른 사람들이 이야기한 것들을 함께 모아서 말이다. 어떤 사람들은 [있는 것들이] 하나요 여럿이 아니라고, 또 어떤 사람들은 여럿이요 하나가 아니라고, 그리고 어떤 사람들은 안 생겨나는 것들(agenēta)이라고 어떤 사람들은 이것들이 생겨난 것들이라고 증명하려(epideiknyntes) 하는데, 그는 이런 이야기들을 함께 모아서 [반대되는] 양쪽 모두로부터(kat' amphoterōn) 그것을 추론한다(syllogizetai). |3| 그는 말하기를, 뭔가가 있다면 그것은 하나도 여럿도, 안 생겨나는 것도 생겨난 것도 아님이 필연적이며, 아무것도 있지 않을[202] 것이다.[203] 뭔가가 있다면 이것들 가운데 어느 하나일 테니까 말이다.[204] 그것들이 하나도 여럿도 아니고, 안 생겨나는 것들도 생겨난 것들도 아니라는 것을, 어떤 것들[205]은 멜리소스가 했던 것처럼, 어떤 것들[206]은 제논이 (있을 수도 있지 않을 수도 없다고 이야기하는) 자기 자신의 첫 논증 후에 했던 것처럼 보여주려(deiknyein) 시도한다.

---

202 혹은 '아닐'.

203 '그는 말하기를, 어떤 것이 하나일 수도 여럿일 수도 없다면 안 생겨나는 것일 수도 생겨난 것일 수도 없을 것이 필연적이며, 아무것도 아닌 것일[/있지 않을] 게 필연적이다.'로 옮길 수도 있다. 그레이엄(G)이 이렇게 이해한다.

204 'mē'가 생략된 사본 L을 따라 읽었다. 'mē'가 들어 있는 사본 R을 따라 읽으면 '이것들 가운데 뭔가가 아니라면 이것들과[/이것들 가운데] 다른 것일 테니까 말이다.'로 옮길 수 있다.

205 전자, 즉 그것들이 하나도 여럿도 아니라는 것.

206 후자, 즉 그것들이 안 생겨나는 것들도 생겨난 것들도 아니라는 것.

[A] |4| 있지[/…이지] 않음이 있지[/…이지] 않음이라면 있지[/…이지] 않은 것이 있는[/…인] 것보다 조금도 덜 있는[/…인] 것이 아니다(ouden … hētton … eiē).²⁰⁷ 왜냐하면 있지[/…이지] 않은 것은 있지[/…이지] 않은 것이고 있는[/…인] 것은 있는[/…인] 것이어서 사물들(ta pragmata)은 있지[/…이지] 않기보다 조금이라도 더 있지[/…이지] 않기(ouden malon einai ē ouk einai) 때문이다. |5| 그렇지만, 그가 말하기를, 있지[/…이지] 않음이 있다[/…이라]면 대립하는 것(to antikeimenon)인 있음[/…임]은 있지[/…이지] 않다. 왜냐하면 있지[/…이지] 않음이 있다[/…이다]면 있음[/…임]은 있지[/…이지] 않아야 적절하기(prosēkei) 때문이다. |6| 그러니까 이런 식으로, 그가 말하기를, 있음[/…임]과 있지[/…이지] 않음이 같은 것이 아니라면 아무것도 있지[/…이지] 않을 것이다. 그러나 같은 것이라면 이런 식으로도 아무것도 있지[/…이지] 않을 것이다. 왜냐하면 있지[/…이지] 않은 것도 있지[/…이지] 않고, 있는[/…인] 것도, 그것이 있지[/…이지] 않은 것과 같은 것인 한, 있지[/…이지] 않기 때문이다. 그렇다면 바로 이 논변이 저 사람의 것이다. […]²⁰⁸ |6장| 그리고 이 논변 다음으로 그는 말한다.

[B] |9| [뭔가가] 있다면 안 생겨나는 것이거나 생겨난 것²⁰⁹이

---

207 다른 곳에서도 계속 '있다'와 '…이다'가 한 단어 속에서 애매하지만, 이 문장을 포함한 이 논변에서 특히 그 애매성이 두드러지게 부각된다.

208 여기 생략하는 대목(5장 7절-6장 8절: 979a34-b20)에서 저자는 이제까지의 논변에 대해 비판적 검토를 행한다. 그는 특히 '있다'와 '…이다'의 애매성을 강조한다. cf. LM R25.

다. 그리고 안 생겨나는 것이라면 바로 그것(auto)은 무한한 것이라고 그는 멜리소스의 공리들(axiōmata)을 가지고 받아들인다 (lambanei). 그런데 무한한 것은 언제고(pote) 있지 않을 것이다. 자신 안에도 다른 것 안에도 있지 않을 테니까. 그렇게 되면 안에 있는 것과 그것이 저것 안에 있다고 할 때의 저것, 이렇게 둘 혹은 그 이상이 될 것인데, 아무 데도 있지 않으니까 그것은, 공간 (chōra)에 관한 제논의 논변에 따르면, 아무것도 아닌 것(ouden) 이기에[210] 그렇다. |10| 그렇다면 이렇기 때문에 그것은 안 생겨나는 것이 아니다. 하지만 그렇다고 해서 생겨난 것도 아니다. 어쨌거나 있는 것으로부터든 있지 않은 것으로부터든 아무것도 생겨나지 않을 테니까 말이다. 왜냐하면 있는 것이 바뀌게 되면 (metapesoi) 그것은 더 이상 있는 것이 아니게 될 것이기 때문이다. 있지 않은 것이 생겨나면 그것은 더 이상 있지 않은 것이 아니게 될 것과 꼭 마찬가지로 말이다. |11| 하지만 있는 것으로부터가 아니면[211] 그것이 생겨날 수도 없을 것이다. 왜냐하면 있지 않은 것이 있지 않다면 아무것도 아닌 것으로부터 아무것도 생겨날

---

209 이 대목에 마침 붙어 있는 'einai'를 앞의 'genomenon'에 붙여 '있게[···이게] 된 것'(genomenon einai)으로 옮기는 것도 자연스럽지는 않지만 불가능하지 않다. 이 경우 '생겨난'과 '···가 된' 사이에 애매성이 있다는 것에 더 주목하게 될 것이다. 그레이엄(G)은 이런 번역을 택했다. 다른 곳에서도 자주 그렇지만, 그의 선택이 그다지 좋은 선택은 아니다.

210 L을 따라 이렇게 읽었는데, 'oude'로 읽으면 '있지도 않기에'로 새길 수 있다.

211 그레이엄(G) 등처럼 사본에 없는 'mē'를 보충해 읽는다면, '있지 〈않은〉 것으로부터'가 될 것이다.

수 없을 것이고, 반면에 있지 않은 것이 있다면 있는 것으로부터 생겨날 수 없는 바로 그 이유 때문에 있지 않은 것으로부터도 생겨날 수 없을 것이기 때문이다. |12| 그러니까 뭔가가 있다면 안 생겨나는 것이거나 생겨난 것임이 필연적인데 이것들[212]이 불가능하다고 한다면 뭔가가 있음 또한 〈불가능〉하다.

[C] |13| 게다가, 그는 말하길, 〈뭔가가〉[213] 있다면 하나이거나 여럿(pleiō)이다. 그것이 하나도 여럿도 아니라면 아무것도 아닌 것일 것이다. 그리고 하나〈일 수는 없을 것이다.〉[214] 〈참으로〉 하나인 것은 비물체적인 것(asōmaton), 즉 제논의 논변에 의해 〈기각된 것인 크기를〉 〈전혀〉 갖고 있지 않은 것일 테니까 말이다. 그리고 하나가 〈아니〉면 〈도대체〉 아무것도 아닐 것이다. 〈하나가〉 아니〈면〉 여럿도 아니어야(dein) 〈하니까〉 말이다. 그런데, 〈그가 말하길, 하나〉[215]도 여럿도 아니라면 아무것도 아니다.

[D] |14| 또한, 그가 말하길, 아무것도 움직이지도(kinēthēnai)[216] 않을 것이다. 움직인다면 그것은 더 이상 같은 상태에 있는 것이 아니라 〈있던〉[217] 것은 있지 않게 되고 있지 않던 것은 생겨나게 될

---

212 즉, 후자들. 즉 안 생겨나는 것임과 생겨난 것임.

213 포스(H.D. Foss)의 보충.

214 이 13절은 텍스트 손상이 심하다. 이하 13절 내 손상된 텍스트의 보충은 아펠트(O. Apelt)의 것이다.

215 여기까지 13절의 특별한 표시 없는 손상 텍스트 보충은 아펠트를 따른 것이다.

216 '움직이다' 대신 '변화하다'로 옮길 수도 있으며, 이는 아래에서도 계속 적용된다.

217 포스의 보충.

것이기 때문이다. |15| 게다가 그것이 움직이고, 하나이면서[218] 옮겨진다면(metapheretai) 연속적이지 않은 것이 되고, 있는 것이 나뉘어 있게(diheirētai) 되어 거기에 뭔가가 있지 않게 된다. 그래서 모든 곳에서 움직이면 모든 곳에서 나뉘어 있다. |16| 그리고 그렇다고 하면 그것은 모든 곳에 있지는 않다. 그것이 나뉘어 있는 그곳에서 있음이 결핍되어(eklipes) 있으니까, 라고 그는 말한다. 레우키포스의 것이라고 불리는 논변들에 써진 것처럼 '빈 것'이라고 말하는 대신 '나뉘어 있다'고 말하면서 말이다.[219]

[2] |17| 그러니까 아무것도 없다면 논증들은, 그가 말하길, 기만이다.[220] 왜냐하면 생각되는 것들(ta phronoumena)은 있어야 하고, 있지 않은 것은, 그것이 있지 않다면, 생각되지도 않기 때문이다. |18| 그리고 그렇다고 하면, 그가 말하길, 아무것도 거짓일 수가 없으며, 이는 누군가가 바다에서 마차들이 경주를 벌인다고 해도 그렇다. 이 모든 것들이 있게 될 테니까.[221] |19| 보이는 것들

---

218 L을 따라 'ei kineitai kai hen'으로 읽었다. 딜스를 따라 사본의 'ē'만 'ei'로 바꾼 것이다. R을 따라 'ē kinei ē kineitai kai ei'로 읽으면 '움직이고, 하나이면서' 대신 '움직임을 일으키거나 움직이고'가 된다.

219 사본에는 이 뒤에 약간의 공백이 있다.

220 'legein hapanta'를 'legei{n} apatan'으로 고쳐 읽은 게르케(Gercke)를 따랐다. 텍스트에 많은 내용을 추가한 아펠트의 제안을 따르면 이 문장은 다음과 같이 바뀐다. '그러니까 아무것도 없다는 ⟨이런⟩ 논증들을 ⟨그는 이야기한다. 그런데 이것 다음으로 그는 뭔가가 있다면 그것은 알 수 없는 것이라는 논증들을⟩ 이야기한다.'

221 R을 따라 읽었다. 'tauta'를 'tauta'로 고친 L을 따르면 '모든 것들이 똑같게 될 테니까.'가 된다.

(ta horōmena)도 들리는 것들(ta akouomena)도 있는 이유는 그것들 각각이 생각되기 때문이니까. 그런데 이것 때문이 아니라면, 우리가 보는 것들이라고 조금이라도 더 있는 것이 아니듯 우리가 보는 것들이 우리가 사유하는(dianooumetha)것보다 〈조금이라도〉[222] 더 있는 것이 아니다. |20| 저 경우[223]에 많은 사람들이 같은 것들을 볼 것이듯, 이 경우[224]에도 많은 사람들이 같은 것들을 사유하게 될 테니까. 그런데 이런 것들이 있다는 게 어떻게 더 분명한가?[225] 어떤 것들이 참인지는 불분명하다. 그러니까 사물들(ta pragmata)이 있다 해도 적어도 우리는 알 수가 없을 것(hēmin ge agnōst')이다.

[3] |21| 그것들이 설사 알 수 있다(gnōsta) 해도, 그는 말하길, 누군가가 어떻게 다른 사람에게 보여 줄(dēlōseien) 수 있을까? 자기가 본 것들을 누군가가 어떻게 말(logos)로 이야기할(eipoi) 수 있을까? 아니면 어떻게 저것이 보지 않고 들은 사람에게 분명하게(dēlon) 될 수 있을까? 시각이 소리들을 알지 못하듯, 청각도 색들을 듣지 못하고 소리들을 들으니까 말이다. 그리고 말하는 사람은 말하지만 색을 말하지 않고 사물을 말하지도 않는다. |22| 그러니까 누군가가 개념을 갖고 있지(ennoei) 않은 바로 그것을 다른 사람에게서 말(logos)로나 혹은 그 사물의 어떤 다른 기호(sēmeion)를 가지고 그 사물의 개념을 얻을 수 있겠는가? 그것이 색이라면

---

222 윌슨(Wilson)의 보충.
223 즉, 봄의 경우.
224 즉, 사유의 경우.
225 텍스트에 누락된 부분이 있어 의미가 분명치 않다.

봄으로써, 그것이 〈소리〉²²⁶라면 들음으로써 말고 다른 방법이 있 겠는가? 애초에 말하는 〈사람은 소리를〉²²⁷ 말하지 않고 색을 말하 지도 않으며 오히려 말(logos)을 말하므로 결국 색은 사유할 수 없 고 보며 소리도 사유하지 않고 듣기 때문에 하는 말이다. |23| 그 런데 그것을 알 수 있을 뿐만 아니라 자기가 아는 것을 말할 수 있 다고 해도 어떻게 듣는 사람이 같은 개념을 가질 수 있겠는가? 같 은 것이 동시에 별개의 여러 있는 것들 속에 있을 수 없으니까(그렇 게 되면 하나가 둘이 될 테니까.) 하는 말이다. |24| 그런데, 그가 말하길, 여럿 속에 그것도 같은 것이 있을 수 있다 해도, 그들에 게 비슷하지 않은 것으로 보이는 걸 막을 게 아무것도 없다. 그들 이 모든 면에서 비슷하고 같은 곳에 있지 않는 한은 말이다. 그들 이 같은 곳에 있다면 둘이 아닌 하나일 것이기 때문이다. |25| 그 런데 같은 사람도 같은 시간에 자신 속에서(hautōi)²²⁸ 비슷한 것들 을 감각하지(aisthanomenos) 않고 청각으로 감각하는 것과 시각으 로 감각하는 게 다른 것들이고 지금 감각하는 것과 오래전에 감각 하는 게 차이가 난다는 게 분명하다. 그러니까 누군가가 다른 사 람과 똑같은 것들을 감각한다는 건 거의 있을 수 없는 일이다.

|26| 이렇게 〈아무것도〉 있지 않다. 〈설사 있다고 해도 아무〉것 도 알 수가 없다. 〈설사 있고 알 수 있다 해도〉 아무도 그것을 다른

---

226 윌슨의 보충.
227 윌슨의 보충.
228 직역하면 '자신에 의해'.

사람에게 보여 줄(dēlōseien) 수 없을 것이다.[229] 사물들(ta pragmata)
은 말들(logoi)이 아니고 아무도 다른 사람과 똑같은 개념을 갖지
못하기 때문이다. 이것을 포함한 모든 이야기[230]들이 다른 예전 사
람들[231]의 난문들(aporiai)이기에 우리는 저 이야기들에 관한 숙고
(skepsis)를 하면서 이것들[232]도 검토해야(exetasteon) 한다.

2B.4s. 디오게네스 라에르티오스『유명한 철학자들의 생애와 사
상』5.25[233]
『고르기아스의 견해들[234]에 대하여』한 권.

2B.5. 섹스투스 엠피리쿠스『학자들에 대한 반박』7.65-87 (DK
82B3)[235]
레온티니 출신 고르기아스는 판단 기준(kritērion)을 제거한 사
람들과 같은 입장(tagmata)에서 시작했지만, 프로타고라스 주변
사람들과 비슷한 공격 라인에 선 건 아니었다. "있지 않은 것에 관

---

229 이 두 문장의 보충들은 모두 딜스의 것이다.
230 혹은 '말', '논변'.
231 즉, 멜리소스와 크세노파네스.
232 즉, 고르기아스의 논변들.
233 아리스토텔레스 장. 맥락: 아리스토텔레스의 저작 목록 열거. *MXG*와 어떤
     식으로든 연결되어 있는 전승.
234 혹은 '저작들'. 저작인지 견해인지를 특정하는 명사가 따로 덧붙어 있지는 않다.
235 1B.8과 11B.14로부터 이어짐. *MXG*, SE에 대한 현대 학자들의 취급상 차이
     에 관한 보다 상세한 설명은 앞의 *MXG* 항목(2B.4)의 주석을 참고할 것.

하여 혹은 자연에 관하여"라는 표제가 붙은 책에서 그는 세 주요 테제를 연속으로 제시한다. [1] 하나는 우선, 아무것도 있지 않다(ouden estin)는 것이고, [2] 둘째는, 있다고 해도(ei kai estin) 그걸 인간이 파악할 수 없다(akatalēpton anthrōpōi)는 것이며, [3] 셋째는, 파악할 수 있다 해도(ei kai katalēpton) 도대체가 그걸 옆 사람에게 말로 표현하거나 설명해 줄 수는 없다(anexoiston kai anermēneuton tōi pelas)는 것이다.

[1] |66| 그런데 그가 아무것도 있지 않다는 결론을 내리는 (epilogizetai) 방식은 다음과 같다. 〈뭔가가〉²³⁶ 있다면, 있는 것이 있거나, 아니면 있지 않은 것이 있거나, 아니면 있는 것도 있고 있지 않은 것도 있다.²³⁷ 그런데 [A] 있는 것이 있지도 않다는 걸 그가 옹호할(parastēsei) 것이고, [B] 있지 않은 것이 있지도 않다는 걸 그가 정당화할(paramythēsetai) 것이며, [C] 있는 것과 있지 않은 것이 있지도 않다는 것 또한 그가 가르쳐 줄(didaxei)²³⁸ 것이다. 그러니까 뭔가가 있지 않다.

[B] |67| 자, 있지 않은 것은 있지 않다. 왜냐하면 있지 않은 것이 있다면, 그것은 동시에 있으면서 있지 않을 것이니까. 왜냐하면 있지 않은 것으로 사유되는(noeitai) 한은 있지 않을 것이지만,

---

236 베커(I. Bekker)의 보충.

237 혹은 '〈뭔가〉라면, 그것은 있는 것이거나, 아니면 있지 않은 것이거나, 아니면 있는 것이기도 하고 있지 않은 것이기도 하거나다.'

238 혹은 '설명해 줄'.

있지 않은 것인²³⁹ 한은 다시 있을 것이니까. 그런데 뭔가가 동시에 있으면서 있지 않다는 것은 완전히 불합리하다. 그러니까 있지 않은 것은 있지 않다. 게다가 있지 않은 것이 있다면, 있는 것은 있지 않게 될 것이다. 이것들은 서로와 반대(enantia)이고, 있지 않은 것에 있음이 부수한다면(symbebēke) 있는 것에는 있지 않음이 부수할 테니까. 그런데 있는 것이 있지 않다는 것이야말로 성립하지 않는다. 〈그렇다면〉²⁴⁰ 있지 않은 것이 있다는 것 또한 성립하지 않게 될 것이다.²⁴¹

[A] |68| 게다가 있는 것 또한 있지 않다. [가] 왜냐하면 있는 것이 있다면, 그것은 [i] 영원한 것(aidion)이거나 [ii] 생겨난 것(genēton)²⁴²이거나 [iii] 영원한 것이면서 동시에 생겨난 것이니까. 그런데 그것은 영원한 것도 아니고 생겨난 것도 아니며 둘 다도 아님을 우리가²⁴³ 보여 줄 것이다. 그러니까 있는 것은 있지 않다. [i] 왜냐하면 있는 것이 영원한 것이라면 (이것에서부터 시작해야겠다.) 그것은 어떤 시작(archē)을 갖지 않기 때문이다. |69| 생겨나는(ginomenon) 모든 것은 어떤 시작을 갖지만, 영원한 것은

---

239 혹은 '있지 않은 것으로 있는'.

240 베커의 보충.

241 '있지 않은 것이 있다는 것 또한 성립하지 않게 될 것이다' 대신 '있지 않은 것 또한 있게 될 것이다'로 옮기는 것도 불가능하지는 않으나 좋은 번역은 아니다. 후자처럼 번역한 DG와 G보다 전자처럼 번역한 W의 번역이 훨씬 더 좋다.

242 혹은 '생겨나는 것'으로 옮길 수도 있다. 아래에서도 계속 그렇다. 더 이상 따로 언급하지는 않겠다.

243 '내가'의 대용 표현이라 할 수 있다.

안 생겨나는 것(agenēton)인 한(kathestōs) 시작을 갖지 않았으니까. 그런데 시작을 갖지 않으면 그것은 무한한 것(apeiron)이다. 그런데 무한한 것이면 아무 데도 있지 않다(oudamou estin). 왜냐하면 어딘가에 있다면 그것이 저것 안에 있다고 할 때의 저것은 그것과 다른 것이고 그럼으로써 있는 것은 뭔가의 안에 둘러싸여(emperiechomenon) 있기 때문에 더 이상 무한하지 않게 될 것이기 때문이다. 둘러싸는 것은 안에 둘러싸인 것보다 더 큰데, 무한한 것보다 큰 것은 아무것도 없고, 따라서 무한한 것은 어딘가에 있지 않으니까 그렇다.

|70| 게다가 그것은 자기 안에 둘러싸여 있지도 않다. 그렇게 되면 안에 있다고 할 때의 그 안이라는 것과 그것 안에 있는 것이 같은 것이 되고 있는 것은 장소(topos)와 물체(sōma), 둘이 될 테니까 말이다. (안에 있다고 할 때의 그 안이라는 것은 장소요, 그것 안에 있는 것은 물체니까.) 그런데 이것은 불합리하다(atopon).²⁴⁴ 그러므로 있는 것은 자기 안에 있지도 않다. 그러니까 있는 것이 영원한 것이라면 그것은 무한한 것이고, 무한한 것이면 아무 데도 있지 않으며, 아무 데도 있지 않으면 있지 않다. 그러므로 있는 것이 영원한 것이라면 애초에 있는 것(on)이 아니다.

|71| [ii] 게다가 있는 것은 생겨난 것일 수도 없다. 생겨났다면

---

244 보통 '불합리하다', '이상하다', '희한하다', '엉뚱하다' 등으로 옮겨지는 '아토폰'(atopon)은 본래 '장소가 없다', 즉 그런 일이 일어나는 곳을 찾기 어렵다는 말이다. 마침 장소를 논하고 있는 대목에서 사용되어 약간의 언어 유희가 엿보인다.

있는 것으로부터 생겨났거나 있지 않은 것으로부터 생겨났으니까. 하지만 있는 것으로부터 생겨난 것은 아니다. 있는 것이면 생겨난 게 아니라 이미 있기 때문이다. 있지 않은 것으로부터 생겨난 것도 아니다. 있지 않은 것은 뭔가를 생겨나게 할(gennēsai) 수 없기 때문이다. 뭔가를 생겨나게 할 수 있는 것(gennētikon)은 필연적으로 실재(hyparxis)[245]에 관여하는 것이 마땅하기(opheilein) 때문이다. 따라서 있는 것은 생겨난 것도 아니다.

|72| [iii] 그리고 같은 이치에 따라서 둘 다도, 즉 영원한 것이면서 동시에 생겨난 것도 아니다. 이것들은 상호 파괴적(anairetika ... allēlōn)이어서, 있는 것이 영원한 것이라면 생겨나지 않았고, 생겨났다면 영원한 것이 아니니까. 그러므로 있는 것이 영원한 것도 생겨난 것도 둘 다도 아니라면 있는 것은 있지 않을 것이다.

|73| [나] 게다가 그것이 있다면 [i] 하나이거나 아니면 [ii] 여럿(polla)이다. 그런데 [아래에서] 옹호되겠지만(parastathēsetai) 그것은 하나도 여럿도 아니다. 따라서 있는 것은 있지 않다. [i] 왜냐하면 그것이 하나라면 양(poson)이거나 연속체(syneches)이거나 크기(megethos)이거나 물체(sōma)이기 때문이다. 그리고 그것이 이것들 가운데 무엇이라면, 그것은 하나가 아니라 양인 한에서는 나뉠 것이고 연속체라면 잘라질 것이다. 그리고 비슷하게, 크기로 상정되면(nooumenon)[246] 불가분적이지 않을 것이다. 그리고 마침

---

245 혹은 '존재'.
246 혹은 '사유되면'.

물체라면 삼차원일(triploun) 것이다. 길이와 넓이와 깊이를 가질 테니까. 그런데 있는 것이 이것들 가운데 아무것도 아니라고 말하는 것은 불합리하다. 따라서 있는 것은 하나가 아니다.

|74| [ii] 게다가 그것은 여럿도 아니다. 그것이 하나가 아니라면 여럿도 아니기 때문이다. 여럿은 각 하나들의 합(synthesis … tōn kath' hen)이고 바로 그 때문에 하나가 제거되면 여럿도 함께 제거되는 거니까. 그러니(alla gar)[247] 있는 것도 있지 않고 있지 않은 것도 있지 않다는 것은 이런 것들로부터 분명하다.

[C] |75| 있는 것도 있지 않은 것 둘 다도 있지 않다는 결론을 내리는 것은 쉽다(euepilogiston). 왜냐하면 있지 않은 것과 있는 것이 있다면, 있음에 관련되는 한 있지 않은 것은 있는 것과 같은 것이 될 것이기 때문이다. 그리고 이것 때문에 그 둘 가운데 어떤 것도 있지 않다. 이유는 이렇다. 있지 않은 것이 있지 않다는 것은 동의되어 있다(homologon). 그리고 있는 것이 이것[248]과 같은 것임은 이미 보여졌다. 그러니까 그것[249]은 있지 않을 것이다. |76| 게다가 있는 것이 있지 않은 것과 같은 것이라면 둘 다가 있을 수 없다. 둘 다가 있다면 그것들은 같은 것이 아니며, 그것들이 같은 것이라면 둘 다가[250] 아니다. 이것들로부터 아무것도 있지 않다는 게 따라 나온다(hepetai). 있는 것도 있지 않은 것도 둘 다도 있지 않

---

247 혹은 '그러나'로 옮길 수도 있다.
248 즉, 있지 않은 것.
249 즉, 있는 것.
250 즉, 합해서 둘인 것.

고 이것들 말고 아무것도 사유되지(noeitai) 않는다면, 아무것도 있지 않다.

[2] |77| 그다음으로는, 뭔가가 있다고 해도 이것을 인간이 알 수도 이해할 수도 없다(agnōston te kai anepinoēton estin anthrōpōi)는 것이 보여져야 한다(hypodeikteon). 왜냐하면, 고르기아스가 말하기를, 생각되는 것들(ta phronoumena)이 있는 것들이 아니라면, 있는 것은 생각이 되지(phroneitai) 않으니까. 그리고 그게 이치에 맞다(kata logon). 왜냐하면 생각되는 것들에 희다는 속성이 붙으면(symbebēken) 흰 것들에도 생각된다는 속성이 붙을 텐데, 그와 마찬가지로, 생각되는 것들에 있지 않다는 속성이 붙으면 있는 것들에도, 필연적으로(kat' anankēn), 생각되지 않는다는 속성이 붙게 될 테니까. |78| 바로 그렇기 때문에 '생각되는 것들이 있는 것들이 아니라면 있는 것은 생각되지 않는다.'고 하는 것은 논리적 귀결(akolouthia)을 잘 유지하며(sōizon) 건전하다(hygies). 그런데 생각되는 것들이(이걸 먼저 취해 보아야겠다.) 있는 것들이 아니라는 걸 우리가[251] 옹호할 것이다. 따라서 있는 것은 생각되지 않는다. 그리고 〈사실〉[252] 생각되는 것들이 있는 것들이 아니라는 게 분명하다. |79| 생각되는 것들이 있는 것들이라면 생각되는 것들 모두가 있다. 그것도 누군가가 그것들을 생각하는 방식으로 있다. 그것은

---

251 '내가'의 대용 표현.
252 베커의 보충.

부조리하다(apemphainon)[253]. {그렇다면 형편없다.}[254] 누군가가 어떤 사람이 날고 있다거나 마차들이 바다에서 달리고 있다고 생각한다고 해도 어떤 사람이 날고 있다거나 마차들이 바다에서 달리고 있다는 게 곧바로 따라 나오지 않는다. 그러니까 생각되는 것들이 있는 것들이 아니다.

|80| 이것들에 더해, 생각되는 것들이 있는 것들이라면 있지 않은 것들은 생각되지 않게 될 것이다. 반대되는 것들(ta enantia)에 반대되는 것들이 속성으로 붙으며(symbebēken), 있지 않은 것은 있는 것에 반대되니까. 그렇기 때문에 어떤 식으로 보아도(pantōs)[255], 있는 것에 생각됨이 속성으로 붙으면 있지 않은 것에 생각되지 않음이 속성으로 붙게 될 것이다. 그런데 이것은 불합리하다. 스퀼라도 키마이라도 그리고 있지 않은 것들 가운데 많은 것들도 생각이 되니까 말이다. 따라서 있는 것은 생각되지 않는다. |81| 보이는 것들(ta horōmena)이 보인다는 것 때문에 보일 수 있는[256] 것들(ta horata)이라 이야기되고, 들릴 수 있는[257] 것들(ta akousta)이 들린다는 것 때문에 들릴 수 있는 것들이라 이야기되며, 보일 수 있는 것들을 우리가 들리지 않는다는 것 때문에 내치지 않고, 들릴 수 있는 것들을 우리가 보이지 않는다는 것 때문에 기각하지 않듯

---

253 혹은 '일관성이 없다'.
254 베커의 삭제.
255 즉, 반드시.
256 혹은 '보이는'. 이하 마찬가지.
257 혹은 '들리는'. 이하 마찬가지.

이(각각은 다른 감각이 아니라 자기 고유의 감각(idia aisthēsis)에 의해 판가름되는 게 적절하니까 그렇다.), 생각되는 것들도 설사 시각으로 보이지 않고 청각으로 들리지 않는다 해도 있을 것이다. 고유의 판단 기준(oikeion … kritērion)에 의해 파악되니까 말이다. |82| 그러니까 누군가가 바다에서 마차들이 달리고 있다고 생각한다면, 이것들을 그가 보지 않는다고 해도 마차들이 있다고, 달리면서 바다에 있다고 믿는(pisteuein) 게 마땅하다(opheilei). 그런데 이것은 불합리하다. 따라서 있는 것은 생각되지 않고 파악되지(katalambanetai) 않는다.

[3] |83| 그런데 그것이 파악된다고 해도 다른 사람에게 표현해 줄 수 없다(anexoiston heterōi). 왜냐하면 있는 것들이 보일 수 있고 들릴 수 있고, 일반적으로 말해 감각될 수 있는(aisthēta)[258], 즉 바깥에 존재하는(hypokeitai)[259] 것들이며,[260] 이것들 가운데 보이는 것들은 시각으로 파악되고, 들리는 것들은 청각으로 파악되지만 교차 연결은 성립하지 않는다고 한다면, 어떻게 이것들을 다른 사람에게 알려 줄(mēnyesthai) 수 있겠는가? |84| 우리가 알려 줄

---

258 혹은 '감각되는'.
259 혹은 '존속하는', '실재하는'.
260 이제부터는 편의상 '보일 수 있는', '들릴 수 있는', '감각될 수 있는' 대신 '보이는', '들리는', '감각되는'으로 자연스럽게 옮길 것이다. 위 81절을 보아도 이 둘의 양상 차이가 이 글에서는 중요하지 않고, 아래에서는 계속 이 두 의미를 함께 담은 형용사(즉, '…ta')만 등장하므로 혼동의 여지는 없을 것이다.

때 말(logos)을 가지고 하는데, 말은 존재하는(hypokeimana) 그리고 있는 것들이 아니다. 그러니까 우리는 옆 사람들에게 있는 것들을 알려 주는 게 아니라 말을 알려 주는데, 그건 존재하는 것들과 다르다. 그러므로 보이는 것이 들리는 것이 될 수 없고 역도 마찬가지이듯, 있는 것은 바깥에 존재하니까 우리의 말이 될 수 없을 것이다. |85| 그리고 말이 아니니까 그것은 다른 사람에게 드러내질(dēlōtheiē) 수도 없을 것이다. 그가 말하기를, 실로 말이란 바깥에서 우리에게 부딪치는(prospiptonta)[261] 사물들(pragmata), 즉 감각되는 것들(ta aisthēta)로부터 형성된다(synistatai). 맛과의 만남(enkyrēsis)으로부터 우리 안에 이 성질에 따라(kata tou poiotētos) 표현되는(ekpheromenos) 말[262]이 생겨나며, 색과의 조우(hypoptōsis)로부터 색에 따라 표현되는 말이 생겨난다. 그런데 이것이 그러하다면 말이 바깥의 것을 밝혀 줄 수 있는(parastatikos)[263] 게 아니라 바깥의 것이 말을 나타내 줄 수 있는(mēnytikon)[264] 것이 된다.

|86| 게다가 보이는 것들과 들리는 것들이 존재하는 방식처럼 말도 존재한다고, 그러니까 존재하며 있는 것들이 존재하며 있는 그것으로부터 나타내질(mēnyesthai)[265] 수 있을 정도로 존재한다고

---

261 혹은 '영향을 미치는'.
262 혹은 '진술'.
263 혹은 '보여 줄 수 있는'.
264 혹은 '지시해 줄 수 있는'.
265 혹은 '지시될'.

말할 수도 없다. 왜냐하면, 그가 말하기를, 말이 존재한다고 해도 존재하는 나머지 것들과 여전히 차이가 나며, 보이는 물체들은 말들과 가장 많이 차이가 나기 때문이다. 보이는 것과 말은 서로 다른 기관(organon)을 통해 파악되니까(lēpton). 따라서 말은 존재하는 많은 것들을 보여 주지(endeiknytai)[266] 못한다. 저것들도 서로의 본성(physis)을 분명하게 해 주지(diadēloi) 못하는 것처럼 말이다.

|87| 그러므로 고르기아스에게서는 이런 것들이 문제가 되니까(ēporēmenōn), 그것들에 달려 있는 한은 진리의 판단 기준이 없어져 버린다. 왜냐하면 있지도 않고 알려질(gnōrizesthai) 수도 없고 다른 사람에게 전달되는(parastathēnai) 본성을 타고난 것도 아닌 것에 대한 어떤 판단 기준도 없을 테니까.

2B.6. 이소크라테스 『헬레네』(혹은 『헬레네 찬양』)[267] 3 (DK 82B1 포함)[268]

누구든 있는 것들 가운데 아무것도 있지 않다고 감히(tolmēsanta)

---

266 혹은 '드러내지'.

267 신화의 주된 버전(호메로스)에 따르면 트로이 왕자 알렉산드로스(일명 파리스)가 스파르타 왕 메넬라오스의 집에 손님으로 왔다가 그가 없는 틈을 타서 그의 아내 헬레네를 납치해서 트로이로 데려갔고 메넬라오스는 희랍 원정군을 조직하여 헬레네를 되찾으려는 전쟁에 나서게 되는데, 이것이 트로이 전쟁이다. 이 헬레네의 트로이 행에 연루된 이야기 가운데 하나가 『일리아스』이고 이 작품도 그 가운데 하나인데, 그 이야기에 관해서는 많은 다른 버전들이 있고 그 가운데는 심지어 헬레네가 아예 트로이에 가지 않았다는 이야기도 회자되었다. 예컨대, 플라톤 『파이드로스』 243a-b에 언급된 스테시코로스의 '고쳐 부르는 노래'(palinōidia), 에우리피데스 『헬레네』, 헤로도토스 『역사』

이야기한 고르기아스나, 같은 것들이 가능하기도 하고 또 불가능하기도 하다는 것을 보여 주려(apophainein) 시도하는 제논이나, 자연 사물들이 그 수가 무한한데도 전체(to pan)가 하나라 여기고 이를 보여 주는 논증들을 발견하는 일에 착수한 멜리소스를 어떻게 뛰어넘을 수 있겠습니까?

2B.7. 이소크라테스 『재산 맞교환』 268 (DK 82B1 포함)[269]

따라서 나는 젊은이들에게 얼마간의 시간 동안 이런 배울거리들(paideiai)[270]을 익히는 데 시간을 보내라고 조언하고 싶습니다. 하지만 이런 것들로 인해 자신들의 [영혼][271]이 바싹 메말라 버리게 내버려 두지 말라고, 또한 옛 소피스트들의 담론들(logoi)[272]에 빠져들지도 말라고 조언하고 싶습니다.[273] 그들 가운데 어떤 사람은 있는 것들의 수가 무한하다고 주장했고,[274] 엠페도클레스는 넷인데 그

2.118-120 등.

268 1B.24로부터 이어짐.

269 = 17A.7. 커퍼드(1981a, 96쪽)도 주장하듯, 고르기아스가 엘레아학파만이 아니라 다원론자들도 공격하려 했다고 볼 만한 구절이다.

270 혹은 '교과들', '교양들'.

271 혹은 '본성'.

272 혹은 '논변들'.

273 젊은이들에게 일정 기간 철학 탐구가 필요하지만 일정 기간이 넘어서까지 철학에 머물면 안 된다는 생각은 플라톤 『고르기아스』의 칼리클레스도 표명한 바 있다(484c).

274 "모든 것이 모든 것들 안에 들어 있다."고 주장한 아낙사고라스를 가리키는 것으로 보인다.

것들 사이에 불화와 사랑이 있다고 했으며, 이온은 셋을 넘지 않는다고 했고, 알크마이온은 둘뿐이라 했으며, 파르메니데스와 멜리소스는 하나라 했고, 고르기아스는 아예 아무것도 없다고[275] 했습니다.

2B.8. 『시리아어로 된 희랍 금언집』 1, 35쪽 Smith Lewis (DK 82B28)[276]

고르기아스는 말하길, "숨겨진 뭔가의 비범한 아름다움은 솜씨 있는 화가들이 자기들에게 익숙한 색깔들을 가지고 그것을 그려 낼 수 없을 때 비로소 드러난다.[277] 그들이 벌인 수많은 작업과 커다란 노력이야말로 숨겨진 것 속에 얼마나 웅장한 것이 있는가에 대한 경탄할 만한 증거를 제공하는 것이다. 또한 그들의 작업 단계들 하나하나가 남김없이 수행되어 막바지에 도달하게 되었을 때, 그들은 결국 침묵으로써 그것에게로[278] 승리의 화관을 돌리게 되는 것이다. 그런데 그 어떤 손도

---

275 혹은 '아니라고'.

276 시리아어 텍스트의 유럽어 번역(독일어, 영어 등)으로부터 중역하였다. 이 단편은 원래의 맥락이 무엇인지 알 수 없다. 혹시나 『있지 않은 것에 관하여』와 긴밀히 연결하여 읽을 수 있지 않을까 하는 가능성을 모색해 보기 위해 여기에 두기로 한다. 그러나 이 단편의 맥락은 확실치 않다.

277 딜스가 제공한 번역 버전을 기본적으로 따라 옮겼다. LM의 프랑스어 번역으로부터 옮겨진 버전을 따르면 '재현할 수 없는 것이다'가 된다.

278 프랑스어 번역에 의존한다고 표방한 LM은 '화가에게'로 옮기지만 이해하기 어려운 번역이다. 딜스의 'ihm'을 '원본'(the original)으로 연결하여 이해한 케네디(G. Kennedy 1972)의 접근이 훨씬 더 낫다고 생각한다. 아무튼 나는 이 '그것'이 앞에서 계속 언급되어 온 '숨겨진 뭔가'를 가리키는 것으로 이해한다.

붙잡을 수가 없는 것, 그리고 그 어떤 눈도 볼 수가 없는 것, 그것을 혀가 어떻게 표현할 수 있겠으며, 듣는 사람의 귀가 어떻게 들을 수 있겠는가?"

3. 『있지[/⋯이지] 않은 것에 관하여 혹은 자연에 관하여』 2: 자연에 관하여(자연학적 언명들)

2B.9.(a). 올륌피오도로스 『플라톤 『고르기아스』 주석』 서론 9[279]
고르기아스가 『자연에 관하여』(Peri Physeōs)라는 여간 세련되지 않은(ouk akompson) 저작을 84회 올림피아 기[280]에 썼다는 것 또한[281] 분명하다.

2B.9.(b). 갈레노스[282] 『히포크라테스에 나오는 원소들에 관하여』 1.9 (DK 84B3)[283]
옛날 사람들의 저작들은 모두 『자연에 관하여』라고 제목이 붙어

---

279 2A.3에 포함.

280 즉, 444-440년.

281 '또한'을 '고르기아스'에 붙여 '고르기아스도 ⋯ 썼다는 것이 분명하다'로 옮길 수도 있다.

282 페르가몬 출신 갈레노스(기원후 129-216년)는 로마 제국의 희랍인 의사이자 철학자인데, 소아시아의 검투사 의사에서 시작하여 마르쿠스 아우렐리우스의 궁정 의사가 된 입지전적 인물이다. 고대 의학 분야 연구자들 가운데 가장 성취도가 높은 인물로 흔히 간주되는 그는 철학과 논리학만이 아니라 생리학, 병리학, 약학, 신경학 등을 포함한 다양한 학문 분야의 발전에 영향을 주었다.

있다. 멜리소스의 것, 파르메니데스의 것, 엠페도클레스와 알크마이온과 고르기아스와 프로디코스와 다른 모든 사람들의 것들이 […]

2B.10. 테오프라스토스 『불에 관하여』 단편 73 (DK 82B5)

그리고 그것들[즉, 유리들 혹은 거울들]은, 태양으로부터 온 빛에 대해서는 부드러운 부분들로부터의 반사를 통해 불을 붙이(고 또 연료도 함께 섞이)지만, 불로부터 나오는 빛에 대해서는 불을 붙이지 못한다. 그렇게 되는 까닭은 [전자의 경우는] 미세한 입자들을 가지고 있는 데다가 더 많이 반사되면 될수록 촘촘해진다는 것 때문인데, 후자의 경우에는 [원소들이] 균질하지 않아서 촘촘해지기가 불가능하다. 그래서 한쪽은 집적과 미세함에 의해 연료 속으로 녹아들어 가서 태울 수가 있지만, 다른 한쪽은 이 두 가지[284] 중 어느 것도 갖고 있지 않아서 그럴 수가 없다. 거울[285]로부터든 어떤 방식으로 손질된 청동과 은으로부터든[286] 불이 붙게 되는데, 이런 일이 고르기아스가 말하고 또 다른 어떤 사람들도 그렇다고 생각하는 것처럼 불이 통로들(poroi)을 통해 빠져나가기 때문에 일어나는 것은 아니다.

---

283 = 3B.28.
284 즉, 집적과 미세함.
285 혹은 '유리'.
286 이 대목을 '어떤 방식으로 손질된 유리로부터든 청동과 은으로부터든'으로 옮길 수도 있다.

2B.11. 플라톤『메논』76a8-b1, c4-e4 (DK 82B4)

메논: 그리고 당신은 색이 뭐라고 이야기하나요, 소크라테스?

소크라테스: 너무하네요, 메논. 나이 지긋한 사람한테 대답하라고 부담을 지우고 있다니! 당신 스스로 |76b| 고르기아스가 덕이 도대체 뭐라고 이야기하는지 떠올려서 말하겠다는 마음은 먹지 않고 말이죠.

[…]

소크라테스: 그럼 당신이 가장 잘 따라올 수 있을 만한 방식인 고르기아스의 방식에 따라 당신에게 대답해 줄까요? 그러길 바라나요?

메논: 바랍니다. 어찌 안 그러겠어요?

소크라테스: 엠페도클레스를 따라서, 당신들[287]은 있는 것들의 어떤 유출물들(aporrhoai)[288]이 있다고 이야기하지 않나요?

메논: 물론입니다.

소크라테스: 그리고 유출물들(aporrhoai)이 들어가 통과해 가는 통로들(poroi)도 있고요?

메논: 물론입니다.

소크라테스: 그리고 유출물들 가운데 어떤 것들은 어떤 통로들과 들어맞는데(harmottein) |76d| 또 어떤 것들은 더 작거나 더 크다는 것도요?

---

287 즉, 메논과 고르기아스.
288 혹은 '유출들'. 이하 마찬가지.

메논: 그렇습니다.

소크라테스: 시각(opsis)도 뭔가[즉, 있는 것]라고 당신은 부르지 않나요?

메논: 그렇습니다.

소크라테스: 자, 그럼 이것들을 토대로, 핀다로스 말마따나 "내가 정말 무슨 이야기를 하고 있는지 파악해 보세요." 색은 시각에 딱 들어맞고(symmetros) 감각되는(aisthētos), 형태들의 유출(물)(aporrhoē)이라는 걸 말이에요.

메논: 내가 보기에, 소크라테스, 이 대답은 아주 훌륭하게 말해진 거 같네요.

소크라테스: 아마도 당신에게 익숙한 방식에 따라 말해졌기 때문이겠죠. 그리고 또한 내 생각엔 그걸 바탕으로 당신이 목소리도 냄새도 그리고 그 비슷한 다른 많은 것들도 그게 무엇인지 말을 할 수가 있으리라는 걸 |76e| 당신도 이해하고 있을 겁니다.

메논: 물론입니다.

소크라테스: 그 대답이, 메논, 시적이라서(tragikē)[289] 그렇죠. 그래서 형태에 관한 대답보다 더 당신 마음에 드는 거죠.

2B.12. 소파트로스[290] 『문제들의 구분』(Dihairesis Zētēmatōn) 8.23 (DK 82B31 확장)

"태양은 (시뻘겋게 단) 돌덩어리(mydros)"[291]라고 이야기하고 그 비

---

289   혹은 '비극적이어서', '장중[/장엄]해서'.

숫한 [다른] 가정(hypothesis)에 대항해 논변으로 승부를 벌이려 하는(philoneikōn) 고르기아스는 지혜에 있어서 위대하다.

4. 온전히 전해진 두 시범 연설

2B.13. 고르기아스 『헬레네 찬양』 (DK 82B11)[292]

고르기아스의 『헬레네 찬양』[293]

---

290 기원후 4세기에 아테네에서 활동하던 희랍 연설가 소파트로스는 아마도 히메리오스의 제자이고 『문제들의 구분』(*Dihairesis Zētēmatōn*)으로 유명하다. 그런데 여기 등장하는 주석의 저자 소파트로스가 그 사람인지는 확정되어 있지 않다. 이암블리코스의 제자인 아파메이아 출신 철학자 소파트로스는 더 이른 시대 사람이다. *OCD* 4판 1381쪽.

291 괄호를 넣고 읽을 수도 빼고 읽을 수도 있다. 아낙사고라스가 이미 "태양은 시뻘겋게 단(diapyros) 돌덩어리(mydros)"라고 천명한 바 있다(DL 2.8: DK 59A1). '뮈드로스'(mydros)는 1) 본래 모루를 가리켰는데, 2) 모루에 놓이는 시뻘겋게 단 쇠 등의 금속 혹은 돌덩어리를 가리키기도 하고 3) 나중에는 그냥 금속이나 돌덩어리를 가리키기도 하는 말로 뜻이 발전하기도 한다. 아낙사고라스가 3)의 의미로 쓰고 '시뻘겋게 단'(diapyros)이라는 형용사를 덧붙인 거라면, 아마도 고르기아스가 쓴 '뮈드로스'는 그 형용사를 품은 2)일 수도 있고, 아니면 그냥 3)의 의미일 수도 있다. 이 둘의 애매성을 살리기 위해 괄호를 도입하였다.

292 텍스트: 도나디(F. Donadi 2016), 그리고 G 754-762쪽.

293 이 제목이 빠진 사본(X¹)도 있다. 고르기아스의 제자로 알려진 이소크라테스는 자신의 『헬레네』에서 왜 고르기아스가 그의 『헬레네 찬양』에서 '찬양'(enkōmion)을 하겠다고 해 놓고는 '변명'(apologia)에 머무는지 모르겠다고 의문을 빙자하여 트집을 잡은 바 있다(이소크라테스 『헬레네』 14-15: 2B.15에 수록). 이 대목에서 이소크라테스가 고르기아스와 작품 제목을 직접 거명

|1| 국가의 돈우미(kosmos)[294]는 훌륭한 사람이 있다는 것 (euandria)[295]이요, 몸의 돈우미는 아름다움이요, 영혼의 돈우미는 지혜요, 행위(pragma)[296]의 돈우미는 덕이요, 말(logos)[297]의 돈우미는 진실입니다. 그러나 이것들과 반대되는 것들은 돈우미가 없습니다 (akosmia)[298]. 남자와 여자와 말과 실행(ergon)[299]과 국가와 행위

하지는 않았지만, 그의 이 작품을 가리킨다는 것은 상당히 분명해 보인다. 이 소크라테스의 불평에 대해 현대 논자 브로디(S. Broadie 2003) 등과 국내 김남두(2005), 양태범(2013) 등의 동조적 언급이 상당히 많은데, 이 모두에 대한 비판적 고찰과 고르기아스의 진의에 관한 탐색을 위해서는 강철웅(2017) 270-276쪽 및 주석 34 및 44 등을 참고할 것.

294 통상 '질서', '꾸미개'(장식) 등으로 옮겨지는 '코스모스'를 그 뜻과 문맥에 더 잘 어울리게 '질서를 주는 꾸미개'나 '꾸미개 노릇을 하는 질서', '자랑거리', '영예' 등으로 새길 수도 있다. 어떤 방식으로 옮기든 이 말은 어떤 사물의 핵심적 매력 요소를 가리키는 것으로 보인다. 여기서는 문맥에 어울리는 말을 찾아 신조어를 도입하기로 한다. 우리말 문장에 다섯 번 옮기긴 했지만, 원문에서는 '국가의 돈우미'에 쓰인 것 외에 나머지 넷이 생략되어 있다. 원문에 출현하는 횟수와 리듬을 감안하여 다음과 같이 옮길 수도 있다. '돈우미로 말하자면 국가에는 훌륭한 사람이 있다는 것이, 몸에는 아름다움이, 영혼에는 지혜가, 행위에는 덕이, 말에는 진실이 돈우미[/영예/질서]입니다.'

295 여기 '사람'은 바로 다음에 '남자'로 옮기게 되는 '아네르'(anēr)에 해당하는 말이다. '에우안드리아'(euandria)를 '훌륭한 사람이 있다는 것'으로 옮겼지만, 보다 문자적으로는 '훌륭한 사나이가 있다는 것'으로 옮길 수도 있다.

296 '일', '실천', '사물'로 옮길 수도 있는 말이다. 기본적으로 '할 일', '하는 일'(행업)의 뉘앙스에 가까운 것으로 보인다.

297 혹은 '담론', '연설', '이야기', '논변'. 이하 마찬가지.

298 '돈우미가 없습니다' 역시 뜻과 문맥을 따라 '질서가 없습니다', '장식이 없습니다', '볼품없습니다' 등으로 새길 수도 있다.

299 '일', '짓', '행실', '업적', '작품', '기능' 등으로 새길 수도 있다. 바로 앞에 '말[/담론]'로 옮긴 '로고스'와 짝으로 나와 '말과 실제 행동'을 가리키는 방식으로

(pragma)가 칭찬할 가치가 있으면 칭찬으로 경의를 표하고 그럴 가치가 없으면 비난을 퍼부어야 합니다. 칭찬받을 것들을 헐뜯는다는 것과 비난받을 것들을 칭찬한다는 것은 둘 다 똑같은 정도로 잘못된 일(hamartia)이고 어리석은[300] 일(amathia)이니까요.

|2| 마땅한 것(to deon)[301]을 옳게 말하는 사람이라면, 헬레네를 헐뜯는 사람들을 논박하는 것도 그가 해야 할 일입니다.[302] 시인들의 말을 들

자주 사용된다. '프라그마'와 의미가 겹치는 부분들이 많아 여러 해석 가능성에 열려 있다. 둘 다 우리말의 '일'로 옮길 수 있지만, '에르곤'은 기본적으로 '해 놓은 일'(업적, 작품), '하는 일'(기능, 행동)에 가까운 뉘앙스를 가지는 것으로 보인다.

300 혹은 '무지한', '무식한'.

301 '마땅한 것'은 '말해야 마땅한 것'을 가리킨다고 볼 수도 있고, 말과 연결 짓지 않는 더 일반적인 의미로 새길 수도 있다. 예컨대, 맥도웰(D.M. MacDowell 1982)과 GW는 전자를 취하여 "what ought to be said"로 옮기고(각각 21쪽과 191쪽), 바레트(H. Barrett 1987)는 후자를 취하여 이 어구가 포함된 부분을 "to proclaim justice wholly"로 옮긴다(64쪽). cf. 투키디데스 『역사』 1.22(17B.7)에 '마땅한 것들'을 말하는 것에 관한 언급이 나온다. 그리고 『이중 논변』 5.9-10(13B.5)에도 '마땅한 상황[/때]'에 말하는 것에 관한 논의가 나온다.

302 의미를 따라 약간 풀어 옮겼다. 원문에 보다 충실히 직역하면 '마땅한 것을 옳게 말하는 것과 헬레네를 헐뜯는 사람들을 논박하는 것은 같은 사람이 할 일입니다.'가 된다. 딜스는 '헬레네를 헐뜯는 사람들을'과 '논박하는 것' 사이에 빠진 말이 있다고 생각하고 그 말을 임의로 보충하였다. 그의 보충을 따를 경우에는 다음과 같이 새길 수 있다. '마땅한 것을 옳게 말하는 것과 〈옳지 않게 말해지는 것을〉 논박하는 것은 같은 사람이 해야 할 일입니다. 그러니까 헬레네를 헐뜯는 사람들을 〈논박하는 것이 온당합니다.〉' 삼각 괄호 부분이 보충된 내용이다. 케네디(1972), 바레트(1987), G 등을 포함한 많은 번역자들이 딜스의 보충을 따랐다. 맥도웰(1982)과 GW 등 따르지 않는 번역자도 있다.

224

은 사람들의 확신(pistis)과 그녀의 이름을 두고 떠도는 전언(phēmē)
(그건 이제 그녀의 불행들에 대한 기억이 되었죠.)이 그녀에 관해서 같은
목소리(homophōnos), 같은 마음(homopsychos)이 된 바로 그 여인
말입니다.[303] 나는 그 담론에[304] 모종의 추론(logismos)을 가함[305]으로써
그녀가 나쁜 평판을 듣게 되는 탓(aitia)을 제거해 주고,[306] 그녀를 헐뜯
는 사람들이 거짓을 말하고 있다는 것을 폭로[307]하고 진실을 드러냄으로
써 그들의 어리석음[308]을 종식시켜 주고 싶습니다.[309]

|3| 그런데 이 연설이 화제로 삼는 그 여인이 본성과 가문에 있어서
최고의 남녀들 가운데서도 최고라는 것은 소수의 사람들에게조차 불
분명하지 않습니다. 어머니는 레다요 아버지는 실제로는 신 제우스지
만 말해지기로는 가사자인 튄다레오스라는 것, 전자는 실제로 그렇기
때문에 그렇다고 여겨졌지만 후자는 그렇다고 주장하기 때문에 논박
되며,[310] 후자는 사람들 사이에서 가장 강하지만 전자는 모두의 주재자

---

303 혹은 사본 X를 따라 'phēmē ho' 대신 'phēmēs'로 읽으면, '시인들의 말을 들
    은 사람들의 확신이 그녀에 관해서 같은 목소리, 같은 마음이 되었고, 그녀의
    이름을 두고 떠도는 전언에 대한 확신이 그녀의 불행들에 대한 기억이 된 여
    인 말입니다.'로 옮길 수 있다.
304 '그 담론에' 대신 '내 연설에'로 새길 수도 있다. 예컨대, G가 그렇게 옮겼다.
305 혹은 '부여함'.
306 '그녀가 나쁜 평판을 듣게 되는 탓을 제거해 주고' 대신 '나쁜 평판을 듣고 있
    는 그녀가 그런 고발의 대상이 되는 일을 멈추게 해 주고'로 옮길 수도 있다.
307 혹은 '과시'.
308 혹은 '무지', '무식'.
309 cf. 여자의 모습이 아니라 생각[/평판](doxa)이 세인들에게 전달되어야 한다
    는 내용의 단편 2B.61.
310 유력한 사본들에 나오는 'ēlenchthē' 대신 나중 사본의 'elechthē'로 읽으면

(tyrannos)[311]라는 것이 분명하니까요.

|4| 이런 이들로부터 태어났기에 그녀는 신과 같은 아름다움을 가졌으며, 그것을 남모르게가 아닌 방식으로 받아 가졌습니다. 그녀는 대단히 많은 사람들에게 대단히 큰, 사랑의 욕망들(epithymiai erōtos)을 만들어 넣어 주었으며(enērgasato), 큰 것들을 향해 큰 포부를 품는 남자들의 많은 몸들을 한 몸으로 끌어 모았습니다. 그들 가운데 어떤 사람들은 큰 부를 가지고 있고 어떤 사람들은 유서 깊은 좋은 가문이라는 좋은 평판을 가지고 있으며 어떤 사람들은 자기만의 힘(alkē)의 활력(euhexia)을 가지고 있고 어떤 사람들은 획득한 지혜의 능력(dynamis)을 가지고 있습니다. 그리고 모두가 꺾고자 애쓰는[312] 사랑(erōs philonikos)과 꺾이지 않는 공명심[313](philotimia anikētos)에 이끌려서 왔습니다.

|5| 그런데 누가 무엇 때문에 어떻게 헬레네를 취함으로써(labōn) 자기 사랑을 채웠는지(apeplēse) 나는 말하지 않을 것입니다. 아는 사람들에게 그들이 아는 것들을 말하는 것은 확신을 낳긴 하겠지만 즐김(terpsis)을 가져다주지는 않으니까요. 이제 나는 이 이야기에서 이전 시간은 건너뛰고 앞으로 할 이야기의 시작으로 나아가, 헬레네가 트로이로 떠난 일이 무엇 때문에 일어났다고 하는 게 그럴법할까 할 때의 그

'논박되며' 대신 '말해지며'로 새길 수 있다. 맥도웰(1982)이 그 독법을 선호하고 GW가 따랐다.

311 직역하면 '참주'.

312 혹은 '호승적인', '정복을 추구하는'.

313 혹은 '야망', '명예 추구', '명예 사랑'.

무엇에 해당하는 원인들(aitiai)³¹⁴을 제시하겠습니다.

|6| 그녀가 행한 그 일들을 그녀가 행한 것은 ① 튀케(운명)의 의지(boulēmata)와 신들의 계획(bouleumata)과 아낭케(필연)의 명령(psēphismata)에 의해서거나 ② 완력(bia)으로 붙잡혀서거나 ③ 말로 설득당해서거나 ④ 〈사랑에 사로잡혀서〉 한 것입니다. ① 그런데 첫 번째 것 때문이라면, 비난하는 사람들이 비난받아 마땅합니다. 신의 의지를 인간의 선견지명으로 가로막는다는 것은 불가능하니까요. 더 강한 자가 더 약한 자에게 가로막히는 것이 아니라 더 약한 자가 더 강한 자에게 다스려지고 인도되는 것이, 한쪽이 인도하고 다른 쪽이 따르는 것이 자연스러운(pephyke) 일이니까요. 그런데 완력에 있어서나 지혜에 있어서나 다른 점들에 있어서 신이 인간보다 더 강합니다. 그러므로 튀케와 신에게 원인이 돌려져야 한다면, 헬레네는 불명예로부터 벗어나야 합니다.

|7| ② 그런데 그녀가 완력으로 붙잡히고 무법적으로 강제되고 부당하게 능욕당했다면, 붙잡은 자가 능욕함으로 해서 부당한 짓을 한 것이고 붙잡힌 그녀는 능욕을 당함으로 해서 불운을 겪은 것입니다. 그러니 말로든 법으로든 실제 행동으로든 야만스러운 시도를 한 야만스러운 시도자는 말로는 비난을, 법으로는 권리 박탈을, 실제 행동으로는 처벌을 받아 마땅합니다(axios). 반면에 강제당하고 조국을 잃어버리고 지인들을 빼앗긴 그녀는 욕을 먹기보다 오히려 연민을 받는(eleētheiē) 것이 어찌 적절하지(eikotōs) 않겠습니까? 그자는 끔찍한 짓을 저질렀고 그

---

314 혹은 '탓들', '이유들'.

녀는 그걸 당했으니 말입니다. 그러니 그녀는 가엾게 여기고 그자는 미워하는 것이 정당합니다(dikaion).

|8| ③ 말이 설득해 낸 것이고 그녀의 영혼을 기만한 것이라면, 이것에 대해서도 다음과 같이 그녀를 옹호하여(apologēsasthai) 비난(aitia)을 벗겨 주는 것은 어려운 일이 아닙니다. 말은 가장 작고 가장 안 보이는(aphanestaton) 물체(sōma)로써 가장 신적인 일들(theiotata erga)을 이루어 내는(apotelei) 큰 능력자(megas dynastēs)[315]입니다. 두려움을 멈추게 하고 고통을 제거하며 기쁨을 만들어 넣어 주고(energasasthai) 연민(eleos)을 키울 능력[316]이 있으니까요(dynatai). 이것들이 어떻게 그런지를[317] 보여 주겠습니다.

|9| 그리고 의견을 위해서도[318] 듣는 이들에게 그것을 보여 주어야 합니다. 시(poiēsis)는 모두가 운율을 가진 말[319]이라고 나는 간주하고 또 그렇게 부릅니다. 그것을 듣는 사람들에게 두려움에 찬 전율과 눈물 가득한 연민(eleos)과 애달픈 연모가 들이닥치며, 다른 사람들의 일들(pragmata)과 몸들에 속하는 행운과 불운에 대해 영혼은 말들을 통해 자기 자신의(idion) 어떤 경험(pathēma)을 겪게(epathen) 됩니다.

자, 그럼 한 말에서 다른 말로 옮겨 가겠습니다. |10| 말들을 이용하는

---

315 혹은 '권력자'.

316 혹은 '힘'.

317 '이것들이 어떻게 그런지를' 대신 '이것들이 그렇다는 것을'로 옮길 수도 있다.

318 '의견을 위해서도' 대신 '의견을 가지고서도'로 옮길 수도 있다. 어느 쪽으로 옮기든 만족스러운 번역이 아니다. 지금 번역은 '듣는 이들의 의견을 제대로 세워[/바꿔] 주기 위해서라도' 정도로 이해하고 옮긴 것이다.

319 혹은 '담론', '이야기'.

신들린 주문들[320]은 쾌락을 불러일으키고 고통을 물리칩니다. 영혼의 의견과 함께 어울리면서 주문의 힘은 마법으로 영혼을 홀리고 설득해 내고 바꾸어 놓으니까요. 마법과 주술의 이중적(dissai)[321] 기술이 발견되었습니다. 영혼의 잘못들(hamartēmata)과 의견의 기만들(apatēmata)이 그것입니다.[322]

|11| 얼마나 많은 사람들이 얼마나 많은 사람들을 얼마나 많은 것들에 관해, 거짓된 말을 꾸며 대면서 설득해 냈고 또 설득하려 하고 있는지 모릅니다! 모든 사람들이 모든 것들에 관해, 지나간 것들에 대한 기억과 눈앞의 것들에 대한 〈관념〉과 앞으로 올 것들에 대한 예견을 가지고 있다면, 말이 똑같이 지금의 실제 상황과 똑같지[323] 않을 것이니까요. 지나간 것을 기억해 내고 눈앞의 것을 살펴보고 앞으로 올 것을 점쳐 보는 것이 쉬운 일이 아닌 상황입니다. 그래서 대부분의 것들에 관해 대부분의 사람들은 의견을 영혼의 조언자로 삼습니다. 그런데 의견은 무너지기 쉽고 불안정해서, 그것을 이용하는 사람들을 무너지기 쉽고 불안정한 행운으로 둘러쌉니다.[324]

---

320 '주문들' 대신 '노래들'로 옮길 수도 있다. 아래도 마찬가지.

321 혹은 '두 부류'.

322 이 절에 나오는 로고스의 힘에 대한 용어들은 아래 14절의 용어들과 더불어 플라톤 『향연』에 다시 등장한다. 아래 14절의 관련 주석을 참고할 것.

323 딜스의 제안대로 'homoios'와 'hois ta'로 읽었다. 맥도웰(1982)은 전자를 'dynatos'로 후자를 'alla'로 읽는데, 그 방식을 따르면 '지금의 실제 상황과 똑같지' 대신 '강력하지'로 새길 수 있다.

324 맥코미스키(B. McComiskey 2002)는 이 단락에서 인간의 믿음들과 소통 상황들은 특정한 때에 상대적이며, 주어진 특정 상황의 때라는 것은 순수한 앎을 통해 획득 가능하지 않다는 취지의 상대주의 인식론을 읽어 내면서(22쪽),

|12| 그러니[325] 헬레네도 완력으로 붙잡힌 것과 똑같이 비자발적으로[326] 말들의 영향하에서 간 것이라고 〈생각하는 것〉을 막을 만한 무슨 이유가 있습니까? 필연의 모양새는 안 가지고 있지만 동일한 능력은 가지고 있는 설득이라는 것이 어떻게 지배하는지 아는 것이 가능하니까 말입니다. 설득하는 자인 말은 설득되는 자인 영혼으로 하여금 자기가 말하는 것들을 믿고[327] 자기가 행하는 것들에 동의를 표하도록 강제하니까요. 그러니 설득한 자가 강제한 거니까 죄를 범한 것이지, 설득당한 여인은 말에 의해 강제된 거니까 험담을 듣는 것은 부당한 일입니다.

|13| 설득이 말에 의해 앞으로 나아가면서 영혼을 원하는 대로 주조하는[328] 일도 한다는 것과 관련해서 우리는 첫째, 하나의 의견 대신 다른

이를 경험적 앎을 강조하는 고르기아스 특유의 인식 동사 용법과 연결한다. 인식 동사 'eidō'가 특징적으로 등장하는 『팔라메데스를 위한 변명』(2B.14) 24절과 관련 주석을 참고할 것.

325 이 문장은 텍스트가 심각하게 손상되어 있는데다 사본들이 서로 다른 독법을 포함하고 있으며, 다음 문장 역시 전해진 텍스트 그대로 읽는 데 무리가 있다. 그래서 이 두 문장에 대해 다양한 재구성 제안과 번역이 제시되어 있지만, 대의에 대해 큰 이견이 있는 것은 아니다. 나는 DK에 나온 딜스의 제안을 따라 이 문장에서는 'kōlyei' 뒤에 〈nomisai〉를 보충하여 〈생각하는 것을〉 막을'로 새겼고, 다음 문장에서는 'ho de nous kaitoi' 대신 'idein hōs kratei'로 읽어 '어떻게 지배하는지 아는 것이'로 새겼다.

326 딜스를 따라 'ouch hekousan'으로 고쳐 읽었다. 사본은 'ou nean ousan'으로 읽었다.

327 혹은 '따르고'.

328 혹은 '찍어 내는', '아로새기는[/각인하는]'. 원어는 'etypōsato'. '튀포오'(typoō) 동사는 기본적으로 압인하여(즉, 눌러 찍어서) 어떤 모양이 생기게(혹은 남게) 한다는 뜻이다. '주조'나 '각인' 모두 원어의 의미를 충분히 드러내는 데 한계가 있는 번역어다.

230

의견을 만들어 내는, 이건 빼 버리고 저것을 만들어 넣어 줌으로써 믿을 수 없고 불확실한 것들이 의견의 눈에 나타나게 해서 의견 대신 의견을 만들어 내는, 천문학자들의 말에 대해 배워야 합니다. 둘째, 말들을 통해 이루어지는 강제적인 경연(anankaioi agēnes)에 대해, 즉 진실로써 말해진(alētheiāi lechtheis) 것이 아닌 기술로써 써진(technēi grapheis) 하나의 말(heis logos)이 많은 군중을 즐겁게 하고 설득해 내는 장이 되는 경연에 대해 배워야 합니다. 셋째, 철학자들의 말 시합에 대해, 즉 판단의 신속함도 의견의[329] 믿음을 쉽게 변하는 것으로 만든다는 것이 보여지는 장이 되는 시합에 대해 배워야 합니다.

|14| 말의 힘이 영혼의 구조(taxis)[330]에 대해 가지는 관계[331]는 약들의 구조[332]가 몸들의 본성에 대해 가지는 관계와 같습니다. 서로 다른 약이 몸에서 서로 다른 즙을 뽑아 내어 어떤 것들은 병을, 또 어떤 것들은 삶을 종식시키는 것처럼 말도 어떤 것들은 고통스럽게 하고 어떤 것들은

---

329 '의견이 가진' 혹은 '의견에 담긴' 정도로 옮길 수도 있다.

330 '질서', '체계', '구조' 내지 '질서 부여', '배치', '배정' 등을 가리키는 '탁시스'(taxis)가 영혼에 적용되면 '성향'이나 '성격'을 가리키는 것으로 볼 수 있다[LSJ, 맥도웰(1982) 등]. 맥락에 더 어울리는 그런 구체적인 말로 옮기지 않은 이유에 관해서는 아래 '약들의 구조'에 관한 주석을 참고할 것.

331 '로고스'를 '관계'로 옮겼다. 보다 구체적으로는 '비율'이나 '비례'라는 의미일 것이다. 고르기아스가 '로고스'라는 말을 매우 현란하게 다양한 방식으로 구사하고 있다는 점이 여기서도 드러난다.

332 위 '영혼의 구조' 관련 주석에 언급된 의미들을 갖는 '탁시스'가 약에 적용되면 '처방'[맥도웰(1982), G 등]이나 '치유력의 정도'(LSJ)를 가리키는 것으로 볼 수 있다. 후자가 맥락에 더 적절해 보인다. 앞에 나온 '탁시스'와 지금의 이 '탁시스'를 맥락에 더 어울리는 구체적인 말로 옮기지 않은 것은 고르기아스가 같은 말을 두 번 반복하면서 언어 유희를 구사하고 있다는 점을 반영하기 위해서다.

즐겁게 하며 어떤 것들은 두렵게 하고 어떤 것들은 듣는 사람들을 담대하게 해 주며 어떤 것들은 모종의 사악한 설득으로 영혼에 주문을 걸고 마법을 겁니다.[333]

|15| 자, 그가 말로 설득되었다면, 죄를 범한 것이 아니라 운이 나빴던 것이라는 점은 이야기가 되었고, 이제 나는 넷째 이야기를 통해 넷째 이유를 검토하겠습니다.[334] ④ 이 모든 것들을 행한 것이 사랑이라면, 일어난 거라고 말해지는 잘못에 대한 비난에서 그녀가 벗어나는 건 어려운 일이 아닙니다. 우리가 보는 것들은 우리 자신이 바라는 본성이 아니라 각각이 마침 갖게 된 본성을 가지고 있고, 시각을 통해 영혼은 그 성격에 있어서도 주조되니까요.

|16| 예컨대, 몸들이 서로 적으로 맞서서, 적을 무찌르겠다며 무장을 해서 청동과 철이, 어떤 것은 방어를 위해, 어떤 것은 공격을 위해, 적으로 맞선 대형[335]을 이루자마자, 시각이 그것을 보게 되면, 동요하게 되어 영혼을 동요케 해서 종종 사람들은 앞으로 올 위험이 〈마치〉 벌써 와 있기라도 한 양 공포에 사로잡혀 도망가곤 합니다. 법을 따르는 관행이 강하긴 하지만 시각으로부터 나오는 두려움 때문에 쫓겨나게 되니까요.[336]

---

333 앞 10절과 여기에 기술된 로고스의 힘에 대한 용어들은 플라톤이 『향연』에서 소크라테스와 아가톤(고르기아스의 계승자)을 대면시킬 때 다시 음미되고 재현된다(194a, 203a, 203d 등).

334 '검토하겠습니다' 대신 '개진하겠습니다'로 옮길 수도 있다.

335 '대형'으로 옮긴 원어 '코스모스'는 이 연설 첫머리에 인상적인 첫 단어로 등장했다. 거기서는 '돋우미'로 옮겼다.

336 딜스처럼 라이스케(Reiske)의 추정을 따라 'exōikisthē'로 읽었다. 사본대로 'eisōikisthē'로 읽으면, '법을 따르는 관행이 시각으로부터 나오는 두려움 때문

시각은 와서 사람으로 하여금 법을 통해 판가름되는 아름다운 것과 승리 때문에 생겨나는 좋은 것을 저버리게끔 만듭니다.

|17| 어떤 사람들은 두려운 것들을 보면 이미 현 시점에 자기에게 와 있던 마음을 내던져 버립니다. 그렇게 두려움은 생각을 꺼 버리고 쫓아 버립니다. 많은 사람들이 헛된 노고와 무서운 병과 치유할 수 없는 광기에 빠집니다. 그렇게 시각은 보이는 사물들의 이미지를 마음속에 새겨 넣습니다. 그리고 두렵게 하는 많은 것들이 남는데, 남는 것들은 말해지는 것들과 흡사합니다.[337]

|18| 게다가 화가들이 많은 색깔들과 물체들을 가지고서 하나의 물체와 형태를 완벽하게 만들어 냈을 때, 그 모습을 보고 즐깁니다 (terpousi). 그리고 조각상의 창작과 조각물의 제작은 눈에 즐거운 볼거리(thea hēdeia)를 제공합니다. 그렇게 시각이 어떤 것들은 고통스러워하고 어떤 것들은 갈망하게 되어 있으며, 많은 것들이 많은 사물들과 물체들에 대한 사랑과 그리움을 많은 사람들 속에 불어 넣습니다.

|19| 그러니, 헬레네의 눈이 알렉산드로스의 몸으로 인해 즐거워져서 사랑(에로스)에 대한 의욕과 경쟁심을 그녀의 영혼에 넘겨주었다면, 놀라울 일이 뭐가 있습니까? 사랑은 신〈이니까〉 신들이 가진 신적인 능력을 〈가지고 있다고〉[338] 한다면, 더 열등한 자가 어떻게 그를 밀어내고 막

에 강하게 확립되니까요.'가 된다. GW가 그런 방식으로 읽고 새겼다.

337 '두렵게 하는 많은 것들이 여기서 생략되었는데, 생략된 것들은 이미 말한 것들과 비슷합니다.'로 옮길 수도 있다. GW가 그렇게 새겼는데, 불가능하지는 않지만 사소한 의미를 산출하는 독법이라 할 만하다.

338 딜스를 따라 블라스(F. Blass)의 보충 〈ōn echei〉를 받아들였다. 우리말 번역

아 낼 능력이 있겠습니까? 그런데 사랑이 인간적인 병이고 영혼의 불찰이라면, 잘못으로 비난받을 것이 아니라 불운으로 간주되어야 합니다. 그녀가 왔을 때, 그녀는 분별을 가지고 숙고해서 온 것이 아니라 운명의 올가미에 의해서 온 것이고, 기술을 가지고 준비해서 온 것이 아니라 사랑의 필연에 의해서 온 것이니까요.

|20| 그러니, 헬레네에 대한 힐난이 정당하다고 생각하는 것이 어떻게 옳을 수 있겠습니까? 그녀가 행한 그 일들이 그녀가 사랑에 빠져서 행한 것이든, 아니면 말에 설득되어 행한 것이든, 아니면 완력으로 붙잡혀서 행한 것이든, 아니면 신적인 필연에 의해 강제되어 행한 것이든 간에, 그녀는 비난으로부터 완전히 벗어나 있습니다.

|21| 나는 연설을 통해 한 여인에게서 불명예를 제거해 주었고, 연설 시작 때 세운 규칙을 지켰습니다. 나는 힐난의 부당함과 의견의 어리석음을 깨트리려 시도했습니다. 나는 이 연설을 한편으로는 헬레네에 대한 찬양으로, 다른 한편으로는 나 자신의 재밋거리(paignion)[339]로 쓰고자 했습니다.[340]

에서는 어쩔 수 없이 나뉘어 있지만 앞의 '신〈이니까〉'와 함께 이 보충 부분의 번역이다.

339 혹은 '심심풀이 소품', '놀잇감'.

340 진지한 목적의 설득과 더불어 재미의 요소를 함께 목표로 삼고 있다는 말은 헬레네에 대한 부당한 비난 담론에 대한 대항 담론(antilogos)을 맞세우는 일이 진지한 것이면서 또한 게임의 요소를 동시에 갖고 있다는 말이기도 하다. 매우 인상적인 이 종결 발언은 진지함(spoudē)과 유희(paidia)가 긴장과 균형을 이루는, '진지하면서 재미있음'(spoudaiogeloion)이라는 희랍 문화 전반을 특징짓는 전통을 간명하고 효과적으로 드러내는 발언이며, 이런 전통은 플라톤의 『향연』에 아주 잘 반영되고 계승되어 있다.

2B.14. 고르기아스 『팔라메데스를 위한 변명』 (DK 82B11a)[341]

같은 사람의 『팔라메데스를 위한 변명』

|1| 이 고발과 변명은 죽음에 관한 판가름이 아닙니다. 자연은 모든 가사자들에게, 그들이 태어난 바로 그날, 분명히 드러나는(phanerāi) 투표로써 죽음을 선고했으니까요. 걸려 있는 건 오히려 불명예와 명예에 관한 문제, 즉 내가 정의롭게(dikaiōs) 죽어야 하느냐, 아니면 가장 큰 비난들과 가장 수치스러운 혐의(aitia)[342]를 떠안고 강제로(biaiōs)[343] 죽어야 하느냐입니다. |2| 이 둘이 있는데, 그중 하나는 온전히 여러분이 장악하고(krateite) 있고 다른 하나는 내가 장악하고 있습니다. 즉, 정의(dikē)는 내가, 강제력(bia)[344]은 여러분이 장악하고 있습니다. 여러분은

---

341 맥락: 트로이 전쟁의 희랍 쪽 영웅 가운데 하나인 팔라메데스는 기지와 발명으로 잘 알려진 인물이다. 전승에 따르면 트로이 원정을 위한 소집을 피하려고 미친 사람 흉내를 내던 오뒤세우스의 잔꾀를 또 다른 잔꾀로 간파해 내어 참전케 했다고 한다. 기지에 대한 시기심 때문일 수도 있고 병역 기피 무산에 대한 앙심 때문일 수도 있을 오뒤세우스의 계략이 시도되는데, 팔라메데스의 막사에 몰래 금을 숨겨 두고 결국 트로이 측으로부터 뇌물을 받았다고 고발하게 되며, 날조된 혐의에 기반한 이 반역죄 재판이 오뒤세우스의 뜻대로 진행되어 팔라메데스는 결국 사형을 당하게 된다. 이 억울한 재판의 피고인 팔라메데스의 연설의 한 버전인 이 작품은 플라톤이 『소크라테스의 변명』(이하 『변명』)에서 패러디하기도 한다. 두 작품의 유사성에 관한 맥코이(M. McCoy 2008) 2장의 비교 연구를 참고할 만하다. 그런가 하면 알키다마스의 『오뒤세우스』(알키다마스 장 15B.21)는 오뒤세우스 원고 연설의 한 버전이다.

342 혹은 '고발', '죄목', '송사'. 아래에 '혐의'로 옮긴 말들도 마찬가지다.

343 혹은 '완력에 떠밀려'.

마음만 먹으면 쉽게 나를 죽일 수 있을 거니까요. 여러분은 바로 이런 것들을 장악하고 있는데, 나는 마침 그 가운데 아무것도 장악하지 못하고 있거든요.

|3| 자, 그런데 고발자 오뒤세우스가, 내가 이방인들에게 희랍을 팔아넘기고 있다는 걸 명백히 알고서(saphōs epistamenos) 그랬든, 아니면 적어도 어떤 식으로든 이게 사실일 거라는 의견을 갖고서(doxazōn)[345] 그랬든 간에, 희랍이 잘되기를 바라는 마음(eunoia) 때문에 고발을 한 거라면, 가장 훌륭한(aristos) 사람(anēr)[346]일 겁니다. 어떻게 〈아니라고〉[347] 하겠습니까? 조국을, 부모를, 희랍 전체를 구한, 거기다가 불의를 행한 자를 응징하기까지 한 사람이라면 말입니다. 하지만 시기나 간계나 악의를 가지고 이런 혐의를 꾸민 거라면, 앞서의 이유 때문에[348] 가장 뛰어난 (kratistos) 사람(anēr)이 될 것과 똑같은 정도로 이런 이유 때문에[349] 가장 나쁜(kakistos) 사람(anēr)일 겁니다.

|4| 이것들에 관해 이야기하면서 내가 어디서부터 이야기를 시작해야 할까요? 뭘 맨 처음에 말해야 할까요? 변명 가운데 어느 쪽으로[350]

---

344 혹은 '완력'.
345 '의견을 갖고서' 대신 '추측을 하면서'로 의역할 수도 있다. 직역은 앎과 의견의 인식론적 대비를 잘 드러내는 장점이 있다.
346 혹은 '사나이'. 아래 원어를 병기한 같은 말들도 마찬가지.
347 스테파누스(H. Estienne)의 텍스트 보충을 받아들였다.
348 혹은 '앞서의 경우에'.
349 혹은 '이 경우에는'.
350 혹은 의역하여 '어느 부분으로'.

내가 향해야 할까요? 근거가 제시되지 않은(anepideiktos) 혐의는 눈에 띄는 경악을 자아내고, 경악 때문에 무슨 말을 해야 할지 막막해하는 것밖에 별 도리가 없거든요. 진실 자체로부터 그리고 눈앞에 있는 필연성[351]으로부터 뭔가 배워 내지 못한다면 말입니다. 제공해 줄 게 많기보다는 오히려 위태로운[352] 편인[353] 선생들을 만나서 말이죠.

|5| 자, 이제 고발자가 명백히 〈알고서〉 나를 고발하고 있는 게 아니라는 것을 나는 명백히 알고(oida) 있습니다. 이런 유의 어떤 일도 나 자신이 한 적이 없는 걸 명백히 알고(synoida) 있으니까요. 게다가 일어나지도 않은 일을 누군가가 어떻게 알 수 있을지 도대체 난 알지 못합니다. 그런데 그가 이게 사실일 거라고 생각하면서 고발한 거라면, 그가 진실을 말하고 있지 않다는 걸 여러분에게 두 가지 방식으로 보여 주겠습니다(epideixō). 내가 이런 행동(ergon)을 시도하기를 설사 원한다 해도 그럴 능력이 없을 거고, 설사 능력이 된다 해도 원하지 않을 거라고 말입니다.

|6| 우선 나는 이 논변(logos), 즉 내가 이것을 행할 능력이 없다는 논변 쪽으로 가 보겠습니다. 배반에는 맨 처음의 어떤 시작이 생겨났어야

---

351 '눈앞에 있는 필연성' 대신 '이렇게 별 도리가 없는 현재 상황'으로 옮길 수도 있다.

352 혹은 '불안정한'.

353 '제공해 줄 게 많기보다는 오히려 위태로운 편인' 대신 '보다 위태로운 혹은 보다 제공해 줄 게 많은'으로 옮기는 것도 불가능하지 않다. 예컨대, 케네디 (1972)는 전자를, G는 후자를 지지한다.

하는데(edei), 그 시작은 논의(logos)일 겁니다. 장차 행동들을 하기 전에 먼저 말들(logoi)[354]이 생겨나는 게 필연적(anankē)이니까요. 그런데 어떤 모임이 생기지 않으면 말들이 어떻게 생겨날 수 있겠습니까? 그런데 저 사람[355]이 나한테 사람을 보내거나 나한테서 저 사람 쪽으로 〈누군가가〉 가지 않으면 모임이 어떤 방식으로 생겨날 수 있겠습니까? 문서를 통한 전언도 그걸 들고 오가는 사람이 없으면 도착하지 못하니까요. |7| 하지만 이것이 말(logos)로 생겨날 수도 있는 거죠. 그러니까 내가 저 사람과 함께 있고, 또 저 사람도 나와 함께 있다는 건데요. 어떤 식으로, 누가 누구와 있다는 거죠? 희랍인이 이방인과 함께 있다는 거죠. 어떻게 듣고 말하고 할까요? 일대일로 할까요? 하지만 우린 서로의 언어(logoi)를 모르겠죠. 그럼 통역자와 함께할까요? 그렇다면 비밀이 유지되어야 할 일들의 세 번째 증인이 생기는 거네요. |8| 하지만 이것도 생겨났다고 해 봅시다. 생겨나지는 않았지만 말입니다. 이것들[356] 이후에 신뢰의 증거(pistis)를 주고받아야 하겠지요. 그럼[357] 무엇이 그 신뢰의 증거가 될까요? 맹세를 할까요? 도대체 누가 배신자인 나를 신뢰하려 들까요? 그게 아님 볼모를 세울까요? 누구를 말입니까? 예컨대, 나는 내 형제를 내어놓고(다른 형제가 없을 테니까요.), 그 이방인은 아들들 중 하나를 내어놓을 수 있겠죠. 이렇게 하면 저 사람에게서 내게,

354 혹은 '논의들'. 이하 마찬가지.
355 즉, 이 모의가 사실일 경우 팔라메데스와 작당하는 것으로 상정된 트로이 쪽 인물.
356 즉, 논의들(logoi).
357 혹은 '도대체'.

그리고 내게서 저 사람에게 가장 신뢰할 만한 증거가 있게 될 테니까요. 그런데 이 일들이 생겨난다면 여러분 모두에게 분명히 드러나게 될 겁니다. |9| 우리가 돈으로 신뢰의 증거를 삼았다고 누군가는 말하겠지요. 저 사람은 주고 나는 받고 말입니다. 그럼 적은 돈으로 했을까요? 하지만 대단한 일들을 해 주는 대가로 적은 돈을 받는다는 건 그럴법하지 (eikos) 않지요. 그게 아님 많은 돈으로 했을까요? 그럼 어떻게 옮겼을까요? 그가 어떻게 〈혼자서〉 옮겼을까요? 아님 여럿이 했을까요? 여럿이 옮겼다면 그 음모의 증인들도 여럿이 있을 것이고, 한 사람이 옮겼다면 옮겨진 것이 그리 많지 않게 되겠으니 하는 말입니다. |10| 낮에 옮겼을까요, 아니면 밤에 옮겼을까요? 헌데 〈밤에는〉 보초들이 많고 촘촘히 서 있어서 그들을 뚫고 발각되지 않을 수가 없지요. 아님 낮에 했을까요? 하지만 빛이 이런 것들에 적대적이지요. 좋습니다. 내가 나가서 받았을까요, 아니면 가져온 저 사람이 들고 들어왔을까요? 둘 다가 일어나기 어렵거든요(apora). 그런데 내가 받았다고 하면 어떻게 안에 있는 사람들만이 아니라 밖에 있는 사람들한테까지 감출 수 있었을까요? 또 어디에 두었을까요? 또 어떻게 지켰을까요? 그걸 사용했다면 그런 내 모습이 분명히 드러났을 것이고, 사용하지 않았다면 그것들에서 내가 무슨 이로움을 얻을 수 있었을까요?

|11| 그럼 이것도 일어났다고 해 봅시다. 안 일어나긴 했지만요. 우리가 함께 만났고, 이야기를 했고, 들었고, 그들에게서 내가 돈을 받았고, 남들 모르게 받아서 숨겼다고 해 봅시다. 아마도[358] 이 일들이 일어났을

---

358 혹은 '분명히'.

때 목표였던 것들을 행동으로 옮겨야 했겠죠. 하지만 이건 앞서 말했던 것들보다 훨씬 더 일어나기 어렵습니다. 행동으로 옮겼다면 나 자신이 행했거나 다른 사람들과 더불어 행했을 거거든요. 하지만 단 한 사람이 할 수 있는 행동은 아니죠. 그럼 다른 사람들과 더불어 했을까요? 누구와? 분명히 함께 지내는 사람들과 했겠지요. 자유인들일까요 아니면 노예들일까요? 여러분들이야말로 내가 함께 지내는 자유인들이지요. 그럼 여러분 중에 누가 알고 있나요? 말하게 하세요. 그런데 노예들과 함께 했다고 하면 어떻게 믿을 수 없는 일이 아닐 수 있을까요?[359] 그들은 자유를 얻으려고 자발적으로 고발〈하기도〉 하고 고문을 받아 강제로 고발하기도 하니까요.

|12| 그런데 그 행동이 어떻게 일어날 수 있었을까요? 분명, 여러분보다 더 강한 적들을 끌어들여야만 했겠죠. 그건 불가능합니다. 도대체 어떻게 내가 끌어들였을까요? 문들을 통해서? 하지만 이 문들을 닫고 여는 일은 내 관할하에 있지 않고 우두머리들이 이것들을 주관하지요. 그게 아니면 사다리를 타고 성벽들을 넘어서? 〈내가 발각되지〉 않았을까요? 보초들로 온통 꽉 차 있으니까요. 그게 아니면 성벽을 뚫고? 하, 그렇다면 그건 누구에게나 분명히 드러났겠지요. 무장을 하고 사는 우리 삶은 버젓이 공개되어 있는(야영을 하니까요.) 〈모두가〉 모든 것을 보고 또 모두가 모두에 의해 보여지는 삶이니까요. 그러니까 그 모든 일을 행한다는 건 어느 모로 보아도 어떤 방식으로도 나한텐 불가능한 일이었습니다.

---

359 혹은 '노예들이라고 하면 어떻게 신뢰할 수 없는 게 아닐 수 있을까요?'로 옮길 수도 있다.

|13| 다음과 같은 것도 공동으로 숙고해 보세요들. 백번 양보하여 내가 이것들을 행할 능력이 있었다고 해도, 무엇을 위해서 그리고 싶어 할 만한 일이었을까요? 어느 누구도 얻는 것 없이 가장 큰 위험들을 감수하고 싶어 하지 않고 가장 나쁜 일에서 가장 나쁜 사람이 되고 싶어 하지 않으니까요. 그럼 무엇을 위해서일까요? (이 점으로 또다시 돌아오겠습니다.) 참주가 되기 〈위해서〉? 여러분의 참주가 아니면 이방인들의 참주가? 하지만 가장 큰 모든 것들(즉, 조상들의 덕, 많은 돈, 무용(武勇), 굳건한 기상(氣像), 국가들의 통치권(basileia))을 가지고 있는 이토록 다수이고 이토록 대단한 여러분의 참주가 된다는 것은 불가능합니다. |14| 그게 아니면 〈이방인들의〉 참주가? 누가 그들을 넘겨줄까요? 내가 무슨 능력(dynamis)으로 넘겨받을 수 있을까요? 일개 희랍인이 많은 이방인들을 말입니다. 설득해서 넘겨받을까요 아니면 강제해서 할까요? 저들이 복종하고 싶어 하지도 않을 것이고 내가 강제할 능력도 없습니다. 하지만 아마도 그들이 자발적으로 자발적인 사람에게 넘겨줄 수 있을지도 모르겠네요. [내] 반역에 대한 대가를 보상으로 주면서 말입니다. 하지만 이건 믿고 받아들이기에 상당히 어리석은 일입니다. 누가 통치권 대신 종살이를, 가장 뛰어난 것 대신 가장 나쁜 것을 택하려 하겠습니까?

|15| 누군가는 내가 부와 돈을 사랑해서 이런 일들에 착수했다고 말할지도 모르겠네요. 하지만 적정 수준의 돈을 난 갖고 있어서 많은 돈이 전혀 필요 없습니다. 씀씀이가 많은 사람들이 많은 돈을 필요로 하거든요. 자연의 쾌락들을 제어하는 사람들이 아니라 쾌락들에 종노릇하고 부와 통이 큼(megaloprepeia)으로부터 명예들을 얻기를 추구하는 사람들이 말입니다. 이것들 가운데 어떤 것도 나에겐 해당되지 않습니다.

내가 진실을 말하고 있다는 것에 대해서 나는 지나온 삶을 믿을 만한 증인으로 제시하겠습니다. 그 증인에 대해서는 여러분 자신이 증인들입니다. 여러분이 나와 함께 지내고 있고 그렇기 때문에 이것들을 알고 있으니까요.

|16| 게다가 적당한 수준으로나마 사려가 있는 사람이라면 명예를 위해서 이런 일들에 착수하지도 않을 겁니다. 명예는 악으로부터가 아니라 덕으로부터 생겨날 거니까 말입니다. 희랍을 배신한 사람에게 어떻게 명예가 생겨날 수 있겠습니까? 또 이것들에 덧붙여서, 나는 명예가 부족한 사람도 아닙니다. 나는 가장 명예로운 사람들에 의해 가장 명예로운 것들에 대해서 명예를 부여받고 있으니까요. 여러분에 의해 지혜에 대해서 말입니다.

|17| 게다가 안전을 위해서 누군가가 이런 것들을 행하지도 않을 겁니다. 반역자는 모두에게 적이니까요. 법에도, 정의에도, 신들에게도, 다수 사람들에게도 적이지요. 그는 법을 어기고 정의를 파괴하고 다수를 망치며 신적인 것을 경시하니까요. 가장 큰 위험들 가운데서 이런 삶을 사는 자는 안전을 확보하지 못합니다.

|18| 그런 게 아니면 친구들을 이롭게 하거나 적들에게 해를 주고 싶어서 하겠습니까? 이런 것들을 위해서도 누군가는 불의를 저지를 수 있을 테니까 하는 말입니다. 그런데 나한테는 정반대의 일이 되어 버렸습니다. 친구들에게는 해를 주고 적들은 이롭게 하려 한 게 됩니다. 그래서 그 행위는 좋은 것들을 조금도 늘어나게 하지 않은 게 됩니다. 험한 일을 당하려고 온갖 짓을 다하는 사람은 단 한 사람도 없습니다.

|19| 남은 건 어떤 두려움이나 고생, 위험을 피하려고 행했던 것 아닐

까 하는 겁니다. 그런데 이것들이 뭔가 나한테 적절하다고(prosēkei)[360] 말할 수 있는 사람은 아무도 없습니다. 누구나 무슨 행위를 하든 이 둘 때문에[361] 하니까요. 어떤 이득을 좋아서거나 아니면 손실을 피하려고 하지요. 그런데 이런 것들 말고 저질러지는 잘못들은 〈행하는 사람을 큰 나쁨들로 에워싸기 마련입니다. 무엇보다도〉 이런 행위들을 한다면 내가 나 자신에게 해를 끼치는 게 되리라는 건 불분명하지 않습니다. 내가 희랍을 배반했다면 나 자신을, 부모님을, 친구들을, 선조들의 명성을, 조상들의 신전들, 무덤들, 희랍에서 가장 큰 조국을 배반한 것일 테니까요. 모두에게 가장 중요한 것들을 내가 불의를 당한 자들의 손에 맡긴 게 될 겁니다.

|20| 다음과 같은 것도 또한 숙고해 보세요들. 이런 행위들을 하고서 나의 삶이 어떻게 살 만하다 할 수 있겠습니까? 내가 어디로 가야 할까요? 희랍으로 갈까요? 불의를 당한 사람들에게 대가를 치르러 갈까요? 나쁜 일을 겪은 사람들 가운데 누가 나를 가만 놔두겠습니까? 그게 아니면 이방인들 사이에 머무를까요? 가장 중요한 것들을 소홀히 하고서, 가장 아름다운 명예를 빼앗긴 채, 가장 수치스러운 불명예 속에서 지내면서, 지나온 삶 가운데 덕을 위해 겪은 고생들을 내던져 버리고서? 그것도 나 자신 때문에? 사나이에게 가장 수치스러운 일이 바로 자신 때문에 실패하는 건데 말입니다. |21| 게다가 이방인들 사이에서도 내가 신뢰를 받고 살지 못할 겁니다. 내가 친구들을 적들에게 넘겨줌으로 해

---

360 혹은 '어울린다고'.
361 혹은 '이 둘을 위해서'.

서 가장 신뢰할 수 없는 일을 행했다는 걸 그들이 잘 알고 있는데 어떻게 그렇게 살 수 있겠습니까? 신뢰를 빼앗겨 버린 사람에게 삶은 살 만하지 않습니다. 누군가가 돈을 잃어버렸거〈나〉 참주 자리를 잃어버렸거나 자기 조국에서 추방되었을 때에는 다시 되찾을 수가 있겠지만, 신뢰를 잃어버렸을 때에는 다시 얻어 내기 어려울 거니까요.[362] 그러니까 내가 희랍을 배반〈할 능력이 있다 해도 그리고〉 싶어 하지 않을 〈것이고 그러고 싶다 해도 그럴 능력이 없을〉 거라는 것은 이미 말한 것들을 통해 보여진 겁니다.

|22| 이것들 다음으로 나는 고발자와 대화를 나누고 싶습니다. 도대체 무엇을[363] 믿고 당신 같은 사람이 나 같은 사람을 고발하는 겁니까? 당신이 어떤 유의 사람이어서 가당치 않은 사람이 가당치 않은 사람에게 이야기하는 그런 것들을 이야기하고 있는지 알아보는 것이 그럴 만한 가치가 있는 일이니까 하는 말입니다. 당신은 정확히 알고서 나를 고발하는 건가요, 아니면 의견에 기반해서[364] 그러는 건가요? 알고서 그러는 거라면, 보고 안 건가요, 아니면 공범으로서 안 건가요, 아니면 〈공범〉한테서 들어서 안 건가요? 그럼 본 거라면, 언제 어디서 어떻게 보았는지 〈그 방식〉, 장소, 시간을 이분들한테 적시해 주세요. 공범으로서였다면, 당신은 같은 혐의들을 받아야 합니다. 공범에게서 들은 거라면 그게 누

362 cf. 『이암블리코스의 익명 저술』 12B.7의 1절.
363 혹은 '누구를'.
364 혹은 '추측으로'. 이하 '의견'은 모두 '추측'으로 의역할 수도 있다.

구인지 직접 나와 자신을 드러내고 증언하게 하세요. 그렇게 하면 고발이 증언의 뒷받침을 받아서 더 신뢰할 만한 게 될 거니까요. 지금까지는 우리 둘 중에 아무도 증인을 내세우지 못하고 있으니까요.[365]

|23| 아마도 당신은, 당신이 일어난 일들에 대해 증인들을 내세우지 못하는 거나 내가 일어나지 않은 일들에 대해 그러지 못하는 거나 똑같은 거라고 말하겠지요. 하지만 똑같은 게 아닙니다. 일어나지 않은 일들은 어쩌면 증인을 찾기가 불가능한 일이지만, 일어난 일들에 관해서는 불가능하지 않을 뿐만 아니라 쉬운 일이기도 하고, 그저 쉬운 일이기만 할 뿐만이 아니라 〈필수적인 일이기도 하지요. 하지만〉 당신은 증인들은 고사하고 가짜 증인들조차도 찾을 수가 없었고, 나는 이 둘 가운데 어느 한 쪽도 찾을 수가 없었죠.

|24| 그렇다면 당신이 고발하고 있는 것들을 당신이 알고 있지(oistha) 못하다는 것은 분명합니다. 그렇다면 남은 건 알고 있지(eidōs) 〈못하니까〉 당신이 의견을 갖고[366] 있다는 겁니다. 그러니까, 이보시오, 모든 인간들 가운데 가장 주제넘은 사람, 당신은 진실을 알지(eidōs) 못한 채, 가장 불신을 살 만한 것인 의견을 믿고서 감히 한 사람을 죽음이 걸린 재판으로 고발하고 있는 겁니까? 왜 당신은 그 사람이 이런 일을 했다는 앎을 나눠 갖고(synoistha) 있나요? 게다가 모든 일들에 관해서 의견을 갖는다는 것만큼은 누구에게나 공통적인 것이어서 이런 일에서 당

---

365 알키다마스의 오뒤세우스 연설(15B.21)에서는 증인들을 내세우는 것으로 설정된다.
366 혹은 '추측을 하고'.

신이 다른 사람들보다 전혀 더 지혜롭지 않습니다. 하지만 의견을 가진 사람들이 아니라 아는(eidosin) 사람들을 신뢰해야 하며, 의견이 진실보다 더 신뢰할 만하다고 생각해서도 안 되고 반대로 진실이 의견보다 더 신뢰할 만하다고 생각해야 합니다.[367]

|25| 그런데 당신은 이미 말해진 연설들을 통해 가장 상반되는 둘에 대해 고발을 했습니다. 지혜와 광기 말입니다. 바로 그 둘을 같은 인간이 가질 수가 없지요. 내가 기술이 많고 영리하며 수완이 좋다고 당신이 말할 때에는 나의 지혜를 고발하는 것인 반면, 내가 희랍을 배신했다고 당신이 말할 때에는 광기를 고발하는 것입니다. 불가능하고 무익하고 수치스러운 일들, 그래서 친구들에게는 해를 주고 적들은 이롭게 하며, 자기 삶을 비난과 궁지에 몰게 될 일들에 착수하는 것이니까요. 하지만 어떻게 이런 사람을 믿어야 한다고 할 수 있을까요? 같은 사람들에 대해 같은 일들에 관해 같은 연설을 하면서 가장 반대되는 것들을 말하고 있

---

367 맥코미스키(2002)는 이 단락에 나오는 인식 동사에 주목한다(24-25쪽). 그에 따르면 여기 괄호에 원어 표기를 병기한 '안다' 표현 5개(그의 논의에서는 그가 생략한 'synoistha' 빼고 4개)는 고르기아스의 인식 동사가 경험적 앎을 가리키는 'eidō'임을 드러내며, 이는 그의 상대주의 인식론의 요건들과 일관성을 이룬다. 이와 대조적으로 플라톤의 인식 동사는 'epistēmē'이며, 이는 그의 선험적(a priori) 인식론의 요건들과 일관성을 이룬다. 이런 관찰에 기초하여 그는 결국 플라톤이 『고르기아스』 447a-466a에서 고르기아스의 인식론을 토대주의적인 것으로 잘못 재현함으로써 때(kairos)에 기반한 고르기아스의 수사학적 방법이 얼토당토않게 보이도록 만들었다고 비판한다(21-31쪽). 『헬레네 찬양』(2B.13) 11절이 잘 드러내듯, 인간의 믿음들과 소통 상황들은 특정한 때에 상대적이며, 주어진 특정 상황의 때라는 것은 순수한 앎을 통해 획득 가능하지 않다는 것이 고르기아스의 진의라는 것이다(22쪽).

는 사람을 말입니다. |26| 난 당신에게 묻고 싶네요. 지혜로운 사람들이 어리석다고 생각하는지 아니면 현명하다고 생각하는지 말입니다. 그들이 어리석다면 그 말은 새롭긴 하지만 진실은 아니고, 현명하다면 적어도 현명한 사람들이 가장 큰 잘못들을 범하고 목전의 좋은 것들을 놔두고 오히려 나쁜 것들을 선택한다는 건 분명[368] 적절하지(prosēkei)[369] 않습니다. 그러니까 내가 지혜롭다면 나는 잘못을 저지르지 않았고, 내가 잘못을 저질렀다면 나는 지혜롭지 않습니다. 따라서 이쪽으로 가든 저쪽으로 가든 당신은 거짓말쟁이입니다.[370]

|27| 당신의 고발에 대항하여 오래된 것이든 새로운 것이든 많은 큰 일들을 행하고 있다고 당신을 역고발할(antikatēgorēsai) 수도 있지만 그러고 싶지 않네요. 당신의 나쁜 것들을 가지고서가 아니라 나의 좋은 것들을 가지고 이 혐의를 벗고 〈싶거든요〉. 그러니까 당신을 향해서는 이 정도로 하지요.

|28| 그런데 여러분들을 향해서는, 심판자 여러분(ō andres kritai), 나에 관해 비위에 거슬리긴 하지만 진실한 말을 해 주고 싶습니다. 고발당하지 〈않은〉[371] 사람에게는 어울리지(an eikota)[372] 않겠지만 고발당한

---

368 혹은 '아마도'.
369 혹은 '어울리지'.
370 'eiēs pseudēs' 대신 A 사본을 따라 'eiē pseudēs'로 읽으면, '당신은 거짓말쟁이입니다.' 대신 '(당신의) 그 말은 거짓입니다.'로 새길 수 있다.
371 블라스의 보충을 받아들였다.
372 혹은 '제격이지', '그럴법하지'. 'an eikota'로 고치자는 딜스의 제안을 받아들였다. 사본에는 'anekta'로 되어 있다.

사람에게는 적절한(prosēkonta)373 것들을 말입니다. 나는 지금 여러분들 앞에서 지나간 삶에 대해 검사받고 해명(logos)을 하는 상황이니까요. 그러니 여러분에게 청합니다. 내가 행한 아름다운 일들 가운데 뭔가를 내가 여러분에게 상기시키게 된다면, 이야기되는 것들에 아무도 언짢아하는 일이 없으면 좋겠고, 무섭고 거짓된 혐의들로 고발을 당한 사람으로선 자기의 진실한 좋은 것들 가운데 뭔가를 또한, 잘 알고 있는 여러분들 앞에서, 말할 수밖에 없으리라고 생각해 주기 바랍니다. 그렇게 해 주기만 한다면 내겐 무엇보다도 고마운374 일이 될 겁니다. |29| 그럼, 우선, 그리고 둘째로, 그리고 가장 중요한 것으로, 나의 지나온 삶은 처음부터 끝까지 내내 흠 잡을 데 없는 삶이요, 일체의 비난거리 없이 정결합니다. 아무도 여러분에게 나에 관해서 사악하다는 그 어떤 비난도 진실하게 말할 수 없을 테니까요. 고발자 자신조차도 자기가 말한 것들을 입증(apodeixis)할 만한 어떤 말도 하지 못했으니까 말입니다. 이렇듯 그의 이야기는 검증(elenchos)되지 않은 힐난과 다름없습니다. |30| 나는 다음과 같이 주장하게 될 것이며, 그런 주장을 할 때 거짓말을 하지 않을 것이고 논박을 당하지도 않을 것입니다. 내가 흠 잡을 데 없는 자일 뿐만 아니라 여러분들에게 큰 혜택을 베푼, 즉 희랍인들만이 아니라 인간들 전체에게, 지금 있는 사람들만이 아니라 앞으로 있게 될 사람들도 포함하여 여러분들 모두에게 큰 혜택을 베푼 사람(megas euergetēs)375이기도 하다고 말입니다. 최대한 성공으로 이끄는 전투

---

373 혹은 '어울리는'.
374 보다 직역에 가깝게 옮기면 '즐거운'.

대형들(taxeis ... polemikai), 정의의 수호자인 쓰인 법률들, 기억의 도구인 글자들, 거래를 풍부하게 오가게 하는 척도들(metra)과 무게들(stathma), 가장 강력하고 빠른 전달인 봉화들(pyrsoi), 여가를 고통 없이 보내기 위한 장기놀이들(pessoi)을 발견해서, 인간의 삶을 궁핍한 상태에서 풍족하게, 절도 없던 데서 절도 있게 만들어 주는 일을 다른 어느 누가 할 수 있겠습니까?[376] 그런데 무엇 때문에 이런 것들을 내가 여러분에게 상기시켰을까요? |31| 이런 일들에 내가 주의를 기울인다는 것을 분명히 하고, 추하고 나쁜 일들을 피한다는 것의 징표로 삼기 위해서죠. 저런 일들에 주의를 기울이는 사람은 이런 일들에 주의를 기울일 수가 없거든요. 나는 나 자신이 여러분에게 아무 불의도 행하고[377] 있지 않다면, 나 자신 또한 여러분에게서 불의를 당해서는 안 된다고 생각합니다. |32| 정말이지, 다른 활동들(epitēdeumata) 때문에도 또한, 내가 젊은이들에게서든 나이 든 사람들에게서든 험한 일을 겪어 마땅하지 않습니다. 나는 나이 든 사람들에게는 괴로움을 주는 자가 아니고 젊은이들에게는 무익하지 않거든요. 운이 좋은 사람들을 시기하지 않고 불운한 사람에게 자비로우며, 가난을 백안시하지도 않고 부를 덕보다 더 존중하는 게 아니라 덕을 부보다 존중하면서, 조언들에 있어서 무용

---

375 'euergetēs'는 '혜택을 베푼 사람' 대신 '유공자'로 옮길 수도 있다. 플라톤 『변명』의 둘째 연설에서 소크라테스도 같은 말을 사용한다(36d). 다만 거기서는 시혜의 대상이 아테네 시민들에 한정되어 있다면, 여기서는 인류 전체로 되어 있어 스케일이 아주 크다.

376 비슷한 발견물 목록은 나중의 알키다마스 『오뒤세우스』 22에도 나온다.

377 '아무 불의도 행하고' 대신 '아무런 해도 주고'로 옮길 수도 있다.

하지도 않고 전투들에 있어서 게으르지도 않으며, 지휘관들에 복종하여 명령된 바를 행하면서 말입니다. 물론 나 자신을 칭찬하는 게 나의 일은 아닙니다. 다만 지금 주어진 상황(kairos)이 나를 강제했던 겁니다. 특히 나 이런 고발들을 당한 상황에서 내가 모든 수단을 동원하여 항변을 할 수밖에 없도록 말입니다.

|33| 이제 나에겐 여러분에 관해서 여러분을 향해 할 이야기가 남았습니다. 그걸 말하고서 항변을 멈추겠습니다. 그런데 동정(oiktos)과 애원과 친구들의 탄원은 심리가 군중들 앞에서 이루어질 때에는 유용하겠지만, 희랍들인 가운데 으뜸이며 또 그런 평판을 갖고 있기도 한 여러분들 앞에서라면 친구들의 도움이나 애원이나 동정에 호소해서 여러분을 설득하려 해서는 안 되고, 나는 가장 명백한 정의에 호소해서 진실을 가르치면서 기만하지 않고서 이 혐의에서 벗어나야 합니다. |34| 그리고 여러분은 말들에 주의를 기울일 게 아니라 오히려 행동들에 주의를 기울여야만 하고, 혐의들을 검증들(elenchoi)보다 선호해서도 안 되며, 짧은 시간이 많은 것[378]보다 더 지혜로운 심판자(kritēs)라 간주해서도 안 되고, 비방이 테스트(peira)[379]보다 더 신뢰할 만하다고 생각해서도 안 됩니다. 모든 일들에 있어서 훌륭한 사람들은 잘못을 저지르지 않도록 큰 주의를 기울여야 하며, 치유할 수 있는 것들보다 치유할 수 없는 것들의 경우에는 훨씬 더 그래야 하니까요. 예견하는 사람들은 이것

---

378 많은 시간 혹은 많은 경험 등을 가리키는 듯하다.
379 혹은 '경험'.

들을 어떻게 해볼 능력이 있지만, 나중에 파악하는 사람들은 치유할 수 없거든요. 사람들이 사람들을 죽음이 걸린 사안으로 심판할 때가 바로 이런 경우들에 속하지요. 지금 여러분 앞에 놓인 상황이 바로 그 경우지요. |35| 그런데 담론들을 통해 일들의 진실이 듣는 사람들에게 투명하면서도 분명하게 될 수 있다면, 이미 말한 것들로부터 판가름이 쉽게 얻어질 수 있을 겁니다. 그런데 실상은 그렇지 않으니까 여러분은 내 몸을 지켜 주고 좀 더 기다려 주고 진실과 더불어 판가름을 내려 주세요. 여러분이 부정의하게 보임으로써 한쪽 평판은 잃어버리고 다른 쪽 평판을 얻게 될 위험이 크니까요. 훌륭한 사람들에게는 부끄러운 평판보다 죽음이 더 선택할 만합니다. 하나는 삶의 끝이지만, 다른 하나는 삶의 병이니까요. |36| 여러분이 부정의하게 나를 죽인다면, 많은 사람들에게 분명히 드러나게 될 겁니다. 나는 안 알려진 사람이 〈아니고〉 여러분의 악은 모든 희랍인들에게 잘 알려지고 분명히 드러나게 될 테니까요. 그리고 모두에게 분명히 드러날 그 부정의의 책임을, 고발자가 아니라 여러분 자신이 지게 될 것입니다. 재판의 결말이 당신들에게 달려 있으니까요. 그리고 이보다 더 큰 잘못은 없을 겁니다. 부정의하게 심판함으로 해서 여러분은 나와 내 부모님들께만 잘못을 저지르는 게 아니고, 여러분 자신이 무섭고 무신론적이고 부정의하고 무법적인 행위를 했고, 여러분 희랍인들이 전우요, 여러분에게 쓸모 있는, 희랍에 혜택을 베푼 한 희랍 사람을 죽였으며, 분명히 드러난 그 어떤 부정의도 믿을 만한 혐의도 입증하지 못했다는 것을 잘 깨닫게 될 겁니다.

|37| 내 쪽에서 할 말들은 다 했고 이제 멈추겠습니다. 시시한 재판관

들(dikastai)을 향해서라면야 긴 시간에 걸쳐 이야기된 것들을 요약해서 상기시키는 게 합당한 일이겠지요. 하지만 으뜸의 희랍인들 중에도 으뜸의 희랍인들이 이야기된 것들에 주의를 기울이지도 않고 기억도 못한다는 건 그런 생각을 하는 것조차 적절치(axion) 않은 일입니다.

2B.15. 이소크라테스 『헬레네』 14-15[380]

|14| 그렇기 때문에 나는 뭔가 말을 잘하기(eu legein)를 바랐던 사람들 가운데서 특히나, 헬레네에 관해 쓴 그 사람[381]을 칭찬합니다. 출신으로나 아름다움으로나 명성으로나 월등히 출중했던 그런 여인을 떠올리게 해 주었기 때문이죠. 하지만 이 작은 것 하나는 그가 놓친 점입니다. 그녀에 관해 찬양(enkōmion)을 썼다고 주장하지만, 실제로 그가 말했던 건 저 여인이 행한 것들에 대한 변명(apologia)이라는 것 말입니다. |15| 그의 연설은 [찬양과] 같은 형태들(ideai)[382]에서 나온 게 아니고 같은 일들에 관한 것도 아닙니다. 오히려 정반대죠. 불의를 행하고 있다는 혐의를 받고 있는 사람들에 관해서는 변명을 하는 게 어울리고, 어떤 좋음에 있어 뛰어난 사람들은 칭찬하는 게 어울리니까요.[383]

---

380 2B.5에 대한 이소크라테스의 불평.

381 고르기아스의 이름이 거명되어 있지는 않다. 이 작품의 3절(2B.6)에서는 고르기아스의 이름을 언급한 바 있는("누구든 있는 것들 가운데 아무것도 있지 않다고 감히 이야기한 고르기아스[…]를 어떻게 뛰어넘을 수 있겠습니까?") 이소크라테스가 여기서는 이름을 따로 대지 않고 이야기한다. 누구를 가리키는지가 너무나 분명해서 그랬을 가능성도 없지 않다.

382 혹은 '종류들', '장르들'.

5. 정치 연설: 축제 연설과 장례 연설(단편 및 관련 언급)

5.1. 고르기아스의 정치 연설(축제 연설과 장례 연설) 개요: 내용, 계기, 방식

2B.16. 필로스트라토스 『소피스트들의 생애』 1.9.4-5 (DK 82A1)[384]

|4| 그리고 그는 희랍인들의 축제들에서도 이목을 끌었는바, 제단[385]에 서서(apo tou bōmou) 『퓌티아 축제 연설』이 울려 퍼지게 했고(ēchēsen), 이를 계기로 심지어 금으로 된 그의 조각상이 퓌토의 신전[386]에 봉헌되기도 했다. 그런가 하면 그가 행한 『올림피아 축제 연설』은 아주 중요한 사안에 관해 국가적[387] 차원에서 이루어진 (epoliteuthē) 것이었다. 희랍이 내적 분열을 겪고 있는(stasiazousa) 것을 보면서 그는 그들을 위해 화합(homonoia)의 조언자가 되어 이방인들을 향해 눈을 돌리도록 유도하면서, 그들이 든 무기로 얻게 될 상(賞)은 상대방 국가들이 아니라 이방인들의 영토가 되어야 한다고 설득을 시도했다.[388] |5| 그가 아테네에서 개진했던

---

383 이소크라테스의 이런 표피적 불평에 상당수 현대 논자들도 동조한다. 그러나 고르기아스의 숨은 의도를 세심하게 살필 필요가 있다. 이에 관한 상세한 논의는 강철웅(2017) 270-276쪽, 특히 271쪽 주 34, 276쪽 주 44를 참고할 것.

384 2A.1에 포함. 2B.21(퓌티아 축제 연설 관련) 포함. 2B.24로 이어짐.

385 혹은 '연단'. 델피에 있는 아폴론의 제단.

386 즉, 아폴론 신전.

387 혹은 '시민적', '공적', '공동체적', '정치적'.

388 희랍인들 사이에서의 '내전'을 그만두고 화합하여 외세와의 '전쟁'을 향해 나아

(diēlthen)[389] 『장례 연설』은 아테네인들이 찬사와 함께 공적으로 장례를 치러 주는 전몰자들을 향해 이루어졌으며, 비범한 지혜 (sophia)[390]로 지어졌다. 아테네인들이 메디아인들과 페르시아인들에게 맞서도록 촉구하며 『올림피아 축제 연설』과 같은 마음으로 노력하고 있으면서도 [다른] 희랍인들과의[391] 화합에 관해서는 아무런 언급도 하지 않았던 것이다. 제국을 열망하는 아테네인들을 향한 연설이었기 때문인데, 제국은 단호한 자세를 취하지 않고서는 얻어 낼 수 없는 것이었다. 그저 그는 메디아인들에 대한 승전들을 칭찬하는 데만 집중했다. 다음과 같은 것을 그들에게 보여 주면서 말이다.[392]

가야 한다는 취지의 이 연설은 아마도 420년 전후, 즉 펠로폰네소스 전쟁이 한창이던 시절에 올림피아에서 벌어진 경기(축제)들에서 행해졌을 것이기에 시의에 맞는 절절한 것이었을 가능성이 높다. 다음 세기에 고르기아스를 잇는 대표적인 두 라이벌(즉, 고르기아스의 제자인 이소크라테스와 반대편 진영의 플라톤) 모두에게서 이런 주제는 인상적으로 반복된다. 예컨대, 전자는 『범희랍 축제 연설』(*Panēgyrikos*)(특히 173)에서, 후자는 『국가』 5권 469b 이하에서 내전과 전쟁의 대비를 이야기한다.

389 GW는 『장례 연설』에 대해 언급하면서 아테네 시민이 아니었던 고르기아스가 실제로 그 연설을 행했을 법하지 않고 그저 수사학 연습 작품일지 모른다고 추측한다(202쪽). 그런데 적어도 필로스트라토스가 언급하는 세 부류 연설들은, 『장례 연설』까지도 포함하여 모두 고르기아스가 직접 행한 실제 연설로 상정되고 있는 것으로 보인다. 적어도 동사들과 맥락이 그런 이해를 지지한다. 게다가 특히 『올림피아 축제 연설』의 동사[epoliteuthē]는 '시민 노릇하다' 등으로도 번역 가능한 말이어서 필로스트라토스는 GW 해석과는 사뭇 결이 다른 접근을 보여 주는 것으로 보인다.

390 혹은 '솜씨'.

391 혹은 '희랍인들 사이에서의'.

2B.17. 아리스토텔레스『수사학』3.17, 1418a33-38 (DK 82B17)[393]

시범 연설들에서는, 이소크라테스가 만드는[394] 것처럼, 연설 곳곳에 칭찬들을 삽입해야 한다. 그는 언제나 누군가를 끌어들이니까 하는 말이다. 그리고 고르기아스가 이야기하곤 하던 것, 즉 연설 (ho logos)[395]은 그를 저버리지(hypoleipei)[396] 않는다는 것도 같은 말이다. 아킬레우스를 이야기하고 있는 경우 그는 펠레우스를 칭찬하고 그다음으로 아이아코스를, 그다음으로 신을 칭찬한다. 용기를 이야기할 때도 마찬가지로, 그것이 이러저러한 것들을 산출해 낸다거나 이러이러한 것이라고 칭찬한다.

5.2.『올림피아 축제 연설』

2B.18. 아리스토텔레스『수사학』3.14, 1414b30-35 (DK 82B7)

시범 연설들의 서론(prooimia)은 칭찬이나 비난을 바탕으로(ex epainou ē psogou)[397] 이야기된다. 예컨대, 고르기아스가『올림피아 축제 연설』에서 "많은 사람들에게 찬탄을 받을 만한 분들입니다, 희랍인들이여."라고 했던 것처럼 말이다. 그는 그 축제를 여는(synagontai)

---

392 이후 인용되는 연설 대목은 2B.24에 수록.

393 기본 가르침을 다루는 아래 10절과 연결되는 내용.

394 혹은 '하는'.

395 혹은 '말', '담론'.

396 혹은 '실망시키지', '난처하게 하지'. '(그의) 기대에 어긋나지'.

397 혹은 '칭찬이나 비난에서 가져와서', '칭찬이나 비난에 기반하여'.

사람들을 칭찬하고 있는 것이다. 그런가 하면 이소크라테스는 그들이 육체들의 뛰어남에 대해서는 선물들로 경의를 표하면서도 사려 분별을 잘하는 사람들에게는 그 어떤 상(賞)도 주지 않았다고 비난한다.

2B.19. 알렉산드리아의 클레멘스 『학설집』 1.51 (DK 82B8)[398]

그리고 레온티니의 고르기아스에 따르면 우리의 겨룸(agōnisma)[399]은 두 가지 덕을, 즉 결기(tolma)[400]와 지혜(sophia)를 요구한다. 결기는 위험을 견디기 위해서, 지혜는 수수께끼(ainigma)[401]를 알아내기 위해서다. 올림피아 경기에서 승자를 알리는 포고(to kērygma)처럼 실로 연설(logos)[402]은 원하는 자를 부르지만 능력을 가진 자에게 화관을 씌워 주기 때문이다.

2B.20. 플루타르코스 『신부와 신랑에게 주는 조언』 43, 144b-c (DK 82B8a)[403]

연설가 고르기아스가 올림피아에서 희랍인들 사이에서의 화합에 관한 연설을 읽었을 때 멜란티오스가 말하길 "이 사람이 우리

---

398 클레멘스 텍스트 가운데서 고르기아스에게 귀속시킬 만한 부분이 정확히 어디까지인지는 논란의 여지가 있다. cf. 2B.47에도 '아곤' 언급이 있다.

399 혹은 '싸움', '경쟁'.

400 혹은 '과감함', '배짱'.

401 버네이즈(Bernays)의 제안대로 'aisima'로 바꿔 읽으면 '운명'으로 새길 수 있다.

402 혹은 '우리의 말'. 이때 '우리'는 올림피아 경기의 포고자일 수 있다.

403 cf. 부정적인 반응(2A.24 올림피오도로스).

에게 화합에 관해 조언하고 있네요. 자기 자신과 자기 아내와 자기 하녀도 (단 세 사람뿐인데도) 사적으로 화합하도록 설득해 내지 못한 사람이 말이죠." 어린 하녀를 향해 고르기아스에겐 어떤 사랑 (erōs)이, 그리고 그의 아내에겐 질투(zēlotypia)가 있었던 것 같으니 말이다.

5.3. 『퓌티아 축제 연설』

2B.21. 필로스트라토스 『소피스트들의 생애』 1.9.4[404]

그리고 그는 희랍인들의 축제들에서도 이목을 끌었는바, 연단에 서서 『퓌티아 축제 연설』이 울려 퍼지게 했고, 이를 계기로 심지어 그의 황금 조각상이 퓌토의 신전[405]에 봉헌되기도 했다.

5.4. 『엘리스인들에 대한 찬양』

2B.22. 아리스토텔레스 『수사학』 3.14, 1415b33-1416a3 (DK 82B10 포함)

민회 연설의 서론은 법정 연설의 서론을 바탕으로 삼지만, 본성상 서론을 가장 적게 갖는다. 사람들이 알고 있는 것에 관한 것일뿐만 아니라, 혹시 연설자 자신이나 그의 반론자들 때문에 한다거

---

404 2B.16 및 2A.1에 포함.
405 즉, 아폴론 신전.

나 사람들이 그가 바라는 정도로 사안을 받아들이지 않고 더 중대하게 혹은 더 가볍게 받아들이는 경우라면 모를까, 그 외엔 그 대상이 서론을 전혀 필요로 하지 않기 때문이다. 그래서 그런 경우에는 비방을 시도하거나 비방에 반박하거나 둘 중 하나를, 그리고 사안을 과장하거나 축소하거나 둘 중 하나를 할 수밖에 없게 되는데, 바로 이런 것들 때문에 서론이 필요하다. 혹은 꾸밈(kosmos)[406]을 위해 필요하다. 서론이 없으면 느닷없는 것(autokabdala)[407]으로 보이기 때문이다. 고르기아스의 『엘리스인들에 대한 찬양』이 바로 그랬다. 스파링(proexankōnisas)[408]도 전혀 하지 않고 사전 준비 운동(proanakinēsas)[409]도 없이 곧바로 들어간다. "엘리스, 행복한 국가(polis eudaimōn)."라고 말이다.

5.5. 『장례 연설』[410]

2B.23. 쉬리아노스 『헤르모게네스 『문체의 종류들에 관하여』 주석』 90.12-91.19; 플라누데스 『헤르모게네스에 관하여』 5.548.8-551.5 (DK 82B6 포함)[411]

---

406 혹은 '장식', '돋움'.
407 혹은 '급조된 것', '즉흥적인 것', '어설픈 것', '성의 없는 것'.
408 즉, 본 경기 전에 몸을 풀기 위한 가벼운 연습 경기. 원래 권투 용어다.
409 혹은 '전주곡'.
410 딜스는 위협-탄원 구절(2B.52)이 이 연설에 속해 있을 것이라 추측한다.
411 2B.1 포함.

더 나이 든 쪽 디오뉘시오스[412]는 『문체 유형들에 관하여』(*Peri Charaktērōn*) 제2권에서 고르기아스에 관해 이야기하면서 다음과 같이 말한다. "그의 법정 연설들(dikanikoi)은 내가 접해 본 적이 없지만, 일종의 심의 연설들(dēmēgorikoi) 몇 개와 [수사학] 교범들(technai) 그리고 보다 많은 시범 연설들(epideiktikoi)을 접해 보았다. 그의 연설들의 문체의 전형적인 사례는 다음과 같다. (그는 전쟁에서 무용을 떨친 아테네인들을 찬양하고 있다.) '사내들에게 있어야(proseinai) 하는 것들 가운데 이 사내들에게 빠진 게 과연 무엇입니까? 그들에게 있으면 안 되는 것들 가운데 있는 것은 또 무엇입니까? 내가 하고 싶은 말들을 할 수가 있다면, 그리고 해야 하는 말들을 하고 싶어 한다면 좋겠습니다. 한편으로는 신의 분노(nemesis)에 노출되지 않고 다른 한편으로는 인간의 시기(phthonos)를 피해서 말입니다. 그들은 한편으로는 신 지핀(entheos) 덕과 다른 한편으로는 인간적인 가사성을 이미 성취했던 겁니다. 한편으로는 자주 완고한 정의(to authades dikaion)보다 부드러운 공정성(to praon epieikes)[413]을, 다른 한편으로는 자주 법의 엄밀함(nomou akribeia)[414]보다 말들[415]의 옳음(logōn

---

412 할리카르나소스 출신 디오뉘시오스.

413 이 '부드러운(온화한) 공정성'은 아리스토텔레스의 『니코마코스 윤리학』에서 보다 상세히 조명된다. 이와 관련해서는 아리스토텔레스적 특수주의 관점이라는 맥락을 환기하면서 그 저작에서 온화함이라는 덕에 의해 공정성이 인간 본성의 취약성 인식에 기초한 용서 내지 공감과 연결된다고 해석하는 전헌상 (2018a), 특히 65쪽과 주 6을 참고할 것.

414 혹은 '정확성'.

415 혹은 '담론들', '논변들', '진술들'.

orthotēs)을 선호하면서, 다음과 같은 것이 가장 신적이고 가장 공통된 법이라고 생각하면서 말입니다. 해야 하는 곳에서 해야 하는 것을 말하기도 하고 침묵하기도 하며 행하기도 하고 〈그냥 두기도 하는 것〉, 해야 하는 것들 가운데 특히나 두 가지를 훈련하면서, 즉 마음(gnōmē)⁴¹⁶〈과 힘(rhōmē)〉을, 전자는 숙고하면서 후자는 실행하면서, 한편으로는 부당하게 불운을 겪는 사람들을 보살피고(therapontes) 다른 한편으로는 부당하게 운이 좋은 사람들을 벌 주면서, 유익에 대해서는 강퍅하고 (authadeis) 적절함에 대해서는 온화하며(euorgētoi), 마음의 분별로 〈힘의〉 무분별함을 멈추게 하면서, 방자한 사람들에게는 방자하고 절도 있는 사람들에게는 절도가 있으며, 겁 없는 사람들에게는 겁 없고 무서운 사람들에게는 무서운 자가 되어서 말입니다. 이것들의 증거로서 그들은 적들에 대한 승전을 이루었습니다. 제우스에게 바치는 조각상이자 자기들에게 바치는 봉헌물이요, 타고난 용맹에도 법도에 맞는 사랑(erōtes)에도 무장 투쟁에도 아름다움을 사랑하는 평화에도 경험 없지 않은 사람들입니다. 신들에게는 정의로써 엄숙히 공경하고(semnoi) 부모님에게는 보살핌(therapeia)으로써 경건하며(hosioi) 동료 시민들에게는 평등(to ison)으로써 정의롭고(dikaioi) 친구들에게는 신의(pistis)로써 충실합니다(eusebeis). 그렇기 때문에 그들이 죽었음에도 불구하고 그들에 대한 그리움은 더불어 죽지 않았고, 오히려 그들이 살아 있지 않음에도 불구하고 불사적이지 않은 몸들 속에 불사적인 것으로 살아 있습니다.'"

여기서 고르기아스는 위엄 있는 표현들(semnai ... lexeis)을 한데

---

416 혹은 '판단력'.

모아 꽤 피상적인 생각들을 표명하고 있다. 균등 대칭(parisa)과 두운(homoiokatarkta)과 각운(homoioteleuta)을 가지고 연설을 온통 물릴 정도로까지 아름답게 장식하면서 말이다.

2B.24. 필로스트라토스 『소피스트들의 생애』 1.9.5 (DK 82B5b)[417]

이방인들에 대한 승전들(ta ... tropaia)은 찬가를(hymnous) 요구하지만, 희랍인들에 대한 승전들은 비탄을(thrēnous) 요구한다.[418]

2B.25. 위-롱기누스 『숭고함에 관하여』 3.2 (DK 82B5a)

이런 식으로 레온티니 출신 고르기아스의 말들도 비웃음을 산다. 그가 크세룩세스더러 "페르시아인들의 제우스"라고, 또 독수리더러 "살아 있는 무덤들"이라고 썼을 때 말이다.[419]

2B.26. 알렉산드리아의 아타나시오스[420] 『헤르모게네스 『법적 쟁점들에 관하여』(Peri Staseōn) 입문』 14.180.9-19 (DK 82B5a)[421]

---

417 2B.16으로부터 이어짐. 2A.1에 포함.

418 당대 희랍인들에게 상당히 만연했던 이방인 혐오적 색채가 엿보인다. 그의 제자 알키다마스는 『메세니아 연설』에서 이런 생각보다 훨씬 더 진보된 생각을 표명하게 된다(15B.1과 15B.2).

419 고르기아스 특유의 시적 표현, 즉 은유가 들어 있는 대목일 것이므로, 원래 고르기아스 표현의 범위를 DK(그리고 예컨대 LM 247쪽, G 753쪽)와 달리 잡는 것이 좋다고 보았다(비슷한 이해는 예컨대 GW 203쪽). 보다 DK식 이해에 가깝게 옮긴다면 '그가 "크세룩세스, 즉 페르시아인들의 제우스"[/"크세룩세스는 페르시아인들의 제우스(다)."]라고, 또 "독수리들, 즉 살아 있는 무덤들"[/"독수리들은 살아 있는 무덤들(이다)."]이라고 썼을 때 말이다.'

세 번째 부류의 수사학은 우스꽝스러운 어떤 것들에 관련되고 젊은이들의 박수갈채를 불러일으키며 실상은 후안무치한 아첨일 뿐인 것인데, 트라쉬마코스와 고르기아스 주변 사람들이 문체 유형(charaktēr) 및 논변들(enthymēmata)에 있어서 그것을 실행에 옮겼다. 대등한 구절을 많이 구사하면서도 이런 형식(schēma)의 적절함을 모른 채로 말이다. 그리고 다른 많은 사람들도 생각과 어법 양태(tropos lexeōs)에 있어서 그것을 실행에 옮겼으며, 특히나 가장 가벼운 사람인 고르기아스 자신이 그랬다. 그는 그의 『장례 연설』에서 바로 이 용어 선택(apangelia)[422]에 따라 "독수리들"이라고 말할 만한 배짱이 없어서(ouk ischyōn) "살아 있는 무덤들"이라고 말했다. 그런데 생각에 있어서 이것은 적정함을 벗어나는 일이다. 이소크라테스도 다음과 같이 말하면서 증언하는 것처럼 말이다. "누구든 있는 것들 가운데 아무것도 있지 않다고 감히 이야기한 고르기아스[…]를 어떻게 뛰어넘을 수 있겠습니까?"[423]

[6-7. 덕의 본성(에 대한 정의)과 교육 가능성에 대한 입장]

---

420 기원후 4세기 말 혹은 5세기 초에 아일리우스 아리스티데스와 헤르모게네스에 관한 주석을 쓴 인물. 더 잘 알려진 알렉산드리아 주교 아타나시오스 (295-373년)와는 동명이인.

421 7B.8 포함.

422 혹은 '어법'.

423 『헬레네』 3 (2B.6).

6. 덕에 대한 고르기아스의 접근 방식: 개별 덕의 열거[424]

2B.27. 플라톤 『메논』 71b9-72d3 (DK 82B19 확장)[425]

메논: […] 하지만, 소크라테스, 당신은 진짜로 |71c| 덕이 무엇인지도 알지 못하는 건가요? 그러니까 우리가 고향에 돌아가서 당신에 관해 이런 이야기들을 전해도 되는 건가요?

소크라테스: 그것만이 아니라, 벗이여, 나 자신이 생각하기에, 내가 다른 사람 어느 누구도 아는 사람을 아직 만난 적이 없다는 것도 전하세요.

메논: 뭐라고요? 고르기아스를 만나신 적이 있지 않나요? 그분이 여기 계실 적에?

소크라테스: 물론 그랬죠.

메논: 그렇다면 당신은 그분이 안다는 생각이 들지 않던가요?

소크라테스: 난 기억력이 아주 좋지는 않아요, 메논. 그래서 지금 당장 그때 내가 어떤 생각을 했는지를 말할 수는 없군요. 하지만 아마도 저분은 알고 있겠죠. 게다가 당신 자신도 저분이 무슨

---

424 소크라테스의 입을 통해 플라톤이 내세우는 덕의 보편적 형상과 대비된다.

425 2A.21, 2B.48의 약간 뒤에 이어지는 대화. 덕이란 무엇인가에 대한 고르기아스의 접근 방식(플라톤의 비판적 접근과 대비)이 재현된다. 고르기아스의 제자 메논은 고르기아스를, 소크라테스의 제자인 저자 플라톤은 자신을 대변하는 것으로 이해해도 좋을 듯하다. 소크라테스보다 저자 자신의 생각이 많이 개입된 것으로 보아 뒷부분(즉, '큰 행운' 운운하는 72a6 이하)을 6장에 할당하지 않았다. 고르기아스의 제자 알키다마스의 '남자의 덕' 논의도 참고할 만하다(15B.21 『오뒤세우스』 28절).

이야기들을 하고 있었는지를 알고 있고요. 그러니 상기시켜 주세요. |71d| 내게 그가 어떻게 이야기하고 있었는지를 말이에요. 원한다면 당신이 직접 말해 주세요. 저분이 생각하던 바로 그것들을 당신도 생각하고 있는 게 분명하니까 말이에요.

메논: 물론 그렇죠.

소크라테스: 그럼 저분은 그냥 내버려 둡시다. 이 자리에 없기도 하니까. 당신 자신은, 메논, 신들이 보는 앞에서 묻겠는데, 덕이 뭐라고 말하나요? 말해 주세요. 인색하게 굴지 말고(mē phthonēsēis).[426] 그래서 당신과 고르기아스는 아는데 나는 아무도 아는 사람을 한 번도 만난 적 없다고 말했다는 걸 당신이 밝히게 된다면 내가 가장 다행스러운 거짓을 말한 게 될 수 있겠죠.

|71e| 메논: 아니, 말해 주는 거 어렵지 않아요, 소크라테스. 우선, 남자의 덕을 당신이 원한다면, 쉬워요. 이게 남자의 덕이라고, 즉 국가의 일들을 행하기에 충분한 능력이 있고 그런 걸 행하면서[427] 친구들에게는 잘하고 적들에게는 못되게 하되 자신은 그런 어떤 것도 당하지 않게 조심하는 것이 남자의 덕이라고 말하는 게 말이에요.[428] 반면에 여자[429]의 덕을 당신이 원한다면, 그녀는 집 안의 물건들을 간수하면서 자기 남편[430]의 말에 복종함으로써 가정

---

426 혹은 '아까워 말고'.

427 혹은 '행함으로써'.

428 혹은 '덕이라는 것 말이죠'나 '덕이라고 하면 되는 거죠[/되니까요]'로 옮기는 것도 가능하다.

429 혹은 '아내'.

을 잘 관리해야(oikein) 한다고 죽 짚어 가는(dielthein) 게 어렵지 않죠.[431] 아이의 덕 또한 다르죠. 여자아이의 덕도 남자아이의 덕도 다르고. 또 어른 남자의 덕도 다르죠. 당신이 원한다면 자유인의 덕도 다르고. 또 당신이 원한다면 |72a| 노예의 덕도 다르고요. 그리고 대따 많은 다른 덕들이 있지요. 그래서 덕에 관해서 그게 무엇인지 말하는 건 막막해할 일(aporia)이 아닌 거죠. 행위들과 나이들 각각에 대해서[432] 각각의 기능과의 관계에서 성립하는 덕이 우리들 각자에게 있거든요. 그리고 내 생각엔, 소크라테스, 악도 마찬가지고요.

소크라테스: 내가 어떤 큰 행운을 누리게 된 거 같네요, 메논. 하나의 덕을 찾고 있는데 덕들의 어떤 떼(smēnos)[433]가 당신 곁에(para soi) 놓여 있는 걸 발견하게 되다니 말이에요. 하지만, 메논, 떼들에 관한 |72b| 이 비유(eikōn)에 따라서 보자면, 내가 벌(melitta)의 본질(ousia)에 관해 그게 도대체 무엇이냐고 묻고 있는데 당신이 그것들은 많고 다양하다고 이야기한다고 해 봅시다. 그것에 대해서 내가 당신에게 "이것에 있어서, 즉 벌들임에 있어서[434] 그것들이 많고 다양하며 서로 다르다고 당신은 말하는 건가요?"라고

---

430 혹은 '남자'.
431 여자의 덕에 관해서는 2B.61을 참고할 것.
432 혹은 '따라서'.
433 혹은 '벌떼'. 본래 벌떼를 뜻하는 말이었다가 일반적인 떼나 무리를 가리키는 말로 발전하였다.
434 혹은 '벌들인 한에서'.

물으면, 당신은 뭐라고 대답할까요? 말해 보세요. 이렇게 질문을 받으면 당신은 뭐라고 대답할까요?

메논: 나로선 이렇게 답하겠죠. 그것들이 벌들인 한에서는 어떤 하나가 다른 하나와 전혀 다르지 않다고 말이죠.

|72c| 소크라테스: 그럼 내가 그다음으로 "그렇다면 바로 그것 자체를 내게 말해 주세요, 메논. 그것에 있어서 그것들 전부가 전혀 다르지 않고 오히려 같은 것이라고 할 때의 그것, 그것이 뭐라고 당신은 말하나요?"라고 말한다면, 분명 당신은 내게 뭔가 말할 수 있겠죠?

메논: 물론이죠.

소크라테스: 덕들에 대해서도 마찬가지입니다. 그것들이 많고 다양하다 하더라도, 그것들 전부가 적어도 하나의 똑같은 어떤 형상(eidos)을 갖죠. 바로 그것 때문에 그것들이 덕들이 되고, 또 바로 그것을 쳐다보고서 저것, 즉 덕이 무엇인지를 물은 사람에게 보여 주면 아마도 멋진 일을 하는 게 될 그런 형상 말입니다. |72d| 아니면 내가 무슨 이야기를 하는 건지 이해하고 있지 않나요?

메논: 내가 보기엔 이해하는 거 같긴 한데요. 하지만 무엇을 묻고 있는지를 내가 원하는 만큼 파악하고 있진 못합니다.

2B.28. 아리스토텔레스 『정치학』 1.13, 1260a24-33 (DK 82B18 포함)

이것은 부분으로 나누어 그 각각을 조금씩 숙고하다 보면 더 분명해진다. 덕이란 영혼이 좋은 상태에 있음이거나 옳은 행위를

함, 혹은 그 비슷한 것들 중 어떤 것이라고 일반화해서 이야기하는 사람들은 스스로를 기만하는 것이다. [덕을] 이렇게 정의하는 사람들보다는 차라리 고르기아스처럼 덕들을 열거하는(exarithmountes) 사람들이 훨씬 더 잘 이야기하는 것이기 때문이다.[435] 그렇기 때문에 시인이 여자에 관해 "여자에게 침묵은 질서를 가져다준다."[436]고 이야기한 것이 그대로 모든 사람들에 관해서도 적용된다고 물론 생각해야만 하겠지만, 이건 남자에게는 더 이상 해당되지 않는다. 그리고 아이는 미완성(atelēs)이기 때문에 그의 덕 또한 그 자신과의 관계에서 그에게 속하는 게 아니라 목적(telos) 및 이끌어주는(hēgoumenos) 자와의 관계에서 그에게 속하는 것이다. 노예의 덕도 마찬가지로 주인과의 관계에서 성립한다.

7. 덕 교육과 그 가능성 문제: 덕은 가르쳐지는가? 고르기아스는 덕의 선생인가?

2B.29. 플라톤 『메논』 70a1-4[437]

---

435 cf. 2B.27의 플라톤 『메논』에서(71d4-72a5) 고르기아스를 따라 메논은 남성과 여성, 아이와 노예 등의 구별되는 덕의 목록을 열거하고 있다.

436 소포클레스 『아이아스』 293.

437 작품 서두. 메논의 이 질문에 대한 소크라테스의 대응이 나오는 2A.21로 이어짐. 이 질문이 고르기아스의 영향을 깊이 받은 것임은 이어지는 소크라테스의 대응에서 쉽게 읽어 낼 수 있다. 이 질문에서 분명한 것은 덕이 가르침의 대상이라는 것이 분명치 않다는 점이다. 『프로타고라스』에 나오는 프로타고라스에게 (적어도 대화의 처음에 관한 한은) 그것이 분명했던 것과 분명히

[화자: 메논; 청자: 소크라테스]

내게 말해 주실 수 있나요, 소크라테스? 덕(aretē)[438]이 가르쳐지는(didakton)[439] 건가요? 아니면 가르쳐지는 게 아니라 연습되는(askēton)[440] 건가요? 아니면 연습되는 것도 배워지는(mathēton)[441] 것도 아니라 인간들에게 자연히(physei) 혹은 어떤 다른 방식으로 생겨나는(paragignetai) 건가요?

2B.30. 플라톤 『메논』 95a6-c8 (DK 82A21 확장)[442]

소크라테스: 자, 이제 내게 당신이 말해 보세요. 아름답고 훌륭한 사나이들이 당신들 가운데도 있지 않나요?

대조를 이룬다. 덕의 일반화에 대해 회의적인 그가 덕의 선생을 자처하는 것에 회의적인 것은 어쩌면 당연한 귀결일 것이다. 물론 이 구절이 고르기아스의 입장에 관한 단서를 제공하는 것이 아니라 그저 이런 똑같은 질문을 고르기아스에게 했다는 것만을 가리킬 수도 있다. 그리고 그쪽이 일단은 안전한 해석이다. 그러나 이후 이 작품에서 메논이 드러내는 태도나 발언을 통해 볼때, 이 질문 자체 혹은 적어도 그런 질문을 묻고 있다는 것 자체가 고르기아스의 입장에 관한 일정한 단서(즉, 적어도 분명한 적극적 대답을 한 쪽으로 완전히 정리해서 제시한 것이 아닐 가능성이 높다는 암시) 정도는 제공할 수 있을 것이다.

438 혹은 '훌륭함', '탁월함'. 어떤 사물에나 다 적용할 수 있지만, 여기서처럼 별다른 제한 없이 나오는 경우 자주 사람의 덕/훌륭함을 가리킨다.

439 혹은 '가르쳐질[/가르칠] 수 있는', 아니면 아예 뜻을 달리하여 '가르쳐진'. 이하 이런 유의 다른 형용어들도 마찬가지다.

440 혹은 '연습으로 얻어지는', '연습될[/연습으로 얻을] 수 있는'. 아니면 '연습으로 얻은'.

441 혹은 '배워질[/배울] 수 있는'. 아니면 '배운'.

메논: 물론입니다.

|95b| 소크라테스: 자, 그렇다면, 이 사람들은 자신들을 젊은이들에게 선생으로 제공할 용의가 있나요? 또 자기들이 선생이고 덕이 가르쳐지는 거(didakton)라는 데 동의할 용의가 있나요?

메논: 제우스에 걸고 말하건대, 아닙니다, 소크라테스. 그게 아니라 그들이 그게 가르쳐지는 거라고 말하는 걸 당신이 들을 때도 있겠지만, 아니라고 말하는 걸 들을 때도 있을 겁니다.

소크라테스: 그렇다면 바로 이것에 대해서조차 서로 동의하지 못하는 이 사람들이 이 일(pragma)[443]의 선생들이라고 우리가 말해야 할까요?

메논: 난 그렇게 생각하지 않습니다, 소크라테스.

---

442 6B.55와 6B.49로부터 이어짐. 맥락: 테살리아의 명문 귀족 자제인 메논이 노예들을 거느리고 아테네에 왔고, (그의 크세노스, 즉 외지인 후원자였을 가능성이 높은) 아테네 민주파 대표자 아뉘토스가 그의 아테네 행에 후원을 하고 있었을 것이다. 메논은 고르기아스가 테살리아에 있을 때 깊이 영향받은 제자[예컨대, 아래 6A.5(『메논』96d5-7)]인데, (아마도 아뉘토스의 집에서) 소크라테스와 덕의 교육 가능성을 놓고 대화를 나누는 것이 『메논』 대화의 기본 구도다. 메논과 소크라테스 두 사람이 줄곧 대화를 진행하는데, 대화가 상당히 진행된 시점(89e10)에 곁에 아뉘토스가 있었음이 밝혀지고 그가 잠깐 동안(95a1까지) 대화에 참여하게 된다. 덕의 선생이 있는가 하는 문제를 놓고 소크라테스가 저명한 정치가들이 자식들을 제대로 교육했는가를 문제 삼자 곁에 있던 화가 난 아뉘토스가 끼어들게 된다. 그 내용이 6B.55와 6B.49다. 이제 아뉘토스와의 대화를 끝내고 메논과의 대화로 돌아온다. cf. 플라톤 『고르기아스』 519e7-520a2에서 (고르기아스의 제자) 칼리클레스는 덕 교육을 자처하는 자들을 경멸한다(8B.6).

443 혹은 '사물'.

소크라테스: 그럼 이건 어떤가요? 이 소피스트들이, 바로 그들만이 그렇다고 공언하는데, 덕의 선생들이라고 당신은 생각하나요?

|95c| 메논: 고르기아스에 속한 것 가운데서도, 소크라테스, 특히나 이것에 난 탄복합니다(agamai). 그가 이것[444]을 약속하는 걸 당신이 도대체가 듣지 못하리라는 데 말입니다. 오히려 그는 다른 사람들이 그런 약속을 하는 걸 들으면 그들을 비웃지요. 오히려 그는 사람들이 말하는 데 능란하게(legein … deinoi) 되도록 만들어 주어야 한다고 생각합니다.

소크라테스: 그렇다면 당신은 소피스트들이 선생들도 아니라고 생각하는 거네요?

메논: 말할 수가 없네요, 소크라테스. 대다수 사람들(hoi polloi)[445]이 처한 바로 그 상황에 나 자신도 처해 있으니까요. 그들이 그렇다[446]고 내가 생각할 때도 있고, 아니라고 생각할 때도 있지요.

8. 소피스트 대 연설가(소피스트술 대 수사학): 역사적 위상에 대한 논란[447]

2B.31. 필로스트라토스 『소피스트들의 생애』 1.9.1 (DK 82A1)[448]
시칠리아는 레온티니에서 고르기아스를 낳았는데, 우리는 그에

---

444 즉, 덕의 선생이라는 것. 따라서 덕을 가르쳐 주겠다는 것.
445 혹은 '다중'.
446 즉, 선생들이다.

게 소피스트들의 기술(hē tōn sophistōn technē)을, 마치 아버지에게 하듯, 소급하는(anapherein) 게 마땅하다고 생각한다.

2B.32. 필로스트라토스 『소피스트들의 생애』 1. 서론 481 (DK 82A1a)[449]

---

447 A에서 언급된 자료들 넷을 여기 다시 모아서 정리한다. 플라톤은 『대 히피아스』 282b5(2A.8에 수록)에서 고르기아스를 '소피스트'로 칭한다. 그러나 자주 그러는 것은 아니고, 그는 『고르기아스』 등에서 고르기아스를 주로 연설가로 정위한다. 그러니까 고르기아스를 내용(교설) 중심이 아니라, 가치중립적이고 결과에 책임지지 않는 형식(방법과 과정) 중심의 교육자로 간주한다. 첫두 자료(2B.31-32)의 필로스트라토스 보고는 고르기아스가 소피스트들의 기술의 창시자라는 것인데, 내용으로 보아 필로스트라토스에게는 소피스트 기술을 연설 기술과 구분하려는 생각이 보이지 않는다. 셋째 자료(2B.33)의 『수다』 보고는 고르기아스가 수사학 교육/기술의 창시자(수사학의 창시자가 아니라)라는 것이다. 마지막 자료(2B.34)의 파우사니아스 보고는 2B.33과 대동소이한데, 고르기아스가 거의 잊혀진 연설/논변 연습(이건 교육과도 연관될 것이다.) 전통(수사학 전통)의 회복/재건을 시도한 최초 인물이라는 것이다. 코락스, 티시아스가 아니라 호메로스 등 이전 누군가의 작업을 재건한 것을 가리킨다면, 이것 역시 연설의 실행이 아니라 그것의 기술화, 교육화와 관련되는 것이라 할 수 있다. 수사학사에서 고르기아스에게 기술 교범(technē)의 저자라는 위상을 부여하는 보고들이 있는데, A 3절의 두 자료와 2B.51이 그 증거라 할 수 있고, 저작 목록(2B.1)에 기술 교범이 포함되어 있다. 그러나 2A.6은 교범을 제2 소피스트들에게 부여하여 대조하므로 다소간 부정적인 증거라 할 수 있다. cf. 아래 14절의 플라톤과 아리스토텔레스의 수사학사; 아래 7절, 9-10절 및 2B.42 등에 드러나는 고르기아스의 자기 규정; 그리고 1B.24, 2A.23, 2B.7, 17A.7 및 17A.9 등에 드러나는 이소크라테스의 자기 규정.

448 2A.1에 포함.

449 2A.6과 17A.10에 포함.

그런데 옛것[즉, 옛 소피스트술]은 레온티니 출신 고르기아스가 테살리아에서 시작한(ērxe) 반면, 둘째 것은 아트로메토스의 아들 아이스키네스가 아테네 정치로부터 망명하여 카리아와 로도스에 들어가고 나서 시작하게 되었다.

2B.33. 『수다』 Γ.388 (고르기아스 항목) (DK 82A2)[450]

고르기아스, [⋯] 연설가, 엠페도클레스의 제자, [⋯] 이 사람은 처음으로 수사학 장르(eidos)에 교육(paideia)[451]의 언표적인 (phrastikē)[452] 능력(dynamis)과 기술을 부여했으며 [⋯]

2B.34. 파우사니아스 『희랍 땅 순례기』 6.17.7-8 (DK 82A7)[453]

아주 유명하지는 않은 봉헌물들과 섞여 있는 조각상들로는 [⋯] 레온티니 출신 고르기아스도 볼 수가 있다. 이 고르기아스는 [⋯] 사람들 사이에서 완전히 등한시되어(ēmelēmenē) 거의 망각 상태에 이른 연설들[454]의 연습(meletē logōn)[455]을 처음으로 되살린 (anasōsasthai)[456] 사람이다.

---

450 2A.10에 포함.
451 혹은 '교양'.
452 혹은 '말로 표현하는', '제시'.
453 2A.31에 포함.
454 혹은 '논변들', '말들', '담론들'.
455 혹은 '훈련', '실연'(實演), '연마', '연구'.
456 혹은 '소생[/회복/부활/부흥]시킨'.

[9-10. 수사학의 정의와 능력]

9. 수사학의 (본성에 대한) 정의: 연설가 및 연설 교육자로서의 자기 정체성

2B.35. 플라톤 『고르기아스』 447b9-d6, 448a1-3, 448c2-449c8 (DK 82A20 확장)[457]

소크라테스: 반가운 말이네요, 칼리클레스. 그건 그렇고 그가 |447c| 우리와 대화를 나눌 의향이 있을까요? 그 사나이의 기술의 힘(dynamis)[458]이 무엇인지, 그리고 그가 공언하기도(epangelletai)[459] 가르치기도 하는 것이 무엇인지 그분에게 묻고 싶거든요. 나머지 시범(epideixis)은 당신 말대로 나중에 보이라 하고요.

칼리클레스: 그에게 직접 물어보는 것만한 게 없죠, 소크라테스. 그에겐 그 시범 가운데 하나가 바로 그거기도 했거든요. 어쨌거나 방금 전에 그는 안에 있는 사람들 가운데 누구든 묻고 싶은 게 있으면 무엇이든 물으라고 권하고 있었고(ekeleue) 무엇에 대해서든 다 대답해 주겠노라 말했지요.

소크라테스: 그거 반가운 말이네요. 카이레폰, 그에게 물어보세요.

---

457 작품 서두인 8A.4로부터 이어짐.
458 혹은 '능력'.
459 혹은 '약속하기도'.

카이레폰: 뭐라고 묻죠?

|447d| 소크라테스: 그가 누구냐고.

카이레폰: 무슨 말인가요?

소크라테스: 마치 이런 거죠. 만약에 그가 신발들을 만드는 사람 (hypodēmatōn dēmiourgos)이라면 그는 분명 당신에게 '갖바치' (skytotomos)[460]라고 대답할 거예요. 아니면, 내가 무슨 말을 하는지 이해 못 하나요?

카이레폰: 이해하고요. 그렇게 묻지요. […]

[체육관 같은 건물의 안으로 들어가서 고르기아스를 만나 대화가 이어짐]

|448a| 고르기아스: 맞아요, 카이레폰. 바로 그것들을 내가 방금 전에 공언하고 있었거든요. 게다가 이제까지 여러 해 동안 어느 누구도 내게 아무것도 새로운 걸 물어본 적이 전혀 없었다는 이야기도 해 둘게요.

[…] [폴로스가 고르기아스가 피곤할 것이라며 대신 답하기로 함. 카이레폰이 의사와 화가의 예를 들며 비슷한 대답을 요구하면서 문답이 이어짐]

카이레폰: 그럼 이제 그가 무슨 기술을 아는 사람이고, 그를 뭐라고[461] 부르면 우리가 옳게 부르는 게 될까요?

폴로스: 카이레폰, 인간 세상엔 경험들(empeiriai)로부터 경험

---

460 혹은 '제화공'. 이 말의 어원상 의미는 '가죽 자르는 사람'이라는 뜻이다.
461 희랍어를 곧이곧대로 옮기면 '누구라고'.

적으로(empeirōs) 발견된 많은 기술들이 있지요. 경험은 우리의 인생이 기술에 따라(kata technēn) 영위되게 만드는 반면에, 무경험(apeiria)은 운에 따라(kata tychēn) 영위되게 만드니까요.[462] 서로 다른 이 기술들 각각에, 서로 다른 사람들이 서로 다른 방식으로 관여하는데(metalambanousin), 가장 훌륭한 것들엔 가장 훌륭한 사람들이 관여하지요. 여기 이분 고르기아스도 바로 그런 사람들 가운데 하나고, 기술들 가운데 가장 아름다운 것에 관여하고 (metechei) 있지요.

|448d| 소크라테스: 폴로스가, 고르기아스, 적어도 아름답게는 (kalōs ge)[463] 연설들을 할(eis logous) 준비를 갖춘 거 같네요. 하지만 카이레폰에게 그가 약속했던 건 하고 있지 않군요.

고르기아스: 특히 뭘 두고 하는 말인가요, 소크라테스?

소크라테스: 질문되고 있는 것에 전혀 답하고 있지 않은 걸로

---

462 '기술에 따라'와 '운에 따라'에 해당하는 희랍어 표현은 서로 비슷한 소리를 가진 대구적 표현으로 되어 있다. 고르기아스 식 어법에 해당한다.

463 흔히 하는 독해[국역 김인곤(2021) 30쪽 = 김인곤(2011) 67쪽, 서양의 경우 예컨대 질(D.J. Zeyl 1997) 794쪽 등]대로 '준비를'에 붙일 때만 고려하면 '멋지게는'으로 바꾸는 게 좀 더 자연스러울 수 있겠다. 이 말은 어느 쪽에 붙여도 말이 된다. 소크라테스(혹은 저자 플라톤) 편에서의 불만의 핵심이 담겨 있는 방향으로 해석하는 것을 나는 선호한다. 이렇게 보면 여기 소크라테스의 시선은 『향연』에서 아가톤 연설을 바라보는 소크라테스의 시선(cf. 아래 2B.80)과 거의 같게 된다. 아울러, (서로 다른 제자에게서 드러나는 이런 공통분모들을 감안해 볼 때) 『향연』에서도 그리고 이곳 『고르기아스』에서도 소크라테스가 곱게 바라보지 않는 그 담론들이 상당히 고르기아스적인(즉, 역사적 고르기아스의 담론을 반영하는) 성격의 것이었을 가능성이 매우 높아 보인다.

내겐 보이네요.

고르기아스: 아니, 원하면 직접 그에게 물어보시든가요.

소크라테스: 아니요. 적어도 당신이 직접 대답하고 싶어 해서 그럴 수가 있는 한은 아닙니다. 오히려 당신에게 묻는 편이 훨씬 더 즐겁겠네요. 폴로스는, 그가 말한 것들로 미루어 보아도, 대화하기보다는 이른바 연설술(hē kaloumenē rhētorikē)[464]에 더 훈련이 되어 있다는 게 내겐 분명하거든요.

|448e| 폴로스: 대체 왜죠, 소크라테스?[465]

소크라테스: 그건, 폴로스, 고르기아스가 무슨 기술을 아는 사람이냐고 카이레폰이 묻고 있는데 당신은, 마치 누군가가 그걸 비난하고(psegōn) 있기라도 하는 것처럼, 그 기술 자체를 찬양하고 (enkōmiazeis) 있기 때문이죠. 그게 무엇인지는 대답하지 않았고요.

폴로스: 가장 아름다운 기술이라고 대답하지 않았나요?

소크라테스: 물론 그랬죠. 하지만 아무도 고르기아스의 기술이 어떠냐(poia tis)[466]를 묻고 있는 사람은 없고, 무엇이냐, 그리고 고

---

464 혹은 '이른바 수사학'. 여기가 현존 문헌 가운데 '수사학'(rhētorikē)이라는 단어가 출현하는 가장 시기적으로 앞선 자리다. 플라톤 자신이 처음으로 만들어 낸 용어일 가능성이 쉬아파(E. Schiappa 1990)에 의해 설득력 있게 제시된 바 있다.

465 폴로스가 끼어들면서 하는 이 질문엔 불만이나 당황(혹은 적어도 상세한 해명의 필요성 절감)의 기색이 역력하다. 소피스트(술) 호칭을 적극적으로 인정한 프로타고라스의 경우와 일단은 상당히 대비되는 그림이다. 물론 이어지는 대화에서 선생 고르기아스가 보이는 태도는 프로타고라스와 유사한 방향으로 가고 있기는 하다.

466 혹은 '어떤 종류의 것이냐'.

르기아스를 뭐라고[467] 불러야 하냐를 묻고 있지요. 앞서 카이레폰이 당신에게 질문을 제기하고 당신이 그에게 멋지고 |449a| 짧게 대답했던 것처럼, 지금도 그렇게 그 기술이 무엇이고 우리가 고르기아스를 뭐라고 불러야 하는지 말해 주세요. 아니, 그러기보다는, 고르기아스, 당신이 직접 우리에게 말해 주세요. 당신을 뭐라고 불러야 하는지, 당신이 무슨 기술을 아는 사람이라고 여겨서 그렇게 불러야 하는지[468]를 말이에요.

고르기아스: 연설술(rhētorikē)[469]이죠, 소크라테스.

소크라테스: 그럼 당신을 '연설가'(rhētōr)[470]라고 불러야 하는 거네요?

고르기아스: '훌륭한'(agathos) 연설가라고 해야겠죠, 소크라테스. 호메로스가 말했듯이 "내가 자부하는(euchomai) 바로 그대로"[471] 나를 불러 주고 싶다면 말이에요.

소크라테스: 아, 물론 그러고 싶습니다.

고르기아스: 그럼 그렇게 부르세요.

|449b| 소크라테스: 그렇다면 당신이 다른 사람들도 그렇게 만들어 줄 능력이 있는(dynatos) 분이라고 우리가 말할까요?

---

467 직역에 가깝게는 '누구라고'.
468 혹은 '당신이 무슨 기술을 아는 사람이라고 여겨서 그렇게 불러야 하는지' 대신에 '그러니까 무슨 기술을 아는 사람이라고 불러야 하는지'로 옮길 수도 있다.
469 혹은 '수사학'.
470 혹은 '수사가'.
471 『일리아스』 6.211.

고르기아스: 내가 공언하는(epangellomai) 게 바로 그겁니다. 여기서만이 아니라 다른 곳에서도 그러지요.

소크라테스: 그럼, 고르기아스, 방금 전에 우리가 대화하고 있던 것처럼 한쪽은 묻고 다른 쪽은 대답하는 일을 계속해 갈 용의가 있나요? 폴로스가 시작하기도 했던 것 같은 그런 연설들의 이런 장황함은 나중으로 제쳐 놓고 말이죠. 당신이 약속하고(hypischnēi) 있는 바로 그것[472]을 거짓으로 만들지 말고 질문되고 있는 것에 대해 짧게(kata brachy) 대답할 마음을 내어 보세요.

고르기아스: 개중에는, 소크라테스, 대답들 가운데 길게 이야기들을 만들 수밖에 없는 것들도 있긴 한데요. 하지만 |449c| 가능한 한 짧게 해 보도록 노력은 하겠습니다. 실은, 이것도 또한 내가 주장하는 것들 가운데 하나거든요. 똑같은 것들을 나보다 더 짧은 것들로 말할 수 있는 사람은 아무도 없으리라는 것 말이죠.

소크라테스: 그게 정말 필요해요, 고르기아스. 그러니 내게 바로 그것, 즉 짧게 이야기하기(brachylogia)의 시범을 보여 주세요. 길게 이야기하기(makrologia)는 나중에 하기로 하고요.

고르기아스: 아, 물론 그렇게 할게요. 그러면 당신은 그 누구도 더 짧게 말하는(brachylogōteros) 걸 들어 본 적이 없다고 말하게 될 겁니다.

---

472 아마도 무엇에 대해서든 다 대답하겠다고 공언한 것을 가리키는 것으로 보인다.

2B.36. 플라톤 『고르기아스』 452e1-453a7

|452e| 고르기아스: 나 자신이 주장하는 바로는, 그것[473]은 연설들(logoi)[474]을 가지고 설득할 수 있는 것(to peithein ... hoion t' einai), 법정에서는 재판관들을, 평의회장에서는 평의회 의원들을, 민회에서는 민회 구성원들을, 그리고 그 밖에도, 국가의 일에 관한 모임(politikos syllogos)이 될 수 있는 것이면 그 어떤 모임에서든 연설들을 가지고 설득할 수 있는 것이죠. 이 능력(dynamis)을 가지면 당신은 의사를 노예로 삼을 수도 있고 체육 선생을 노예로 삼을 수도 있을 거예요. 그리고 여기 이 사업가(chrēmatistēs)는 자신을 위해서가 아니라 남을 위해서, 실인즉슨 당신을 위해서 돈벌이를 하고 있는 것으로 드러날 거예요. 대중들(ta plēthē)에게 연설을 해서 그들을 설득할 능력이 있는(dynamenos) 당신을 위해서 말이죠.

소크라테스: 내가 보기엔, 고르기아스, 이제 당신은 |453a| 수사학이 무슨 기술이라고 생각하는지 분명히 하는(dēlōsai) 데 거의 다다른 것 같네요. 내가 조금이나마 이해하고 있다면 수사학은 설득의 장인(peithous dēmiourgos)이며 그것이 하는 일(pragmateia) 전체와 그 핵심은 이것으로 귀결된다는 것이 당신의 주장입니다. 아니면 듣는 사람들의 영혼 속에 설득을 만들어 낼(poiein) 능력이 있다(dynasthai)는 것 말고 수사학에 대해 뭔가 더 말할 걸 가지고 있나요?

---

473 즉, 수사학.
474 혹은 '말들', '논변들', '담론들'. 이하 마찬가지.

고르기아스 : 조금도 없어요, 소크라테스. 당신이 충분히 정의하고 있는 걸로 보이네요. 그게 그 기술의 핵심이니까요.

2B.36s. 플라톤『고르기아스』454e9-455a2 (DK 82A28)[475]
[화자: 소크라테스; 청자: 고르기아스]

그러니까 수사학은 정의로운 것과 부정의한 것에 관해 믿음을 주는(pisteutikē) 설득의 장인이지, 가르치는(didaskalikē) 설득의 장인은 아닌 것 같네요.

2B.37. 플라톤『파이드로스』261a7-c3 (DK 82B14)[476]

소크라테스: 그럼 수사학은 전체로 보아 연설들을 통해 영혼을 이끄는(psychagōgia) 어떤 기술 아닌가요? 법정들과 다른 공적인[477] 모임들(dēmosioi syllogoi)에서만이 아니라 사적인 모임들에서도 마찬가지로 말이죠. 작은 일들에 |261b| 관해서도 큰일들에 관해서도 같은 기술이어서, 적어도 옳기만 한 것이면 사소한 일들에 관해서 생겨나는 것보다 중대한 일들에 관해서 생겨나는 것이 더 가

---

475 위 2B.36의 정의를 거의 같은 말로 확인하는 단편. 그러나 믿음을 주는 설득과 가르치는 설득 구분이 새로 들어온다. G나 LM은 고르기아스의 가르침에 넣었지만, 좋은 선택으로 보이지 않는다. 추가된 이 구분은 고르기아스보다는 오히려 소크라테스 쪽에 더 가까울 것이고, 혹은 더 정확하고 안전하게는 저자 플라톤의 것으로 보는 것이 좋겠다. '진정한 수사학'에 관련된 사항이다.

476 = 7B.30. 6B.48 포함. 17A.41과 중복. 소크라테스의 발언은 소크라테스의 진정한 수사학 관련 절에 포함된다. LM은 '수사학의 종류들'로 분류.

477 혹은 '대중적인', '인민의'.

치 있는(entimoteron)⁴⁷⁸ 건 전혀 아닌 거 아닌가요? 아니면 당신은 이런 것들을 어떤 식으로 들었나요?

파이드로스: 제우스에 걸고 말하건대 그런 식으로는 전혀 아니죠. 오히려 어떤 식으로든 기술에 의해 가장 많이 이야기되기도 하고 써지기도 하는 건 소송들과 관련해서이고, 대중 연설들(dēmēgoriai)과 관련해서도 이야기가 되지요. 그 이상은 들은 바 없습니다.⁴⁷⁹

소크라테스: 아니, 그렇다면 당신은 연설들에 관한 기술들⁴⁸⁰로 네스토르와 오뒤세우스의 것들만 들은 거네요. 그 두 사람이 일리온⁴⁸¹에서 한가로움을 누리면서 썼던 것들 말이죠. 팔라메데스의 기술들은 들어 본 적이 없나요?⁴⁸²

|261c| 파이드로스: 제우스에 걸고 말하건대, 네스토르의 것들조차도 나로선 들어 본 적이 없어요. 당신이 내세우는 네스토르라

---

478 혹은 '더 존중받는'.

479 말의 기술이 법정과 민회라는 공적 영역에만 적용되는가, 아니면 개인 간 대화라는 사적 영역에도 되는가(아니 오히려, 그 영역에 주로 초점을 맞추어 적용되어야 하는가) 하는 견해의 차이가 현존 수사학을 '수사학'이라는 새로운 용어로 규정하면서 진정한 철학적 수사학을 머릿속에 떠올리는 일이 플라톤에게 일어났을 가능성을 생각해 보게 한다. 소피스트적 말 기술을 이런 공적 담론 영역에만 제한시키려는 의도가 '수사학'이라는 신조어를 만든 플라톤의 의도였으리라는 짐작을 쉬아파(1991)도 제시한 바 있다(466쪽).

480 혹은 '체계들', '교범들', '규칙들'. 이하 마찬가지.

481 즉, 트로이.

482 네스토르와 오뒤세우스는 호메로스에 나오는, 연설 능력으로 잘 알려진 영웅들이다. 팔라메데스는 호메로스에 등장하지 않지만, 흔히 영리한 발명가로 회자된다.

는 어떤 사람이 고르기아스를 가리키는 게 아니라면, 그리고 오뒤세우스라는 어떤 사람이 트라쉬마코스와 테오도로스[483]를 가리키는 게 아니라면 말입니다.

10. 수사학의 능력(힘)

2B.38. 플라톤 『필레보스』 58a7-b2 (DK 82A26)[484]

[화자: 프로타르코스; 청자: 소크라테스]

프로타르코스: 나는 자주, 소크라테스, 고르기아스가 그때그때 하던 말을 듣곤 했는데요. 모든 기술들 가운데 설득의 기술(hē tou peithein)은 아주 차이가 난다[485]고 했지요. |58b| 모든 것들을 강제를 통해서가 아니라 자발적으로 자기 밑에 노예(doula)가 되게 만들고 모든 기술들 가운데 단연 최고로 훌륭하니까 그렇다는 거죠.[486]

---

483 뷔잔티온의 테오도로스는 『테아이테토스』에 등장하는 동명의 기하학자와 다른 인물이다. 430년경이 전성기인 트라쉬마코스보다 젊은 동시대인이다. 아리스토텔레스는 트라쉬마코스와 더불어(더 정확히는 그의 뒤를 이어) 시칠리아의 테이시아스 뒤를 이어 수사학사 발전에 가장 중요한 기여를 한 인물 가운데 하나로 꼽는다(『소피스트적 논박』 183b32: 7B.29).

484 수사학의 정의와 힘(다른 모든 기술에 앞서는 설득의 기술).

485 혹은 '다른 모든 기술들보다 월등히 뛰어나다'.

486 『헬레네 찬양』 8 이하에 말의 힘 내지 설득의 힘이 잘 묘사되어 있다.

2B.39. 플라톤 『고르기아스』 456a4-b5 (DK 82A22 확장)[487]

소크라테스: 그런 것들[즉, 민회에서 논쟁의 승리가 언제나 연설가들에게 돌아간다는 점]이 놀랍기도 해서, 고르기아스, 내가 아까 전부터 계속 수사학의 능력이 도대체 무엇인지를 묻고 있는 겁니다. 이런 식으로 검토하면서 보니 내겐 그 크기(to megethos)가 신령스러운[488] 어떤 것으로 보이고 있거든요.

고르기아스: 당신이 그야말로 모든 걸 알게 된다면 얼마나 좋을까요, 소크라테스! 그것이, 말하자면 능력들 전부를 끌어모아 자기 밑에 둔다는 걸 말이죠. |456b| 이제 커다란 증거 하나를 당신에게 말해 줄게요. 이제까지 나는 자주 내 형제[489]와 함께, 그리고 다른 의사들과도 함께 환자들 가운데 누군가에게 갔지요. 환자가 약을 먹거나 아니면 의사에게 자르거나 태우게 맡겨야 하는 상황에서 그걸 거부하는데, 의사는 설득을 하지 못하는 그런 환자에게 가서 난 설득을 해냈지요. 다른 그 어떤 기술도 아닌 수사학을 가지고서 말이죠.

11. 수사학의 사용과 책임의 한계[490]

2B.40. 플라톤 『고르기아스』 456c6-457c3

---

487 수사학(설득)의 힘의 내용(『필레보스』 구절을 이어 가며 내용으로 이어짐).
488 혹은 '신묘한'. 즉, 인간의 영역을 넘어선.
489 즉, 헤로디코스.

그러니까 그 기술이 가진 능력(dynamis)이 그만큼이고 또 그 기술이 그러하지요. 그렇지만, 소크라테스, 그 기술을 사용할 때는 다른 모든 싸움 연습(agōnia)[491]처럼 사용해야 합니다. |456d| 다른 싸움 연습의 경우에도 다음과 같은 이유로 덮어놓고 모든 사람들을 상대로 그걸 사용해서는 안 되거든요. 주먹으로 때리고 종합격투를 하고 무장한 채 싸우고 하는 걸 친구들이든 적들이든 막론하고 다 압도할 수 있게 배웠다는 이유로 말이에요. (그렇게 배우긴 하지만 그렇다고) 그런 이유로 친구들을 실제로 때리면 안 될뿐더러 찌르고 죽이는 건 더더욱 안 되지요. 더군다나, 제우스에 걸고 말하는데, 누군가가 레슬링장에 다녀서 몸이 좋은 상태가 되었고 때리는 걸 잘하게 되었는데, 이후 그의 아버지와 어머니 혹은 집안사람들이나 친지들[492] 가운데 누군가를 때린다면, 그런 이유로 |456e| 체육 선생들과 무장한 채 싸우는 걸 가르치는 사람들을 미워하고 도시들에서 쫓아 내서는 안 됩니다. 저 사람들은 이것들을 정의롭게 사용하라고, 적들과 불의를 저지르는 사람들을 상대로 방어하면서 사용하라고 넘겨준(paredosan) 거지, 도발하라고 한 건 아닌데, |457a| 요 사람들[493]이 삐딱하게 방향을 틀어서 자

---

490   수사학의 힘(능력)[고르기아스가 원래 썼을 법한 말은 '말의 힘(능력)'. cf. 『헬레네 찬양』]의 사용은 선생 책임이 아니라 사용하는 자의 책임이라는 주장.

491   혹은 '수련', '훈련'.

492   혹은 '친구들'.

493   즉, 제자들. (어법에만 충실하자면, '저 사람들'과 대비되는 '요 사람들'이란 제자들 일반을 가리키지만) 더 정확히는 제자들 가운데 정의로운 방향이라는 가르침의 기본 정신에 충실하지 않은, 앞의 예에서와 같은 행동을 하는 사람들.

기들의 힘(ischys)과 기술을 옳지 않게 사용하는 거니까요.[494] 그러니까 가르친 사람들이 나쁜(ponēroi)[495] 게 아니요, 이런 이유로 기술이 잘못도 나쁜 것도 아닙니다. 오히려 옳지 않게 사용하는 사람들이 잘못이고 나쁘다고 난 생각합니다.

바로 이 똑같은 논변[496]이 수사학에 관해서도 적용됩니다. 연설가는 모든 사람들을 상대로 모든 것에 관해 말하는 능력이 있습니다(dynatos ... legein). 한마디로 말해 자기가 원하는 것이면 그무엇에 관해서든, 대중 앞에서 더 설득력 있을 정도로 말이죠. |457b| 하지만 그런 이유 때문에, 즉 그걸 할 능력이 있으리라는 것 때문에, 의사들에게서 평판(doxa)을 빼앗는다는 게 조금이라도 더 정당하게(dei) 되는 건 아니고, 다른 기술자들[497]의 경우도 마찬가지입니다. 오히려 싸움 연습과 마찬가지로 수사학도 정의롭게 사용해야 합니다. 그런데, 내가 생각하기로는, 누군가가 수사학에 능하게(rhētorikos) 되었는데 이후 이 능력(dynamis)과 기술을 가지고 불의를 저지른다면 그를 가르친 사람을 미워하고 도시들로부터 내쫓아서는 안 됩니다. 저 사람은 |457c| 정의로운 것에 사용하라고(epi dikaiou chreiāi) 넘겨주었는데, 요 사람이 반대로 사용

---

494 혹은 '요 사람들이 … 사용하는 거니까요.' 대목을 '자기들의 힘과 기술을 삐딱한 방향으로 바꾸는 사람들이 그것들을 옳지 않게 사용하는 거니까요.'로 옮기는 것도 가능하다. 혹은 좀 더 삐딱하게 읽어서 '(요런) 삐딱한 사람들이 자기들의 힘과 기술을 옳지 않게 사용하는 거니까요.'로 옮길 수도 있다.

495 혹은 '사악한'.

496 혹은 '이야기', '이치'.

497 혹은 '장인들'.

하는 거니까요. 그러니 옳지 않게 사용하는 사람을 미워하고 쫓아내고 죽이는 게 정의로운 일입니다. 가르친 사람이 아니라.

12. 교수법: 외우는 훈련(기술인가, 아닌가?)

2B.41. 아리스토텔레스 『소피스트적 논박』 34, 183b36-184a7 (DK 82B14)[498]

쟁론적 논변들과 관련하여 보수를 받고 일하는(mistharnountes) 사람들의 교육(paideusis)은 고르기아스의 작업(pragmateia)[499]과 유사한 어떤 것이었다. 어떤 사람들은 수사학적 연설들을, 또 어떤 사람들은 질문을 제기하는(erōtētikoi) 연설들을 주고 외우게 했는데, 양편 가운데 어느 쪽이든 이 연설들에는 상대편 사람들의 연설들이 최대한 들어가 있다고 생각했던 것이다.[500]

바로 그것 때문에, 배우는 사람들을 위해 그들이 베푼 가르침(didaskalia)은 빠르긴 하지만 비기술적(atechnos)[501]이었다. 그들은 자기들이 기술(technē)이 아니라 기술로부터 나오는 것들(ta apo

---

498 후반부는 17A.36에도 수록.

499 혹은 '체계'.

500 이어지는 다음 단락(184a1-7)은 이 단락처럼 고르기아스에 대한 보고를 담고 있다기보다 그 보고에 대한 평가가 들어 있다. 그렇기에 고르기아스 개인에게 한정되지 않는 소피스트 일반에 대한 아리스토텔레스의 관점이 반영되어 있다고 보아 17A.36에도 수록하기로 한다.

501 혹은 '비체계적'.

tēs technēs)[502]을 제공하면서 교육하고 있는(paideuein) 거라고 여겼기(hypelambanon) 때문이다. 마치 누군가가 발이 조금도 아프지 않게 해 줄 앎을 전수해 주겠다(paradōsein)고 공언하고서, 나중에는 갖바치 기술은 가르쳐 주지 않고 그 비슷한 것들을 어떻게 획득할 수 있을지도 가르쳐 주지 않고 그저 여러 종류의 다양한 신발들을 주는 경우처럼 말이다.

13. 수사학의 능력(효능)에 대한 반성적 논의(수사학의 정의)와 신조어 사용

2B.42. 플라톤 『고르기아스』 450b3-c2 (DK 82A27 확장)[503]

소크라테스: 그렇다면 도대체 왜 다른 기술들은 연설들에 관련되는데도 당신이 연설술이라 부르지 않나요? 연설들에 관련되는 기술을 당신이 연설술이라고 부른다고 한다면 말이에요.

고르기아스: 그건, 소크라테스, 다른 기술들은 그것들에 속하는 앎이 거의 전부가 손작업(cheirourgia)과 그 비슷한 활동들(praxeis)[504]에 관련되는 반면에 연설술에는 이런 손일(cheirourgēma)[505]이 전

---

502 즉, 기술의 결과물들.

503 맥락: 연설술/수사학만이 아니라 의술, 체육술 등 다른 기술들도 연설(말)에 관계한다는 것을 예시한 후의 대화.

504 혹은 '행위들'. 이하 마찬가지.

505 말만 보면 원어 '케이루르게마'(cheirourgēma)는 앞의 '손작업'에 해당하는 단어 '케이루르기아'(cheirourgia)와 거의 같은 뜻이거나 그런 손작업의 산물을 뜻할 수도 있다. 고르기아스가 만든 신조어다.

혀 속해 있지 않고 오히려 활동과 그 **효능**(kyrōsis)[506] 전체가 연설
들을 통해 |450c| 이루어지죠. 그렇기 때문에 나로선 연설 기술
이 연설들에 관련된다고 생각하는 거고, 이렇게 이야기하는 게 옳
은 거라고 난 주장합니다.

2B.43. 올림피오도로스『플라톤『고르기아스』주석』4.9 (DK
82A27)

표현들(lexeis)에 관해 능란한 사람들은 '손일'(cheirourgēma)과
'효능'(kyrōsis)이라는 두 표현이 사용되지 않는 거라고 흠을 잡는
다. 진실을 말하자면 전혀 사용되지 않는 것이기도 하니 말이다.
그러므로 우리는, 말하는 사람이 고르기아스니까 저 사람[507]이 시
켜서 그가 자기 지방에 속하는 표현들을 발설하는 거라고(그는 레
온티니 출신이니까.) 주장한다.

**14. 수사학사에서의 위상 그리고 고르기아스 수사학의 기본 태도와
방법: 그럴법함의 추구, 담론의 압축-확장(짧은 이야기와 긴 이야기)과
확대-축소(칭찬과 비난), 진지함과 익살**[508]

2B.44. 플라톤『파이드로스』267a6-b2 (DK 82A25 및 DK
80A26)[509]

---

506 역시 고르기아스의 신조어다.
507 즉, 저자 플라톤.

[화자: 소크라테스; 청자: 파이드로스]510

그런데 테이시아스511와 고르기아스는 가만히 쉬게 둘까요? 그들은 참된 것들(ta alēthē)보다 우선해서 그럴법한 것들(ta eikota)을 더 소중히 여겨야 할(timētea) 것으로 보았고(eidon), 또 이야기512의 힘(rhōmē)을 통해서 작은 것들은 큰 것으로, 큰 것들은 작은 것으로, |267b| 또 새로운 것들은 오래되게, 그 반대 것들은 새롭게 보이도록(phainesthai) 만들며, 무엇에 관해서든 이야기들을 압축해서 펼치는 법(syntomia … logōn)도 무한히 길게(apeira mēkē) 이야기하는 법도 발견해 냈지요(aneuron).

2B.45. 키케로 『브루투스』 46.1-47.5 (DK 82A25)513

|46| 그러므로 아리스토텔레스는 말한다. 시칠리아에서 참주들이 제거된 후 그동안은 오래도록 못 하던 차에 이젠 사적인 재

---

508 아곤에서 이기기 위한 수사학적 지침 내지 테크닉(가르침의 대상이 되는 기본 능력 내지 테크닉). 연설가의 일과 연설(말)의 힘에 관련됨. cf. 2B.35의 449c; 시범 연설에서의 칭찬의 끝없는 사용에 관해 이야기하는 2B.17.

509 9B.2로부터 이어짐. 이후 3B.8, 4B.11, 1B.55, 7B.18로 이어짐. 이것들 전체가 맥락과 더불어 17A.48에 포함됨. 플라톤 수사학사. 이 대목에 대한 인용과 분석이 들어 있는 강철웅(2017) 257-258쪽을 참고할 것.

510 맥락: 일련의 수사학 이론사로서 여러 소피스트들을 열거하고 있다.

511 '티시아스'로 표기되기도 한다. 이하 마찬가지.

512 혹은 '말', '논변'.

513 cf. 프로타고라스의 DK 80B6. 1B.36 포함. 5A.18로 이어짐. 아리스토텔레스 수사학사(코락스와 티시아스의 지침들을 계승). 시범 연설에서의 칭찬의 끝없는 사용에 관해 이야기하는 2B.17 참고.

산들을 되돌려 달라는 소송들이 진행되고 있었다. 저 종족은 명민하고 논쟁이 본성이어서 시칠리아 사람들인 코락스와 티시아스가 기술(ars)의 지침들(praecepta)[514]을 그때 처음으로 썼다. (그전에는 아무도 방법에든 기술에든 익숙지 않았기 때문이다. 물론 많은 사람들이 정확하고 순서에 맞게 말하긴 했어도 말이다.) 그리고 잘 알려진 주제들(res inlustres)에 대한 토론들(disputationes)이 프로타고라스에 의해 써지고 갖추어졌는데, 그것들을 요즘엔 공통의 말터들(communes ... loci)이라고들 부른다.[515] |47| 그들이 말하길, 고르기아스도 같은 일을 했다. 그는 개별[516] 대상들(res)에 대한 칭찬들과 비난들을 썼다. 이것이, 즉 칭찬으로써 대상을 확대하고 (augere) 다시 비난으로써 그것을 무너트릴(affligere) 수 있는 것이 무엇보다도 연설가에게 속하는 고유한 일(maxime proprium)이라고 판단했기 때문이다.[517]

2B.46. 퀸틸리아누스 『연설에 대한 훈련』 3.1.12[518]

이 사람들[즉, 예전의 수사학 교사들] 가운데서 프로타고라스, 고르기아스가 공통의 말터들(communes loci)을 처음으로 논의했

---

514 원문을 곧이곧대로 옮기면 '기술과 지침들'이다. 그리고 '기술' 대신 '기술 교범'으로 새길 수도 있다.

515 1B.36에도 수록.

516 혹은 '특별한'.

517 뒤의 두 문장(47.1-5)은 아리스토텔레스 『수사 기술 교범들 모음』 단편 137 Rose에 해당한다.

518 1B.37(= 3B.2, 4B.36, 7B.16)에 포함.

다고 이야기들을 하며 [⋯]

2B.47. 아리스토텔레스『수사학』3.18, 1419b3-9 (DK 82B12 포함)[519]

우스운 것들에 관해서 말하자면, 그것들은 경쟁들(agōnes)에서 모종의 쓸모가 있다고 보이고, 상대방의 진지함(spoudē)은 익살(gelōs)로, 익살은 진지함으로 허물어야(diaphtheirein) 한다고 고르기아스가 말했는데, 이건 옳은 말이므로, 우스운 것들의 종류들이 얼마만큼 있는지를『시학』에서 이야기한 바 있다.[520] 그것들 가운데 어떤 것은 자유인에게 어울리고 어떤 것은 그렇지 않아서, 자신에게 어울리는 것을 고를 수 있을 것이다. 그런데 의뭉(eirōneia)이 광대노릇(bōmolochia)[521]보다 더 자유인다운 것이다. 의뭉 떠는 사람은 자신을 위해 우스움을 만들어 내지만, 광대는 다른 사람을 위해 그러기 때문이다.

[15-16. 가르침의 대상: 아무것에나 다 대답함, 즉흥 연설, 때(임기응변). cf. 기술 교범의 문제와 연결]

---

519 cf. 2B.19의 '아곤' 언급.
520 전해지는『시학』에 이 논의가 발견되지 않는다는 것은 소설의 소재가 될 정도로 매우 잘 알려져 있다.
521 혹은 '저속한 익살'.

15. 아무것에나 다 대답함

2B.48. 플라톤 『메논』 70b5-c3 (DK 82A19)[522]

[화자: 소크라테스; 청자: 메논]

특히나[523] 그[즉, 고르기아스]는 여러분들에게 이런 습관이, 즉 누군가가 무슨 질문을 하면 두려움 없으면서도 호기롭게 대답하는 습관이 들게 했습니다. 마치 알고 있는 사람들이 |70c| 그럴법한 것처럼 말이죠. 그 자신도 희랍인들 가운데 원하는 사람에게 누군가가 무엇을 원하든 간에 그것을 물을 수 있도록, 그리고 누구에게도 대답을 안 해 주는 사람이 없도록 자신을 제공하기 (parechōn) 때문입니다.

2B.49. 키케로 『논변 발견에 관하여』(De Inventione) 1.7 (DK 82A26)

레온티니 출신 고르기아스는 아마도 가장 오래된 수사가(rhetor)[524]

---

522 2A.21로부터 이어짐. 무슨 질문에나 다 호기롭게 답해 주는 태도와 능력. cf. 플라톤 『고르기아스』의 447c(위 2B.35)의 '아무 질문에나 다 대답함'.

523 혹은 '게다가'.

524 혹은 '수사학 선생'. 이 '레토르'(rhetor)는 바로 뒤에 연이어 나오는 '오라토르' (orator)와 쓰임새가 구별되는 말이다. 키케로는 희랍어 '레토르'의 주된 의미 인 '연설가'라는 말에 대응하는 라틴어 번역어로 '오라토르'(orator)를 대개 사용했다. 희랍어 '레토르'(rhetōr)를 그냥 가져와서 쓴 '레토르'(rhetor)는 희랍 어 용어의 또 다른 의미인 수사학 선생 혹은 수사가를 가리키기 위해 주로 사용되었다. 물론 (키케로의 경우는 아마 아닐 텐데) 어쩌다가 희랍어에서처럼 '연설가'를 가리키는 말로 쓰이는 경우 대개 '길게 연설조로 지껄이는 사람'

일 텐데, 연설가(orator)는 모든 일들(res)에 관해 가장 잘 말할 수 있다고[525] 간주했다.

16. 즉흥 연설과 때

2B.50. 필로스트라토스 『소피스트들의 생애』 1. 서론 481, 482-483 (첫 두 단락 DK 82A1a; 뒤 두 단락 DK 82A24)[526]

[…] 고르기아스에게서 나온 사람들은 그렇다고 여겨지는 것에 따라(kata to doxan)[527] 주제들을 다루었다.

[…] 그런데 즉흥 연설을 시작한 사람은 고르기아스다.[528] 이 사람은 아테네의 극장에 나타나서 "내놔 보세요들(proballete).[529]" 하고 자신 있게 말했던 것이다. 그리고 이런 배짱 좋은 말을 입 밖에 꺼낸 건 이 사람이 처음이다. 분명 자기는 모든 것들을 알고 있으며 무엇에 관해서든 때에 맡겨(ephieis tōi kairōi)[530] 말할 수 있으리라는 걸 보여 주면서 말이다.

정도의 조소 뉘앙스를 갖기도 했다.

525 '모든 일들에 관해 가장 잘 말할 수 있다고' 대신 '모든 일들에 관해 말할 수 있는 것이 가장 좋은 것이라고'로 옮길 수도 있다.

526 2A.6으로부터 이어지며 그곳과 처음 일부 중복. 17A.10과 첫 단락 중복. cf. 2A.1의 1.9.1, 1.9.3; 프로디코스 장의 3A.15, 3B.45.

527 혹은 '마음에 맞는 것에 따라'.

528 즉흥 연설에 관해서는 2A.1의 1.9.3.

529 '아무 질문[/요구 사항/주제]이나'쯤에 해당하는 목적어가 생략되어 있다고 보면 된다.

530 혹은 '임기응변에 기대어'.

그런데 이런 생각이 고르기아스에게 떠오른 건 다음과 같은 것 때문이라고 난 생각한다. 케오스 출신 프로디코스가 어떤 여간 즐겁지 않은 이야기(logos)를 지은 바 있었다.[531] 덕(아레테)과 악덕(카키아)이 여인의 모습을 하고 헤라클레스에게 온다. 한 여인은 매혹적이면서(apatēlos) 다채로운 옷을 입었고, 다른 여인은 별 생각 없이 입고 있었다. 그리고 그들이 아직 젊은 헤라클레스에게 제안을 하게 되는데, 한 여인은 게으름(argia)과 번지르르함(tryphē)[532]을, 다른 여인은 지저분함(auchmos)[533]과 노고들(ponoi)을 제안한다. 이 모든 것들에 상당히 많은 살을 붙여 이야기를 지어 놓고서 프로디코스는 도시들(astē)을 돌아다니며 이 이야기의 시범을 돈을 받고 보여 주었다. 오르페우스와 타뮈리스의 방식으로 매혹시키면서(thelgōn) 말이다.[534] 이런 시범들을 통해서 그는 테베인들 사이에서 큰[535] 가치가 있다고 생각되었으며, 라케다이몬인들 사이에서는 더 큰 가치가 있다고 생각되었다. 이것들을 가르침으로써 젊은이들에게 유익을 주는 사람으로 여겨졌기 때문이다. 그래서 고르기아스는 진부하고도 여러 번 써먹은 이야기들을 해 댄다고 프로디코스를 비웃으면서 자신을 때(kairos)[536]에 내맡겼다

---

531 이 이야기의 상세한 버전은 3B.48에 수록.

532 혹은 '사치'.

533 혹은 '가뭄', '무미건조함'.

534 플라톤 『프로타고라스』 315a를 연상시키는 대목이다.

535 혹은 '큰 보상을 받을'. 아래도 마찬가지.

536 혹은 '임기응변'.

(epaphēken)[537].

하지만 그에겐 영락없이 시기(phthonos)가 따라붙었다.[538] 아테네에 카이레폰이라고 하는 어떤 사람이 있었다. 희극이 "상자나무" (pyxinos)[539]라고 부르던 사람을 말하는 건 아니다. 그 사람은 잔신경을 많이 써서 혈색이 안 좋았던 반면에, 지금 내가 말하는 사람은 방자한 태도로 일관하면서 뻔뻔한 조롱을 일삼는 사람이었으니까 말이다. 바로 이 카이레폰이 고르기아스의 진지한 추구(spoudē)에 트집을 잡으면서 말했다. "콩들이, 고르기아스, 뭣 땜에 내 배는 부는데(physōsi)[540], 불은 못 부는(physōsin)[541] 거죠?[542]" 그런데 그는 이 물음에 조금도 열을 내지(tarachtheis)[543] 않고 말

---

537 혹은 '밀착시켰다'.

538 혹은 보다 직역에 가깝게는 '하지만 그는 영락없이 시기와 마주쳤다.'

539 통상 '회양목'이라고 부르지만 본래 이 식물 이름의 뜻을 살려 옮겼다.

540 즉, 불어서 불리는데[/부풀리는데].

541 즉, 불어서 못 붙이는[/못 일으키는].

542 '퓌사오'(physaō)라는 동사의 애매성을 활용한 말장난이다. '(바람이나 숨 등을) 불다', 그래서 '(배를) 불리다/부풀리다' 혹은 '(풀무를) 불어 (불을) 붙이다/일으키다' 등의 의미로 쓰이던 말이다. 이 애매성과 발음상 유사성 모두를 번역에서 드러내는 것은 불가능에 가깝다. 그럼에도 불구하고 어떻게든 살려 보려는 시도의 일환으로, 하나의 동사지만 '불어서 불리다'와 '불어서 붙이다'로 늘여 새겨 볼 수 있겠다. 결국 우리말에서는 '콩들이, 고르기아스, 뭣 땜에 배는 부는데, 불은 못 부는 거죠?'라고 발음하면서, 머릿속으로 '콩들이, 고르기아스, 뭣 땜에 불어서 불리는데[/부풀리는데], 불은 불어서 못 붙이는[/못 일으키는] 거죠?'라고 뜻을 새기는 수밖에 없다. 그런가 하면, 배는 육체적 쾌락을, 불은 정신적 통찰력을 의미하는 것으로 보고 뜻을 음미해 볼 수도 있다. 이렇게 언어 유희와 숨겨진 의미 모두를 이해하냐는 식의 탐색적 질문인 셈이다.

했다. "이건 당신이 고찰할 거리로 남기죠. 다만 저거 하난 내가 오래전부터 알고 있는데요. 땅이 이런 사람들을 위해 회향(茴香) 줄기들 (narthēkes)[544]을 자라게 하지요(phyei)[545] [546]"[547]

2B.51. 할리카르나소스의 디오뉘시오스 『단어들의 조합에 관하여』(*Peri Syntheseōs Onomatōn*) 12.37-43 (DK 82B13)

---

543 혹은 '당황하지'.

544 혹은 '회향 줄기로 만든 지팡이들'.

545 혹은 '내지요'.

546 회향(茴香) 줄기(narthēx)의 쓰임새가 이중적임을 이용한 언어 유희다. 우선, 회향 줄기는 프로메테우스가 하늘에서 불을 훔쳐 올 때 대롱처럼 속이 빈 그 줄기로 만든 지팡이를 불을 담는 용기로 사용한 바 있다. 혹은 그 대롱이 '불다' 동사의 애매성에서 이용되는 일종의 풀무 노릇을 할 수도 있다. 그런가 하면, 이 지팡이가 학교 선생의 회초리로 사용되기도 했다. 한편으로는 불과 관련되고, 다른 한편으로는 지성의 덜 된 사용과 관련된다는 이중성을 '즉석에서' 찾아 대응한 고르기아스의 임기응변을 잘 드러내는 일화라 할 수 있다. 아이스퀼로스 『결박된 프로메테우스』 109-111은 회향 줄기의 이 이중성을 잘 드러내는 또 다른 예다. 그런가 하면, 카이레폰이 사용한 '불다' 동사 '퓌사오'와 발음이 유사한 '자라게 하다' 동사 '퓌오'(phyō)를 끄집어 낸 것은 뜻과 소리 모두를 이용하는 상대방의 기술에 상응하는 면모를 보여 준다고 말할 수 있겠다.

547 이 카이레폰이 소크라테스 장에 나오는 카이레폰, 즉 소크라테스의 제자 카이레폰과 다른 인물이라고 간주해야 할 절박한 이유는 없어 보인다. 물론 『고르기아스』 447c 이하에 나오는 '우호적'인 카이레폰이 여기 나오는 '시기에 찬' 카이레폰과 일견 매우 달라 보이긴 한다. 그러나 여기 일화에 대한 그 평가적 언급 외에 일화 내용 자체는 얼마든지 플라톤의 묘사와 조화시킬 수 있다. 예컨대, DG의 해석에 따르면 여기 일화가 드러내는 대화가 시기가 아니라 친한 사이에서의 정감 어린 농담일 수도 있다(353쪽 주석 13).

그런데 때(kairos)에 대해서 적어도 지금까지는 그 어떤 연설가도 철학자도 기술 교범(technē)[548]을 규정해 놓은 바가 없다. 처음으로 그것에 관해 쓰려고 시도했던 레온티니 출신 고르기아스조차도 주목할 만한 아무것도 써 놓지 않았다. 그 대상(to pragma)이 보편적이고 기술에 의거한 어떤 파악 안으로 들어오는 본성을 갖고 있지도 않다. 그리고 일반적으로 말해서 때는 앎에 의해서 붙잡히지(thēratos)[549] 않는다. 의견에 의해서라면 모를까.

[17-18. 문학 비평]

17. 호메로스 비평 및 교육: 표현 등에 관한 수사학적 비평의 응용 (문학 연구에 적용)

2B.52. 호메로스 『일리아스』 4.250에 관한 주석 (DK 82B27)[550]

그리고 고르기아스의 말이다. "위협들은 탄원들과, 비탄들은 기도들과 섞여 있었다(anemisgonto)."

---

548 혹은 그냥 '기술'.

549 혹은 '획득되지'.

550 GW에 따르면 이 단편은 자기 군대에 대한 아가멤논의 권유(『일리아스』 4.250)를 언급한다(204쪽 주석 204). 수사학적 비평(여기서는 언화 행위들의 분류)을 호메로스 연구에 적용하고 있음(cf. 프로타고라스 단편 33)을 보여준다. 한편 딜스는 이 단편이 『장례 연설』에 속해 있었으리라고 추측한다.

2B.53. 프로클로스 『호메로스의 생애』 26.14 (DK 82B25)

헬라니코스와 다마스테스와 페레퀴데스는 그[즉, 호메로스]의 계보(genos)를 오르페우스에게로 소급한다. […] 레온티니 출신 고르기아스는 그를 무사이오스에게로 소급한다.

2B.54. 『바티칸 금언집』 743, no. 166 (DK 82B29)

연설가 고르기아스는 "철학을 등한시하고(philosophias amelountas)[551] 보통 교과들(enkyklia mathēmata)[552]에 전념하는 사람들은 페넬로페를 원하면서도 그녀의 하녀들과 몸을 섞던 구혼자들과 같다."고 이야기하곤 했다.

18. 비극 비평: 그럴법함과 기만: ⋯임과 보임 사이

2B.55. 프로클로스 『헤시오도스 『일과 날』에 관하여』 758 (DK 82B26)[553]

고르기아스가 이야기한 것이 단적으로 참은 아니니까. 그는 이야기하길, ⋯임[/있음](to einai)은 ⋯로 보임(to dokein)[554]을 만나지(tychein)[555] 못하면 불분명하고(aphanes), ⋯로 보임은 ⋯임[/있음]을

---

551 혹은 '철학에 관심을 두지 않고'.
552 혹은 '일반 (교양) 교과들', '일반 교양에 속하는 배울거리들'.
553 프로타고라스 장 B 12절 디뒤모스 단편(1B.44)과 비교할 만하다.
554 혹은 '⋯로 여겨짐', '⋯로 드러남'.
555 혹은 '얻지'. 이하 마찬가지.

만나지 못하면 허약하다(asthenes).[556]

   2B.56. 플루타르코스 『아테네인들의 명성에 관하여』 5, 348c (DK 82B23)

   비극은, 당대인들에게 찬탄할 만한 들을거리와 볼거리가 되고 그
것이 가진 이야기들(mythoi)[557]과 정념들(pathē)[558]을 가지고 기만
(apatē)을 제공함으로써 융성하고 널리 회자되었다. 그것(hēn)
[즉, 기만][559]은 고르기아스가 말하는 바로는 "기만하는(apatēsas)
사람이 기만하지 않는 사람보다 더 정의롭고, 기만당하는 사람이 기

---

556 이 단편의 내용을 다시 풀어 정리하면 다음과 같다. 진실 혹은 실재와 …로
     보임 혹은 드러남/여겨짐은 어느 하나만 중요한 것이 아니라 둘 다 제 몫이
     있다. …로 보임의 한 측면을 말에 한정하여 이해하자면, 말로 드러나지 않
     는 진실은 분명히 드러나지 못하고 진실에 기반하지 않은 말은 진짜 힘을 갖
     지 못한다는 언명이 된다. 그러니까 고르기아스가 보기에 진실 없는 설득은
     공허하고, 설득 없는 진실은 맹목이다. 이것이 고르기아스의 입장을 충실히
     반영하는 것이라면, 고르기아스는 플라톤이 보는 프로타고라스와 소크라테
     스의 중간에 위치한 입장을 가진 셈이 된다. 드러나는 측면에 주목하는 전자
     와 진실에 주목하는 후자 사이에서 양자의 중요성을 함께 주목하는 입장 말
     이다. 그런가 하면 보다 가벼운 독해도 가능하다. DG가 추측하듯(362쪽 주
     123) 『장례 연설』에 쓰였다면, 아무리 고상한 업적을 실제로 쌓았다 해도 알
     아주는 이 없으면 희미하게 사라질 것이고, 아무리 고상한 업적이라는 인상
     을 사람들에게 주었어도 사실의 견고함을 거슬러 살아남을 수 없을 것이라는
     뜻일 수도 있다.
557 혹은 '플롯'.
558 혹은 '경험들', '사건들', '감정들'.
559 스테파누스의 수정 제안에 따라 관계 대명사 'hēn'으로 고쳐 읽었다. 사본은
     반과거 동사 'ēn'으로 되어 있다.

만당하지 않는 사람보다 더 지혜롭다."[560] 기만하는 사람이 더 정의로운 건 자기가 약속한 바를[561] 이행한(pepoiēken) 것이기 때문이고, 기만당하는 사람이 더 지혜로운 건 무감각하지 않은 자(to mē anaisthēton)가 말들의 즐거움(hēdonē logōn)에 잘 사로잡히기(eualōton) 때문이라는 것이다.

2B.57. 플루타르코스 『향연 담론집』(*Quaestiones Convivales*) 7.10.2, 715c1-3 (DK 82B24)

고르기아스는 그[즉, 아이스퀼로스]의 극들 가운데 하나인 『테베를 공격하는 일곱 사람』이 "아레스로 가득 차"(meston Areōs) 있다고 말했다.

---

560 '기만하는/당하는', '기만하지/당하지 않는'이라는 표현 대신 '기만한/당한', '기만하지/당하지 않은'으로 옮길 수도 있다. 특히 앞의 주석에 언급한 대로 텍스트를 수정하지 않는 경우에는 이런 독해가 의미가 있게 된다. 원래 사본대로 읽으면 다음과 같이 번역할 수 있다. '고르기아스가 말하는 바로는 "기만한(apatēsas) 사람이 기만하지 않은 사람보다 더 정의로웠던(ēn) 거고, 기만당한 사람이 기만당하지 않은 사람보다 더 지혜로웠던 거다."' 이 경우에는 비극 공연을 경험한 후 회고적으로 떠올리는 것으로서의 기만이 초점이 되는 것이라 할 수 있겠다. 플루타르코스가 설명하면서 사용한 '이행한'(pepoiēken)이라는 완료 시제 표현도 이 독해에 좀 더 잘 어울린다.

561 혹은 직역하면 '그가 바로 이것을 약속해 놓고'.

19. 고르기아스 식 말하기의 적용 사례들: 당대 사회·문화에 대한 비평

2B.58. 아리스토텔레스 『정치학』 3.2, 1275b22-34 (DK 82A19 확장)[562]

그런데 실제 통용되는 바(chrēsis)[563]에 따르면 양쪽 다 시민인 부모에게서 난 사람이 시민으로 정의되지, 이를테면 아버지나 어머니 어느 한쪽만 시민인 경우는 아니다. 그런데 어떤 사람들은 이것을 더 확대해서 적용하려 하기도 한다. 예컨대, 조부나 증조부 혹은 그 이상의 사람들에게까지 말이다. 그런데 이렇게 통속적이고 (politikōs)[564] 거칠게 정의가 내려지게 되는 경우에, 어떤 사람들은 그 조부나 증조부는 또 어떻게 시민일까에 대해서는 어찌 받아들여야 할지 막막해한다.

그래서 레온티니 출신 고르기아스는 한편으로는 어쩌면 어찌 받아들일지 막막해서(aporōn) 또 한편으로는 비꼬면서(eirōneuomenos) 말했다. "막자사발장이(holmopoioi)가 만들어 낸 거면 다 막자사발들(holmoi)인 것처럼 라리사인들(Larisaioi)도 장인들(dēmiourgoi)이 만들어 낸 거면 다 라리사인들인 거다. 개중엔 라리사인장이들

---

562 아이러니 섞인 언어 유희에 관해서는 2B.65와 2B.64 참고.

563 이것과 대비되는, 시민의 이론적, 원칙적 정의는 직전 1장에서 이야기되었다. "심의하는 혹은 판결하는 관직에 참여할[즉, 민회원이나 배심원이 될] 권한이 있는 사람."

564 직역하면 '정치적이고'.

(larisaiopoioi)이 실제로 있어서 하는 말이다."[565]

실인즉슨 문제는 간단하다. 그들이 앞에서 말한 정의에 따라 정치 체제(politeia)[566]에 관여하고 있었다면 그들은 시민들이었던 것이다. 시민인 아버지에게서 혹은 시민인 어머니에게서 났다는 것

---

565 1) '데미우르고스'(dēmiourgos)는 본래 '인민'(dēmos)을 위해 '일하는'(ergō) 사람이라는 뜻으로 보통은 인민의 삶에 필요한 물건들을 '만드는' 제작자, 즉 '장인'을 가리킨다. 그런데 특히 일부 펠로폰네소스반도의 도시들에서 '행정관'을 가리키는 말로 쓰이기도 했다. 말 그대로 인민을 위해 '봉사하는' 사람이라는 뜻일 것이다. 여기서 '···장이'라고 옮긴 말의 '장이'는 '···를 만드는 사람'이라는 뜻의 '···포이오스'(-poios)를 옮긴 것이다. 2) 그런데 고르기아스의 말장난을 이해하려면 마지막 문장에 사용된 또 하나의 애매성을 보아야 한다. '라리사인장이들'(larisaiopoioi)의 '라리사인'(Larisaios)이란 사람을 가리키는 말도 되지만, 주전자나 냄비쯤에 해당하는 라리사산(産) 그릇을 가리키는 '라리사인(들)의/라리사의 그릇'(Larisaios ephētēr)에서 뒤의 '그릇'이 생략되고 줄어서 쓰인 말이다. '차이나에서 온 그릇'이나 '샴페인산(産) 포도주'가 그냥 줄어서 '차이나'나 '샴페인'이 된 연유와 비슷하다. 고르기아스의 발언은 이렇다(괄호 안의 내용이 해당 단어의 애매성을 반영한다). '막자사발은 막자사발장이가 만드는 거고, 라리사인(라리사 시민 혹은 라리사 그릇)은 장인(라리사 행정관 혹은 라리사 그릇 제작자)이 만드는 거다. 실제로 장인 중에 라리사인장이(라리사 행정관 혹은 라리사 그릇 제작자)가 있어서 이 말을 하는 거다.' 발언의 맥락은 알 수 없지만, 행정관이 만들어 내는 시민 자격에 대한 비꼼이 들어 있는 것만큼은 분명해 보인다. 3) 이 정도로도 충분히 이 발언은 이해할 수 있다 할 수 있겠는데, 실은 '데미우르고스'의 또 다른 애매성이 있다. '인민을 위해' 만드는 사람이라는 뜻 말고 '인민을' 만드는 사람이라고 풀 수도 있다(LM 253쪽). 여기서부터는 당대 일상 언어를 넘어선 수준의 작업이 된다. 바로 이런 수준의 작업을 고르기아스가 의도하고 있는 것으로 보인다. 신조어 창안이 고르기아스의 기획들 가운데 하나였음에 주목할 필요가 있다.

566 혹은 '시민 자격'.

을 맨 처음에 식민해 왔거나 도시를 건립한 사람들에게 적용한다는 것은 아예 가능하지조차 않으니까 말이다.

2B.59. 플루타르코스 『키몬』 10.5 (DK 82B20)[567]

게다가 레온티니 출신 고르기아스도[568] 말한다. "키몬[569]이 돈을 번 건 쓰기 위해서였고, 돈을 쓴 건 존경받기 위해서였다."

---

567 cf. 10B.9.

568 즉, 아리스토텔레스와 구희극 작가 크라티노스(519-422)만이 아니라.

569 키몬(510-450년경)은 기원전 5세기 아테네의 부자 귀족 출신(아버지는 밀티아데스이고 어머니는 트라키아 왕 올로로스의 딸 헤게시퓔레다.)의 정치가이자 장군이다. 480-479년 페르시아 전쟁 승리 뒤 아테네가 해상 강국으로 부상하는 데 중요한 역할을 한 군사 영웅이다. 466(혹은 468)년 에우뤼메돈강 전투에서의 승리로 델로스 동맹을 동쪽 팜필리아의 파셀리스까지 확장한 것이 최대 업적으로 꼽힌다. 462년 스파르타에서 일어난 헤일로테스 반란 진압 파견을 자청해 지원군을 이끌고 갔으나 실패했고 461년 도편 추방되었다. 그러나 451년에 스파르타와 아테네 화의 조약 중재를 위해 10년 추방 기간을 다 채우기도 전에 다시 불려졌다. 페리클레스에 대항하여 귀족파를 이끌었고, 에피알테스의 민주정 개혁에도 반대했다고 알려져 있지만, *OCD* 해당 항목 저자들에 따르면 그렇다고 그가 골수 중무장 보병적 보수파는 아니었던 것으로 보인다. 그가 오락과 공적인 일들에 돈을 쓴 것은 테미스토클레스, 에피알테스, 페리클레스 같은 혁신적 지도자들과의 경쟁의 일환이었을 것이고(그것이 아마도 이 단편의 배경일 수 있다.), 도편 추방 후 그의 친 스파르타 정책이나 페르시아와의 평화 정책 같은 것들은 철회되기도 했다. 그러나 이런 인간관계나 외교적 판단을 갖고 있었다고 해서 그가 민주정이나 제국의 적이었다고 단순히 규정하기는 어렵다. 에우뤼메돈강 전투가 중무장 보병만큼이나 해군 테테스의 업적이라 할 수도 있고, 양자 간 군사적 명예 경쟁이 나중 시대(즉, 그의 생애 뒷부분)까지 유효하지 않았으며(양쪽 모두 고위직에서 배제됨), 스파르타는 적어도 그와 그의 중무장 보병들을 혁신적인 성향으로 보았다는 것 등 여러 복잡한 이유들 때문이다.

2B.60. 플루타르코스 『어떻게 아첨꾼을 친구와 구분할 것인가?』
(*Quomodo Adulator ab Amico Internoscatur*) 23, 64c (DK 82B21)

친구란 고르기아스가 천명한(apephaineto) 바와 같지 않으니까
말이다. 그는 "친구는 정의로운 일들을 할 때 자기 친구가 자신을 도와
주겠거니 기대하겠지만, 오히려 저 친구를 자신이 많이, 심지어 정의롭
지 않은 일들까지도 도와주게 될 것이다."라고 천명한 바 있다.

2B.61. 플루타르코스 『여인들의 용기』 242e (DK 82B22)[570]

"여인[571]의 모습(eidos)이 아니라 생각(doxa)[572]이 많은 사람들에
게 알려지기를" 촉구할 때 고르기아스는 우리에게[573] 더[574] 세련되어
(kompsoteros) 보인다.

---

570 cf. 『헬레네 찬양』 2; 여자의 덕에 관해서는 2B.27의 플라톤 『메논』 71e.

571 혹은 '그 여인'.

572 여인 자신의 생각만이 아니라 사람들의 생각(세평)까지 포함하는 말이다. 이
단어에는 '생각', '의견', '믿음', '판단'이라는 뜻과 '명성', '영광', '평판', '세평'
이라는 뜻이 함께 들어 있다는 것이 당대 독자/청자들에게는 잘 의식되어 있
었을 것이다. 그런가 하면 『헬레네 찬양』 2에는 생각보다 평판 쪽 의미가 상
대적으로 더 강조되어 있다. 4에는 아예 '좋은 평판'(eudoxia)이라는 단어가
등장한다. 2에는 '독사'(doxa)라는 단어 자체가 등장하지는 않는다.

573 '내게'로 새길 수도 있다.

574 '투키디데스보다 더'라는 뜻이다. 직전 문장에서 플루타르코스는 비난이든 칭
찬이든 바깥 사람들에게서 회자되는 이야기가 가장 적은 여인이 가장 훌륭한
여인이라는 투키디데스의 견해에 이견을 표한 바 있다.

2B.62. 『바티칸 금언집』743, no. 167 (DK 82B30)

고르기아스는 말하길, "연설가들은 개구리들과 같다. 후자는 물속에서 와글대는데(keladein) 전자는 물시계 앞에서 와글대니까."[575]

2B.63. 쉬리아노스 『헤르모게네스 『문체의 종류들에 관하여』 주석』 11.20-23[576]

고르기아스는 시적인 개진 방식(poiētikē hermēneia)을 정치적 연설들(logoi politikoi)에 옮겨 놓았다(metēnenken). 연설가는 문외한들(idiōtai)과 비슷해선 안 된다고 생각하면서 말이다. 그런데 뤼시아스는 정반대로 지었다.

20. 디튀람보스의 아이러니적 사용

2B.64. 할리카르나소스의 디오뉘시오스 『뤼시아스』 3.18-27 (DK 82A4)[577]

레온티니 출신 고르기아스는 [⋯] 여러 곳에서 아주 투박하고(phortikēe)[578] 묵직한(hyperonkon)[579] 작품을 공들여 만들어 내며

---

575 물시계 언급은 아리스토파네스의 전승(2A.19)에도 나온다.

576 고르기아스적 스타일과 사회, 정치 비평의 연결.

577 cf. 2A.7과 2B.68, 그리고 2B.65. 아이러니와 함께 사용하는 것에 관한 아리스토텔레스의 예시는 2B.58.

578 혹은 '지리하고'.

579 혹은 '장황한'.

(kataskeuēn poiōn) "모종의 디튀람보스들과 그리 멀지 않은 것들"[580] 몇몇을 목소리에 담아 낸다(phthengomenos). 또 그의 제자들(synousiastai)[581] 가운데 리큄니오스[582]와 폴로스 및 그 주변 사람들도 그랬다. 티마이오스가 말하는 바로는, 그의 시적이면서도 문채적인 표현(hē poiētikē te kai tropikē phrasis)이 아테네의 연설가들 또한 사로잡았다. 고르기아스가 아테네에 사절로 와서 대중 연설(dēmēgoria)로 듣는 사람들에게 충격을 주었을 때 처음으로 그랬다. 그런데 실상은 그보다 훨씬 전에도 그의 표현은 늘 뭔가 경탄의 대상이었다.[583]

---

580 플라톤 『파이드로스』 238d를 인용하고 있다. 거기서 소크라테스는 연설 중간에 자신의 연설이 '님프에 사로잡힌'(nympholēptos) 상태의 것임을 이런 용어로 묘사한다. 이 언급 후 재개한 연설을 끝내고 나서 뒷부분에 관한 자평을 하는 241e에서는 다시 이런 서정시적 기조를 넘어 마지막에는 서사시적인 스타일로 넘어갔다고 말하게 된다. 아무튼 이 연설의 기본 내용은 소크라테스 자신의 둘째 연설, 즉 '고쳐 부르는 노래'(palinōidia)에 의해 도전 내지 철회의 대상이 된다. 이 대목들에 관한 아리스토텔레스의 언급도 참고할 것 (2B.65).

581 혹은 '동료들'.

582 키오스 출신 리큄니오스(410년경 전성기)는 디튀람보스(서정시) 시인이며 수사학 선생이었다. 『파이드로스』 267b-c에서 소크라테스는 폴로스가 그에게서 어떤 기법들을 배웠다는 언급을 통해 그를 폴로스와 연관시킨다. 이 언급이 들어 있는 17A.48을 참고할 것.

583 과장이 들어 있긴 하겠지만, 나중에 필로스트라토스가 투키디데스나 페리클레스에게도 고르기아스가 준 영향이 컸다는 언급(많은 이들이 연대 문제 때문에 의심하는 보고인, 2A.1의 1.9.3)을 할 때 이런 보고에 기댔을 수는 있겠다.

2B.65. 아리스토텔레스『수사학』3.7, 1408b11-20[584]

복합어들(dipla onomata)과 보다 많은 형용어들(epitheta)과 이국적인 단어들은 특히 열정적으로(pathētikōs)[585] 연설하는[586] 사람에게 어울린다. 화가 나 있는 사람이 어떤 것의 나쁨을 '하늘만큼 높다'(ouranomēkes)[587]거나 '괴물스럽다'(pelōrion)[588]고 말하는 건 용서가 되기 때문이다. 그리고 그가 이미 청중을 사로잡아서, 칭찬이나 비난이나 분노나 호감(philia)[589]으로 그들을 열광에 빠지게 만들고 나서도 그럴 수 있다. 예컨대, 이소크라테스도『범희랍 축제 연설』(Panēgyrikos)의 끝에서 "명성과 기억을!" 그리고 "배짱을 가졌던[590] 바로 그 사람들!"이라고 한 것처럼 말이다. 사람들은 신 지핀(enthousiazontes) 채로 그런 말들을 입 밖으로 내는 것이어서, 받아들일 때도 분명 비슷한 상태에서 받아들이는 것이다. 그렇기 때문에 그것들은 시에도 어울린다. 시는 신들린(entheos) 것이니까 말이다. 따라서 그것들은 이런 방식으로 사용하거나, 아니면 고르기아스가 한 것처럼[591] 혹은『파이드로스』에 들어 있는 것들[592]처럼

---

584 cf. 2B.64; 아이러니와 함께 사용하는 것에 관한 아리스토텔레스의 예시는 2B.58.
585 혹은 '감정을 실어'.
586 혹은 '말하는'.
587 복합어의 예.
588 혹은 '어마무시하다'. 서사시 등에 등장하던 장식적 형용어(epitheton ornans)를 가져와 과장을 섞어 사용한 단어의 예.
589 혹은 '우정'.
590 혹은 '견뎌 냈던'.
591 색스(J. Sachs 2008)는 이 대목을 (따라서 고르기아스의 신들림을)『헬레네

아이러니와 함께 사용해야 한다.[593]

[21-23. 고르기아스적 표현들: 시적 표현 형태 내지 문채][594]

21. 시적 표현 도입의 역사적 위상과 여러 표현 형태들 목록[595]

2B.66. 아리스토텔레스 『수사학』 3.1, 1404a20-36 (DK 82A29)[596]

찬양』 말미의 자신의 재미를 위해 지었다는 언급과 연결시킨다(258쪽 주석 212 및 72쪽 주석 24). 고르기아스의 아이러니적 사용에 대한 아리스토텔레스의 예로는 아래 2B.58을 참고할 만하다.

592 즉, 연설들.

593 238d와 241e에서 보이는 아이러니를 가리킨다. 2B.64의 관련 주석을 참고할 것.

594 테살리아에서 고르기아스 식 표현이 유행했다는 보고는 필로스트라토스 『소피스트들의 생애』 1.16(10A.1)에도 나온다. 고르기아스 식 표현이 히피아스 식 표현과 함께 제2 소피스트 시대에 모방 대상이었다는 데 대한 보고가 필로스트라토스 『소피스트들의 생애』 2.11.3(4A.14)에 나온다. 은유, 신조어(한 단어짜리) 등 생생한 언어 시험과 관련해서는 장례 연설에 등장하는 은유들을 참조할 수 있다.

595 보고자 쪽의 부정적 평가가 들어간 자료로는 아리스토텔레스(2B.66)를 위시하여 시칠리아의 디오도로스(2B.68), 키케로 『연설가』(2B.69) 등이 있고, 특히 디오뉘시오스는 자주 혹평을 드러낸다. 플라톤과 고르기아스 모두를 혹평하는 아래 2B.79가 있고, 여기서 따로 인용하지는 않았지만 예컨대 『이사이오스』 19.2(DK 82A32)도 고르기아스가 이소크라테스보다 덜 성공적인 이유가 적정선을 넘어서 자주 유치하게 된다는 데 있다고 평가한다. 이런 부정적 평가의 이유는 플루타르코스에 가장 잘 정리되어 있다(2B.72). 부정 평가의 극치는 '가짜 소피스트'라는 헤르모게네스의 평가에까지 나아간다(2B.73). 당대의 긍정적 평가는 마르켈리누스(2B.74)가 있으며, 정작 키케로도 같은 책에서 자신의 평가가 아닌 전승을 전할 때는 긍정적이다(2B.75).

맨 처음에 그 방향으로[즉, 의미(dianoia)보다 표현(lexis) 쪽으로] 움직이기 시작한 것은, 으레 그렇듯, 시인들이었다. 단어들은 모방물이고 우리의 모든 부분들 가운데서 가장 모방에 적합한 것으로 목소리가 또한 가용한 것으로 있었기 때문이다. 그렇기 때문에 기술들, 즉 시 음송술과 연기술 및 그 비슷한 다른 기술들이 또한 고안되었다. 그리고 시인들은 단순한(euēthē) 이야기들을 하고 있는 경우에도 표현 때문에 명성(doxa)을 얻게 되는 것으로 보였다. 그렇기 때문에 맨 처음에 생겨난 것은 예컨대 고르기아스의 그것과 같은 시적인 표현(poiētikē ... lexis)이었다. 그리고 지금도 교육받지 않은 대부분의 사람들은 그런 사람들이 가장 아름답게 이야기를 나눈다(dialegesthai)고 생각한다. 하지만 이건 그렇지 않다. 연설의 표현과 시의 표현은 다르다. 벌어지고 있는 일이 그걸 분명히 보여 준다. 비극들을 만드는 사람들조차 더 이상 같은 방식으로 그걸 사용하지 않는 것이다. 다른 운율들에 비해 이암보스가 연설과 가장 비슷하기 때문에 그들이 4보격 운율에서부터 이암보스 운율로 옮겨 갔던 것과 마찬가지로,[597] 그들은 단어들 가운데 일상 대화(dialektos)를 벗어나 있는 것들을 포기했는데, 그것들은 맨 처음의 시인들이 장식을 할 때 사용하곤 했고, 지금도 6보격 운율을 만드는 사람들이 사용하는 것들이다. 그렇기 때문에 그

---

596   아리스토텔레스 자신의 평가가 포함됨.

597   cf. 아가톤이 이암보스로 고르기아스 식 담론을 펼쳤다는 보고(2A.1의 1.9.3). 플라톤과 고르기아스의 가상 만남에 관한 이야기(2A.36, 2B.66).

들 스스로도 더 이상 저 방식을 사용하지 않는데, 그런 사람들을 모방한다는 건 우스운 일이다.

2B.67. 『수다』 Γ.388 (고르기아스 항목) (DK 82A2)[598]

이 사람은 처음으로 수사학 장르(eidos)에 교육(paideia)[599]의 언표적인(phrastikē)[600] 능력(dynamis)과 기술을 부여했으며,[601] 문채(tropai)[602], 은유(metaphorai), 풍유(諷諭: allēgoriai), 환치(換置: hypallagai), 남유(濫喩: katachrēseis), 전치(轉置: hyperbaseis), 되풀이(anadiplōseis), 되짚기(epanalēpseis)[603], 돈호(apostrophai), 균등 대칭(parisōseis)을 구사했다.

2B.68. 시칠리아의 디오도로스 『일반 역사』 12.53.3-4 (DK 82A4에 포함)[604]

|3| 그래서 이 사람이 아테네에 도착해서 민회로[605] 이끌려져

---

598 앞뒤 구절은 2A.10에 있음.

599 혹은 '교양'.

600 혹은 '말로 표현하는', '제시'.

601 혹은 '수사학적 장르에 교육의 언표 능력과 기술을 부여했으며' 대신 '교육의 수사학적 종류(장르)에 언표적인 능력과 기술을 부여했으며'로 옮길 수도 있다.

602 혹은 '문채 변화'.

603 혹은 '회복'.

604 앞뒤 맥락은 2A.7에 있음. DK 설명: 4세기 말 시칠리아의 역사가 타우로메니온 출신 티마이오스(356-260년경)에 의존한 보고. 이 점은 위 할리카르나소스의 디오뉘시오스의 보고(2B.64)에서 잘 드러난다.

605 혹은 '인민[/민중]에게로'.

서 아테네인들과 동맹에 관해 대화를 나누게 되었고, 그 말투의 기이함으로 (태생이 좋고 연설을 사랑하는 사람들인) 아테네인들을 놀라게 했다. |4| 특이하고 솜씨가 남다른 표현 형태들(hoi lexeōs schēmatismoi)[606]을 처음으로 구사했으니 말이다. 즉, 대조(antitheta), 균등 병렬(isokōla)[607]이나 균등 대칭(parisa), 각운(homoioteleuta) 및 그 비슷한 다른 것들을 구사했다.[608] 그런 것들이 당시에는 그 기법(kataskeuē)[609]의 기이함(xenon) 때문에 받아 줄 만한 것으로 여겨졌지만, 지금은 공들임이 지나친 것(periergia)[610]으로 보이고 또 자주 우스운 것으로 그리고 과도하게 이용되고 있는 것으로 보인다.[611]

2B.69. 키케로 『연설가』 174-176 (DK 82A32)[612]

이소크라테스를 가장 크게 찬탄하는 사람들은 이것에다 그에 대한 최상의 칭찬들을 부여했다. 그가 처음으로 산문에 운율을 결합시켰다는 것 말이다. 사람들이 연설가들의 말은 진지함(severitas)으로 듣는데 시인들의 말은 즐거움(voluptas)으로 듣는다는 걸 보

---

606 혹은 '어법 형태들', '문채(文彩)들'.
607 혹은 '균등 문절 병렬'.
608 아래 키케로의 보고(2B.69)에 이것들의 설명이 나와 있다.
609 혹은 '정교화'.
610 혹은 '주제넘은 것'.
611 '또 자주 우스운 것으로 그리고 과도하게 이용되고 있는 것으로 보인다' 대신 '또 자주 그리고 과도하게 이용될 경우에는 우스운 것으로 보인다'로 옮길 수도 있다.
612 7B.11과 2A.13 포함. 후대의(보고자의) 부정적 평가가 포함됨.

고서 그는 운율을, 변화를 주어 물리는 걸 막기 위해서만이 아니라 재미(iucunditas)를 위해서도 우리가 연설에도 사용할 수 있는 그런 운율을 찾아 나섰다고 한다. |175| 이 사람들이 하는 말이 물론 일부 진실을 담고 있긴 하지만 온전한 진실이 이야기되고 있는 건 아니다. 그 장르(genus)에서 이소크라테스보다 더 앞에 통달한 사람은 아무도 없다는 건 인정해야 하지만, 그걸 처음 발견한 사람은 트라쉬마코스였던 것이다. 그런데 지금도 남아 있는 그의 저작들은 전부 너무나도 운율에 맞게 쓰여 있다고 할 정도다.[613] 앞서도 말했듯, 균등한 것들이 균등한 것들에 결합된 것들과, 유사하게 끝나는 것들과, 또한 반대되는 것들에 반대되는 것들이 연결된 것들과,[614] 일부러 그렇게 되게 만들지 않아도 대개 저절로 운율에 맞아떨어지는(cadunt ... numerose)[615] 것들은 고르기아스가 처음으로 발견했던 것이다. 그러나 그는 그것들을 상당히 도가 지나칠 정도로(intemperantius) 사용했다. […] |176| 하지만 고르기아스는 그런 장르[616]에 꽤나 욕심이 있어서(avidior)[617] 그런

---

613 이 트라쉬마코스 관련 대목은 7B.11에도 수록.

614 이 대목에서 키케로는 위 2B.68 등에 등장하는, 고르기아스의 표현 방식을 가리키는 희랍어 용어들에 대해 친절히 라틴어로 풀어 설명하고 있다. 키케로 식 번역의 한 사례라 할 만하다. 이 셋은 각각 위 희랍어 자료들에 나오는 '균등 대칭'(parisa), '각운'(homoioteleuta), '대조'(antitheta)를 설명하는 것으로 보인다. 너무 소략하여 이 설명만으로는 얼른 이해하기 어렵다. 아마 저자가 다른 자리에서 보다 상세한 설명을 했기 때문일 것이다. 아래 2B.70에서 찾을 수 있다.

615 혹은 '운율에 맞게 끝나는'.

616 혹은 '부류의 일'.

놀거리들(festivitates)⁶¹⁸(그 스스로 이렇게 명부에 올리고(censet) 있어서 쓴다.) 상당히 과도하게 남용하고 있는 것이다. 이소크라테스는 청소년일 때 테살리아에서 이미 노인이 된 고르기아스에게 배웠음(audisset)에도 불구하고⁶¹⁹ 그것들을 벌써 제법 자제력 있게 섞어 썼다(temperavit)⁶²⁰.

2B.70. 키케로 『연설가』 37-39 (DK 82A30)⁶²¹

이 장르[즉, 시범 연설이라는 장르/유형(forma)]에 의해 단어들이 풍부하게 확장되고 그것들의 구조와 운율이 보다 자유로운 모종의 권한(licentia) 같은 걸 누리게 된다. |38| 문장들의 우아한 연결(concinnitas)과 정교한 표현들(argutiae)까지도 할 수 있는 관대함(venia)이 주어지고, 말들이 분명하고 한계 지어진(circumscripti) 완결문들(ambitus)⁶²²이 허용된다. 그리고 의도적으로 이렇게 공을 들이는 일을 어떤 꿍꿍이를 숨기고서가 아니라 버

---

617 혹은 '꽤나 꽂혀서'.

618 혹은 '잔칫거리들', '흥겨운 재담들'. 『헬레네 찬양』의 마지막 단어로 고르기아스가 골랐던 '재밋거리' 내지 '놀잇감'(paignion)이라는 단어를 떠올리게 하는 말이다. 그 비슷한 복수형의 단어를 고르기아스가 자주 입에 올렸을 가능성이 높다.

619 이 문장의 여기까지 구절은 2A.13에 따로 인용되어 있다.

620 혹은 '조절했다'.

621 7B.9 포함.

622 '완결문'에 해당하는 희랍어 용어 '페리오도스'(periodos)를 라틴어로 풀어 설명하고 있다. 이 개념에 관해서는 트라쉬마코스 장 7B.10의 내용과 주석을 참고할 것.

젓이 드러내 놓고 하는데, 다음과 같은 것들을 이루기 위한 것이다. 말들이 말들과 마치 똑같이 양을 할당받은 것과도 같이 서로 대응하게 하고, 대립되는 것들이 계속해서 한데 모이고 반대되는 것들이 비교되도록 하며, 끝이 똑같이 끝나고 끝나는 자리에 똑같은 소리가 다시 돌아오도록 만들게 하려는 것이다. [⋯][623]

|39| 칼케돈 출신 트라쉬마코스와 레온티니 출신 고르기아스가 이것들[즉, 균등 대칭, 대조, 각운 등]을 처음으로 다뤘다(tractasse)[624]고들 한다. 그다음으로는 뷔잔티온 출신 테오도로스가, 그리고 『파이드로스』에서 소크라테스가 "연설의 장인들"(logodaidaloi)[625]이라고 부르는 다른 많은 사람들이 그랬다고들 한다.

---

623 키케로는 여기서 위 2B.69에서보다 상세히 '균등 대칭'(parisōsis), 대조(antithesis), '각운'(homoioteleuton)을 풀어 설명하고 있다. 설명에 기초하여 용어들을 풀어 보면 다음과 같다. 우선 '각운'은 단어 끝에 비슷한 소리가 반복되는 것이다. '대조'는 상반되는 내용을 서로 맞세우는 대구를 가리킨다. 상대적으로 복잡한 내용을 가진 '균등 대칭'은 양적으로 비슷한 크기의 문장(보다 정확히는 음절 수가 비슷한 문장)이 서로 병렬되는 것인데, 여기에 비슷한 자리들에서 소리도 마침 비슷하게 대응되는 것을 가리킨다. 여기에 소리의 유사성이 빠지고 크기만(즉, 음절 수만) 비슷한 경우를 '균등 (문절) 병렬'(isokōla)로 칭한다. 다시 말해 비슷한 음절을 가진 일정한 어구(즉, 문절)들로 이루어진 문장이 병행되면 '균등 (문절) 병렬'이고, 거기에 마침 비슷한 소리들까지 상응해 완전히 대칭적 대구를 이루는 것이 '균등 대칭'이다. '문절' 개념을 도입한 것은 트라쉬마코스라고 보고되어 있으며, 그것에 관해서는 트라쉬마코스 장 7B.10과 해당 주석을 참고할 것.

624 혹은 '구사했다', '손댔다', '논의했다' 등. 여기서는 중립적으로 옮겼지만, 이 말 자체는 의미 폭이 넓어서, 수사학적 장치들을 사용했다는 의미일 수도 있고 그것들을 언급하는 논의를 했다는 의미일 수도 있다.

625 『파이드로스』 266e. cf. 17A.48.

2B.71. 할리카르나소스의 디오뉘시오스 『이사이오스』 19.8-15 (DK 82A32 포함)[626]

하지만 시적인 정교함(kataskeuē)[627]과[628] 앞서 이야기한 바로 이 고양됨(meteōron)[629]과 장중함(pompikon)에 있어서 아무도 이소 크라테스보다 더 낫지 않았다는 것을 염두에 두었기 때문에 나 는 내가 알기로 이 장르들(ideai)에서 덜 성공적인 사람들을 일부 러 빼놓았다. 예컨대, 레온티니 출신 고르기아스는 적정 수준(to metrion)을 벗어나고 있고 많은 곳에서 유치하게(paidariōdē) 되고 있다는 것을, 그리고 그의 제자(akoustēs) 알키다마스는 표현(lexis) 에 있어서 더[630] 투박하고(pachyteros)[631] 공허하다(kenoteros)는 것 을, [⋯][632] 보았기 때문이다.

2B.72. 펠루시움의 이시도로스[633] 『편지들』 2.42 (= 플루타르코스

---

626 15B.19에 포함. 앞의 상세한 맥락은 그곳을 참조.

627 혹은 '장치'.

628 '정교함, 즉'으로 새길 수도 있다.

629 혹은 '숭고함'. 때로는 '휩셀론'(hypsēlon: 숭고함)과 대비되는 '과장됨'을 뜻하 기도 하지만 여기서는 좋은 의미로 쓰였다.

630 혹은 '꽤나'.

631 혹은 '두꺼워서'.

632 이 생략 부분에는 뷔잔티온 출신 테오도로스와 람프사코스 출신 아낙시메네 스가 비슷한 분량으로 언급된다. 이후 저자는 테오덱테스, 테오폼포스, 나우 크라테스, 에포로스, 필리스코스, 케피소도로스 등을 이름만 열거한다.

633 알렉산드리아 유력 가문에서 태어나 금욕주의자가 된 사람으로 퀴릴로스와 테오도시오스 2세 등에게 보낸 편지들로 알려져 있다. 기원후 450년경 사망.

단편 186 Sandbach)

플루타르코스가 보기에 분명하고 단순한 것(to saphes kai liton)
이 진정한 아티카 식 문체(Attikismos)[634]다. 그가 말하길, 바로 이
렇게 연설가들이 말했기 때문이다. 그런데 레온티니 출신 고르기아
스는 고고하고[635] 비유적인 것(to hypsēlon kai tropikon)을 환영하
고 분명함(saphēneia)에 모욕을 줌으로써 바로 이런 병폐(nosos)를
정치 연설들에 처음으로 끌어들인 사람이다. 또한 이 병폐는, 그
가 말하길, 경탄할 만한 플라톤조차 감염시켰다.

2B.73. 헤르모게네스[636] 『문체의 종류들에 관하여』(*Peri Ideōn*)
1.6, 248.9-249.4 Kayser

바로 이 가짜 소피스트들(hypoxyloi sophistai)에게서 정말로 많
은 것들[즉, 과도하게 비유적인 표현들의 사례들]을 당신은 발견
할 수 있을 것이다. 그들은 독수리들을 살아 있는 무덤들[637]이라고
말하고 있기 때문이다. 그들이 바로 그것들에 특히나 값한다. 그
리고 그 비슷한 다른 많은 것들 또한 생기가 없다.

2B.74. 마르켈리누스[638] 『투키디데스의 생애』 36 (DK 84 A9)[639]

---

634 혹은 '아티카 풍'.

635 혹은 '숭고하고'.

636 기원후 2세기에 활동한 희랍 연설가/수사가인 타르소스 출신 헤르모게네스
    에 관한 세부 정보는 2B.1의 관련 주석을 참고할 것.

637 이 언명은 2B.25, 2B.26 등에 나온다.

638 투키디데스의 『역사』에 관한 몇몇 고대 주석들에서 『투키디데스의 생애』의 저

안틸로스[640]가 말하는 바에 따르면 그[즉, 투키디데스]는 당대에 희랍인들 사이에서 평판이[641] 좋았던(eudokimousas), 레온티니 출신 고르기아스의 균등 대칭 구문들(parisōseis)과 단어들의 대조들(tas antitheseis tōn onomatōn)도 잠시(ep' oligon) 부러워[642] 따라했을(ezēlōse) 뿐만 아니라,[643] 케오스 출신 프로디코스의, 이름들에 대한 정확한 정의[644](hē epi tois onomasin akribologia)에 대해서도 마찬가지였다.

2B.75. 키케로 『연설가』 165 (DK 82A31)

이런 우아한 연결(concinnitas)을 추구함에 있어서 고르기아스가 일인자(princeps)였다고 우리는 전해 받았다(accepimus).

22. 고르기아스적 표현들의 실제 사례들: 복합어, 은유 등[645]

2B.76. 아리스토텔레스 『수사학』 3.3, 1405b35-36, 38, 1406a1,

자로 나오지만, 이 인물에 관해 따로 정확히 알려진 바는 없다. 통상 기원후 6세기경에 살았으리라 추측들을 한다.

639 = 3B.7. 당대인들의 호평(투키디데스의 모방).

640 『수다』를 토대로 볼 때, 이 사람은 활동 시기가 알려져 있지 않은 수사학자다.

641 혹은 '인기가'.

642 혹은 '선망하여'.

643 투키디데스의 고르기아스 모방에 관한 다른 보고로는 필로스트라토스의 것(2A.22)이 있다.

644 혹은 '설명'.

5-6 (DK 82B15)

표현(lexis)에 있어서 생기 없는 것들(psychra)[646]은 네 가지 경우
에 생겨난다. 하나는[647] 복합어들(dipla onomata)[648]에서 생긴다. 예
컨대, […][649] 그리고 고르기아스는 "거지-뮤즈[650]-아첨꾼들(ptōcho-
mousokolokes)",[651] "거짓으로-맹세한-자들(epihorkēsantes)과 제
대로-맹세-잘-지킨-자들(kateuhorkēsantes)"[652]이라는 단어들을

---

645 나머지는 각 내용 항목에 분산된다. 그렇게 다른 곳에 보냈으나 여기에 속
   하는 것들로는 예컨대 다음과 같은 것들이 있다. 1) 13절에 속한 자료들
   (2B.42-43): 수사학의 능력(효능)에 대한 반성적 논의와 신조어 사용, 2)
   '아레스로 가득 차 있다'(2B.57): 비극 비평, 3) '위협과 탄원이 섞여 있다'
   (2B.52): 호메로스 비평 등.
646 15B.18에 포함. 그곳에 전체 맥락이 들어 있음. cf. 14B.9. 한 단어짜리 신조
   어. LM은 '욕설' 항목으로 설정.
647 혹은 직역에 가깝게는 '살풍경한 것들', '싸늘한 것들'.
648 직역하면 '이중적인 이름들'.
649 이 부분에서 뤼코프론이 인용된다. 뤼코프론 장 14B.9를 참고할 것.
650 혹은 '시인'.
651 한 단어임을 드러내기 위해 편의상 붙임표 '-'를 적용한다. 다른 곳에서도 마
   찬가지다.
652 혹은 '거짓으로-맹세했고 제대로-맹세-잘-지킨 거지-뮤즈-아첨꾼들'. 텍
   스트에 관한 논란이 많다. 사본은 'ptōchomousos kolax, epihorkēsantas kai
   kateuhorkēsantas'인데, 사본을 그대로 읽되 첫 두 단어를 붙여 읽는 수정
   만 가했다. 필요한 최소한의 수정이다. 아리스토텔레스는 생기 없는 표현
   이라고[즉, 굳이 필요도 없는 '제대로'(kata)를 왜 덧붙였느냐고] 불평하지
   만, 고르기아스 자신이 개발한 균등 대칭(parisōsis)을 구사한 예로 읽을 수
   도 있다. 한편, 크란츠의 수정 제안을 따라 두 단어로 된, 'kai' 빠진 'kat'
   euhorkēsas'로 읽는 방법을 따르면, 즉 'ptōchomousoskolax, epihorkēsantas
   [kai] kat' euhorkēsantas'라고 읽으면, 여기 구절은 다음과 같이 옮겨질 수
   있다. '맹세-잘 지킨-사람인 것처럼(kat' euhorkēsas) 거짓으로-맹세한

318

말했다. […][653] 이것들은 모두 복합어라는 것(diplōsis) 때문에 시적 (poiētika)으로 보이는 것이다.

2B.77. 아리스토텔레스 『수사학』 3.3, 1406b5-1406b19 (DK 82B16, A23)[654]

게다가 넷째 생기 없음은 은유들(metaphorai)에서 생겨난다. 그건 부적절한(aprepeis) 은유들도 있어서인데, 어떤 은유들은 우습기 때문에(희극 작가들도 은유들을 사용하니까.), 또 다른 어떤 은유들은 너무 장중하고 비극적이기 때문에 부적절하다. 그리고 멀리서 가져오면 불분명해진다(asapheis). 예컨대, 고르기아스가 "창백하고(chlōra) 핏기 없는(anaima) 활동들(ta pragmata)", "당신은 이것들을 수치로[655] 뿌리고 불행으로[656] 거뒀군요."라고 말하는 경우처럼 말이다. 지나치게 시적으로 말을 하니까 그렇다. […][657] 이것들은 모두 이미 말한 이유들 때문에 설득력이 없는(apithana) 것이다.

자기 머리 위에서 날다가 자기에게 똥을 싼 제비를(tēn chelidona) 향해 던진 고르기아스의 말은 비극적인 표현들 가운데 가장 훌륭하다. 그는 "수치로다, 필로멜라.[658]"라고 말했던 것이다. 새에게는

(epihorkēsantes) 거지-뮤즈-아첨꾼들(ptōchomousokolokes)'.

653 이 부분에서 알키다마스가 인용된다. 15B.18을 참고할 것.

654 첫 단락은 15B.18에 포함. 그곳에 전체 맥락이 들어 있음. cf. 14B.9.

655 직역에 가깝게는 '수치스럽게'.

656 직역에 가깝게는 '나쁘게'.

657 이 부분에서 알키다마스가 다시 인용된다. 15B.18을 참고할 것.

658 희랍 신화에 필로멜라가 제비가 되는 이야기가 나온다. 신화에 따르면 아테

그런 일을 했다 해도 수치스러운 게 아니지만, 처녀에게는 수치스러운 것이니 말이다. 그러니까 그는 그녀가[659] 지금 무엇인가가 아니라 이전에 무엇이었나를 말함으로써 비난을 잘 해낸 것이다.

23. 고르기아스 식 말하기의 모방들(특히 소크라테스의 제자들의)[660]

2B.78. 필로스트라토스『편지』73 (DK 82A35)[661]

네 왕 판디온의 딸 필로멜라는 용모가 매우 아름다웠다. 판디온이 트라키아 왕 테레우스의 도움을 받아 다른 나라와의 전쟁에서 승리를 거두자, 보답으로 맏딸 프로크네를 시집보내게 된다. 트라키아로 간 프로크네는 5년이 지나 동생 필로멜라가 보고 싶으니 아들 생일 잔치를 위해 데려와 달라고 간청한다. 이에 아테네로 간 테레우스는 필로멜라의 미모에 반해 흑심을 품게 되고, 트라키아에 도착하자마자 산속 오두막에 끌고 가 겁탈한다. 이 사실이 탄로 날까 싶어 그녀의 혀를 자르고 프로크네에게는 죽었다고 거짓말을 한다. 오두막에 갇혀 지내게 된 필로멜라는 자기 사연을 옷감에 수놓아 몸종을 시켜 프로크네에게 전하게 한다. 진실을 안 프로크네는 남편 몰래 동생을 왕궁으로 데려온 뒤 복수를 다짐하고, 테레우스와의 사이에서 낳은 아들 이튀스를 죽여 그 고기를 테레우스에게 먹인다. 식사를 마친 테레우스가 아들을 찾자 필로멜라는 그의 머리를 들고 나타난다. 화가 난 테레우스는 도끼를 들고 두 자매를 쫓아다니게 된다. 제우스는 두 자매를 불쌍히 여겨 필로멜라는 제비가 되게 하고, 프로크네는 나이팅게일, 테레우스는 매 혹은 후투티로 변신시켰다.

659 혹은 '그것이'. 주어가 생략되어 있는 희랍어에서는 마침 '제비'도 여성이어서 아무 차이가 없지만, 우리말은 밝히게 되어 있어 '그녀'와 '그것' 사이의 선택은 순전히 우리말에서의 문제다.

660 '고르기아스 식 표현'(Gorgieia rhēmata) 혹은 '고르기아스 식 문채'(schēmata)가 적어도 전자를 말하는 4세기 초 크세노폰에 등장하며, 의식적으로 구사된다. 고르기아스는 문채를 산문에 적용하여(운율 없는 산문에 운율적 요소를 상당히 도입하는 것을 포함하여) 산문을 리듬 있고 시적으로 만들었다.

소크라테스에게 속한 아이스키네스도 [⋯] 타르겔리아[662]에 관한 연설에서 고르기아스 식으로 말하기(gorgiazein)를 주저하지 않았다. 그는 어딘가에서 다음과 같이 말하니까 말이다. "밀레토스 출신 타르겔리아는 테살리아에 와서, 모든 테살리아 사람들의 왕 노릇하던 테살리아 사람 안티오코스와 함께 지냈다."

2B.79. 할리카르나소스의 디오뉘시오스『데모스테네스』5

그[즉, 플라톤]는 자신의 시적인 문채들(schēmata)과 특히 고르기아스적인(Gorgieia) 문채들이 극도의 불쾌감을 자아내는 데 대해 철없이(akairōs) 치기 어린 자부심을 가지고 있다.

2B.80. 플라톤『향연』194e4-195a9, 196b4-5, 197c1-197e8, 198c1-5 (DK 82C1)[663]

그런데 나는 내가 어떻게 말해야 하는지를 우선 말하고 나서 그다음에 말하고 싶습니다. 내 생각에 앞서 말한 사람들은 전부 그

---

661 2A.22와 일부 중복.
662 타르겔리아에 관한 보다 상세한 정보는 4B.7의 본문과 관련 주석을 참고할 것.
663 15B.17의 알키다마스 단편이 이 연설에 들어 있음.『향연』에 나오는 다섯 번째 아가톤 연설. 2A.1의 1.9.3에 아가톤이 구사한 고르기아스 풍의 담론에 대한 언급이 들어 있다. 연설 전체가 고르기아스 담론에 대한 일종의 패러디다. 특히 198c "고르기아스의 머리" 언급에서 그 점을 분명히 드러낸다. 적어도 운율을 넣어 새로운 방식으로 시도해 보겠다는 197c 이하는 특히나 더 그렇다. 여기서는 기본적으로 그 두 대목을 인용하며, 그 앞 대목은 그곳에 이르기까지의 연설의 주된 골격만 조금씩 인용한다.

신을 찬양한다기보다는, 그 신이 인간들에게 가져다준 좋은 것들로 인해 인간들을 행복한 자들이라고 축하하고 있어요. |195a| 정작 이것들을 그들에게 선사한 그 당사자가 어떤 자인지는 아무도 말하지 않았지요. 그런데 무엇에 관해서 어떤 칭송을 하든 칭송의 옳은 방식이 단 하나 있는데, 그건 이야기의 대상인 자에 관해서 그자가 어떤 자여서 어떤 것들의 원인이 되는지를 이야기로 죽 풀어 가는 것이죠. 그러니 우리도 에로스를 칭송하되 바로 이렇게, 우선 그 자신이 어떤 자인지를 칭송하고, 그다음에 그가 준 선물들을 칭송해야 마땅합니다.

그러니까 나는 모든 신들이 행복하지만, 이렇게 말하는 게 온당하고 또 신들의 의분을 살 만한 일이 아니라면, 그들 가운데서 에로스가 가장 아름답고 가장 훌륭하기 때문에 가장 행복하다고 주장합니다. 그는 다음과 같은 자이기에 가장 아름답지요. […]

자, 이제 그 신의 아름다움에 관해서는 (물론 아직도 많은 것들이 남아 있긴 하지만) 이것들만으로도 충분하게 이야기되었습니다. 그다음으로 에로스의 덕에 관해 말해야겠네요. […][664]

|197c| 파이드로스, 이렇게 나는 무엇보다도 우선 에로스 자신이 가장 아름답고 가장 훌륭하기에, 그다음의 것으로 그가 남들에게 있는 이 비슷한 다른 것들의 원인이 된다고 생각해요. 그런데 막 뭔가 운율을 넣어 말해 보겠다는 생각이 내게 들었어요.

---

664 15B.17의 알키다마스 단편이 들어 있는 부분인데 편의상 생략했다.

인간들 사이에는 평화를, 바다에는 바람 없는

잔잔함을, 바람들의 안식을, 또 근심 속에 잠을[665]

만드는 자가 바로 이 신이라고 말이죠.

|197d| 이 신은 우리에게서 낯섦은 비우고 친근함은 채웁니다. 다음과 같이 하면서 말이죠. 우리로 하여금 서로와 더불어 이런[666] 모든 모임들로 모이게 하고, 축제에서, 가무에서, 제사에서 인도자 노릇을 합니다. 부드러움은 갖추어 주고 사나움은 제거해 주지요. 호의는 선물로 넉넉하게 주지만 적대는 선물로 주지 않습니다. 자비롭고 친절하지요. 지혜로운 자들은 우러러보고, 신들은 마음에 들어 합니다. 그의 몫을 못 가진 자들은 탐내고, 그의 몫을 잘 받아 가진 자들은 귀중히 여기죠. 사치, 우아, 호화, 매력, 연모, 갈망의 아버지이죠. 훌륭한 자들은 돌보고 나쁜 자들은 돌보지 않습니다. 고생 가운데, 두려움 가운데, 술 마시는 가운데, 이야기 나누는 가운데 가장 훌륭한 키잡이요 배에 함께 탄 전사[667]요 동료

---

665 그의 이 '즉흥시'가 얼마나 독창적인 것인지, 그 자신의 것인지 아니면 플라톤이 그를 흉내 내어 지은 것인지는 확인할 길이 없다. 하지만 적어도 다음과 같은 점만은 확인할 수 있다. 우선 그는 호메로스의 한 구절을 인용하고 있다. 『오뒤세이아』 5.391-392(= 12.168-169)에 '바람 없는 잔잔함'(galēnē nēnemia)이 등장한다. 또 그는 고르기아스 일파에 어울릴 만하게 유사음 반복을 구사하고 있다. 원문의 첫 행에는 n과 r, l과 g가, 둘째 행에는 n과 m이 반복적으로 등장하여 묘한 효과를 낸다. 원문은 다음과 같다. "eirēnēn men en anthrōpois, pelagei de galēnēn / nēnemian, anemōn koitēn hypnon t´ eni kēdei."

666 즉, 지금 우리의 모임과 같은.

전사요 구원자입니다. |197e| 모든 신들과 인간들의 장식이요 가장 아름답고 가장 훌륭한 인도자이며, 모든 사람은 그가 모든 신들과 인간들의 마음을 홀리면서 부르는 그 노래에 동참하여 아름다운 찬송을 부르면서 그를 따라야 합니다.

파이드로스, 이게 내 이야기입니다. 그 신에게 봉헌되도록 합시다. 내가 할 수 있는 한 그 일부는 유희를, 또 일부는 적당한 진지함을 나눠 갖도록 애썼지요.

[…]

[소크라테스의 촌평:] 실로 그의 이야기는 내게 고르기아스를 생각나게까지 했고, 그래서 나는 그야말로 호메로스가 말한 것과 같은 경험을 했네요. 아가톤이 이야기를 마치면서 무시무시하게 말을 잘하는 고르기아스의 머리를 내 이야기 쪽으로 보내서 나 자신을 말 못 하는 돌로 만들어 버리지나 않을까 두려워하고 있었지요.[668]

---

667 삼단노선에 탄 중장비 보병을 가리키는 전문 용어다. 이들은 배가 해변에 닿았을 때 선원들을 지키는 역할을 수행한다.

668 소크라테스는 호메로스를 인유하면서 아가톤의 고르기아스적 수사를 비꼬고 있다. '고르기아스의 머리를'(Gorgiou kephalēn)은 호메로스에 나오는 '고르고의 머리를'과 발음이 유사하다. 호메로스의 구절은 이렇다. "당당한 페르세포네가 하데스의 집으로부터 무시무시한 괴물 고르고의 머리를(Gorgeiēn kephalēn) 나에게 보내지 않을까 하는 창백한 두려움이 나를 사로잡았소."(『오뒤세이아』 11.633b~635) 핀다로스 등에 따르면 고르고 가운데 하나인 메두사(Medousa)의 머리는 보는 이를 돌로 변하게 한다(핀다로스 『퓌티아 경기 승자 축가』 10.44-8과 페레퀴데스 단편 11).

2B.80s. 『루키아노스『연설가들의 선생』주석』 178.17 Rabe

철학자 플라톤이 『향연』을 가지고 그랬던 것처럼,[669] 그[즉, 아가톤]는 연설가 고르기아스의 세련된 문체(lexis)를 모방하고 있었다.

2B.81. 크세노폰 『향연』 2.26.4-7 (DK 82C2)[670]

[화자: 소크라테스]

반면에 노예들이 작은 잔들을 가지고 뻔질나게 (나도 고르기아스적 표현들(Gorgieia rhēmata)을 써서 말해도 좋다면) 우리에게 '찔끔 찔끔 떨궈 준다'(epipsakazōsin)고 하면, 그런 식으로는 우리가 포도주에 취하도록 강제되는 게 아니라 오히려 마음을 빼앗겨 보다 유희적인 분위기에 이르게 될 겁니다.

---

669 다른 곳들에서도 가끔 그렇듯 LM의 번역 "철학자 플라톤이 『향연』에서 말하고 있는 것처럼"(as Plato the philosopher says in the *Symposium*)은 오역의 소지가 많다. 고르기아스-아가톤-플라톤 사이의 관계와 역할 분담에 대한 보고자의 전승의 내용에 대한 오해를 불러일으킬 수 있기 때문이다.

670 4세기 초에 이미 '고르기아스적 표현'(Gorgieia rhēmata)이라는 말이 사용되었다는 것을 보여 주는 보고.

제3장
프로디코스

    프로디코스는 퀴클라데스제도(諸島) 가장 북쪽에 있는 케오스섬의 '네 도시'(Tetrapolis) 중 핵심인 율리스에서 470년경(혹은 470-460년경)에 출생했다. 케오스는 시인 시모니데스의 출생지이기도 하다. 고르기아스가 그랬듯 프로디코스도 자기 나라의 사절로 아테네에 와서 소피스트로 활동했으며 보이오티아 등 여러 곳을 순회했다. 아리스토파네스의 희극에도 언급될 정도로 유명하고 인기 있는 소피스트였다(3B.40, 3A.22). 소크라테스 재판 당시에 생존해 있던 것으로 보이므로(3A.3) 그의 사망 시점은 399년 이후였을 것으로 짐작된다. 소크라테스처럼 독당근즙을 마시는 사형을 당했다는 기록도 있다(3A.1, 3A.2). 이것을 혼동이라고 평가하는 논자도 있지만,[1] 아무튼 플라톤 작품 여러 곳에서 그는 소크라

---

1 G 860쪽.

테스와 (특히 소크라테스의 선생으로) 자주 연관되며(3A.19, 3A.20, 3B.19, 3A.13 등), 플라톤이 상당히 긍정적으로 묘사하는 소피스트에 속한다.

그에 관해 전해지는 자료가 상당히 제한되어 있을 뿐만 아니라 대부분 두세 개 관심 분야에 집중되어 있다. 고르기아스처럼 로고스, 특히 입으로 전달되는 말에 초점을 맞추었던 것으로 보이며, 단어(특히 동의어들)의 옳은 의미를 확립하려는 시도가 플라톤(그리고 아리스토텔레스)에게 강렬한 인상을(그러나 대개는 현학적이라는 인상을) 주었던 것으로 보인다. 플라톤의 '소피스트 대회'에 참가한 프로디코스는 상당히 유약하고 섬세해 보이는 인물이며 (3A.6), 이는 플라톤 자신이 강조하는 동의어의 미세한 구분 태도와 상당히 어울리는 그림이기도 하다.

그러나 제한된 자료나마 조금 더 면밀하게 들여다보면, 플라톤이 제시하는 프로디코스의 면모는 상당히 일면적이고 편파적인 것일 가능성이 높다. 프로디코스가 주목한 '이름의 정확성'도 그저 동의어의 호사가적 구분 내지 언어 유희쯤에 머무는 것이 아닐 가능성이 있다. 보기에 따라서는 그런 일련의 노력(3B.9-18)이 단어의 의미를 확인하고 고정시켜 국가 내 소통을 원활히 할 수 있도록 일종의 희랍어 어휘 사전을 개발하려는 첫 시도에 속하는 개혁가의 모습일 수도 있다.[2] 또한 현학적 까탈스러움이나 언어 유희를 위한 과잉 구분의 차원을 넘어 오히려 이야기의 다양화나 균형 등

---

2 W가 이런 제안을 하는 논자 가운데 하나다(241쪽).

보다 진지하고 심원한 담론 태도 및 목표와 연결되어 있을 가능성이 높다(3B.11). 게다가 의학 분야에서도 이름에 관한 관행을 넘어 이름의 정확성을 추구했으며(3B25-27) 이 이름의 정확성은 단순한 언어적, 어원론적 차원의 논의에 머물지 않고 실질적인 인간 생리학에 대한 성찰에 기반한 것일 가능성이 있다[3]는 점으로 미루어 볼 때, 사물과 언어의 관계에 관한 그의 전면적 반성과 탐색은 그의 자연학적 탐색과 일정한 상호작용을 주고받으며 진전되었던 것으로 보인다. 예컨대, 반론 불가능성에 관한 그의 주장(3B.6)도 (상대주의 입장과 연결되어 있었을 가능성이 있는) 프로타고라스의 테제를 단순히 반복하는 것이 아니라 앞에 언급한 이름의 정확성 논의를 발전시킨 것일 수 있다. 제대로 된 이름이, 나아가 참인 문장이 세상의 사실을 잘 반영하는 이름과 문장이라고 본다면, 그렇지 않은 이름과 문장은 세상의 어떤 것과도 상응하지 않는 것이므로 결국 '아무 말도 하지 않는'(ouden legein) 것과 다름 없다고 말할 수도 있는 것이다.[4]

뿐만 아니라 플라톤적 전승 자료 밖으로 눈을 돌리면 우리는 프로디코스의 관심사와 역할이 그저 이름의 의미나 말/담론의 힘에

---

3 예컨대, 윌프스도르프(2011), 특히 138-139쪽. 그는 점액에 관한 이런 프로디코스의 용어 구분이 단순한 어원론적, 의미론적 차원이 아니라 실제 사태 차원의 것이었으리라는 논점의 확인에서 출발하여, 결국 프로디코스의 쾌락 용어 구분도 다른 언어적(즉, 비의미론적) 내지 역사적 성찰에 기반한 것이었으리라는 논점의 확립으로 이행한다.

4 반론 불가능성 주장을 상대주의와 연결하지 않는 이런 해석은 W 242쪽에 잘 개진되어 있다.

제한되어 있지 않다는 것을 보여 주는 증거들을 어렵지 않게 만날 수 있다. 그중 중요한 것 하나는 크세노폰이 전해 주는 『헤라클레스의 선택』 내지 『계절들』(3B.48)이다. 플라톤에서는 『향연』에서 슬쩍 "헤라클레스와 다른 이들에 대한 칭찬들"이라고 언급할 뿐이어서(3B.43), 그 문헌의 진의와 진면목을 짐작하기 어렵다. 정작 크세노폰의 상대적으로 구체적이고 직접적인 전승(3B.48)과 여타 간접 전승들(3B.44-47)에 따르면, 그 저작은 젊은이가 어떤 삶의 경로를 택해야 할까 하는 전통적인 주제를, 덕과 악덕이라는 두 선택지 사이에서 전자의 손을 들어 주는 진부한 방식이 아니라 덕과 악덕을 여인으로 의인화하여 젊은이를 설득하는 방식, 그것도 서로 상대와 논쟁하면서 설득하는 방식으로 진부하지 않게 다룬다. 덕스러운 삶을 그저 추천하는 것이 아니라 왜 추천되어야 하는지를 논쟁적으로 보여 주는 작품이라 할 수 있으며, 이는 소피스트적 담론이 전통적 가치와 도덕의 전복 쪽으로만 이해되어 온 플라톤적 전승과 상당히 다른 면모를 드러낸다. 말과 담론이 교육과, 그것도 전통적인 덕 교육과 긴밀히 연결되어 있는 모습이 소피스트 운동 내에서 발견된다는 점에서 특기할 만하다. 게다가 소피스트 담론 발전사의 관점에서도 이 저작은 흥미로운 관찰 대상이다. 이 저작의 원래 모습은 이야기의 일정한 골격에 살을 붙여 정형화되고 고정된 시범 연설이었던 것으로 보이며, 아마도 그 내용과 방식 때문에 테베나 스파르타 등에서 젊은이들에게 유익한 가르침을 준다는 평가를 받았던 것으로 보인다. 고르기아스는 이것을 두고 계속 같은 이야기를 진부하게 써먹는다며 비웃었다고 전해진다(3A.15). 고르기아스적 담론이 때(kairos)에 맞추고 청중을 의식하며 기민하게 모양을 바꿔 가는 연설이라면, 그것과 대비되는 프로디코스적 담론은 상당히 고정되고 예측 가능한 항상적 연설이었던 것 같다. 담론의 목적이 담론 자체의 능력과 담론자 자신의 임기응변적 대응 능력을 과시하는 데 있는지, 아니면 올바른 소통과 폭넓은 공유의 가능성을 확대하는 데 있는지에 대한 태도의 차이에서 기인하며, 이는 소피스트 담론사의 중요한 변화 내지 진전이라 할 수 있을 것이다.

그런가 하면 신과 종교의 기원에 관한 그의 논의들(3B.31-42)은 방금 언급한 윤리학 저작과는 사뭇 다르게 당대 종교와 문화에 대한 비판적인 성찰을 담고 있다.[5] 우리 삶에 이로움을 주는 사물과 사람을 숭앙하는 것이 신과 종교의 기원이라는 언명은 신과 종교의 문제를 공동체적 유대의 기초로 간주하던 시절에 통상적인 종교적 믿음을 근본에서부터 의문을 품게 하는 문제적 언명이었을 수 있다. 신에 대한 불가지론적 입장만으로도 당대인들에게 불편감을 주었던 프로타고라스에서 한 걸음 더 나아간 근본적 문제 제

---

5 프로타고라스에게 정치 내지 공동체의 기원에 대한 탐구가 있었다면, 프로디코스에게는 신 내지 종교의 기원에 대한 탐구가 있었다. 두 사람 모두 인간이 일군 문명의 실체, 역사(기원), 힘과 의미에 대한 반성과 탐색에, 그러니까 이를테면 문화적 서사에 몰두했던 것으로 보인다. 그런가 하면 고르기아스는 약간 다른 방향에서 로고스 자체의 힘과 의미에 몰두했다. 요컨대, 프로타고라스가 정치에, 고르기아스가 수사에 집중했다면, 프로디코스는 종교에 집중했다는 점에서 차이가 있을 뿐 그들 모두 인간의 문명과 역사, 로고스의 역할에 관심을 쏟았던 것으로 보인다.

기가 '무신론'으로 이해되는(3B.33-36) 게 어쩌면 당연한 수순이었을지 모른다. 종교적 근본주의와 자기 확신이 횡행하는 오늘 우리 사회가 깊이 음미하고 성찰해야 할 문제를 제공한다고 할 수 있겠다. 종교 현상과 믿음의 원천과 형성 과정을 추적한다는 기획은 현대에도 불가침의 신성에 대한 도전으로 금기시되곤 한다. 그러나 인류의 생존을 유지하게 해 준 자연 사물들에 대한 인정과 감사에서 출발하여 그런 유용함의 혜택을 누리게 해 준 발견자들을 신격화하기까지 일련의 문명 발전의 역사가 종교사와 나란히 진행되었다는 통찰은 종교 자체의 본질과 의의를 훼손한다기보다 오히려 그것에 대한 우리의 안목과 접근에 깊이를 더해 주는 귀중한 문화 자산일 수 있다.

A. 삶과 행적

1. 생애 개관(특히 죽음 관련 보고)

3A.1. 『수다』 Π.2365 (프로디코스 항목) (DK 84A1)[6]

---

6 '율리스'라는 정보 외에는 다른 곳에서도 확인된다. 『프로타고라스』 317c3(1B.47)에 따르면 프로디코스, 히피아스, 소크라테스, 크리티아스 모두 프로타고라스의 자식뻘 되는 나이다. 소크라테스와 동년배. 대략 470년경(혹은 470-460년) 출생. 마지막의 죽음 이야기는 아마도 아래 주석(3A.2)이 출처였을 수 있다. 소크라테스의 선생이었다는 보고(3A.19, 3B.52) 및 테라메네스의 선생이었다는

케오스[7] 출신 프로디코스, 케오스섬, 도시 율리스에서 왔고, 자연철학자요 소피스트이며,[8] 압데라 출신 데모크리토스 및 고르기아스와 동시대인이고 압데라 출신 프로타고라스의 제자(mathētēs),[9] 젊은이들을 망친다는 이유로 아테네에서 독당근즙을 마시고 죽었다.

3A.2. 밀레토스의 헤쉬키오스, 플라톤 『국가』 600c에 관한 주석에 인용됨 (프로디코스에 관하여)

케오스 출신 프로디코스, 자연철학자요, 압데라 출신 데모크리토

보고[아테나이오스(3A.29)와 아리스토파네스 주석(3A.23)]와 연관 있을 수 있다. 『파이돈』 57b, 『헬레니카』 2.1.56에 각각 나오는 이 두 사람의 죽음 장면이 프로디코스에게도 적용되고 있다. 죽음 이야기 자체는 과장일 수 있지만, 이런 이야기가 나올 정도로 프로디코스에 대해서도 불경건하고 젊은이를 망친다는 비난이 적용될 만하다고 본 것이 당대 아테네인들의 주요 반응 가운데 하나였을 수는 있겠다.

7 퀴클라데스 북서쪽에 있는 섬이며, 그래서 아테네와 아주 가깝다. 원래 거주자들은 아티카에서 건너온 이오니아 이주민들이다. 고전 시대에 '네 도시'(tetrapolis)가 있었는데, 가장 큰 도시가 율리스였다. 이 섬 출신으로 가장 유명한 두 사람은 시인 시모니데스(550년 출생?)와 그의 조카 바퀼리데스(520년경-450년)였다.

8 아마도 이 문헌의 출처였을 수도 있는(혹은 헤쉬키오스 등을 공동 출처로 가지는 것일 수 있는) 자료인 아래 3A.2는 '자연철학자'만 언급한다. 그의 자연철학에 관해서는 그의 자연학적 저작 2개(혹은 1개)에 관한 아래 B의 11절, 12절 등을 참고할 것.

9 아래 3A.2와는 고르기아스에 관한 서술이 차이가 난다. 이 두 자료에 나오는 '제자'라는 용어는 다소 가벼운 것일 수 있다. 즉, 영향을 받은 같은 계열(즉, 소피스트로 묶일 수 있는) 사람인데 나이는 어느 정도 의미 있게 연하인 사람이라는 정도의 의미일 수 있겠다. 아래 3A.26, 3A.27, 3A.28 등의 '청강자'와 비슷한 용법일 수 있다.

스의 동시대인이고 고르기아스 및 프로타고라스의 제자(mathētēs).
젊은이들을 망친다는 이유로 아테네인들에 의해 독당근즙을 마시
고 최후를 맞는다.

3A.3. 플라톤 『소크라테스의 변명』 19e1-20a2[10]

[화자: 소크라테스][11]

물론 나는 누군가가 레온티니 출신 고르기아스나 케오스 출신
프로디코스, 엘리스 출신 히피아스처럼 사람들을 가르칠 수 있다
면, 이거야말로 멋진 일이라고 생각합니다. 이들 각자는, 여러분,
각 도시들로 가서 젊은이들을 설득할 수 있거든요. 그 젊은이들은
자기 시민들 가운데 누구와 교제를 나누길 바라든 그 사람과 거저
로 교제를 나눌 수 있는데, |20a| 그런 젊은이들에게 이들은 저들
과의 교제를 그만두고 자기들과 교제하면서 돈을 지불하라고 또
감사까지 하라고 설득합니다.

---

10 9A.1에 포함. 위-플라톤 『테아게스』 127e5-128a7에 거의 비슷한 내용이 나온
   다. 이 기록으로 볼 때, 기원전 399년 소크라테스 재판 당시 프로타고라스는
   고인이어서 소크라테스가 언급하는 목록에서 제외되어 있는 반면, 다른 두 소
   피스트처럼 프로디코스는 왕성하게 활동하고 있었다. 3A.1 『수다』의 마지막
   문장은 프로디코스의 죽음 이야기를 소크라테스 이야기와 혼동했거나, 아니
   면 어떤 필요에 의해서 차용해 왔지만 문자 그대로 믿기는 어려울 것 같다. 그
   는 399년 이후 어느 시점에 사망했을 것이다.
11 앞으로 플라톤 『소크라테스의 변명』의 화자(소크라테스) 표시는 생략하기로
   한다.

2. 사제 관계(프로타고라스의 제자)

3A.4. 밀레토스의 헤쉬키오스, 플라톤 『국가』 600c에 관한 주석에 인용됨 (프로타고라스에 관하여) (DK 80A3)[12]

연설가 이소크라테스와 케오스 출신 프로디코스가 이 사람[즉, 프로타고라스]의 제자(mathētēs)였다.

3A.5. 『수다』 Π.2958 (프로타고라스 항목)[13]

그[즉, 프로타고라스]는 케오스 출신 프로디코스와 다른 많은 사람들의 선생(didaskalos)이었다.

3. 칼리아스 주최 '소피스트 대회': 추위 타며 누워 있는 프로디코스

3A.6. 플라톤 『프로타고라스』 315c8-316a2, 317d7-e2 (DK 84A2)[14]

[전달자: 소크라테스; 피전달자: 동료]

그리고 이번에는 "탄탈로스까지도 나는 보았습니다."[15] |315d|

---

12 1A.3에 포함.

13 = 1A.10.

14 1A.5와 4A.10으로부터 이어짐. 중간 생략 대목은 6A.34로 이어짐.

15 『오뒤세이아』 11.582. 오뒤세우스가 저승(하데스)에 내려가 죽은 이들을 만나는, 이른바 '하부 세계 여행'(katabasis)이라 불리는 대목의 일부다. 직전 구절인 4A.10 서두에도 이미 같은 대목이 인용된 바 있다. '소피스트 대회'가 열리는 칼리아스의 집을 소크라테스가 찾아간 일이 오뒤세우스의 저승 여행에 비유

케오스 출신 프로디코스도 이 동네[16]에 머무르고(epedēmei) 있었거든요. 어떤 방에 있었는데, 그 방은 전에는 히포니코스가 귀중품 보관실(tamieion)로 사용했지만 지금은 숙박하는 사람들이 많아져서 칼리아스가 그 방도 비워서 외지인을 위한 손님방(katalysis)으로 만들었지요. 그런데 프로디코스는 아직 누워 있었어요. 어떤 양털 이불과 담요를 감싼 채였는데, 그것도 아주 많이 감싸고 있는 것으로 보이더군요. 그분 곁에는 옆 침상에 케라메이스 출신 파우사니아스만이 아니라 파우사니아스와 함께 아직은 꽤 어린 젊은이(meirakion)도 앉아 있었어요. 태생(physis)이 아름답고 |315e| 훌륭하다(kalos te k'agathos)는 생각이 들었는데, 어쨌거나 생김새는 아주 멋있었어요. 그의 이름이 아가톤이라고 들은 것 같은데, 파우사니아스의 소년 애인(paidika)이라 해도 난 놀라지 않을 겁니다. 이 젊은이가 있었을 뿐만 아니라 아데이만토스가 둘이 있었는데 케피스의 아들과 레우콜로피데스의 아들이고, 그 외에도 몇 명이 보였어요. 그런데 그들이 무엇에 관해 대화를 나누고 있는지 밖에 있는 나로서는 통 알 수가 없더군요. 프로디코스의 말을 듣고 싶은 마음이야 굴뚝같았지만 말이에요.(내게는

되고 있는 셈이다. 『국가』가 1권 첫 문장 첫 단어에서부터 소크라테스가 피레우스(페이라이에우스)로 내려가 폴레마르코스(부유한 무기상 케팔로스의 아들로 30인 참주에 의해 재판도 없이 처형당한 인물)의 집을 찾아간 일을 강조하고 이를 결국 7권 초에서 철학자가 다시 동굴로 내려가는 일에 견준 것과 비교할 만하다. 칼리아스의 집은 그러니까 플라톤의 소크라테스에겐 이를테면 그가 머물며 실천할 보살행의 자리인 사바세계인 셈이다.

16 즉, 아테네.

온통 지혜로 가득찬(passophos) |316a| 신적인 분이라는 생각이 들거든요.) 그분 목소리가 묵직하기 때문에 뭔가 웅웅거리는 소리가 방 안에 일어나면서 그가 하는 이야기들을 불분명하게 만들었어요.[17] […][18]

그렇게 해야겠다[즉, 프로타고라스의 의향대로 프로디코스와 히피아스 및 그 주변 사람들 모두를 함께 불러 논의해야겠다]고 결정했고, 우리 모두는 지혜로운 사람들의 말을 듣게 될 거라는 생각에 뿌듯해하면서, 그리고 직접 벤치들과 침상들을 들어 히피아스 옆에다 자리를 마련했지요. 거기에 이미 벤치들이 있었거든요. 그리고 그러는 사이에 칼리아스와 알키비아데스가 |317e| 프로디코스를 침상에서 일어나게 해서, 그리고 프로디코스와 함께 있던 사람들까지도 함께 인도해 왔지요.

3A.7. 플루타르코스 『노인들이 국가의 일을 수행해야 하는가』 791e

그러니까 젊기는 하지만 가냘프고 아프며 병약함 때문에 상당 시간 자리보전을 하고 있는 소피스트 프로디코스나 시인 필레타스[19]

---

17 cf. DL 9.50(1A.1에 수록), 필로스트라토스 『소피스트들의 생애』 1.12(3A.17에 수록).

18 생략된 대목에서는 일행이 들어가고 알키비아데스와 크리티아스도 합류해서 프로타고라스에게 다가가 대화를 나누는 장면이 묘사된다. 여럿이 모인 자리가 편할지 은밀한 만남이 편할지를 프로타고라스가 물으며 대화가 시작된다. 1B.47의 시작 부분으로 이어지고 그곳의 317c에서 몇 줄 후에 다음으로 이어진다.

가 정치에 참여할 만하다고 여기는 사람은 어리석은 것과 마찬가지로, 포키온[20] 같은, 리뷔아 사람 마시니사[21] 같은, 로마 사람 카토[22] 같은 노인들이 통치하고 장군이 되는 것을 막는 사람도 어리석다.

4. 소피스트 프로디코스의 특징: 말의 옳음과 아름다운 연설

3A.8. 테미스티오스[23] 『연설들』 23,[24] 289d[25]

프로디코스도 압데라 출신 프로타고라스도, 한 사람은 말의 옳

---

19 340년경에 출생한 코스 출신 필레타스(혹은 필리타스)는 헬레니즘 시대의 존경받고 영향력 있던 시인이었다. 바람에 날아가지 않게 다리에 무게가 더 필요했다고 할 만큼이나 가냘픈 것으로 유명했다고 한다(아일리아누스 『잡다한 역사』 9.14, 아테나이오스 『만찬 자리의 소피스트들』 12, 552b 등).

20 포키온(기원전 402/1-318년)은 아테네의 정치가요 장군이었다.

21 마시니사(혹은 마세나 혹은 여기서처럼 마사나세스)(기원전 238-148년)는 누미디아 왕이었는데, 206년까지는 카르타고의 동맹자였지만(플루타르코스가 '리뷔아인'으로 부르는 이유도 그 때문일 것이다.) 결국 로마 공화정에 협력하여 카르타고를 멸망시키는 데 일조했다.

22 로마인 카토(기원전 234-149년)는 '감찰관 카토'로도 알려져 있는 대 카토다.

23 기원후 317년-388년경. 정치가, 수사가, 철학자. 많은 저작들 가운데 아리스토텔레스 작품들에 대한 주석들과 요약들 외에 33개의 연설들이 우리에게 전해져 있다.

24 연설 23의 제목은 '소피스트'다.

25 말의 옳음과 언사의 옳음은 프로디코스에게, 시 해명은 프로타고라스에게 일차적으로 귀속시키는 것이 테미스티오스의 의도인 듯한데, 교차 귀속[즉, 말의 옳음을 논하는 프로타고라스(프로타고라스 장 B의 15절)와 시모니데스 시를 해석하는 프로디코스(3B.13)]도 얼마든 가능하다는 점에서 약간의 억지 연결이 들어 있다.

음(orthoepeia)과 언사의 옳음(orthorrhēmosynē)을 젊은이들에게 가르치면서, 또 한 사람은 시모니데스와 다른 사람들의 시들을 해명하면서, 보수를 받았기 때문에 똑같이 소피스트이기도 했고 그렇게 불리기도 했다.

3A.9. 튀로스의 막시모스[26] 『강론집』(Dialexeis) 17.127[27]

시라쿠사의 소피스트[즉, 미타이코스[28]]가 스파르타에 왔는데, 프로디코스의 아름다운 연설(kallilogia)을 위해서(pros)[29]가 아니고 히피아스의 계보 이야기(genealogia)[30]를 위해서도 아니며 고르기아스의 수사(rhētoreia)를 위해서도 아니고 트라쉬마코스의 부정의(adikia)를 위해서도 아니며 연설의 다른 작업(pragmateia)[31]을 위

26　기원후 2세기 말 콤모두스 통치기에 활동한 제2 소피스트 시대에 속한 희랍의 수사가이자 철학자(플라톤주의자). 카시우스 막시무스 튀리우스(Cassius Maximus Tyrius)로도 알려져 있다. 윤리적 함축을 가진 광범위한 철학적 주제들에 관한 부담 없는 에세이 41개가 『강론집』(Dialexeis)으로 불리는 저작에 모아져 전해진다.

27　= 4B.16, 7B.26. 강론 17의 제목은 '플라톤이 국가로부터 호메로스를 추방한 것이 아름답게 행동한 것인지'다. 소피스트들의 대표적 특징 묘사. 프로디코스의 아름다운 연설(미사여구). 고르기아스와 트라쉬마코스에 관한 묘사는 상당히 '표준적'(= 플라톤적) 평가에 가까운데, 프로디코스와 히피아스에 관한 평가는 특기할 만하다.

28　5세기 말의 요리사요 요리책(알려진 최초의 희랍 요리책) 저자다. 플라톤 『고르기아스』 518b에도 요리에 관한 책을 쓴 사람으로 언급된 바 있다. 요리의 대명사라 할 정도로 유명했다.

29　혹은 '향해서'. 메이휴(R. Mayhew 2011)는 '가지고서'(with)로 옮겼다(17쪽).

30　메이휴(2011)는 어원을 고려하면서 '고상한 연설'로 옮겼다(17쪽과 111쪽).

31　혹은 '체계'.

해서 준비된 채(pareskeuasmenos) 온 것도 아니었다. 오히려 시라쿠사의 그 소피스트에게 기술은 실행(ergon) 그 자체, 즉 유용성(chreia) 및 쾌락과 한데 혼합되어 있는 실행 그 자체였다.

5. 돈을 받는 연설가: 공적, 사적 연설 활동

3A.10. 아테나이오스 『만찬 자리의 소피스트들』, 9, 406d-e[32]

"그러나 나로서는" 하고 데모크리토스는 말한다. "티몬의 프로디코스와 같은 식의 돈 받는(labargyros) 시간 이야기꾼(hōrologētēs)이 아니기에 헤게몬에 관련된 것들을 이야기하겠다."

3A.11. 디오게네스 라에르티오스 『유명한 철학자들의 생애와 사상』 9.50 (DK 80A1)[33]

이 사람[즉, 프로타고라스]과 케오스 출신 프로디코스는 담론들(logoi)[34]을 발표하면서(anaginōskontes)[35] 사례비를 받았다(ēranizonto)[36]. 그리고 플라톤은 『프로타고라스』에서 프로디코스가 목소리가 묵직하다(baryphōnos)고 말한다.[37]

---

32 티몬(325-235년경)의 연대를 고려하면, 돈 버는 사람으로서의 명성이 거론되는 상대적으로 이른 시기 자료이며, 『계절들』에 관한 아마도 가장 이른 언급이라 할 만하다.

33 1A.1에 포함.

34 혹은 '연설들', '강연들', '저작들', '이야기들', '논변들', '담화들' 등.

35 직역하면 '읽어 주면서'.

36 혹은 '출연금을 모았다', '성금을 거두었다'.

3A.12. 크세노폰 『향연』 1.5[38]

그러자 소크라테스가 말했다. "당신은 늘 우리를 깔보며(kataph-ronōn) 놀려 대고(episkōpteis)[39] 있지요. 당신은 프로타고라스에게 만이 아니라 고르기아스에게도 프로디코스에게도 그리고 다른 많은 사람들에게도 지혜를 위해 많은 돈을 주었는데, 우리는 당신도 보다시피 이를테면 철학을 스스로 알아서 배우는 사람들(autourgoi tines tēs philosophias)[40]이라는 거죠."

3A.13. 플라톤 『대 히피아스』 282c1-6 (DK 84A3)[41]

[화자: 소크라테스; 청자: 히피아스]

그리고 또 얘기하자고 들면, 이분 우리의 동료(hetairos) 프로디

---

37 플라톤 『프로타고라스』 316a1(3A.6에 수록). cf. 필로스트라토스 『소피스트들의 생애』 1.12(3A.17에 수록).

38 맥락: 아우톨뤼코스와 그의 아버지에게 식사 대접을 하려고 집에 돌아간 칼리아스가 소크라테스 일행을 보고 식사에 초대하면서 영혼이 정화된 사람들이어서 자리가 더욱 빛나리라고 칭찬하자 소크라테스가 대응하여 말한다.

39 혹은 '비웃고', '비아냥대고'. 플라톤 『향연』 173a에 'skōptein'이 사용된다. 거기서는 글라우콘이 아폴로도로스의 비아냥에 대해 놀리지 말라면서 이 말을 하고 있다. 앞서 172a에서 글라우콘이 놀리는 투로, 즉 'paizein'하면서 아폴로도로스를 불렀고 그에 대응하여 철학적인 아폴로도로스가 부유한 글라우콘을 놀리는 상황이다. 그런가 하면 여기서는 철학자인 소크라테스가 돈 많은, 그래서 소피스트를 초대하여 배우는 여유를 부릴 수도 있는 상대방에 대해 이 말을 하고 있어서 플라톤 『향연』과는 대조를 이루는 상황이라 할 수 있다.

40 요즘 식 표현으로 하자면 'DIY 철학도들'.

41 4A.5, 17B.1, 2A.8로부터 이어짐. 이후 17A.14, 1A.9, 4A.6, 17B.2, 6B.18로 이어짐.

코스는 다른 때에도 자주 공적으로 왔었지만 요전번 가장 마지막으로 케오스로부터 공적으로 왔을 때에는 평의회에서 연설을 해서 아주 큰 명성을 얻었을 뿐만 아니라 사적으로도 시범들을 보여 주고 젊은이들과 함께 지내면서 아주 놀랄 만한 액수의 돈을 얻어 냈지요.[42]

6. 올림피아 축제 연설

3A.14. 루키아노스[43] 『헤로도토스』[44] 2-3[45]

저 사람[즉, 헤로도토스]은 자기 『역사』로부터 다음과 같은 덕을 보았다. 단 한 번의 모임[46]에서 희랍 민중 전체의 공통된 찬성표를 받았는데, 그것도 제우스에 맹세코 단 한 사람의 포고자에 의해서 선포된 것이 아니라 축제 참석자들 각자의 출신지인 각 도시에서

---

42 '평의회에서 연설을 하는 것만이 아니라 사적으로 시범들을 보여 주는 것으로도 아주 큰 명성을 얻었고 젊은이들과 함께 지내면서 아주 놀랄 만한 액수의 돈을 얻어 냈지요' 대신 '평의회에서 연설로 아주 큰 명성을 얻었을 뿐만 아니라 사적으로도 시범들을 보여 주고 젊은이들과 함께 지내면서 아주 놀랄 만한 액수의 돈을 얻어 냈지요'로 옮길 수도 있다.

43 기원후 2세기에 활동(130년경 출생하여 180년 이후에 사망)한 사모사타 출신 작가이자 수사가. 아시리아 혈통의 희랍어 화자/저자. 80여 개 남아 있는 그의 작품들 가운데 『진실한 이야기』라는 풍자 소설로 가장 잘 알려져 있다.

44 천 단어 미만의 짧은 에세이로서 헤로도토스를 찬양하고 그의 생애 중의 어떤 사건들을 묘사하는 글이다.

45 = 4A.7.

46 즉, 올림피아 축제.

선포되었던 것이다. 나중에 바로 이것을 알고서, 즉 이것이 명성 (gnōsis)을 향해 가는 어떤 지름길임을 알고서 그들의 동향 사람인 소피스트 히피아스와 케오스 출신 프로디코스와 〈람프사코스 출신〉 아낙시메네스〈와〉 키오스 출신 〈테오폼포스〉와 아그리겐툼 출신 폴로스와 다른 많은 사람들이 그 축제에서 매번 직접 연설들을 행했고, 그것으로부터 짧은 시간에 유명해지게 되었다.

7. 『헤라클레스의 선택』 시범 연설

3A.15. 필로스트라토스 『소피스트들의 생애』 1. 서론 482-483[47]
이 모든 것들에 상당히 많은 살을 붙여 이야기[48]를 지어 놓고서 프로디코스는 도시들(astē)을 돌아다니며 이 이야기의 시범을 돈을 받고 보여 주었다. 오르페우스와 타뮈리스의 방식으로 매혹시키면서(thelgōn) 말이다.[49] 이런 시범들을 통해서 그는 테베인들 사이에서 큰[50] 가치가 있다고 생각되었으며, 라케다이몬인들 사이에서는 더 큰 가치가 있다고 생각되었다. 이것들을 가르침으로써 젊은 이들에게 유익을 주는 사람으로 여겨졌기 때문이다. 그래서 고르기아스는 진부하고도 여러 번 써먹은 이야기들을 해 댄다고 프로

---

47 3B.45로부터 이어짐. cf. 고르기아스 장의 2A.6과 2B.50.

48 즉, 3B.45에 요약되고 3B.48에 다른 보고자가 자세히 보고한 젊은 헤라클레스의 선택 이야기.

49 플라톤 『프로타고라스』 315a를 연상시키는 대목이다.

50 혹은 '큰 보상을 받을'. 아래도 마찬가지.

디코스를 비웃으면서 자신을 때(kairos)[51]에 내맡겼다(epaphēken).

3A.16. 디온 크뤼소스토모스[52]『연설들』(*Logoi*) 54.1[53]

소피스트들인 엘리스 출신 히피아스와 레온티니 출신 고르기아스와 폴로스와 프로디코스는 희랍에서 일정 기간 동안 전성기를 누렸고, 다른 도시들에서만이 아니라 스파르타에서도 그리고 아테네인들 사이에서도 놀라울 만한 명성을 얻었으며, 공적으로 도시들로부터만이 아니라 어떤 권력자들과 왕들과 사적인 시민들로부터도 각자가 능력에 닿는 한 많은 돈을 모았다. 그리고 그들은 많은 연설들을 행했지만 지성(nous)이라고는 조금도 갖고 있지 않은 연설들이었다. 내 생각에 그것들로부터 돈을 버는 것과 어리석은 (ēlithioi) 인간들을 만족시키는 것이 가능한 그런 연설들 말이다.

---

51 혹은 '임기응변'.

52 디온 크뤼소스토모스(혹은 프루사의 디온이나 디오 코케이아누스)(40-115년경)는 기원후 1세기 로마 제국에서 활동한 희랍인 연설가, 작가, 철학자, 역사가다. 그의 『연설들』 80개가 남아 있다. 별칭 '크뤼소스토모스'는 '황금으로 된 입을 가진'이라는 뜻이다. 4세기 후반의 교부 요한네스 크뤼소스토모스와는 다른 인물이다.

53 공적, 사적으로 명성과 돈을 얻는 연설들이지만 지성은 갖추지 못한 연설. 스파르타가 들어 있는 것이 주목할 만하다. 위 필로스트라토스(3A.15)에서는 『헤라클레스의 선택』으로 특히 스파르타에서 인기였다고 한다. 이 자료의 스파르타 언급은 특히 프로디코스를 염두에 둔 것이라고 볼 수도 있겠다.

8. 죄수 시절 크세노폰이 청강자로 방문

3A.17. 필로스트라토스『소피스트들의 생애』1.12 (DK 84A1a)[54]

케오스 출신 프로디코스는 지혜로 대단히 이름이 났다. 그륄로
스의 아들{크세노폰}[55]조차 보이오티아에서 죄수가 되었을 때 몸
값 보석금(engyētēs)을 내고 그가 대화하는 것을 들으려 했을 정도
로 말이다. 그가 아테네인들 곁에 사절로 와서 평의회장에서 연설
할 때 소리가 잘 안 들리고 묵직한 목소리(bary phthengomenos)[56]
였음에도 불구하고 사람들 가운데 가장 유능하다는 평을 받았다.
이 사람은 좋은 집안의 젊은이들과 풍족한 가정의 젊은이들 뒤를
쫓아다녔다. 이런 사냥(thēra)의 조력자까지 얻었을 정도로 말이
다. 그는 돈에 약했고 쾌락을 탐닉했다.

3A.18. 리바니오스[57]『웅변』(Declamatio) 2.26[58]

나는 또한 크세노폰을 칭찬했다. 테베에 갇혀 있었음에도 불구

---

54 3B.46으로 이어짐.

55 삭제하자는 카이저(Kayser)의 제안을 받아들였다.

56 전거는 플라톤『프로타고라스』316a1(3A.6에 수록). cf. DL 9.50(1A.1에 수록).

57 기원후 4세기(314년경-392년 혹은 393년) 소피스트학파에 속하는 수사학 선
    생. 로마 제국 말기에 기독교 세력이 발흥하는 시기에 개종하지 않은 채 이교
    도로 활동하면서 문하에 여러 이교도만이 아니라 요한네스 크뤼소스토모스
    (349년경-407년, 콘스탄티노플 대주교로서 중요한 초기 교부의 한 사람) 같은
    기독교도들도 가르쳤다.

58 필로스트라토스(3A.17)에서 파생된 혹은 그것과 공통 출처에서 나온 자료인데,
    '테베'라는 점이 새로 덧붙여진 정보다.

하고 프로디코스의 연설들에 무관심하지(ēmelēse) 않고 보석금을
내고 강의를 들으러 왔기 때문이다.

9. 프로디코스와 소크라테스 그리고 테라메네스

3A.19. 플라톤 『프로타고라스』 340e9-341a4[59]

[화자: 소크라테스]

들어 보세요, |341a| 프로타고라스. 프로디코스의 지혜는 실로
신적인 어떤 것 같거든요. 오래된, 그러니까 시모니데스로부터 시
작했거나 아니면 그보다 훨씬 더 오래된 것이죠. 그런데 당신은
다른 많은 것들엔 경험이 있지만 이것에는 미경험인 것 같네요.
여기 이 프로디코스의 제자(mathētēs)이기 때문에 경험이 있는 나
와는 달리 말이죠.

3A.20. 플라톤 『크라튈로스』 384a8-c2 (DK 84A11)

소크라테스: 히포니코스의 아들 헤르모게네스, 아름다운 것들은
|384b| 그것들이 어떠한지를 배우는(mathein) 것이 어렵다는[60] 옛
속담(paroimia)이 있지요. 확실히 이름들에 관한 배움(mathēma)

---

59 3B.19에 소크라테스가 프로디코스의 제자인데 교육은 별로였다는 언급이 나
온다.

60 혹은 '아름다운 것들은 그것들이 어떠한지를 배우는 것이 어렵다는' 대신 '아
름다운 것들은 그것들을 어떻게 하면 배울 수 있을지 모를 정도로 배우기가
어렵다는'으로 옮길 수도 있다.

또한 작은 일이 아니죠. 그러니 내가 기왕에 프로디코스 곁에서 50드
라크마짜리 시범 연설(epideixis)[61]을(그 사람이 주장하기로는 그걸
들은 사람은 이것에 관해 완벽하게 교육을 받은 상태가 된다고 하죠.)
들은 적이 있다면 당신이 이름들의 옳음에 관한 진상(alētheia)[62]
을 곧바로 아주 잘 알게 되는 일에 별 장애물이 없었을 거예요.
|384c| 그런데 실은 난 그걸 안 듣고 1드라크마짜리를 들었지요.
그래서 그런 것들에 관한 진상이 도대체 어떠한지 알지 못합니다.

3A.21. 프로클로스 『플라톤 『크라튈로스』 주석』 24[63]

지금 소크라테스는 의뭉을 떨면서(eirōneuomenos) 소피스트 프
로디코스를 비방하고 있다. 1드라크마짜리 시범 연설에 기반하
여 그는 50드라크마짜리 역시 기만적이고 돈을 벌기 위해 수행되
고 있다고 비난한 것으로 보이기 때문이다. 50드라크마를 내는 사
람들은 그 강연이 들을 만하다고 생각하고 있었던 거니까 말이다.
그런데 소피스트의 악행은 다음 세 가지를 통해 이해되어야 한다.
소피스트는 더 완벽한 앎(gnōsis)과 덜 완벽한 앎을 돈으로 평가했
다는 것, 단 한 번의 강연으로부터 앎을 넣어 준다고 공언했다는
것, 그런 앎이 다른 사람들의 증언으로부터가 아니라 소피스트 자
신의 언명으로부터 생겨난다고 이야기한다는 것.

---

61 수업료와 화폐 가치에 관한 1A.1이나 9A.1의 내용이나 해당 주석을 참고할 것.
62 혹은 '진실', '진리'. 아래도 마찬가지.
63 맥락: 『크라튈로스』 284b-c(3A.20)에 관한 주석.

3A.22. 아리스토파네스 『구름』 360-363 (DK 84A5)[64]

[화자: 합창 가무단(구름 여신들)이 소크라테스를 향해서]

우리는 요즘 천상을 논하는 소피스트들(meteōrosophistai) 가운
데 다른 누구에게도 귀 기울이지 않거든요.

프로디코스 말고는. 그에게 귀 기울이는 건 그의 지혜와 판단
(gnōmē) 때문이고, 당신[즉, 소크라테스]에게 귀 기울이는 건
당신은 고개를 꼿꼿이 들고 길을 가면서 이리저리 곁눈질을 하고
맨발로 많은 역경들을 견디며 우리에게 거만한 표정을 하기 때문
이죠.

3A.23. 아리스토파네스 『구름』 361a에 관한 주석 (DK 84A6)[65]

프로디코스, 소피스트, 출신은 케오스. 그는 소크라테스의 시대
에 전성기였다. 그리고 이 사람은 50드라크마짜리 시범 연설을 처
음으로 만들었다. 플라톤도 『프로타고라스』에서, 그리고 크세노폰
도 『회상』에서 그를 언급하지만, 아리스토파네스도 『튀기는 사람들』
(*Tagēnistai*)에서 다음과 같이 그를 언급한다.

여기 이 사람은 어떤 책이 망쳤거나(diephthoren)

아니면 프로디코스가 망쳤거나 아니면 저 조잘대는 사람들 가운데
어떤 하나가 망쳤지요.[66]

---

64 = 6A.15.

65 3B.44로 이어짐.

그리고 그는 『새들』에서도 다음과 같이 그를 언급한다.

여러분이 프로디코스에게 내 말을 듣고 장차 애통해하라고(klaein)
말할 수 있도록 말이에요.[67]

그리고 이 사람은 30인 참주정에 참여했던, '반장화'(半長靴:
kothornos)[68]라고 불리던 테라메네스의 선생이기도 했다. 이 사람
이 '반장화'로 불렸던 것은 그가 30인에게도 민중[69]에게도 공히 열
정적으로 협력했기(syspeude) 때문이다. 실로 반장화는 양발에 다
맞는 신발인 것이다.

3A.24. 아리스토파네스 『구름』 362b에 관한 주석
프로디코스는 지혜로운 반면 우리에게서 소크라테스는 지혜에
있어서 헛된 명성을 누리고 있으니까.

3A.25. 아리스토파네스 『구름』 361c에 관한 주석

---

66 아리스토파네스 『뛰기는 사람들』(*Tagēnistai*) 단편 490 Kock (506 K-A) (DK
    84A5).
67 『새들』 692(3B.40).
68 '코토르노스'(kothornos)는 영웅을 연기하는 비극 배우들이 신던 반장화를 가
    리킨다. 2A.1에는 같은 뜻의 다른 단어 '오크리바스'(okribas)가 나온다. 그런
    데 여기서 설명되고 있듯이 그 반장화는 어느 쪽 발에든 다 신을 수 있었던 까
    닭에 기회주의자를 가리키는 별명으로 사용되기도 했다.
69 혹은 민주파.

아리스토파네스가 이런 말들을 하는 것은 프로디코스를 좋아해서가 아니라 소크라테스를 미워하기 때문이다. 『새들』에서는 프로디코스를 신랄하게 욕하고 있어서 하는 말이다.

10. 다른 제자/청강자들[70]

3A.26. 아울루스 겔리우스 『아티카의 밤』 15.20.4 (DK 84A8)

그[즉, 에우리피데스]는 자연학자 아낙사고라스와 연설가 프로디코스의 청강자(auditor)[71]였다. 그런데 도덕 철학(moralis … philosophia)에 있어서는 소크라테스의 청강자였다.[72]

3A.27. 할리카르나소스의 디오뉘시오스 『이소크라테스』 1 (DK 84A7)[73]

모양 좋은 양육을 받고 아테네인들 중 그 누구보다도 못하지 않은 교육을 받은 후에 어른이 되자마자, 그[즉, 이소크라테스]는 지혜 사랑[74]에 대한 욕망을 가지게 되었다(epethymēse). 희랍인들 사이에서 지혜에 있어서 당시 사람들 가운데 가장 큰 명성을 누리고

---

70 cf. 3A.34.
71 혹은 '제자'.
72 3A.1, 3A.2 등에서 '제자'(mathētēs)가 다소 가벼운 의미일 가능성을 타진할 수 있었던 것처럼, 여기서는 더더욱 '제자'로 번역할 수 있는 또 다른 말인 '청강자'(auditor)가 그저 강의 한두 개 들었다는 뜻일 수 있다.
73 3A.28과 비교할 만한 자료.
74 혹은 '철학'.

있던 케오스 출신 프로디코스와 레온티니 출신 고르기아스와 시라쿠사 출신 티시아스의 청강자(akoustēs)[75]가 되었고, 어떤 사람들이 보고하는 바에 따르면, 민주주의적으로 보여서 30인 손에 죽은 연설가 테라메네스의 청강자가 되었던 것이다.

3A.28. 위-플루타르코스『열 명의 연설가들의 생애』836f[76]

아이였을 때 그[즉, 이소크라테스]는 아테네인들 중 그 누구보다도 덜하지 않은 교육을 받았다. 케오스 출신 프로디코스와 레온티니 출신 고르기아스와 시라쿠사 출신 티시아스와 연설가 테라메네스를 청강함으로써(akroōmenos) 말이다.

3A.29. 아테나이오스『만찬 자리의 소피스트들』5, 220b-c (DK 84A4b)[77]

---

75 혹은 '제자'. 언어가 희랍어로 바뀌었을 뿐 3A.26에서처럼 '청강자'의 의미가 가벼운 것일 가능성이 있다.

76 디오뉘시오스(3A.27)를 이용하고 있지만 축약하는 과정에서 상당히 다른 방식의 평가 태도가 개입된 자료가 되었다. 우선 원자료는 소피스트 그룹을 둘로 나누어 테라메네스는 별도로 처리하고 있고, 더 중요하게는 이들이 아테네에서 좋은 교육의 제공자와 구분되어 처리하고 있다. 그런데 위-플루타르코스에서는 네 사람이 서로 구분되지 않을 뿐만 아니라, 더 중요하게는 아테네의 좋은 교육 제공자로 설정되어 있다는 점에서 디오뉘시오스와 상당히 다른 접근 방식을 보여 준다.

77 아이스키네스는『칼리아스』에서 제자 테라메네스의 사악함을 통해 프로디코스를 공격하고, 제자 필록세노스와 아리프라데스의 사악함을 통해 아낙사고라스를 공격하고 있다. 구희극에서 흔했던 이런 방식을 아이스키네스도 구사하고 있다는 게 아테나이오스의 요점. 제자의 사악함이 선생 책임으로 돌려

철학자들 대부분은 본래 희극 시인들보다 더 고발자들(katēgoroi)이다. [⋯] 그[즉, 소크라테스의 제자 아이스키네스[78]]의 『칼리아스』는 칼리아스와 그의 아버지 히포니코스 간의 불화(diaphora)[79]와 소피스트들인 프로디코스와 아낙사고라스에 대한 조롱(diamōkēsis)[80]을 포함하고 있다. 프로디코스는 테라메네스[81]를 제자(mathētēs)로 만든 반면, 저 사람은 에릭시스[82]의 아들 필록세노스와 키타라 가수 아리그노토스의 형제 아리프라데스를 제자로 만들었다고 그는 말하는데, 재현된 그 사람들의 사악함과 사소한 것들에 대한 식탐으로부터 그들을 교육한 사람들의 가르침을 드러낼 요량으로 그런 말을 하고 있는 것이다.

3A.30. 『수다』 I.564 (히포크라테스 항목)

그[즉, 히포크라테스[83]]는 처음에는 자기 아버지의 제자(mathētēs)

지는 이야기가 크리티아스, 알키비아데스와 소크라테스 사이에서는 적용되지 않는다는 맥락에서 나온 이야기였을 수도 있다.

78 아테네의 스페토스 구역 출신 아이스키네스는 소크라테스의 재판과 임종에 참석했던 제자다. 356년에도 살아 있었다. 적어도 7개의 대화편을 썼고 단편으로만 남은 『칼리아스』도 그 가운데 하나다.

79 즉, 칼리아스가 소피스트들에게 돈을 쓰는 데 열중해 있는 것과 관련된 불화.

80 혹은 '놀림', '농담'.

81 정치적 방향 전환 때문에 비난받았던 아테네의 온건한 과두파 정치가. 처음에 30인 과두정에 동참했다가 그들의 지도자 크리티아스와 사이가 틀어져 결국 403년에 처형당하게 된다.

82 5세기 말의 유명한 대식가.

83 『프로타고라스』의 등장인물이 아니라, 유명한 의사요 의술 저작의 저자인 코스 출신 히포크라테스다.

였는데, 그다음에는 셀륌브리아 출신 헤로디코스의, 그리고 연설가요 철학자인 레온티니 출신 고르기아스의 제자였다. 어떤 사람들에 따르면 압데라 출신 데모크리토스의 제자였다. […] 그리고 어떤 사람들에 따르면 프로디코스의 제자이기도 했다.

3A.31. 투키디데스 4.135에 관한 주석

투키디데스는 표현(phrasis)의 세련됨(kompson)에 있어서는 아이스퀼로스와 핀다로스를 모방했고, 논변들(enthymēma)의 산출(gonimon)에 있어서는 자기 선생 안티폰을 모방했으며, 단어 선택(lexis)에 있어서는 프로디코스를 모방했다(우리가 프로디코스의 단어 선택들을 그 자리에서 주목하고 있는 것도 그것 때문이다.)는[84] 것을 알아야 한다.

11. 소크라테스가 제자를 중개함

3A.32. 플라톤 『테아이테토스』 151b1-6 (DK 84A3a)

[화자: 소크라테스; 청자: 테아이테토스]

하지만 어떤 식으로든 임신한 것으로 내게 보이지 않는 사람들의 경우에는 그들이 나를 조금도 필요로 하지 않는다는 걸 알기에 아주 친절하게 대신 구애해 주고(promnōmai),[85] 신 앞에서 말하

---

84 소크라테스, 에우리피데스 등에 관한 언급으로 이어진다.
85 혹은 '중매를 서 주고'.

건대, 어떤 사람들과 함께하게 되면 그들이 기쁨을 누리게 될지(onainto)[86]를 난 대단한 능력을 가지고 짐작을 해냅니다(topazō). 그들 가운데 많은 사람들은 프로디코스에게 넘겨주었고(exedōka) 많은 사람들은 다른 지혜롭고도 비범한(thespesioi) 사람들에게 넘겨주었지요.[87]

3A.33. 『플라톤『테아이테토스』주석』[88] 57.43-58.12

"그들 가운데 많은 사람들은 프로디코스에게 넘겨주었고 많은 사람들은 다른 지혜롭고도 비범한 사람들에게 넘겨주었지요." (151b5-6)

철학자는 그럴 가치가 있는 사람들과는 함께 앉지만, 그렇지 않은 사람들은 인간애(to philanthrōpon)에 따라서 적당한(katallēloi)[89] 사람들과 짝지어[90] 줄 것이다(zeuxei). 이런 식으로 그는 테아게스도 프로디코스와 연결시켜 주었다(synestēsen). 그리고 그는 소피스트들을 신적인 목소리를 내는(thespesioi) 지혜로운 사람들이라

---

86 혹은 '도움[/유익]을 누리게 될지'.
87 왜 소크라테스가 하필 학생을 짝지어 줄 선생으로 프로디코스를 콕 집어 언급하는지 흥미롭다. 누구를 보냈는지 알 수 없다. 칼리아스를 떠올릴 만한데 (칼리아스와의 관계에 관해서는 3A.6 등을 참고할 것), 아래 3A.34의 크세노폰에 따르면 그를 프로디코스에게 소개한 사람은 안티스테네스라고 한다. 대신 테아게스가 언급되는 자료가 있다.
88 저자 미상의 이 주석은 대략 기원전 50년에서 기원후 150년 사이에 쓰인 것으로 보인다.
89 혹은 '상응하는'.
90 혹은 '묶어'.

고 부르면서 자기는 그런 지혜를 낳지 못한다(agonos)는 것을 보여
주었다(edēlōsen).[91]

3A.34. 크세노폰 『향연』 4.62 (DK 84A4a)[92]

그러자 그[즉, 안티스테네스]가 아주 언짢아져서 물었다. "도대
체, 소크라테스, 당신은 내가 그런 일을 했다는 것에 대해 뭘 알고
있는 건가요?"

"난 알지요." 하고 그가 말했다. "당신이 여기 이 칼리아스를
지혜로운 사람 프로디코스에게 팔아넘기는 뚜쟁이 노릇을 했다
(proagōgeusanta)는 걸 알지요. 이 사람은 철학을 사랑하는데 저 사
람은 돈이 필요하다는 걸 당신이 보았을 때 말이에요. 그리고 난
당신이 엘리스 사람 히피아스에게도 그렇게 했다는 걸 알지요. 그
에게서 이 사람은 기억법을 배우기도 했고요. 바로 그러고서부터
그는 더 사랑에 연연하는 사람이 되었지요. 아름다운 걸 보면 그
게 뭐든 절대 잊지 못하기 때문이죠."

---

91 메이휴(2011)는 '그런 지혜는 아무것도 낳지 못한다'로 옮기지만(13쪽), 이 표
현의 정당한 번역이 아니다.
92 4A.9 포함.

B. 사상과 가르침

■ 저작: 기본적으로 저작명은 다음 자료들에서 3개가 언급된다.
갈레노스의 3B.25(『인간 본성에 관하여』)와 3B.28(『자연에 관하여』),
그리고 아리스토파네스 주석의 3B.44(『계절들』)

■ 주제: 다루어지는 주제들은 대체로 다음과 같다. 언어(이름의
정교한 구분), 수사학 / 윤리학 / 우주론, 인간 생리학, 종교적 믿음
의 기원 등.[93]

[1-10. 수사학과 언어]

1. 수사학: 철학과 정치 사이

3B.1. 플라톤 『에우튀데모스』 305b5-d2, d7-e2 (DK 84B6)

소크라테스: […] 당신에게 다가와서 철학을 비난하던 사람은 어
느 쪽 사람들에 속하나요? 법정에서 자웅을 겨루는(agōnisasthai)
데 능란한(deinoi) 사람들 가운데 하나, 즉 어떤 연설가(rhētōr)였나
요? 아니면 그런 사람들을 가르쳐 들여보내는 사람들(eispempontes)
가운데 하나, 즉 연설가들이 바로 그걸 가지고 자웅을 겨룬다고 할
때의 바로 그 연설들[94]을 만드는 사람(poiētēs tōn logōn)이었나요?

---

93 여기서는 메이휴(2011)처럼 언어, 자연학, 윤리학 순서로 다룬다.
94 혹은 '논변들'. 아래도 마찬가지.

|305c| 크리톤: 제우스에 맹세코 연설가는 전혀 아니죠. 내 생각에 그 사람은 법정에 한 번 올라가 본 적조차 없어요. 다만 제우스에 맹세코 사람들이 말하기로 그는 그 일(pragma)에 일가견이 있고(epaïein) 능란하며(deinos) 능란한 연설들을 짓는다고(syntithenai) 하지요.

소크라테스: 이제 알겠군요. 이 사람들에 관해서 나 자신도 방금 이야기하려던 참이었어요. 이 사람들은, 크리톤, **철학자와 정치가의 경계선(methoria)** 상에 있다고 프로디코스가 말한 사람들인데, 자기들이 모든 인간들 가운데 가장 지혜롭다고 생각하지요. 실제로 지혜로울 뿐만 아니라 아주 많은 사람들 사이에서 지혜롭다는 평판을 받기도(dokein) 한다고 생각하지요. |305d| 철학에 관련된 사람들 말고는 다른 어떤 사람들도 자기들이 모두에게서 이름을 날리는 데 방해가 되지 않을 정도라는 거죠. [⋯] 그런데 그들은 자기들이 아주 지혜롭다고 생각하지요. 그럴 만도 한 것이, 자기들이 철학에 있어서도 적정 수준을 유지하고, 정치적인 일들에 있어서도 적정 수준을 유지하고 있다고 생각하거든요. |305e| 그것도 아주 그럴법한 근거에 기반해서 그렇다고 생각하고 있지요. 양쪽 다에 그래야 하는 만큼 관여해(metechein) 있고, 위험들과 경쟁들 밖에 있으면서 지혜를 결실로 취하고 있다는 거죠.

2. 정념론

3B.2. 퀸틸리아누스 『연설에 대한 훈련』 3.1.12 (DK 84A10)[95]

이 사람들[즉, 예전의 수사학 교사들] 가운데서 프로타고라스,
고르기아스가 공통의 말터들(communes loci)을 처음으로 논의했
다고 이야기들을 하며, 프로디코스, 히피아스, 다시 프로타고라스
그리고 트라쉬마코스가 정념들(affectus)을 논의했다고 한다.

3. 청중의 잠 깨우기

3B.3. 퀸틸리아누스 『연설에 대한 훈련』 4.1.73-74 (cf. DK
84A12)

역으로, 간혹 서론의 힘이 서두에조차 없는 경우가 있다. 때로는
우리가 서사(narratio) 중에든 논변(argumenta) 중에든 재판관들에
게 주의를 기울이고 좋게 봐 달라고 요청하는 경우가 있는 것이다.
그렇게 함으로써 마치 그들이 자고 있는 걸 깨우는 것과도 같다고
프로디코스는 생각한 바 있다. 이를테면 이런 것이다. "앙카리우스
집안에 의해 살해당한 사람 가이우스 바레누스가 그 때 ─ 부탁인
데요, 재판관 여러분, 이것에 꼼꼼히 주의를 기울여 주세요."

3B.4. 아리스토텔레스 『수사학』 3.14, 1415b9-17 (DK 84A12)[96]
게다가 주의를 기울이게 만드는 것은, 그것이 꼭 필요하다고 한

---

95 = 1B.37, 4B.36, 7B.16, 2B.46 포함.
96 맥락(직전 이야기): 서론이 반드시 필요한 것은 아니며 주제를 넘어선 것에 귀
를 기울이는 낮은 수준 청중을 상대로 한 것이다.

다면, 모든 부분들에 공통된 것이다. 시작할 때보다 오히려 다른 모든 곳에서 주의가 느슨해지기 때문이다. 그렇기 때문에 모두가 가장 주의를 잘 기울이면서 듣고 있는 때인 시작 부분에 그걸 배치한다는 건 우스운 일이다. 그러니까 적절한 때(kairos)가 되면 말해야 한다. "그리고 내게 주의를 기울여 주세요. 내 일인 만큼이나 여러분의 일이기도 하거든요."라고, 그리고 "나는 이제까지 도대체 여러분이 들어 본 적이 전혀 없는 그런 유의 끔찍한 혹은 그만큼 놀라운 이야길 하려고 하거든요."라고 말이다. 그리고 이것은 마치 프로디코스가 말했던 것, 즉 청중들이 졸고 있을 때 50드라크마짜리(pentēkontadrachmos)[97]에 속한 뭔가를 그들 사이에 던져 놓는(paremballein)[98] 것과 똑같은 것이다.

3B.5. 『아리스토텔레스 『수사학』 주석』 233.28-34

50드라크마짜리(hē pentēkontadrachmos)는 인간들이 제공받아 끝까지 계속하게 하는(diatelousin)[99] 일종의 목초(botanē)다. 그래서 프로디코스는 청자들이 졸고 있을 때 50드라크마짜리에 속한

---

97 '헤 펜테콘타드라크모스'(hē pentēkontadrachmos)는 '50드라크마짜리의 …', '50드라크마 값어치의 …'라는 식으로 여성 실명사 자리가 비어 있다. 이에 대해 여러 가지 추측들을 물론 할 수 있겠지만, 아마도 비어 있는 자리에 들어갈 만한 단어는 플라톤 『크라튈로스』에 나오는 '시범 연설'(epideixis)일 것이다. 그냥 '50드라크마짜리'로 옮기지만, '50드라크마짜리 시범 연설'로 이해될 수 있는 것임을 감안하면 좋겠다. 이하 다른 단편들에서도 마찬가지.

98 혹은 '그들을 위해 끼워 넣는'.

99 혹은 '끝내는'. 이하 마찬가지.

뭔가를 그들 사이에 던져 놓아 제공함으로써 그들이 그것에 의해 잠에서 깨어나 환기되어 주의를 기울이게 되는 일을 끝까지 계속하게(dialelōsi) 해 준다. 그리고 나는 '50드라크마짜리'에 대한 다음과 같은 주석을 발견했다. "여러분이 50드라크마를 받는다는 것을 기억하시오."

4. 반론 불가능성

3B.6. 맹인 디뒤모스, 『전도서』 1.8b 주석 (투라 파피루스 III, 16.9-18)[100]

"반론한다(antilegein)는 게 불가능하다."라는 프로디코스의 역설적인(paradoxos) 견해(gnōmē)가 전해진다(pheretai). 그는 이 말을 무슨 뜻으로 했을까? 그것은 모든 사람들의 견해(gnōmē)와 의견(doxa)을 넘어서(para) 있다. 일상생활에서도 지적인 탐색들에서도 모든 사람들은 (자기들에게) 반론하는 사람들과 대화를 나누기 때문이다.

저 사람은 교설적으로(dogmatikōs) "반론한다는 게 불가능하다."고 말한다. 반론을 한다면(antilegousin), 그들 양쪽 모두 말을 하고 있는(legousin) 것인데, 양쪽 모두가 똑같은 대상(pragma)에 대해 말하고 있다는 것은 불가능하다. 참을 말하는 사람만이 말하고 있고 대상들을 있는 그대로 알리는(angellōn) 사람만이 그것들

---

100 cf. 1장 B의 6절.

을 말하고 있는 것이며, 그 사람에게 반대하는 사람은 그 대상을 말하고 있는 것이 아니다. …[101] 이 견해는 역설적으로 이야기된다. 모든 사람들의 의견에 반하기 때문이다. 모두가 반론의 …[102]

5. 이름의 정확성 및 그 의도: 연설의 적당한 길이, 각 이름에 고유한 지시체(의미)

3B.7. 마르켈리누스『투키디데스의 생애』36 (DK 84A9)[103]

안틸로스가 말하는 바에 따르면 그[즉, 투키디데스]는 당대에 희랍인들 사이에서 평판이[104] 좋았던(eudokimousas), 레온티니 출신 고르기아스의 균등 대칭 구문들(parisōseis)과 단어들의 대조들(tas antitheseis tōn onomatōn)도 잠시(ep' oligon) 부러워 따라했을(ezēlōse) 뿐만 아니라, 케오스 출신 프로디코스의, 이름들에 대한 정확한 정의[105](hē epi tois onomasin akribologia)에 대해서도 마찬가지였다.

3B.8. 플라톤『파이드로스』267b2-6 (DK 84A20) (cf. DK 80A26)[106]

---

101 텍스트가 손상됨.

102 텍스트가 손상됨.

103 = 2B.74.

104 혹은 '인기가'.

105 혹은 '설명'.

106 9B.2, 2B.44로부터 이어짐. 이후 4B.11, 1B.55, 7B.18로 이어짐. 이것들 전체가 맥락과 더불어 17A.48에 포함됨. 연설의 적당한 길이가 있다는 주장은

소크라테스: […] 그런데 언젠가 프로디코스가 이것들[즉, 테이시아스와 고르기아스의 발견]에 대해 내게서 듣더니 웃더군요.[107] 그러더니 자기만이 말들의 기술이 필요로 하는 것들을 발견했다고 말하더군요. 길어도 안 되고 짧아도 안 되고 적당해야 한다고 말이죠.

파이드로스: 정말 가장 지혜롭군요, 당신은, 프로디코스!

3B.9. 아프로디시아스의 알렉산드로스 『아리스토텔레스 『토피카』 주석』 181.2-6 (DK 84A19)

프로디코스는 이 이름들 각각에 어떤 고유한 지시체(idion ti sēmainomenon)[108]를 할당하려고 노력했다. 스토아학파 사람들도 기쁨(chara)은 이성적인(eulogos)[109] 흥분(eparsis)이고, 쾌락(hēdonē)은 비이성적인(alogos)[110] 흥분이며, 즐김(terpsis)은 귀를 통한 쾌락이고, 유쾌함(euphrosynē)은 말들(logoi)을 통한 쾌락이라고 이야기하면서 그랬던 것처럼 말이다. 그런데 이것은 건전한 것이라곤 아무것도 말하지 않는 사람들이 하는 일이 아니라, 입법하는 사람들이 하는 일이다.

연설을 길게도 짧게도 할 수 있다고 공언하는 프로타고라스(1B.32)나 고르기아스(2B.44, 2B.35)와 대조를 이룬다. 맥락: 일련의 수사학 이론사로서 여러 소피스트들을 열거하고 있다.

107 혹은 '이것들을 듣더니 날 비웃더군요'로 옮기는 것도 가능하다.

108 혹은 '어떤 고유한 의미'.

109 혹은 '좋은 이유가 있는'.

110 혹은 '이유 없는'.

6. 이름의 정확성에 따른 선명한 개념 구분의 사례들[111]

3B.10. 아리스토텔레스 『토피카』 2.6, 112b22-23 (DK 84A19)

프로디코스는 쾌락들(hēdonai)을 기쁨(chara), 즐김(terpsis), 유쾌함(euphrosynē)으로 나눴다.

3B.11. 헤르메이아스 『파이드로스』 주석』 238.22-239.4 (267b에 관하여)[112]

"프로디코스가 웃더군요": 프로디코스는 이름들의 정확성(hē tōn onomatōn … akribeia)을, 예컨대 즐김(terpsis), 기쁨(chara), 유쾌함(euphrosynē)의 차이를 발견했기 때문이다. 즐김은 귀를 통한, 아름다운 것들에 대한 쾌락이고, 기쁨은 영혼의 쾌락이며, 유쾌함은 눈을 통한 쾌락이라고 부르면서 말이다. 그래서 프로디코스는 이런 이름들을 통해 이야기(logos)를 다채롭게 만들어야 (katapoikillein) 하며, 장황한 이야기들(makroi logoi)을 통해 같은 것들을 반복할(ta auta anakyklein) 게 아니라 균형(symmetria)을 구사해야 한다고 말했다.

---

111 거의 동의어에 가까운 개념의 구분. 개념 구분 자체는 소크라테스가 하는 것으로 나오지만 상당한 정도로 프로디코스의 영향이 들어가 있다고 볼 가능성 (소크라테스가 프로디코스 강의에서 배웠다는 언급을 한 것이 바로 이 가능성을 시사한다.)도 있는 사례들.

112 맥락: 3B.8에 관한 주석.

3B.12. 플라톤 『프로타고라스』 337a1-c6 (DK 84A13)[113]

[전달자: 소크라테스; 피전달자: 동료]

|337a| 그가 이렇게 말하자 프로디코스가 "멋진 이야기 하셨다고 난 생각합니다, 크리티아스." 하고 말했어요. "이 비슷한 논의들 (logoi)[114]을 참관하는 사람들은 대화를 나누는 양쪽 사람의 말을 공평하게(koinoi) 들어 주는 태도를 가져야(akroatai) 하니까요. 동등하게(isoi)는 아니고요. 이 둘이 같은 게 아니거든요. 양쪽 이야기에 공평하게(koinēi)[115] 귀를 기울이면서도, 각각에게 동등하게 분배하는(neimai) 게 아니라 더 지혜로운 사람에게는 더 많이, 더 무지한 사람에게는 더 적게 귀를 기울여야 하는 거죠. 나 자신으로서는, 프로타고라스와 소크라테스, 두 분이 논의들에 관해서 서로 논쟁(amphisbētein)[116]은 하되 |337b| 언쟁(erizein)[117]은 하지 않기로 동의하는 게 적절하다고 봅니다. (논쟁은 친구들끼리 서로 호의 때문에라도 하는 거지만, 언쟁은 서로 다투고 적대하는 사람들끼리 하는 거니까요.) 그렇게 되면 우리의 이 모임도 가장 아름답게 되겠지요. 이야기하는 두 분은 듣는 우리들에게서 최대한 좋은 평판을 누리게(eudokimoite) 될 거니까요. 칭찬을 받게(epainoisthe) 되는 건 아니고요. (좋은 평판은 듣는 사람들의 영혼에 기만(apatē)

---

113 4B.33으로 이어짐.
114 혹은 '담론들'. 이하 마찬가지.
115 혹은 '공히'.
116 혹은 '이의 제기'. 이하 마찬가지.
117 혹은 '설전'.

없이 와 있지만, 칭찬은 생각하는 바와 어긋나게 거짓말을 하는 사람들의 말 속에 있는 경우가 많으니까요.) |337c| 그런가 하면 듣는 우리들도 그렇게 되면 최대한 유쾌하게(euphrainoimetha)[118] 될 겁니다. 쾌락을 누리게(hēdoimetha) 되는 건 아닐 거고요. 유쾌하다는 건 뭔가를 배워서 자기 지성만으로(autēi tēi dianoiāi) 현명을 나누어 가지는 사람이 하는 거지만, 쾌락을 누린다는 건 뭔가를 먹거나 자기 몸만으로 다른 어떤 쾌락(hēdy)을 겪는 사람이 하는 거니까요." 프로디코스가 이렇게 말하자 참석한 사람들 가운데 아주 많은 사람들이 받아들이더군요.

3B.13. 플라톤 『프로타고라스』 340a7-b2, b4-6, 341b1-5, b8-c2 (DK 84A14)

[전달자: 소크라테스; 피전달자: 동료]

"[…] 정말이지, 시모니데스를 위해 시정하려면 당신[즉, 프로디코스]의 뮤즈 기술(mousikē)이 필요하거든요. 당신이 '바라다'(boulesthai)와 '욕망하다'(epithymein)가 같은 것이 아닌 것으로 놓고 나누면서 사용하는, 또 방금 전에도 많은 |340b| 아름다운 것들을 말하면서 사용한 그 기술 말입니다. […] 당신은 '되다'(genesthai)와 '…이다'(einai)가 같은 거라고 생각하나요, 아니면 다른 거라고 생각하나요?"

"제우스에 맹세코, 다른 거죠."라고 프로디코스가 말하더군요.

---

118 혹은 '흥겹게', '흐뭇하게'.

[…]

"[…] 그가 말하는 '무서운'(deinon)[119] 것이란 나쁜(kakon) 것이거든요. 어쨌든 아무도 매번 '무서운 부'나 '무서운 평화'나 '무서운 건강'을 말하지 않고 '무서운 병', '무서운 전쟁', '무서운 가난'을 말하지요. 무서운 것이 나쁜 것이라고 놓고서 말이죠. […] 프로디코스, '어려운' 것이 무엇을 뜻한다고 |341c| 시모니데스는 말하나요?"

"나쁜 것이죠."라고 그가 말하더군요.

3B.14. 플라톤 『프로타고라스』 358a5-b3, d5-e2

[전달자: 소크라테스; 피전달자: 동료]

"그렇다면 여러분[즉, 히피아스와 프로디코스 그리고 프로타고라스]도 동의하는 겁니다." 하고 내가 말했지요. "즐거운(hēdy) 것이 좋은 것이고 괴로운(aniaron) 것이 나쁜 것이라는 걸 말이에요. 여기 프로디코스가 하는 이름들의 구분(dihairesis)은 일단 접어 두면 좋겠어요(paraitoumai). 당신이 즐거운(hēdy) 것이라고 말하든 즐기는(terpnon) 것이라고 하든 기쁜(charton) 것이라고 하든, 또 어떤 근거에서 어떤 식으로 그런 것들에 |358b| 이름을 붙이는[120] 걸 당신이 기뻐하든 간에, 가장 훌륭한 프로디코스, 내가 하고자 하는 것과 관련해서 이것에 대답해 주세요."

그러자 프로디코스는 웃으며 동의했고, 나머지 사람들도 그러

---

119 혹은 우리말 맥락에 더 적확하게는 '끔찍한'.
120 혹은 '그런 이름들을 사용하는'.

더군요.

[…]

"자, 그렇다면 어떤가요?" 하고 내가 말했지요. "무서움(deos) 내지 두려움(phobos)이라고 여러분이 부르는 뭔가가 있나요? 그리고 그건 내가 염두에 두고 있는 바로 그것인가요? (당신에게 이야기하고 있는 겁니다, 프로디코스.) 여러분이 그걸 두려움이라 부르든 무서움이라 부르든 간에 나는 그걸 나쁜 것에 대한 어떤 예상(prosdokia)이라는 뜻으로 말합니다."

프로타고라스와 히피아스는 이게 무서움이고 두려움이라고 여겼지만, |358e| 프로디코스는 무서움이긴 한데 두려움은 아니라고 여기더군요.

"아니, 아무 차이 없어요, 프로디코스." 하고 내가 말했지요.

3B.15. 스토바이오스 『선집』 4.20.65 (DK 84B7)

프로디코스의 말: 욕망(epithymia)이 두 배가 되면 사랑(erōs)이며, 사랑이 두 배가 되면 광기(mania)가 된다.

3B.16. 플라톤 『메논』 75e1-3 (DK 84A15)

[화자: 소크라테스; 청자: 메논]

당신이 '끝'(teleutē)이라 부르는 뭔가가 있나요? 난 한계(peras) 내지 극한(eschaton) 같은 걸 말하는 겁니다. 이것들은 모두 똑같은 어떤 것을 뜻하는 걸로 난 말합니다. 프로디코스는 아마 우리와 생각이 다르겠지만 말이죠.

3B.17. 플라톤 『에우튀데모스』 277e2-278a5 (DK 84A16)

[화자: 소크라테스; 청자: 클레이니아스][121]

그럼, 이제 소피스트적인 비의(ta hiera … ta sophistika)의 첫 대
목을 듣는다고 생각하세요. 우선, 프로디코스가 말하는 것처럼,
이름들의 옳음에 관해서 배워야 합니다. 두 외지인 손님이 당신을
위해 밝혀 주고 있는 점이기도 한데, '배운다'(manthanein)는 것에
대해 당신이 모른다는 것 말이에요. 즉, 사람들은 누군가가 처음
에는 어떤 대상(pragma)에 관해서 아무런 앎도 갖고 있지 않다가
|278a| 나중에 그것에 대한 앎을 얻게 될 때 그것을 두고 '배운다'
는 말로 부르지만, 이미 그 앎을 갖고 있는 상태에서 이 앎을 가
지고 똑같은 그 대상에 대해서(그 대상이 행해지는 대상일 수도 있
고 말해지는 대상일 수도 있는데) 숙고하려 할 때에도 똑같은 이 말
로 부른다는 걸 당신이 모른다는 거죠. 사람들은 그걸 '배운다'는
말보다는 오히려 '이해한다'(synienai)는 말로 부르지만, '배운다'는
말로 부를 때도 있지요.

3B.18. 플라톤 『카르미데스』 163b1-3, d1-4 (cf. DK 84A18)

[전달자: 소크라테스; 피전달자: 동료]

|163b| "내게 말해 주세요." 하고 내[즉, 소크라테스]가 말했지요.

---

121 맥락: 에우튀데모스 형제가 클레이니아스를 상대로 논박을 벌인 후(논박의
    내용은 11B.2에 수록), 소크라테스가 혼란에 빠진 클레이니아스를 다독이고
    있다.

"'만들다'(to poiein)와 '행하다'(to prattein)가 같은 것이라고 당신은 부르지 않나요?"

"물론, 그렇지 않죠." 하고 그[즉, 크리티아스]가 말하더군요. "'일하다'(to ergazesthai)와 '만들다'도 같지 않고요. [...]"

|163d| "크리티아스," 하고 내가 말했어요. "당신이 이야기를 시작할 때도 곧바로 난 그걸 이해하겠더군요. 자기에게 고유한 것들(ta oikeia)과 자기 것들(ta hautou)을 '좋은 것들'(agatha)이라 부르고 좋은 것들의 만듦(poiēseis)을 '행위들'(praxeis)이라 부른다는 걸 말이죠. 프로디코스에게서도 이름들에 관해 구분하는 걸 수도 없이 들었거든요."

7. 이름의 미세한 구분, 그리고 소크라테스와의 관계[122]

3B.19. 플라톤 『메논』 96c10-d7[123]

소크라테스: 그렇다면 덕은 가르칠 수 없는 거겠네요?

|96d| 메논: 그런 거 같네요. 우리가 제대로 고찰했다면 말이죠. 그래서 나는 정말 궁금하기도 해요, 소크라테스. 도대체가 훌륭한 사람들이 전혀 없는 건지, 아니면 훌륭한 사람들이 생겨나게 되는 그 생겨남의 방식이 무엇일 수 있을지 말입니다.

소크라테스: 나도 당신도, 메논, 형편없는(phauloi) 사람들인 듯

---

122 cf. A의 9절.
123 6A.5를 포함.

싶네요. 고르기아스는 당신을, 프로디코스는 나를 충분히 교육하지 못한 거죠.

3B.20. 플라톤 『라케스』 197b1-c1, d1-5 (DK 84A17)

니키아스: […] 하지만 나는 두려움 없음(aphobon)과 용기 있음(andreion)이 같은 것이 아니라고 생각합니다. 아주 소수의 어떤 사람들만이 용기와 선견지명(promēthia)을 나눠 갖고(meteinai) 있는 데 반해 선견지명 없는(meta apromēthias) 대담함(thrasytēs)과 무모함(tolma)[124]과 두려움 없음은 아주 많은 남자들, 여자들, 아이들, 짐승들이 나눠 갖고 있다고 생각합니다. 그러니까 당신과 다중이 '용기 있다'(andreia)고 부르는 것들을 난 |197c| '대담하다'(thrasea)고 부르고, 바로 그것들에 관해 내가 이야기하고 있는 것들인 '현명한'(phronima) 것들이 용기 있는 것들이지요.

[…]

|197d| 소크라테스: 아무 말 마세요, 라케스. 그[즉, 니키아스]가 이 지혜를 우리 동료[125] 다몬[126]에게서 넘겨받았다(pareilēphen)는 것과 다몬이, 소피스트들 가운데서 가장 아름답게 이런 이름들

---

124 혹은 '과감함'.

125 거의 선생이라는 뜻. cf. 6A.1.

126 아테네의 오에(Oē) 구역 출신인 5세기 음악 이론가. 페리클레스의 선생이자 조언자로 알려져 있다. 배심원 일당 지급 제도 도입을 조언했고 그것 때문에 도편 추방되었다고 이야기된다. 지금 이곳이나 6A.1에서처럼 소크라테스의 선생으로 언급되기도 한다.

을 구분하는 걸로 보이는 프로디코스와 자주 접촉한다는 것을 당신은 전혀 알아차리지 못한 걸로 보이거든요.

8. 이름에 대한 자잘함(mikrologia) 내지 지나친 정교함(periergeia)

3B.21. 갈레노스『히포크라테스『관절들에 관하여』주석』4.15[127]

그런데 정강이(knēmē)[128]가 삐는(exarthrein)[129] 것이 아니라 발목 관절(astragalos)이 삐는 것이라고 그[즉, 히포크라테스]가 말한다는 것이 이미 보여져 있는 건 아니다. 그러니까 그런 것들을 탐색하는 사람들에게 앞서도 이미 내가 말한 것을 말해야 한다. 플라톤도 우리가 그걸 해야만 한다고 여길 뿐만 아니라 그 자신이 처음으로 그걸 하기도 한 것처럼, 히포크라테스는 말해진 그 사물(pragma)을 가리키는(sēmanai) 데만 신경 쓴다는 것 말이다. 그런데 옛날 사람들은 모두 이것 외에 다른 목표를 갖고 있지 않았다는 것을 우리는 다른 곳에서 보인 바 있다. 프로디코스만이 이름들[130]에 있어서의 자잘한[131] 이야기(mikrologia) 자체를 선망한(ezēlōkenai)[132] 것으로 보이는 것이다. 프로디코스의 것들을 선망한

---

127 맥락: 히포크라테스가 다리뼈를 복합 골절의 사례들에 넣어 다루지 말자고 주장하는『관절들에 관하여』서두에 관한 주석.

128 혹은 '아랫다리'.

129 혹은 '탈구되는'. 이하 마찬가지.

130 혹은 '단어들'.

131 혹은 '미세한'. 이하 마찬가지.

132 혹은 '따라한'. 이하 마찬가지.

사람들이 으레 천명하곤 하는 것처럼 말이다. 설명(dihēgēsis)의 분명함(saphēneia)이 조금도 손상되지 않는다는 것은 히포크라테스가 다음과 같이 말할 때 그 말하는 방식(rhēsis) 자체로부터 명백하다. "정강이의 뼈들이 삐어서(exarthrēsanta) 발 쪽 관절들에서 완전히 튀어나오는 경우에." 실은 '삐어서'(exarthrēsanta)를 잠깐 제거하면 이야기되고 있는 것도 분명해진다. 그러니까 이 이름은 히포크라테스가 덧붙인 것이며, 이런 자잘한 이야기(그것을 추구하는 사람들은 대체로 모두가 이야기를 할 능력이 없다.)를 그는 아예 조금도 하지 않았다.

3B.22. 갈레노스 『히포크라테스 『예후들』 주석』 1.4

어쨌든 누군가가 스무 번 예후(prorrhēseis)에 한 번 빗나갈 경우에, 그것 전체를 놓치긴 했지만 두 번 빗나가는 사람보다 더 낫고, 저 사람은 세 번 빗나가는 사람보다 더 나으며, 다시 저 사람은 네 번 빗나가는 사람보다 낫다. 그렇지만 모두가 대부분의 때에 맞춘다는 것을 공통점으로 갖고 있다. 그러니까 다음과 같은 가르침들을 받아들여야 한다. 즉, 그것들로부터 시작하면 다른 사람보다 더 잘 맞출 수 있을 그런 가르침들을 말이다. 반면에 가리켜진 것들 안에서의 지나친 정교함들(periergeiai)을 외면하고 피해야 한다. 그렇게 나이 든[133] 소피스트 프로디코스가 그것을 받아들이고서 교육받은 사람들에게 버거운 짐이 되었고 플라톤에 나오는 소

---

133 혹은 '늙은'.

크라테스에 의해 줄기차게 비난받았다. 다른 것들에서는 칭찬을
받았으면서도 말이다.

9. 어원론

3B.23. 아리스토텔레스 『수사학』 2.23, 1400b17-25 (DK 85A6
확장)[134]

또 다른 말터는 이름에서부터 나온다. 예컨대, 소포클레스는

"당신은 분명 강철(sidēros)에 맞게 그 이름조차도 갖고 있는 사람
이니."[135]

라고 했고, 신들에 대한 칭송들 속에서 사람들이 그렇게 말하
는 습관을 갖고 있기도 하고, 코논은 트라쉬불로스를 '대담한 조
언자'(트라쉬불로스: thrasyboulos)로 불렀으며, 프로디코스[136]는

---

134 7A.7 포함.

135 희랍 신화에 나오는 튀로(Tyrō)의 사악한 계모의 이름이 바로 시데로(Sidērō)
였는데, 이름에 들어 있는 '시데로스'(sidēros)가 '강철'이라는 뜻이다.

136 사본은 '헤로디코스'(Hērodikos)로 되어 있는데, '프로디코스'(Prodikos)로 고
쳐 읽자는 슈펭엘(Spengel)의 제안을 받아들였다. 상세한 내용은 고대에 이
두 이름이 혼동된 역사가 있고 프로디코스로 보면 의미가 더 잘 이해된다는
취지의 메이휴(2011)의 논의(148-151쪽과 237-241쪽)와 이전의 마네티(D.
Manetti 2005)를 참고할 것. 사본을 따를 경우의 헤로디코스는 아마 플라톤
『프로타고라스』 316d-e(1B.47)에 언급된 스포츠 의학의 선구자 셀륌브리아
출신 헤로디코스일 수 있다.

트라쉬마코스더러 "당신은 늘 '대담한[137] 싸움꾼'(트라쉬마코스: thrasymachos)이요."라고 불렀고, 폴로스한테는 "당신은 늘 '망아지'(폴로스: pōlos)요."라고 하고, 입법자 드라콘한테는 그의 법들이 인간의 것이 아니라 '뱀'(드라콘: drakōn)의 것이라고 했다(엄혹했던 것이다.). 그리고 에우리피데스의 헤카베는 아프로디테에 대해

"그리고 그 여신의 이름이 옳게도 '아프로쉬네'(무분별)에서 시작하지요(archei)."[138]

라고 했고, 카이레몬은 "펜테우스는 장차 올 불행을 따서 이름 붙였다(epōnymos)고 했다.

3B.23s. 갈레노스 『치료 방법에 관하여』(*De Methodo Medendi*) 7.6 (X 474 Kühn) (DK 84B11)[139]

그리고 실로 우유는 젖꼭지들 자체에서 빨 때가 가장 양호하다

---

137 혹은 '들이대는'. 플라톤 『고르기아스』 서두(아래 8A.4)의 '싸움에는 늦게'와 대비되는 말이기도 하다.

138 『트로이의 여인들』 990. 앞선 대목에서 헬레네는 메넬라오스에게, 파리스가 아름다움을 겨루는 세 여신(헤라, 아테나, 아프로디테)의 경쟁의 판정을 맡아서 아프로디테를 승자로 선택한 게 모든 문제의 화근이었다고 말한다 (914-965). 이에 대해 헤카베는 헬레네가 잘못이라고, 파리스를 보는 것에 약한 모습이 화근이었다고 대꾸한다. "가사자들에겐 어리석은 모든 행동들이 '아프로디테'인 걸요. 그리고 그 여신의 이름이 옳게도 '아프로쉬네'(무분별)에서 시작하지요(archei)."(989-990).

(kalliston). 에우뤼폰과 헤로도토스와 헤로디코스[140]가 적절하다고 판단하는 것처럼 말이다.

10. 호메로스에 대한 주석과 시어 선택 비판

3B.24. 호메로스『일리아스』16.595에 관한 주석

'칼콘의 아들': 프로디코스. "청동의 소유로부터 그리고 바튀클레아(Bathyklea)." 그는 가장 아름다운 물질(hylē)을 따서 '크뤼손의

---

139 DK는 가짜 단편으로 분류했다. 사본은 '프로디코스'로 되어 있지만, 원본의 '헤로디코스'를 필사자가 혼동한 결과로 보인다. 기원후 1세기 사람인 무명 런던 저자(Anonymus Londinensis)의『의술에 관하여』텍스트에서, 그리고 갈레노스의 저작들[『좋은 체액들과 나쁜 체액들(을 산출하는 음식들)에 관하여』6.755 Kühn,『소모증에 관하여』(De Marasmo) 7.701 Kühn]에서도 에우뤼폰과 헤로디코스가 연관되어 있는 구절이 나와 있는 것으로 보아 여기 사본은 '헤로디코스'로 정정하는 것이 적절하며, 이 헤로디코스는 이제까지 우리가 언급해 온 두 헤로디코스(즉, 셀륌브리아 출신 헤로디코스와 고르기아스의 형제 헤로디코스)와 다른 제3의 인물인 크니도스의 헤로디코스다. 다른 저작들에서는 제대로 '헤로디코스'가 표기되어 있는 것으로 보아『치료 방법에 관하여』의 '프로디코스'는 갈레노스가 아니라 필사자의 오기로 볼 수 있다. 그리고 아리스토텔레스『에우데모스 윤리학』7.11, 1243b23-24에도 사본은 '의사 프로디코스'로 되어 있지만, '의사 헤로디코스'의 오기임이 분명하다. 아리스토텔레스『수사학』의 해당 구절(3B.23)은 이것과 반대의 경우로서 사본의 '헤로디코스'를 '프로디코스'로 정정하는 것이 적절하다. 이것이 프로디코스의 것이라면 그의 진지함이 물론 들어 있겠지만, 특히 시간적으로 상당히 거리가 있는 드라콘(7세기경 전성기)에 관한 언어 유희는 프로디코스의 해학과 풍자가 잘 드러나는 단편이라 할 만하다.

140 사본은 '프로디코스'로 되어 있다. DK를 따라 '헤로디코스'가 잘못 표기된 것으로 보았다.

(아들)'이라고 말할 수도 있었을 것이다.[141]

[11-13. 자연학]

11. 『인간 본성에 관하여』(의학 분야에서의 이름의 정확성)

3B.25. 갈레노스 『자연적 능력들에 관하여』 2.9 (DK 84B4)

프로디코스는 그의 책(gramma) 『인간 본성에 관하여』에서 체액
(chymos)들에서 너무 뜨거워진(synkekaumenon)[142] 것, 즉[143] 이를테

---

141 『일리아스』 16.593-596의 내용은 이렇다. "그러나 뤼키아 방패병들의 지휘관
글라우코스가 처음 / 뒤돌아서서 큰 기개를 가진 바튀클레스를(Bathyklēa) 죽
였는데, / 이 사람은 헬라스에 있는 집에 살았던 칼콘의 사랑스러운 아들이
다. / 행복과 부에 있어서 뮈르미돈인들을 넘어선 칼콘 말이다." 이 대목에
대해 주석가가 언급하는 내용은 아마도 다음과 같은 것일 듯하다. 595행 '칼
콘의 아들'에 대해서 프로디코스는 "청동(chalkos)의 소유로부터 호메로스는
'칼콘'(Chalkōn)이라는 이름을 사용했고, 우리가 말하는 'Bathyklea'가 호메로
스의 'Bathyklēa'다."라고 말했다. 이어지는 내용 "그는 가장 아름다운 물질
(hylē)을 따서 '크뤼손의 (아들)'이라고 말할 수도 있었을 것이다."는 호메로스
의 시어 선택에 대한 프로디코스의 불만을 표현한 발언일 가능성도 물론 배
제할 수 없다. 왜 더 값비싼 황금을 따서 '크뤼손의'라고 하지 않았을까 하고
말이다. 그러나 아마도 주석가가 프로디코스의 어원적 이해를 문제 삼는 발
언일 수도 있다. '칼콘'이라는 이름이 그저 금속의 소유에서 온 거라면 호메로
스는 더 값나가는 황금을 따서 '크뤼손의'라고 했을 수도 있는데, 호메로스는
그러지 않았으니 이름의 부여를 금속의 소유로부터만 이해하는 것은 한계가
있다, 라는 내용을 가진 발언일 수 있다는 말이다.
142 혹은 '불붙은'.

376

면 너무 구워진(hyperōptamenon)[144] 것을 불이 났다(pephlechthai)[145]
는 것에서 착안하여 '플레그마'(phlegma: 점액)라고 이름붙이면서,
표현상으로는 다르게 사용하지만, 그 대상(to pragma)[146]은 그대로
다른 사람들과 같은 것을 가리키는(kata taûto) 것으로 유지한다. 이
름들에 있어서의 이 사람의 혁신(kainotomia)은 플라톤에서도 충분
히 보여져 있다.[147] 그러나 모든 사람들이 '플레그마'(phlegma)라고
부르는 바로 그것, 즉 색이 흰 그것을 프로디코스는 '블렌나'(blenna:
점액)라고 부른다. 차고 습한 이 체액은 대부분 노인들과 어떤 연
유에서건 감기가 든 사람들에게 가장 많은 것이기도 하며, 그 누
구도, 심지어 정신이 나간 사람조차도 그걸 차고 습한 것 말고 다
른 어떤 것이라고 말하지 않을 것이다.

3B.26. 갈레노스 『발열들의 차이들에 관하여』 2

체액이 습하면서 동시에 찰 경우 '플레그마'(phlegma)라는 명칭
(prosēgoria)으로 되돌려진다. 누군가가 히포크라테스적인 용법으
로, 그리고 모든 사람들에게, 즉 옛 의사들만이 아니라 지금의 다
른 희랍 사람들에게 흔히 통용되는 용법대로 이름붙일 요량이라면
말이다. 프로디코스는 『인간 본성에 관하여』에서 이 이름에 관해

---

143 혹은 '그리고'.
144 혹은 '너무 달구어진'.
145 혹은 '불이 붙었다'. 이하 마찬가지.
146 혹은 '일', '사태'.
147 cf. 플라톤 『티마이오스』 83c 이하.

서도 관행을 어기고 있다(paranomei). 놀라운 어원론(etymologia)에 의해 설득되어서 말이다.

3B.27. 갈레노스 『히포크라테스와 플라톤의 교설들에 관하여』 8.6.46-50

그러니까 플라톤은 히포크라테스의 기술에 속하는 이런 것들을 정확히 알지 못했다. 흰 점액에 관해서 말고는 그 사람을 따르려 시도했음에도 불구하고 말이다. 그렇게 말하는 이유는 이렇다. 거품들이 따로따로 떼어져 둘러싸여질 때는, 그 자신이 한 말 그대로 말하면 "작기 때문에 보이지 않지만, 전부 함께 모이면 그 덩어리가 보일 수 있게 만든다"[148]는 것인데, 그런 체액이 생겨난다는 것은 합리적일 뿐만 아니라 동시에 설득력도 있다. 반면에 연한 살의 용해(syntēxis)[149]로부터 언젠가 점액이 생겨나게 된다는 것은 가장 얼토당토 않은 것들에 속한다. 프로디코스라는 어떤 사람이 '쓴 담즙의'(pikrocholos) 체액을 그 이름을 바꿔서 (hypallattōn) '플레그마'(phlegma)라고 부르는 것(그는 그것에 그런 명칭이 생겨난 것이 불이 났다(pephlechthai)는 것에서부터 유래한다고 믿고 있기 때문이다.) 말고는 말이다. 그러나 다음과 같이 말하는 대목들에서 플라톤 자신은 그런 담즙의 체액이 가장 뜨겁다는 것을 알았다. "[음식에] 불을 붙여 태우는 것으로부터 따 와서, 몸

---

148 플라톤 『티마이오스』 83d3-4.
149 혹은 '액화'.

가운데서 불이 난다(phlegmainein)[150]고들 이야기하는 부분들은 전부 담즙 때문에 그렇게 된 것이다."[151] 그리고 이것들에 뒤이어 다음과 같이 말한다. "그것[즉, 담즙]이 바깥쪽으로 숨구멍(anapnoē)을 확보하면 끓어오르면서 온갖 종류의 돋아나는 것들(phymata)[152]을 올려 보내지만, 안쪽에 갇히면 많은 불붙은(pyrikauta)[153] 병들을 안에 만들어 낸다."[154] 그러니까 전반적으로 색깔이 노랗지만 때때로 많은 장액의 물기를 흡수하면 색이 옅어지기도(ōchros)[155] 하는 바로 그 쓴 담즙의 체액에 대해서 그는 관행적인 명칭을 사용하고 있음이 분명하다. 그리고 실로 그가 점액에 그 색깔의 이름을 덧붙이는 것 자체로부터 판단해 볼 때, 그는 프로디코스처럼 명칭에 있어서 실수하고 있는 것이 아니라 체액의 본성에 대한 앎에 있어서 실수하고 있음이 분명하다.

12. 『자연에 관하여』

3B.28. 갈레노스 『히포크라테스에 나오는 원소들에 관하여』 1.9 (DK 84B3)[156]

---

150 혹은 '염증이 생긴다'.
151 플라톤 『티마이오스』 85b5-7.
152 즉, 종양들이나 혹들.
153 즉, 염증성의.
154 플라톤 『티마이오스』 85b7-c2.
155 혹은 '창백해지기도'.
156 = 2B.9.(b).

옛날 사람들의 저작들은 모두 『자연에 관하여』(*Peri Physeōs*)라고 제목이 붙어 있다. 멜리소스의 것, 파르메니데스의 것, 엠페도클레스와 알크마이온과 고르기아스와 프로디코스와 다른 모든 사람들의 것들이 […]

3B.29. 키케로 『연설가에 관하여』 3.128 (DK 84B3 = DK 85A9)[157]

왜 내가 케오스 출신 프로디코스에 대해서, 칼케돈 출신 트라쉬마코스에 대해서, 압데라 출신 프로타고라스에 대해서 이야기를 해야 하는가? 그들 각 한 사람 한 사람이 자연 사물들에 관해서(de natura rerum)도 그 당시로선 아주 많이 말도 하고(disseruit) 쓰기(scripsit)도 했는데 말이다.

3B.30. 플루타르코스 『건강에 관한 권고들』(*De Tuenda Sanitate Praecepta*) 8, 126c–d (DK 84B10)[158]

프로디코스가 불이 향신료들(hēdysmata) 가운데 가장 좋은 (ariston) 것이라고 한 건 세련된 말인 것 같으니 말이다. 하지만 건강이 가장 신적이고 가장 즐거운(prosēnestaton) 향신료라고 말하는 게 더 참된 말일 것이다.

---

157 = 1B.70, 7B.28.

158 9B.13.(a), (b), (c)에서는 에우에노스에게 귀속시킨다.

13. 신과 종교의 기원[159]

13.1. 1단계

3B.31. 에피파니오스 『이단들에 대한 반박』 3.21

프로디코스는 네 원소를 신들이라고 부르고, 또 해와 달도 그렇게 부른다. 그는 이것들로부터 살아 있게 하는(zōtikon) 것이 모두에게 이미 속해 있다고 말하곤 했기 때문이다.

3B.32. 섹스투스 엠피리쿠스 『학자들에 대한 반박』 9.18 (DK 84B5)

케오스 출신 프로디코스는 말하기를, 옛날 사람들은 해와 달과 강들과 샘들과 일반적으로 말해 우리 삶에 이로움을 주는 모든 것들이 그것들로부터의 이로움 때문에 신이라고 여겼다(enomisan)[160]. 마치 이집트인들이 나일강을 그렇게 하듯 말이다. 그리고 이 때문에 빵을 데메테르로, 포도주를 디오뉘소스로, 물을 포세이돈으로, 불을 헤파이스토스로, 그리고 좋은 쓰임새를 가지는 것들 각각을 또 그렇게 여겼다(nomisthēnai).

---

159 종교의 기원: 인류의 생존을 유지하게 해 준 자연 사물들에 대한 인정과 감사 (1단계) → (정착된 삶과 농경 확립 이후) 유용한 것들을 발명한 사람들을 신격화(2단계). 쿨루멘타스(S. Kouloumentas 2018)를 참고할 것.

160 혹은 '믿었다'. 아래도 마찬가지.

13.2. 1단계에 대한 무신론 해석

3B.33. 필로데모스 『경건에 관하여』 2 (헤르쿨라네움 파피루스 1428, 단편 19)

그[즉, 프로디코스]는 말하길, 인간들에 의해 믿어지는(nomizo-menoi) 신들은 존재하지도(einai) 앎을 갖고 있지도(eidenai) 않고, 오히려 옛날 사람들은 결실들(karpoi)과 삶에 유용한(chrēsima pros ton bion) 거의 모든 것들을 경탄하여(agasthentes) 신으로 삼았다 (ektheiasai).

3B.34. 키케로 『신들의 본성에 관하여』 1.118 (DK 84B5)

[화자: 벨레이우스(에피쿠로스주의자)]

뭐라고요? 케오스 출신 프로디코스는 인간들의 삶에 이로움을 주는 것들이 신들의 부류(numerus)에 산입되어 있었다(habita esse) 고 말했는데, 대체 어떤 종교를 그가 남겨 뒀던가요?

3B.35. 섹스투스 엠피리쿠스 『학자들에 대한 반박』 9.51-52 (DK 84B5)

|51| 그리고 [신이] 없다고 하는 건 "부정의한 책들을 휘갈기는 늙은 허풍쟁이(alazōn)"[161] 에우헤메로스[162], 멜로스 출신 디아고라

---

161 칼리마코스(단편 86)에서 인용됨.
162 아마도 시칠리아 출신으로, 마케도니아 왕 카산드로스(대략 기원전 315년경)

스, 케오스 출신 프로디코스, 테오도로스 및 다른 아주 많은 사람들처럼 무신론자(atheoi)라고 불린 사람들이 [하던 말이다]. […][163]

|52| 그런데 프로디코스는 삶을 이롭게 하는(ōpheloun) 것, 예컨대 해와 달과 강들과 〈연못들(limnas)과〉[164] 목초지들(leimonas)[165]과 열매들 및 그런 종류의 모든 것이 신으로 받아들여졌다(hypeilēphthai)[166]고 말했다.

3B.36. 섹스투스 엠피리쿠스 『학자들에 대한 반박』 9.39, 41

|39| 게다가 옛날 사람들은 삶을 이롭게 하는(ōphelounta) 모든 것들, 예컨대 해와 달과 강들과 연못들(limnai) 및 그 비슷한 것들이 신으로 존재한다(hyparchein)고 생각했다고 이야기하는 사람들은 설득력 없는 의견을 제시하고 있는 것만이 아니라 옛날 사람들의 최고의 순진함(euētheia)에 대해 유죄 투표를 하고 있기도 한 것이다. 저 사람들이 눈앞에서 분명히 소멸하는 것들이 신들이라고 상정하거나 자기들에 의해 먹히고 분해되는 것들에게 신적인 능력을 귀속시킬 정도로 무분별하다는 건 그럴법하지 않기 때문이다. […] |41| 이유는 이렇다. 이런 식이라면 인간들도, 특히나 철학

의 궁정에 살았고, 주로 신화를 합리적으로 해석한 신화학자로 알려졌다. 섹스투스는 이미 9.17(위 3B.32 직전)에서 그의 발언을 인용한 바 있다.

163 에우헤메로스의 발언이 인용됨.

164 N과 무취(Mutsch)의 보충.

165 흔히 '목초지들'로 사본을 고쳐서 읽기도 한다.

166 혹은 '상정[/가정/해석]되었다'.

자들도 신이라고 생각했어야만 할 것이고(그들은 우리들의 삶을 이롭게 하는 데 동참하기 때문이다.), 비이성적인 동물들 가운데 많은 것들 또한 그러하며(그들은 우리와 더불어 일하는 수고를 하기 때문이다.), 집에 있는 설비들(skeuē)만이 아니라 그것들보다 더 비천한 어떤 것이라 해도 무엇이든 마찬가지다. 하지만 이런 것들이야 말로 심히 우스운 것들이다. 그러니 여기 제시된 의견 역시 건전하지(hygiē) 못하다고 말해야만 한다.

13.3. 2단계

3B.37. 미누키우스 펠릭스[167] 『옥타비우스』 21 (DK 84B5 확장)

스토아학파 사람들의 저작들이나 지혜로운 사람들의 저작들을 읽으라. 당신은 바로 그것들을 나와 함께 인정하게 될 것이다. 그들의 덕 혹은 선물(munus)의 장점들 때문에 그들은 신들로 간주되었다고 에우헤메로스는 말한다. 그리고 그는 그들의 생일, 조국, 무덤을 열거하고 속주들 구석구석에 알린다. 딕테[168]의 유피테르의, 델피의 아폴론의, 파로스[169]의 이시스의, 엘레우시스의 케레스

---

167 마르쿠스 미누키우스 펠릭스(기원후 250년경 로마에서 사망)는 가장 이른 라틴어권 기독교 호교론자들 중 하나다. 그의 『옥타비우스』는 이교도인 카이킬리우스 나탈리스와 기독교도인 옥타비우스 야누아리우스 간에 벌어진 기독교에 관한 대화다.

168 크레타섬 동쪽에 있는 산으로, 제우스가 이 산의 한 동굴에서 키워졌다는 신화가 전해진다.

169 이집트 알렉산드리아 근처의 작은 섬으로, 알렉산드리아의 등대가 위치한

의 그것들을 말이다. 프로디코스는 돌아다니며 발견해 낸 새로운 수확물(fruges)로써 인간들의 유용성(utilitas)에 기여한 사람들이 신들로 받아들여졌다(adsumpti)고 말한다. 페르사이오스[170]도 철학을 해서 같은 생각에 이르게 되며, 발견된 수확물들과 바로 그 수확물들의 발견자들을 같은 이름으로 연결한다. 다음과 같은 희극의 발언도 있듯이 말이다. "리베르(Liber)와 케레스(Ceres)가 없으면 베누스(Venus)는 얼어붙는다(friget)."[171]

섬이다.

170 키티온(라틴명 키티움)의 페르사이오스(306-243년)는 키티온의 제논(스토아 학파 창시자) 밑에서 공부한 스토아 철학자다. 제논과 같은 집에 살았다고 하며(DL 7.13), 키케로의 언급에 따르면 그는 문명에 큰 도움이 되는 것을 발견한 사람들이 신으로 여겨졌다고, 그리고 유용하고 유익한 사물들 또한 신으로 불렸다고 말한 바 있다(『신들의 본성에 관하여』 1.37).

171 테렌티우스 『고자』(Eunuchus) 4.5.6. 여기 언급되는 고유 명사들은 각각 '리베르'는 자유, '케레스'는 곡물(즉, 음식), '베누스'는 사랑을 대변하는 신의 이름이다. 중세와 근대 서양에서 속담으로 널리 회자되는데, 아마 당대에도 이미 그랬던 것 같다. 에라스무스[속담(adagium) 1297]나 루터 등도 그랬거니와 리베르를 바쿠스(희랍의 디오뉘소스에 해당하는 술의 신)로 바꿔 읽는 것이 당대 이래 가장 보편화된 이해였고 지금 이 저자도 그런 전통에 속한다. 그러나 리베르를 술 대신 '리베르타스'(Libertas), 즉 정치적 자유의 환유로 보면 상당히 다른 의미를 읽어 낼 수 있고, 그것 역시 지금 우리가 확인해 가고 있는 프로디코스적 발상의 유의미한 발전 내지 변주에 속한다고 볼 수 있다. 이와 관련해서는 기원전 1세기 로마의 리베르타스와 신 리베르를 연결하려 시도하는 아레나(V. Arena 2020)의 흥미로운 해석을 참고할 것.

13.4. 1단계와 2단계

3B.38. 필로데모스 『경건에 관하여』 2 (헤르쿨라네움 파피루스 1428, 세로단 2.28-3.13) (DK 84B5)

페르사이오스는 실제로(ontōs) 신령스러운 것(to daimonion)을 〈제거하고(anairōn)〉 없애고(aphanizōn) 있거나, 아니면 그것에 관해서 아무것도 알지(gignōskōn) 못하고 있음이 분명하다. 『신들에 관하여』에서 다음과 같은 말을 하는 걸 보면[172] 말이다. 그는 말하기를, 먹을거리를 제공해 주고(trephonta)[173] 이로움을 주는 (ōphelounta) 것들이 맨 처음에 신으로 여겨지고(nenomisthai)[174] 존경받았으며(teteimēsthai), 그다음으로는 데메테르, 디〈오뉘소스〉, 〈디오스쿠로이〉같이 먹을거리(trophai)나 피난처(skepai)나 다른 기술들을 발견해 낸 이들이 그랬다는 프로디코스의 저작 내용이 설득력 없어 보이지 않는다.

13.5. 신 담론의 의미

3B.39. 테미스티오스 『연설들』 30,[175] 349a1-b5 (DK 84B5)

농사를 감독하는 신들이 이 연설의 조력자들로 불러 모셔지면

---

172 직역하면 '다음과 같은 말을 할 때'가 된다.

173 혹은 '길러 주고'.

174 혹은 '믿어지고', '인정되고'. 이하 마찬가지.

175 연설 30의 제목은 '농사를 지어야 하는가?'다.

(keklēsthōn) 좋겠네요. 뿐만 아니라 뮤즈 전체에 속하는 것 가운데 가장 힘을 가진 뭔가가 있다면 그것이, 그리고 뮤즈를 이끄는 자 (ho mousēgetēs)[176] 자신이 모셔지면 좋겠네요. 그들은 이것을 위해서만이 아니라 인간들이 신으로부터 갖게 되는 모든 것들을 위해서, 농사로부터 매년 대가(amoibai)를 받거든요. 헌주들, 제물들, 잔치들, 그리고 땅으로부터 계절들(Hōrai)이 낳는(phyousin) 모든 것들을 말입니다.

우리가 또한 디오뉘소스, 님프들, 데메테르의 딸,[177] 비를 가져오는 제우스, 키워 주는(phytalmios) 포세이돈을 불러 모신다면 (parakaloimen),[178] 우리는 이미 입문 의례들(teletai)에 다가가고 있는 것이고, 프로디코스의 지혜를 우리 연설 속에 섞어 넣게 될(en-katamixomen) 것입니다. 그는 농사의 아름다운 것들로부터 인간의 예배(hierourgia) 전체, 비의들(mysteria), 축제들(panēgyreis), 입문 의례들을 결합시켜 낸(exaptei) 사람이죠. 이것[179]으로부터 신들의 개념(ennoia)[180]이 인간들에게 왔다고 생각하면서, 또 이것으로부터 경건(eusebeia) 전체를 보장받으면서 말입니다.

---

176 즉, 아폴론.
177 즉, 페르세포네.
178 혹은 '기원한다면'.
179 즉, 농사.
180 딜스의 수정을 받아들였다. 원래 사본대로 'eunoia'로 읽으면, '선의'가 된다. 페넬라(R. J. Penella 2010) 185쪽과 주석 4. 쿨루멘타스(2018), G 등이 텍스트 수정에 호의적이고, LM은 사본 그대로 읽는다.

3B.40. 아리스토파네스 『새들』 690-692 (DK 84A10)[181]

[화자: 합창 가무단(새들)]

여러분[즉, 인간들]이 우리에게서 천상의 것들(ta meteōra)에 관
해 모든 것들을 제대로 듣고 나서,

그리고 새들의 본성, 그리고 신들과 강들과 에레보스와 카오스
의 탄생을

제대로 알고 나서, 프로디코스에게 내 말을 듣고 장차 애통해
하라고(klaein) 말할 수 있도록 말이에요.

3B.41. 아리스토파네스 『새들』 692a에 관한 주석 (DK 84A10)

칼리마코스가 프로디코스를 연설가들의 목록 속에 넣는 것은
옳지 않다. 그는 분명 철학자로서 이들 사이에(en toutois) 있기 때
문이다.[182]

3B.42. 필로데모스 『경건에 관하여』 1 (헤르쿨라네움 파피루스
1077, 단편 19.519-541)[183]

··· 그리고 에피쿠로스는 있는 것들로부터 신적인 것을 제거하

---

181 414년 상연. 적어도 이 희극이 공연되는 414년 무렵에 이미 프로디코스가 유
    명했다는 증거다.
182 '이들(즉, 연설가들) 사이에서 그는 분명 철학자이기 때문이다.'로 새길 수도
    있다. G는 '이들 사이에'(en toutois)를 '이들(즉, 연설가들)과 비교할 때'로 이
    해한다. 아예 이해를 달리하여 중성으로, 즉 '이것들 속에서'로 새기면 '이 시
    행들(즉, 위 3B.40)이 표현하는 생각들에 있어서'로 이해될 수 있겠다.
183 = 10B.34.

는 사람들이 완전한 광기에 사로잡혀 있다고 비난했다. 그가 제
12권[184]에서도 프로디코스와 디아고라스와 크리티아스 및 다른 사
람들이 제정신이 아니고(parakoptein) 미쳤다(mainesthai)고 비난
하고, 그들을 바코스 비의에 참가한 사람들(bakcheuontes)에 비유
하면서 그들에게 우리를 성가시게 하지 말고 애를 먹이지도 말라
고 명하는 것처럼 말이다. 아닌 게 아니라 그들은 신들의 이름들
을 글자를 바꿔 수정한다(paragrammizousi). 마치 안티스테네스가
가장 공통된 것[185]을 확장함으로써(hypoteinōn) 개별적인 것들[186]을
임의적 설정(thesis)에 귀속시키는 것처럼, 그리고 훨씬 더 이전에
는 어떤 기만을 통해서 그렇게 하는 것처럼 말이다.

[14-17. 윤리학]

14. 『계절들』(Hōrai)[187] 혹은 『헤라클레스의 선택』

---

184 즉, 『자연에 관하여』 제12권.
185 가장 공통된 이름(?) 혹은 가장 공통된 생각(?).
186 개별적인 이름들(?).
187 여신으로서의 호라이는 통상 셋으로 구성되는 것으로 간주되었는데, 구성원
    에 대해서는 서로 다른 버전이 있다. 계절의 변화, 즉 자연적 질서를 관장하
    는 탈로(Thallō: 싹틈 혹은 꽃피움)-아욱소(Auxō: 성장)-카르포(Karpō: 열매
    맺음)로 이루어지기도 하고(핀다로스 『올림피아 경기 승자 축가』 13.17), 사회
    적 질서의 관장자인 에우노미아(Eunomia: 좋은 법도)-디케(Dikē: 정의)-에
    이레네(Eirēnē: 평화)로 이루어지기도 한다(헤시오도스 『신통기』 901-903).

3B.43. 플라톤 『향연』 177a5-b4 (DK 84B1)[188]

파이드로스는 매번 나를 향해 못마땅해하며 말하거든요. "에뤽시
마코스, 다른 신들에게는 시인들이 지어 놓은 송가(hymnoi)와 찬가
(paiōnes)가 있는데, 그토록 오래되고 그토록 위대한 신인 에로스
에게는 도대체 이제까지 살았던 하고많은 |177b| 시인들 가운데
어느 한 사람도 그 어떤 찬양(enkōmion) 하나 지어 놓은 게 없다
는 건 좀 심한 일 아닌가요? 또 그러고 싶다면 쓸 만한(chrēstoi) 소
피스트들을 살펴볼 수도 있겠는데, 그들은 헤라클레스와 다른 이
들에 대한 칭찬들(epainoi)을 산문으로 짓고 있지요. 가장 훌륭한
(beltistoi) 프로디코스 같은 사람이 말이에요.

3B.44. 아리스토파네스 『구름』 361a에 관한 주석 (DK 84B1)[189]

『계절들』(Hōrai)이라는 제목이 달린 프로디코스의 책이 또한 유
통되고 있는데, 그 책에서 그가 지은 건 헤라클레스가 아레테
(Aretē: 덕)와 카키아(Kakia: 악덕[190])를 만나게 되고 둘 각각이 자신
의 성격들 쪽으로 초대를 하는데 헤라클레스는 아레테 쪽으로 기
울게 되어 그녀의 땀을 카키아의 일시적 쾌락들보다 선호하게 된
다는 이야기다.

---

188 17B.6과 일부 중복.
189 3A.23으로부터 이어짐.
190 혹은 '악', '사악'. 이하 마찬가지.

3B.45. 필로스트라토스 『소피스트들의 생애』 1. 서론 482-483[191]

케오스 출신 프로디코스가 어떤 여간 즐겁지 않은 이야기(logos)
를 지은 바 있었다.[192] 덕(아레테)과 악덕(카키아)이 여인의 모습을
하고 헤라클레스에게 온다. 한 여인은 매혹적이면서(apatēlos) 다
채로운 옷을 입었고, 다른 여인은 별 생각 없이 입고 있었다. 그
리고 그들이 아직 젊은 헤라클레스에게 제안을 하게 되는데, 한
여인은 게으름(argia)과 번지르르함(tryphē)[193]을, 다른 여인은 지
저분함(auchmos)[194]과 노고들(ponoi)을 제안한다. 이 모든 것들에
상당히 많은 살을 붙여 이야기를 지어 놓고서 프로디코스는 도
시들(astē)을 돌아다니며 이 이야기의 시범을 돈을 받고 보여 주었
다. 오르페우스와 타뮈리스의 방식으로 매혹시키면서(thelgōn) 말
이다.[195]

3B.46. 필로스트라토스 『소피스트들의 생애』 1. 12 (DK 84A1a)[196]

크세노폰은 내가 처음에 언급한 프로디코스의 이야기, 즉 『헤라
클레스의 선택』을 개진하는(hermēneusai) 것을 조금도 주저하지 않
았다. 크세노폰이 프로디코스의 언사(glōtta)를 충분히 잘 스케치

---

191 3A.15로 이어짐(약간 중복). 이 이야기의 본격 버전은 크세노폰(아래 3B.48)
     에 나온다.
192 이 이야기의 상세한 버전은 3B.48에 수록.
193 혹은 '사치'.
194 혹은 '가뭄', '무미건조함'.
195 3A.15로 이어지는데, 거기서는 이 이야기에 관한 청중들의 반응이 서술된다.
196 3A.17로부터 이어짐.

해 주고 있는데 대체 뭣 때문에 우리가 그것의 성격을 묘사해야 하는 걸까?

3B.47. 필로스트라토스『편지』73[197]

서로 다른 사람들[즉, 작가들]이 서로 다른 사람들[즉, 소피스트들]을 선망하여 따라 하게(zēlōtai) 되었다. 실로 그륄로스의 아들[즉, 크세노폰]도 프로디코스의 『헤라클레스』를 두고 공명심을 발동한다(philotimeitai). 프로디코스가 카키아와 아레테를 헤라클레스에게 데려와서 그를 삶의 선택에 초대하게 할 때의 그 『헤라클레스』말이다.

3B.48. 크세노폰『소크라테스 회상』2.1.21-34; 스토바이오스『선집』3.1.205 (DK 84B2)[198]

[화자: 소크라테스; 청자: 아리스티포스]

|21| 그리고 지혜로운 사람 프로디코스도 헤라클레스에 관한 저작(그가 대단히 많은 사람들에게 시범을 보이기도 한 바로 그 저작)[199]

---

197 10A.7과 2A.22로 이어짐.

198 필로스트라토스『소피스트들의 생애』1.서론(3B.45와 3A.15, 그리고 고르기아스 장의 2A.6과 2B.50도 같은 내용)에 이 이야기에 관한 언급이 있다. 샌손(D. Sansone 2004)은 다수 해석자들과 달리 이 인용문이 그 언어나 문체로 볼 때 크세노폰의 요약이나 풀어쓰기가 아니라 본래 프로디코스의 시범 연설과 아주 가까울 것이라고 주장한다. 그레이(V. Gray 2006) 등 다수 해석 진영의 반론도 참고할 만하다.

199 『계절들』(Horai)이라는 작품의 일부였다.

에서 덕에 관하여 비슷한[즉, 에피카르모스와 비슷한] 생각을 드러냈지요. 내가 기억하는 한 다음과 같은 어떤 식으로 이야기하면서 말입니다. 그가 말하길,

헤라클레스가 아이에서 꽃다운 나이(hēbē)로 (즉, 젊은이들이 이미 스스로 다스리는(autokratores) 자들이 되고 있기에 인생에 있어서 덕을 통한 길을 갈지 악을 통한 길을 갈지를 분명히 드러내는 시절로) 접어들기 시작했을 때 조용한 곳에 나와 앉아서 어느 쪽 길을 갈지 고민하고 있었습니다.

|22| 그러자 키가 큰 두 여인이 나타나 그에게 다가오고 있었어요. 한쪽은 보기에 우아할(euprepē) 뿐만 아니라 태생이 자유인다운 여인이었으며, 몸은 정결함으로, 눈은 염치(aidōs)로, 몸가짐(schēma)은 절제로, 그리고 흰 옷으로 치장했어요. 다른 쪽은 육덕이 좋으면서도 (polysarkia) 야리야리하게(hapalotēs) 양육된 여인이었으며, 예쁘게 단장하기를, 피부는 원래보다 더 희고 불그레하게 드러나는 것으로 보일 정도요 몸가짐은 자연적인 상태보다 더 곧바르게 보일 정도였으며, 눈은 활짝 열려 있고, 옷은 그녀의 꽃다움이 그것으로 인해 가장 환히 빛날 만한 것이었는데, 자신을 자주 내려다보기도 하고 다른 누군가가 자기를 바라보고 있는 사람이 있는지 살피기도 하고 여러 번 자신의 그림자를 쳐다보기도 했지요.

|23| 그들이 헤라클레스에게 더 가까이 갈 때, 처음에 이야기한 여인은 [이제까지와] 같은 방식으로 갔지만 다른 여인은 헤라클레스에게 더 먼저 가고 싶어서 그에게 달려가서 말했어요. "내가 보니 당신은, 헤라클레스, 인생에 있어서 어떤 길을 가야 할지 고민하고 있네요. 그러

니까 당신이 나를 친구(philē)로 삼게 되면 가장 즐겁고 가장 쉬운 길로 내가 당신을 이끌 거예요. 그러면 당신은 즐기는(terpnōn) 일들 가운데 어느 하나도 맛보지 못할(ageustos) 일이 없고 버거운 일들을 경험하지 않은(apeiros) 채 일생을 살게 될 거예요. |24| 우선 당신은 전쟁도 성가신 일도 신경 쓰지 않게 될 거예요. 대신 무슨 음식이나 마실 것을 찾으면 기쁨을 얻게 될까, 혹은 무얼 보거나 들으면 즐기게 될까, 혹은 어떤 향들을 맡거나 어떤 것들을 접촉하면 즐거워질까, 어떤 소년 애인들과 어울리면 가장 많이 유쾌하게 될까, 그리고 어떻게 하면 가장 안락하게 잠을 잘까, 그리고 어떻게 하면 이 모든 것들을 가장 고생 없이 얻게 될까 하는 것만 살피며 돌아다니게 될 거예요. |25| 그러다가 어느 때고 이런 것들이 나올 출처가 별로 없지 않나 하는 데 대해 어떤 미심쩍음이라도 생기게 되면, 노동을 하고 고초를 겪어 가며 몸과 영혼에 이런 것들을 마련하게 되도록 내가 당신을 이끌지 않을까 두려워하지 마세요. 대신 남들이 이런 것들을 이루어 내는(ergazōntai) 수단들을 당신 자신이 이용하게 될 거예요. 뭔가 이로움을 얻어 낼 수 있는 것이면 어떤 것이든 마다하지 않고 말예요."

|26| 그러자 헤라클레스가 이 말을 듣고 "여인이여," 하고 말했어요. "그런데 당신의 이름이 뭡니까?"

"내 친구들은" 하고 그녀가 말했지요. "나를 '행복'(에우다이모니아)이라고 부르지만 날 미워하는 사람들은 나를 '악덕'(카키아)이라는 별칭으로 부르지요."

|27| 그러자 이때 다른 여인이 다가와 말했어요. "나도 당신에게 왔어요, 헤라클레스. 당신을 낳은 분들을 알고 있고 또 당신이 교육받을

때 당신의 본성(physis)을 알아보았기 때문이죠. 그렇기에 나는 기대합니다. 당신이 내 쪽 길로 오면 아름답고 숭고한(semna) 것들을 만들어 내는 대단히 훌륭한 일꾼(ergatēs)이 되고 나는 훨씬 더 존경받고 또 훌륭한 것들로 더 두각을 나타내게 될 거라고 말이에요. 나는 쾌락의 서론들을 가지고 당신을 기만하지 않을 겁니다. 대신 존재하는 것들을 신들이 어떻게 배치했는지(diethesan) 진실하게 설명할 겁니다. |28| 신들은 수고(ponos)와 돌봄(epimeleia)이 없으면 훌륭하고 아름다운 것들 가운데 아무것도 인간들에게 주지 않아요. 신들이 당신에게 자비로웠으면 좋겠다고 바란다면 당신은 신들을 잘 모셔야 합니다 (therapeuteon). 친구들에게서 소중히 여김을 받았으면 하는 의향이 있다면 당신은 친구들에게 잘해 주어야 합니다. 어떤 국가에게서 존경받고자 하는 욕망이 있다면 당신은 그 국가에 이로움을 주어야 합니다. 희랍 전체에 의해 덕에 있어 찬탄을 받을 만하다고 스스로 여긴다면 희랍을 좋게 만들어 주려(eu poiein) 시도해야 합니다. 땅이 당신에게 풍부한 소출을 내기를 바란다면 땅을 잘 모셔야 합니다(therapeuteon). 가축들로 인해 부유해져야겠다고 생각한다면 가축들을 돌보아야 합니다(epimelēteon). 전쟁을 통해 커지겠다고 나서고 친구들을 자유롭게 하고 적들을 정복할 능력을 갖기를 바란다면 전쟁 기술들 자체를 그걸 아는 사람들에게서 배워야 할 뿐만 아니라 그 기술들을 어떻게 활용해야 하는지를 익히기도 해야 합니다(askēteon). 그리고 몸에 있어서도 능력 있게 되길 바란다면 당신의 몸이 당신의 지성(gnōmē)[200]에 봉사

---

200 혹은 '판단'.

하도록 습관을 들여야 하며(ethisteon) 수고와 땀으로 단련해야 합니다(gymnasteon)."

|29| 그러자 악덕(카키아)이 끼어들어 말했어요. (이렇게 프로디코스가 말했던 겁니다.) "깨닫고 있나요, 헤라클레스, 이 여인이 당신에게 죽 설명하고 있는 그 길이 유쾌함(euphrosynē)을 얻기 위해 얼마나 험난하고 긴 길인지? 하지만 나는 행복을 얻기 위해 쉽고 짧은 길로 당신을 인도할 거예요."

|30| 그러자 덕(아레테)이 말했어요. "몹쓸 사람 같으니(ō tlēmon) 당신이 무슨 좋은 것을 가지고 있다는 거죠? 아님, 무슨 즐거운(hēdy) 것을 당신이 알고 있다는 건지? 이런 것들을 위해서는 아무것도 행할 의향이 없으면서 말이죠. 즐거운 것들에 대한 욕망을 기다리지조차 않고 욕망하기 전에 온갖 것들로 채워 넣고 배고프기 전에 먹으며 목마르기 전에 마시는 당신이 말이에요. 그리고 즐겁게 먹으려고 요리사들을 구하고, 즐겁게 마시려고 비싼 포도주를 마련할 뿐만 아니라 여름에 얼음을 찾아 이리저리 뛰어다니며, 즐겁게 잠을 자려고 부드러운 침대보만이 아니라 침대받침도 마련하는 당신이 말이에요. 당신은 노동을 했기 때문이 아니라 아무것도 할 일이 없기 때문에 잠을 욕망하거든요. 또 성적 쾌락(aphrodisia)을 당신은 필요해지기도 전에 강제하지요(anankazeis). 온갖 수단을 다 동원해서 그리고 남자들을 여자로 다루면서 말이죠. 당신은 당신 자신의 친구들을 이렇게 가르치니까요. 즉 밤에는 방자하게(hybrizousa), 한 날의 가장 요긴한 부분은 잠으로 보내게 말이죠. |31| 그런데 불사자이긴 하지만 당신은 신들로부터는 쫓겨났고 훌륭한 인간들에 의해서는 멸시를 받고 있어요. 모든 소리 가운

데 가장 즐거운 소리인 자신에 대한 칭찬을 당신은 들어 본 적 없고, 모든 볼거리(theama) 가운데 가장 즐거운 볼거리를 바라본 적이 없어요. 당신 자신의 아름다운 작품을 바라본 적이 한 번도 없으니 말이에요. 당신이 뭔가 이야기를 해도 대체 누가 믿겠어요? 당신이 뭔가를 필요로 한다 해도 누가 채워 줄 수 있겠어요? 아님, 제정신이라면 누가 당신의 열광의 무리(thiasos) 가운데 감히 끼려 하겠어요? 젊어서는 몸이 무능력하고 나이 들어서는 영혼이 지각이 없으며(anoētoi), 젊어서는 내내 노동을 안 해서 윤기가 흐르게 양육되다가 노령기에는 내내 고된 노동을 하면서 불쌍하게 지내며, 행한 일들에 대해서는 부끄러워하고 행하고 있는 일들에 대해서는 버거워하며, 젊어서는 즐거운 것들을 가로질러 달리면서 노령을 위해 버거운 것들을 비축하는 사람들 가운데 말이에요.

│32│ 그런데 나는 신들과 함께하고 훌륭한 인간들과 함께하죠. 신적이든 인간적이든 아름다운 일(ergon)이 나 없이는 생겨나지 않아요. 나는 신들 사이에서든 인간들 사이에서든 [나에게] 어울리는(prosēkei)[201] 사람들에게서 누구보다도 가장 존경을 받지요. 나는 기술자들(technitai)에게 소중히 여김을 받는(agapētē) 동료 일꾼(synergos)이고, 가정의 주인들에게 신뢰를 받는(pistē) 지킴이(phylax)이며,[202] 종들에게 친절한 도우미(parastatis)이고, 평화 시의 노고들에 대한 훌

---

201 '[나에게] 어울리는[/[나와] 비슷한]' 대신 '[존경받는 것이] 어울리는'으로 새길 수도 있다.

202 '가정의 주인들에게 신뢰를 받는 보호자이며' 대신 '주인들에게 신뢰를 받는 가정 보호자이며'로 옮길 수도 있다.

륭한 조력자(syllēptria)이며, 전쟁 시의 일들에 대한 확고한 동맹자(symmachos)이고, 우정의 가장 훌륭한 공유자(koinōnos)입니다. |33| 나의 친구들에게는 음식과 마실 것의 누림(apolausis)이 즐겁고 성가심 없는 것입니다. 그것들을 욕망하게 될 때까지 그들은 참기 때문이지요. 수고하지 않는(amochthoi)[203] 사람들에게보다 더 즐거운 잠이 그들에게는 있습니다. 또 그들은 그걸[204] 잃게 되어도 언짢아 하지 않고 이것 때문에 해야 할 일들을 하는 걸 포기하지도 않습니다. 그리고 젊은이들은 나이 든 사람들의 칭찬을 기뻐하고(chairousin), 노인들(geraiteroi)[205]은 젊은이들의 존경으로 기세가 양양해집니다(agallontai). 또 예전의 행위들을 그들은 즐겁게 기억하고, 현재의 행위들을 잘함으로 해서 즐거워합니다. 나로 인해 신들의 마음에 들고(philoi … theois ontes)[206] 친구들에게 소중히 여김을 받으며 조국에게서 존중받기 때문이지요. 그리고 자기들에게 정해진 끝이 올 때면 그들은 망각되어 명예가 없는 채 누워 있지 않고 오히려 기억과 더불어 영원히 찬미되면서 성황을 누립니다(thallousi). 이런 것들을 당신이 열심히 이루어 냈으니, 훌륭한 부모의 아들인 헤라클레스, 당신은 가장 축복받은 행복을 얻을 수 있습니다."

|34| 이 비슷한 어떤 식으로 프로디코스는 덕에 의한 헤라클레스의 교육을 시현하고 있습니다. 실로 그는 내가 지금 한 것보다

---

203 혹은 '피곤하지 않은'.
204 즉, 잠을.
205 혹은 '더 나이 든 사람들'.
206 혹은 '신들과 친구이고'.

훨씬 더 웅대한 언사(rhēmata)로 자기 판단들을 장식했지요. 그러니, 아리스티포스, 이것들을 염두에 두고 당신 인생의 장래의 것들에 대해서도 뭔가 신경을 쓰려 시도하는 것이 당신에게 적절합니다.

3B.49. 필로스트라토스 『아폴로니오스[207]의 생애』 6.10

당신[즉, 아폴로니오스]은 그림 같은(zōgraphias) 연설들에서 프로디코스의 헤라클레스 또한 보았다. 헤라클레스는 성년(ephēbos)[208]이 되었지만 아직 삶의 선택을 행한 상태가 아니었는데, 악덕(카키아)과 덕(아레테)이 그를 붙잡고서 제 쪽으로 이끌려 한다. 한쪽은 황금과 목걸이들과 자줏빛 옷[209]과 밝은 뺨과 땋은 머리와 선을 그린 눈으로 치장하고, 그녀에겐 또한 금으로 된 샌들이 있었다. 이것을 자랑스럽게 꿰어 신고 있는 것으로 그려져 있는 것이다. 반면에 다른 쪽은 고된 노동을 한 것과 같은 모습이고 거칠게 보이며, 누추함(auchmos)[210]을 장식으로 삼으며, 덕은 맨발이고 옷은 소박하며, 만일 그녀가 여성적인 우아함을 알지 못했다면 알몸으로 보였을 것이다.

---

207 튀아나 출신 아폴로니오스는 기원후 1세기의 신피타고라스주의 금욕주의자다. 종종 성스러운 인간으로 추앙받기도 했다.

208 혹은 '젊은이'. 청소년기(hēbē), '청춘'. 즉 18세에 이른(epi-) 사람을 가리킨다. 이하 마찬가지.

209 고르기아스와 히피아스가 이런 색의 옷을 입고 활동했다는 보고가 있다(2A.9 = 4A.8).

210 혹은 '불결함'.

15. 덕과 부, 덕의 교육 가능성

3B.50. 위-플라톤 『에뤽시아스』 397c6-397e12 (DK 84B8)[211]

[전달자: 소크라테스][212]

"바로 이 논변[즉, 부가 좋은지 나쁜지는 그것을 사용하는 사람이 어떠한지에 달려 있다는 크리티아스의 논변][213]을" 하고 내[즉, 소크라테스]가 말했지요. "일전에 뤼케이온에서 지혜로운 사람인 케오스 출신 프로디코스가 개진할 때 |397d| 곁에 있던 사람들에게는 그가 아주 허튼소리를 하는(phlyarein) 것으로 여겨져서 그는 자기가 진실을 말하고 있다는 것에 대해 곁에 있던 사람들 가운데 그 누구도 설득해 낼 수 없을 정도였지요. 실인즉슨 어떤 아주 젊고 말이 많은 청년(meirakion)이 다가와서 곁에 앉아 있다가 웃고 비아냥대며 그를 자극하기 시작했지요. 그가 말한 것들에 대해 근거를 제시하는 걸 듣고 싶어 하면서 말이죠. 게다가 이 사람은 듣는 사람들 사이에서 프로디코스보다 훨씬 더 명망이 높기도 했지요."

"그럼" 하고 에라시스트라토스가 말하더군요. "그 논변을 우리에게 전달해 줄 수 |397e| 있나요?"

---

211 10B.63으로부터 이어짐. 몇 줄 뒤 3B.51로 이어짐. 크리티아스와 프로디코스가 부와 덕에 관해 비슷한 입장을 공유하고 있다는 보고.

212 맥락: 부가 좋은 것이라는 에뤽시아스의 입장을 반박하는 크리티아스의 논변에 대해 에뤽시아스가 모욕이나 적대감을 가질 것을 우려하면서 소크라테스가 다독이는 말.

213 이 논변의 내용은 10B.63에 수록.

"물론이죠. 내가 기억해 내기만 한다면요. 내 기억으론 그건 이
비슷한 어떤 내용이었지요. 그 청년이 그에게 부유함(ploutein)이
어떤 면에서 나쁘고 또 어떤 면에서 좋다고 생각하는지를 묻더군
요. 그러자 그가 방금 전에 당신이 말했던 것과 똑같이 대답하면
서 말했어요. '아름답고도 훌륭한 사람들에겐 좋은 것, 그러니까
돈을 어디에 사용해야 하는지를 아는 사람들에겐 좋은 것이지만,
사악하고 알지 못하는 사람들에겐 나쁜 것입니다. 그리고' 하고 그
가 말했어요. '다른 대상들(pragmata)도 모두 다 마찬가지에요. 사
용하는 사람들이 이러이러한 어떤 사람들이면 그들에겐 대상들도
이러이러할 수밖에 없는 거거든요. 그리고 내겐' 하고 그가 말했어
요. '아르킬로코스가 지은 다음과 같은 시구 또한 아름다운 걸로
보입니다.

  이러이러한 일들(ergmata)에 마주치면(enkyreōsin) 그들이 하는 생
  각들(phroneusi) 또한 이러이러하다,

라는 시구 말입니다.'[214]

3B.51. 위-플라톤 『에뤽시아스』 398c4-399a5[215]

---

214 아르킬로코스 단편 68. 이것은 『오뒤세이아』 18.136-137과 평행 구절이며,
   파르메니데스 단편 16도 같은 계열의 발상에서 나온 패러디다.
215 3B.50으로부터 이어짐. 그곳에서 시작된 소크라테스의 또 다른 전달(즉, 전달
   속의 전달) 내용이 계속 이어짐. 즉, 397e1에서 열린 큰따옴표가 아직 닫히지

[전달자: 소크라테스]

'당신에겐' 하고 그[즉, 3B.50에 나오는 청년]가 말했어요. '덕이 가르쳐질 수 있는 것으로 여겨지나요, 아니면 타고나는 것(emphyton)으로 여겨지나요?'

'적어도 내겐' 하고 그[즉, 프로디코스]가 말하더군요. '가르쳐질 수 있는 것으로 여겨집니다.'

'그렇다면' 하고 그가 말했어요. '누군가가 신들에게 기도하면 자기가 문법에 능하게 되거나 음악에 능하게 되거나 다른 어떤 앎을 얻게 될 거라고 생각할 경우에, 당신에겐 그가 어리석다고 여겨지지 않나요? 앎은 오히려 |398d| 다른 사람에게 배우거나 자신이 발견해 냄으로써 얻을 수밖에 없는 건데 말이죠.'

그가 이것들에도 동의하더군요.

'그렇다면' 하고 그 청년이 말했어요. '당신이, 프로디코스, 잘 지내게(eu prattein) 해 달라고 좋은 것들이 당신에게 있게 해 달라고 신들에게 기도할 때면, 당신은 아름답고도 훌륭한 사람이 되게 해 달라는 것 말고 다른 걸 기도하고 있는 게 전혀 아닌 거 아닌가요? 인간들 가운데서 아름답고도 훌륭한 사람들에겐 사물들(pragmata)도 좋은 것들이 되지만, 형편없는 사람들에겐 사물들도 몹쓸 것들이 된다고 한다면 말이죠. 그러니까 덕이 가르쳐질 수 있다면, 당신은 당신이 알지 못하는 것들에 대해 가르침을 받게 해 달라는 것 말고 다른 걸 기도하는 게 전혀 아님이 분명할 겁니다.'

않고 계속되고 있음.

그래서 내가 프로디코스를 향해 말했지요. |398e| '그가 이것에 대해 마침 그르쳐 버렸다면, 사소하지 않은 일(pragma)을 겪은 거라고 내겐 여겨집니다. 생기게 해 달라고 우리가 기도하는 것들이 바로 그 기도와 동시에 신들로부터 우리에게 생겨날 거라고 그가 믿는다고 한다면 말이죠. 당신도 매번 도시로 서둘러 걸어 들어가면서, 당신에게 좋은 것들을 주라고 신들에게 기도하면서 청원한다면, 당신 자신이 마침 청원하고 있는 그것들을 저들이 당신에게 줄 수 있는지 당신은, 정말이지, 알지 못합니다. 이는 마치 당신이 글 선생의 문간을 드나들면서 다른 아무것도 열심을 내서 하지 않으면서도 당신에게 문법적 앎을 주라고 간청하지만, 그걸 받은 다음엔 즉시 글 선생의 일들을 행할 능력을 갖게 되기도 할 경우와 같습니다.'

내가 이런 이야기들을 하고 있을 때 프로디코스는 그 청년을 향해 공격을 시작하더군요(antanēgeto). 자기를 방어하고 당신[즉, 크리티아스]이 방금 전에 말한 바로 그것들을 보여 주려고 |399a| 말입니다. 자기가 신들에게 기도하는 게 헛된 것임이 분명해지는 데 대해 열을 받아서(aganaktōn) 말이죠. 그런데 그때 체육관 책임자(gymnasiarchos)가 다가와서 그에게 젊은이들에게 적절치(epitēdeia) 못한 대화들을 나누고 있다는 이유로, 그리고 적절치 못하다면 분명 사악한(mochthēra) 것들이니까, 체육관에서 떠나 달라고 요구하더군요.

16. 인생의 슬픔과 고통

3B.52. 위-플라톤 『악시오코스』[216] 366b5-367c4, 368a6-d4 (DK 84B9 확장)

[대화자: 소크라테스와 악시오코스(죽음을 앞둔 노인. 클레이니아스의 아버지이자 알키비아데스의 삼촌)]

소크라테스: 악시오코스, 당신은 나에 대해 참된 증언을 하고 있지 않고, 아테네인들 대다수가 그러는 것과 똑같이, 내가 사물들에 대해 탐문을 잘한다(zētētikos)고 해서 내가 어떤 것에 대해 아는 자라고 생각하고 있네요. 하지만 난 이런 보통의(koina) 것들을 알면 얼마나 좋을까 하고 기원합니다. 그 정도로 난 비범한 것들과는 거리가 멀어요. |366c| 그런데 내가 하는 이 이야기들 역시 지혜로운 프로디코스가 한 말의 반복(apēchēmata)일 뿐이에요. 어떤 것들은 반 드라크마에 샀고, 어떤 것들은 2드라크마에, 또 어떤 것들은 4드라크마에 샀죠. 이 사람은 아무에게도 공짜로 가르치지 않고 에피카르모스의 말을 줄기차게 읊어 대는 게 그의 습관이지요. "손이 손을 씻는 법," 뭔가를 줘라, 그러고 뭔가를 받아라,[217] 하고 말이죠. 어쨌거나 일전에도 히포니코스의 아들 칼리아스의 집에서 연설 시범을 보이면서 그는 삶을 깎아내렸는데

---

216 기원전 100년에서 기원후 50년 사이에 플라톤주의자인 저자가 소크라테스적 대화편의 형식으로 쓴, 죽음을 앞둔 사람에 대한 위안을 담은 저작이다.
217 여기까지가 에피카르모스 말의 인용일 수도 있다.

어느 정도였냐면 내가 거의 내 삶을 끊을 정도였고 그때 이후로 내 영혼은 죽음을 바라고 있지요(thanatāi), 악시오코스.

악시오코스: 그가 한 말들이 어떤 것들이었나요?

|366d| 소크라테스: 내가 기억하는 것들을 당신에게 말해 줄게요. 그는 말했지요. "인생에서 슬픈 것들(aniara)의 몫을 안 가진(amoiron) 부분이 어떤 부분인가요? 아기는 태어나는 첫 순간에 삶을 고통(lypē)으로부터 시작하면서 울지 않나요? 어쨌거나 그는 아무런 아픔(algēdōn)도 없는 상태로 남겨져 있는 것이 아니라 배고픔(endeia)[218] 때문에든 추위 때문에든 더위 때문에든 어떤 타격(plēgē)[219] 때문에든 고통을 겪지요(odynatai). 자기가 무슨 일들을 겪고 있는지 아직 말할 능력은 없고, 그저 울면서 불만족의 이런 목소리만 갖고 있을 뿐인 채로 말이죠. 그런데 그가 많은 고생들(ponoi)을 끝까지 견뎌 내고서 일곱 살이 되면 |366e| 가정교사들(paidagōgoi)과 글 선생들과 체육 선생들(paidotribai)이 참주 노릇하며 감독을 하지요. 그리고 그가 자라면 비평가들(kritikoi),[220] 기하학자들, 전술가들(taktikoi)이 주인들의 큰 무리로 있지요[221]. 그리고 성년(ephēboi)으로 등록을 하게 되면 성년단 통솔자(kosmētēs)와 손들[222]에 대한 두려움이 있고, 그다음으로는 뤼케이온

---

218 혹은 '가난', '결핍'.
219 흔히 재난이나 역병에 대해 사용되는데, 아마 여기서도 그럴 것이다.
220 혹은 '평석가(評釋家)들'.
221 혹은 '그렇게 하지요'.
222 아마도 때리는 손들.

과 |367a| 아카데미와 체육관 책임자[223] 직위(gymnasiarchia)와 지팡이들과 무수한 비난들(kaka)[224]이 있지요. 그리고 젊은이의 시간(chronos)[225] 전체가 청년 훈육자들(sōphronistai)과 아레오파고스 평의회의 청년 위원단(hairesis) 휘하에 놓여 있습니다.

그리고 그가 이것들로부터 풀려나면 걱정들이 곧바로 슬며시 들어오고, 삶의 어떤 길을 취할까에 대한 논쟁들이 그를 압박할 것이며, 나중의 어려움들(즉, 군대 복무라든지 부상이라든지 끝없는 싸움 같은 것들 말입니다.)에 비해 맨 처음의 어려움들은 어린애 장난이요 참으로 아기들의 근심거리임이 분명합니다. |367b|

그다음으로는 노령이 스리슬쩍 다가오죠. 자연에 속한 소멸될 수밖에 없고 죽어야만 하는 모든 것이 다 그것 속으로 흘러들어 가기 마련인 그 노령이 말입니다. 그리고 누군가가 더 빨리 마치 빚을 되돌려 주듯 삶을 되돌려 주지 않으면 자연은 마치 쩨쩨한 고리대금업자처럼 서서 어떤 사람에게선 시각을, 다른 어떤 사람에게선 청각을 담보로 받고 둘 다를 담보로 받는 경우도 흔합니다. 그리고 누군가가 살아남는다고 해도 몸이 마비되고[226] 불구가 되며 탈구가 됩니다. 다른 어떤 사람들은 아주 노령일 때 전성기를 누리

---

223 혹은 '귐나시온 교장'. 앞에 언급된 두 곳, 즉 뤼케이온과 아카데미는 당대 아테네에서 가장 잘 알려진 귐나시온(체육관)들이다.

224 혹은 '처벌들'.

225 Z 사본과 스토바이오스의 독법을 따랐다. A, Y 사본대로 읽으면 '고생'(ponos)이 된다.

226 혹은 '쇠약해지고'.

기도 하지만 정신으로 볼 때 노인들은 두 번째로 아이들이 됩니다.

그렇기 때문에[227] 인간적인 |367c| 것들에 대해 알고 있는 신들 또한 자기들이 가장 중요하게 여기는 자들을 삶으로부터 더 빨리 벗어나게 해 줍니다. 예컨대, 퓌토의 신전을 지은 아가메데스와 트로포니오스는 자기들에게 가장 뛰어난 것이 생겨나게 해 달라고 기도하고서 잠이 들었고 이후로 깨어나지 않았습니다. [...][228] 하지만 여기서 멈추겠습니다. 다른 예들도 언급함으로써 약속을 어기고 이야기를 길게 늘이게 되는 일이 없게 말입니다.

그런데 우리가 어떤 업무나 기술을 선택하면 그걸 비난하지 않고 현 상황을 |368b| 버거워하지도 않을까요? 비천한 손재주들을 이야기해 볼까요? 동트기 전부터 해진 후까지 고생하는데도 사는 데 필요한 것들을 확보하기도 간당간당하고, 자신들의 신세를 한탄하면서 매일 잠 못 드는 밤을 내내 비탄과 눈물로 채워 가는 사람들 말입니다. 아니면 항해하는 사람 이야기를 해 볼까요? 그토록 큰 위험들을 통과해 가면서, 비아스가 밝혀 준 것처럼 죽은 사람들 사이에 있는 것도 산 사람들 사이에 있는 것도 아닌 사람 말입니다. 땅 위의 인간이 자신을 |368c| 망망대해에 내던질 때는 양쪽 삶을 사는(amphibios) 자로서 자기 전체를 운에 맡기면서 하는 거니까요. 아니면 농사는 즐거울까요? 분명 그렇겠죠. 하지만

---

227 사본들의 'kai touto' 대신 'dia touto'로 읽는 클레멘스와 스토바이오스의 독법을 받아들였다. 원래 사본들대로 읽으면 '그렇기 때문에' 대신 '그리고 이 점에 있어서'가 되겠다.

228 생략된 대목에서는 훌륭한 사람들이 평화롭게 죽는 다른 예들이 제시된다.

그것 전체가 사람들 말마따나 곪은 상처(helkos)[229] 아닐까요? 매번 고통의 실제 원인(prophasis)임이 밝혀지는 그것 말입니다. 어떤 때는 가뭄 때문에, 어떤 때는 호우 때문에, 어떤 때는 땡볕 때문에, 어떤 때는 병충해 때문에, 어떤 때는 때 아닌 더위나 서리 때문에 울지요. 아니면 많은 명예가 주어지는(polytimētos) 정치(politeia)는 어떤가요? (사실 난 많은 것들을 건너뛰고 있는 겁니다.) 그게 얼마만큼이나 끔찍한 것들 사이로 내몰립니까? 한편으로는 열병에 걸린 것처럼(phlegmonēs dikēn)[230] 떨리고 두근대는 기쁨(chara)을 갖고 있지만, |368d| 다른 한편으로는 만 번의 죽음보다도 못한 고통스러운 실패(apoteuxis)[231]를 갖고 있지요. 하긴 누가 군중(ochlos)을 상대하며 살면서 행복할 수 있겠습니까? 인민의 장난감(dēmou paignion)으로 쯧쯧거림도 받고(poppystheiē) 박수도 받다가(krotētheiē),[232] 쫓겨나고 야유받고(syrittomenon)[233] 벌금형도

---

229 혹은 '궤양'.

230 원어에 보다 가깝게는 '염증처럼'.

231 혹은 '유산'(流産).

232 앞의 동사 '포퓌조'(poppyzō)는 입술이나 혀로 내는 소리를 모사하는 의성어다. 환호한다는 뜻과 혀를 쯧쯧 차며 비호감을 표현한다는 뜻을 함께 갖고 있다. 즉, '환호도 받고'로 옮길 수도 있다. 뒤의 동사 '크로테오'(kroteō)는 딱딱한 것들이 맞부딪쳐 나는 소리들을 만들어 낸다는 뜻의 동사이며, 통상 승인을 나타내는 박수를 친다는 뜻으로 쓰이지만, 드물게 비호감의 표현으로도 쓰인다. 그 경우엔 '야유도 받다가'쯤이 되겠다. 여기 두 동사를 일단 호감, 비호감의 교차로 이해하고 옮겼지만, 둘 다를 호감 표현으로 이해하여 '환호도 받고 박수도 받다가'로 새길 수도 있다. 그 경우에는 뒤의 동사들과 대조되는 방식으로 군중에게 인기를 끄는 장면의 묘사로 이해할 수 있겠다.

받고 사형당하고 연민의 대상이 되고 한다면 말입니다.

17. 죽음에 대한 두려움이 없음

3B.53. 위-플라톤 『악시오코스』 369b5-c7

소크라테스: […] 또한 나는 언젠가 프로디코스가 죽음은 살아 있는 사람들과도 죽은 사람들(hoi metēllachotes)과도 무관하다(oute peri)고 이야기하는 것도 들은 적이 있지요.

악시오코스: 무슨 말인가요, 소크라테스?

소크라테스: 그것은 살아 있는 사람들과 관련해서는 존재하지 않고, 죽은 사람들은 |369c| 존재하지 않지요. 그래서 그것은 지금 당신과 무관합니다. 당신은 죽지 않았으니까요. 또한 당신이 뭔가를 겪게 된다면 그건 당신과 무관할 겁니다. 당신이 존재하지 않을 테니까요. 그러니까 괴로움(lypē)은 헛되지요. 악시오코스와는 무관하기도 하고 무관하게 될 것이기도 한 것과 관련해서 악시오코스를 위해 애통해하는 것은 마치 누군가가 당신과 무관하기도 하고 나중에 당신이 죽고 나서도 당신과 무관하게 될 것이기도 한 스퀼라나 켄타우로스와 관련해서 애통해하는 거나 마찬가지이기도 하지요. 두려움은 존재하는 것들에게나 존재하니까요. 존재하지 않는 것들에게 그것이 어떻게 존재할 수가 있겠습니까?

---

233 이 동사 '쉬리조'(syrizō)도 의성어다. 목동이 부는 피리인 쉬링크스(syrinx)의 소리처럼 야유하며 내는 소리를 가리킨다.

제4장
히피아스

이 책의 정신은 아니지만 흔히들 하는 대로 이른바 '4대 소피스트'를 굳이 꼽자고 든다면, 이제까지 다룬 세 사람과 더불어 나머지 한 사람으로는 히피아스가 들어가야 마땅할 것이다. 그 이유는 자료를 토대로 제각각 찾아볼 수 있을 테지만, 이런 선택 자체에는 대개 큰 이견이 없다. 다만 안타깝게도 그는 소피스트임을 감안하고 보더라도 자료가 상대적으로 매우 빈약하다.[1]

---

[1] 극단적인 사례로, G는 히피아스의 단편이 빈약하다는 이유로 그를 소피스트 텍스트 자료집에서 아예 제외한다. 소피스트 관련 5개 주요 현대 참고문헌(GW, W, DG, G, LM)에 다음 장의 안티폰까지 포함해 이른바 '5대 소피스트'라 할 만한 인물들이 모두 공통적으로 실려 있는데, 유일한 예외가 히피아스를 뺀 G여서 그 섣부른 선택이 아쉽다. U에도 히피아스가 포함되어 있다. 5개 문헌에 공통으로 실린 나머지 사례는 『이암블리코스의 익명 저술』과 『이중 논변』이다. 이 분야 윤리학 관련 논문들이 포함된 최근 논문 모음인 월프스도르프(D.C. Wolfsdorf 2020a)에도 이 책의 인물들 관련 논문 9개 가운데 안티폰 관련 논문

히피아스는 지리적으로 스파르타에 가깝지만 아테네와 스파르타 간 주도권 경쟁의 틈바구니에서 아테네 쪽으로 기울어 가고 있던 도시 국가 엘리스 출신이다. 프로디코스처럼 대략 470년경 태어났으며 소크라테스 재판 당시 아직 살아 있었던 것으로 보인다(3A.3). 고르기아스나 프로디코스처럼 자기 조국의 사절 노릇을 하느라, 그리고 축제에서 앎과 기술을 뽐내기 위해 희랍 여러 곳을 누비고 다녔다(4A.2, 4A.5, 4A.7, 4B.10 등). 플라톤이 극화한 '소피스트 대회'에서는 특히나 천문학 전문가의 면모를 과시한 것으로 묘사되지만(4A.10), 다른 곳에서는 박학다식과 기억법의 대가로 희화화되기도 한다(4B.13-15, 4A.2, 4A.9 등).

그런데 히피아스의 이런 박식과 인기에 대해 플라톤은 상당히 냉소적이다. 예컨대, 『대 히피아스』에서 소크라테스의 입을 통해 플라톤은 스파르타 사람들이 그저 옛날이야기를 좋아한 것일 뿐이라고, 정작 히피아스가 스파르타에서는 돈을 한 푼도 못 벌지 않았냐고 비웃는다(4B.15). 하지만 히피아스의 여러 탐색들과 보고들(historiai)[2]이 그저 흥밋거리에 지나지 않으며 민중을 홀리는 데 쓰인 것일 뿐이라고 단정 짓긴 어렵다. 오히려 전방위 탐색가로서의 이런 모습은 크세노폰이 『소크라테스 회상』 4.4.6에서 말하듯 새로운 이야기로 발전시키려는 탐색과 노력의 일환일

은 2개나 되는데 아쉽게도 히피아스 관련 논문은 없다.

2 예컨대, 프로클로스의 보고(DK 86B12: 4B.19)에 '히스토레인'(historein)이라는 단어로 보고되어 있다.

수 있다(4B.30). 시·공간을 막론하고 전방위로 펼쳐진 그의 탐색은 원적 곡선과 관련된 기하학적 발견[3]으로 이어지기도 했거니와 (4B.20), 특히 호메로스 시나 신화 등 앞선 담론에 대한 문학적, 문헌학적, 신화학적 탐색이나 지리학적, 역사학적, 계보학적 탐구 등을 통해 당대인들에게 다양한 담론의 가능성과 역설들을 제공하여 삶과 세계에 대한 성찰의 화두를 던지며 그들의 사유 지평을 넓히기도 했으니 말이다.

또한 플라톤의 『소 히피아스』에서는 히피아스가 요즘 식으로 말하면 'DIY'에 능한, 그러니까 '자작'(自作)의 달인으로 다분히 희화화되는데(4B.8), 이런 모습 역시 '자족'(autarkeia)이라는 삶의 궁극목적을 지향한 것(4B.9)과 연결 지어 재조명해 보는 것이 더 적절할 수도 있다. '박식(polymathia)이 지혜냐?'라며 잘나가는 선배들을 조롱했던 헤라클레이토스처럼 플라톤도 히피아스를 한껏 조롱하고 있는 셈인데, 자기 기준에 맞는 지성(누스)과 혜안을 갖춘 사람의 이야기만 중요하다고 믿는 그런 유의 사고방식을 잠시 괄호 친다면, 히피아스의 작업과 태도에 대해서도 얼마든지 그 문화적, 교육적 가치를 운위할 만하다.[4]

---

3 이건 원적 곡선을 그가 처음 발견했느냐 여부와 별개로 상당히 평가할 만한 사항이다.

4 철학(지혜 사랑)을 박식으로 정의할 수 있는가를 두고 소크라테스와 젊은 철학도의 공방이 인상적으로 펼쳐지는, 플라톤의 『사랑하는 사람들』(위작으로 간주되기도 함)에도 박식을 철학 혹은 지혜에 곧바로 연결하는 것에 대한 저자의 부정적 접근 태도가 잘 반영되어 있다. 상세한 논의는 강철웅(2021a)의 본문과 작품 안내를 참고할 것.

공자도 강조했듯 학(學)과 사(思)는 같이 가는 것이다. 물론 사를 도외시하고 학에만 골몰했다면 또 모를까, 히피아스는 사에도 나름 열심히 정진했던 것으로 보인다. 혹자는 이렇게 되물을 수도 있겠다. 수학에 특히 관심을 보인 플라톤이 수학사에 남긴 자취는 과연 무엇이었는가? 히피아스의 원적 곡선에 버금갈 어떤 성취가 그에게 있었는가? 학과 사를 아우르는 플라톤의 지적 여정에 상응할 만한 전방위적 탐색과 성취를 히피아스도 보여 주었는데 단지 서로 방향만 달랐던 건 아닐까? 플라톤이 보여 주는 그런 '내로남불'적인 평가 자세가 오히려 문제인 건 아닐까?

요컨대, 히피아스의 작업에는 우선 역사 혹은 히스토리아(historia), 다시 말해 시간적으로만이 아니라 공간적으로도 넓게 돌아다닌다는 의미에서의 전방위적 탐색에 대한 강조가 들어 있다. 플라톤이 과연 제대로 된 역사가 노릇을 얼마나 했던가를 곰곰 되짚어 보면, 히피아스의 작업에서야말로 진정한 역사가적 기획이 착수된 흔적들이 발견된다고 말할 수 있지 않을까? 의견 기록(doxography) 전통 혹은 학문사/철학사 전통의 사실상 시작점도 어쩌면 아리스토텔레스가 아니라 히피아스일지 모른다. 탈레스가 무생물에도 영혼을 상정했다는 보고(4B.29)를 처음 해 준 사람이 아리스토텔레스가 아니라 실은 히피아스일 가능성이 높다는 걸 기억하는 사람이 전문가들 중에도 과연 몇이나 될까?

그런가 하면 히피아스에게는 또한 새로움에 대한 강조, 즉 자기만의 새로운 이야기를 만들어 가려는 노력이 엿보인다. 이건 아마 다른 소피스트들에게도 해당되는 면모일 수 있다. 예컨대, 프

414

로타고라스도 '일신우일신'(日新又日新)을 강조한 바 있다(『프로타고라스』 318a: 1B.47). 늘 바뀌지 않는 동일성, 항상성을 강조하는 플라톤의 보수적 태도와 대조적이다. 이렇게 서로 어긋나 보이는 두 가지 요소(즉, 학과 사)가 잘 어우러져 있는 것이 문헌학자, 역사학자로서의 히피아스 사상의 특징 가운데 하나다. 그리고 정도는 덜할지 모르지만 다른 주요 소피스트들도 이런 균형과 유연성의 면모들을 상당 부분 나눠 갖고 있다.

지혜로운 자들의 자연적 친족성에 관한 논의(4B.33), 그리고 가변적인 법 내지 관습에 대한 비판적 접근과 그런 가변성을 넘어서는 자연법적인 정의의 옹호론(4B.34) 역시 단순한 박식을 넘어선 심원한 통찰과 반성의 면모를 보여 준다. 성문법을 넘어선 자연법에 대한 호소는 민주주의 시스템 내에서 논쟁을 허용하고 법률의 전횡을 막는 역할을 수행할 수 있다.[5] 히피아스는 희랍인들이 '지혜로운 자'(sophos)라 부른(4B.3) 유일한 소피스트였다[6]고 할 만하다.

---

5 워터필드(W)가 이 점을 지적한 바 있다(252쪽).
6 오그레이디(P. O'Grady 2008a) 20쪽 주9.

A. 삶과 행적

1. 삶과 가르침 전반

4A.1. 『수다』 I.543 (히피아스 항목) (DK 86A1)[7]

히피아스, 디오페이테스의 아들 엘리스 출신의 소피스트이며 철학자, 자족(autarkeia)이 목적(telos)이라고 규정한(hōrizeto),[8] 헤게시다모스의 제자. 그는 많은 저작들을 썼다.

4A.2. 필로스트라토스 『소피스트들의 생애』 1.11 (DK 86A12)[9]

엘리스 출신의 소피스트 히피아스는 노년기에조차 어떤 대단한 기억력을 가지고 있었다. 50개의 이름을 한 번 듣고서도 자기가 들은 순서대로 상기해 낼 정도였다. 자기 담론들(dialexeis)[10]에 기

---

7 4B.1, 4B.9 포함.

8 '목적을 자족으로 정의한'으로 옮길 수도 있다. '텔로스'(telos)는 인간 활동의 전반적인 목적이나 초점을 가리키기 위한 나중 헬레니즘 시대의 대표적 철학 용어이기도 하다. 히피아스는 자기가 입거나 사용하는 모든 물건을 스스로 만드는 성향을 가진 것으로 유명하다. 이런 성향이 '자족'이라는 견유학파적 이상의 원조 격으로 이해되었을 법도 하다. 헤게시다모스에 대해서는 별로 알려진 바가 없다. 이 규정(혹은 정의)을 헤게시다모스에게 귀속시킬지, 히피아스에게 귀속시킬지에 있어서 원문의 구문 자체는 두 가능성을 다 허용한다. 예컨대, DG는 전자를, LM은 후자를 택했다. 후자가 일단은 안전하고 자연스럽기도 하지만, 전자가 굳이 배제될 이유도 없을 것이다. 사제 관계의 두 사람이 목적을 공유하는 것은 자연스러울 테니 말이다.

9 4B.4 포함.

10 혹은 '이야기들'.

416

하학, 천문학, 음악, 리듬들을 끌어들였다. |2| 그리고 회화와 조각 만드는 기술에 관해서도 이야기[11]를 나누었다(dielegeto).

|3| 이것들은 다른 곳에서 다룬 것이고, 라케다이몬에서는 국가들과 식민지 건립들(apoikiai)의 유형들(genē)[12]과 기능들을 다루었다. 라케다이몬인들이 다스리고 싶어 하기 때문에 이런 종류의 이야기를 즐겼기에 그랬던 것이다.

|4| 그에게는 또한 『트로이 대화』(Trōikos Dialogos)도 있는데, 연설(logos)은 아니다. 네스토르가 트로이가 함락된 후 트로이에서 아킬레우스의 아들 네옵톨레모스에게 훌륭한 사내가 어떤 것들을 추구해야 입신양명을 하게(phainesthai) 되는지 조언해 주는 내용이다.[13]

|5| 그리고 그는 엘리스를 대표해서 사절 노릇을 했는데 희랍인들 가운데 그 누구보다도 가장 많이 했으며, 어디서도 대중 연설을 하든 담론을 나누든(dialegomenos)[14] 간에 자신의 명성을 잃어 본 적이 없으며, 돈도 아주 많이 벌어들였을 뿐만 아니라 작은 국가들 큰 국가들 할 것 없이 여러 국가들의 부족들에게서 시민권을 부여받았다. |6| 돈을 벌기 위해 그는 이뉘코스[15]에까지도 갔는데, 이것은 시칠리아에 있는 작은 마을(polichnion)이다. 이곳

---

11 혹은 '대화'.
12 혹은 '종류들'.
13 이 단락의 내용은 아래 4B.4에서 다시 인용되고 보다 상세히 다루어진다.
14 혹은 '강의를 하든', '대화를 나누든'.
15 이뉘코스(혹은 이뉘콘)는 시칠리아 남서쪽 휩사스 강변에 있던 고대 도시다.

사람들을 플라톤은 비웃고 있다.[16] |7| 그리고 나머지 시간 동안에
도 그는 올림피아에서 다채롭고 생각이 잘 다듬어진 연설들(logoi)
을 가지고 온 희랍을 매혹시켰다. |8| 그는 빈약하게가 아니라 풍
부하게 그리고 자연스럽게 표현을 구사했는데, 시에서나 나오는
단어들로 피해 가는 일도 거의 없이 그렇게 했다.[17]

2. 연대와 가족 관계

4A.3. 플라톤 『프로타고라스』 317c3[18]

[화자: 프로타고라스]

나이로만 보면 여러분 모두[19] 중 그 누구에게도 내가 아버지뻘이
안 될 사람은 아무도 없지요.[20]

4A.4. 위-플루타르코스 『열 명의 연설가들의 생애』 838a, 839b
(DK 86A3)

---

16 아래 4A.6에 나온다.
17 그가 구사하는 문체와 단어에 관해서는 아래 B의 4절을 참고할 것.
18 1B.47에 포함.
19 즉, 프로디코스, 히피아스, 소크라테스, 크리티아스, 그리고 칼리아스(이 대화
   편의 장소 제공자인 초청자), 알키비아데스(소크라테스의 제자) 등.
20 아래 4A.6의 플라톤 『대 히피아스』 282e2에 그가 프로타고라스보다 "훨씬 젊
   다"고 기록되어 있다. 그러므로 대체로 소크라테스와 동년배로서, 4A.10에 묘
   사된 칼리아스 집에서의 '소피스트 대회' 당시(즉, 430년대 말)에 소크라테스
   처럼 중년이었을 것이다.

|838a| 그[즉, 이소크라테스]에게 또한 아파레우스라는 자식이 그가 노령일 때 태어났는데, 연설가(rhētor) 히피아스의 딸 플라타네에게서, 그 여인의 세 자식들 가운데 막내로 태어났다.

|839b| 그리고 젊어서는 결혼하지 않았지만 노년이 되어 라기스케라는 이름의 정부(情婦)와 함께 지냈다. [⋯] 그러다가 나중에 연설가 히피아스의 딸 플라타네를 아내로(gynaika)²¹ 맞았다. 그녀는 자식 셋을 가졌는데, 그 가운데 아파레우스가, 앞서도 말했듯이, 그가 만든(epoiēsato)²² 자식이다.

3. 공사 모두에 유능함: 사절 노릇과 보수²³

4A.5. 플라톤『대 히피아스』281a1-c3 (DK 86A6)²⁴

|281a| 소크라테스: 아름답고도 지혜로운 히피아스께서 오셨구만. 우리를 위해 아테네에 입항하신(katēras) 게 이 얼마 만인지!

히피아스: 통 여유가 없었거든요, 소크라테스. 엘리스가 어떤 국가를 상대로 해결해야 할 어떤 일이 있을 때면 늘 시민들 가운

---

21 대부분의 논자들과 달리 LM은 '히피아스의 딸 플라타네를 아내로' 대신 '히피아스의 (이전) 아내 플라타네를 아내로'로 읽는다(8권 519쪽). 838a를 충분히 고려하지 않은 독해다.

22 양자로 삼았다는 뜻으로 이해하는 LM의 독해(8권 519쪽)는 위-플루타르코스의 논의(838a)와 맞지 않는다.

23 cf. 4A.2.

24 작품 서두. 이후 17B.1, 2A.8, 3A.13, 17A.14, 1A.9, 4A.6, 17B.2, 6B.18로 이어짐.

데 맨 먼저 나한테 오거든요. 사절을 뽑으려고 하면서 말이죠. 내가 각 국가들로부터 이야기되는 담론들(logoi)에 대한 가장 유능한 판단자요 전달자라고 |281b| 생각하는 거죠. 그래서 난 자주 다른 국가들에도 사절로 갔지만, 가장 자주, 그것도 가장 많고도 가장 중요한 일들에 관해서 사절로 갔던 건 라케다이몬이에요. 바로 그런 이유로, 당신이 묻고 있는 것에 답하자면, 여기 이 지역들에는 자주 못 오는 겁니다.

소크라테스: 정말이지, 히피아스, 진짜 지혜롭고도 완벽한 사내다라는 게 바로 그런 거죠. 당신은 사적으로도 젊은이들에게서 많은 돈을 받으면서 |281c| 당신이 받는 것보다 훨씬 더 많은 이로움을 줄 충분한 능력이 있을 뿐 아니라, 공적으로도 당신 자신의 국가에 좋은 봉사를 제공할(장차 다중들 사이에서 무시당하지 않고 명망이 높게 되고자 하는 사람이라면 그렇게 해야 하지요.) 충분한 능력이 있으니까요.[25]

4A.6. 플라톤 『대 히피아스』 282d6-e8[26]

[화자: 히피아스; 청자: 소크라테스]

---

25 여기서 다루어진 논의는 이후 다시 다음 인용문(4A.6)으로 되돌아오기 전까지 잠시 다른 소피스트들을 다루게 되는데(고르기아스 장의 2A.8, 프로디코스 장의 3A.13, 17장의 17A.14, 프로타고라스 장의 1A.9 등), 비슷하게 공사 모두에 유능하다는 점을 거론한다. 그러니 방금 언급된 이 네 곳은 사실상 17장에 모두 함께 들어가 있어도 크게 무리가 없는 부분이다. cf. 17B.1, 17A.14, 17B.2.
26 4A.5, 17B.1, 2A.8, 3A.13, 17A.14, 1A.9로부터 이어짐. 이후 17B.2, 6B.18로 이어짐. 1A.9의 일부 내용 포함.

내가 돈을 얼마나 벌었는지 알게 되면 당신은 놀랄 겁니다. 다른 것들은 다 제쳐 두고라도, 언젠가 시칠리아에 간 적이 있었죠. 프로타고라스가 |282e| 그곳에 머물고 있었는데, 유명하기도 하고 나보다 나이가 많기도 했는데요. 훨씬 젊은[27] 내가 짧은 시간에 150므나를 훨씬 상회하는 돈을 벌어들였지요. 그리고 이뉘코스라는 아주 작은 마을 하나에서만도 20므나를 넘게 벌었고요. 그리고 이걸 가지고 집에 돌아와 아버지께 드렸더니, 그분과 딴 시민들이 경탄스러워하기도 하고 깜짝 놀라기도 하더군요. 그리고 내 생각으론 대략 잡아도 다른 소피스트 두 사람을 임의로 아무나 골라 합친 것보다 더 많은 돈을 내가 벌어들였다고 봐요.[28]

4A.7. 루키아노스 『헤로도토스』 2-3[29]

저 사람[즉, 헤로도토스]은 자기 『역사』로부터 다음과 같은 덕을 보았다. 단 한 번의 모임[30]에서 희랍 민중 전체의 공통된 찬성표를 받았는데, 그것도 제우스에 맹세코 단 한 사람의 포고자에 의해서 선포된 것이 아니라 축제 참석자들 각자의 출신지인 각 도시에서 선포되었던 것이다. 나중에 바로 이것을 알고서, 즉 이것이 명성

---

27 cf. 위 4A.3.
28 아래(283b-d)에서 소크라테스(즉, 플라톤)는 사치스러운 시칠리아인들은 덕을 배우겠다고 돈을 내는데, 정작 스파르타에서 히피아스가 돈을 못 번 것에 대해 비아냥거리고 있다.
29 = 3A.14.
30 즉, 올림피아 축제.

(gnōsis)을 향해 가는 어떤 지름길임을 알고서 그들의 동향 사람인 소피스트 히피아스와 케오스 출신 프로디코스와 〈람프사코스 출신〉 아낙시메네스〈와〉 키오스 출신 〈테오폼포스〉와 아그리겐툼 출신 폴로스와 다른 많은 사람들이 그 축제에서 매번 직접 연설들을 행했고, 그것으로부터 짧은 시간에 유명해지게 되었다.

4A.8. 아일리아누스 『잡다한 역사』 12.32 (DK 82A9)[31]

히피아스와 고르기아스는 자줏빛 옷을 입고 나다녔다(proïenai)[32]는 이야기(logos)가 잊혀져 가고[33] 있다(diarrhei).

4. 칼리아스 주최 '소피스트 대회': 안티스테네스의 소개, 천문학 논의, 플라톤의 연대 및 캐릭터 설정 문제

4A.9. 크세노폰 『향연』 4.62[34]

[화자: 소크라테스; 청자: 안티스테네스]

당신이 여기 이 칼리아스를 지혜로운 사람 프로디코스에게 팔아넘기는 뚜쟁이 노릇을 했다(proagōgeusanta)는 걸 알지요. 이 사람은 철학을 사랑하는데 저 사람은 돈이 필요하다는 걸 당신이 보았을 때 말이에요. 그리고 난 당신이 엘리스 사람 히피아스에게도 그렇게

---

31 = 2A.9. 자줏빛 옷과 관련한 이 단편 해석에 관해서는 2A.9의 주석을 참고할 것.
32 혹은 '사람들 앞에 나타났다'.
33 혹은 '돌아다니고'.
34 3A.34에 포함.

했다는 걸 알지요. 그에게서 이 사람은 기억법을 배우기도 했고요.

4A.10. 플라톤 『프로타고라스』 315b9-c7[35]

[전달자: 소크라테스; 피전달자: 동료]

"그분 다음으로 난 알아보았습니다."[36](라고 호메로스가 말한 바 있지요.) |315c| 앞쪽 주랑 맞은편 선생 자리(thronos)에 앉아 있는 엘리스 사람 히피아스를 말이에요. 그 사람 주변으로 긴 의자에 아쿠메노스의 아들 에뤽시마코스와 뮈리누스 사람 파이드로스, 안드로티온의 아들 안드론, 그리고 외지 사람들 중에서 그분[37]의 동료 시민들과 그 외 몇몇 사람들이 앉아 있었어요. 그 사람들은 자연(physis)과 천상의 것들(ta meteōra)에 관한 천문학적인 몇몇 문제들(astronomika atta)을 히피아스에게 조곤조곤 묻고(dierōtan) 있는 것으로 보였는데, 그는 선생 자리에 앉은 채 그들 각각을 위해 질문된 것들을 갈라놓고 하나하나 이야기를 해 주더군요.

4A.11. 아테나이오스 『만찬 자리의 소피스트들』 5, 218c (DK 86A5)[38]

---

35 1A.5로부터 이어짐. 이후 3A.6으로 이어짐. 4B.17 포함.
36 『오뒤세이아』 11.601. 뒤에 이어지는 구절인 3A.6 서두의 인용 대목과 마찬가지로 이것 역시 '하부 세계 여행' 대목의 일부다. 상세한 내용은 3A.6의 관련 주석을 참고할 것.
37 즉, 히피아스.
38 cf. 1A.6.

플라톤은 『프로타고라스』에서 엘리스의 히피아스도 몇몇 동료 시민들과 함께 참석한 것으로 설정한다(poiei). 그러나 이 사람들이 이사르코스가 집정관으로 재임하던 해 엘라페볼리온 달[39]에 맺어진 1년간의 평화조약 전에 아테네에서 안전하게 시간을 보냈다는 것이 그럴법하지 않다. 그런데 그는 그 대화가 그 조약이 발생한 지 얼마 안 된 때 즈음에 벌어지는 게 아니라 한참 후라고 상정한다(hyphistatai). […] 그러니까 플라톤은 그 대화에서 그 조약 자체가 더 이상 유효하지 않은 때에 히피아스와 주변 인물들이 적국의 사람들로서 아테네에 들어오게 만드는데 이것은 역사에 반하는 것이다.[40]

4A.12. 아테나이오스 『만찬 자리의 소피스트들』 11, 506f (DK 86A13)[41]

『메넥세노스』에서 엘리스의 히피아스만 조롱거리가 되는(chleua-zetai) 것이 아니라 람누스의 안티폰과 음악가 람프로스도 조롱거리가 된다.[42]

---

39 즉, 423년 3월 말.

40 아테나이오스는 『프로타고라스』의 연대 설정에 대해 프로타고라스와 관련해서도 부정적 평가를 하고 있다(1A.6).

41 cf. 5A.13.

42 안티폰과 람프로스는 236a에서 명시적으로 언급되지만(아래 5A.13), 히피아스는 그곳만이 아니라 그 작품 표면 어디에도 언급되어 있지 않은 것이 자못 흥미롭다.

5. 정치 참여와 죽음

4A.13. 테르툴리아누스 『호교론』 46.16[43]

[...] 히피아스는 자기 국가에 대한 음모를 조직하다가 죽임을 당하게 된다.[44] 이런 일은 그 어떤 크리스천도 도대체 자기 형제들을 위해 시도한 적이 없는 일이다. 심지어 그들이 온갖 혹독한 박해를 당해 사방으로 흩어지게 되었을 때조차도 그런 적은 없었다.

6. 히피아스 전통에 대한 후대(제2 소피스트 시대) 소피스트의 반응

4A.14. 필로스트라토스 『소피스트들의 생애』 2.11.3[45]

대화를 나누게(dialechthēnai)되는 일이란 그[즉, 나우크라티스의 프로클로스[46]]에게 아주 가끔씩만 있었다. 하지만 대화(dialexis) 속으로 일단 뛰어들고(hormēseien) 나면 그는 히피아스처럼 말하는(hippiazonti) 것 같기도 고르기아스처럼 말하는(gorgiazonti) 것 같기도 했다.

---

43 맥락: 이교도 철학자들이 범한 악행들(주로 정치적인)을 열거하고 있다.

44 대략 385년 전후에 엘리스에서 일어난 쿠데타를 가리킨다. 두샤닉(S. Dušanić 2008)은 히피아스 생애 말년의 이 사건(혁명 활동)에 대한 언급을 플라톤 저작에서의 그에 대한 언급과 연결하여 해석하면서 그의 급진적인 정치적 태도를 추적, 재구성한 바 있다.

45 = 2A.38.

46 2A.38의 해당 주석 참조.

B. 사상과 가르침

1. 저작

4B.1. 『수다』 I.543 (히피아스 항목) (DK 86A1)[47]
[…] 그는 많은 저작들을 썼다.[48]

4B.2. 플라톤 『소 히피아스』 368c8-d2 (DK 86A12)[49]

[화자: 소크라테스; 청자: 히피아스]

이것들 말고도 당신은 시들(poiēmata)을 갖고 왔는데, 서사시들,
비극들, |368d| 디튀람보스들, 그리고 대화 식으로(katalogadēn)[50]
작문된(synkeimenoi) 많은 다양한 종류의 이야기들(logoi)을 갖고
왔다고 했습니다.

1.1. 『애가』

4B.3. 파우사니아스 『희랍 땅 순례기』 5.25.4 (DK 86B1)

그때 메세니아인들은 소년들[즉, 레기움으로 건너가다 죽은 메

---

47 4A.1에 포함.

48 『애가』(4B.3), 『트로이 대화』(4B.4), 『족속들의 이름들』(4B.5), 『올림피아 경기
     승자들에 대한 기록』(4B.6), 『모음집』(4B.7, 4B.21) 등이 언급된다.

49 4B.8에 포함.

50 혹은 '산문으로'.

세니아 소년 합창 가무단]의 죽음에 대해 애통해했고, 그들을 기리기 위해 […] 올림피아에 청동상들을 봉헌했다. […] 옛 비명은 메세니아인들의 봉헌물이 해협에 있다는 것을 밝혀 주었다. 그런데 나중에 히피아스가, 희랍인들에 의해 지혜로운 자(sophos)였다고 이야기되는 그가 그들에 대해 애가를 만들었다. 그 조각상들은 엘리스의 칼론의 작품이다.

1.2. 『트로이 대화』(Trōikos Dialogos)

4B.4. 필로스트라토스 『소피스트들의 생애』 1.11 (DK 86A2)[51]
그에게는 또한 『트로이 대화』도 있는데, 연설(logos)은 아니다. 네스토르가 트로이가 함락된 후 트로이에서 아킬레우스의 아들 네옵톨레모스에게 훌륭한 사내가 어떤 것들을 추구해야 입신양명을 하게(phainesthai) 되는지 조언해 주는 내용이다.[52]

---

51 4A.2에 포함.

52 아래 4B.15에서 확인할 수 있는 것처럼 여기서 필로스트라토스는 플라톤의 작품 내용을 단어까지 거의 그대로 차용하고 있다. 흥미로운 것은 플라톤의 그 작품 자체 역시 히피아스를 그대로 차용하고 있는 것일 가능성이 있다는 점이다. '표절'에 관한 1장(1B.6, 1B.7)의 보고를 참고할 것. 그 작품에 한정되는 이야기는 아니지만, 아무튼 『소 히피아스』의 내용들 가운데 소크라테스 혹은 플라톤 자신에게 귀속될 만한 것이라고 우리가 너무도 당연하다는 듯 받아들이는 것들이 한번쯤 다른 눈으로 살펴볼 만하며, 왜 플라톤이 대화편으로 철학했을까 하는 물음도 근본적으로 다시 되짚어 보아야 할 일일 것이다.

1.3. 『족속들의 이름들』(*Ethnōn Onomasiai*)

4B.5. 로도스의 아폴로니오스 『아르고호 이야기』 3.1179에 관한 주석 (DK 86B2)

엘리스의 히피아스가 『족속들의 이름들』(*Ethnōn Onomasiai*)에서 어떤 족속이 '스파르토이'(Spartoi)라 불린다고 말한다.

1.4. 『올림피아 경기 승자들에 대한 기록』(*Olympionikōn Anagraphē*)[53]

4B.6. 플루타르코스 『누마』 1.4 (DK 86B3)

그런데 연대들[즉, 누마의 연대들]을 엄밀하게 확정하기가 어려우며, 올림피아 경기 승자들로부터 끌어오는 연대들은 특히나 그렇다. 그들에 대한 기록은 나중에 엘리스의 히피아스가 신뢰할 만한 필연성이 전혀 없는 출처에서부터 가져와서 출간했다고 한다.

1.5. 『모음집』(*Synagōgē*)

4B.7. 아테나이오스 『만찬 자리의 소피스트들』 13, 608f-609a (DK 86B4)[54]

---

53 혹은 『올림피아 경기 승자 목록』.
54 4B.21이 이 작품의 서두일 가능성이 있다.

밀레토스의 타르겔리아[55]는 외모도 아주 아름다울 뿐만 아니라 지혜롭기도 해서 열넷이나 되는 남자와 결혼한 여인이다. 소피스트인 히피아스가 『모음집』(*Synagōgē*)[56]이라는 표제가 붙은 저작에서 말하는 것처럼 말이다.

2. 자작과 자족

2.1. '자작'의 달인(플라톤적 전승)

4B.8. 플라톤 『소 히피아스』 368b2-369a3 (DK 86A12)[57]

[화자: 소크라테스; 청자: 히피아스]

그런데 어느 모로 보나 당신은 가장 많은 기술들에 있어서 모든 인간들 가운데서 가장 지혜롭습니다. 언젠가 당신이 자랑하는 걸 내가 직접 들은 바로는 말입니다. 시장의 환전상 탁자 곁에서 당신이 직접 당신의 중대하고 탐나는 지혜(sophia)를 열거하고 있었죠. 당신은 말했지요. 언젠가 올림피아에 왔는데, 몸에 지닌 것들을 전부 당신 자신의 작품들(erga)로 지니고 왔다고 말이

---

55 아마도 같은 출처를 이용했을 가능성이 높은 헤쉬키오스(알렉산드리아 출신) 사전의 해당 항목(Θ 105)에는 "그녀는 국가들과 권력자들을 좌지우지할 정도로 지혜로웠다."는 언급이 추가되어 있다. 시쳇말로 '경국지색'쯤에 해당하는 인물인 셈이다.

56 이 책의 서두에 해당하는 대목이 4B.21에 수록되어 있다.

57 4B.2 포함.

죠. 우선 당신이 끼고 있던 반지(daktylion)가(당신은 이것에서부터 시작했거든요.) 당신 자신의 작품으로 당신이 지니고 있던 거라고 했지요. |368c| 반지를 새길(glyphein) 줄 안다고 하면서 말이죠. 그리고 또 다른 인장(sphragis)도 당신 자신의 작품이고 당신이 직접 만든(ērgasō) 피부 오일 긁개(stlengis)와 오일 플라스크(lēkythos)도 그렇고요.[58] 그다음으로 당신이 신던 신발도 몸소 가죽으로 만든(skytotomēsai) 것이고, 외투(himation)와 외투 속 평상복(chitōniskon)도 직조했지요(hyphēnai). 그리고 이거야말로 누구에게든 가장 중요한 지혜의 증표(epideigma)이자 가장 특이한(atopōtaton)[59] 것으로 여겨진 것인데, 당신이 평상복에 두른 허리띠가 무척 비싼 페르시아 스타일이지만 이걸 당신이 직접 꼬았다(plexai)는 겁니다. 이것들 말고도 당신은 시들(poiēmata)을 갖고 왔는데, 서사시들, 비극들, |368d| 디튀람보스들, 그리고 대화 식으로(katalogadēn)[60] 작문된(synkeimenoi) 많은 다양한 종류의 이야기들(logoi)을 갖고 왔다고 했습니다. 또 방금 내가 이야기한 바로 그 기술들(technai)에 관해서만이 아니라 리듬들과 선율들과 글자들의 옳음에 관해서도 다른 사람들보다 월등하게 앎을 가진 사람으로 왔다고 했고, 이것들 말고 다른 것들도 아직 아주 많이 있습

---

58 체육관에서 운동 후 (혹은 목욕할 때) 피부에 남은 오일과 먼지를 제거하기 위해 사용하는 긁개를 '스틀렝기스'(stlengis)라 부른다. 고대 희랍에서 이 물건은 오일 플라스크(lēkythos)와 함께 한 세트를 이루어 대표적인 일상 용품이 된다.

59 혹은 '가장 기이한'.

60 혹은 '산문으로'.

니다. 내가 기억한다고 여기기로는 말입니다. 아, 물론 당신의 기억술(to mnēmonikon)[61]이야말로 그것 속에서 당신 자신이 가장 빛난다(lamprotatos)고 스스로 생각하는 기법(technēma)[62]인 것 같은데, 내가 잊고 있었네요. 그리고 내가 놓친 |368e| 다른 많은 것들이 또한 있을 걸로 생각합니다.

2.2. 자족(삶의 목적)

4B.9. 『수다』 I.543 (히피아스 항목) (DK 86A1)[63]
히피아스, 디오페이테스의 아들 엘리스 출신의 소피스트이며 철학자, 자족(autarkeia)이 목적(telos)이라고 규정한(hōrizeto) […]

3. 올림피아에서의 시범 연설 내지 담론 경연[64]

4B.10. 플라톤 『소 히피아스』 363a6-b1, 363c4-364a9 (DK 86A8)[65]
소크라테스: 아닌 게 아니라, 에우디코스, |363b| 방금 히피아스가 호메로스에 관해 이야기한 것들 가운데 내가 그분에게 물어보았으면 참 좋겠다 싶은 것들이 있긴 해요. […]

---

61 혹은 '기억 능력'.
62 기술의 작품, 즉 기술로 만들어 낸 산물이라는 말이다.
63 4A.1에 포함.
64 cf. 4A.2의 1.7, 4A.7.
65 작품 서두.

에우디코스: 아니, 히피아스는 분명, 당신이 그분에게 뭔가를 물어보면 대답하는 데 인색하지(phthonēsei) 않을 겁니다. 히피아스, 소크라테스가 당신에게 뭔가를 물어보면 대답할 거죠? 아니면 어떻게 할(poiēseis) 건가요?

히피아스: 정말이지, 에우디코스, 올림피아 경기가 있을 때마다 희랍인들의 축제를 보러 |363d| 매번 고향인 엘리스에서부터 올림피아에 올라가 성소에 들어가서 나 자신을 제공하면서(parechō emauton)⁶⁶ 내가 시범 연설을 위해 준비해 놓은 것들 가운데 누군가가 원하는 것은 무엇이든 이야기해 주기도 하고, 누군가가 물어보는 것은 무엇이든 원하는 사람에게 대답해 주기도 하는 내가, 지금 소크라테스의 질문은 피한다면 이상스러운 일들(deina)을 하는(poioiēn) 게 될 거예요.

|364a| 소크라테스: 매 올림피아 경기 때마다, 히피아스, 그렇게 당신의 영혼에 관해 그 지혜에 대해 그렇게 희망에 찬 기대를 품고 성소에 들어간다면 당신은 정말 복받은 상황에 처해 있는 겁니다. 그리고 몸에 관한 선수들 중 누군가가, 당신이 당신의 지성(dianoia)에 대해 그러듯 그렇게 자기 몸에 대해 겁도 없이 신뢰를 가진 상태로 경기를 하러 그곳에 가는 사람이 있다면 난 놀라워할 겁니다.

히피아스: 내가 이런 상황에 처해 있는 게 당연하죠. 올림피아 경기에서 자웅을 겨루기(agōnizesthai)⁶⁷ 시작한 이래 난 그 어떤 일

---

66 혹은 '내어 주면서'.

에 있어서도 나 자신보다 더 강한(kreittoni) 사람은 그 누구도 도대체 만나 본 적이 없거든요.[68]

4. 문체와 단어[69]

4B.11. 플라톤『파이드로스』267b7-9 (DK 80A26)[70]

소크라테스: 그런데 히피아스는 우리가 이야기 안 하나요? 내 생각엔 그[즉, 말은 길어도 짧아도 안 되고 적당한 길이여야 한다는 생각을 표명하는 파이드로스]에게 찬성표를 던질 생각일 거 같

---

67 혹은 '경연을 벌이기'.

68 여기서 히피아스가 지혜에 관한 아곤(자웅 겨루기)을 언급하고 있다는 것은 프로타고라스와 고르기아스의 아곤 언급들과 더불어 주목할 만한 일이다. 대중 앞에서 자신 있게 공개 논쟁에 나서고 즉석에서 평가받는 아곤을 히피아스나 앞선 두 사람만이 아니라 다른 소피스트들도 중요시했을 것으로 보인다. 이 아곤의 승부 내지 평가는 아마도 축제에 참석한 관중들의 반응에 의해 이루어졌을 것이다. 이런 논쟁 아곤의 증거 가운데 유명한 것 하나는 헤로도토스『역사』3.80-82(17B.12)에 기록된, 다리우스(다레이오스) 궁전에서 벌어진 정치 체제/이념 논쟁이다. 커퍼드(1981a)도 인정하듯 그곳에서 헤로도토스가 보여 주는 세 연설(그리고 이어지는 일곱 페르시아 귀족들의 대화와 결정)은 "그 방식과 내용 모두에 있어서 기원전 522년 페르시아가 아니라 5세기 아테네 소피스트들의 논쟁에 속한다."(150쪽)

69 필로스트라토스 1.11.7-8(4A.2)에 따르면 히피아스의 연설은 표현이 풍부하고 자연스러우면서도 잘 다듬어져 있고 시어에 의존하는 일도 거의 없었다고 한다.

70 9B.2, 2B.44, 3B.8로부터 이어짐. 이후 1B.55, 7B.18로 이어짐. 이것들 전체가 맥락과 더불어 17A.48에 포함됨. 맥락: 일련의 수사학 이론사로서 여러 소피스트들을 열거하고 있다.

은데 말이에요. 그 엘리스 출신 손님이 말이죠.

  파이드로스: 왜 안 그러겠어요?

  4B.12. 프뤼니코스 『아티카 단어 및 구절 선집』 312 Lobeck (DK
86B10)

  '믿고 맡김'(parathēkē)[71]: 히피아스와 한 이오니아 산문 작가[72]가
'믿고 맡김'(parathēkē)이라는 말을 썼다고 하는데, 우리라면 이것
을 플라톤[73]과 데모스테네스[74]와 투키디데스[75]처럼 '믿고 맡겨 놓음'
(parakatathēkē)[76]이라고 말할 것이다.[77]

5. '박학다식' 대 계보학: 히피아스 담론의 특징에 대한 평가

5.1. '박학다식': 천문학, 기하학, 산술, 문법학, 음악, 계보학/역사, 신화, 기억술 등을 아우름(플라톤적 전승)

  4B.13. 플라톤 『프로타고라스』 318d7-e4[78]

---

71 혹은 '신탁'.
72 헤로도토스 『역사』 6.73과 9.45.
73 『국가』 4권 442e.
74 연설 36 『포르미온 옹호 연설』 5.
75 『역사』 2.72.
76 혹은 '위탁'.
77 동사형으로는 이 책에 수록된 것만 해도 크세노폰 『회상』 4.4.17(6B.69)과 아일리아누스 『잡다한 역사』(2A.29)에 등장한다.

[화자: 프로타고라스; 전달자: 소크라테스; 피전달자: 동료]

히포크라테스는 내 곁에 오게 되면 소피스트들 가운데 다른 누군가와 함께하게 될 때 겪게 될 바로 그런 것들을 겪지 않을 겁니다. 다른 사람들은 젊은이들을 험하게 대하거든요(lōbōntai)[79]. |318e| 젊은이들은 기술들을 피해서 왔는데 그러고 싶은 생각도 없는 그들을 다시 또 이끌어 기술들로 몰아넣으니까요. 대수학[80]과 천문학과 기하학과 화성학을 가르치면서 말이죠. 그러면서 동시에 히피아스 쪽을 쳐다보더군요.

4B.14. 플라톤 『소 히피아스』 367e8-368a1[81]

소크라테스: 그럼 이제 계속해서 세 번째 사람도 살펴봅시다. 천문학자(astronomos)를 말입니다. 이제 그 기술로 말할 것 같으면, 당신이 스스로 앞서의 기술들보다도 훨씬 더 바로 그 기술에 대해 아는 사람(epistēmōn)이라고 생각하는 그런 기술이지요. |368a| 그렇지 않나요, 히피아스?

히피아스: 그렇죠.

4B.15. 플라톤 『대 히피아스』 285b7-286c2 (DK 86A11, A9)

---

78 1B.47에 포함.
79 혹은 '젊은이들에게 해를 입히거든요'.
80 혹은 '산술'.
81 맥락: 히피아스가 자처하는 기술들을 가지고 검토하는 중인데, 앞에서 산술가, 기하학자의 기술을 다루고 셋째로 천문학을 거론하게 된다.

소크라테스: [⋯] 그렇다면 히피아스, 신들에 걸고 묻건대,[82] 어떤 것들을 그들[즉, 스파르타인들]이 칭찬을 하고 들으면 즐거워하나요? 아니면 당신이 가장 멋지게 |285c| 알고 있는 저것들, 즉 별들과 하늘에서 일어나는 현상들(ta ourania pathē)이라는 게 분명한가요?

히피아스: 조금도 그렇지 않아요. 그런 것들은 그들이 참아 내려고조차 하지 않지요.

소크라테스: 그럼 기하학에 관해서 들으면 좀 즐거워하나요?

히피아스: 전혀 아니에요. 저들 중에서, 말하자면, 많은 사람들이 셈조차 할 줄 모르니까요.

소크라테스: 그렇다면 당신이 적어도 추론(logismoi)[83]에 관해서 시범 연설을 할 때 그들이 참아낸다는 건 꿈도 못 꾸겠군요.

히피아스: 정말이지, 제우스에 걸고 말하건대,[84] 꿈도 못 꾸죠.

소크라테스: 아니면 그럼 인간들 가운데 바로 당신이 가장 엄밀하게 분석할(dihairein) 줄 아는 저것들은 |285d| 어떤가요? 글자들과 음절들과 리듬들과 선율들의 의미(dynamis)에 관해서는 어떤가 말입니다.

히피아스: 착해 빠진 양반, 선율은 무슨! 글자들은 무슨!

소크라테스: 아니면 그럼 그들이 당신에게서 즐거이 듣고 칭찬

---

82 혹은 의역하여 '도대체'.

83 혹은 '계산'.

84 '아예', '절대' 등으로 의역할 수 있는 표현이다. 아래에서도 마찬가지.

하는 것들은 대체 뭔가요? 직접 내게 말해 보세요. 나 자신은 찾지 못하겠으니 말입니다.

히피아스: 영웅들과 인간들의 계보(genē)에 관해서, 그리고 식민(katoikiseis), 즉 옛날에 도시들이 어떻게 건립되었는지에 관해서죠, 소크라테스. 그러니까 한마디로 말해 옛날이야기(archaiologia) 일반을 그들이 가장 즐거이 |285e| 듣지요. 그래서 나로서는 그들 때문에 어쩔 수 없이 그런 모든 것들을 꼬박 외울(ekmemathēkenai) 뿐만 아니라 꼼꼼히 연습까지 해 놓을(ekmemeletēkenai) 수밖에 없었지요.

소크라테스: 제우스에 걸고 말하건대, 히피아스, 라케다이몬인들이 솔론 시대부터 우리 집정관들(archontes) 목록[85]을 누군가 그들에게 죽 열거해(katalegēi) 주는 걸 즐거워하지 않는 게 당신에겐

---

[85] 고대 아테네에서는 매년 9명의 집정관, 즉 아르콘(archōn)들을 제비뽑기로 선발하여 행정의 최고 책임을 맡겼다. 그중 세 명의 핵심 아르콘은 '아르콘 에포뉘모스'(Archōn Epōnymos: (각 해에) 이름을 부여하는 통치자), 즉 수석 집정관, '아르콘 폴레마르코스'(Archōn Polemarchos: 전쟁 통치자), 즉 군사 담당 집정관, '아르콘 바실레우스'(Archōn Basileus: 왕 통치자), 즉 종교 담당 집정관이며, 나머지 6명은 '테스모테타이'(Thesmotētai)라 불리는 보조 집정관이다. 폴리스를 대표하는 최고 아르콘이 아르콘 에포뉘모스이며, 그의 이름으로 각 해가 명명된다(이것이 '에포뉘모스'라는 말의 뜻이기도 하다.). 예를 들어 594/3년은 '솔론이 아르콘이던 해'다. 여기 목록은 이 아르콘 에포뉘모스의 이름을 열거하는 목록을 가리킨다. 이 직책이 솔론 이전에도 물론 있었지만, 솔론의 개혁이 그 권력이 약화되는 '민주화'의 시발점 비슷한 것이어서 소크라테스가 마치 민주주의적 관직의 최초 인물인 것처럼 묘사하는 것이라 할 수 있다. 한편, 제비뽑기로 관직을 할당하는 일에 대한 비판적 논의는 아래 13장의 『이중 논변』 7장(13B.7)에 포함되어 있다.

천만 다행이네요. 아니면 그걸 꼬박 외우느라 고생이 이만저만 아니셨겠죠.

히피아스: 어째서요, 소크라테스? 난 한번 듣고도 이름 50개는 기억할 텐데요.

소크라테스: 맞는 말이네요. 그저 당신이 기억술(to mnēmonikon)을 갖고 있다는 걸 내가 염두에 두지(enenoēsa) 못했던 거죠. 그러고 보니 이해가 되네요. 당연하게도 |286a| 라케다이몬인들은 많은 것들을 알고 있다는 것 때문에 당신을 반기는(chairousin) 거고, 마치 아이들이 노파들을 대하듯 즐겁게 이야기를 들려 달라는(mythologēsai) 심산으로 당신을 대한다는 걸 말입니다.

히피아스: 그래요. 그리고, 제우스에 걸고 말하건대, 소크라테스, 아름다운 일들(epitēdeumata)에 관한 거죠. 최근에 거기서 나는 젊은이가 추구해야(epitēdeuein) 할 일들이 무엇인지 죽 훑어 주는 걸로 이름을 날렸더랬죠. 그것들에 관해 엄청 아름답게(pankalōs) 지어 놓은 이야기(logos)[86]가 내게 있는데 다른 것도 다른 거지만 특히나 단어들이 잘 배치되어 있거든요. 나의 그 이야기의 서두(proschēma)이자 시작은 대강 다음과 같지요. 트로이가 함락되었을 때인데, 이야기는 다음과 같이 진행됩니다. 네옵톨레모스가 |286b| 네스토르에게 누군가가 젊어서 추구하면 가장 유명하게 될 수 있는 그런 아름다운 일들이 어떤 일들이냐고 물었다고 합니다. 그러자 그 다음으로 네스토르가 이야기를 하게 되는

---

86 혹은 '연설'.

데, 엄청 많고 엄청 아름다운 규준들(nomima)을 그에게 제공하게 (hypotithemenos) 되지요.[87] 바로 그 이야기를 내가 거기서도 시범 보였을 뿐만 아니라 여기서도 시범을 보일(epideiknynai) 예정이에 요. 낼모레 페이도스트라토스의 교실에서 하는데, 들을 만한 가치 가 있는 다른 많은 것들도 있고요. 아페만토스의 아들 에우디코스 가 나에게 요청했거든요.[88] 아니, 직접 와 보시든지. |286c| 다른 사람들도 데리고. 이야기되는 것들을 듣고 판가름할 능력이 있는 사람들 말이에요.

5.2. 계보학

4B.16. 튀로스의 막시모스 『강론집』 17.1[89]

시라쿠사의 소피스트[즉, 미타이코스]가 스파르타에 왔는데, 프 로디코스의 아름다운 연설(kallilogia)을 위해서(pros)[90]가 아니고 히피아스의 계보 이야기(genealogia)[91]를 위해서도 아니며 고르기 아스의 수사(rhētoreia)를 위해서도 아니고 트라쉬마코스의 부정

---

87 위 4B.4에 이 대목이 히피아스의 작품 내용으로 요약되어 있다.

88 『소 히피아스』 서두에도 등장하는데(위 4B.10 참고), 나누는 대화들로 보아 그 가 히피아스를 초청한 인물일 가능성이 높다고들 생각한다.

89 = 3A.9, 7B.26. 소피스트들의 대표적 특징 묘사. 히피아스의 계보 이야기. 고 르기아스와 트라쉬마코스에 관한 묘사는 상당히 '표준적'(= 플라톤적) 평가에 가까운데, 프로디코스와 히피아스에 관한 평가는 특기할 만하다.

90 혹은 '향해서'. 메이휴(2011)는 '가지고서'(with)로 옮겼다(17쪽).

91 메이휴(2011)는 어원을 고려하면서 '고상한 연설'로 옮겼다(17쪽과 111쪽).

의(adikia)를 위해서도 아니며 연설의 다른 작업(pragmateia)을 위해서 준비된 채(pareskeuasmenos) 온 것도 아니었다. 오히려 시라쿠사의 그 소피스트에게 기술은 실행(ergon) 그 자체, 즉 유용성(chreia) 및 쾌락과 한 데 혼합되어 있는 실행 그 자체였다.

6. 천문학

4B.17. 플라톤 『프로타고라스』 315c5-7[92]

[전달자: 소크라테스; 피전달자: 동료]

그 사람들[즉, 히피아스의 청강자들]은 자연(physis)과 천상의 것들(ta meteōra)에 관한 천문학적인 몇몇 문제들(astronomika atta)을 히피아스에게 조곤조곤 묻고(dierōtan) 있는 것으로 보였는데, 그는 선생 자리에 앉은 채 그들 각각을 위해 질문된 것들을 갈라놓고 하나하나 이야기를 해 주더군요.

4B.18. 아라토스 『현상들』 172에 관한 주석, 369.27 Maaß (DK 86B13)

히피아스와 페레퀴데스는 그것들[즉, 휘아데스[93]]이 일곱이라고 말한다.

---

92 1A.5로부터 이어짐. 이후 3A.6으로 이어짐. 4A.10에 포함.
93 휘아데스(Hyades)는 황소자리의 머리에 있는 V자 모양의 성단이다. 통상 5개로 간주된 것을 7개로 주장한다는 말이다. 신화에서는 아틀라스의 딸들이고, 대다수 이야기들에서 휘아스(Hyas)의 자매들로 되어 있다.

7. 기하학: 역사 탐구와 창의적 성취

4B.19. 프로클로스 『유클리드 『원리들』 제1권 주석』 65.11-15 (DK 86B12)

이 사람[즉, 탈레스] 다음으로 시인 스테시코로스의 형제 마메르코스가 기하학 연구(spoudē)에 착수했다고 언급되며, 엘리스의 히피아스는 그가 기하학에 대해서 명성을 얻었다고 보고했다 (historēsen).

4B.20. 프로클로스 『유클리드 『원리들』 제1권 주석』 272.7 (DK 86B21)

니코메데스[94]는 나사선들(konchoeideis grammai)을 가지고 [⋯] 직선으로 된 모든 각을 삼등분했다. 다른 사람들은 히피아스와 니코메데스의 원적 곡선들(tetragōnizousai grammai)을 가지고 같은 결과를 만들어 냈다. 이들도 혼합된 선들, 즉 원적 곡선들을 이용해서 그렇게 했다.[95]

---

94 기원전 3세기 수학자.
95 과연 원적 곡선을 히피아스가 각의 삼등분 문제 외에 원적 문제(임의의 원과 같은 면적을 가진 정사각형을 눈금 없는 자와 컴퍼스만을 가지고 작도하는 문제)에 사용했는가에 관한 논란이 있다. 그 곡선의 발명자가 히피아스인가의 문제와 연관되어 있다. 이와 연관된 프로클로스의 자료에 관한 연구인 오그레이디(2008b) 58-60쪽을 참고할 것.

8. 호메로스 해석을 위시한 종합적 인문학 담론 연구: 문학/문헌학, 신화학/신화 기술, 역사학, 지리학[96]

4B.21. 알렉산드리아의 클레멘스 『학설집』 6. 15 (DK 86B6)[97]

이것들 가운데 아마도 어떤 것들은 오르페우스가 말한 것이고, 어떤 것들은 무사이오스가 말한 것이며, 짧게 줄여 말하면 서로 다른 곳에서 서로 다른 사람이 한 것이다. 어떤 것들은 헤시오도스가, 어떤 것들은 호메로스가, 어떤 것들은 시인들 가운데 다른 사람들이 말한 것이고, 어떤 것들은 논저들 속에서 말한 것이다. 어떤 것들은 희랍 사람들이, 어떤 것들은 이방인들이 말한 것이다. 그런데 나는 이 모든 것들로부터 가장 중대하고 동질적인 것들을 모아서 이 새롭고 다양한 담론을 만들려 한다.

4B.22. 『호메로스의 생애』 30. 27 (DK 86B18)

[…] 그리고 이번에는 히피아스와 에포로스가 그[즉, 호메로스]가 퀴메 출신이었다고 말한다.

4B.23. 플라톤 『소 히피아스』 364c4-7 (DK 86A10)[98]

---

96 cf. 4B.4, 4B.5, 4B.7.
97 4B.7에서 아테나이오스가 언급한 『모음집』의 서두일 가능성을 생각해 볼 만하다. 흥미로운 것은 클레멘스가 이 구절을 표절의 사례를 언급하는 맥락에서 인용하고 있다는 점이다. 그러나 1B.7의 포르퓌리오스가 고발하는 플라톤의 경우와 달리, 클레멘스의 지적을 받고 있는 히피아스는 여기서 자료들을 '인용'하고 있음을 적어도 간접적으로는 분명히 하고 있다.
98 cf. 6B.60.

[화자: 히피아스; 청자: 소크라테스]

호메로스가 아킬레우스는 트로이에 간 사람들 가운데 가장 훌륭한(aristos) 사람으로, 네스토르는 가장 지혜로운 사람으로, 오뒤세우스는 가장 다능한(polytropōtatos)[99] 사람으로 설정했다(pepoiēkenai)[100]고 난 주장하거든요.[101]

4B.24. 소포클레스 『참주 오이디푸스』(통칭 '오이디푸스왕')의 둘째 안내 글(hypothesis) (DK 86B9)

왜 '참주'라는 표제가 붙었는가?

[…] 이 단어가 희랍 사람들 사이에 널리 퍼지게 된 것은 나중[즉, 호메로스보다 나중] 어느 때였다. 소피스트인 히피아스가 말하는 바에 따르면 아르킬로코스 시절이었다.

4B.25. 핀다로스 『퓌티아 경기 승자 축가』 4.288에 관한 주석 (DK 86B14)

---

99 잘 알려져 있듯이 『오뒤세이아』에서 오뒤세우스에게 대표적으로 따라 붙는 '장식적 형용어'다.

100 혹은 '만들었다', '지어냈다'. 이하 마찬가지.

101 아래 소크라테스 장(6B.60)에 히피아스의 이 해석적 주장에 대한 소크라테스의 반박 장면이 보다 상세히 개진되어 있다. 같은 사람이 거짓되기도 진실하기도 하므로 진실한 사람이 거짓된 사람보다 조금도 더 나을 것이 없다는 취지로 히피아스의 호메로스 해석을 반박하는데, 역사적으로는 플라톤이 소크라테스에게 귀속시킨 이야기들까지도 상당 부분 히피아스 자신에게서 나왔을 가능성도 있다. 만약 그렇다면 우리가 소크라테스 장에 넣은 이야기들 상당수가 이 장으로(그리고 다른 장들로) 옮겨져야 할 가능성도 있는 셈이다.

핀다로스는 『찬가들』에서 이 여인[즉, 프릭소스의 계모]이 데모
디케라고 말하지만, 히피아스는 고르고피스라고 말한다.[102]

4B.26. 에우스타티오스 『디오뉘시오스 페리헤게테스에 대한
주석』 270 (DK 86B8)
히피아스는 대륙들을, 오케아노스의 딸들인 아시아와 에우로페
에서 이름을 따 와서 부른다.

4B.27. 핀다로스 『네메아 경기 승자 축가』 7.53에 관한 주석 (DK
86B15)
셋째[즉, 에퓌라]는 엘리스 근처다. 히피아스가 그것을 언급한다.

4B.28. 플루타르코스 『뤼쿠르고스』 23.1 (DK 86B11)
뤼쿠르고스야말로 매우 호전적이었고 많은 원정들을 경험한 사
람이라고 소피스트인 히피아스는 말한다. […]

4B.29. 디오게네스 라에르티오스 『유명한 철학자들의 생애와 사
상』 1.24[103] (DK 86B7 = DK 11A1)
아리스토텔레스와 히피아스는 그[즉, 탈레스]가 영혼이 없는 것
들에게도 영혼을 부여했는데, 마그네시아 돌[104]과 호박(琥珀)에서

---

102 보통은 프릭소스의 계모는 이노라고들 했다.
103 탈레스 장.

그 증거를 얻었다고 말한다.[105]

9. 새로운 이야기에 대한 탐색

4B.30. 크세노폰 『소크라테스 회상』 4.4.6 (DK 86A14)

그리고 히피아스는 이 말[즉, 기술들의 선생을 찾는 일은 쉽지만 정의의 선생을 찾는 일은 그렇지 않다는 소크라테스의 말]을 듣고 말했다. "당신은, 소크라테스, 내가 오랫동안 당신에게 들었던 저 똑같은 이야기들을 지금도 여전히 하고 있나요?" 그러자 소크라테스가 말했다. "그런데 이것보다 더 놀라운(deinoteron)[106] 일

---

104 즉, 자석.

105 "아리스토텔레스와 히피아스는"이라고 말하면서 아리스토텔레스를 앞세웠지만, 사실상 이 보고의 원조는 히피아스라 추론하는 것이 그럴법하다. 일단 시대로 보아도 그렇거니와, 아리스토텔레스가 원조라면 굳이 시대가 앞선 히피아스를 별도로 언급할 이유가 없다. 둘째 출처인 아리스토텔레스가 원조보다 앞에 세워진 것은 잘 알려져 있는 인물인 탓도 있겠지만 히피아스의 저작이 남아 있지 않아서였을 것이다. DL 혹은 그에게 출처를 제공한 누군가는 자기 앞에 아리스토텔레스만 갖고 있었던 것이다. 그러니까 아마도 둘째 출처 아리스토텔레스가 어딘가에서 히피아스를 언급하고 있었을 가능성이 높다. 현존 아리스토텔레스 저작 중에는 『영혼론』 1.2, 405a19에서 히피아스의 이름 거명 없이 탈레스의 이 교설이 언급되고 있지만, DL 혹은 그의 출처 제공자가 아리스토텔레스의 다른 곳에서 얼마든지 이것을 확인했을 수 있다. 아무튼 『영혼론』의 해당 대목은 현재 상황으로는 아리스토텔레스의 '표절'이라고 시비를 걸 만하다. 이렇게 보면 학설사(doxography) 전통의 시작을 소요학파로 정한 우리의 상식은 재고의 여지가 있다.

106 원어의 뉘앙스에 보다 가깝게는 '더 끔찍한'.

은, 히피아스, 내가 늘 같은 이야기들을 하는 것만이 아니라 같은 것들에 관해서도 그런다는 겁니다. 반면에 아마도 당신은 박식하기(polymathēs) 때문에 같은 것들에 관해서 같은 이야기들을 절대 하지 않지요." "물론이죠." 하고 그가 말했다. "늘 새로운 뭔가를 이야기하려 시도하지요."

10. 전체론적 관점: 분석에 대한 비판

4B.31. 플라톤 『대 히피아스』 300e3-301b7, 304a4-6[107]

[화자: 히피아스; 청자: 소크라테스]

소크라테스: […] 내가 마침 속성으로 갖게 된(pepontha einai) 것도 아니고 내가 그것이지도(eimi) 않으며, 당신 또한 그것이지도 않다고 할 때의 그것을 우리 둘 다는 마침 속성으로 갖게 될 수 있다고 내겐 보이거든요. 그리고 이번에는 다른 것들, 즉 우리 둘 다가 마침 속성으로 갖게 된 그것들을 우리 둘 각각은 마침 속성으로 갖게 될 수 없고요.

히피아스: 당신은, 소크라테스, 방금 전에 당신이 대답했던 것보다 훨씬 더 기괴한 것들(terata)을 다시 대답으로 제시하는 것으로 보이네요. 왠고 하니 숙고해 보세요. 우리 둘 다가 정의롭다

---

107 이 대화는 '과'(kai)의 애매성을 붙들고 히피아스를 당혹스럽게 만드는 소크라테스의 모습을 흥미롭게 드러낸다. 여느 때 같으면 다른 소피스트들(예컨대, 에우튀데모스 형제)이 했을 법한 논의를 소크라테스 자신이 하고 있는 셈이다.

면 우리 둘 각각 또한 정의로울 것이고, 혹은 우리 둘 각각이 부정의하면 둘 다도 또한 부정의할 것이며, 혹은 둘 다가 건강하면 |301a| 각각도 또한 건강할 것 아닌가요? 혹은 우리 둘 각각이 지쳤거나 상처 입었거나 맞았거나 다른 어떤 속성을 마침 갖게 되었거나 하면 우리 둘 다도 또한 이런 속성을 마침 갖게 된 것 아닌가요? 그러니까 또한 우리 둘 다가 금으로 되어 있거나 은으로 되어 있거나 상아로 되어 있거나 (혹은 당신이 원한다면 이런 것들도 추가할 수 있을 텐데요.) 고상하거나 지혜롭거나 명망을 갖고 있거나 노인이거나 젊거나 아니면 다른 무엇(인간 세상에 있는 것들 가운데 당신이 넣고 싶은 다른 게 무엇이든 그것)이거나 하다면 우리 둘 각각 또한 그것일 수밖에 없는 게 매우 필연적이지 않나요?

|301b| 소크라테스: 무엇보다도 분명히 그렇죠.

히피아스: 하지만 당신은, 소크라테스, 대상들(ta pragmata)[108]의 전체들(ta hola)은 숙고하지 않고, 당신 자신이 함께 대화를 나누는 데 익숙해 있는 저들 또한 마찬가집니다. 오히려 당신들은 아름다운 것과 있는 것들 각각을 논의들(logoi) 속에서 떼어 내서(apolambanontes) 조각조각 잘라 냄으로써(katatemnontes) 시험해 보려(krouete) 합니다. 그렇기 때문에 당신들은 실재(ousia)의 물체들(sōmata)[109]이 본래부터 그토록 크고 연속되게 생겨나 있음(pephykota)에도 불구하고 알아채지 못하고 있지요.

---

108 혹은 '사물들', '사태들'.
109 혹은 '구현체들'.

[...][110]

히피아스: 하지만, 소크라테스, 이것들이 다 무엇이라고 생각하나요? 방금 전에도 이야기했듯이, 그야말로 이야기들을 잘게 긁어서 나온 부스러기들(knēsmata)이자 잘게 잘라서 나온 쪼가리들(peritmēmata)입니다.

4B.32. 플라톤 『소 히피아스』 369a8-c8[111]

소크라테스: [...] 아킬레우스는 진실하지만 오뒤세우스는 |369b| 거짓되고 다능하다고 당신이 주장했다는 것 알고 있지요?

히피아스: 예.

소크라테스: 그럼 이제 당신은 깨닫고 있나요? 같은 사람이 거짓되면서 진실하다는 게 드러났다(anapephantai)는 걸 말이에요. 그래서 만일 오뒤세우스가 거짓되다면 그는 진실하게도 되고, 또 아킬레우스가 진실하다면 그는 거짓되게도 되어, 결국 그 두 사람은 서로 차이가 나지(diaphoroi) 않고 반대되지(enantioi)도 않으며

---

110 생략된 대목에서 소크라테스는 히피아스의 생각과 반대되는 자신의 주장, 즉 둘 중 하나에게는 속하는데 둘 다에게는 속하지 않거나, 역으로 둘 다에게는 속하는데 둘 중 하나에게는 속하지 않는 것들이 있을 수 있음을 예를 들면서 보여 준다. 각각은 하나인데 둘 다는 하나가 아닌 둘이라거나, 따라서 각각은 홀수인데 둘 다는 짝수라거나 하는 예를 든 후에 원래 논의 주제로 돌아가 아름다움의 정의로 제시된 마지막 후보인 시각과 청각을 통한 쾌락에 이 생각을 적용하여 시각을 통한 쾌락과 청각을 통한 쾌락 각각에 적용되는 것과 두 쾌락 모두에 적용되는 것이 다를 수 있음을 주장한다. 소크라테스의 이런 논의에 히피아스는 줄곧 마뜩찮다는 반응을 보인다.

111 6B.60과 일부 중복.

오히려 비슷하다(homoioi)는 걸 말이에요.[112]

히피아스: 소크라테스, 당신은 늘 이런 어떤 식으로 비비 꼬아 대는(plekeis) 이야기들(logoi)을 하고[113], 이야기의 가장 어려운 (dyscherestaton)[114] 부분을 떼어 내서(apolambanōn) 이것을 |369c| 자잘하게 붙들고(kata smikron ephaptomenos) 늘어질(echēi) 뿐, 이야기가 바로 그것에 관한 것인 바로 그 대상(to pragma)[115] 전체 (holon)를 놓고[116] 겨루려 하지(agōnizēi) 않습니다. 이제 당신이 원한다면 많은 증거들(tekmēria)에 입각하여 충분한 이야기[117]를 가지고 당신을 위해 논증하겠습니다(apodeixō).[118] 호메로스가 아킬레우스를 오뒤세우스보다 더 훌륭하고 거짓 없는 사람으로 작품에서 설정했고(pepoiēkenai) 오뒤세우스는 기만적일 뿐만 아니라 많은 거짓말을 하며 아킬레우스보다 못한 사람으로 설정했다는 것을 말입니다. 그러니 당신이 원하면 당신이 직접 오뒤세우스가 더 훌륭하다는 취지로, 논변 옆에 논변을 마주 세워(antiparaballe) 보

---

112 히피아스의 원래 주장은 호메로스 시에서 거짓말을 잘하는 오뒤세우스보다 진실된 아킬레우스가 더 훌륭하다(고 설정되어 있다)는 것이었다.

113 '늘 이런 어떤 식으로 비비 꼬아 대는 이야기들을 하고' 부분을 원문에 가깝게 옮기면 '늘 비비 꼬아 대는 이런 어떤 이야기들을 하고'로 새기거나 혹은 원문에 더 가깝기로는 '늘 이런 어떤 이야기들(logoi)을 비비 꼬아 대고(plekeis)'로 새길 수 있다.

114 혹은 '앞뒤가 가장 안 맞는', '가장 마음에 안 드는'.

115 혹은 '사물', '사태'.

116 혹은 '가지고'.

117 문맥상 '논변'이 더 잘 어울린다.

118 보다 원문에 가깝게는 '논증할 것이어서 하는 말입니다만'.

세요. 그럼 이 사람들이 둘 중 누가 더 잘 이야기하는지 더 잘 알게 되겠지요.

11. 지혜로운 자들의 자연적 친족성

4B.33. 플라톤『프로타고라스』337c6-338b1 (DK 86C1)[119]

[전달자: 소크라테스; 피전달자: 동료]

프로디코스 다음으로, 지혜로운 사람 히피아스가 말했어요. "이 자리에 와 계신 여러분," 하고 그가 말했지요. "나로서는 여러분 모두가 친족(syngeneis)[120]이자 가족(oikeioi)[121]이요 같은 시민(politai)이라고 생각합니다. |337d| 법[122]에 의해서(nomōi) 말고 자연[123]에 의해서(physei) 말입니다. 비슷한 것(to homoion)은 비슷한 것과 자연적으로 친족인데, 인간들에게 참주인 법은 자연을 거슬러 많은 것들을 강제하거든요.[124] 그러니까 우리가 사물들의 자연은 알고 있으면서도, 희랍인들 가운데 가장 지혜로운 사람들인 우리가,

---

119 3B.12로부터 이어짐. cf. 8B.1.

120 혹은 '한 가문 사람'.

121 혹은 '가까운 사람'.

122 혹은 '관습'. 이하 마찬가지.

123 혹은 '본성'. 이하 마찬가지.

124 '법이 (인간들에게) 참주다.'가 '법이 (모든 것들의) 왕이다.'라는 핀다로스 시 (단편 169)의 패러디일 가능성이 있다. 이 핀다로스 시를 인용하면서 관습적 정의를 넘어선 자연적 정의를 옹호하는 칼리클레스의 논의(8B.1), 그리고 그 것과 상반된 맥락의 논의 속에서 핀다로스를 끌어들이는 『이암블리코스의 익명 저술』(12B.6)과도 비교할 만하다. 히피아스의 핀다로스 패러디에 관한

바로 그것[125] 때문에 지금 희랍의 지혜의 전당(prytaneion)[126] 자체라 할 수 있는 이곳[127]에, 게다가 바로 그 도시 내에서도 가장 위대하고 가장 축복받은 이 집에 모인 우리가, 그런 |337e| 기대에 값할 만한 걸 아무것도 보여 주지 못하고, 오히려 인간들 가운데 가장 형편없는 자들(phaulotatoi)처럼 서로 다투고(diapheresthai) 있다는 건 수치스러운 일이지요.

그러니, 프로타고라스와 소크라테스, 나는 당신들에게 요청하기도 조언하기도 합니다. 마치 우리가 중재자로 당신들을 함께 만나게 하는 것처럼, 당신들이 서로 |338a| 중간에서 만날 것을 말입니다. 그리고 당신[128]도 프로타고라스에게 즐거운 일이 아니라면 대화의 이런 엄밀한 유형을, 즉 짧게 짧게 하는 걸 지나치게 추구하지 말고 오히려 담론들에 있어서 고삐를 놔주고 느슨하게 풀어 주세요. 그래야 우리에게 그 담론들이 더 웅장하고 더 모양 좋게 드러나겠지요. 또 이번에는 프로타고라스도 돛을 끝까지 활짝 펼쳐서 순풍에 내맡기고 담론들의 바다로 피해 가면서 뭍은 가려 안 보이게 해 보세요. 하지만 두 분 다 어딘가 중간을 취해서 나아가야 합니다. 그러니 이렇게들 하시고 내 말을 따라 당신들 두 분 각각의 담론들의 적당한 길이를 지켜 줄 사람을 |338b| 심판이자

서양 논의의 상세한 내용은 이한규(2006) 13-17쪽을 참고할 것.

125 즉, 사물들의 자연 내지 그것에 대한 지혜.

126 혹은 '지성소'. 본래는 '시 중앙 청사'. 6A.1의 2.42, 6B.10에 등장한다.

127 즉, 아테네.

128 즉, 소크라테스.

감독자이자 사회자로 고르세요."

이 말에 참석자들이 흡족해하며 모두가 좋아라 박수를 보내더 군요.

12. 자연법: 법의 가변성을 넘어서는 준법과 정의, 보편적인 신법 (써지지 않은 법)

4B.34. 크세노폰 『소크라테스 회상』 4.4.5; 4.4.13-14[129]

|5| […] 나는 언젠가 그[130]가 엘리스 사람 히피아스와도 정의(to dikaion)에 관해서 다음과 같은 대화를 나눈 것을 알고 있다. 히피 아스는 한동안 아테네에 못 오다가 오랜만에 와서 소크라테스가 어떤 사람들과 이야기 나누고 있을 때 옆에 있게 되었다. […][131]

|13| "정말이지 난 당신이 어떤 것을 준법적(nomimon)[132]이라 고 혹은 어떤 것을 정의롭다(dikaion)고 이야기하는 건지 감지하지 (aisthanomai) 못하겠어서요."

"그런데 국가의 법들은 아나요?" 그[즉, 소크라테스]가 말했다.

"알지요." 그[즉, 히피아스]가 말했다.

"그럼 이것들이 뭐라고 생각하나요(nomizeis)?"

---

129 6B.69로부터 이어짐. 6B.75로 이어짐. 4.4.13에 계약론적 아이디어가 등장 한다.

130 즉, 소크라테스.

131 6B.69에 4.4.11-12가 인용되어 있다.

132 혹은 '합법적'.

"시민들이 어떤 것들은 행해야 하고 어떤 것들은 피해야 (apechesthai) 하는지를 약정해서(synthemenoi) 써 놓은(egrapsanto) 것들이죠."

"그렇다면" 하고 그[133]가 말했다. "이것들에 따라 시민 노릇하는 (politeuomenos) 사람은 준법적(nomimos)인 반면 이것들을 어기는 사람은 무법적(anomos)[134]이겠네요?"

"물론입니다." 그가 말했다.

"그렇다면 또한, 이것들에 복종하는 사람이 행하는 건 정의로운 것들인 반면 이것들에 불복종하는 사람이 행하는 건 부정의한 것들이기도 하겠네요?"

"물론입니다."

"그렇다면 정의로운 것들을 행하는 사람은 정의로운 반면 부정의한 것들을 행하는 사람은 부정의하겠네요?"

"어떻게 안 그럴 수가 있겠어요?"

"그러니까 준법적인 사람은 정의로운 반면 무법적인 사람은 부정의한 거군요."

|14| 그러자 히피아스가 말했다. "소크라테스, 어떻게 누군가가 법들을, 혹은 그것들에 복종하는 것을 진지한 일(spoudaion pragma)이라고 생각할 수 있겠습니까? 그걸 제정한 바로 그 사람들 자신이 자주 거부하고 바꾸고 하는 걸 보면 말입니다."

---

133 즉, 소크라테스.
134 혹은 '불법적'.

"하긴 전쟁을 일으키고도" 하고 소크라테스가 말했다. "자주 국가들은 다시 평화 조약을 맺지요."

"정말 그래요." 그가 말했다.

"뭔가 차이가 있는 일을 하고 있다고,"라고 그가 말했다. "즉 법들에 복종하는 사람들을, 법들이 폐지될 수도 있을 거라는 이유로 폄하하는 경우에, 전쟁에서 규율을 잘 따르는 사람들(eutaktountes)을, 평화가 생길 거라는 이유로 비난하는 경우와 뭔가 차이가 있는 일을 하고 있다고 당신은 생각하나요? 아니면 전쟁에서 자기 조국에 보탬이 되는 일에 열심을 내는 사람들도 당신은 비난하나요?"

"제우스에 맹세코 난 그러지 않지요." 그가 말했다.

4B.35. 크세노폰 『소크라테스 회상』 4.4.19-21

|19| "당신은 어떤 써지지 않은 법들을 알고 있습니까, 히피아스?" 그[즉, 소크라테스]가 말했다.

"어쨌든 모든 지역에서 똑같은 방식으로 법으로 인정되는 것들은 알지요." 그가 말했다.

"그럼 인간들이 그것들을 제정했다고 당신은 말할 수 있을까요?" 그가 말했다.

"대체 어떻게요?" 하고 그가 말했다. "어쨌든 그들 모두가 함께 모일 수도 같은 말로 이야기할 수도 없겠지요."

"그럼 누가,[135]" 하고 그가 말했다. "이 법들을 제정한 거라고 당

---

135 복수 표현으로 되어 있으니 원문에 더 가깝게 직역하면 '어떤 자들이'가 된다.

신은 생각하나요?"

"나로서는" 하고 그가 말했다. "신들이 이 법들을 인간들을 위해서 제정했다고 생각합니다. 하긴 인간들 사이에서 첫째 법으로 인정되는(prōton nomizetai) 게 신들을 섬기라는(sebein) 것이기도 하니까요."

|20| "그렇다면 부모를 존경하라는 것도 모든 곳에서 법으로 인정되지 않나요?"

"그것도 그렇죠." 그가 말했다.

"그렇다면 부모가 자식과, 자식이 부모와 몸을 섞지 말라는 것도 그렇지 않나요?"

"내가 보기엔" 하고 그가 말했다. "이건 더 이상 신의 법이 아니에요, 소크라테스."

"왜죠?" 그가 말했다.

"왜냐하면" 하고 그가 말했다. "어떤 사람들은 그걸 어기고 있다는 걸 내가 알기(aisthanomai)[136] 때문이죠."

|21| "하긴 다른 많은 법들도 그들은 어기죠." 하고 그가 말했다. "하지만 실로 신들에 의해 제정된 법들을 어기는 자들은 인간이 어떤 방법으로도 피해 갈 수 없는 대가를 치르지요. 인간들에 의해 제정된 법들의 경우엔 어기고도, 발각되지 않든 완력을 동원하든, 대가를 치르는 일을 피해 가는 사람들이 일부 있지만 말이에요."

---

136 혹은 직역에 가깝게는 '눈치채고', '알아차리고'.

13. 정념: 비방과 시기

4B.36. 퀸틸리아누스『연설에 대한 훈련』3.1.12[137]

이 사람들[즉, 예전의 수사학 교사들] 가운데서 프로타고라스,
고르기아스가 공통의 말터들(communes loci)을 처음으로 논의했
다고 이야기들을 하며, 프로디코스, 히피아스, 다시 프로타고라스
그리고 트라쉬마코스가 정념들(affectus)을 논의했다고 한다.

4B.37. 플루타르코스『비방에 관하여』단편 (스토바이오스『선집』
3.42.10) (DK 86B17)

히피아스는 말하기를, 비방(diabolia)은 무서운(deinon) 것이다.
이렇게 부르는 이유는 도둑들에 대해서 응보가 있는 것과 꼭 마찬가
지로 그런 사람들에 대해서 모종의 응보가 법률들에 쓰여 있는 게 전
혀 아니기 때문이다. 그럼에도 불구하고 그들은 가장 훌륭한 소유물
인 우정(philia)을 훔친다. 그래서 방자함(hybris)이 망나니 같긴 하지
만 안 드러나 있지(aphanēs)[138] 않기 때문에 비방보다는 더 정의롭다.

4B.38. 플루타르코스『비방에 관하여』단편 (스토바이오스『선집』
3.38.32) (DK 86B16)

히피아스는 말하기를, 시기(phthonos)에는 두 가지가 있다. 나쁜

---

137 = 1B.37, 3B.2, 7B.16. 2B.46 포함.
138 혹은 '불명료하지'.

456

사람들이 존경을 받을 때 누군가가 그들을 시기하는 경우에 시기는 정의롭다. 반면에 훌륭한 사람들에게 그럴 경우에 시기는 부정의하다. 그리고 시기심을 가진 사람들은 남들보다 두 배로 나쁜 것들을 겪는다. 저들처럼 자기들 자신의 나쁨들에 화를 낼 뿐만 아니라 남들의 좋음들에도 화를 내기 때문이다.[139]

---

139 시기(phthonos)에 관해서는 대표적으로 아리스토텔레스 『수사학』 2.10의 논의를, 그다음 장인 11장에서 다루는 선망(zēlos)과의 차이와 더불어 참고할 만하다.

제5장

안티폰

　이 장의 주인공 안티폰은 앞의 네 인물과 달리 아테네 출신이라
는 점만이 아니라 정체 관련 논쟁에 걸려 있다는 점에서도 특이하
다. 안티폰이 한 사람이 아니라는 의심은 고대에서부터 끊임없이
제기되어 왔다. 이 '여러 안티폰' 관련 논란은, 논란을 정리한 기원
후 2세기 헤르모게네스에 따르면, '칼켄테로스'(Chalkenteros: 청동
의 내장을 가진)라는 별명이 붙은 기원전 1세기 문법학자 알렉산드
리아의 디뒤모스가 처음 제기했다. 단순화해서 말하자면 『진리에
관하여』류 소피스트 안티폰의 모습이 법정 연설들로 대변되는 람
누스 출신 연설가 안티폰의 모습과 다르다는 것이 논란의 핵심이
다(5A.3). 저작들이 드러내는 문학적 형식이나 장르상 차이를 논
거로 제시하는 분리론에 대해서는 자의적이라는 반론도 만만치
않으며, 이미 헤르모게네스 자신이 분리론에 상당히 회의적이었
다. 분리론자는 투키디데스가 연설가 안티폰의 제자라는 전승을

설명해야 한다. 그런가 하면 단일론자는 『진리에 관하여』와 법정 연설들의 차이를 설명해야 할 부담을 진다.[1]

그런데 다루는 대상이나 맥락과 목적에 따라 연설(문)은 얼마든 달라질 수 있다. 그리고 투키디데스가 제자라는 전승으로 대변되는 '한 안티폰의 소피스트적 활동' 논의를 근본적으로 무시하기는 어렵다.[2] 따라서 일단은 단일론이 (결정적이지는 않지만) 어느 정도 무난한 가정으로 보인다. 즉, 『수다』(5A.1)에 나오는 세 안티폰을 한 인물로 보는 입장이 가능하고 또 무난하기도 하다. 그렇지만 아마도 5A.3, 5A.4 등에 나오는 비극 시인 안티폰과 뤼소니데스의 아들 안티폰 이야기는 (적어도 그중 일부는) 다른 안티폰의 이야기일 가능성이 열려 있다고 해야 할 것이다. 이제 이런 정도의 단일론을 잠정적으로 받아들인 채로 이야기를 더 진전시켜 보자.

20세기 초에 이루어진 파피루스 단편들의 발견과 출판으로 몇몇 중요한 단편들이 알려지면서 상당히 독창적이고 깊이 있는 사상가임이 새삼스럽게 드러난 안티폰은 480년경[3] 아테네의 람누

---

1 단일론 주창자로는 M, 커퍼드, GW, DG, LM 등이 있고, 고대에는 중립적 입장이지만 단일론에 우호적인 기원후 2세기 헤르모게네스가 있다. 분리론 주창자로는 딜스(DK), W, P, G 등이 있고, 고대에는 기원전 1세기 문법학자 디뒤모스가 있다. 첫째 4부작을 검토하면서 국내 기성 연구 가운데 유일하게 이 논쟁을 언급한 전헌상(2013a)은 단일론을 수용한다(6-7쪽).

2 LM도 말하는 것처럼, 같은 이름을 가진 서로 다른 두 사람이 같은 시기 아테네에서 수사학과 정치학이라는 비슷한 영역의 활동을 했다는 것은 그럴법하지 않다(9권 2쪽).

3 혹은 470년경.

스 구역에서 태어나 연설가/정치가로 활동하다가 411년에 죽었다 (5A.4). 투키디데스의 보고에 따르면 411년 넉 달간 집권한 4백인 과두정의 일원이었고, 이 정부가 몰락하면서 아르켑톨레모스와 함께 함께 사형당했다(5A.20).

연설가로서 안티폰은 여러 법정 연설 (연습) 모음인 4부작(tetralogia) 세 개의 저자다. 그런가 하면 소피스트 안티폰은 꿈의 해석으로 그리고 우울증 치료법으로 유명하며, 크세노폰은 그를 소크라테스의 라이벌로, 즉 가난한 데다 지성으로 현금을 모을 줄 모른다고 소크라테스를 비난한 사람으로 이해한다(5A.14). 가장 인상적인 작품은 두 권으로 이루어진 『진리에 관하여』다(5B.2-56). 자연(퓌시스)-관습(노모스)에 대한 확고한 구분을 시도하면서 자연(퓌시스)을 옹호하는 저작이다. 이런 입장은 자연스럽게 전복적인 태도를 귀결하게 되며, 이는 정의를 옹호하고 법에 대한 복종을 정당화하는 『이암블리코스의 익명 저술』과 극명하게 대조를 이룬다. 플라톤이 소피스트들의 부도덕성을 공격할 때 꽤나 염두에 두었을 법한 소피스트라 할 수 있다. 나중에 아티카 스타일의 모범으로 사용되었기 때문에 문법학자들의 저작에 어휘와 표현들이 남게 되는데, 대개는 맥락 없이 남겨져 있다.

안티폰은 이렇게 자연을 이야기한 사람이다. 보다 구체적이고 적극적으로는 인간의 자연/본성에 기반하여 관습/법을 비판한 사람이며, 아마도 자연-관습 구분을 명시적이고 의식적으로 확립한 최초의 인물일 수 있다. 자연-관습 간 긴장 외에도 그의 철학에는 개인적 선과 집단적 선 간의 긴장에 대한 탐색이 들어 있다. 그의 자연학은 자연/본성이 질료에 있다고 주장한다.

아래에 제시될 안티폰의 자료에 관해서 언급해 둘 말이 있다. 그의 정체에 관해서는 단일론이 더 그럴법해 보이지만, 저작과 사상을 다루는 전략상으로는 분리론을 받아들일 수 있다. 역사적으로 동일 인물인지 여부와 별개로 법정 연설과 철학적 저작을 분리해서 다룰 수 있기 때문이다. 따라서 일단 소피스트 안티폰에 초점을 맞추고, 연설가 안티폰은 필요한 만큼만 포함시키기로 한다. 편의상의 고려에 따라 법정 연설 4부작들은 생략한다.

A. 삶과 행적

1. 삶과 가르침 전반: 안티폰의 정체와 저작의 문제[4]

5A.1. 『수다』 A.2744-2746 (안티폰 항목 3개) (Bekker[5] 122쪽) (DK 87A1) (M[6] A1)[7]

(a) [A.2744] 안티폰, 아테네 출신, 점쟁이(teratoskopos)이자

---

4 즉, 안티폰은 누구인가? 안티폰은 몇 명인가? 특히, 람누스 출신 연설가 안티폰과 소피스트 안티폰은 동일 인물인가?

5 베커(I. Bekker 1854).

6 모리슨(J.S. Morrison 1972)을 'M'으로 줄임.

7 논의의 편의를 위해 베커(Bekker) 판본 난외 알파벳 번호 (a), (b), (c)를 이용하기로 한다. DK는 (c) 생략(즉, 소피스트와 연설가 분리). 아들러(Adler) 판에는 (b)와 (c)의 순서가 바뀌어 있음.

시인(epopoios)[8]이자 소피스트. 그리고 그는 '언어 요리사'(Logoma-geiros)[9]라 불렸다.

(b) [A.2746] 안티폰, 아테네 출신, 해몽가(oneirokritēs). 『꿈들의 해석(krisis)에 관하여』를 썼다.

(c) [A.2745] 안티폰, 소필로스의 아들, 아테네 출신, 람누스 구역 출신. 그리고 그의 선생으로 알려진 사람은 아무도 없다. 그럼에도 불구하고 그는 고르기아스 이후 법정 연설 유형(dikanikos charaktēr)을 시작했다. 그는 또한 투키디데스의 선생이었다고 이야기된다. '네스토르'라 불렸다.

5A.2. 필로데모스 『시에 관하여』 (헤르쿨라네움 파피루스 994, 세로단 38.14-23) (DK 87B93)

똑같은 것들[즉, 소리들]이 즐겁게 하고(terpein) 성가시게 하든가 아니면 서로 다른 것들이 즐겁게 하고 성가시게 하든가 둘 중 하나라고 주장한 다른 사람들의 터무니없음(phlēnaphia)은 분명히 (eudēlos) 드러난다(phainetai). 옛사람들 가운데 하나인 안티폰도 자기가 수사가(rhētorikos)이길 원하는지 아니면 철학자이길 원하는지에 대해 그랬던 것처럼 말이다.

5A.3. 헤르모게네스 『문체의 종류들에 관하여』 2.11, 399.18-

---

8 혹은 '서사시인'.
9 혹은 '연설 요리사'.

400.21; 401.12-23 Rabe (DK 87A2) (M A2)[10]

안티폰에 관해 이야기할 때 우리는, 적지 않은 수의 다른 사람들도 그렇지만 특히 문법학자 디뒤모스[11]가 말하고 있는 것처럼, 게다가 탐문(historia)을 해 보아도 분명해지는 것처럼, 여러 안티폰이 있었는데, 소피스트 노릇을 했던(sophisteusantes)[12] 사람들(즉, 우리가 꼭 고려할 수밖에 없는 사람)은 둘이라는 것을 먼저 말할 수밖에 없다. 이들 가운데 한 사람은 연설가(rhētōr)인데, 그의 살인 재판 관련 연설들[13]과 대중 연설들[14] 및 그 비슷한 연설들

---

10 10A.11로 이어짐. 5A.1의 『수다』 외에도 여러 자료들이 전해지는데, 그 자료들은 모두 아마도 기원전 1세기 수사학자인 칼레악테 출신 카이킬리우스가 쓴 것으로 알려진 안티폰의 생애에 의존하는 것으로 보인다. 그중 하나가 여기 기원후 2세기 수사학자 헤르모게네스의 것이다. 시칠리아의 칼레악테 출신 카이킬리우스는 기원전 1세기 수사학자이자 역사가다. 그가 유대교 신앙을 가진 해방 노예였다고 말하는 사람들도 있다. 그의 관심사와 문학적 관점은 그를 친구라고 언급하는 할리카르나소스의 디오뉘시오스를 닮았다. 그가 쓴 노예의 역사는 단편이 남아 있지 않지만, 그의 수사학 저작들에 대한 증거는 많이 남아 있다. 한편 카이킬리우스의 고향으로 언급된 칼레악테는 시칠리아 북부 헤라에이 산맥(Montes Heraei)과 바다 사이의 해안 지역 일대를 가리키는데, 희랍 정착민들이 '아름다운 해변(더 정확히는 '곳')'(hē kalē Aktē)이라 부른데서 그 이름이 나왔다.

11 기원전 1세기(80-10년경) 알렉산드리아에서 아리스타르코스가 세운 학교에 속한 사람이며 그곳에서 가르쳤다. 3,500 혹은 4,000권의 작품을 썼다고 이야기될 정도로 박식과 부지런함으로 잘 알려진 사람이며 '청동의 내장을 가진 사람'(Chalkenteros), '책을 잊어먹는 사람'(Bibliolathas)이라는 별명으로 불렸다. 카이킬리우스와 동시대인이다.

12 혹은 '소피스트 기술을 실행했던'.

13 연설 작성가로서의 안티폰의 연설들 가운데 6개(4부작을 각각으로 계산하면 15개)가 남아 있는데, 그 가운데 3개는 허구적인 송사에 관한 연습에 속하는

이 회자된다(pherontai).[15] 다른 한 사람은 점쟁이(teratoskopos)이자 해몽가(oneirokritēs)였다고 이야기되는 사람인데,[16] 『진리에 관하여』(*Peri tēs Alētheias*), 『화합에 관하여』(*Peri Homonoias*), 『정치에 관하여』(*Politikos*)[17] 등의 담론들(logoi)[18]이 그의 것이라고 이야기된다.

그런데 나는 이 연설들에서 나타나는 종류들의 차이를 고려하면 그것 때문에 안티폰이 둘이었다는 데 믿음이 간다. 『진리에 관하여』라는 제목이 붙은 담론들과 나머지 담론들의 차이가 크기 때문이다. 반면에 플라톤[19]과 다른 사람들의 전언(historoumenon)[20]을 고려하면 그것 때문에 이번에는 믿음이 가지 않는다. 투키디

것으로서 4부작 모음(고발-항변-반박-재반박) 3개로 되어 있다. 나머지 3개는 『계모에 대한 독살 혐의 고발』, 『헤로데스 살해에 관하여』, 『합창가무단원에 관하여』로서, 실제 재판 관련 연설들이다. 이 연설들은 편의상 이 책에 수록하지 않는다. 단일론자인 DG와 GW는 4부작 3개를 수록(DG 70-72, GW 2-4). 단일론자 LM과 분리론자 G, W는 미수록. 그리고 분리론자 P도 이것들 모두를 배제하고 안티폰(a, b)에 해당하는 4개만 수록. 단편으로 남아 있는 법정 연설은 17개다.

14 『린도스 사람들의 조공에 관하여』와 『사모트라케섬 사람들의 조공에 관하여』가 단편만 남아 있다.

15 기타 단편으로 남아 있는 저작으로 『알키비아데스에 대한 비난』, 『서론들』, 『연설 기술』 등이 있다.

16 위 5A.1 『수다』의 (a)와 (b)를 동일인으로 간주할 수 있게 하는 전승이다.

17 혹은 '국가에 관하여'. '로고스'(logos)가 생략된 것으로 보인다. 즉, '정치[/국가]에 관한 (연설)'로 보인다. 생략된 것이 없다면 '정치가'로 이해할 수도 있다.

18 혹은 '연설들'. 이하 마찬가지.

19 예컨대, 『메넥세노스』 236a2-6(아래 5A.13)에서 플라톤은 람누스 출신 안티폰을 수사학 선생이라고 보고한다.

20 혹은 '보고'.

데스가 람누스 출신 안티폰의 제자라고 많은 사람들이 이야기하는 것을 듣는데, 살인 재판 관련 연설들은 람누스 출신인 저 사람의 것인 반면 투키디데스는 그런 것들과 많이 떨어져 있고 오히려 『진리에 관하여』라는 연설들의 종류와 많은 것들을 공유하고 있다는 것을 알기에, 이번에는 믿음이 가지 않는 것이다.

그럼에도 불구하고 안티폰이 한 사람인데 그토록이나 서로 다른 두 종류 담론을 구사한 것인지, 아니면 실제로도 둘이고 각각 한 사람은 이것을, 다른 사람은 저것을 추구한 것인지에 대해서는 둘 각각에 관해 따로 다룰 수밖에 없다. 우리가 말했듯이 둘 사이의 간격이 아주 크기 때문이다. [...][21]

반면에 또 다른[22] 안티폰, 즉 『진리에 관하여』라는 담론들이 그의 것인 그 안티폰은 조금도 정치적이지 않고, 오히려 위엄 있고 (semnos) 웅대하다(hyperonkos)[23]. 다른 것들에서도 그렇지만 특히나 매 사안마다 단정적인 언명들로 매듭을 짓는 것을 볼 때 그렇다. 이것은 숭고함(megethos)을 지향하는 담론의 특징이다. 그는 어법이 고고하고(hypsēlos) 거칠어서, 딱딱함과 그리 멀지 않다고 할 수 있을 정도다. 그는 선명함 없이 과장하기도 한다. 그래서 담론을 흐려 놓으며, 많은 부분이 불분명하다. 그리고 작문에 주의

---

21 생략 부분에는 람누스의 안티폰의 어법에 대한 서술이 들어 있다. 고양된 언사를 자주 사용하면서도 장황하지 않게, 강렬함의 적정 수준을 유지하려는 노력이 들어 있다고 묘사된다.
22 즉, 람누스의 안티폰이 아닌.
23 혹은 '장황하다'.

를 기울이며 균등 대칭(parisōseis)을 즐기기도 한다. 그렇지만 이 사람은 성격(ēthos)이나 참된 유형(alēthinos typos)은 조금도 나눠 갖고 있지 않으며, 실은 능란함조차도 안 갖고 있다고, 겉으로 그렇게 보인다는 것 빼고는 실제로는 그렇지 않다고 난 말하겠다.

5A.4. 위-플루타르코스『열 명의 연설가들의 생애』832b-834b (DK 87A6 확장) (M A3)[24]

안티폰은 아버지는 소필로스였고 구역으로는 람누스 출신이었다. 그는 아버지의 제자였다. (아버지는 소피스트였고 알키비아데스도 아직 아이였을 때 그에게 배우러 다녔으니까 말이다.) 그리고 말들의 능력(dynamis logōn)을 (어떤 사람들이 생각하기로는, 자기 고유의 본성으로부터) 얻고 나서는 정치에 몸담게 되었다. 그리고 그는 학교(diatribē)를 세웠고 철학자 소크라테스와 논변들에 관해, 호승심에서(philoneikōs)가 아니라 논박의 정신에서(elenktikōs), 차

---

24 10A.5 포함. 이것 역시 카이킬리우스에게 의존하는 보다 상세한 설명으로, 기원후 1세기 혹은 2세기의 것이다. 생몰 연대(고르기아스보다 조금 더 나중인 480년경 출생)가 포함되어 있다. (여기서 제외한 재판과 선고 관련 역사적 기록은 LM P16을 참고할 것.) 이 위-플루타르코스의 보고와 같은 내용의 이야기가 포티오스『도서 모음』및 그 작품 앞에 붙인『안티폰의 생애』(그 일부가 5A.7에 수록)에도 보고되어 있다. 그 두 자료도 카이킬리우스에게서 파생된 것이지만, 위-플루타르코스에 의존하지는 않는다. 이 두 자료는 중복일 뿐이어서 5A.7 외에는 생략하기로 한다. 역시 카이킬리우스에 의존한 자료지만 포함시킬 만한 것으로 필로스트라토스가 있다(아래 5A.6에 수록). 단일론자인 그는 코린토스의 치료자만이 아니라 디오뉘시오스에게 처형된 비극 시인까지도 아우르려 한다.

이를 드러냈다. 크세노폰이 『회상』에서 보고한 것처럼 말이다.[25]

　그리고 그는 시민들 가운데서 요구하는 사람들을 위해 몇몇 연설들을 썼는데, 법정에서의 경쟁들(agōnes)을 위해 요구한 것이었고, 어떤 사람들이 말하기로는, 그가 이런 쪽으로 방향을 돌린 최초의 사람이었다. 어쨌든 그 사람 전에 살았던 사람들 가운데 그 누구도 법정 연설을 쓴 것이 전해져 있지 않으며, 그와 동시대 사람들 가운데서도 마찬가지인데, 아직 연설을 쓰는(syngraphein) 게 관습화되어 있지 않기 때문이다. 테미스토클레스의 것도, 아리스테이데스의 것도, 페리클레스의 것도 없다. 상황이 그들에게 많은 계기와 불가피성을 제공했음에도 불구하고 말이다. 능력 부족(astheneia) 때문에 그들이 쓰기를 저버린 것은 물론 아니다. 이는 방금 전 이야기된 사람들 각각에 관해 쓴 사람들이 이야기한 것들을 보아도 분명하다. 하지만 이런 종류의 연설들에 종사한 사람들로서 가장 오래된 때까지 소급하면서 우리가 기록할 수 있는 사람들, 예컨대 알키비아데스, 크리티아스, 뤼시아스, 아르키노스[26]는 모두 이미 노인이던 안티폰과 접촉했다(epibeblēkotes)는 걸 누구라도 발견하게 될 것이다. 그리고 그는 명민한 사람이어서 수사학 교범들(rhētorikai technai)을 처음으로 내놓았고, 그것 때문에 '네스토르'라고 불리기도 했다.

25　『소크라테스 회상』 1.6(아래 5A.14)을 참고할 것.
26　기원전 5세기 말의 저명한 민주파 정치가. 403년 민주정 회복 때 트라쉬불로스를 도왔고, 403/2년 24개의 이오니아 알파벳을 아테네에 공식 도입하는 데 기여했다.

그에 관해 쓴 저술(syntagma)에서 카이킬리우스는 그가 역사가 (syngrapheus)[27] 투키디데스의 선생(kathēgētēs)[28]이었다고 추정하는 데(tekmairetai), 이 사람에게서 안티폰이 어떤 칭찬들을 받고 있느냐에 근거한 것이다. 그의 연설들에서 그는 정확하고(akribēs) 설득력 있으며(pithanos) 논변 발견(heuresis)에 능란하고 난처한 문제들에 있어서 기술적(technikos)이다. 불분명한 것에서부터 모색을 시작하여 법들과 정념들 쪽으로 향하게 하고 무엇보다도 시의 적절한(euprepes) 논변들을 겨냥하면서 말이다.[29]

그는 페르시아 전쟁 때,[30] 소피스트인 고르기아스 때에, 그러나 그 사람보다 조금 더 나중에 태어났다.[31] 그리고 그는 4백인에 의해 민주정이 무너질(katalysis) 때까지 살았다. 어떤 때는 삼단노선 두 척의 사령관으로, 어떤 때는 장군으로 여러 전투에서 승리하고, 그 4백인을 위해 큰 지원군을 갖춰 주고, 팔팔한 나이의 사람들을 무장시켜 삼단노선 60척을 채워 주고, 에에티오네이아[32]가 요새화

27 혹은 '산문 저자'.

28 사본에는 'mathētēn'(제자)으로 되어 있는데, 뷔텐바흐(Wyttenbach)가 헤르모게네스(위 5A.3) 등을 참고하여 'kathēgētēn'(선생)으로 바꿔 읽었다. 그런데 사본을 그대로 두는 대안도 가능하긴 하다. 즉, 투키디데스 『역사』 8.68(아래 5A.20)에 근거를 두고 카이킬리우스 자신이 그렇게 썼다고 볼 수도 있다. 카이킬리우스에서 직접 파생된 자료인 9세기 포티오스 『도서 모음』(Bibliothēkē 혹은 Myriobiblos: 고전 저자들의 저술 280권으로부터의 발췌, 요약 모음)에서 반복되고 있기 때문이다.

29 아래 5A.5도 같은 취지의 보고다.

30 즉, 480년.

31 이 문장은 DK 82A6(= 2A.2)의 내용이기도 하다.

되었을 때는 매번 그들을 대신해서 라케다이몬에 사절로 가는 등
의 일을 함으로써,[33] 그 민주정 와해를 그 사람이 직접 주도했던 것
으로 보인다. 4백인의 몰락 이후에 4백인의 한 사람인 아르켑톨
레모스와 함께 고발되어 유죄 판결을 받았고 반역자들에게 해당
하는 형벌을 선고받아 시신이 땅에 묻히지도 못한 채 버려졌고 자
손들과 더불어 법적 보호[34]를 박탈당한 자(atimos)로 기록되었다.
[…][35]

이 연설가에게 속하는 연설들이 60개가 회자된다. 그 가운데
25개가 가짜라고 카이킬리우스는 말한다. 그는 플라톤의 『페이산
드로스』에서 돈 사랑으로 희화화된 바 있다.[36] 그는 혼자서 비극들

---

32 피레우스 항 북쪽 면을 이루는 방파제인데, 출입을 통제하고 사모스 함대의
   공격으로부터 방어하기 위해 4백인에 의해 요새화되었다.
33 여기 언급된 군사적 업적은 다른 안티폰, 즉 아래에 언급될 뤼시아스의 안티
   폰 딸 옹호 연설에서 뤼시아스가 칭찬한 바 있는 뤼소니데스의 아들 안티폰과
   의 혼동으로 인해 삽입된 것일 가능성이 높다.
34 혹은 '공민권'.
35 여기 생략된 대목에는 안티폰의 딸을 옹호하는 뤼시아스의 연설과 시라쿠사
   의 디오뉘시오스가 처형한 비극 시인 안티폰 이야기(이런 일이 있었다면 디오
   뉘시오스 1세(432년경-367년)가 군사적 성공을 거두던 390년대나 380년대였
   을 것이므로 연대가 맞지 않는다.) 등 사소하거나 부정확해 보이는 이설들이
   소개된다.
36 여기 언급된 플라톤은 희극 시인 플라톤이다. 그의 희극 제목에 나오는 페이
   산드로스는 415년 헤르메스상 훼손 사건 조사에 일익을 담당할 때는 민주파였
   던 것으로 보이지만, 411년 4백인 쿠데타 당시에는 안티폰의 과두파 동지이자
   4백인의 핵심 구성원이었고, 쿠데타 정권 몰락 후에는 스파르타로 도주하여
   궐석으로 유죄 판결을 받았다. 희극에서 자주 타락과 비겁으로 공격받았고 뚱
   뚱한 모습이 조롱의 대상이 되었다.

을 짓기도 하고 참주 디오뉘시오스와 함께 비극들을 짓기도 했다고 한다.[37] 게다가 시 짓기에 종사하면서[38] 그는, 환자들을 위해 의사들 쪽에서 베풀어 주는 치료(therapeia)가 있는 것처럼, 고통 없애는 기술을 창안했다(technēn alypias synestēsato)[39]. 코린토스에서 시장 옆에다가 점포[40] 하나(oikēma ti)를 마련해서 고통받는 사람들을 말들(logoi)을 통해 치료해 줄 수 있다고 앞에다 써 붙였으며, 원인들(aitiai)을 탐문하면서[41] 아픈 사람들을 위안해 주었다(paremytheito). 그러다가 그 기술이 자기에게 어울리기에는 부족하다는 생각이 들자, 수사학(rhētorikē)으로 방향을 돌렸다.[42] 레기움 출신 글라우코스의 책『시인들에 관하여』를 안티폰에게 돌리는 사람들도 있다. 그의 연설 가운데 특히 헤로데스에 관한 연설, 공작새들에 관하여 에라시스트라토스를 고발하는 연설, 자기 자신을 옹호하기 위해 쓴, 고발(eisangelia)에 관한 연설,[43] 장군 데모스테네스

---

37 여기서 저자는 다시 앞의 생략 대목에 언급된 비극 시인 안티폰 이야기로 돌아간다. 코린토스의 심리 치료 센터 운영자 이야기로 넘어가기 위한 중간 다리쯤의 역할을 하는 셈이다.

38 앞 문장과 이 문장의 이 부분까지에서 언급되는 비극 시인 안티폰 이야기는 신빙성이 낮은 것으로 간주되기도 한다. 적어도 디오뉘시오스와 함께 작업했다는 부분은 연대 착오에 속한다고 볼 수 있다.

39 DG처럼 '고통 없애는 기술 교범을 지었다'로 옮기는 것도 불가능하지는 않지만, 맥락에 잘 어울리는 것 같지는 않다.

40 혹은 '거처'.

41 혹은 '탐문함으로써'.

42 이 단락의 여기까지가 DK 87A6에 해당하는 대목이다. 비슷한 보고가『안티폰의 생애』5-7(5A.7)에 나온다.

43 투키디데스『역사』8.68(아래 5A.20).

의 불법 행위를 고발하는 연설이 칭찬받는다. 그는 장군 히포크라테스를 고발하는 연설도 써서 그가 궐석 재판에서 유죄 판결을 받게 했다.[44]

5A.5. 투키디데스 4.135에 관한 주석[45]

투키디데스는 표현(phrasis)의 세련됨(kompson)에 있어서는 아이스퀼로스와 핀다로스를 모방했고, 논변들(enthymēma)의 산출(gonimon)에 있어서는 자기 선생 안티폰을 모방했으며, 단어 선택(lexis)에 있어서는 프로디코스를 모방했다[…][46]는 것을 알아야 한다.

5A.6. 필로스트라토스 『소피스트들의 생애』 1.15 (DK 87A6) (M A6)[47]

|498| 람누스 출신 안티폰에 대해서는 그가 쓸 만한(chrēstos)

---

44 이 히포크라테스는 아마도 426/5년에 장군이었고 424/3년에는 장군이었다가 델리온 전투에서 사망한 아리프론의 아들(이자 페리클레스의 조카) 히포크라테스일 수 있다. 그 사람이라면 그의 이력 중 이른 시기에 안티폰이 아마도 보수적 정치 전략의 일환으로 제기한 고발일 것이다. '장군' 대신 '의사'로 읽는 사본들도 있는데, 우리가 잘 아는 의사 코스 출신 히포크라테스를 가리킨다. 장군이 궐석 재판을 당했다는 것도 다소 기이하긴 하지만, 그렇다고 의사 히포크라테스로 읽는 것은 더 그럴법하지 않다.

45 3A.31에 포함.

46 생략된 대목에서는 소크라테스, 에우리피데스 등에 관한 언급이 들어 있다.

47 단일론자인 필로스트라토스는 이 자료에서 코린토스의 치료자만이 아니라 디오뉘시오스에게 처형된 비극 시인까지도 아우르려 한다.

472

사람이라고 불러야 할지 형편없는(phaulos) 사람이라고 불러야 할지 난 모르겠다. 한편으로 보면, 그는 다음과 같은 것들 때문에 쓸 만한 사람이라고 부를 만하다. 그는 아주 자주 장군으로 일했고, 아주 자주 승리했으며, 가득 채워진[48] 삼단노선 60척으로 아테네인들의 함대의 세를 키워 주었고,[49] 말하는(eipein) 데서만이 아니라 판단하는(gnōnai) 데서도 사람들 가운데 가장 유능하다는 평판을 들었다. 그러니까 이런 것들을 고려하면 그는 나뿐만 아니라 다른 사람에게서도 칭찬받을 만하다. 그러나 다른 한편으로 보면, 그는 다음과 같은 것들 때문에 나쁜 사람임이 분명하다고 하는 것이 그럴법하다. 그는 민주정(dēmokratia)을 무너트렸고, 아테네 인민(dēmos)을 노예로 만들었으며(edoulōse), 처음에는 드러나지 않게, 그러나 나중에는 공공연히 라케다이몬 편을 들었고(elakōnise), 4백인 참주들의 무리(dēmos)를 아테네인들의 공적인 장(pragmata)에 풀어놓았다(epaphēke)[50].

어떤 사람들은 안티폰 이전에는 수사학이 없었는데 그가 그것

---

48 위-플루타르코스(5A.4) 평행 구절에도 나오는 것처럼, 기본적으로는 무장된 군인들로 채웠다는 뜻일 것이다.

49 위-플루타르코스(5A.4) 평행 구절의 주석에서도 언급한 것처럼, 이 군사적 업적은 뤼소니데스의 아들 안티폰의 것일 가능성이 있다.

50 양 떼를 풀밭에 '풀어놓는다'고 말할 때 쓰는 동사다. 4백인을 풀밭을 휘젓고 다니며 풀을 먹어 대는 양 떼에 비유한 셈이다. 비슷한 비유가 나중에 크리티아스를 묘사할 때도 등장한다(1.16: 10A.1). 이외에도 스파르타 편을 들었다는 등 유사한 묘사를 구사하고 있다. 그러면서도 저자는 여기서는 비교적 중립적 평가를 유지하는데, 크리티아스에 대해서는 부정적 평가를 내린다.

을 발견했다고 말하고, 어떤 사람들은 그것이 이미 발견되어 있
었고 그가 그것을 키웠다(auxēsai)고 말한다. 그리고 어떤 사람
들은 그가 스스로 배워서(automathōs) 지혜롭게(sophos) 되었다
고 말하고, 어떤 사람들은 아버지에게 배워서라고 말한다. 그의
아버지는, 세도 있는 사람들 가운데서 다른 사람들도 교육했지
만 특히 클레이니아스의 아들[51]도 교육한 바 있는 수사학 연설들
의 선생 소필로스였던 것이다. 안티폰은 가장 설득력 있는 사람
(pithanōtatos)이 되었고 무엇에 관해서든 말하면 설득해 낼 수 있
다는 것으로 해서 '네스토르'라고 불렸으며, 자기가 마음(gnōmē)
으로부터 제거할 수 없을 정도로 무섭다고 자기에게 사람들이 말
할 수 있는 고통이란 아무것도 없으리라 생각해서 '고통을 없애 주
는' 강의들(nēpentheis akroaseis)[52]을 개설했다.

|499| 희극은 안티폰이 법정에 관련된 일들에 능란하며 재판
중인 사람들(hoi kindyneuontes) 자신들에게 많은 돈을 받고 정의
에 어긋나는[53] 연설들을 지어 주었다고 꼬집는다(kathaptetai)[54]. 이
것이 어떤 본성(physis)을 가진 일인지를 내가 보여 주겠다.[55] 사람

---

51 즉, 알키비아데스.

52 '고통을 없애 주는'(nēpentheis)은 아폴론의 장식적 형용어이기도 하며, 『오뒤
    세이아』 4.221에서 헬레네가 이 목적으로 이용한 이집트의 약(pharmakon)에
    대해 적용된 바 있는 말이다.

53 혹은 '반대하는'.

54 혹은 '공격한다'.

55 돈을 받고 서비스를 제공하는 것에 관한 보고들[예컨대, 위-플루타르코스
    (5A.4), 『안티폰의 생애』(5A.7), 크세노폰(5A.14) 등]에 대해 필로스트라토스

들은 다른 앎들과 기술들에 대해서는 그것들 각각에서 두각을 나타내는 사람들을 존경한다. 즉, 의사들 가운데 더 못하는 사람들에 비해 더 잘하는 사람들에게 경탄하고, 예언술과 시가술[56]에서 더 지혜로운 사람에게 경탄하며, 목공술을 비롯한 다른 모든 비천한(banausoi) 기술들에 관해서도 같은 취지로 표를 던진다. 반면에 수사학에 대해서는 그들이 칭찬은 하면서도 영악하고(panourgon) 돈을 좋아하며(philochrēmaton) 정의에 어긋나게 꾸며진 기술(synkeimenē)이 아닌가 하고 미심쩍어한다. 그 기술에 관해 다중이라고 더 그런 판단을 하는 것이 아니라 뛰어난 사람들 가운데 유명한 사람들도 그렇게 판단들을 한다. 어쨌든 그들은 충분히 이해하고 있고 충분히 설명을 해내는 사람들을 '능란한 연설가들'이라 부르는데, 그 뛰어남(pleonektēma)에 대해 아름답지 않게 들리는(ouk euphēmos) 명칭을 부여하며 그렇게 부른다. 이것이 이런 본성을 가진 일이기에, 내 생각에, 안티폰 또한 희극의 이야깃거리(logos)가 된 것이 여간 그럴법한 일이 아니었던 것이다. 희극은 바로 그런, 이야기될 만한 것들을 가장 희화화의 대상으로 삼는 것이니 말이다. […][57]

자신도 같은 업계 종사자로서 일정한 해명을 제공할 필요를 느끼고 있었던 것으로 보인다.

56 혹은 '음악(술)'.

57 여기 생략된 대목에는 카이킬리우스에게서 파생된 다른 자료들에서처럼 디오뉘시오스 1세에 의해 처형된 비극 시인 안티폰 이야기가 들어 있다. 그 이야기를 개진한 후에 저자는 결론으로 향한다.

그의 연설들로는 법정 연설들이 상대적으로 많으며, 거기에 그의 능란함(deinotēs)과 기술적인 전 면모(pan to ek technēs)가 들어 있다. 그런가 하면 소피스트적인 연설들로는 다른 것들도 있지만 『화합에 관하여』가 상대적으로 더 소피스트적이며, 거기에 빛나는 철학적 금언들이, 그리고 시적인 단어들로 장식된 위엄 있는 어법(semnē … apangelia)이 있으며, 장황한 개진 방식들(hermēneuomena)이 평원의 부드러움을 닮았다.

2. 코린토스 심리 상담소 개업[58]

5A.7. 『안티폰의 생애』 5-7 (M A5)[59]

그는 젊었을 때 정치적인 삶(politeuesthai)을 포기하고 시장 옆에 청중을 맞이하기 위한 점포를 만들어 바깥에다 고통받는 사람들을 위안해 준다고 써 붙였다. 돈을 좋아하는데 이 일로부터 많은 이득을 보지 못했기 때문에 그다음에는 비극들을 만들었다. 그러다가 이 일들도 포기하고 수사학으로 방향을 돌렸다.

3. 해몽가, 예언자 안티폰[60]

5A.8. 루키아노스 『진실한 이야기』(*Alēthē Diēgēmata*; 라틴어명

---

58 cf. 5A.4, 5A.6.
59 비슷한 보고가 위-플루타르코스(5A.4)에 나온다.

Vera(e) Historia(e)[61] 2.33 (DK 87A7) (M A12.1)[62]

시장[63] 한가운데에 어떤 샘이 있는데, 카레오티스라고들 부른다. 그리고 그 근처에 신전이 둘 있는데, 아파테(기만)의 신전과 알레테이아(진실)의 신전이다. 거기에 그들을 위한 성소도 있고 신탁소도 있는데, 꿈들의 해석자(hypokritēs) 안티폰이 예언자로서(prophēteuōn) 그곳을 관장했다. 휩노스(잠)에게서 이 직무(timē)를 할당받아서 말이다.

5A.9. 체체스[64] 『헤르모게네스『문체의 종류들에 관하여』주석』 400.3 Rabe

점쟁이(teratoskopos): 꿈들과 징조들(terata)을 많은 사람들을 위해 해석해 주는 사람. 점쟁이 안티폰은 알렉산더 시대에 살았다.

---

60 cf. B의 6절『꿈들의 해석에 관하여』.

61 기원후 2세기 사모사타 출신 작가이자 수사가인 루키아노스가 쓴 소설로서 80여 개 남아 있는 그의 작품들 가운데 가장 잘 알려진 것이기도 하다. 옛 자료들에 보고된 기이한 이야기들(특히 환상적이거나 신화적인 사건들을 진실인 양 제시한 이야기들)에 기반한 풍자 소설이다.

62 맥락: 주인공이 50여 명의 동료들과 배를 타고 세상을 돌아다니는, 1인칭 시점의 공상적 모험 이야기. 그 가운데서 어떤 섬에 대해 이야기하는 중이다.

63 혹은 '광장'.

64 요안네스 체체스(기원후 1110-1180년경)는 12세기에 콘스탄티노플에 살았던 것으로 알려진 비잔틴 시인이자 문법가다. 고대 문학과 학문에 관한 귀중한 정보를 전달해 준 사람이며, 가장 중요한 작품은『킬리아데스』였다.

5A.10. 테르툴리아누스 『영혼에 관하여』 46.10

그런데 이 일[즉, 계시적 꿈들]에 대해 해석해 주고 책임 있게 확인해 줄 사람들(affirmatores)이 얼마나 있는가? 아르테몬, 안티폰, 스트라톤, 필로코로스, 에피카르모스, 세라피온, 크라티포스, 로도스 출신 디오뉘시오스, 헤르미포스. 이것이 한 시대의 학식 (litteratura) 전부다.

4. 비극 시인 안티폰[65]

5A.11. 아테나이오스 『만찬 자리의 소피스트들』 15, 673d-f

바로 이런 것들을 내가 처음으로 이 아름다운 알렉산드리아에서 발견했다는 것을 신들은 안다. 메노도토스의 작은 책(syngrammation)을 입수해서 그 책을 기반으로 삼아서 많은 사람들에게 아나크레온[66]에서 문제되는 것을 보여 줌으로써 말이다. 그런데 모두에게 언제나 표절이라는 비난을 가하는 헤파이스티온은 내게서 이런 해법(lysis)을 가져가서 자기 것으로 삼고(exidiopoiēsato) 『아나크레온에서 실버들 화관에 관하여』라는 제목이 달린 책 (syngramma)을 펴내기까지 했다. 바로 그 책을 최근에 우리가 로마의 골동품상 데메트리오스에게서 발견했던 것이다. 그 헤파이스티온이 우리의 아름다운 아드라스토스와 관련해서도 그 비슷한

---

65 cf. 『비엔나 금언집』(5B.93)은 예언술에 관한 발언과 비극 시인임을 연결한다.
66 아나크레온에 관해서는 10B.1의 관련 주석을 참고할 것.

어떤 저자 노릇을 했다. 이 사람이 『테오프라스토스의 「성격들」에 제시된 내용(historia)과 표현(lexis)에 관련되어 문제되는 것들에 관하여』라는 책 다섯 권에다 여섯 번째로 『아리스토텔레스의 「니코마코스 윤리학」에서의 문제들에 관하여』를 펴냈는데(비극 시인 안티폰에 나오는 플렉시포스에 관해 풍부한 착상들을 제시하면서, 그리고 안티폰 자신에 관해서도 아주 많은 말을 하면서 말이다.), 『실버들 화관에 관하여』에서도 그랬던 것처럼 헤파이스티온은 이것들도 자기 것으로 삼아(spheterisamenos) 책을 하나 써서 『크세노폰의 「회상」에 나오는 안티폰에 관하여』라고 제목을 붙였다. 자기 것으로 발견해서 덧붙인 것은 아무것도 없으면서도 말이다.

5. 수사학 선생 안티폰, 그리고 정체(성) 문제(기원전 4세기 자료)[67]

5A.12. 할리카르나소스의 디오뉘시오스 『암마이오스에게 보내는 편지』 1.2[68]

내가 이 일을 했던 건, 가장 훌륭한 암마이오스, 모든 대상에 대

67　5A.13(플라톤), 5A.14(크세노폰), 5A.15(아리스토텔레스)는 기원전 4세기의 세 주요 저자가 안티폰을 수사학 교육 혹은 학파 전통에서 일정한 위상을 차지하는 선생으로 자리매김했음을 보여 준다. (5A.12의 디오뉘시오스는 기원전 1세기에 그것을 확인한다.) 특히 아리스토텔레스는 아래 5A.19(『에우데모스 윤리학』)에서도 보듯 상당히 긍정적인 평가를 하고 있었던 것으로 보인다. 이 자료들에서는 소피스트-점쟁이(그리고 해몽가)가 연설가/수사학자와 구분될 가능성이나 시사를 조금도 읽어 내기 어렵다. 5A.3에서 헤르모게네스가 이런 취지의 말을 하면서 참조했던 자료도 바로 5A.13과 같은 자료일 가능성이

해 탐색해야 하는 진리를 돌보기 위한 것이기도 하고 또한 정치 연설들에 관해 진지하게 탐구해 온 모든 사람들에게 호의를 베풀기 위한 것이기도 합니다. 그들이 다음과 같이 상정하지 않았으면 합니다. 소요학파 철학이 수사학적 원칙들(parangelmata) 모두를 포괄했다고, 그리고 테오도로스와 트라쉬마코스와 안티폰 및 그들 주변 사람들도, 이소크라테스와 아낙시메네스와 알키다마스도, 또 이 사람들과 함께 살았던 기술적 원칙들(parangelmata technika)의 저자들(syngrapheis)[69]과 수사학적 연설 경연의 경연자들(agōnistai)도, 테오덱테스와 필리스코스와 이사이오스와 케피소도로스와 휘페레이데스와 뤼쿠르고스와 아이스키네스 및 그들 주변 사람들도 진지한 탐구를 할 만한 어떤 것도 발견하지 못했다고 말입니다. 그리고 이전 사람들과 자기 시대 사람들과 아직 태어나지 않은 사람들 모두를 뛰어넘는 사람인 데모스테네스 자신도 아리스토텔레스의 기술들을 배우지 못했다고 한다면 그토록 이소크라테스와 이사이오스의 원칙들로 치장하고서 월등함을 남기지 못

높다. 이런 자료들을 더 많이 참조했을 수 있는 5A.4, 5A.5도 자연스럽게 단일론의 입장을 취하고 있다. 이제까지도 그랬지만 여기서부터는 더더욱, 단일론-분리론을 지나치게 의식하지 않고(즉, 단일론의 입장에 동조하는 태도를 가지고) 자료들을 살펴보기로 한다. 한 인물이라면, 이 사람은 이른 시기에 심리 치료 관련 일(아마 해몽도 포함하여)에 몸담은 적이 있는데 이후 수사학으로 옮겨 갔고 자연스럽게 법정과 민회의 일들에도 연루되었을 것이다.

68 7B.6 = 15B.11 포함. 맥락: 당대의 어떤 소요학파 사람이 아마도 했을 주장처럼 데모스테네스가 아리스토텔레스 『수사학』의 지침들에 의존한 것이 아님을 보이는 역사적 논증의 일환.

69 혹은 '보고자들', '역사가들'.

했을 거라고 말입니다.

5A.13. 플라톤『메넥세노스』236a2-6 (M A7.1)[70]

[화자: 소크라테스; 청자: 메넥세노스][71]

그러니까 이렇게 양육받고 있는 사람이 연설을 하는 데 능란하다는 건 전혀 놀라운 일이 아니죠. 하지만 나보다 교육을 더 형편 없게 받은 사람도, 즉 람프로스에게서 시가[72]를, 람누스 출신 안티폰에게서 수사학을 교육받은 사람조차도 아테네인들 사이에서 적어도 아테네인들을 칭찬하는 한은 좋은 평판을 얻을 수 있을 겁니다.

5A.14. 크세노폰『소크라테스 회상』1.6.1-3, 11-12, 15 (DK 87A3) (M A8)[73]

|1| 그[즉, 소크라테스]가 소피스트 안티폰과 나눴던 대화들 또한 빼놓고 넘기지 말아야 할 만큼 그에게 어울린다. 언젠가 안티폰이 그의 제자들(synousiastai)을 빼 가고(parelesthai) 싶어서[74] 소

---

70 6A.8로부터 이어짐. 극중 연대인 420년대에 안티폰이 선생으로 활동했음을 보여 주는 보고. 4A.12에서는 아테나이오스가 이 구절의 안티폰, 람프로스 언급에 대해 촌평하고 있다.

71 맥락: 소크라테스가 자신이 두 선생(아스파시아와 콘노스)에게서 수사학을 배웠다고 말한 후에 덧붙이는 말.

72 혹은 '음악'.

73 맥락: 기본적으로 소크라테스에 관한 보고. 소크라테스와 안티폰의 세 번의 만남 기록. 안티폰이 소크라테스의 추종자들을 빼 가려 시도했다는 보고 포함.

크라테스에게 와서 그들이 곁에 있는 상태에서 다음과 같이 말했다. |2| "소크라테스, 나는 철학하는 사람들이 더 행복해져야 한다고 생각을 했었습니다. 그런데 당신은 철학으로부터 정반대의 것들을 누려온 것으로 내겐 보입니다. 어쨌거나 당신은 단 한 명의 노예도 주인에 의해 그렇게 살게 될 경우에 견뎌 내지 못할 방식으로 살고 있습니다. 당신은 가장 형편없는 음식과 음료를 먹고 마시며, 당신이 두른 외투는 형편없을 뿐만 아니라 여름이든 겨울이든 똑같고, 내내 신발도 안 신고 외투 속 평상복도 안 입은 채로 지냅니다. |3| 게다가 돈도 받지 않지요. 그건 버는 사람들을 유쾌하게 하거니와(euphrainei) 그걸 소유하는 사람들이 더 자유인답고 더 즐겁게 살도록 만드는 건데 말입니다. 그러니까 다른 일들(erga)의 선생들도 학생들이 자신들의 모방자들이 되게 만드는(apodeiknyousin) 것처럼 당신도 함께 지내는 사람들이 그렇게 하도록 할 경우엔, 불행(kakodaimonia)의 선생이라고 스스로 생각해야 합니다."

"[…]⁷⁵ |10| 당신은, 안티폰, 행복이 사치(tryphē)와 호사(polyteleia)⁷⁶라고 생각하고 있는 것 같군요. 하지만 나는 아무것도 필요로 하지 않는(mēdenos deisthai) 것이 신적(theion)이고 최소한의 필요만 갖는 것이 신적인 것에 가장 가까우며,⁷⁷ 신적인 것은 가

---

74 안티폰이 학교 비슷한 것을 운영했음을 시사한다. 크세노폰의 출생 연대를 고려하면 안티폰의 말년의 일일 것이다.

75 소크라테스 대답의 대부분(1.6.4-9)은 편의상 생략하기로 한다.

76 혹은 '많은 소비', '많은 돈을 쓰는 일'.

77 소크라테스의 이런 언급은 아마도 『진리에 관하여』의 어떤 대목(예컨대, 아래

장 강하고 신적인 것에 가장 가까운 것은 가장 강한 것에 가장 가깝다고 생각합니다."

|11| 또 언젠가는 안티폰이 소크라테스와 대화를 나누며 이렇게 말한 적도 있다. "소크라테스, 나는, 정말이지, 당신이 정의롭다고는 생각하지만 어떤 점으로 보아도 지혜롭다고는 생각하지 않습니다. 그리고 당신 자신도 이걸 아는 걸로 내겐 보입니다. 어쨌거나 당신은 누구에게도 함께함(synousia)의 대가로 돈을 요구하지[78] 않지요. 하지만 적어도 외투나 집이나 당신이 소유하고 있는 것들 가운데 다른 어떤 것이 돈을 받을 가치가 있다고 생각한다면 당신은 누구에게도 그걸 공짜로 주지 않을 뿐만 아니라, 그것의 가치보다 적게 받고 주지는 않겠지요. |12| 그러니까 당신의 함께함 역시 당신이 어떤 가치가 있다고 생각한다면 당신은 그것의 가치보다 적지 않은 돈을 요구할 겁니다. 그러니까 당신은 정의로울 수는 있을 겁니다. 더 많이 갖기(pleonhexia) 위해 기만하지 않으니까요. 그렇지만 지혜로울 수는 없을 겁니다. 조금이라도 가치가 있는 것들을 알고 있지 않으니까요." […][79]

|15| 그리고 또 언젠가는 안티폰이 그에게 어째서 그가 남들은 정치가로 만든다고 생각하면서 그 자신은 앎을 가진 상태인데도 불구하고 정치를 하지 않느냐고 물었을 때, 그는 말했다. "둘 중 어느 쪽으로 해야, 안티폰, 내가 정치를 더 잘할 수 있게 될까요?

5B.13)에 기초한 것으로 보인다.

78 혹은 '받아 내지'. 이하 마찬가지.

79 역시 소크라테스의 대답 부분(1.6.13-14)은 편의상 생략하기로 한다.

나 혼자서 그걸 할지, 아니면 가능한 한 많은 사람들이 그걸 하는
데 충분한 능력을 갖추도록 돌봐야 할지 말이에요."

5A.15. 디오게네스 라에르티오스 『유명한 철학자들의 생애와
사상』 2.46 (= 아리스토텔레스 단편 75 Rose) (DK 87A5) (M A9)[80]

아리스토텔레스가 『시학에 관하여』(*Peri Poiētikēs*) 3권[81]에서 말
하는 바에 따르면, 이 사람[즉, 소크라테스]을 렘노스 출신 안틸로
코스라는 어떤 사람과 점쟁이(teratoskopos) 안티폰이 경쟁자로 삼
았다(ephiloneikei)[82]. 마치 피타고라스를 퀼론과 오나타스가[83] 그랬
고, 쉬아그로스가 살아 있을 때의 호메로스를, 또 죽은 후의 그를
콜로폰 출신 크세노파네스가 그랬으며, 케르콥스가 살아 있을 때의
헤시오도스를, 또 죽은 후의 그를 앞서 말한 크세노파네스가 그랬
고, 핀다로스를 코스 출신 암피메네스가 그랬으며, 탈레스를 페레
퀴데스가, 비아스를 프리에네 출신 살라로스가 그랬고, 피타코스를
안티메니다스와 알카이오스가 그랬으며, 아낙사고라스를 소시비오
스가 그랬고, 시모니데스를 티모크레온이 그랬던 것처럼 말이다.

---

80 6A.1에 포함. 크세노폰(5A.14)에 나오는 소피스트 안티폰을 점쟁이 안티폰과
    연결하는 자료. 점쟁이 안티폰이 소크라테스를 경쟁자로 삼았다고 보고한다.
81 아마도 『시인들에 관하여』라는 그의 대화편을 가리키는 것으로 보인다. 아리
    스토텔레스는 여기서 크세노폰(5A.14)에 나온 것과 같은 안티폰을 점쟁이 안
    티폰과 동일시하고 있다.
82 혹은 '반박을 했다'.
83 때로는 사본을 고쳐서 '퀼론과 오나타스가' 대신 '크로톤 출신 퀼론이'로 읽기
    도 한다.

6. 수사학적 기여: 문체, 신조어

5A.16. 할리카르나소스의 디오뉘시오스 『이사이오스』 20.4-23
(DK 85A13)[84]

정확한 말들(akribeis ... logoi)[85]을 선호하며 법정 수사학(enagō-
nios rhētorikē)[86]을 연마하는 사람들로 말할 것 같으면, 그들 가운
데에 람누스 출신 안티폰과 칼케돈 출신 트라쉬마코스와 아테네
출신 폴뤼크라테스와 30인을 이끈 크리티아스와 호메로스를 비
판하는 저술들(syntaxeis)을 남긴 조일로스와 그 비슷한 다른 사
람들이 있는데, 이들 가운데 아무도 뤼시아스보다 더 정확하거
나 매력적인 사람은 없었다고 나는 생각한다. 안티폰은 실로 근
엄함(austēron)과 옛스러움만 갖고 있을 뿐 심의 연설로 겨루는 자
(agōnistēs)도 법정 연설로 겨루는 자도 아니다. 그리고 폴뤼크라
테스는 실제 연설들에서는 공허하고(kenos) 시범 연설들에서는 생
기 없고(psychros) 투박하며(phortikos) 매력(chrientismos)[87]이 필요
한 연설들에서는 매력이 없다. 트라쉬마코스는 순수하고 미세하며
발견하는 데도 능란하고 자기가 뜻하는(bouletai) 바를[88] 간결하게
(strongylōs) 말하는 데도 과도하게(perittōs) 말하는 데도 능란하다.

---

84 = 7B.4, 10A.10.
85 혹은 '엄밀한 논변들'.
86 혹은 '경연 수사학', '논쟁적 수사학'.
87 혹은 '기지', '장난스러움'.
88 혹은 '자기가 원하는 바에 따라'.

그런데 그는 온통 기술 교범 쓰는 일과 시범 연설들에 빠져서 법정 연설들{이나 심의 연설들}[89]은 남긴 것이 없다. 그리고 크리티아스에 관해서도 조일로스에 관해서도 같은 이야기들을 할 수가 있을 것이다. 단지 그들이 개진 방식의 유형들에 있어서는 서로 다르다는 것만 빼면 말이다.

5A.17. 갈레노스 『히포크라테스 용어 설명』 19.66 Kühn (M A7.3)[90]

연설들(logoi)에 관계하는 사람들 각자가 누구나 직접 새로운 단어들을 만드는 것이 적절하다고 여겼다는 것은 안티폰도 충분히 보여 준다. 그 사람이야말로 그런 것들을 어떻게 만들어야 하는지를 가르치는 사람이다. 이 사람 아리스토파네스 또한 같은 극에서 다음과 같은 것들을 통해 그 점을 직접 보여 준다.

7. 정치 활동[91] 및 자신을 옹호하는 항변 연설

5A.18. 키케로 『브루투스』 47.5-48.1 (M A7.2)[92]

람누스의 안티폰도 이 사람[즉, 고르기아스]과 비슷한 어떤 저

---

89 이 부분을 대개 삭제하고 읽는다. 7B.1과의 상충 때문일 것이다.

90 cf. 5B.9 등.

91 cf. 5A.5.

92 2B.45로부터 이어짐. 아리스토텔레스가 그의 수사학사(현존하는 『수사학』이 아니라 소실된 대화편 『그륄로스』 혹은 『수사학에 관하여』)에 안티폰을 포함시켰음을 보고하는 내용.

작들을 산출했다. 믿을 만한 저자(locuples auctor)인 투키디데스가
그에 관해서 쓴 바 있다. 자기가 들은 연설 중에 아무도 그보다,
즉 형량이 사형인 재판에서 그 스스로 자신을 옹호할 때의 그보다
더 잘 연설한 적이 없었다고 말이다.[93]

5A.19. 아리스토텔레스 『에우데모스 윤리학』 3.5, 1232b6-9 (M
A11.5)

그리고 대범한(megalopsychos) 사람은 흔히 만나는 많은 사람들
에게 뭐라고 생각되는지보다 뛰어난(spoudaios) 한 사람에게 뭐라
고 생각되는지에 더 주의를 기울일 것이다. 안티폰이 유죄 판결을
받은 후에 그의 항변(apologia)을 칭찬한 아가톤에게 말한 것처럼
말이다.[94]

5A.20. 투키디데스 『역사』 8.68 (M A11.2)

|1| 이 제안(gnōmē)[즉, 4백인 회의 및 5천인 회의의 구성 제
안]을 꺼냈고, 다른 점들에 있어서도 민주정(ho dēmos)[95]을 무너
트리는(synkatalysas) 데 두드러지게 가장 열성적으로 임한 사람은
페이산드로스였다. 그렇지만 그 일 전체를 기획[96]했고 그것이 달

---

93 『역사』 8.68(아래 5A.20).
94 이 항변은 『역사』 8.68(아래 5A.20)을 참고할 것. 여기 아가톤은 플라톤 『향연』
   에도 등장하는 비극 시인 아가톤일 것이다. 이 일화는 다른 곳에는 언급되지
   않는다.
95 혹은 '인민'.

성될 수 있는 방식을 마련했으며, 그 일을 가장 많이 챙기며 돌본 사람은 안티폰이었다. 그는 당대의 아테네인들 가운데 덕(aretē)에 있어서 누구보다 뒤지지 않을 뿐만 아니라 방안을 생각해 내는(enthymēthēnai) 데나 자기가 판단한(gnoiē) 것들을 말하는(eipein) 데 있어 가장 뛰어난 사람이었는데, 민회(dēmos)에도 그리고 다른 그 어떤 경쟁 무대(agōn)에도 제 발로 나서지 않았고, 오히려 능란함(deinotēs)에 대한 평판 때문에 대중(phēthos)에게서 곱지 않은 시선을 받고 있는 상태였다. 그렇지만 법정에서든 민회에서든 경쟁하면서 뭔가 조언을 구하는 사람이 있을 때 가장 크게 도움을 줄 능력이 있는 단 한 명의 사람이었다. |2| 실로 그 자신도, 나중에 민주정이 회복되고 4백인 정권이 전복되어 인민에 의해 재판(agōn)에 소환당했을 때, 바로 이런 일들을 도모하는 데 참여했다는 혐의로 피소되어 형량이 사형인 재판(dikē)에서 자신을 옹호하면서 연설했는데, 그것은 분명 내가 이제까지 들어 본 것들 가운데 가장 훌륭한 것이었다.

5A.21. 아리스토텔레스『아테네 정치 체제』32.2 (M A11.4)
그러니까 과두정은 이런 방식으로 수립되었다. 참주들의 추방으로부터 대략 백 년 후인, 칼리아스가 집정관이던 시절[97]의 일이었고, 좋은 가문에서 태어났을 뿐만 아니라 이해력과 판단에 있어

---

96 혹은 '조직'.
97 422/1년.

서 남다르다는 평판을 받던 페이산드로스와 안티폰과 테라메네스가 가장 주동이 되는 인물들이었다.

B. 사상과 가르침

■ 저작

분류와 일련번호 등 기본적인 내용은 모리슨(J.S. Morrison 1972: 'M'으로 줄임)의 것을 따른다(cf. 5A.6). 이 책에 1) 현존 연설은 반영되지 않으며, 2) 단편 가운데서는 다른 작품들의 단편들도 필요에 따라 포함되긴 하지만, 기본적으로는 9, 26-30, 32가 반영된다.

1) 현존 연설[98]

1.『계모에 대한 독살 혐의 고발』, 2.『첫째 4부작』, 3.『둘째 4부작』, 4.『셋째 4부작』, 5.『헤로데스 살해에 관하여』, 6.『합창가무단원에 관하여』

2) 단편

2-1) 민회 연설

---

[98] 2-4가 4부작으로서 이 세 4부작은 양쪽 편 모두를 위해 논변할 수 있다는 프로타고라스적 능력의 좋은 사례들이라 할 만하다. 실제 아테네 법정에서 중요한 역할을 하지 않던 '오점'(miasma) 개념 연설들에서 덜 중요했던 1, 5, 6은 실제 법정 연설. 배열은 추정된 연대순.

7.『린도스 사람들의 조공에 관하여』, 8.『사모트라케섬 사람들의 조공에 관하여』

2-2) 법정 연설

9.『혁명에 관하여』, 10.『데모스테네스의 고발에 대한 항변』, 11.『칼리아스의 영장에 대한 항변』, 12.『경계에 관한 송사에서 니코클레스에 대한 고발』, 13.『민회에서의 불법적인 제안에 대한 고발』, 14.『필리노스에 대한 고발』, 15.『의장에 대한 반박』, 16.『노예화에 관하여』, 17.『한 소년을 자유로운 친자 확인으로 〈괴롭힘〉의 사안에서』, 18.『후견인 자격에 관한 송사에서 칼리스트라토스에 대한 고발』, 19.『후견인 자격에 관한 송사에서 티모크라테스에 대한 고발』, 20.『공작새들에 관한 송사에서 에라시스트라토스에 대한 고발』, 21.『히포크라테스에 대한 고발』, 22.『라이스포디아스에 대한 고발』, 23.『뮈로스에 대한 변명』(5B.11), 24.『폴뤼에욱토스에 대한 고발』, 25.『필리포스의 고발에 대한 항변』

2-3) 개별 저작들

26.『진리에 관하여』1권, 2권, 27.『화합에 관하여』, 28.『정치에 관하여』(5A.3), 29.『꿈들의 해석에 관하여』(5A.1), 30.『알키비아데스에 대한 비난』, 31.『서론들』, 32.『연설 기술(교범)』(5B.5)

1. 자기 옹호 연설[99]

5B.1. 안티폰 『혁명에 관하여』(*Peri tēs Metastaseōs*) (M 18, 19)[100]

---

99 시칠리아 원정이 413년에 스파르타와 그 동맹군들에 의해 패배한 후 혼란에 빠진 아테네는 결국 4백인 과두파 그룹의 쿠데타를 맞게 된다. 4백인 정권은 곧 전복되고 핵심 인물인 프뤼니코스는 암살되고 거의 모든 주도자들이 망명을 떠난다. 그러나 안티폰은 남았고 아르켑톨레모스와 더불어 반역죄 재판을 받게 된다(공식 고발장에는 오노마클레스의 이름도 적혀 있지만 그는 재판 전에 도망간 것으로 보인다.). 이렇게 민주정 회복 후 잔류 후 재판과 망명 사이 선택의 기로에서(안티폰을 단죄하는 포고를 제안해서 목숨을 살린 안드론만이 예외라면 예외였다.) 다른 대부분의 4백인 구성원은 후자를 택했다. 거의 모두가 망명을 떠난 것으로 보아 안티폰은 유죄 판결의 가능성을 알고 있었을 것이고 타지에 인맥도 가지고 있었다(몇몇 연설들로 미루어 볼 때). 이런 정황과 더불어, 단편으로 남아 있는 그 자신의 옹호 연설까지도 그를 소크라테스와 비교하게 만든다. 재판은 평의회 앞에서의 에이상겔리아(eisangelia)였고 구체적인 혐의는 짧았던 4백인 통치 기간의 끄트머리에 파견된 스파르타 사절단에 참여한 것과 관련된 것이었다. 재판 결과 두 사람 모두 유죄가 확정되고 사형, 재산 몰수, 매장권 박탈, 자손의 시민권 박탈이 선고되었다. 투키디데스의 칭찬(『역사』 8.68: 5A.20)과 아리스토텔레스의 칭찬 보고(『에우데모스 윤리학』 3.5: 5A.19) 등에도 불구하고 이 연설은 단 몇 줄만 남아 있다가, 그나마 1907년 아주 손상되긴 했지만 기원후 2세기 혹은 3세기의 것으로 보이는 파피루스 몇 쪽이 발견되었다.

100 플라톤의 『변명』과 더불어 'apologia pro vita sua'(자신의 삶을 옹호하는 변명)에 속한다. 원래 소략하게 하르포크라티온에서 나온 [1]과 [4]만 알려져 있다가 1907년 파피루스 발견으로 어느 정도의 길이가 되는 단편들을 얻게 되었다. 파피루스 일곱 세로단(columns)이 남아 있는데, 처음 세 세로단(세로단 1-3)이 일정한 복원이 가능했고 넷째 세로단(세로단 4)은 더 심하게 손상되었지만 모종의 중요성을 가진 단어들 몇 개가 이어져 있다. 아래 [2]와 [4]에 수록한다. 번역의 기반이 된 텍스트는 로웁판(K.J. Maidment 1941) 294-297쪽.

[1] [하르포크라티온[101] 『열 명 연설가 어휘 사전』 stasiōtēs 항목, Σ.36] 그러니까 내가 나의 할아버지처럼 당파에 속한 사람(stasiōtēs)이라는 아폴렉시스의 고발에 관해서 … 여러분의 조상들이 참주들은 벌줄(kolasai)[102] 능력이 있었지만 호위병들은 그렇게 할 능력이 없었을 수는 없습니다.

[2] |1|[103] [내가 혁명을 바랐던 게] 내가 관직을 수행하며 많은 돈을 다뤘고 또 내가 두려워했던 사정(司正: euthynai)이 내 앞에 있었기 때문일까요? 아니면 내가 법적 보호[104]를 박탈당했기(atimos) 때문일까요? 아니면 여러분에게 어떤 해를 입혔기 때문일까요? 아니면 임박한 재판을 두려워했기 때문일까요? 정말이지, 그건 아닙니다. 그런 것들 가운데 아무것도 내겐 없었으니까요. 아니, 그럼 여러분이 내게서 돈을 빼앗아 갔기 때문일까요? 아니면 나의 조상들이 어떤 해를 입혔다고 해서 여러분이 내게 복수를 했기 때문일까요? 어떤 사람들은 바로 그런 이유들 때문에 |2| 현존 정치 체제와는 다른 어떤 정치 체제를 욕망하거든요. 자기들이 저지른 부정의한 일들에 대한 대가를 치르지 않으려고 하거나 아니면 자기들이 겪은 일들 가운데 아무것도 또다시 겪

---

101 발레리오스 하르포크라티온은 아마도 기원후 2세기에 활동한 것으로 보이는 알렉산드리아의 희랍 문법학자다. 불완전하게 전해지는 그의 『열 명 연설가 어휘 사전』은 연설가들이 언급한 사건들과 사람들에 관한 주석들과 법적이고 상업적인 표현들에 대한 설명들을 포함하고 있다.

102 사본은 'kalesai'(부를)로 되어 있지만 'kolasai'(벌줄)로 바꿔 읽은 도브리 (Dobree)를 따랐다.

103 '세로단 1'. 이하에서도 '세로단'은 생략함.

104 혹은 '공민권'.

지 않으려고 하는 거죠. 하지만 내겐 그런 것이라곤 아무것도 없었습니다. 하지만 고발자들은 내가 남들을 위해 법정 연설들(dikai)을 지었을(synegraphon) 뿐만 아니라 4백인이 이것으로부터 이득을 보았다고 이야기합니다. 과두정하에서라면 이런 일이 내게 없었을 것이고, |3| 민주정하에서라면 사적으로 힘을 가진 사람이 바로 내가 아닌가요? 연설하는 것을 가지고 내가 과두정하에서는 앞으로 아무런 가치도 없는 자가 되겠지만, 민주정하에서는 많은 가치가 있는 자가 될 거 아닌가요? 자, 말해 보세요. 내가 과두정을 욕망한다는 게 어떻게 그럴법합니까(eikos)? 내가 이것들을 추론해 낼 능력이 없는 건가요? 아니면 아테네인들 가운데 나만이 득이 되는 일들을 알아볼 능력이 없는 건가요?

[3] |4| …에게 그렇게 여겨졌나요? 올림포스 신들에 맹세코, 아닙니다. 여러분이 적어도 옳게 그 일을 숙고한다면 말입니다. 나를 고발한 테라메네스가 … 평의회에서 …할 때, 여기 이 에……스가 … 거기서 그가 고발했던 …

[4] [하르포크라티온 『열 명 연설가 어휘 사전』 empodōn 항목, E.45] … 그리고 여러분은 걸리적거리는 사람들을 벌주었습니다. …

2. 『진리에 관하여』(Peri tēs Alētheias) (1, 2권으로 구성)[105]

2.1. 『진리에 관하여』 1권(인간 세계(노모스): 인식, 정의)[106]

---

105 노모스(관습)와 퓌시스(자연), 현상과 실재, 의견과 진리.
106 모리슨(M)의 요약: 지성이 몸을 지배하지만 출발점을 필요로 하는데, 감각

2.1.1. 시작점, 배치

5B.2. 하르포크라티온『열 명 연설가 어휘 사전』diathesis 항목, Δ.42 (DK 87B14) (M 82)[107]

'배치'(diathesis): [⋯] 그들은 '관리하다'(dioikēsai)를 표현하기 위해 동사 '배치하다'(diathesthai)를 사용하기도 하니까. 안티폰『진리』1권. "시작점(aphormē)을 빼앗기면 그것[108]은 많은 아름다운 것들을 나쁘게 배치할(diatheito) 것이다."

2.1.2. 지성(gnōmē)(↔ 감각)

5B.3. 갈레노스『히포크라테스「의사의 실습장에 관하여」주석』3, 18.B.656.10-15 Kühn (DK 87B1) (M 67)[109]

들이 출발점이다. 우리 모두는 눈으로 보는 것을 추상들보다 더 신뢰한다 (B 68). 그러나 우리의 말들 배후에 영속적 실재란 없다고 우리가 말할 때 봄과 앎의 결과들에 비교될 만한 어떤 것도 실제로 없다(B 67). 그것의 적어도 5가지 사례를 든다. (1) 시간은 어떤 실재성도 안 갖는다(B 77). (2) 원은 무한개의 변을 가진 다각형이다(B 81). (3) 나무로 된 침대는 또한 나무일 수 있다 (B 83). (4) 정의는 또한 부정의일 수 있다(B 90, 92). (5) 희랍인과 이방인 간의 실재적 구분이란 없다(B 91). 그렇지만, 말이 기만적이라 해도 이름을 짓는 옳은 방식과 그른 방식이 있다(B 69). 안티폰은 또한 자연에 계획이 있다는 것을 부인했던 것으로 보이며, 신은 우리를 필요로 하지 않는다고 말했다 (B 78, 80).

107 cf. 5B.34, 5B.57, 5B.58.

108 여성 명사인 주어는 '지성'(gnōmē)일 수도 있고 혹은 '국가'(polis)일 수도 있고 혹은 다른 어떤 것, 예컨대 '자연'(physis)일 수도 있다.

그리고 『강연들』의 같은 권[즉, 제1권]과 제2권에서 그[즉, 크리티아스]는 자주 지성(gnōmē)[110]을 감각들과 이분법적으로 구분하면서(antidihairōn), 안티폰이 『진리』의 두 권 중 앞 권에서 다음과 같이 이야기했던 것과 똑같이 말했다. "이것들[111]을 알고 나면 당신은 가장 멀리(makrotata) 〈보는 사람이〉 시각으로 보는 것들에 상응하는[112] 것은, 그리고 가장 멀리(makrotata)[113] 아는(gignōskōn)[114] 사람이 지성(gnōmē)으로 아는 것들에 상응하는 것은 아예 아무것도 없다는 것을 알게(hen ti ouden 〈on〉 autōn eisēi)[115] 될 것이다.[116]"

5B.4. 갈레노스 『히포크라테스 「의사의 실습장에 관하여」 주석』 3, 18.B.656.15-17 Kühn (DK 87B2) (M 70)

그리고 "왜냐하면 모든 인간들에게 있어서 지성(gnōmē)은 몸을 건

---

109 10B.43으로부터 이어짐. 10B.44의 일부와 중복됨. cf. 17B.18.

110 혹은 '사유', '판단', '정신'. 이하 마찬가지.

111 추측건대, '(마음의 작용에 상응하는) 객관적인 실재란 아예 없다는 것'. 혹은 보다 안전하게는 '이 책에서 개진되는 것들'.

112 혹은 '해당하는'. 직역하면 '속하는'. 아래도 마찬가지. 텍스트를 딜스를 따라 'autōn'으로 고쳐 읽었다.

113 G는 사본의 'makrotata'를 'mikrotata'로 바꿔 읽는다. 그렇게 되면 번역도 '가장 작은[/미세한] 것들을'로 바뀐다.

114 혹은 '지각하는', '사유하는', '판단하는'.

115 딜스를 따라 'hen ti ouden 〈on〉 autōn eisēi'로 읽었다. 'hen ti ouden autōn eisēi'로 읽으면 '아예 어느 것 하나도 없다는 것을 알게' 대신 '아예 어느 것 하나도 알지 못하게'가 된다.

116 사본이 심하게 손상되어 있어서 본래 텍스트의 내용과 의미에 대해 이견이 분분하다. 나는 기본적으로 딜스의 보충을 따랐다.

강으로도 병으로도, 그리고 다른 모든 것들로도 이끌기 때문이다."[117]

5B.5. 폴룩스『어휘집』6.143 (DK 87B3) (M 71)[118]

『진리에 관하여』에서 안티폰은 "준비 없는 지성으로"(aparaskeuōi gnōmēi)라고 말했는데, 『연설 기술』[119](그런데 이것들은 진짜가 아닌 것으로 보인다.)에서는 "준비되지 않은"(aparaskeuatos)이라고 말했다.

2.1.3. 감각(특히 시각)과 경험(감지)

5B.6. 하르포크라티온『열 명 연설가 어휘 사전』aopta 항목, A.167; cf. 폴룩스『어휘집』2.57-58 (DK 87B4) (M 72)

'안 보인 것들'(aopta): '볼 수 없고(ahorata) [실제로] 보인(ophthenta) 게 아니지만 보인다(horasthai)고 여겨진(doxanta) 것들' 대신. 안티폰『진리』1권.

5B.7. 하르포크라티온『열 명 연설가 어휘 사전』apathē 항목, A.170; cf.『희랍 일화집』(*Anecdota Graeca*) apathē 항목, 1.109.29

---

117 혹은 '왜냐하면 모든 인간들에게 있어서 지성은 건강에 있어서도 병에 있어서도 그리고 다른 모든 것들에 있어서도 몸을 지배하기 때문이다.'로 옮길 수도 있다.

118 뒷부분은 5B.109에 거의 같은 내용이 나오나 그곳에는 3권임이 명시된다.

119 혹은 『연설 기술 교범』. 이하 마찬가지.

Bachmann[120]; 『수다』 A.2873 (apathē 항목) (DK 87B5) (M 73)

'경험 안 된 것들'(apathē)[121]: '실제로(hōs alēthōs) 일어나지 않은 경험들(pathē)' 대신. 안티폰『진리』1권.

5B.8. 폴룩스『어휘집』2.58 (DK 87B6 = DK 88B53) (M 74)[122]

'간파하다'(diopteuein)[123]: 크리티아스와 안티폰. 안티폰은 '보이는' (eisoptoi)도.

5B.9. 폴룩스『어휘집』2.57 (DK 87B7) (M 75)

안티폰은 또한 "보게 될 자"(to opsomenon)[124]와 '눈으로'(tois oph-thalois)와 같은 뜻으로 "시각으로"(tēi opsei)[125]와 "목격자"(optēr)[126]와 "안 보인 것들"(aopta)[127]을 말했다.

5B.10. 폴룩스『어휘집』2.76 (DK 87B8) (M 76)[128]

---

120 텍스트: 바흐만(L. Bachmann 1828). 이하 이 판본을 준용하고, 이 판본에서 발견할 수 없는 경우 베커(I. Bekker 1814) 판본을 이용함.
121 원래의 의도나 다른 항목과의 균형만 고려하면, 덜 우리말답긴 하지만 '안 경험된 것들'로 옮기는 것이 더 적절할 것이다.
122 = 10B.57.
123 혹은 '꼼꼼히 살펴보다', '조사하다'.
124 혹은 '보게 될 것'(보게 될 주체라는 뜻으로).
125 아래 5B.11에 사용되었다.
126 혹은 '본 자'.
127 cf. 위 5B.6.
128 cf. 5B.13.

'내음'(odmē)과 '꽃내음'(euodmia)은 많은 사람들에게 적절한 (kala)[129] 단어로 여겨지지만, 실은 시적인 단어들이다. 산문에 있다면 그것들은 이오니아와 아이올리스의 것들이다. [아티카 산문에서는] 안티폰에게서만 '내음들'(odmai)과 '꽃내음'(euodmia)을 발견할 수 있을 것이다.[130]

5B.11. 『수다』 A.4304 (hatta 항목) (M 64, 68)[131]

'…한 것들'(hatta): […] 안티폰에게서는 '…한 그만큼의 것들'(hosa)이나 '…한 것들이면 무엇이든'(hatina) 대신. […] 안티폰은 『뮈로스에 대한 변명』에서 '…한 것들이면 무엇이든'(hatina) 대신 '어떤 것들'(hatta)을 사용한 바 있다. "나는 이것들, 즉 방금 이 사람에 의해 경험한(pepontha) 것들(hatta)을 이제까지 경험해 본 적이 없다." 그리고 또 이렇게도 사용했다. "사람들은 그 진리의 증거 (ho elenchos tēs alētheias)[132]가 불분명한(aphanes) 것에 속하는 것

---

129 직역하면 '아름다운'.

130 여기 두 번 등장한 단어들 'odmē'(오드메)/'odmai'(오드마이)와 'euodmia'(에우오드미아)에 대해서는 각각 'osmē'(오스메)/'osmai'(오스마이)와 'euosmia'(에우오스미아)로 표기하는 사본도 있다. 그러나 사실 지금 여기서 문제되는 시어-일상어 구분은 단어 선택의 문제가 아니라 같은 단어 내에서의 형태상의 구분인 것으로 보인다. 어원에 보다 가까운 전자 계열은 시적인 형태이고, 발음상 편의를 취하는 후자 계열은 5세기 당시 아티카의 일상어 형태다. 형태상의 차이를 온전히 번역에 반영할 방법이 없어서 편의상 '내음', '꽃내음'으로 옮긴다. 이렇게 할 경우 후자 계열은 '냄새', '꽃냄새'쯤이 되겠다.

131 법정 연설.

132 즉, 그것들이 참되게 존재한다는 증거가. 모리슨은 '진리의'(tēs alētheias)에

498

들보다는 시각으로(tēi opsei)[133] 보는 것들(hatta)을 더 신뢰할 만하다
(pistotera)고 생각한다."

2.1.4. 시간[134]

5B.12. 아에티오스 『학설 모음집』 1.22.6 (DK 87B9) (M 77)[135]

안티폰과 크리톨라오스가 말하길, 시간은 생각(noēma)이거나
척도(metron)이지, 전혀 실체(hypostasis)[136]가 아니다.

2.1.5. 신

5B.13. 『수다』 A.435 (adeētos 항목) (DK 87B10) (M 78)[137]

'요구[138]가 없는'(adeētos): 아무것도 필요로 하지(deomenos) 않
고 모든 것들을 가지고 있는 자. 안티폰이 『진리』 1권에서. 이 때
문에 그는 아무것도 필요로 하지(deitai) 않고 누구로부터든 아무것도

해당하는 부분을 인용 밖으로 빼서 '『진리』로부터'로(즉, 인용문의 출처 표시
로) 읽는다. 우리말 문장에서는 잘 드러나지 않지만, 이 부분이 원문에서는
문장의 가장 마지막에 있기에 이런 독법이 완전히 불가능하지는 않다. 기발
한 발상이지만 자연스러운 독해는 아니다.

133 혹은 뜻을 따라서 '눈으로'. 위 5B.9에 이것에 관한 설명이 나온다.

134 cf. 2.2.1. 영원성.

135 cf. 2권의 5B.33(영원성).

136 혹은 '존립자'.

137 cf. 5A.14.

138 혹은 '결핍', '필요'. 이하 마찬가지.

더 받지(prosdechetai) 않으며 오히려 무한하고(apeiros) 요구가 없다 (adeētos).[139]

5B.13s. 하르포크라티온 『열 명 연설가 어휘 사전』 adeētos 항목, A.26 (DK 87B10)

'요구가 없는'(adeētos): 안티폰 『진리』 1권에서 '필요[140]가 없는' (anendeēs) 대신.

5B.14. 하르포크라티온 『열 명 연설가 어휘 사전』 deēseis 항목, Δ.8 (DK 87B11) (M 79)

'요구들'(deēseis): 안티폰 『진리』 1권에서 '필요'(endeia)[141] 대신.

5B.15. 오리게네스[142] 『켈소스에 대한 반박』 4.25.9-15 (DK 87B12) (M 80)[143]

그러니까 누군가가 데모스테네스 같은 연설가여서, 저 사람과 비

---

139 크세노폰 『소크라테스 회상』 1.6(5A.14)의 10절은 여기의 '그'를 신으로 추측할 수 있게 해 준다.

140 혹은 '결여'.

141 혹은 '결여'.

142 알렉산드리아 출신 오리게네스(184-253년경)는 초기 기독교 신학자요 교부이며, 가장 중요한 기독교 신학자 가운데 한 사람으로 간주된다.

143 기독교적 편향과 정서가 든 표현을 주의하기만 하면, 안티폰의 정체와 저작의 전반적 주제에 관한 정보를 주는 자료. 연설가-소피스트의 연결, 섭리 제거가 『진리에 관하여』의 정신 가운데 하나다.

숫한 악을 갖고 있고 그에 의해 행해진, 악에서 나온 행위들을 갖
고 있다고 해도, 또 안티폰 같은, 즉 연설가로 간주되는 또 다른
사람이면서 켈소스의 책[144] 제목(epigraphē)과 비슷하게 『진리에 관
하여』라는 제목을 가진 책에서 섭리(pronoia)를 제거한 안티폰 같
은 사람이라고 해도, 이들이 무식과 무지의 진흙탕 구석을 뒹굴며
다니는 벌레들임엔 그 어떤 차이도 없다.

2.1.6. 원적 문제[145]

5B.16. 아리스토텔레스 『자연학』 1.2, 185a14-17 (DK 87B13) (M
81)[146]

어떤 것들에 대해서든 다 반박하는(lyein) 것도 적절하지 않고,

---

144 2세기 희랍의 철학자이자 초기 기독교에 대한 반대자인 켈소스의 작품 『참된
    담론』(Logos Alēthēs)은 지금 이 책, 즉 오리게네스의 『켈소스에 대한 반박』에
    인용된 부분들만 우리에게 전해져 있다. 알려져 있는 포괄적인 기독교 비판
    가운데 가장 이른 것으로 최초의 기독교 호교론자라 할 유스티노스의 사망
    직후인 175-177년경에 아마도 그의 작품에 대한 반응으로 써졌다.

145 펜드릭(G.J. Pendrick 2002: 'P'로 줄임)은 원적 문제에 관련된 텍스트들을 아
    주 폭넓게 인용한다. 여기 수록되지 않은 것들의 목록은 F13a-F13l(P 108-
    125쪽)을 참고할 것.

146 원적 문제의 '증명'이 『진리에 관하여』에서 이루어졌는지가 확실치는 않지만,
    일반적으로 그렇게 간주된다. 기하학의 '깜'도 안 된다는 아리스토텔레스의
    평가가 초점을 빗나간 것일 수 있다. 안티폰의 목적이 '추론'이나 '증명'이 아
    니라 현상이 진실과 동일시될 수 있음을 보이기 위한 '비판'의 장치일 수도 있
    다. 원이 선에 접한다는 프로타고라스의 발언(1B.67)도 기하학을 하고 있던
    것이 아니라 기하학을 비판하는 맥락에서 나온 것이었다.

그저 누군가가 원리들로부터 거짓되게 증명을 도출해 내는 것들에 대해서만 반박하고 그렇지 않은 것들은 반박하지 않고 그냥 두는 것이 적절하다. 예컨대, 활꼴들(tmēmata)을 통한, 원의 정방화(tetragōnismos)[147]를 반박하는(dialysai) 것은 기하학자의 일이지만, 안티폰의 원 정방화를 반박하는 것은 기하학자의 일이 아니다.

5B.17. 심플리키오스 『아리스토텔레스 『자연학』 주석』 54.20-55.11 (DK 87B13) (M 81)[148]

안티폰은 원을 그리고서 그 안에 그려 넣어질 수 있는 다각형들 가운데 하나의 도형을 그려 넣었다. 안에 그려 넣어진 도형이 이를테면 사각형이라고 해 보자. 그다음으로 그는 그 사각형의 변들 각각을 둘로 나누고, 그 나눈 점으로부터 원주 쪽으로 직선들을 그었다. 그 직선들 각각은 명백히 자신에게 해당되는 원의 활꼴(tmēma)을 둘로 나눴다. 그다음으로 그는 [원주 위의] 나눈 점으로부터 사각형에 속한 선들의 끝점들에 직선들을 그어 연결하여, 그 직선들로부터 삼각형 네 개가 생겨나게 되었고, 그려 넣어진

---

147 혹은 '원의 사각형화'. 원적 문제(즉, 주어진 원과 같은 면적을 가진 사각형 혹은 다각형을 어떻게 만들 것인가 하는 문제)를 해결하는 시도를 가리킨다. 1882년 이것이 불가능하다는 증명이 나오기까지 수많은 지성인들을 자극했다. 안티폰의 시도는 바로 다음 단편을 참고할 것. 여기 언급된 활꼴들을 통한, 원의 정방화는 키오스 출신 히포크라테스의 해법이었고, 아리스토텔레스의 관점에서는 이것은 적어도 기하학적 원리들에 따라 진행되었다는 점에서 고려의 가치가 있는 것이었다.

148 5B.16 관련 내용.

전체 도형은 팔각형이 되었다. 그리고 그렇게 또다시 같은 방법에 따라, 팔각형의 변들 각각을 둘로 나누고, 그 나눈 점으로부터 원주 쪽으로 직선들을 긋고, 그려진 직선들이 원주를 접하는 그 점들(sēmeia)로부터, [팔각형에 속한] 나뉜 직선들의 끝점들에 직선들을 연결하여, 그려 넣어진 도형을 십육각형으로 만들었다. 그리고 같은 이치에 따라 다시, 안에 그려 넣어진 십육각형의 변들을 나누고, 직선들을 연결하고, 안에 그려 넣어진 다각형을 두 배로 만들고, 이것을 매번 행함으로써 어느 땐가 [원의] 면적이 다 소비되면 이런 방식으로 원 안에 어떤 다각형이, 즉 그 변들이 작기 때문에 원의 원주와 들어맞게 될(epharmosousi) 다각형이, 그려 넣어지게 될 것이라고 생각했다. 하지만 우리가 『원리들』[149]에서 배운 것처럼 어떤 다각형에 대해서든 같은 크기의 사각형을 그릴(thesthai) 수가 있으므로, 원 자체와 들어맞는 다각형은 원과 같은 크기라고 가정되기(hypokeisthai) 때문에 우리는 원과 같은 크기의 사각형을 그릴 수 있게 될 것이다.

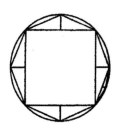

---

149 유클리드 『원리들』 2.14.

5B.18. 필로포노스 『아리스토텔레스 『자연학』 주석』 31.10-12, 22-24

안티폰 자신도 원을 정방화하려 시도했지만, 기하학적 원리들을 지키지 않으면서(ou sōizōn tas geōmetrikas archas) 시도했다. 그는 다음과 같이 시도했다. […][150] 그러니까 이 사람은 기하학적 원리들을 제거하고(anairei) 있다. 직선은 결코 곡선과 들어맞지(epharmozein) 않는다는 것이 기하학적 원리인데, 이 사람은 어떤 직선은 작기 때문에 어떤 곡선과 들어맞는다는 것을 인정하기 때문이다.

2.1.7. 침대와 나무: 리듬의 배치[151]

5B.19. 아리스토텔레스 『자연학』 2.1, 193a9-17 (DK 87B15) (M 83)[152]

자연적으로 있는 것들의 본성(physis)[153]과 실체(ousia)[154]는 각 사물 안에 있는 일차적인 구성 요소(to prōton enyparchon)로서 그것 자체로는 조직화되지 않은 것(arrhythmiston)[155]이라고, 예컨대 침대의 본성은 나무(xylon)요 조각상의 본성은 청동이라고 어떤 사

---

150 심플리키오스(5B.17)의 내용과 기본적으로 대동소이하므로 생략한다.

151 이 주제에 관해서도 펜드릭(P)은 관련 텍스트들을 폭넓게 인용한다. 여기 수록되지 않은 것들의 목록은 F15a-F15h(P 126-141쪽)를 참고할 것.

152 관습과 자연 혹은 현상과 실재의 대비.

153 혹은 '자연'.

154 혹은 '본질'.

155 혹은 '형상으로 환원되지 않는 것'.

람들은 생각한다. 그 증거는, 안티폰이 말하기로는, 다음과 같다. 누군가가 침대를 묻고 그 부패(hē sēpedōn)[156]가 싹을 틔울 정도로 능력(dynamis)을 얻게 된다면, 그건 침대가 아니라 나무가 될 것이다. 하나는, 즉 관습에 따른 배치(hē kata nomon diathesis)와 기술(hē technē)은[157] 부수적으로(kata symbebēkos) 존속하는(hyparchon) 것인 반면에, 실체(ousia)는 연속적으로(synechōs) 이것들을 겪으면서 지속하기도 하는 것이기 때문이다.

5B.20. 하르포크라티온 『열 명 연설가 어휘 사전』 embios 항목, E.42 (DK 87B15) (M 83)[158]

'삶을 가진'(embios)[159]: 안티폰 『진리』 1권. "그리고 나무(xylon)[160]의 부패(sēpedōn)가 삶을 가지게(embios) 될" '삶 가운데' 대신. 즉, '살게 되고 말라 버리지도 죽지도 않을'.

5B.21. 테미스티오스 『아리스토텔레스 『자연학』 주석』 38.1-8

---

156 '부패'는 갈레노스의 아랍어 판본(아래 5B.52)에도 등장한다.
157 테미스티오스는 이 대목을 다른 방식으로 읽었다. 아래 5B.21의 해당 대목을 참고할 것.
158 5B.19의 논변에서 나왔을 것으로 추측되는 대목. 이 두 단편을 결합하여 재구성하면, 다음과 같이 DK 87B15를 확보하게 된다. "누군가가 침대를 묻고 나무(xylon)의 부패(sēpedōn)가 삶을 가지게(embios) 된다면, 그건 침대가 아니라 나무가 될 것이다."
159 혹은 '살아 있는'.
160 혹은 '목재'.

어떤 사람들은 오히려 질료가 본성이라는 쪽으로, 예컨대 침대의 본성은 나무(xylon)요 조각상의 본성은 청동이라고 생각한다. 같은 연유(aitia)로 물의 본성도 가장 형태가 없을(amorphōtaton) 뿐만 아니라 구조 지어지지도 않은(aschēmatiston), 그것의 일차적인 기체(hypokeimenon)다. 그 증거는, 안티폰이 말하기로는, 다음과 같다. 누군가가 침대를 묻고 그 부패(hē sēpedōn)가 싹을 틔울 정도로 능력(dynamis)을 얻게 된다면, 그건 침대가 아니라 나무가 될 것이다. 하나는, 즉 리듬에 따른 배치(hē kata rhythmon diathesis)(그는 형태를 리듬이라고 부르니까.)는[161] 부수적으로(kata symbebēkos) 존속하는(hyparchon) 것인 반면, 실체(ousia)는 연속적으로(synechōs) 이것들을 겪으면서 지속하기도 하는 것이기 때문이다.

2.1.8. 정의: 자연과 관습[162]

---

161 나머지 부분을 아리스토텔레스 텍스트 그대로 옮겨 오면서도, 테미스티오스는 "관습에 따른 배치(hē kata nomon diathesis)와 기술(hē technē)은"에 해당하는 이 대목만 굳이 이렇게 바꾸고 있다. 변경의 이유는 안티폰의 용어 '리듬'(rhythmos)을 상기시키려는 목적 때문이라고 볼 수 있다. 그리고 '배치'(diathesis) 역시 안티폰 자연학의 용어 목록에 포함되어 있는 것이어서 이 부근에서 안티폰이 직접 이 용어를 사용하여, '리듬에 따라서'만이 아니라 '리듬에 따른 배치'를 말했을 가능성도 생각해 볼 만하다.

162 파피루스 순서를 DK와 달리 배열하였다. 이 책의 다른 곳들에서도 그렇지만 여기서도 '퓌시스'(physis)는 '자연'과 '본성' 둘 다로 새길 수 있는 말이다. 순전히 우리말에서의 편의 때문에 어느 하나(대개 '자연')를 택해 옮기지만, 나머지 하나를 함께 떠올리며 읽을 필요가 있다. 그리고 안티폰 자료들 가운데

5B.22. 옥쉬륑쿠스 파피루스 1364, 단편 2, 세로단 1-3 + 옥쉬 륑쿠스 파피루스 3647 (DK 87B44B) (M 91)[163]

|1| [⋯][164] |2| [가까운 데 사람들의 법들(nomoi)[165]을] 우리는 알고 (epistametha) [또 존중한다(sebomen).] 반면에 멀리 사는 사람들 의 [법]들은 우리가 알지도 못하고 존중하지도 않는다. 그러니까 이런 식으로[166] 우리는 서로에 대해 이방인처럼 되었다(bebarbarōmetha). 자연적으로(physei)[167]는 우리 모두가 어떤 면에서든 똑같이 이방인 (barbaros)이 될 수도 희랍인이 될 수도 있게 되어 있기 때문에 하는 말 이다.[168] 모든 인간에게 자연적으로 필수적인 것들(anankaia)에 속하는 것들을 고찰해(skopein) 볼 수 있으며, 이것들은 똑같은 방식으로 배

가장 널리 읽히는 것들을 만나게 되는 이 절에서 우리는 텍스트로부터 부도 적주의 등의 윤리학적 입장을 끌어내리려는 저간의 시도가 정당한지도 다시 한 번 검토할 필요가 있다. 규범적이 아니라 서술적인 작업(즉, 인간 삶의 사실 들에 대한 단순한 관찰)일 가능성도 고려해 볼 만하다.

163 관습적인 계급 및 인종/민족 구별의 문제.

164 세로단 1은 거의 읽을 수 없는 조각들로 되어 있다.

165 생략된 명사를 '신들'로 추측하는 사람들도 있다. 커퍼드(1981a)는 '아들들'로 추측한다(158쪽). '법'(nomos)의 복수형을 '법들'로 옮기지만, 앞으로 문맥에 따라서는 어색함을 피하기 위해 '법률들'로 옮기기도 할 것이다. 편의상 도입 된 것이지 차이가 의도된 것은 아니다. 이 책의 다른 곳에서도 마찬가지.

166 혹은 '이 점에 있어서', '이것으로 인해'.

167 혹은 '본성적으로', '본성상'. 이하 마찬가지. '자연[/본성]에 의해'로 옮길 수 있 지만, 그 말은 아래 다른 곳(5B.24의 세로단 4 등)에 나오는 'hypo tēs physeōs' 의 번역을 위해 남기기로 한다.

168 나중에 플라톤은 『정치가』 262d에서 희랍인과 이방인의 구분을 잘못된 구분 이라고 비판한다. 후자에는 그것들을 묶어 주는 적극적인 공통된 속성이 없 기 때문이라는 것이다.

울 수 있다.[169] 또 이런 것들에 있어서 우리 중 아무도 이방인으로도 희랍인으로도 구별되지(aphōristai)[170] 않았다. 우리 모두가 입과 코를 통해 공기를 숨쉬며, 즐거울 때에는 웃고 |3| 고통스러울 때에는 울며, 귀(akoē)[171]로 소리들을 받아들이며, 눈(opsis)[172]과 함께 빛(augē)으로 보며, 손들로 일하며, 발들로 걸으니까. ··· |4| 그들은 동의했다. ··· 법들 ···[173]

5B.23. 하르포크라티온『열 명 연설가 어휘 사전』agoi 항목, A.42 (DK 87B15) (M 90)[174]

'여기다'(agoi): […] 그리고 안티폰은『진리에 관하여』에서 "법률들을 중요하게 여길(agoi)"이라고 말한다. '생각할'(hēgoito) 대신에.

5B.24. 옥쉬륑쿠스 파피루스 1364, 단편 1, 세로단 1-6 + 옥쉬륑쿠스 파피루스 3647 (DK 87B44A) (M 91)[175]

---

169 '이것들은 똑같은 방식으로 배울 수 있다' 대신 '이것들에 관해[/따라] 배울 수 있다'로 새길 수도 있다.

170 혹은 '특정되지'.

171 혹은 '청각'.

172 혹은 '시각'.

173 세로단 4의 소량의 잔존 부분들은 이 대목에 인간의 초기 역사에 대한 언급이 담겨 있었음을 시사한다. 이것과 아래 파피루스와의 간격은 대략 세 세로단쯤이라고 한다.

174 cf. 5B.24.

175 『진리에 관하여』에 귀속시킨 것은 5B.23에 의거한다. 이 단편에 관한 국내 연구로는 "플라톤화되지 않은 소피스트 자신의 목소리"(128쪽)에 귀 기울이고

|1| 그러니까 정의(dikaiosynē)는 자신이 시민으로 속해 있는 국가의 법규들(nomima)을 어기지 않는 것이다.[176] 그러니까 인간이 자신에게 가장 유익하게 정의를 이용하게 되는 것은, 보는 사람들(martyroi)[177]이 함께 있을 때에는 법률들(nomoi)을 중요하게 여기지만[178] 보는 사람들 없이 혼자일 때에는 자연에 속한 것들(ta tēs physeōs)을 중요하게 여길 때일 것이다. 왜냐하면 법률들에 속한 것들(ta ... tōn nomōn)은 부과된 것들(epitheta)[179]이지만 자연에 속한 것들은 필수적인 것들(anankaia)이고, 법률들에 속한 것들은 자연발생적인 것들(phynta)이 아닌 합의된 것들(homologēthenta)이지만 자연에 속한 것들은 합의된 것들이 아닌 자연발생적인 것들이기 때문이다.

|2| 그러니까 합의한 사람들(hoi homologēsantes) 모르게 법규를 어긴다면 수치에서도 처벌에서도 벗어난 것이다. 그들 모르게 하지 않으면 벗어나지 못한 것이고 말이다. 반면에 가능한 것을 넘어서서, 자연적으로 타고난 것들(xymphyta) 가운데 무언가를 어긴다면, 모든 인

자 하면서 '이로움'을 중심 개념으로 설정하여 분석을 시도한 김남두(1988)를 참고할 수 있다.

176 이 서두의 진술이 안티폰 자신의 견해가 아니라 상식인들의 견해를 거론할 뿐이라는 논의가 있다. 예컨대, 손더스(T.J. Saunders 1978) 219-220쪽과 그것에 대한 동의를 표명하는 커퍼드(1981a) 115쪽. 안티폰의 진술들이 상충한다는 논란에 대한 대응 가운데 하나다.

177 우리말의 자연스러움을 살려 옮겼지만, 보다 정확히 새기자면 '증인들'이다. 이하 마찬가지.

178 위 하르포크라티온(5B.23)에 기초하여 이 파피루스 단편이 『진리에 관하여』에서 나온 것이라고 추정할 수 있다.

179 혹은 '보태진 것들'.

간들 모르게 한다 한들 [겪게 될] 나쁜 것이 조금도 작아지지 않을 것이고 모두가 안다 해서 나쁜 것이 조금도 커지지도 않을 것이다. 평판(doxa)[180] 때문에 해를 입는(blaptetai) 게 아니라 진실(alētheia)[181] 때문에 해를 입는 것이니까 그렇다.[182]

이 고찰(skepsis)은 바로 이 모든 것들을 위한 것이다. 즉, 법에 따라 정의로운 것들(ta kata nomon dikaia)[183] 가운데 다수가 자연에 적대적인 상태라는 것을 보여 주려는 것이다. 법이 이미 규정되어 있기(nenomothetētai) 때문이다. 즉, 눈들에 대해서는 그것들이 어떤 것들을 보아야 하고 |3| 어떤 것들을 보아서는 안 되는지, 그리고 귀들에 대해서는 그것들이 어떤 것들을 들어서는 안 되는지, 그리고 혀에 대해서는 그것이 어떤 것들을 말해야 하고 어떤 것들을 말해서는 안 되는지, 그리고 손들에 대해서는 그것들이 어떤 것들을 행해야(dran) 하고 어떤 것들을 행해서는 안 되는지, 그리고 발들에 대해서는 그것들이 어떤 것들을 향해 가야 하고 어떤 것들을 향해 가서는 안 되는지, 정신(nous)[184]에 대해서는 그것이 어떤 것들을 욕망해야 하고 어떤 것들을 욕망해서

---

180 혹은 '의견'.

181 혹은 '진리'. 그러나 뜻만 고려하면 '실상', '사실', '실제 사태' 등에 가까운 것으로 보인다.

182 진실-평판 대비는 파르메니데스에게 영향 받은 흔적일 수 있다. 김남두(1988) 130쪽 주석 8 및 그곳에 언급된 서양 문헌들을 참고할 것.

183 이하 이 옥쉬륑쿠스 파피루스에 나오는 '디카이온'(dikaion)을 대개 '정의로운 것'으로 새기고 아주 부자연스러울 때만 '정의'로 새긴다. 위에 두 번 '정의'로 새긴 추상명사 '디카이오쉬네'(dikaiosynē)와 구별하기 위한 것이다. 그러니까 아래에 나오는 '정의로운 것'은 그냥 '정의'로 새겨도 무방한 경우가 많다.

184 혹은 '지성'.

는 안 되는지가 법으로 이미 규정되어 있기 때문이다. 그러니까 법들이 인간들에게 회피하라고 시키는 것들이 추구하라고 권유하는 것들보다 도무지 자연적으로 조금이라도 [덜하게] 더 친근하지도 더 가깝지도 않다. 그런데 삶(to zēn)과 죽음(to apothanein)이 자연에 속하며, 삶은 유익한 것들(xympheronta)로부터 나오고 죽음은 유익하지 않은 것들로부터 나온다. |4| 유익한 것들 가운데 법들에 의해(hypo tōn nomōn) 유익한 것들로 확립된(keimena) 것들은 자연에 대한 속박(desmoi)이지만 자연에 의해(hypo tēs physeōs) 유익한 것들로 확립된 것들은 자유롭다(eleuthera)[185].

그런데 옳은(orthos) 논변(logos)[186]에 따르면, 괴로움[187]을 주는 것들(ta algynonta)이 유쾌함을 주는 것들(ta euphrainonta)보다 더 자연을(tēn physin)[188] 이롭게 하는(oninēsin) 것이 아니다. 고통을 주는 것들(ta lypounta)이 쾌락을 주는 것들(ta hēdonta)보다 더 유익한 것도 아니다. 참으로 유익한 것들은 해를 끼쳐서는 안 되고 이롭게 해야(ōphelein) 하니까 말이다. 그러니까 자연에(tēi physei)[189] 유익한 것들은 {이것들이다.} …[190]

---

185 즉, 자유를 가져다준다.

186 혹은 '추론', '이야기'.

187 혹은 '슬픔'.

188 혹은 '본성을'. 보기에 따라서는 '그의 본성[/자연]을'로 옮기고 '옳은 논변'을 수행하는 행위자를 가리키는 것으로 새길 수도 있다. 아래도 마찬가지.

189 혹은 '본성에', '그의 본성[/자연]에', 물론 아예 이해를 달리하여 다른 곳에서처럼 '자연적[/본성적]으로'로 새길 수도 있다.

190 파피루스에 8행(대략 한두 문장)의 공백이 있다.

··· 그리고 |5| [해악을] 당하고서(pathontes) 방어하되 자신들이 행위(to dran)를 시작하지는 않는 사람들, 그리고 자기 부모가 심지어 자기들에게 못되게 굴어도 부모에게 잘하는 사람들, 그리고 자신들은 맹세하지(katomnymenoi) 않으면서도 다른 사람들에게는 맹세를 하도록 허용하는 사람들.[191] 그리고 방금 이야기한 이런 것들 가운데 상당수가 자연에 적대적(polemia)이라는 걸 누군가는 발견하게 될 것이다. 더 작게 괴로워할 수 있는 상황에서 그것들로 인해 더 크게 괴로워할 수 있고, 더 많이 즐거워할 수 있는 상황에서 더 적게 즐거워할 수 있으며, 못된 일을 당하지 않을 수 있는 상황에서 못된 일을 당할 수 있다. 그러니까 이런 것들을 받아들이는(prosiemenoi) 사람들에게 법들로부터 모종의 도움(epikourēsis)이 생겨나는 반면 이런 것들을 받아들이지 않고 반대하는 사람들에게 손실(elattōsis)이 생겨난다면(egigneto),[192] |6| 법들에 복종하는(peithesthai) 것이 무〈익하지〉(anōpheles) 않을 것이

---

191 맹세한다(katomnysthai)는 것은 애초에 신을 잘 믿는 사람들끼리 상대방의 진실성을 확인하는 간편하고 유용한 장치였을 것이다. 플라톤 『법률』 12권 948b−e에서 플라톤은 아테네인 손님의 입을 빌려 전설적인 명 재판관 라다만 튀스가 바로 이렇게 소송 당사자에게 맹세, 즉 선서를 시켜 송사를 안전하게 진행했다고 말한다. 그런데 그건 옛날이야기이고 이젠 신에 대한 믿음이 옅어진 시대이므로 이해관계가 얽힌 송사에서 소송 당사자에게 선서를 허용해서는 안 된다고 역설한다. 이로 미루어 볼 때, 맹세한다는 것은 진실성 확인 장치로 이용하되 실제로는 얼마든지 어길 각오가 되어 있는 사람들이 행하는 일로 간주되고 있는 셈이다. 거짓 맹세의 가능성이 활짝 열려 있기 때문에 맹세하는 일은 기본적으로 자신에게 이익이 되고 상대방에게 잠재적으로 피해가 갈 수 있는 행위인 것이다.

192 반사실적 조건문. 이 반사실적 조건이 반자연적 법의 개혁 가능성을 용인하지 않을 정도로 매우 엄격한 것인지가 해석의 관건이 된다.

다. 그런데 실은 이런 것들을 받아들이는 사람들에게 법으로부터 나오는 정의(to ek nomou dikaion)가 충분한 도움을 주지 못하고 있음이 분명하다(phainetai)[193]. 바로 그것은 우선 [해악을] 당하는 사람이 당하고 행하는 사람이 행하도록 허용한다. 이 경우에 그것은 당하는 사람이 당하지 않게, 또 행하는 사람이 행하지 못하게 막지 않는다. 뿐만 아니라 그것이 벌(timōria)에 적용될 때에도 그것은 행한 사람에게보다 당한 사람에게 조금이라도 더 우호적(idiōteron)이지 않다. 그[194]는 자기가 당했다는 것을 벌주는 사람들에게 설득해야(peisai) 하며 대가(dikē)를 〈받아 낼〉[195] 수 있어야 하기 때문이다. 그런데 행한 자에게도 이것들을 부인하는 일이 남겨진다. …[196]

|7| 고발자에게, 당한 사람과 행한 사람에게, 고발의 설득력(peithō)이 더 좋으면 좋을수록, [변명의 설득력은 피고에게] 가장 [나쁘다.][197]

5B.25. 옥쉬륑쿠스 파피루스 1797, 세로단 1-2 (DK 87B44C) (M 92)

|1| … 정의로운 것은 〈중대한〉(spoudaion) 것으로 여겨지는데, 서로에게[198] 참된 증언을 하는 것은 〈정의로운〉 것으로 여겨지며, 인간들

---

193 혹은 '못하는 것으로 보인다'.
194 즉, 당한 사람.
195 딜스의 추정을 따랐다.
196 파피루스에 4행의 공백이 있다.
197 이 마지막 단락은 옥쉬륑쿠스 파피루스 3647에서 인용한 것이다.
198 혹은 '서로를 위해'.

이 추구하는 일들(epitēdeumata)을 위해 어느 것에 못지않게 유용하다(chrēsimon). 자, 그런데 이것을 행하는 사람은 정의롭지 않을 것이다. 아무도 그 자신이 불의를 당하지(adikoumenos) 않는 한 불의를 행하지(adikein) 않는 것이 정의로운 것이라면 말이다.[199] 증언하는 사람은 비록 참된 증언을 한다 해도 어떤 식으로든 〈또 다른 사람에게〉 불의를 행할 뿐만 아니라 동시에 그 자신이 자기가 말한 것들 때문에 〈나중에〉 불의를 당하는 것(adikeisthai)이 필연적이니까 그렇다. 그가 한 증언들 때문에 불리한 증언을 당한 사람이 유죄 판결을 받고, 자기가 이 증언자에게 아무런 불의를 행하지 않았는데도 바로 이 증언자 때문에 돈이나 자기 목숨을 잃기 때문이다. 그러니까 이런 식으로 그는 불리한 증언을 당하는 사람에게 불의를 행하는 것이다. 자기한테 불의를 행하지 않은 자에게 불의를 행하기 때문이다. 또 그 자신도 불리한 증언을 당한 사람에 의해 불의를 당하는 것이다. |2| 진실한 증언을 한 것 때문에 그 사람에게서 미움을 받기 때문이다. 그리고 그 사람의 미움(misos) 때문만이 아니라 불리한 증언을 당한 그 사람을 평생 동안 경계해야 하기 때문에도 또한 그는 불의를 당하는 것이다. 그러니 그에게

---

199 당대인들에게 '불의를 행하다'/'부정의한 일을 하다'(adikein)라는 말은 동시에 '남에게 해를 입히다'를, '불의를 당하다'/'부정의한 일을 당하다'(adikeisthai) 역시 '남에게서 해를 입다'를 뜻하는 말이었다. 편의상 '부정의한 일을 하다', '부정의한 일을 당하다' 대신 간명한 표현인 '불의를 행하다', '불의를 당하다'를 취하기로 한다. 여기 이 언명은, 어떤 경우에도(즉, 심지어 불의를 당하는 경우에 앙갚음으로라도) 불의를 행해서는 안 된다고 역설하는 소크라테스의 입장(예컨대, 플라톤 『크리톤』 49b-c: 6B.61)과 대비된다. 마침 『크리톤』의 그 대목은 방금 언급한 '불의를 행하다/당하다'의 의미를 밝혀 주는 곳이기도 하다.

는 이런 적대(echthros)가, 즉 조금이라도 가능하다면 그에게 나쁜 것을 말하기도 행하기도 하는 적대가 있는 것이다. 그런데 실로 이것들은, 그 자신이 당하는 불의이든 그 자신이 행하는 불의이든 작지 않은 불의(tádikēmata)임이 분명하다. 이것들이 정의로울 수가 없을 뿐만 아니라 아무런 불의도 행하지 않고 자신이 불의를 당하지도 않는 것 또한 정의로울 수 없기 때문이다. 오히려 이것들과 다른 것들이[200] 정의롭거나 아니면 둘 다 부정의한 것임이 필연적이다. 그런데 재판하는 것(to dikazein)도 평결을 내리는 것(to krinein)도 중재하는 것(to diaitan)도 어떻게 결론이 나든 부정의한 것임이 분명하다. 어떤 사람들에게 이로움을 주는(ōpheloun) 일이 다른 사람들에게 해를 입히기(blaptei) 때문이다. 이런 식으로, 이로움을 얻는 사람들은 불의를 당하지 않는 반면 해를 입는 사람들은 불의를 당한다. …

2.1.9. 시 중심의 문화와 교육에 대한 비판

5B.26. 옥쉬륑쿠스 파피루스 414, 세로단 1-3[201]

|1| … 인간에게 속하는 것으로서 … 혹은 그것을 사악하다(ponēra)고 〈생각하는 것〉. 그런데 누군가가 젊다면 그런 어떤 일에 몰두하는(epitēdeuoi) 일은 가장 적을 것이다. 시인들에 관해서 내가 어떤 판

---

200 '이것들 가운데 한쪽이'로 새길 수도 있다.

201 호메로스 시 및 그것을 신뢰하는 사회에 대한 비판. 운터슈타이너 4권(U 1962) 100-106쪽을 기본 텍스트로 삼는다. cf. 그렌펠-헌트 3권(B.P. Grenfell & A.S. Hunt 1903) 57-59쪽.

단(gnōmē)을 가지고 있는지를 이야기하겠다. 이미 나는 예전 사람들이 남겨 놓은 시들에 〈열심인(homilein)〉 것이 이롭다(ōphelimon)고 많은 사람들이 말하는 것을 들은 적이 있기 때문이다. 왜냐하면 그것들로부터 이로움이 또한 있으리라고 … |2| 아름다운 것들과 추한 것들에 관해, 정의로운 것들과 부정의한 것들에 관해, 신적인 것들에 관해, 하데스의 집에서의 일들에 관해, 인간들의 출생(gonē)과 장례들(epikēdeumata)에 관해 … 바로 …한 것들을 〈충실히 모방하는 (ekmimeisthai)〉 것이 모든 인간들에게 있을 법한(eikos) 일이기 때문이다. |3| … 〈예전 시대 사람들에〉 관해 뭔가를 미리 알고 있지 〈않은 사람이 시인에게서〉 듣는 일 … 〈그리고 한 시〉인이 다른 시인보다 더 훌륭하게 될 수가 있다고 나는 생각한다. 한 사람이 …

2.1.10. 기타 여러 단어들

5B.27. 『희랍 일화집』 aphēkontos 항목, 1.171.15 Bachmann (DK 87B16) (M 84)

'도달하는'(aphēkontos): 안티폰이 '뻗어 가는'(diēkontos) 대신.

5B.28. 『희랍 일화집』 Aphroditēs 항목, 1.173.5 Bachmann (DK 87B17) (M 85)

'아프로디테의'(Aphroditēs): '성적 쾌락들의'(aphrodisiōn)[202] 대신. 안티폰이 『진리』 1권에서 이렇게 사용했다.

5B.29. 하르포크라티온『열 명 연설가 어휘 사전』anapodizomena 항목, A.121 (DK 87B18) (M 86)

'되짚어 살펴지는 것들'(anapodizomena): '검토되는(exetazomena) 것들' 대신, 혹은 '앞에서 같은 것들이 여러 번 이야기되거나 행해지는 것들' 대신. 안티폰『진리』1권.

5B.29s. 폴룩스『어휘집』2.196 (DK 87B18)

'되짚어 살펴지는 것들'(anapodizomena): 안티폰 '다시 검토되는 (exetazomena) 것들'

5B.30. 하르포크라티온『열 명 연설가 어휘 사전』anēkei 항목, A.140 (DK 87B19) (M 87)

'올라왔다'(anēkei):『진리』1권의 안티폰에게서 단순한 형태의 '왔다'(hēkei) 대신, 혹은 '위로 올라갔다'(anabibasthē) 및 '앞으로 나아갔다'(proelēlythen)와 같다.

5B.30s.『희랍 일화집』anēkei 항목, 1.96.25 Bachmann (DK 87B19)

'올라왔다'(anēkei): 안티폰이 '이르렀다'(kathēkei) 대신.

5B.31. 하르포크라티온『열 명 연설가 어휘 사전』epallaxeis 항목,

---

202 혹은 '성교들의'.

E.77 (DK 87B20) (M 88)

'어우러짐들'(epallaxeis): '거래들'(synallagai) 혹은 '섞임들'(mixeis) 대신. 안티폰 『진리』 1권.

5B.32. 하르포크라티온 『열 명 연설가 어휘 사전』 orignēthēnai 항목, O.31 (DK 87B21) (M 89)

'추구하다'(orignēthēnai): '욕망하다'(epithymēsai) 대신. 안티폰 『진리』 1권.

2.2. 『진리에 관하여』 2권(자연 세계(퓌시스): 우주(생성)론, 동물 (생성)론)[203]

2.2.1. 영원성[204]

5B.33. 하르포크라티온 『열 명 연설가 어휘 사전』 aeiestō 항목, A.38 (DK 87B22) (M 93)[205]

'늘 있음'(aeiestō): 안티폰이 『진리』 2권에서 영원성(aidiotēs)과 늘 같은 상태에 있음을 [가리키기 위해 이 말을 사용했다]. 마치 행복 이 '잘 있음'(euestō)으로 불리는 것처럼 말이다.

---

203 거의 사전류(하르포크라티온, 포티오스, 『수다』)나 아에티오스 학설사에서 나 온 자료들이다.

204 cf. 2.1.4. 시간.

205 cf. 1권의 시간 논의(5B.12). 신조어에 대한 태도도 엿보인다.

2.2.2. 우주의 배치

5B.34. 『수다』 Δ.557 (diathesis kai diatithesthai 항목) (DK 87B24a) (M 95)[206]

'배치'(diathesis)와 '배치되다'(diatithesthai): 안티폰은 지성(gnōmē) 이나 사고(dianoia)에 대해 '배치'(diathesis)를 사용했다. 같은 사람 이 연설(logos)[207]을 배치하는(diatheinai) 것에 대해서도, 즉 뭔가를 천명하는(exangeilai) 것에 대해서도 그 말을 사용했다.[208] 『진리』 2 권에서 같은 사람이 [우주의] 배열(diakosmēsis)에 대해서도 그 말 을 사용했다.

2.2.3. 원소의 분리와 소용돌이

5B.35. 하르포크라티온 『열 명 연설가 어휘 사전』 diastasis 항목, Δ.40 (DK 87B23) (M 94)

'팽창'(diastasis)[209]: 안티폰이 『진리』 2권에서 온 세상(ta hola)의 배열(diakosmēsis) 대신 "지금 만연한 팽창에 관해" [말한다.]

5B.36. 하르포크라티온 『열 명 연설가 어휘 사전』 adiastaton 항목,

---

206 앞부분은 5B.58과 중복. cf. 5B.2와 5B.57.

207 혹은 '논변', '담론'.

208 이 내용은 『진리』 2권이 아닌 곳이 공동 출처일 수 있다.

209 혹은 '분리'. 아래도 마찬가지.

A.30 (DK 87B24) (M 96)[210]

'팽창되지 않은'(adiastaton)[211]: 아직 분리되어 있지(diestēkos) 않고 구분되어 있지(diakekrimenon)도 않은 것을 안티폰은 이렇게 말했다.

5B.37. 하르포크라티온 『열 명 연설가 어휘 사전』 dinōi 항목, Δ.12 (DK 87B25) (M 97)

'소용돌이로'(dinōi): '소용돌이 운동으로'(dinēsei) 대신. 안티폰 『진리』 2권.

2.2.4. 해와 달의 운동과 변화

5B.38. 아에티오스 『학설 모음집』 2.20.15 (DK 87B26) (M 98)[212]

안티폰은 말하길, 그것[즉, 해]은 땅 주변의 물기 있는 공기를 먹고 살며(epinemomenon), 매번 태워진 공기는 뒤에 버려두고 아래의[213] 축축해진(hyponotizomenon) 공기는 붙잡음(antechesthai)[214]으로써 떠오름과 짐을 만들어 내는 불이다.

5B.39. 아에티오스 『학설 모음집』 2.28.4 (DK 87B27) (M 99)[215]

---

210 신조어.
211 혹은 '분리되지 않은'. 아래도 마찬가지. 안티폰의 신조어로 보인다.
212 맥락: 태양의 본성에 관하여.
213 혹은 '조금'.
214 혹은 '달라붙음'.

안티폰은 말하길, 달은 자기 자신의 빛을 발하며(idiophengēs), 그 언저리가[216] 해의 습격(prosbolē)에 의해 감춰지면서(apokrypto-menon)[217] 희미해진다(amarousthai).[218] 더 강한 것이 더 약한 것을 희미하게 만드는 게 본성이니까(pephykotos)[219]. 바로 그 일이 다른 별들(astra)[220]의 경우에도 일어난다.

5B.40. 아에티오스 『학설 모음집』 2.29.3 (DK 87B28) (M 100)[221]

알크마이온, 헤라클레이토스, 안티폰은 그것[즉, 월식]이 사발처럼 생긴 것의 방향 전환(strophē)[222]과 기울어짐들(perikliseis) 때문에 일어난다고 말했다.

2.2.5. 기상 현상(우박 혹은 눈)

5B.41. 갈레노스 『전염병들에 관하여』 17.A.681 Kühn (DK 87B29) (M 101)[223]

---

215 아마도 1권과 2권의 연결 고리가 있다면 이 단편이 그 가운데 하나가 아닐까?
216 내용상 '그 언저리의 빛이'로 이해할 만하다.
217 혹은 '가려지면서'.
218 '그 언저리가 해의 습격에 의해 감춰지면서 희미해진다' 대신 '그 언저리의 감춰진 곳이 해의 습격에 의해 희미해진다'로 옮길 수도 있다.
219 혹은 '자연의 이치니까'.
220 고대 희랍의 '별'(astron)은 행성과 항성을 다 포괄할 수 있는 개념이다.
221 맥락: 월식에 관하여.
222 혹은 '회전'.
223 우박 혹은 눈에 관한 설명 시도로 보인다. 이 주제에 관한 아낙사고라스의 이

그렇게 안티폰에서도[224] 『진리』 2권의 다음 구절에서 그 용어 [즉, '압축되는'(eiloumenon)]를 발견할 수 있다. "그러므로 공기 속에서 비들과 바람들이 서로 반대를 이루며 생겨날 때, 물은 여러 곳에서 응결되고(systrephetai) 조밀해진다(pyknountai)[225]. 그리고 충돌하는 (sympiptontōn) 것들 가운데 압도되는(kratēthēi)[226] 것은 그게 무엇이든 바람에 의해서만이 아니라 강제에 의해서도 압축되어(eiloumenon) 조밀해지고 응결된다." 이 사람도 '압축되는'(eiloumenon)이라는 표현을 통해 '가두어지는' 혹은 '자기 안으로 수축되는'을 가리키려고 하는 것이 분명하니까 말이다.

2.2.6. 지진

5B.42. 하르포크라티온 『열 명 연설가 어휘 사전』 grypanion 항목, Γ.18 (DK 87B30) (M 102)

'주름진'(grypanion): 안티폰 『진리』 2권. "그것[즉, 불]은 땅을 태우고 융해시켜(syntēkon) 주름지게(grypanion) 만든다."

5B.43. 포티오스[227] 『용례 사전』(*Lexeōn Synagōgē*) grypanizein 항

론과 유사하다. cf. DK 59A85.

224 즉, 플라톤에서처럼.

225 혹은 '응축된다'. 아래도 마찬가지.

226 사본의 'kratēsēi'(압도하는)를 'kratēthēi'(압도되는)로 고쳐 읽자는 자우페 (Sauppe)의 제안을 받아들였다.

목, Γ.220 (DK 87B31) (M 103)

'주름지게 되다'(grypanizein): 땅이 흔들려 진동하고 진동으로 인해 이를테면 쭈그러지게 되다(rhysousthai). 안티폰이 이렇게 사용했다.

2.2.7. 바다의 생성

5B.44. 아에티오스『학설 모음집』3.16.4 (DK 87B32) (M 104)

안티폰은 말하길, 그것[즉, 바다]은 뜨거운 것의 땀이다. 그것으로부터 물기가 끓음에 의해 분리되면 소금이 된다. 바로 그 일이 모든 땀에서도 일어난다.

2.2.8. 인간의 생성

5B.45. 하르포크라티온『열 명 연설가 어휘 사전』pephoriōsthai 항목, Π.65 (DK 87B33) (M 106)

'가죽으로 덮여 있다'(pephoriōsthai): [...] '가죽으로 덮여 있다'(pephoriōsthai)고 쓰여 있다면, 그것은 '가죽'(phorinē)[228]에서 나온

---

227 포티오스(기원후 810/820년경-893년)는 858-867년과 877-886년에 콘스탄티노플의 총대주교였는데, 요한네스 크리소스토모스 이래 가장 강력하고 영향력 있는 총대주교로 꼽힌다. 동방 정교회로부터 성인으로 추대되었다.

228 후피(厚皮) 동물의 가죽, 특히 돼지의 가죽에 자주 사용되고, 코뿔소, 황소, 카멜레온, 거북이 등에도 사용된 말이며 여기서 언급되듯 인간의 가죽에 사

'두껍다'는 말일 것이다. 사람들이 인간들에게도 '가죽'(phorinē)이라는 말을 적용한다는 것은 안티폰이 『진리』 2권에서 분명히 한다.[229]

5B.46. 폴룩스 『어휘집』 2.215 (DK 87B35) (M 108)
그리고 '피를 가진'(enaimōdes)이 안티폰에게서 [사용된다].

5B.47. 폴룩스 『어휘집』 2.223 (kephalaion 항목) (DK 87B36) (M 109)
그리고 안티폰은 말했다. "배아(to embryon)가 그 안에서 자라고 양육되는 것은 '막'(chorion)이라 불린다."

5B.48. 폴룩스 『어휘집』 2.224 (DK 87B37) (M 110)
그것은 '장막'(腸膜: epiplous)이라고 불린다. 안티폰은 그것을 남성으로도 부르고 중성으로도 부른다.

5B.49. 폴룩스 『어휘집』 2.7 (DK 87B38) (M 111)
그리고 안티폰이 말한 것처럼 '유산'(流産: amblōma).

5B.50. 폴룩스 『어휘집』 2.61 (DK 87B39) (M 112)

용되기도 했다.

229 같은 사전의 phorinē 항목, Φ.25(P F33b)에 "'가죽'(phorinē): 안티폰 『진리』 2권"이 등장한다.

안티폰은 그의 『진리에 관하여』에서 '불구가 된'(anapēra)이라는 말도 했다.

2.2.9. 인간의 신체와 병

5B.51. 폴룩스 『어휘집』 2.41 (kephalaion 항목) (DK 87B34) (M 107)

두통(kephalalgia)과 머리 무거움(karēbaria) … 머리를 무겁게 하는 음료나 음식. 이것을 일으키는 것이 멍하게 한다(karoun)고 안티폰은 말한다.

5B.52. 갈레노스 『의학 단어들에 관하여』 34.9-38 Meyerhof-Schacht[230]

연설가들이 '열병'이라고 말할 때 '자연적이지 않은 불타는[231] 뜨거움'이라는 뜻으로 말한다는 것을 당신이 알 수 있도록 보여 줄 만한 증거를 연설가들의 발언들로부터 찾아서 대라고 내게 요구한다면, 안티폰이 말한 것을 들어 보라. "당신에게 말한 것처럼 이것들은 담즙이 만들어 낸 것들이다. 그것이 손들과 발들에 있기 때문이다. 반면에 살에 도달한 담즙은 그 양이 크면 만성적인 열병들을 일으킨다. 그것이 살에 도달하면 그것을 통해 살의 바로 그 실체 안에 부패[232]가 일

---

230 아랍어 텍스트에 대한 영역(P, LM, G)으로부터 중역하였다.

231 혹은 '불같은'. 이하 마찬가지.

어나서 살이 부풀어 오르기 때문이다. 따라서 자연적이지 않은 뜨거움이 이곳[233]으로부터 생겨난다. 그 열병들이 지속되고 상습화되면, 그것은 담즙으로부터 나온 결과일 것이다. 그것이 살에 풍부하게 들어 있으면 열병들은 빨리 흩어져 가라앉지 않고 오히려 자연적이지 않은 뜨거움이 존속하기 때문에 그것과 더불어 남게 된다." 그러니까 당신은, 자신의 이 말들에서 안티폰이 자연적이지 않은 뜨거움을 아티카로 알려진 방언을 쓰는 모든 희랍어 화자들이 부르는 그 이름, 즉 '테르메'(thermē: 열병의 뜨거움)[234]로 부름으로써 열병을 앓는 모든 사람들의 경우에 (이 이름으로 알려져 있는) 뜨거움이 있다고 말할 수 있게 되는 데 머무르지 않았다는 것을 발견하게 될 것이다. 그러나 그는 또한 이 뜨거움이 어떻게 일어나게 될지를 당신에게 알려 주고 그것의 생성의 원인을 추적하여 다양한 담즙에 이른다. 그의 담론 『진리에 관하여』의 같은 이 2권에서 다시 그는 열병의 생성의 원인을 추적하여 다양한 담즙에 이른다. 다음과 같이 말함으로써 말이다. "살에 도달하는 것은 무엇이든 심하고 오래 지속되는 열병들을 일으킨다." 나중에 그는 통풍이 일어나는 동안 생기는 자연적이지 않은 뜨거움에 대해, 그 뜨거움을 가지고 있는 모든 환자들이 사용하는 용어와는 다른 용어, 즉 '플레그모네'(phlegmonē: 불타는 뜨거움)와 '열병'(이때 이 두 단어는 불타오름을 가리킨다.)을 택하면

---

232 '부패'는 아리스토텔레스 『자연학』(위 5B. 19)에도 등장한 바 있다.

233 즉, 살이 부패해서 부풀어 오르는 곳.

234 혹은 '퓌레토이'(pyretoi: 불타는 뜨거움)로 고쳐 읽자는 제안도 있다.

서, 자기 논의를 한동안 이어 간다. 옛날 사람들이 말한 것에 대한 설명에 기반하여 우리는 옛날 사람들이 불타오름[235]을 닮은 모든 것을 '플레그모네'라고 부르곤 했다는 것을 보여 줄 수 있다. 그것이 적잖은 주석가들에 의해 설명되어 왔기에 하는 말이다. 그리고 그들이 또한 그것을 '열병'이라고 부르곤 했다는 것을 당신은, 안티폰의 텍스트로부터 당신을 위해 내가 다시 재현하는 다음의 언급으로부터 보여 줄 수 있다. "혈관들이 허용할 수 있는 것보다 더 많은 것이 혈관들에 오게 되면, 혈관들은 터진다. 그 때문에 그것들 안에서 플레그모네가 일어난다. 플레그모네가 일어나고 혈관들이 환자에게 고통을 일으킬 때, 그리고 플레그모네가 고질적이 되면, 그때 이 병이 통풍이라고 불린다."

2.2.10. 기타 여러 단어들

5B.53. 폴룩스 『어휘집』 7.169 (DK 87B40) (M 113)
그리고 안티폰은 청동과 쇠의 '담금질'(bapsis)을 말한다.

5B.54. 폴룩스 『어휘집』 9.53 (DK 87B42) (M 115)
안티폰의 '평형'(talantōsis)[236]은 무게(to baros)를 가리키기 때문이다.

---

235 혹은 '염증'.
236 혹은 '무게 달기'.

5B.54s. 알렉산드리아의 헤쉬키오스,[237] talantōsei 항목, T.61

'평형에 의해'(talantōsei): 무게를 달아서(stathmēsei), 저울에 달아서(stēsei).

5B.55. 폴룩스 『어휘집』 7.189 (DK 87B41) (M 114)

안티폰이 말한 것처럼 '생계유지에 달통한'(biomēchanoi).

5B.56. 하르포크라티온 『열 명 연설가 어휘 사전』 abios 항목, A.2 (DK 87B43) (M 116)

'부유한'(abios): 안티폰은 '많은 생계 수단(bios)을 소유한' 대신 '부유한'(abios) 사람이라고 말했다.

5B.56s. 알렉산드리아의 헤쉬키오스, abios 항목, A.127 (DK 87B43)

'부유한'(abios): 안티폰이 『진리』에서 말한 대로 '부자인'(plousios).

---

237 알렉산드리아의 헤쉬키오스는 기원후 5세기 희랍 문법학자로서, (아마도 이전 사전 편찬자들의 작품들을 토대로) 당대에 남아 있는 5만 개 이상의 특이하고 불분명한 희랍어 단어들을 모아 풀이한 어휘 사전 『알파벳순으로 된 단어들 모음집』(*Synagōgē Pasōn Lexeōn kata Stoicheion*)을 만들었다. 이 사전은 종종 해당 단어를 사용한 저자나 해당 단어가 사용되는 희랍 지역을 언급하기도 해서, 고대 희랍 방언 연구나 고전 저자들 텍스트 복원에 중요한 자료다. 현대 판본은 라테-핸슨-커닝햄(Latte, K., P.A. Hansen, & I.C. Cunningham 2005-2020)이다.

3. 『화합에 관하여』(*Peri Homonoias*)[238]

3.1. 연설(담론)의 배치

5B.57. 하르포크라티온『열 명 연설가 어휘 사전』 diathesis 항목,
Δ.42 (DK 87B63) (M 136)[239]

'배치'(diathesis): […] 같은 사람[즉, 안티폰]이 『화합에 관하여』
에서 '관리'(dioikēsis) 대신. "하지만 그들은 배치(diathesis)를 알고
있는 상태에서(eidotes) 듣는다."

5B.58. 『수다』 Δ.557 (diathesis kai diatithesthai 항목) (DK
87B24a) (M 95)[240]

'배치'와 '배치되다'(diathesis kai diatithesthai): 안티폰은 지성
(gnōmē)이나 사고(dianoia)에 대해 '배치'(diathesis)를 사용했다. 같
은 사람이 연설(logos)[241]을 배치하는(diatheinai) 것에 대해서도, 즉
뭔가를 천명하는(exangeilai) 것에 대해서도 그 말을 사용했다.

---

238 『이암블리코스의 익명 저술』을 세상에 알린 블라스(F. Blass 1889)는 그 저술
이 안티폰의 이 『화합에 관하여』에서 왔을 것이라는 가설을 제안한 바 있다.
그 가설은 받아들여지고 있지 않으며, 저자에 관한 논란이 여전히 계속되고
있다. 상세한 내용은 아래 12장 안내 글을 참고할 것.

239 cf. 5B.58, 5B.2, 5B.34.

240 5B.34의 앞부분과 중복. 해당 대목이 이 저작에서 온 것일 가능성이 높다. cf.
5B.57과 5B.2.

241 혹은 '논변', '담론'.

3.2. 인간과 신

5B.59. 포티오스 『용례 사전』 theeidestaton 항목, Θ.48 (DK 87B48) (M 135)

'가장 신 같은'(theeidestaton)[242]: 신의 모습(idea)[243]을 가진. 안티폰은 『화합에 관하여』에서 이렇게 말했다. "인간, 즉 한편으로는 모든 짐승들 가운데 가장 신같이 되었다고 주장하는 자."

3.3 특이한 인간 종족들

5B.60. 하르포크라티온 『열 명 연설가 어휘 사전』 Skiapodes 항목, Σ.28 (DK 87B45)[244]

'스키아포데스'(Skiapodes: 햇빛 가리는 발을 가진 사람들): 안티폰이 『화합에 관하여』에서. 리뷔아의 종족이다.

---

242 사본에는 'theaidestaton'으로 되어 있는 것을 딜스가 자우페(Sauppe)를 따라 'theeidestaton'으로 바꿨다. 여기 인용과 대동소이한 인용이 보고되는 에우스타티오스 『호메로스 『일리아스』 주석』 1.597.9-13 [= 아일리오스 디오뉘시오스 『아티카 단어 사전』(*Attika Onomata*) theeidestaton 항목](DK에 없음, P F48)에는 이 단어의 철자와 관련된 언급이 나온다. 안티폰의 'theeidestaton'을 나중의 한 사전 편집자가 철자를 바꾸어 'theaidestaton'으로 표기했다는 내용이다. 딜스의 수정도 기본적으로는 이 보고들에 기반을 둔 것이라고 볼 수 있다.

243 혹은 '형상'.

244 cf. 17B.19(자연/본성도 인간이 만들어 가는 측면이 있다는 논의. 안티폰 논의에 대한 대응?).

5B.61. 하르포크라티온 『열 명 연설가 어휘 사전』 Makrokephaloi 항목, M.2 (DK 87B46)[245]

'마크로케팔로이'(Makrokephaloi: 머리가 긴 사람들, 즉 '장두족'): 안티폰이 『화합에 관하여』에서. 이렇게 불리는 종족이 있는데, 헤시오도스도 『여인들 목록』 3권에서 언급한 바 있다.

5B.62. 하르포크라티온 『열 명 연설가 어휘 사전』 hypo gēn oik-ountes 항목, Υ.8 (DK 87B47)

'땅 아래 사는 사람들'(hypo gēn oikountes): 안티폰이 『화합에 관하여』에서. 그는 『항해 유람기』(Periplous)에서 스퀼락스에 의해 '트로고뒤타이'(Trōgodytai: 동굴에 사는 사람들)라 불리는 사람들과 『목록』 3권에서 헤시오도스에 의해 '카투다이오이'(Katoudaioi: 땅 아래 사람들)라 명명된 사람들을 말하는 것 같다.

3.4. 인생의 무상함, 고통, 걱정

5B.63. 스토바이오스 『선집』 4.34.56 (DK 87B51) (M 130)

안티폰의 말: 인생 전체가 놀라울 정도로 비난하기 쉽다. 축복받은 이여(ō makarie),[246] 비범한 것 하나 없고 크고 위엄 있는(semnon) 것

---

245 cf. 17B.19.
246 『화합에 관하여』가 대화이거나 적어도 그 비슷하게 누군가에게 말을 거는 방식의 담론이었던 것으로 볼 만한 단서다.

도 없으며, 모든 게 작고 약하고 짧게 지속되며 큰 고통들과 섞여 있다.

5B.64. 하르포크라티온『열 명 연설가 어휘 사전』 anathesthai 항목, A.111 (DK 87B52) (M 131)

'무르다'(anathesthai): 안티폰『화합에 관하여』. "마치 장기 말 (pettos)처럼 인생을 무르는 것은 가능하지 않다." '앞서의 삶에 대해 후회해서 처음부터 다시 산다는 것' 대신, 장기 놀이(ta petteuomena)의 은유로 말해졌다.[247]

5B.65. 스토바이오스『선집』 4.34.63 (DK 87B50) (M 129)

안티폰의 말: 말하자면, 산다는 것(to zēn)은 하루 동안의 파수 (phroura)와 같고, 인생의 길이는 한 날과 같다. 빛을 올려다보고 나서 우리는 뒤에 오는 다른 사람들에게 그것[248]을 넘긴다.

5B.66. 스토바이오스『선집』 3.16.20 (DK 87B53a) (M 133)

안티폰의 말: 현재의 삶(parōn bios)을 살지 않고 오히려 현재의 삶이 아닌 어떤 다른 삶을 살게 될 것인 양 대단한 열정으로(pollēi spoudēi) 준비하는 사람들이 몇 있다. 그리고 그러는 중에도 시간은 그들 곁을 지나가 버린다.

---

247 앞서 인생을 장기 놀이에 비유한 것은 헤라클레이토스였다. "인생은 장기 놀이하는 어린애다. 나라는 어린애의 것이다."(DK 22B52)
248 즉, 파수.

5B.67. 스토바이오스 『선집』 3.10.39 (DK 87B53) (M 132)

안티폰의 말: 일하고 절약하고 고초를 겪고(talaipōrountes) 저축하는 사람들은 그들이 그런 것들에 즐거워한다고 누구라도 상상할 수 있을 만한 그런 것들에 즐거워한다. 하지만 그들은 떼어 내 사용하면서 마치 자기 살점들을 떼어 내는 것처럼 괴로워한다.

3.5. 결혼과 가정

5B.68. 스토바이오스 『선집』 4.22.66 (DK 87B49) (M 123)

안티폰의 말: 자 이제, 그의 삶이 앞으로 나아가 결혼들과 아내를 욕망한다고 해 보자.[249] 이 날, 이 밤은 새로운 운명(daimōn), 새로운 명운(potmos)을 시작한다. 결혼은 인간에게 큰 겨룸(megas agōn)이니까. 그녀가 마침 마음에 들지(epitēdeia)[250] 않는다는 게 드러나게 되면 그런 불행을 어떻게 다루어야 하는가? 이혼들(ekpompai)은 어렵고, 같은 생각을 하고(isa phronountas) 같이 숨쉬는(isa pneontas), 자기를 소중히 여기고 자기가 소중히 여기는, 친구들을 적으로 만드는 일이다. 그런데 이런 소유물을 소유하고 있는 것도, 즉 쾌락을 얻는다고 생각하는 데 고통을 끌어들이는 것도 또한 어렵다.

자 이제, 암울한 것들(palinkota)[251]은 이야기하지 말고, 모든 것

---

249 '자 이제, 삶이 앞으로 나아가게 하고 결혼들과 아내를 욕망하게 하라.'로 옮길 수도 있다.

250 혹은 '알맞지'.

251 혹은 '악의적인 것들'.

들 가운데 가장 마음에 드는[252] 것들을 이야기하자. 인간에게 자기 마음에 맞는(katathymia) 아내보다 더 즐거운(hēdion) 게 뭐가 있겠는가? 특히 젊은 사람에겐 뭐가 더 달콤하겠는가(glykyteron)? 그런데 즐거움(to hēdy)이 있는 바로 그곳에 고통스러움(to lypēron)이 또한 어딘가 가까이에 있다. 쾌락들(hēdonai)은 자기들만 홀로 길을 가지(emporeuontai) 않고 고통들(lypai)과 노고들(ponoi)이 그것들을 따라가니까. 올림피아 경기의 승리, 퓌티아 경기의 승리 및 그 비슷한 경쟁들, 그리고 지혜들과 모든 쾌락들이 큰 고통들로부터 생겨나는 경향이 있는 것이다. 명예들, 상(賞)들, 즉 신이 인간들에게 준 유혹들은 큰 노고들과 땀들의 필연들에 그들을 연루시키니까. 나로 말할 것 같으면, 나 자신이 갖고 있는 것과 비슷한 다른 몸(sōma)이 나에게 생긴다면 나는 살 수가 없을 것이다. 몸의 건강을 위해서만이 아니라 매일의 생계를 긁어모으기 위해서, 그리고 평판과 절제와 명성(eukleia)과 명망(eu akouein)을 위해서 그토록 많은 일거리(pragmata)를 나 자신에게 떠안기기 때문이다. 그럼, 내가 그토록 돌봐 주어야 할 대상인, 비슷한 다른 몸이 나에게 생긴다면 어떻게 될까? 그렇다면 남편에게 아내가, 설사 자기 마음에 맞는 아내라 해도, 두 개인 몸의 건강과 생계를 긁어모으는 일과 절제와 명성을 위해 자기가 자기 자신에게 떠안기는 것보다 애정(philotētes)과 고통을 조금이라도 덜 안기지 않을 것임이 분명하지 않은가?

자 이제, 아이들까지 생겨났다고 해 보자. 더 볼 것도 없이 온 세상이

---

252 혹은 '알맞은'.

걱정거리들로 가득 차고, 젊음의 약동(neotēsion skirtēma)이 그의 마음(gnōmē)에서 떠나가며, 얼굴은 더 이상 같은 것이 아니게 된다.

5B.69. 알렉산드리아의 클레멘스 『학설집』 6.19 (DK 87B66) (M 139)

연설가 안티폰은 말하길 "노인을 돌보는 일(gērotrophia)은 아이를 돌보는 일(paidotrophia)과 같다."

3.6. 교육

5B.70. 스토바이오스 『선집』 2.31.39 (DK 87B60) (M 117)

안티폰의 말: 내 생각에, 인간들 사이에 있는 것들 가운데 첫째 것은 교육(paideusis)이다. 무슨 일(pragma)에 대해서든 그것의 시작을 옳게 할 때 그 끝도 옳게 되는 게 그럴법하기(eikos) 때문이다. 누군가가 땅에 어떤 유의 씨를 심으면 소출도 바로 그런 유의 것이리라고 기대해야 하니까. 또 어린 몸에 누군가가 고상한 교육(paideusis gennaia)을 심으면 이것이 살고 평생에 걸쳐 번성하며 그것 자체가 비가 오든 가뭄이 오든 제거되지 않을 것이다.

5B.71. 스토바이오스 『선집』 2.31.40 (DK 87B61) (M 118)[253]

같은 사람[즉, 안티폰]의 말: 사람들에게 다스림 없는 상태(anar-

---

253 cf. 플라톤 『법률』 12권 942a-b.

chia)²⁵⁴보다 더 나쁜 것은 없다. 이것을 알고 있기에 예전 사람들은 자기 아이들이 처음부터 다스림을 받는 데, 그리고 명령받는 것을 행하는 데 익숙해지게 했다(ethizon). 어른이 되어 가면서 큰 변화를 겪게 될 때 당황하지 않도록 말이다.

5B.72. 스토바이오스 『선집』 2.31.41 (DK 87B62) (M 119)

누군가가 하루의 대부분을 함께하는 어떤 사람이 있다면, 성격이 그 사람처럼 되는 게 필연적이다.

3.7. 부, 우정

5B.73. 스토바이오스 『선집』 3.16.30 (DK 87B54) (M 134)

안티폰의 말: 다른 사람이 많은 돈을 번 것을 본 어떤 사람이 이자를 받고 자기에게 빌려 달라고 요구했다는 내용의 어떤 이야기(logos)가 있다. 그런데 그 돈 번 사람은 그러려 하지 않았고, 오히려 불신할 뿐만 아니라 아무에게도 이로움을 주려 하지 않는 유의 사람이어서, 자기 돈을 가져다가 어딘가에 저장해 두었다. 그런데 그가 이 일을 행한 것을 누군가가 알고 그것을 훔쳤다. 나중에 그 돈을 저장한 사람이 와서 돈을 발견하지 못했다. 그래서 그 불행에 대해 마음 아파했는데, 무엇보다도 빌려 달라는 사람의 요구를 들어 주지 않은 것 때문에 마음 아파했다. 그랬더라면 돈도 안전했을 것이고 뿐만 아니라 다른 수입도 가져다주었

---

254 혹은 '규율 없음'.

을 것이라는 생각에 말이다. 이전에 돈을 빌리려던 그 사람을 우연히 마주치자, 그는 자신의 불행을 한탄했다. 자기가 실수했다고, 호의를 베풀지 않고 오히려 야멸차게 거절한[255] 것을 후회한다고, 그래서 자기 돈을 몽땅 잃어버린 거라고[256] 말이다. 그러자 상대방은 그에게 마음에 두지 말라고, 그냥 같은 장소에 돌을 놓아두고 그 돈을 잃어버린 게 아니라 자신에게 있는 거라 생각하라고 말했다. "까닭은 이렇소. 당신에게 돈이 있을 때에도 당신은 그걸 전혀 사용하지 않았소. 그러니까 지금도 아무 것도 잃은 게 없다고 생각하시오. 누군가가 어떤 것을 사용하지도 않았고 사용할 것도 아니라면, 그에게 그게 있든 있지 않든 간에 피해가 조금이라도 더 많아지지도 더 적어지지도 않으니까 말이오." 어떤 사람에게 좋은 것들을 완벽하게 주고 싶어 하지는 않을 때, 신은 그에게 돈은 풍부하게 안겨 주되 아름답게 분별하는(kalōs phronein) 데는 가난하게 만들어서 결국 그는 하나가 없음으로 해서 둘 다를 결여하게 된다.

5B.74. 『수다』 Θ.434 (thōpeia 항목) (DK 87B65) (M 138)

'아부'(thōpeia): '아첨'(kolakeia) […] 안티폰이 『화합에 관하여』에서. "많은 사람들은 친구들을 갖고 있으면서도 알아보지(ginōskousin) 못하며, 오히려 부의 아부자들(thōpai)과 행운의 아첨꾼들(kolakes)을 동료(hetairoi)로 삼는다."

---

255 혹은 '은혜를 저버린'.
256 사본의 'kai'를 'hōs'로 바꾼 블라스의 제안을 받아들일 경우에는 다음과 같이 번역할 수 있다. '자기 돈을 몽땅 잃어버렸기 때문이라고'.

5B.75. 『철학자들의 말들』(*Philosophōn Logoi*) 62 = 『비엔나 선집』 (*Excerpta Vindobonensia*)(비엔나, 1888) 44 (스토바이오스『선집』 4.293.17 Meineke) (DK 87B64) (M 137)

안티폰: 새로운 우정들은 구속력[257]이 있지만(anankaiai), 옛 우정들은 구속력이 더 크다.

3.8. 성격, 감정

5B.76. 하르포크라티온『열 명 연설가 어휘 사전』euhēniōtata 항목, E.156 (DK 87B70) (M 144)

'고삐에 가장 순순히'(euhēniōtata): 안티폰이 『화합에 관하여』에서. 길들여져 있고 온건하며 무질서하지 않은 자가 '고삐에 순순하다'(euhēnios). 그 은유는 말들로부터 나왔다.

5B.77. 포티오스『용례 사전』hina 항목, I.133 (DK 87B55) (M 126)

'…하는 곳에서'(hina): '…하는 곳이면 어디서든'(hopou). 안티폰이 『화합에 관하여』에서. "전혀 망설일(oknein) 일(ergon)이 아닌 곳에서(hina) 망설이는 일."

5B.78. 『수다』O.116 (oknō 항목) (DK 87B56) (M 127)

---

257 혹은 '강제력'. 아래도 마찬가지.

'(나는) 망설인다'(oknō)[258]: '(나는) 두려워한다' [⋯] 그리고 연설가들은 그 말을 비겁함과 태만함에 대해서가 아니라 두려움과 두려워함에 대해 사용했다. 안티폰: 위험들이 멀리 있고 미래에 있을 때에는 혀로 대담하게 떠벌리고 의지로(tōi thelein) 재촉하지만 그 일(ergon)이 곁에 있을 때에는 망설인다면, 그는 비천하다(kakos)[259].

5B.79. 스토바이오스 『선집』 3.8.18 (DK 87B57) (M 128)
안티폰의 말: 병은 비겁한 사람들(deiloi)에게 축제날(heortē)이다. 활동(praxis)을 하러 나가지 않게 되니까.

3.9. 절제

5B.80. 스토바이오스 『선집』 3.20.66 (DK 87B58) (M 124)
안티폰의 말: 이웃 사람에게 나쁜 짓을 하려고 가다가, 자기가 하려는 일들을 실수로 못하게 되고 자기가 하고 싶지 않은 일들이 일어날까 봐 두려워하는 사람은 더 절제가 있다(sōphronesteros)[260]. 두려워할 때 주저하고, 주저할 때 자주 그 중간에 놓인 시간이 하려던 일들(thelēmata)로부터 마음(nous)을 돌려놓기(apestrepse) 때문이다. 그리고 그 일이 이미 일어났을 때에는 불가능하고 주저할 때에는 일어날

---

258 혹은 '(나는) 움츠러든다'.
259 혹은 '비겁하다'.
260 혹은 '더 신중하다'.

수가 있다. 그런가 하면 이웃 사람들에게 나쁜 짓을 할 생각은 하는데 당할 생각은 안 하는 사람은 절제가 없다.[261] 기대들(elpides)이 어디서나 좋은 것은 아니다. 이런 유의 기대들이 많은 사람들을 치유 불가능한 불행 속으로 던져 버렸다. 이웃 사람들에게 하려고 생각했던 바로 그것들을 그들 자신이 겪게 되고야 말았다.

그런데 누가 튀모스(thymos: 마음/충동)의 당장의 쾌락들을 가로막고 스스로 자신을 통제할(kratein) 뿐만 아니라 스스로 자신을 이길(nikan) 능력이 있는가를 살펴보는 것보다 더 옳게, 절제가 어떤 다른 사람에게 속하는지 여부를 판가름할 수는 없을 것이다. 그런데 튀모스에 당장 기쁨을 주려 하는 사람은 더 좋은 것들 대신 더 나쁜 것들을 바라는 것이다.

5B.81. 스토바이오스 『선집』 3.5.57 (DK 87B59) (M 125)

안티폰의 말: 추한 것들이나 비천한 것들을 욕망하지도 접하지도 않는 사람은 절제 있는(sōphrōn) 게 아니다. 그것을 제압해서 몸소 자신을 절도 있게(kosmios) 할 그것이 하나도 없기 때문이다.

3.10. 기타 여러 단어들

5B.82. 하르포크라티온 『열 명 연설가 어휘 사전』 atheōrētos 항목, A.43 (DK 87B67) (M 140)

---

261 혹은 '신중하지 않다'.

'관찰되지 않은'(atheōrētos): 『화합에 관하여』의 안티폰에게서 '안 보인'(atheatos) 대신.

5B.83. 하르포크라티온 『열 명 연설가 어휘 사전』 andreia 항목, A.131 (DK 87B67a) (M 141)

'남자임'(andreia): 남자들의 원숙함(hēlikia)[262]. 안티폰이 『화합에 관하여』에서.

5B.84. 하르포크라티온 『열 명 연설가 어휘 사전』 aulizomenoi 항목, A.265 (DK 87B68) (M 142)

'마당에 누워 있는'(aulizomenoi)[263]: '잠자는'(koimōmenoi) 대신. 안티폰이 『화합에 관하여』에서.

5B.85. 하르포크라티온 『열 명 연설가 어휘 사전』 balbisin 항목, B.1 (DK 87B69) (M 143)

'출발선 상에'(balbisin): 안티폰이 『화합에 관하여』에서 '시작점에' (archais) 대신.

5B.86. 하르포크라티온 『열 명 연설가 어휘 사전』 phēlōmata 항

---

262 이 단어를 '동년배 집단'의 의미로 볼 경우에는 표제어 '안드레이아'(andreia) 도 '남자임' 대신 '남자 집단'쯤이 될 수 있겠다.
263 혹은 '노숙하는'.

목, Φ.12 (DK 87B71) (M 145)

'속임수들'(phēlōmata): 안티폰이 『화합에 관하여』에서 '기만들'(exapatai)이라는 뜻으로. '속이다'(phēloun)는 '기만하다'(exapatan)인 것이다.

4. 『정치에 관하여』(*Politikos*)[264]

4.1. 권위에 대한 불복종

5B.87. 『희랍 일화집』apeitharchia 항목, 1.78.20 Bekker[265] (DK 87B72) (M 146)

'권위[266]에 대한 불복종'(apeitharchia): 안티폰이 『정치에 관하여』에서.

4.2. 가산 탕진과 시간 낭비

5B.88. 아테나이오스 『만찬 자리의 소피스트들』 10, 423a (DK 87B73) (M 147)

---

264 연설로 보이며, 당대 아테네 사회, 특히 젊은 귀족층에 대한 비판적 언급들로 추정되는 단편들이 남아 있다.

265 텍스트: 베커(I. Bekker 1814). 바흐만(L.Bachmann 1828) 판본에서 찾을 수 없는 경우에 이용한다.

266 혹은 '통치', '명령'.

『정치에 관하여』에서 안티폰은 다음과 같이 '들어먹다'(katari-stan)[267]를 말했다. "그러니까 누군가가 자기 재물(pragmata)이나 친구들의 재물을 들어먹었을(katēristēken) 때"[268]

5B.89. 하르포크라티온『열 명 연설가 어휘 사전』eusymbolos 항목, E.168 (DK 87B74) (M 148)

'제몫의 기여를 잘하는'(eusymbolos)[269]: '제몫의 기여를(symballōn) 쉽게 그리고 잘하는', 즉 '제몫의 기여를 하는 데 훌륭한(agathos)'. 안티폰이『정치에 관하여』에서.

5B.90. 하르포크라티온『열 명 연설가 어휘 사전』hēmioliasmos 항목, H.12 (DK 87B75) (M 149)

'한 배 반으로 곱하기'(hēmioliasmos): 안티폰이『정치에 관하여』에서 "두 배로 곱하기(diplasiasmos)와 한 배 반으로 곱하기(hēmioliasmos)의". '셈들에 있어서 한 배 반을 주기(hēmion dounai)[270]' 대신.[271]

---

267 혹은 '먹어 치우다', '탕진하다'. 원래 뜻은 '아침 식사로 먹어 치우다'이다.

268 뒤에 이를테면 '대중 연설의 장으로 뛰어들었다'는 내용이 들어 있다면 젊은 시절의 알키비아데스에 대한 비판일 수 있겠다. 5B.105를 참고할 것.

269 통상 '직감적 예측이 잘 되는' 내지 '이해가 잘 되는'이나 '다루기 쉬운' 내지 '정직한' 등 주로 수동적 의미로 쓰이던 말인데, 안티폰이 후자 계열에 속하면서도 능동적인 의미의 새로운 개념어로 바꿔 사용한 것으로 보인다.

270 혹은 '한 배 반 만들기'.

271 셈을 푸는 것에 관련된 신조어를 언급하는 것일 수도 있고, 후하게 셈을 치르

5B.91. 플루타르코스『안토니우스』28.1 (DK 87B77) (M 151)

써 버리고(analiskein) 흥청망청하기(kathēdypathein)에 가장 값비싼 비용(analōma)[272]은, 안티폰이 말한 것처럼, 시간이다.

4.3. 음주로 인한 자기 관리 소홀

5B.92. 프리스키아누스[273]『문법 요강』(Institutiones Grammaticae) 18.230 (DK 87B76) (M 150)

그들[즉, 희랍인들]은 '이것들에 소홀하다'(katamelein toutōn)와 '이것들을 소홀히 하다'(tauta)를 말한다. 안티폰이『정치에 관하여』에서. "그리고 애주가로 불리지 말고 포도주에 져서 일들을 소홀히 하는(ta pragmata katamelein) 것으로 보이지(dokein) 않기를"[274]

5.『꿈들의 해석에 관하여』[275]

5.1. 예언술이란 무엇인가?(구두 발언 자료)

는 일을 언급하는 것일 수도 있다. 여기서는 후자에 무게를 두고 옮기긴 했지만, 전자까지도 포괄하는 사례일 수 있다.

272 혹은 '소비재'.

273 기원후 500년경에 활동했던 라틴어 문법학자. 중세의 라틴어 공부에 표준적 교과서였던『문법 요강』(Institutiones Grammaticae)의 저자다.

274 '소홀(히)하다'라는 뜻의 동사 '카타멜레인'(katamelein)을 통상 속격과 쓰지만 대격과 쓰는 용례도 있다는 것을 안티폰을 예로 들어 설명하고 있다.

275 cf. A의 3절(해몽가, 예언자 안티폰).

5B.93. 『비엔나 금언집』(*Gnomologium Vindobonense*) 50 (= 『바티칸 금언집』 71) (DK 87A9) (M A12.3)[276]

예언술이 무엇이냐는 질문을 받고서 안티폰이 말했다. "그건 현명한 인간의 추측(eikasmos)이죠." 그리고 그는 비극들을 지었다고 이야기된다. 그는 혼자서 비극들을 짓기도 하고 참주 디오뉘시오스와 함께 비극들을 짓기도 했다고 한다.

5.2. 자연과 기술: 기술로서의 예언술

5B.94. 키케로 『점술에 관하여』 1.116 (DK 87B80 확장) (M 153)

여기서 어떤 중대한, 그리고 자연적이지 않고 인공적인, 안티폰의 꿈들에 대한 해석 방식(interpretatio)이 나오는데, 신탁들과 예언들에 대해서도 마찬가지다. 마치 시인들에 대해 비평가들(grammatici)이 있듯이, 이것들에 대해 해설자들이 있으니까 하는 말이다. 이를테면, 신적인 자연이 금, 은, 구리,[277] 쇠를 낳았어도 그것들의 광맥에 어떤 방식으로 도달할지를 가르쳐 주지 않았다면 헛된 일을 한 게 될 것이다. 또한 땅의 소출들이나 나무 열매들을 인류에게 주었어도 그것들을 가꾸고(cultus) 가공[278]하는 법(conditio)을 넘겨주지 않았다면 아무런 소용이 없었을 것이다. 또한 재목

---

276 예언술에 대한 안티폰의 기본 입장을 잘 보여 주는 자료다.

277 혹은 '청동'.

278 혹은 '식용화'.

(materia)도 그것을 잘라 만드는 기술(fabrica)을 우리가 갖고 있지 않으면 아무런 도움이 되지 않을 것이다. 그렇듯 신들이 인간들에게 준 모든 유용함에, 그 유용함이 지각될 수 있게 만드는 수단인 모종의 기술이 결합된 것이다. 따라서 꿈들, 예언들, 신탁들에 대해서도 똑같다. 많은 것들이 불분명하고 많은 것들이 애매했기 때문에, 해석자들(interpretes)의 해설들에 의존했던 것이다.

5.3. 올림피아 경기 출전 마차 경주 주자의 꿈 관련 일화(구두 발언 자료)

5B.95. 키케로 『점술에 관하여』 2.144 (DK 87B80) (M 154)

[화자: 키케로 자신(신 아카데미의 일원으로서)]

어떤가? 해석자들의 꿈 해석들(coniecturae)[279]은 자연의 힘(vis)과 합의(consensus)를 드러내기보다 오히려 그 해석자들 자신의 천재성(ingenia)을 드러내 주는 것뿐이지 않은가? 올림피아 경기에 나갈 생각을 하고 있는 주자가 잠을 자면서 4두 마차에 타고 있는 꿈을 꾸었다. 아침 일찍 그는 해몽가(coniector)[280]에게 갔다. 그러자 그 해몽가는 말했다. "당신은 이길(vinces) 거요. 말들의 빠름과 힘이 의미하는(significat) 게 바로 그거거든요." 나중에 같은 사람이 안티폰에게 갔다. 그런데 안티폰은 말했다. "당신은 질(vincare) 거

---

279 혹은 '예언들'.

280 혹은 '점쟁이'. 이 사람은 아마 정규 해석자(해몽가)였을 것이다.

요. 그럴 수밖에 없어요. 아니면 당신 앞에 넷이나 달렸다는 걸 알지 못하나요?" 자, 여기 또 다른 주자가 있다. 사실 크뤼시포스의 책과 안티파트로스의 책이 바로 이런 꿈들로 가득 차 있다. 그러나 나는 주자 이야기로 다시 돌아가겠다. 그는 해석자에게 자기가 자면서 독수리(aquila)가 된 꿈을 꾸었다고 알렸다. 그러자 그 해석자는 말했다. "당신은 이긴 거나 진배없어요. 어떤 새도 저 새보다 더 빨리 날지 못하거든요." 바로 이 같은 사람에게 안티폰이 말했다. "얼간이 같으니라구(baro)! 당신이 진 거라는 걸 알지 못하나요? 저 새는 다른 새들 꽁무니를 열심히 쫓아 그것들을 몰고 다니면서 자기는 언제나 맨 끝에 있거든요."

5B.96. 오이노안다의 디오게네스 단편 24[281]

여기서 한 자연학자(physikos)는 꿈들에 대한 점술(manteutikē)을 시도하면서 〈그리고〉 그것들을 온전히 〈신뢰하〉면서 한 변증가(dialektikos)의 〈논변들을 이용했다.〉 뭔고 하니, 〈그의 말에 따르면, 안티폰은〉 올림피아 경기에서 막 겨루려고 하는 〈한 주자에게서 질문을 받고〉 그가 뒤처질(leleipsetai) 것이라고 〈예언했다.〉 그의 말에 따르면, 그 주자가 안티폰에게 질문하면서 꿈들에서 독수리(aetos) 하나가 뒤쫓고 있는 것이 보였다고 말했던 것이다. 안티폰은 곧바로 〈그에게 독수리가 언제나 다른 새들을 뒤에서 몰고 다니면서 자신은 맨 끝에 있다는 것을 기억하라고 말했다. 그러

---

281 주로 스미스(M.F. Smith 1993)의 재구성과 번역에 의존하였다.

나, 그가 말하는 바에 따르면, 또 다른 해석자가 질문을 받고서〉
신은 그 주자에게 그가 뒤처질 것이라고 직설적으로(antikrys)[282]
말하지 않았다고, 또 독수리는 조금도 걱정할 게 아니라고 말했
다. 만약에 안티폰 때문에 그가 그 해석자에게 [자기 꿈에 대해]
보여 주지 않았다면, 그래서 〈꿈이 완전히 다른 방식으로 해석될
수 있다는 것을 볼 수가 없었다면, 그는 자기가 신뢰할 수 없는 조
언을 받고 있는 게 아닌가 하고 미심쩍어하게 되는 일도 없었을 것
이다.〉 … 왜냐하면 〈이〉 일〈들에〉 대해 … 꿈들이 증인이 되어 주
는(martyrousin) 것처럼 …

5.4. 꿈에 대한 안티폰의 해석 방식, 꿈 사례 활용

5B.97. 대 세네카[283] 『논쟁집』(Controversiae) 2.1.33 (DK 87B81)
(M 155)

아버지 오토 유니우스는 […] 『색깔들』(Colores) 네 권을 출간했
다(edidit). 그것들을 우리의 친구 갈리오가 멋지게 '안티폰의 책들'
이라고 불렀다. 저것들 안에는 꿈들이 아주 많이 들어 있다.

---

282 혹은 '대놓고'.

283 대 세네카(기원전 54-기원후 39년경)는 히스파니아 코르도바의 부유한 기사
집안에서 태어난 로마의 작가였다. 로마의 수사학 학파들에 관한 회상록 모
음을 썼고 그 일부가 전해진다. 그의 주저였던 당대 로마의 역사는 거의 전부
가 소실되었다. 그의 둘째 아들이 유명한 스토아 철학자 소 세네카다.

5B.98. 키케로『점술에 관하여』1.39 (DK 87B79) (M 153)[284]

[화자: 키케로의 남동생 퀸투스][285]

그럼 이제 신탁들은 내버려 두고 꿈들로 가 보자. 그것들에 관해 논의하면서 크뤼시포스는 많은 자잘한 꿈들을 모아서 안티파트로스가 하는 일과 똑같은 일을 한 바 있다. 즉, 꿈들을 찾아 모아 안티폰의 해석 방식(interpretatio)에 따라 설명하고 나면 실은 그 꿈들이 해석자[286]의 명민함을 드러내게 되는 일 말이다. 하지만 그가 더 중대한 예들을 사용했다면 더 좋았을 것이다.

5.5. 물고기 꿈의 상징적 의미

5B.99. 아르테미도로스[287]『꿈들에 대한 해석』(Oneirokritika) 2.14 (DK 87B78) (M 152)[288]

---

284 꿈 해석 전통에서 안티폰이 갖는 위상을 보여 주는 기원전 1세기의 보고다. 스토아의 대표자 크뤼시포스와 그의 제자 안티파트로스가 안티폰의 저작을 활용했는데, 주지하다시피 스토아는 신의 섭리를 중요시한다.

285 편의상 대화체가 아니라 서술체로 옮긴다.

286 안티폰일 수도 있지만 크뤼시포스일 가능성이 훨씬 높아 보인다.

287 에페소스 출신(혹은 어머니의 고향 뤼디아의 달디스 출신으로도 불림) 아르테미도로스는 기원후 2세기에 살았던 점술가다. 지금도 전해지는 다섯 권으로 된 희랍어 저작『꿈들에 대한 해석』(Oneirokritika)으로 알려져 있다. 텍스트 판본은 해리스-맥코이(D.E. Harris-McCoy 2012) 참고.

288 맥락: 기원후 2세기 점술가가 여러 유형의 물고기에 관한 꿈의 상징적 의미를 설명하고 있다. 그 가운데 부드러운 물고기가 악당들에게만 유익하고 나머지 사람들에게는 함정과 지연, 기력 쇠퇴를 의미한다고 설명하면서 해당 물고기 종류를 열거한 직후.

[…] 갑오징어(sēpia). 그런데 이것만은[289] 달아나려 시도하는 사람들에게 도움이 되기도 한다. 먹물 때문이다. 갑오징어는 자주 먹물을 이용하여 도망치니까. 그리고 이런 꿈을 아테네 출신 안티폰도 언급한 바 있다.

5.6. 징조에 대한 해석 사례(구두 자료)

5B.100. 알렉산드리아의 클레멘스 『학설집』 7.24 (DK 87A8) (M A12.2)[290]

안티폰의 발언은 멋지다(charien)[291]. 암퇘지가 자기 새끼 돼지들을 잡아먹은 것을 누군가가 징조로 받아들였을(oiōnisamenou) 때,[292] 그 암퇘지가 키우는 사람의 좀스러움(mikropsychia)[293] 때문에 굶주림에 여위어진 것을 보고서 그가 말했다. "이 징조(sēmeion)에 기뻐하세요. 그것이 아주 배가 고팠는데도 당신 자식들을 먹지 않았으니 말이에요."

5B.101. 위-칼리스테네스 『알렉산더 대왕의 역사』 1.11.1-4

며칠 후 필리포스가 궁전의 어떤 숲이 우거진 장소에 앉아 있

---

289 즉, 앞에 열거한 문어, 살오징어(teuthis), 말미잘, 앵무조개, 피문어와 달리.

290 꿈만이 아니라 징조에 대해서도 관심을 가졌다는 자료.

291 혹은 '우아하다'.

292 징조로 받아들여 안티폰에게 도움을 구하러 왔다는 뜻으로 보인다.

293 혹은 '옹졸함'.

을 때, 그리고 그곳에서는 그의 손에서 키워지는 온갖 새들이 먹이를 먹고 있었는데, 그가 조용히 학구적인 책들에 빠져 있을 때 길들여진 어린 새 하나가 그의 무릎으로 날아 들어와 알을 낳았는데, 그 알이 땅으로 굴러 떨어져 깨졌다. 그것으로부터 작은 뱀이 튀어나왔다. 그리고 그 뱀은 자기가 나왔던 그 알을 휘감고서(kykleusan) 안으로 들어가고(eiselthein) 싶어 했는데, 안에 머리를 집어넣기도 전에 죽게 되었다. 이 일이 일어나자 적정 수준 이상으로 마음이 혼란스러워진 필리포스는 그 당시에 이름난 징조 해석가(sēmeiolytēs)인 안티폰에게 사람을 보내서 일어난 일을 그에게 설명하게 된다. 그러자 안티폰은 이것에 대해 다음과 같이 답했다. "당신에게 아들이 있게 될 텐데, 그는 왕이 되어 온 세상(kosmos)을 에워쌀(perieleusetai) 겁니다. 모든 사람들을 자기 자신의 권력 아래 두면서 말입니다. 하지만 이 사람은 짧은 삶을 살고서 자기 집으로 되돌아오다가(eis ta idia systrephōn) 죽게 될 겁니다. 뱀은 왕과 같은 동물이고, 그 뱀이 나왔던 그 알은 세상과 흡사하니까요. 그런데 그 뱀이 알을 휘감고서 둘둘 말려서 들어가고(systrepsai) 싶어 하다가 자기를 낳은 고향에 머리를 집어넣기도 전에 밖에서 죽었던 거죠." 그렇게 이 사람은 징조를 설명해 주고는 선물들을 받고서 떠났다.

5.7. 신체의 징조

5B.102. 멜람푸스 『손바닥의 해석에 관하여』 18-19 (DK 87B81a) (M 156)

오른쪽 눈이 경련을 일으키면(hallētai)[294], 페모노에와 이집트인들과 안티폰에 따르면, 그 사람은 적들을 자기 수하에 두게 둘 것이고 타지에서까지 사람들이 오도록 이끌게 될 것이다. 오른쪽 눈의 위쪽 눈꺼풀이 경련을 일으키면, 그것은 일반적으로 새로운 것을 얻게 된다는 것을 의미하며, 안티폰에 따르면, 성공(praxis)과 건강을, 노예에게는 [자기를 해하려는] 음모를, 과부에게는 타지 여행을 의미한다.

5.8. 월계수 가지의 효능

5B.103. 풀겐티우스[295] 『신화들』(Mythologiae) 1.14

실로 그것[즉, 월계수]은 아폴론에게 소중하다(amica)고 불렸는데, 다음과 같은 이유 때문이다. 즉, 안티폰, 필로코로스, 아르테몬, 아스칼론 출신 세라피온처럼 꿈들의 해석에 관해 썼던 사람들이 자신들의 책에서 약속하기 때문이다. 당신이 잠자는 사람들의 머리에 월계수 가지를 놓으면, 그들은 꿈들이 진실(vera)이 되는 것을 보게 되리라고 말이다.

---

294 혹은 '씰룩거리면'.

295 파비우스 플랑키아데스 풀겐티우스는 기원후 5세기 말 혹은 6세기 초가 전성기였던 북아프리카의 라틴어 작가였다. 『신화들』(Mythologiae)을 포함한 많은 작품들을 썼다. 『신화들』은 스토아와 신플라톤주의 철학자들의 방식을 따라 우의적으로 제시된 75개의 짧은 신화들 모음이다.

6. 『알키비아데스에 대한 비난』

5B.104. 플루타르코스 『알키비아데스』 3.1 (M 157)

안티폰의 『비난』에 다음과 같이 쓰여 있다. 그[즉, 알키비아데스]가 아이였을 때 집에서 뛰쳐나와 그를 사랑하는 사람들(erastai) 중 하나인 데모크라테스에게 갔다. 아리프론은 그에 대한 의절을 공개적으로 선포(apokēryttein)하고 싶어 했지만 페리클레스가 다음과 같이 말하면서 그냥 놔두지 않았다. 그가 죽었다면 그 선포 때문에 단 하루 앞서 아는 게 될 뿐이고, 그가 무사하다면 남은 생애 동안 그것으로 인해 그는 무사하지 못한(asōtos) 거나 마찬가지일 것이라고 말이다. 또 이렇게도 쓰여 있다. 그가 시뷔르티오스의 레슬링장에서 수행원들 중 하나를 막대기로 때려 죽였다고 말이다. 그러나 이것들은 아마도 신뢰할 만한 가치가 없다. 증오 때문에 그를 비난하고 있다는 데 스스로도 동의하는 누군가가 말한 것들이니 말이다.

5B.105. 아테나이오스 『만찬 자리의 소피스트들』 12, 525b (M 158)[296]

안티폰은 『알키비아데스에 대한 비난』에서 이렇게 쓰고 있다. "보호자들에 의해 어른 되는 데 필요한 심사를 받고(edokimasthēs) 나서, 당신은 그들에게서 당신 자신의 재산을 넘겨받아 배를 타고 아뷔

---

296 cf. 5B.88.

도스로 갔지요. 당신 자신의 빚을 조금이라도 갚으러 간 것도 아니고 그 어떤 국제적 우호 관계(proxenia) 때문에 간 것도 아니라, 오히려 당신 자신의 불법(paranomia)과 지성의 무절제(akolasia tēs gnōmēs)로 인해 아뷔도스에 있는 여인들 곁에서 비슷한 행동 방식을 배워서 나머지 생애 동안 그 방식을 실행에 옮기려고 간 거였죠."

7. 『연설 기술』

5B.106. 롱기누스 『수사 기술』 576.23-26 Walz (M 162)

안티폰은 『연설 기술』에서 말했다. "곁에 와 있는 것들(ta paronta)과 계속 존속하는 것들(ta hyparchonta)과 곁에 놓여 있는 것들(ta parakeimena)을 감각하는 것은 우리에게 자연[297]에 따른(kata physin hēmin) 것인 반면, 그것들이 멀리 비켜나 있게(ekpodōn) 되었을 때 그 인상(typos)[298]을 분명하게(enargē) 간직하는(phylattein) 것은 자연에 반하는(para physin) 것이다."

5B.107. 암모니오스 『표현의 차이들에 관하여』 127쪽 Valckenaer (M 163)

'표지'(sēmeion)와 '증후'(tekmērion)[299] 간에 차이가 있다. 안티폰

---

297 혹은 '본성'. 이하 마찬가지.
298 혹은 '이미지', '형상'.
299 혹은 '조짐', '징후'.

은 『기술』에서 과거의 일들은 표지들에 의해 신빙되고(pisteuesthai), 미래의 일들은 증후들에 의해 신빙된다고 말한다.

5B.108. 『희랍 일화집』 astorgia 항목, 1.78.6-7 Bekker (M 164)
'애정 결핍'(astorgia), '애정 추구'(philostorgia), '애정'(storgē): 안티폰이 『연설 기술』 2권에서.

5B.109. 『희랍 일화집』 aparaskeuaston 항목, 1.79.1 Bekker (M 165)[300]
'준비되지 않은'(aparaskeuaston): 안티폰이 『연설 기술』 3권에서.

5B.110. 『희랍 일화집』 oligophilian 항목, 1.110.33 Bekker (M 166)
'친구가 적음'(oligophilian): 안티폰이 3권에서.

제6장

소크라테스

"나는 덕을 가르치는 사람이 아닙니다. 나한테서 그런 걸 배운 사람이 있다고 하면 그건 아마 그 사람이 거짓말하는 걸 테고, 그런 사람이 하는 말과 행동까지 내가 책임져야 할 일은 아닐 거예요. 덕이 뭔지, 덕을 가르칠 수 있는 건지, 그런 건 내가 잘 모릅니다. 다만 나는 그저 사람들이 잘못된 방향으로 가지 않으려면 말에 관한 기술을 연마해야 한다고 생각할 뿐입니다. 잘못된 말은 사람을 잘못 인도하지만, 좋은 말은 사람을 훌륭하게 만들 수 있습니다. 말을 함부로 미워할 게 아니고 말을 잘 가려서 쓰고 논쟁에서 잘 활용할 수 있는 기술을 익혀야 합니다."

이 말은 누가 했을까? 어디에 나오는 말일까? 이제까지 살펴본 소피스트들 중에 이런 말을 한 사람이 있었던가? 혹은 이런 말을 한 사람이 이후 이 책에서 나오게 될까? 이 장의 자료들을 훑어보기 전에 독자 여러분도 한번 떠올려 봤으면 하는 물음들이다. 그 이유에 관해서는 이 안내 글 말미에 다시 거론하기로 하자.

　소크라테스에 대해 알아보려 할 때 우리가 우선 부딪치는 근본적인 물음이 있는데 이른바 '소크라테스 문제'(Socratic problem)라는 것이다. 나중에 예수가 그랬듯 소크라테스도 직접 자신의 저작을 남기지 않았기 때문에 그의 사상과 행적에 관해서는 이후 사람들의 증언과 언급들을 토대로 재구성할 수밖에 없는데, 과연 이런 증거 자료들을 통해 드러나는 혹은 감추어진 역사적 소크라테스의 모습이 무엇일까 하는 문제다. 이 문제를 풀기 위해 우리가 쓸 수 있는 주요 증거는 그의 두 제자 플라톤과 크세노폰의 저작에 들어 있다. 그가 죽은 후 여러 작가들이 뛰어들어 그를 주인공으로 삼은 '소크라테스적 대화'(Sōkratikoi logoi)라는 문학 장르가 유행했지만, 정작 오늘 우리 손에는 이 두 사람의 것만 온전히 남아 있기 때문이다. 물론 이 둘 외에 아리스토파네스와 아리스토텔레스의 전승이 있지만, 후자는 소크라테스를 직접 경험한 적이 없고 소략하다는 점에서, 전자는 소크라테스를 소피스트로 보고 희화화하거나 부정적 측면을 과장한다는 점에서 기본적인 한계와 취약성을 갖는다. 아무튼 두 제자의 자료는 공유하는 것들도 많지만 상당히 성격이 다르기 때문에 주의 깊게 비교하면서 적절히 가감하며 이용해야 한다.[1]

1 　크세노폰은 철학적 감수성이 낮은 반면 플라톤은 매우 높다는 점이 자주 거론되곤 한다. 전자는 자신의 상상력을 덜 발휘할 가능성이 높기에 상대적으로 역사적 진실 그대로를 전달할 개연성이 높은 반면 소크라테스의 심오한 논의를 자신이 이해한 만큼만 전달할 수밖에 없다는 견해가 있다. 러셀(B. Russell

소크라테스는 469년 아테네의 알로페케 구역에서 석공 소프로니스코스의 아들로 태어나[2] 화려했던 아테네 황금기를 경험하고 431년 이후에는 펠로폰네소스 전쟁으로 철저한 쇠락의 길을 걷는 아테네를 또한 고스란히 경험한 후 바로 그 민주정 아테네에 의해 399년 불경죄 재판으로 사형을 선고받아 독당근즙을 마시고 죽었다.

그의 '도시적' 면모는 아주 잘 알려져 있다. 나중에 칸트가 그랬듯 그는 몇 번의 전투 참가(6A.16, 6A.17 등) 외에는 아테네를, 그것도 아테네 시내를 둘러싼 성벽을 벗어난 일이 거의 없다. 이는 사람을 만나 대화하고 배우는 일을 좋아하는 그의 '이야기 사랑'

1946)의 평가가 대표적이다. "현명한 사람이 말하는 것에 대한 우둔한 사람의 보고는 결코 정확하지 않다. 그는 자기도 모르는 사이에, 자기가 들은 것을 자기가 이해할 수 있는 어떤 것으로 바꾸어 놓기 때문이다."(114–115쪽) 반대로 후자는 자신의 상상력을 풍부히 발휘하면서 자신의 이야기에 소크라테스를 녹여 버리기 때문에 소크라테스가 한 이야기를 아주 잘 해석하여 전달할 개연성이 높지만, 그만큼 자기 이야기를 덧보탤 가능성도 높을 수밖에 없다. 그의 초기 대화편에 나오는 소크라테스의 모습이 개별 텍스트를 넘어서는 수준에서는 엄밀하게 동일하지 않고, 최근 월프스도르프(2020b)도 지적하듯 플라톤이 텍스트를 바꿔 가며 다양한 목적을 위해 다양한 방식으로 소크라테스를 이용한다(169쪽)는 점 또한 문제다. 결국 역사적 소크라테스의 모습은 크세노폰의 것보다 크고 플라톤의 것보다 작은 것일 텐데, 대개는 아무래도 보다 풍부한 플라톤의 자료를 기반으로 첨가, 윤색의 가능성에 유의하면서 가지를 쳐 가며 이용하는 쪽에 더 무게가 실리기 마련이다.

2 어머니 파이나레테는 산파였다고 하지만(6A.1, 6A.2 등), 어머니의 이름까지 포함해서 이 전승은 플라톤 『테아이테토스』의 산파술 언급(6B.24)의 영향으로 만들어진 이야기일 가능성이 있다.

(philologia)과 긴밀히 연관되는 것으로 다루어진다(6A.14).

그의 가난도 여러 곳에서 언급되는데(6A.24, 6A.25, 6A.26 등) 중무장 보병(즉, 제3 계급)으로 참전한 것을 보면 처음부터 가난했던 건 아니었을 것이다. 플라톤은 자주 그의 가난을 그가 보수를 받지 않았다는 사실과 연결 지으면서 다른 소피스트들과의 차별성을 강조한다(6A.23 등). 늘 맨발에 얇은 단벌 두루마기로 사시사철을 견뎠으며, 몇 번 참가한 전투에서 아주 용맹스러웠고, 술이 셌으며 골똘히 생각하는 버릇이 있어 24시간 내내 한자리에 가만히 서 있기도 했다는 이야기까지 전한다(6A.13). 또한 소크라테스는 납작코에 퉁방울눈을 하고 두터운 입술에 올챙이배까지 하고 있어서 희대의 추남이었다고 전해진다(6A.11, 6A.12 등). 몸은 볼품없고 못생겼지만 아주 맑고 아름다운 영혼(즉, 정신)의 소유자였다는 점과 연결되어 그 표리부동이야말로 그의 독특성(atopia) 가운데 하나로 운위된다(6A.10).

표리부동한 소크라테스의 용모와 형색은 그의 '아이러니'와도 잘 연결된다. '나는 모른다.'는 그의 주장이 결국 모종의 지혜를 전달하게 된다는 것이 '소크라테스의 아이러니'다. 그의 무지 주장을 덮어놓고 문자 그대로 이해하면 그 진의를 놓칠 수 있다. 그가 모른다, 아무것도 모른다고 하는 것은 정말 중요한 앎에 있어서, 그리고 정말 엄격한 앎의 기준을 놓고 보면 자신이 무지하다는 말이지, 그의 머릿속이 텅 비어 있다는 의미는 아니기 때문이다. 사실 그는 사소한 것들을 많이 '알고' 있다.[3]

한편으로는 '천상과 지하에 관한 탐색'(6A.44), 즉 '자연 탐구'에 기반하여 '만물의 본성에 관한' 신적 지혜를 소유하고 있다(6B.3, 6B.4)고 자처하는 자연철학자들의 지혜 주장과 대비되고, 다른 한 편으로는 '더 약한 논변을 더 강한 논변으로' 만든다(6A.44-45, 1B.33)는 소피스트들의 자신감 내지 과장(alazoneia)과 대비되는 소크라테스의 '인간적 지혜'(플라톤 『변명』 23a: 6B.13)는 자기가 모른다는 것을 아는 앎이요 지혜. 모름에서 앎을 이끌어 내는 소크라테스 특유의 아이러니요 뒤집기라 할 만하다.

자신의 통상적 무지 주장을 뒤집는 그의 앎 주장 가운데 특별한 것은 사랑(에로스)에 관한 것이다. 다른 건 몰라도 적어도 사랑만큼은 잘 안다는 게 소크라테스 특유의 앎 주장이다(6A.27). 알키비아데스와 철학이 특히, 그가 사랑하는 두 대상이라고 적시된다(6A.31). 그가 무엇보다도 자처하는 사랑은 그가 자처하지 않으면서도 결국 '아이러니컬'한 방식으로 행하게 되는 교육과 긴밀히 연결되어 있으며, 그것은 무엇보다도 그의 문답적 대화, 특히 그의 질문과 그것을 통한 검토(exetasis) 및 논박(elenchos)과 깊숙이 연계되어 있다.

그의 검토와 논박은 다른 소피스트들과 달리 일차적으로 자신을 향한 것이고, 그런 자기 성찰과 자기 돌봄의 이차적 외화 내지 공유 시도가 바로 그가 행한 검토와 논박이라는 것이 플라톤의 설

---

3 플라톤 작품의 곳곳에서 명시적이거나 암묵적으로 소크라테스의 그런 모습들이 드러난다. 심지어 소크라테스가 콕 집어 그렇게 말하는 곳까지 있을 정도다. 『에우튀데모스』 293b7-8이 대표적이다(11B.6).

명이다. 즉, 타인의 믿음과 논변의 일관성을 검토하고 그 부조화 내지 모순을 드러냄으로써 무지를 인정하게 하는 소크라테스의 작업이 일반 소피스트들의 이른바 '쟁론(술)'(eristikē)과 현상적으로 달라 보이지 않지만, 자신을 굴복시킨 논변을 남에게도 적용한다는 점(6B.44)에서 자신의 믿음과 무관하게 남을 굴복시키는 데만 집중하는 소피스트적 쟁론과 다르다는 것이다.

여럿 앞에서 자신의 아름다운 수사적 기교를 과시하는 일장 연설(makrologia)을 피하고 짤막한 문답식 대화만을 자신의 담론 방식으로 고집하는 소크라테스의 일관된 자세(6B.45, 6B.46 등)도 상대방의 믿음들에 조화를 찾아 줌으로써 상대방 스스로 영혼을 제대로 돌보게 하려는 그의 이런 논박적 정신과 목표에 기인한다. 그렇기 때문에 그는 여느 소피스트들처럼 대중과의 폭넓은 소통을 시도하기보다 언제나 개인적인 만남과 대화를 시도했다. 시장과 성벽 바로 바깥에 자리 잡은 '귐나시온'으로 불리는 학교들에서 사람들을, 특히 젊은이들을 만나 특유의 물음을 던지면서 말이다.

그의 물음들은 인간의 훌륭함(덕)에 집중되어 있고, 무엇보다도 덕을 정의하려는 시도로 연결된다. 덕이 무엇인지 알면 덕스럽게, 즉 훌륭하게 살게 될 것이고(지행합일), 훌륭하게 사는 것이 곧 인간의 행복이라는 생각이 바탕에 깔려 있다. 플라톤의 눈에 젊은이들을 상대로 한 선생 소크라테스의 이런 대화와 교육은 영혼을 돌보고(치유하고) 정화하는 일종의 의사 역할과도 같은 것이었다. 그리고 그런 치유 작업은 여러 충격 요법들을 자연스럽게 동반한다. 자발적 악의 불가능성, 아크라시아(자제력 없음)의 불가능성, 하나

의 기술이 정반대에 능하다는 생각, 불의를 행하기보다 당하는 것
이 낫다는 이야기 등 상식을 뒤집는 여러 역설적인 논의들이 소
크라테스의 가르침에 포함되어 있다(6B.58, 6B.59, 6B.60, 6B.61,
6B.62 등). 소크라테스와 대화를 나눴던, 혹은 대화를 지켜보았던
사람들 가운데 소크라테스적 사유와 활동이 가진 폭발적 위력에
경계심을 가졌던 이들도 적지 않았을 것이다. 게다가 『고르기아
스』의 재판받는 의사 비유(6B.42)가 잘 드러내듯 대중은 고통스러
운 치유를 제공하는 의사보다 당장의 달콤함을 제공하는 요리사
에게 쉽게 사로잡히기 마련이다.

대중과 소통하며 민주주의 시스템에 참여하기보다 개별적 만남
을 통한 영혼 돌봄에 집중한 소크라테스 특유의 '정치' 방식은 이
런 정치 불참자를 제 할 일에만 신경 쓰는 사람이 아니라 쓸모없
는 사람으로 간주하는(투키디데스 『역사』 2.40: 17B.13) 당대인들의
눈에 민주주의에 대한 도전으로, 공동체적 신뢰와 협력의 기반을
허무는 시도로 보였을 수 있다. 소크라테스 자신은 이런 불참의
이유를 신령(daimonion)의 목소리가 막았다는 데서 찾았다고 이야
기되기도 한다(6A.18). 바로 그 신령이 급기야 소크라테스를 사형
에 이르게 한 죄목의 핵심이 된다는 것도 흥미롭다. 결국 아테네
인들의 영혼을 돌보는 데 한평생을 바친 소크라테스는 399년 '국
가가 믿는 신을 믿지 않고 새로운 신령을 끌어들임으로써 젊은이
를 망쳤다'는 죄목으로 피소되어 사형 판결을 받은 후 독당근즙을
마시고 죽게 된다.

이제 이 장 서두에 꺼낸, 누군가의 발언 이야기로 돌아가 보자.

여러분이 그 발언과 유사한 언명들을 앞선 장 어딘가에서 본 적이 있다고 생각한다면, 그리고 그 발언과 비슷한 언명들을 이 장에서 다시 발견하게 된다면 어떨까? 아, 이들은 삶과 교육에 대해 비슷한 문제의식이나 태도를 갖고 있구나, 하며 무릎을 치게 되지 않을까? 이 책에서 왜 소크라테스가 한 장을 차지하고 있나 하는 질문에 대한 대답은 이미 그것으로 충분할지도 모른다.

물론 소크라테스가 이 책에서 다뤄질 만한 인물임을 보여 주는 근거 자료도 여럿이다. 이를테면, 플라톤『파이돈』의 유명한 장면들, 그 가운데서도 여느 작품에 등장하는 소크라테스 대화와 느낌이 매우 다른 아주 '감상적'이고 '인간적'인 대화 장면(17A.46)이 그렇다.[4] 그 장면의 하이라이트는 보는 사람마다 다르게 집어 낼 수 있겠지만, 나는 특히 인간 혐오와 논변 혐오에 빠지지 않게 하는 기술이 필요하다면서 '논변의 기술'을 주목게 하는 대목이 오늘 우리에게 시사하는 바 크다고 생각한다. 이런 장면이 다른 장 누군가의 이야기와 겹쳐 보인다면, 그리고 그 겹치는 부분들이 책을 읽어 갈수록 늘어난다면, 그건 그저 우연이 아니라 같은 시대에 같은 문제의식으로 활동한 사람들의 이야기이기 때문이라고 간주할 수 있는 가능성 역시 커져 갈 것이다.

이『파이돈』대목은 형식상 불가피하게 17장에 속해 있지만, 찬

---

4 소크라테스는 소피스트 관련 주요 현대 참고문헌 5개 가운데 LM에만 포함되어 있다. 그러나 예컨대 커퍼드(1981a)는 소크라테스를 소피스트 운동에 포함시켜 다루어야 한다고 주장한 바 있다(55-57쪽).

찬히 읽어 보면 불현듯 이 장의 소크라테스만이 아니라 2장의 고르기아스도 겹쳐 떠오를 수 있는 꽤 의미심장한 자료다. 왜 플라톤이 선생 소크라테스를 끊임없이 소피스트와 대결시키려 했고 또 차별화하려 했는지 그 속내가 잘 드러나 있는 자리라 할 수 있다. 이 책에서 다루는 이른바 '굵직한' 인물들 가운데 (이 책이 염두에 두고 있는) 소피스트 클럽의 정식 멤버십을 가졌는가를 두고 사람들 사이에 이견의 여지가 있는 그 두 사람이 '말 기술'과 관련하여 어떤 대결의 맥락 속에 있었는지 그 일단을 우리는 『파이돈』의 이 대목에서 잘 확인할 수 있다. 물론 그 대결을 전하는 사람의 입김이 한쪽에 우호적이라는 점을 충분히 감안하고 읽는 혜안이 필요하겠다.

플라톤의 이야기를 참고하면서도 그 이야기 너머를 보고자 한다면, 플라톤이 갖고 들어간 틀 자체도 넘어서야 하지 않을까? 이 장을 굳이 설정한 것은 바로 이런 생각 때문이다. 소크라테스를 이해하는 데 소피스트가 동원되어야 하고 동원될 수밖에 없다면, 마찬가지로 소피스트를 이해하는 데 소크라테스가 동원되어야 하고 동원될 수밖에 없지 않을까? 뒤집어 생각하기, 이것은 소크라테스에게만이 아니라 소피스트에게 돌릴 만한 전통이기도 하고, 어쩌면 양자가 함께 만들어 간 전통이었을 가능성이 높다. 이 장은 바로 그 뒤집어 생각하기의 일환이다.

A. 삶과 행적

1. 삶과 가르침 전반

※ 6A.1. 디오게네스 라에르티오스 『유명한 철학자들의 생애와 사상』 2.18-47 (SSR 1D1)[5]

|18| 소크라테스는 석공(lithourgos)[6] 소프로니스코스와, 플라톤도 『테아이테토스』[7]에서 말하듯 산파(maia) 파이나레테의 아들이었고[8] 아테네인이며 알로페케 구역 출신이었는데, 에우리피데스와 함께[9] 작품을 만든다(sympoiein)고 여겨졌다. […][10]

|19| 어떤 사람들에 따르면 그는 아낙사고라스의 제자였지만, 알렉산드로스가 『철학자들의 계보』에서 말한 바에 따르면 다몬의 제자이기도 했다. 저 사람[11]의 유죄 판결(katadikē) 후에 자연학자 아르켈라오스의 제자가 되었다. 그는 또한 이 사람[12]의 소년 애인(paidika)이기도 했다고 아리스톡세노스가 말한다. 그는 또한 노예

---

5 5A.15, 17A.22 포함.

6 혹은 '대리석 조각가'.

7 149a.

8 포르퓌리오스의 유사 보고(6A.2)가 있다.

9 혹은 '에우리피데스를 도와'.

10 생략된 대목에서는 에우리피데스 작품에 참여했다고 말하는 증거들이 므네시마코스, 칼리아스의 『포로들』, 아리스토파네스의 『구름』(그러나 우리에게 전해지는 사본에는 등장하지 않는 대목)의 인용에 의해 제시된다.

11 즉, 아낙사고라스.

12 즉, 아르켈라오스.

였고 돌 작업을 하기도 했다고 두리스는 말한다. 아크로폴리스의 카리스 여신들이 옷을 걸치고 있다면 그의 작품이라고 어떤 사람들은 말한다. 그렇기 때문에 티몬도 『풍자시』에서 이렇게 말했다.

바로 이것들로부터 눈길을 돌렸다. 그 석수,[13] 법들에 관한 수다쟁이,
희랍인들의 마법사(epaoidos), 엄밀한 논변들을 설파하는 자,
연설가들에게 콧방귀 뀐 조소자, 아티카적인 데가 있는 능청꾼
(eirōneutēs)이.

이도메네우스도 말하기를, 그는 수사학(ta rhētorika)[14]에도 능란했다. 게다가 크세노폰이 말하기로는, 30인 참주들이 그가 말들[15]의 기술들(technai ... logōn)을 가르치지 못하게 막았다.[16] |20| 그리고 아리스토파네스는 그가 더 약한 논변을 더 강하게 만든다고 희극에서 이야기한다.[17] 파보리누스가 『잡다한 탐문』에서 말하기로는, 그가 자기 제자 아이스키네스와 더불어 말 잘하기(rhētoreuein)[18]를 최초로 가르치기도 했으니까 말이다. 이도메네우스[19]도 소크라테

---

13 혹은 '조각가'.
14 혹은 '말 잘하는 데'.
15 혹은 '논변들', '담론들'.
16 크세노폰 『회상』 1.2.31(아래 10A.13 참고).
17 비슷한 보고는 6A.44에도 나온다. 그리고 이 문장은 17A.22에도 수록되어 있는데, 그 대목이 속한 17장 A의 4,5절에 나오는 전승들을 비교해 보면 이 전승이 프로타고라스에게 귀속되기도 한다는 점을 발견할 수 있다.
18 혹은 '수사적으로 말하기'.

스학파 사람들에 관한 저작에서 이런 이야기를 한다. 그리고 그는 삶에 관해 대화를 나눈 최초의 인물이고 철학자들 가운데 유죄 판결을 받아서 죽은 최초의 인물이다. 그가 돈을 벌기도 했다고 스핀타로스의 아들 아리스톡세노스가 말한다. 아무튼 돈을 투자해 놓고 이문을 모으다가 나중에 다 쓰면 다시 투자하곤 했다는 것이다.

그리고 크리톤이 그의 영혼에 속한 매력을 사랑해서 그를 작업장에서 빼내어 교육했다고 뷔잔티온의 데메트리오스는 말한다. |21| 그리고 그는 자연학적 관조(theōria)가 우리에게 아무 상관이 없다는 것을 알게 되어, 작업장들과 시장에서 도덕적인 것들에 대해 철학을 했다고 한다. 그리고 그는 자기가 저것들을, 즉

집(megara)[20] 안에서 무슨 나쁜 일과 무슨 좋은 일이 행해졌는지를[21]

탐구한다고 주장했다고 한다. 또 그는 탐구 과정에서 대화를 나누다가 격해져서 주먹다짐을 당하고 머리카락이 뽑히는 일도 잦았으며, 대개는 무시당하며 비웃음을 샀는데, 이 모든 수모를 끈질기게 견뎌 냈다고 한다. 그것 때문에 걷어차이기까지 하면서도 참아 내는 그에게 누군가가 놀라움을 표하자, 그가 말했다고 한다. "당나귀가 나를 걷어찼다고 해서 내가 그 당나귀에게 송사를 걸어

---

19 파보리누스보다 훨씬 더 앞선 인물이면서 에피쿠로스의 제자인 인물이다.

20 혹은 '궁'.

21 『오뒤세이아』 4.392. 혹은 '집안에서 참으로 무엇이 나쁜 것이고 무엇이 좋은 것인지를'.

야 할까요?" 여기까지는 데메트리오스의 말이다.

|22| 그런데 대다수의 사람들처럼 고향 떠나는 일(apodēmia)이 그에게 필요하지는 않았다. 군사 원정을 나가야 했던 때를 빼놓고는 말이다. 이후 나머지 생애 동안 그는 고향에 머무르면서 대화를 나누는 사람들과 더불어 더 호승심을 가지고(philoneikoteron)[22] 함께 탐구했다(synezētei). 그들의 의견(doxa)을 제거하기(aphelesthai) 위해서가 아니라 진실을 알아내려 시도하겠다는 호승심 말이다. 그에게 헤라클레이토스의 저술을 준 후 에우리피데스가 물었다고 한다. "어떤 생각이 드시나?" 그러자 그가 말했다고 한다. "내가 이해한 것들은 대단하죠. 하지만 이해 못 한 것들 역시 그렇다고 생각해요. 델로스 잠수부(Dēlios kolymbētēs)가 필요하다는 것만 빼면요."[23]

그는 몸 단련(sōmaskia)에도 주의를 기울였으며, 내내 좋은 상태였다. 어쨌든 그는 암피폴리스에 원정을 갔고, 델리온 전투에서는 크세노폰이 말에서 떨어지자 나서서 목숨을 구했다. |23| 그리고 아테네인들이 모두 도망하고 있을 때 그 자신은 조용히 주변을 살펴 누군가가 자기를 공격하면 방어할 수 있게 주시하면서 차분히 조금씩 뒤로 빠졌다. 그리고 포테이다이아에도 원정을 갔는데, 바다를 건너서 갔다. 전쟁이 가로막고 있어 육로로는 갈 수 없었기

---

22 혹은 '더 논쟁적으로'.

23 이 대목의 의미와 맥락에 대한 보다 세밀한 이해를 위해서는 강철웅(2013), 특히 6-10쪽을 참고할 것.

때문이다. 거기서 그는 밤새도록 위치(schēma)[24]조차 바꾸지 않은 채 머물러 있었고 무용을 떨쳐 상을 받게 되었는데, 그 자리에서 그 상을 알키비아데스에게 양보했다고들 한다. 이 사람을 그가 사랑했다고 아리스티포스가 『옛사람들의 사치에 관하여』 4권에서 말한다. 그리고 키오스 출신 이온은 그가 젊었을 때 아르켈라오스와 함께 고향을 떠나 사모스에 간 적도 있었다고 말한다.[25] 그리고 그가 퓌토에[26] 갔다고 아리스토텔레스는 말한다. 그는 또한, 파보리누스가 『회상』 1권에서 말하는 바에 따르면, 이스트모스[27]에도 갔다.

|24| 그리고 그는 심지가 굳을(ischyrognōmōn) 뿐만 아니라 민주주의적(dēmokratikos)이기도 했다. 크리티아스 쪽 사람들이 부자였던 살라미스 사람 레온을 잡아 자기들에게 데려와 죽일 수 있게 하라고 명령했을 때 그가 그들에게 굴복하지 않았던 것으로 보

---

24 혹은 '자세'.

25 기원전 440년의 사모스 원정에 아르켈라오스와 함께 참여했다는 보고로 통상 이해된다. 422/421년경 사망한 키오스 출신 극작가 겸 시인 이온이 그의 『방문기』(Epidēmiai) 혹은 『회상기』(Hypomnēmata)에서 쓴 내용일 것이다[자코비(F. Jacoby 1947) 1, 9-11쪽 참고]. 이 보고가 소크라테스가 아테네 밖을 여행하지 않았다는 플라톤의 보고와 기본적으로 충돌한다는 것에 관해 다룬 세부 연구로는 플레처(R. Fletcher 2007)가 있다. 다수 해석과 달리 그는 이 여행이 사모스 원정과 연루된 것이 아니라 철학적 목적의 여행이었을 것으로 본다. 그레이엄(2008)도 동조한다. 여기 기록된 사모스 원정 외 세 원정(암피폴리스, 델리온, 포테이다이아) 참여에 관한 보고는 아래 A의 6절에 수록된 플라톤의 기록들에도 들어 있다. 그 세 원정에 관한 보다 상세한 내용은 그곳의 해당 주석을 참고할 것.

26 즉, 델피.

27 즉, 코린토스.

아 이는 분명하다. 뿐만 아니라 그만이 열 명의 장군들을 풀어 주자는 데 투표했던 것을 보아도 그렇다. 그리고 감금 상태로부터 얼마든지 도망칠 수 있었는데도 그러려 하지 않았으며, 우는 사람들을 꾸짖으며, 갇혀 있는 상태에서도 가장 아름다운 저 이야기들을 그들에게 제시해 준 것으로 보아도 그렇다.

그는 자족적(autarkēs)이었을 뿐만 아니라 위엄이 있었다(semnos). 팜필레가 『비망록』 7권에서 말하는 바에 따르면, 언젠가 알키비아데스가 그에게 집을 지으라고 큰 땅을 주자 그는 말했다고 한다. "그렇다면 만약에 내가 신발이 필요한데 당신이 내게 신발을 만들라고 나한테 가죽을 준다고 해 봅시다. 그걸 받으면 난 우스운 사람이 될 거요." |25| 그는 자주 사람들이 판다고 내놓은 많은 물건들을 쳐다보면서 스스로에게 말하곤 했다. "내게 필요하지 않은 것들이 얼마나 많은지!" 그리고 그는 저 이암보스 시행들을 줄기차게 읊어 대곤 했다.

은빛 장식물들과 자줏빛 의상은
비극 배우들에게나 쓸모 있지, 삶에는[28] 아니라네.

그는 마케돈[29]의 아르켈라오스도 크라논[30]의 스코파스도 라리사의

---

28 혹은 '내 삶에는'.
29 '마케도니아'라고 부르기도 한다.
30 '크란논'이라고 표기하기도 한다.

에우뷜로코스도 우습게 여겼는데, 그들이 보내는 돈을 받지도 않고 고향을 떠나 그들 곁으로 가지도 않음으로써 그걸 드러냈던 것이다. 그는 생활 습관이 절도가 있어서 아테네에 자주 역병이 돌았을 때에도 그만은 병에 걸리지 않았을 정도였다.

|26| 그는 두 아내와 결혼했다고 아리스토텔레스는 말한다. 먼저 결혼한 아내는 크산티페였는데, 그녀에게서 람프로클레스를 얻었다. 둘째 아내는 정의로운 사람 아리스테이데스의 딸 뮈르토였는데, 그녀를 지참금 없이 데려갔고, 그녀에게서 소프로니스코스와 메넥세노스를 얻었다는 것이다. 어떤 사람들은 뮈르토와 먼저 결혼했다고 말하기도 한다. 또 어떤 사람들은 동시에 두 사람을 다 아내로 가졌다고 말하기도 하는데, 그 가운데는 사튀로스와 로도스의 히에로뉘모스가 포함되어 있다. 그들 말로는, 아테네인들이, 남자가 부족했기 때문에 인구를 늘리고 싶어서,[31] 아테네 여자(astē) 한 사람과 결혼하지만 다른 여자에게서도 아이를 낳을 수 있다는 법령을 통과시켰고, 그렇기 때문에 소크라테스도 이렇게 했다는 것이다.[32]

|27| 그는 자신을 헐뜯는 사람들을 우습게 보기에 충분한 능력을 갖춘 사람이었다. 자신의 소박한 삶에 대해 긍지를 가졌고 누

---

31 혹은 어순상으로는 다소 덜 자연스럽지만, '인구를 늘리고 싶어 했던 아테네인들이, 남자가 부족했기 때문에'로 새길 수도 있다.

32 소크라테스의 결혼에 관해 언급하면서 DL은 두 아내를 이야기하는 플루타르코스나 다른 나중 전승자들을 따르고 있는데, 정작 동시대를 산 제자 플라톤과 크세노폰은 크산티페만 언급하고 있다.

구에게도 보수를 요구하지 않았다. 양념을 가장 적게 치게 하는 음식을 먹을 때가 가장 즐겁고, 당장 없는 마실 것을 가장 덜 기대하게 하는 걸 마실 때가 가장 즐겁노라고, 필요한 게 가장 적으니까 자기가 신들에게 가장 가까이 있는 거라고 말하곤 했다. 이것을 희극 작가들에게서도 찾아볼 수 있다. 그들은 자기들도 모르게 자기들이 헐뜯는 말들을 통해서 그를 칭찬하고 있다. [···][33]

그의 이런 내려다보는, 자부심 가득한 모습을 아리스토파네스도 다음과 같이 말하면서 분명히 보여 준다.

왜냐하면 당신은 두 눈을 이리저리 굴려 가면서 거들먹거리며 길들
　을 가고,
맨발로 많은 곤경들을 견디며, 우리를 향해 근엄한 얼굴을 하니까.

하지만 어쩌다가 그는 당면한 상황들(kairoi)에 맞추느라 말쑥한 옷차림을 하기도 했다. 플라톤의 『향연』에서 아가톤의 집에 걸어갈 때처럼 말이다.

|29| 그는 권유하는 쪽이든 말리는 쪽이든 양쪽 모두에 충분한 능력을 갖추고 있었다. 이를테면, 플라톤도 말하는 것처럼, 테아이테토스와 앎에 관해 대화를 나눈 후에 그를 신적인 영감을 받은(entheos) 상태로 돌려보냈고, 외지인을 살해한 혐의로 자기 아버

33　생략된 대목에는 그의 기억력과 사색, 인내와 절제 등을 보여 주는 아리스토파네스의 인용문과 아메입시아스의 인용문이 들어 있다.

지를 고발한 에우튀프론과 경건에 관해 대화를 나눔으로써 마음을 돌리게 했으며(apēgage), 뤼시스를 권유하여 가장 훌륭한 성격을 갖추도록(ēthikōtatos) 만들었다. 그는 사태들(pragmata)로부터[34] 논변들(logoi)을 발견하기에 충분한 능력을 갖추고 있었던 것이다. 그는, 아마 크세노폰도 그렇게 말했던 것 같은데, 아들 람프로클레스가 자기 어머니에게 화를 내고 있을 때에도 그를 부끄럽게 했다(entrepse).[35] 그리고 플라톤의 형 글라우콘이 정치에 입문하고 싶어 하고 있을 때, 크세노폰이 말하듯, 경험이 부족한 상태 때문에 그를 말렸다. 그런가 하면 그와 반대로 적절한(oikeiōs)[36] 상태에 있었던 카르미데스에게는 하라고 시켰다(epestēsen).

|30| 그는 장군 이피크라테스에게 이발사 메이디아스의 수탉들이 칼리아스의 수탉들에 맞서서 날개를 퍼덕대는 것을 보여 줌으로써 기백을 가질 수 있도록 그를 자극했다. 그리고 글라우코니데스는 국가에게는, 마치 꿩이나 공작처럼, 그를 얻는 일이 중요하다고 여겼다.

그는 각 사람이 가축을 얼마나 갖고 있는지는 쉽게 말을 할 수 있으면서 친구들은 얼마나 얻었는지 이름을 댈 수 없다는 게 이상하다고 말하곤 했다. 그들에 관해 그토록 대수롭지 않게 여긴다는 것이다. 에우클레이데스가 쟁론적 논변들에 골몰해 있는

---

34 혹은 '사태들[/사물들]에 기반한'.

35 혹은 '(마음을) 돌려놓았다'.

36 혹은 '적성이 잘 맞는'.

(espoudakota) 것을 보고 그는 말했다. "에우클레이데스, 당신이 소피스트들은 다룰 능력을 갖게 될지 몰라도 인간들은 전혀 그러지 못할 거요." 플라톤도 『에우튀데모스』에서 말하듯, 이것들에 관한 시시콜콜 논변(glischrologia)이 쓸모없다고 그는 생각하고 있었던 것이다.

|31| 카르미데스가 그에게 가노들(oiketai)을 주어 그들에게서 수입을 벌어들이게 하려고 할 때 그는 받으려 하지 않았다. 그리고 어떤 사람들에 따르면 그는 알키비아데스의 아름다움을 본체만체했다(hypereiden).[37] 그리고 크세노폰도 『향연』에서 말하는 바에 따르면, 그는 여가(scholē)가 소유물들 중 가장 아름다운 것이라고 칭송했다. 그리고 그는 좋은 것은 하나만 있는데, 즉 앎이 그것이라고, 또 나쁜 것은 하나만 있는데, 즉 무지가 그것이라고 말했다. 또 부와 좋은 가문은 존중할 만한 가치를 전혀 갖고 있지 않으며, 오히려 정반대로 나쁨을 갖는 것이라고[38] 말했다. 어쨌든 누군가가 그에게 안티스테네스의 어머니가 트라키아인이라고 말했을 때, 그는 말했다. "근데 당신은 그토록 고상한 사람이 두 아테네인 부모에게서 태어났을 거라고 생각했던 건가요?" 그리고 파이돈이 포로로 잡혀서 감옥에 앉아 있을 때 크리톤에게 몸값을 지불해서 풀어 주라고 청해서 그를 철학자로 만들었다.

|32| 뿐만 아니라 그는 이미 노령인데도[39] 뤼라 연주를 배우려

---

37 혹은 '우습게 여겼다', '비웃었다'.

38 혹은 '나쁜 것이라고'.

했다. 자기가 알지 못하는 것들을 철저히 배우려 하는 것(ekmanth-anein)은 전혀 엉뚱한(atopon) 것이 아니라고 이야기하면서 말이다. 또 그는, 크세노폰도 『향연』에서 말하는 것처럼, 계속 끊임없이 춤을 추었다. 그런 운동[40]이 몸의 좋은 상태에 득이 된다고 생각하면서 말이다. 그는 또 신령스러운 것(to daimonion)이 그에게 앞으로 올 일들을 미리 보여 준다(prosēmainein)고 말하곤 했다. 또한 잘한다는 것(to eu)[41]이 작은 일이 아니지만 조금씩 서서히 이루어진다고 말했다. 그리고 자기는 아무것도 알지 못하는데, 다만 그것[42] 자체를 아는 것만은 예외라고[43] 말했다. 또 철보다 일찍 거둔 과일들을 산 사람들은 제철이 오는 걸 기다리기를 포기하는 거라고 말하곤 했다. 그리고 언젠가 젊은이의 덕이 무엇이냐는 질문을 받고서 그는 "아무것도 지나치지 않게."라고 말했다. 또 그는 기하학(geōmetrein)은 땅을(gēn) 재서(metrōi) 넘겨받거나 넘겨주거나

---

39 도란디(T. Dorandi 2013)를 따라 'ēdē gēraios'로 바꿔 읽은 소수 독법(Vat. gr. 990)을 받아들였다. 다수 사본은 'hote kairos'다. 사본대로 읽는다면 '기회가 있을 때면'이 된다. 중간에 두 단어를 추가하는 수정 독법 'hote ⟨ouketi ēn⟩ kairos'를 받아들이면 '기회가 더 이상은 없게 되었을 때'가 된다.

40 혹은 '훈련'.

41 다수 사본(B, P, F, Φ)대로 'to te eu mikron'으로 읽었다. 'archesthai'를 추가하여 'to te eu ⟨archesthai⟩ mikron'으로 읽는 Z 사본의 독법을 받아들이면 '시작을 잘한다는 것'으로 옮길 수 있다.

42 즉, 자기가 아무것도 알지 못한다는 것.

43 사본들에는 끝에 있는 'eidenai'가 들어 있다. 도란디(2013)의 제안대로 빼고 읽으면 '그것 자체는 빼고 그렇다고'.로 새길 수 있다. 수정 독법이 엄밀한 어법에 더 정확히 어울릴지는 모르지만 의미가 달라지는 것은 아니다.

할 수 있을 때까지 해야 한다고 말하곤 했다.

|33| 에우리피데스가 『아우게』(Augē)에서 덕에 관해

이것들은 제멋대로 가게 내버려 두는 게 제일 좋다.[44]

라고 말했을 때, 그는 못 찾고 있는 노예를 찾아다니는 일은 중요하다고 여기면서 덕은 이렇게 망가지도록 내버려 두는 것이 우습다고 말하고는 벌떡 일어나 나가 버렸다. 결혼을 해야 할까 하지 말아야 할까 하고 질문을 받았을 때 그는 말했다. "둘 중 어느 쪽을 하든 당신은 후회하게 될 거요." 또 그는 돌로 된 상(像)들을 마련하는 사람들이 돌에는, 즉 어떻게 하면 돌이 가장 비슷하게 될 수 있을까 하는 데에는 많이 신경을 쓰면서, 자신들에게는, 즉 자신들이 돌과 비슷하지 않게 보이는 데에는 아무 신경도 쓰지 않는 것이 놀라운 일이라고 말하곤 했다. 그리고 그는 젊은이들이 계속 거울을 들여다보는 게 중요하다고 생각했다. 그들이 아름다우면 그것에 어울리게 되기 위해서 중요하고, 그들이 추하면 교육을 통해 볼품없는 모양을 가리기 위해서 중요하다는 것이다.

|34| 그가 부자들을 만찬에 초대했는데 크산티페가 그것에 대해 부끄러워하자 그가 말했다. "걱정 말아요. 그들이 절도가 있다면 잘 맞춰 어울릴 것이고, 그들이 형편없다면 우리가 그들을 신경 쓸 일이 전혀 없을 테니까." 또 그는 다른 인간들은 먹기 위해

---

44 이 행은 지금 『엘렉트라』 379에서 발견된다.

살지만, 자기는 살기 위해 먹는다고 말하곤 했다. 언급할 가치가 없는 군중(plēthos)에 관해[45] 그는 마치 누군가가 4드라크마짜리 하나는 가짜로 내치면서 이런 것들이 무더기를 이루었을 때는 진짜라고 받아들이는 것과 같다고 말하곤 했다. 아이스키네스가 "나는 가난해서 달리 아무것도 갖고 있지 않지만 당신에게 나 자신을 드립니다(didōmi … soi emauton)."라고 말했을 때, 그는 말했다 "그렇다면 내게 가장 큰 것들을 주고 있다는 걸 당신은 알아채지 못하나요?" 30인 참주가 들고 일어났던 시절에 찬밥 신세를 못마땅해하는 사람에게 그는 말했다. "설마 당신이 후회할 일은 조금도 없겠죠?"[46] |35| "아테네인들이 당신에게 죽음을 선고했네요."라고 말하는 사람에게 그는 말했다. "저들에게도 그랬죠, 자연이." 하지만 어떤 사람들은 이것이 아낙사고라스의 이야기라고 말하기도 한다. 아내가 "당신이 부당하게 죽게 되었네요."라고 말하자, 그는 말했다. "그럼 당신은 내가 정당하게 죽게 되면 좋았겠소?" 꿈에 누군가가 나타나 그에게

당신은 이틀 후에[47] 비옥한 프티아에 이르게 될 거요.[48]

---

45 도란디(2013)처럼 'ton phoboumenon'을 넣어 읽자는 마르코비치(M. Marcovich 1999)의 제안을 받아들이는 경우에는 '언급할 가치가 없는 군중을 두려워하는 사람에 관해'로 새길 수 있다.

46 혹은 '당신이 후회할 일이 조금도 없을까요?'

47 직역하면 '셋째 날에'.

48 『일리아스』 9.363.

라고 말했던 때에 그는 아이스키네스에게 말했다. "이틀 후에 내가 죽게 될 거요."[49] 또 독당근즙을 마시려 하는 그에게 아폴로도로스가 아름다운 외투를 주어 그걸 입고 죽게 하려 했다. 그러자 그가 말했다. "뭐지?[50] 내 외투가 입고 살기엔 적당한데 입고 죽기엔 아니라는 건가요?" "아무개가 당신을 나쁘게 말하던데요." 하고 말하는 사람에게 그는 말했다. "아름답게 말하는 건 못 배웠거든요."

|36| 안티스테네스가 몸을 돌려 옷의 터진 틈이 드러나게 되었을 때, 그가 말했다. "옷 사이로 당신의 공허한 생각(kenodoxia)이 보이는군요." "아무개가 당신을 헐뜯어 대고 있는 거 아닌가요?"라고 말하는 사람에게 그는 말했다. "아니에요. 그런 것들은 나한테 아무 해당이 안 되거든요." 그리고 그는 희극 시인들에게 작정하고(epitēdes) 자신을 내주어야(heauton didonai) 한다고 말하곤 했다. 그들이 하는 이야기들 중에 뭔가 해당되는 게 있다면 우릴 바로잡아 주는 것일 테고 그렇지 않다면 우리와 아무 상관없으리라는 것이다. 크산티페가 먼저 헐뜯어 대다가 나중에는 그에게 물을 붓기까지 했을 때 그녀에 대해[51] 그는 말했다. "크산티페가 천둥을 치면 결국 비를 내리게 할 거라고 내가 말하지 않았나요?" 크산티페가 헐뜯어 대는 게 참기 어렵다고 말하는 알키비아데스를 향해 그는 말했다. "아니, 난 익숙하죠. 마치 자아틀[52] 도르래 소리를 계

---

49 같은 일화가 『크리톤』 44a-b에 나온다. 상대방만 크리톤으로 바뀌어 있다.
50 "뭐지?" 대신 "어째서"로 옮겨 다음 문장에 이어 붙일 수도 있다.
51 혹은 '그녀를 향해'.
52 혹은 '권양기'(捲揚機).

속 듣는 것처럼. |37| 당신도 거위들이 꽥꽥거릴 때 잘 참아 넘기고 말이죠.” “아니, 걔네들은 나한테 알과 새끼들을 낳아 주죠.”라고 알키비아데스가 말하자, 그는 말한다. “크산티페는 자식들을 낳아 주죠.” 언젠가 그녀가 시장에서 그의 외투를 벗겼을 때 지인들이 두 손을 써서 못 하게 막지 그러냐고 조언을 하자, 그는 말했다. “물론 그래야죠. 그래야 우리가 주먹다짐을 하고 있으면 당신들은 각자 편을 갈라 ‘소크라테스 이겨라’, ‘크산티페 이겨라’ 하게 되겠죠.” 그는 마치 말 타는 기수들이 씩씩한 말들과 함께 지내듯 자기는 거친 아내와 함께 지낸다고 말하곤 했다. “하지만 저들이 이 말들을 제압하고 나면 나머지 말들도 쉽게 이겨 내듯, 그렇게 나도 크산티페를 대하다 보면 나머지 인간들과도 잘 맞춰 어울리게 될 겁니다.”라고 그는 말한다.

바로 이것들과 이 비슷한 것들을 그가 말하고 행함으로 해서 결국 퓌티아 여사제가 그에 대해 증언을 해 주게 되었다. 그녀는 떠돌아다니는 저 유명한 말로 카이레폰에게 대답해 주었던 것이다.

모든 사내들 가운데 소크라테스가 가장 지혜롭다.

|38| 바로 이것으로 인해 그는 가장 시기를 많이 샀다. 게다가 특히나 그는, 플라톤의 『메논』에서 아뉘토스도 분명히 그랬던 것처럼, 자신들에 대해 자부심이 큰 사람들을 논박해서 어리석다는 것을 보여 주었기 때문에 시기를 샀다. 이 사람은 소크라테스에 의해 조롱받는 것을 견디지 못한 나머지, 처음에는 아리스토파네스

와 그 주변 사람들을 자극해서 그에게 맞서게 했고, 나중에는 멜레토스도 설득해서 불경건과 젊은이들을 망친다는 혐의로 그를 고발하게 했다.

그래서 멜레토스가 고발을 하게 되었으며, 파보리누스가 『잡다한 탐문』에서 말하는 바에 따르면, 재판에서 연설은 폴뤼에욱토스가 했다고 한다. 헤르미포스가 말하는 바로는 소피스트인 폴뤼크라테스가 연설을 썼다고 하는데, 어떤 사람들에 따르면 아뉘토스가 썼다고도 한다. 그리고 필요한 모든 준비들은 대중 선동가(dēmagōgos) 뤼콘이 했다.

|39| 안티스테네스가 『철학자들의 계보』에서, 그리고 플라톤이 『변명』에서 말하는 바에 따르면, 그에 대한 고발자는 셋, 즉 아뉘토스와 뤼콘과 멜레토스였다. 아뉘토스는 장인들과 정치인들을, 그리고 뤼콘은 연설가들을, 멜레토스는 시인들을 대변하여 열불을 냈는데, 그들 모두를 소크라테스가 웃음거리로 만든 바 있다. 파보리누스가 『회상』 1권에서 말하기로는, 소크라테스에 대한 폴뤼크라테스의 반박 연설은 진실이 아니다. 그 연설에서 그는 코논이 다시 세운 성벽을 언급하는데, 그 성벽은 소크라테스가 죽은 지 6년 후에야 세워졌기 때문이라는 것이다. 또 실제로 사실이 그러했다.

|40| 그 재판의 고발장(antōmosia)은 다음과 같은 식으로 되어 있었다. (파보리누스가 말하기로는, 그것이 지금도 여전히 메트로온[53]에 남아 있다.) "멜레토스의 아들 피토스 구역 출신 멜레토스는 소프로니스코스의 아들 알로페케 구역 출신 소크라테스를 상대로

다음과 같은 내용으로 선서하면서 고발하였다. 소크라테스는 국가가 믿는 신들은 믿지 않고 다른 새로운 신령스러운 것들을 끌어들이는 불의를 저지르고 있다.[54] 그는 또한 젊은이들을 망치는 불의도 저지르고 있다. 제안하는 형벌은 죽음이다." 그러자 그 철학자는 뤼시아스가 그에게 항변 연설(apologia)[55]을 써 주자 다 읽어 본 후에 말했다. "연설은 아름답네요, 뤼시아스. 하지만 내겐 어울리지 않아요." 철학적(emphilosophos)이기보다는 오히려 명백히 법정 변론에 속하는(dikanikos) 것이었기 때문이다. |41| 뤼시아스가 "그 연설이 아름답다고 한다면 어째서 당신한테 어울리지 않을 수 있나요?"라고 말하자 그가 말했다. "아니, 그건요. 외투든 신발이든 아름답기는 하면서도 나한테는 안 어울릴 수 있는 거 아닌가요?"

티베리아스의 유스투스가 『화환』에서 말하는 바에 따르면, 그가 재판을 받고 있는 동안 플라톤이 단상에 올라가서 말했다. "아테네인 여러분, 단상에 올라온 사람들 중에 내가 가장 젊지만[56]…" 그때 재판관들이 외쳤다. "내려가요, 내려가." 그래서 그가 방면

---

53 '어머니 신전'이라는 뜻을 가진, 아테네의 시장(아고라) 서쪽 면에 있던, 기록물 보관소 역할을 하던 신전 건물. 본래 평의회가 열리던 장소였다가 5세기 말 평의회 건물이 따로 세워진 후에 어머니 여신 퀴벨레(혹은 데메테르, 혹은 레아)에게 봉헌되었다.

54 '불의를 저지르다'는 요즘 표현으로 바꾸면 '죄를 범하다' 정도의 의미를 갖는 말이다. 여기 고발장 내용에 관한 보다 상세한 설명은 아래 크세노폰 평행 구절(6A.49)의 관련 주석들을 참고할 것.

55 즉, 변명.

56 혹은 '젊은데'.

투표수보다 더 많은 투표수인 281표로 유죄 판결을 받게 되고, 재판관들이 그가 무엇을 겪거나 얼마를 물어야 하는지를 산정하게 되었을 때 그는 25드라크마를 벌금으로 물겠다고 말했다. (에우불리데스가 말하기로는, 그가 100드라크마에 합의했다고 한다.) |42| 재판관들이 웅성거리자, 그는 말했다. "내가 이제까지 해낸 일들을 감안하면, 내게 알맞다고 내가 산정하는 대가는 바로 시 중앙 청사(prytaneion)에서 무료 식사 대접(sitēsis)을 받는 것입니다."[57]

그러자 그들은 기존 표수에서 80표를 추가로 더 얻어 내어 그에게 사형을 선고하게 되었다. 그리고 감옥에 갇혀 있다가 여러 날 지나지 않아, 플라톤이 『파이돈』에서 전해 주는 많은 아름답고 훌륭한 대화들을 나눈 후에 독당근즙을 마시게 되었다. 뿐만 아니라 어떤 사람들에 따르면 그는 찬가를 짓기도 했는데, 그 시작은 이렇다.

델로스의 아폴론이여, 만세. 그리고 아르테미스여, 이름난 자손이여.

하지만 디오뉘소도로스는 이 찬가가 그의 것이 아니라고 말한다. 그리고 그는 아주 성공적인 방식으로는 아니지만 이솝(아이소포스) 식의 우화(mythos)도 지었는데, 그 시작은 이렇다.[58]

---

57 국가 유공자나 외국에서 온 공식 사절이 받는 특별대우를 남은 평생 받아야 한다는 주장이다. 상세한 내용은 『변명』 35e-37a에 들어 있다. (그 가운데 일부가 아래 6B.10에 인용되어 있다.) 특히 시 중앙 청사와 식사 대접에 관해서는 강철웅(2020b) 96-97쪽의 둘째 주석[= 강철웅(2014b) 100-101쪽 주석 93]을 참고할 것.

이솝이 언젠가 도시 코린토스에 사는 사람들에게 말했다.

민중 재판의(laodikos)[59] 지혜를 가지고 덕을 판가름하지 말라고.

|43| 그렇게 해서 그는 인간 세상으로부터 사라졌다. 그리고 아테네인들은 곧 후회하게 되어 레슬링장들도 체육관들도 닫을 정도였다. 그리고 그들은 나머지 고발자들은 추방했지만 멜레토스에게는 사형을 선고했다. 그리고 그들은 청동상으로 소크라테스를 기렸는데, 뤼시포스가 만든 것을 폼페이온(Pompeion)[60]에 세웠다. 그리고 아뉘토스는 헤라클레이아를 방문하게 되었는데, 바로 그날 그곳 사람들이 그를 추방했다. 그런데 아테네인들이 소크라테스의 경우에만 이런 일을 겪은 것이 아니라 아주 많은 사람들의 경우에도 이런 일을 겪었다. 그들은 호메로스에게, 헤라클레이데스가 말하는 바에 따르면, 미쳤다는(mainomenon)[61] 이유로 50드라크마를 벌금으로 물렸을 뿐만 아니라, 튀르타이오스가 제정신이 아니라고(parakoptein) 말하기도 했으며, 아스튀다마스를 아이스

---

58 아폴론과 아르테미스 찬가와 이솝 식 우화에 관해서는 『수다』(6B.1)에도 언급이 있다. 보다 상세한 내용은 6B.1과 에우에노스 장의 9A.6을 참고할 것.

59 즉, 배심 재판의.

60 폼페이온은 기원전 4세기에 디퓔론 문과 신성한 문(Hiera Pylē) 사이 테미스토클레스 성벽 안쪽에 지어진 공공건물이다. 케라메이코스에 있는 이곳에서 엘레우시스를 향해 가는 파나테나이아 행진[행진이 희랍어로 '폼페'(pompē)다.]이 준비되고 시작되었으며, 평소에는 행진에 필요한 장비들(본래 '폼페이온'은 이 장비들을 가리키는 말이었다.)이 보관되는 장소였다.

61 혹은 '제정신이 아니라는'.

퀼로스 및 그 주변 사람들보다도 앞세워 청동상으로 존경을 표시하기도 했다.[62] |44| 에우리피데스는 『팔라메데스』에서 그들을 이렇게 비난하기까지 한다.

당신들이 죽였다, 당신들이 죽였다, 온통 지혜로 가득찬 저, 아무런
고통도 안기지 않는 저, 뮤즈 여신들의 나이팅게일을.

이것들에 대해서는 이런 정도로 하기로 하자. 하지만 필로코로스는 에우리피데스가 소크라테스보다 먼저 죽었다고 말한다.

아폴로도로스가 『연대기』에서 말하는 바에 따르면, 그는 압세피온이 집정관이던 시절에 77회 올림피아 기의 넷째 해[63] 타르겔리온 달 6일에 태어났는데, 그날은 아테네인들이 국가를 정화하는 날이요, 델로스인들이 아르테미스가 태어난 때라고 말하는 날이다. 그는 95회 올림피아 기의 첫째 해[64]에 70세 나이로 죽었다. 팔레론 출신 데메트리오스도 같은 말을 한다. 하지만 어떤 사람들은

---

62 여기 언급된 이야기들은 모두 과장이 되었거나 진지한 의도와 거리가 먼 맥락의 자료가 이용된 것으로 보인다. 앞의 두 인물은 아테네에 거주하거나 아테네 법의 통제를 받아 본 적이 없다. 그리고 4세기 비극 시인 아스튀다마스로 알려진 인물은 부자 관계인 두 사람이 있는데, 아버지라고 보아도 첫 작품이 나온 게 398년이므로(시칠리아의 디오도로스 14.43.5) 아이스퀼로스를 능가해서 존경받는 사건의 주인공이기 어렵다.

63 469/468년. 올림피오도로스에는 셋째 해(470/469년)로 나온다(2A.3). 이 책에서 따로 언급하지는 않았지만, 히에로뉘무스의 『연대기』(Jerome 2005)에는 78회 올림피아기의 셋째 해(466/465년)로 나온다(192쪽).

64 400/399년.

그가 60세 때 죽었다고 말하기도 한다. |45| 이 사람과 에우리피데스, 두 사람이 다 아낙사고라스의 제자였는데, 에우리피데스는 75회 올림피아 기의 첫째 해에 칼리아데스가 집정관이던 시절[65]에 태어났다.

소크라테스는 자연학에 관해서도 대화를 나눈 것으로 내게는 보인다. 적어도 그가 섭리(pronoia)에 관해서도 어떤 대화들을 나누는 걸 보면 그렇다. 그가 윤리학에 관해서만 담론을 행했다고 말하는 크세노폰조차도 그렇게 말한다. 하지만 플라톤도 『변명』에서 아낙사고라스와 다른 어떤 자연학자들을 언급한 후에, 소크라테스가 중요시하지 않는 것들에 관해서 그 자신이 이야기한다. 모든 것들을 소크라테스에게 갖다 붙이면서도 말이다.

아리스토텔레스가 말하기를, 어떤 마고스가 시리아에서 아테네로 와서 소크라테스에게 일어날 다른 나쁜 것들도 예언했지만 특히나 그에게 강제된 죽음이 일어나리라고 예언했다.

|46| 그에 대해서도 내가 지은 시가 있는데 다음과 같다.

마셔라, 소크라테스, 이제 제우스의 집에 있으니. 참으로
그 신은 당신을 지혜롭다 불렀는데, 지혜가 바로 신이니까 말이다.
아테네인들에게서 당신은 단지 독당근즙을 건네받았을 뿐,
정작 당신 입을 통해 그걸 모두 마셔 버린 건 바로 그들 자신이었던
  것이다.

---

65   480/479년.

아리스토텔레스가 『시학에 관하여』(*Peri Poiētikēs*) 3권[66]에서 말하는 바에 따르면, 이 사람을 렘노스 출신 안틸로코스라는 어떤 사람과 점쟁이(teratoskopos) 안티폰이 경쟁자로 삼았다(ephiloneikei)[67]. 마치 피타고라스를 퀼론과 오나타스가[68] 그랬고, 쉬아그로스가 살아 있을 때의 호메로스를, 또 죽은 후의 그를 콜로폰 출신 크세노파네스가 그랬으며, 케르콥스가 살아 있을 때의 헤시오도스를, 또 죽은 후의 그를 앞서 말한 크세노파네스가 그랬고, 핀다로스를 코스 출신 암피메네스가 그랬으며, 탈레스를 페레퀴데스가, 비아스를 프리에네 출신 살라로스가 그랬고, 피타코스를 안티메니다스와 알카이오스가 그랬으며, 아낙사고라스를 소시비오스가 그랬고, 시모니데스를 티모크레온이 그랬던 것처럼 말이다.[69]

|47| 그를 계승하여 소크라테스학파(Sōkratikoi)라고 불리는 사람들 가운데 최고위 지도자들(koryphaiotatoi)은 플라톤, 크세노폰, 안티스테네스이며, 회자되는 10명의 학파 사람들 가운데 가장 저명한 네 사람은 아이스키네스, 파이돈, 에우클레이데스, 아리스티포스다.[70]

---

66 아마도 『시인들에 관하여』라는 그의 대화편을 가리키는 것으로 보인다. 아리스토텔레스는 여기서 크세노폰(5A.14)에 나온 유의 안티폰을 점쟁이 안티폰과 동일시하고 있다.

67 혹은 '반박을 했다'.

68 때로는 사본을 고쳐서 '퀼론과 오나타스가' 대신 '크로톤 출신 퀼론이'로 읽기도 한다.

69 이 단락은 5A.15의 내용이기도 하다.

70 이후는 소크라테스학파에 속한 사람들을 어떻게 다룰 것인가를 이야기하는

2. 출생과 가정 배경 및 철학 활동 전의 삶[71]

6A.2. 알렉산드리아의 퀴릴로스 『율리아누스 반박』 6.208 (= 포르퓌리오스 단편 213F Smith) (*SSR* 1B41)[72]

그[즉, 소크라테스]에 관해서 포르퓌리오스는 『철학자들의 역사』 제3권에서 다음과 같이 쓰고 있다. 소크라테스는 아버지의 기술인 돌 자르는 기술(latypikē)을 구사하는 장인(dēmiourgos)이었다. 그리고 티마이오스는 자기 책 제9권에서 소크라테스가 돌 자르는 일(lithourgein)을 배웠다고 말한다.

그런데 〈아리스톡세노스〉는 악감정(dysmeneia) 때문에 신뢰할 만하지 않고 티마이오스는 연대(hēlikia) 때문에 그렇다고 하면 (티마이오스가 더 나중 사람이니까 말이다.), 우리는 플라톤의 제자였고 아리스톡세노스보다 더 먼저 사람인 퓌라 출신 메네데모스의 보고를 이용해야 한다. 그가 『필로크라테스』[73]에서 말하는 바로는, 소크라테스는 자기 아버지가 석공(lithourgos)이었다는 것과 어머니가 산파였다는 것에 대해 끝도 없이 이야기했다.[74]

부분, 그리고 동명이인들을 다루는 부분으로 이어진다. 소크라테스학파에 관해서는 11절과 14절, 특히 6A.60을 참고할 것.

71 생몰 연대, 부모, 출신지, 철학 활동 전의 삶에 관한 기본 정보는 6A.1에 있다.

72 cf. 6A.1의 2.18.

73 이 책 제목 부분은 손상된 것으로 흔히 간주된다. 나우크(Nauck)는 『소크라테스에 관하여』가 원래 제목일 것으로 추정한다.

74 DL의 보고(6A.1의 2.18)와 대동소이하다.

6A.3. 파우사니아스 『희랍 땅 순례기』 1.22.8 (*SSR* 1C9)

아크로폴리스로 들어가는 바로 그 입구 자체에 있는 헤르메스 상(이것을 사람들은 프로퓔라이아의 헤르메스라고 부른다.)과 카리스 여신들의 상을 소프로니스코스의 아들 소크라테스(퓌티아 여사제는 그가 인간들 가운데 가장 지혜로웠다고 증언한다.)가 만들었다고 사람들은 말한다.[75]

3. 교육[76]

6A.4. 『수다』 Σ.829 (소크라테스 항목) (= 아리스톡세노스 단편 52b Wehrli) (*SSR* 1D2)[77]

아리스톡세노스는 말하기를, 그[즉, 소크라테스]가 처음에는 아르켈라오스의 제자였고 그의 소년 애인이 되기도 했는데, 성적인 욕망이 아주 강렬했다.

6A.5. 플라톤 『메논』 96d5-7[78]

---

75 대 플리니우스 『박물지』 36.32에 따르면 이 조각가는 같은 이름의 화가와 다른 사람이라고 한다.

76 cf. 6A.1의 2.19(아낙사고라스 그리고 그의 재판 후 아르켈라오스의 제자, 다몬의 제자), 2.45(에우리피데스와 더불어 아낙사고라스의 제자).

77 DL 2.16에 의하면 소크라테스의 선생 아르켈라오스는 아낙사고라스의 제자다. DL 2.19에서는 아낙사고라스의 제자였다가 그의 유죄 판결 후에 아르켈라오스의 제자가 되었다고 말하는 사람들이 있다고 한다.

78 3B.19에 포함.

[화자: 소크라테스; 청자: 메논]

나도 당신도, 메논, 형편없는(phauloi) 사람들인 듯싶네요. 고르기아스는 당신을, 프로디코스는 나를 충분히 교육하지 못한 거죠.

6A.6. 플루타르코스 『페리클레스』 24.3 (SSR 1C15)

페리클레스가 아스파시아를 지혜로운 어떤 사람이자 정치에 능하다고 여겨 진지하게 대했다고 어떤 사람들은 이야기한다. 소크라테스도 지인들과 함께 그녀에게 배우러 다녔던 때가 있으니 말이다.

6A.7. 플라톤 『에우튀데모스』 272c1-5

[화자: 소크라테스; 청자: 크리톤]

단 하나 내가 걱정하는 건 두 외지인 손님에게 수치를 안겨드리지나 않을까 하는 거예요. 마치 메트로비오스의 아들인 키타라 연주자 콘노스에게처럼 말이죠. 그분은 지금도 여전히 내게 키타라 연주를 가르치죠. 그래서 나와 동문수학하는 아이들은 나를 비웃을 뿐만 아니라 콘노스를 '노인의 선생'이라 부르죠.

6A.8. 플라톤 『메넥세노스』 235e3-236a1 (SSR 6A66)[79]

소크라테스: 적어도 나한테는, 메넥세노스, 내가 연설[80]을 할

---

79 5A.13으로 이어짐.

80 전몰자를 추도하는 장례 연설을 가리킨다. 17장에 나오는 페리클레스의 장례 연설(17B.13)과의 관계가 거론될 만한, 소크라테스의 연설이 이 작품 『메넥세노스』에 나오게 된다. 상세한 내용은 해당 작품을 참고할 것.

(eipein) 수 있다는 게 전혀 놀라울 게 없죠. 나한테는 마침 선생이 있거든요. 수사학(rhētorikē)에 관해서 전혀 형편없지 않은 선생이고, 오히려 바로 그녀가 다른 많은 훌륭한 연설가들을 만들어 냈을 뿐만 아니라 희랍 사람들 가운데 가장 뛰어난 한 연설가도 만들어 냈지요. 크산티포스의 아들 페리클레스 말입니다.

메넥세노스: 그게 누구죠? 아님, 보나마나 아스파시아를 말하는 거로군요?

소크라테스: 물론 그분 이야깁니다. 메트로비오스의 아들 콘노스 이야기이기도 하고요. 이분들이 |236a| 나의 두 선생이거든요. 한 분은 시가(mousikē)[81]의, 다른 한 분은 수사학의 선생이죠.

6A.9. 튀로스의 막시모스 『강론집』 38.4[82]

그리고 그녀[즉, 아스파시아]조차도 당신[즉, 소크라테스]에게 만족을 주는 선생이 아니고, 오히려 당신은 디오티마에게서 사랑의 기술(ta erōtika)[83]을, 콘노스에게서 음악(ta mousika)[84]을, 에우에노스에게서 시학(ta poiētika)[85]을, 이스코마코스에게서 농사 기술을, 그리고 테오도로스에게서 기하학을 십시일반의 부조로 받아 내고 있다(eranizēi).

---

81 혹은 '음악'.

82 = 9A.3.

83 직역하면 '사랑에 관한 것들'.

84 직역하면 '뮤즈에 관한 것들'.

85 혹은 '시 짓는 기술'. 직역하면 '시에 관한 것들'.

4. 용모: 표리부동

6A.10. 플라톤 『향연』 215a4-b6

[화자: 알키비아데스]

여러분, 나는 소크라테스를 다음과 같이 칭송하려 시도하겠습니다. 모상들을 통해서 말입니다. 그러면 아마도 이분은 그게 자신을 더 우스워지도록 하려는 것이라고 생각할지도 모르지만, 모상은 우스개를 위해서가 아니라 진실을 위해 이용될 겁니다. 나는 그분이 조각가의 작업장들에 앉아 있는 이 실레노스[86]들과 가장 비슷하다고 주장합니다. |215b| 목적(牧笛)이나 피리를 들고 있는 것으로 장인들이 만들곤 하는 그것들 말입니다. 그것들을 양쪽으로 열어젖히면 안에 신들의 상(像)들을 갖고 있다는 것이 드러나게 되지요.[87] 그런가 하면 나는 또한 그분이 사튀로스인 마르쉬아스[88]

---

86 '실레노스'는 때로는 사튀로스들의 아버지를 가리키는 고유 명사로 쓰이기도 하고, 때로는 사튀로스들을 총칭하는 보통 명사로 쓰이기도 한다. 이 문맥에서는 후자로 사용된 것으로 보인다. 초기 아티카 도자기 그림에 실레노스는 말의 귀(와 때로는 말의 다리와 꼬리)를 가진, 턱수염 무성한 남자로서 님프들을 쫓아다니는 모습으로 나온다. 사튀로스들은 실레노스와 아주 비슷하지만 대개 젊고, 판(Pan) 신에게서 염소의 속성들을 본땄다. 비극 작가들의 사튀로스 극에 오면 말 혹은 개의 속성들을 가진 인간으로 등장하게 된다.

87 이런 식의 조각상이 유물로 전해지지 않는 것으로 보아 실제 이런 양식이 사용되었다고 해도 아주 잠깐 동안이었을 가능성이 높다.

88 전설적인 사튀로스의 하나. 전통에 따르면 아래에서 언급될 제자 올림포스와 더불어 피리(aulos)의 발명자로 알려져 있다. 뤼라로 대변되는 아폴론과 음악 경연을 벌이게 되는데, 경연에서 져서 (승자 마음대로 벌주기로 한 약속이 있었기에, 그의 주제넘은 도전에 마음이 상한 아폴론의 뜻에 따라) 산 채로 껍질

와 닮았다고 주장합니다. 그러니까, 소크라테스, 적어도 외모에 관한 한 당신이 이것들과 비슷하다는 데는 당신 스스로도 아마 이의를 제기하지 못할 겁니다.[89]

6A.11. 플라톤 『테아이테토스』 143e7-9

[화자: 테오도로스; 청자: 소크라테스]

그런데 이제, 모쪼록 내게 언짢아하지 않으면 좋겠는데요, 그[즉, 테아이테토스]는 멋있지(kalos) 않아요. 그저 당신과 들창코와 퉁방울눈이 닮았죠. 그것들이 당신이 갖고 있는 것보다는 덜하지만요.

6A.12. 크세노폰 『향연』 5.5-7 (Soc B3)

[대화자: 소크라테스와 크리토불로스]

"우리가" 하고 그[즉, 소크라테스]가 말했다. "무엇을 위해 눈을 필요로 한다고 생각하나요?"

"분명 보기 위해서죠."라고 그[즉, 크리토불로스]가 말했다.

"그렇다면 더 볼 것도 없이 내 눈이 당신 눈보다 더 아름답겠네요."

"어째서 그렇죠?"

"당신 건 똑바로만 보지만, 내 건 툭 튀어나왔기 때문에 옆도

이 벗겨지는 벌을 받았다고 한다.

89 실레노스가 이끄는 사튀로스들은 납작코에 퉁방울눈을 가지고 있었는데 소크라테스가 바로 이런 외모였다. 예컨대, 『테아이테토스』 143e(6A.11).

보니까요."

"당신은" 하고 그가 말했다. "게가 동물들 중에서 가장 좋은 눈을 가졌다고 이야기하는 건가요?"

"당연히 그렇죠." 하고 그가 말했다. "게다가 눈이 본래부터 힘도 가장 좋은 상태로 갖고 태어나죠."

|6| "좋아요." 하고 그가 말했다. "그럼 코는 어느 쪽이 더 아름답죠? 당신 건가요, 내 건가요?"

"나로선" 하고 그가 말했다. "내 거라고 생각해요. 적어도 냄새 맡기 위해 우리에게 신들이 코를 만들어 준 거라고 한다면 말이에요. 당신의 콧구멍은 땅 쪽을 보고 있지만, 내 콧구멍은 넓게 열려 있어서 온갖 곳의 냄새란 냄새는 다 받아들일 수가 있지요."

"하지만 들창코가 어떻게 바로 선 코보다 더 아름답다는 거죠?"

"눈 사이를 가로막지 않고 오히려 눈이 보고 싶은 것들을 곧바로 볼 수 있게 놔두거든요. 하지만 우뚝한 코는 마치 심술이라도 부리듯 눈 사이를 벽으로 막아 갈라놓지요."

|7| "적어도 입에 관해서라면" 하고 크리토불로스가 말했다. "나도 인정합니다. 그게 물기 위해 만들어진 거라면 당신이 나보다 훨씬 더 많이 물 수가 있을 테니까요. 그리고 두터운 입술을 가지고 있다는 것 때문에 당신의 키스도 더 부드럽다고 생각하는 건 아닌가요?"

그가 말했다. "당신의 설명에 따르면 나는 당나귀들의 입보다 더 추한 입을 갖고 있는 것 같네요. 하지만 저거야말로 내가 당신보다 더 아름답다는 증거라는 추론이 전혀 되지 않나요? 나이아스[90]

들도 여신이지만 당신보다는 나와 더 닮은 실레노스들을 낳는다는 거 말이에요."⁹¹

5. 평소 습성과 삶: 쾌고에 대한 태도, 인내, 맨발, 사색, 도시의 삶 등

6A.13. 플라톤『향연』219e6-220d5

[화자: 알키비아데스]

우리가 함께 포테이다이아로 출정하게 되었는데 […] 그런데 우선 그분은 고생을 견디는 일에 있어서 나만이 아니라 다른 모든 사람들을 능가했어요. 출정을 하면 그런 일이 다반사지만, 우리가 어딘가에서 보급이 끊겨 어쩔 수 없이 |220a| 곡기를 끊고 지낼 수밖에 없게 되었을 때 그걸 견뎌 내는 데 있어서 다른 사람들은 그분에 대면 아무것도 아니었죠. 그런가 하면 보급이 잘 되어 잔치를 벌일 때도 그분만이 그걸 온전히 즐길 수 있었는데, 특히나 그분은 술을 마시려 하지 않았지만 일단 마실 수밖에 없게 되었을 때는 우리 모두를 물리치더군요. 무엇보다도 가장 놀라운 일은 인간들 중엔 아무도 도대체 소크라테스가 취해 있는 걸 본 적이 없다는 점이에요. 이걸 보여 줄 증거를 우리가 금방 갖게 될 거라 생각해요.

---

90 작은 강, 시내, 호수, 연못, 늪, 샘 등에 사는 물의 요정.

91 외모가 실레노스 혹은 사튀로스를 닮았다는 이야기는 플라톤『향연』알키비아데스 연설(위 6A.10)에 등장한다. 두 자료 사이의 관계가 학자들 사이에서 논란이 된 바 있는데, 통상 플라톤을 크세노폰이 차용했다고 간주된다.

그런데 이번에는 혹한을 견디는 일에 관해서 말하자면(거기 추위는 혹독하거든요.), 그분이 행한 다른 일들도 물론 놀랍지만 |220b| 한번은 아주 극심한 서리가 와서 모두들 안에서 밖으로 나가려 하지 않고 혹시 누군가 나갈 경우에도 놀라우리만큼 많은 옷을 껴입고 발은 신발을 신은 데다 다시 털과 양가죽으로 감발을 치고 나갔는데, 이분은 이런 날씨에 예전에 늘 입고 다니던 바로 그런 외투를 걸친 채 나갔고 맨발인데도 신발을 신은 다른 사람들보다 더 쉽게 얼음 위를 걸어 다녔어요. 병사들은 |220c| 자기들을 깔보는 거라고 생각하면서 그분을 곁눈으로 흘끔거렸죠. […]

어느 날 새벽에 그분은 뭔가에 대해 사색에 빠지게 되었고 그걸 숙고하면서 그 자리에 서 있었는데, 그게 잘 풀려 가지 않자 그분은 포기하지 않고 해결책을 찾으며 서 있었어요. 그러다가 벌써 정오가 되었고 사람들이 그를 알아보고 놀라워하면서 "소크라테스가 새벽부터 뭔가를 골똘히 생각하면서 서 있다."고 서로에게 수군거렸죠. 결국 저녁이 되자 이오니아 사람들 몇몇은 |220d| 식사를 마치고 (그때는 바로 여름이었기 때문에) 요를 내어 와 선선한 데서 잠을 자기도 하고 그분이 밤 동안에도 그러고 서 있으려나 하고 지켜보기도 했죠. 그런데 그분은 새벽이 될 때까지 그러고 서 있었고 해가 떠올랐어요. 그러자 그분은 해에 기도를 올리고 떠나가 버리더군요.

6A.14. 플라톤 『파이드로스』 230b2-e4

소크라테스: 헤라 신에 걸고 말하건대, 정말 아름다운 쉼터로군

요. 이 플라타너스는 아주 널찍하게 벋어 있는 데다가 높다랗고, 또 버드나무는 그 높직함과 짙게 드리운 그늘이 무척 아름다운 데다가, 그 꽃은 한창 만발하여 그곳을 더할 나위 없이 향기롭게 해 주고 있네요. 또 그 플라타너스 밑으로 샘물이 아주 아취 있게 흐르는데, 그 물은 […] 아주 차갑고. […] |230c| 그런가 하면 […] 그곳의 산들바람은 또 얼마나 사랑스럽고 어찌 그토록 달콤한지! 그것이 여름의 청아한 소리를 울려 내어 매미들의 합창에 화답하고 있네요. 그런데 무엇보다도 세련된 풍취를 자아내는 것은 잔디군요. 약간 비탈진 곳에 빽빽하게 자라 있어서 머리를 베고 누우면 더없이 훌륭할 정도니 말이에요. 그러니까 당신은 낯선 자 안내하는 일을 아주 훌륭하게 해낸 거예요, 친애하는 파이드로스.

파이드로스: 그런데, 놀라운 분, 당신은 어떤 대단히 기이한 사람인 것처럼 보이네요. 당신이 토박이로 보이지 않고, 당신 말마따나 그야말로 낯선 사람으로서 안내받고 있는 것으로 |230d| 보이거든요. 그럴 정도로 당신은 시내에서 벗어나 경계선 바깥 땅으로 출타하지도 않을 뿐만 아니라, 적어도 내가 보기에는 성벽 바깥으로 아예 나가지도 않더군요.

소크라테스: 너그러이 봐줘요, 아주 훌륭한 친구. 난 배우기를 좋아하거든(philomathēs). 그런데 시골 지역들과 나무들은 내게 아무 가르침도 주려 하지 않지만, 시내에 있는 사람들은 그리 하지요. 하지만 당신은 나를 도시 밖으로 나가게 할 묘약(tēs exodou to pharmakon)을 발견해 낸 것 같군요. 마치 굶주린 동물들 앞에 어린 가지나 어떤 열매를 내밀어 흔들어 대면서 그것들을 이끌고 가

는 사람들처럼, 꼭 그렇게 당신은 책 속에 든 연설들을 내 앞에 내밀어서 |230e| 아티카 구석구석으로든, 아니면 당신이 원하는 다른 어느 곳으로든 나를 이끌고 다닐 수 있을 테니까 말이에요. 그런데 자, 지금은 여기 도착했으니 난 눕는 게 좋겠다는 생각이 드네요. 당신은 읽기에 가장 편하리라 여기는 자세를 취하고 읽어주세요.

6A.15. 아리스토파네스 『구름』 360-363 (DK 84A5)[92]

[화자: 합창 가무단(구름 여신들)이 소크라테스를 향해서]

우리는 요즘 천상을 논하는 소피스트들(meteōrosophistai) 가운데 다른 누구에게도 귀 기울이지 않거든요.

프로디코스 말고는. 그에게 귀 기울이는 건 그의 지혜와 판단(gnōmē) 때문이고, 당신[즉, 소크라테스]에게 귀 기울이는 건 당신은 고개를 꼿꼿이 들고 길을 가면서 이리저리 곁눈질을 하고[93]

맨발로 많은 역경들을 견디며 우리에게 거만한 표정을 하기 때문이죠.

---

92   = 3A.22.

93   평소 모습에 관한 이 행의 묘사는 플라톤 『향연』의 전투 참여 시 소크라테스 묘사에 다시 인용된다(아래 6A.17).

6. 전쟁 참여[94]

6A.16. 플라톤 『소크라테스의 변명』 28d9-e4[95]

아테네인 여러분, 내가 |28e| 포테이다이아에서든 암피폴리스에서든 델리온에서든 나를 지휘하라고 여러분이 직접 뽑아 준 지휘관들이 나에게 명령을 내렸을 때는 다른 누구라도 그랬듯이 저 사람들이 명령한 그 자리에 남아서 죽을 위험을 무릅썼으면서,[96] […]

---

94 6A.1의 DL 2.22-23에 여기 보고되는 세 원정 참여에 대한 보고와 사모스 원정 참여로 해석될 만한 키오스 출신 이온의 보고가 들어 있다.

95 6B.20으로 이어짐.

96 소크라테스가 참전했다고 플라톤이 보고하는 이 세 전투 모두 아테네와 스파르타 간의 전쟁에서 벌어졌다. 432년 트라키아의 포테이다이아에서 벌어진 전투는 투키디데스 『역사』 1.56-65에서 이야기되고 있는데, 그곳의 극한적 어려움에 대한 소크라테스의 인내가 플라톤 『향연』 219e-220e에 묘사되어 있고(위 6A.13), 플라톤 『카르미데스』 서두(크리티아스 장 10A.12)에서는 원정에 참여하고 돌아온 소크라테스의 이야기가 다루어진다. 424년의 델리온 전투에 관해서는 투키디데스 『역사』 4.89-101을 참고할 수 있고, 거기서 보여 준 소크라테스의 용기에 관한 자세한 서술은 『향연』의 알키비아데스 연설(220d-221c)에 나오고(아래 6A.17), 『라케스』 181a-b에도 간략히 언급되어 있다. 암피폴리스에서의 전투는 아마도 투키디데스 『역사』 5.2에 묘사된 422년의 전투를 가리키는 듯하다. 여러 정황을 고려할 때, 이 전투들보다 더 앞서는 사모스섬의 반란을 다스리기 위해 아테네가 벌인 사모스 원정(440년)에도 소크라테스가 참가했을 가능성이 높은데, 이것에 관한 언급은 제자들이나 다른 곳의 보고 어디에도 나타나 있지 않다.

6A.17. 플라톤 『향연』 220d6-221b7

[화자: 알키비아데스]

우리 장군들이 나에게 용감히 싸웠다고 상(賞)까지 주게 된 바로 그 전투가 있었을 때, 이분[즉, 소크라테스] 말고 인간들 가운데 다른 어느 누구도 나를 구해 주지 못했어요. |220e| 이분은 상처 입은 나를 버려두려 하지 않고 내 무기와 나 자신을 함께 구해 주었죠. 그리고 사실 난, 소크라테스, 그때 용감히 싸웠다는 상은 당신에게 주어야 한다고 장군들에게 촉구했더랬죠. 적어도 이 점에 관해선 당신이 날 비난하거나 거짓말을 하고 있다고 말 못 할 거예요. 하지만 장군들은 내 지위를 염두에 두고 그 상을 내게 주려 했고, 그때 당신은 스스로 당신 자신이 아니라 내가 상을 받게 하는 데 장군들보다 더 열심이었지요.

게다가, 여러분, |221a| 군대가 델리온에서부터 마구 퇴각할 때의 소크라테스의 모습은 정말 바라볼 만한 가치가 있는 광경이더군요.[97] 나는 어쩌다 보니 거기에 기마병으로 있었죠. 이분은 중무장 보병이었고.[98] 그런데 사람들이 이미 뿔뿔이 흩어진 상태에서 이분이 라케스와 더불어 퇴각하고 있더군요. 그리고 나는 마침 근처에 있었는데 이분들을 보자마자 기운 내라고 격려하면서 두

---

[97] 424년 말경 아테네인들은 보이오티아 남동부에 있는 델리온 근방에서 보이오티아인들에게 패했고 무질서하게 퇴각하게 되었다(투키디데스 『역사』 4.89-101).

[98] 두 사람의 병과에 관해서는 아래 소크라테스의 가난에 관한 대목(6A.23)의 관련 주석을 참고할 것.

분을 버려두지 않겠노라고 말했지요. 바로 거기서 나는 소크라테스를 포테이다이아에서보다 잘 바라보게 되었지요. 말에 타고 있었기 때문에 나 자신 겁이 덜 나 있었거든요. 우선 |221b| 침착함에 있어서 라케스를 얼마나 능가했던지! 그다음으로 이분은 여기 시내에서 그러는 것과 똑같이 거기서도, 아리스토파네스, 이건 바로 당신 표현인데

고개를 꼿꼿이 들고 이리저리 곁눈질하면서[99]

그러니까 유유히 곁눈질로 우군도 보고 적군도 보고 하면서 지나가고 있는 것으로 적어도 내게는 보이더군요. 어쨌든 누군가가 이 사나이를 건드리기라도 할라치면 아주 단호하게 막아 낼 태세라는 것이 누구에게나, 심지어 아주 멀리 떨어져 있는 사람에게까지도 분명했지요. 그랬기 때문에 이분도 그리고 그 동료분도 무사히 빠져나오게 되었지요.

7. 신령스러운 것의 목소리

6A.18. 플라톤 『소크라테스의 변명』 31c3-e1
그런데 내가 개인적으로는 이런 조언을 하면서 돌아다니고 여기저기 참견도 하면서, 공적으로는 여러분의 무리 앞에 올라와 국

---

99 아리스토파네스 『구름』 362(6A.15에 수록)를 거의 그대로 가져왔다.

가를 위해 조언하는 일에 엄두를 내지 않는다는 것이 어쩌면 이상스러운 일이라 여겨질지도 모르겠습니다. 그러는 까닭은, 내가 여러 번 여러 곳에서 그 말을 하는 걸 여러분이 직접 들은 적이 있는 것처럼, 나에게 어떤 신적인 |31d| 혹은 신령스러운 것이 생겨나기 때문입니다. 멜레토스가 고발장에 써서 희화화한 것도 바로 이것이고요.[100] 내겐 이것이 어린 시절부터 시작되었어요. 어떤 목소리가 생겨나는데, 생길 때마다 늘 내가 하려는 일을 못 하게 말리긴 해도 하라고 부추기는 적은 한 번도 없지요.[101] 내가 정치적인 활동을 하는 것에 반대한 게 바로 이것인데, 내가 보기에 그 반대는 정말 훌륭한 것이기도 합니다. 왜냐하면, 아테네인 여러분, 이점을 여러분이 잘 알아 두었으면 하는데, 내가 오래전에 정치적인 활동을 하려고 시도했더라면 오래전에 이미 죽었을 것이고, 여러분에게도 |31e| 나 자신에게도 아무런 이로움을 주지 못했을 테니까 말입니다.

6A.19. 크세노폰 『소크라테스의 변명』 4[102]

"아, 물론, 안 그래도 벌써 두 번씩이나 항변에 관해 숙고하려는

---

100 신적인/신령스러운 것 혹은 '신의 신호'(sēmeion)(『변명』 40b) 때문에 멜레토스가 소크라테스를 불경죄로 고발한 것이라는 아이디어는 『에우튀프론』에서는 종교 전문가 에우튀프론의 것으로 등장한다(3b). 고발장의 내용은 6A.49나 DL 2.40(6A.1)을 참고할 것.

101 앞 6A.1의 2.32, 아래 6A.20 및 6B.23과 비교해 볼 만하다.

102 6A.55에 포함.

시도를 했더랬는데, 신령스러운 것이 나한테 반대하더군요."

6A.20. 플루타르코스『니키아스』13.9, 532b

지혜로운 사람 소크라테스에게는 신령스러운 것이 그에게 신탁
을 보여 주기 위해 자주 이용하곤 하던 그 징조들(symbola)로 저것
들을 또한 보여 주었다. 그 항해 원정[즉, 415년의 시칠리아 원정]
이 행해지면 국가의 파멸로 이어진다는 것 말이다. 그는 자기 친
척들과 친구들에게 그걸 밝혔고, 그래서 이 이야기는 많은 사람들
에게 퍼졌다.

8. 정치 불참 태도 및 정치적 활동[103]

6A.21. 플라톤『소크라테스의 변명』32a9-e1[104]

나는, 아테네인 여러분, 국가의 다른 관직은 |32b| 한 번도 맡
아 본 적이 없지만 평의회 의원이 된 적은 있습니다. 그런데 마침
우리 안티오키스 부족이 평의회 운영을 맡고 있던 때였어요. 여러
분이 해전을 하던 사람들을 건져 주지 못한 열 명의 장군을 병합
하여 심리하자고 의결했을 때가 말입니다. 그건 나중에 여러분 모
두가 인정한 바 있듯이 불법적인 것이었지요. 그때 평의회 운영

---

103 일반적인 정치 불참 태도에 관해서는 위 6A.18(『변명』)을, 시칠리아 원정에
   대한 부정적 태도에 관해서는 6A.20(플루타르코스)을 참고할 것.
104 406년 아르기누사이 해전 관련 재판 당시의 활동과 404년 30인 과두정하에
   서의 활동.

위원 가운데 나만 여러분이 법에 반하는 그 어떤 일도 해서는 안된다고 반대했고 또 반대표를 던졌습니다. 그러자 연설가들은 나를 고발하고 체포할 태세였고, 여러분은 그러라고 촉구하며 목청을 돋우고 있었는데요. 그런데도 |32c| 나는 내가 옥살이나 죽음이 두려워서, 정의롭지 않은 결정을 내리는 여러분 편에 서기보다는, 오히려 법과 정의의 편에서 위험을 무릅써야 한다고 생각했습니다.[105]

이건 우리 나라가 아직 민주정 치하일 때의 일이었지요. 그런데 과두정이 들어서자, 이번에는 30인 통치자들이 사람을 시켜 나를 비롯해 다섯 사람을 원형 청사로 불러서는 살라미스에 가서 살라미스 사람 레온을 잡아 오라고 명령했습니다. 죽일 작정으로 말입니다. 저들은 다른 많은 사람들에게도 그런 일들을 숱하게 명령하곤 했지요. 가능한 한 많은 사람들을 자기들의 죄악에 물들이고 싶어서 그랬던 거죠. 하지만 그때 나는 |32d| 말로가 아니라 행동으로 또 한 번 보여 주었습니다. 난 죽음에 대해서는 (이런 말을 하는 게 너무 직설적인 게 아니었으면 좋겠는데요.) 눈곱만큼도 관심이 없지만, 부정의한 어떤 일도 불경건한 어떤 일도 저지르지 않는 것, 이것에 대해서는 온통 관심을 쏟고 있다는 걸 말입니다. 저 정권이 아주 강고하긴 했지만, 어떤 부정의한 일을 저지르게 될 정도의 공포로 나를 몰아넣지는 못했거든요. 우리가 원형 청사에

---

105 이 사건에 대한 보고가 크세노폰 저작에도 나온다. 『소크라테스 회상』1.1.18 (Soc B1, LM P34a), 『헬레니카』1.7.15(Soc D109, LM P34b).

서 나왔을 때, 네 사람은 살라미스로 가서 레온을 잡아 왔지만, 나는 헤어져 집으로 갔지요. 만일 그 정권이 빠르게 무너져 버리지 않았더라면, 아마도 이 일 때문에 난 죽었을 겁니다. |32e| 이것들에 대해 여러분에게 증언해 줄 사람들은 많이 있습니다.[106]

6A.22. 시칠리아의 디오도로스 『일반 역사』 14.5.1-4[107]

|1| 수행원들[108]이 나와서 그[즉, 테라메네스]를 끌고 가고 있을 때, 테라메네스는 소크라테스 곁에서 철학에도 상당히 관여했었기 때문에 자신의 불운을 고상하게 견뎌 냈다. 그런데 나머지 군중은 테라메네스가 불운을 겪고 있는 것을 애처로워하긴 했지만, 많은 사람들이 무장을 한 채 둘러 서 있었기에 감히 나서서 도움을 주려 하지는 못했다. |2| 그런데 철학자 소크라테스와 그에게 속한 사람들 둘이 달려와서 수행원들을 제지하려 시도했다. 하지만 테라메네스는 그런 일들은 조금도 하지 말아 달라고 부탁했다.

---

106 이 사건에 대한 보고 역시 크세노폰 저작에도 나온다. 『소크라테스 회상』 4.4.3 (Soc B1, LM P35).

107 테라메네스 재판 관련 일화. 이것과 다른 버전도 있다. 위-플루타르코스는 테라메네스의 마지막 장면에 개입을 시도한 사람이 이소크라테스였다고 보고한다. "그[즉, 테라메네스]가 30인에 의해 체포되어 평의회 제단(Boulaia Hestia)에서 피고로 섰을 때 모두가 겁에 질려 있던 상황에서 그[즉, 이소크라테스]만이 도와주러 일어났으며, 오랜 시간 동안 그는 처음엔 잠자코 있었는데 나중에 이 사람[즉, 테라메네스]이 친구들 가운데 누군가가 불행을 당하게 될 경우에 그것이 자기에겐 더 고통스러운 일이라고 말하면서 그를 만류했다."(『열 명의 연설가들의 생애』 836d-837a)

108 즉, 11인들의 수행원들.

그들의 우정과 용기는 칭찬하지만 자신에게는 그렇게 자신과 가까운 사람들이 죽임을 당하게 되는 원인이 된다면 그것이 가장 큰 불행이 될 거라고 말했던 것이다. |3| 소크라테스 및 그의 주변 사람들은 딴 사람들 중 어느 누구도 도와주지 않는데 권한을 가진 사람들의 성화는 늘어나는 것을 보면서 그냥 가만히 있었다. 그러자 명령을 받은 사람들이 테라메네스를 단에서 끌어내려 시장 중앙을 지나 사형 집행을 위해 끌고 갔다. |4| 다중은 호위 부대의 무장에 겁을 먹은 채 불운을 당한 그 사람의 고통에 공감하면서 그 사람의 불행만이 아니라 자신들의 노예 상태를 슬퍼하며 눈물을 흘렸다. 비천한 사람들 각자가 테라메네스의 덕이 그토록 진흙탕에서 짓밟히고 있는(propēlakizomenēn) 것을 지켜보면서 그들의 약함으로 그들이 아무런 말도 못 한 채 희생당하게 되리라고 받아들였기 때문이다.

9. 가난[109]

6A.23. 플라톤 『소크라테스의 변명』 23b4-c1[110]

그래서 나는 지금도 여전히 돌아다니면서 신의 뜻에 따라 이런

---

109 여기 언급된 소크라테스 제자들의 언급 외에 희극 작가들도 소크라테스의 가난을 자주 희화화하곤 했다. 예컨대, 423년 상연된 아메입시아스의 『콘노스』나 429년과 411년 사이에 쓰인 것으로 추정되는 에우폴리스의 한 희극에 잘 표현되어 있다. 각각 이런 내용이다. "소크라테스 […] 어떻게 당신에게 외투가 생길 수 있을까요? […] 하지만 이 사람은 그렇게 가난하면서도 절대 굽혀

것들을 찾고 탐문합니다. 내지인 중에서든 외지인 중에서든 지혜롭다고 내가 생각하는 사람을 상대로 말입니다. 그리고 그가 지혜롭지 않다고 여겨질 때는 신을 도와 그가 지혜롭지 않다는 걸 보여 줍니다. 이런 분주함으로 인해 국가의 일들이든 집안일들이든 뭔가 언급할 만한 가치가 있는 일을 행할 여유가 내게는 없었고, |23c| 오히려 나는 신에 대한 봉사 때문에 극도로 가난한 상태에 처해 있습니다.[111]

6A.24. 플라톤 『소크라테스의 변명』 38b3-6

하지만 지금 나한테는 돈이 없습니다. 내가 다 물 능력이 될 만큼의 액수를 나에게 벌금으로 부과해 주고 싶은 마음이 여러분한테 있는 게 아닌 한은 말입니다. 어쩌면 은화 1므나[112] 정도는 아마 여러분에게 물 능력이 될 거 같네요. 그러니 그 액수의 벌금을 제

서 알랑거린 적이 없죠."(아메입시아스 단편 9: *SSR* 1A10) "그런데 나는 또 소크라테스가 싫어요. 그 조잘대는 거지, 딴 것들은 신경 쓰면서 어떻게 먹을 수 있을지는 전혀 마음 쓰지 않는 사람이 싫어요."(에우폴리스 단편 352: *SSR* 1A12)

110 비슷한 내용을 언급하는 31b-c에서는 가난이 보수를 받지 않는다는 것의 강조와 연결되어 있다.

111 플라톤 『향연』 221a(위 6A.17) 등에 따르면 소크라테스는 중무장 보병으로 참전했다. 아테네인들은 참전 시 자신의 장비를 자기가 구하게 되어 있어서 재산 등급에 따라 병과도 다르다. 그가 처음부터 빈곤층에 속한 것은 아니었음을 미루어 짐작할 수 있다. 같은 자료에서 알키비아데스는 기마병으로 참전했다고 되어 있는데, 이것 역시 그가 부유층 출신임을 짐작하게 하는 증거가 된다.

112 므나의 가치에 관해서는 앞 1A.1의 해당 주석을 참고할 것.

안하겠습니다.

6A.25. 크세노폰 『가정 경영』(*Oikonomikos*) 2.2-3 (*Soc* B2)

그러자 크리토불로스가 웃으며 말했다. "신들 앞에서 묻는데, 대체 얼마를" 하고 말했다. "당신 재산을 팔면 받게 될 거라 생각하나요? 내건 또 얼마고?" "내가 생각하기론" 하고 소크라테스가 말했다. "요행히 좋은 구매자를 만난다면, 내 집 포함해서 있는 것들 전부 다 하면 5므나는 거뜬히 받을 수 있겠죠. 물론 당신 거야 이거의 백배보다도 더 많은 액수를 받을 거라는 걸 난 정확히 알지만 말이에요."

6A.26. 플루타르코스 『아리스테이데스』 1.9, 319c (= 팔레론의 데메트리오스 단편 95 Wehrli)

하지만 데메트리오스는 마치 가난이 큰 악인 양 여겨 아리스테이데스만이 아니라 소크라테스도 가난으로부터 벗어나게 해 주고 싶어 무진 애를 썼던 것이 분명하다. 저 사람에게도 집이 있었을 뿐만 아니라 크리톤이 이자를 보고 투자한(tokizomenai) 70므나도 있었다고 그가 말하고 있으니 말이다.[113]

---

113 투자 이야기는 DL의 2.20에도 나온다(6A.1).

10. 사랑(erōs)

6A.27. 플라톤『향연』177d7-8

[화자: 소크라테스]

나는 사랑에 관한 일들(ta erōtika) 말고 다른 어떤 것도 알지 못한다고 주장하는 터라서 […]

6A.28. 크세노폰『향연』8.2 (*Soc* B3)

[화자: 소크라테스]

나는 누군가를 계속 사랑하지 않고 지낸 시간을 댈 수가 없어요.

6A.29. 플라톤『파이드로스』257a7-9

[화자: 소크라테스; 대상: 에로스 신]

호의와 자비를 베푸셔서 당신[즉, 에로스]이 내게 준 사랑의 기술(erōtikē technē)을 분노 때문에 빼앗아 가지도 무기력하게 만들지도 마시고 내가 지금보다 훨씬 더 아름다운 사람들에게서 존중받게 해 주소서.

6A.30. 플라톤『프로타고라스』309a1-2[114]

[화자: 동료; 청자: 소크라테스]

어디 있다가 나타나는(phainetai) 건가요, 소크라테스? 아님, 보나

---

114 작품 서두.

마나 알키비아데스의 청춘(hōra)을 사냥하다가 오는(apo kynēgesiou) 건가요?

6A.31. 플라톤 『고르기아스』 481d1-5[115]

[화자: 소크라테스; 청자: 칼리클레스]

지금 나도 당신도 마침 똑같은 어떤 경험을 한 상태라는 걸 깨달았어요. 우리 두 사람 각각이 둘을 사랑하고 있다는 걸 말이에요. 나는 클레이니아스의 아들 알키비아데스와 철학을, 당신은 둘, 즉 아테네 인민(dēmos)과 퓌릴람페스의 아들[116]을 말이죠.

11. 제자들

11.1. 플라톤 『변명』의 제자 언급들

11.1.1. 카이레폰

6A.32. 플라톤 『소크라테스의 변명』 20e8-21a6

여러분은 카이레폰을 아마 알 겁니다. 이 사람은 젊어서부터 |21a| 내 동료였을 뿐만 아니라 여러분들 무리의 동료였고, 여러

---

115 = 8A.7.

116 퓌릴람페스의 아들 이름이 마침 '데모스'여서 플라톤이 그걸 가지고 언어 유희를 구사하고 있다.

분과 이번 망명을 함께 떠났다가 여러분과 함께 귀환하기도 했지요. 또 여러분은 카이레폰이 어떤 사람이었는지 알 겁니다. 일단 하려고 마음먹은 일에 얼마나 열정적이었는지를 말입니다. 그런 그가 언젠가 델피에 가서는 감히 신탁에 이것을 물었지요. 부디 앞에서도 말했듯이, 소란을 벌이지 마세요, 여러분. 그는 나보다 더 지혜로운 사람이 있는지를 물었던 겁니다. 그랬더니 퓌티아 여사제가 더 지혜로운 사람은 아무도 없다고 대답했습니다. 이것들에 관해서는 그 사람의 형제인 여기 이 사람이 여러분에게 증인이되어 줄 겁니다.[117] 그 사람은 이미 고인이 되었으니까요.

11.1.2. 알키비아데스와 크리티아스

6A.33. 플라톤 『소크라테스의 변명』 33a3-b3[118]
도대체 어느 누구에게도, 즉 다른 사람에게도 그렇거니와, 나를 비방하는 사람들이 주장하기로 내 제자들이라고 하는 바로 그 사람들[119] 가운데 누구에게도, 정의에 반해 동조해 본 적이 전혀 없

---

117 카이레폰의 동생 카이레크라테스다. 아래 크세노폰의 보고에도 언급된다. 카이레폰을 형으로 두는 일의 어려움에 관해 소크라테스와 나누는 긴 대화가 크세노폰의 보고에 나온다(『회상』 2.3.1-19).

118 소크라테스학파 내 문제 인물: 크리티아스, 알키비아데스. cf. 6A.30(알키비아데스), 6A.31(알키비아데스), 6A.34(두 사람), 6A.35(크리티아스), 6A.47(크리티아스), 6A.51(두 사람).

119 이름이 거명되지는 않았지만, 그의 제자였고 나중에 아테네 민주정의 적대자로 악명을 떨치게 된 두 유명 인사, 알키비아데스와 크리티아스를 특히 염두

었으니까요.

실은 난 도대체 어느 누구의 선생도 되어 본 적이 없습니다. 다만 젊은이든 나이 든 이든 간에 누군가가, 내가 말을 하면서 나 자신의 일들을 하는 걸 듣고 싶은 욕망을 가지고 있을 경우에 도대체 어느 누구에게도 인색하게 굴어 본 적이 없고, 돈을 |33b| 받으면 대화를 나누지만 안 받으면 안 하는 것도 아니며, 오히려 부자에게든 가난한 사람에게든 똑같이 나에게 질문하라고 나 자신을 내어놓고, 누군가가 대답하면서 내가 무슨 말들을 하는지 듣기를 원할 때도 그렇게 합니다.

6A.34. 플라톤 『프로타고라스』 316a3-5[120]

[전달자: 소크라테스; 피전달자: 동료]

그리고 우리가 들어가자마자 막바로 우리 뒤를 따라 들어오더

에 둔 언급이라는 것이 버넷(J. Burnet 1924) 이래 많은 사람들의 생각이다. 아래(33d-34a) 제자 목록에 두 사람이 들어 있지 않은 것은 본인이나 가까운 누군가가 재판에 참석하지 않았기 때문만은 아닐 것이다. 두 사람을 특히 염두에 둔 것이든 아니든 간에 플라톤이 그 두 사람과 스승 사이에 충분한 거리를 확보하려 노력하고 있는 것만은 분명해 보인다.

120 3A.6의 중간 생략 부분에 해당하는 대목의 일부. 맥락은 칼리아스 주최 '소피스트 대회'의 세 주인공(프로타고라스, 히피아스, 프로디코스) 묘사가 끝난 직후다. 그러니까 이를테면 '소피스트 대회'에 초청장 없이 방문한 제4의 소피스트 묘사쯤에 해당하는 대목이다. 주지하다시피 고르기아스는 방명록에 아예 없다. 대회의 묘사이기도 하지만, 다른 한편으로는 『변명』에서 이름 없이 등장한 제자 목록을 새로 업데이트하는 것이기도 하다고 보아 여기에 등재하기로 한다.

군요. 당신도 그렇게 주장하고 나도 그렇게 믿고 있듯이 아름다운 사람인 알키비아데스도 또 칼라이스크로스의 아들 크리티아스도 말이죠.

6A.35. 필로스트라토스『소피스트들의 생애』1.16 (DK 88A1) (*SSR* 1C105)[121]

사실 그[즉, 크리티아스]가 누구보다도 가장 많이 함께 철학에 몸담았고 당대인들 가운데 가장 지혜롭고 가장 정의롭다는 평판을 받던, 소프로니스코스의 아들 소크라테스를 닮지 않고 […] 테살리아인들과 비슷하게 되었다는 것 또한 이상한 일이다.

11.1.3. 재판 참석 제자 목록

6A.36. 플라톤『소크라테스의 변명』33c8-34a3[122]

내가 과연 |33d| 젊은이들 가운데 일부는 망치는 중이고 일부는 이미 망쳤다면, 또 그들 가운데 누구라도 나이가 든 후에, 그들이 젊었을 때 내가 그들에게 뭔가 나쁜 조언을 한 적이 있다는 걸알게 되었다면, 분명 그들은 지금 이 자리에 직접 올라와서 나를 고발하고 앙갚음을 했어야 하니까요. 혹 자신들이 직접 그렇게 할의향이 없더라도, 저들의 집안사람들 가운데 아무라도, 아버지든

---

121 10A.1에 포함.
122 소크라테스학파 목록 1: 재판 참석자들.

형제든 아니면 다른 친척이든 간에, 지금 기억하고 앙갚음을 했어야 합니다. 자기들의 집안사람들이 나한테서 뭔가 나쁜 일을 겪었다고 한다면 말입니다.

어찌 되었건 그들 가운데 많은 이가 여기 와 있고 내 눈에도 보이네요. 우선 크리톤이 여기 있네요. 나와 동년배요 같은 마을 사람이죠. |33e| 여기 이 크리토불로스의 아버지고요. 다음으로는 스페토스 출신 뤼사니아스가 있네요. 여기 이 아이스키네스의 아버지죠. 또 케피시아 출신 안티폰이 여기 있네요. 에피게네스의 아버지고요. 거기다 또 다른 사람들이 여기 있네요. 자기 형제들이 나와 이렇게 시간을 보내며 지냈던 사람들이죠. 테오조티데스의 아들 니코스트라토스는 테오도토스의 형제고요. 그런데 테오도토스는 이미 고인이 되었으니 딴 사람은 몰라도 적어도 그 사람만큼은 자기 형제에게 간청할 수가 없겠지요. 또 데모도코스의 아들 파랄리오스가 여기 있네요. |34a| 테아게스가 그의 형제였죠. 그리고 여기 아리스톤의 아들 아데이만토스가 있네요. 여기 이 플라톤이 그의 형제고요. 아이안토도로스도 있네요. 여기 이 아폴로도로스가 그의 형제죠.

6A.37. 플라톤 『소크라테스의 변명』 38b7-10[123]

그런데 아테네인 여러분, 여기 이 플라톤과 크리톤과 크리토불로스와 아폴로도로스가 나더러 30므나를 벌금으로 제안하라고 권

---

123 소크라테스학파의 핵심 인물: 플라톤, 크리톤, 크리토불로스, 아폴로도로스.

하는군요. 자기들이 직접 보증을 서겠다네요. 그러니 그 액수의
벌금을 제안하겠습니다. 그리고 이 사람들이 여러분에게 그 돈의
지불을 보증하는 든든한 보증인이 되어 줄 겁니다.

11.2. 플라톤『파이돈』임종 제자 목록

6A.38. 플라톤『파이돈』59b5-c6 (*SSR* 1H1)[124]

에케크라테스: 그런데, 파이돈, 어떤 사람들이 마침 곁에[즉, 죽
음을 맞는 소크라테스의 곁에] 있었나요?

파이돈: 이 지역 사람들 중에서는 방금 말한 이 아폴로도로스
가 곁에 있었고 크리토불로스와 그의 아버지[125] 그리고 헤르모게네
스도 아직 있었고, 에피게네스와 아이스키네스와 안티스테네스가
있었지요. 그리고 파이아니아 구역 출신 크테시포스와 메넥세노
스와 이 지역 사람들 중 다른 몇몇이 또 있었지요. 내 기억에 플라
톤은 아팠어요(ēsthenei).

에케크라테스: 외지인들은 몇몇이 곁에 있었나요?

|59c| 파이돈: 예, 테베 출신의 바로 그 심미아스와 케베스[126]와
파이돈데스[127], 그리고 메가라에서 온 사람으로는 에우클레이데스

---

124 소크라테스학파 목록 2: 임종 제자들.

125 즉, 크리톤.

126 이 작품에서 소크라테스의 주된 대화 상대자이기도 한 심미아스와 케베스는
    필롤라오스의 제자였기에 기본적으로는 피타고라스학파로 간주된다.

127 '파이돈데스'(Phaidōndēs)로 읽는 사본들(T, Q, Λ, Ba)과 '파이도니데스'

와 테릅시온[128]이 있었습니다.

에케크라테스: 아리스티포스와 클레옴브로토스는 어떤가요? 곁에 있었나요?

파이돈: 아니요. 그들은 아이기나에 있었다고들 하더군요.

에케크라테스: 딴 사람은 그럼 또 누군가가 곁에 있었나요?

파이돈: 내 기억으로는 대략 이 사람들이 곁에 있었던 거의 전부입니다.

11.3. 크세노폰의 언급

6A.39. 크세노폰 『소크라테스 회상』 1.2.48 (*Soc* B1)

그러나 크리톤은 소크라테스의 제자(homilētēs)였고, 카이레폰과 카이레크라테스와 헤르모게네스와 심미아스와 케베스와 파이돈다스 및 저 사람과 함께 있던(synēsan) 다른 사람들도 그랬는데, 그들이 저 사람과 함께 있던 건 대중 연설이나 법정 연설을 잘하게 (dēmēgorikoi ē dikanikoi) 되려고 해서가 아니라 아름답고도 훌륭

(Phaidōnidēs)로 읽는 사본들(β, W, P, S, V, Λh)로 나뉘어 있다. 그런가 하면, 아래 크세노폰의 보고에는 '파이돈다스'(Phaidōndas)로 되어 있다.

128 플라톤의 『테아이테토스』의 외곽 대화에 등장하는 인물들이기도 한 에우클레이데스와 테릅시온은 메가라학파에 속한 인물이다. 특히 에우클레이데스는 그 학파의 창시자로 알려져 있으며, 헤르모도로스를 인용하는 DL에 따르면 (DL 3.6; 2.106) 플라톤과 다른 소크라테스학파 사람들이 소크라테스 사후 그를 방문한 것으로 전해진다. 이들을 비정통적 피타고라스학파로 간주하는 사람들도 있다.

한 사람들이 되어 가정과 가족들, 친척들과 친구들, 국가와 시민들에게 아름답게 처신하려고(kalōs chrēsthai) 해서였다. 그리고 이들 가운데 더 젊든 더 나이 들었든 그 누구도 나쁜 일은 조금도 행한 적이 없고 비난 살 일을 한(aitian eschen) 적도 없다.[129]

11.4. DL의 언급(아리스티포스와 아이스키네스)

6A.40. 디오게네스 라에르티오스 『유명한 철학자들의 생애와 사상』 2.65

아리스티포스는 출신으로는 퀴레네 사람이었지만, 아이스키네스가 말하기로는, 소크라테스의 명성에 이끌려 아테네로 오게 되었다. 이 사람은, 소요학파 사람인 에레소스의 파니아스가 말하는 바로는, 소피스트가 된 후에(sophisteusas) 소크라테스학파 사람들 가운데서 처음으로 보수를 받아 냈고 돈을 선생에게 보냈다. 그리고 어느 땐가는 그에게 20므나를 보냈다가 되돌려 받았다. 소크라테스가 신령스러운 것이 자기에게 받는 것을 허용하지 않는다고 말하면서 돌려보냈다. 그는 이것에 대해 언짢아하고 있었던 것이다.

6A.41. 디오게네스 라에르티오스 『유명한 철학자들의 생애와 사상』 2.61-62

사람들 말로는, 그[즉, 아이스키네스]는 궁핍(aporia) 때문에 시

---

129 앞의 플라톤 『변명』 33a(6A.33)와 비교할 만하다.

칠리아에 디오뉘시오스에게 갔다. 거기서 플라톤에게는 무시를
당했지만, 아리스티포스에게서는 디오뉘시오스를 소개받았으며,
대화편들(dialogoi) 중 몇몇을 그에게 주고서 선물을 받았다. |62|
나중에 아테네에 돌아와서는 소피스트 노릇(sophisteuein)은 엄두
도 못 냈는데, 당시에 플라톤과 아리스티포스 및 그 주변 사람들
이 인기가 높았기 때문이다. 하지만 보수를 받는 강의들(akroaseis)
을 베풀기는 했다.[130] 그다음에는 불의를 당한 사람들을 위해 법정
연설들을 저술했다. 그렇기 때문에 티몬도 그에 대해서 다음과 같
이 말했던 것이다.

    ··· 설득력 없지 않은, 아이스키네스의 쓰는 〈힘〉,[131]

사람들은 말하기를, 가난이 그를 옥죄고 있을 때 소크라테스가 자
기 먹는 음식들을 줄이면서 그에게 자기에게 빌리라고 이야기했
다. 아리스티포스도 그의 대화편들에 대해 의심을 품었다. 어쨌든
그가 메가라에서 자기 작품을 읽고 있을 때 아리스티포스가 다음
과 같이 말하면서 헐뜯었다고들 한다. "어디서 이것들을 손에 넣
었나, 도둑 양반?"[132]

---

130 '보수를 받는 강의'와 '소피스트 노릇'의 차이는 무엇일지 따져볼 만하다. 강의
    보수를 받은 첫 소크라테스학파 인물이 아리스티포스였다는 다른 곳에서의
    DL의 보고도 있다(6A.40).
131 'is'를 보충한 로이퍼(Roeper)의 수정 제안을 받아들였다.
132 이어지는 2.63은 고르기아스 장(2A.18)에 인용되어 있다.

12. 소피스트와의 관계, 당대인들의 평가[133]

6A.42. 디오게네스 라에르티오스 『유명한 철학자들의 생애와 사상』 9.53[134]

이 사람[즉, 프로타고라스]은 또한 소크라테스적인 논변 형식[135] (to Sōkratikon eidos tōn logōn)을 처음으로 창안해 냈다.

6A.43. 아리스토파네스 『구름』 218-225

스트렙시아데스: 자, 바구니에 있는 이 사람은 누군가요?

제자: 바로 그 사람입니다.

스트렙시아데스: 바로 그 사람이 누군데요?

제자: 소크라테스입니다.

스트렙시아데스: 소크라테스! 이봐요, 어서 날 위해 그 사람을 크게 좀 불러 줘요.

제자: 당신이 직접 부르시죠. 난 여가(scholē)가 없거든요.

스트렙시아데스: 소크라테스! 앙증맞은 소크라테스(ō Sōkratidion)!

소크라테스: 왜 날 부르는 거요, 하루살이인 이여(ōphēmere)?

스트렙시아데스: 우선 당신이 뭘 하고 있는지, 청컨대, 내게 말해

---

133 명시적으로 '소피스트'로서의 소크라테스를 언급하는 곳은 6A.47, 6A.48, 6A.53 등이다.

134 1A.1에 포함.

135 혹은 '논변[/담론] 형태[/방식]'.

주세요.

소크라테스: 공중을 걷고 있고(aerobatō) 해 주위를 사색하고 있
지요(periphronō ton hēlion).

6A.44. 플라톤 『소크라테스의 변명』 18b4-c4[136]

하지만 여러분, 저 사람들이 더 무섭습니다(deinoteroi). 여러분
가운데 다수를 어린 시절부터 곁에 붙들어 놓고 설득을 하려 했을
뿐만 아니라 나에 대해 조금이라도 더 진실한 게 없는[137] 고발을
했던 저 사람들이 말입니다. 고발 내용인즉슨 소크라테스라는 어
떤 지혜로운 사람(sophos anēr)이 있는데, 천상의 것들에 관해 사
색하는 사람(ta … meteora phrontistēs)인 데다가 지하의 온갖 것들
을 탐색하기도 했으며(ta hypo gēs hapanta anezētēkōs), |18c| 더
약한 논변을 더 강한 논변으로 만드는 사람(ton hēttō logon krettō
poiōn)[138]이라는 것이었습니다. 아테네인 여러분, 이런 소문을 퍼
트린 이 사람들이야말로 나에 대한 무서운 고발자들입니다. 듣는
사람들은 이런 것들을 탐구하는 사람들이 신들도 안 믿는다(oude
theous nomizein)고 생각하거든요.

---

136 ≒ 17A.23. 17A.25와 일부 중복. cf. 6A.1의 2.20.

137 β, δ 계열 사본들을 따라 'mallon'을 넣어 읽었다. 나중 고발보다 더 진실한
게 없다는 의미일 것이다. T 사본처럼 빼고 읽으면 '조금이라도 더 진실한 게
없는' 대신 '진실한 것이라고는 하나도 없는'으로 새길 수 있다.

138 '더 약한 논변을 더 강한 논변으로 만드는 사람'이라는 말은 프로타고라스가
듣던 말이기도 하다. 프로타고라스 장 B의 7절 혹은 17장 A의 4.5절을 참고
할 것.

6A.45. 키케로 『브루투스』 8.30-31[139]

|30| 그러나 주의를 기울여 모종의 방식으로 만든 연설(oratio)
이 얼마만큼의 힘(vis)을 갖는지가 알려졌을 때 연설을 가르칠
(dicendi) 많은 선생들 또한[140] 갑자기 나타났다. 그 당시에 레온티
니 출신 고르기아스, 칼케돈 출신 트라쉬마코스, 압데라 출신 프
로타고라스, 케오스 출신 프로디코스, 엘리스 출신 히피아스가
크게 존경받고 있었다. 그리고 같은 시절에 다른 많은 사람들이
아주 거만한 말들로써 자신들이 어떤 식으로 더 약한 논거(causa
inferior)가(바로 그런 식으로 그들이 표현하고 있었다.[141]) 말을 통해
더 강한 논거(causa superior)로 될 수 있는지를 가르친다고 공언하
고 있었다. |31| 이 사람들에게 소크라테스는 자신을 맞세웠다.
그는 논변(disputandum)[142]의 어떤 정교함(subtilitas)[143]을 가지고서
그들의 교설(instituta)[144]을 물리치는 데 익숙해 있었던 것이다. 이

---

139   = 17A.37. 7A.4 포함. cf. A의 4.5절.

140   '또한'(etiam)의 지시 관계를 달리 보아 '알려졌을 때 연설을 가르칠 많은 선
      생들 또한' 대신 '알려졌을 때에도 연설을 가르칠 많은 연설 선생들이'로 옮길
      수도 있다.

141   '더 약한 논거'(causa inferior)와 '더 강한 논거'(causa superior)라는 라틴어
      표현은 아마도 희랍어 표현 '더 약한 논변'(hēttōn logos)과 '더 강한 논변'
      (kreittōn logos)을 옮긴 것들일 것이다. 예컨대, 아울루스 겔리우스의 보고
      (1A.4)를 참고할 것.

142   혹은 '논쟁'.

143   메이휴(2011)는 이 '논변의 정교함'이 특히 프로디코스의 '언어의 정교함'과 비
      교되고 있다고 해석하면서(109-110쪽) 이 단편을 프로디코스의 단편 모음에
      수록한 바 있다. 나는 오히려 여기가 이 단편의 더 적절한 자리라고 생각한다.

144   혹은 '입장'.

사람의 매우 풍부한 연설들로부터 가장 학식 있는 사람들이 나타났다. 그리고 그때 처음으로 철학이, 더 오래전에 있었던, 자연에 관한 저 철학이 아니라 좋은 것들과 나쁜 것들, 그리고 인간들의 삶과 성격에 관해 논의하는 이 철학이 발견되었다고 이야기된다.

6A.46. 플라톤 『소피스트』 231a6-8[145]

늑대도 정말 개를 닮았죠. 가장 사나운 것이 가장 길들여진 걸 닮은 거죠. 하지만 조심성 있는 사람이라면 무엇보다도 유사성들 (homoiotētes)에 늘 경계를 게을리하지 말아야 합니다. 그런 부류가 가장 미끄럽거든요(olisthērotaton).

6A.47. 아이스키네스[146] 『티마르코스에 대한 반박』 173

그러니까 아테네인 여러분, 여러분은 민주정을 무너트린 (katalysantōn) 30인 가운데 한 사람인 크리티아스를 가르쳤다는 게 밝혀졌다는 것 때문에 소피스트인 소크라테스를 죽인 겁니까?[147]

---

145 cf. 17B.5.

146 이제까지 줄곧 언급되어 온 소크라테스학파 아이스키네스와는 동명이인인 연설가 아이스키네스(389-314년)다. 고르기아스의 적통 제자(즉, 이소크라테스와 라이벌 관계)라 할 알키다마스(15장에서 다루어지는 인물)의 가장 탁월한 제자로서, 이소크라테스의 제자(혹은 15A.4에 따르면, 제자의 제자) 데모스테네스(384-322년)와 대를 이어 라이벌 관계를 이룬다. 필로스트라토스 (17A.10)는 그가 둘째 소피스트술을 시작한 것으로 기록한다. 『수다』 AI. 347에 따르면 신들린 즉흥 연설로 유명했다고 한다(15A.3). 아래 15장에서 상세히 다루어지겠지만, 고르기아스가 시작한 즉흥 연설 전통은 알키다마스를 거쳐 그에게 계승된 것으로 기록되어 있다.

6A.48. 아일리우스 아리스티데스[148] 『연설』 3.311 (플라톤에 대한 반론: 네 사람에 대한 옹호) (DK 79.1)[149]

안드로티온은 […] 바로 이 유명한(ho pany) 소크라테스를 '소피스트'로 언급하지 않았나요?

13. 재판과 죽음[150]

6A.49. 크세노폰 『소크라테스 회상』 1.1.1[151]

나는 궁금했던 적이 한두 번이 아니다. 소크라테스를 고발한 사람들[152]이 도대체 무슨 이야기들(logoi)을 가지고[153] 아테네 사람들

---

147 연설가 아이스키네스는 티마르코스 고발 연설(BCE 346년)에서 이렇게 '소피스트 소크라테스'를 버젓이 외친다. 소크라테스 사후 50여 년밖에 지나지 않은 시점이다. 플라톤에게 분명히 개였던 소크라테스가 당대인들(적어도 일부)에게는 여전히 늑대로 보였던 것 같다.

148 푸블리우스 아일리우스 아리스티데스 (테오도루스)(기원후 117년-181년 이후)는 제2 소피스트 시대의 대표적인 소피스트에 속하는 희랍 연설가이자 저자다.

149 17A.9에 포함.

150 기본적으로 플라톤의 『변명』, 『크리톤』, 『파이돈』 등에 그의 재판, 탈옥 권유 거절, 죽음 등에 관련된 플라톤의 상세한 묘사 내지 해명이 들어 있다. 상당히 잘 알려져 있기도 하고 기본적으로는 플라톤 쪽에서의 윤색과 가감이 상대적으로 많이 가해졌을 가능성이 높으므로, 상징적인 『파이돈』 마지막 장면 외에는 생략하고, 덜 알려져 있는 여타 문헌들을 수록하기로 한다. 생략했지만, 함께 비교하면서 재구성해 볼 만하다.

151 작품 서두. cf. DL 2.40(6A.1)과 플라톤 『소크라테스의 변명』 24b-c.

152 플라톤의 『변명』 등에 따르면 멜레토스, 아뉘토스, 뤼콘, 이렇게 세 사람이 고발장을 제출한 것으로 되어 있다. 이에 관한 이설(異說)들은 DL 2.38-39에 보

을[154] 설득해서, 국가를 위해서[155] 그가 죽임을 당해 마땅하다고 여기게 했는가 하고 말이다. 그를 향한 고발은 대체로 다음과 같은[156]

고되어 있다(6A.1).

153 혹은 '무슨 논변들[/근거들]을 가지고'. 알려진 바에 따르면 재판 당시 크세노폰은 아테네에 있지 않았다. 그러나 고발장의 내용을 비롯하여 재판정에서 무슨 이야기들이 오갔는지는, 전언을 통해서기는 하지만, 충분히 들을 수 있었을 것이다. 그러므로 여기서 그가 보고하는 의문은 무슨 이야기들이 실제로 오갔는지에 대해서라기보다 (그런 이야기들에 대한 불만족을 표명하면서) 도대체 배심원들로 하여금 그런 평결에 도달하게 할 수 있었던 논변 혹은 근거가 무엇인지에 대해서 제기된 것이라 보는 편이 더 적절할 것이다.

154 "재판관들"(dikastai) 즉 "배심원들"이라 하지 않고 "아테네 사람들"(Athēnaioi)로 지칭하는 것은 여기만이 아니다. 플라톤의 『변명』에서도 말미를 제외한 거의 대부분의 시간 동안 소크라테스가 그 호칭을 사용하고 있다. 30세 이상의 아테네 시민이면 누구나 배심원이 될 수 있기 때문에 얼마든지 가능한 호칭 방식이라 할 수도 물론 있다. 그러나 그런 대체에 일정한 의도와 함축이 들어 있으리라는 추측은 아주 자연스럽고 그럴듯한 이해 방식이다. 여기서도 그렇고 플라톤 작품에서도 그러한데, 소크라테스에 대한 고발과 항변이, 그리고 장차 그것이 가져올 효과와 파장이 아테네 사람들 전체 혹은 폴리스 전체를 향해 있다는 점이 의식되고 있는 듯하다.

155 혹은 '국가에 의해서'.

156 '대체로 다음과 같은'(toiade tis)이라는 말은 저자가 정확한 말을 옮기는 일보다는 내용이 뭐냐에 더 중점을 두고 있다는 것을 강하게 암시한다. 평행 구절인 플라톤의 『변명』 24b에도 고발 내용 인용 전에 '대체로'(pōs), 인용 후에 '이 비슷하다'(toiouton)는 표현이 들어 있어 역시 축자적 인용이 아님을 암시한다. 아닌 게 아니라 두 평행 구절의 인용 내용이 서로 다르다. 플라톤에서는 고발 내용의 순서가 바뀌어 있다. 그러나 또 다른 평행 구절 DL 2.40에 나오는 내용(6A.1)과 비교하면, 지금 본문 크세노폰의 인용은 거의 축자적이라 해도 손색이 없는 것 같다. 크세노폰과 DL의 버전은 '끌어들인다'는 말만 서로 다른 단어를 사용하고 있을 뿐, 나머지 내용이 같다. 이들의 버전이 원래 내용이라면, 플라톤의 소크라테스는 두 가지 점을 수정하는 셈이다. 첫째, 불

내용이었다. "소크라테스는 국가가 믿는(nomizei)[157] 신들은 믿지 않고 다른 새로운 신령스러운 것들(daimonia)[158]을 끌어들이는(eispherōn) 불의를 저지르고 있다(adikei).[159] 그는 또한 젊은이들을 망치는(diaphtheirōn) 불의도 저지르고 있다."

6A.50. 크세노폰 『소크라테스 회상』 1.2.9[160]

경죄, 젊은이를 망치는 죄의 순서로 되어 있는 죄목을 바꾸어 나열한다. 둘째, 신령스러운 것들을 '끌어들인다'는 말 대신 '믿는다'는 말로 바꾼다. 이런 수정의 의도와 효과를 찬찬히 따져 볼 만하다.

157 '노미제인'(nomizein)은 보통은 '생각하다'로 새기는 동사인데, '인정하다'나 '예배하다'로 새길 수도 있는 말이다. '관습'이나 '법', '규범' 등을 뜻하는 '노모스'(nomos)와 동근어. 그러므로 신들을 믿는다(nomizein)는 것은 내면적으로 신의 존재를 확신하고 있다는 것으로 이해될 수도 있지만, 다른 한편으로는 제대로 된 제사나 기도 등의 수행을 통해 신을 숭상하고 있다는 점을 외적으로 드러낸다는 것으로 이해될 수도 있다.

158 '다이모니아'(daimonia)는 '신령'에 해당하는 '다이몬'(daimōn)에서 파생된 '신령에 관련된'(혹은 '신령의', '신령스러운')이라는 형용사 '다이모니오스'(daimonios)를 기초로 만들어진 말이다. 플라톤 『변명』의 멜레토스 논박 대목에서는 신령(다이몬)이 보는 사람에 따라 신과 동격으로 이해될 수도 있고 신보다 하등의 존재로 이해될 수도 있다는 점이 언급되고 있다(27c-e). 그러니까 신에서 다이몬이 파생되고 다시 그 신령에서 지금 이야기되는 다이모니아가 파생되는 셈이다. 곧바로 '신'이나 '신령'을 언급하지 않고 다소 복잡한 위계가 설정되어 있다는 것이 가진 함축을 음미해 볼 만하다.

159 '불의를 저지르다'(adikein)는 당시 '죄를 범하다'는 뜻으로 사용되던 말이다.

160 추첨에 의한 공직자 선출 비판. 같은 작품의 3.1.4에도, 그리고 아리스토텔레스 『수사학』 2.2, 1393b3-8(6B.67)에도 추첨에 대한 비판적 논의에 관한 보고가 있다. 이 책의 13장 『이중 논변』 7장(13B.7)의 주제이기도 하다.

"하지만 제우스에 맹세코" 하고 고발자[161]는 말했다. "그는 함께 있는 사람들이 현존 법률들을 무시하게(hyperoran) 만들었습니다. 국가의 관리들(archontes)[162]은 추첨으로(apo kyamou)[163] 임명하면서 아무도 조타수를 추첨으로 뽑아서 시키려 하지 않고, 목수도 피리 연구자도 그 비슷한 다른 일들, 즉 그 일들에 있어서 잘못이 저질러져도 국가와 관련해서 저질러지는 잘못들보다 훨씬 덜한 피해를 유발하는 그런 다른 일들에 있어서도 추첨으로 뽑아서 시키려 하지 않는다는 건 어리석은 일이라고 이야기하면서 말입니다." 그런 이야기들은 젊은이들로 하여금 현존 정치 체제를 경시하도록(kataphronein) 부추기고 그들을 폭력적이게 만든다고 그는 말했다.

6A.51. 크세노폰 『소크라테스 회상』 1.2.12 (Soc B1)[164]

"하지만" 하고 고발자는 말했다. "소크라테스의 동료(homilēta)[165]였던 크리티아스와 알키비아데스 두 사람이 국가에 가장 많은 해

---

161 즉, 소크라테스의 고발자. 이 작품에서 크세노폰은 이름이 거명되지 않은 이 고발자에게 대응하고 있는데, 흔히들 이 사람이 바로 멜레토스나 아뉘토스가 실제 재판에서 말로 연설한 『소크라테스에 대한 고발』을 쓴 폴뤼크라테스라고 생각하기도 했다. 폴뤼크라테스에 관해서는 2A.31의 '폴뤼크라테스'에 관한 주석을 참고할 것.
162 혹은 '통치자들'.
163 직역하면 '콩을 가지고'. 흰 콩을 뽑은 사람들이 관직에 임명된 것으로부터 이 표현이 나왔다.
164 10A.13에 포함.
165 제자라는 뜻.

악을 끼쳤습니다. 크리티아스는 과두정에 속한 모든 사람들 가운데 가장 탐욕스럽고 폭력적인 사람이었고, 그런가 하면 알키비아데스는 민주정에 속한 모든 사람들 가운데 가장 자제력이 없고 방자한 사람이었던 겁니다."

6A.52. 크세노폰 『소크라테스의 변명』 29-31

|29| 아뉘토스[166]가 지나가는 것을 보고 이런 말을 했다는 이야기도 전한다. "아니, 저기 위풍당당한 사나이가 가시네요. 국가가 그를 가장 중요한 일들을 할 만한 사람으로 물망에 올라 있는 걸 보고서 내가 그의 아들한테 가죽에 관해서 교육해서는 안 된다고 말했다는 것 때문에, 나를 죽이면 뭔가 대단하고 아름다운 일을 해낸 셈이 될 거라 여기는 사람이 말이죠. 저 사람 참 얼마나 한심한[167] 사람인지!" 하고 그는 말했다. "우리 둘 중에, 이후 내내 더 유익하고 더 아름답게 될 일을 해낸 사람이야말로 승자라는 걸 모르는 것 같으니 말이에요. |30| 하지만" 하고 그는 계속해서 말했다고 한다. "호메로스도 삶을 놓는 순간을 맞은 사람들 가운데 어떤 사람들에게 앞으로 일어날 일들을 미리 안다는 걸 귀속시킨 바 있는데, 나도 뭔가 예언을 하고 싶네요. 언젠가 잠깐 아뉘토스의 아들과 함께 시간을 보낸 적이 있는데, 내가 보기에 그는 영혼이 허약하지 않았어요. 그래서 나는 주장합니다. 그가 아버지

---

166 소크라테스의 고발자 세 사람 가운데 가장 이름나고 영향력 있는 유력인사다.
167 혹은 '몹쓸'.

가 그에게 마련해 준, 노예에게나 어울리는 일에 계속 머물러 있
지 않을 거라고, 오히려 변변한 돌보미가 하나도 없기 때문에 어
떤 추한 욕망에 빠져 타락[168]의 길에 들어서 정말 멀리까지 나아가
게 될 거라고 말이죠."

|31| 이 말을 할 때 그는 거짓을 말하고 있는 게 아니었다.[169] 과
연 그 젊은이는 포도주에 탐닉하여 밤이고 낮이고 술을 마시기를
멈추지 않았고, 결국 자기 나라, 자기 친구들, 자기 자신에게 아무
런 값어치가 없는 자가 되었다. 그래서 아뉘토스는 이미 죽었음에
도 불구하고 아들의 나쁜 교육과 자신의 무정함 때문에 악명을 얻
고 있다.

6A.53. 리바니오스 『소크라테스의 변명』 38 (*SSR* 1E1)

[화자: 아뉘토스]

아테네인 여러분, 소크라테스는 젊은이들을 법률들에 대항하도
록 훈련시켰습니다. 우리 정치 체제(politeia)가 위태롭습니다. 우
리에게 이 소피스트는 건방지고 참주적이며 참을성 없고 평등을
깔보는 인간들을 만들어 냅니다. 우리 막아야 하지 않을까요? 멈
추게 해야 하지 않을까요? 이 사람에게서 키워진 사람들이 법률들
의 힘을 몰아내기 전에 이 사람을 몰아내야 하지 않을까요?

---

168 혹은 '망가진 삶'.
169 애매성을 살린 '거짓을 말하고 있는 게 아니었다' 대신 '틀리지 않았다'로 의역
   할 수도 있다.

6A.54. 키케로『연설가에 관하여』1.231-233 (*SSR* 1C133)

모든 사람들 가운데 가장 지혜로운 사람이었고 가장 경건하게 살았던 소크라테스가 목숨이 걸린 재판에서 자신을 옹호하는 발언을 했는데 탄원자나 피고가 아니라 재판관들의 선생이나 주인으로 보일 정도로 발언을 했다. [⋯] |232| 아테네에서는 죄가 사형에 해당하지 않을 때 형량 산정이 피고인에게 주어져 있는 거나 진배없었다. 재판관들에 의해 판결이 내려지게 될 때[170] 피고는 자신이 받을 만한 최대 형량이 얼마만큼이라고 인정하는가 하는 질문을 받았던 것이다. 그 질문을 받은 소크라테스는 자신이 가능한 한 최대의 명예와 보상으로 대우받을 만하며, 시 중앙청사에서 공적인 비용으로 매일 식사 제공을 받을 만하다고 대답했다. 이것은 희랍인들 사이에서 최대의 명예로 간주되는 것이었다. |233| 그의 대답에 재판관들은 대단히 분노하게 되어 결국 인간들 가운데 가장 죄 없는 사람에게 사형 판결을 내리게 되었다.

6A.55. 크세노폰『소크라테스의 변명』1-9[171]

|1| 그런데 소크라테스를 기억하는 일이 적절하다고, 재판에 소환된 후 그가 항변(apologia)에 관해서뿐만 아니라 삶의 끝(teleutē)에 관해서 어떻게 숙고했는지를 또한 기억하는 일이 적절하다고

---

170 '(최종) 판결이 내려지기 전에'로 읽는 셈인데, 어법상 덜 자연스럽지만 '(유무죄) 판결이 내려졌을 때'로 읽는 방식도 생각해 볼 수는 있겠다.

171 6A.19 포함.

난 생각한다. 그런데 이것에 관해서 다른 사람들도 쓴 바 있으며, 그들 모두가 그의 큰소리(megalēgoria)[172]를 언급했다. 그걸 보면 소크라테스가 정말 그런 식으로 발언했다는 건 분명하다. 그러나 그가 이미 자신에게는 사는 것보다 죽는 것이 더 선택할 만하다고 생각하고 있었다는 것에 대해서는 그들이 분명히 밝혀 주지 않았다. 그랬기 때문에 그의 큰소리가 꽤나 무분별한 일로 보이는 것이다.

|2| 하지만 히포니코스의 아들 헤르모게네스는 그의 동료였는데,[173] 그에 관해서 그의 큰소리가 그의 소신과 어울리는 것으로 보일 만한 것들을 보고해 주었다. 저 사람이 말한 바에 따르면 그는 소크라테스가 재판에 관한 것은 제쳐 두고 다른 것들에 관해서만 대화를 나누는 것을 보고 이렇게 말했다. |3| "정말이지, 소크라테스, 뭐라고 항변할지 숙고해 보셔야 하는 거 아닌가요?"

그러자 소크라테스가 처음에는 이렇게 대답했다고 한다. "내가 평생 항변 연습을 하면서 산 거라고 생각하지 않나요?"

그 사람 자신이 "어떻게 그렇죠?"라고 묻자, 하는 말이

"아무런 불의도 저지르지 않고 죽 살아 왔기 때문이죠. 바로 그

---

172 보다 느낌이 와닿게 옮긴다면 '되도 않는 큰소리'. 이하 마찬가지.

173 헤르모게네스는 여기서도 말해지듯 히포니코스의 아들이며, 칼리아스의 동생이다. 칼리아스는 히포니코스의 재산을 물려받아 부유했지만, 헤르모게네스는 그러지 못해 빈한했다고 한다(예컨대, 플라톤 『크라튈로스』 391c). 그 이유가 서자였기 때문이라는 이야기도 있고, 칼리아스에게 빼앗겼기 때문이라는 이야기도 있다. 플라톤의 『파이돈』에 따르면 소크라테스의 임종 자리에 참석했던 제자들 가운데 하나다(59b). 플라톤 『크라튈로스』의 주요 등장인물 가운데 하나다.

게 가장 멋진 항변 연습이라고 난 생각해요."

|4| 그 자신이 다시 "아테네 법정들이 연설에 오도되어 아무런 불의도 안 저지르는 사람들을 사형에 처하기도 하고, 연설 때문에 동정심이 일어서 혹은 살살대는 말들에 녹아서 불의를 저지르는 사람들을 풀어 주기도 하는 일이 잦다는 걸 아시지 않나요?"라고 말하자, 그가 말했다고 한다.

"아, 물론, 안 그래도 벌써 두 번씩이나 항변에 관해 숙고하려는 시도를 했더랬는데, 신령스러운 것이 나한테 반대하더군요."

|5| 그 자신이 "놀라운 말씀들을 하고 계시군요."라고 말했을 때, 그가 다시 대답했다고 한다.

"내가 지금 삶을 끝내는 게 더 좋다는 생각을 신도 하고 있다는 게 놀라운 일이라고 정말 생각하는 건가요? 지금까지 내가 그 어떤 인간에게도 나보다 더 잘살았다고 양보하지 않았다는 걸 알지 않나요? 바로 그것, 그러니까 전 생애를 거룩하고 정의롭게 살았다는 걸 내가 알았다는 게 그 무엇보다도 즐거운 일이거든요. 그래서 나 자신에게 몹시 경탄하거니와, 나와 함께 지내는 사람들도 똑같은 판단을 하고 있다는 걸 발견했지요. |6| 그런데 이제 더 나이를 먹게 되면, 노령에 따르는 대가들을 치를 수밖에 없다는 걸 난 알아요. 보는 게 못해지고 듣는 게 무뎌지며 배우는 데 어려움을 겪고 배운 것들을 더 잘 잊어먹게 된다는 걸 말이죠. 내가 못해져 가고 있다는 걸 느껴서 나 자신에 대해 불평한다고 해 봅시다. 내가 어떻게 계속 즐겁게 살아갈 수 있을꼬 하고 말이죠."라고 그가 말했다고 한다.

|7| "그런데 아마, 내 얘기 들어보세요." 하고 그가 계속 말했다고 한다. "신도 자비로우셔서 내가 제대로 된 나이에 삶을 끝낼 수 있게 허락해 줄 뿐만 아니라 가장 편안한 방식으로 그럴 수 있게 허락해 주고 있는 것 같아요. 지금 나한테 유죄 판결이 내려지면, 분명 나는 이 일을 돌본 사람들이 가장 편안한 것이라고 판단을 내린 최후를, 그리고 친지들에게는 가장 덜 성가시고, 죽은 자에 대한 그리움을 가장 크게 심어 주는 최후를 누릴 수 있게 되거든요. 곁에 있던 사람들의 마음에 꼴사납거나 껄쩍지근한 아무것도 남겨 놓지 않고, 몸 건강하고 영혼은 친절을 보일 수 있는 상태에서 스러져 간다면, 이 사람이 그리움을 산다는 게 어떻게 필연적이지 않을까요?"

|8| "신들이 그때 나한테 반대한 건 옳은 것이었죠." 하고 그가 계속 말했다고 한다. "무슨 방법을 써서든 빠져나갈 도리를 찾아야겠다고 우리가 생각했을 때 연설에 대한 숙고에 반대한 것 말이에요. 이걸 내가 해냈다고 하면, 삶을 이제 그만두는 대신에 병으로 혹은 노령으로 고생하다 생을 마칠 수 있도록 하는 길을 마련해 놓게 될 게 분명하거든요. 바로 그것, 노령으로 모든 힘든 것들과 흥겨운 걸 아주 결여한 것들이 다 흘러들어 가지요."

|9| "제우스에 걸고 말하건대," 하고 그가 계속 말했다고 한다. "헤르모게네스, 나는 이런 것들을 전혀 열망하고 있지 않아요. 오히려 신들과 인간들에게서 내가 마침 얻어 가지고 있는 멋진 것들이 어떤 것들인지, 나 자신에 관해 내가 갖고 있는 판단이 어떤 것인지 밝히다가 재판관들을 언짢게 한다면 난 죽음 대신에 훨씬 더

못한 삶이라는 이득을 보기를 계속 간청하면서 자유인답지 않게 살기보다는 오히려 죽기를 택할 겁니다."

6A.56. 튀로스의 막시모스 『강론집』 3.4, 7[174]

그런데 만약에 소크라테스가 항변을 했다고 한다면 도대체 무엇 때문에 저 아테네인들 앞에서 항변을 했을까요? 그들이 정의롭다고 여겨서일까요? 아니, 그들은 부정의했지요. 현명하다고 여겨서일까요? 아니, 그들은 몰지각했지요. 훌륭하다고 여겨서일까요? 아니, 그들은 못됐지요. 자비롭다고 여겨서일까요? 아니, 그들은 화를 내고 있었지요. 비슷한 사람들이라 여겨서일까요? 아니, 가장 안 비슷한 사람들이었지요. 더 우월한 사람들이라 여겨서일까요? 아니, 더 못한 사람들이었지요. 더 못한 사람들이라 여겨서일까요? 도대체 더 우월한 사람인데 더 못한 사람에게 항변을 했던 사람이 누가 있나요? 항변을 했다면 뭐라고 말했을까요? 자기는 철학을 하지(ephilosophei) 않았다고 했을까요? 아니, 그랬다면 거짓말이었겠지요. 아니면 철학을 했다고 했을까요? 아니, 사람들이 화가 났던 게 바로 그것 때문이었죠! […]

그러니까 소크라테스는 꿋꿋이 침묵을 지켰던 겁니다. 아름답게 이야기할 수가 없던 상황에서 그렇게 자신의 덕을 지키면서 사람들의 분노에 대해 자기 방어를 했던 거고, 또 그들에게 쓰디쓴

---

174 강론 3의 제목은 "소크라테스가 항변하지 않았던 것은 잘한 일인지"다. 소크라테스의 침묵 전승.

비난거리를, 즉 그가 침묵을 지켰는데도 죄를 물었다는 비난거리를 제공했던 거죠.

6A.57. 시칠리아의 디오도로스 『일반 역사』 14.37.7 (SSR 1C155)

아테네에서는 철학자 소크라테스가 불경과 젊은이들을 망친 혐의로 아뉘토스와 멜레토스에 의해 고발당해서 사형을 선고받아 독당근즙을 마시고 죽었다. 이 고발은 부당하게 이루어져 그런 사내를 없애 버린 것을 알고서 인민은 후회했다. 바로 그 때문에 그들은 고발한 사람들에게 분노하게 되었고, 결국 재판 없이 그들을 죽여 버리게 되었다.[175]

6A.58. 플라톤 『파이돈』 117c1-118a17[176]

[전달자: 파이돈; 피전달자: 에케크라테스][177]

|117c| "알겠습니다." 하고 그[즉, 소크라테스]가 말했어요. "하지만 여기서 저기로 옮겨 가 사는 일(metoikēsis)에 행운이 깃들게 되기를 신들께 기도하는 일 정도는 아마도 가능할 뿐만 아니라 해야만 하겠지요. 그러니 바로 그것들을 나도 기원할 뿐만 아니라 모쪼록 그렇게 되기를 바랍니다." 그리고 이 말을 하면서 동시에 잔

---

175 이 일을 보고하는 별도의 사료가 있는 것은 아니다. 『변명』 39c 등에 기초하여 지어낸 이야기일 수도 있다.

176 작품 말미.

177 맥락: 독당근즙을 빻아 잔에 가져온 사람에게 소크라테스가 조금 따라서 신에게 바칠 수 있느냐고 묻고 거절당한 다음에 하는 말.

을 들어 아주 편안하고 조용히 다 마셨어요. 그러자 우리 중 대다수가 그때까지는 눈물을 꽤 잘 참을 수 있었지만, 그가 그걸 마시고 있는 것과 다 마시고 난 것을 보았을 때는 더 이상 참을 수가 없었고, 나는 나 자신을 주체할 수 없이 마구 눈물이 억수같이 쏟아져서 얼굴을 가린 채 나 자신을 생각하며 울었습니다(apeklaon). 저분을 생각해서가 아니라 그런 동료를 여의게 될 |117d| 나 자신의 운명(tychē)을 생각하면서 말이죠. 내가 이렇게 한 것보다 훨씬 전에 크리톤은 눈물을 참을 수가 없어서 일어나 나가 버리더군요. 그리고 아폴로도로스는 그 이전에도 내내 눈물을 멈추지 못하고 있었지만, 특히나 그때에는 큰소리로 울며 슬퍼했기 때문에 그 사람 때문에 소크라테스 자신 말고는 곁에 있는 사람들 가운데 어느 누구 하나 억장이 무너지지 않은 사람이 없었지요.

그때 그가 "이 무슨 일들인가요?" 하고 말하더군요. "놀랄 만한 사람들이여. 아닌 게 아니라 내가 여자들을 내보낸 것도 바로 이것 때문이지요. |117e| 이렇게 괜한 일들 벌이지 말라고 말이죠. 거룩한 침묵으로(en euphēmiāi) 끝을 맞아야(teleutan) 한다고 듣기도 했고 말이죠. 그러니 조용히들 하고 꿋꿋이 견디세요."

그러자 그 말을 듣고서 우리는 부끄러워지기도 하고 눈물도 멈추게 되었지요. 그는 왔다 갔다 걸어 다니다가 자신의 두 다리가 무거워진다고 말하고는 길게 침상에 등을 대고 눕더군요. 이렇게 하라고 그 사람이 시켰거든요. 그러자 약(pharmakon)을 준 이 사람이 그를 붙잡고는 잠깐의 시간이 흐른 후에 두 발과 두 다리를 살폈고 그다음에는 그의 한 발을 세게 조이며 |118a| 느낌이 있

는지 묻더군요. 그는 없다고 말했지요. 그러자 그다음에는 다시 두 정강이를 그렇게 하더군요. 그러고는 이렇게 위로 올라가면서 그가 차가워지고 있고 굳어져 가고 있다는 걸 우리에게 보여 주었어요. 그리고 그 자신이 그를 만지며 말했어요. 그게 그의 심장에 이를 때 그가 떠나게 될 거라고 말이죠.

그런데 그의 배 주변이 이미 거의 다 차가워져 있는데, 그가 덮어 놓은 걸 벗기고서(덮여 있었거든요.) 말했어요. (바로 그게 그가 소리 내서 말한 마지막 말이었지요.) "크리톤" 하고 그가 말했어요. "우린 아스클레피오스에게 수탉 한 마리를 빚지고 있어요. 그러니 여러분이 꼭 갚고 소홀히 하지 말아요."

"아, 물론 그렇게 할 거예요." 하고 크리톤이 말했어요. "그러니 뭐 다른 이야기할 게 있는지나 봐 주세요."

크리톤이 이렇게 묻고 있는데 더 이상은 아무 대답이 없고 잠깐 시간이 지난 후에 그가 몸을 뒤척였고 저 사람[178]이 그의 몸을 덮어 놓은 걸 벗겼더니 그의 눈이 멎어 있더군요. 그걸 본 크리톤이 그의 입을 다물어 주고 두 눈을 감겨 주었죠.

이게, 에케크라테스, 우리 동료인 그 사내의 끝이었습니다. 우리가 겪어 본 그 당시 사람들 가운데 가장 훌륭하고 유달리 가장 현명하며 가장 정의로운 사람이라고 우리가 말할 수 있는 그 사람 말입니다.

---

178 즉, 아마도 행형 관리자.

14. 향후 소크라테스학파 역사

6A.59. 키케로 『연설가에 관하여』 3.61-62 (SSR 1H4)

대다수 철학자들이 거의 소크라테스로부터 태어났는데, 다양하고 상이하며 모든 방면으로 퍼져 있는 그의 논의들로부터 서로 다른 사람이 서로 다른 것을 파악했기 때문에, 말하자면 가족이라 할 만한 사람들이, 서로 생각이 다르고 아주 구분되며 이질적인 채로 생겨났다. 그럼에도 불구하고 모두가 자신들을 소크라테스학파 철학자들이라 불릴 의향이 있고 실제로도 그렇다고 생각했다. |62| 그래서 우선 플라톤 자신으로부터는 아리스토텔레스와 크세노크라테스가 나왔는데, 이들 가운데 하나는 소요학파라는 이름을, 그리고 다른 하나는 아카데미라는 이름을 얻었다. 그다음에 소크라테스적 담론에서 인내와 지속성을 가장 크게 사랑했던 안티스테네스로부터는 우선 견유학파가, 그다음엔 스토아학파가 나왔다. 그다음에 저 쾌락에 대한 논의들을 더 즐겼던 아리스티포스로부터는 그와 그의 추종자들이 단순한 방식으로 옹호한 퀴레네 철학이 흘러나왔다. [⋯] 거의 모두가 자기들을 소크라테스학파라 불렀던 철학의 다른 부류들도 있었다. 에레트리아학파, 헤릴로스학파, 메가라학파, 퓌론학파. [⋯]

6A.60. 『수다』 Σ.829 (소크라테스 항목) (SSR 1H7)[179]

---

179 cf. DL 2.47(6A.1).

그는 다음과 같은 사람들을 철학자들로 만들었다. 플라톤, […] 퀴레네의 아리스티포스[…], 엘리스의 파이돈[…], 안티스테네스 […], 메가라의 에우클레이데스[…], 크세노폰[…], 아이스키네스 […], 테베의 케베스, 아테네의 글라우콘, 헤라클레이아의 브뤼손 […], 아테네인들인 알키비아데스, 크리토불로스, 크세노메데스, 아폴로도로스를, 또 크리톤과 시몬, 플리우스의 에우마레스, 테베의 심미아스, 메가라의 테릅시온, 카이레폰을 말이다. 그리고 무신론자로 불린 테오도로스도 그의 제자였다.

B. 사상과 가르침

1. 저작

6B.1. 『수다』Σ.829 (소크라테스 항목) (*SSR* 1D2)

그는 글로 쓰인 어떤 것도 남기지 않은 채 죽었다. 혹은, 어떤 사람들이 선호하는(boulontai)[180] 바로는, 아폴론과 아르테미스에 대한 찬가와 운문으로 만든 이솝 식 우화(mythos)를 남겼다.[181]

---

180 혹은 '주장하고 싶어 하는'.

181 아폴론과 아르테미스 찬가와 이솝 식 우화에 관해서는 6A.1의 2.42에도 언급이 있다. 아마 여기가 그 자료를 이용한 것일 가능성이 높다. 아폴론 찬가와 이솝 우화 운문화에 관해서는 플라톤의 『파이돈』 60c-61d에 이미 언급된 바 있다. 아래 에우에노스 장에 인용된 대목(9A.6)을 참고할 것.

2. 자연학적 탐색

6B.2. 아리스토파네스 『구름』 364-368, 379-383[182]

스트렙시아데스: 대지의 여신이시여, 이런 목소리라니! 이 얼마나 거룩하고 위엄 있고 놀라운가!

|365| 소크라테스: 그야 이분들[즉, 구름들]만이 여신들이거든요. 다른 것들은 모두 허튼소리(phlyaros)고.

스트렙시아데스: 그런데 제우스는, 자, 대지의 여신이 보는 앞에서 묻노니, 올림포스에 사는 그분은 신 아닌가요?

소크라테스: 어떤 제우스 말인가요? 헛소리하지 마세요. 제우스는 아예 없어요.

스트렙시아데스: 무슨 이야기를 하는 거죠, 당신은? 그럼 비는 누가 내리게 하죠? 그 무엇보다도 먼저 바로 이걸 내게 설명해 주세요.

[…]

스트렙시아데스: 그녀들[183]을 움직여 다니도록 강제하는 자가 누군가요? 제우스 아닌가요?

|380| 소크라테스: 천만에요. 그게 아니라 에테르의 회오리 (aitherios dinos)[184]죠.

---

182 6A.15로부터 이어짐. cf. 10B.24.

183 즉, 구름들.

184 크리티아스의 『페이리투스』에도 이 개념이 등장한다(10B.24). 이 두 보고가 시사하는 대로 만일 이 개념이 소크라테스에서 크리티아스에게로 이어지는

스트렙시아데스: 회오리라고요? 제우스는 없고 그 대신 지금
   은 회오리가 왕 노릇 한다는 것은 내가 미처 알아채지 못했거
   든요.
하지만 당신은 쿵쾅댐과 천둥에 관해서는 아직 아무것도 내게
   가르쳐 주지 않았어요.
소크라테스: 구름들이 물로 가득 차 있는데 그 빽빽함(pyknotēs)
   때문에
서로 충돌하면서 쿵쾅대는 거라고 내가 말하는 걸 듣지 못했나요?

3. 자연학에서 윤리학으로: 이전 자연철학과의 관계와 새로운 시작

6B.3. 플라톤 『파이돈』 96a5-c3

[화자: 소크라테스]

케베스, 나 자신이 젊었을 때 자연에 관한 탐구(peri physeōs
historia)라고 사람들이 부르는 바로 그 지혜를 놀라울 정도로 욕망
했어요(epethymēsa). 각각의 것이 무엇 때문에 생겨나고 무엇 때
문에 소멸하며 무엇 때문에 있는지를 안다는 건 굉장히 멋진 일로
내겐 보였거든요. 또 나는 자주 |96b| 다음과 같은 물음들을 처음
으로 곰곰 따져 보면서 나 자신 이리저리 마음을 바꿔 보곤 했었
지요. 어떤 사람들이 말하는 것처럼, 열과 냉이 모종의 부패를 겪

것이라면, 소크라테스는 이 개념을 아낙사고라스에게서 받아들였을 가능성
이 높다.

게 될 때, 바로 그때 동물들이 자라는가? 우리가 생각할 때 수단으로 삼는 게 피인가, 아니면 공기인가, 아니면 불인가? 아니면 이것들 가운데 아무것도 아니고, 들음과 봄과 냄새 맡음의 감각들을 제공하는 것이 뇌인가? 그래서 이것들로부터 기억과 의견이 생겨나고, 기억과 의견이 안정성을 얻게 될 때 그것들로부터 그것들에 따라 앎이 생겨나는 것인가? 그리고 또 이것들의 소멸들을 따져 보면서 |96c| 하늘과 땅 주위의 일들도 따져 보게 되었고, 결국에는 이런 숙고를 하는 데 있어서 내가 아무 소용도 없을 정도로 그렇게 부적격이라는 생각이 나 자신에게 들더군요.

6B.4. 크세노폰 『소크라테스 회상』 1.1.10-11 (DK 79.2a) (Soc B1)[185]

|10| 게다가 저 사람이야말로 늘 세상의 이목에 노출되어 있었다. 아침 일찍 산책로와 체육관에 갔고, 시장이 붐빌 때면 거기에 모습을 드러냈으며, 하루의 나머지 시간 동안은 내내 가장 많은 사람들과 함께할 수 있을 만한 곳에 있었다. 그리고 대체로 그는 말을 했고, 듣고 싶어 하는 사람들은 들을 수 있었다. |11| 하지만 그 어느 누구도 소크라테스가 불경스럽거나 거룩하지 못한 것을 행하는 것을 보거나 말하는 것을 들은 일이 전혀 없었다. 다른 사람들 대다수가 그러는 것처럼 다음과 같은 고찰을 하면서 만물의 본성에 관하여(peri tēs tōn pantōn physeōs)[186] 대화를 나누는 것

---

185 17A.2 포함.

(dielegeto)조차 그는 하지 않았으니까. 즉, 소피스트들[187]의 이른바 '우주'(kosmos)가 어떻게 생겨났는가,[188] 그리고 각 천체 현상들이 어떤 필연들에 의해 일어나는가 하는 물음을 던지면서 말이다.[189] 오히려 그는 그런 유의 일들에 신경 쓰는(phrontizontes)[190] 자들이 어리석다는 것을 보여 주기까지 했다.

6B.5. 섹스투스 엠피리쿠스 『학자들에 대한 반박』 7.8 (SSR 1C465)

이 사람들[즉, 탈레스, 아낙시메네스, 아낙시만드로스, 엠페도클레스, 파르메니데스, 헤라클레이토스]이 자연학 부분의 주도자들인 반면, 소크라테스는, 적어도 그의 다른[191] 지인들에 따르면, 윤리학 부분에만 주의를 기울였다.

6B.6. 키케로 『투스쿨룸 대화』 5.10.6-14 (SSR 1C458)

그러나 옛 철학으로부터 소크라테스(그는 아낙사고라스의 제자인 아르켈라오스에게 배웠다.)에 이르기까지는 수들과 운동들이,

---

186 혹은 '만물의 자연에 관하여'. '자연에 관하여'(peri physeōs)가 자연철학자들의 일반적인 저서 제목이었다.
187 흔히 자연철학자들이라고 부르는 사람들이 '소피스트들'이라 지칭되고 있다.
188 두 사본이 '어떻게 생겨났는가(ephy)'고 읽고, 나머지 사본들은 '어떤 상태인가(echei)'로 읽는다.
189 여기 두 문장은 17A.2에도 수록.
190 혹은 '사색하는'.
191 즉, 플라톤 외의.

그리고 만물이 어디서부터 생겨났는지, 그리고 어디로 돌아가는지가 다루어지고 있었다. 또한 그들에 의해서 별들의 크기들, 거리들, 궤도들 및 천체에 관한 모든 것들이 열심히 탐구되고 있었다. 그러나 소크라테스는 처음으로 철학을 하늘로부터 불러 내려 도시들 안에 위치시켰으며, 또한 그것을 집들 속으로 끌어들여 삶과 도덕에 관해, 그리고 좋은 것들과 나쁜 것들에 관해 탐색하도록 강제했다.

6B.7. 아리스토텔레스 『형이상학』 A(1).6, 987b1-6 (*SSR* 1B24)

소크라테스는 윤리적인 것들에 관해서는 전력을 기울였지만 (pragmateuomenou), 전체 자연에 관해서는 전혀 그러지 않았다. 이것들[192]에 있어서 보편적인 것을 탐색하면서 최초로 정의(定義)들 (horismoi)에 관해 생각(dianoia)을 기울였다. 그[즉, 플라톤]는 저 사람[193]을 받아들여 이것[194]은 감각되는 것들 가운데 어떤 것에 관해서가 아니라 다른 것들에 관해서 생겨난다고 생각했다.

6B.8. 아리스토텔레스 『형이상학』 M(13).4, 1078b17-25 (*SSR* 1B26)

소크라테스는 성격적인(ēthikai)[195] 덕들에 관해 전력을 기울이면

---

192 즉, 윤리적인 것들.
193 즉, 소크라테스(의 입장).
194 즉, 보편적인 것.
195 혹은 '윤리적인'.

서 이것들에 관해 최초로 보편적으로 정의를 내리려고 탐색하였다. […] 저 사람이 어떤 것이 무엇인가 하는 것[196]을 탐색한 것은 합당한 것이었다. 그는 추론하기를 추구했던 것인데, 추론들의 시작은 바로 어떤 것이 무엇인가 하는 것이기 때문이다.

6B.9. 크세노폰 『소크라테스 회상』 1.1.16

그 자신이 인간적인 일들에 관해, 경건한 것은 무엇인지, 불경한 것은 무엇인지, 아름다운 것은 무엇인지, 추한 것은 무엇인지, 정의로운 것은 무엇인지, 부정의한 것은 무엇인지, 절제는 무엇인지, 광기는 무엇인지, 용기는 무엇인지, 비겁은 무엇인지, 국가는 무엇인지, 정치가는 무엇인지, 인간들의 다스림은 무엇인지, 인간들을 다스릴 수 있는 사람은 무엇인지, 그리고 다른 것들, 즉 그것들을 아는 사람들은 아름답고 훌륭한 사람인 반면, 모르는 사람들은 노예적이라고 불리는 게 마땅한 그런 것들을 늘 숙고하면서 대화를 나누곤 했다.

6B.10. 플라톤 『소크라테스의 변명』 36d6-37a2

이런 사람한테는, 아테네인 여러분, 시 중앙 청사에서 식사 대접 받는 일[197]보다 더 어울리는 일이란 없습니다. 적어도 여러분

---

196 즉, 어떤 것의 본질. 아래도 마찬가지.
197 국가 아테네의 상징적 심장부인 시 중앙 청사(prytaneion)에서 국가 유공자나 외국 사절이 받던 무료 식사 대접(sitēsis)을 가리킨다. 보다 상세한 설명은 강철웅(2020b) 96-97쪽의 둘째 주석[= 강철웅(2014b) 100-101쪽 주석 93]을

가운데 누군가가 올림피아 경기에서 두 마리든 네 마리든 말을 이용한 경주에서 승자가 되었을 때보다는 훨씬 더 어울립니다. 왜냐하면 그 사람은 여러분을 행복해 보이게(dokein) 만들어 주지만 나는 실제로 행복하게(einai) 만들어 주며, 그 사람은 |36e| 부양이 전혀 필요 없지만 나는 필요하기 때문에 그렇습니다. 그러니 |37a| 정의에 합당하게 내가 받아 마땅한 것을 형량으로 제안해야 한다면 난 이걸 제안하겠습니다. 시 중앙 청사에서 받는 식사 대접 말입니다.

[4-14. 플라톤 텍스트 중심의 소크라테스 자료]

4. 비난받을 만한 무지 대 인간적 지혜(무지의 지)[198]

6B.11. 플라톤 『소크라테스의 변명』 29a5-b2

알다시피, 여러분, 죽음을 무서워한다는 것은 지혜롭지 않은데도 지혜롭다고 생각하는 것에 다름 아니거든요. 그건 알지 못하는 것들을 안다고 생각하는 거니까요. 아무도 죽음을 알지 못하는데, 그것이 심지어 인간에게 생길 수 있는 모든 좋은 것들 가운데 최대로 좋은 것인지조차 알지 못하는데, 그들은 그것이 나쁜 것들 가운데 최대로 나쁜 것임을 마치 잘 알고 있기라도 한 것처럼 그

참고할 것.
198 cf. 『에우튀데모스』 293b7-8(11B.6)의 소크라테스의 '앎' 주장.

것을 무서워하니까 하는 말입니다. |29b| 그런데 어떻게 이것이 알지 못하는 것을 안다고 생각하는, 그 비난받을 만한 무지가 아닐 수 있겠습니까?

6B.12. 플라톤 『소크라테스의 변명』 21d3-8[199]

"이 사람[즉, 정치인]보다는 내가 더 지혜롭다. 왜냐하면 우리 둘 다 아름답고 훌륭한 것을 전혀 알지 못하는 것 같은데, 이 사람은 어떤 것을 알지 못하면서도 안다고 생각하는 반면에 나는 내가 실제로 알지 못하니까 바로 그렇게 알지 못한다고 생각도 하기 때문이다. 어쨌든 나는 적어도 이 사람보다는 바로 이 점에서 조금은 더 지혜로운 것 같다. 나는 내가 알지 못하는 것들을 알지 못한다고 생각도 한다는 점에서 말이다."[200]

6B.13. 플라톤 『소크라테스의 변명』 23a5-b4[201]

그런데 실은, 여러분, 신이야말로 진짜 지혜로우며 이 신탁을 통해서 인간적인 지혜는 거의 혹은 아예 가치가 없다는 말을 하려는 것 같아요. 그리고 신은 소크라테스가 이런 사람이라고 말하면서 |23b| 내 이름은 그냥 덧붙여 사용하는 것으로 보입니다. 나를

---

199 cf. 6B.19.

200 6B.13과 더불어 아래 6B.19에 인용되는 '신탁 논박 여정'의 맥락에 속한다. 이 대목들을 분석하고 그 의의를 해명하는 논의로 강철웅(2006)을 참고할 수 있다.

201 cf. 6B.19.

본으로 삼으면서 말이죠. 마치 "인간들이여, 그대들 가운데 누구든 소크라테스처럼 자기가 지혜와 관련해서 참으로 아무런 가치가 없다는 것을 아는 사람이 가장 지혜롭다."라고 말하는 것처럼 말입니다.

5. 자기 돌봄과 자기 앎, 검토하는 삶[202]

6B.14. 플라톤 『소크라테스의 변명』 30a6-b4

내 생각에 여러분에게 신에 대한 나의 봉사보다 더 큰 좋음이 도대체 이 나라에 생겨난 적이 전혀 없으니까요. 내가 돌아다니면서 하는 일은 다름이 아니라 바로 여러분 가운데 젊은이에게나 나이 든 이에게나 |30b| 영혼을 돌보는 것(즉, 영혼이 최대한 훌륭한 상태가 되도록 돌보는 것)보다 우선해서, 혹은 그것과 비슷한 정도의 열심을 가지고 육체나 돈을 돌보지 말라고 설득하는 일이거든요.

'돈으로부터 덕이 생기는 게 아니라, 덕으로부터 돈과 인간들에게 좋은 다른 모든 것들이 사적인 영역에서든 공적인 영역에서든 생깁니다.'[203]

---

202 cf. 17B.2.

203 성서에도 유사한 대목이 있다. "너희는 먼저 하느님의 나라와 그의 의를 구하라. 그리하면 이 모든 것을 너희에게 더하여 주실 것이다."(『마태복음』 6.33) 덕에서 재부가 나올 것이라는 유의 함축을 가진 가르침이 대중들에게 필요하

라고 말하면서 말입니다.

6B.15. 플라톤 『알키비아데스』 130d5-e1

소크라테스: 아마도 우리 자신에게 속한 것 가운데 그 어떤 것
도 영혼보다 더 권위를 행사한다고 우리가 말할 게 없을 테니까요.

알키비아데스: 정말 없지요.

소크라테스: 그렇다면 이렇게 생각하는 게 아름답지 않은가요?
나와 당신이 서로와 교제한다고, 말들을 사용하면서 영혼으로써 영
혼을 상대로(tēi psychēi pros tēn psychēn) 그렇게 한다고 말이에요.

|130e| 알키비아데스: 물론이죠.

6B.16. 크세노폰 『소크라테스 회상』 3.7.9; 3.9.6; 4.2.24, 26

"[…] |9| 훌륭한 사람[204], 당신 자신을 모르지 말길. 대부분의
사람들이 잘못을 범하는 것들에서 잘못을 범하지도 말길. 다중들
은 남들의 일을 살피는 데 열심을 내다가 정작 자신들을 검토하는
(exetazein) 데로 향하지 못하거든요. 그러니 이걸 포기하지 말고
자신에게 주의를 기울이는 데 더 진력하길." […]

|6| 그[즉, 소크라테스]는 광기는 지혜와 반대라고 말했다. 하

다고 생각한 소크라테스는 (위 6A.23, 6A.25 등에서 확인되듯) 정작 가난했
다(그는 이것을 신에 대한 봉사 탓이라고 돌렸다.)는 데서 이 가르침의 역설
이 극명해진다. 원문에 대한 논란과 이견에 관해서는 강철웅(2020b) 75-76쪽
의 주석[= 강철웅(2014b) 84-85쪽의 주석 69]을 참고할 것.

204 화자는 소크라테스, 청자는 카르미데스다.

지만 그는 앎 없음(anepistēmosynē)이 광기가 아니라고 생각하고 있었다. 자신을 모르는 것, 그리고 자기가 알지 못하는 것들에 대해 의견을 갖는 것과 그것들을 안다고 생각하는 것은 광기와 아주 가까운 것이라고 추론했다. [⋯]

|24| 그리고 소크라테스는 말했다. "내게 말하세요, 에우튀데모스[205]. 예전에 언젠가 델피에 가 본 적이 있나요?"

"예, 그것도, 제우스에 걸고 말하는데, 두 번씩이나요." 그가 말했다.

"그럼 신전 어딘가에 '너 자신을 알라.'라는 말이 쓰여 있다는 걸 알아챘나요?"

"물론 그랬죠."

"그럼 그 새김글이 당신에겐 아무 상관도 없었나요, 아니면 주의를 기울여서 당신 자신을, 즉 당신 자신이 누구인지를 살펴보는 데 착수했나요?"

"웬걸요, 제우스에 맹세코, 아니에요." 하고 그가 말했다. "정말이지, 이것만큼은 내가 아주 잘 안다고 생각했거든요. 나 자신조차 알지 못한다고 한다면, 딴 건 뭐든 아예 알 수가 없을 거거든요." [⋯]

|26| "그런데 저게 분명하지 않나요?" 하고 그[즉, 소크라테스]

---

205 이 책 11장의 주인공인 소피스트 에우튀데모스와는 동명이인이다. 귀족 출신의 소크라테스 추종자인 젊은이이며, 크세노폰에 따르면 크리티아스가 사랑한 인물이다(『소크라테스 회상』 1.2.29: 10A.13).

가 말했다. "사람들이 자신을 알기 때문에 아주 많은 좋은 것들을 겪는 반면, 자신에 대해 기만당하기(epseusthai)[206] 때문에 아주 많은 나쁜 일들을 겪는다는 게 말이에요."

6B.17. 플라톤 『알키비아데스』 129a2-9, 130c1-6, e7-8

소크라테스: 그렇다면 자신을 안다는 것은 쉬운 일이어서 이걸 퓌토의 신전[207]에 봉헌한 사람은 형편없는 어떤 사람인가요, 아니면 뭔가 어려운 일이어서 모두에게 속한 건 아닌 건가요?

알키비아데스: 모두에게 속한다고 내게 생각됐던 때도 종종 있었지만, 또 완전히 어려운 일이라고 생각됐던 때도 종종 있었지요.

소크라테스: 아니, 알키비아데스, 그게 쉽든 안 쉽든 아무튼 간에 우리에겐 다음과 같은 상황이지요. 그걸 알게 되면 곧바로 우리 자신들에 대한 돌봄을 알게 되겠지만, 그걸 모르면 절대 우리 자신들에 대한 돌봄도 알지 못하게 될 거라는 겁니다.

[…]

|130c| 소크라테스: 인간은 몸도 둘[208]이 합쳐져 있는 것도 아니라면, 내 생각에 남는 건, 그것은 아무것도 아니거나 아니면 그것이 뭔가라고 한다면 인간은 영혼 외에 다른 아무것도 아니거나 둘 중 하나라는 결론이 따라 나온다는 것입니다.

---

206 혹은 '실수하기'.
207 즉, 아폴론 신전.
208 즉, 몸과 영혼.

알키비아데스: 정말로 그렇습니다.

소크라테스: 그럼 당신에게 영혼이 인간이라는 것이 뭔가 훨씬 더 분명히 논증되어야 하나요?

[…]

소크라테스: 그러니까 자신을 알라고 명하는 사람은 우리에게 영혼을 알라고 명하는 거죠.

6B.18. 플라톤 『대 히피아스』 283b1-3[209]

[화자: 소크라테스; 청자: 히피아스]

그리고 많은 사람들이 생각을 같이하지요(syndokei). 지혜로운 사람 자신은 무엇보다도 자신을 위해 지혜로워야 한다[210]는 것 말입니다. 그리고 이것의 기준은 바로, 누가 돈을 가장 많이 버느냐는 겁니다.

6. 신과 신의 명령에 대한 태도와 믿음

6B.19. 플라톤 『소크라테스의 변명』 21a4-7, b2-c2, 21d8-22a6[211]

---

209 17B.2에 포함.

210 이 말이 소크라테스의 입에서 나왔다는 것이 의미심장하다. 소크라테스와 다중이, 혹은 소피스트들이 같은 말을 서로 다른 뜻으로 했을 법한 말이다. 아래 17B.2에 더 넓은 맥락 속에서 인용되어 있다.

211 6B.12, 6B.13과 더불어 '신탁 논박 여정'(정치인, 시인과 예언가, 장인 그룹의

그런 그[즉, 카이레폰]가 언젠가 델피에 가서는 감히 신탁에 이것을 물었지요. (부디, 앞서도 말했듯이, 소란을 벌이지 마세요, 여러분.) 그는 나보다 더 지혜로운 사람이 있는지를 물었던 겁니다. 그랬더니 퓌티아 여사제가 더 지혜로운 사람은 아무도 없다고 대답했습니다. […]

이 말들을 듣고 나는 마음속으로 다음과 같이 생각했습니다. "신은 도대체 무슨 말을 하고 있는 것이며, 그의 이 수수께끼는 도대체 무슨 뜻일까?[212] 난 나 자신이 크든 작든 어떤 점에서도 지혜롭지 않다는 걸 알고 있으니 말이야. 그렇다면 내가 가장 지혜롭다고 주장할 때 그는 도대체 무슨 말을 하고 있는 걸까? 그는 절대 거짓을 말하지는 않으니까 말이야. 그건 법도상 그에게 어울리지 않는 일이거든." 그리고 오랜 시간 동안 그가 무슨 말을 하고 있는지를 놓고 고심했습니다. 그러다가 다음과 같이 그것을 탐색해 보기로 어렵사리 방향을 잡았지요. 나는 지혜롭다고 여겨지는 사람들 가운데 누군가에게 갔습니다. |21c| 어디에선가 할 수 있다면 거기서 그 예언(預言)을 논박하고 신탁에게 다음과 같은 것을 분명히 보여 주기 위해서였죠. "여기 이 사람이 나보다 지혜로운데, 당신은 내가 그렇다고 말했지요."라고 말입니다. […][213]

앎을 검토하는 과정)의 맥락에 속하는 내용이다. 이 대목의 상세한 분석과 그 의의 해명으로는 강철웅(2006), 특히 68-89쪽을 참고할 것.

212 cf. 헤라클레이토스의 단편 "주재자, 델피 신탁이 그분 것인 그 주재자는 언명하지도(legei) 감추지도(kryptei) 않으며, 다만 신호를 보여 줄(sēmainei) 뿐이다."(DK 22B93)

거기서 떠나서 나는 다른 사람에게, 즉 저 사람보다 더 지혜롭다고 여겨지는 사람들 가운데 누군가에게 갔는데, 역시 사정이 마찬가지라는 생각이 내게 들었고, |21e| 그런 점에서 나는 그 사람에게도 다른 많은 사람들에게도 미움을 사게 되었습니다.

그래서 그 이후에도 계속 차례차례 찾아다녔습니다. 내가 미움을 사고 있다는 걸 깨닫고 고통스럽고 무서웠지만, 그래도 어쩔 수 없이 신의 일을 가장 소중히 여겨야만 한다는 생각이 들었습니다. 그러니까 신탁이 무슨 말을 하려는 것인지를 따져 보고 있던 나로서는 |22a| 뭔가 안다고 여겨지는 사람들 모두에게로 가 봐야 했던 겁니다. [⋯] 신의 뜻에 따라 탐색을 하는 나에게는 가장 명망이 높은 사람들은 사실상 최대로 모자란 사람들인 반면, 그들보다 더 형편없다고 여겨지는 다른 사람들이 오히려, 현명과 관련하여 더 제대로 된 사람들이라고 여겨졌습니다.

6B.20. 플라톤 『소크라테스의 변명』 28e4-29a2, 29d2-6[214]

이제 신이 명령하고 있는 상황에서는, 즉 내가 생각하고 또 이해한 바에 따르면, 내가 지혜를 사랑하면서 그리고 나 자신과 다른 사람들을 검토하면서 살아야 한다고 신이 나에게 명령하고 있는 상황에서는 |29a| 죽음이든 다른 어떤 일이든 두려워해서 배치된 자리를 떠난다고 한다면, 난 무서운 일을 저질러 버린 게 될

---

213 정치인에 대한 검토 내용과 결과는 위 6B.12에 인용되어 있다.
214 6A.16으로부터 이어짐.

거예요. […]

아테네인 여러분, 나는 여러분을 좋아하고 사랑하지만, 여러분보다는 오히려 신에게 복종할 겁니다. 그래서 내가 숨 쉬고 있고 할 수 있는 한은 지혜 사랑하는 일, 여러분에게 권고하고 또 매번 내가 여러분 중 누구와 만나게 되든 그에게 명료하게 보여 주는 일을 멈추지 않을 겁니다.

6B.21. 플라톤『소크라테스의 변명』26d1-3, 6-10

그래, 내가 다른 사람들이 신이라고 믿는 해나 달이 신이라고 믿지 않는다는 건가요? […] 친애하는 멜레토스, 당신은 아낙사고라스를 고발하고 있다고 생각하는 건가요?[215] 또 여기 이분들을 그토록 무시해서 클라조메나이 출신 아낙사고라스의 책들이 이런 이야기들로 가득 차 있다는 걸 알지 못할 정도로 이분들이 문맹이라고 생각하는 건가요? 게다가 젊은이들이 이런 것들을 나한테서 배운다는 건가요?

---

[215] 소크라테스보다 한 세대가량 앞선 연배의 자연 철학자인 아낙사고라스는 페리클레스의 선생이기도 했다.『파이돈』97b-99d(위 6B.3 뒤에 이어지는 내용)에 따르면 젊은 시절 소크라테스는 자연 세계에 대한 탐구에 전념했다가 포기하게 되는데, 그 중요한 계기가 아낙사고라스의 기계론적 설명 방식에 대한 실망 때문이었다. 플루타르코스에 따르면 그는 불경죄로 재판받고 추방당했는데, 그 재판이 실제로 있었다면 아마도 그의 철학보다는 페리클레스와의 친분에서 연유한 것일 수 있다. 하지만 그 재판의 역사성 여부와 연대는 논란의 대상이며, 이 텍스트가 그것의 역사성을 담보하는 증거가 되기는 어렵다.

6B.22. 플라톤 『소크라테스의 변명』 35d3-9

내가 이미 서약한 바 있는 여러분을 설득하며 간청을 통해 강요하려 한다면, 분명 나는 여러분에게 신들이 있다는 걸 믿지 말라고 가르치는 게 될 거고, 그야말로 항변하면서 나 자신을 고발하는 게 될 테니까요. 내가 신들을 믿지 않는다고 말입니다. 하지만 전혀 그렇지 않습니다. 아테네인 여러분, 나는 믿고 있거든요. 나를 고발한 사람들 중 아무도 그러지 못하는 방식으로[216] 말입니다. 또한 나에 관해서 판가름하는 일은, 나 자신에게도 여러분에게도 최선이 될 방향으로 판가름하는 일은 여러분과 신에게 맡기겠습니다.

6B.23. 크세노폰 『소크라테스 회상』 1.1.2-4

국가가 믿는 신들을 그가 믿지 않았다는 것에 대해서는 그들은 도대체 무슨 증거를 댔던 것인가? 집에서 자주, 또 국가의 공동 제단들에서도 자주 그는 공공연히 제물을 바쳤을 뿐만 아니라 점술(mantikē)[217]을 이용하면서도 은밀히 하지 않았는데 말이다. 하긴 소크라테스가 신령스러운 것이 자기에게 신호를 보낸다(sēmainein)고 주장한다는 이야기가 널리 회자되고 있긴 했다. 그가 새로운 신령스러운 것들을 끌어들인다고 그들이 고발했던 것도 무엇보다 바로 여기서 연유된 것이라고 나는 생각한다. |3| 하지

---

216 흔히 '정도로'로 새겨져 이해되는 구절이다.
217 혹은 '예언술'.

만 그가, 점술을 믿으면서 새들, 예언의 소리들, 징조들, 제물들을 이용하는 다른 사람들보다 새로운 것을 끌어들였다고 할 만한 것은 전혀 없다. 그들도 새들이나 우연히 마주치는 사람들[218]이 신탁을 구하는 사람들에게 유익한 것들이 무엇인지 아는 것이 아니라, 신들이 이것들을 통해 유익한 것들이 무엇인지 신호를 보내는 것이라고 여길 뿐인데, 소크라테스 역시 그렇게 믿었던 것이다. |4| 그러나 대부분의 사람들은 새들과 우연히 마주치는 사람들에 의해 자기들이 제지를 받기도(apotrepesthai) 하고 권고를 받기도(protrepesthai) 한다고 말하는 반면, 소크라테스는 자기가 판단하는 대로 말했다. 신령스러운 것이 신호를 보내고 있다고 말했던 것이다. 그리고 그는 신령스러운 것이 미리 신호를 보내는 (prosēmainein) 것에 따라서 함께 지내는(synontes)[219] 많은 사람들에게 어떤 것들은 하고 어떤 것들은 하지 말라고 미리 권고했다 (proēgoreuē).[220]

---

218 고대인들은 새들의 움직임, 날씨의 변화만이 아니라 사람들과의 우연한 만남 같은 것까지도 어떤 징조로 여겼다.

219 혹은 '동료들'. 크세노폰도 '제자들', '배우는 사람들'이라는 뜻의 '마테타이' (mathētai)를 한사코 쓰지 않으려 한다는 점에서 플라톤과 마찬가지 태도를 보인다. 아마도 선생 소크라테스가 돈을 받고 가르치는 소피스트들과 끊임없이 혼동되는 것에 대한 저항감의 발로라 할 수 있겠다.

220 신령스러운 것의 신호가 제지하는 방식으로 작동되었다고 하는 플라톤의 보고 (6A.18)는 적극적인 권고도 하는 것으로 묘사하는 여기 크세노폰의 보고와 사뭇 다르다. 물론 플라톤의 소크라테스도 신령스러운 것의 침묵을 승인으로 해석하는 경향을 보인다.

7. 산파술, 질문, 아이러니, 인간애

6B.24. 플라톤 『테아이테토스』 150b6-e1

[화자: 소크라테스; 청자: 테아이테토스]

산파술(maieusis)에서 저 산파들[221]에게 해당되는 것들이 다른 것들의 경우는 내 산파술에도 해당이 되지만, 여자들이 아니라 남자들을 상대로 산파 노릇한다는 점뿐만 아니라 그들의 몸이 아니라 영혼이 낳는 걸 돌본다는 점에서도 다르지요. 그리고 다음의 것이 우리의 기술에 속한 |150c| 가장 중대한 사항입니다. 젊은이의 마음(dianoia)이 허상(eidōlon)과 거짓을 낳는지 아니면 생산력 있고(gonimon) 참된 것을 낳는지를 온갖 방식으로 시험할 능력이 있다는 것 말입니다. 산파들에게 속하는 바로 그것이 내게도 속하니까요. 지혜를 낳지 못한다(agonos)는 것 말이에요. 많은 사람들이 바로 그것 때문에 나를 비난한 바 있는 그것, 즉 지혜로운 어떤 것도 갖고 있지 않기 때문에 내가 다른 사람들에게 묻기는 하는데 나 자신은 어떤 것에 관해서도 아무것도 언명하지 않는다는 것은 참인 비난입니다. 이것의 연유는 다음과 같습니다. 신이 내게 산파 노릇하라고 강제하긴 하지만 낳는 건 막으셨지요. 그러니까 나 |150d| 자신은 아예 조금도 지혜롭지 않고 그런 종류의 어떤 발견물(heurēma)도 내 영혼의 자식으로 생겨난 적이 없습니다. 그런데 나와 함께하는 사람들(syngignomenoi)이 처음에는 개중에 아주

---

221 즉, 실제 산파들.

무식해 보이는 사람들까지 있는데 우리의 교제(synousia)가 진전되다 보면 신이 그러도록 허락하는 바로 그 사람들은 자기들만이 아니라 남들이 보기에도 아주 놀라우리만큼 늘게 되지요. 그리고 그들이 나에게서는 결코 아무것도 배우지 않았는데도 그렇다는 것만큼은 분명해요. 오히려 그 자신들이 자신들에게서부터 많은 아름다운 것들을 발견해 내기도 하고 낳기도 하면서 그렇게 되는 거죠. 하지만 이 산파 노릇(maieia)의 장본인은 신과 |150e| 나입니다.

6B.25. 플라톤 『프로타고라스』 318d5-7[222]

[전달자: 소크라테스; 청자: 동료]

그러자 나의 이 말을 듣고 프로타고라스가 "당신은 질문을 멋지게 하는군요(kalōs erotāis), 소크라테스." 하고 말하더군요. "나도 질문을 멋지게 하는 사람들에게 대답하는 걸 즐깁니다. [⋯]"

6B.26. 플라톤 『국가』 1권 336e2-337c6, 337e1-338a3[223]

[전달자: 소크라테스]

"트라쉬마코스, 우리에게 가혹하게 대하지 마세요. 왜고 하니, 이야기들을 살펴보는 데 있어서 나와 여기 이 사람이 실수를 한다면, 그건 우리가 본의 아니게 실수하는 거라는 걸 잘 알아주세요. 그렇게 말하는 건, 만약에 우리가 금을 찾고 있다고 한다면 우리

---

222 1B.47에 포함.
223 7A.6과 7B.22로부터 이어짐. 이후 다시 7B.23으로 이어짐.

가 탐색을 하면서 일부러 서로에게 납작 엎드려 가며 금에 대한 발견을 망치려 하지는 않을 테죠. 그런데 하물며 많은 금덩어리들보다 더 소중한 정의(正義)를 찾고 있는 우리가 그렇게 생각 없이 서로에게 양보하면서 가능한 최선을 다해 그것을 드러내려 진력하지 않으리라고는 생각지 마세요. 그냥 당신은 이렇게 생각하세요, 친구. 다만, 내가 보기엔, |337a| 우리가 능력이 없는 거예요. 그러니 우리가 당신네들 명민한(deinoi)[224] 사람들한테서 험한 대우를 받기보다는 연민을 받는(eleeisthai) 게 훨씬 더 그럴법한 일이지요."

그러자 그가 이 말을 듣고 아주 경멸하는 웃음을 터트리며 말하더군요. "헤라클레스시여" 하고 그가 말했어요. "예의 저, 소크라테스의 의뭉(eirōneia)이라는 게 바로 이거네요. 나 자신 이미 잘

---

224 혹은 '(능수)능란한', '노련한'. 희랍 말로 '데이노스'(deinos)는 원래 '무섭다'는 뜻이다. 플라톤이 소피스트들을 경계하면서 자주 사용했는데, 시쳇말로 '겁나게 똑똑하다' 정도의 말인 셈이다. 『변명』에서도 그는 이 말('무섭다')을 의도적으로 자주 입에 올린다. 예컨대, 이 책에 인용된 부분만 보아도 서두 부분인 6A.44에 인상적으로 사용되고, 6B.11, 6B.19, 6B.20에도 반복되어 사용된다. 그 작품에서 가장 백미인 곳은 소위 '무서운' 죽음을 소크라테스 자신보다 쉽게 피할지 모르지만 죽음보다 빠른 사악함에 '잡힌' '무섭도록' 빠른 고발자들을 질타하는 대목(39b)과 다중의 비방과 시기가 훌륭한 사람들을 '잡을' 일이 자신에게서 멈추거나 않을까 '무서울' 일은 없다고 비꼬는 대목(28b)이다. 지금 이 대목의 경우에는 플라톤이 트라쉬마코스와의 대화 이야기를 시작하면서(시작 부분은 아래 트라쉬마코스 장 7A.6에 인용되어 있음) 트라쉬마코스를 야수에 비유한다. "꼭 야수(thērion)처럼 움츠려 힘을 모았다가는 마치 우리를 발기발기 찢어 놓을 것처럼 달려들더군요." '무서운' 소피스트와 '숙맥' 소크라테스를 대비시키는 구도다. 『소피스트』의 늑대와 개 비유(6A.46)도 같은 맥락이다.

알기도 하고 이분들에게 앞서 이야기하기도 했죠. 당신이 대답하기는 싫어하고 누군가가 뭔가 당신에게 물으면 대답하기보다는 오히려 온갖 의몽을 다 떨 거라고 말이죠."

"정말 당신은 지혜롭군요, 트라쉬마코스." 하고 내가 말했지요. "그러니까 당신은 다음과 같은 걸 잘 알았던 거죠. |337b| 당신이 누군가에게 12가 얼마만큼인지를 묻는데, 물으면서 그에게 '선생, 12가 6의 두 배라고 내게 말하지 말고 4의 세 배라고도, 2의 여섯 배라고도 3의 네 배라고도 말하지 마세요. 그런 헛소리들을 하면 당신 말을 받아들이지 않을 테니까.'라고 앞서 말한다고 하면, 내 생각엔 분명 아무도 그렇게 묻고 있는 사람에게 대답을 못하리라는 걸 말이에요. 하지만 그 사람이 당신에게 이렇게 말했다고 해 봅시다. '트라쉬마코스, 무슨 말인가요? 당신이 앞서 말한 것들 중 아무것도 대답으로 내놓지 말라는 건가요? 놀라운 분, 그게 이것들 가운데 뭔가라고 해도 그걸 대답으로 내놓지 말고 오히려 진실과 다른 뭔가를 내가 말하라는 건가요? 아니면 |337c| 무슨 말인가요?' 이것들에 대해 그에게 당신은 뭐라고 말했을까요?

"좋아요." 하고 그가 말하더군요. "이게 저거와 퍽이나 같은 거네요!"

"같다고 하지 못할 이유가 전혀 없지요." 하고 내가 말했어요. "아무튼 설사 같지 않다고 해도 질문받은 사람에게 그렇다고 나타나면, 우리가 그러지 말라고 하든 안 하든 그는 그냥 여전히 자기에게 나타나는 걸 대답하게 될 거라고 보는데, 당신은 그럴 경우엔 그 가능성이 조금이라도 적어질 거라고 생각하나요? […]"

|337e| "당연히 그렇겠죠." 하고 그가 말하더군요. "그래야 내가 보기엔 소크라테스가 늘 하던 대로 해내게 되겠죠. 자신은 대답하지 않고 딴 사람이 대답을 하면 그 이야기를 받아서 논박을 할 수 있게 말이에요."

"아니, 아주 훌륭한 친구," 하고 내가 말했어요. "누군가가, 우선, 자기가 알지 못하고 또 안다고 주장도 하지 않는다면 어떻게 대답을 할 수가 있을까요? 그다음으로, 설사 뭔가 생각하는 게 있다고 해도 이것들에 관해 자기가 생각하는 것들 중 그 어떤 것도 말하지 말라고 어떤 대단한 인물이 막는다면, 어떻게 대답을 할 수가 있을까요? 그러니 차라리 당신이 그냥 |338a| 이야기하는 게 제격이겠네요(eikos). 당신이야말로 안다고 주장하고 말할 수 있다고 주장하니까요. 그러니 딴 걸 할 게 아니라 대답을 함으로써 내게 호의를 베풀어 주시고, 여기 이 글라우콘만이 아니라 딴 사람들에게도 가르침을 베푸는 데 인색하지(phthonēsēis) 말아 주세요."

6B.27. 플라톤 『에우튀프론』 3a9-d9

에우튀프론: [···] 당신이 대체 무엇을 행함으로써 젊은이들을 망치고 있다고 그[즉, 멜레토스]는 말하는 건가요?

|3b| 소크라테스: 얼핏 듣기에도 엉뚱한 것들이지요, 놀라운 친구. 그도 그럴 것이, 그 사람 말이, 내가 신들을 만들어 내는 자(poiētēs theōn)라는 것이고, 내가 새로운 신들을 만들어 내며 오래된 신들을 믿지 않는다고 해서 자기 말로는 바로 이들을 위해서

공소를 제기한 거라더군요.

에우튀프론: 알 만하네요, 소크라테스. 그건 신령스러운 것이 당신 자신에게 시시때때로 생겨난다고 당신 스스로 말하는 것, 바로 그것 때문이네요. 그러니까 당신이 신과 관련된 문제들(ta theia)에 관해서 새로운 일을 꾸미고 있다고 해서 이런 공소를 제기해 놓은 것이고 비방을 하려고 법정에 오는 거네요. 이런 일들이 다중(hoi polloi)을 향해 비방하면 잘 먹혀드는 일이라는 걸 알고서 말이에요. 글쎄, 나도, |3c| 신과 관련된 문제들에 관해서 민회에서 무슨 말을 할 때면 (앞으로의 일들을 그들에게 미리 말하면서(prolegōn)[225] 말이죠) 그러면 그들은 나를 미쳤다고 비웃거든요. 하지만 내가 앞일을 말한(proeipon) 것들 가운데 무엇 하나 참되지 않은 말을 한 게 없는데도 불구하고 그들은 우리[226] 같은 이런 사람들 모두를 시기하지요(phthonousin)[227]. 하지만 조금도 그들을 신경 쓸 게 아니라 제대로 맞붙어야(homose ienai) 합니다.

소크라테스: 친애하는 에우튀프론, 하지만 비웃음을 사는 일

---

225 '앞'(pro)을 달리 보아 '그들 앞에서 공공연히 말하면서'로 옮길 수도 있다. 읽기에 따라 '예언'이 될 수도 '공언'(公言)이 될 수도 있다는 말이다. 이하도 마찬가지.

226 3a(여기 인용되어 있지 않은)에서 소크라테스가 언급한 '우리'가 자신을 포함한 것이라고 자기 식대로 해석한 발언이라 할 수 있겠다. 플라톤은 자주 이렇게 등장인물들을 소크라테스적인 사람과 아닌 사람으로 정교하게 나누어 볼 것을 제안한다. 소피스트에 대한 그의 발언들과 태도들 또한 그런 기획의 일환이라 할 수 있다.

227 위 6B.26의 마지막 문장에 나오는 '인색하다'와 같은 단어이다.

은 아마 아무 일(pragma)도 아닐지 몰라요. 글쎄, 아테네 사람들은 내가 보기에 대단히 관심을 갖지 않거든요. 누군가가 명민하다(deinos)는 생각이 들어도 그가 자신의 지혜를 가르칠 수 있겠다(didaskalikos) 싶지 않으면[228] 말이에요. 그런데 그가 다른 사람들도 |3d| 자기처럼 만든다는 생각이 들면 그들은, 그러니까 그게 당신 말대로 시기심(phthonos)에서든, 아니면 다른 어떤 것 때문에든, 화를 내지요.

에우튀프론: 그렇다면 그것에 관해서는, 그러니까 그들이 나에 대해 대체 어떤 심리 상태[229]에 있는가(hopōs pote pros eme echousin)에 관해서는 시험해 보고 싶은 욕망이 그리 굴뚝같은 건 아닙니다.

소크라테스: 아마도 당신은 좀처럼 당신 자신을 내어 주는(seauton parechein)[230] 일이 없으며 당신 자신의 지혜를 가르칠 의향이 없다고 그들에게 보이기 때문일 겁니다. 반면에 나는 인간애(philanthrōpia)로 인해 어떤 사람에게든 내가 할 수 있는 한[231] 아낌없이 이야기를 쏟아 놓아 준다고 그들에게 보이지나 않을까 두

---

228 혹은 '가르칠 능력이 있는 사람이 아니면'.

229 혹은 '관계'.

230 혹은 '제공하는'. 이 '자신을 내어 줌'은 아래 '인간애'와 연결되어 소크라테스적 소통-교육의 캐치프레이즈로 부각되며, 이것을 '시기'-'인색함'이 대변하는 '자기 것 일부를 넘겨줌'이라는 소피스트적 교육 방식과 대비하려는 것이 저자 플라톤이 가진 큰 그림이라는 해석도 있다. 이 해석의 보다 상세한 내용은 강철웅(2021b), 특히 12-25쪽을 참고할 것.

231 혹은 '내가 가지고 있는 것이면 무엇이든'.

렵습니다. 누구라도 내 말을 들을 의향이 있다면 보수를 받지 않고서도 그럴 뿐만 아니라 심지어 내 쪽에서 기꺼이 돈을 내고서라도 그렇게 한다고 말입니다.

6B.28. 아리스토텔레스『소피스트적 논박』34, 183b7-8
소크라테스가 대답을 하는 게 아니라 질문을 하려던 것이 바로 이것 때문이기도 하다. 그는 알지 못한다는 것을 인정하기 때문이다.

6B.29. 플라톤『소 히피아스』372a6-373a4
[화자: 소크라테스; 청자: 히피아스]
당신은, 히피아스, 내가 진실을 말하고 있다는 게 보이나요? 내가 |372b| 끈질기게 지혜로운 사람들에게 질문하는 일에 매달린다고 말할 때 말입니다. 그리고 나는 이것 하나만은 좋은 것으로 갖고 있는 것 같아요. 내가 가진 다른 것들은 아주 형편없는 (phaula)[232] 것들이지만 말이죠. 사물들(pragmata)이 어떤 상태에 처해 있는지(pēi echei)에 관해서는 난 젬병이고(esphalmai)[233] 그것들이 어떤 식으로 있는지(hopēi esti) 알지 못합니다. 그리고 이것을 보여 줄 증거(tekmērion)는 내게 충분합니다. 여러분들처럼 지혜로 유명하고 희랍인들 모두가 그 지혜를 증언해 줄 만한 그런

---

232 혹은 '사소한'.
233 혹은 '갈팡질팡하고', '어찌해 볼 수 없는 좌절 상태이고'. 본래 넘어트린다는 뜻의 레슬링 용어에서 나왔다.

사람들 가운데 누군가와 함께 있게 될 때마다, 난 아무것도 알지 못하는 게 분명해진다는 거죠. 여러분들이 생각하는 것과 똑같은 생각이라곤 난 말하자면 조금도 갖고 있지 않거든요. |372c| 이런 상황인데 누군가가 지혜로운 사람들과 차이를 보인다는 것보다 더 큰 무지의 증거가 뭐가 있을까요? 하지만 이것 하나는 나를 지켜 주는 놀랄 만한 좋은 것으로 내가 갖고 있지요. 배우는 데 부끄러워하지 않고 오히려 들어 배우려(pynthanomai) 하고 물으며 대답해 주는 사람에게 크게 감사하고 누구에게도 감사를 빼먹는 일이 없다는 거죠. 뭔가를 배웠을 때 난 배운 걸(mathēma) 마치 나 자신이 발견한 것(heurēma)인 양 가장하면서 배웠다는 걸 부인한 적이 없거든요. 오히려 난 날 가르쳐 준 사람을 지혜로운 사람이라고 여겨 그에게서 내가 어떤 것들을 배웠는지를 밝히면서 찬양한답니다(enkōmiazō). 그리고 |372d| 지금도 당신이 이야기하고 있는 것들에 대해 나는 당신에게 동의하고 있지(homologō) 않고 아주 심하게 불일치하고 있지요. 그리고 이런 일이 일어나고 있는 게 나 때문이라는 걸 난 잘 압니다. 내가 바로 이런 유의 사람, 즉 조금이라도 나 자신을 더 크게 말하지 않으려고 하는 사람이기 때문이죠.[234] 당신이 이야기하고 있는 것과 정반대로 내겐 보이거든요. 다른 사람들에게 해를 입히고 불의를 행하고 거짓말을 하고 기만하고 잘못을 저지르는 사람들이 내키지 않은 상태에서

---

234 혹은 '내가 바로 이런 유의 사람이기 때문이죠. 조금이라도 나 자신을 더 크게 말하지 않으려고 하는 말입니다.'로 옮길 수도 있다.

가 아니라 내켜서 그런 일들을 할 때, 내키지 않은 채로 그런 일들을 하는 사람들보다 더 훌륭하다고 말입니다. 하지만 때로는 이것들과는 반대되는 생각이 내게 들기도 하고 이것들을 놓고 이쪽인지 저쪽인지 헤매기도(planōmai) 합니다. 그건 분명 |372e| 내가 알지 못하기 때문이죠. 그런데 지금 이 순간에는 마치 발작(katēbolē)과도 같이 내게 퍼뜩 닥쳐와서 다음과 같은 생각이 내게 들고 있는 겁니다. 내켜 하면서 잘못을 저지르는 사람들이 내키지 않은 상태에서 잘못을 저지르는 사람들보다 더 훌륭하다는 생각이 말이죠. 지금 내가 처해 있는 이 상황(pathēma)이 초래된 건 앞서의 논의들 탓이라고 난 봐요. 지금 이 순간에는 내키지 않는 상태에서 이런 일들 각각을 행하는 사람들이 내켜서 그러는 사람들보다 더 사악하다고 드러나고 있는 이 상황이 말입니다. 그러니 모쪼록 당신이 호의를 베풀어 주셔서 내 영혼을 치유해 주는 데 인색하지 않으셨으면 좋겠네요. |373a| 당신이 내 영혼에서 무지를 멈추게 하면 내 몸에서 병을 멈추게 하는 것보다, 정말이지, 훨씬 더 큰 좋음을 내게 베풀어 주시게 될 테니까요. 그런데 긴 이야기(makros ... logos)를 할 요량이라면 당신이 날 치유할 수 없으리라는 걸 미리 당신에게 말해 둡니다. 난 따라가지 못할 테니까요. 반면에 방금 전에 한 것처럼 내게 대답할 요량이라면 내게 아주 큰 도움을 주게 될 겁니다.

6B.30. 퀸틸리아누스 『연설에 대한 훈련』 9.2.46
삶 전체가 아이러니를 갖는다고까지 보일 수 있는 것이다. 소크라테스의 삶이 그랬듯이 말이다. 그는 무식한(imperitus) 사람으로, 그리고 다른 사람들을 지혜로운 자들로 놀랍게 바라보는 자로 행동한 까닭에 '아이러니를 부리는 사람'(eirōn)이라고 불렸으니까.

8. 대화의 의미와 요건: 자기 생각대로 말하기, 일관성 유지하기

6B.31. 크세노폰 『소크라테스 회상』 4.5.12

그리고 이렇게 사람들은 가장 훌륭하고 가장 행복하게 되며 대화하는 데 있어 가장 유능하게 된다고 그는 말했다. 그리고 '대화한다'(dialegesthai)는 말도 사람들이 함께 모여 사물들을 유에 따라 골라 모으면서(dialegontas)[235] 공동으로 숙의한다는 것으로부터 그렇게 불린 거라고 그는 말했다.

6B.32. 플라톤 『크리톤』 49c11-d5

그러니 주의해요, 크리톤, |49d| 이런 것들을 인정하면서 (kathomologōn) 갖고 있는 의견에 어긋나게(para doxan) 동의하지 (homologēis) 않도록 말이에요. 이런 것들이 그렇다는 의견을 가지고 있는(dokei) 사람들이 소수의 몇몇 사람들이고 앞으로도 그런 의견을 가질(doxei) 사람들이 소수이리라는 걸 난 알거든요. 그런데 그런 의견을 정한(dedoktai) 사람들과 그렇지 않은 사람들 사이에는 공통된 조언(koinē boulē)이 없고, 오히려 이들은 상대방의

---

235 혹은 '나눠 모으면서'.

숙의 내용(bouleumata)을 보면서 상대방을 경멸할 수밖에 없죠.

6B.33. 플라톤『고르기아스』495a2-9

소크라테스: 하지만 지금도 계속 이야기해 주세요. 즐거운 것과 좋은 것이 같은 것이라고 주장하는지, 아니면 즐거운 것들 가운데 좋지 않은 어떤 것이 있는지 말이에요.

칼리클레스: 내가 다른 것이라고 주장하게 되면 내 이야기가 비일관적(anomologoumenos)이 될 테니까 그렇게 되지 않기 위해 나는 같은 것이라고 주장합니다.

소크라테스: 당신은, 칼리클레스, 당신의 처음 이야기들을 망치고 있군요. 그리고 혹시라도 당신 자신에게 생각되는 것들에 반해서 말하게 될 경우에 당신은 더 이상, 실재하는 것들(ta onta)을 나와 함께 검토하는(exetazein) 데 충분한 상태가 아니게[236] 될 겁니다.

9. 변증적 대화: 통념의 사용, 귀납(에파고게)

6B.34. 크세노폰『소크라테스 회상』4.6.15

그 자신이 어떤 것을 논변으로 죽 개진할 때면 그는 가장 많이 동의되고 있는 것들을 통해 나아갔다. 이것이 논변의 흔들림 없음(asphaleia)[237]이라고 생각하고 있었기 때문이다. 그랬기에 그는 이

---

236 '실재하는 것들을 나와 함께 검토하는 데 충분한 상태가 아니게' 대신 '실재하는 것들을 나와 함께 충분히 검토할 수 없게'로 옮길 수도 있다.

야기할 때마다 듣는 사람들이 동의하게 만들었는데, 그 정도가 내가 알고 있는 사람들 가운데 단연 가장 뛰어났다. 그는 호메로스도 오뒤세우스가 사람들에게 받아들여지는 의견들을 통해서 논변들을 이끄는 능력을 갖고 있다고 여겨서 흔들림 없는 연설가라는 말을 오뒤세우스에게 부여했다고 말했다.[238]

6B.35. 아리스토텔레스 『형이상학』 M(13).4, 1078b27-29

우리가 소크라테스에게 정당하게 귀속시킬 만한 것들이 두 가지가 있는데, 귀납적인 논변들(hoi epaktikoi logoi)[239]과 보편적으로 정의하기(to horizesthai katholon)이다. 이것들은 둘 다 앎의 시작점에 관련되기 때문이다.

6B.36. 플라톤 『이온』 540b2-541c2

소크라테스: [...] 그럼 모든 것들을 아는 건 아니니까 그[즉, 시음송가(rhapsōidos)]가 어떤 것들을 아는 걸까요?

이온: 적어도 내 생각에는 남자가 말할 법한 것들과 여자가 말할 법한 것들, 그리고 노예가 말할 법한 것들과 자유인이 말할 법

---

237 혹은 '틀림없음', '안전함', '확실성'.

238 『오뒤세이아』 8.171.

239 편의상 '에파고게'의 번역어로 '귀납'을 택하지만, 우리가 흔히 말하는 귀납적 추론(특히, 사례들을 모아 일반적 결론을 도출하는 추론)과 어떤 관계인지는 논자들 사이에서 상당한 논란거리이며, 소크라테스의 여러 논변들을 하나하나 보면서 '귀납적'으로 파악되어야 한다. 지면의 제약 때문에 여기서는 『이온』의 사례만 제시하고자 한다.

소크라테스: 군대 지휘에 관한 일들(ta stratiōtika)을 당신이 안다고 할 때 당신은 군대 지휘에 능한 자로서 아는 건가요, 아니면 훌륭한 시 음송가로서 아는 건가요?

이온: 내가 보기엔 아무 차이가 없는데요.

|541a| 소크라테스: 뭐라고요? 아무 차이가 없다고 이야기하는 건가요? 당신은 시 음송술과 군대 지휘술이 하나의 기술이라고 이야기하나요, 아니면 둘이라고 이야기하나요?

이온: 내가 보기엔 하나입니다.

소크라테스: 그렇다면 훌륭한 시 음송가인 사람은 누구든지 훌륭한 장군이기도 한 거네요?

이온: 물론입니다, 소크라테스.

소크라테스: 그렇다면 훌륭한 장군인 사람은 누구든지 훌륭한 시 음송가이기도 한 거 아닌가요?

이온: 내가 보기엔 그건 아닙니다.

소크라테스: 하지만 저것은, 즉 훌륭한 시 음송가인 사람은 누구든지 |541b| 훌륭한 장군이기도 하다라는 것은 당신이 여전히 하는 건가요?

이온: 확실히 그렇습니다.

소크라테스: 당신은 그런데 희랍 사람들 가운데 가장 훌륭한 시 음송가 아닌가요?

이온: 단연 가장 훌륭하죠, 소크라테스.

소크라테스: 그럼, 이온, 당신은 희랍 사람들 가운데서 가장 훌륭한 장군이기도 한 거네요?

이온: 잘 알아 두세요, 소크라테스. 게다가 호메로스 공부에서 배워서 그렇게 됐지요.

소크라테스: 그렇다면, 신들 앞에서 묻건대, 이온, 당신은 둘 다에 있어서 희랍인들 가운데 가장 훌륭한 사람, 즉 가장 훌륭한 장군이면서 시 음송가이기도 한 사람인데, 도대체 왜 희랍 사람들 사이에서 시 음송은 하고 돌아다니면서 군대 지휘는 하지 않는 건가요? 아니면, |541c| 희랍인들에게 금관을 받은 시 음송가는 많이 필요한데 장군은 전혀 필요 없다고 당신은 생각하는 건가요?

6B.37. 키케로『논변 발견에 관하여』(*De Inventione*) 1.51, 53

귀납(inductio)은 의심스럽지 않은 것들(res)을 가지고 함께 논의하는 상대의 동의를 얻어 내는(captat) 유의 담론(oratio)이다. 이런 동의들을 가지고 그것은 저 사람에게 의심스러운 어떤 것들이 그가 동의한 것들과의 유사성 때문에 승인[243]이 되게(probetur) 만든다. [⋯] 소크라테스는 대부분의 담론들(sermones)을 이런 방식으로 구사했다. 설득하기 위해 그 자신이 끌어들이는 건 아무것도 없게 하고자 했고, 오히려 함께 논의하는 저 사람이 자기에게 제공한 것으로부터 어떤 것에, 즉 저 사람이 이미 인정한 것으로부터 필연적으로 승인해야만 하는 어떤 것에 이르게 되는 것을 선호했기 때문이다.

---

243 혹은 '입증'.

10. 검토와 대화의 즐거움, 논박(엘렝코스) 대 호승심, 아포리아, 영혼의 정화, 의사 비유

6B.38. 플라톤 『소크라테스의 변명』 23c2-d2

게다가 가장 여유가 많은 젊은이들, 가장 부유한 사람들의 아들들이 누가 시키지 않았는데도 스스로 날 따라다니면서 사람들이 검토받는 걸 들으며 즐거워합니다. 또 그들은 자주 나를 직접 흉내 내다가, 결국 다른 사람들을 검토하려고 시도합니다. 그러다가 그들은, 내가 생각하기에는, 뭔가를 안다고 생각하지만 실은 거의 혹은 아예 알지 못하는 사람들이 인간들 가운데 쌔고 쌨다는 걸 발견하게 됩니다. 그래서 이런 것 때문에 그들에게서 검토받는 사람들은 |23d| 자신들에게가 아니라 나에게 화를 내면서, 소크라테스라고 하는 지극히 부정(不淨)한(miarōtatos) 사람이 있는데 그가 젊은이들을 망치고 있다고 말합니다.

6B.39. 플라톤 『소크라테스의 변명』 38a2-6

날마다 덕에 관해서 그리고 다른 것들(즉, 내가 그것들에 관해 대화를 나누면서 나 자신과 다른 사람들을 검토하는 걸 여러분이 듣는 그런 것들)에 관해서 이야기를 만들어 가는 것, 이것이 그야말로 인간이 누릴 수 있는 최상의 좋음이며, 검토 없이 사는 삶은 인간에게 살 가치가 없다[…].

6B.40. 플라톤 『고르기아스』 457c4-458b3

[화자: 소크라테스; 청자: 고르기아스]

고르기아스, 내 생각에 당신도 많은 담론들을 경험했고 그런 것들 속에서 다음과 같은 걸 본 적이 있을 겁니다. 사람들이 어떤 것들에 관해 대화를 나누겠다고 해서 착수했는데 그것들에 대해 서로 간에 정의를 분명하게 내리고 서로 배우기도 하고 가르치기도 하는 방식으로 |457d| 모임을 마친다는 게 쉽게 할 수 있는 일이 아니라는 것 말입니다. 오히려 어떤 것에 관해 논쟁이 벌어져서 그 가운데 한 사람이 다른 사람이 옳게 말하고 있지 않다거나 분명히 말하고 있지 않다고 말하면, 그들은 열을 받을 뿐만 아니라 자기들에 대한 시기심으로, 이야기 가운데 우리 앞에 놓여 있는 대상(to prokeimenon)을 탐색하려는(zētountas) 게 아니라 호승심을 가지고(philonikountas) 그렇게 이야기한다고 생각들을 하지요. 어떤 사람들은 결국 서로 욕을 주고받을 뿐만 아니라 서로에 관해서 심한 말들을 해대기도 하고 받기도 하며 가장 추한 모습으로 헤어지기까지 하지요. 어느 정도로까지 심한 말들을 하냐 하면, 곁에 있던 사람들조차 이런 한심한 인간들 이야기를 들어 보면 좋겠다고 생각했던 건가 하면서 자신들에 관해서 한심해할 정도로 |457e| 말입니다. 무엇 때문에 이런 이야기들을 하냐고요? 내가 보기엔 지금 당신은 처음에 수사학에 관해 당신이 이야기하던 것들과 아주 일관된 혹은 조화를 이루는 이야기들을 하고 있지 않아서죠. 그런데 당신을 논박하기(dielenchein)가 두렵네요. 내가 대상(pragma)[244]을 향해서, 그것이 분명해지도록 하는 데 호승심을 발휘하면서(philonikounta)[245] 이야기하는 게 아니라 당신을 향해서

그런다고 당신이 받아들이지나 않을까 하고 말입니다. |458a| 그러니까 나는 당신도 내가 속한 그런 사람들에 속한다고 하면 기꺼이 당신에게 묻겠습니다. 그렇지 않다면 그냥 놔두렵니다. 내가 어떤 사람들에 속하냐고요? 내가 참되지 않은 어떤 이야기를 할 때 논박을 받는 걸 즐거워하고 누군가가 참되지 않은 어떤 이야기를 할 때면 논박을 해 주는 걸 즐거워하는, 그러면서 논박을 하는 것보다 논박을 받는 걸 덜 즐거워하지 않는 그런 사람들에 속하지요. 그게 더 큰 좋음이라고 생각하니까요. 가장 큰 나쁨으로부터 자신이 벗어나는(apallagēnai) 것이 남을 벗어나게 하는(apallaxai) 것보다 더 큰 좋음인 것만큼이나 말이죠. 우리의 이야기가 지금 다루고 있는 그것들에 관해서 의견이 거짓된 것만큼 그렇게 나쁜 것은 인간에게 전혀 없거든요. 그러니 |458b| 당신도 그런 분임에 동의한다면 우리가 대화를 계속합시다. 그게 아니라 당신도 그냥 놔두는 게 좋겠다 싶으면, 그냥 놔두고 이야기를 마치도록 합시다.

6B.41. 플라톤 『소피스트』 230b4-231a5, b5-8

엘레아인 손님: 이들은 어떤 것들에 관해서 누군가가 실은 되도 않는 말을 하면서도 말 되는 말을 한다고 생각할 때 그에게 그것들에 관해 묻지요. 그러면 그런 사람들은 헤매기 때문에 그들

---

244 혹은 '사태', '문제', '사물'.
245 혹은 '그것을 분명히 하기를 열망하면서'.

의 의견들을 이들은 쉽게 검토하게 됩니다. 그러니까 이야기들을 통해 그 의견들을 같은 곳에 모아 놓고 서로 비교하고, 그런 비교를 통해 그 의견들이 동시에 같은 것들에 관해 같은 것들과의 관계에서 같은 관점에서 서로 모순된다는 걸 보여 줍니다. 그러면 이걸 보게 되는 사람들은 자신들에게 화가 나면서도 남들에게는 |230c| 부드러워지게 되죠. 바로 이런 방식으로 그들은 자기들을 둘러싼 크고 단단한 의견들로부터 벗어나게(apallattontai) 됩니다. 이것은 모든 벗어남(apallagē)들 가운데 듣기에 가장 즐겁고 겪는 사람에게 가장 확실한 벗어남이지요.[246] 친애하는 어린 친구,[247] 그들을 정화하는 사람들은, 몸에 관련된 의사들이 누군가가 몸 안에서 방해가 되는 것들을 제거하기 전에는 몸이 자기에게 제공된 영양분의 혜택을 누릴 수 없다고 생각한 것과 꼭 같은 생각을 영혼에 관해서도 했던 겁니다. |230d| 누군가가 논박을 함으로써 논박되는 사람을 부끄러움에 빠지게 하고 배울거리들에 방해가 되는 의견들을 제거해서 그를 정화된 상태로 만들어 보여 주어서, 자기가 아는 것들만 안다고 생각하고 그 이상은 아니게 만들기 전에는 영혼이 자기에게 제공되는 배울거리들의 덕을 보지 못할 거라고 말이죠.

테아이테토스: 아무튼 그게 가장 좋고 가장 절제 있는 상태죠.

---

246 벗어남 혹은 해방에 관한 매우 인상적인 이야기라고 할 이야기가 들어 있는 『변명』 39a-d와 비교해 볼 만하다.
247 혹은 '친애하는 소년이여'.

손님: 바로 이 모든 것들 때문에, 테아이테토스, 논박이 또한 가장 크고 가장 효과적인 정화라고 이야기해야 하며, 또 논박되지 않은 사람은 그가 설사 |230e| 저 대왕이라 해도 가장 큰 일들에 있어서 정화되지 않은 사람이기에, 진정 행복하게 되고자 하는 사람이라면 그것들에 있어서 가장 정화되어 있고 가장 아름답게 되는 게 마땅한 바로 그런 것들에 있어서 교육받지 못하고 추한 사람이 되었다고 이야기해야 합니다.

테아이테토스: 정말 그렇습니다.

손님: 그럼 어떤가요? 이런 기술을 구사하는 사람들을 뭐라고 |231a| 우리가 말해야 할까요? 소피스트들이라고 말하기가 저어되거든요.

테아이테토스: 어째서죠?

손님: 그들에게 너무 큰 상(賞)을 부여하는 게 아닌가 싶어서죠.

테아이테토스: 하지만 방금 이야기된 것들은 그런 유의 누군가와 정말 닮아 있긴 하죠.[248] [...]

손님: [...] 지금 우리에게 드러난 논의에 따르면 교양교육 가운데 헛되게 지혜롭다고 여김(doxosophia)에 관해 생겨나는 논박이 고상하게 태어난 소피스트술에 다름 아니라고 이야기합시다.

6B.42. 플라톤 『고르기아스』 521a2-b1, 521d6-522d3[249]

---

248 이후 6A.46의 늑대와 개 비교로 이어진다.
249 8B.9 포함.

소크라테스: 그럼 국가에 대한 보살핌(therapeia) 둘 가운데 어느 쪽을 하라고 나한테 권하는 건지 내게 분명히 말해 주세요. 아테네인들이 가능한 한 가장 훌륭한 사람들이 될 수 있도록 마치 의사처럼 그들과 맞서서 분투하는(diamachesthai) 쪽인가요, 아니면 그들에게 하인 노릇하고 그들의 환심을 사려고(pros charin) 사귀려는 쪽인가요? 진실을 내게 말해 주세요, 칼리클레스. 당신이 처음에 나를 향해 거리낌 없이 할 말을 다 했던(parrheisiazesthai) 것처럼 당신이 마음속에 품고 있는 것들을 말하는 걸 그만두지 않아야 마땅하니까요. 지금도 그렇게 훌륭하고 당당하게(gennaiōs)[250] 말해 주세요.

칼리클레스: 그렇다면 난 하인 노릇하라는 쪽이라고 말하겠습니다.

|521b| 소크라테스: 그렇다면 당신은 내게, 가장 고귀한 친구여, 아첨을 하라고 권하는 거네요.

[…]

소크라테스: 나는 진정으로(hōs alēthōs)[251] 정치적 기술(hē politikē technē)을 시도하는 몇 안 되는 아테네인들 중 하나이고(감히 유일하다는 말을 안 하려고 하는 말입니다.) 요즘 사람들 중에서는 그렇게 국가의 일들(ta politika)[252]을 행하는(prattein) 유일한 사람이라

---

250 어원에 보다 충실하게는 '고귀하게'. 이어지는 다음 대사에서 소크라테스는 바로 이 말을 한 번 더 써서 칼리클레스를 부른다.

251 혹은 '참된'.

252 혹은 '정치적인 일들'.

고 생각합니다.[253] 그러니까 내가 매번 하는 이야기들(logoi)을 나는 환심을 사려고(pros charin) 이야기하는 게 아니라 가장 좋은 것을 위해서(pros to beltiston) 이야기하는 것이지, |521e| 가장 즐거운 것을 위해서(pros to hēdiston)가 아닙니다. 그리고 난 당신이 몸소 권하는 것들, 즉 이런 세련된 것들(ta kompsa tauta)[254]을 행할 (poiein) 의향이 있는 게 아니라서 법정에서 무슨 말을 해야 할지도 모를 겁니다. 폴로스에게 내가 했던 바로 그 똑같은 이야기가 나에게도 적용되는 거죠. 마치 의사가 요리사의 고발을 받아 아이들 앞에서 재판을 받고 있을 때처럼 그렇게 내가 재판을 받게 될 테니까요. 왠고 하니, 생각해 보세요. 이런 사람이 이런 사람들 앞에 붙잡혀서, 누군가가 그에게 다음과 같이 말하면서 비난을 가하면 뭐라고 항변할 수 있을까요? "어린이 여러분, 여기 이 사람은 여러분 자신에게 많은 나쁜 일들을 행했습니다. 자르고 태움으로써 여러분 가운데 가장 어린 사람들을 망치기도 하고, |522a| 여위게 하고 목을 옥죄기도 함으로써 당황하게 만들기도 하지요. 아주 쓴 음료를 주고 배고픔과 목마름을 강요하면서 말이죠. 나처럼

---

253 아래 6B.66에도 인용되어 있다. 이 문장을 '나는 참된 정치적 기술에 착수하여 정치적인 활동을 하는 몇 안 되는 아테네인들 가운데 하나이며(유일하다는 말을 하지 않으려고 이렇게 말했지만) 요즘 사람들 가운데는 유일하다고 생각합니다.'로 옮길 수도 있다. 이 문장에서 정치술의 '시도'가 아니라 '착수'가 거론되고 있다는 해석으로는 전헌상(2018b)을 참고할 것.

254 486c에서 칼리클레스가 철학적 논의에 대해 공격하면서 이용한 에우리피데스의 말을 이번에는 소크라테스가 상대방의 논의에 적용하여 되돌려 주고 있는 장면이다.

여러분이 많은 다양한 즐거움들을 만끽하게 하지 않고 말입니다."
이런 나쁜 상황에 처하게 된 의사가 뭐라고 말을 할 수가 있을 거라 생각합니까? 아니면 그가 진실을 말하면, 즉 "이 모든 것들을 난, 어린이 여러분, 건강을 위해서(hygieinōs) 행한 겁니다."라고 말하면, 이런 재판관들이 얼마만큼이나 소리를 지를 거라고 생각하나요? 큰소리를 지르지 않을까요?

칼리클레스: 아마도 그렇겠죠. 적어도 그렇게 생각은 해야겠죠.[255]

소크라테스: 그렇다면 그는 완전히 당혹스러운 상태(aporia)에서 무슨 말을 해야 할지 모르는 상태가 될 거라고 |522b| 생각하지 않나요?

칼리클레스: 물론입니다.

소크라테스: 그런데 내가 법정에 가게 되면 바로 그런 일을 겪게 될 거라는 걸 나 자신도 잘 압니다. 이 사람들은 쾌락들이야말로 혜택이요 이로움이라고 여기는데, 내가 그들에게 어떤 쾌락들을 제공해 주었는지를 말할 수 없을 거고, 실은 나 자신이 그런 것들을 제공해 주는 사람들을 부러워하지 않을 뿐만 아니라 제공받는 사람들도 부러워하지 않거든요. 또한 내가 젊은이들을 당혹스럽게 만듦으로써 망친다거나 아니면 나이 든 사람들에게 사적으로든 공적으로든 신랄한 말들(pikroi logoi)을 함으로써 비방을 한다(kakēgorein)고 누군가가 주장한다면, 난 진실을, 즉 |522c| "내

---

255 '적어도 그렇게 생각은 해야겠죠.' 부분을 앞 소크라테스의 대사 끝에 붙이자는 포만(Forman)의 제안이 있다.

가 하는 이 모든 말들은 정당하며, 내가 행하는 이 일은 그야말로 당신들의 일을 하고 있는 겁니다, 재판관들이여."라고 말할 수도 없을 거고, 그렇다고 다른 어떤 말을 할 수도 없을 겁니다. 그러니까 아마도 난 무슨 일을 만나게 되든 바로 그걸 겪게 되겠지요.

칼리클레스: 그렇다면 당신은, 소크라테스, 국가에서 그런 상태에 있어서 자신을 도울 능력도 없는 상태에 있는 사람이 잘 (kalōs)[256] 지내고 있는 거라고 생각합니까?

소크라테스: 적어도 저것 하나만 그에게 갖추어져 있다면 그렇죠, 칼리클레스. 당신 자신도 여러 번 동의했던 것이 있는 그것 말입니다. 즉, |522d| 인간들과 관련해서든 신들과 관련해서든 부정의한 그 어떤 것도 말한 적도 행한 적도 없음으로 해서 이미 자신을 도운 상태라면 말입니다. 이거야말로 자신을 돕는 일 가운데 가장 강력한 것이라고 우린 여러 번 동의한 바 있으니까요.

6B.43. 플라톤 『메논』 79e7-80a8, 80b5-80d4

메논: 소크라테스, 당신을 만나게 되기 전에도 난 당신이 |80a| 당신 스스로도 갈 길이 막혀 막막해할(aporeis) 뿐만 아니라 남들도 막막하게 만드는 일 말고 달리 아무것도 않는다는 걸 익히 들은 바 있었지요. 그런데 지금도 적어도 내가 보기엔 나를 홀리고 (goēteueis) 있네요. 약을 쓰면서(pharmatteis), 또 영락없이 주문을 외워(katepāideis) 가면서 내가 막막함(aporia)으로 가득 차게 될 정

---

256 원어대로는 '아름답게'.

도로 말이죠. 그래서 내게 당신은 완전히, 다소 우스운 비유를 해야 한다면 말인데, 외모에서도 그렇고 다른 면에서도 그렇고 꼭 바다에 사는 이렇게 넓적한 시끈가오리(narkē)와 가장 비슷한 것 같네요. 그것도 누군가가 가까이 다가와서 건드릴 때마다 그를 마비되게(narkan) 만드는데, 당신도 지금 나를 그와 비슷한 어떤 상태로, 즉 마비되게 만든 것 같거든요. […] 당신이 다른 어떤 나라에 외지인으로 가서 그런 일들을 한다면, 모르긴 몰라도 마법사(goēs)라고 잡혀갈 거 같거든요.

소크라테스: 참 짓궂은 분이네요, 메논. 그리고 당신 말에 내가 거의 속아 넘어갈 뻔했네요.

메논: 대체 무슨 말인가요, 소크라테스?

|80c| 소크라테스: 무슨 목적으로 나에 대해 비유로 말했는지 알겠네요.

메논: 무슨 목적이라는 거죠?

소크라테스: 비유로 대꾸하라는 거죠. 아름다운 모든 사람들에 관해서 난 이걸 잘 알아요. 비유되는 걸 즐긴다는 거죠. 하긴 그들에겐 손해될 게 없죠. 아름다운 사람들에겐 비유들도 아름다우니까. 하지만 난 비유로 대꾸하지 않겠습니다. 나로 말할 것 같으면, 시끈가오리가 자기가 마비되면서 그렇게 남들도 마비되게 만든다고 하면 나는 그것과 닮은 거겠죠. 그렇지 않다면 아니고요. 나는 나 자신은 잘 풀려 가고 있으면서(euporōn) 남들을 막막하게 만드는 게 아니라 그 누구보다도 나 자신이 막막해하면서 그렇게 남들도 막막하게 만드는 거거든요. |80d| 지금도 덕에 관해서 그것이

무엇인지 나는 알지 못하지만, 당신은 어쩌면 나와 접촉하기 전에는 알았었는지 모르지만, 지금은 알지 못하는 자와 같지요. 그럼에도 불구하고 나는 당신과 함께 그게 도대체 무엇인지 숙고하면서 (skepsasthai) 함께 탐색해 볼(syzētēsai) 의향이 있습니다.[257]

6B.44. 플라톤 『향연』 212b1-3
[화자: 소크라테스]

바로 이것들이 […] 디오티마가 말한 것들인데 나는 그것들에 설득되었습니다(pepeismai). 내가 설득되었기에(pepeismenos) 다른 사람들도 설득하려(peithein) 시도하지요.[258]

11. 짤막한 대화 대 긴 연설, 철학적 대화 대 수사학적 담론

6B.45. 플라톤 『프로타고라스』 334c6-335c7, 336a5-b3[259]
[전달자: 소크라테스; 피전달자: 동료]

그[즉, 프로타고라스]가 이렇게 말하자 곁에 있던 사람들이 잘

---

257 이어지는 대목은 널리 회자되는 이른바 '메논의 역설' 관련 대목이다. 이 책의 고르기아스 장에 따로 포함시키지는 않았지만, 메논의 문제 제기를 소크라테스가 재진술하면서 제시한 딜레마는 고르기아스에게서 온 것일 가능성이 높다. 예컨대, 스콧(D. Scott 2006)도 이렇게 추측한 바 있다(77-79쪽).

258 플라톤의 관점에서 이야기되는 소크라테스적 설득과 소피스트적 설득의 차이에 관해서는 강철웅(2020a) 256-257쪽 및 213쪽의 미주 135[= 강철웅(2014a) 38-39쪽 및 198쪽의 미주 135]를 참고할 것.

259 1B.32, 1B.46 포함.

이야기했다고 박수를 쳤고 내가 말했지요. "프로타고라스, 내가 마침 잘 잊어먹는 인간이라서 누군가가 나에게 길게 이야기를 하면 |334d| 이야기가 무엇에 관해서였는지 잊어먹는답니다. 그러니까 마치 내가 마침 귀가 먹었다면 나와 대화를 나눌 양이면 당신은 딴 사람들에게 말하는 것보다 더 큰 목소리로 말해야겠다는 생각이 들겠지요. 그렇게 지금도 마침 잘 잊어먹는 사람을 상대하고 있으니, 내가 당신을 따라갈 수 있게 되려면, 대답들을 토막토막 잘라서 더 짧게 만들어 주세요."

"아니, 어떻게 짧게 대답하라고 나한테 요청하는 건가요? 혹시 내가 대답해야 마땅한 것보다 더 짧게 당신에게 대답하라는 건가요?" 하고 그가 말하더군요.

"그런 건 전혀 아닙니다." 하고 내가 말했지요.

"그게 아니라 마땅한 만큼을 해야겠죠?" 그가 말했어요.

|334e| "그렇습니다." 내가 말했어요.

"그렇다면 대답해야 마땅하다고 내게 생각되는 만큼을 당신에게 대답해야 할까요? 아니면 당신에게 생각되는 만큼을 해야 할까요?"

"어쨌거나 난 들었거든요." 하고 내가 말했어요. "당신 자신은 원하면 스스로 다른 사람에게 같은 것들에 관해 가르칠 수도 있고 길게 이야기를 할(makra legein) 수도 있다고, 그래서 이야기에 결코 허점이 없을 정도이고, 또 |335a| 아무도 당신보다 더 짧은 것들로 말할 수 없을 정도로 짧게 이야기를 할 수도 있다고 말이에요. 그러니 당신이 나와 대화를 하겠다고 한다면 후자의 방식으

로, 즉 짧은 이야기(brachylogia)로 나를 상대해 주세요.

"소크라테스," 하고 그가 말하더군요. "난 이미 많은 사람들과 담론 경쟁(agōn logōn)[260]에 돌입했더랬지요. 그리고 당신이 요청하는 일을 내가 하게 되어 내 반론자가 나에게 대화하기를 요청하는 방식으로 대화를 나눈다면, 그 누구보다도 뛰어나다고 드러나지 못할 것이고 프로타고라스의 이름이 희랍 사람들 사이에서 생겨나지도 못했을 겁니다."

그래서 나는, 그 자신이 앞서 |335b| 했던 대답들에 스스로 만족스러워하지 않았던 것과 그가 대답하는 자로서 대화하는 걸 내켜서 할 의향이 없으리라는 걸 알았기에, 더 이상 이 모임에 참석하는 게 내 일(emon ergon)이 아니라 생각하고 말했지요. "아니, 프로타고라스, 정말이지," 하고 내가 말했어요. "나도 우리의 이 모임이 당신이 좋다고 생각하는 것들을 거슬러서 진행되는 데 집착하지 않습니다. 그러니 당신이 내가 따라갈 수 있는 방식으로 대화하고 싶다고 하면 그땐 내가 당신과 대화를 하겠습니다. 당신은, 당신에 관해 다들 이야기하기도 하고 당신 스스로도 그렇게 이야기하듯, 긴 이야기로도 짧은 이야기로도 함께 논의를 할 능력이 있지만 |335c| (당신은 지혜로우니까요.)[261] 나는 이렇게 긴 것들은 감당할 능력이 없습니다(그럴 수 있길 바라긴 하지만요.). 그러니 모임이 계속 진행되기 위해서는 양쪽을 다 할 수 있는 당신

---

260 혹은 '논변 경연'.
261 이 대목은 프로타고라스 장에 따로 인용됨(1B.46).

이 우리에게 양보해야만 하는 걸 거예요. 그런데 당신이 그럴 의향이 없고 나는 어떤 일로 시간 여유가 없어 당신이 이야기들을 길게 늘이고 있는 걸 들으며 곁에 머물러 있을 수는 없으니(내가 어디 가야 할 데가 있거든요.), 갈게요. 물론 이것만으로도 당신 이야기를 듣는 게 아마 어지간히 즐겁기도 했어요." […]

"[…] 그러니 당신[즉, 칼리아스]이 나와 프로타고라스가 이야기하는 걸 듣기를 욕망한다면 이분에게 요구하세요. 처음에 내게 짧게 그리고 질문되고 있는 바로 그것들만 대답했던 것처럼, 지금도 그렇게 대답하라고 |336b| 말이에요. 그렇지 않다면 대화들의 방식이 뭐가 될까요? 서로와 함께 지내며 대화를 나누는 것과 대중연설을 하는 것(to dēmēgorein)은 별개라고 난 생각했거든요."

6B.46. 플라톤 『고르기아스』 474a5-b1[262]

[화자: 소크라테스; 청자: 폴로스]

내가 이야기하는 것들에 대해서 나는 내가 이야기를 하고 있던 그 상대방 한 사람은 증인으로 댈 줄 알지만, 다중을 그렇게 하는 걸로 말하자면 난 그냥 포기합니다. 그리고 한 사람을 투표에 부칠 줄은 내가 알지만, |474b| 다중과는 대화조차 못하지요.

6B.47. 플라톤 『소크라테스의 변명』 17a1-c6, d1-2, 18a1-6[263]

---

262 6B.65로부터 이어짐.
263 작품 서두. 연설가의 말 잘함에 관해서는 나쁘게 말함에 관해 다루는 6B.49를

|17a| 아테네인 여러분,[264] 나를 고발한 사람들로 인해 여러분이 무슨 일을 겪었는지는 난 알지 못합니다. 하지만 어쨌든 나는 그들로 인해 나 스스로도 거의 나 자신이 누구인지를 잊어버릴 지경이었습니다. 그 정도로 그들은 설득력 있게 말하고 있었던 거죠. 하지만 진실에 관한 한은 그들이 사실상 아무것도 말한 게 없다 할 수 있습니다. 그들이 한 많은 거짓말 가운데 유독 하나가 내겐 정말 놀라운 것으로 여겨졌는데요. 뭐냐 하면, 내가 말하는 데 능란하니까(deinos) 여러분은 나한테 |17b| 기만당하지 않도록 조심해야 한다는 말이었습니다. 곧바로 실제 행동을 통해 나한테서 논박당하리라는 걸, 그러니까 내가 말하는 데 어떤 식으로도 능란하지 않다는 것이 밝혀지게 되면 단박에 논박당하리라는 걸 수치스러워하지 않는다는 것, 바로 그것이 내겐 그들이 가진 가장 몰염치한 점이라는 생각이 들었거든요. 혹시라도 이 사람들이 진실을 말하는 사람을 가리켜, 말하는 데 능란한 사람이라고 부르지 않는 한은 말입니다. 그들이 이런 의미로 말하는 거라면, 나로서도 내

참고할 것.

[264] 플라톤이 재현한 소크라테스 재판의 항변 연설 맨 첫 대목에서 사용된 호칭이다. 이 항변 연설 전체가 법정에 참석한 배심원들이나 소송 당사자들, 방청객들만이 아니라 전 아테네인을 향한 것이라는 점이 함축되어 있다. 소크라테스의 항변 연설, 즉 변명(apologia)은 단지 피고가 자신에게 씌워진 죄를 벗기 위해 행하는 유의 통상적인 법정 연설(즉, 피고 변론)에 머무는 것이 아니라, 철학자 소크라테스가 자신의 철학적 삶의 성격과 의미를 아테네인들에게 보여 주려는 목적으로 행해진 유일한 대중 연설(즉, 대중과의 대화)이기도 하다. 위 6B.45, 6B.46에서 대중 연설이 아니라 짤막한 문답식 대화가 자신의 일임을 분명히 했던 그가 본의 아니게 착수하게 된 대중과의 대화인 셈이다.

가 (이들과 다른 방식으로긴 하지만) 연설가(rhētōr)라는 데 동의할
수도 있을 테니까요.

그러니까 이 사람들은, 내가 말했던 대로, 진실을 거의 혹은 아
예 말한 게 없었던 겁니다. 반면에 나한테서는 여러분이 온전한
진실을 듣게 될 겁니다. 하지만 아테네인 여러분, 제우스에 맹세
코 말하건대, 여러분은 |17c| 이 사람들의 말처럼 미사여구로 멋
들어지게 꾸미거나 질서 있게 배열한 말이 아니라, 그저 단어가
떠오르는 대로 두서없이 하는 말을 나한테서 듣게 될 겁니다. 내
가 말하는 것들이 정의롭다고 믿으니까 그렇게 하는 겁니다. 그러
니 여러분 가운데 아무도 다른 기대는 하지 마세요. 여러분, 이 나
이에 내가 젊은 애처럼 말을 지어내면서 여러분 앞에 나선다는 건
분명 적절하지도 않은 일일 테니까요.[265] [⋯] 지금 난 일흔 살이 되
어서 처음으로 재판정에 올라왔죠. [⋯]

나는 여러분에게 다음과 같이 해 주길 요청합니다. 적어도 내가
보기엔 정의로운 요청이죠. 말투가 어떤 방식인지는 문제 삼지 말
고(혹시 더 형편없을 수도 있고 더 괜찮을 수도 있을 테니까요.) 그저

---

265 소피스트 수사학에서는 실체적 진실이 무엇이냐보다 결과적으로 얻게 되는
   균형이 중요하다. 이와 대비되는 진실의 수사학은 실질적 효과보다 진실을
   중시한다. 진실, 정의를 갖고 있으면 수사는 필요 없다는, 『변명』이 표면적으
   로 강조하는 수사학이다. 그런데 『변명』은 거기서 머물지 않는다. 수사가 필
   요 없다고 하면서 정작 『변명』 연설은 마치 수사학 예제집에 나오는 연설처럼
   대표적인 수사적 기교들을 알맞게 구사하는 아이러니컬한 태도 혹은 패러디
   적인 면모를 보인다. 수사학을 거부하는 『변명』의 표면적 입장 이면에 수사학
   에 대한 보다 복잡 미묘한 입장과 태도가 개재되어 있음이 분명하다.

내가 정의로운 말을 하는지 그렇지 않은지만 살펴보고 그것에만 주의를 기울여 달라고 말입니다. 바로 이것이 재판관의 덕(德)[266]이고, 연설가의 덕은 진실을 말하는 것이기 때문입니다.

6B.48. 플라톤 『파이드로스』 261a7-b2 (DK 82B14)[267]

소크라테스: 그럼 수사학은 전체로 보아 연설들을 통해 영혼을 이끄는(psychagōgia) 어떤 기술 아닌가요? 법정들과 다른 공적인(dēmosioi)[268] 모임들(syllogoi)에서만이 아니라 사적인 모임들에서도 마찬가지로 말이죠. 작은 일들에 |261b| 관해서도 큰일들에 관해서도 같은 기술이어서, 적어도 옳기만 한 것이면 사소한 일들에 관해서 생겨나는 것보다 중대한 일들에 관해서 생겨나는 것이 더 가치 있는(entimoteron)[269] 건 전혀 아닌 거 아닌가요? 아니면 당신은 이런 것들을 어떤 식으로 들었나요?

파이드로스: 제우스에 걸고 말하건대 그런 식으로는 전혀 아니죠.

---

266 '아레테'(aretē)는 '덕' 대신 '훌륭함'으로 옮길 수도 있다. 우리가 흔히 생각하는 도덕성을 포함하는 방식으로 쓰일 때가 많지만, 늘 그런 것은 아니다. 바로 다음 인용문(6B.51)에 나오는 망아지나 송아지의 아레테는 망아지나 송아지의 훌륭함으로 새기는 것이 더 자연스러워 보인다. 그러니까 본래 '아레테'란 어떤 사물에 '알맞은'(prosēkousa: 20b) 훌륭함이다. 따라서 인간에게 적용될 때는 자연히 도덕적인 것이 인간의 훌륭함에 포함되지만, 다른 사물에 적용될 때는 그렇지 않을 수 있다.

267 앞부분은 2B.37(= 7B.30)과 중복. 약간 뒤에 17A.41로 이어짐. 소크라테스의 '진정한 수사학' 관련 내용.

268 혹은 '대중적인', '인민의'.

269 혹은 '더 존중받는'.

6B.49. 플라톤 『메논』 94e3-95a6[270]

아뉘토스: 소크라테스, 내가 보기에 당신은 쉽게 사람들을 나쁘게 말하는(kakōs legein)[271] 거 같네요. 그러니 나로선 당신에게 충고를 해 주고 싶네요. 내 말을 따를(peithesthai) 의향이 있다면 말인데, 조심하라고 말이에요. 아마 다른 국가에서도 사람들을 나쁘게 만드는(kakōs poiein)[272] 게 좋게(eu) 만드는[273] 거보다 더 쉽고 이 국가에서는 특히나 그렇거든요. |95a| 당신 스스로도 알고 있으리라고 난 생각해요.[274]

소크라테스: 메논, 내가 보기에 아뉘토스가 화가 난(chalepainein) 거 같은데 난 전혀 놀랍지 않아요. 그는 우선 내가 이 사나이들을 나쁘게 말하고 있다(kakēgorein)고 생각하고, 그다음으로 자기 자

---

270 6B.55로부터 이어짐. 2B.30으로 이어짐. 화와 나쁨에 관해서는 cf. 6B.50. '나쁘게 말한다'를 6B.47의 '말 잘한다'와도 비교해 볼 만하다. 맥락: 덕의 선생이 있는가 하는 문제를 놓고 소크라테스가 저명한 정치가들이 자식들을 제대로 교육했는가를 문제 삼자 곁에 있던 아뉘토스가 화가 나 끼어들게 된다. 『메논』의 더 넓은 맥락에 관해서는 2B.30의 보다 상세한 맥락 안내를 참고할 것.

271 혹은 '험담하는'.

272 혹은 '해를 끼치는'.

273 혹은 '이로움을 주는'.

274 이 발언 후에 아마도 아뉘토스는 자리를 떠나는 것으로 보인다. 아뉘토스가 드러내는 분노 내지 적대감은 그가 결국 소크라테스를 재판정에 세우는 일의 주도자가 된다는 역사적 사실을 독자에게 넌지시 암시하는 설정이다. 좋음-나쁨에 관한 견해의 차이가 두 사람 사이의 정서적 반응의 차이(분노 여부)와도 연결된다는 점은 아래 6B.50에서도 잘 나타나 있다. 이래저래 『메논』과 『변명』은 소크라테스와 소피스트에 관한 저간의 정황들을 추적하고자 하는 우리에게 서로 연결 지어 읽어 볼 만한 주요 자료가 된다.

신도 이들 가운데 들어가 있다고 여기는 거거든요. 하지만 이분이 언젠가 나쁘게 말한다(kakōs legein)는 게 어떤 건지 알게 되면 화를 멈추게 될 거예요. 근데 그걸 지금은 모르는 거죠.[275]

6B.50. 플라톤 『소크라테스의 변명』 41d6-e1[276]

나로선 내게 유죄 표를 던진 사람들과 나를 고발한 사람들에게 전혀 화가 나 있지(chalepainō) 않습니다. 물론 그들이 이런 의도로 내게 유죄 표를 던지고 나를 고발했던 게 아니라 |41e| 내게 해를 줄 생각으로 그랬던 거지만 말입니다. 바로 이것이 그들이 비난받아 마땅한 점입니다.

12. 덕과 앎, 지행합일, 덕의 교육 가능성 문제, 덕의 단일성 문제

6B.51. 플라톤 『소크라테스의 변명』 20a7-b5[277]

내가 말하기를 "칼리아스, 당신의 두 아들이 망아지나 송아지였다면, 우리는 그들에게 알맞은(prosēkousa) 덕에 있어서 그들을 아름답고 |20b| 훌륭하게 만들어 줄 감독자를 구해 보수를 줄 수 있을 겁니다. 그럴 때 그 사람은 말 조련사나 농부겠죠. 그런데 이제 그 둘이 인간이니, 당신은 그들에게 어떤 감독자를 구해 줄 작정

---

275 아뉘토스와의 대화를 이것으로 끝내고 소크라테스는 메논을 향해 질문을 던지면서 원래의 대화를 이어 가게 된다. 이어지는 대화는 2B.30에 수록.

276 『변명』의 말미. 화와 나쁨에 관해서는 6B.49 참고.

277 9A.1에 포함.

입니까? 누가 이런 덕을, 즉 인간적이고 시민적인 덕을 아는 사람
입니까? […]"

6B.52. 플라톤 『국가』 1권 352d9-e11

[전달자: 소크라테스]

"생각해 보세요." 하고 내가 말했지요. "그리고 내게 말해 보세
요. 말[馬]의 기능(ergon)이 뭔가 있는 거라고 당신은 |352e| 생각
하나요?"

"그렇습니다."

"그렇다면 말이나 다른 그 무엇의 기능은 누군가가 그것을 가지
고서만 할 수 있거나 그것을 가지고서 가장 잘할 수 있는 것 외에
다른 것이라고 당신은 놓습니까?"

"이해 못 하겠네요." 하고 그[즉, 트라쉬마코스]가 말하더군요.

"그럼 이렇게 생각해 보세요. 눈 말고 다른 어떤 것으로 당신이
볼 수가 있나요?"

"전혀 아니죠."

"그럼 귀 말고 다른 어떤 것으로 들을 수가 있나요?"

"결코 아니죠."

"그러니까 이것들이 이런 것들의 기능이라고 우리가 정당하게
말할 수 있지 않나요?"

"정말 그렇네요."

6B.53. 크세노폰 『소크라테스 회상』 3.9.5

그[즉, 소크라테스]는 말하기를, 정의도 다른 모든 덕도 지혜다. 정의로운 것들도 덕에 의해 행해지는 모든 것들도 모두 아름다우면서 훌륭하기 때문이다. 이것들을 아는 사람들은 이것들 대신에 다른 어떤 것도 선택하지 않을 것이며, 이것들을 알지 못하는 사람들은 이것들을 행할 능력이 없고 설사 행하려 시도한다 해도 실패하게 될 것이다. 그렇기 때문에 지혜로운 사람들은 아름다우면서 훌륭한 것들을 행하지만 지혜롭지 못한 사람들은 그럴 능력이 없고 설사 행하려 시도한다 해도 실패하게 된다. 그러므로 정의로운 것들도 다른 아름답고 훌륭한 모든 것들도 덕에 의해 행해지기 때문에 정의도 다른 모든 덕도 지혜임이 분명하다.

6B.54. 아리스토텔레스 『에우데모스 윤리학』 1.5, 1216b2-10

그러니까 연로한 소크라테스는 덕을 아는 것이 목적이라고 생각했으며 정의가 무엇인지, 용기가 무엇인지, 그리고 덕의 부분들 각각이 무엇인지를 탐색했다. 그가 이런 일들을 한 것은 합당한 것이었다. 그는 모든 덕들이 앎들이어서 정의를 안다는 것과 정의롭다는 것은 동시에 일어나게 되는 것이라고 생각했던 것이다. 예컨대, 기하학과 건축술을 배움과 동시에 우리는 건축가가 되고 기하학자가 되는 것이다. 바로 그렇기 때문에 그는 덕이 어떻게 혹은 어떤 것들로부터 생겨나는지가 아니라 덕이 무엇인지를 탐색했던 것이다.

6B.55. 플라톤 『메논』 94d3-e2[278]

[화자: 소크라테스; 청자: 아뉘토스]

아니, 어쩌면 투키디데스[279]가 그렇게 보잘것없어서 아테네 사람들과 동맹국 사람들 가운데 아주 많은 친구들이 없었던 건가요? 그는 대단한 가문 출신이었고 이 국가와 다른 희랍 사람들 사이에서 힘이 대단했었지요. 그래서 이것[즉, 덕]이 가르칠 수 있는 것이었다면, 그는 자기 아들들을 훌륭하게 만들어 줄 사람을 이 지역 사람들 중에서든 외지인들 중에서든 찾아낼 수 있었을 |94e| 겁니다. 그 자신이 국가에 대한 돌봄 때문에 여유가 없었다고 한다면 말이죠. 하지만, 동료인 아뉘토스, 덕은 가르칠 수 있는 게 아닌 듯싶네요.

6B.56. 플라톤 『프로타고라스』 329b5-d8

[전달자: 소크라테스]

"[…] 그런데 이제, 프로타고라스, 나는 작은 어떤 것이 필요한데요, 당신이 다음과 같은 것만 대답해 준다면 전부를 다 갖추게 되겠네요. 당신은 덕이 가르칠 수 있는 것이라고 주장하고 있고, 인간들 가운데 그 누군가의 말을 따를 거라고 한다면, 내가 따르려는 사람은 바로 당신입니다. |329c| 그런데 당신이 이야기하고 있을 때 내가 의아했던 게 하나 있는데, 그것으로 내 영혼을 좀 채

---

278 6B.49로 이어짐.

279 우리에게 역사가로 잘 알려진 투키디데스가 아니라 저명한 정치가이자 보수파 지도자였던, 멜레시아스의 아들 투키디데스.

워 주세요. 당신은 제우스가 정의와 염치를 인간들에게 보내 주었다고 이야기했고, 또 당신의 이야기들 중 여러 곳에서 정의와 절제[280]와 경건 및 이런 모든 것들이 합쳐서 하나의 어떤 것, 즉 덕이라고 당신에 의해 이야기가 되었습니다. 그러니 바로 이것들을 논변을 가지고 엄밀하게 나를 위해 죽 다루어 주세요. 덕이 하나의 어떤 것이고 정의와 절제와 경건은 그것의 부분들인지, 아니면 방금 내가 말한 모든 것들은 똑같은 하나인 것의 이름인지를 말이에요. 여전히 내가 |329d| 바라는 게 바로 이겁니다."

"아니, 그거야말로 대답하기 쉽죠, 소크라테스." 하고 그가 말

---

280 가장 참고할 만한 국역인 강성훈(2021)은 '분별'로 옮긴다[65쪽 = 강성훈(2011) 98쪽]. 사실 이 역본은 『프로타고라스』 전체에 걸쳐 체계적으로 '소프로쉬네' (sōphrosynē)를 통상의 번역어 '절제'가 아닌 '분별'로 옮기고 있어 유의할 필요가 있다. 이 작품에서 이 말로 지시되는 덕에서 품성적 측면과 지적 측면 가운데 더 근본적이라 할 지적 측면에 상대적으로 강조점이 놓여 있기에 품성이 강조되는 '절제'보다 '분별'이 더 적절하다는 것이 이유다[153-154쪽의 미주 82 = 강성훈(2011) 170-171쪽의 미주 82]. 그런데 역자가 말하는 지적 측면은 사실 지혜 외의 다른 세 덕을 관통하는 지혜(sophia) 혹은 현명/분별 (phronēsis)이 가진 힘, 그러니까 절제가 가진 지혜 혹은 분별의 측면일 수 있다. 절제가 당연히 지혜 내지 분별을 내포하지만, 그것은 절제 특유의 것이 아니라 나머지 두 덕도 공유하는 측면이라 말하는 것이 더 적절해 보인다. 이 인용문 조금 뒤에 나오는 지혜-절제 동일성 논변의 핵심 부분인 332a4-b6에서도 소크라테스는 지혜와 무분별(aphrosynē)의 반대임에서 출발하여 무분별과 절제의 반대임으로 나아간다. 그것은 우리가 다른 곳에서 익히 보아 온 지혜와 현명/분별의 동일성에, 그리고 분별과 무분별의 반대임이 언어적으로 분명함(예컨대, 1B.12의 386b9-d1, 특히 386c6-7을 보라.)에 기반해 있다. '무분별'을 '어리석음'으로, '절제'를 '분별'로 옮기면 이런 논변의 정신을 온전히 담아내기 어렵다.

하더군요. "당신이 묻고 있는 그것들은 하나인 덕의 부분들이라는 겁니다."

"부분들은" 하고 내가 말했지요. "얼굴의 부분들, 즉 입과 코와 눈과 귀처럼 부분들인가요, 아니면 금의 부분들처럼 그중 어떤 것들이 다른 것들과 큼과 작음을 빼놓고는 서로 전혀 다르지 않고 전체와도 다르지 않은 부분들인가요?"

6B.57. 크세노폰 『소크라테스 회상』 4.4.9-10

|9| "하지만 제우스에 맹세코" 하고 그[즉, 히피아스]가 말했다. "적어도 당신이, 정의로움이 무엇이라고 생각하는지를 직접 내보이기(apophēnēi)[281] 전에는 당신은 들을 수 없을 겁니다. 당신이 모두에게 질문하고 논박은 하면서 당신 자신은 그 어느 것에 관해서든 누구에게도 판단(gnōmē)을 전혀 내보이기를 거부함으로써 남들을 비웃는 것으로 만족하니까요."

|10| "뭐라고요, 히피아스?" 하고 그[즉, 소크라테스]가 말했다. "어떤 것들이 정의로운 것들이라고 내게 여겨지는지를 끊임없이 보여 주고 있다는 걸 감지하지 못하나요?"

"이 말(logos)은 또" 하고 그가 말했다. "대체 무슨 말인가요?"

"말로가 아니면" 하고 그가 말했다. "난 행동(ergon)으로 보여 주지요. 아니면 행동이 말보다 더 증거가 될 만하다고 당신에겐 여겨지지 않나요?"

---

281 혹은 '밝히기'. 아래도 마찬가지.

"제우스에 맹세코 훨씬 더 증거가 될 만하죠." 하고 그가 말했다. "많은 사람들이 정의로운 것들을 말하면서도 부정의한 것들을 행하지만, 어느 누구도 정의로운 것들을 행하면서 부정의할 수는 없겠죠."

13. 역설적인 논의들: 자발적 악의 불가능성 문제, 아크라시아 문제, 하나의 기술로 정반대를 성취함, 불의를 당하는 것이 낫다 등

6B.58. 플라톤 『프로타고라스』 358c6-d4

[전달자: 소크라테스; 피전달자: 동료]

"그렇다면" 하고 내가 말했지요. "아무도 자발적으로는 나쁜 것들 쪽으로 가지 않고 나쁘다고 생각하는 것들 쪽으로도 가지 않으며, |359d| 이것은, 즉 좋은 것들 대신에 나쁘다고 생각하는 것들 쪽으로 가려 한다는 것은 인간의 본성 속에도 없는 것으로 보입니다. 그리고 나쁜 것 둘 가운데 어느 한쪽을 선택할 수밖에 없게 강제될 경우에, 더 작은 것이 가능하다면 아무도 더 큰 것을 선택하지 않을 겁니다."

6B.59. 아리스토텔레스 『니코마코스 윤리학』 7.2, 1145b21-27

누군가가 옳게 믿고 있으면서 어떻게 자제를 못 하게(akrateuetai) 되는가 하고 난문을 제기하는 사람이 있을 수 있을 것이다. 그런데 알고 있는 사람은 이럴 수가 없다고 어떤 사람들은 주장한다. 소크라테스가 생각했던 것처럼, 앎이 안에 있는데도 어떤 다른 것이 그것을 마치 노예처럼 제압하고(kratein) 좌지우지한다는 건 끔찍한 일이라는 것이다. 소크라테스는 자제 못함(akrasia)이라는 게 없다고 여겨서 이런 논변과 전력을 다해 싸우려 했던 것이다. 어느 누구도 최선의 것에 반하는 일이라고 믿으면서 그렇게 행위하는 것이 아니라 단지 무지 때문에 그렇게 하는 것이기 때문에 그렇다는 것이다.

6B.60. 플라톤 『소 히피아스』 366e6-367a5, 367a7-367c4, 368a8-b3, 369b3-c2[282]

소크라테스: […] 아니면, |367a| 계산에 무지한 사람이 당신보다 (당신이 그러고 싶어 한다면) 더 거짓을 잘 말할 수 있을까요? 아니면, 무지한 사람은 자주 거짓을 말하고 싶어 하는데도, 알지 못하기 때문에 본의 아니게 어쩌다 보니까 진실을 말할 수가 있는데, 지혜로운 당신은 거짓말을 하고 싶어 하기만 하면 언제든 똑같이 거짓을 말할 수가 있는 건가요?

히피아스: 그렇지요. 당신이 마지막에 이야기한 대로입니다.

[…]

소크라테스: 그렇다면 이것도, 즉 계산과 수에 관해 |367b| 거

---

282 4B.32와 일부 중복. 유능한 수호자가 유능한 도둑이기도 하다는 『국가』 1권의 유명한 논의와 비슷한 역설적 논변이라 할 만하다. 『향연』 말미의 희비극 이야기도 유사하다. "소크라테스가 희극을 만들 줄 아는 것과 비극을 만들 줄 아는 것이 같은 사람에게 속한다는 것[…]을 그들[즉, 아가톤과 아리스토파네스]이 인정할 수밖에 없도록 밀어붙이고 있었다[…]"(『향연』 223d) cf. 4B.23.

짓된 어떤 사람이 있다는 것도 우리가 놓을까요?

히피아스: 그러지요.

소크라테스: 그럼 이 사람이 누군가요? 그가 거짓된 자가 되려한다면 당신이 방금 전에 동의했듯이 그에게는 거짓될 능력이 있어야만 하는 것 아닌가요? 당신이 기억한다면 거짓될 능력이 없는 사람은 도대체가 거짓된 자가 될 수가 없다고 당신이 이야기했으니까요.

히피아스: 아, 기억합니다. 그렇게 이야기했지요.

소크라테스: 그런데 방금 전에 당신은 계산에 관해서 거짓말을하는 데 가장 능력 있는 사람으로 드러나지 않았나요?

히피아스: 그래요, 그것도 이야기가 됐었죠.

|367c| 소크라테스: 그런데 당신은 계산에 관해 진실을 말하는데도 가장 능력이 있나요?

히피아스: 물론입니다.

소크라테스: 그렇다면 같은 사람이 계산에 관해서 거짓을 말하는 데도 진실을 말하는 데도 가장 능력이 있는 거 아닌가요? 이 사람은 이것에 관해 훌륭한 사람, 즉 계산가이고요.

히피아스: 그렇습니다. […][283]

소크라테스: 자, 그럼, 히피아스, 일반적으로 모든 앎들에 대해
|368b| 이런 식으로 살펴보세요. 어딘가에선 이것과 다른 상태인지, 아니면 다 이런지 말이에요. 어느 모로 보나 당신은 모든 인간

---

[283] 중간에 기하학, 천문학에 관한 논의가 들어 있다.

들 가운데서 가장 많은 기술들에 있어서 가장 지혜로운 사람입니다. 나 자신도 언젠가 당신이 큰소리로 자랑하는 걸 들었던 것처럼 말입니다. [···]²⁸⁴

소크라테스: 그럼 이제 당신은 깨닫고 있나요? 같은 사람이 거짓되면서 진실하다는 게 드러났다는 걸 말이에요. 그래서 만일 오뒤세우스가 거짓되다면 그는 진실하게도 되고, 또 아킬레우스가 진실하다면 그는 거짓되게도 되어, 결국 그 두 사람은 서로 차이가 나지 않고 반대되지도 않으며 오히려 비슷하다는 걸 말이에요.²⁸⁵

히피아스: 소크라테스, 당신은 늘 이런 어떤 식으로 비비 꼬아 대는(plekeis) 이야기들(logoi)을 하고²⁸⁶, 이야기의 가장 어려운(dyscherestaton)²⁸⁷ 부분을 떼어 내서(apolambanōn) 이것을 |369c| 자잘하게 붙들고(kata smikron ephaptomenos) 늘어질(echēi) 뿐, 이야기가 바로 그것에 관한 것인 바로 그 대상(to pragma)²⁸⁸ 전체(holon)를 놓고 겨루려 하지(agōnizēi)²⁸⁹ 않습니다.

---

284 생략된 부분에는 박학다식한 히피아스에 대한 대인 논변이 들어 있다.

285 히피아스의 원래 주장은 호메로스 시에서 거짓말을 잘하는 오뒤세우스보다 진실한 아킬레우스가 더 훌륭하다(고 설정되어 있다)는 것이었다. 4B.23 및 이어지는 논의들을 참고할 것.

286 '늘 이런 어떤 식으로 비비 꼬아 대는 이야기들을 하고' 부분을 원문에 가깝게 옮기면 '늘 비비 꼬아 대는 이런 어떤 이야기들을 하고'로 새기거나 혹은 원문에 더 가깝기로는 '늘 이런 어떤 이야기들(logoi)을 비비 꼬아 대고(plekeis)'로 새길 수 있다.

287 혹은 '앞뒤가 가장 안 맞는', '가장 마음에 안 드는'.

288 혹은 '사물', '사태'.

6B.61. 플라톤 『크리톤』 49a4-c11

소크라테스: 어떤 상황에서도 자발적으로 불의를 행해서는 안 된다고 우리는 말하나요, 아니면 어떤 상황에서는 불의를 행해야 하지만 어떤 상황에서는 불의를 행해서는 안 된다고 말하나요? 아니면 예전에도 우리가 여러 번 합의한(hōmologēthēi) 바 있듯이, 불의를 행하는 것이란 어떤 경우에도 좋은 것도 아름다운 것도 아닌가요? 아니면 이전에 우리가 했던 저 합의들(homologiai)이 며칠 안 되는 이 기간 동안에 헌신짝처럼 내버려진 거고, 그러니까 오랫동안 우리가 우리 자신도 모르게, 크리톤, 이 나이 먹은 사내들로서 서로 진지하게 대화를 나누면서 |49b| 아이들과 조금도 다르지 않았던 건가요? 아니면 무엇보다도 전에 우리가 이야기하곤 했던 대로인 건가요? 다중이 그렇다고 하든 말든, 또 우리가 이것들보다 훨씬 더 혹독한 것들을 겪어야 하든 아니면 더 가벼운 것들을 겪어야 하든 상관없이, 불의를 행한다는 것만큼은 어떤 상황에서든 불의를 행하는 자에게 나쁜 것이기도 추한 것이기도 한 건가요? 우리가 이렇게 말하나요, 안 하나요?

크리톤: 말하지요.

소크라테스: 그렇다면 어떤 경우에도 불의를 행해서는 안 되는 거네요.

크리톤: 물론 안 되지요.

소크라테스: 그렇다면 심지어 불의를 당하는 경우에도 다중이

---

289 혹은 '겨루지', '논쟁하(려 하)지'.

생각하는 것처럼 앙갚음으로 불의를 행해서는(antadikein) 안 되는 거네요. 불의를 행하는 건 어떤 경우에도 해서는 안 되는 거니까 말이죠.[290]

|49c| 크리톤: 분명 안 되겠군요(ou phainetai).[291]

소크라테스: 그럼 이건 어떤가요, 크리톤? 해를 입히는 일(kako-urgein)[292]은 해야 하나요, 해서는 안 되나요?

크리톤: 물론 해서는 안 되지요, 소크라테스.

소크라테스: 이건 어떤가요? 해를 입는 경우에(kakōs paschonta) 앙갚음으로 해를 입히는 일(antikakourgein)은 다중이 말하는 것처럼 정의로운 일인가요, 아니면 정의롭지 않은 일인가요?

크리톤: 어떤 식으로도 정의롭지 않지요.

소크라테스: 그건 아마도 사람들에게 해를 입히는 일(kakōs poiein)이 불의를 행하는 일과 조금도 다르지 않기 때문일 거예요.

크리톤: 맞는 말이에요.

소크라테스: 그렇다면 사람들에게서 무슨 일을 당하더라도 그들 가운데 누구에게든 앙갚음으로 불의를 행해서도 안 되고, 해를 입혀서도 안 되는 거네요.

6B.62. 플라톤 『고르기아스』 469b8-c2, 472e4-7

---

290 5B.25에 표명된 안티폰의 입장과 비교해 볼 만하다.
291 '안 되는 거 같군요.'로 옮기는 이들도 있다.
292 혹은 '나쁜 짓을 하는 것'.

소크라테스: 불의를 행하는 것이 나쁜 것들 가운데 가장 큰 것이니까요.

폴로스: 정말 이게 가장 큰 건가요? 불의를 당하는 게 더 큰 거 아닌가요?[293]

소크라테스: 전혀 아닙니다.

폴로스: 그렇다면 당신은 불의를 행하는 것보다 오히려 불의를 당하는 걸 바란다는 건가요?

|469c| 소크라테스: 나로선 물론 둘 다 아닌 쪽을 바라죠. 하지만 불의를 행하거나 당하거나 중 어느 하나를 꼭 할 수밖에 없다면 나는 불의를 행하기보다 오히려 불의를 당하는 걸 택할 겁니다.

[…]

소크라테스: 적어도 내 의견에 따르면, 폴로스, 불의를 행하는 사람과 부정의한 사람은 모든 면에서 비참하지만, 만일 불의를 행하고도 그 대가를 치르지 않고 응징도 받지 않는다면 더 비참한 반면, 신들과 인간들에 의해 재판을 받게 되어 대가를 치르면 덜 비참하지요.

14. 정치(술), 전문가주의, 당대 정치인 및 민주주의 비판

6B.63. 크세노폰 『소크라테스 회상』 3.4.6, 12

---

293 폴로스의 입장을 7B.23에 인용된 『국가』 1권 344c 전후에 나오는 트라쉬마코스의 입장과 비교해 볼 만하다.

[화자: 소크라테스]

"내가 하려는 말은" 하고 그[즉, 소크라테스]는 말했다. "누군가가 무엇의 지도자가 되든(prostateuē) 간에 어떤 것들이 필요한지를 알고 그것들을 획득할 능력이 있다면, 그가 합창 가무단이든 가정이든 국가든 군대든 그 어떤 것의 지도자가 되든 간에 훌륭한 지도자(prostatēs)가 될 거라는 겁니다.

[…]

"가정을 경영하는 사람들을" 하고 그는 말했다. "무시하지 마세요, 니코마키데스. 사적인 일들의 돌봄(epimeleia)은 공적인 일들의 돌봄과 크기에서만 차이가 날 뿐이지, 나머지 것들에 있어서는 비슷하지요. 무엇보다도 가장 중요한 것은, 인간들 없이는 양쪽 다 수행되지 못할 뿐만 아니라 사적인 일들이 행해지는 것과 공적인 일들이 행해지는 게 서로 다른 인간들을 통해 행해지는 게 아니라는 겁니다. 공적인 일들을 돌보는 사람들이 사적인 가정사들을 돌보는 사람들이 대하는 사람들과 다른 어떤 사람들을 대하는 게 아니거든요. 이들을 대할 줄 아는 사람들이 사적인 일들이든 공적인 일들이든 멋지게 행하는 반면, 그럴 줄 모르는 사람들은 양쪽 모두에 있어서 실패하게 되지요."

6B.64. 플라톤 『크리톤』 47d8-48a7

소크라테스: 자, 그럼 앎을 가진 사람들의 의견을 따르지 않음으로써, 건강에 좋은 것에 의해서는 더 좋게 되지만 병나게 하는 것에 의해서는 망가지는(diaphtheiromenon) 그것을 우리가 망가트

리게(diolesōmen) 된다면, |47e| 그것이 망가져 있는 터에 우리가 살 만한 가치가 있나요? 그런데 방금 이야기한 그것은 아마 몸일 거예요. 그렇지 않나요?

크리톤: 그렇지요.

소크라테스: 그렇다면 몸이 못쓰게 되고 망가져 있는 터에 그런 몸을 가지고서 우리가 살 만한 가치가 있나요?

크리톤: 전혀 아니지요.

소크라테스: 아니, 도대체 부정의한 것은 손상하지만(lōbatai) 정의로운 것은 이롭게 하는 그것이 망가져 있으면 그것을 가지고서 우리가 살 가치가 있나요? 아니면, 우리가 그것을 몸보다 더 사소한 것으로 여기나요? 그게 |48a| 도대체 우리에게 속한 것들 가운데 무엇이 되었든, 부정의와 정의가 바로 그것에 관련되어 있다고 할 때의 그것을 말이에요.

크리톤: 전혀 아니죠.

소크라테스: 그게 아니면 더 귀중한 것으로 여기나요?

크리톤: 그야말로 훨씬 더 귀중하지요.

소크라테스: 그렇다면, 가장 훌륭한 사람, 우리는 다중이 우리에 대해 뭐라고 말할지에는 아예 신경 쓰면 안 되고, 오히려 정의로운 것들과 부정의한 것들에 관해 식견을 가진(epaïōn) 사람이, 그 한 사람이, 그리고 진리 자체가 뭐라고 말할지[294]에 신경 써야 합니다.

---

294 '진리'의 의인화는 가까이는 『변명』 39b나 『향연』 201c에서도 발견되고, 멀리는 파르메니데스 단편 2에서도 발견된다. 그런가 하면 프로타고라스의 저작

6B.65. 플라톤 『고르기아스』 473e6-474a1[295]

[화자: 소크라테스; 청자: 폴로스]

폴로스, 난 정치가들에 속하는 사람이 아닙니다. 그리고 작년
에 내가 평의회 의원으로 뽑혔는데, 내 부족이 평의회 운영위원단
노릇을 하면서 내가 투표에 부쳐야 할 일이 있었을 때 난 투표에
|474a| 부치는 일을 할 줄 몰라서 웃음을 샀더랬지요.

6B.66. 플라톤 『고르기아스』 515e4-7, 517b5-c1, 521d6-8

[화자: 소크라테스; 청자: 칼리클레스]

나는 이런 말들을 듣거든요. 페리클레스는 일당 지급 제도로 처
음 바꿈으로써 아테네인들을 게으르고 비겁하며 수다스럽고 돈을
밝히는 자들로 만든 거라고 하는 말을 말입니다. […]

하지만 그들의 욕망들에 내맡기는 게 아니라 그것들을 다른 쪽
으로 향하게 바꾸어 놓는 일에 있어서(시민들이 장차 더 훌륭하게
되는 데 시발점 노릇을 할 수 있는 것으로 향하도록 설득하거나 강제
하면서 말이죠.) 저들[즉, 페리클레스, 키몬, 테미스토클레스, 밀티
아데스 등 예전의 유명 정치인들]은 |517c| 이들[즉, 요즘 정치인
들]과 차이가 전혀 없는 거나 진배없죠. […]

나는 진정으로(hōs alēthōs)[296] 정치적 기술(hē politikē technē)을

을 의식한 발언으로 읽힐 소지도 있다.

295 6B.46으로 이어짐.

296 혹은 '참된'.

시도하는 몇 안 되는 아테네인들 중 하나이고(감히 유일하다는 말을
안 하려고 하는 말입니다.) 요즘 사람들 중에서는 그렇게 국가의 일들
(ta politika)[297]을 행하는(prattein) 유일한 사람이라고 생각합니다.[298]

6B.67. 아리스토텔레스『수사학』2.20, 1393b3-8[299]

소크라테스적인 말들이 일종의 비유(parabolē)다. 예컨대, 누군
가가 다음과 같이 이야기할 때가 그렇다. 제비로 뽑힌 자들이 관
직을 맡아서는 안 된다. 이는 누군가가 운동선수들을 뽑는데 제비
로 뽑는 경우, 즉 경기할 능력이 있는 자들이 아니라 제비를 뽑은
자들을 선수로 뽑는 경우나, 혹은 선원들 가운데서 조타를 맡아야
할 사람을 뽑는데, 마치 알고 있는 자가 아니라 제비를 뽑은 자가
하는 것이 마땅한 것인 양, 제비로 조타할 사람을 뽑는 경우와 꼭
같기 때문이다.

[15-18. 플라톤 외 출처들 중심의 소크라테스 자료]

15. 법과 복종/준법, 정의와 화합

6B.68. 플라톤『크리톤』50a8-b5, 50e1-51c4

---

297 혹은 '정치적인 일들'.
298 6B.42에도 수록.
299 제비뽑기 비판. cf. 6A.50, 13B.7.

[화자: 소크라테스; 청자: 크리톤; 가상 대화의 화자: 의인화된 법률]

"내게 말해 보세요, 소크라테스. 당신은 무엇을 할 작정인가요? 당신이 하려는 그 일로써 |50b| 당신은 우리 법률들만이 아니라 국가 전체를 파괴하려 (물론 당신 쪽에서 가능한 만큼이겠지만) 마음먹고 있는 것에 다름 아니지 않나요? 아니면 어떤 국가에서 이미 이루어진 판결들이 아무런 힘을 못 가지고 오히려 개인들에 의해 무력해질 뿐만 아니라 망가지는(diaphtheirōntai) 일까지 일어난다면, 그런 국가가 뒤집히지 않고 계속 존재할 수가 있다고 당신은 생각하나요?" […]

"좋아요. 그런데 당신이 태어나 양육되고 교육을 받았으니, 당신은 우선, 당신 자신만이 아니라 당신의 조상들조차 우리의 자식이자 노예가 아니라고 말할 수 있을까요? 또 이게 그러하다면 당신과 우리에게 정의로움이 동등하게 성립한다고 생각하나요? 그래서 우리가 당신에게 어떤 일들을 해 주려 시도한다면, 이런 일들을 그대로 되돌려 해 주는 것이 당신에게도 정의롭다고 생각하나요? […] 또 이런 일들을 하면서 정의로운 일들을 행한다고 주장할 건가요? 참으로 덕을 돌보는 사람인 당신이 말이에요. 아니면 당신은 다음과 같은 것도 눈치채지 못할 정도로 그렇게 지혜로운가요? 어머니와 아버지와 다른 모든 조상들보다 조국이 더 귀중하고 |51b| 더 위엄 있으며 더 신성하고 신들만이 아니라 지각 있는 인간들에게도 더 크게 존경받는다는 것, 그리고 아버지보다는 조국이 화가 났을 때 더 섬기고 양보하며 굴복해야 한다는 것, 그리고 설득하거나 아니면 명하는 것들을 행하거나 해야 하고, 조용

히 지내며 무언가를 겪을 것을 명할 경우 겪어야 한다는 것, 즉 매를 맞든 옥에 갇히든 전쟁터로 이끌려 상처를 입거나 죽게 되든 간에 이런 것들을 행해야 한다는 것, 그리고 정의로움이 이러하다는 것, 즉 양보해서도 물러나서도 배치된 자리를 떠나서도 안 되며 전쟁터에서든 법정에서든 어느 곳에서든 국가와 조국[300]이 명하는 일들을 행해야 한다는 것, 아니면 |51c| 정의로움이 본성상 어떠한지에 대해 그것[301]을 설득해야 한다는 것, 그런데 어머니에게든 아버지에게든 완력을 사용하는 건 경건치 못한 일이지만, 조국에 그러는 건 이것들보다 훨씬 더 경건치 못한 일이라는 것 말이에요."

이런 것들에 대해 우리가 뭐라고 말할까요, 크리톤? 법률들이 맞는 이야기를 한다고 할까요, 아니라고 할까요?

6B.69. 크세노폰 『소크라테스 회상』 4.4.11-12, 17-18, 24-25[302]
"그런데 당신은 부정의한 것들을 멀리하는(apechesthai)[303] 것이 정의롭다고 생각하지 않나요?"

"지금도 당신은" 하고 그[즉, 히피아스]가 말했다. "소크라테스, 정의로움이 무엇이라고 생각하는지 당신의 판단을 보여 주는 걸 피하려고 시도하고 있음이 분명해요. 정의로운 사람들이 어떤 것들을 행하는지가 아니라 어떤 것들을 행하지 않는지를 당신은 이

---

300 '국가, 즉 조국'으로 새길 수도 있다.

301 즉, 국가와 조국.

302 cf. 4B.34.

303 혹은 '피하는'.

야기하고 있으니 말입니다."

|12| "아니, 나로선" 하고 소크라테스가 말했다. "불의를 저지를 마음을 먹지 않는 것이 정의를 보여 주는 충분한 사례(epideigma)라고 생각했지요. 하지만 당신에게 그렇게 여겨지지 않는다면 다음의 것이 당신에겐 더 만족스러운지 살펴보세요. 뭔고 하니, 난 준법적인(nomimon) 것이 정의롭다고 주장합니다."

"당신은, 소크라테스, 준법적인 것과 정의로운 것이 같은 것이라고 이야기하는 건가요?"

"그렇습니다." 그가 말했다.

[…][304]

"[…] |17| 그런데 개인의 경우를 보면[305] 어떻게 누군가가 법률들에 복종하는 것보다 국가에 의해 처벌은 덜 받고 존경은 더 받을 수가 있을까요? 또 어떻게 법정에서 덜 지거나 더 많이 이기게 될 수가 있을까요? 그리고 돈이든 아들이든 딸이든 누구에게 더 믿고 맡길(parakatathesthai) 수가 있을까요? 또 국가 전체가 준법적인 사람보다 누구를 더 신뢰할 만하다(axiopistoteros)고 생각할 수가 있을까요? 그리고 부모나 친척들이나 가노들이나 친구들이나 동료 시민들이나 외지인들이 누구에게서 더 자기들이 받아 마땅한 것들(ta dikaia)[306]을 얻을 수가 있을까요? 또 적들이 평화에

---

304 여기 생략한 대목들은 4B.34, 6B.75, 6B.70에 수록.

305 혹은 '사적으로는'.

306 혹은 '정의로운 것들'.

관한 휴전 합의(anochai)나 협정(spondai)이나 조약(synthēkai)을 맺으면서 누구를 더 신뢰할 수 있을까요? 또 사람들이 준법적인 사람보다 누구와 더 동맹자가 되겠다고 마음을 먹게 될까요? 또 동맹자들이 지휘권이나 수비대장직(phrourarchia)이나 국가를 누구에게 더 믿고 맡길까요? 그리고 누가 준법적인 사람보다 베푼 은덕에 대한 감사 표시를 더 잘 거라고 상정할 수 있을까요? 아니면 은덕을 베풀면 그에게서 감사를 받게 될 거라고 생각하는 그런 사람한테보다 우리가 누구에게 더 은덕을 베풀게 될까요? 또 이런 사람보다 우리가 누구와 더 친구가 되고 싶어 하거나 덜 적이 되고 싶어 할까요? 자기가 가장 친구가 되고 싶어 하고 가장 덜 적이 되고 싶어 하는 사람 말고, 또 가장 많은 사람들이 친구가 되고 동맹자가 되고 싶어 하고 가장 적은 사람들이 적이 되고 싸움 상대가 되고 싶어 하는 그런 사람 말고, 우리가 누구와 덜 전쟁을 하려 할까요?

|18| 그러니까 난, 히피아스, 같은 것이 준법적이기도 하고 정의롭기도 한 것임을 보여 주고 있습니다. 그런데 당신이 반대되는 견해[307]를 갖고 있다면(gignōskeis) 가르쳐 주세요."

그러자 히피아스가 "아니, 제우스에 맹세코" 하고 말했다. "소크라테스, 당신이 정의로움에 관해 말한 것과 반대되는 견해를 갖고 있다고 난 생각하지 않습니다."

[…][308]

---

307 혹은 '판단', '앎'.

|24| "이건 어떤가요? 자신에게 잘해 주는 사람들에게 은덕을 되갚는 것은 모든 곳에서 합법적(nomimon)이지 않나요?"

"합법적이죠." 하고 그[즉, 히피아스]가 말했다. "하지만 이것 또한 위반되고 있지요."

"그렇다면 이것을 위반하는 사람들 또한, 한편으로는 훌륭한 친구들을 잃어 가게 되고, 다른 한편으로는 자기들을 미워하는 사람들을 쫓아다닐(diōkein)[309] 수밖에 없도록 강제되기 때문에, 대가를 치르게 되는 거 아닌가요? 아니면 훌륭한 친구들이란 자기와 관계를 맺고 있는(chrōmenoi) 사람들에게 잘해 주는 사람들인 반면에, 이런 사람들에게 은덕을 되갚지 않는 사람들은 감사할 줄 모르기 때문에 이들에게 미움을 사지만, 정작 이런 사람들과 관계를 맺는 게 가장 득이 되기 때문에 이들을 가장 열심히 쫓아다니는 거 아닌가요?"

"제우스에 맹세코, 소크라테스." 하고 그가 말했다. "이 모든 것들이 신들과[310] 닮았네요. 법률들 자체가 그것들을 위반하는 자들을 위해 처벌(timōria)을 갖고 있다는 건 인간 입법자보다 더 훌륭한 입법자에게 귀속될 만한 일이라고 난 생각하거든요."

|25| "그렇다면, 히피아스, 신들이 정의로운 것들을 법으로 제정한다(nomothetein)고 생각하나요, 아니면 정의로운 것들과는 다

---

308 생략된 대목은 4B.35, 6B.73에 수록.

309 혹은 '추적할'. 아래도 마찬가지.

310 다수 사본의 'theois'를 따랐다. V 사본대로 'theiois'로 읽으면 '신적인 것들과'가 된다.

른 것들을 법으로 제정한다고 생각하나요?"

"다른 것들은 아니죠, 제우스에 맹세코." 하고 그가 말했다. "신이 아니라면 다른 누군가가 정의로운 것들을 법으로 제정하는 일이란 결코 있을 수 없을 테니까요."

"그렇다면, 히피아스, 같은 것이 정의롭기도 하고 합법적이기도 하다는 게 신들에게도 받아들여지는(areskei) 거네요."

이런 것들을 말하기도 하고 행하기도 함으로써 그는 주변 사람들을 더 정의롭게 만들었다.

6B.70. 크세노폰 『소크라테스 회상』 4.4.8, 16[311]

|8| "헤라에 맹세코" 하고 그[즉, 소크라테스]가 말했다. "당신[즉, 히피아스]은 큰 좋음(mega … agathon)을 발견한 걸 이야기하시는 거군요. 재판관들은 양편으로 갈려 투표하는 일을 멈추게 되고, 시민들은 정의로운 것들에 관해 서로 반론하고(antilegontes) 반대편에 서서 송사를 하고(antidikountes) 반목하는(stasiazontes) 일을 멈추게 되며, 국가들은 정의로운 것들에 관해 서로 차이를 보이며 전쟁을 벌이는 일을 멈추게 된다면 말입니다. 그래서 나로선 이런 대단한 좋음을 발견한 당신의 말을 듣기 전에 어떻게 당신을 두고 떠날 수 있을지 모르겠네요." […]

"[…][312] |16| 게다가 화합이야말로 국가들에게 가장 큰 좋음

---

311 4.4.16은 6B.75로부터 이어짐.
312 6B.75의 소크라테스 발언에서 계속 이어짐.

으로 여겨질 뿐만 아니라, 국가들에서 원로원들(gerousiai)과 가장 훌륭한 사람들은 매우 자주 자기 동료 시민들에게 화합하라고 (homonoein) 촉구하며, 희랍의 모든 곳에는 시민들이 화합하겠다는 맹세를 하는 게 법(nomos)³¹³이어서 모든 곳에서 이런 맹세를 하지요. 그런데 내가 생각하기에 이런 일들이 일어나는 건 시민들이 똑같은 합창 가무단들을 최고로 뽑거나 똑같은 피리 연주자들을 칭찬하거나 똑같은 시인들을 선택하거나 똑같은 것들로 즐거워하도록 하려는 게 아니라, 그들이 법들에 복종하게 하려는 겁니다. 시민들이 법들을 고수할 때 그 국가들이 가장 힘을 가지게 되고 가장 행복하게 되는데, 화합이 없으면 국가도 잘 운영될 수 없고 가정도 아름답게 경영될 수가 없거든요. [⋯]³¹⁴"

6B.71. 위-플라톤 『클레이토폰』 410c2-8, 410e5-8³¹⁵

[화자: 클레이토폰³¹⁶]

누군가는 정의에 관해서 아마 당신에게도 똑같은 공격을 할 (epenenkoi)³¹⁷ 수 있을 겁니다. 정의를 아름답게 찬양한다고 해서

---

313 혹은 '관습'.

314 6B.69로 이어짐.

315 = 7B.35. 작품 말미. 소크라테스의 정의 논의에 대한 부정적인 평가.

316 아테네 출신 클레이토폰(452년경-404년)은 아테네의 과두파 정치 지도자요 지식인이다. 아테네인들에게는 정치적 선택이 왔다 갔다 하는 인물로 알려져 있었다. 411년 4백인 과두정 정권 성립에 기여하는 행보를 취한 바 있다. 『국가』 1권에 등장하는 트라쉬마코스, 뤼시아스와 친했고, 이 관계는 『클레이토폰』에서 다시 확인된다(406a, 410d).

그것 때문에 정의에 대해 아는 자라는 게 더 많이 확보되는 건 아니라고 말이죠. 물론 내 입장이 꼭 그런 건 아니지만, 둘 중 하나예요. 당신이 알고 있지 못하거나, 아니면 나와 그것[318]을 공유할 의향을 갖고 있지 않거나. 그렇기 때문에 난 트라쉬마코스에게로든 내가 갈 수 있는 어디 다른 데로든 갈 생각이에요. 어떻게 할지 막막해서요(aporōn). […]

당신은 아직 전향하지(protetrammenos) 않은 사람에겐, 소크라테스, 전적으로 가치가 있지만, 이미 전향한 사람에겐 오히려, 덕의 끝을 향해 가서 행복해지는 데 거의 방해가 될 뿐이라고 말하겠습니다.

16. 남성 우월주의, 희랍 중심주의

6B.72. 디오게네스 라에르티오스『유명한 철학자들의 생애와 사상』1.33[319]

헤르미포스가 그의『생애들』에서 이 사람[즉, 탈레스]에게로 돌리는 그 이야기를 어떤 사람들은 소크라테스와 관련짓는다. 그

---

317 혹은 '비난을 할', '고발을 할'.

318 즉, 앎.

319 DL의 탈레스 장에 속함. 희랍인과 이방인 사이에 자연적 차이가 없다는 안티폰의 입장(5B.22)이나 태생 좋은 사람들과 태생 나쁜 사람들 사이에 실제적 차이가 없다는 뤼코프론의 입장(14B.6), 그리고 자연은 누구도 노예로 만들지 않았다는 알키다마스의 입장(15B.2.)과 대비된다.

들이 하는 말에 따르면, 그는 다음 세 가지 때문에 행운의 여신 (Tychē)에게 은덕을 입고 있다고 말하곤 했다. "첫째는 내가 짐승이 아닌 인간으로 태어났다는 것, 그다음으로는 여자가 아닌 남자로 태어났다는 것, 셋째는 이방인이 아닌 희랍인으로 태어났다는 것."

17. 우생학적 착상, 엘리트주의

6B.73. 크세노폰 『소크라테스 회상』 4.4.22-23[320]

|22| "그리고, 소크라테스." 하고 그[즉, 히피아스]가 말했다. "부모가 자식과, 자식이 부모와 몸을 섞을 때 어떤 처벌을 피할 수가 없는 건가요?"

"가장 큰 처벌이죠, 제우스에 맹세코." 하고 그[321]가 말했다. "왜냐고 하니, 인간이 자식을 낳으면서 형편없게 자식을 낳는(kakōs teknopoieisthai) 것보다 더 큰 무엇을 겪을 수가 있을까요?"

|23| "그렇다면" 하고 그가 말했다. "아버지들 자신이 훌륭한데다가 훌륭한 어머니들로부터 자식을 낳지 못할 아무런 이유가 없는 이 사람들이 어떻게 형편없게 자식을 낳는다는 건가요?"

"제우스에 맹세코" 하고 그가 말했다. "서로에게서 자식을 낳는 사람들은 훌륭해야 할 뿐만 아니라 그들의 몸이 최고 상태여야 (akmazontas) 하기 때문이죠. 아니면 최고 상태에 있는 사람들의

---

320 4B.35로부터 이어짐. 6B.69로 이어짐.
321 즉, 소크라테스.

씨(spermata)가 아직 최고 상태에 이르지 못했거나 그 상태를 이미 지난 사람들의 씨와 비슷하다고 당신은 생각하나요?"

"아니, 제우스에 맹세코" 하고 그가 말했다. "비슷할 법하지 않네요."

"그럼 어느 쪽이" 하고 그가 말했다. "더 나은가요?"

"분명히" 하고 그가 말했다. "최고 상태에 있는 사람들의 씨죠."

"아직 최고 상태에 이르지 못한 사람들의 씨는 그렇다면 알맞지(spoudaia) 않은 거네요."

"제우스에 맹세코 알맞지 않을 법하네요." 그가 말했다.

"그렇다면 적어도 그런 상태에선 자식을 낳지 말아야겠네요?"

"적어도 내겐 그렇게 여겨지네요." 그가 말했다.

"그렇다면 이 사람들이 아니면" 하고 그가 말했다. "다른 사람들 누가 형편없게 자식을 낳을까요?"

"이 점에 있어서도" 하고 그가 말했다. "난 당신과 같은 견해입니다(homognōmonō)."[322]

18. 아테네 비판과 스파르타 찬양[323]

6B.74. 플라톤 『프로타고라스』 342a7-b6, 342d4-343b3[324]

---

322 6B.69로 이어진다.

323 cf. 크리티아스의 스파르타 찬양.

324 스파르타 식 지혜 사랑. cf. 짧은 대화 대 긴 이야기(프로타고라스). 그리고 cf. 10B.7, 10B.8.

[전달자: 소크라테스; 피전달자: 동료]³²⁵

지혜 사랑은 희랍인들 중에서 크레타와 |342b| 라케다이몬에서 가장 오래되고 가장 많으며, 소피스트들도 지상에서 그곳에 가장 많습니다. 하지만 그들은 그걸 부인하고 무식한 척 가장합니다 (schēmatizontai). 자기들이 지혜에 있어서 다른 희랍인들을 능가한다는 게 탄로 나지(katadēloi) 않게 하려는 거죠. 프로타고라스가 이야기하던 그 소피스트들이 그랬던 것처럼 말이에요. 오히려 자기들은 전투를 벌이는 것과 용기에 있어서 다른 희랍인들을 능가하는 걸로 보이려는 거죠. 어떤 점에서 능가하는지가 알려지게 되면 모두가 그걸, 즉 지혜를 연마하게 될 거라고 생각하면서 말입니다. [⋯] 내가 이야기하는 이런 것들이 진실이고 라케다이몬인들이 지혜 사랑과 논변들에 대해 가장 잘 교육받았다는 것을 여러분은 다음과 같은 것을 봐도 알 수 있을 겁니다. 누군가가 라케다이몬인들 가운데 가장 형편없는 사람과 함께 어울려 보겠다고 할 경우에, 대화의 상당 부분에서는 |342e| 그가 형편없어 보이겠지만, 그러다가 이야기되는 것들의 어떤 지점에 이르러 그가 주목할 만한 말(rhēma)을, 마치 창던지기에 능한 병사처럼, 짧고 압

---

325 맥락: 시모니데스 시 해석. "아무것도 지나치지 않게."를 킬론에게 귀속시키는 크리티아스의 친 스파르타적 성향에 관해서는 10B.7과 10B.8을 참고할 것. 크리티아스와 소크라테스가 (그리고 아마도 보고자 플라톤까지도) 폭넓게 공감, 공유하고 있는 것으로 보이는 스파르타 문화와 교육에 대한 적극적 인정의 태도가 소크라테스 재판과 죽음에 직간접적인 영향을 상당히 끼쳤으리라는 것은 부인하기 어려워 보인다.

축적으로 던져서 대화 상대자가 어린애보다 별로 나을 게 없어 보일 정도가 되게 하죠. 그런데 바로 이걸 이미 간파한 사람들이 지금 사람들 중에도 있고 옛날 사람들 중에도 있습니다. 라코니아[326] 것 따라 하기(lakonizein)란 체육 사랑하기(philogymnastein)보다는 오히려 훨씬 더 지혜 사랑하기(philosophein) 쪽이라는 것 말입니다. 그런 말들을 입 밖에 내놓을 수 있다는 것은 |343a| 완벽하게 교육받은 인간에게 속한 일이라는 걸 알고서 말이죠. 이런 사람들 중에는 밀레토스 사람 탈레스, 뮈틸레네 사람 피타코스, 프리에네 사람 비아스, 우리 지역 사람 솔론, 린도스 사람 클레오불로스, 켄 사람(Chēneus)[327] 뮈손이 있었고, 이 사람들 가운데 일곱 번째로 속한다고 이야기되던 사람은 라케다이몬 사람 킬론이지요. 이들은 모두 라케다이몬인들의 교육을 선망하고 사랑하고 배우는 사람들이었습니다. 그리고 그들의 지혜가 이렇다는 건 누구라도 알아볼 수가 있을 겁니다. 기억될 만한 짧은 말들이 각자에 의해 말해진 걸 보면 말이죠. 이 사람들은 함께 모여 공동으로 |343b| 그 지혜의 첫 열매(aparchē)를 델피 신전의 아폴론에게 바치기도 했지요. 모두가 노래하는 바로 그것들, "너 자신을 알라."와 "아무것도 지나치지 않게."를 써서 말이죠.

---

326 즉, 스파르타. 이하 마찬가지.

327 DL 1.106-107의 보고에 따르면 뮈손의 출신지는 오이타산(희랍 북부 스페르케이오스강 계곡의 정남쪽 산지 중앙부)의 켄(Chēn)이거나 에티스(라코니아의 한 지역)의 켄이다. 혹은 에테이아(크레타의 한 도시) 출신이라는 이야기도 있었고, 심지어 아르카디아인이라고 이야기되기도 했다.

6B.75. 크세노폰 『소크라테스 회상』 4.4.15[328]

[화자: 소크라테스; 청자: 히피아스]

"그런데 라케다이몬인 뤼쿠르고스가" 하고 소크라테스가 말했다. "법들에 복종하는(peithesthai) 것을 스파르타에 만들어 넣어 주지 않았더라면 스파르타가 다른 국가들과 아무런 차이가 나게 만들어 놓지 못했을 거라는 걸 당신은 깨달았나요? 국가들의 통치자들 가운데서 가장 훌륭한 사람들이란 그 시민들이 법들에 복종하게 하는 데 가장 핵심적인 원인이 되는 사람들이고, 그 시민들이 법들에 가장 잘 복종하는 국가가 평화 시에 가장 잘 삶을 영위할 뿐만 아니라 전쟁 때도 대항할 자가 없게 된다는 걸 알고 있지 않나요? […]"

---

328 4B.34로부터 이어짐. 6B.70으로 이어짐.

참고문헌

1. 소피스트 일반 (주요 인용 문헌)

1.1. 일차 자료

Attic Inscriptions Online. [https://www.atticinscriptions.com/] [= AIO]

Bachmann, L. (1828), *Anecdota Graeca e Codd. Mss. Bibl. Reg. Parisin.*, Vol. 1, J. C. Hinrichs. 『희랍 일화집』

Bekker, I. (1814), *Anecdota Graeca*, Vol. 1, *Lexica Segueriana*, G. C. Nauckium. 『희랍 일화집』

Bekker, I. (1854), *Suidae Lexicon*, G. Reimer. 『수다』

Bohler, A. (1903), *Sophistae Anonymi Protreptici: Fragmenta Instaurata Illustrata*, Gustav Fock.

Burnet, J. (1924) (ed.), *Plato: Euthyphro, Apology of Socrates, Crito*, Oxford.

Commentaria in Aristotelem Graeca, Berlin, 1882-1909. [= *CAG*] [21.2는 http://www.archive.org/stream/commentariaina21pt12akaduoft#pa

723

ge/n321/mode/2up에 있음.]

Cooper, J. M. (1997) (ed.), *Plato: Complete Works*, Hackett.

Cramer, J. A. (1839), *Anecdota Graeca e Codd. Manuscriptis Bibliothecae Regiae Parisiensis*, Vol. 1, Oxford. 『파리 일화집』

Diels, H. & W. Kranz (1951, 1952), *Die Fragmente der Vorsokratiker*, 6th ed., Weidmann, Vol. I–III. [= DK]

Dillon, J. & T. Gergel (2003) (trs.), *The Greek Sophists*, Penguin. [= DG]

Dodds, E. R. (1959a), *Plato, Gorgias: A Revised Text with Introduction and Commentary*, Oxford.

Dorandi, T. (2013) (ed.), *Diogenes Laertius: Lives of Eminent Philosophers* Cambridge Classical Texts and Commentaries, Cambridge. [디오게네스 라에르티오스, 『유명한 철학자들의 생애와 사상』 = DL]

Gagarin, M. & P. Woodruff (1995) (trs. & eds.), *Early Greek Political Thought from Homer to the Sophists*, Cambridge. [= GW]

Graham, D. W. (2010), *The Texts of Early Greek Philosophy: The Complete Fragments and Selected Testimonies of the Major Presocratics*, Part 2, Sophists, Cambridge. [= G]

Green, P. (2006) (tr.), *Diodorus Siculus, Books 11–12.37.1: Greek History, 480–431 BC, the Alternative Version*, Texas.

Harris-McCoy, D. E. (2012), *Artemidorus, Oneirocritica: Text, Translation, and Commentary*, Oxford.

Jackson, R., K. Lycos, & H. Tarrant (1998) (trs., & notes), *Olympiodorus: Commentary on Plato's Gorgias*, Brill.

Jerome (2005), *Chronicle*, 188–332. [http://www.tertullian.org/fathers/jerome_chronicle_06_latin_part2.htm]

Jones, W. H. S. (tr.) (1918), *Pausanias: Description of Greece*, 5 Vols.

Loeb Classical Library, Harvard.

Laks, A. & G. W. Most (2016) (eds. & trs.), *Early Greek Philosophy*, Vol. 8 & 9, Sophists, Part 1 & Part 2, Loeb Classical Library, Harvard. [= LM]

Latte, K., P. A. Hansen, & I. C. Cunningham (2005-2020) (eds.), *Hesychii Alexandrini Lexicon*, Vol. 1-4, De Gruyter.

Lewis, D. M., L. H. Jeffery, E. Erxleben & K. Hallof (1981-1998) (eds.), *Inscriptiones Graecae*. Vol. I, *Inscriptiones Atticae Euclidis Anno Anteriores*, Editio tertia, De Gruyter. [= *IG*]

Marcovich, M. (1999) (ed.), *Diogenes Laertius: Vitae Philosophorum*, B.G. Teubner, Vol. I: Libri I-X.

Mirhady D. C. & Y. L. Too (2000) (trs.), *Isocrates I*, Texas.

Penella, R. J. (2010) (tr.), *The Private Orations of Themistius*, California.

Smith, M. F. (1993), *Diogenes of Oinoanda: The Epicurean Inscription. Edited with Introduction, Translation, and Notes*, Bibliopolis.

Snell, B. (1971) (ed.), *Tragicorum Graecorum Fragmenta*, Göttingen.

Snell, B. & H. Maehler (1980) (eds.), *Pindari Carmina cum Fragmentis*, Teubner.

Sprague, R. K. (1972a) (ed.), *The Older Sophists*, South Carolina. [= S]

Suda On Line: Byzantine Lexicography, vetted edition completed 2014, ed. by D. Whitehead, W. Hutton, C. P. Roth, P. Rourke, and E. Vandiver; contrib. by A. Adler, R. A. Finkel, and R. Scaife. [= SOL] [https://www.cs.uky.edu/~raphael/sol/sol-html/] 『수다』 아들러(Adler) 번호 항목 검색은 https://lexicon.katabiblon.com/suda/index.php?]

Tarrant, H. (1997), "Olympiodorus and History," in A. Nobbs et al.

(eds.), *Ancient History in a Modern University*, Grand Rapids MI, 417–425.

Untersteiner, M. (1949–1967), *Sofisti: Testimonianze e Frammenti*, Vol. 1–4, Bompiani, 1967/1949/1954/1962. [Italian edition. rep. 2009] [= U]

Untersteiner, M. (1996), *I Sofisti*, Mondadori.

Waterfield, R. (2000), *The First Philosophers: The Presocratics and Sophists*, Oxford. [= W]

1.2. 이차 자료

강철웅 (2016), 『설득과 비판: 초기 희랍의 철학 담론 전통』, 후마니타스.

강철웅 외 (2013), 『서양고대철학 1: 철학의 탄생으로부터 플라톤까지』, 길.

김대오 (2013), 「소피스트(1)」, in 강철웅 외 (2013), 227–244.

전헌상 (2013b), 「소피스트(2)」, in 강철웅 외 (2013), 245–272.

Barrett, H. (1987), *The Sophists: Rhetoric, Democracy, and Plato's Idea of Sophistry*, Chandler & Sharp.

Broadie, S. (2003), "The Sophists and Socrates," in D. Sedley (ed.), *The Cambridge Companion to Greek and Roman Philosophy*, Cambridge, 73–97.

De Romilly, J. (1992), *The Great Sophists in Periclean Athens*, Oxford.

Guthrie, W. K. C. (1971), *The Sophists*, Cambridge.

Jennings, V. & A. Katsaros (2007) (eds.), *The World of Ion of Chios*, Mnemosyne, Bibliotheca Classica Batava Supplementum, Brill.

Johnson, C. N. (2005), *Socrates and the Immoralists*, Lexington Books.

Kerferd, G. B. (1981a), *The Sophistic Movement*, Cambridge. [국역: 조지 커퍼드 (김남두 역), 『소피스트 운동』, 아카넷, 2003.]

Kerferd, G. B. (1981b) (ed.), *The Sophists and Their Legacy*, Franz Steiner Verlag.

Mara, G. M. (2008), *The Civic Conversations of Thucydides and Plato: Classical Political Philosophy and the Limits of Democracy*, State University of New York Press.

McCoy, M. (2008), *Plato on the Rhetoric of Philosophers and Sophists*, Cambridge.

Nails, D. (2002), *The People of Plato: A Prosopography of Plato and Other Socratics*, Hackett.

O'Grady, P. (2008a) (ed.), *The Sophists: An Introduction*, Duckworth.

Reames, R. & E. Schiappa (eds.) (2017), *Logos without Rhetoric: The Arts of Language Before Plato*, South Carolina.

Rotstein, A. (2010), *The Idea of Iambos*, Oxford.

Schiappa, E. (1990), "Did Plato Coin Rhetorike?", *The American Journal of Philology* 111 (4), 457-470.

Schironi, F. (2009), *From Alexandria to Babylon: Near Eastern Languages and Hellenistic Erudition in the Oxyrhynchus Glossary (P. Oxy. 1802 + 4812)*, De Gruyter.

Wolfsdorf, D. C. (2020a) (ed.), *Early Greek Ethics*, Oxford.

2. 개별 소피스트 (각 장별 주요 인용 문헌)

2.1. 프로타고라스

강성훈 (2009), 「플라톤의 『프로타고라스』에서 시모니데스의 시 해석 1: 프로타고라스의 질문과 의도」, 『서양고전학연구』 37, 105-140.

강성훈 (2010), 「플라톤의 『프로타고라스』에서 시모니데스의 시 해석 2:

소크라테스의 세 가지 해석」, 『서양고전학연구』 41, 5-47.

강성훈 (2013), 「덕의 가르침 가능성과 덕의 단일성: 대화편 『프로타고라스』에서 '위대한 연설'과 그에 대한 반응」, 『서양고전학연구』 50, 33-72.

강성훈 (2021) 역, 『플라톤: 프로타고라스』, 아카넷. [= 이제이북스판(2011)]

김요한 (2014), 「프로타고라스, 안티폰, 데모크리토스의 양심 개념의 단초에 관한 연구」, 『철학논총』 77, 65-85.

이윤철 (2008), 「프로타고라스에 있어서 'ouk estin antilegein' 언명의 의미와 역할」, 『철학논구』 36, 65-91.

이윤철 (2013), 「프로타고라스의 자연주의적 언어론」, 『철학사상』 48, 57-95.

이윤철 (2014), 「아리스토텔레스의 '인간척도설' 단편 논의: 무오류주의와 상대주의」, 『철학사상』 53, 101-164.

정준영 (1997), 「『테아이테토스』편에서 논의된 프로타고라스의 인간척도설과 상충의 문제」, 『서양고전학연구』 11, 163-192.

편상범 (2005), 「프로타고라스의 인간척도설」, 『철학』 84, 33-62.

Bernays, J. (1850), "Die Kataballontes des Protagoras," *Rheinisches Museum für Philologier* 7, 464-468. rpr. in H. Usener (ed.), *Gesammelte Abhandlungen*, 1885, Vol. 1, 117-121.

Grenfell, B. P. & A. S. Hunt (1899) (eds. & trs), *The Oxyrhynchus Papyri*, Part II, Oxford.

Gronewald, M. (1968), 'Ein Neues Protagoras-Fragment', *Zeitschrift für Papyrologie und Epigraphik* 2, 1-2.

Lee, Mi-Kyoung (2005), *Epistemology After Protagoras: Responses to Relativism in Plato, Aristotle, and Democritus*, Oxford.

Muir, J. V. (1982), "Protagoras and Education at Thourioi," *Greece &*

Rome 29 (1), 17–24.

O'Sullivan, N. (1995), "Pericles and Protagoras," *Greece & Rome 42* (1), 15–23.

Untersteiner, M. (1947–1948), "Le "Antilogie" di Protagora," *Antiquitas* 2/3, 34–44.

Vickers, M. (1990), "Golden Greece: Relative Values, Minae, and Temple Inventories," *American Journal of Archaeology* 94 (4), 613–625.

Woodruff, P. (1985), "Didymus on Protagoras and the Protagoreans," *Journal of the History of Philosophy* 23 (4), 483–497.

Zilioli, U. (2007), *Protagoras and the Challenge of Relativism: Plato's Subtlest Enemy*, Ashgate.

2.2. 고르기아스

강철웅 (2017), 「고르기아스에서 설득과 진리: 파르메니데스적 로고스 전통에 대한 소피스트적 수용의 한 국면」, 『철학연구』116, 251–281.

김귀룡 (2008), 「고르기아스의 "비존재 또는 자연에 관하여" 분석」, 『동서철학연구』47, 137–153.

김남두 (2005), 「고르기아스의 『헬레네 찬사』에서 말의 힘」, 『서양고전학연구』24, 241–264.

김인곤 (2021) 역, 『플라톤: 고르기아스』, 아카넷. [= 이제이북스판(2011)]

박승권 (2018), 「고대 회의주의의 기원으로서 고르기아스: 『이지 않음에 관하여』와 섹스투스의 고르기아스 평가를 중심으로」, 『범한철학』91, 103–125.

양태범 (2007), 「고르기아스의 세 명제와 에피데익티케 논증」, 『철학』91, 77–106.

양태범 (2013), 「역사적인 고르기아스에게 있어서 자연철학과 수사술의 관계」, 『해석학연구』 32, 125-161.

전헌상 (2018a), 「syngnomē와 epieikeia: 아리스토텔레스 윤리학에서의
용서의 기초」, 『철학논집』 54, 53-78.

Donadi, F. (2016), *Gorgias: Helenae Encomium*, Bibliotheca Scriptorum
Graecorum et Romanorum Teubneriana, De Gruyter.

Enos, R. L. (1992), "Why Gorgias of Leontini Traveled to Athens: A
Study of Recent Epigraphical Evidence," *Rhetoric Review* 11 (1),
1-15.

Kaibel, G. (1878), *Epigrammata Graeca ex lapidibus conlecta*, Reimer
Verlag. [『희랍 경구시집』]

Kennedy, G. (1972), "Gorgias," in R. K. Sprague (1972a), 30-67.

MacDowell, D. M. (1982), *Gorgias: Encomium of Helen*, Bristol.

McComiskey, B. (2002), *Gorgias and the New Sophistic Rhetoric*,
Southern Illinois.

Morgan, K. A. (1994), "Socrates and Gorgias at Delphi and Olympia:
Phaedrus 235d6-236b4", *The Classical Quarterly* 44 (2), 375-386.

Sachs, J. (2008) (tr.), *Plato: Gorgias and Aristotle: Rhetoric*, Focus
Publishing.

Zeyl, D. J. (1997) (tr.), "Gorgias," in J. M. Cooper (1997), 791-869.

2.3. 프로디코스

Arena, V. (2020), "The God Liber and Republican Notions of *Libertas* in
the Late Roman Republic," in C. Balmaceda, (ed.), *Libertas and Res
Publica in the Roman Republic: Ideas of Freedom and Roman Politics*,
Brill, 55-83.

Gray, V. (2006), "The Linguistic Philosophies of Prodicus in Xenophon's

'Choice of Heracles'?" *The Classical Quarterly* 56 (2), 426-435.

Kouloumentas, S. (2018), "Prodicus on the Rise of Civilization: Religion, Agriculture, and Culture Heroes," *Philosophie Antique* 18, 127-152. [https://journals.openedition.org/philosant/1026]

Manetti, D. (2005), "Physician Contemporaries of Hippocrates: Problems in Identifying the Physician Known as Herodicus," *Studies in Ancient Medicine* 31, 295-313.

Mayhew, R. (2011), *Prodicus the Sophist: Texts, Translations, and Commetary*, Oxford. [= Mh]

Sansone, D. (2004), "Heracles at the Y," *The Journal of Hellenic Studies* 124, 125-142.

Wolfsdorf, D. C. (2011), "Prodicus on the Correctness of Names: The Case of ΤΕΡΨΙΣ, ΧΑΡΑ and ΕΥΦΡΟΣΥΝΗ," *Journal of Hellenic Studies* 131, 131-145.

2.4. 히피아스

강철웅 (2021a) 역, 『플라톤: 미노스·사랑하는 사람들』, 아카넷.

이한규 (2006), 「히피아스의 '노모스-퓌시스 안티테제'에 대한 연구」, 『철학』 86, 7-29.

Dušanić, S. (2008), "Hippias the Elean: The Revolutionary Activities and Political Attitudes of a Sophist," *Aevum* 82, 41-50.

O'Grady, P. (2008b), "Hippias," in P. O'Grady (2008a), 56-70.

2.5. 안티폰

김남두 (1988), 「소피스트 안티폰에 있어서 法과 自然」, 『서양고전학연구』 2, 123-139.

전헌상 (2013a), 「개연성 논증과 안티폰의 『사부 논변』」, 『철학사상』 50, 3-31.

Grenfell, B. P. & A. S. Hunt (1903) (eds. & trs.), *The Oxyrhynchus Papyri*, Part III, Oxford.

Maidment, K. J. (1941) (tr.), *Minor Attic Orators*, Vol. 1. *Antiphon, Andocides*, Loeb Classical Library, Harvard.

Morrison, J. S. (1972), "Antiphon," in R. K. Sprague (1972a), 106-240. [= M]

Pendrick, G. J. (2002), *Antiphon the Sophist: The Fragments*, Cambridge. [= P]

Saunders, T. J. (1978), "Antiphon the Sophist on Natural Laws (B44DK)," *Proceedings of the Aristotelian Society* 78, 215-236.

2.6. 소크라테스

강철웅 (2006), 「플라톤의 『변명』에 나오는 소크라테스의 무지 주장의 문제」, 『철학논집』 12, 63-98.

강철웅 (2013), 『아폴론 대 델로스 잠수부, 그 철학적 대화의 시작: 담론 형식과 매체의 측면에서 본 헤라클레이토스 철학』, 『철학연구』 101, 1-35.

강철웅 (2020a) 역, 『플라톤: 향연』, 아카넷. [= 이제이북스판(2014a)]

강철웅 (2020b) 역, 『플라톤: 소크라테스의 변명』, 아카넷. [= 이제이북스판(2014b)]

강철웅 (2021b), 「플라톤의 『에우튀프론』에서 소크라테스적 인간애와 소통-교육」, 『철학연구』 132, 1-31.

전헌상 (2018b), 「『고르기아스』에서의 소크라테스의 참된 정치술」, 『철학사상』 69, 69-95.

Edmonds, L. (2006), "What Was Socrates Called?" *The Classical Quarterly* NS 56 (2), 414-425.

Fletcher, R. (2007), "Legwork: Ion's Socrates," in V. Jennings & A. Katsaros (2007), 319-330.

Giannantoni, G. (1971), *Socrate. Tutte le Testimonianze: Da Aristofane e Senofonte ai Padri Cristiani*, Bari. [= Soc]

Giannantoni, G. (1990), *Socratis et Socraticorum Reliquiae*, Vol. 1, Naples. [= *SSR*]

Graham, D. W. (2008), "Socrates on Samos," *The Classical Quarterly* 58 (1), 308-313.

Jacoby, F. (1947), "Some Remarks on Ion of Chios," *The Classical Quarterly* 41 (1/2), 1-17.

Ralkowski, M. A. (2019), *Plato's Trial of Athens*, Bloomsbury.

Scott, D. (2006), *Plato's* Meno, Cambridge.

Wolfsdorf, D. C. (2020b), "The Ethical Philosophy of the Historical Socrates," in D. C. Wolfsdorf (2020a), 169-194.

2.7. 트라쉬마코스

Barney, R. (2004), "Callicles and Thrasymachus," Stanford Encyclopedia of Philosophy. [https://plato.stanford.edu/entries/callicles-thrasymachus/]

Blanshard, A. (2007), "Trapped between Athens and Chios: A Relationship in Fragments," in V. Jennings & A. Katsaros (2007), 155-175.

Everson, S. (1998), "The Incoherence of Thrasymachus," *Oxford Studies in Ancient Philosophy* 16, 99-131.

Hourani, C. F. (1962), "Thrasymachus' Definition of Justice in Plato's *Republic*," *Phronesis* 7, 110-120.

Kerferd, G. B. (1947), "The doctrine of Thrasymachus in Plato's *Republic*," *Durham University Journal* 40, 19-27.

Nicholson, P. P. (1974), "Unravelling Thrasymachus' Argument in the *Republic*," *Phronesis* 19, 210-232.

Rauhut, N., "Thrasymachus," Internet Encyclopedia of Philosophy. [https://www.iep.utm.edu/thrasymachus/]

White, S. A. (1995), "Thrasymachus the Diplomat," *Classical Philology* 90 (4), 307-327.

2.8. 칼리클레스

박성우 (2003), 「소크라테스는 칼리클레스와 화해할 수 있을까?」, 『서양고전학연구』 20, 81-118.

이한규 (2008), 「칼리클레스 자연법 사상의 재해석」, 『원광법학』 24 (1), 325-352.

Dodds, E. R. (1959b), "Socrates, Callicles, and Nietzsche," in E. R. Dodds (1959a), 387-391.

Groarke, L. (2008), "Callicles," in P. O'Grady (2008a), 101-110.

2.9. 에우에노스

Bowra, C. M. (1934), "Simonides in the Theognidea," *The Classical Review* 48 (1), 2-4.

Gerber, D. E. (1988), "The Measure of Bacchus Euenus Fr. 2 West, Gent.-Pr. = Anth. Pal. 11,49," *Mnemosyne* 41 (1/2), 39-45.

Radermacher, L. (1951), "Euenuc Parius," in his *Artium Scriptores: Reste der Voraristotelischen Rhetorik*, R. M. Rohrer, 127-128. [영역은 https://www.sfu.ca/anewradermacher/xx--evenus-parius.html에 수록되어 있음.]

West, M. L. (1992), *Iambi et Elegi Graeci ante Alexandrum Cantati*, Vol. II, editio altera, Oxford, 63-67. [= Ws]

2.10. 크리티아스

Dihle, A. (1977), "Das Satyrspiel 'Sisyphus'," *Hermes* 105, 28-42.

Gottesman, A. (2020), "The *Sōphrosynē* of Critias: Aristocratic Ethics After the Thirty Tyrants," in D. C. Wolfsdorf (2020a), 243-261.

Kahn, C. H. (1981), "The Origins of Social Contract Theory," in G. B. Kerferd (1981b), 92-108.

Kahn, C. H. (1997), "Greek Religion and Philosophy in the Sisyphus Fragment," *Phronesis* 42 (3), 247-262.

O'Sullivan, P. (2012), "Sophistic Ethics, Old Atheism, and "Critias" on Religion," *The Classical World* 105 (2), 167-185.

Whitmarsh, T. (2014), "Atheistic Aesthetics: The Sisyphus Fragment, Poetics and the Creativity of Drama," *The Cambridge Classical Journal* 60, 109-126.

2.11. 에우튀데모스와 디오뉘소도로스

김주일 (2019) 역, 『플라톤: 에우튀데모스』, 아카넷. [이제이북스판(2008)]

Dorion, L.-A. (2000), "Euthydème et Dionysodore sont-ils des Mégariques?" in T. M. Robinson & L. Brisson (eds.), *Plato: Euthydemus, Lysis, Charmides. Proceedings of the V Symposium Platonicum*, Academia Verlag, 2000, 35-50.

Sprague, R. K. (1972b), "Euthydemus of Chios," in R. K. Sprague (1972a), 294-301.

2.12. 『이암블리코스의 익명 저술』

Blass, F. (1889), *De Antiphonte Sophista Iamblichi Auctore*, Kiel.

Cataudella, Q. (1932), "L'Anonymis Iamblichi e Democrito," *Studi Italiani di Filologia Classica* 10, 5-22.

Cataudella, Q. (1950), "Chi è L'Anonimo di Giamblico?" *Revue des Études Grecques* 63, 74-106.

Cole, A. T. (1961), "Anonymus Iamblichi and His Place in Greek Political Theory," *Harvard Studies in Classical Philology* 65, 127-163.

Horky, P. S. (2020), "Anonymus Iamblichi, *On Excellence (Peri Aretēs)*: A Lost Defense of Democracy," in D. C. Wolfsdorf (2020a), 262-292.

O'Grady, P. (2008c), "The *Anonymus Iamblichi*," in P. O'Grady (2008a), 138-147.

2.13. 『이중 논변』

기종석 (1993), 「Dissoi Logoi에 관한 연구」, 『서양고전학연구』 7, 37-69.

이윤철 (2019), 「『이중 논변』: 퓌론주의의 원형적 가능성」, 『철학논총』 96, 365-406.

Mazzarino, S. (1966), *Il Pensiero Storico Classico*, Vol. 1, Laterza.

Molinelli, S. (2018), *Dissoi Logoi: A New Commented Edition*, Durham theses, Durham University. [http://etheses.dur.ac.uk/12451/]

Pohlenz, M. (1913), *Aus Platons Werdezeit*, Berlin.

Robinson, T. M. (1979), *Contrasting Arguments: An Edition of the Dissoi*

Logoi, Arno Press.

Weber, E. (1897) (ed.), "Dissoi Logoi: Eine Ausgabe der sogenannten Diolexeis," in C. Wachsmuth (ed.), *Philologisch-historische Beiträge*, Teubner, 33-51.

Wolfsdorf, D. C. (2020c), "On the Unity of the *Dissoi Logoi*," in D. C. Wolfsdorf (2020a), 293-324.

2.14. 뤼코프론

강철웅, 김주일, 이정호 (2021) 역, 『플라톤: 편지들』, 아카넷. [= 이제이북 스판(2009)]

Giombini, S. (2016), "Lycophron: a Minor Sophist or a Minor Socratic?" *Philosophical Inquiry*, 40 (1-2), 74-94.

Guthrie, W. K. C. (1979), "Reply to R. G. Mulgan," *Journal of the History of Ideas* 40 (1), 128.

Mulgan, R. G. (1979), "Lycophron and Greek Theories of Social Contract," *Journal of the History of Ideas* 40 (1), 121-128.

O'Neill, W. (1972), "Lycophron," in R. K. Sprague (1972a), 68-69.

Popper, K. (1962), *The Open Society and Its Enemies*, 4th ed. Routledge.

2.15. 알키다마스

Bassino, P. (2018), *The Certamen Homeri Et Hesiodi: A Commentary*, De Gruyter.

Blass, F. (1872), *Antiphontis Orationes et Fragmenta: Adiunctis Gorgiae Antisthenis Alcidamantis Declamationibus*, Lipsiae: Teubner.

Cramer, J. A. (1837), *Anecdota Graeca e Codd. Manuscriptis Bibliothecarum Oxoniensium*, Vol 4, Oxford.

Debiasi, A. (2012), "Homer agōnistēs in Chalcis," in F. Montanari, A. Rengakos & C. C. Tsagalis (eds.), *Homeric Contexts: Neoanalysis and the Interpretation of Oral Poetry*, De Gruyter, 471-500.

Kiessling, Theophilus (= Kiessling, Gottlieb) (1826) (ed.), *Ioannis Tzetzae Historiarum Variarum Chiliades*, Lipsiae, C.G. Vogelii, Facsimile Publisher 2016.

Nietzsche, F. (1870), "Der Florentinische Tractat über Homer und Hesiod, ihr Geschlecht und ihren Wettkampf," *Rheinisches Museum für Philologie* Neue Folge 25, 528-540.

Uden, J. (2010), "The Contest of Homer and Hesiod and the Ambitions of Hadrian," *The Journal of Hellenic Studies* 130, 121-135.

Van Hook, L. (1919) (tr.), "Alcidamas: On the Sophists," *Classical Weekly* 12. [http://www.attalus.org/translate/alcidamas.html]

2.16. 크세니아데스

Brunschwig, J. (2002), "Democritus and Xeniades," in V. Caston, & D. W. Graham (2002), 159-167.

2.17. 소피스트 일반 (제17장에 한정)

이정호 (2021) 역, 『플라톤: 메넥세노스』, 아카넷. [= 이제이북스판(2008)]

Cope, E. M. & J. E. Sandys (1877) (eds.), *Aristotle: Rhetoric*, Vols. 1-3, Cambridge, 2010.

Grimaldi, W. M. A. (1988) *Aristotle, Rhetoric II: A Commentary*, Fordham.

Karamanou, I. (2017), *Euripides, Alexandros: Introduction, Text and Commentary*, De Gruyter.

Mara, G. M. (2008), *The Civic Conversations of Thucydides and Plato: Classical Political Philosophy and the Limits of Democracy*, State University of New York Press.

McKirahan, R. D. (2010), *Philosophy Before Socrates: An Introduction with Texts and Commentary*, 2nd ed., Hackett.

Mill, J. S. (1859), *On Liberty*, in S. Collini, (ed.), *Mill: On Liberty with the Subjection of Women and Chapters on Socialism*, Cambridge, 1989.

Van der Eijk, P. (2009), "The Woman Not Breathing," in W. Fortenbaugh & E. Pender (Eds.), *Heraclides of Pontus: Discussion*, Transaction Publishers, 237–250.

3. 기타 주요 인용 문헌

Burnet, J. (1964), *Greek Philosophy*, Macmillian.

Cross, R. C. & A. D. Woozley (1964), *Plato's Republic. A Philosophical Commentary*, Macmillian.

Dunn, J. (2005), *Setting the People Free: The Story of Democracy*, Atlantic Books. [국역: 존 던 (강철웅, 문지영 역), 『민주주의의 수수께끼』, 후마니타스, 2015.]

Grote, G. (1888), *A History of Greece*, J. Murnay.

Hornblower, S., A. Spawforth & E. Eidinow (2012) (eds.), *The Oxford Classical Dictionary*, 4th ed., Oxford. [= OCD]

Kirk, G. S., J. E. Raven & M. Schofield (1983), *The Presocratic Philosophers*, 2nd ed., Cambridge. [= KRS]

Liddell, H. G. & R. Scott (rev. & aug. by H. S. Jones) (1961), *A Greek-*

English Lexicon, 9th ed., Oxford. [= LSJ]

Long, A. A. & D. Sedley (1987), *The Hellenistic Philosophers*, Cambridge. [= LS]

Lynch, J. P. (1972), *Aristotle's School: A Study of a Greek Educational Institution*, California.

MacDonell, A. A. (1927), *Sanskrit Grammar for Students*, 3rd ed., Oxford.

Ong, W. J. (2002), *Orality and Literacy: The Technologizing of the Word*, 2nd ed., Routledge. [1st ed.: 1982]

Russell, B. (1946), *History of Western Philosophy*, Routledge Classics, Routledge, 2004.

Strauss, L. (1952), *Natural Right and History*, Chicago.

Taylor, A. E. (1960) *Plato, the Man and His Work*, Methuen.

Wilamowitz-Moellendorff, U.v. (1920), *Platon* I, Weidmann.

Zeller, E. (1889), *Outlines of the History of Greek Philosophy*, H. Holt.

부록

1. 지도
2. 연대표
3. DK 대조표
4. 출처 찾아보기
5. 찾아보기-일반 용어 (수사학 용어 목록 포함)
6. 찾아보기-고유 명사

마케도니아

암피폴리스

스타게이라

타소스
타소

칼키디케

포테이다이아

올림포스산 ▲

테살리아

라리사

페라이

이오니아해

에우보이아

델피

보이오티아

칼키스

에레트리아

테베

델리온

람누스

아카이아

메가라

아테네

아티카

엘리스

시퀴온

코린토스

퓔레

살라미스

피레우스

엘리스

플리우스

미케네

아이기나

케오스

올림피아

아르카디아

아르고스

수니온

멜로스

테게아

펠로폰네소스

메세네

트로이젠

메세니아

스파르타(라케다이몬)

퓔로스

라코니아

지중해

이

지도 1 희랍 본토와 이오니아

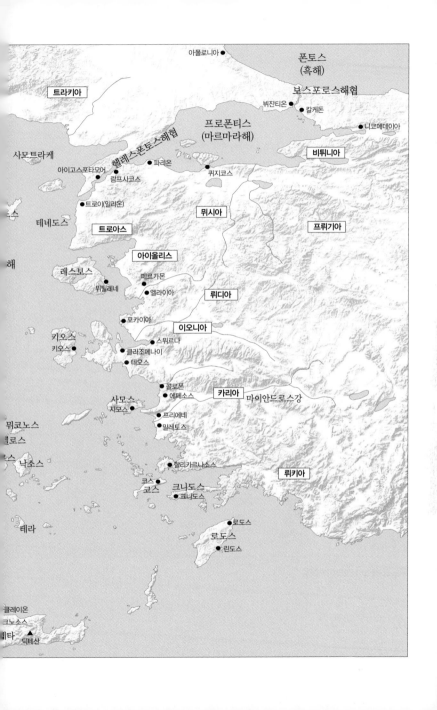

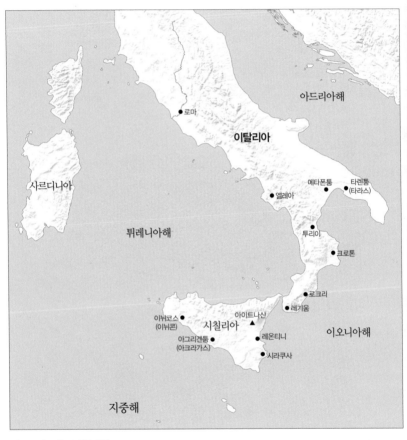

지도 2 마그나 그라이키아

아드리아해

로마 ●

이탈리아

사르디니아

메타폰툼 ●
타렌툼
(타라스) ●

엘레아 ●

뤼레니아해

투리이 ●

크로톤 ●

로크리 ●

레기움 ●

이뉘코스 ●
(이뉘콘)

아이트나산 ▲
시칠리아

레온티니 ●

이오니아해

아그리겐툼 ●
(아크라가스)

시라쿠사 ●

지중해

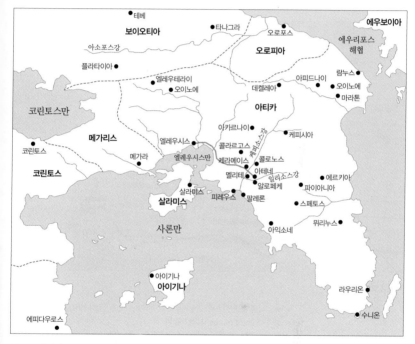

지도 3 아티카

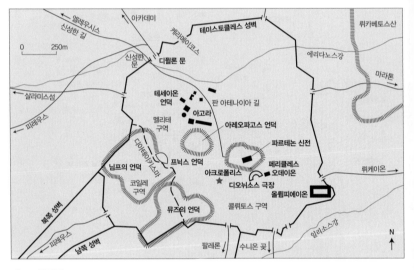

지도 4 아테네

* ★ : 나중 (기원전 2세기)에 헤로데스 아티쿠스 오데이온이 세워지는 자리
* 성벽 내 (intra muros) 지역의 범위:
  —— : 테미스토클레스 성벽 (470년경) 215헥타르
  — — : 디아테이키스마 (Diateichisma: 횡단 성벽) 건설 (290년경) 후 185헥타르

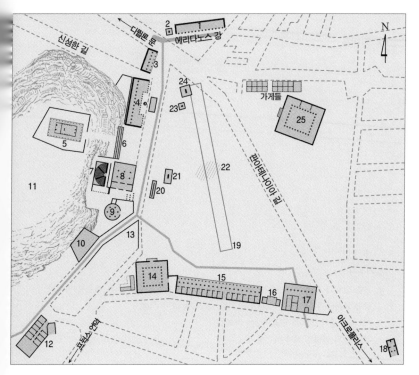

지도 5 아고라

1. 스토아 포이킬레(채색 주랑)
2. 아프로디테 우라니아의 제단
3. 스토아 바실레이오스(바실레우스의 주랑)
4. 제우스 엘레우테리오스의 스토아
5. 헤파이스테이온(헤파이스토스 신전)
6. 쉬네드리온(회의장)
7. 불레우테리온(평의회장)
8. 메트로온(기록물 보관소, 옛 불레우테리온)
9. 톨로스(원형 청사)
10. 스트라테게이온(장군들이 만나는 장소)
11. 콜로노스 아고라이오스(아고라 언덕)*
12. 데스모테리온(감옥)
13. 아고라 경계석

14. 아이아케이온('헬리아이아'로 알려졌던 지붕 없는 건물)**
15. 남쪽 스토아 I
16. 남동쪽 샘집
17. 화폐 주조소
18. 엘레우시니온(엘레우시스 성소)
19. 경주로
20. 건국영웅상
21. 제우스 아고라이오스의 제단
22. 옛 오르케스트라
23. 에스카라(제물을 태우는 제단)
24. 12신 제단
25. 법정(아탈로스의 스토아 자리에 있던 지붕 없는 건물)

* 11번 콜로노스 아고라이오스는 '테세이온 언덕'이라 불리기도 한다. 근처에 있는 5번 헤파이스테이온이 한때 테세이온(테세우스 사당)으로 알려졌던 데서 연유한 이름이다.

** 14번 아이아케이온은 한동안 헬리아이아(최고 법정)로 알려졌던 곳이다. 최근의 고고학적 연구들은 이곳이 지붕으로 덮인 건물이 있던 자리라기보다 영웅 아이아코스의 것으로 추정되는 울타리만 있는 성소였다(기원전 4세기 초 무렵에는 국가의 곡물 저장소였다)는 쪽으로 기울어 있다.

2. 연대표

일러두기

1. 요즘 달력과 달라 해가 넘어가기 전후에 해당하는 연대는 편의상 두 연도를 일일이 중복 표시하지 않고 어느 하나로 표기함. 예) 470/469 → 469
2. *표시는 불확실한 추정상 연대를 가리킴.
3. 괄호 안의 인명은 해당 사건의 주도자.

2.1. 주요 사건 연대

기원전

776   올림피아 경기 시작.

735*   제1차 메세니아 전쟁(~715*). 스파르타가 메세니아를 정복하여 헤일로테스들로 삼음.

660*   메세니아 헤일로테스들이 아르고스인들 및 아르카디아인들의 조력을 받아 반란을 일으켜 제2차 메세니아 전쟁 발발(~650*). 스파르타가 메세니아 반란 세력을 성공적으로 진압하여 메세니아를 완전

히 복속시키고 강한 군사 국가가 됨.

624* 탈레스 출생(~*546). 드라콘이 아테네 법 입법.

594 솔론의 개혁.

585 탈레스가 일식 예언.

560 페이시스트라토스가 호위대 보유(=참주정의 시작(~510)).

556* 시모니데스 출생(~468).

546 페르시아 왕 퀴로스가 소아시아(희랍 식민 도시 국가들을 포함한) 장악.

527 페이시스트라토스 사망. 두 아들 히피아스와 히파르코스가 권력 승계.

525 아이스퀼로스 출생(~456).

518* 핀다로스 출생(~438*).

515* 파르메니데스 출생(~450 이후).

514 하르모디오스와 아리스토게이톤이 히파르코스 암살.

510 스파르타에 의해 히피아스가 추방됨(=참주정 몰락. '고전기의 시 작점').

508 클레이스테네스의 개혁(='민주정의 도입').

499 소아시아 희랍 식민 도시 국가들이 페르시아(다리우스 1세)에 대항 하여 봉기(~494).

496 소포클레스 출생(~405).

495 페리클레스 출생(~429).

494 소아시아의 마지막 저항 국가였던 밀레토스가 함락됨(=소아시아 독립 전쟁이 실패로 종료).

490 제1차 페르시아 전쟁(다리우스). 마라톤 전투(희랍 승리. 밀티아 데스).

490* 프로타고라스 출생(~420*).

484* 헤로도토스 출생(~425*).

483* 고르기아스 출생(~376*).

482	아테네가 함대 구축(=살라미스 해전 승리로 이어지는 계기).
480	제2차 페르시아 전쟁(~479. 크세륵세스). 테르모퓔라이 전투(희랍 패배. 레오니다스). 살라미스 해전(희랍 승리. 테미스토클레스). 에우리피데스 출생(~405).
480*	안티폰 출생(~411). 아낙사고라스가 아테네에 입국.
479	플라타이아 전투(희랍 승리).
478	아테네 주도로 페르시아에 대항하는 델로스 동맹 결성.
475*	에우튀데모스 출생.
470*	프로디코스 출생(~399 이후). 히피아스 출생(~385*).
469	소크라테스 출생(~399),
462	에피알테스의 민주적 정치 개혁.
461	페리클레스가 장군에 선출됨(='페리클레스 시대' 개막(~429)). 제1차 펠로폰네소스 전쟁(~445).
460*	프로타고라스가 소피스트로 활동 시작(~420*). 크리티아스 출생 (~403). 데모크리토스 출생(~370*). 투키디데스 출생(~400*).
458	이집트 원정. 피레우스(페이라이에우스) 항과 아테네를 연결하는 성벽 건설 시작. 아이스퀼로스 『오레스테이아』 3부작 상연.
455*	트라쉬마코스 출생(~400 이후).
454	델로스 동맹 금고가 델로스에서 아테네로 이전됨(='아테네 제국'의 출발).
451	시민권 자격 기준 강화.
450*	알키비아데스 출생(~404). 아낙사고라스 재판. 아리스토파네스 출생(~386*). 플라톤 『파르메니데스』의 극중 연대(파르메니데스와 제논이 아테네를 방문하는 것으로 설정됨).
447	파르테논 신전 건립 시작(~432. 페이디아스).
445	제1차 펠로폰네소스 전쟁 종결. 아테네와 스파르타 간 30년 평화 협정 체결.
445*	칼리클레스 출생(~404).
444	프로타고라스가 투리이 식민지 입법에 참여.

441	사모스 반란. 소포클레스『안티고네』상연.
440	사모스 원정(소크라테스 참가?).
438	페이디아스가 공금 횡령으로 고발당해 아테네를 떠남.
436	이소크라테스 출생(~338).
432	포테이다이아 반란. 소크라테스가 알키비아데스와 함께 포테이다이아 원정 참가하여(~429) 알키비아데스의 목숨 구함. 파르테논 신전 완공. 아테네에서 '메가라 법령'(제1차 펠로폰네소스 전쟁 막바지에 아테네를 배신한 메가라에 대한 무역 봉쇄 조치) 통과로 메가라 경제가 크게 위축됨. 플라톤『프로타고라스』의 극중 연대('소피스트 대회').
431	(제2차) 펠로폰네소스 전쟁 발발(~404). 페리클레스의 전몰자 추모 연설. 에우리피데스『메데이아』상연.
431*	크세노폰 출생(~355*).
430*	카이레폰이 델피에 가서 소크라테스보다 지혜로운 사람이 있는지 신탁에 질문.
430	아테네에 역병 퍼짐. 페리클레스가 벌금형 선고받고 관직 박탈당함.
429	페리클레스가 관직에 재선출됨. 페리클레스가 역병으로 사망하고 신흥 세력인 클레온 등이 실력자가 됨. 포테이다이아 함락됨. 소크라테스가 포테이다이아에서 아테네로 귀환.
428	레스보스섬의 뮈틸레네가 아테네에 대항하여 반란을 일으킴.
427	뮈틸레네가 함락되고 보복당함. 클레온의 전면 학살 발의가 민회에서 통과되고 실행 절차에 들어가나, 다음날 철회 결정이 내려지고 학살은 실행 직전 중지됨(투키디데스 '뮈틸레네 논쟁'의 배경). 코르퀴라에 내전 발발. 고르기아스 레온티니 파견 사절로 아테네 방문. 플라톤 출생(~347).
425	스팍테리아 전투로 스파르타 병사 120명이 생포됨.
424	소크라테스가 델리온 전투(아테네 패배)에 참가(크세노폰을 구출).
423	아리스토파네스『구름』상연.
422	소크라테스가 암피폴리스 전투(아테네 패배. 클레온 사망. 스파르

타의 브라시다스도 사망)에 참가. 암피폴리스 전투 패배로 장군이
었던 투키디데스가 추방됨.

421   아테네와 스파르타의 니키아스 평화 협정(=펠로폰네소스 전쟁의
첫째 국면, 즉 '아르키다모스 전쟁'의 종결(~414)).

420*   프로타고라스 재판 및 사망. 알키다마스 출생(~360*).

416   아테네가 복속 강요에 저항하는 중립국 멜로스를 정복하고 학살로
보복(투키디데스 '멜로스 대화'의 배경). 알키비아데스가 올림피아
제전 마차 경기에서 우승, 장군에 선출. 플라톤 『향연』의 극중 연대.

415   알키비아데스가 아테네 민회를 설득하여 스파르타와의 평화 협정
깨고 스파르타의 동맹국인 시칠리아 원정 시작(~413). 원정 전날 발
생한 신성모독 사건에 연루된 혐의로 소환 도중 스파르타로 망명.

415*   고르기아스가 테살리아의 라리사에서 활동(~380*).

414   펠로폰네소스 전쟁의 둘째 국면(~404).

413   아테네의 시칠리아 원정군 전멸.

412   여러 도시 국가들이 아테네에 대항하여 반기 들기 시작. 알키비아
데스가 스파르타 왕 아기스 2세가 자신을 살해하려 한다는 소식 듣
고 페르시아로 망명.

411   아테네에 4백인 과두정 쿠데타 발생. 안티폰 사망.

410   아테네에 민주정 복원. 알키비아데스가 장군으로 아테네 해군 지휘
하여 퀴지코스 해전에서 승리.

407   알키비아데스가 망명 끝내고 아테네로 금의환향. 종교적 추문 혐의
벗음.

407*   플라톤이 소크라테스 문하 젊은이 그룹에 합류.

406   아르기누사이 해전(아테네 승리). 소크라테스가 생존자 구출에 실
패한 장군들을 일괄 재판에 회부한 민회의 불법적 결정에 반대. 알
키비아데스의 보좌관 안티오코스가 노티온 해전에서 패배.

405   아이고스포타모이 전투(아테네 패배. 스파르타 장군 뤼산드로스).

404   펠로폰네소스 전쟁 종료(아테네 항복). 아테네-피레우스 간 성벽
파괴. 친스파르타계 30인 참주의 공포 정치(~403. 크리티아스 주도).

소크라테스가 30인 참주의 레온 체포 살해 명령에 협조 거부. 30인 참주 중 하나인 테라메네스가 새로운 억압 정책에 반대하다가 처형됨(소크라테스가 제지하려 시도?). 알키비아데스가 페르시아로 망명 기도하다가 30인 참주 및 스파르타의 사주로 프뤼기아에서 살해됨.

403   30인 참주정이 8개월 만에 붕괴되고 민주정 회복. 크리티아스와 카르미데스 사망. 망명했던 민주파 카이레폰과 아뉘토스 귀환. 사면 법령 통과.

401   민주파가 엘레우시스로 피신해 있던 잔류 과두파를 살육.

400* 『이암블리코스의 익명 저술』 발간. 『이중 논변』 발간. 뤼코프론 출생.

399   소크라테스 재판과 죽음. 크세노폰이 스파르타의 용병이 됨.

394   아테네 장군 코논이 페르시아 해군 지휘하여 크니도스에서 스파르타 함대 격파(=아테네 쇠락이 반전되는 계기. 386년까지 잠깐 중흥기를 맞음).

393   코논 주도로 성격 재건 및 새 함대 구성하여 여러 도시들이 아테네와 동맹 맺으려 하게 됨.

389   아이스키네스 출생(~314).

387   플라톤이 아카데미 설립.

386   '대왕의 평화'(페르시아 왕 아르탁세륵세스가 모든 희랍 도시들이 자율적이어야 한다며 영구 동맹 수립을 불허한 조치)로 동맹 수립 관련한 상황이 갑작스럽게 종료됨.

384   데모스테네스 출생(~322). 아리스토텔레스 출생(~322).

380* 고르기아스가 페라이로 이주하여 사망 시까지 체류(~376*).

376* 고르기아스 사망.

371   레욱트라 전투(테베 승리. 에파메이논다스)로 희랍의 헤게모니가 스파르타에서 테베로 이동.

370   에파메이논다스가 이끄는 테베가 메세니아를 침공하여 해방하고 결국 수도 메세네 중심으로 메세니아가 재건됨.

347   플라톤 사망. 스페우시포스가 아카데미 수장직 승계.

338   마케도니아의 필리포스가 카이로네이아에서 희랍 동맹국들을 격파.

336	필리포스 사망. 알렉산더가 권력 승계.
334	아리스토텔레스가 뤼케이온 설립.
323	알렉산더 사망. 아테네가 반란 일으킴.
322	마케도니아가 최종적으로 아테네를 굴복시킴(=민주주의의 끝). 알렉산더 사후 아테네의 반마케도니아 감정 격화로 아리스토텔레스가 아테네를 떠나 에우보이아섬 칼키스에 거주하다가 사망.

2.2. 소피스트들의 출신지와 생몰(혹은 활동) 연대

프로타고라스: 압데라 490*-420*

고르기아스: 레온티니(시칠리아섬) 483*-376*

프로디코스: 율리스(케오스섬) 470*-?(399 이후)

히피아스: 엘리스 470*-385*

안티폰: 람누스(아테네) 480*-411

소크라테스: 알로페케(아테네) 469-399

트라쉬마코스: 칼케돈 455*-?(400 이후)

칼리클레스: 아카르나이(아테네) 445*-404

에우에노스: 파로스섬 5세기 말 활동

크리티아스: 아테네 460*-403

에우튀데모스: 키오스섬 475*-?

『이암블리코스의 익명 저술』: 400*

『이중 논변』: 390년대

뤼코프론: 시라쿠사 360년경 활동 400*(?)-?

알키다마스: 엘라이아(아이올리스) 420*-360*

크세니아데스: 코린토스 4세기 초 활동

3. DK-강철웅(K) 대조표

제1장 프로타고라스		DK 80A14	1B.9
		DK 80A15	1B.26
DK 29A29	1B.69, 1B.69s	DK 80A16	1B.16
		DK 80A17	1B.18
DK 68B156	1B.19	DK 80A19	1B.20, 1B.23, 1B.25
DK 80A1	1A.1, 1A.15, 1B.1, 1B.22, 1B.28	DK 80A20	1B.29, 1B.30
		DK 80A21	1B.34, 1B.35
		DK 80A21a	1B.15
DK 80A2	1A.14, 1A.2	DK 80A22	1B.14
DK 80A5	1B.47	DK 80A23	1B.42, 1B.43
DK 80A6	1A.8	DK 80A24	1B.5, 1B.57
DK 80A7	1B.45	DK 80A25	1B.63, 1B.64
DK 80A8	1A.3, 1A.7	DK 80A26	1B.55
DK 80A10	1B.66	DK 80A27	1B.58
DK 80A11	1A.6	DK 80A28	1B.59
DK 80A12	1A.12, 1B.40	DK 80A29	1B.60

DK 82A21	2B.30	DK 82B11	2B.13
DK 82A22	2B.39	DK 82B11a	2B.14
DK 82A22a 추록	2A.24	DK 82B12	2B.47
DK 82A23	2B.77	DK 82B13	2B.51
DK 82A24	2A.6, 2B.50	DK 82B14	2B.37, 2B.41
DK 82A25	2B.44, 2B.45	DK 82B15	2B.76
DK 80A26	2B.38, 2B.44,	DK 82B16	2B.77
	2B.49	DK 82B17	2B.17
DK 82A27	2B.42, 2B.43	DK 82B18	2B.28
DK 82A28	2B.36s	DK 82B19	2B.27
DK 82A29	2B.66	DK 82B20	2B.59
DK 82A30	2B.70	DK 82B21	2B.60
DK 82A31	2B.75	DK 82B22	2B.61
DK 82A32	2A.13, 2B.69,	DK 82B23	2B.56
	2B.71	DK 82B24	2B.57
DK 82A34	2B.3	DK 82B25	2B.53
DK 82A35	2A.22, 2B.78	DK 82B26	2B.55
		DK 82B27	2B.52
DK 82B1	2B.6, 2B.7	DK 82B28	2B.8
DK 82B3	2B.5	DK 82B29	2B.54
DK 82B4	2B.11	DK 82B30	2B.62
DK 82B5	2B.10	DK 82B31	2B.12
DK 82B5a	2B.25, 2B.26		
DK 82B5b	2B.24	DK 82C1	2B.80
DK 82B6	2B.23	DK 82C2	2B.81
DK 82B7	2B.18		
DK 82B8	2B.19	DK 84A9	2B.74
DK 82B8a	2B.20		
DK 82B10	2B.22	DK 84B3	2B.9.(b)

제3장 프로디코스

DK 80A1	3A.11
DK 80A3	3A.4
DK 80A26	3B.8
DK 84A1	3A.1
DK 84A1a	3A.17, 3B.45, 3B.46
DK 84A2	3A.6
DK 84A3	3A.13
DK 84A3a	3A.32
DK 84A4a	3A.34
DK 84A4b	3A.29
DK 84A5	3A.22
DK 84A6	3A.23
DK 84A7	3A.27
DK 84A8	3A.26
DK 84A9	3B.7
DK 84A10	3B.2, 3B.40, 3B.41
DK 84A11	3A.20
DK 84A12	3B.3, 3B.4
DK 84A13	3B.12
DK 84A14	3B.13
DK 84A15	3B.16
DK 84A16	3B.17
DK 84A17	3B.20
DK 84A18	3B.18

DK 84A19	3B.9, 3B.10
DK 84B1	3B.43, 3B.44
DK 84B2	3B.48
DK 84B3	3B.28, 3B.29
DK 84B4	3B.25
DK 84B5	3B.32, 3B.34, 3B.35, 3B.37, 3B.38, 3B.39
DK 84B6	3B.1
DK 84B7	3B.15
DK 84B8	3B.50
DK 84B9	3B.52
DK 84B10	3B.30
DK 84B11	3B.23s
DK 85A6	3B.23
DK 85A9	3B.29

제4장 히피아스

DK 11A1	4B.29
DK 80A26	4B.11
DK 82A9	4A.8
DK 86A1	4A.1, 4B.1, 4B.9

DK 86A2	4A.2, 4B.4	**제5장 안티폰**	
DK 86A3	4A.4		
DK 86A6	4A.5	DK 85A13	5A.16
DK 86A8	4B.2, 4B.8, 4B.10		
DK 86A9	4B.15	DK 87A1	5A.1
DK 86A10	4B.23	DK 87A2	5A.3
DK 86A11	4B.15	DK 87A3	5A.14
DK 86A13	4A.11, 4A.12	DK 87A5	5A.15
DK 86A14	4B.30	DK 87A6	5A.4, 5A.6
		DK 87A7	5A.8
DK 86B1	4B.3	DK 87A8	5B.100
DK 86B2	4B.5	DK 87A9	5B.93
DK 86B3	4B.6		
DK 86B4	4B.7	DK 87B1	5B.3
DK 86B6	4B.21	DK 87B2	5B.4
DK 86B7	4B.29	DK 87B3	5B.5
DK 86B8	4B.26	DK 87B4	5B.6
DK 86B9	4B.24	DK 87B5	5B.7
DK 86B10	4B.12	DK 87B6	5B.8
DK 86B11	4B.28	DK 87B7	5B.9
DK 86B12	4B.19	DK 87B8	5B.10
DK 86B14	4B.25	DK 87B9	5B.12
DK 86B15	4B.18, 4B.27	DK 87B10	5B.13, 5B.13s
DK 86B16	4B.38	DK 87B11	5B.14
DK 86B17	4B.37	DK 87B12	5B.15
DK 86B18	4B.22	DK 87B13	5B.16, 5B.17
DK 86B21	4B.20	DK 87B14	5B.2
		DK 87B15	5B.19, 5B.20,
DK 86C1	4B.33		5B.23

DK 87B16	5B.27	DK 87B44A	5B.24
DK 87B17	5B.28	DK 87B44B	5B.22
DK 87B18	5B.29, 5B.29s	DK 87B44C	5B.25
DK 87B19	5B.30, 5B.30s	DK 87B45	5B.60
DK 87B20	5B.31	DK 87B46	5B.61
DK 87B21	5B.32	DK 87B47	5B.62
DK 87B22	5B.33	DK 87B48	5B.59
DK 87B23	5B.35	DK 87B49	5B.68
DK 87B24	5B.36	DK 87B50	5B.65
DK 87B24a	5B.34, 5B.58	DK 87B51	5B.63
DK 87B25	5B.37	DK 87B52	5B.64
DK 87B26	5B.38	DK 87B53	5B.67
DK 87B27	5B.39	DK 87B53a	5B.66
DK 87B28	5B.40	DK 87B54	5B.73
DK 87B29	5B.41	DK 87B55	5B.77
DK 87B30	5B.42	DK 87B56	5B.78
DK 87B31	5B.43	DK 87B57	5B.79
DK 87B32	5B.44	DK 87B58	5B.80
DK 87B33	5B.45	DK 87B59	5B.81
DK 87B34	5B.51	DK 87B60	5B.70
DK 87B35	5B.46	DK 87B61	5B.71
DK 87B36	5B.47	DK 87B62	5B.72
DK 87B37	5B.48	DK 87B63	5B.57
DK 87B38	5B.49	DK 87B64	5B.75
DK 87B39	5B.50	DK 87B65	5B.74
DK 87B40	5B.53	DK 87B66	5B.69
DK 87B41	5B.55	DK 87B67	5B.82
DK 87B42	5B.54	DK 87B67a	5B.83
DK 87B43	5B.56, 5B.56s	DK 87B68	5B.84

DK 87B69	5B.85
DK 87B70	5B.76
DK 87B71	5B.86
DK 87B72	5B.87
DK 87B73	5B.88
DK 87B74	5B.89
DK 87B75	5B.90
DK 87B76	5B.92
DK 87B77	5B.91
DK 87B78	5B.99
DK 87B79	5B.98
DK 87B80	5B.95
DK 87B80	5B.94
DK 87B81	5B.97
DK 87B81a	5B.102
DK 87B93	5A.2
DK 88B53	5B.8

제6장 소크라테스

DK 79.1	6A.48
DK 79.2a	6B.4
DK 82B14	6B.48
DK 84A5	6A.15

DK 88A1	6A.35

제7장 트라쉬마코스

DK 80A26	7A.5
DK 82A30	7B.9
DK 82A32	7B.11
DK 82B5a	7B.8
DK 82B14	7B.30
DK 85A1	7A.1, 7B.1, 7B.10
DK 85A2	7B.29
DK 85A3	7A.2
DK 85A4	7A.3
DK 85A5	7B.15
DK 85A6	7A.7
DK 85A7	7A.8, 7A.9
DK 85A8	7A.10
DK 85A9	7B.28
DK 85A10	7A.6, 7B.22
DK 85A11	7B.12
DK 85A12	7B.7
DK 85A13	7B.4
DK 85A14	7B.34

DK 88B17	10B.21	DK 88B47	10B.52
DK 88B18	10B.22	DK 88B48	10B.54
DK 88B19	10B.24	DK 88B49	10B.55
DK 88B20	10B.25	DK 88B50	10B.56
DK 88B21	10B.27	DK 88B51	10B.53
DK 88B22	10B.28	DK 88B52	10B.50
DK 88B23	10B.31	DK 88B53	10B.57
DK 88B24	10B.32	DK 88B71	10B.58
DK 88B25	10B.33		
DK 88B26	10B.23		
DK 88B27	10B.20		

제11장 에우튀데모스와 디오뉘소도로스

DK 80A19	11B.4

제12장 『이암블리코스의 익명 저술』

DK 88B28	10B.29	DK 89.1	12B.1
DK 88B29	10B.30	DK 89.2	12B.2
DK 88B31	10B.41	DK 89.3	12B.3
DK 88B32	10B.40	DK 89.4	12B.4
DK 88B33	10B.35	DK 89.5	12B.5
DK 88B34	10B.36	DK 89.6	12B.6
DK 88B35	10B.37	DK 89.7	12B.7

DK 88B36	10B.38
DK 88B37	10B.39
DK 88B38	10B.42
DK 88B39	10B.43
DK 88B40	10B.44
DK 88B41	10B.45
DK 88B41a	10B.46
DK 88B42	10B.47
DK 88B44	10B.48
DK 88B45	10B.49
DK 88B46	10B.51

4. 출처 찾아보기

일러두기

- 저자명이 여러 부분으로 되어 있을 경우 출신지나 별호 등 부차적인 정보에 괄호를 치고, 주로 알려진 저자명을 표제 항목으로 간주하여 배열한다.
- 작품 제목이 없는 단편은 해당 저자의 작품들 뒤에 단편 번호 순으로 배열한다. 같은 저자에 딸린 위작과 무명 주석은 해당 저자의 작품과 단편 뒤에 별도 항목으로 설정하며 위작, 주석 순으로 배열한다. (예: 아리스토텔레스(제목 달린 작품 – 작품 제목 없는 단편) – 위-아리스토텔레스 – 아리스토텔레스 『...』 ...에 관한 주석) 기명 주석은 별도의 독립 저자로 다룬다.
- 무명 저작들(무명 주석, 선집, 사전류 등)은 다른 저자명에 준하는 표제 항목으로 간주하여 배열한다.
- 파피루스 자료는 '파피루스' 항목의 자리에 따로 모아 파피루스 이름 순으로 배열한다.
- 해당 출처에 관한 상세한 안내가 등장하는 곳은 '☆'로 표시한다. 이 안내는 대개 첫 출현 자리에 등장하므로 1장이나 2장 등 책 앞부분에 상대적으로 많이 나온다.

갈레노스

(팔레론의) 데메트리오스
단편 95 Wehrli   6A.26

(맹인) 디뒤모스
『시편』 34.17 주석 (*P. Tura* V, 222.20-25)   1B.44☆
『전도서』 1.8b 주석 (*P. Tura* III, 16.9-18)   3B.6

디오게네스 라에르티오스

Δ.454 (데모스테네스 항목) (272-273 Bekker)　　15A.4

Δ.557 (diathesis kai diatithesthai 항목)　　5B.58, 5B.34

E.3476 (에우에노스 항목) (436 Bekker)　　9A.8s

Θ.434 (thōpeia 항목)　　5B.74

Θ.462 (트라쉬마코스 항목)　　7A.1, 7B.1, 7B.10

I.543 (히피아스 항목)　　4A.1, 4B.1, 4B.9

I.564 (히포크라테스 항목)　　3A.30

O.116 (oknō 항목)　　5B.78

O.835 (베스티누스 항목) (794 Bekker)　　7B.34

Π.2365 (프로디코스 항목)　　3A.1

Π.2958 (프로타고라스 항목)　　1A.10☆, 3A.5

Σ.829 (소크라테스 항목)　　6A.4, 6B.1, 6A.60

Φ.365 (필리스토스 항목) (1092 Bekker)　　9A.4

쉬리아노스

『헤르모게네스『문체의 종류들에 관하여』주석』11.20-23　2B.63

　　90.12-91.19　　2B.23

　　90.12-16　　2B.1☆

(뷔잔티온의) 스테파누스

『지리 사전』'압데라' 항목　　1B.35

스토바이오스

『선집』1.8.11　　10B.23

　　2.8.4　　10B.27

　　2.8.12　　10B.16

　　2.15.4　　9B.4

　　2.31.39　　5B.70

　　2.31.40　　5B.71

스트라본

『지리』8, 356쪽   10B.15

『시리아어로 된 희랍 금언집』1, 34쪽 Smith Lewis   1B.54

    1, 35쪽 Smith Lewis   2B.8

심플리키오스

『아리스토텔레스 『자연학』 주석』9.741.1   9B.9

    54.20-55.11   5B.17

    1108.18   1B.69

(람프사코스의) 아낙시메네스

『수사학 교범』서론 15.1-3   9A.5

아라토스 『현상들』172에 관한 주석 369.27 Maaß   4B.18

아르테미도로스

『꿈들에 대한 해석』1.4   9B.15

    1.15   9B.12.(b)

    2.14   5B.99☆

아리스토텔레스

『니코마코스 윤리학』7.2, 1145b21-27   6B.59

    7.10, 1152a29-33   9B.11

『소피스트적 논박』1, 165a20-25   17A.32

    12, 173a7-18   8B.2

    14, 173b17-25   1B.59

    15, 174b30-33   14B.7

    20, 177b12-26   11B.11

아일리우스 아리스티데스

아일리우스 헤로디아누스

(알렉산드리아의) 아타나시오스

아테나이오스

키케로

테르툴리아누스

『영혼에 관하여』 46.10   5A.10

『호교론』 46.16   4A.13

테미스티오스

『아리스토텔레스 『자연학』 주석』 38.1-8   5B.21

『연설들』 23, 289d   3A.8☆

    30, 349a1-b5   3B.39

(말리우스) 테오도루스

『운율들에 관하여』 6.589, 220 Keil   10B.3☆

테오프라스토스

『불에 관하여』 단편 73   2B.10

투키디데스

『역사』 1.20-22   17B.7

  2.37, 40 (페리클레스 「장례 연설」)   17B.13

  3.36-38, 40-42, 44, 46-47, 49 ('뮈틸레네 논쟁')   17B.14

  5.84, 89-95, 98, 100-102, 104-107, 111-113

    ('멜로스 대화')   17B.15

  8.68   5A.20

투키디데스 4.135에 관한 주석   3A.31, 5A.5

『파리 일화집』 1.171.31 Cramer   1B.49

파우사니아스

『희랍 땅 순례기』 1.22.8   6A.3

위-플라톤

5. 찾아보기-일반 용어

일러두기

- 자료들이 의식적으로 다루는 수사학 용어는 '✿'로 표시하고, 일반 용어 찾아보기 뒤에 '수사학 용어 목록'이라는 이름으로 따로 목록만 정리한다. 단, 수사학 용어 일반을 망라하기보다는, 수사학 고유의 기술적 용어임이 비교적 분명한 용어이면서 원 자료에 의식적으로 출현하는 용어를 중심으로 목록화한다.

- 일반 용어 찾아보기의 적용 범위는 기본적으로 자료 본문(즉, 단편)이다. 머리글과 각 장의 안내에 나오는 용례는 필요한 만큼 포함시킨다. 그러나 주석 등 기타 장소에 나오는 용례는 기본적으로 범위에서 제외한다.

- 같은 개념에 속하는 파생 형태(예: 명사형과 동사형, 형용사형과 부사형 등)나, 같은 우리말에 여러 원어들이 대응하는 경우는 특별한 필요가 있는 경우 외에는 기본적으로 같은 항목에 분류한다.

- 표제어로 등장하는 희랍어는 아티카 방언으로 표기하며, 다른 지역 방언은 용례 뒤 괄호 안에 원래 방언의 형태를 기본형으로 표시한다. 여타 이형(異形) 용어를 표시하는 데도 괄호가 사용된다. 괄호는 생략된 말을 표시하기 위해 사용될 수도 있다.

- 해당 용어의 구분된 쓰임새를 나누어 제시하기 위해 '―'를 사용한다.

- 우리말 개념에 대응하는 고전 원어(희랍어 혹은 라틴어) 개념을 병기한다. 그러나 자료 본문에서 대체로 그런 개념적 대응이 있다는 것을 가리키기 위해 참고용으로 제시되는 것일 뿐이며, 열거되는 모든 용례에 대응이 언제나 성립된다는 것을 가리키지는 않는다. 라틴어의 경우에만 해당 단어 뒤에 '@'를 덧붙여 구분하며, 연관된 희랍어 단

어는 참조 표시('cf')를 통해 밝힌다. 우리말과 원어 사이의 대응이 명시적이지 않거나 텍스트적 기반이 약한 경우는 해당 자리나 단어 뒤에 '*'로 표시한다. 아주 드물게, 고전어가 아닌 현대 유럽어(대개 영어)를 참고용으로 병기하는 경우도 있는데, 이런 경우는 해당 현대어를 이탤릭으로 표시하여 구분한다. 요컨대, 표제어에 병기된 유럽어 단어 가운데 '⒜'가 붙어 있으면 라틴어, 이탤릭으로 되어 있으면 현대어이며, 나머지 경우는 모두 희랍어다.

- 외국어 나열 시 순서는 내용상 필요한 몇몇 경우 외에는 기본적으로 관사나 전치사를 뺀 첫 실사 단어의 영어 알파벳 순서를 따른다.
- 해당 용어의 자리는 단편 번호나 장절로 표시한다. 해당 단편이 길거나 다른 이유로 쉽게 찾기 어려운 경우 괄호를 써서 보다 상세한 자리 표시를 적용한다. 이것 외에 해당 용례에 관한 보다 상세한 정보 제시(예컨대, 이형 용어나 한글 표현 적시, 연관된 중요 단어 적시 등)를 위해 이런 자리 표시 뒤 괄호가 사용될 수 있다.
- 해당 용어에 관한 상세한 안내가 등장하는 곳은 '☆'로 표시한다.

한글-희랍어

(ㄱ)

가난 penia 2B.14, 3B.13, 6장 안내, 6A.26, 6A.41, 7B.18, 7B.19, 10B.48, 15B.5, 17A.48, 17B.13 cf. 막막함, 부, 돈

가난한 penēs 2A.23, 5장 안내, 5B.73, 6장 안내, 6A.1, 6A.23, 6A.33, 10A.13, 10B.30, 12B.3, 15B.21, 17A.10 cf. 부자

가노 oiketēs 6A.1(31절), 10B.39(64절), 13B.7(2절), 16A.3 cf. 노예

가림막 parapetasma 1B.47 cf. 위장막

가르쳐지는, 가르쳐질[/가르칠] 수 있는, *가르쳐진 didaktos 2B.29, 2B.30, 3B.51, 13장 안내, 13B.6 cf. 배워지는

가리키다, 지시하다, 의미하다, 신호를 보여 주다, 신호를 보내다 sēmainein
— 가리키다 3B.21, 3B.22(가리켜진 것들 ta sēmainomena)
— 지시하다 3B.9(지시체 sēmainomenon)
— 의미하다 11B.11

— 신호를 보여 주다 6B.19(주석 212)

— 신호를 보내다 6B.23(2절)

가짜 소피스트들 hypoxyloi sophistai 2장 주석 595, 2B.73 cf. 진정한 소피스트

♣각운 homoioteleuton 2A.11, 2B.23, 2B.68, 2B.69(주석 614), 2B.70 및 주석 623☆, 7B.9 cf. 두운

간결한 brevis ㉐ 10A.6

간결한 strongylos 5A.16, 7A.2, 7B.4, 10장 안내*, 10A.10, 10B.51(주석 261)*

간결함 syntomon 15B.14

♣간접 비난 parapsogos 9장 안내, 9B.2, 17A.48(267a)

♣간접 칭찬 parepainos 9장 안내, 9B.2, 9B.3, 17A.48(267a)

감각, 지각 aisthēsis

— 감각 1A.1(51절), 1B.4, 1B.9, 1B.10, 1B.11(주석 186), 1B.13, 1B.15, 1B.16, 1B.17, 1B.20, 2A.1(6절), 2A.26, 2A.27, 2B.5(81절), 5B.3, 6B.3, 10B.44, 16B.1, 17A.44

— 지각 1B.11

감각 기관 aisthētērion 1B.20

감각되는, 감각될 수 있는 aisthētos cf. 사유되는

— 감각되는 1B.18(감각되지 않게), 1B.67, 2B.5(85절), 2B.11, 6B.7, 10B.22, 14B.8, 16B.6

— 감각될 수 있는 2B.5(83절)

감각하다, 지각하다, 감지하다, 경험하다, 알다, *눈치채다, 알아차리다 aisthanesthai

— 감각하다 1B.17, 1B.18(감각되고 있는), 2B.4(25절), 5B.106, 10B.43, 10B.60, 13B.9

— 지각하다 1B.11

— 감지하다 4B.34, 6B.57, 7B.20, 17A.29(464a, 464c)

— 경험하다 17A.46

— 알다 4B.35

강철로 된, *강철 같이 단단한 adamantinos 12장 안내, 12B.6(2절), 12B.7(15절)

'강철 인간' adamantinos anthrōpos 12장 안내 cf. '귀게스의 반지'

거리낌 없이 할 말 다 하다, 까놓고 이야기하다 parrhēsiazesthai

— 거리낌 없이 할 말 다 하다 6B.42, 8B.8, 8B.9

— 까놓고 이야기하다 8B.4

거리낌 없이 할 말 다 함, 거리낌 없는 언사, 파레시아 parrhēsia cf. 자유

— 거리낌 없이 할 말 다 함 8B.4(주석 34), 8B.7

— 거리낌 없는 언사 17A.24

— 파레시아 8장 안내

개진 방식, 개진 hermēneia

— 개진 방식 2B.63, 5A.16, 7B.4, 7B.5, 10A.9, 10A.10, 15B.20(13절)

— 개진 15B.20[20절(연설의 개진), 25절(이야기의 개진)]

개진 방식 hermēneuomenon 5A.6

거꾸러트리다, *넘어트리다 anatrepein 1장 안내(주석 14), 1B.23(286c),
   11B.4(286c)

거짓될 능력이 있는, 거짓말을 하는 데 능력이 있는 dynatos pseudesthai

— 거짓될 능력이 있는 6B.60(367b)

— 거짓말을 하는 데 능력이 있는 6B.60(367b)

거짓될 능력이 없는 adynatos pseudesthai 6B.60(367b)

거짓을 말하는 데 능력이 있는 dynatos pseudē legein 6B.60(367c)

거창한 이야기를 거창하게 개진하기 to ta megala megalōs hemēneuein 2A.1

검증될 수 없는 anexelenktos 17B.7 cf. 논박하다

검증 없는 abasanistos 17B.7 cf. 논박, 시험하다

검토, *심문, *시험, *성찰 exetasis 6장 안내 cf. 논박

검토 없는, *심문/시험/성찰되지 않는 anexetastos 6B.39

검토하다, *개진하다 diexienai 2B.13(15절)

검토하다 epexerchesthai 17B.7

검토하다, *심문하다, *시험하다, *성찰하다 exetazein

— 검토하다 2B.4(26절), 5B.29, 5B.29s, 6B.16, 6B.19(주석 211, 주석 213),

는 상황), 24절], 17B.14(44절, 49절), 17B.15(101절)
— 경쟁 머리말 3절, 5절, 1장 안내(주석 14), 2장 안내, 2A.32(덕의 경쟁),
  2B.47, 2B.59(주석 569), 3B.1, 3B.23(주석 138), 5A.4, 5B.68, 6B.45
— 경쟁 무대 5A.20
— 겨루며 추구하는 바 10A.1
— 경기 10B.38
— 재판 5A.20(2절: 인민에 의해 재판에) cf. 정의 dikē
— 아곤 1장 안내(주석 14), 2B.19(주석 398), 2장 주석 508, 2B.47(주석 519),
  4B.10[주석 68: 아곤(자웅 겨루기)]
경연용 연설, 겨룸, *싸움, *경쟁 agōnisma cf. 겨루다
— 경연용 연설 7B.7
— 겨룸, *싸움, *경쟁 2B.19
경연자, 겨루는 자, 경기자, 경쟁자 agōnistēs
— 경연자 5A.12, 7B.6, 7B.31, 13B.7, 15B.11
— 겨루는 자 5A.16, 7B.4, 10A.10
— 경기자 17A.44
— 경쟁자 13B.2
경연자, *경기자 athlētēs 17A.11
경쟁심 hamilla 2B.13(19절) cf. 공명심, 경연, 경쟁을 벌이다, 경쟁자로 삼다
경쟁을 벌이다, 경쟁자로 삼다, 호승심을 갖다, 호승심을 발휘하다, *열망하
  다 philonikein cf. 경쟁자로 삼다 philoneikein, 호승심을 가진
— 경쟁을 벌이다 7B.20
— 경쟁자로 삼다 5A.15, 6A.1(46절)
— 호승심을 갖다 6B.40, 17A.46
— 호승심을 발휘하다, *열망하다 6B.40
경쟁자로 삼다, 승부를 벌이다, *반박하다 philoneikein cf. 경쟁을 벌이다,
  호승심을 가진
— 경쟁자로 삼다, *반박하다 5A.15, 6A.1(46절)
— 승부를 벌이다 2B.12

경험, 요령, *숙련 empeiria cf. 기량
— 경험 2B.35
— 요령, *숙련 17A.29
경험, 겪음, 상황 pathēma cf. 겪다
— 경험 2B.13(9절)
— 겪음 8B.1
— 상황 6B.29
경험, 겪음, (겪은) 일, (겪는) 증세, 정념, 현상, 불행 pathos cf. 겪다, 정념
— 경험 5B.7, 17A.43, 17A.45, 17A.46
— 겪음 1B.13
— (겪은) 일 6B.42(522b: 그런 일을 겪게 될), 13B.1
— (겪는) 증세 17A.24
— 정념, *감정 2B.56, 5A.4
— 현상 1A.13, 4B.15
— 불행 1B.66
경험 부족, 무경험, 미숙함 apeiria
— 경험 부족 1B.15
— 무경험 2B.35
— 미숙함 17A.47
경험이 부족한, 경험 없는, 경험하지 않은, 미경험인, 무경험인, 미숙한
  apeiros
— 경험이 부족한 6A.1(29절)
— 경험 없는 2B.23, 8B.1(484d)
— 경험하지 않은 3B.48(23절)
— 미경험인 3A.19
— 무경험인 8B.1(484d)
— 미숙한 15B.20(1절)
경험 있는, 경험한, 경험적인 empeiros
— 경험 있는 3A.19, 8B.1(484d), 17A.12(경험이 많다고), 17A.29(465d)

— 경험한 4B.28, 6B.40, 8B.1(484d: 경험해 보아야)

— 경험적인 empeiros 2B.35

계보 이야기 genealogia 3A.9, 4B.16, 7B.26

계약 symbolaion 7B.23(343d), 8B.1(484d), 12장 안내* cf. 약정, 사회 계약, 사회 계약론

계약, 협약, 조약, 작문 synthēkē

— 계약 7B.25(359a), 12장 안내*, 15B.2, 17B.10, 17B.11

— 협약 14B.5

— 조약 6B.69

— 작문 5A.3 cf. 짓다

계약을 맺다, 약정하다 syntithesthai

— 계약을 맺다 7B.25, 17B.11

— 약정하다 4B.34

고르기아스 식 담론/문채/어법/연설/표현

— 고르기아스 식 담론 2A.36(주석 179), 2B.66(주석 597)

— 고르기아스 식 문채 Gorgieia schēmata 2장 주석 660, 2B.79(고르기아스적 문채)

— 고르기아스 식 어법 2B.35(주석 462),

— 고르기아스 식 연설 10A.7(주석 38)

— 고르기아스 식 표현 Gorgieia rhēmata 2장 주석 594, 주석 660

고르기아스 식으로 말하기 gorgiazein 2A.1(3절 주석 28: 고르기아스 식 말하기)☆, 2A.22, 2B.78, 10A.1(주석 8), 10A.7 cf. 히피아스처럼 말하기, 크리티아스처럼 말하기

고르기아스 식으로 말하다, 고르기아스처럼 말하다, 고르기아스(쟁이) 노릇하다, *고르기아스 풍으로 (작품을) 쓰다, *고르기아스 흉내를 내다 gorgiazein

— 고르기아스 식으로 말하다 2A.1(3절)☆

— 고르기아스처럼 말하다 2A.37(주석 186)☆, 2A.38, 4A.14

— 고르기아스(쟁이) 노릇하다 2A.37(주석 186)☆

고르기아스의 아이러니 *Gorgian irony* 2장 안내

고생 없는, 수고를 들이지 않는, 노동을 안 하는 aponos
— 고생 없는 3B.48(24절)
— 노동을 안 하는 3B.48(31절)
— 수고를 들이지 않는 17B.15(91절)
고생을 즐기는 philoponos 12B.1(2절)
고생하다, 노동하다, 고된 노동을 하다, 수고를 들이다, 겪다 ponein
— 고생하다 3B.52(368b)
— 노동하다 3B.48(25절, 30절), 10B.6(27행)
— 고된 노동을 하다 3B.49
— 수고를 들이다 15B.20(30절)
— 겪다 2B.14(20절)
고통 achos 5A.6(498절)
고통, 괴로움 lypē cf. 쾌락
— 고통 2B.13(8절, 10절), 3B.52(366d, 368c), 5B.63, 5B.68, 9B.6, 9B.12.
  (a), 9B.12.(b), 15B.21(27절), 17A.24(908c)
— 괴로움 3B.53
고통 받는 사람들을 말들을 통해 치료해 주다 tous lypoumenous dia logōn
  therapeuein 5A.4
고통 받는 사람들을 위안해 주다 tous lypoumenous paramytheisthai 5A.7
고통 받다, 고통스럽다 lypeisthai
— 고통 받다 5A.4(고통 받는 사람들 hoi lypoumenoi), 5A.7(고통 받는 사람
  들 hoi lypoumenoi)
— 고통스럽다 5B.22(3절), 6B.19(21e), 7B.20, 13B.3(4절)
고통스러운 algeinos 3B.52(368d)
고통스러운 lypēros 5B.68(고통스러움 to lypēron), 9B.10.(a), 9B.10.(b),
  9B.10.(c) cf. 즐거운
고통스러운 odynēros 6A.22(주석 107)
고통 없는, 고통스러운 일 없는, 고통스럽지 않은, 괴로움을 주지 않는 alypos
— 고통 없는 2B.14(30절), 10B.1

— 고통스러운 일 없는 12B.7[5절(고통스럽게 고민하는 일 없이)]

— 고통스럽지 않은 12B.7[5절(고통스럽지 않은 관심을 기울이며)]

— 괴로움을 주지 않는 2B.14(32절: 괴로움을 주는 자가 아니고)

고통 없애는 기술 technē alypias 5A.4

고통 없음 anōdynia 1B.65(anōdyniē)

고통에 공감하다 synalgein 6A.22(4절)

고통을 겪다 odynasthai 3B.52(366d)

고통을 없애 주는 강의 nēpenthēs akroasis 5A.6(498절)☆

고통을 주다, 고통스럽게 하다, 고통스러워하다 lypein cf. 즐기다

— 고통을 주다 5B.24(4절), 10B.6(24행)

— 고통스럽게 하다 2B.13(14절)

— 고통스러워하다 2B.13(18절)

골라 모으다, *나눠 모으다 dialegein 6B.31 cf. 대화하다

공명심, 명예 사랑, 명예 경쟁, *야망 philotimia cf. 경쟁심, 경연, 호승심을 가진

— 공명심, *야망 2A.11, 2B.13(4절), 15B.20(32절), 15B.21(3절)

— 명예 사랑 1A.1(55절), 1B.1

— 명예 경쟁 2B.59(주석 569)*, 12B.4

공명심을 발동하다 philotimeisthai 3B.47

공언, *약속 epangelma 1B.34, 1B.47(319a)

공언하다, *약속하다 epangelleisthai 1B.47(319a: 내가 하고 있는 공언), 2B.30(95b), 2B.35(447b, 448a, 449b), 2B.41, 3A.21, 3B.8(주석 107), 11A.4(1절), 13B.8(4절 주석 179), 15B.20(15절: 말들의 기술들을 공언하면서도), 17A.6, 17A.36 cf. 약속

공적으로, 공적인 영역에서 dēmosiāi cf. 사적으로

— 공적으로 2A.1(5절), 2A.8, 2B.16(5절), 3A.13, 3A.16, 4A.5, 6A.18, 6B.42(522b), 8B.1(484d)

— 공적인 영역에서 6B.14

공적으로 koinēi 12B.7

공적 의무 이행 leitourgia 2A.23

공적인, *대중적인, *인민의 dēmosios 1B.53, 2A.1(5절), 2A.8, 2B.16(5절), 2B.37, 3A.13, 3A.16, 4A.5, 6A.18, 6B.42(522b), 6B.48, 7B.23(343e, 344a), 7B.30, 8B.1(484d), 17B.1(282b) cf. 사적인, 인민, 민주주의

공적인 경비 지출, *공공 예산 사용 dēmosia dapanē 1B.53

공적인 돌봄 dēmosia epimeleia 1B.53

공적인 모임들, *대중적인 모임들 dēmosioi syllogoi 2B.37, 6B.48, 7B.30 cf. 사적인 모임들

공적인 부담 eisphora 7B.23(343d)

공적인 비용으로 publice ㉐ 6A.54

공적인 일, 공적인 장 ta pragmata cf. 일, 자기 삶의 활동, 사적인 일들, 자신의 일들

— 공적인 일 12B.7[3절, 4절(pragmata), 8절(pragmata), 10절(pragmata)], 17B.12(80절)

— 공적인 장 5A.6(아테네인들의)

공적인 일들 ta koina 머리말 1절, 2A.23, 6B.63(12절), 10B.49, 15B.20(11절), 17B.1(281d), 17B.13(37절) cf. 사적인 일들, 자신의 일들

공적인 일들 ta dēmosia 17B.1(282b)

공적인 일들의 돌봄 hē tōn koinōn epimeleia 6B.63(12절)

공정성, 알맞음, *온당함, *형평 epieikeia cf. 알맞게, 그럴법함

— 공정성 1A.12, 10A.11, 17B.14(40절)

— 알맞음 15B.20(13절)

공정성 to epieikes 2B.23☆

✿공통의 말터들 communes loci ㉐ [koinoi topoi 희] 1B.36, 1B.37, 2B.45(46절), 2B.46, 3B.2, 4B.36, 7B.16

공통된 법 koinos nomos 2B.23(가장 신적이고 가장 공통된 법), 15B.2, 17B.10 cf. 특수한 법

공평한 koinos 3B.12(337a), 17A.28, 17B.15(102절) ['공통된' 등 여타 용례 생략] cf. 동등한

과두정, 소수 지배, 올리가르키아, *소수정 oligarchia cf. 민주주의, 참주정
— 과두정 5A.21, 5B.1(2절), 6A.21(32c), 6A.51, 8장 안내, 10장 안내,
   10A.1, 10A.13, 10A.15
— 소수 지배 17B.12(81절, 82절: oligarchiē)
— 올리가르키아 Oligarchia [의인화] 10장 안내, 10A.18
과잉 고발꾼, *소송 남용자 sykophantēs 12B.7(주석 86), 17A.4 cf. 소송 남용
과장 alazoneia 6장 안내 cf. 허풍쟁이, 떠벌려대다
관객, *바라보는 자, *구경꾼 theatēs 17B.14(38절) cf. 바라보다, 놀랍게 바
   라보는 자, 관조
관용, 눈감아 줄 이유 syngnōmē
— 관용 17A.45
— 눈감아 줄 이유 12B.5
관조, 바라보기, *관찰, *구경, *이론 theōria cf. 거울, 관찰하다
— 관조 6A.1(21절)
— 바라보기 15B.20(27절)
관찰되지 않은 atheōrētos 5B.82 cf. 안 보인, 관조, 바라보다
관찰하다 athrein 1A.12 cf. 관조, 바라보다
관찰하다, *보다 horan 1B.24, 10A.13 ['보다' 용례 생략]
관찰하다 katatheōrein 17A.29(465d) cf. 관조, 바라보다
광기 mania 1B.8, 1B.52, 2B.13(17절), 2B.14(25절), 3B.15, 3B.42, 6B.9,
   6B.16, 9B.6, 9B.7, 10B.17, 10B.34, 13B.5, 17A.28, 17A.45 cf. 미치다,
   신 지피다, 신 지핀, 제정신이다
교양, 교육, 배울거리 paideia cf. 유희, 기술
— 교양 1A.5(주석 87)
— 교육 1B.15(167a), 1B.63(338e), 2A.10, 2A.32, 2B.33, 2B.67, 6A.1(33절),
   6A.52(31절), 6B.74(343a), 15B.20(1절, 3절, 13절), 17A.9
— 배울거리, *교과 2B.7, 17A.7
교양교육 paideutikē 6B.41
교양 없음 apaideusia 11B.6(296a)

교양을 위한 epi paideiāi 1A.5(주석 87)☆ cf. 전문적인

교육, 교양 paideusis

— 교육 1A.2(2절), 2B.41, 3B.48(34절), 5B.70, 10A.13(39절)

— 교양 1B.47(349a)

교육받지 않은, 교육 못 받은, *교양 없는 apaideutos

— 교육받지 않은 2B.66

— 교육 못 받은 17A.46(91a)

구조, 질서, 순서, 배열, 대형(隊形), 평가, *체계, *성향, *성격 taxis

— 구조 2B.13(14절)☆

— 질서 15B.20(24절)

— 순서 4A.2, 15B.20(33절)

— 배열 15B.20(28절)

— 대형(隊形) 2B.14(30절), 15B.21(22절, 23절)

— 평가 10B.59

구조 지어지지 않은 aschēmatistos 5B.21 cf. 유형

권능, 권한, 무제한적인 권한 남용, *마음 놓고 행동할 수 있게 허용됨, *방종 exousia 10B.63(397b) cf. 능력

— 권능 10B.63(397b)

— 권한 10B.39

— 무제한적인 권한 남용 12B.7(주석 90)

권한 licentia ㉕ 2B.70

궤변, *교변(巧辯) sophisma 머리말 3장(주석 17), 1장 안내, 1A.1(52절), 11장 안내, 14장 안내

'귀게스의 반지' Gygou daktylion 7B.23(주석 112, 주석 114), 7B.25(주석 119), 12장 안내, 12B.6(주석 67), 17B.15(105절 주석 250) cf. '강철 인간'

귀납 inductio ㉕ 6B.37

귀납적 논변 epaktikos logos 6B.35☆

♣균등 대칭, *양적 균형 parisōsis, parison

— parisōsis 2B.67, 2B.70 및 주석 623☆, 2B.74(균등 대칭 구문), 2B.76(주석

652), 3B.7(균등 대칭 구문), 5A.3, 7B.9, 15B.18(주석 55, 주석 59)

— parison 2A.11, 2B.23, 2B.68, 2B.69(주석 614)

♣균등 병렬, *균등 문절 병렬 isokōlon 2B.68, 2B.70(주석 623)☆

그럴법하지 않은, *예상과 어긋나는 adoxos 15B.16☆

그럴법하지 않은, *합당하지 않은 apeikōs 5A.6(499절: 여간 그럴법한 일이
아니었던 ouk apeikos)

그럴법한, 있을 법한, 적절한, 공정한, 어울리는, 제격인, *개연적인, *합당
한 eikōs (부사 eikotōs) cf. 설득력 있는, 합리적인

— 그럴법한 1A.6(kata to eikos), 1B.34, 2B.13(5절), 2B.14(9절), 2B.44,
2B.48, 2B.66, 3B.1(305e: 그럴법한 근거에 기반해서 ek tou eikotos
logou), 3B.36, 4A.11, 5A.6(498절), 5B.1(2절), 5B.70, 6B.26(337a),
7B.25(358c), 10A.12「157e(그럴법한 근거들에 기반하여 ek tōn eikotōn),
158a], 11A.4(2절), 11B.6(295a), 11B.10, 15B.20(5절, 27절, 35절),
15B.21(10절), 17A.21, 17A.48(266e, 267a), 17B.12(81절: oikos),
17B.14(46절), ['그럴법함'의 용례들]

— 있을 법한 5B.26(2절), 17A.45(539a)

— 적절한 2B.13(7절), 15B.21(4절)

— 공정한 17B.15(90절: 공정)

— 어울리는 2B.14(28절)

— 제격인 6B.26(338a)

그럴법한 것들, 공정 ta eikota

— 그럴법한 것들 2B.44, 17A.48(266e, 267a)

— 공정 17B.15(90절)

♣그럴법함, *개연성, *합당함 to eikos 1B.42, 2A.5(주석 62, 주석 63), 17B.
14(40절), 17B.15(105절) cf. 공정성

그렇다고 여겨지는 것에 따른, *마음에 맞는 것에 따른 kata to doxan 2A.6,
17A.10 cf. 기술에 따른

근엄함 austēron 5A.16, 7B.4, 10A.10 cf. 위엄

근엄한 문체 austēra lexis 7장 안내, 7B.5, 7B.20(주석 91) cf. 유려한 문체,

중간 문체

글 선생, *문법 선생 grammatistēs 3B.51(398e), 3B.52(366e), 11B.2(276a, 276c) cf. 비평가, 체육 선생

금언적인 polygnōmōn 10A.1

✿금언조 gnōmologia 1B.55, 17A.48

기능, 일, 실행, 실제 행동, 행동, 행위, 작용, 활동, 작품, *업적 ergon cf. 덕, 일, 부업

— 기능 머리말 3절(주 14)☆, 2B.27, 4A.2, 6B.52, 15B.20(28절)

— 일 2B.13(주석 299☆, 8절), 3B.48(32절), 5A.14, 5B.77, 5B.78, 6B.45, 11B.1, 13B.2(11절), 13B.7, 17A.30, 17A.31

— 실행 2B.13(1절)☆, 3A.9, 4B.16, 7B.26, 17B.13(40절)

— 실제 행동 2B.13(7절), 6B.47

— 행동 2B.14(5절, 6절, 34절), 5B.105(행동 방식: ergōn tropoi), 6A.21, 6B.57, 10B.33(10행), 17A.12

— 행위 2B.14(36절: 불법적인 행위), 12B.2(6절, 7절), 12B.3, 13B.4(3절), 16A.3

— 작용 17B.15(111절)

— 활동 12B.7(3절, 4절, 5절, 8절), 17A.3

— 작품 1A.7, 3B.48(31절), 4B.3, 4B.8, 10B.2

— 위업 8B.1(484b)

기량 tribē 17A.29 cf. 경험

기만 apatē 2B.56, 3B.12, 3B.42, 10B.34, 12B.2(4절), 13B.3(12절), 15B.21(27절) cf. 마법, 주술, 속임수, 술수

기만 apatēma 2B.13(10절)

기만 dolos 17A.24(908d)

기만 exapatē 5B.86

기만적인, 매혹적인, *홀릴 만한 apatēlos

— 기만적인 3A.21

— 매혹적인 2B.50, 3B.45

기만적인 doleros 4B.32(369c)

기만적인 dolios 17B.17

기만하다 apatan 2B.4(17절: 기만이다), 2B.13(8절), 2B.14(33절), 2B.56, 12B.2(5절), 17A.29(465b: 기만적이며)

기만하다, 유혹하다 exapatan

— 기만하다 2B.28, 3B.48(27절), 5A.14(12절), 5B.86, 6B.29(372d), 6B.47(17b), 13B.3(2절, 3절, 10절, 11절), 15B.21(22절), 17A.16, 17A.18 (8절), 17A.29(464d), 17A.31(주석 113)*, 17A.46(91c)

— 유혹하다 15B.21(18절)

기법, 정교함, (공들인) 작품, 조건 kataskeuē cf. 준비하다 kataskeuazein

— 기법, *장치 2B.68

— 정교함, *정교화 2B.71, 15B.19

— (공들인) 작품 2B.64(작품을 공들여 만들어 내며: kataskeuēn poiōn)

— 조건, *상황 1B.9

기법, 기술적 수단 technēma

— 기법 4B.8, 17B.19

— 기술적 수단 12B.6(1절)

기술, 기술 교범, 교범, 수사학 교범, 직업, 작품 technē cf. 전문적인

— 기술 1B.31(232e), 1B.50, 2B.13(13절), 2B.35(448c), 2B.41, 4B.8, 5A.4, 5A.6(기술적인), 5B.19, 17A.19(232e), 17A.36

— 기술 교범, *교과서, *체계 2A.4, 2A.5(주석 62), 2A.6, 2장 주석 447, 2B.51, 7B.3, 15A.4(주석 8), 17A.10

— 교범 5A.4, 7A.1, 7B.1, 9A.5

— 수사학 교범 2B.1, 2B.23, 7B.3(주석 49)

— 직업, *업계 7A.10, 15B.21(13절)

— 작품 2A.31(7절)

기술 교범.artes ㉐ 2A.5

기술 교범 저자 technographos 2A.5(주석 62), 2장 주석 447

기술로부터 나오는 것들, *기술의 결과물들 ta apo tēs technēs 2B.41, 17A.36

기술 비평가 technoelenchos 15B.15

기술 없음 atechnia 17A.46(90d)

기술에 따른, 기술 교범에 따른 kata technēn

— 기술에 따른 2B.35(448c) cf. 운에 따른

— 기술 교범에 따른 2A.6, 17A.10 cf. 그렇다고 여겨지는 것에 따른

기술을 연마하다 philotechnein 1B.48(321e)

기술자, 전문가 technitēs cf. 장인

— 기술자 3B.48(32절)

— 전문가 17A.35

기술적 원칙 parangelma technikon 5A.12, 7B.6, 15B.11 cf. 수사학적 원칙

기술적인, 기술에 속하는, 기술에 의거한 entechnos cf. 비기술적인 atechnos

— 기술적인 1B.48(321d)

— 기술에 속하는 7B.13

— 기술에 의거한 2B.51

기술적인 technikos, ek technēs

— technikos 5A.4, 5A.12, 7B.6, 15B.11, 17A.29(463a)

— ek technēs 5A.6

기술적 지혜 entechnos sophia 1B.48(321d) cf. 정치술, 정치적 지혜

기술적 활동 epitēdeuma technikon 17A.29(463a)

긴 신화, *긴 설화 mythos makros 1A.2(4절) cf. '위대한 연설'

긴 이야기, 길게 이야기하기, 일장 연설 makrologia cf. 장황한 이야기, 짧은
이야기

— 긴 이야기 1B.46, 6B.29(373a), 6B.45(335b), 6B.74(주석 324), 13B.8(주석
171)

— 길게 이야기하기 2B.35(449c)

— 일장 연설 6장 안내

긴 이야기들을 말하다 makrous logous eipein 1B.45(길고 아름다운 이야기들
을 말하기에)

긴 이야기를 하다 makrologein 17A.29(465b)

(ㄴ)

난처한, 일어나기 어려운, 궁핍한 aporos cf. 막막함

— 난처한 5A.4

— 일어나기 어려운 2B.14(10절, 11절)

— 궁핍한 2B.14(30절)

✦남유(濫喩), *용어 오용, *비유 남용 katachrēsis 2B.67

낯선 말, 언사 glōtta

— 낯선 말, *방언 14B.9, 15B.18

— 언사 3B.46

낯선 말을 동원하는 ekphylos 10A.1

넘어트리다 hyperballein 7B.2(『넘어트리는 논변들』 Hyperballontes)

넘어트리다, 걸어 넘어트리다, 젬병이다 sphallein

— 넘어트리다 1B.15(167e)

— 걸어 넘어트리다 11B.6(296a)

— 젬병이다, *갈팡질팡하다, *실수하다, *좌절하다 sphallesthai 6B.29
(372b)☆

넘어트리다, 반박하다, 공표하다 kataballein cf. 거꾸러트리다, 반박하다

— 넘어트리다 1장 안내(주석 14: 넘어트리는 논변들)☆, 1B.2(주석 126),
17A.45(538d)

— 반박하다 [『반박들』 Kataballontes] 1A.1(51절 주석 34), 1B.2, 1B.8

— 공표하다 1B.3☆, 1B.31(232d), 17A.19(232d)

노고, 수고, 고생, 노역, *노동 ponos cf. 땀, 수행해 내다

— 노고 2B.13(17절), 2B.50, 3B.45, 3B.48(32절), 5B.68, 12B.7(5절)

— 수고 3B.48(28절), 15B.19, 15B.20(5절), 15B.21(3절)

— 고생 2B.14(19절, 20절), 2B.80(197d), 3B.52(366d, 366e 주석 225),
6A.13(219e)

— 노역 10B.19

노령(기), 노년(기) gēras 1B.8, 2A.27, 2A.28, 3B.48, 3B.52, 4A.2, 4A.4,
6A.1, 6A.55, 7B.18, 7B.19, 12장 안내, 12B.4, 12B.5, 17A.48

노령에 접어들다 gēraskein 2A.1, 10A.8

노예, 노예적인 andrapodōdēs

— 노예 8B.1(483b)

— 노예적인 6B.9

노예 andrapodon 6A.1(33절), 6B.59

노예 dmōs 10B.6(13행)

노예 doulos 2B.14(11절), 2B.27(72a), 2B.28, 2B.30(주석 442), 2B.36(452e), 2B.38, 5A.14(2절), 5B.102, 6B.36(540b, 540c), 6B.59, 6B.68(50e), 6B.72(주석 319), 8B.1(484a), 10B.33(7행), 10B.39(63절, 64절), 10B.48, 13B.2(11절: dōlos), 15장 안내, 15B.1, 15B.2, 16장 안내, 16A.1(30절), 17B.14(주석 235), 17장 주석 254 cf. 자유인, 주인, 가노

노예, 아이 pais

— 노예 2B.81, 10B.35

— 아이 10B.1 ['노예'의 의미로 사용된 용례로 한정함]

노예 노릇하다, 노예가 되다, 노예다 douleuein

— 노예 노릇하다 7B.21, 8B.4(491e), 15B.1, 17B.15(100절)

— 노예가 되다 17B.15(92절, 100절)

— 노예다 6A.1(19절: 노예였고)

노예로 만들다, 노예로 삼다, 노예로 팔아넘기다 douloun

— 노예로 만들다 5A.6(498절)

— 노예로 삼다 8B.4(492a)

— 노예로 팔아넘기다 7B.23(344b)

노예로 삼다, 노예로 팔아넘기다 andrapodizein

— 노예로 삼다 13B.3(5절)

—노예로 팔아넘기다 7B.23(344b)

노예 상태 douleia 6A.22(4절)

노예에게 어울리는 douloprepēs 6A.52(30절)

노예화 doulōsis 12B.7(6절)

♣논박, 검증, 증거 elenchos cf. 추가 논박, 검토, 반론

— 논박 1B.59, 2B.4(주석 200), 3B.17(주석 121), 6장 안내, 6A.49(주석 158), 6B.12(주석 200), 6B.19(주석 211), 6B.41, 9B.2, 17A.48

— 검증 2B.14(29절, 34절)

— 증거 5B.11, 6A.13(220a)

논박술 elenktikē 17A.42

논박의 정신에서 나오는 elenktikos 5A.4

논박하다 elenchein, dielenchein cf. 검토, 시험하다

— elenchein 1B.67, 2B.13(2절, 3절), 2B.14(30절), 6B.19, 6B.26, 6B.40(458a), 6B.41, 6B.57, 7B.22, 8B.2, 11B.4, 15B.21(22절), 17A.17 (논박 당하게), 17A.29(464a), 17A.31(주석 113), 17A.45

— dielenchein 6A.1(38절), 6B.40(457e), 17A.17(논박하며)

논박하다, 시험하다 exelenchein 10B.46, 15B.18 cf. 검증될 수 없는

— 논박하다 6B.47, 11A.1, 11B.2, 11B.4, 11B.5, 11B.6(293e), 14A.1, 17A.45

— 시험하다 15B.18

논변 경연, 연설 경연, 담론 경쟁 logōn agōn(es) cf. 경연

— 논변 경연 1장 안내, 1A.1(52절), 17B.4

— 연설 경연 5A.12, 7B.6, 15B.11

— 담론 경쟁 머리말 3절, 1B.32, 6B.45

논변들에 대한 기술, *말들에 대한 기술 hē peri tous logous technē 17A.46 (90b) cf. 연설들에 관한 기술들, 말들의 기술

논변들을 발견하다 tous logoous heuriskein 6A.1(29절) cf. 논증들을 발견하다

논변들을 혐오하다 logous misein 17A.46(89d, 90d) cf. 논변 혐오

논변들의 방식 hē methodos tōn logōn 14A.1

✿논변 발견 heuresis 5A.4 [책 제목: 2B.1(주석 191)]

✿논변 발견 inventio ㉐ [책 제목: 2B.49, 6B.37]

논변의 정교함 subtilitas disputandum 6A.45☆, 17A.37☆ cf. 정교함 kompseia, 자잘한 이야기, 지나친 정교함

논변 혐오 misologia 6장 안내, 17A.46(89d) cf. 인간 혐오

논변 혐오자 misologos 17A.46(89d) cf. 인간 혐오자

논변 형식, *담론 형태 to eidos tōn logōn 1장 안내, 1A.1(53절), 6A.42

논쟁 amphisbētēsis 1B.31(232e), 17A.19(232e, 233b) cf. 쟁론, 재산권을 주장하는 연설문

논쟁 controversia ⑭ 2B.45, 5B.97(『논쟁집』)

논쟁 dialogismos 3B.52(367a)

논쟁을 벌이는 데 능한 amphisbētētikos 1B.31(232d), 17A.19(232d) cf. 쟁론

논쟁하다, 논쟁을 벌이다, 반박하다, 이의를 제기하다, 이의가 있다, 제 것이라 주장하다 amphisbētein

— 논쟁하다 3B.12[337a(논쟁은 하되), 337b(논쟁은)]

— 논쟁을 벌이다 6B.40(457d: 논쟁이 벌어져서), 17A.46(91a)

— 반박하다 1B.15(167d 및 주석 217)☆

— 이의를 제기하다 6A.10

— 이의가 있다 17A.29(465a)

— 제 것이라 주장하다 15B.20

논쟁하다 pragmatologein 1A.1(52절)

논증들을 발견하다 apodeixeis heuriskein 2B.6 cf. 논변들을 발견하다

놀거리, *잔칫거리, *흥겨운 재담 festivitas ⑭ 2B.69 cf. 유희, 재밋거리

늑대 lykos 6A.46, 6A.47(주석 147), 6B.26(주석 224), 6B.41(주석 248), 17B.5

능란한, 능수능란한, 명민한, 무시무시하게 잘 하는, 무서운, 끔찍한, 놀라운, 이상스러운 deinos cf. 다능한

— 능란한 1B.31(232c), 1B.63(339a), 2B.30, 2B.43, 3B.1, 5A.4, 5A.6, 5A.13, 5A.16, 6A.1(19절), 6B.47, 7B.4, 10A.1, 10A.10, 11A.1(271d, 272a, 272b), 15B.20(6절, 34절), 15B.21(4절, 15절, 26절), 17A.15, 17A.19(232c), 17A.29(463a)

— 능수능란한 7B.18, 17A.44, 17A.48(267d)

— 명민한 6B.26☆, 6B.27

— 무시무시하게 잘 하는 2B.80(198c: 무시무시하게 말을 잘 하는 deinos legein)

— 무서운 2B.13(17절), 2B.14(28절, 36절), 2B.23, 3B.13, 4B.37, 5A.6, 6A.44, 6B.20, 6B.26(주석 224), 10B.33(32행), 10B.39, 17A.23, 17A.25

— 끔찍한 1B.42, 1B.47(317b), 2B.13(7절), 3B.4, 3B.52(368c), 6B.59, 10B.29, 13B.2(14절), 17B.15.(93절)

— 놀라운 4B.30

— 이상스러운 4B.10

능란함, 재능, *수완 deinotēs

— 능란함 5A.3, 5A.6, 5A.20, 15B.21(29절), 17A.8, 17A.38, 17B.14(46절)

— 재능 2장 안내(주석 2), 2A.7

능란한 연설가 deinos rhētōr 3B.1(능란한 사람들 가운데 하나, 즉 어떤 연설가), 5A.6, 15B.20(34절)

능력, 힘, 권력, 잠재성, 의미 dynamis cf. 권능, 의도, (...할) 능력이 있다

— 능력 1A.13, 1B.31(232e), 1B.48(320d, 320e, 321c), 1B.52, 2A.10, 2B.13 [4절, 12절, 19절(신적인 능력)], 2B.14(14절), 2B.33, 2B.36, 2B.39(수사학의 능력), 2B.40[456c(그 기술이 가진 능력), 457b], 2B.67, 3A.16, 3B.36, 5A.4(말들의 능력), 5B.19, 5B.21, 7B.2, 7B.5, 7B.19(연설이 가진 능력 dynamis tou logou), 7B.25, 8장 안내, 8B.1(483c), 10B.52, 11B.11, 12B.6(4절), 15B.20[1절(기술 전체의 능력) 및 주석 80, 2절, 6절, 7절, 9절(쓰기 능력), 10절(말하기 능력), 15절(말하기의 능력), 23절, 29절(쓰는 능력), 30절(쓰는 능력, 즉흥 연설 능력, 이 능력을), 33절(즉흥 연설 능력, 쓰는 능력), 34절(말들의 능력)], 17A.19(232e, 233a), 17A.31, 17A.33, 17A.43

— 힘 머리말 2절, 머리말 4절, 1A.1(52절: 알맞은 때가 가진 힘), 2장 안내, 2A.5(주석 63), 2B.13[10절(주문의 힘) 및 주석 322, 14절(말의 힘) 및 주석 333], 2B.35(기술의 힘), 2B.38(주석 484, 주석 486), 2B.39(주석 487), 3장 안내(주석 5), 11B.6(296c), 17B.15[95절, 104절, 105절, 111절(이름의 힘)]

— 권력, *영향력 2A.15, 5B.101, 10A.13(24절, 25절)

— 잠재성 16B.1(잠재적으로 dynamei)

— 의미 1B.9(의미상으로는 dynamei), 1B.43(의미상으로는 dynamei),

4B.15(285d)

능력 부족 astheneia 5A.4

능력 없는, 무능력한, 무능한 adynatos

— 능력 없는 2B.14(6절: 행할 능력이 없는), 3B.21(이야기를 할 능력이 없다),
6B.42(522c: 자신을 도울 능력도 없는), 6B.60(367b: 거짓될 능력이 없는),
7B.25(359a: 갚아 줄 능력이 없는), 8B.1(483d: 능력이 덜한 adynatōteros),
12B.6(1절: 살아갈 능력이 없는), 17B.1(281d: 충분한 능력이 없었다는),
17B.11(359a: 갚아 줄 능력이 없는)

— 무능력한 3B.48(31절), 17B.14(37절)

— 무능한 17B.1(281c)

(...할) 능력이 있다, (...할) 능력을 가지다, (...할) 능력을 갖추다, (...할) 능
력이 되다, (...할) 권력을 가지다, 힘이 있다, ...할 수 있다, 의미하다, 뜻
하다 dynasthai cf. 능력

— (...할) 능력이 있다 1A.2(자기들의 능력이), 1A.12(관찰할 능력도 없다
고), 1B.15(167c 인도할 능력이 있을), 1B.24(말하는 능력이 있다면),
1B.47(317a: 달아날 능력은 없고), 1B.48(322d: 염치와 정의를 나눠 가
질 능력이 없는), 2B.13[8절, 19절(막아낼 능력이 있겠습니까)], 2B.14
[5절(그럴 능력이 없을, 능력이 된다 해도), 13절(행할 능력이 있었다고 해
도), 14절(강제할 능력도 없습니다), 21절(배반할 능력이 있다 해도, 그
럴 능력이 없을)], 2B.36(설득할 능력이 있는, 만들어 낼 능력이 있다는),
2B.40(457b: 그걸 할 능력이 있으리라는), 3B.52(366d: 말할 능력은 없고),
5A.20(도움을 줄 능력이 있는), 5B.1(1절: 벌 줄 능력이 있었지만, 그렇게
할 능력이 없었을), 5B.80(자신을 이길 능력이 있는가를), 6B.26(336e: 우리
가 능력이 없는), 6B.53(행할 능력이 없고, 그럴 능력이 없고), 6B.63(획득
할 능력이 있다면), 6B.67(경기할 능력이 있는), 7B.25(359b: 행할 능력이
있는), 8B.4(492a: 확보할 능력이 없는), 10B.63(397a: 해낼 능력이 없을),
11B.11, 12B.2(5절: 시기를 부릴 능력도 없고), 12B.7(16절: 해낼 능력이
없겠지만), 13B.7(4절: 할 능력도 없는), 13B.8[1절(대화할 능력이 있음),
8절(불 능력이 있게), 13절(대화할 능력이 있는)], 15B.20(24절 구사할 능

력도 없다는), 17A.43(숙고할 능력은 없고), 17B.11(359b: 행할 능력이 있
는), 17B.14(42절: 말을 잘할 능력은 없을)

— (...할) 능력을 가지다 2B.19(능력을 가진), 3B.48(28절: 정복할 능력을 갖
기를), 3B.51(398e: 행할 능력을 갖게), 6A.1(30절: 다룰 능력을 갖게),
7B.13(해낼 능력을 가진), 7B.23(344a: 큰 능력들을 가지고 있어서),
7B.25(358e: 취할 능력을 갖고 있지), 13B.8(2절: 행위할 능력 또한 갖게),
15B.20[1절(말하는 능력을 가짐), 30절(말하는 능력을 갖는 것)],
17B.11(358e: 취할 능력을 갖고 있지), 17B.14(38절: 스스로 말하는 능력
을 갖기를)

— (...할) 능력을 갖추다 7B.31(269d), 17B.1(282b)

— (...할) 능력이 되다 6A.24(다 물 능력이 될, 여러분에게 물 능력이 될)

— (...할) 권력을 가지다 1B.47(317a: 나라들에서 일을 행할 권력을 갖고 있는)

— 힘이 있다 6B.55(힘이 대단했었지요 edynato mega)

— ...할 수 있다 1B.40(말할 수 없다), 1B.31(233a: 반박할 수가 있겠습니까),
1B.59, 17A.19(233a: 반박할 수가 있겠습니까)

— 의미하다 17A.9(무슨 의미였는지 hoti ēdynato)

— 뜻하다 1B.23(286c), 1B.61, 11B.4(286c), 17A.9(뜻했었지요)

능력 있는, 능력을 가진, 능력이 되는, 힘을 가진, 가능한 dynatos

— 능력 있는 1B.31(232c), 1B.52, 2B.14(34절: 해볼 능력이 있지만), 2B.35
(449b), 2B.40(457a), 8B.1(483d), 3B.48(28절: 몸에 있어서도 능력 있게),
6B.24(시험할 능력이 있다는), 6B.60[367b(거짓될 능력이 있어야만, 거짓
말을 하는 데 가장 능력 있는), 367c(진실을 말하는 데도 가장 능력이 있나
요, 거짓을 말하는 데도 진실을 말하는 데도 가장 능력이 있는)], 8B.1(483d),
10B.63(396e: 돈을 쓸 능력이 있다고), 11B.1(273c: 방어할 능력이 있도록),
17A.19[232c, 233b(갖게 해 줄 능력이 있는지에)], 17A.26(493c: 보여 줄
능력도 없을)

— 능력을 가진 8B.1(483c), 10A.13(24절: 아첨할 능력을 가진)

— 능력이 되는 17B.15(89절: 할 능력이 되는 것들 dynata)

— 힘을 가진 1B.47(319a: 국가의 일들을 행하고 말하는 데 가장 힘을 가진 사람)

— 가능한 1B.31(233a), 8B.4(492a)

능력자, 권력자 dynastēs

— 능력자 2B.13(8절)

— 권력자 3A.16, 4B.7(주석 55)

능청꾼, *의뭉 떠는 사람 eirōneutēs 6A.1(19절) cf. 아이러니

(ㄷ)

다의어, *동음이의어 homōnymia 17A.39 cf. 동의어

다중, 다수 대중, 대다수 사람들 hoi polloi cf. 인민, 민주주의

— 다중 1B.31, 1B.42, 3B.20, 4A.5, 5A.6, 6A.22, 6B.16, 6B.18(주석 210),
6B.27, 6B.46, 6B.61, 6B.64, 8B.1, 8B.2, 8B.4, 10A.13(31절), 10B.22, 12장
안내, 17A.9, 17A.19(232c), 17A.26, 17B.2(주석 195), 17B.7

— 다수 대중 1B.47(317a)

— 대다수 사람들 2B.30, 8B.1(483c), 10A.1

♣단도직입적 이행 prosbolē 2A.1(2절), 2A.22

♣단숨에 쏟아내는 문장 pneuma 2A.1

♣단어 반복 diplasiologia 1B.55, 17A.48(267c)

♣단절적 표현, *거리두기 apostasis 2A.1

달변 euglōttia 2A.22, 10A.7

담론, 말, 언어, 연설, 이야기, 이야깃거리, 논의, 대화, 토론, 논변, 진술, 언명,
설명, 해명, 이론, 이치, 정의(定義), 근거, 비율, 이성 logos [대표적인 용례
만 아주 한정적으로 선택하여 열거함] cf. 설화 cf. 연설을 사랑하는, 연설
의 장인

— 담론 1A.1(50절, 53절, 54절)☆, 1A.3, 1B.4, 1B.7, 1B.13, 1B.24(2절),
1B.32, 1B.56, 2B.7, 3A.11, 4A.5(281a), 5A.3, 5B.15(주석 144: 『참된 담
론』), 6B.45(335a), 7B.29, 9A.5, 17A.7, 17A.9

— 말 1B.55(말들의 뮤즈의 전당들), 2장 안내, 2B.4(21절, 22절, 26절, 84절),
2B.13(1절, 13절), 2B.14(6절, 7절), 2B.23(말들의 옳음), 2B.56(말들의 즐

— 인민 선동자 7B.32

대중 선동가 dēmēgoros 17A.24

대중 연설을 하다, 대중 집회에서 연설하다 dēmēgorein cf. 민회 연설

— 대중 연설을 하다 1B.42, 4A.2, 6B.45, 13B.7(대중 연설가들: damagorountes),
15B.20(9절)

— 대중 집회에서 연설하다 13B.8(1절: damagorein)

대중 연설의, 대중 연설에 전형적인, 대중 연설을 잘하는 dēmēgorikos cf. 민회
연설

— 대중 연설의 10A.11, 10장 B 서두

— 대중 연설에 전형적인 8B.1

— 대중 연설을 잘하는 6A.39

대중적인 dēmōdēs 9A.6

대화, 일상 대화 dialektos cf. 쟁론

— 대화 17A.43

— 일상 대화 2B.66

대화, 담론, 강론, 논변 dialexis

— 대화 2A.38, 4A.14

— 담론 4A.2

— 강론 3A.9(『강론집』) [이하 책 제목 용례 생략]

— 논변 13장 안내(주석 1: 『논변들』) [이하 책 제목 용례 생략]

대화, 대화편 dialogos

— 대화 1A.6, 4A.2(4절), 4A.11, 4B.4, 4B.33(338a), 6B.45(336b)

— 대화편 1A.1(55절), 1A.3, 2A.17, 2A.36, 6A.41

대화하다, 대화를 나누다, 대화에 이용하다, 이야기를 나누다, 담론을 나누다,
변증하다 dialegesthai cf. 골라 모으다, 쟁론하다

— 대화하다 1A.1(52절), 1A.2(4절), 1B.15[주석 206, 167e(대화하면서, 대화
에서)], 1B.32(335a), 2B.35(448d, 449b), 3A.17, 6B.31☆, 6B.40(458b: 대
화를 계속합시다), 6B.45(335a, 335b), 6B.46(대화조차 못하지요), 8A.5,
9A.6(61d), 11B.3(284e), 13B.8(1절, 13절), 17A.6, 17A.43, 17A.45(537e,

539c)

— 대화를 나누다 1A.6, 1B.31(232d), 1B.32(335a), 1B.47(316c),
1B.63(339a), 2A.1(3절), 2A.3, 2A.7(3절), 2A.38, 2B.14(22절), 2B.35
(447c), 2B.68, 3A.6(315e), 3B.6, 3B.12, 3B.51(399a: 적절치 못한 대화들
을 나누고), 4A.14, 4B.31(301b), 4B.34(5절), 5A.14[1절(나눴던 대화들),
11절], 6A.1[20절, 21절, 22절, 29절, 42절(아름답고 훌륭한 대화들을 나눈),
45절], 6A.33, 6A.55(2절), 6B.4, 6B.9, 6B.31, 6B.39, 6B.40(457c),
6B.45(334d, 335a, 336b), 6B.61, 7A.6, 10A.8, 10A.13(14절), 10A.17
(19절), 11A.1(271a), 11B.3(283b), 14A.1, 17A.2, 17A.10, 17A.19(232d),
17A.38

— 대화에 이용하다 1A.1(53절), 1B.22

— 이야기를 나누다 1B.58, 2B.66, 4A.2(2절)

— 담론을 나누다 4A.2(5절)

— 변증하다 17A.33

더 나은 자[/사람] ho ameinōn 8B.1(483d)

더 많이 갖기, 과도한 소유, 탐욕 pleonexia cf. 탐욕스러운, 욕심이 과한, 뛰
어남

— 더 많이 갖기 5A.14(12절)

— 과도한 소유 12장 안내, 12B.6(1절, 2절), 12B.7(13절)

— 탐욕 9B.8

더 많이 갖다 pleonektein, pleon echein cf. 똑같이 갖다

— pleonektein 7B.23(344a), 8B.1(483c: 더 많이 갖는 것은), 8B.3(491a)

— pleon echein 7B.23(343d), 8장 안내, 8B.1[483c(더 많이 가질 능력을 가진,
더 많이 갖지 못하게, 다른 사람들보다 더 많이 가지려 애쓰는, 대다수 사
람들보다 더 많이 가지려 애쓰는), 483d(능력이 덜한 사람보다 많이 갖는,
다스리며 더 많이 갖는)]

더 못한 자[/사람] ho cheirōn 6A.56, 8B.1(483d, 484c)

더 약한 논변을 더 강하게 만들다, 더 약한 논변을 더 강한 논변으로 만들다
ton hēttō logon kreittō poiein

— 더 약한 논변을 더 강하게 만들다 1B.34, 6A.1(20절), 17A.21, 17A.22

— 더 약한 논변을 더 강한 논변으로 만들다 1A.4, 1B.35, 6장 안내, 6A.44, 10A.13(31절 주석 85), 17A.23, 17A.25

더 약한 논거가 더 강하게 되다 causa infirmior fieri fortior ㉔ 1A.4

더 약한 논거가 더 강한 논거로 되다 causa infirmior fieri superior ㉔ 6A.45☆, 17A.37

더 약한 논변이 더 강한 논변을 이기다 ho hēttōn logos ton kreittona nikan 17A.20

더 열등한 자[/사람], 더 약한 자[/사람] ho hēttōn (ho hēssōn)

— 더 열등한 자[/사람] 2B.13(19절), 8B.1(483d, 484c), 17A.35, 17B.15(111절)

— 더 약한 자[/사람] 2B.13(6절)

더 우월한 자[/사람], 더 강한 자[/사람] ho kreittōn (ho kreissōn)

— 더 우월한 자[/사람] 6A.56, 7장 안내, 7장 주석 101, 7B.23(338c, 343c, 344c), 8장 안내, 8B.1(483d, 484c), 8B.3(491a, 491c), 17B.15(111절)

— 더 강한 자[/사람] 2B.13(6절), 4B.10(364a), 17B.15(101절)

덕, 뛰어남, 훌륭함, 아레테 aretē cf. 기능, (…에게) 알맞은 덕

— 덕 머리말 3절 및 주석 14☆, 1A.7(주석 99), 1B.12(386d), 1B.15(167e), 1B.47(349a), 1B.49(주석 340), 1B.63(339a), 2장 안내, 2A.32, 2B.11, 2B.13(1절), 2B.14(13절, 16절, 20절, 32절), 2B.19, 2B.29, 2B.23 및 주석 413, 2B.27, 2B.28, 2B.29, 2B.30(95b), 2B.61(주석 570), 2B.80(196b), 3장 안내, 3B.19, 3B.48(21절, 28절, 34절), 3B.51(398c, 398d), 5A.20 (1절), 6장 안내, 6A.1(32절, 33절, 42절), 6A.22(4절), 6A.56, 6B.8, 6B.14, 6B.39, 6B.43(80d), 6B.47 및 주석 266☆, 6B.49(주석 270), 6B.51, 6B.53, 6B.54, 6B.55, 6B.56, 6B.68(51a), 6B.71, 7A.2, 7B.24(348c, 주석 117), 8B.4(492c), 8B.6, 9A.1(20a, 20b), 7B.35, 10A.12(158a), 10B.63(주석 291), 11B.1(273d), 11B.2(주석 18), 11B.9, 12장 안내, 12B.1(1절), 12B.2(4절, 7절 및 주석 32), 12B.3(3절, 5절), 12B.4(1절, 6절), 12B.6 (1절), 13B.6(1절, 3절 주석 150, 7절), 14B.5, 15B.14, 15B.21(28절), 16장 안내, 16A.3, 17장 안내, 17A.28, 17B.13(37절), 17B.15(105절) [책 제목

용례 제외]

— 뛰어남 2B.18

— 훌륭함 머리말 3절(주석 14), 6장 안내, 6B.47(주석 266)☆, 17B.12(82절)

— 아레테(덕) Aretē [의인화] 2B.50, 3B.44, 3B.45, 3B.47, 3B.48(30절), 3B.49

덕 virtus ㉡ 1A.4, 3B.37

독당근즙 kōneion 3장 안내, 3A.1, 3A.2, 6장 안내, 6A.1(35절, 42절, 46절), 6A.57, 6A.58(주석 177)

독립 autonomia 17B.14(46절)

독설가 blasphēmos 15B.7 cf. 악담하다

돈 argyrion 1A.8, 1A.9, 2A.15(고르기아스에게 돈을), 3A.12, 3A.21(앎을 돈으로), 4A.6(내가 돈을), 5A.14(11절, 12절), 5B.73(많은 돈을 번, 그래서 자기 돈을 몽땅), 6A.37, 6B.18, 10B.63, 13B.2(16절), 17A.14, 17A.27, 17B.2(누가 돈을) cf. 사물

돈 pecunia ㉡ 1A.4

돈 받는 labargyros 3A.10

돈벌이 chrēmatismos 2A.23, 12B.4(5절)

돈벌이 quaestus ㉡ 2A.35

돈벌이를 하다, 돈을 벌다 chrēmatizesthai

— 돈벌이를 하다 2B.36

— 돈을 벌다 6A.1(20절)

돈 사랑 philargyria 5A.4 cf. 돈을 사랑하다, 돈을 좋아하는

돈을 밝히는 philargyros 6B.66

돈을 버는 사람, 사업가 chrēmatistēs

— 돈을 버는 사람 17A.32

— 사업가 2B.36

돈을 벌기 porismos 3A.21

돈을 사랑하다 philochrēmatein, chrēmatōn erasthai cf. 돈 사랑

— philochrēmatein 12B.4

— chrēmatōn erasthai 2B.14(15절)

돈을 좋아하는 philochrēmatos 5A.6, 5A.7 cf. 돈 사랑

✤돈호 apostrophē 2B.67

돈우미, 꾸미개, 꾸밈, 장식, 질서, 대형(隊形), 우주, 세상 kosmos

— 돈우미 2A.1, 2B.13(1절)☆

— 꾸미개 13B.2

— 꾸밈 2B.22

— 장식 2B.80(197e), 10A.11, 12B.4(6절)

— 질서 1A.5, 1B.48(322c), 2B.28, 7B.5

— 대형(隊形) 2B.13(16절)

— 우주 5B.34*, 6B.4, 10B.22, 10B.24, 12B.7(17절), 17A.2, 17A.10

— 세상 5B.101 cf. 인간 세상, 온 세상, 전체 세상

돈우미 없는 akosmios 2B.13(1절)

돌려 말하다 periballein 10A.11

돌보는, 관심을 기울이는, 관심을 갖는 epimelēs

— 돌보는 2B.80(197d: 훌륭한 자들은 돌보고), 5B.68(돌봐 주어야 할)

— 관심을 기울이는 11A.4(1절)

— 관심을 갖는 13B.1(2절: 관심을 갖는다)

돌보다, 관심을 기울이다 epimeleisthai (epimelesthai) cf. 보살피다, 관심을
기울이다

— 돌보다 1B.15(167e), 1B.49(주석 340), 3B.48(28절: 돌보아야 합니다
epimelēteon), 5A.12, 5A.14(15절), 5A.20(1절), 5B.68, 6장 안내, 6A.55
(7절), 6B.14, 6B.24, 6B.63(12절: 공적인 일들을 돌보는 사람들이), 6B.68
(51a: 덕을 돌보는 사람인), 7B.20(일을 맡아 돌본 사람들이), 12B.7(8절),
15B.20(35절), 15B.21(18절)

— 관심을 기울이다 11A.4(3절)

돌보미 epimelētēs 6A.52(30절)

돌보지 않는 amelēs 2B.80(197d: 나쁜 자들은 돌보지 않습니다)

돌보지 않다, 관심을 기울이지 않다 amelein

— 돌보지 않다 10A.13(24절)

— 관심을 기울이지 않다 11A.4(2절, 3절)

돌보지 않음 ameleia 7B.23(343e: 돌보지 않아서)

돌봄 epimeleia 1B.53, 3B.48(28절), 6B.17(129a), 6B.55, 6B.63(12절), 11B.2(주석 18), 12B.2(7절), 15B.20(30절: 가장 신경 써서 돌봐야 pleistēn), 17B.14(46절)

동등한 aequus ㉑ 1B.29

동등한 isos 3B.12(337a), 6B.68(50e), 10B.43, 17B.14(42절) cf. 평등, 공평한

동의, 합의, 일치 homologia cf. 합의

— 동의 8B.1(482e)

— 합의 6B.61

— 일치 17A.44(164c)

동의된 homologos 2B.5(75절)

동의를 표하다 synainein 2B.13(12절)

동의어 synōnymia 3장 안내, 3장 주석 111, 17A.39 cf. 다의어

동의하다 assentire ㉑ 6B.37 cf. 승인하다

동의하다, 합의하다, 일치하다, 같은 말을 하다 homologein cf. 합의하다, 생각을 같이하다

— 동의하다 1B.8(61절), 1B.52, 2B.30(95b), 3B.14(358a), 5B.104, 6B.29(372d), 6B.32, 6B.34, 6B.36(540e), 6B.42(522c, 522d), 6B.47(17b), 6B.60(367b), 8B.5, 8B.7, 10B.41, 10B.59(6절), 10B.63(395e) 11B.2[276a: 그가 동의하더군요), 277a, 277b(첫 두 용례), 277c(첫 두 용례)], 11B.3 [283d, 284c, 284d(둘째, 셋째 용례)], 11B.6(295a, 296c) 11B.7, 11B.8 (301d), 13B.3(13절), 13B.4(9절), 13B.5(8절), 15B.17, 15B.20(18절), 17A.30

— 합의하다 5B.24[1절(합의된 것들 ta homologēthenta), 2절], 6A.1(41절), 6B.61

— 일치하다 1B.63(339c, 339d), 10A.1

— 같은 말을 하다 8B.8

동의하다 prostithesthai 13B.1(2절: potitithesthai)

동의하다 symphanai 3B.51(398d), 11B.2[276a(그가 동의했어요), 277b(셋째
  용례), 277c(셋째 용례)]

동의하다 sympheresthai 1B.47(317a)

동의하다 synchōrein 1B.23[286a(후자에 동의했어요), 286c], 3B.12(337a: 번
  역문에는 337b), 11B.3(284d: 첫째 용례), 11B.4[286a(첫째 용례), 286c]

동의하다 synomologein 1B.23(286a: 후자에 동의하더군요), 3B.14(358b),
  11B.4(286a: 둘째 용례), 17A.46(91c)

동정, 동정심 oiktos cf. 연민

— 동정 2B.14(33절), 3B.52, 7B.19

— 동정심 17B.14(37절)

동정심이 일다 oiktizein 6A.55(4절)

동정을 되돌려 주다 antoiktizein 17B.14(40절)

동정을 자아내는 oiktrogoos 7B.18, 17A.48(267c)

동정하다 oiktirein 13B.1(14절)

되는대로 연설하다, 되는대로 이야기하다 eikēi legein

— 되는대로 연설하다 15B.20(29절, 33절)

— 되는대로 이야기하다 15B.18, 15B.20(25절)

✱되짚기, *재개 epanalēpsis 2B.67, 15B.16

✱되풀이, *어구 반복 anadiplōsis 2B.67

두려움 deima 10B.33(14행), 10B.39

두려움, 무서움 deos

— 무서움 3B.14

— 두려움 9B.12.(a), 9B.12.(b), 10B.33(13행)

두려움 phobos 2B.13(8절, 16절, 17절), 2B.14(19절), 2B.80(197d), 3B.14,
  3B.48(25절: 두려워하지 마세요 ou phobos), 3B.52(366e), 5B.78,
  10B.33(29행), 10B.33(37행), 10B.39, 17B.14(42절)

✱두운 homoiokatarkton 2B.23 cf. 각운

둘째 소피스트술 deutera sophistikē 2A.6, 2B.32, 6A.47(주석 146), 15장 안

내(주석 3), 17A.10

드러나다, 나타나다, 분명하다, (...로) 보이다, 외양상 ...이다, 입신양명하다
phainesthai cf. 감각하다

— 드러나다 1B.8(61절, 62절, 63절), 1B.9(216절, 218절, 219절),
1B.11(152a, 152b), 1B.12(386a), 1B.15, 1B.20, 1B.21, 1B.23(286a),
1B.32(335a), 1B.44, 2B.36, 3B.48(22절), 4B.33(338a), 5A.2, 5B.68,
6A.10, 6B.29(372e), 6B.41, 6B.45(335a), 6B.60(367b), 11B.4(286a),
17A.19(233c)

— 나타나다 2B.13(13절), 3B.48(22절), 6A.30, 6B.26(337c), 9A.6(60e),
10B.63(396a), 11B.6(294a), 17A.11[231d(얼마만큼 나타났는지를),
232a(아는 자로 나타나면서도)], 17A.19(233c), 17A.41(261d)

— 분명하다 5B.24(6절), 6B.61(분명 안 되겠군요: ou phainetai)

— (...로) 보이다 1B.12(385e), 1B.17(의미 있는 말을 하고 있는 것처럼 보
이는), 1B.31(232e: 남겨두지 않는 것으로 보이긴), 1B.34(그럴법해 보이
지만, 그럴법해 보이는) 1B.59, 1B.63(339c), 2B.22(느닷없는 것으로 보
이기), 2B.35(448d), 2B.44, 2B.76, 3A.6, 3B.21(선망한 것으로 보이는),
3B.38(설득력 없어 보이지), 4B.31(300e: 내겐 보이거든요), 6A.1(33절:
돌과 비슷하지 않게 보이는), 6A.14(230c: 기이한 사람인 것처럼 보이
네요), 6A.55(1절: 무분별한 일로 보이는), 6B.24(150d: 무식해 보이
는), 6B.74(342e: 형편없어 보이겠지만), 10A.13(29절: 가치가 있는 사
람으로 보이고 싶어 하면서), 11B.2(275e), 12B.2[1절, 4절(그렇게 보이
는 대로의)], 14B.9, 15B.18, 15B.20(14절: 보잘것없는 것으로 보일),
17A.19[232b(아는 자로 보이는), 232e(남겨두지 않는 것으로 보이긴),
233b(그렇게 보이지도, 설사 그렇게 보인다고 해도)], 17A.21(그럴법해 보
이지만, 그럴법해 보이는), 17A.29(463e), 17A.31(설득력 있어 보이는, 연
역 추론으로 보이는), 17A.44(164b), 17A.47(101d), 17A.48(267b)

— 외양상 ...이다 17A.33(외양만의 phainomenē, 외양상 phainomenē)

— 입신양명하다 4A.2(4절), 4B.4

드러남, 인상, 현상, *나타남, *상상 phantasia cf. 감각

842

— 드러남 1장 주석 147, 1B.11(152c), 1B.26

— 인상 1B.20, 16B.1, 16B.2, 16B.3, 16B.5

— 현상 1B.8

들창코 simos 6A.12(6절)

들창코, *들창코임 simotēs 6A.11

'디오메데스의 불가피성' Diomēdeia anankē 17A.26☆

땀, *노고 hidrōs 3B.44, 3B.48(28절), 5B.44, 5B.68, 15B.18 cf. 노고

✹때, 제때, 알맞은 때, 적절한 때, 중요한 때, 결정적인 기회, 기회, 상황, 적
도(適度), *시의적절함, *임기응변 kairos cf. 시간, 적도, 임기응변

— 때 2A.6, 2B.14(24절 주석 367), 2B.50, 2B.51, 3A.15, 13B.2(19절),
13B.3(12절), 15B.20(3절, 34절)

— 제때 13B.2(20절), 15B.20(22절)

— 알맞은 때 1A.1(52절)

— 적절한 때 3B.4

— 중요한 때 15B.20(9절)

— 결정적인 기회 15B.20(10절, 28절)

— 기회 6A.1(32절 주석 39)

— 상황 2B.14(32절), 5A.4, 6A.1(28절), 10B.39

— 적도 10B.8

때맞음, *시의적절함 eukairia 15B.20(33절)

때맞춘, 시의적절한 eukairos

— 때맞춘 15B.20(9절)

— 시의적절한 15B.20(31절)

때에 맞지 않는, 시의적절하지 않은, 철없는 akairos

— 때에 맞지 않는 15B.21(1절)

— 시의적절하지 않은 10B.18(여간 시의적절한 것이 아니다 ouk akairon)

— 철없는 2B.79

때 이른 ahōros 10B.26

떠벌려대다 alazoneuesthai 1B.71 cf. 허풍쟁이, 과장

똑같이 갖다 to ison echein 8B.1(483c, 484a) cf. 더 많이 갖다, 평등
뚜쟁이 노릇을 하다 proagōgeuein 3A.34, 4A.9

(ㄹ)
레슬링 palē 1A.1(55절), 1B.1, 1B.3 및 주석 128, 1B.31(232d), 2A.31,
   6B.29(주석 233), 17A.19(232d 및 주석 75)
레슬링장 palaistra 2B.40(456d), 5B.104, 6A.1(43절), 13B.2(3절), 15B.21
   (4절), 16A.1(주석 13) cf. 체육관
리듬, 방식 rhythmos cf. 조직화되지 않은
― 리듬 4A.2, 4B.8(368d), 4B.15()285d, 5B.21, 7B.12, 15B.20(16절, 17절)
― 방식 15B.21(26절)

(ㅁ)
마고스 Magos 1장 안내, 1A.2☆, 6A.1(45절), 17A.3☆, 17B.12(80절)
마땅한 것, 마땅한 상황, 적정함, 정도(程度) to deon
― 마땅한 것 2B.13(2절)☆, 7B.22(336d), 13B.8(7절), 17B.7(22절), 17B.13
   (주석 232)
― 마땅한 상황 13B.5[9절: 마땅한 상황에 en (tōi) deonti]
― 적정함 2B.26
― 정도(程度) 17B.3(정도 이상으로)
마땅한 것들을 가장 잘 말하다 ta deonta malist' eipein 17B.7(22절)
마땅한 것을 옳게 말하다 legein to deon orthōs 2B.13
마땅한 상황에 말하다 en (tōi) deonti legein 13B.5(9절)
마법 goēteia 2B.13(10절) cf. 주문, 주술, 기만
마법사 epaoidos 6A.1(19절)
마법사 goēs 6B.43(80b), 15B.15, 17A.15 cf. 주술사
마법을 걸다 ekgoēteuein 2B.13(14절)

마법을 부리다, 마법을 행하다, 홀리다, *주술을 쓰다 goēteuein cf. 홀리다, 주문을 외우다
— 마법을 부리다 8B.1(483e)
— 마법을 행하다 2A.4
— 홀리다 6B.43(80a)
마비되다 narkan 6B.43(80a, 80c) cf. 시끈가오리
막막하다, 막막해하다, 당혹스럽다, 당혹스러워하다, 난처한 상황이다, 어찌 대응할 줄 모르다, 난문을 제기하다 aporein cf. 난처한
— 막막하다 1A.2(2절), 2B.58(막막해서), 6B.43[80a(막막하게 만드는), 80c(막막하게 만드는)], 6B.71, 7B.35
— 막막해하다 1B.12(386a), 2B.14(4절), 2B.58(막막해한다), 6B.43[80a(막막해할), 80c(막막해하면서)]
— 당혹스럽다 7B.25(358c), 4B.31(주석 107), 6B.42(522b)
— 당혹스러워하다 11B.6(293b)
— 난처한 상황이다 17A.29(462b)
— 어찌 대응할 줄 모르다 11B.2(275d)
— 난문을 제기하다 6B.59, 14B.1
막막함, 막막해할 일, 당혹스러운 상태, 난경, 난점, 난문, 궁핍 aporia cf. 난처한
— 막막함 6B.43(80a), 15B.20[8절, 15절, 16절, 21절(막막해지고)], 15B.21 (5절: 완전히 막막했던)
— 막막해할 일 2B.27(72a)
— 당혹스러운 상태 6B.42(522a), 17A.42
— 난경 11B.6(주석 63), 15B.20(21절: 구제 불가능한 난경)
— 난점 14B.1
— 난문 1B.27(『제일 원리들에 관한 난문들과 해법들』: 이하 책 제목 용례 생략), 2B.4(26절)
— 궁핍 6A.41, 10B.48
만들다, 작품으로 만들다, 작품에서 말하다, 시를 짓다, 짓다, 설정하다, 여기

다, 하다, 저지르다, 행하다, 행동하다, 행위하다, 작용하다 poiein cf. 시,
행하다, 일하다
— 만들다 1A.4, 1A.8, 1B.15(166d, 167a, 167b, 167c), 1B.24, 1B.31(232b,
232c, 232d), 1B.34, 1B.35, 1B.47(316d, 319a), 2B.13(13절: 의견 대
신 의견을 만들어 내는, 믿음을 쉽게 변하는 것으로 만든다는), 2B.17,
2B.35(448c: 영위되게 만드는), 2B.64, 2B.66(비극들을 만드는 사람들, 6보
격 운율을 만드는 사람들), 2B.80(197c), 3B.4, 3B.18, 4A.4, 5A.14[3절
(더 즐겁게 살도록 만드는, 15절], 5A.17(새로운 단어들을 만드는),
5B.42, 5B.68(친구들을 적으로 만드는), 6A.1(20절), 6A.44, 6A.50,
6B.27(3d), 6B.43(80a, 80c), 6B.49(94e), 6B.66(515e), 7B.23(344a), 8B.2,
9A.6☆, 10A.13(31절 주석 85), 11B.3(284b, 284c), 12B.7(5절), 13B.2
(19절), 15B.18, 17A.21, 17A.22, 17A.23, 17A.25
— 삼다 2B.14(31절: 징표로 삼기), 17A.8(업으로 삼았고)
— 작품으로 만들다 2A.3
— 작품에서 말하다 10B.40(작품에서 ~라고 말했는데)
— 시를 짓다 13B.2(28절)
— 짓다 1B.63, 2B.2, 2B.63, 3B.43(시인들이 지어 놓은, 찬양 하나 지어 놓은
게 없다는), 3B.44, 3B.50, 6A.1(42절: 찬가를 짓기도, 우화도 지었는데),
13B.3(17절: 시를 짓는다)
— 설정하다 4A.11, 4B.23, 4B.32 cf. 임의적 설정
— 여기다 1B.15(166e)
— 하다 1B.23(논변들을 하고), 1B.46(함께 논의를 할), 2B.14(36절: 불법적인
행위를 했고 anomon ergon pepoiēkotes), 2B.35(448d: 약속했던 건 하고),
5B.80(이웃 사람에게 나쁜 짓을 하려고), 6B.45(335b: 함께 논의를 할),
11B.8(301d) cf. 나쁜 짓을 하다 kakōs poiein
— 저지르다 6A.55(3절: 아무런 불의도 저지르지 않고 ouden adikon poiōn),
10A.13(29절)
— 행하다 10B.52, 17B.12(81절), 17B.14(40절: 유익한 일들을 행하게)
— 행동하다 17B.12(82절: 행동을 하니까요)

— 행위하다 13B.3(9절: 정의로운 행위를 했다고 dikaia poiēsai), 13B.5(2행: 같은 행위들을 한다)

— 작용하다 7B.20

만물의 본성에 관하여, 만물의 자연에 관하여 peri tēs tōn pantōn physeōs cf. 『자연에 관하여』, 모든 것들의 본성에 관하여, 자연 사물들에 관하여

— 만물의 본성에 관하여 6장 안내, 6B.4☆, 13B.8(1절 주석 177)☆, 17A.2☆

— 만물의 자연에 관하여 6B.4(주석 186), 17A.2(주석 9)

말들의 기술, 말 기술, *담론 기술 (hē) (tōn) logōn technē cf. 논변들에 대한 기술, 연설들에 관한 기술들, 연설 작가

— 말들의 기술 3B.8, 6A.1(19절), 7A.5, 10A.13(31절), 13B.8(1절, 3절, 5절), 15장 안내, 15B.20(15절), 17A.48(266c, 266d, 267b, 267d)

— 말 기술, *말의 기술, *말하는 기술 머리말 2절, 머리말 4절, 2B.37(주석 479), 6장 안내, 13장 안내, 15B.16(주석 40)

말들의 옳음 logōn orthotēs 2B.23 cf. 말의 옳음, 이름들의 옳음, 법의 엄밀함

말을 잘 하다 eu eipein 17B.14(40절, 42절)

말을 잘 하다 eu legein 2B.15, 9B.1☆, 6B.49(주석 270)

✽말의 옳음, *옳은 말 쓰기 orthoepeia 1장 안내, 1B.55, 1B.56, 3A.8, 10A.1 (주석 22), 17A.48(267c) cf. 일상어 사용, 말들의 옳음, 이름들의 옳음

말의 힘, 로고스의 힘, 연설이 가진 능력, 말들의 능력 hē tou logou dynamis (hē dynamis tōn logōn)

— 말의 힘 머리말 4절, 2A.5(주석 63), 2B.13[14절], 2B.38(주석 486), 2장 주석 490, 2장 주석 508, 3장 안내

— 로고스의 힘 머리말 3절, 2B.13[10절 주석 322, 14절 주석 333)]

— 연설이 가진 능력 7B.19

— 말들의 능력 hē dynamis tōn logōn 5A.4(dynamis logōn), 15B.20(34절)

말 잘하기, 연설 실행하기, *수사적으로 말하기, *연설가가 되기 rhētoreuein

— 말 잘하기 6A.1(20절)

— 연설 실행하기 2A.22, 10A.7

말 잘함, 말 잘 하기 to eu legein

— 허물다 2장 안내, 2B.47

맞수 antitechnos 9A.6(60d), 17A.26(493a)

멋진 표현 euepeia 1B.55, 17A.48(267c) cf. 아름다운 말

멍청한, 어리석은, 우둔한 ēlithios

— 멍청한 10B.46

— 어리석은 3A.16, 3B.51

— 우둔한 8B.4

'메논의 역설' Meno's paradox 2장 주석 199, 6B.43(주석 257), 11장 주석 16
   cf. 역설

멜로스 대화 the Melian Dialogue 7장 안내, 7B.24(주석 115), 17B.14(40절
   주석 243), 17B.15☆

명예를 사랑하는 philotimos 10A.13 cf. 공명심

모방 2A.22(주석 145), 2장 주석 594, 2B.74(주석 639, 주석 643), 10A.7(주석
   43) cf. 아이뮬라티오, 모상

모방물 mimēma 2B.66, 15B.20(27절)

모방에 적합한, 모사적 mimētikos

— 모방에 적합한 2B.66

— 모사적 mimētikos 17A.11

모방자 mimētēs 5A.14

모방적 경쟁자 aemulus ㉤ 2A.5 cf. 경연, 경쟁심

모방하다 mimeisthai 머리말 1절, 2A.18, 2A.37☆, 2B.66, 2B.80s, 3A.31,
   5A.5, 10A.14(주석 89)*, 10장 B 서두(주석 106), 10장 주석 149*, 13장
   안내*, 15B.20(4절, 13절), 17A.45, 17B.13 cf. 선망하다 cf. 충실히 모방
   하다, 모상

모상(模像), 허상 eidōlon

— 모상(模像) 15B.20(27절) cf. 모방

— 허상 6B.24

모상 제작술 eidōlopoiikē 17A.11, 17A.29(463d, e) cf. 모방

✱모순된 진술, *부정 진술 antiphasis 1B.25

목소리 연기 pronuntiatio ⑭ 7B.13(주석 76) cf. 연기

목적, 완성, 끝, 결말 telos cf. 끝, 자족

— 목적 2B.28, 4장 안내, 4A.1☆, 4B.9, 6B.54

— 완성 12B.1(1절, 3절), 12B.2[2절(완성된 eis telos), 7절], 12B.3(1절: 완성 시켜 eis telos)

— 끝 2B.14[29절(삶은 처음부터 끝까지), 35절(삶의 끝)], 2B.65(『범희랍 축제 연설』의 끝), 3B.48(33절: 자기들에게 정해진 끝[즉, 죽음]), 6B.71 (덕의 끝), 7B.35(덕의 끝), 13B.6(13절: 그[즉, 논변의] 처음과 끝), 17A.48 (267d: 연설들의 끝)

— 결말 2B.14(36절)

무료 식사 대접, 식사 대접 sitēsis

— 무료 식사 대접 6A.1(42절), 6B.10(주석 197)

— 식사 대접 6B.10

무법, 무법 상태 anomia cf. 법 존중

— 무법 10A.1(주석 13), 10A.13(24절), 10B.33(40행), 12장 안내, 12B.7 (서절, 7절, 11절, 12절, 13절, 17절)

— 무법 상태 12B.6(1절), 12B.7(9절)

무법 상태에 있다 anomein 12B.7(6절)

무법적인, *불법적인 anomos 2B.13(7절), 2B.14(36절), 4B.34(13절)), 12B.3(1절), 15B.21(18절) cf. 준법적인, 불법적인

무분별, *분별없음, *어리석음 aphrosynē 1B.12, 3B.23, 6B.56(주석 280) cf. 분별

무분별한 aphrōn

— 무분별한 1B.12, 2B.23(무분별함), 3B.36, 6A.55

— 분별없는 7B.24(주석 115: 분별없음), 17B.15(105절: 분별없음)

무신론자, 무신론적인 atheos

— 무신론자 1B.39, 1B.40, 1B.43(주석 294), 3B.35(51절), 6A.60, 10B.33 및 주석 199

— 무신론적인 2B.14(36절)

무지 agnoia 5B.15, 6B.59

무지, 무식, 어리석음, 어리석은 일 amathia cf. 어리석은

— 무지 6장 안내, 6A.1(31절), 6B.11, 6B.29(372c, 373a), 9장 안내,
   11B.4(286d), 11B.6(주석 64), 13B.5(7절), 17장 안내, 17B.14(42절)

— 무식 5B.15, 17B.2

— 어리석음 2B.13(2절, 21절)

— 어리석은 일 2B.13(1절), 12B.5

무지한, 무식한, *어리석은 amathēs cf. 어리석은

— 무지한 1B.15(167a), 3B.12, 6B.60, 9B.9, 11B.2(275d, 276b, 276c),
   11B.3(283d), 11B.4(286d), 13장 안내, 13B.5(1절, 6절)

— 무식한 1B.13, 6B.24, 6B.74

✿문두 어절 반복 anaphora [= epanaphora] 10B.18

문외한, 사적인 시민, 한 개인, 사적인 선생 idiōtēs cf. 장인, 정치가

— 문외한 1B.48(322c), 2B.63, 15B.20(1절, 4절, 15절)

— 사적인 시민 3A.16

— 한 개인 17A.35

— 사적인 선생 17A.26

문절(文節) kōlon 2B.70(주석 623)☆, 7A.1, 7B.10

문채적인, 비유적인 tropikos

— 문채적인 2B.64

— 비유적인 2B.72, 2B.73*

뮈틸레네 논쟁 the Mytilenean Debate 17B.14☆, 17B.15(101절 주석 249)

뮤즈의 전당, *박람서, *박물서 mouseion 1B.55(말들의 뮤즈의 전당), 15장
   안내, 15A.1(주석 5), 15장 주석 27☆, 15B.10 및 주석 29, 15B.18(자연의
   뮤즈의 전당), 17A.48(267b: 말들의 뮤즈의 전당)

미치다 mainesthai 1B.8, 3B.42, 6A.1(43절), 6B.27, 7B.25, 10B.63, 11B.3,
   13B.5, 17B.11 cf. 광기, 제정신이다

미망(迷妄) atē 10B.17, 10B.55☆

민주정 치하다, *민주정을 정치 체제로 갖다 dēmokrateisthai 6A.21

민주주의, 민주정, 데모크라티아, *인민의 지배 dēmokratia cf. 인민, 공적
인, 과두정, 참주정, 일인 지배

— 민주주의 머리말 1절☆, 머리말 5절, 1장 안내, 1B.48(주석 316), 4장 안내,
6장 안내, 12장 안내, 12B.7(주석 79, 주석 90), 17장 주석 231, 17B.13,
17B.14(주석 235, 37절)

— 민주정 머리말 1절☆, 5A.4, 5A.6, 5A.20(민주정이 회복되고), 5B.1, 6장
안내, 6A.33(주석 119), 6A.47, 6A.51, 7B.32, 8장 안내(주석 8), 10장 안
내, 10A.1(민주정 전체를), 10A.13, 10A.14, 10A.16, 10A.17(주석 99),
10B.59(주석 283), 13장 안내, 14장 안내(주석 6), 15B.21(주석 166),
17B.12(주석 230)

— 데모크라티아 Dēmokratia [의인화] 10장 안내, 10A.18

민주주의적, *민주정적 dēmokratikos 4B.15(주석 85)*, 6A.1(24절)

민주주의적, *인민중심적, *민중적 dēmotikos 3A.27, 13B.7(damotikos)

민중을 싫어하는, *인민을 싫어하는, *민주정을 싫어하는 misodēmos 13B.7
(misodamos)

민중 재판의, *인민 재판의, *배심 재판의 laodikos 6A.1(42절) cf. 인민

민중 전체의, 전(全)-대중적인 pandēmos

— 민중 전체의 3A.14

— 전(全)-대중적인 15B.18

민회 ekklēsia 2B.36, 2B.39, 6B.27, 10장 주석 125, 10B.59(주석 283),
15B.20(주석 92, 주석 101), 17B.14(36절, 41절) cf. 인민, 평의회

민회 연설, 대중 연설 dēmēgoria cf. 인민, 민주주의

— 민회 연설 17A.41

— 대중 연설 2B.37, 2B.64, 6B.47(주석 264), 7B.30

민회 연설, 심의 연설, 대중 연설 dēmēgorikos logos cf. 심의 연설, 법정 연설,
시범 연설, 시범

— 민회 연설 2B.22

— 심의 연설 2B.1, 2B.23, 5A.16, 7B.4, 10A.10, 15B.20(주석 92)

— 대중 연설 5A.3, 7B.5, 13B.8(주석 174)

(ㅂ)

바라보다, 구경하다 theasthai cf. 볼거리, 관조, 관객, 거울

— 바라보다 3B.48[22절, 31절(아름다운 작품을 바라본 적이)], 6A.17[220e
(바라볼 만한 가치가 있는: 번역문에는 221a), 221a(잘 바라보게)], 8B.5,
17B.15(113절), 17B.18

— 구경하다 1A.1(52절)

바라보다, 살피다, *관조하다, *관찰하다 theōrein cf. 거울, 관조, 관찰하다

— 바라보다 1B.8, 15B.20(32절)

— 살피다 17A.30

바라본 적이 없는, 안 보인 atheatos cf. 관찰되지 않은

— 바라본 적이 없는 3B.48(31절: 볼거리를 바라본 적이 없어요)

— 안 보인 5B.82

바후브리히 복합어 *bahuvrīhi compounds* [= 소유 복합어 *possessive compounds*]
14장 안내, 14B.9(주석 33)☆

박식, 박학다식 polymathia

— 박식 4장 안내, 10B.18(polymatheia)

— 박학다식 4장 안내, 13B.8(1절 주석 177)

박식한 polymathēs

— 박식한 4B.30

— 박학다식한 6B.60(주석 284), 13B.8(4절 주석 179)

✿반론, 안틸로기아, *대립 논변 antilogia [*argumentum in untramque
partem* ㉹] cf. 논박, 쟁론

— 반론 머리말 3절, 1장 안내 및 주석 14, 1B.15(주석 209, 주석 217),
1B.23(주석 254), 2장 안내, 2B.4(주석 200), 3장 안내, 3B.6, 7B.23(주석
112), 7B.25(주석 119), 9장 안내, 9B.1(주석 29), 10B.59(주석 283), 13장
안내 및 주석 10, 16, 17, 13B.6(3절 주석 150, 7절 주석 154, 8절 주석
157, 12절 주석 164), 13B.7(주석 166), 17A.31(주석 113), 17A.41,
17A.42, 17A.43(454b), 17A.45(539b), 17B.5(주석 200)

— 안틸로기아 머리말 3절, 1장 주석 267, 1B.30(주석 270), 2장 안내, 13장 안

내 및 주석 16, 17, 17A.31(주석 113), 17B.5(주석 200)

반론 기술 antilogikē technē 1B.31(232e), 17A.19(232e), 17A.43(454a)

『반론들』 Antilogiai, Antilogika

— Antilogiai A.1(55절), 1B.1 및 주석 124☆, 1B.6, 12장 안내 주석 9

— Antilogika 1B.6

반론 불가능성 the impossibility of antilogy 1장 안내, 1B.15(주석 209, 주석 217), 1B.23(주석 254), 3장 안내 및 주석 4

반론술 antilogikē 17A.31(주석 113), 17A.41(261d), 17A.43(261d) cf. 논박술, 쟁론술

반론에 능한, 반론적인 antilogikos

— 반론에 능한 1B.31(232b), 17A.19(232b), 17A.44(164c), 17A.47(101e)

— 반론적인 17A.46(90c: 반론적 논변)

반론자, 반론하는 자 ho antilegōn

— 반론자 1B.32, 2B.22, 6B.45(335a), 7B.25(주석 119)

— 반론하는 자 17A.45(539c)

반론하다, 반론을 펼치다 antilegein

— 반론하다 1A.1(53절), 1B.15(주석 217), 1B.22, 1B.23, 1B.24, 1B.26, 1장 주석 267, 3B.6, 6B.70, 9B.1, 11B.4, 17A.19(233b, 233c), 17A.41, ['반론자'의 용례들]

— 반론을 펼치다 17B.14(41절)

『반박들』 Kataballontes 1A.1(51절 주석 34), 1B.2, 1B.8

반박을 제기하는 법, *공격하는 법 epicheirēsis 1A.1(53절), 1B.22

발견하는 데 능란한 deinos heurein 5A.16, 7B.4, 10A.10 cf. 논변 발견, 논변들을 발견하다, 논증들을 발견하다

발기발기 찢다 diasparattein 10B.17 cf. 찢어발기다

발기발기 찢다 diharpazein 6B.26(주석 224), 7A.6 cf. 웃음거리로 만들다, 찢어발기다

방자하다, 방자한 행동을 하다, 무도한 일을 하다, 능욕하다 hybrizein

— 방자하다 3B.48(30절: 방자하게)

— 방자한 행동을 하다 7B.20

— 무도한 일을 하다 15B.21(19절: 무도한 일을 당했는데도)

— 능욕하다 2B.13(7절: 능욕당했다면, 능욕함으로 해서, 능욕을 당함으로 해서)

방자한 hybristos 6A.51, 10A.13(12절), 17B.12(81.1절) cf. 자제력 없는

방자한 사람, 방약무도한 사람 hybristēs

— 방자한 사람 2B.23(방자한 사람들에게는, 방자하고)

— 방약무도한 사람 10B.48

방자한 행동 hybrisma 10B.59

방자함 hybris 머리말 1절, 2B.50(방자한 태도로), 4B.37, 9장 안내, 9B.6(주석
  39), 9B.8, 10장 안내, 10A.18, 10B.17(9행), 10B.33(7행), 17B.12(80절,
  81절)

방종, 무절제 akolasia cf. 제멋대로인, 절제

— 방종 8B.4

— 무절제 5B.105, 9B.6(주석 39)

방종하다 akolastainein 15B.3(방종)

(우주의) 배열 diakosmēsis 5B.34, 5B.35

배우, 해석자, *대답하는 자 hypokritēs

— 배우 2A.1(1절 주석 11), 3A.23(주석 68), 7B.13(주석 76), 10장 안내,
  10B.46(162d) cf. 비극 배우, 시인, 연기, 연기술

— 해석자 5A.8 cf. 꿈 해석, 해몽가, 징조 해석가

배워지는, *배워질[/배울] 수 있는, *배워진 mathētos 2B.29, 13B.6 cf. 가르
  쳐지는, 연습되는

배짱 좋은 말 kindyneuma 2A.6, 2B.50

법, 법률, 관습, 관행, 규칙 nomos

— 법 2B.23, 4B.33, 5B.22, 5B.24, 6B.70, 7B.25(359a), 8B.1, 10A.15,
  12B.4, 12B.6, 13B.2(19절), 17B.11, 17B.13

— 법률 5B.24, 10B.33(40행)

— 관습 5B.19, 17B.12(82절), 17B.19

— 관행 17B.16

— 규칙 2B.13(21절)

법들을 어기다 nomous parabainein 4B.35(21절: 제정된 법들을 어기는) cf. 불법

법들을 제정하다 nomous syngraphein 10A.15 cf. 입법하다

법들을 제정하다 nomous tithenai, nomous tithesthai cf. 입법하다

— nomous tithenai [타자를 위해] 4B.35(19절: 누가 ... 이 법들을 제정한 거라고, 신들이 이 법들을 인간들을 위해서 제정했다고), 17B.15(105절)

— nomous tithesthai [자신을 위해] 4B.34(14절), 4B.35(19절: 인간들이 그것들을 제정했다고), 8B.1[483b, 483e(우리가 제정하는 이 법에 따라서는)]

법률들에 따라 kata nomous 10A.1 cf. 준법적인

법률들에 속한 것들 ta tōn nomōn 5B.24(1절) cf. 법에 속한 것들, 자연에 속한 것들

법률들의 제정 nomōn thesis 17A.24(법률들을 제정할 만한) cf. 입법

법률들의 힘 hē tōn nomōn ischys 6A.53

법 수호자가 되다 nomophylakein 13B.7(nomophylaken)

법에 따라, 관습에 따른 kata nomon cf. 준법적인

— 법에 따라 5B.24(2절), 8B.1(483a, 483e), 8B.2

— 관습에 따른 5B.19, 5B.21(주석 161)

법에 따라 정의로운 것들 ta kata nomon dikaia 5B.24(2절) cf. 자연에 의해 정의로운 것/일

법에 따른 것 to kata nomon 8B.2 cf. 자연에 따른 것

법에 따른 정의 hē dikaiosynē kata nomon 8B.2 cf. 자연에 따른 정의

법에 반하는 para tous nomous 6A.21 cf. 불법

법에 속한 것들 ta tou nomou 8B.1(483a) cf. 법률들에 속한 것들, 자연에 속한 것들

법에 의해, 관습적으로, *관습에 의해 nomōi cf. 자연에 의해

— 법에 의해, *관습에 의해 4B.33, 8B.1(482e, 483c)

— 관습적으로 17B.19

법을 어기다 nomon parabainein 2B.14(17절) cf. 불법

법을 어기다, 관행을 어기다, 관습에 어긋나는 주장을 하다 paranomein cf. 불법
― 법을 어기다 4B.35(21절: 다른 많은 법들도 그들은 어기죠)
― 관행을 어기다 3B.26
― 관습에 어긋나는 주장을 하다 1A.2
법을 존중하다 eunomeisthai 12B.7(6절)
법의 엄밀함 nomou akribeia 2B.23 cf. 완고한 정의, 말들의 옳음
법 존중, *좋은 법질서, *준법 eunomia 12장 안내, 12B.6, 12B.7 cf. 무법, 불법
벗어나게 하다, *해방하다 apallattein 3B.52(367c: 삶으로부터 더 빨리 벗어나게), 6B.40(가장 큰 나쁨으로부터 ... 남을 벗어나게 하는)
벗어나다, 끝내다, *해방되다 apallattesthai cf. 함께하다
― 벗어나다 2A.30(죽어가고 있는 게 ... 낡고 다 쓰러져 가는 집에서 벗어나는 것처럼), 5B.24(2절: 수치에서도 처벌에서도 벗어나), 6B.40(가장 큰 나쁨으로부터 자신이 벗어나는), 6B.41(230c: 크고 단단한 의견들로부터 벗어나게), 10A.13(24절: 두 사람이 그로부터 벗어난), 12B.7(4절: 가장 즐겁지 않은 관심에서는 벗어나고), 17B.15(100절: 노예 노릇하는 사람들은 이젠 벗어나겠다고)
― 끝내다 8B.3
벗어나다 apolyein 2B.13(6절: 불명예로부터 벗어나야 합니다 apolyteon), 7B.18(비방에서 벗어나게), 10A.1(책임에서 벗어날), 17A.48(267d: 비방에서 벗어나게)
벗어남, *해방 apallagē 6B.41(230c)
변론하다, 법정 연설하다 dikazesthai cf. 항변하다, 변명, 판결하다, 판가름을 해주다
― 변론하다 13B.8(1절, 9절)
― 법정 연설하다 15B.20(9절)
변명, 항변, 항변 연설 apologia cf. 항변하다, 변론하다, 찬양
― 변명 [작품 제목 제외] 2B.13(주석 293), 2B.14(1절, 4절), 2B.15, 5B.1(주

석 100), 5B.24, 6B.47(주석 264)☆

— 항변 2A.18, 2B.14(33절), 5A.19, 6A.19, 6A.55, 9B.2, 17A.48(267a)

— 항변 연설 6A.1(40절), 10A.1

변증가, 변증에 능한 dialektikos cf. 수사학적인, 연설가

— 변증가 1A.1(53절), 1B.22, 5B.96, 7A.5(주석 31), 17A.9, 17A.31, 17A.33, 17A.48(주석 173)

— 변증에 능한 7A.5, 17A.48(266c)

변증술 dialektikē 17A.30, 17A.31, 17A.33, 17A.34 cf. 논박, 논박술

보살피는 therapōn 2B.23(보살피고)

보살피다, 치료하다, 모시다 therapeuein cf. 돌보다, 관심을 기울이다, 치유하다

— 보살피다 7B.23(343b), 17A.28, 17A.29(464c), 17A.31, 17B.12(80절: 보살핌을 받지 못한다는, 보살핌을 베풀면)

— 치료하다 5A.4

— 모시다 3B.48(28절: 잘 모셔야 합니다 therapeuteon)

보살핌, 치료 therapeia

— 보살핌 2B.23, 6B.42, 8B.9, 17A.29(464b)

— 치료 5A.4

보수(報酬), 수업료, 대가 misthos

— 보수 1장 안내, 1A.1(52절, 55절), 1장 주석 71, 1A.2, 1A.3, 1장 주석 97, 1A.7(주석 99), 1A.8, 1B.1, 1B.13, 1B.47(349a), 2A.7, 2A.23(주석 151), 3A.8, 6장 안내, 6A.1(27절), 6A.23(주석 110), 6A.40, 6A.41(주석 130), 6B.27, 7B.25, 10장 안내, 11A.1(272a), 15B.21(2절), 17장 안내, 17장 주석 62, 17A.13(주석 64), 17A.14, 17A.28

— 수업료 1장 안내, 1A.1(주석 44☆, 56절), 3A.20(주석 61), 9장 안내, 9A.1(주석 4)☆

— 대가 2B.14(14절)

보수를 받고 일하다, 돈을 벌다 mistharnein

— 보수를 받고 일하다 2B.41, 17A.26

— 돈을 벌다 13B.1(3절)

보수를 받는, 돈을 받는 emmisthos

— 보수를 받는 6A.41, 17A.11

— 돈을 받는 2A.6(시범을 돈을 받고), 2B.50(시범을 돈을 받고), 3A.15(시범을 돈을 받고), 3B.45(시범을 돈을 받고)

보수를 주다 misthoun 6B.51, 9A.1

보여 줄 수 없는 ou dēlōton 2B.4(1절) cf. 표현해 줄 수 없는, 설명해 줄 수 없는

보증인 engyētēs 6A.37, 14장 안내, 14B.5

✿보충 서사 paradihēgēsis 15B.16

본(本), 보여 주는 사례, 본보기, 전범 paradeigma cf. 증표

— 본 17B.13

— 본보기 15장 안내, 15B.21(29절)

— 보여 주는 사례 7B.5

— 전범 2A.32

본보기, 보여 주는 사례 deigma cf. 증표

— 본보기 10A.18

— 보여 주는 사례 10B.39

본성을 타고난, 본성인, 생겨나 있는 pephykōs cf. 자연

— 본성을 타고난 2B.5(87절)

— 본성인, *자연의 이치인 5B.39

— 생겨나 있는 4B.31

본성을 타고났다, 본성을 가졌다, 천성을 갖추다, 생겨났다, …하기 마련이다 phynai

— 본성을 타고났다 12B.6(1절)

— 본성을 가졌다 12B.6(4절: 이런 본성을 가진)

— 천성을 갖추다 12B.1(2절)

— 생겨났다 6B.4, 17A.2

— …하기 마련이다 9B.10.(a), 9B.10.(b), 9B.10.(c)

볼거리, *바라봄 thea 2B.13(18절) cf. 바라보다, 관조, 관객

볼거리 theama 3B.48(31절) cf. 바라보다, 관조, 관객

부(富), *부유 ploutos 1A.2(1절), 2A.9(주석 92), 2A.21, 2A.32, 2B.13(4절),
    2B.14(15절, 32절), 3B.13(341b), 3B.24(주석 141), 3B.50 및 주석 211, 주석
    212, 5B.74, 6A.1(31절), 10A.13(25절), 10B.9 및 주석 142, 10B.39(주석
    214), 10B.63(주석 291), 12B.4(4절), 17B.16 cf. 덕, 가난, 자줏빛 옷, 돈

부끄러워하다 aideisthai 6A.1(34절) cf. 염치

부드러운, 인간애 philanthrōpos

— 부드러운 15B.20(16절)

— 인간애 to philanthrōpon 3A.33

부드러운 공정성 to praon epieikes 2B.23 cf. 완고한 정의

부수하다, 속성으로 붙다, 속성이 붙다, 결론이 따라 나오다, 따라 나오다, 일어
    나다 symbainein

— 부수하다 symbebēke 2B.5(67절), 5B.19(부수적으로 kata symbebēkos),
    5B.21(부수적으로 kata symbebēkos)

— 속성으로 붙다, 속성이 붙다 symbebēke 2B.5(77절, 80절)

— 결론이 따라 나오다 6B.17(130c)

— 따라 나오다 1B.20

— 일어나다 12B.7(10절)

부업, 부차적인 일 parergon cf. 기능

— 부업 11B.1, 15B.20(35절)

— 부차적인 일 15B.20(2절), 17A.46(90e 부차적이라면 ← 부차적인 일로라면)

부유하다 ploutein 2A.11, 3B.50(397e), 10B.63(395e: 부유함)

부유한 abios 5B.56, 5B.56s

부유해지다 ploutizesthai 3B.48(28절)

부자, 부유한 plousios cf. 가난한

— 부자 2장 주석 173, 5B.56s(부자인), 6A.1(24절, 34절), 6A.33(33b),
    10A.15(주석 90)

— 부유한 3A.12(주석 39), 6A.55(주석 173), 6B.38, 8A.8(주석 20),
    10A.17(주석 97), 10B.9, 10B.30, 10B.63(396e, 397a), 12B.2(8절: 부유

해지거나), 12B.3(4절), 12B.7(주석 86), 15B.1(주석 9), 17A.10, 17A.11
(231d)

부정의, 불의, 부당함 adikia cf. 정의

— 부정의 1B.47(주석 314), 2B.14(36절), 3A.9, 4B.16, 6B.64, 7B.23(343c,
344a, 344c), 7B.24, 7B.25, 7B.26, 9B.8, 17A.24, 17B.14(42절, 44절)

— 불의 7B.23(344c: 온전한 불의를 저질렀다는 tēn holēn adikian ēdikēkota)

— 부당함 2B.13(21절)

부정의한, 불의(한), 부당한, *그른 adikos cf. 정의로운

— 부정의한 1B.33, 2B.14(35절, 36절), 2B.36s, 3B.35, 4B.31, 4B.34(13절),
4B.38, 5B.26(2절), 6A.21, 6A.56, 6B.9, 6B.42(522d), 6B.57, 6B.62,
6B.64, 6B.69(11절), 7B.23(343c, 343d, 343e, 344a, 344c), 7B.25,
8B.1(483c), 10B.63(396e), 12B.3(1절), 13B.3(1절, 13절, 14절, 15절),
15B.2, 17A.20, 17A.26(493c), 17A.38, 17A.41, 17B.10, 17B.14(42절),
17B.15(104절)

— 불의(한) adikon 6A.55(3절: 아무런 불의도 저지르지 않고 ouden adikon
poiōn), 13B.3(14절: 많은 불의를 행했으니까 polla kai dikaia)

— 부당한 2B.13(7절), 2B.23, 6A.1(35절), 6A.57, 10A.13(26절의 주석 79)

분노 mēnis 1B.59, 1B.60, 17B.1☆ cf. 시기, 파괴적인

분노 nemesis 2B.23

분노 orgē 2B.65, 6A.29, 6A.56, 9B.7, 15B.10, 15B.18, 17A.26

분노, 충동, 마음 thymos

— 분노 1B.52

— 충동 5B.80

— 마음 5B.80

분명함 saphēneia 2B.72, 3B.21

분명함 saphes 2B.72(to saphes 분명한 것), 15B.14, 15B.18, 17B.7(22절: to
saphes 분명한 것)

분명히 드러난, 분명한, 드러난, 명백한 phaneros

— 분명히 드러난 2B.14(1절, 8절, 10절, 12절, 36절)

— 분명한 1B.31(232c), 17A.19(232c)

— 드러난 15B.18(드러나게 만든다)

— 명백한 15B.16

분별, 사리분별, 현명, *실천적 지혜 phronēsis

— 분별 1B.12, 6B.56(주석 280)

— 사리분별 17A.15

— 현명 1B.13, 3B.12, 6B.56(주석 280), 8B.4, 10장 안내*, 17B.1

분별을 잘 하다, 잘 분별하다, 제대로 분별하다, 제정신이다 eu phronein cf. 절제

— 분별을 잘 하다 2B.18, 15B.20(35절), 17A.18

— 잘 분별하다 10B.27

— 제대로 분별하다 15B.20(26절)

— 제정신이다 3B.48(31절)

분별 있는, 현명한 phronimos

— 분별 있는 1B.12, 2B.23(마음의 분별로)

— 현명한 2B.14(26절), 3B.20, 5B.93, 6A.56, 6A.58, 6B.19(현명: phronimōs echein), 8B.3, 10B.29, 15B.20(29절), 17A.19, 17B.16(현명: to phronimon)

분별하다, 사리분별하다, 생각하다, 포부를 품다 phronein cf. 분별, 정신 phronēma

— 분별하다 2B.18, 5B.73, 10B.6, 10B.27, 15B.20(26절, 35절), 17A.18

— 사리분별하다 2A.26(사리분별을 가지고)

— 생각하다 2B.4(17절, 77절, 78절, 79절, 80절, 81절, 82절), 3B.50(그들이 하는 생각들), 5B.68(같은 생각을 하고), 10B.33

— 포부를 품다 2B.13(4절)

불법 paranomia 5B.105, 15B.21(29절), 17A.45(537e) cf. 법 존중

불법적인 paranomos 5A.4(불법 행위), 6A.21, 13B.2(15절), 17A.45(539a) cf. 준법적인(합법적인)

불분명한 adēlos 1B.9, 1B.44, 2B.4(20절), 2B.13(3절), 2B.14(19절), 5A.4,

15B.20(8절, 20절), 17A.17 cf. 애매한

불분명한, 분명하지 않은 aphanēs

— 불분명한 1B.31, 2B.55, 5B.11, 17A.19(232c)

— 분명하지 않은 14B.6, 17B.15(113절)

불분명한 asaphēs 2B.77, 3A.6, 5A.3, 15B.18(불분명함, 불분명해진다)

불분명한 obscurus ㉐ 5B.94 cf. 애매한

불분명함 adēlotēs 1A.1(51절), 1B.38, 1B.39, 10B.26

불의, 잘못 adikēma

— 불의 5B.25(2절)

— 잘못 10B.59

불의를 당하다, 해를 입다, *부정의를 당하다 adikeisthai

— 불의를 당하다, *부정의를 당하다 2B.14(19절, 20절, 31절), 5B.25[1절☆, 2절), 6장 안내, 6A.41, 6B.62, 7B.23(344a), 7B.25, 8B.1, 10B.44, 12장 안내, 14B.5(주석 21), 17B.11, 17B.14(47절), 17B.15(89절)

— 해를 입다 5B.25(1절 주석 199)☆

불의를 행하다, 불의를 저지르다, 부정의한 일을 저지르다, 부당한 짓을 하다, 죄를 범하다, 잘못하다, 해를 입히다 adikein cf. 나쁜 짓을 하다, 잘못을 저지르다

— 불의를 행하다 2B.14(3절, 31절), 2B.15, 5B.25(1절☆, 2절), 6장 안내, 6B.29(372d), 6B.61, 6B.62, 7B.23(344a), 7B.25, 8B.1, 9B.8, 10B.33, 10B.63(396e), 12장 안내, 13B.3(14절: 많은 불의를 행했으니까 polla adikēsas), 17B.11, 17B.15(89절)

— 불의를 저지르다 1B.15(167e), 1B.48(322b), 2B.14(18절), 2B.40(456e, 457b), 6A.1(40절), 6A.55[4절(아무런 불의도 안 저지르는 사람들을 ouden adikountas, 불의를 저지르는 사람들)] 6A.49, 6B.69(12절), 7B.23[344a, 344b, 344c(온전한 불의를 저질렀다는 tēn holēn adikian ēdikēkota)], 10B.59(6절), 11B.1(273c), 15B.21(29절)

— 부정의한 일을 저지르다 5B.1(자기들이 저지른 부정의한 일들에 대한 hōn ēdikēsan)

— 부당한 짓을 하다 2B.13(7절)

— 죄를 범하다 2B.13(12절, 15절), 6A.1(40절의 주석 54), 6A.49(주석 159), 13B.2(13절)

— 잘못하다 17A.35(잘못이 아니었다면)

— 해를 입히다 5B.25(1절 주석 199)☆

불의를 행할 힘이 없음 arrhōstia tou adikein 7B.25(359b), 17B.11

불의를 행해야 하는 adikēteon 6B.61(49a: 어떤 상황에서도 불의를 행해서는 안 된다고 oudeni tropōi adikēteon, 어떤 상황에서는 불의를 행해야 하지만 tini adikēteon tropōi)

불쾌감 ahēdia 2B.79

불쾌한, 즐겁지 않은, 안 즐거워하는 ahēdēs cf. 쾌락, 즐거운

— 불쾌한 17A.46(91b)

— 즐겁지 않은 2B.50(여간 즐겁지 않은: ouk ahēdēs), 3B.45(여간 즐겁지 않은: ouk ahēdēs), 6B.45(어지간히 즐겁기도: ouk ahēdōs), 12B.7[4절(가장 즐겁지 않은 관심에서는, 가장 즐겁지 않지만), 8절]

— 안 즐거워하는 6B.40(458a: ouk ahēdesteron 덜 즐거워하지 않는)

불합리 alogia 1B.15(167e: 불합리하니까요)

불합리한, 근거 없는, 비이성적인 alogos cf. 엉뚱한, 합리적인

— 불합리한 3B.9, 15B.20(29절), 17B.18

— 근거 없는, *이유 없는 17A.29(465a), 17B.15(104절, 105절)

— 비이성적인 1A.13, 1B.48(321c), 3B.36

비극 배우, *비극 출연자, *비극 합창 가무단원 tragōidos 2A.1(1절 주석 11), 3A.23(주석 68), 6A.1(25절) cf. 배우, 연기, 반장화

비극 시인 ho tēs tragōidias poiētēs 2A.1(3절)

비극 시인, 비극 작가 tragōidiopoios

— 비극 시인 5장 안내, 5A.4(주석 24, 주석 35, 주석 37, 주석 38), 5A.6(주석 47, 주석 57), 5장 주석 65, 5A.11(비극 시인 안티폰), 5A.19(주석 94)

— 비극 작가 6A.10(주석 86)

비극적 아이러니 tragic irony 1A.7(주석 100)

비기술적인, *비체계적인 atechnos 2B.41, 7B.13, 17A.36

비난 kakon 3B.52

비난, 욕설 loidoria

— 비난 5B.104(책 제목), 5B.105(책 제목)

— 욕설 15B.21(1절, 27절)

비난 mōmos 2B.13(1절) cf. 나무랄 데 없는

비난, 비난거리, 수치 oneidos

— 비난 2B.14(1절), 7B.23(344b), 15B.21(27절)

— 비난거리 oneidos 6A.56, 17A.18, 17A.38

— 수치, *불명예 6A.7

비난 psogos 1B.63(비난받지 않게끔), 2B.18, 2B.65, 8B.1(483c: psogon
　psegein), 8B.4, 15B.20(14절) cf. 칭찬, 찬양, 변명

비난 vituperatio ⑭ 2B.45 cf. 칭찬

비난받을, *비난받아야 할 mempteos 2B.13(19절)

비난받을 만한, 비난받을 eponeidistos

— 비난받을 만한 6B.11

— 비난받을 2B.14(25절: 비난과)

비난받을 만한, 비난받을 mōmētos cf. 나무랄 데 없는

— 비난받을 만한 1A.2

— 비난받을 2B.13(1절)

비난자 epilēptōr 17A.42

비난하기 쉬운 eukatēgorētos 5B.63 cf. 고발하다

비난하다 enkalein 1B.19

비난하다 epitiman 1B.60, 10A.13[29절(비난을 받아), 31절(싸잡아 하는 비
　난을)]

비난하다 kakizein 17A.9

비난하다 katagignōskein 3A.21

비난하다 kataphronein 15B.20(3절)

비난하다, 헐뜯다 loidorein

— 비난하다 2B.77, 5B.104

— 헐뜯다 6A.1(35절), 11B.3, 11B.4, 17A.46

비난하다, 헐뜯다 memphesthai

— 비난하다 1B.63, 3B.1, 3B.42, 3B.52, 4B.34(당신은 비난하나요), 6A.17,
   6B.50, 10B.19, 10B.34, 12B.2

— 헐뜯다 2B.13(1절, 2절)

비난하다 oneidizein 5A.11(비난을 가하는), 6A.1(44절), 6B.24(나를 비난한,
   참인 비난입니다), 7B.23(344c), 8A.3

비난하다 proskatēgorein 17B.14(42절)

비난하다 propherein 17A.38(비난을 가했던)

비난하다 psegein 1B.35, 2B.18, 2B.35(448e), 4B.34(비난하는 경우), 7B.25,
   8B.1(483c: 칭찬과 비난을 합니다 psogous psegein), 8B.4, 9B.3(비난의 경
   우도)

비난하다, 헐뜯다 skōptein

— 비난하다 3B.22

— 헐뜯다 6A.1(27절), 6A.41

비난하다 vituperare ㉝ 2B.45(비난으로써 vituperando)

비방 diabolē (diabolia) 2B.14(34절), 4B.37(diabolia), 6B.26(주석 224),
   7B.18(비방에서 벗어나게), 16B.1, 17A.48(267d: 비방에서 벗어나게),
   17B.1(주석 189), 17B.12(80절) cf. 시기

비방하다 diaballein 2B.22(비방을 시도하거나), 3A.21, 6A.33, 6B.27(비방
   을 하려고), 7B.18(비방을 하는), 10A.1, 10A.13(31절), 17A.45(539c: 비방
   거리가 되어버렸어요 diabeblēntai), 17A.48(267d: 비방을 하는), 17B.14
   (42절) cf. 앞서 비방하다, 풍자하다, 고발하다

비방하다 kakēgorein 6B.42(522b)

비방하면 잘 먹혀드는 eudiabolos 6B.27

비아냥대다 chleuazein 3B.50 cf. 비웃다

비웃다, 놀려대다, *비아냥대다 episkōptein cf. 웃다, 우스운 비유를 하다,
   비아냥대다

― 비웃다 2A.6, 2B.50, 3A.15, 4A.2

― 놀려대다 3A.12☆

비웃다 diaptyein 2A.11 cf. 웃다

♣비유, 직유, 모상(模像), 상(像), 이미지, *형상 eikōn cf. 은유, 모방

― 비유 2B.27(72b), 5A.6(주석 50)*, 6장 안내*, 6B.26(주석 224)*, 6B.43, 10장 안내(주석 2)*, 10A.1(주석 11), 10B.46(주석 244), 11A.3(주석 12), 17A.26(주석 90)

― 직유 7B.15

― 모상(模像) 6A.10, 15B.20(28절)

― 상(像) 2A.31, 2A.32, 2A.33, 2A.36, 4B.3(청동상들을, 조각상들은), 6A.1(33절)

― 이미지 2B.13(17절)

♣비유, *가상 예화(例話) parabolē 1B.56, 6B.67

비유로 대꾸하다 anteikazein 6B.43(80c)

♣비유조 eikonologia 1B.55, 17A.48

비유하다, 비유로 말하다 eikazein cf. 우스운 비유를 하다

― 비유하다 3A.6(주석 15)*, 3B.42, 5A.6(주석 50)*, 5B.64(주석 247)*, 6B.26(주석 224)*, 6B.43(비유되는), 7B.15, 10B.34

― 비유로 말하다 6B.43

비천한 agennēs 17A.29(465b)

비천한 banausos 3B.52(368b: 비천한 손재주들), 5A.6(499절: 목공술을 비롯한 비천한 기술들)

비천한 tapeinos 3B.36(41절), 6A.22(4절), 15B.20(5절, 14절)

비평가, *주석가, *문헌학자 grammaticus ㉑ 5B.94 cf. 글 선생

비평가, *평석가(評釋家) kritikos 3B.52(366e), 7장 안내 cf. 글 선생

(ㅅ)

사고, 사유, 마음, 지성, 생각, 사고방식, 발상, 취지, 의도, 의미 dianoia cf. 지성

사랑의 기술 erōtikē technē 6A.29

사랑하는 사람 erastēs 2A.21, 4장 안내(주석 4), 5B.104, 6B.74(343a: 선망하고 사랑하고 배우는 사람들), 10A.12(154a), 11B.2(276d), 11B.3(283d: 사랑해 주는 사람), 13B.2(2절: 자기를 사랑하는 쓸 만한 자)

사랑하다 eran 3A.34, 4A.9, 6장 안내, 6A.28, 6A.31, 6B.16(24절 주석 205), 8장 안내, 8A.7, 10A.13(29절)

사랑하다, 사랑에 빠지다 erasthai

— 사랑하다 2B.14(15절), 6A.1(20절, 23절)

— 사랑에 빠지다 2B.13(20절)

사물, 것, 돈, 재물, 물건, 재산, *소유물 chrēma cf. 쓰임새, 돈

— 사물 1A.1(51절), 1B.4, 1B.8, 1B.9☆, 1B.10, 1B.11, 1B.12(386a: 모든 사물들의 척도는), 1B.13, 1B.20

— 것 17A.29(모든 것들이 함께)

— 돈 chrēmata 1A.7, 1B.15(167d), 2A.8, 2A.11, 2A.15(많은 돈을), 2A.23, 2B.14(9절, 11절, 13절, 15절, 21절), 2B.59, 3A.3, 3A.13, 3A.16, 3A.17, 3A.34, 3B.50, 4A.2(5절, 6절), 4A.5, 4A.6(더 많은 돈을), 4A.9, 5A.6, 5A.14(3절), 5B.1, 5B.25, 5B.73(그 돈을 저장한, 그에게 돈은 풍부하게), 6A.1(25절), 6A.24, 6A.33, 6A.40, 6B.14, 6B.69(17절), 9A.1, 9A.5, 10B.16, 12B.3(4절, 5절), 12B.4(1절, 3절, 4절, 5절), 12B.7(1절, 2절, 8절), 13B.3(8절), 15B.21(3절, 19절, 21절), 17A.13, 17A.19(233b), 17A.40, 17B.2(많은 돈이), 17B.14(42절)

— 재물 chrēmata 10A.13(14절), 15B.21(2절, 13절, 20절 주석 152)

— 물건 17A.16

— 재산, *소유물 2A.31 (chrēmatōn amphisbētēsis 재산권을 주장하는 연설문)

사물, 일, 대상, 것, 주제 res ㉐

— 사물 1B.70, 3B.29, 3B.37(주석 170), 7B.28

— 일 1B.29, 2B.49

— 대상 2B.45

— 것 6B.37

— 주제 1B.36, 2B.45

4백인, 4백인 참주 hoi tetrakosioi

— 4백인 5A.4, 5B.1(2절)

— 4백인 참주 1A.1(54절), 1A.15(54절)

4백인 과두정 hē tōn tetrakosiōn oligarchia 5장 안내, 6B.71(주석 316), 8장
   안내, 10장 안내

4백인 정권 ta tōn tetrakosiōn 5A.20, 5장 B 주석 99

4백인 참주들 tyrannoi tetrakosioi 5A.6(498)

4백인 회의 ho tōn tetrakosiōn syllogos* 5A.20

사유되는, *가지적(可知的)인 noētos 10B.22, 16B.6 cf. 감각되는

사유하다, 생각하다, 마음속에 품다, 상정하다, 뜻하다, 뜻을 갖다 noein

— 사유하다 2B.4[67절(사유되는), 76절(사유되지)], 17B.18

— 생각하다 8B.1

— 마음속에 품다 6B.42, 8B.9

— 상정하다 2B.4(73절)

— 뜻하다 10B.46(무슨 뜻으로 한 말인지)

— 뜻을 갖다 11B.5

사유하다 dianoeisthai 2B.4(19절, 20절, 22절), 15B.20(24절)

사적으로, 개인적으로, 사적인 영역에서 idiāi cf. 공적으로

— 사적으로 2A.8, 2B.20, 3A.13, 5B.1(2절), 6B.42(522b), 8B.1(484d),
   12B.7, 17A.38

— 개인적으로 6A.18

— 사적인 영역에서 6B.14

사적인, 고유한, 각자에게 고유한, 자기 고유의, 고유의, 자기 자신의, 특유의,
   특수한, 우호적인 idios cf. 자신의 일들, 사적인 일들

— 사적인 idios 1B.31(232c), 2A.8, 2B.20, 2B.37, 3A.13, 5B.1(2절),
   6B.42(522b), 6B.48, 6B.63(12절), 7B.23(344a), 7B.30, 8B.1(484d),
   12B.7, 15B.20(9절), 15B.21(3절), 17A.38, 17B.1(281d) cf. 공적인

— 고유한 1B.12(385e, 386d), 3B.9, 11B.9(idiāi 고유하게), 17A.33(어떤 고유

한 것들이)

— 각자에게 고유한 17B.16

— 자기 고유의 2B.5(81절), 15B.8(kat' idian), 17A.24

— 고유의 17A.47(각 사물 고유의 본질)

— 자기 자신의 2B.13(9절), 5B.101

— 특유의 10B.35

— 특수한 17B.10

— 우호적인 5B.24(6절)

사적인 모임들 idiioi syllogoi 2B.37, 6B.48, 7B.30 cf. 공적인 모임들

사적인 모임들 idiiai synousiai 1B.31(232c), 17A.19(232c) cf. 공적인 모임들

사적인 일들 ta idia 6B.63(12절), 17B.1(281d, 282b)

사적인 일들의 돌봄 hē tōn idiōn epimeleia 6B.63(12절)

사적인 재산들 res privatae ㉐ 2B.45

사정(司正) euthynē 5B.1

사치, 번지르르함 tryphē cf. 호사

— 사치 5A.14(10절), 2B.80(197d), 6A.1(23절) 8B.4(492c), 10B.37(주석 210), 10B.41

— 번지르르함 2B.50, 3B.45

사튀로스 극 satyrikon drama 6A.10(주석 86), 10장 주석 105, 10장 주석 197, 10B.33(주석 199)

사회 계약 *socail contract* 12장 안내, 14장 안내(주석 6) cf. 계약, 약정

사회 계약론, 계약론 *socail contract theory, contract theory* 4B.34(주석 129), 14장 안내

산파 maia 6장 안내(주석 2), 6A.1(18절), 6A.2, 6B.24

산파 노릇 maieia 6B.24

산파 노릇하다 maieuesthai 6B.24

산파술 maieusis 6장 안내(주석 2), 6B.24

삶의 끝 hē teleutē tou biou, terma tou biou, to tou biou telos

— hē teleutē tou biou 6A.55(1절)

— terma tou biou 2A.29

— to tou biou telos 2B.14(35절)

삶을 끝내다 katalyein ton bion 6A.55(7절)

30인, 30인 참주, 30인 통치자들 hoi triakonta

— 30인 3A.23, 3A.27, 5A.16, 6A.22(주석 107), 6A.47, 7B.4, 10A.2,
10A.10, 10A.13(31절), 10A.15(주석 90), 10A.16(주석 95), 10A.17,
10A.18, 10B.9, 10B.54, 10B.55, 10B.61, 10B.62

— 30인 참주 3A.6(주석 15), 6A.1[19절(30인 참주들), 34절], 10장 안내,
10A.2(주석 29)

— 30인 통치자들 6A.21(32c)

30인 과두정 hē tōn triakontōn oligarchia 3A.29(주석 81), 6A.21(주석 104),
10A.1(주석 18), 10A.13(31절 주석 82)

30인 정부, 30인 정권 hē tōn triakontōn politeia

— 30인 정부 10A.18

— 30인 정권 10장 안내, 10A.1(주석 18)

30인 참주정 hē tōn triakontōn tyrannis 3A.23, 10장 안내

상(像) agalma 6A.10

상(賞) athlon (athlos)

— 상 2A.1(4절), 2B.16(4절), 2B.18, 5B.68, 7B.13

— 임무, *경연 athlos 10B.18

상(賞), *명예의 선물 geras 6B.41(231a), 15B.21(2절)

상(賞) [용감히 싸웠다고 주는 상, 무용을 떨쳐 받는 상] taristeia 6A.1(to
aristeion: 무용을 떨쳐 상을 받게), 6A.17(용감히 싸웠다고 상까지 주게)

생각을 같이하다 syndokein 6B.18, 17B.2 cf. 동의하다, 합의하다

생기 없는, *살풍경한, *싸늘한 psychros 2B.76, 5A.16, 7B.4, 10A.10,
11B.3(284e), 14B.9, 15B.18

♣생기 없음 to psychron [= psychrotēs] 2B.77, 15B.18

서두, *첫머리 exordium ㉣ 3B.3

서론, *머리말 prooemium ㉣ 3B.3

♣ 서론, 서곡, *머리말 prooimion [prooemium ㉱]

— 서론 2B.18, 2B.22, 3B.48(27절), 7B.25(주석 119), 10A.11(책 제목, 이하 책 제목 용례 생략), 15B.16, 17A.38, 17A.48(266d)

— 서곡 13B.8(주석 194)

♣ 서사(敍事), 사건 진술, 설명 dihēgēsis [narratio ㉱]

— 서사 1A.1(54절), 1B.48(주석 316), 10A.4, 15B.16, 15B.21(주석 119, 주석 142), 17A.48(266e)

— 사건 진술 1B.60

— 설명 3B.21

♣ 서사(敍事) narratio ㉱ 3B.3

선망, 질투, *경쟁(적 모방) zēlos cf. 질투 zēlotypia, 경연

— 선망 4B.38(주석 139)

— 질투 12B.4

선망하는 사람, 선망하여 따라 하는 사람, 추종자 zēlōtēs

— 선망하는 사람 6B.74

— 선망하여 따라 하는 사람 3B.47

— 추종자 17A.8

선망하다, 부러워하다, 부러워 따라 하다, *선망하여 따라 하다, 본뜨다 zēloun cf. 모방하다, 시기, 질투, 경연

— 선망하다 2A.37(주석 186)☆, 3B.21, 15B.8

— 부러워하다 6B.42, 10B.41, 15B.20(10절), 17A.4, 17B.15(105절)

— 부러워 따라 하다, *선망하여 따라 하다 2B.74, 3B.7

— 본뜨다 머리말 1절, 17B.13

설득력 없는 apithanos 2B.77, 3B.36, 3B.38, 15B.18

설득력 있는, 설득력을 가진, 설득력 pithanos cf. 합리적인, 그럴법한

— 설득력 있는 1B.19, 2A.31(8절), 2B.40(457a), 3B.27, 5A.4, 5A.6(498절), 6B.47, 7B.31(269c), 17A.31

— 설득력을 가진 17B.14(36절)

— 설득력 to pithanon 10A.11, 15B.14(pithanon)

설명해 줄 수 없는 anermēneuton 2B.5(서두) cf. 보여줄 수 없는, 표현해 줄
　수 없는

설화, 신화, 우화, 이야기, *플롯 mythos cf. 담론, 신화
— 설화 1B.48(320c), 1B.49(주석 340), 2A.18, 9A.6(60d 주석 13☆, 61b),
　10장 B 주석 146, 15B.21(23절 주석 157)
— 신화 1A.2, 1B.45
— 우화 6A.1(42절), 6B.1
— 이야기 2B.56, 17A.44(164d, 164e)

설화 작가 mythologikos 9A.6(61b)

설화적인 부류, *신화적 성격을 띤 것 to mythōdes 17B.7(21절, 22절)

성격, 습성, 관습, 역할 ēthos cf. 습관
— 성격 3B.44, 5A.3, 10A.1, 10A.11, 10B.6, 17A.24
— 습성 12B.2
— 관습 8B.1(484d)
— 역할 10A.1

성격 mores ㉐ 6A.45, 17A.37

성격, 양태, 문채 tropos
— 성격 2A.32, 2B.13(15절), 5B.72, 10B.28, 17A.33
— 방식 5B.105(행동 방식: ergōn tropoi)
— 절차 1A.8
— 양태 2B.26
— 문채 7A.1, 7B.10

성격 못됨 kakoētheia 7B.24 cf. 순진함

성격을 묘사하다, 연출하다 charaktērizein
— 성격을 묘사하다 3B.46 cf. 유형
— 연출하다 1A.2

성격적인, 윤리적인, 훌륭한 성격을 갖춘 ēthikos
— 성격적인 6B.8
— 윤리적인 6B.7

— 훌륭한 성격을 갖춘 6A.1(29절)

성교하다 aphrodisiazein (aphrodisiazen) 13B.1(aphrodisiazen)

성적 쾌락, *성교 aphrodisia 3B.48(30절), 5B.27, 10A.13(29절), 10B.20, 13B.1(2절) cf. 쾌락, 즐겁다

세련되지 않은, *정교하지 않은 akompsos 2A.3, 2B.9.(a)

세련된, 세련된 풍취를 자아내는, *정교한 kompsos cf. 깨끈한

— 세련된 2B.61, 3A.31(표현의 세련됨), 3B.30, 5A.5(표현의 세련됨), 6B.42(521e), 17A.48(266d)

— 세련된 풍취를 자아내는 6A.14(230c)

세련됨 kompsotēs 2B.80s(세련된 문체 ← 문체의 세련됨)

소박한 삶 euteleia 6A.1(27절) cf. 쉬운, 단순한

소송 남용 sykophantia 2A.18 cf. 과잉 고발꾼

소크라테스의 아이러니 Socratic irony 2장 안내, 6장 안내

소크라테스적 논변 형식, *소크라테스적 담론 형태 to Sōkratikon eidos tōn logōn 1장 안내, 1A.1(53절), 6A.42

소피스트 기술, *소피스트술 sophistikē technē 1B.47(316d)

소피스트 노릇을 하다, 소피스트로 활동하다, 소피스트가 되다, *소피스트 기술을 실행하다 sophisteuein

— 소피스트 노릇을 하다 5A.3, 6A.40(소피스트 노릇)

— 소피스트로 활동하다 1A.3, 15A.4

— 소피스트가 되다 6A.40

'소피스트 대회' Sophistōn syllogos* 1장 안내, 2장 안내, 3장 안내, 3A.6(주석 15), 4장 안내, 4A.3(주석 20), 6A.34(주석 120), 7B.25(주석 120), 8장 안내, 10장 안내, 11A.2(주석 10), 11A.3(주석 12), 17장 주석 55

소피스트들의 기술 hē tōn sophistōn technē 2A.1(1절), 2B.31, 17B.1(281d)

소피스트술 sophistikē 2A.6, 2B.32, 6B.41(231b), 17A.10, 17A.29(463b, 465c), 17A.31, 17A.32, 17A.33, 17A.38 cf. 수사학, 변증술, 옛 소피스트술, 둘째 소피스트술

소피스트술이 가진 능력, *소피스트적 능력 sophistikē dynamis 17A.19(233a)

소피스트임 sophisteia 2A.7

소피스트적 비의 ta sophistika hiera 3B.17

속이다 phēloun 5B.86

속임수 enedra 17A.24(908d) cf. 기만

속임수 phēlōma 5B.86

손상, 해악 lōbē cf. 파멸

— 손상 17A.24

— 해악 17A.28

손상하다, 손상되다, 불구가 되다, 험하게 대하다, 험한 일을 당하다, *해를 입

　히다/당하다 lōbasthai

— 손상하다 6B.64

— 손상되다 1B.20

— 불구가 되다 3B.52(367b)

— 험하게 대하다 1B.47(318d), 4B.13

— 험한 일을 당하다 17A.28

손실 elattōsis 5B.24(5절)

손실, 처벌, 대가 zēmia cf. 이득

— 손실 2B.14(19절), 12B.6(1절)

— 처벌 2B.13(7절), 5B.24(2절), 7B.23(343e), 12B.4(3절)

— 대가 15B.21(27절)

손일 cheirourgēma 2B.42☆, 2B.43

손작업 cheirourgia 2B.42

수고가 드는, 큰 수고를 하는, 고된 노동을 하는 epiponos

— 고된 노동을 하는 3B.48(31절)

— 수고가 드는 15B.20(18절)

— 큰 수고를 하는 17B.7(22절: 큰 수고 끝에)

수고하지 않는 amochthos 3B.48(33절)

수사, 수사학 rhētoreia

— 수사 3A.9, 4B.16, 7B.26

— 수사학 1A.3

수사가, 연설가, 레토르, *수사학 선생 rhetor ⓖ

— 수사가, *수사학 선생 2장 안내 및 주석 2, 2B.49☆, 15B.4

— 연설가 3A.26, 7A.9

— 레토르 2B.49(주석 524)☆

수사적 기술, 연설 기술, 수사학 교범, *연설 기술 교범, *수사술 rhētorikē
    technē [책 제목 제외]

— 수사적 기술 7B.31(271a), 7B.33, 9A.4

— 연설 기술 2A.7, 2장 주석 447, 2B.42 [안티폰의 책 제목 제외]

— 수사학 교범 5A.4, 7A.1, 7B.1, 9A.5 cf. 기술

수사적 문채 rhētorikon schēma 15B.14

수사학 rhetorice ⓖ [책 제목 제외] 2A.5, 7B.16*

수사학 ta rhētorika 2A.18, 6A.1(19절)

수사학, 연설술, *수사술 rhētorikē [책 제목 제외] cf. 변증술, 소피스트술

— 수사학 1B.34, 2A.4, 2B.26, 2B.35(448d 주석 464)☆, 2B.39, 2B.40
    (457a), 5A.4, 6A.7, 6A.8, 6B.40(457e), 6B.48, 7A.1, 7A.5, 7B.4, 7B.8,
    7B.10, 7B.30, 10A.10, 15A.3, 15B.20(1절, 2절), 17A.21, 17A.29,
    17A.30, 17A.31, 17A.34, 17A.38, 17A.48(266d)

— 연설술 머리말 2절☆, 2B.35(448d, 449a), 2B.42

수사학에 능란한, *수사에 능란한 en tois rhētorikois deinos 6A.1(19절)

수사학의 능력, 수사학의 힘 hē dynamis tēs rhētorikēs

— 수사학의 능력 2B.39, 2장 주석 490, 2장 주석 645

— 수사학의 힘 2B.39(주석 487), 2장 주석 490

수사학적 연설, 수사적 연설 rhētorikos logos

— 수사학적 연설 2B.41, 5A.12, 7B.6, 15B.11

— 수사적 연설 7B.33

수사학적 원칙 rhētorikon parangelma 15B.11 cf. 기술적 원칙

수사학적인, 수사학에 능한, 수사학(적), 수사적인, 수사에 능한, 수사가
    rhētorikos ['rhētorikē' 용례는 별도 항목들에서 다룸] cf. 변증가

— 수사학적인 2A.17, 2B.41, 5A.12, 7B.6, 7B.29, 7B.31, 15B.11

— 수사학에 능한 2A.18, 2B.40(457b)

— 수사학(적) 2A.10(수사학 장르에)

— 수사적인 7B.33, 15B.14

— 수사에 능한 7A.5, 17A.48(266c)

— 수사가 5A.2

수치, 수치심, 부끄러움 aischynē cf. 염치

— 수치 5B.24(2절), 15B.18, 15B.20(20절), 17B.15(101절: 수치를 당하지)

— 수치심, *염치 17B.15(104절, 111절)

— 부끄러움 6B.41(230d), 8B.4(492a)

수치스러운, 수치인, 부끄러운, *추한 aischros ['추한'의 용례는 생략]

— 수치스러운 2B.14(1절, 20절, 25절), 2B.77, 4B.33(337d, 번역문에는
   337e), 7B.23(344b), 10B.18, 11A.4(2절), 13B.2(주석 48)☆, 15B.20
   (18절), 15B.21(8절, 21절), 17B.15[105절(수치스러움 to aischron), 111절
   (수치스러운 것들, 수치스러움 to aischron, 더 수치스럽게)]

— 수치인 2B.77(수치로 뿌리고, 수치로다), 15B.18(수치로 뿌리고)

— 부끄러운 2B.14(35절), 10B.6(10행), 10B.19

수치스러워하다, 부끄러워하다 aischynesthai

— 수치스러워하다 6B.47(17b), 8B.8, 15B.21(22절)

— 부끄러워하다 3B.48(31절), 6A.58(117e), 6B.29(372c), 8B.1(482e),
   17A.28(주석 98), 17A.29(463a)

숙맥처럼 행동하다, *순진하게 행동하다 euēthizesthai 7B.22 cf. 순진한

순수한, 섞이지 않은, 절제되지 않은 akratos

— 순수한 10A.1

— 섞이지 않은 15B.18

— 절제되지 않은 10A.1

순진무구함, *악에 대한 무경험 apeirokakon 7B.24(주석 115), 17B.15(105절)
   cf. 아름다움을 모르는

순진한, 단순한, 숙맥인, *소박한, *성격 좋은 euēthēs cf. 숙맥처럼 행동하다

— 순진한 1B.20, 7장 안내, 7B.23(343d), 13B.6(7절), 15B.20(11절), 17B.15(105절 주석 251: 순진함)

— 단순한 2B.66, 10B.46

— 숙맥인 6B.26(주석 224), 17A.14

순진한 euēthikos 7B.23(343c)

순진함, *성격 좋음 euētheia 3B.36, 7B.24, 17B.15(주석 251) cf. 성격 못됨

술수, *속임수, *마술 mangganeia 17A.24(908d) cf. 기만

술수 mangganeuma 8B.1(484a)

숭고함, 고고한 hypsēlos cf. 고양됨, 위엄 있는

— 숭고함 hypsēlon 2B.71(주석 629), 15B.19(주석 74)

— 고고한 2B.72, 5A.3

숭고함 megethos 5A.3, 10A.11 cf. 고양됨

스스로 다스리는, *자신을 다스리는 autokratōr 3B.48(21절) cf. 스스로 자신을 통제할 능력이 있다

스스로 알아서 배우는, *DIY autourgos 3A.12

스스로 자신도 거꾸러트리는 논변 logos anatrepōn kai autos hauton 1장 안내 (주석 14), 1B.23(286c), 11B.4(286c) cf. 자기 반박성

습관 ethos 2B.48, 3B.52, 5A.3, 9장 안내, 9B.1, 9B.11, 10B.6, 10B.38, 15B.20(17절), 17A.30 cf. 성격

습관, 활동 hexis

— 습관 17A.30

— 활동 hexis 17A.9

습관을 갖다, 습성이 있다, 익숙해 있다 ethein cf. 성격

— 습관을 갖다 3B.23

— 습성이 있다 17A.26

— 익숙해 있다 4B.31, 15B.18(to eiōthos 익숙한 것) cf. 익숙한 eiōthos

습관을 들여야 하는 ethisteos 3B.48(28절)

습관이 들게 하다, 익숙해지게 하다 ethizein cf. 성격

— 습관이 들게 하다 2B.48

— 익숙해지게 하다 5B.71, 10B.43(익숙해짐으로써), 15B.20[16절(익숙해지면), 26절(익숙해져 있는데), 31절(익숙해져 있기)]

시, *작품 poiēma 1B.63(339d), 1B.64, 2A.26, 3A.8, 4A.2, 4B.2, 4B.8, 5B.26(1절), 9A.6(60d☆, 61b), 10장 안내(주석 2), 10B.46(162d), 13B.2(19절), 13B.3(11절, 17절), 14B.9(주석 34)*, 15B.18(형용어여서 시가 된다), 15B.20(12절), 15B.21(25절) cf. 만들다, 시인

시, 시 짓기, 만듦, 만들어 냄 poiēsis cf. 만들다

— 시 1B.47(316d), 2B.13(9절), 2B.65, 2B.66, 15B.18(시에서는, 결국 시라는 게, 시에 조금도 가져오지), 17A.26(493d)

— 시 짓기 1B.63(339a), 5A.4

— 만듦 3B.18

— 만들어 냄 1B.55(멋진 표현을 만들어 내는 데), 17A.48(267c: 멋진 표현을 만들어 내는 데)

시간 여유가 없음, *볼일이 있음 ascholia 6B.45(335c) cf. 여유

시기, 시기심 phthonos cf. 비방, 분노 mēnis, 자신을 내어 줌

— 시기 1B.47, 2B.14(3절), 2B.23, 2B.50, 4B.38, 6A.1(38절), 6B.26(주석 224), 10장 주석 149*, 12B.2, 15B.20(12절), 17B.1☆, 17B.12

— 시기심 6B.27, 6B.40, 15B.20(34절)

시기가 없는 aphthonos 17B.12

시기하는, 시기심을 가진 phthoneros

— 시기하는 2B.14(32절)

— 시기심을 가진 4B.38

시기하다, 인색하다, 인색하게 굴다, *아까워하다 phthonein

— 시기하다 4B.38, 6A1(38절), 6B.27, 17B.12

— 인색하다 4B.10, 6B.26, 6B.29, 13장 안내*

— 인색하게 굴다 1B.48, 2B.27, 6A.33

시민적인 덕 aretē politikē 6B.51, 9A.1(20b)

시끈가오리 narkē 6B.43(80a, 80c) cf. 마비되다

시범, 연설 시범, 시범 연설 epideixis cf. 시범 연설, 민회 연설, 법정 연설

— 시범 2A.6, 2A.8, 2B.35(447c 2회, 449c), 2B.50, 3A.13, 3A.15, 3B.45, 10A.1, 13장 안내, 15B.20(29절, 31절), 15B.21(주석 119), 17A.14, 17B.14(42절)

— 연설 시범 3B.52

— 시범 연설 3A.20, 3A.21, 3A.23, 3B.4(주석 97), 4B.10

시범 연설 epideiktikos logos 2장 안내, 2B.1, 2B.17, 2B.23, 2장 주석 508, 2B.45(주석 513), 2B.70, 3B.48(주석 198), 3장 안내, 5A.16, 7B.4, 10A.10, 13장 안내, 15B.5 cf. 민회 연설, 법정 연설

시범을 보이다, 시범 연설을 하다, 보여 주다, 증명하다 epideiknynai

— 시범을 보이다 3B.48, 4B.15(286b), 8A.4(3회), 11B.1, 11B.2(주석 18), 11B.3(주석 21), 11B.6(주석 63)

— 시범 연설을 하다 4B.15(285c)

— 보여 주다 1B.23(286a), 1B.48, 2B.14(5절), 3B.51, 5A.11, 6A.58, 6B.41(보여 줍니다), 8A.4, 9B.12.(b), 10A.12, 11B.4(286a), 11B.6(293b, 295a), 15B.20(30절), 15B.21(8절, 12절), 17A.29(464b)

— 증명하다 2B.4(2절)

시범을 보이다, 연설 시범을 보이다, 시범 연설을 만들다 epideixin poieisthai

— 시범을 보이다 2A.6, 2A.8, 2B.35(447c, 449c), 2B.50, 3A.13, 3A.15, 3B.45, 10A.1, 15B.20(29절), 17A.14

— 연설 시범을 보이다 3B.52

— 시범 연설을 만들다 3A.23

시시콜콜 논변 glischrologia 6A.1(30절)

시 음송, 시 음송술 rhapsōidia

— 시 음송 15B.20(14절)

— 시 음송술 2B.66

시 음송가 rhapsōidos 2A.9(주석 92), 4A.8(주석 31), 6B.36 cf. 시인

시 음송술 rhapsōidikē 6B.36(540d, 541a)

시 음송을 하다 rhapsōidein 6B.36(541b: 시 음송은 하고 돌아다니면서), 7B.15 (시 음송에서)

시인, 서사시인 epopoios
— 시인 1B.64, 5A.1.(a)
— 서사시인 2A.22, 15B.18(1406b)
시인 poeta ㉎ 2A.5, 2B.69, 5B.94, 9A.7, 9A.10 cf. 연설가,
시인, 작가, 만드는 사람, 만들어 내는 자 poiētēs cf. 연설 작가, 시 음송가,
  배우, 장인(匠人)
— 시인 1B.63(339a, 339b), 2A.1(3절), 2A.9(주석 92), 2A.14, 2B.13(2절),
  2B.28, 2B.66, 3A.7, 3B.43, 4B.19, 4B.21, 5A.4(『시인들에 관하여』,
  이하 책 제목 용례 생략), 5B.26(1절, 3절), 6A.1(39절), 6B.19(주석 211),
  6B.70(16절), 9장 안내, 9A.6(61b), 10장 안내(주석 2), 10A.12(157e),
  10B.46(162d), 13B.2(28절), 13B.3(10절, 17절), 15B.20(2절), 17A.1(주석
  4, 주석 7), 17A.6, 17A.12(주석 61), 17A.39, 17B.7(21절)
— 작가 15B.20(34절)
— 만드는 사람 3B.1(연설들을)
— 만들어 내는 자 6B.27(신들을)
시적인 poiētikos 2A.1(2절), 2B.63, 2B.64, 2B.66, 2B.71, 2B.76, 2B.77,
  2B.79, 5A.6, 5B.10, 14B.9, 15B.18, 15B.19
시 중앙 청사, 전당 prytaneion
— 시 중앙 청사 6A.1(42절), 6B.10
— 전당, *지성소 4B.33(337d)
시 중앙 청사 Prytaneum ㉎ 6A.54
시학, *시 짓는 기술 ta poiētika 6A.9, 9A.3
시학, *시 짓는 기술 poiētikē 1B.60, 2B.47(『시학』), 5A.15(『시학에 관하여』,
  이하 책 제목 용례 생략)
시험, 테스트, *경험 peira
— 시험 15B.20(31절)
— 테스트 2B.14(34절)
시험 기술 peirastikē 17A.33
시험하다 peirasthai, apopeirasthai

— peirasthai 6B.27

— apopeirasthai 9A.6

시험하다 basanizein 1B.27, 6B.24, 8B.7, 14B.4 cf. 검증 없는
시험하다, *두드리다 krouein 4B.31

시험할 능력이 있는 dokimastikos 1B.8

신령, 운명 daimōn

— 신령 7B.20, 10B.33(17행, 39행, 끝행), 16장 안내, 16B.9

— 운명 5B.68

신령스러운, *신묘한 daimonios 2B.39, 11A.2, ['신령스러운 것'의 용례들]
cf. 표지(신호)

신령스러운 것, 신령 to daimonion

— 신령스러운 것 3B.38, 6A.1(32절, 40절), 6A.18(ti daimonion), 6A.19,
6A.20, 6A.40, 6A.49☆, 6A.55(4절), 6B.23(2절, 4절), 6B.27(3b)

— 신령 6장 안내(daimonion)

신화 mythologia ㉢ 5B.103(주석 295:『신화들』) cf. 설화

신 지피다, 열광에 빠지다 enthousiazein 2B.65, 15A.3 cf. 광기, 미치다

신 지핀, 신들린 entheos 2B.13(10절: 신들린), 2B.23(신 지핀), 2B.65(신들린)
cf. 광기, 미치다

심의 연설 symbouleutikos (logos) 7A.1, 7B.1 cf. 민회 연설, 법정 연설, 시범
연설, 시범

심지가 굳은 ischyrognōmōn 6A.1(24절)

십시일반의 부조(扶助)로 받아내다 eranizein 6A.9, 9A.3

싸움 연습, *수련, *훈련 agōnia 2B.40 cf. 연습, 훈련

쌔끈한, *세련된, *도회풍의 asteios 8A.4 cf. 세련된

써지는, *써진 graptos 15B.20[18절(연설들), 25절(연설들)]

써지지 않은 agraphos 4B.35(법들), 15B.20(24절: 써지지 않은 것들을 연설하
는), 17B.10(법)

써지지 않은 agraptos 17B.9(신들의 법령들), 17B.10(주석 210: 법령들)

써진 gegraptai, gegrammenos, grapheis cf. 써놓은 글귀

— gegraptai 2B.4(16절: 논변들에 써진)

— gegrammenos 17B.10(법)

— grapheis 2B.13(13절: 기술로써 써진 말)

쓰기 to graphein 머리말 2절, 15장 안내, 15B.20(주석 78, 2절, 3절, 5절, 9절, 10절, 15절, 17절, 30절, 31절, 35절), 15B.21(주석 119) cf. 연설 쓰기, 말하기

쓰기 능력 hē dynamis tou graphein 15B.20(9절) cf. 말하기 능력

쓰기 훈련 hē meletē tou graphein 15B.20(15절)

쓰는 능력 hē graphikē dynamis 15B.20(29절, 30절, 33절) cf. 즉흥 연설 능력 말하기 능력

쓰는 훈련이 되어 있는 graphein hēskēmenos 15B.20(6절)

(ㅇ)

아름다운 말, 아름다운 연설 kallilogia cf. 멋진 표현

— 아름다운 말 7B.5

— 아름다운 연설 3A.9, 4B.16, 7B.26

아름다움을 모르는 apeirokalos 10A.1 cf. 야만스러운, 순진무구함

아름다움을 사랑하는 philokalos 2B.23

아름답게 장식하다, 예쁘게 단장하다, 미화하다 kallōpizein

— 아름답게 장식하다 2B.23

— 예쁘게 단장하다 3B.48(22절)

— 미화하다 12B.2(4절)

아름답고 훌륭한 kalos (te) k'agathos 1A.8, 2B.30, 2B.80, 3A.6, 3B.50, 3B.51, 6A.1(42절), 6A.39, 6B.9, 6B.11, 6B.51, 6B.53, 7A.3(kalokgathia 아름답고 훌륭함), 8B.1, 9A.1, 10A.12, 10A.13, 11A.1, 11B.2, 11B.3, 12B.1

아이러니, *의뭉 ironia ㉯ 6B.30

아이러니를 부리는 사람, *의뭉 떠는 사람 eirōn 6B.30

884

아이물라티오, *모방적 경쟁 aemulatio ⑭ 2A.37(주석 186)☆ cf. 모방

아첨 kolakeia 2B.26, 5B.74, 7B.8, 17A.29(463b, 463c, 464e, 465b)

아첨꾼 adulator ⑭ 2B.60, 9B.13.(b) [모두 책 제목]

아첨꾼 kolax 1A.1(50절), 1A.6, 5B.74 [모두 책 제목]

아첨꾼 thōps 17B.12(80절)

아첨술 kolakeutikē 17A.29(464c)

아첨하다 kolakeuein 6B.42(521b), 10A.13(24절), 17A.45(538d)

아티카 식 문체, 아티카 스타일, 아티카주의, *아티카 풍 Attikismos 2B.72, 5장 안내, 10B.45(주석 238)

아티카 말 하기, 아티카 말을 하다 attikizein 1B.58, 10A.1 cf. 희랍어 하기

안 맞는 때 akairia 13B.2(20절)

안전, 안녕, 보존, 생존 수단 sōtēria cf. 흔들림 없음

— 안전 1B.48(320e)

— 안녕 17B.15(91절, 101절, 105절, 111절)

— 보존 1B.48(321b)

— 생존 수단 1B.48(321c)

안전하게 하다, 안녕에 이르게 하다, 보존하다 sōizein

— 안전하게 하다 1B.48(321a), 1B.48(322b 안전해지기를), 12B.6(3절), 17A.16

— 안녕에 이르게 하다 17B.15(111절)

— 보존하다 12B.6

알맞게, 제대로 모양을 갖춰서, 제법 epieikōs cf. 공정성

— 알맞게 15B.20(3절)

— 제대로 모양을 갖춰서 15B.20(6절)

— 제법 17A.9

(…에게) 알맞은 덕, (…에게) 알맞은 훌륭함 hē prosēkousa aretē

— (…에게) 알맞은 덕 6B.51, 9A.1

— (…에게) 알맞은 훌륭함 6B.47(주석 266)

✱암시 hypodēlōsis 9장 안내, 9B.2, 17A.48(267a)

앙갚음으로 불의를 행하다 antadikein 5B.25(주석 199), 6B.61

앙갚음으로 해를 입히다 antikakourgein 6B.61

애가(哀歌) 시인 elegeiopoios 9장 안내, 9A.4, 9A.8, 9A.8s

야만스러운 barbaros 2B.13(7절), 10A.1, 15B.21(18절) cf. 아름다움을 모
르는

약, 묘약 pharmakon

— 약 1B.14, 1B.15(167a), 2B.13(14절), 2B.39, 5A.6(498절 주석 52), 6A.58
(117e), 10B.23(주석 175), 13B.3(2절)

— 묘약 6A.14(230d)

약을 쓰다 pharmattein 6B.43(80a)

약정, *합의 synthēma 8B.4 cf. 계약

어린애 장난 paidikon 3B.52 cf. 재밋거리, 유희

어법, 용어 선택 apangelia

— 어법 5A.6(499절)

— 용어 선택 2B.26

어법 양태 tropos lexeōs 2B.26

✿어법 위반 soloikismos 1B.59 cf. 파괴적인

어법을 위반하다 soloikizein 1B.59

✿어순 뒤집기 anastrophē cf. 어순을 뒤집다

어순을 뒤집다 anastrephein 10B.53(anastrepsas: 어순을 뒤집어서)

어울리다, 들어맞다 harmottein

— 어울리다 2B.47, 2B.65, 6A.1(40절, 41절), 10B.6.(20행)

— 들어맞다 2B.11(76c)

언사의 옳음 orthorrhēmosynē 3A.8

언어의 정교함 *the precision of language* 6A.45(주석 143)☆, 17A.37(주석
133)☆ cf. 정교함 kompseia, 자잘한 이야기, 지나친 정교함

엄밀한 논변, *논변이 엄밀한, 정확한 말 akribologos 6A.1(19절) cf. 정확한 말

엉뚱한, 특이한, 얼토당토않은, 불합리한, 터무니없는 atopos cf. 독특성, 불
합리한

886

— 엉뚱한 6A.1(32절), 6B.27, 11B.4(286d)

— 특이한 4B.8

— 얼토당토않은 1B.24, 3B.27, 17A.26

— 불합리한 2B.5(67절, 70절☆, 73절, 80절, 82절)

— 터무니없는 10A.1

♣ 에둘러 말하기 periphrasis 1B.43

여유, 여가, 학파 scholē cf. 시간 여유가 없음

— 여유 4A.5, 6A.23, 6B.38, 15B.20(4절, 8절, 10절)

— 여가 2B.14(30절), 6A.1(31절), 6A.43, 10B.39(주석 214)

— 학파 15A.2

여유가 없는 ascholos 12B.7(8절)

여유가 있다, 한가로움을 누리다 scholazein

— 여유가 있다 6B.55(여유가 없었다고)

— 한가로움을 누리다 2B.37, 7B.30, 17A.41

역설(逆說) paradoxa 2장 주석 199, 4장 안내, 6B.14(주석 203), 6B.43(주석 257), 11장 주석 16, 13B.4(주석 107) cf. 메논의 역설

역설적인, 통념에 반하는, 의외의 paradoxos cf. 뜻밖의

— 역설적인 머리말 2절*, 2A.31(주석 171), 3B.6, 6장 안내, 6B.60(주석 282), 8B.2(역설들), 15B.5

— 통념에 반하는 1B.24

— 의외의 10A.1(의외의 방식으로: paradoxōs) cf. 뜻밖의

♣ 역설적 진술, *상식을 넘어서는 이야기 paradoxologia 2A.1

역설적 찬양 paradoxon enkōmion 2A.31(주석 171)

♣ 연기, 행동 연기 actio ㉝

— 연기 7B.14

— 행동 연기 7B.13(주석 76)

♣ 연기, *실연 hypokrisis [actio ㉝] 7B.13☆, 15B.20(14절) cf. 목소리 연기, 배우

연기술, *발표술, *실연술 hypokritikē 1B.60, 2B.66, 7B.13

연기력 to hypokritikon 7B.13

연민 eleos 2B.13(8절, 9절), 7B.13, 7B.19, 17A.45(539a), 17B.14(40절) cf. 동정

연민을 받다, 연민의 대상이 되다 eleeisthai
— 연민을 받다 2B.13(7절), 6B.26(337a)
— 연민의 대상이 되다 3B.52

연설가 orator ㉐ [키케로 책 제목 제외] 2B.45, 2B.49☆, 10A.6

연설가, 수사가, 레토르, *수사학자 rhētōr [책 제목 제외] cf. 훌륭한 연설가, 능란한 연설가, 흔들림 없는 연설가, 유명한 연설가, 앎에 따른 연설가, 의도에 따른 연설가, 변증가
— 연설가 1A.3, 1B.15(167c), 2장 안내 및 주석 2, 2A.4, 2A.7, 2A.10, 2A.17, 2A.27, 2A.30, 2B.20, 2장 주석 447, 2B.33, 2B.35(449a), 2B.39, 2B.40(457a), 2B.49(주석 524)☆, 2B.51, 2B.54, 2B.62, 2B.63, 2B.64, 2B.69, 2B.72, 2B.80s, 3A.4, 3A.27, 3A.28, 3A.30, 3B.1, 3B.41, 4A.4, 5장 안내, 5A.3, 5A.4, 5A.6, 5B.15, 5B.52(아랍어), 5B.69, 5B.78, 6A.1(39절), 6A.8, 6A.21, 6B.34, 6B.47, 7장 안내, 7A.3, 7B.13, 7B.20, 7B.31, 7B.34, 10B.28, 11B.3(284b), 15A.3, 15B.14, 15B.19, 15B.20 (11절, 20절, 33절, 34절), 17A.8, 17A.9, 17A.29(465c), 17A.31, 17A.38, 17B.14(40절)
— 수사가, *수사학자 7A.1, 7B.5, 9장 안내
— 레토르 머리말 2절, 2B.49(주석 524)☆

연설가들에게 콧방귀 뀐 조소자 myktēr rhētoromyktos 6A.1(19절)

연설들을 쓰다 logous graphein 15B.20(1절, 11절, 13절, 32절) cf. 연설 작성가

연설 쓰기, (연설) 쓰기 to syngraphein cf. 짓다
— 연설 쓰기, *연설문 작성하기 5A.4(연설을 쓰는)
— (연설) 쓰기 5A.4(쓰기를 저버린)

연설 연습, *논변 연습, *담론 연습, 말 훈련 meletē logōn cf. 연설 훈련, 연습
— 연설 연습, *논변 연습, *담론 연습 2장 안내(연설들의 연습), 2A.31(연설들의 연습)☆, 2장 주석 447, 2B.34, 5장 안내*, 17A.8(주석 36)

― 말 훈련 15B.20(11절)

연설 유형 genus dicendi ㉐ 10A.6

연설 유형 hē idea tou logou 10A.1

연설을 사랑하는, 문학에 조예가 있는, 학구적인, *이야기를 사랑하는 philologos
cf. 담론, 이야기 사랑, 논변 혐오

― 연설을 사랑하는 2A.7

― 문학에 조예가 있는 15B.7

― 학구적인 5B.101

연설을 쓰다 logographein 15B.20(6절) cf. 연설 작성가

연설의 장인 logodaidalos 2B.70, 7B.9, 17A.48(주석 173, 266e) cf. 담론,
장인

연설의 풍부함 ubertas orationis ㉐ 15B.4

연설 작가, 연설들을 만드는 사람, *말들의 제작자 poiētēs (tōn) logōn cf. 말
들의 기술, 시인

― 연설 작가 15B.20(34절)

― 연설들을 만드는 사람 3B.1

연설 작성가, 로고그라포스, *연설 쓰는 사람 logographos cf. 짓다, 연설을
쓰다, 연설들을 쓰다, 연설 쓰기

― 연설 작성가 5A.3(주석 13), 7장 안내, 15A.4(주석 8), 15B.20(주석 78,
8절, 13절), 17B.7(21절),

― 로고그라포스 머리말 2절

연설 재능 deinotēs logou 2장 안내(주석 2), 2A.7 cf. 능란한

연설 훈련, 웅변 declamatio ㉐ cf. 연설 연습

― 연설 훈련 1A.2(주석 72)☆, 2A.31(주석 166)☆

― 웅변 3A.18

연습, 연마, 훈련 askēsis cf. 연습 meletē

― 연습 10A.13, 15B.20(17절)

― 연마 12장 안내*, 17B.5(주석 200)*

― 훈련 1B.49, 1B.51, 10A.13(주석 74)*, 12장 안내, 13B.8(주석 178)

연습, 훈련 meletē cf. 연습 askēsis, 연설 훈련, 철저히 연습하다, 관행
― 연습 1B.1(주석 124)*, 1B.50, 2장 안내, 2A.31☆, 2B.16(주석 389)*,
   2장 주석 447, 2B.34, 5장 안내*, 5A.3(주석 13)*, 6A.55, 7B.31, 9B.11,
   10B.10, 13장 안내*, 17A.8(주석 36)
― 훈련 15B.20(11절, 15절, 26절, 35절), 17B.5(주석 200)*
연습, *사전 연습 progymnasma 2B.1(주석 191) cf. 연습, 훈련, 스파링하다,
   사전 준비 운동을 하다, 싸움 연습
연습되는, *연습으로 얻어지는, *연습될 수 있는, *연습으로 얻을 수 있는, *연
   습으로 얻은 askētos 2B.29 cf. 가르쳐지는, 배워지는
연습하다, 연마하다, 훈련하다, 훈련시키다 askein cf. 연습하다 meletan
― 연습하다 7A.3, 10B.44
― 연마하다 5A.16, 6장 안내*, 6B.74, 7B.4, 7B.5, 8A.8, 10A.10, 12B.1,
   12B.2
― 훈련하다 2B.23
― 훈련시키다 2장 안내, 2A.32, 6A.53, 11장 안내*, 15B.20(6절: 훈련이 되
   어 있는)
연습하다, 훈련하다 meletan cf. 연습하다 askein
― 연습하다 7B.2, 11B.2(주석 19)*, 13B.9, 17A.1(연습거리), 17B.5(주석
   200)*
― 훈련하다 15B.20(1절, 2절), 2B.35
열심인 studiosus ⑭ 6B.6 cf. 탐구
열심히 쫓다 insectari ⑭ 5B.95 cf. 추구하다
열심히 추구되는 perispoudastos 10A.3 cf. 진지한
염치 aidōs 1B.48(322c, 322d), 3B.48(22절), 6B.56, 10B.25 cf. 수치, 부끄러
   워하다
영혼에 대한 사랑 philopsychia 12B.5(1절)
영혼을 사랑하다 philopsychein 12B.4(2절)
영혼을 이끄는 기술 technē psychagōgia 2B.37, 6B.48, 7B.30
'옛 과두주의자' the Old Oligarch 10B.58(주석 280)☆, 12장 안내

옛 소피스트술 archaia sophistikē 2A.6(archaiotera sophistikē), 2B.32
(archaiotera sophistikē), 17A.10, 17A.38

온통 지혜로 가득 찬, *가장 지혜로운 passophos 3A.6(315e), 6A.1(44절:
pansophos), 11A.1(271c)

올곧은 사람 노릇 andragathia 17B.15(101절)

올곧은 사람 노릇을 하다 andragathizezthai 17B.14(40절)

✱완결문, *도미문(掉尾文) periodos [ambitus ㉣] 2B.70(주석 622), 7A.1,
7B.10☆

✱완결문, *도미문(掉尾文) ambitus ㉣ 2B.70☆

완고한 정의(正義) to authades dikaion 2B.23 cf. 법의 엄밀함, 부드러운 공정
성

완벽하게 정말 나쁜 사람 pankakos teleōs 12B.3(2절) cf. 완벽한 부정의, 온
전한 부정의

완벽한 부정의 hē telea adikia 7B.23(344a: 가장 완벽한 부정의 hē teleōtatē
adikia), 7B.24(348b) cf. 온전한 부정의, 완벽하게 정말 나쁜 사람

완벽한 소피스트 teleos sophistēs 17A.9, 17A.11(268d 주석 59) cf. 진정한
소피스트

완서법(緩敍法) litotēs 9B.4(주석 36), 13B.7(주석 167)

요리사, *푸주한 mageiros 8B.3, 11B.8(301d)

요리사 opsopoios 3A.9(주석 28), 3B.48(30절: opsopoieis), 6B.42(521e),
7B.26(주석 126), 13B.7(2절), 17A.29(464d, 464e)

요리술 opsopoiia 17A.29(462d, 462e, 463b, 464d, 465b, 465c, 465d, 465e)

✱요약 anakephalaiōsis 15B.16

우스꽝스러운 geloiōdēs 2B.26, 7B.8

우스운, *익살스러운 geloios 2B.47(우스운 것들에, 우스운 것들의), 2B.66,
3B.4, 3B.36, 6A.10(더 우스워지도록) cf. 진지한

우스운, 웃음거리인 katagelastos cf. 진지한

─ 우스운 2B.68, 6A.1(24절), 8B.1(484e), 15B.20(21절)

─ 웃음거리인 17B.1

우스운 비유를 하다, *놀려대다 skōptein 6B.43(80a) cf. 비웃다, 비유하다, 비아냥대다

우스움, 우스개 to geloion cf. 익살

— 우스움 2B.47, 15B.18

— 우스개 6A.10

♣우아한 연결 concinnitas ㉐ 2B.70, 2B.75

운에 따른 kata tychēn 2B.35(448c) cf. 기술에 따른

웃다, 비웃다 gelan cf. 유희하다, 비웃다

— 웃다 3B.8, 3B.11, 3B.14, 5B.22, 6A.25, 11A.3, 11B.1, 11B.2, 17A.48

— 비웃다 2B.25, 6A.1(21절)

웃다, 비웃다 katagelan cf. 유희하다, 비웃다

— 웃다 3B.50

— 비웃다 2B.30, 6A.7, 6B.27, 6B.57, 17A.24

웃음, 비웃음 gelōs cf. 유희, 우스움

— 웃음 6B.65, 10B.6

— 비웃음 17B.1

웃음, *비웃음 katagelōs 15B.21(27절) cf. 유희, 우스움

웃음거리로 만들다, *발기발기 찢다, *산산조각 내다 diasyrein 6A.1(39절) cf. 발기발기 찢다, 찢어발기다

웅대한 hyperonkos 5A.3

웅대한 megaleios 3B.48(34절)

웅장한 megaloprepēs 4B.33(338a)

웅장함 onkos 10A.11

원의 정방화, *원의 사각형화 tetragōnismos 5B.16☆

원을 정방화하다 tetragōnizein ton kyklon 5B.18

원인, 원인 제공자, 탓, 연유, 이유, 책임, 비난, 고발 혐의, 혐의 aitia cf. 탓하다, 실제 원인, 고발하다

— 원인 1A.13, 2B.13(5절, 6절), 5A.4, 12B.7(10절, 17절), 14B.1, 14B.9, 15B.18, 17A.29(465a), 17A.30, 17A.47

— 원인 제공자 12B.7(5절)

— 탓 2B.13(2절), 17A.46

— 연유 5B.21

— 이유 2B.13(15절)

— 책임 2B.14(36절), 10A.1, 17B.14(46절)

— 비난 2B.13(7절, 8절, 15절, 20절), 2B.14(29절), 6A.39, 15B.20(10절)

— 비난거리 2B.14(29절)

— 고발 혐의 1B.34, 17A.21

— 혐의 2B.14(1절, 3절, 4절, 22절, 27절, 33절, 34절, 36절), 2B.15, 7B.20, 15B.21(8절)

원인이 되는, 원인인, 원인 제공자인, 연유인, … 탓인 aitios cf. 원인

— 원인이 되는 2B.80(어떤 것들의 원인이 되는지, 다른 것들의 원인이 된다고), 6A.22(당하게 되는 원인이 된다면), 6B.75(가장 핵심적인 원인이 되는)

— 원인인 9B.6(원인이니까), 14B.2(원인: to aition), 15B.3(원인이라면), 17B.19(가장 큰 원인이었지만)

— 원인 제공자인 15B.21(12절), 17A.4

— 연유인 6B.24(연유: to aition)

— … 탓인 1B.66(불행의 탓), 8A.4, 12B.7(12절)

원적 곡선 tetragōnizousa grammē 4장 안내, 4B.20

원칙 parangelma 5A.12, 7B.6, 15B.11 cf. 기술적 원칙, 수사학적 원칙

'위대한 연설' Megas Logos (Megas Logos) 1장 안내, 1A.2(주석 76), 1B.1(주석 115), 1B.48(주석 316), 1B.49, 12장 안내(주석 3), 12B.1(주석 10), 13B.6(7절 주석 157, 11절 주석 162) cf. 긴 신화

위안 parapsychē 12B.7

위안 paramythētikos (logos) 3B.52(주석 216)* [책 제목 『아폴로니오스에게 주는 위안』: 1B.65, 10B.26]

위안하다, 위로하다, 정당화하다 paramytheisthai

— 위안하다 5A.4, 5A.7

— 위로하다 15B.20(10절)

— 정당화하다 2B.5(66절)

위엄, *격조, *진중함, *점잖음 semnotēs 1A.2(4절), 2A.1(2절), 15B.8 cf.
숭고함, 장중함, 근엄함

위엄 있게 말하다 semnologein 10A.1

위엄 있는, 숭고한, 엄숙히 공경하는, 장중한, *격조 있는 semnos

— 위엄 있는 1A.2(4절), 2B.23, 5A.3, 5A.6, 5B.63, 6A.1(24절), 6B.2,
6B.68(51b), 10A.11, 14B.6(위엄 to semnon)

— 숭고한 3B.48(27절)

— 엄숙히 공경하는 2B.23

— 장중한 2B.77, 15B.18

♣위엄 있는 말투 semnologia 10A.1

위장막, 서두 proschēma

— 위장막 1B.47, 17A.35(주석 124) cf. 가림막

— 서두 proschēma [exordium ㉣] 4B.15(286a) cf. 서론

유용성 chreia 3A.9, 4B.16, 7B.26, 7B.33* cf. 쓰임새

유용성, 유용함, 소용 utilitas ㉣

— 유용성 3B.37

— 유용함 5B.94

— 소용 5B.94

유용한, 편리한, 편익 chrēsimos

— 유용한 2B.14(33절), 3장 주석 159, 3B.33, 5B.25, 7B.2, 7B.5, 10B.2
(14행), 10B.36, 11B.10, 13장 안내, 13B.9(1절), 15B.18, 15B.19, 15B.20
(9절), 15B.21(28절), 17A.31, 17A.39

— 편리한 17B.15[90절, 92절, 93절(단어 생략), 98절]

— 편익 to chrēsimon 17B.15(91절)

유익한 pro ergou 17A.32

유익한 prosphoros 12B.7(2절)

유익한, 이익이 되는, 유익, 이익, 이익 추구 (to) sympheron cf. 이로운, 이득,
득이 되는

— 유익한 3장 안내, 5B.24(1절, 3절, 4절), 6B.23, 7B.22, 7B.23(344c), 8B.1(483b), 12B.7(14절, 15절)

— 이익이 되는 17B.15(105절)

— 유익 to sympheron 2A.6, 2B.23, 2B.50, 3A.15,

— 이익 to sympheron 7B.23(338c, 343c, 344c), 10B.50, 17B.15(90절, 107절)

— 이익 추구 to sympheron 17B.15(106절)

유익한, 이익에 맞는, 이익 symphoros

— 유익한 6A.52(29절), 9B.5, 17B.14(47절)

— 이익에 맞는 17B.14(40절)

— 이익 to symphoron 17B.15(98절)

유출, 유출물 aporrhoē 2B.11 cf. 통로

유쾌하게 하다, 유쾌함을 주다, *흥나게 하다 euphrainein

— 유쾌하게 하다 5A.14

— 유쾌함을 주다 5B.24(4절)

유쾌하다, *흥겹다 euphrainesthai 3B.12, 3B.48(24절) cf. 즐겁다, 기뻐하다, 즐기다, 누리다

유쾌한 hilaros 10B.6(16행)

유쾌함, *흥 euphrosynē 3B.9, 3B.10, 3B.11, 3B.48(29절) cf. 쾌락, 기쁨, 즐김

유형, 문체 유형, 각인, 성격 charaktēr cf. 계보, 성격을 묘사하다, 주조하다, 종류

— 유형 5A.1, 5A.16, 7B.4, 7B.5, 10A.10

— 문체 유형 2B.26, 7B.8 『문체 유형들에 관하여』: 2B.1, 2B.23]

— 각인 15B.21(26절)

— 성격 5A.11(책 이름)

유형, 장르, *종류 forma ㉐ cf. 계보

— 유형 2B.70, 4A.2

— 장르 2B.70

유형, 형식, 형태, 문채, 몸가짐, 위치 schēma cf. 계보, 종류, 형태, 빚다

2B.77, 5B.64, 5B.76, 7B.15, 15B.18 cf. 비유

음악, 시가, 시가술, 뮤즈 기술 mousikē

— 음악 4A.2, 10A.3, 13B.6(3절: mōsika), 13B.7(4절: mōsika), 13B.8(11절: mōsika), 15B.21(22절, 25절), 17A.26(493d: 번역문에는 493c)

— 시가 5A.13, 6A.8, 9A.6

— 시가술 1B.47(316e), 5A.6

— 뮤즈 기술 3B.13

음악에 능한, 음악에 대한, 뮤즈의 기술에 맞는, 음악가, 음악, *시가에 능한, *시가 mousikos

— 음악에 능한 3B.51(398c)

— 음악에 대한 15A.1

— 뮤즈의 기술에 맞는 15B.20(31절)

— 음악가 4A.12, 13B.1(7절: mōsikoi)

— 음악 ta mousika 6A.9, 9A.3, 13B.1(6절: ta mōsika), 13B.2(10절: mōsika)

의도, 지향, 선택 prohairesis

— 의도 17A.31

— 지향 7B.5

— 선택 17A.33

의뭉, 아이러니 eirōneia

— 의뭉 2B.47, 6B.26(337a)

— 아이러니 1A.7(주석 100), 2장 안내, 2B.58(주석 562), 2B.64(주석 577), 2B.65, 6장 안내, 15장 안내, 15B.20(주석 78), 15B.21(주석 119, 3절 주석 125, 12절 주석 139)

의뭉 떠는, 아이러니적인, 아이러니컬한 eirōnikos

— 의뭉 떠는 17A.11(268c)

— 아이러니적인 2B.65(주석 591), 17A.24(908e)

— 아이러니컬한 1A.7(주석 100), 1B.15(주석 206), 6장 안내, 6B.47(주석 265)

의뭉을 떨다, 비꼬다 eirōneuesthai

— 의뭉을 떨다 3A.21, 6B.26(337a)

— 비꼬다 2B.58

의사 iatros 1B.15, 2A.4, 2A.10, 2B.36, 2B.39, 2B.40, 3B.26, 5A.4, 5A.6, 6장 안내, 6B.36, 6B.41, 6B.42, 8B.9, 13B.1, 16A.1, 16B.8, 17A.16, 17A.29

의술 iatrikē 1B.48(322c), 2A.10(주석 101), 2B.42(주석 503), 10B.46(주석 241), 17A.29(464b, 464c, 464d, 465b, 465c, 465d), 17A.31

이득 kerdos 2B.14(19절), 10B.16, 17A.18 cf. 손실, 유익한, 이로운

이득을 얻다, (...를 이득으로) 얻다, 이득을 보다, 이득이 되다 kerdainein cf. 득이 되다, 이익이 되다, 이롭게 하다

— 이득을 얻다 9B.8, 7B.23(343e)

— (...를 이득으로) 얻다 17A.1

— 이득을 보다 5A.7, 5B.1(2절), 6A.55

— 이득이 되다 17B.15(93절)

이득인 kerdaleos 7B.22

이로운, 이로움을 주는, *이익을 주는 ōphelimos

— 이로운 1B.14, 5B.26(1절), 7B.22, 10B.6(18행), 15B.21(주석 119), 17B.7(22절)

— 이로움을 주는 12B.3(3절), 17B.15(106절)

이로움, 혜택, *이익 ōpheleia (ōphelia) cf. 낙, 혜택

— 이로움 3장 안내, 3B.32, 5B.26(1절: ōphelia), 6B.42(522b: ōphelia), 12장 안내, 15B.21(1절), 17B.6(ōphelia), 17B.15(91절: ōphelia) cf. 유익한

— 혜택 11B.2(275e)

이로움을 주다 prodesse ㉴ 3B.34 cf. 이롭게 하다

이롭게 하다, 이로움을 주다, 혜택을 베풀다, *이익을 주다 ōphelein cf. 혜택을 베풀다, 이득을 얻다, 이익이 되다, 득이 되다

— 이롭게 하다 2B.14(18절), 3B.35, 3B.36, 5B.24(4절), 12B.7(1절)

— 이로움을 주다 1B.24, 5B.73, 3B.32, 3B.38, 3B.48(28절: 이로움을 주어야 합니다 ōphelēteon), 4A.5, 5B.25, 6A.18, 11A.4, 12장 안내, 15B.20

898

(28절, 33절), 15B.21(28절), 17A.18

— 이로움을 얻다 ōpheleisthai 2B.14(10절), 3B.48(25절), 5B.25, 7B.23(343b, 343e), 17B.14(42절), 17B.15(90절)

— 혜택을 베풀다 ōpheleian ōphelein 11B.2(275e: 가장 큰 혜택을 ... 베풀고)

— 혜택을 보다 ōpheleisthai 13B.6(5절)

— 혜택을 입다 ōpheleisthai 15B.12

이롭게 하다, 기쁨을 누리다 oninanai cf. 낙

— 이롭게 하다 6B.64, 5B.24(4절)

— 기쁨을 누리다 3A.32

이롭지 않은, 무익한 anōphelēs

— 이롭지 않은 1B.14

— 무익한 5B.24(6절)

이름들에 관한 옳음 hē orthotēs tōn onomatōn 1B.57(그런 것들에 관한 옳음), 17A.40(그런 것들에 관한 옳음)

이름들에 대한 정확한 정의 hē epi tois onomasin akribologia 2B.74, 3B.7

이름들의 옳음 onomatōn orthotēs 1B.12(주석 192: 이름의 옳음), 3A.20, 3B.17 cf. 말의 옳음, 말들의 옳음

이름들의 정확성 hē tōn onomatōn akribeia 3장 안내(이름의 정확성), 3B.11

이암보스 (to) iambeion cf. 풍자하다

— 이암보스 2B.66(이암보스 운율 to iambeion metron), 10B.4

— 이암보스 시행 6A.1(25절: 이암보스 시행들 ta iambeia)

— 이암보스 시 15B.18(1406b: 이암보스 시인들에게)

이암보스, 이암보스 작품 iambos cf. 풍자하다

— 이암보스 2A.36(주석 179☆, 주석 183), 2B.66(주석 597), 10B.22(주석 174), 10B.55(주석 273), 15B.18

— 이암보스 작품 2A.1

이야기를 들려 주다 mythologein 4B.15(286a: 이야기를 들려 달라는)

이야기 사랑 philologia 6장 안내 cf. 연설을 사랑하는, 논변 혐오

이익이 되다, *유익하다 sympherein 7B.23(344a), 15B.21(3절) cf. 이득을 얻

다, 득이 되다, 이롭게 하다

익살, *우스움, *우스개 gelōs 2장 안내, 2B.47 cf. 우스움, 웃음, 유희, 진지함

익숙하다 synethizesthai 6A.1(36절)

익숙한, 예(例)의 eiōthōs cf. 습관을 갖다

— 익숙한 15B.18

— 예(例)의 11A.2

익숙한 solitus ⑲ 2B.45

익숙함, 익숙한 방식, 익숙한 것, 익숙해짐, 친숙함, 친숙해진 것, 관행
   synētheia cf. 습관, 성격, 관행적인

— 익숙함 17A.30(익숙함 때문에)

— 익숙한 방식 2B.11

— 익숙한 것 15B.20(16절)

— 익숙해짐 17A.30(익숙해졌기 때문에)

— 친숙함 12B.4

— 친숙해진 것 12B.5

— 관행 2B.13(16절)

익숙해 있다 solere ⑲ 6A.45, 17A.37

인간 세상 anthrōpoi

— 인간 세상에 (있는) en anthrōpois 2B.35, 4B.31, 12장 안내

— 인간 세상으로부터 ex anthrōpōn 6A.1(43절)

인간 세상 to anthrōpeion 17B.15(89절)

인간 세상의 이치 to anthrōpinon 17B.7(22절)

인간애 philanthrōpia, to philanthrōpon cf. 자신을 내어 주다, 인간 혐오, 시기

— philanthrōpia 6B.27(3d 및 주석 230)☆

— to philanthrōpon 3A.33 cf. 부드러운

인간 혐오 misanthrōpia 6장 안내, 17A.46(89d) cf. 인간애, 논변 혐오

인간 혐오자 misanthrōpos 17A.46(89d) cf. 논변 혐오자

인민, 민중, 대중, 민회, 민주정, 민주파, 구역, 무리 dēmos cf. 민회, 민주주의,
   다중, 공적인, 장인

900

— 인민 2A.7(주석 83), 2B.58(주석 565), 3B.52(368d), 5A.6, 5A.20, 6A.31, 6A.57, 8A.7, 17A.26(주석 90), 17B.14(36절)

— 민중 2A.7(주석 83), 3A.14, 3A.23, 4장 안내, 10장 안내, 10A.13(24절), 10A.18, 10B.50, 13B.7(damos), 17A.26(주석 90), 17B.12(81절, 82절)

— 대중 2A.7(주석 83), 6장 안내, 11B.3(284b)

— 민회 2A.7, 2A.8, 2B.68, 5A.20, 10A.15

— 민주정 5A.20(민주정을 무너트리는), 6A.47, 10A.1(아테네인들의 민주정을, 민주정이 법률들에 따라, 퓔레에서부터 민주정을)

— 민주파 2B.30(주석 442), 3A.23(주석 69), 5A.4(주석 26, 주석 36), 10장 안내, 10A.1(주석 18), 10A.15(주석 90), 10B.49(주석 251, 주석 254), 10B.50(주석 256), 17A.28(주석 98)

— 구역 머리말 1절(주석 3), 3A.29(주석 78), 3B.20(주석 126), 5장 안내, 5A.1, 5A.4, 6장 안내, 6A.1(18절, 40절), 6A.38, 8장 안내, 8A.8(주석 20), 17A.8(주석 37)

— 무리 5A.6

인사, *부름, *호칭 prosagoreusis 1A.1(54절), 15B.13 cf. 천명하다

일, 추구하는 일, 업, 활동, 관행 epitēdeuma cf. 추구하다

— 일 4B.15(286a)

— 추구하는 일 5B.25(1절)

— 업 17A.8

— 활동 2B.14(32절), 17A.29(462e, 463a)

— 관행 17A.45(538d)

일, 행위, 활동, 일거리, 성가심, 성가신 일, 사태, 사안, 사물, 재물, 대상, 공적인 장(場) pragma

— 일 1A.1(51절), 1B.28, 2B.13(9절), 2B.30, 3B.1, 3B.51, 4B.34, 5B.70, 5B.92, 6B.27, 9B.10.(a), 9B.10.(b), 9B.10.(c), 11B.1, 11B.3(283e), 11B.6(295a), 12B.2, 12B.7(3절), 13B.4(7절), 15B.20(9절), 17A.29(462c, 463a, 463b, 464b, 465a), 17B.4, 17B.14(42절)

— 행위 2B.13(1절)

— 활동 2B.77, 15B.18
— 일거리 5B.68
— 성가심, 성가신 일 1B.24(성가심만 제공할: pragmata parechein), 3B.42(성
    가시게 하지: pragma parechein), 3B.48(24절:.성가신 일), 10B.34(성가시
    게 하지: pragma parechein) cf. 성가심 없는
— 사태 6A.1(29절), 15B.16, 17B.12(80절: prēgmatōn)
— 사안 15B.16, 15B.21(4절)
— 사물 1B.12[386a(사물들이 내게 드러나는), 386e(사물들은 그것들 자체가)],
    1B.16, 1B.17, 1B.19, 1B.23(286a, 286b), 1B.27, 2B.4(4절, 20절, 21절,
    22절, 26절, 85절), 2B.6, 2B.13(17절, 18절), 3B.21, 3B.51, 3B.52, 4B.33,
    6B.29, 6B.31, 11B.3(284d, 286a, 286b, 286d), 11B.9, 13B.1(11절),
    13B.2(주석 49, 21절), 13B.3(13절), 13B.4(주석 108), 13B.5(3절, 5절,
    11절), 13B.8(1절, 6절, 10절, 12절), 13B.9(6절), 14B.4, 15B.20(3절),
    16B.1, 17A.46(90c)
— 재물 5B.88
— 대상 1B.9, 1B.24, 1B.68, 2B.22, 2B.51, 3B.6, 3B.17, 3B.25, 3B.50,
    4B.31, 4B.32, 5A.12, 6B.40, 6B.60, 15B.20(14절, 28절)
— 공적인 일 ta pragmata 12B.7[3절, 4절(pragmata), 8절(pragmata), 10절
    (pragmata)], 17B.12(80절)
— 공적인 장 ta pragmata 5A.6(아테네인들의)
일당 지급 제도 misthophoria 3B.20(주석 126), 6B.66(515e), 10B.50(주석
    256)
✿일상어 사용, *통용어 사용 kyriolexia 1B.56, 10장 안내 cf. 말의 옳음
일인자 koryphaios 17B.12(82절)
일인자 princeps ⑭ 2B.75
일인자가 되다 prōteuein 10A.13(24절)
일인 지배, 일인 주권, *일인정 monarchia cf. 참주정, 과두정, 민주주의
— 일인 지배 17B.12(80절, 82절: mounarchiē)
— 일인 주권 12B.7(14절)

일인 지배자 monarchos 17B.12(80절, 82절: mounarchos)

일인 통치자가 되다 monarchein 12B.7(16절)

일하다, 일을 하다, 작업을 하다, 이루어 내다, 만들어 내다 ergazesthai cf.
　기능, 더불어 일하는 수고를 하다, 행하다, 만들다

— 일하다 3B.18, 5B.22(3절), 5B.67

— 일을 하다 13B.2(17절)☆

— 작업을 하다 6A.1(19절)

— 이루어 내다 3B.48(25절)

— 만들다 4B.8(368c), 6A.1(43절)

— 만들어 내다 1A.7, 17B.1(282a)

임기응변 to automaton 15B.20(12절) cf. 저절로 됨, 때

입법술 nomothetikē 17A.29(464b, 464c, 465c)

입법자, *입법가 nomothetēs 1장 안내, 1B.53(주석 342), 3B.23, 6B.69(24절),
　7A.7, 10A.13(31절), 10B.33, 10B.54, 17A.45(538d)

입법 nomothesia 1B.53 cf. 법률들의 제정

입법하다, 법으로 제정하다 nomothetein cf. 법들을 제정하다

— 입법하다 3B.9

— 법으로 제정하다 6B.69(25절)

(ㅈ)

♣자극, 충동 hormē

— 자극 2A.1

— 충동 10B.45, 15B.18

자극제 erethisma 10B.1

자기 반박성 peritropē 1B.23(주석 248), 1B.26, 11B.5(주석 61), 11B.6(주석
　63), 16B.5(주석 33) cf. 스스로 자신도 거꾸러트리는 논변

자신을 내어 주다, 자신을 내어놓다, 자신을 제공하다 heauton parechein cf.
　인간애, 시기

— 자신을 내어 주다 6B.27☆, 7B.20

— 자신을 내어놓다 6A.33

— 자신을 제공하다 2B.48, 4B.10, 15B.21(28절)

자신을 넘겨주다 heauton paradidonai 11장 안내, 11A.1

자신을 돕다, 자신을 방어하다 heautōi boēthein

— 자신을 돕다 6B.42(522c, 522d)

— 자신에게 도움을 주다 8B.1(483b)

— 자신을 방어하다 11B.1(273c)

자신을 주다, 자신을 내주다 heauton didonai

— 자신을 주다 6A.1(34절)

— 자신을 내주다 6A.1(36절)

자신의 일들, 자기 것들 ta heautou

— 자신의 일들 ta heautou 10B.46

— 자기 것들 3B.18(ta hautou)

자신의 일들, 자기 것들, 자기에게 고유한 것들 ta oikeia cf. 고유한

— 자신의 일들 7B.23(343e)

— 자기 것들 10B.49

— 자기에게 고유한 것들 3B.18

자신의 일들을 행하다 ta heautou prattein 10장 안내, 10B.46 cf. 국가의 일
   들을 행하다

자연, 본성 natura ㉖

— 자연 1B.70, 3B.29, 5B.94, 5B.95, 6A.45, 7B.28, 17A.37

— 본성 2B.45

자연, 자연적인 상태, 본성, 천성, 태생, 타고난 능력 physis

— 자연 1B.9, 1B.24, 2B.5, 2B.14[1절, 15절(자연의 쾌락들)], 2B.29,
   3B.52(367b), 4A.2, 4A.10, 4B.17, 4B.33, 5B.2(주석 108), 5장 안내,
   5B.19, 5B.22☆, 5B.24, 5B.106, 6A.1(35절), 6B.3, 6B.4(주석 186), 6B.7,
   6B.58, 6B.68, 6B.72(주석 319), 7B.13, 8B.1, 8B.2, 8B.4, 10A.1(자연스
   러운), 10B.10, 15장 안내, 15B.1, 15B.2, 15B.18, 15B.20(3절), 17A.2(주

석 9), 17A.42, 17B.10, 17B.15(105절), 17B.18, 17B.19, 17장 주석 254
[책 제목 제외]
— 자연적인 상태 3B.48(22절)
— 본성 1B.48, 2B.5(86절), 2B.13(3절, 14절, 15절), 2B.22, 2B.51, 3B.25,
  3B.26, 3B.27, 3B.40, 3B.48(27절), 5A.4, 5A.6, 5B.19, 5B.21, 6B.4,
  7B.14, 7B.25(359b), 7B.31, 8B.1, 8B.4, 9장 안내, 9B.10.(c), 9B.11,
  10A.1, 10A.13, 10B.24, 10B.33(19행), 10B.47(책 제목), 10B.60, 12B.6
  (1절, 2절), 13B.8(1절, 2절), 14A.1, 15B.20(3절, 28절), 17A.2, 17A.26
  및 주석 90, 17A.29(463a, 465a, 465c), 17A.45(539d), 17B.11, 17B.19
— 천성 1B.49, 1B.52, 12장 안내, 12B.1(주석 10), 13B.6(11절)
— 태생 3A.6, 3B.48(22절)
— 타고난 능력 1B.47
자연발생적인 것들 ta phynta 5B.24(1절)
자연 사물들에 관하여 de natura rerum ㉫ 1B.70, 3B.29, 7B.28 cf.『자연에
  관하여』, 만물의 본성에 관하여, 모든 것들의 본성에 관하여
자연스럽다, 자연적으로, 본성 지어졌다, 본성상 pephykenai
— 자연스럽다 2B.13(6절)
— 자연적으로 7B.25(358e), 17B.11
— 본성 지어졌다 11B.9
— 본성상 6B.68, 7B.31
『자연에 관하여』 Peri Physeōs 2A.3, 2장 주석 189, 2B.5, 2B.9.(a), 2B.9.(b),
  3장 B 서두, 3B.28, 3B.42(주석 184), 6B.4(주석 186), 10B.34(주석 204),
  13B.8(1절 주석 177)☆, 15B.8, 17A.2(주석 9) cf. 만물의 본성에 관하여,
  모든 것들의 본성에 관하여, 자연 사물들에 관하여
자연에 관한 철학 philosophia de natura ㉫ 6A.45, 17A.37 cf. 자연 탐구
자연에 관한 탐구 peri physeōs historia 6B.3 cf. 자연 탐구, 『자연에 관하여』
자연에 따른, 자연에 따라, 자연스러운, 자연스럽게 kata physin cf. 자연에
  반하는
— 자연에 따른 1B.9, 5B.106, 8B.1(주석 29), 8B.2(자연에 따른 것 to kata

physin), 8B.4

— 자연에 따라 8B.1(483a), 8B.2 cf. 법에 따라

— 자연스러운 10A.1

— 자연스럽게 4A.2

자연에 반하는 para physin 1B.9, 5B.106, 8B.1(484a), 8B.4(492c) cf. 자연에
따른

자연에 의해 hypo tēs physeōs 5B.22(주석 167)☆, 5B.24(4절)

자연에 의해, 자연적으로, 자연히, 본성에 의해, 본성상 physei cf. 법에 의해

— 자연에 의해 4B.33, 8B.1(482e, 484c), 15B.2, 17A.42, 17B.10

— 자연적으로 1B.24, 4B.33, 5B.19, 5B.22(1절)☆, 5B.24(2, 3절), 17A.24,
17B.19

— 자연히 2B.29, 7B.31

— 본성에 의해 12B.6(1절)

— 본성상 2B.22, 6B.68, 8B.4(492b), 10A.13, 17A.29(463a, 465c)

자연에 의해 정의로운 것/일 to physei dikaion dikaion 8B.1(484c), 15B.2,
17B.10 cf. 법에 따라 정의로운 것들

자연의 관습, *자연의 법으로 정해진 것 physios nomothetēmata 17B.18 cf.
자연의 법, 자연의 산물

자연의 법 ho tēs physeōs nomos 8장 안내, 8B.1(483e) cf. 자연의 관습

자연의 산물 physios blastēmata 17B.18 cf. 자연의 법, 자연의 관습

자연의 정의 to tēs physeōs dikaion 8B.1(484b)

자연적 정의 *natural justice* 4B.33(주석 124), 7장 안내, 12장 안내, 12B.6
(주석 62), 17장 B 8절

자연철학자 philosophos physikos 3A.1, 3A.2, 6장 안내, 6B.4(주석 186, 주
석 187), 13B.8(주석 177), 17A.2(주석 8, 주석 9, 주석 10), 17A.8

자연 탐구 physiologia 6장 안내, 15B.8

자연학자 physikos 1A.13, 1B.71, 5B.96, 6A.1(19절, 45절)

자연학자 physicus ⑭ 3A.26

자유 eleutheria 2B.14(11절), 8B.4(492c), 10B.39(64절), 12B.7(12절),

17B.12(82절: eleutheriē), 17B.15(112절) cf. 거리낌 없이 할 말 다 함
자유로운, 리베르(자유) liber ㉐
— 자유로운 2B.70
— 리베르(자유) [신] Liber ㉐ 3B.37☆
자유롭게 하다 eleutheroun 3B.48(28절), 17B.12(82절: 자유로워졌으니까)
자유인, 자유인에게 걸맞은, 자유로운, 부채 없는 eleutheros cf. 노예
— 자유인 2B.14(11절), 2B.27(71e), 2B.47, 6B.36(540b), 10B.39(63절), 15장
  안내
— 자유인에게 걸맞은 10B.19
— 자유로운 5B.24(4절), 10B.39(64절), 15B.1, 15B.2, 17B.14(46절),
  17B.15(100절)
— 부채 없는 10B.49
자유인다운 eleutherios 2B.47, 3B.48(22절), 5A.14(3절), 7B.23(344c)
자유인답지 않은, 자유인답지 못한 aneleutheros
— 자유인답지 않은 6A.55(9절), 10A.13(29절)
— 자유인답지 못한 10장 안내, 17A.29(465b)
자잘한 이야기, *자잘함 mikrologia 3B.21 cf. 말의 옳음
자제력 없는 akratēs 6A.51, 10A.13(12절, 25절), 10B.63(397a), 12B.4(1절),
  13B.1(3절), 17A.24 cf. 방자한
자제력 없음, 자제 못함 akrasia
— 자제력 없음 6장 안내, 10B.63(397b), 13B.1(3절)
— 자제 못함 6B.59
자제력 없음 akrateia 17A.24(908c: 자제력이 없기까지 한)
자제력이 있는, 자제력이 강한, 자신을 통제하는 enkratēs
— 자제력이 있는 10A.13(14절)
— 자제력이 강한 12B.4(1절)
— 자신을 통제하는 8B.4(스스로 자신을 통제하는 enkratēs autos heautou)
자제 못하다 akrateuesthai 6B.59
자족 autarkeia 4장 안내, 4A.1, 4B.9 cf. 목적

자족적인, 자족하는 autarkēs
— 자족적인 6A.1(24절)
— 자족하는 10A.13(14절)
자줏빛 가장자리 장식이 멋지게 달린 옷을 입은 euparyphos 16B.9
자줏빛 옷 porphyra esthēs 2A.9, 3B.49(esthēs haliporphyros), 4A.8 cf. 부
자줏빛 의상 porphyra 6A.1(25절)
잘못, 그른 행동 hamartēma cf. 옳은 행동
— 잘못 2B.13(10절, 19절)
— 그른 행동 10B.33
잘못, 잘못된 일 hamartia
— 잘못 2B.13(15절), 2B.14[26절(가장 큰 잘못들), 36절], 17A.35
— 잘못된 일 2B.13(1절)
잘못을 범하다, *기만당하다 diapseudesthai 1B.20, 1B.21
잘못을 범하다, 나쁜 짓을 저지르다, 나쁜 짓을 하다 examartanein
— 잘못을 범하다 2B.14(26절: 가장 큰 잘못들을 범하고 examartanein tas
  megistas hamartias), 6B.29(372e), 10B.33(8행)
— 나쁜 짓을 저지르다 10B.63(397a, 397b)
— 나쁜 짓을 하다 7B.20
잘못을 저지르다 diaspeiresthai 10B.17(18행)
잘못을 저지르다, 잘못을 범하다, 잘못하다 hamartanein cf. 나쁜 짓을 하다
— 잘못을 저지르다 2B.14[26절(잘못을 저지르지 않았고, 잘못을 저질렀다
  면), 34절, 36절], 6A.50(잘못이 저질러져도, 저질러지는 잘못들보다),
  6B.29(372d), 10A.1(이런 잘못들을 저지른, 가장 잘못을 많이 저지르는),
  10B.17, 15B.20(10절), 15B.21(29절)
— 잘못을 범하다 1B.60, 6B.16
— 잘못하다 17A.24(잘못 hamartanon), 17B.7(21절)
잘못을 저지르다, 잘못된 일을 하다, *가락이 맞지 않는 음을 내다 plēmmelein
— 잘못을 저지르다 10A.13(26절)
— 잘못된 일을 하다 15B.21(2절)

잘못인 aitios 2B.40(457a)

잘못하다 dihamartanein 11A.4(3절)

잘 숙고함, 숙고 잘하는 능력, *좋은 숙고, *합리적 의사 결정 능력 euboulia

― 잘 숙고함 1B.47(319a: 잘 숙고하는 일), 7B.24(348d), 17B.14(44절)

― 숙고 잘하는 능력 머리말 3절

장난감 athyrma 15B.18 cf. 재밋거리, 유희

장난으로 대하다 prospaizein 11B.3(283b) cf. 유희하다

✿장식적 형용어 epitheton ornans 2B.65(주석 588), 4B.23(주석 99), 5A.6
   (주석 52), 15B.20(주석 100) cf. 형용어

장식하다, 질서 있게 배열하다 kosmein cf. 돋우미

― 장식하다 2B.66, 3B.48(34절), 10B.2(9행), 17B.7(21절)

― 질서 있게 배열하다 6B.47

장악하다, 힘을 가지다, 통제하다, 제압하다, 압도하다, 극복하다, *지배하다,
   *정복하다 kratein

― 장악하다 2B.14(2절), 7장 안내, 7B.18, 17A.48(267c)

― 힘을 가지다 5B.1(2절: 사적으로 힘을 가진 사람), 17B.15(105절)

― 통제하다 5B.80

― 제압하다 5B.81, 6A.1(37절), 6B.59

― 압도하다 5B.41, 17A.38

― 극복하다 10A.13(24절)

장인(匠人), 기술자, 만드는 사람, 만들어 내는 사람, 창조자 dēmiourgos cf.
   연설의 장인, 인민, 기술, 시인

― 장인 1A.9, 1B.48(322c), 2B.36(설득의 장인), 2B.36s(설득의 장인),
   2B.58☆, 6A.1(39절), 6A.2, 6A.10, 6B.19(주석 211), 11B.8, 17A.16,
   17B.1

― 기술자 1B.3, 1B.31(232d), 2B.40(457b), 17A.19(232d)

― 만드는 사람 2B.35(447d: 신발들을)

― 만들어 내는 사람 15B.18(인기를)

― 창조자 10B.24

장인(匠人) tektōn 10B.33(34행)

장인적 기술 demiourgikē technē 1B.48(322b) cf. 정치술

장중함 pompikon 2B.71, 15B.19

장황한 이야기, *긴 이야기 makros logos 3B.11 cf. 긴 이야기

재미 iucunditas ⑲ 2B.69 cf. 유희, 웃음

재밋거리, 장난감, *놀잇감 paignion cf. 장난감, 유희, 놀거리

― 재밋거리 2B.13(21절), 2B.69(주석 618), 7A.1, 7B.1, 15B.20(35절 주석
   118)

― 장난감 3B.52(368d)

재요약 epanodos 17A.48(267d)☆

✸재진술 deuterologia 15B.16

쟁론 eris 1B.24(1절), 6장 안내, 17A.9, 17A.43(쟁론을 구사하면서) cf. 대화,
   언쟁, 논쟁

쟁론 기술 eristikē technē 17A.11(231e)

쟁론술 eristikē 1B.34, 6장 안내, 11장 안내, 17A.21, 17A.31(주석 113) cf.
   논박, 논박술

쟁론적, 쟁론가 eristikos

― 쟁론적 1A.3, 11A.1(272b), 2B.41, 17A.11(231e: 쟁론 기술)

― 쟁론가 1A.1(52절, 55절), 1B.1

쟁론적 담론, 쟁론적 논변 eristikos logos

― 쟁론적 담론 1A.3

― 쟁론적 논변 2B.41, 6A.1(30절)

쟁론적 지혜 eristikē sophia 11A.1(272b: hē sophia hē eristikē)

쟁론하다, 언쟁하다 erizein

― 쟁론하다 1A.1(52절: 쟁론을 erizemenai), 17A.43(쟁론이 아니라)

― 언쟁하다 erizein 3B.12(337b: 언쟁은 하지, 언쟁은)

저술 scriptum ⑲ 10A.6

저술, 책, 작문 syngramma

― 저술 1B.39, 6A.1(22절), 17A.29(462b)

— 책 1B.24, 5A.11(제목이 달린 책)

— 작문 15B.20(22절)

저술 syntagma 5A.4

저술 syntaxis 5A.16, 7B.4, 10A.10

저자 auctor ⑭ 2A.12, 5A.18

저자, 역사가, 산문 작가 syngrapheus

— 저자 5A.11, 5A.12, 7B.6, 15B.11

— 역사가 5A.4

— 산문 작가 4B.12

저절로 됨, *임기응변 automatismos 15B.20(25절) cf. 임기응변, 때

적도(適度) to metron 10B.6(23행) cf. 때

적들에게 이로움을 주고 친구들에게 해를 끼치다 tous men echthrous ōphelein
    tous de philous kakōs poiein 15B.21(28절)

적절하다, 어울리다, 알맞다 prepein cf. 적합하다

— 적절하다 6B.47, 15B.18(적절하지만)

— 어울리다 6A.55(2절), 6B.10

— 알맞다 1B.48, 15B.16

적절한, 어울리는, 합당한 prepōn cf. 적합한

— 적절한 2B.23(to prepon 적절함), 10B.33

— 어울리는 10A.13(29절), 10B.19

— 합당한 10B.18

적절함 to prepon [decorum ⑭] 2B.23

적합하다, 적절하다, 어울리다 prosēkein cf. 적절하다

— 적절하다 2B.4(5절), 2B.14(19절, 26절), 5B.16

— 적합하다 8B.3(491d), 11B.8(301c, 301d)

— 어울리다 2B.15, 3B.48(32절)

적합한, 적절한, 알맞은, 어울리는 prosēkōn cf. 적절한

— 적절한 2B.14(28절), 15B.20(3절: 적절한 말 prosēkōn logos)

— 적합한 11B.8(301d), 17A.45(539d)

— 알맞은 17B.14(40절), ['알맞은 덕'의 용례들]

— 어울리는 1A.13

전문적인, *기술을 (얻기) 위한 epi technēi 1A.5☆ cf. 기술, 교양을 위한

✖ 전치(轉置) hyperbasis 2B.67

절제, 제정신 sōphrosynē cf. 제정신이다, 분별, 광기, 미치다

— 절제 3B.48, 5B.68, 5B.80, 6B.9, 6B.56☆, 8B.4, 9장 안내, 10장 안내, 10A.13, 10B.6, 10B.46, 12장 안내, 17A.16

— 제정신 13B.5

절제 있게 만들다 sōphronizein 7B.20

절제 있는, *신중한 sōphrōn 2A.26(절제 있게 sōphronōs), 5B.80, 5B.81, 6B.41, 8B.4, 10A.12, 10A.13, 17B.14(42절), 17B.15(101절: 절제를 가지고 sōphronōs)

절제 있다, 제정신이다, 온전한 정신이다 sōphronein cf. 절제, 광기, 미치다

— 절제 있다 5B.80(절제가 없다), 15B.3(절제 있음), 17B.14(44절: 절제가 있다면)

— 절제를 유지하다 7B.20

— 제정신이다 1B.8, 13장 안내, 13B.5, 15B.20(10절)

— 온전한 정신이다 9A.6, 15B.20(6절)

점쟁이 teratoskopos 5A.1, 5A.3, 5A.9, 5장 주석 67, 5A.15, 6A.1(46절) cf. 해몽가, 징조

정교하게 다듬은 연설 exeirgasmenos logos 15B.20(12절)

정교한 exquisitus ㊐ 15B.4(정교하게 짜인 추론들)

정교한 scitus ㊐ 1A.4

정교한 subtilis ㊐ 10A.6

정교한 표현 argutia ㊐ 2B.70

정교함, 활동 epitēdeusis

— 정교함 10A.11

— 활동 17A.29(462e, 463b)

정교함, *세련됨 kompseia 17A.37(101c 정교한 사항들) cf. 세련된

정교함 subtilitas ㉭ 6A.45, 17A.37 cf. 논변의 정교함, 언어의 정교함, 자잘한 이야기, 지나친 정교함

정념 affectus ㉭ 1B.37, 3B.2, 4B.36, 7B.16 cf. 경험, 겪다

정신, 지성, 지각, 생각, 마음 nous, noos

— 정신 1B.15(제대로 정신이 박힌: noun echein), 3B.52, 5B.24, 10B.6, 10B.24, 10B.26, 10B.33, 10B.43

— 지성 3A.16, 4장 안내, 17B.2(주석 193)

— 지각 6B.68(지각 있는: noun echein), 7B.25(지각 있는: noun echein), 15B.21(29절)

— 생각 17B.2(주석 193), 17B.12(81절)

— 마음 1B.63, 2A.1(같은 마음으로), 2B.16, 5B.80, 9B.7, 13B.5

정신 animus ㉭ 1A.4

정신, 마음, 포부 phronēma cf. 분별하다

— 정신, *의도, *목적 15B.21(12절)

— 마음 2B.13(17절: 와 있던 마음을, 마음 속에)

— 포부, *자신감, *기개 17A.38, 17B.9

정의(正義), 정의로움, 정의로운 것 to dikaion cf. 부정의

— 정의 2B.14(30절, 33절), 2B.23, 4B.30, 4B.34(5절, 13절), 5A.6(499절), 5B.24(6절), 6A.21(32c), 6A.33, 6B.10(37a), 8B.1[483d(dikaion), 483e, 484b], 12B.2(2절), 12B.3(6절), 12B.6(1절, 3절), 17A.44(164e), 17B.15[89절(dikaia), 90절(ta dikaia), 107절]

— 정의로움 6B.57(9절), 6B.68(50e), 6B.68(51b, 51c), 6B.69(11절, 18절), 17B.14(47절: dikaion)

—정의로운 것 7B.22(336c), 7B.23(338c), 339b, 343a, 343c, 343e, 344c), 7B.25(359b), 8B.1(483d, 483e, 484c), 13B.3, 13B.8(9절), 17A.41(261c), 17B.11(359b), 17B.15(90절)

정의(正義) dikaiosynē 1B.24(1절), 5B.24(1절), 6B.26(336e), 6B.53, 6B.54, 6B.56(329c), 6B.64(48a), 6B.69(12절), 6B.71, 7장 안내, 7B.23(343c, 344c), 7B.24(348b, 348c), 7B.25(358c, 358d, 358e, 359a, 359b), 7B.27,

7B.35, 8장 안내, 8B.2, 8B.4(492b, 492c), 10A.13(24절), 12장 안내, 14장
안내, 17A.29(464b, 464c, 465c), 17B.11(359a, 359b), 17B.15[105절 주석
250, 주석 251) cf. 부정의

정의(正義) dikaiotēs 17A.10

정의(正義), 디케, 대가, 처벌, 재판, 송사, 법정 연설, …처럼 dikē

— 정의, *도의 1B.48(322c, 322d), 2B.14(2절, 17절), 10B.33(6행), 12B.6
(5절), 12B.7(13절, 14절, 15절)

— 디케, *정의의 여신 Dikē 3장 주석 187, 17B.9

— 대가 1B.48(322a), 2B.14(20절), 4B.35(21절), 5B.1(2절), 5B.24(6절),
6A.1(42절), 6B.62(472e), 6B.69(24절), 7B.25(359a), 15B.21(29절),
17B.9, 17B.11(359a)

— 처벌 6B.73, 17A.24(908d)

— 재판 2B.14(36절), 5A.20(2절: 형량이 사형인 재판에), 5B.1(2절), 6A.1(38절,
40절), 6A.55(1절, 2절), 6B.62(472e), 9A.6(61a), 10B.58, 13B.8(9절) cf.
경연

— 송사 1A.1(55절), 1B.1, 2A.20, 6A.1(21절)

— 법정 연설 dikē 5B.1(2절)

— …처럼, *…의 방식으로 dikēn 3B.52(368c)

정의로운 dikaios 1B.15(167c), 2장 안내, 2B.14(1절), 2B.23, 2B.36s,
2B.40(456e, 457b, 457c), 2B.56, 2B.60, 4B.31(300e), 4B.34(13절),
4B.37, 4B.38, 5A.14(11절, 12절), 5B.24(2절), 5B.25(1절, 2절), 5B.26
(2절), 6A.1(26절), 6A.21(32c), 6A.35, 6A.55(5절), 6A.56, 6A.58(118a),
6B.9, 6B.47(17c, 18a), 6B.53, 6B.54, 6B.57(10절), 6B.61(49c),
6B.64(47e, 48a), 6B.68(50e, 51a), 6B.69(11절, 12절, 18절, 25절),
6B.70.(8절), 7B.23(343c, 343d, 343e), 7B.25(358c, 359a), 8B.1(484b),
8B.3(491a, 491d), 8B.4(491e), 10A.1, 10B.12, 10B.63(396e), 11A.4
(2절, 3절), 12B.4(1절), 13B.3(12절, 14절, 16절), 14B.5, 15B.2, 15B.17,
15B.21(3절), 17A.24(908b, 908c), 17A.26(493c), 17A.38, 17A.41(261d),
17A.45(538c, 538e), 17B.5, 17B.10, 17B.11(359a), 17B.14(40절, 47절),

17B.15(89절, 98절, 105절), ['정의(正義) to dikaion'의 용례들] cf. 부정의한 정의로운 기만 apatē dikaia 13B.3(12절)

정치가, 정치인 politikos cf. 연설가
— 정치가 3B.1, 5장 안내, 5A.14(15절), 6B.9, 6B.49(주석 270), 6B.65, 8B.1(484e), 17A.12, 17A.26
— 정치인 6A.1(39절), 6B.12, 6B.19(주석 211), 6B.66, 10B.28(주석 186), 10B.49(주석 251)

정치술, 정치 politikē cf. 정치적 기술
— 정치술 17A.29(463d, 463e, 464b)
— 정치 17A.26(493d)

정치적 기술, *시민적 기술 politikē technē 1B.47(319a) 1B.48(322b) 6B.42 (521d), 6B.66(521d), 17A.29 cf. 정치술, 정치적 지혜, 장인적 기술

정치적 능란함 deinotēs politikē 17A.8 cf. 정치적 기술

정치(적) 연설 politikos logos 2B.63, 2B.72, 5A.12, 7B.6, 7B.33, 15B.11 cf. 수사적 연설

정치적인 일들, 국가의 일들, 정치, 정치적인 활동 ta politika cf. 국가의 일들
— 정치적인 일들 1B.31(232d), 3B.1(politikōn: 정관사 없음), 17A.19(232d)
— 국가의 일들 6B.42(521d), 6B.66, 10A.13(16절)
— 정치 2A.6, 2B.32, 5A.14(15절), 17A.10
— 정치적인 활동 6A.18

정치적인 활동, 정치적인 행위 politikai praxis cf. 국가의 일들
— 정치적인 활동 17B.1
— 정치적인 행위 8B.1(484d-e)

정치적인 활동을 하다, 정치를 하다, 국가의 일들을 행하다, 국가의 일들에 종사하다 ta politika prattein cf. 국가의 일들을 행하다
— 정치적인 활동을 하다 6A.18
— 정치를 하다 5A.14(15절)
— 국가의 일들을 행하다 6B.42, 6B.66
— 국가의 일들에 종사하다 10A.13(16절)

정치적 지혜 politikē sophia 1B.48(321d) cf. 정치적 기술, 기술적 지혜

정치 활동을 하다, 정치적인 삶을 살다, 정치에 참여하다, 정치에 몸담다, 정치
　에 입문하다 politeuesthai cf. 국가의 일들을 행하다

— 정치 활동을 하다 10B.49(정치 활동)

— 정치적인 삶을 살다 5A.7(정치적인 삶)

—정치에 참여하다 3A.7

— 정치에 몸담다 5A.4

— 정치에 입문하다 6A.1(29절)

정치 체제, 정치 politeia

— 정치 체제 머리말 1절, 1A.1, 1B.1, 2B.58, 5B.1, 6A.50, 6A.53, 7B.20,
　10A.17, 10B.8(주석 139), 10B.35, 10B.36, 10B.37, 10B.41, 10B.42,
　10B.62, 12장 안내, 17B.13

— 정치 3B.52(368c)

정화 katharsis 6B.41(230d)

정화되지 않은 akathartos 6B.41(230e)

정화된, 순수한 katharos

— 정화된 3A.12(주석 38), 6B.41(230d, 230e), 10B.52(주석 262)

— 순수한 5A.16, 7B.4, 10A.9, 10A.10, 10A.11, 10B.39(64절)

정화자 kathartēs 17A.11(231e) cf. 순수한

정화하다 kathairein 6장 안내, 6A.1(44절), 6B.41(230c)

정확성, 정확함, 엄밀함, 엄밀한 수준 akribeia

— 정확성 3B.11, 15B.20(25절, 33절)

— 정확함 15B.20(13절, 14절, 16절), 7B.31(271a: 정확하게), 17B.7(22절: 꼭
　그대로 정확히, 가능한 한 정확하게)

— 엄밀함 2B.23

— 엄밀한 수준 8A.8

정확한 accuratus ㉬ 2B.45

정확한, 정확성, 엄밀한 akribēs

— 정확한 2B.14(정확히 알고서 eidōs akribōs), 3B.27(정확히 알지 못했다

ouk akribōs egnō), 5A.4, 5A.16, 6A.25(정확히 알지만 akribōs oida), 7B.4, 7B.22(336d: 정확하게 ... 그걸 뭐라고 이야기하는지), 10A.10, 15B.20[11절(정확히 반대되는 방식의), 20절(정확히 맞춰), 23절(미리 정확하게 알 proïdein akribōs), 25절(정확히 ... 이야기함으로써), 34절(정확하게 이야기하는)]

— 정확성 to akribes 17B.15(90절)

— 엄밀한 4B.15(285c), 4B.33(338a), 6B.56

정확한 말, *엄밀한 논변 akribēs logos 5A.16, 7B.4, 10A.10 cf. 엄밀한 논변

정확한 정의(定義), *엄밀한 정의 akribologia 2B.74, 3B.7

제멋대로인, 훈육 받지 않은 akolastos cf. 방종

— 제멋대로인 10B.6

— 훈육 받지 않은 17B.12(81절)

제비로 뽑다, *추첨으로 뽑다 klēroun 6B.67

제비로 뽑힌, *추첨으로 뽑힌 klērōtos 6B.67 cf. 추첨으로 뽑은

제비를 뽑게 하다, *추첨으로 할당하다 diaklēroun 13B.7(3절, 4절: diaklaroun)

제비를 뽑다, 제비를 뽑아 (...로) 나오다, *추첨으로 할당받다 lanchanein cf. 추첨

— 제비를 뽑다 6B.67

— 제비를 뽑아 (...로) 나오다 13B.7(2절, 3절, 4절)

제비뽑기, *추첨, *추첨제 klēros 4B.15(주석 85), 13장 안내, 13B.7[(1절 (klaros), 2절(klēros)] cf. 추첨

제자 akoustēs, akroatēs, homilētēs, mathētēs, synousiastēs [일부 대표적인 용례만 반영]

— akoustēs 2B.71, 15B.19

— akroatēs 1A.2

— homilētēs 6A.39 cf. 동료

— mathētēs 3A.1, 3A.2, 3A.4, 3A.19, 3A.29, 3A.30, 6B.23(4절 주석 219)☆, 9A.4, 15A.3, 17A.19(233c)

— synousiastēs 2B.64, 5A.14

제정신이 아니다 parakoptein 3B.42, 6A.1(43절), 10B.34 cf. 광기, 미치다

조직화되지 않은, *형상으로 환원되지 않는 arrhythmistos 5B.19 cf. 리듬

좋은 태생, 고상함 eugeneia

— 좋은 태생 14장 안내, 14B.6, 17B.16

— 고상함 17A.38

좋은 평판, *좋은 명성 eudoxia 2B.13(4절), 12B.2, 2B.61(주석 572)

좋은 평판, *좋은 명예, 명성, 좋게 불림 eukleia

— 좋은 평판, *좋은 명예 12B.2, 17B.17

— 명성 5B.68

— 좋게 불림 10B.16

좋은 평판을 받는 eudokimos 8B.1

주문, *노래 epōidē 2B.13(10절), 8B.1(484a) cf. 마법, 주술, 기만

주문을 걸다, 주문을 외우다 katepāidein cf. 홀리다, 마법을 부리다

— 주문을 걸다 8B.1(483e)

— 주문을 외우다 6B.43(80a)

주문을 걸다 pharmakeuein 2B.13(14절)

주문을 외우다 epāidein 7B.18, 17A.48(267d)

주술 mageia 2B.13(10절) cf. 마법, 주문, 기만

주술사 pharmakeus 17A.15 cf. 마법사

주인 despotēs 1A.6(주석 90)*, 2A.20, 2B.28, 3B.48(32절), 3B.52(366e),
   5A.14(2절), 7B.23(343b), 8B.1(484a), 8B.4(492b), 10A.16, 16A.1, 16B.9
   cf. 노예

주인 dominus ㉤ 6A.54

주인, *소유주, *가부장 patōr 10B.16

주인다운 despotikos 7B.23(344c)

주재자, 주(主) anax 6B.19(주석 212)

주재하는, 주도권을 가진, 일상적인, 통용되는 kyrios

— 주재하는, *주인 노릇하는 17A.26(493d: 자기를 주재하게 만들면서)

— 주도권을 가진 10A.14

— 일상적인 1B.56, 10A.1

— 통용되는 17A.39

주재하다 kyrieuein 15B.20(11절)

주조하다, 빚다, 짜진 틀을 이용하다 typoun cf. 유형, 빚다

— 주조하다, *각인하다 2B.13(13절)☆

— 빚다 1B.48

— 짜진 틀을 이용하다 15B.20(14절) cf. 즉흥 연설하다, 준비

준법적인, 합법적인, 적법한, 법도에 맞는, 법규, 법령들, 규칙들 nomimos
    cf. 무법적인

— 준법적인 4B.34, 6B.69(12절), 17A.45(539a)

— 합법적인 6B.69(24절, 25절), 7B.25(359a), 12B.3(1절), 17B.11

— 적법한 15B.2

— 법도에 맞는 2B.23

— 법규 nomima 5B.24(1절, 2절), 17B.15(105절)

— 법령들 nomima 17B.9

— 규칙들 nomima 4B.15(286b)

준비 paraskeuē 2B.13(19절: 기술을 가지고 준비해서), 15B.20(25절: 준비된
    것) cf. 스파링하다, 사전 준비 운동을 하다, 즉흥 연설

준비되지 않은 aparaskeuatos 5B.5, 5B.109

준비된 hetoimos 9B.6

준비된, 준비해 놓은 pareskeuasmenos

— 준비된 3A.9, 4B.16, 7B.26, 17A.46(91b: 준비가 된)

— 준비해 놓은 4B.10

준비 없는, 준비되지 않은 aparaskeuos

— 준비 없는 5B.5

— 준비되지 않은 10B.26

준비하다 kataskeuazein 10A.16, 10A.17 cf. 기법

준비하다, 준비를 갖추다 paraskeuazein

— 준비하다 3A.9(준비된), 4B.10(준비해 놓은), 4B.16(준비된), 7B.26(준비

된), 5B.66, 10B.26(준비되어 있는 pareskeuasthai), 15B.20(29절: 준비하며 paraskeuazetai), 17A.46(91b: 준비가 된)

— 준비를 갖추다 2B.35(448d)

준비하다 prohetoimazein 6A.1(38절 필요한 모든 준비들은 … 뤼콘이 했다)

중간 문체 misē lexis 7장 안내, 7B.5, 7B.20(주석 91) cf. 유려한 문체, 근엄한 문체

즉석에서 ek tou parautika, ek tou parachrēma, parachrēma, houtōs

— ek tou parautika 15B.20(8절, 9절, 18절, 24절)

— ek tou parachrēma 15B.20[3절, 33절(즉석에서 연설하는 사람들의)]

— parachrēma 15B.21(27절)

— houtōs 17A.29(464b)

즉흥 연설 autoschediasmos 6A.47(주석 146: 신들린 즉흥 연설), 15장 안내, 15B.20(18절, 20절, 23절) cf. 준비

즉흥 연설 schedios logos 2A.6, 2B.50, 6A.47(주석 146: 즉흥 연설 전통), 15A.3(주석 7), 15B.20(주석 78)

즉흥 연설 능력 autoschediastikē dynamis 15B.20(30절, 33절) cf. 쓰는 능력, 말하기 능력

즉흥 연설을 하는 autoschediastos 15B.20(17절)

즉흥적인 연설 autoschediastikos logos 15B.20(8절, 29절)

즉흥 연설하다, *즉석(에서) 연설하다 schediazein, aposchediazein, autoschediazein

— schediazein 15A.3

— aposchediazein 2A.1

— autoschediazein 15B.20[13절, 22절, 31절, 32절(즉흥 연설을 더 잘하고), 35절]

즉흥 연설하다, 즉석에서 연설하다, 즉석에서 하다 autoschediazein cf. 주조하다(짜진 틀을 이용하다), 즉석에서

— 즉흥 연설하다 15B.20[13절, 22절, 31절, 32절(즉흥 연설을 더 잘하고), 35절]

— 즉석에서 연설하다 15B.20(14절, 33절)

— 즉석에서 하다 15B.20(33절)

즐거운, 즐거워하는, 달콤한, 쾌락, 순진한, 순진무구한, 고마운 hēdys cf. 고통스러운, 쾌락, 향신료

— 즐거운 1B.47(317c), 2A.1(2절), 2A.30, 2B.13(18절), 2B.35(448d), 2B.50, 3B.14, 3B.48(23절, 30절, 31절, 33절), 4B.15(285d: 즐거이), 4B.33, 5A.14(3절), 5B.68, 6A.1(27절), 6A.55(5절, 6절), 6B.33, 6B.41, 6B.42, 8A.1, 8B.5, 9B.10.(c), 10A.1, 10B.19, 10B.33, 10B.36, 10B.63, 12B.2 (3절), 12B.7[4절(가장 즐거운 관심과는, 가장 즐거우니까), 5절(가장 즐거운 휴식으로부터, 즐겁게 hēdeōs), 11절], 17A.29(464d, 465a), 17B.12 (80절), 17B.15(105절)

— 즐거워하는 6B.40(458a: hēdeōs … elenchthentōn 논박을 받는 걸 즐거워하고, hēdeōs … elennxantōn 논박을 해 주는 걸 즐거워하는)

— 달콤한 6A.14, 9B.13.(c), 10B.1

— 쾌락 hēdy 3B.12(다른 어떤 쾌락을)

— 순진한 8B.4

— 순진무구한 7B.24

— 고마운 2B.14(28절)

즐거운 laetus ㉐ 9A.10

즐거운 phaidros 9B.13.(b)

즐거운 prosēnēs 3B.30

즐거움 voluptas ㉐ 2B.69 cf. 쾌락

즐거움에 동참하다 synapolauein 9B.13.(b) cf. 누리다

즐겁다, 즐거워하다, 즐거워지다, 쾌락을 누리다, 쾌락을 얻다 hēdesthai cf. 괴로워하다, 쾌락, 기뻐하다, 유쾌하다, 즐기다, 누리다

— 즐겁다 8A.5

— 즐거워하다 5B.24(5절), 1A.5, 3B.48(33절), 5B.67, 6B.70

— 즐거워지다 2B.13(19절), 3B.48(24절)

— 쾌락을 누리다 3B.12

— 쾌락을 얻다 17B.14(40절)

즐기는, 즐거운, *낙으로 삼을 만한 terpnos

— 즐기는 3B.14, 3B.48(23절)

— 즐거운 10B.6(21행)

즐기다, *돌보다, *지키다 amphiepein 10B.1

즐기다, 즐겁게 하다, 즐거움을 주다, 흔쾌하다, *즐거움을 누리다, *낙으로
  삼다 terpein cf. 고통스럽게 하다, 즐겁다, 기뻐하다, 유쾌하다, 누리다

— 즐기다 terpein, terpesthai 2B.13(18절), 3B.48(24절: 즐기게 될까
  terphtheiēs)

— 즐겁게 하다 2B.13(13절, 14절), 5A.2

— 즐거움을 주다 10B.6(24행), 17B.14(40절)

— 흔쾌하다 terpesthai 1B.16(terpomai)

즐김, *즐거움을 누림, *낙으로 삼음 terpsis 2B.13(5절), 3B.9, 3B.10, 3B.11,
  15B.20(27절) cf. 쾌락, 기쁨, 유쾌함, 누림

증거, 증후 tekmērion cf. 표지

— 증거 2B.39, 4B.32, 6A.12, 6B.23(2절), 6B.29(372b, 372c), 8B.8, 11A.1
  (272b), 13B.6(9절: tekmarion), 15B.20(13절), 17A.4, 17A.48(266e),
  17B.2(282e, 283a), 17B.7(20절, 21절)

— 증후, *조짐, *징후 5B.107

증거를 얻다, 증거로 들다, 추정하다 tekmairesthai

— 증거를 얻다 4B.29

— 증거로 들다 8B.1(484b)

— 추정하다 5A.4, 15B.21(10절)

증명, 신뢰의 증거, 신의 pistis

— 증명 pistis [confirmatio ㉜] 15B.16

— 신뢰의 증거 2B.14(8절, 9절)

— 신의 2B.23

증명을 제시하다 kataskeuazein 15B.3 cf. 반박하다

증언, 증거, 증거 자료 martyria [testatio ㉜]

— 증언 17A.48(266e)

— 증거 2B.23

— 증거 자료 10B.43

증언 martyrion 13B.3(11절)

증언하다, 증인이 되다, 증거 노릇하다, 증언으로 뒷받침하다 martyrein

— 증언하다 2B.14(22절), 2B.26, 3B.52(366b: 참된 증언을 하고), 5B.25,
6A.1(37절), 6A.3, 15B.21(7절)

— 증인이 되다 5B.96, 6A.32

— 증거 노릇하다 1B.8(61절)

— 증언으로 뒷받침하다 2B.14(22절: 고발이 증언의 뒷받침을 받아서)

증언하다 ekmartyrein 13B.4(6절)

증인, 증언자, 증언해 줄 사람, 보는 사람 martys

— 증인 2B.14(7절, 9절, 15절, 22절, 23절), 6B.46, 10B.48

— 증언자 6A.3(증언한다), 13B.2

— 증언해 줄 사람 6A.21(32e), 6B.29(372b)

— 보는 사람, *증인 5B.24(1절: martyros)

증표, 보여 주는 사례 epideigma cf. 본, 본보기

— 증표 4B.8

— 보여 주는 사례 6B.69(12절)

지각 없는, 몰지각한, 생각 없는, 지성 없는, 어리석은, *정신 없는 anoētos cf.
몰지각

— 지각 없는 3B.48(31절)

— 몰지각한 6A.56

— 생각 없는 17A.29(464d)

— 지성 없는 17B.2

— 어리석은 2B.14(26절), 6A.1(38절)

지각 없는 agnōmōn 10A.13(26절)

지나친 정교함, 지나친 공들임, 쓸데없는 일, *주제넘은 것 periergia cf. 참견
하다

— 지나친 정교함 3B.22(periergeia)

— 지나친 공들임 2B.68(공들임이 지나친 것)

— 쓸데없는 일 1B.24

지성, 정신, 마음, 판단, 판단력, 분별, 견해, 의도, 대의, 제안 gnōmē cf. 심지가 굳은, 사고

— 지성, *사유 3B.48, 5B.2(주석 108), 5B.3, 5B.4, 5B.5, 5B.34, 5B.58, 5B.105, 10B.6, 10B.43, 10B.44, 17B.18

— 정신 13B.9

— 마음 2B.23, 5A.6, 5B.68, 6A.55, 15B.20[8절, 12절, 16절(마음이), 17절, 18절]

— 판단 2B.13(13절), 3A.22, 3B.48, 5A.21, 5B.26, 6A.15, 6B.57, 6B.69, 7B.20, 10A.1, 10B.5, 15B.20(23절), 17B.14(38절, 42절)

— 판단력 7B.20, 15B.20(34절)

— 분별 2B.13(19절)

— 견해 3B.6, 17B.14(36절, 49절)

— 의견 17B.12(82절)

— 의도 15B.21(1절)

— 대의 17B.7

— 제안 5A.20

지시체, 가리켜진 것, *의미 sēmainomenon

— 지시체 3B.9

— 가리켜진 것 3B.22

지어내다, 빚다 plattein cf. 주조하다

— 지어내다 6B.47, 15B.20(12절)

— 빚다 8B.1(483e)

지어지다, 써지다, 작문되다 synkeisthai cf. 짓다

— 지어지다 2A.1(5절: 지어졌다), 2A.16(지어졌다), 4B.15(286a: 이야기를 지어 놓은), 5A.6(정의에 어긋나는 연설들을 지어 주었다고)

— 써지다 17B.7(22절: 썼다)

— 작문되다 4B.2, 4B.8(368d), 15B.20(12절: 작문한다는)

지혜를 행사하다, 고안해 내놓다, *소피스트 노릇을 하다 sophizesthai cf. 소
피스트 노릇을 하다
— 지혜를 행사하다 17B.2
— 고안해 내놓다 15B.21(26절)
직판자 autopōlēs 17A.11(231d)
진보 epidosis 15B.20(32절)
진보를 이루다, 진전을 이루다 epididonai
— 진보를 이루다 17B.1(281d, 282b)
— 진전을 이루다 1B.47(318c, 318d)
진정한 소피스트, 진짜 소피스트 ontōs sophistēs cf. 완벽한 소피스트, 가짜
소피스트들
— 진정한 소피스트 머리말 3절, 15B.21(12절 주석 138), 17A.9(주석 49),
  17A.11(268d)
— 진짜 소피스트 머리말 2절
진지하다, 진지하게 임하다, 진지하게 대하다, 진지하게 말하다, 진지하게 탐
구하다, 진지하게 추구하다, 추구하다, …하려 하다, 전심을 다하다, 골몰
하다, 업으로 삼다 spoudazein cf. 유희하다, 웃다
— 진지하다 8A.6(너무도 진지한), 11B.3[283b(그걸 욕망하며 진지한, 283c
  (놀라울 정도로 진지하다고)]
— 진지하게 임하다 1B.15(167e: 대화에서는 진지하게 임하기도), 11B.3(283b:
  진지하게 임하지)
— 진지하게 대하다 6A.6
— 진지하게 말하다 8A.6(이 말들을 진지하게 하고, 진지한 말을 하고)
— 진지하게 탐구하다 5A.12
— 진지하게 추구하다 15B.20(32절, 34절)
— 추구하다 1A.2(4절)
— …하려 하다 10A.1(참주처럼 굴려 하는 tyrannika spoudazetai)
— 전심을 다하다 12B.4(1절)
— 골몰하다 6A.1(30절)

— en taxei 15B.20(24절)

질투 zēlotypia 2B.20 cf. 선망, 선망하다, 경연

짓다, 쓰다, 글로 쓰다, 연설을 쓰다, (법을) 제정하다 syngraphein cf. 연설
작성가, 연설 쓰기, 저술

— 짓다 2B.50(이야기를 지은), 3B.45(이야기를 지은), 3B.43(칭찬들을 산문으
로), 5B.1(2절: 법정 연설들을 지었을), 17B.6(칭찬들을 산문으로)

— 쓰다 5A.4(몇몇 연설들을 썼는데, 쓰기를 저버린)

— 글로 쓰다 11A.1(272a)

— 연설을 쓰다 5A.4(연설을 쓰는)

— (법을) 제정하다 10A.15

짓다, 작문하다 syntithenai cf. 지어지다

— 짓다 2B.50(이야기를), 3A.15(이야기를), 3B.45(이야기를), 5A.4(비극들을)
cf. 지어지다

— 작문하다 15B.20(11절)

징조 symbolon 6A.20, 6B.23

징조, 기괴한 것 teras cf. 점쟁이

— 징조 5A.9

— 기괴한 것 4B.31

징조로 받아들이다 oiōnizesthai 5B.100

징조 해석가 sēmeiolytēs 5B.101

짝, 짝으로 대응하는, 상응하는 짝 antistrophos

— 짝 17A.29(465e)

— 짝으로 대응하는 17A.29(464b)

— 상응하는 짝 17A.30

짧게 대답하다 kata brachy apokrinesthai, dia bracheōn apokrinesthai, brachea
apokrinesthai

— kata brachy apokrinesthai 1B.45, 2B.35(449b)

— dia bracheōn apokrinesthai 2B.35(449a)

— brachea apokrinesthai 6B.45(334d)

짧게 말하는 brachylogos 2B.35(449c)

짧게 이야기하다 brachea eipein 1B.32(짧게 이야기를 할), 6B.45(335a: 짧게 이야기를 할)

짧게 이야기하다 brachylogein 10A.1

짧게 짧게 하기 to kata brachy 4B.33(338a) cf. 대화의 엄밀한 유형

짧은 이야기, 짧게 이야기하기 brachylogia cf. 대화의 엄밀한 유형, 긴 이야기
— 짧은 이야기 1B.32, 1B.46, 6B.45(335a, 335b)
— 짧게 이야기하기 2B.35(449c)

찢어발기다 sparattein 17A.45(539b) cf. 발기발기 찢다, 웃음거리로 만들다

(ㅊ)

찬미하다 hymnein 3B.48(33절), 10B.4

찬양 enkōmion [책 제목 대개 제외] 머리말 2절(주석 12), 2A.31(주석 171), 2B.13(주석 293☆, 21절), 2B.15, 3B.43, 14B.7(주석 27), 15B.5, 15B.6 (화류계 여인인 나이스의 찬양) cf. 변명

찬양 laudatio ㉾ 15B.4

찬양하다 enkōmiazein 2B.23, 2B.35(448e), 2B.80(194e), 6B.29(372c), 6B.71, 7B.25(358d), 7B.35, 10A.12(157e: 번역문에는 158a), 14B.7, 17B.1(282a), 17B.6

참견하다, *많은 일들을 하느라 바쁘다 polypragmonein 6A.18 cf. 지나친 것, 주제넘은

참주, 주재자 tyrannos
— 참주 머리말 1절, 2장 A 주석 39, 2A.13(주석 115), 2A.31(9절 주석 170), 4B.24☆, 4B.33(337d: 인간들에게 참주인 법) 및 주석 124, 5A.4, 5A.6(498), 5A.21, 5B.93, 7B.23(344a 주석 112), 8B.1(주석 29), 10B.1 (주석 108), 10B.21, 10B.33(6행: 정의가 참주가 되고), 12B.7(12절, 13절), 14장 안내(주석 4), 15B.20(11절), 17A.6, 17A.10, 17A.24, 17B.12(80절, 81절)

— 주재자 2B.13(3절)

참주 tyrannus ㉐ 2B.45

참주 노릇하다, 참주다, 참주가 되다 tyrannein

— 참주 노릇하다 3B.52(366e)

— 참주다 2A.31(9절: tyrannēsas), 5B.1(1절: hoi tyrannountai 참주들), 10B.33(참주였던)

— 참주가 되다 2B.14(13절)

참주적인, 참주처럼 구는 tyrannikos

— 참주적인 6A.53

— 참주처럼 구는 10A.1(참주처럼 굴려 하는 tyrannika spoudazetai)

참주정, 참주 자리 tyrannis cf. 일인 지배, 민주주의, 과두정

— 참주정 3A.23, 7B.23(344a), 10장 안내, 10A.1, 12B.7(12절), 17B.12(81절), 17B.14(37절)

— 참주 자리 2B.14(21절), 8B.4(492b)

책 biblion 1A.1(52절, 55절), 1A.3, 1A.15, 1B.1, 1B.7, 3A.23, 3B.35(부정의한), 3B.44, 5A.4(글라우코스의 책), 5A.11(책 다섯 권에다, 책을 하나 써서), 5B.101, 6A.14(230d), 6B.21, 7B.34, 15B.20(1절, 15절, 28절), 17A.48(266d), 17B.6, 17B.7(22절) cf. 저술

책 gramma 3B.25

책 liber ㉐ 1A.4, 1A.11, 1B.41, 5B.95, 5B.97, 5B.103, 9A.10

'책을 잊어먹는 사람' Bibliolathas 5A.3(주석 11)

처벌 dikē, kolasma, timōria, zēmia

— dikē 6B.73, 17A.24(908d) cf. 정의(正義)

— kolasma 10B.33(4행)

— timōria 6B.69(24절)

— zēmia 2B.13(7절), 5B.24(2절), 7B.23(343e), 12B.4(3절) cf. 손실

처벌받다 zēmiousthai

— 처벌받다 6B.69(17절: 처벌은 덜 받고), 7B.23(344b: 처벌도 아주 크게 받고), 15B.21(11절, 21절)

— 대가를 치르다 17B.14(40.3절)

처벌을 피한 athōios 12B.6(2절)

척도 metron 1장 안내, 1A.1, 1B.3, 1B.8, 1B.9, 1B.10, 1B.11, 1B.12, 1B.13, 1B.15, 1B.17, 1B.20, 2B.14(30절), 5B.12, 9B.6, 15B.21(22절, 27절) cf. 판단 기준

천상의 것들 meteōra 1B.71, 3B.40, 4A.10, 4B.17, 6A.44, 17A.23, 17A.25

천상의 것들을 논하는 자들 meteōroleschai 1A.13

천상을 논하는 소피스트들 meteōrosophistai 3A.22, 6A.15

천성이 좋은, 태생이 좋은, 좋은 재능을 타고난 euphyēs cf. 태생이 좋은

— 천성이 좋은 13B.6(11절: 좋은 천성을)

— 태생이 좋은 2A.7, 2B.68

— 좋은 재능을 타고난 17A.24

철저히 연습하다, 훈련시키다 ekmeletan cf. 연습

— 철저히 연습하다 4B.15

— 훈련시키다 2A.11

철학하는 수사학, *철학적 수사학 hētorikē philosophousa 17A.38

철학하는 사람들, *철학자들, *철학도들 hoi philosophountes 5A.14, 13B.1 (1절), 17A.38

철학하다, 지혜를 사랑하다 philosophein

— 철학하다 1A.3, 6A.1(20절), 6A.56, 8A.8(철학함), 15B.21[12절, 22절(철학함)] ['철학하는 사람들', '철학하는 수사학'의 용례들]

— 지혜를 사랑하다 6B.20, 6B.74(지혜 사랑하기), 15B.7, 17A.15

체육 gymnika 13B.1(6절)

체육관 gymnasion 3B.51, 3B.52(주석 223), 4B.8(주석 58), 6A.1(43절), 6B.4, 13B.2(3절) cf. 레슬링장

체육 사랑하기 philogymnastein 6B.74

체육 선생 paidotribēs 2B.36, 2B.40, 3B.52(366e), 16A.1(주석 13: 체육 교사), 17A.29(464a) cf. 글 선생

체육술 gymnastikē 1B.47, 2B.42(주석 503), 17A.29(464b, 464c, 465b, 465c)

cf. 운동

총괄 기획 기술 architektonikē 1B.60

✿추가 논박 epexelenchos 9B.2, 17A.48 cf. 논박

✿추가 확증, *심화 확증 epipistōsis 17A.48(266e)

추구하다, 쫓아가다, 쫓아다니다, 뒤쫓다, 고발하다, 시현(示現)하다 diōkein
　　cf. 탐색하다
— 추구하다 1B.15(167d: diōkteon 추구해야만 하니까요), 8B.1(482e: 진리
　　를), 8B.4(492c: 진리를), 17A.43(454a: 단어 자체에 대한 반대를)
— 쫓아가다 8B.1
— 쫓아다니다 6B.69(24절)
— 뒤쫓다 5B.96
— 고발하다 2B.14(24절: 재판으로 고발하고 있는)
— 시현하다 3B.48(34절)

추구하다, 몰두하다, 몸담다, *일삼다 epitēdeuein cf. 일
— 추구하다 4A.2(4절), 4B.4, 4B.15(286a, 286b), 7B.25
— 몰두하다 5B.26
— 몸담다 17A.29(463a)

✿추론, 머릿속 추론, 논변, 엔튀메마, *수사적 추론 enthymēma cf. 결론 내
　　리다
— 추론 15B.20(4절, 18절, 19절, 20절, 24절, 25절, 33절), 17A.18
— 머릿속 추론 15B.20(3절)
— 논변 2B.26, 3A.31, 5A.5, 7B.8
— 엔튀메마[그럴법한 전제들을 기반으로 하는 추론] 11B.10

추론, *계산 logismos 2B.13(2절), 4B.15

추론, 연역 추론, *삼단논법 syllogismos
— 추론 6B.8
— 연역 추론 17A.31

추론하다 eklogizesthai 5B.1(2절)

추론하다 logizesthai 6A.12(추론이... 되지), 6B.16, 12B.7(12절: 이런 추론은)

추론하다, 추론으로 도출하다, *연역 추론/삼단논법으로 도출하다
　syllogizesthai
— 추론하다 2B.4(2절), 6B.8
— 추론으로 도출하다 1B.59
추론하다 symballesthai 12B.7(12절)
추첨, 제비, *제비뽑기, *콩 kyamos cf. 제비뽑기
— 추첨, *제비뽑기 6A.50[추첨으로(apo kyamou) 임명하면서]☆
— 제비, *콩 13B.7(5절)
추첨 palos 17B.12(80절)
추첨으로 뽑은, *제비로 뽑은, *콩으로 뽑은 kyameutos 6A.50(추첨으로 뽑아서)
　cf. 제비로 뽑힌
치유하다 iasthai 6B.29(372e, 373a), 8A.4(치유도 내가 할) cf. 보살피다
치유할 수 없는, 치유 불가능한 anēkestos
— 치유할 수 없는 2B.14(34절: 치유할 수 없는 것들의 경우에는)
— 치유 불가능한 5B.80, 17B.15(111절)
치유할 수 없는 aniatos 2B.14(34절: 치유할 수 없거든요)
치유할 수 없는 dysiatos 2B.13(17절)
치유할 수 있는 akestos 2B.14(34절)
친구들에게 잘하고 적들에게 못되게 하다 tous men philous eu poein kai tous
　d' echthrous kakōs, tous te philous eu poein kai tous echthrous kakōs
— tous men philous eu poein kai tous d' echthrous kakōs 2B.27(71e)
— tous te philous eu poein kai tous echthrous kakōs 15B.21(28절)
친구들에게 해를 주고 적들을 이롭게 하다 tous men philous blaptein tous
　d' echthrous ōphelein, tous men philous kakōs poiein tous de echthrous
　ōphelein
— tous men philous blaptein tous d' echthrous ōphelein 2B.14(25절)
— tous men philous kakōs poiein tous de echthrous ōphelein 2B.14(18절)
친구들을 이롭게 하거나 적들에게 해를 주다 philous ōphelein ē polemious
　blaptein 2B.14(18절)

친구들을 자유롭게 하고 적들을 정복하다 tous te philous eleuthroun kai tous echthrous cheirousthai 3B.48(28절)

칭송하다 eulogein 17B.16

칭송하다 klein 17A.1

칭찬, 칭송 epainos cf. 비난

— 칭찬 2A.1(5절: 칭찬하는 데만), 2B.13(1절: 칭찬할, 칭찬으로), 2B.16(5절: 칭찬하는 데만), 2B.17, 2B.18, 2B.65, 3B.43, 3B.48(31절, 33절), 8B.1(483b: epainon epainein), 10A.13(26절), 17B.6(칭찬들을 산문으로, 칭찬을 받는)

— 칭송 2B.80(195a), 3B.23

칭찬 laus ⑭ 2B.45, 2B.69

칭찬받을 epainetos 2B.13(1절) cf. 비난받을 만한

칭찬받을 만한 epaineteos 5A.6 cf. 비난받을 만한

칭찬하다, 칭송하다, 승인하다 epainein cf. 비난하다, 미리 칭찬하다

— 칭찬하다 1B.35, 2B.13(1절: 칭찬한다는 것은), 2B.14(32절), 2B.15, 2B.17, 2B.18, 3A.18, 3B.12(337b: 칭찬을 받게, 칭찬은 epaineisthai), 3B.22, 4B.15(285b, 285d), 5A.4(어떤 칭찬들을 받고 있느냐에, 연설이 칭찬받는다), 5A.6, 5A.13, 5A.19, 6A.1(27절), 6A.22, 6B.70, 7B.23(338c), 7B.25(358d), 8B.1(483b: 칭찬과 비난을 합니다 epainous epainein), 8B.4(492a: 번역문에는 492b), 9B.3, 9B.12.(a), 10A.4, 12B.2(3절), 14B.8, 15B.20(29절), 17A.6, 17A.26(493d)

— 칭송하다 2B.80(195a), 6A.1(31절), 6A.10

— 승인하다 10A.13(29절)

칭찬하다 laudare ⑭ 2B.45(칭찬으로써 laudando)

(ㅋ)

쾌락, 즐거움 hēdonē (hadona) cf. 고통, 즐겁다, 즐거움, 기쁨, 유쾌함, 즐김, 성적 쾌락, 누림

— 쾌락 2A.26, 2B.13(10절), 2B.14(15절), 2B.50(주석 542), 3장 안내(주석 3), 3A.9, 3A.17, 3B.9, 3B.10, 3B.11, 3B.44, 3B.48(27절), 4B.16, 4B.31(주석 110), 5B.68, 5B.80, 6B.42(522b), 7B.26, 8B.4, 9B.8, 10A.3(주석 31), 10A.13(14절), 10B.20, 13B.2(28절: hadona), 13B.3 (17절: hadona), 15B.18, 17A.24, 17A.26, 17A.29(462c, 462d), 17A.45 (538d), 17B.14(38절, 40절)

— 즐거움 2B.56(말들의)

쾌락을 주다, *즐거움을 주다 hēdein 5B.24(4절) cf. 즐겁다, 쾌락

크리티아스 따라 하기, 크리티아스처럼 말하기 kritiazein cf. 고르기아스 식으로 말하기, 히피아스처럼 말하기

— 크리티아스처럼 말하기

— 크리티아스 따라 하기 10A.1

큰소리, *되도 않는 큰소리 megalēgoria 6A.55(1절, 2절)

(ㅌ)

탐구, 탐문 historia

—탐구 6B.3, 15B.20(1절)

—탐문 1A.1(50절: 책 제목『잡다한 탐문』)[이하 책 제목 용례 생략], 5A.3

탐문을 잘 하는 zētētikos 3B.52 cf. 탐색하다

탐문하다 ereunan 6A.23

탐색, 탐구, 찾는 일 zētēsis

— 탐색 6B.19(21b: 탐색해 보기로), 6B.26(336e: 탐색을 하면서), 17B.7 (20절: 진실에 대한 탐색)

— 탐구 6A.1(21절), 17A.19(탐구하면서)

— 찾는 일 15B.20(21절: 할 말을 찾는 일)

탐색하다, 찾아 나서다 anazētein

— 탐색하다 6A.44, 17A.23, 17A.25

— 찾아 나서다 15B.10(236행: 살인자를)

탐색하다 episkeptesthai 17A.33

탐색하다 epizētein 6B.54(덕의 부분들 각각이 무엇인지를 탐색했다)

탐색하다, *묻다 quaerere ㉐ 6B.6

탐색하다, 탐구하다, 추구하다, 찾다, 찾아다니다 zētein cf. 탐문을 잘 하는, 문제, 함께 탐색하다, 추구하다

— 탐색하다 2A.3, 3B.21, 6B.7, 6B.8, 6B.19(22a), 6B.40, 6B.54(덕이 무엇인 지를·탐색했던)

— 탐구하다 6A.1(21절), 6A.44, 17A.25, 17A.38(탐구되고 있는 것들에), 17A.40

— 추구하다 1B.48(322b), 2B.14(15절), 4B.33(338a), 6B.8, 7B.20

— 찾다 2B.27(72a), 3B.48(30절: 얼음을 찾아), 6A.13(220c), 6A.23, 6A.55 (8절: zētētea 찾아야겠다고), 6B.26(336e: 금을 찾고 있다고, 정의를 찾고 있는), 10B.16(이득들을), 11B.6(293d: 앎을), 17B.14(38절)

— 찾아다니다 6A.1(33절)

탐욕스러운, *응분의 것보다 더 가지겠다고 주장하는 사람 pleonektēs 6A.51, 10A.13(12절) cf. 더 많이 갖기, 욕심이 과한

탓하다 accusare ㉐ 2A.28

탓하다, ... 탓이라고 보다, 책임을 돌리다, 비난하다, 고발하다, 피소되다, *원 인이라고 여기다 aitiasthai cf. 원인

— 탓하다 17A.46

— ... 탓이라고 보다 6B.29

— 책임을 돌리다 10A.13(26절)

— 비난하다 2B.13(6절), 10B.48

— 고발하다 6B.23

— 피소되다 5A.20

태생이 나쁜 dysgenēs 6B.72(주석 319), 17장 주석 254, 17B.16(태생 나쁨)

태생이 좋은 eugenēs 6B.72(주석 319), 14B.6, 17장 주석 254, 17B.16(태생 좋음) cf. 천성이 좋은

태생이 한미한 agenēs 14B.6

통로 poros 2B.10, 2B.11 cf. 유출
특수한 법 idios nomos 17B.10 cf. 공통된 법

(ㅍ)

파괴하다 apollynai, dialyein, kathairein, katalyein, synereipein
— apollynai 6B.68(법률들만이 아니라 국가 전체를) cf. 망가지다
— dialyein 15B.18(분명함이 파괴되기) cf. 해체하다
— kathairein 10A.1(성벽을)
— katalyein 2B.14(17절: 정의를), 17B.15(90절: 공공의 선을) cf. 해체하다
— synereipein 15B.20(25절: 단어들의 전체 구조를)
파멸 diaphthora 8B.1(484c), 17A.28 cf. 손상
파멸 olethros 6A.20
판단 기준 kritērion [헬레니즘 시대 용어] 1B.8, 1B.9, 1B.20, 2B.5, 11B.13,
    11B.14, 16B.1, 16B.3, 16B.4, 16B.7
평등, 똑같은 것, 똑같이 to ison cf. 동등한
— 평등 2B.23, 6A.53
— 똑같은 것 17B.13(37절: 똑같은 것을 공유하지만)
— 똑같이 8B.1[483c(똑같이 가질), 484a(똑같이 가져야)]
평등 isonomia 17B.12(80절: isonomiē) cf. 동등한
표절, 절도 klopē
— 표절 머리말 6절(주석 19), 1B.6(주석 135), 1B.7, 1B.48(주석 316),
    2B.3(주석 195), 4B.4(주석 52), 4B.21(주석 97), 4B.29(주석 105), 5A.11,
    7B.21(주석 94), 13장 안내
— 절도 1B.48
표절하다, 도둑질하다, 훔치다 kleptein cf. 훔치다, 도둑, 신전 절도
— 표절하다 2B.3
— 도둑질하다 13B.3
— 훔치다 1B.48, 2B.50(주석 546), 4B.37, 10장 주석 197, 13B.3, 17A.26

(주석 96)

표지, 징조, 신호, 기호, 표시, 증거, 징표, 점 sēmeion cf. 증거

— 표지 5B.107, 15B.20(32절), 17A.33, 17B.7(21절)

— 징조 5B.100, 5B.101

— 신호 6A.18(주석 100), 6B.23(주석 220), 11A.2 cf. 신령스러운

— 기호 2B.4(22절)

— 표시 15B.21(9절)

— 증거 5B.19, 5B.21

— 징표 2B.14(31절)

— 점 5B.17

표현, 문체, 언표, 어법, 단어 선택, 단어, 용어, 용례 lexis [elocutio ㉲]

— 표현 1B.7, 2B.23, 2B.43, 2B.64, 2B.66, 2B.68, 3B.25, 2B.71, 2B.73*, 2B.76, 5A.11, 7B.10(주석 69), 14B.9, 15B.18, 15B.19

— 문체 2B.80s, 7장 안내, 7A.2, 7B.5, 7B.13, 7B.20(주석 91), 10A.1(주석 25), 10장 B 주석 106, 10B.11(주석 147), 10B.51(주석 261), 10B.58(주석 280), 15A.4(주석 8), 15B.18(1406a, 1406b)

— 언표 1B.19

— 어법 2B.26, 5A.3

— 단어 선택 1B.58, 1B.60, 3A.31, 5A.5, 10A.11

— 단어 5B.54s(주석 237), 10B.45

— 용어 1B.68

— 용례 5B.43

표현, 언명, 말 phōnē

— 표현 5B.41

— 언명 1B.43

— 말 1B.48(322a)

표현 phrasis 2B.64, 3A.31, 5A.5

표현하다 apangellein 10A.1

표현하다, 공표하다 ekpherein

— 표현하다 2B.5(85절), 7A.2

— 공표하다 15B.20(31절)

표현하다, 표현을 구사하다, 개진하다 hemēneuein

— 표현하다 1A.2(4절)

— 표현을 구사하다 4A.2(8절)

— 개진하다 2A.1(2절), 3B.46

표현해 줄 수 없는 anexoiston 2B.5(서두, 83절) cf. 보여줄 수 없는, 설명해
  줄 수 없는

표현 형태, *어법 형태, *문채 ho lexeōs schēmatismos [figura elocutionis 라]
  2B.68

♣풍유(諷諭) allēgoria 2B.67

풍자하다, *비방하다, *이암보스로 말하다 iambizein 2A.36☆ cf. 이암보스,
  비방하다

프로타고라스의 공언 to Prōtagorou epangelma 1장 주석 276, 1B.34, 17A.21

(ㅎ)

한계, 끝점 peras cf. 끝

— 한계 3B.16

— 끝점 5B.17

함께 논의를 하다 synousian poieisthai 1B.46, 6B.45(335b)

함께 탐색하다, 함께 탐구하다 syzētein cf. 탐색하다

— 함께 탐색하다 6B.43(80d)

— 함께 탐구하다 6A.1(22절)

함께하다, 함께 있다, 함께 지내다, 교제를 나누다 syneinai cf. 벗어나다

— 함께하다 1B.47(318a: 나와 함께한다면), 3B.48(32절), 5B.72, 6B.4(10절),
  12B.2(6절), 12B.7(4절), 17A.4

— 함께 있다 1B.47(316c), 2B.14(7절), 6A.39, 6A.50, 11A.4(1절)

— 함께 지내다 2A.8, 2B.14(11절, 15절), 2B.78, 3A.13, 4A.4, 5A.14(3절),

6A.1(37절), 6B.23(4절)☆, 6B.45(336b), 10A.13(24절, 39절)

— 교제를 나누다 3A.3(19e), 9A.1(19e), 17A.13(19e)

— 교제하다 3A.3(20a), 9A.1(20a), 17A.13(20a)

함께하다, 함께 있다, 함께 지내다, 함께 어울리다, 함께 시간을 보내다 syngignesthai

— 함께하다 1B.47[318a(나와 함께하는 날마다), 318d(프로타고라스와 함께 하게 되면, 그와 함께하게 되는, 누군가와 함께하게 될)], 3A.32, 4B.13, 6B.24, 17A.28

— 함께 있다 1B.47, 6B.29(372b), 10A.13(16절)

— 함께 지내다 1A.7, 2A.15, 6A.55(5절), 9A.6(61d), 13B.6(6절), 17A.9

— 함께 어울리다 2B.13(10절), 6B.74(342d)

— 함께 시간을 보내다 6A.52(30절)

함께함, 함께 지냄, 함께 논의함, 모임, 교제, 공존 synousia

— 함께함 5A.14(11절, 12절)

— 함께 지냄 17A.26(493b: 함께 지내며)

— 함께 논의함 1B.46, 6B.45(335b)

— 모임 2B.14(6절), 3B.12(337b), 6B.40(457d), 6B.45(335b, 335c)

— 교제 1A.2(1절), 1B.15(168a), 1B.47(316c), 3A.3(20a), 6B.24, 9A.1(20a), 10A.13(13절, 38절), 17A.13(20a)

— 공존 14B.1, 14B.2

합리적인, 합당한 eulogos cf. 합당하다, 설득력 있는, 불합리한

— 합리적인 eulogos 3B.27

— 합당한 6B.8, 6B.54, 12B.2

합의 consensus ㉘ 5B.95 cf. 승인

합의 synthēma 15B.21(7절)

합의하다 anomologeisthai 17A.44(164c) cf. 동의하다, 생각을 같이하다

합의하다 syntithesthai 15B.21(7절)

합창 가무단(원), 대열 choros 1A.5, 1A.6, 1B.8, 4B.3, 6B.63, 6B.70, 10B.1, 11A.3, 11B.2

합창 가무단 책임자 chorēgos 10B.59

항변하다, 변명하다, 옹호하다 apologeisthai cf. 변명, 고발하다

— 항변하다 2B.14(32절), 6A.55, 6A.56, 6B.22, 6B.42, 13B.4, 17A.30

— 변명하다 2B.15, 10A.13

— 옹호하다 2B.13(8절)

해를 입다, 피해를 입다, 손상되다 blaptesthai

— 해를 입다 5B.24(2절), 5B.25(2절)

— 피해를 입다 5B.73(피해가)

— 손상되다 3B.21

해를 입히다 kakon ergazesthai 5B.1(2절)

해를 입히다, 온갖 짓궂은 일들을 하다, *나쁜 짓을 하다 kakourgein cf. 앙
    갚음으로 해를 입히다, 나쁜 짓

— 해를 입히다 6B.61

— 온갖 짓궂은 일들을 하다 8B.1(483a), 17A.39

해를 주다, 해를 끼치다, 해를 입히다 blaptein cf. 이롭게 하다

— 해를 주다 2B.14(18절, 25절), 6B.50

— 해를 끼치다 5B.24(4절) cf. 해를 입다

— 해를 입히다 5B.25(2절), 6B.29(372d)

해몽가, *점쟁이 coniector ㉐ 5B.95 cf. 꿈 해석, 해석자, 징조 해석가

해몽가 oneirokritēs 5A.1, 5A.3, 5장 주석 67 cf. 점쟁이, 해석자, 징조 해석가

해석 krisis 5A.1 cf. 꿈 해석, 해몽가

해석 방식 interpretatio ㉐ 5B.94, 5B.98 cf. 꿈 해석, 해몽가

해석자 interpres ㉐ 5B.94, 5B.95, 5B.98 cf. 해몽가, 징조 해석가

해악, 비난들 kaka

— 해악 6A.51, 10A.13[12절 13절(kakon)], 11A.4(3절), 15B.18(kakon)

— 비난들 3B.52(366e)

해악 kakotēs 9B.5, 17B.12(80절)

해악을 끼치다 kaka ergazesthai 17A.24

해악을 끼치다 kaka poiein 6A.51, 10A.13[12절, 13절(kakon poiein)]

해체시키다, 반박하다 lyein

— 해체시키다 17B.12(82절: 조상 전래의 좋은 관습들을)

— 반박하다 5B.16

해체하다, 파괴하다, 반박하다 dialyein

— 해체하다 15B.20(25절: 단어들의 전체 구조를)

— 파괴하다 15B.18(분명함이 파괴되기)

— 반박하다 5B.16

해체하다, 파괴하다 katalyein

— 해체하다 12B.7(15절: 정의를)

— 파괴하다 2B.14(17절: 정의를), 17B.15(90절: 공공의 선을)

행동하다, 행위하다 dran

— 행동하다 10B.39, 17B.14(46절), 17B.15[102절, 105절(똑같은 행동을 하게)]

— 행위하다 5B.24(행위: to dran)

행위, 행동, 활동, 성공 praxis cf. 행하다

— 행위 2B.14(18절), 2B.27(72a), 3B.18, 3B.48(33절), 8B.1(484e), 10A.4

— 행동 2B.14(11절), 10B.18, 17A.24

— 활동 2B.42, 5B.79, 17B.1

— 성공 5B.102

행위하다 rezein 13B.3(11절)

행하다, 행위하다, (행위를) 하다, 행동하다, (행동을) 하다, 행동으로 옮기다,
실행하다, 지내다, 이루다 prattein (prassen) cf. 행위, 만들다, 일하다

— 행하다 3B.18, 6A.23, 6B.42, 10B.46, 11B.3(284b), 11B.8(301d), 17A.12
(행하고)

— 행위하다, (행위를) 하다 1A.1(55절: 옳지 않은 행위들), 1B.1(옳지 않
은 행위들), 2B.14[19절(무슨 행위를 하든, 이런 행위들을 한다면), 20절
(이런 행위들을 하고서)], 3B.47(33절: 현재의 행위들을 잘함으로 해서),
5B.15(행위들: pepragmenōn), 6B.59, 13B.2(17절: prassen)☆, 13B.5(8절:
각각이 하는 행위들), 13B.8(2절: prassen)

— 행동하다, (행동을) 하다 10A.13[15절, 16절(이후 행동), 29절(행동을 하

는)], 17A.24(그런 행동들을 하는: touautas praxeis prattein), 17B.15(105절: 행동하는 것이)

— 행동으로 옮기다 2B.14(11절, 12절)

— 실행하다 17A.12(실행도 하고)

— 지내다 3B.51(잘 지내다: eu prattein)

— 이루다 10A.13(14절: 이루어지고)

허상, *환상 typhos 16B.6☆

허풍쟁이, 돌팔이 alazōn cf. 떠벌려대다, 과장

— 허풍쟁이 3B.35(51절), 11B.3(283c)

— 돌팔이 17A.16

헛되게 지혜롭다고 여김 mataios doxosophia 6B.41(231b)

헤일로테스 heilōtēs 2B.59(주석 569), 10B.39☆, 10B.50(주석 255), 15장 안내

형용어, 부과된 것, *보태진 것 epitheton cf. 장식적 형용어, 장식적 장치

— 형용어 1B.56, 2B.29(주석 439), 2B.65, 15B.18 cf. 장식적 장치

— 부과된 것 5B.24

형편없는 kakos 5A.13, 6B.73, 10장 안내(주석 2), 10B.46(162d)

형편없는, 보잘것없는, 사소한, 열등한 phaulos

— 형편없는 2B.5(79절), 3B.19, 3B.51, 4B.33, 5A.6, 5A.14(2절), 6A.1(34절), 6A.5, 6A.8, 6B.17, 6B.19, 6B.29, 6B.47, 6B.74(342d), 10A.13(29절), 17B.1

— 보잘것없는 6B.55, 8B.1(483c), 15B.20(5절, 14절)

— 사소한 1B.11, 2B.37(261b), 3A.29, 3B.51, 6B.48, 6B.64, 7B.30

— 열등한 17A.35

혜택을 베푼 사람, *유공자, *은인 euergetēs 2B.14(30절☆, 36절)

혜택을 베풀다, 혜택을 주다 euergetein cf. 이롭게 하다, 은덕을 되갚다, 덕을 보다

— 혜택을 베풀다 2A.15

— 혜택을 주다 12B.3(4절)

— 은덕을 베풀다 6B.69(17절)

호기로운 megaloprepēs 2B.48 cf. 호방함

호방한, 호기 있는 megalophrōn cf. 대범한

— 호방한 1B.65

— 호기 있는 11B.6

호방함, 통이 큼 megaloprepeia cf. 호기로운

— 호방함 15B.14

— 통이 큼 2B.14(15절)

호사 polyteleia 5A.14(10절), 10B.41 cf. 사치

호사스러운 polytelēs 10B.41

호연지기 megalophrosynē 10B.9 cf. 호방함

호승심을 가진, 모두가 꺾고자 애쓰는, *호승적인, *정복을 추구하는 philonikos
cf. 경쟁자로 삼다, 경쟁을 벌이다, 경쟁심, 공명심

— 호승심을 가진 philoneikos 5A.4, 6A.1(22절)

— 모두가 꺾고자 애쓰는, *호승적인, *정복을 추구하는 philonikos 2B.13(4절)

홀리다, *현혹하다, *구슬리다 kēlein 1A.5(315a, 315b), 7B.18, 7B.25
(358b)☆, 17A.48(267d) cf. 마법을 부리다, 주문을 외우다

홀리다 parapeithein 15B.21(22절)

홀리다, 매혹시키다 thelgein cf. 마법을 부리다, 주문을 외우다

— 홀리다 2B.13(10절), 2B.80(197e)

— 매혹시키다 2A.6, 2B.50, 3A.15, 3B.45

화합, *한마음 homonoia 2A.1(4절, 5절), 2A.24(주석 155), 2B.16(4절, 5절),
2B.20, 5A.3(『화합에 관하여』)[이하 이 책 이름 용례는 생략], 6B.70(16절),
7B.20.

화합하다, *한마음이 되다 homonoein 2B.20, 6B.70(16절)

확고하게 만들다 bebaioun 1B.8(61절)

확고하다 arariskein 17B.17

확고한, 확실한 bebaios cf. 흔들림 없는

— 확고한 1B.8(63절), 1B.12(386e), 3B.48(32절), 10B.55, 11B.9, 12B.2(2절),
17A.38, 17A.46(90c)

— 확실한 6B.41(230c)

확고한 pagios 1B.20(pagiōs 확고하게)

확고함 bebaiotēs 1B.12

확인 bebaiōsis 10B.18 cf. 확고한

♣확증 pistōsis 17A.48(266e)

♣환치(換置) hypallagē 2B.67

활동 epitēdeuma, epitēdeusis, ergon, hexis, pragma, praxis

— epitēdeuma 2B.14(32절), 17A.29(462e, 463a) cf. 일 epitēdeuma

— epitēdeusis 17A.29(462e, 463b) cf. 정교함 epitēdeusis

— ergon 12B.7(3절, 4절, 5절, 8절), 17A.3 cf. 기능 ergon

— hexis 17A.9 cf. 습관 hexis

— pragma 2B.77, 15B.18 cf. 일 pragma

— praxis 2B.42, 5B.79, 17B.1 cf. 행위 praxis

효능 kyrōsis 2B.42☆, 2B.43

훈련(퀸틸리아누스 책 제목 『연설에 대한 훈련』) institutio ⓡ 1B.37, 2A.5, 2A.12, 2B.46, 3B.2, 3B.3, 4B.36, 6B.30, 7B.14, 7B.16, 9B.14 cf. 연습, 연설 연습

훈련 못 받은 agymnastos 10B.27 cf. 연습, 훈련

훈련시키다, 단련하다 gymnazein cf. 연습, 훈련

— 훈련시키다 2A.18, 13B.2(9절, 25절: 벗고 훈련하다), 15B.20(6절: 훈련한)

— 단련하다 3B.48(28절)

훌륭한 연설가 agathos rhētōr 1B.15(167c), 2A.4(가장 훌륭한 rhētōr aristos), 2B.35(449a), 6A.8

훔치다 hyphairein 5B.73 cf. 표절

흔들림 없는, 흔들리지 않는, 안전한 asphalēs cf. 확고한

— 흔들림 없는 6B.34, 10B.28

— 흔들리지 않는 17B.9

— 안전한 4A.11, 9A.6(61a: 번역문에는 61b), 12B.7(2절, 9절), 17A.47(101d)

흔들림 없는 연설가 asphalēs rhētōr 6B.34

흔들림 없음, 안전, *확실함 asphaleia cf. 안전 sōtēria

— 흔들림없음 6B.34

— 안전 2B.14(17절), 17B.15(98절, 107절)

흥분 *들뜸, *짜릿함, *팽창, *부풀어 오름 eparsis 3B.9 cf. 쾌락, 기쁨

희극 시인, *희극 배우 kōmikos 3A.29, 6A.1(36절)

희극 작가 comicus ㉡ 9A.10

희극 작가 kōmōidopoios 2B.77, 6A.1(27절), 6장 주석 109, 15B.18

희랍어 하기, (순수한 혹은 옳은) 희랍어 구사하기, 희랍어를 하다 hellēnizein
   1B.58, 10A.1(주석 23) cf. 아티카 말 하기

희화화하다 kōmōidein, diakōmōidein, epikōmōidein

— kōmōidein 5A.4, 5A.6(499절: 희화화의 대상으로 삼는)

— diakōmōidein 1B.71, 17A.29(462e)

— epikōmōidein 6A.18(31d)

히피아스처럼 말하기, 히피아스 식 표현, 히피아스처럼 말하다 hippiazein
   2A.38, 2장 주석 594, 4A.14 cf. 고르기아스 식으로 말하기, 크리티아스처
   럼 말하기

힘 alkē 2B.13(4절)

힘 is 6A.41(쓰는 힘)

힘 ischys 1B.48(320d), 1B.52, 2B.40(457a), 6A.12(5절), 6A.53(법률들의
   힘), 10B.33(2행), 12B.3(1절)☆, 12B.6(3절), 17B.14(37절)

힘, 권력 kratos

— 힘 2A.7(1절), 13B.5(12절: kartos)

— 권력 12장 안내, 12B.6(1절, 2절, 5절), 17B.12(81절)

힘 rhōmē 2A.5(주석 63), 2A.22, 2B.23, 2B.44[이야기(logos)의 힘], 10A.7,
   17A.48[267a: 이야기(logos)의 힘]

힘 sthenos 7장 안내, 7B.18(칼케돈 사람의 힘)☆, 7B.19, 17A.42(제논의 큰
   힘), 17A.48(267c: 칼케돈 사람의 힘)

힘 vis ㉡ 3B.3(서론의 힘), 5B.95(자연의 힘, 말[馬]들의 힘), 6A.45[연설
   (oratio)의 힘], 7A.4(연설의 힘), 17A.37(연설의 힘)

힘이 없음, 병약함 arrhōstia
― 힘이 없음 7B.25(359b: 불의를 행할), 17B.11(불의를 행할)
― 병약함 3A.7
힘 있는, 튼튼한, *씩씩한 errhōmenos
― 힘 있는 8B.1(483c, 483e)
― 튼튼한 10B.40
힘 있는, 힘을 가진, 힘이 센, 힘, 강한 ischyros
― 힘 있는 1B.52, 7B.23(344c), 8B.3(491c), 10B.40(가장 힘 있게 될)
― 힘을 가진 6B.70(16절)
― 힘이 센 17A.26(493a: 힘이 세지고)
― 힘 to ischyron 12B.2(5절)
― 강한 2B.13(16절), 10B.39(어떤 음모보다 더 강하다고), 12B.6(1절),
　 17A.24(908c)

희랍어-한글

abasanistos 검증 없는
abios 부유한
accuratus ㉭ 정확한
accusare ㉭ 탓하다
achos 고통
♣actio ㉭ 연기, 행동 연기
adamantinos anthrōpos '강철 인간'
adamantinos 강철로 된, *강철 같이 단단한
adēlos 불분명한
adēlotēs 불분명함
adikein 불의를 행하다, 불의를 저지르다, 부정의한 일을 저지르다, 부당한 짓
　을 하다, 죄를 범하다, 잘못하다, 해를 입히다

946

adikeisthai 불의를 당하다, 해를 입다, *부정의를 당하다

adikēma 불의, 잘못

adikēteon 불의를 행해야 하는

adikia 부정의, 불의, 부당함

adikos 부정의한, 불의한, 부당한, *그른

adoxos 그럴법하지 않은, *예상과 어긋나는

adulator ㈎ 아첨꾼

adynatos pseudesthai 거짓될 능력이 없는

adynatos 능력 없는, 무능력한, 무능한

aemulatio ㈎ 아이물라티오, *모방적 경쟁

aemulus ㈎ 모방적 경쟁자

aequus ㈎ 동등한

affectus ㈎ 정념

agalma 상(像)

agathos rhētōr 훌륭한 연설가

agenēs 태생이 한미한

agennēs 비천한

agnoia 무지

agnōmōn 지각 없는

agōn 경연, 겨룸, 경쟁, 경쟁 무대, 겨루며 추구하는 바, 경기, 재판, 아곤

agōnia 싸움 연습, *수련, *훈련

agōnisma 경연용 연설, 겨룸, *싸움, *경쟁

agōnistēs 경연자, 겨루는 자, 경기자, 경쟁자

agōnizesthai 겨루다, 상(賞)을 놓고 겨루다, 자웅을 겨루다, 겨룸을 행하다,
    경연을 하다, 경쟁하다

agraphos 써지지 않은

agraptos 써지지 않은

agymnastos 훈련 못 받은

ahēdēs 불쾌한, 즐겁지 않은, 안 즐거워하는

ahēdia 불쾌감

ahōros 때 이른

aideisthai 부끄러워하다

aidōs 염치

aischros 수치스러운, 수치인, 부끄러운, *추한

aischynē 수치, 수치심, 부끄러움

aischynesthai 수치스러워하다, 부끄러워하다

aisthanesthai 감각하다, 지각하다, 감지하다, 경험하다, 알다, *눈치채다, 알
아차리다

aisthēsis 감각, 지각

aisthētērion 감각 기관

aisthētos 감각되는, 감각될 수 있는

aitia 원인, 원인 제공자, 탓, 연유, 이유, 책임, 비난, 고발 혐의, 혐의

aitiasthai 탓하다, ... 탓이라고 보다, 책임을 돌리다, 비난하다, 고발하다, 피
소되다, *원인이라고 여기다

aitios 원인이 되는, 원인인, 원인 제공자인, 연유인, ... 탓인

aitios 잘못인

akairia 안 맞는 때

akairos 때에 맞지 않는, 시의적절하지 않은, 철없는

akathartos 정화되지 않은

akestos 치유할 수 있는

akolasia 방종, 무절제

akolastainein 방종하다

akolastos 제멋대로인, 훈육 받지 않은

akompsos 세련되지 않은, *정교하지 않은

akosmios 돋우미 없는

akoustēs, akroatēs, homilētēs, mathētēs, synousiastēs 제자

akrasia 자제력 없음, 자제 못함

akrateia 자제력 없음

akratēs 자제력 없는

akrateuesthai 자제 못하다

akratos 순수한, 섞이지 않은, 절제되지 않은

akribeia 정확성, 정확함, 엄밀함, 엄밀한 수준

akribēs logos 정확한 말, *엄밀한 논변

akribēs 정확한, 정확성, 엄밀한

akribologia 정확한 정의(定義), *엄밀한 정의

akribologos 엄밀한 논변, *논변이 엄밀한, 정확한 말

alazōn 허풍쟁이, 돌팔이

alazoneia 과장

alazoneuesthai 떠벌려대다

algeinos 고통스러운

alkē 힘

✽allēgoria 풍유(諷諭)

alogia 불합리

alogos 불합리한, 근거 없는, 비이성적인

alypos 고통 없는, 고통스러운 일 없는, 고통스럽지 않은, 괴로움을 주지 않는

amathēs 무지한, 무식한, *어리석은

amathia 무지, 무식, 어리석음, 어리석은 일

✽ambitus ㉐ 완결문, *도미문(掉尾文)

ameleia 돌보지 않음

amelein 돌보지 않다, 관심을 기울이지 않다

amelēs 돌보지 않는

ho ameinōn 더 나은 자[/사람]

amochthos 수고하지 않는

amphiepein 즐기다, *돌보다, *지키다

amphisbētein 논쟁하다, 논쟁을 벌이다, 반박하다, 이의를 제기하다, 이의가
    있다, 제 것이라 주장하다

amphisbētēsis 논쟁

amphisbētētikos 논쟁을 벌이는 데 능한

✣anadiplōsis 되풀이, *어구 반복

✣anakephalaiōsis 요약

✣anaphora [= epanaphora] 문두 어절 반복

anastrephein 어순을 뒤집다

✣anastrophē 어순 뒤집기

anatrepein 거꾸러트리다, *넘어트리다

anax 주재자, 주(主)

anazētein 탐색하다, 찾아 나서다

andragathia 올곧은 사람 노릇

andragathizezthai 올곧은 사람 노릇을 하다

andrapodizein 노예로 삼다, 노예로 팔아넘기다

andrapodōdēs 노예, 노예적인

andrapodon 노예

anēkestos 치유할 수 없는, 치유 불가능한

aneleutheros 자유인답지 않은, 자유인답지 못한

anermēneuton 설명해 줄 수 없는

anexelenktos 검증될 수 없는

anexetastos 검토 없는, *심문/시험/성찰되지 않는

anexoiston 표현해 줄 수 없는

aniatos 치유할 수 없는

animus ㉐ 정신

anōdynia 고통 없음

anoētos 지각 없는, 몰지각한, 생각 없는, 지성 없는, 어리석은, *정신 없는

anomein 무법 상태에 있다

anomia 무법, 무법 상태

anomologeisthai 합의하다

anomos 무법적인, *불법적인

anōphelēs 이롭지 않은, 무익한

antadikein 앙갚음으로 불의를 행하다

anteikazein 비유로 대꾸하다

to anthrōpeion 인간 세상

to anthrōpinon 인간 세상의 이치

anthrōpoi 인간 세상

antikakourgein 앙갚음으로 해를 입히다

antilegein 반론하다, 반론을 펼치다

ho antilegōn 반론자, 반론하는 자

✽antilogia [argumentum in untramque partem ㉐] 반론, 안틸로기아, *대립
논변

Antilogiai, Antilogika 『반론들』

antilogikē technē 반론 기술

antilogikē 반론술

antilogikos 반론에 능한, 반론적인

✽antiphasis 모순된 진술, *부정 진술

antistrophos 짝, 짝으로 대응하는, 상응하는 짝

antitechnos 맞수

✽antithesis, antitheton 대조, *대립

antoiktizein 동정을 되돌려 주다

apaideusia 교양 없음

apaideutos 교육받지 않은, 교육 못 받은, *교양 없는

apallagē 벗어남, *해방

apallattein 벗어나게 하다, *해방하다

apallattesthai 벗어나다, 끝내다, *해방되다

apangelia 어법, 용어 선택

apangellein 표현하다

aparaskeuatos 준비되지 않은

aparaskeuos 준비 없는, 준비되지 않은

apatan 기만하다

apatē dikaia 정의로운 기만

apatēlos 기만적인, 매혹적인, *홀릴 만한

apatēma 기만

apathēs 겪음 없는, 경험 안 된

apeikōs 그럴법하지 않은, *합당하지 않은

apeiria 경험 부족, 무경험, 미숙함

apeirokakon 순진무구함, *악에 대한 무경험

apeirokalos 아름다움을 모르는

apeiros 경험이 부족한, 경험 없는, 경험하지 않은, 미경험인, 무경험인, 미숙한

aphanēs 불분명한, 분명하지 않은

aphrodisia 성적 쾌락, *성교

aphrodisiazein (aphrodisiazen) 성교하다

aphrōn 무분별한

aphrosynē 무분별, *분별없음, *어리석음

aphthonos 시기가 없는

apithanos 설득력 없는

apodeixeis heuriskein 논증들을 발견하다

apollynai, dialyein, kathairein, katalyein, synereipein 파괴하다

apologeisthai 항변하다, 변명하다, 옹호하다

apologia 변명, 항변, 항변 연설

apolyein 벗어나다

aponos 고생 없는, 수고를 들이지 않는, 노동을 안 하는

aporein 막막하다, 막막해하다, 당혹스럽다, 당혹스러워하다, 난처한 상황이다, 어찌 대응할 줄 모르다, 난문을 제기하다

aporia 막막함, 막막해할 일, 당혹스러운 상태, 난경, 난점, 난문, 궁핍

aporos 난처한, 일어나기 어려운, 궁핍한

aporrhoē 유출, 유출물

♣apostasis 단절적 표현, *거리두기

♣apostrophē 돈호

arariskein 확고하다

archaia sophistikē 옛 소피스트술

architektonikē 총괄 기획 기술

aretē politikē 시민적인 덕

aretē 덕, 뛰어남, 훌륭함, 아레테

argutia ⓡ 정교한 표현

argyrion 돈

arrhōstia tou adikein 불의를 행할 힘이 없음

arrhōstia 힘이 없음, 병약함

arrhythmistos 조직화되지 않은, *형상으로 환원되지 않는

artes ⓡ 기술 교범

asaphēs 불분명한

aschēmatistos 구조 지어지지 않은

ascholia 시간 여유가 없음, *볼일이 있음

ascholos 여유가 없는

askein 연습하다, 연마하다, 훈련하다, 훈련시키다

askēsis 연습, 연마, 훈련

askētos 연습되는, *연습으로 얻어지는, *연습될 수 있는, *연습으로 얻을 수
  있는, *연습으로 얻은

asphaleia 흔들림 없음, 안전, *확실함

asphalēs rhētōr 흔들림 없는 연설가

asphalēs 흔들림 없는, 흔들리지 않는, 안전한

assentire ⓡ 동의하다

asteios 쌔끈한, *세련된, *도회풍의

astheneia 능력 부족

atē 미망(迷妄)

atechnia 기술 없음

atechnos 비기술적인, *비체계적인

atheatos 바라본 적이 없는, 안 보인

atheōrētos 관찰되지 않은

atheos 무신론자, 무신론적인

athlētēs 경연자, *경기자

athlon (athlos) 상(賞)

athōios 처벌을 피한

athrein 관찰하다

athyrma 장난감

atopos 엉뚱한, 특이한, 얼토당토않은, 불합리한, 터무니없는

Attikismos 아티카 식 문체, 아티카 스타일, 아티카주의, *아티카 풍

attikizein 아티카 말 하기, 아티카 말을 하다

auctor ⓡ 저자

austēra lexis 근엄한 문체

austēron 근엄함

autarkeia 자족

autarkēs 자족적인, 자족하는

autokratōr 스스로 다스리는, *자신을 다스리는

automatismos 저절로 됨, *임기응변

to automaton 임기응변

autonomia 독립

autopōlēs 직판자

autoschediasmos 즉흥 연설

autoschediastikē dynamis 즉흥 연설 능력

autoschediastikos logos 즉흥적인 연설

autoschediastos 즉흥 연설을 하는

autoschediazein 즉흥 연설하다, 즉석에서 연설하다, 즉석에서 하다

autourgos 스스로 알아서 배우는, *DIY

bahuvrīhi compounds [= 소유 복합어 possessive compounds] 바후브리히 복

합어
banausos 비천한
barbaros 야만스러운
basanizein 시험하다
bebaios 확고한, 확실한
bebaiōsis 확인
bebaiotēs 확고함
bebaioun 확고하게 만들다
Bibliolathas '책을 잊어먹는 사람'
biblion 책
blaptein 해를 주다, 해를 끼치다, 해를 입히다
blaptesthai 해를 입다, 피해를 입다, 손상되다
blasphēmos 독설가
brachea eipein 짧게 이야기하다
brachylogein 짧게 이야기하다
brachylogia 짧은 이야기, 짧게 이야기하기
brachylogos 짧게 말하는
brevis ㉑ 간결한

causa infirmior fieri fortior ㉑ 더 약한 논거가 더 강하게 되다
causa infirmior fieri superior ㉑ 더 약한 논거가 더 강한 논거로 되다
charaktēr 유형, 문체 유형, 각인, 성격
charaktērizein 성격을 묘사하다, 연출하다
ho cheirōn 더 못한 자[/사람]
cheirourgēma 손일
cheirourgia 손작업
chleuazein 비아냥대다
chorēgos 합창 가무단 책임자

choros 합창 가무단(원), 대열

chreia 유용성

chrēma 사물, 것, 돈, 재물, 물건, 재산, *소유물

chrēmatismos 돈벌이

chrēmatistēs 돈을 버는 사람, 사업가

chrēmatizesthai 돈벌이를 하다, 돈을 벌다

chrēmatōn erasthai 돈을 사랑하다

chrēsimos 유용한, 편리한, 편익

comicus ㉣ 희극 작가

♣ communes loci ㉣ [koinoi topoi 희] 공통의 말터들

♣ concinnitas ㉣ 우아한 연결

coniector ㉣ 해몽가, *점쟁이

consensus ㉣ 합의

controversia ㉣ 논쟁

daimōn 신령, 운명

to daimonion 신령스러운 것, 신령

daimonios 신령스러운, *신묘한

de natura rerum ㉣ 자연 사물들에 관하여

declamatio ㉣ 연설 훈련, 웅변

deigma 본보기, 보여 주는 사례

deima 두려움

deinos eipein 말하는 데 능란한

deinos heurein 발견하는 데 능란한

deinos legein 말하는 데 능란한, 무시무시하게 말을 잘 하는, 연설하는 데 능란한

deinos rhētōr 능란한 연설가

deinos 능란한, 능수능란한, 명민한, 무시무시하게 잘 하는, 무서운, 끔찍한,

놀라운, 이상스러운

deinotēs logou 연설 재능

deinotēs politikē 정치적 능란함

deinotēs 능란함, 재능, *수완

delear 유혹, *미끼

dēmagōgos 대중 선동가, 인민 선동자

dēmēgorein 대중 연설을 하다, 대중 집회에서 연설하다

dēmēgoria 민회 연설, 대중 연설

dēmēgorikos logos 민회 연설, 심의 연설, 대중 연설

dēmēgorikos 대중 연설의, 대중 연설에 전형적인, 대중 연설을 잘하는

dēmēgoros 대중 선동가

demiourgikē technē 장인적 기술

dēmiourgos 장인(匠人), 기술자, 만드는 사람, 만들어 내는 사람, 창조자

dēmōdēs 대중적

dēmokrateisthai 민주정 치하다, *민주정을 정치 체제로 갖다

dēmokratia 민주주의, 민주정, 데모크라티아, *인민의 지배

dēmokratikos 민주주의적, *민주정적

dēmos 인민, 민중, 대중, 민회, 민주정, 민주파, 구역, 무리

dēmosia dapanē 공적인 경비 지출, *공공 예산 사용

dēmosia epimeleia 공적인 돌봄

ta dēmosia 공적인 일들

dēmosiāi 공적으로, 공적인 영역에서

dēmosioi syllogoi 공적인 모임들, *대중적인 모임들

dēmosios 공적인, *대중적인, *인민의

dēmotikos 민주주의적, *인민중심적, *민중적

to deon 마땅한 것, 마땅한 상황, 적정함, 정도(程度)

deos 두려움, 무서움

despotēs 주인

despotikos 주인다운

deutera sophistikē 둘째 소피스트술

♣ deuterologia 재진술

diaballein 비방하다

diabolē (diabolia) 비방

diagōnizesthai 겨루다

diaklēroun 제비를 뽑게 하다, *추첨으로 할당하다

diakosmēsis (우주의) 배열

dialegein 골라 모으다, *나눠 모으다

dialegesthai 대화하다, 대화를 나누다, 대화에 이용하다, 이야기를 나누다, 담
론을 나누다, 변증하다

dialektikē 변증술

dialektikos 변증가, 변증에 능한

dialektos 대화, 일상 대화

dialexis 대화, 담론, 강론, 논변

dialogismos 논쟁

dialogos 대화, 대화편

dialyein 해체하다, 파괴하다, 반박하다

dianoeisthai 사유하다

dianoia 사고, 사유, 마음, 지성, 생각, 사고방식, 발상, 취지, 의도, 의미

diaphtheirein 망치다, 파멸로 이끌다, 허물다, *파괴하다, *타락시키다

diaphtheiresthai 망가지다, 파멸되다

diaphthora 파멸

diapseudesthai 잘못을 범하다, *기만당하다

diaptyein 비웃다

diasparattein 발기발기 찢다

diaspeiresthai 잘못을 저지르다

diasyrein 웃음거리로 만들다, *발기발기 찢다, *산산조각 내다

didaktos 가르쳐지는, 가르쳐질[/가르칠] 수 있는, *가르쳐진

dielenchein 논박하다

diexienai 검토하다, *개진하다

dihamartanein 잘못하다

diharpazein 발기발기 찢다

＊dihēgēsis [narratio 래] 서사(敍事), 사건 진술, 설명

to dikaion 정의(正義), 정의로움, 정의로운 것

dikaios 정의로운

dikaiosynē 정의(正義)

dikaiotēs 정의(正義)

dikaiousthai 대가를 치르다

dikazesthai 변론하다, 법정 연설하다

dikē 정의(正義), 디케, 대가, 처벌, 재판, 송사, 법정 연설, …처럼

dikē, kolasma, timōria, zēmia 처벌

dikēn didonai 대가를 치르다

dikēn hairein 대가를 받아내다

diōkein 추구하다, 좇아가다, 쫓아다니다, 뒤좇다, 고발하다, 시현(示現)하다

Diomēdeia anankē '디오메데스의 불가피성'

＊diplasiologia 단어 반복

dmōs 노예

dokimastikos 시험할 능력이 있는

doleros 기만적인

dolios 기만적인

dolos 기만

dominus 래 주인

douleia 노예 상태

douleuein 노예 노릇하다, 노예가 되다, 노예다

douloprepēs 노예에게 어울리는

doulos 노예

doulōsis 노예화

douloun 노예로 만들다, 노예로 삼다, 노예로 팔아넘기다

dran 행동하다, 행위하다

dynamis 능력, 힘, 권력, 잠재성, 의미

dynastēs 능력자, 권력자

dynatos legein 말하는 능력이 있는

dynatos pseudē legein 거짓을 말하는 데 능력이 있는

dynatos pseudesthai 거짓될 능력이 있는, 거짓말을 하는 데 능력이 있는

dynatos 능력 있는, 능력을 가진, 능력이 되는, 힘을 가진, 가능한

dysgenēs 태생이 나쁜

dysiatos 치유할 수 없는

eidōlon 모상(模像), 허상

eidōlopoiikē 모상 제작술

eikazein 비유하다, 비유로 말하다

eikēi legein 되는대로 연설하다, 되는대로 이야기하다

✤eikōn 비유, 직유, 모상(模像), 상(像), 이미지, *형상

✤eikonologia 비유조

eikōs (부사 eikotōs) 그럴법한, 있을 법한, 적절한, 공정한, 어울리는, 제격인,
   *개연적인, *합당한

✤to eikos 그럴법함, *개연성, *합당함

ta eikota 그럴법한 것들, 공정

eiōthōs 익숙한, 예(例)의

eirōn 아이러니를 부리는 사람, *의뭉 떠는 사람

eirōneia 의뭉, 아이러니

eirōneuesthai 의뭉을 떨다, 비꼬다

eirōneutēs 능청꾼, *의뭉 떠는 사람

eirōnikos 의뭉 떠는, 아이러니적인, 아이러니컬한

eisphora 공적인 부담

ek tou parautika, ek tou parachrēma, parachrēma, houtōs 즉석에서

960

ekgoēteuein 마법을 걸다

ekklēsia 민회

eklogizesthai 추론하다

ekmartyrein 증언하다

ekmeletan 철저히 연습하다, 훈련시키다

ekpherein 표현하다, 공표하다

ekphylos 낯선 말을 동원하는

elattōsis 손실

eleeisthai 연민을 받다, 연민의 대상이 되다

elegeiopoios 애가(哀歌) 시인

elenchein 논박하다

♣elenchos 논박, 검증, 증거

elenktikē 논박술

elenktikos 논박의 정신에서 나오는

eleos 연민

eleutheria 자유

eleutherios 자유인다운

eleutheros 자유인, 자유인에게 걸맞은, 자유로운, 부채 없는

eleutheroun 자유롭게 하다

ēlithios 멍청한, 어리석은, 우둔한

emmisthos 보수를 받는, 돈을 받는

empeiria 경험, 요령, *숙련

empeiros 경험 있는, 경험한, 경험적인

en (tōi) deonti legein 마땅한 상황에 말하다

en kosmōi, en taxei 질서 있게

en tois rhētorikois deinos 수사학에 능란한, *수사에 능란한

enedra 속임수

engyētēs 보증인

enkalein 비난하다

enkōmiazein 찬양하다

enkōmion 찬양

enkratēs 자제력이 있는, 자제력이 강한, 자신을 통제하는

entechnos sophia 기술적 지혜

entechnos 기술적인, 기술에 속하는, 기술에 의거한

entheos 신 지핀, 신들린

enthousiazein 신 지피다, 열광에 빠지다

✱enthymēma 추론, 머릿속 추론, 논변, 엔튀메마, *수사적 추론

epāidein 주문을 외우다

epainein 칭찬하다, 칭송하다, 승인하다

epaineteos 칭찬받을 만한

epainetos 칭찬받을

epainos 칭찬, 칭송

epaktikos logos 귀납적 논변

✱epanalēpsis 되짚기, *재개

epangelleisthai 공언하다, *약속하다

epangelma 공언, *약속

epanodos 재요약

epaoidos 마법사

eparsis 흥분 *들뜸, *짜릿함, *팽창, *부풀어 오름

ēperopeuma 사기꾼

✱epexelenchos 추가 논박

epexerchesthai 검토하다

epicheirēsis 반박을 제기하는 법, *공격하는 법

epideigma 증표, 보여 주는 사례

epideiknynai 시범을 보이다, 시범 연설을 하다, 보여 주다, 증명하다

epideiktikos logos 시범 연설

epideixin poieisthai 시범을 보이다, 연설 시범을 보이다, 시범 연설을 만들다

epideixis 시범, 연설 시범, 시범 연설

epididonai 진보를 이루다, 진전을 이루다

epidosis 진보

epieikeia 공정성, 알맞음, *온당함, *형평

to epieikes 공정성

epieikōs 알맞게, 제대로 모양을 갖춰서, 제법

epilēptōr 비난자

epilogos [peroratio ㉐, conclusio ㉐] 결어(結語), *맺음말

epimeleia 돌봄

epimeleisthai (epimelesthai) 돌보다, 관심을 기울이다

epimelēs 돌보는, 관심을 기울이는, 관심을 갖는

epimelētēs 돌보미

✤epipistōsis 추가 확증, *심화 확증

epiponos 수고가 드는, 큰 수고를 하는, 고된 노동을 하는

episkeptesthai 탐색하다

episkōptein 비웃다, 놀려대다, *비아냥대다

epitēdeuein 추구하다, 몰두하다, 몸담다, *일삼다

epitēdeuma technikon 기술적 활동

epitēdeuma 일, 추구하는 일, 업, 활동, 관행

epitēdeuma, epitēdeusis, ergon, hexis, pragma, praxis 활동

epitēdeusis 정교함, 활동

epiteleisthai 대가를 치르다

✤epitheton ornans 장식적 형용어

epitheton 형용어, 부과된 것, *보태진 것

epitiman 비난하다

epizētein 탐색하다

epōidē 주문, *노래

eponeidistos 비난받을 만한, 비난받을

epopoios 시인, 서사시인

eran 사랑하다

eranizein 십시일반의 부조(扶助)로 받아내다

erastēs 사랑하는 사람

erasthai 사랑하다, 사랑에 빠지다

erethisma 자극제

ereunan 탐문하다

ergazesthai 일하다, 일을 하다, 작업을 하다, 이루어 내다, 만들어 내다

ergon 기능, 일, 실행, 실제 행동, 행동, 행위, 작용, 활동, 작품, *업적

eris 쟁론

eristikē sophia 쟁론적 지혜

eristikē technē 쟁론 기술

eristikē 쟁론술

eristikos logos 쟁론적 담론, 쟁론적 논변

eristikos 쟁론적, 쟁론가

erizein 쟁론하다, 언쟁하다

erōmenos 사랑받는 사람

erōs 사랑, 에로스

ta erōtika 사랑의 기술, 사랑에 관한 일들

erōtikē technē 사랑의 기술

erōtikos 사랑에 연연하는

errhōmenos 힘 있는, 튼튼한, *씩씩한

ethein 습관을 갖다, 습성이 있다, 익숙해 있다

ēthikos 성격적인, 윤리적인, 훌륭한 성격을 갖춘

ethisteos 습관을 들여야 하는

ethizein 습관이 들게 하다, 익숙해지게 하다

ēthos 성격, 습성, 관습, 역할

ethos 습관

eu eipein 말을 잘 하다

eu legein 말을 잘 하다

eu phronein 분별을 잘 하다, 잘 분별하다, 제대로 분별하다, 제정신이다

euboulia 잘 숙고함, 숙고 잘하는 능력, *좋은 숙고, *합리적 의사 결정 능력

eudiabolos 비방하면 잘 먹혀드는

eudokimos 좋은 평판을 받는

eudoxia 좋은 평판, *좋은 명성

euepeia 멋진 표현

euergetein 혜택을 베풀다, 혜택을 주다

euergetēs 혜택을 베푼 사람, *유공자, *은인

euētheia 순진함, *성격 좋음

euēthēs 순진한, 단순한, 숙맥인, *소박한, *성격 좋은

euēthikos 순진한

euēthizesthai 숙맥처럼 행동하다, *순진하게 행동하다

eugeneia 좋은 태생, 고상함

eugenēs 태생이 좋은

euglōttia 달변

eukairia 때맞음, *시의적절함

eukairos 때맞춘, 시의적절한

eukatēgorētos 비난하기 쉬운

eukleia 좋은 평판, *좋은 명예, 명성, 좋게 불림

eulogein 칭송하다

eulogos 합리적인, 합당한

eunomeisthai 법을 존중하다

eunomia 법 존중, *좋은 법질서, *준법

euparyphos 자줏빛 가장자리 장식이 멋지게 달린 옷을 입은

euphrainein 유쾌하게 하다, 유쾌함을 주다, *흥나게 하다

euphrainesthai 유쾌하다, *흥겹다

euphrosynē 유쾌함, *흥

euphyēs 천성이 좋은, 태생이 좋은, 좋은 재능을 타고난

euteleia 소박한 삶

euthynē 사정(司正)

examartanein 잘못을 범하다, 나쁜 짓을 저지르다, 나쁜 짓을 하다

exapatan 기만하다, 유혹하다

exapatē 기만

exeirgasmenos logos 정교하게 다듬은 연설

exelenchein 논박하다, 시험하다

exetasis 검토, *심문, *시험, *성찰

exetazein 검토하다, *심문하다, *시험하다, *성찰하다

exordium 서두, *첫머리

exousia 권능, 권한, 무제한적인 권한 남용, *마음 놓고 행동할 수 있게 허용 됨, *방종

exquisitus ㉜ 정교한

festivitas ㉜ 놀거리, *잔칫거리, *흥겨운 재담

forma ㉜ 유형, 장르, *종류

gegraptai, gegrammenos, grapheis 써진

gelan 웃다, 비웃다

geloiōdēs 우스꽝스러운

to geloion 우스움, 우스개

geloios 우스운, *익살스러운

gelōs 웃음, 비웃음

gelōs 익살, *우스움, *우스개

genealogia 계보 이야기

genus dicendi ㉜ 연설 유형

gēras 노령(기), 노년(기)

geras 상(賞), *명예의 선물

gēraskein 노령에 접어들다

glischrologia 시시콜콜 논변

glōtta 낯선 말, 언사

gnōmē 지성, 정신, 마음, 판단, 판단력, 분별, 견해, 의도, 대의, 제안

♣gnōmologia 금언조

goēs 마법사

goēteia 마법

goēteuein 마법을 부리다, 마법을 행하다, 홀리다, *주술을 쓰다

Gorgian irony 고르기아스의 아이러니

gorgiazein 고르기아스 식으로 말하기 / 고르기아스 식으로 말하다, 고르기아
스처럼 말하다, 고르기아스(쟁이) 노릇하다, *고르기아스 풍으로 (작품을)
쓰다, *고르기아스 흉내를 내다

Gorgieia rhēmata 고르기아스 식 표현

Gorgieia schēmata 고르기아스 식 문채

gramma 책

grammaticus ⑲ 비평가, *주석가, *문헌학자

grammatistēs 글 선생, *문법 선생

to graphein 쓰기

graphein hēskēmenos 쓰는 훈련이 되어 있는

graptos 써지는, *써진

Gygou daktylion '귀게스의 반지'

gymnasion 체육관

gymnastikē 체육술

gymnazein 훈련시키다, 단련하다

gymnika 체육

hamartanein 잘못을 저지르다, 잘못을 범하다, 잘못하다

hamartēma 잘못, 그른 행동

hamartia 잘못, 잘못된 일

hamilla 경쟁심

harmottein 어울리다, 들어맞다

ta heautou 자신의 일들, 자기 것들

hē dikaiosynē kata nomon 법에 따른 정의

hē dynamis tēs rhētorikēs 수사학의 능력, 수사학의 힘

hē dynamis tou graphein 쓰기 능력

hē epi tois onomasin akribologia 이름들에 대한 정확한 정의

hē graphikē dynamis 쓰는 능력

hē idea tou logou 연설 유형

hē meletē tou graphein 쓰기 훈련

hē methodos tōn logōn 논변들의 방식

hē orthotēs tōn onomatōn 이름들에 관한 옳음

hē peri tous logous technē 논변들에 대한 기술, *말들에 대한 기술

hē prosēkousa aretē (…에게) 알맞은 덕, (…에게) 알맞은 훌륭함

hē telea adikia 완벽한 부정의

hē teleutē tou biou, terma tou biou, to tou biou telos 삶의 끝

hē tōn idiōn epimeleia 사적인 일들의 돌봄

hē tōn koinōn epimeleia 공적인 일들의 돌봄

hē tōn nomōn ischys 법률들의 힘

hē tōn onomatōn akribeia 이름들의 정확성

hē tōn sophistōn technē 소피스트들의 기술

hē tōn tetrakosiōn oligarchia 4백인 과두정

hē tōn triakontōn oligarchia 30인 과두정

hē tōn triakontōn politeia 30인 정부, 30인 정권

hē tōn triakontōn tyrannis 30인 참주정

hē tou legein dynamis 말하기 능력

hē tou legein philosophia 말하기의 철학

hē tou logou dynamis (hē dynamis tōn logōn) 말의 힘, 로고스의 힘, 연설이
    가진 능력, 말들의 능력

heautōi boēthein 자신을 돕다, 자신을 방어하다
heauton didonai 자신을 주다, 자신을 내주다
heauton paradidonai 자신을 넘겨주다
heauton parechein 자신을 내어 주다, 자신을 내어놓다, 자신을 제공하다
hēdein 쾌락을 주다, *즐거움을 주다
hēdesthai 즐겁다, 즐거워하다, 즐거워지다, 쾌락을 누리다, 쾌락을 얻다
hēdonē (hadona) 쾌락, 즐거움
hēdys 즐거운, 즐거워하는, 달콤한, 쾌락, 순진한, 순진무구한, 고마운
heilōtēs 헤일로테스
hellēnizein 희랍어 하기, (순수한 혹은 옳은) 희랍어 구사하기, 희랍어를 하다
hemēneuein 표현하다, 표현을 구사하다, 개진하다
hermēneia 개진 방식, 개진
hermēneuomenon 개진 방식
hetoimos 준비된
hētorikē philosophousa 철학하는 수사학, *철학적 수사학
ho hēttōn (ho hēssōn) 더 열등한 자[/사람], 더 약한 자[/사람]
✽heuresis 논변 발견
hexis 습관, 활동
hidrōs 땀, *노고
hilaros 유쾌한
hippiazein 히피아스처럼 말하기, 히피아스 식 표현, 히피아스처럼 말하다
historia 탐구, 탐문
ho hēttōn logos ton kreittona nikan 더 약한 논변이 더 강한 논변을 이기다
ho lexeōs schēmatismos [figura elocutionis 라] 표현 형태, *어법 형태, *문채
ho paidias charin paizōn kai antilegōn 유희를 위해 유희하며 반론하는 자
ho tēs physeōs nomos 자연의 법
ho tēs tragōidias poiētēs 비극 시인
ho tōn tetrakosiōn syllogos* 4백인 회의
hoi philosophountes 철학하는 사람들, *철학자들, *철학도들

hoi polloi 다중, 다수 대중, 대다수 사람들

hoi tetrakosioi 4백인, 4백인 참주

hoi triakonta 30인, 30인 참주, 30인 통치자들

♣homoiokatarkton 두운

♣homoioteleuton 각운

homologein 동의하다, 합의하다, 일치하다, 같은 말을 하다

homologia 동의, 합의, 일치

homologos 동의된

homonoein 화합하다, *한마음이 되다

homonoia 화합, *한마음

homōnymia 다의어, *동음이의어

horan 관찰하다, *보다

♣hormē 자극, 충동

hybris 방자함

hybrisma 방자한 행동

hybristēs 방자한 사람, 방약무도한 사람

hybristos 방자한

hybrizein 방자하다, 방자한 행동을 하다, 무도한 일을 하다, 능욕하다

hymnein 찬미하다

♣hypallagē 환치(換置)

hyperballein 넘어트리다

♣hyperbasis 전치(轉置)

hyperonkos 웅대한

hyphairein 훔치다

hypo tēs physeōs 자연에 의해

♣hypodēlōsis 암시

♣hypokrisis [actio 라] 연기, *실연

hypokritēs 배우, 해석자, *대답하는 자

hypokritikē 연기술, *발표술, *실연술

to hypokritikon 연기력

hypotypousthai 유형화하여 다루다

hypoxyloi sophistai 가짜 소피스트들

hypsēlos 숭고함, 고고한

(to) iambeion 이암보스

iambizein 풍자하다, *비방하다, *이암보스로 말하다

iambos 이암보스, 이암보스 작품

iasthai 치유하다

iatrikē 의술

iatros 의사

ta idia 사적인 일들

idiāi 사적으로, 개인적으로, 사적인 영역에서

idiiai synousiai 사적인 모임들

idiioi syllogoi 사적인 모임들

idios nomos 특수한 법

idios 사적인, 고유한, 각자에게 고유한, 자기 고유의, 고유의, 자기 자신의,
   특유의, 특수한, 우호적인

idiōtēs 문외한, 사적인 시민, 한 개인, 사적인 선생

inductio ㉢ 귀납

insectari ㉢ 열심히 쫓다

insincerus ㉢ 진지하다고 하기 어려운

institutio ㉢ 훈련(퀸틸리아누스 책 제목 『연설에 대한 훈련』)

interpres ㉢ 해석자

interpretatio ㉢ 해석 방식

✿inventio ㉢ 논변 발견

ironia ㉢ 아이러니, *의뭉

is 힘

ischyrognōmōn 심지가 굳은

ischyros 힘 있는, 힘을 가진, 힘이 센, 힘, 강한

ischys 힘

✽isokōlon 균등 병렬, *균등 문절 병렬

to ison 평등, 똑같은 것, 똑같이

isonomia 평등

isos 동등한

iucunditas ㉣ 재미

✽kairos 때, 제때, 알맞은 때, 적절한 때, 중요한 때, 결정적인 기회, 기회, 상
　황, 적도(適度), *시의적절함, *임기응변

kaka ergazesthai 해악을 끼치다

kaka poiein 해악을 끼치다

kaka 해악, 비난들

kakēgorein 비방하다

kakizein 비난하다

kakoētheia 성격 못됨

kakon ergazesthai 해를 입히다

kakon 비난

kakos 형편없는

kakotēs 해악

kakourgein 해를 입히다, 온갖 짓궂은 일들을 하다, *나쁜 짓을 하다

kallilogia 아름다운 말, 아름다운 연설

kallōpizein 아름답게 장식하다, 예쁘게 단장하다, 미화하다

kalos (te) k'agathos 아름답고 훌륭한

kata brachy apokrinesthai, dia bracheōn apokrinesthai, brachea apokrinesthai
　짧게 대답하다

kata nomon 법에 따라, 관습에 따른

kata nomous 법률들에 따라

kata physin 자연에 따른, 자연에 따라, 자연스러운, 자연스럽게

kata technēn 기술에 따른, 기술 교범에 따른

kata to doxan 그렇다고 여겨지는 것에 따른, *마음에 맞는 것에 따른

kata tychēn 운에 따른

kataballein 넘어트리다, 반박하다, 공표하다

Kataballontes 『반박들』

✽katachrēsis 남유(濫喩), *용어 오용, *비유 남용

katagelan 웃다, 비웃다

katagelastos 우스운, 웃음거리인

katagelōs 웃음, *비웃음

katagignōskein 비난하다

katalyein ton bion 삶을 끝내다

katalyein 해체하다, 파괴하다

kataphronein 비난하다

kataskeuazein 준비하다

kataskeuazein 증명을 제시하다

kataskeuē 기법, 정교함, (공들인) 작품, 조건

katatheōrein 관찰하다

katepāidein 주문을 걸다, 주문을 외우다

kathairein 정화하다

katharos 정화된, 순수한

katharsis 정화

kathartēs 정화자

kēlein 홀리다, *현혹하다, *구슬리다

kerdainein 이득을 얻다, (...를 이득으로) 얻다, 이득을 보다, 이득이 되다

kerdaleos 이득인

kerdos 이득

kindyneuma 배짱 좋은 말

klein 칭송하다

kleptein 표절하다, 도둑질하다, 훔치다

klēros 제비뽑기, *추첨, *추첨제

klērōtos 제비로 뽑힌, *추첨으로 뽑힌

klēroun 제비로 뽑다, *추첨으로 뽑다

klopē 표절, 절도

ta koina 공적인 일들

koinos nomos 공통된 법

koinos 공평한

kolakeia 아첨

kolakeuein 아첨하다

kolakeutikē 아첨술

kolax 아첨꾼

kōlon 문절(文節)

kōmikos 희극 시인, *희극 배우

kōmōidein, diakōmōidein, epikōmōidein 희화화하다

kōmōidopoios 희극 작가

kompseia 정교함, *세련됨

kompsos 세련된, 세련된 풍취를 자아내는, *정교한

kompsotēs 세련됨

kōneion 독당근즙

koryphaios 일인자

kosmein 장식하다, 질서 있게 배열하다

kosmos 돋우미, 꾸미개, 꾸밈, 장식, 질서, 대형(隊形), 우주, 세상

kratein 장악하다, 힘을 가지다, 통제하다, 제압하다, 압도하다, 극복하다, *지
배하다, *정복하다

kratos 힘, 권력

ho kreittōn (ho kreissōn) 더 우월한 자[/사람], 더 강한 자[/사람]

krisis 해석

kritērion [헬레니즘 시대 용어] 판단 기준

kritiazein 크리티아스 따라 하기, 크리티아스처럼 말하기

kritikos 비평가, *평석가(評釋家)

krouein 시험하다, *두드리다

kyameutos 추첨으로 뽑은, *제비로 뽑은, *콩으로 뽑은

kyamos 추첨, 제비, *제비뽑기, *콩

kynēgesion 사냥

kynēgetikos 사냥에 관한

kyrieuein 주재하다

✱kyriolexia 일상어 사용, *통용어 사용

kyrios 주재하는, 주도권을 가진, 일상적인, 통용되는

kyrōsis 효능

labargyros 돈 받는

laetus ㉝ 즐거운

lalēsai dynasthai 말할 능력이 있다

lanchanein 제비를 뽑다, 제비를 뽑아 (...로) 나오다, *추첨으로 할당받다

laodikos 민중 재판의, *인민 재판의, *배심 재판의

laudare ㉝칭찬하다

laudatio ㉝ 찬양

laus ㉝ 칭찬

to legein 말하기

legein to deon orthōs 마땅한 것을 옳게 말하다

leitourgia 공적 의무 이행

lexis [elocutio ㉝] 표현, 문체, 언표, 어법, 단어 선택, 단어, 용어, 용례

liber ㉝ 자유로운, 리베르(자유)

liber ㉝ 책

licentia 권한

litotēs 완서법(緩敍法)

lōbasthai 손상하다, 손상되다, 불구가 되다, 험하게 대하다, 험한 일을 당하다,
   *해를 입히다/당하다

lōbē 손상, 해악

logismos 추론, *계산

logizesthai 추론하다

logodaidalos 연설의 장인

logographein 연설을 쓰다

logographos 연설 작성가, 로고그라포스, *연설 쓰는 사람

logōn agōn(es) 논변 경연, 연설 경연, 담론 경쟁

logōn orthotēs 말들의 옳음

(hē) (tōn) logōn technē 말들의 기술, 말 기술, *담론 기술

logos 담론, 말, 언어, 연설, 이야기, 이야깃거리, 논의, 대화, 토론, 논변, 진술,
   언명, 설명, 해명, 이론, 이치, 정의(定義), 근거, 비율, 이성

logos anatrepōn kai autos hauton 스스로 자신도 거꾸러트리는 논변

logous graphein 연설들을 쓰다

logous misein 논변들을 혐오하다

loidorein 비난하다, 헐뜯다

loidoria 비난, 욕설

lyein 해체시키다, 반박하다

lykos 늑대

lypē 고통, 괴로움

lypein 고통을 주다, 고통스럽게 하다, 고통스러워하다

lypeisthai 고통 받다, 고통스럽다

lypēros 고통스러운

mageia 주술

mageiros 요리사, *푸주한

Magos 마고스

maia 산파

maieia 산파 노릇

maieuesthai 산파 노릇하다

maieusis 산파술

mainesthai 미치다

makrologein 긴 이야기를 하다

makrologia 긴 이야기, 길게 이야기하기, 일장 연설

makros logos 장황한 이야기, *긴 이야기

makrous logous eipein 긴 이야기들을 말하다

mangganeia 술수, *속임수, *마술

mangganeuma 술수

mania 광기

martyrein 증언하다, 증인이 되다, 증거 노릇하다, 증언으로 뒷받침하다

martyria [testatio ㉳] 증언, 증거, 증거 자료

martyrion 증언

martys 증인, 증언자, 증언해 줄 사람, 보는 사람

mataios doxosophia 헛되게 지혜롭다고 여김

mathētos 배워지는, *배워질[/배울] 수 있는, *배워진

megalēgoria 큰소리, *되도 않는 큰소리

megaleios 웅대한

megalophrōn 호방한, 호기 있는

megalophrosynē 호연지기

megaloprepeia 호방함, 통이 큼

megaloprepēs 웅장한

megaloprepēs 호기로운

Megas Logos (Megas Logos) '위대한 연설'

megethos 숭고함

meletan 연습하다, 훈련하다

meletē logōn 연설 연습, *논변 연습, *담론 연습, 말 훈련

meletē 연습, 훈련

memphesthai 비난하다, 헐뜯다

mempteos 비난받을, *비난받아야 할

mēnis 분노

❀metaphora 은유

meteōra 천상의 것들

meteōroleschai 천상의 것들을 논하는 자들

meteōrosophistai 천상을 논하는 소피스트들

metron 척도

to metron 적도(適度)

mikrologia 자잘한 이야기, *자잘함

mimeisthai 모방하다

mimēma 모방물

mimētēs 모방자

mimētikos 모방에 적합한, 모사적

misanthrōpia 인간 혐오

misanthrōpos 인간 혐오자

misē lexis 중간 문체

misodēmos 민중을 싫어하는, *인민을 싫어하는, *민주정을 싫어하는

misologia 논변 혐오

misologos 논변 혐오자

mistharnein 보수를 받고 일하다, 돈을 벌다

misthon antididonai 대가를 보상으로 주다

misthophoria 일당 지급 제도

misthos 보수(報酬), 수업료, 대가

misthoun 보수를 주다

mōmētos 비난받을 만한, 비난받을

mōmos 비난

monarchein 일인 통치자가 되다

monarchia 일인 지배, 일인 주권, *일인정

monarchos 일인 지배자

mores ㉐ 성격

mouseion 뮤즈의 전당, *박람서, *박물서

mousikē 음악, 시가, 시가술, 뮤즈 기술

mousikos 음악에 능한, 음악에 대한, 뮤즈의 기술에 맞는, 음악가, 음악, *시가
　에 능한, *시가

myktēr rhētoromyktos 연설가들에게 콧방귀 뀐 조소자

to mythōdes 설화적인 부류, *신화적 성격을 띤 것

mythologein 이야기를 들려 주다

mythologia ㉐ 신화

mythologikos 설화 작가

mythos makros 긴 신화, *긴 설화

mythos 설화, 신화, 우화, 이야기, *플롯

narkan 마비되다

narkē 시끈가오리

✣narratio ㉐ 서사(敍事)

natura ㉐ 자연, 본성

natural justice 자연적 정의

nemesis 분노

nēpenthēs akroasis 고통을 없애 주는 강의

noein 사유하다, 생각하다, 마음속에 품다, 상정하다, 뜻하다, 뜻을 갖다

noētos 사유되는, *가지적(可知的)인

nomimos 준법적인, 합법적인, 적법한, 법도에 맞는, 법규, 법령들, 규칙들

nomōi 법에 의해, 관습적으로, *관습에 의해

nomon parabainein 법을 어기다

nomōn thesis 법률들의 제정

nomophylakein 법 수호자가 되다

nomos 법, 법률, 관습, 관행, 규칙

nomothesia 입법

nomothetein 입법하다, 법으로 제정하다

nomothetēs 입법자, *입법가

nomothetikē 입법술

nomou akribeia 법의 엄밀함

nomous parabainein 법들을 어기다

nomous syngraphein 법들을 제정하다

nomous tithenai, nomous tithesthai 법들을 제정하다

para tous nomous 법에 반하는

nous, noos 정신, 지성, 지각, 생각, 마음

obscurus ㉾ 불분명한

odynasthai 고통을 겪다

odynēros 고통스러운

ta oikeia 자신의 일들, 자기 것들, 자기에게 고유한 것들

oiketēs 가노

oiktirein 동정하다

oiktizein 동정심이 일다

oiktos 동정, 동정심

oiktrogoos 동정을 자아내는

oiōnizesthai 징조로 받아들이다

olethros 파멸

oligarchia 과두정, 소수 지배, 올리가르키아, *소수정

oneidizein 비난하다

oneidos 비난, 비난거리, 수치

oneirokritēs 해몽가

oninanai 이롭게 하다, 기쁨을 누리다

onkos 웅장함

onomatōn orthotēs 이름들의 옳음

ontōs sophistēs 진정한 소피스트, 진짜 소피스트

ōpheleia (ōphelia) 이로움, 혜택, *이익

ōphelein 이롭게 하다, 이로움을 주다, 혜택을 베풀다, *이익을 주다

ōphelimos 이로운, 이로움을 주는, *이익을 주는

opsopoiia 요리술

opsopoios 요리사

orator ㉐ 연설가

orgē 분노

✱orthoepeia 말의 옳음, *옳은 말 쓰기

orthorrhēmosynē 언사의 옳음

ou dēlōton 보여 줄 수 없는

pagios 확고한

paideia 교양, 교육, 배울거리

epi paideiāi 교양을 위한

paideusis 교육, 교양

paideutikē 교양교육

paidia 유희, 놀이, *장난, *재미

paidikon 어린애 장난

paidotribēs 체육 선생

to paigniōdēs 유희적인 분위기

paignion 재밋거리, 장난감, *놀잇감

pais 노예, 아이

paizein 유희하다, 장난하다, 농담하다, 농을 건네다, 놀리다

palaistra 레슬링장

palē 레슬링

palos 추첨

pandēmos 민중 전체의, 전(全)-대중적인

pankakos teleōs 완벽하게 정말 나쁜 사람

paradoxon enkōmion 역설적 찬양

para physin 자연에 반하는

✤parabolē 비유, *가상 예화(例話)

paradeigma 본(本), 보여 주는 사례, 본보기, 전범

✤paradihēgēsis 보충 서사

paradoxa 역설(逆說)

✤paradoxologia 역설적 진술, *상식을 넘어서는 이야기

paradoxos 역설적인, 통념에 반하는, 의외의

parakoptein 제정신이 아니다

paramytheisthai 위안하다, 위로하다, 정당화하다

paramythētikos (logos) 위안

parangelma technikon 기술적 원칙

parangelma 원칙

paranomein 법을 어기다, 관행을 어기다, 관습에 어긋나는 주장을 하다

paranomia 불법

paranomos 불법적인

parapeithein 홀리다

parapetasma 가림막

✤parapsogos 간접 비난

parapsychē 위안

paraskeuazein 준비하다, 준비를 갖추다

paraskeuē 준비

✤parepainos 간접 칭찬

parergon 부업, 부차적인 일

pareskeuasmenos 준비된, 준비해 놓은

✤parisōsis, parison 균등 대칭, *양적 균형

parrhēsia 거리낌 없이 할 말 다 함, 거리낌 없는 언사, 파레시아

parrhēsiazesthai 거리낌 없이 할 말 다 하다, 까놓고 이야기하다

paschein 겪다, 당하다, 경험하다

passophos 온통 지혜로 가득 찬, *가장 지혜로운

pathēma 경험, 겪음, 상황

pathos 경험, 겪음, (겪은) 일, (겪는) 증세, 정념, 현상, 불행

patōr 주인, *소유주, *가부장

pecunia ㉕ 돈

peira 시험, 테스트, *경험

peirasthai, apopeirasthai 시험하다

peirastikē 시험 기술

penēs 가난한

penia 가난

pephykenai 자연스럽다, 자연적으로, 본성 지어졌다, 본성상

pephykōs 본성을 타고난, 본성인, 생겨나 있는

peras 한계, 끝점

peri physeōs historia 자연에 관한 탐구

Peri Physeōs 『자연에 관하여』

peri tēs tōn pantōn physeōs 만물의 본성에 관하여, 만물의 자연에 관하여

periballein 돌려 말하다

periergia 지나친 정교함, 지나친 공들임, 쓸데없는 일, *주제넘은 것

✤periodos [ambitus ㉕] 완결문, *도미문(掉尾文)

✤periphrasis 에둘러 말하기

perispoudastos 열심히 추구되는

peritropē 자기 반박성

phaidros 즐거운

phainesthai 드러나다, 나타나다, 분명하다, (...로) 보이다, 외양상 ...이다,

입신양명하다

phaneros 분명히 드러난, 분명한, 드러난, 명백한

phantasia 드러남, 인상, 현상, *나타남, *상상

pharmakeuein 주문을 걸다

pharmakeus 주술사

pharmakon 약, 묘약

pharmattein 약을 쓰다

phaulos 형편없는, 보잘것없는, 사소한, 열등한

phēlōma 속임수

phēloun 속이다

philanthrōpia, to philanthrōpon 인간애

philanthrōpos 부드러운, 인간애

philargyria 돈 사랑

philargyros 돈을 밝히는

philochrēmatein 돈을 사랑하다

philochrēmatos 돈을 좋아하는

philogymnastein 체육 사랑하기

philokalos 아름다움을 사랑하는

philologia 이야기 사랑

philologos 연설을 사랑하는, 문학에 조예가 있는, 학구적인, *이야기를 사랑
하는

philoneikein 경쟁자로 삼다, 승부를 벌이다, *반박하다

philonikein 경쟁을 벌이다, 경쟁자로 삼다, 호승심을 갖다, 호승심을 발휘하다,
*열망하다

philonikos 호승심을 가진, 모두가 꺾고자 애쓰는, *호승적인, *정복을 추구
하는

philoponos 고생을 즐기는

philopsychein 영혼을 사랑하다

philopsychia 영혼에 대한 사랑

philosophein 철학하다, 지혜를 사랑하다

philosophia de natura ⒧ 자연에 관한 철학

philosophos physikos 자연철학자

philotechnein 기술을 연마하다

philotimeisthai 공명심을 발동하다

philotimia 공명심, 명예 사랑, 명예 경쟁, *야망

philotimos 명예를 사랑하는

tous men philous kakōs poiein tous de echthrous ōphelein 친구들에게 해를 주고 적들을 이롭게 하다

tous men philous blaptein tous d' echthrous ōphelein 친구들에게 해를 주고 적들을 이롭게 하다

tous men philous eu poein kai tous d' echthrous kakōs 친구들에게 잘하고 적들에게 못되게 하다

tous te philous eu poein kai tous echthrous kakōs 친구들에게 잘하고 적들에게 못되게 하다

philous ōphelein ē polemious blaptein 친구들을 이롭게 하거나 적들에게 해를 주다

phobos 두려움

phōnē 표현, 언명, 말

phrasis 표현

phronein 분별하다, 사리분별하다, 생각하다, 포부를 품다

phronēma 정신, 마음, 포부

phronēsis 분별, 사리분별, 현명, *실천적 지혜

phronimos 분별 있는, 현명한

phthonein 시기하다, 인색하다, 인색하게 굴다, *아까워하다

phthoneros 시기하는, 시기심을 가진

phthonos 시기, 시기심

phynai 본성을 타고났다, 본성을 가졌다, 천성을 갖추다, 생겨났다, ...하기 마련이다

ta phynta 자연발생적인 것들

physei 자연에 의해, 자연적으로, 자연히, 본성에 의해, 본성상

physicus ⓐ 자연학자

physikos 자연학자

physiologia 자연 탐구

physios blastēmata 자연의 산물

physios nomothetēmata 자연의 관습, *자연의 법으로 정해진 것

physis 자연, 자연적인 상태, 본성, 천성, 태생, 타고난 능력

pistis 증명, 신뢰의 증거, 신의

✤pistōsis 확증

pithanos 설득력 있는, 설득력을 가진, 설득력

plattein 지어내다, 빚다

plēmmelein 잘못을 저지르다, 잘못된 일을 하다, *가락이 맞지 않는 음을 내다

pleon echein, pleonektein 더 많이 갖다

pleonektēs 탐욕스러운, *응분의 것보다 더 가지겠다고 주장하는 사람

pleonexia 더 많이 갖기, 과도한 소유, 탐욕

plousios 부자, 부유한

ploutein 부유하다

ploutizesthai 부유해지다

ploutos 부(富), *부유

✤pneuma 단숨에 쏟아내는 문장

poeta ⓐ 시인

poiein 만들다, 작품으로 만들다, 작품에서 말하다, 시를 짓다, 짓다, 설정하다,
    여기다, 하다, 저지르다, 행하다, 행동하다, 행위하다, 작용하다

poiēma 시, *작품

poiēsis 시, 시 짓기, 만듦, 만들어 냄

poiētēs (tōn) logōn 연설 작가, 연설들을 만드는 사람, *말들의 제작자

poiētēs 시인, 작가, 만드는 사람, 만들어 내는 자

ta poiētika 시학, *시 짓는 기술

poiētikē 시학, *시 짓는 기술

poiētikos 시적인

politeia 정치 체제, 정치

politeuesthai 정치 활동을 하다, 정치적인 삶을 살다, 정치에 참여하다, 정치에 몸담다, 정치에 입문하다 ta politika 정치적인 일들, 국가의 일들, 정치, 정치적인 활동

politikai praxis 정치적인 활동, 정치적인 행위

politikē sophia 정치적 지혜

politikē technē 정치적 기술, *시민적 기술

politikē 정치술, 정치

politikos logos 정치(적) 연설

politikos 정치가, 정치인

polygnōmōn 금언적인

polymathēs 박식한

polymathia 박식, 박학다식

polypragmonein 참견하다, *많은 일들을 하느라 바쁘다

polyteleia 호사

polytelēs 호사스러운

pompikon 장중함

ponein 고생하다, 노동하다, 고된 노동을 하다, 수고를 들이다, 겪다

ponos 노고, 수고, 고생, 노역, *노동

porismos 돈을 벌기

poros 통로

porphyra esthēs 자줏빛 옷

porphyra 자줏빛 의상

pragma 일, 행위, 활동, 일거리, 성가심, 성가신 일, 사태, 사안, 사물, 재물, 대상, 공적인 장(場)

ta pragmata 공적인 일, 공적인 장

pragmatologein 논쟁하다

prattein (prassen) 행하다, 행위하다, (행위를) 하다, 행동하다, (행동을) 하다,
    행동으로 옮기다, 실행하다, 지내다, 이루다

praxis 행위, 행동, 활동, 성공

(the) precision of language 언어의 정교함

prepein 적절하다, 어울리다, 알맞다

prepōn 적절한, 어울리는, 합당한

to prepon [decorum ⊕] 적절함

princeps ⊕ 일인자

pro ergou 유익한

proagōgeuein 뚜쟁이 노릇을 하다

prodesse ⊕ 이로움을 주다

progymnasma 연습, *사전 연습

prohairesis 의도, 지향, 선택

prohetoimazein 준비하다

pronuntiatio ⊕ 목소리 연기

prooemium ⊕ 서론, *머리말

♣prooimion [prooemium ⊕] 서론, 서곡, *머리말

propherein 비난하다

prosagoreusis 인사, *부름, *호칭

♣prosbolē 단도직입적 이행

proschēma 위장막, 서두

prosēkein 적합하다, 적절하다, 어울리다

prosēkōn 적합한, 적절한, 알맞은, 어울리는

prosēnēs 즐거운

proskatēgorein 비난하다

prospaizein 장난으로 대하다

prosphoros 유익한

prostithesthai 동의하다

prōteuein 일인자가 되다

prytaneion 시 중앙 청사, 전당
Prytaneum ㉣ 시 중앙 청사
psegein 비난하다
psogos 비난
✤to psychron [= psychrotēs] 생기 없음
psychros 생기 없는, *살풍경한, *싸늘한
publice ㉣ 공적인 비용으로

quaerere ㉣ 탐색하다, *묻다
quaestus ㉣ 돈벌이

res privatae ㉣ 사적인 재산들
res ㉣ 사물, 일, 대상, 것, 주제
rezein 행위하다
rhapsōidein 시 음송을 하다
rhapsōidia 시 음송, 시 음송술
rhapsōidikē 시 음송술
rhapsōidos 시 음송가
rhetor ㉣ 수사가, 연설가, 레토르, *수사학 선생
rhētōr 연설가, 수사가, 레토르, *수사학자
rhētoreia 수사, 수사학
rhētoreuein 말 잘하기, 연설 실행하기, *수사적으로 말하기, *연설가가 되기
rhetorice ㉣ 수사학
ta rhētorika 수사학
rhētorikē technē 수사적 기술, 연설 기술, 수사학 교범, *연설 기술 교범, *수
    사술
rhētorikē 수사학, 연설술, *수사술

rhētorikon parangelma 수사학적 원칙

rhētorikon schēma 수사적 문채

rhētorikos logos 수사학적 연설, 수사적 연설

rhētorikos 수사학적인, 수사학에 능한, 수사학(적), 수사적인, 수사에 능한,
  수사가

rhōmē 힘

rhythmos 리듬, 방식

saphēneia 분명함

saphes 분명함

satyrikon drama 사튀로스 극

schediazein, aposchediazein, autoschediazein 즉흥 연설하다, *즉석(에서) 연
  설하다

schedios logos 즉흥 연설

schēma 유형, 형식, 형태, 문채, 몸가짐, 위치

scholazein 여유가 있다, 한가로움을 누리다

scholē 여유, 여가, 학파

scitus ㉣ 정교한

scriptum ㉣ 저술

sēmainein 가리키다, 지시하다, 의미하다, 신호를 보여 주다, 신호를 보내다

sēmainomenon 지시체, 가리켜진 것, *의미

sēmeiolytēs 징조 해석가

sēmeion 표지, 징조, 신호, 기호, 표시, 증거, 징표, 점

semnologein 위엄 있게 말하다

✤semnologia 위엄 있는 말투

semnos 위엄 있는, 숭고한, 엄숙히 공경하는, 장중한, *격조 있는

semnotēs 위엄, *격조, *진중함, *점잖음

severitas ㉣ 진지함

simos 들창코

simotēs 들창코, *들창코임

sitēsis 무료 식사 대접, 식사 대접

skopein 검토하다

skōptein 비난하다, 헐뜯다

skōptein 우스운 비유를 하다, *놀려대다

socail contract theory, contract theory 사회 계약론, 계약론

socail contract 사회 계약

Socratic irony 소크라테스의 아이러니

sōizein 안전하게 하다, 안녕에 이르게 하다, 보존하다

solere ㉣ 익숙해 있다

solitus ㉣ 익숙한

♣soloikismos 어법 위반

soloikizein 어법을 위반하다

sophisma 궤변, *교변(巧辯)

sophisteia 소피스트임

sophisteuein 소피스트 노릇을 하다, 소피스트로 활동하다, 소피스트가 되다,
  *소피스트 기술을 실행하다

sophistikē dynamis 소피스트술이 가진 능력, *소피스트적 능력

sophistikē technē 소피스트 기술, *소피스트술

sophistikē 소피스트술

Sophistōn syllogos *'소피스트 대회'

sophizesthai 지혜를 행사하다, 고안해 내놓다, *소피스트 노릇을 하다

sōphrōn 절제 있는, *신중한

sōphronein 절제 있다, 제정신이다, 온전한 정신이다

sōphronizein 절제 있게 만들다

sōphrosynē 절제, 제정신

sōtēria 안전, 안녕, 보존, 생존 수단

sparattein 찢어발기다

sphallein 넘어트리다, 걸어 넘어트리다, 젬병이다

spoudaiogeloios 진지하면서 재미있는, 웃픈

spoudaios 진지한, 중대한, 뛰어난, 변변한, 알맞은, 양호한, 괜찮은

spoudazein 진지하다, 진지하게 임하다, 진지하게 대하다, 진지하게 말하다, 진지하게 탐구하다, 진지하게 추구하다, 추구하다, …하려 하다, 전심을 다하다, 골몰하다, 업으로 삼다

spoudē 진지함, 진지하게 여김, 진지한 관심, 진지한 추구, 진지한 탐구, 연구, 열의, 열정, 부리나케

sthenos 힘

strongylos 간결한

studiosus ㉭ 열심인

subtilis ㉭ 정교한

subtilitas disputandum 논변의 정교함

subtilitas ㉭ 정교함

sykophantēs 과잉 고발꾼, *소송 남용자

sykophantia 소송 남용

syllogismos 추론, 연역 추론, *삼단논법

syllogizesthai 추론하다, 추론으로 도출하다, *연역 추론/삼단논법으로 도출하다

symbainein 부수하다, 속성으로 붙다, 속성이 붙다, 결론이 따라 나오다, 따라 나오다, 일어나다

symballesthai 추론하다

symbolaion 계약

symbolon 징조

symbouleutikos (logos) 심의 연설

symphanai 동의하다

sympherein 이익이 되다, *유익하다

sympheresthai 동의하다

(to) sympheron 유익한, 이익이 되는, 유익, 이익, 이익 추구

symphoros 유익한, 이익에 맞는, 이익

synainein 동의를 표하다

synalgein 고통에 공감하다

synapolauein 즐거움에 동참하다

synchōrein 동의하다

syndokein 생각을 같이하다

syneinai 함께하다, 함께 있다, 함께 지내다, 교제를 나누다

synētheia 익숙함, 익숙한 방식, 익숙한 것, 익숙해짐, 친숙함, 친숙해진 것, 관행

synethizesthai 익숙하다

syngignesthai 함께하다, 함께 있다, 함께 지내다, 함께 어울리다, 함께 시간을 보내다

syngnōmē 관용, 눈감아 줄 이유

syngramma 저술, 책, 작문

syngraphein 짓다, 쓰다, 글로 쓰다, 연설을 쓰다, (법을) 제정하다

to syngraphein 연설 쓰기, (연설) 쓰기

syngrapheus 저자, 역사가, 신문 작가

synkeisthai 지어지다, 써지다, 작문되다

synomologein 동의하다

synōnymia 동의어

synousia 함께함, 함께 지냄, 함께 논의함, 모임, 교제, 공존

synousian poieisthai 함께 논의를 하다

syntagma 저술

syntaxis 저술

synthēkē 계약, 협약, 조약, 작문

synthēma 약정, *합의

synthēma 합의

syntithenai 짓다, 작문하다

syntithesthai 계약을 맺다, 약정하다

syntithesthai 합의하다

syntomon 간결함

syzētein 함께 탐색하다, 함께 탐구하다

ta apo tēs technēs 기술로부터 나오는 것들, *기술의 결과물들

ta deonta malist' eipein 마땅한 것들을 가장 잘 말하다

ta heautou prattein 자신의 일들을 행하다

ta kata nomon dikaia 법에 따라 정의로운 것들

ta politika prattein 정치적인 활동을 하다, 정치를 하다, 국가의 일들을 행하다,
    국가의 일들에 종사하다

ta sophistika hiera 소피스트적 비의

ta tōn nomōn 법률들에 속한 것들

ta tōn tetrakosiōn 4백인 정권

ta tou nomou 법에 속한 것들

tapeinos 비천한

tas amoibas komizesthai 대가를 받다

taxis 구조, 질서, 순서, 배열, 대형(隊形), 평가, *체계, *성향, *성격

technē alypias 고통 없애는 기술

technē psychagōgia 영혼을 이끄는 기술

technē 기술, 기술 교범, 교범, 수사학 교범, 직업, 작품

epi technēi 전문적인, *기술을 (얻기) 위한

technēma 기법, 기술적 수단

ek technēs 기술적인

technikos 기술적인

technitēs 기술자, 전문가

technoelenchos 기술 비평가

technographos 기술 교범 저자

tekmairesthai 증거를 얻다, 증거로 들다, 추정하다

tekmērion 증거, 증후

tektōn 장인(匠人)

teleos sophistēs 완벽한 소피스트

telos 목적, 완성, 끝, 결말

teras 징조, 기괴한 것

teratoskopos 점쟁이

terpein 즐기다, 즐겁게 하다, 즐거움을 주다, 흔쾌하다, *즐거움을 누리다, *낙
으로 삼다

terpnos 즐기는, 즐거운, *낙으로 삼을 만한

terpsis 즐김, *즐거움을 누림, *낙으로 삼음

tetragōnismos 원의 정방화, *원의 사각형화

tetragōnizein ton kyklon 원을 정방화하다

tetragōnizousa grammē 원적 곡선

the impossibility of antilogy 반론 불가능성

the Melian Dialogue 멜로스 대화

the Mytilenean Debate 뮈틸레네 논쟁

The Old Oligarch '옛 과두주의자'

thea 볼거리, *바라봄

theama 볼거리

theasthai 바라보다, 구경하다

theatēs 관객, *바라보는 자, *구경꾼

thelgein 홀리다, 매혹시키다

theōrein 바라보다, 살피다, *관조하다, *관찰하다

theōria 관조, 바라보기, *관찰, *구경, *이론

thēra 사냥

thēran 사냥하다, 추구하다, *뒤쫓다

therapeia 보살핌, 치료

therapeuein 보살피다, 치료하다, 모시다

therapōn 보살피는

thēreuein 사냥하다

thēreutēs 사냥꾼

thōps 아첨꾼

thymos 분노, 충동, 마음

to authades dikaion 완고한 정의(正義)

to dynasthai legein 말하는 능력을 가짐[/갖는 것]

to eidos tōn logōn 논변 형식, *담론 형태

to eu legein 말 잘함, 말 잘 하기

to ison echein 똑같이 갖다

to kata brachy 짧게 짧게 하기

to kata nomon 법에 따른 것

to physei dikaion dikaion 자연에 의해 정의로운 것/일

to praon epieikes 부드러운 공정성

to Prōtagorou epangelma 프로타고라스의 공언

to Sōkratikon eidos tōn logōn 소크라테스적 논변 형식, *소크라테스적 담론 형태

to ta megala megalōs hemēneuein 거창한 이야기를 거창하게 개진하기

to tēs physeōs dikaion 자연의 정의

ton hēttō logon kreittō poiein 더 약한 논변을 더 강하게 만들다, 더 약한 논변을 더 강한 논변으로 만들다

✱topos [locus 라] 말터, *주제, *담론 영역, *논변 창고, *논소(論所)

tous lypoumenous dia logōn therapeuein 고통 받는 사람들을 말들을 통해 치료해 주다

tous lypoumenous paramytheisthai 고통 받는 사람들을 위안해 주다

tous men echthrous ōphelein tous de philous kakōs poiein 적들에게 이로움을 주고 친구들에게 해를 끼치다

tous te philous eleuthroun kai tous echthrous cheirousthai 친구들을 자유롭게 하고 적들을 정복하다

tragic irony 비극적 아이러니

tragōidiopoios 비극 시인, 비극 작가

tragōidos 비극 배우, *비극 출연자, *비극 합창 가무단원

tribē 기량

tristeia 상(賞) [용감히 싸웠다고 주는 상, 무용을 떨쳐 받는 상]

tropikos 문채적인, 비유적인

tropos lexeōs 어법 양태

tropos 성격, 양태, 문채

tryphē 사치, 번지르르함

typhos 허상, *환상

typos 유형, 인상, *이미지, *형상

typoun 주조하다, 빚다, 짜진 틀을 이용하다

tyrannein 참주 노릇하다, 참주다, 참주가 되다

tyrannikos 참주적인, 참주처럼 구는

tyrannis 참주정, 참주 자리

tyrannoi tetrakosioi 4백인 참주들

tyrannos 참주, 주재자

tyrannus ㉡ 참주

ubertas orationis ㉡ 연설의 풍부함

utilitas ㉡ 유용성, 유용함, 소용

virtus ㉡ 덕

vis ㉡ 힘

vituperare ㉡ 비난하다

vituperatio ㉡ 비난

voluptas ㉡ 즐거움

zēlos 선망, 질투, *경쟁(적 모방)

zēlōtēs 선망하는 사람, 선망하여 따라 하는 사람, 추종자

zēlotypia 질투

zēloun 선망하다, 부러워하다, 부러워 따라 하다, *선망하여 따라 하다, 본뜨다

zēmia 손실, 처벌, 대가

zēmiousthai 대가를 치르다

zēmiousthai 처벌받다

zētein 탐색하다, 탐구하다, 추구하다, 찾다, 찾아다니다

zētēsis 탐색, 탐구, 찾는 일

zētētikos 탐문을 잘 하는

수사학 용어 목록 (한글-희랍어)

✤각운 homoioteleuton

✤간접 비난 parapsogos

✤간접 칭찬 parepainos

✤균등 대칭 parisōsis, parison

✤균등 (문절) 병렬 isokōlon

✤그럴법함 to eikos

✤금언조 gnōmologia

✤남유(濫喩) katachrēsis

✤논박 elenchos

✤논변 발견 heuresis, inventio ⑭

✤단도직입적 이행(prosbolē)

✤단숨에 쏟아내는 문장 pneuma

✤단어 반복 diplasiologia

✤단절적 표현 apostasis

✤대조 antithesis, antitheton

✤돈호 apostrophē

✤되짚기, *재개 epanalēpsis [1) 어디서 시작했는지 상기시키기 위한 특정 불변화사 반복, 2) = 되풀이]]

✤되풀이, *어구 반복 anadiplōsis [단어나 구절의 직접 반복]

✤두운 homoiokatarkton

✤때 kairos

✤말의 옳음 orthoepeia

✤말터 topos [locus ⑭], 공통의 말터들 communes loci ⑭ [koinoi topoi 희]]

✤모순된 진술 antiphasis

✤문두 어절 반복 anaphora [= epanaphora]

✤반론 antilogia

✤보충 서사 paradihēgēsis

수사학 용어 목록 (희랍어-한글)

✽ allēgoria 풍유(諷諭)

✽ anadiplōsis 되풀이

✽ anakephalaiōsis 요약

✽ anaphora [= epanaphora] 문두 어절 반복

✽ anastrophē 어순 뒤집기

✽ antilogia 반론

✽ antiphasis 모순된 진술

✽ antithesis, antitheton 대조

✽ apostasis 단절적 표현

✽ apostrophē 돈호

✽ communes loci ㉠ [koinoi topoi 희] 공통의 말터들

✽ concinnitas ㉠ 우아한 연결

✽ deuterologia 재진술

✽ dihēgēsis, narratio ㉠ 서사(敍事)

✽ diplasiologia 단어 반복

✽ eikōn 비유, 직유, eikonologia 비유조

✽ to eikos 그럴법함

✽ elenchos 논박

✽ enthymēma 추론

✽ epanalēpsis 되짚기

✽ epexelenchos 추가 논박

✽ epipistōsis 추가 확증

✽ epitheton ornans 장식적 형용어

✽ gnōmologia 금언조

✽ heuresis, inventio ㉠ 논변 발견

✽ homoiokatarkton 두운

✽ homoioteleuton 각운

✤hormē 자극

✤hypallagē 환치(換置)

✤hyperbasis, hyperbaton 전치(轉置)

✤hypodēlōsis 암시

✤hypokrisis, actio ㉭ 연기

✤isokōlon 균등 (문절) 병렬

✤kairos 때

✤katachrēsis 남유(濫喻)

✤kyriolexia 일상어 사용

✤metaphora 은유

✤orthoepeia 말의 옳음

✤parabolē 비유

✤paradihēgēsis 보충 서사

✤paradoxologia 역설적 진술

✤parapsogos 간접 비난

✤parepainos 간접 칭찬

✤parisōsis, parison 균등 대칭

✤periodos, ambitus ㉭ 완결문

✤periphrasis 에둘러 말하기

✤pistōsis 확증

✤pneuma 단숨에 쏟아내는 문장

✤prooimion [prooemium ㉭] 서론

✤prosbolē 단도직입적 이행

✤psychrotēs (to psychron) 생기 없음

✤semnologia 위엄 있는 말투

✤soloikismos 어법 위반

✤topos [locus ㉭] 말터

6. 찾아보기-고유 명사

일러두기

- 인명, 신명, 족속명, 지명 등 고유 명사에 해당하는 모든 항목의 용례를 열거하되, 지명에 해당하는 항목 앞에는 '@'로 표시한다. 지명 가운데 부록의 지도에서 찾아볼 수 있는 항목(바다 이름이나 일부 광역 지명은 제외)은 해당 항목 바로 뒤에 'Ⓜ'으로 표시하고 뒤에 해당 지도 번호와 지도 내 사분면 번호를 표시한다. 사분면 번호 표시가 애매한 중앙은 '0'으로, 사분면 간 경계 부근은 앞 사분면 번호에 0.5를 더한다. 예컨대, Ⓜ1-4는 지도 1번의 4사분면, Ⓜ2-0은 지도 2번의 중앙, Ⓜ3-3.5는 지도 3번의 3사분면과 4사분면의 경계 부근, Ⓜ4-4.5는 지도 4번의 4사분면과 1사분면의 경계 부근에서 찾을 수 있다는 표시다. 근현대 인명과 지명은 기본적으로 제외하며, 그 외에도 찾아보기의 가치가 상대적으로 낮은 아주 일반적인 고유 명사(예컨대, 희랍)나 근현대 고유 명사, 그리고 고유 명사 여부가 애매한 경우는 목록에서 배제하거나 용례 열거를 생략할 수 있다.
- 고유 명사 찾아보기의 적용 범위는 기본적으로 자료 본문(즉, 단편)이다. 머리글과 각 장의 안내, 각 단편 표제부의 출처 표시, 주석 등에 나오는 용례는 필요한 만큼만 열거에 포함시킨다. 그러나 각 장에서 주인공인 해당 소피스트 이름은 기본적으로 열거 범위에서 제외한다.
- 출처 표시에 등장하는 인명은 '¶'로 표시한다. 상세한 출처 내용은 출처 찾아보기에서 다룬다.
- 같은 고유 명사에 속하는 파생 형태(예: 형용사형, ...족, ...의 아들 등)나 이형은 특별

한 필요가 있는 경우 외에는 기본적으로 같은 항목에 분류한다.

- 같은 고유 명사가 서로 다른 지시체를 가리킬 때 그 쓰임새를 나누어 제시하기 위해 '−'를 사용한다.
- 인명의 경우 동명이인일 가능성이 상존하는데, 그런 가능성 자체가 자료에 대한 일정한 판단을 전제하므로 특별한 경우 외에는 같은 항목에 분류한다. 조손이 기본적으로 동명인 희랍 인명의 특성상 같은 집안 내에서 동명이인인 경우(예: 솔론 집안의 드로피데스나 글라우콘)가 많은데, 이것 역시 특별한 경우 외에는 별도 항목으로 분류하지 않는다. 같은 이유로 이름 외의 구별 요소(출신지나 부친명 등)는 특별한 경우 외에는 기본적으로 제외한다.
- 고유 명사에 붙여 쓴 괄호는 해당 고유 명사에 대한 보충 설명에 사용하고, 띄어 쓴 괄호는 해당 고유 명사의 이형(異形)이나 부가된 이름 등을 보충하기 위해 사용한다.
- 우리말 표기에 대응하는 원어(희랍어 혹은 라틴어 등)의 로마자 표기를 기본형으로 병기한다. 파생 형태나 이형은 필요한 경우에만 따로 표시한다. 고유 명사에 희랍어 표기와 라틴어 표기 중 어느 쪽을 적용할 것인지는 출신지와 활동 무대(인명의 경우), 소속 국가(지명의 경우) 등을 주된 고려 사항으로, 관행을 보조적 고려 사항으로 삼아 정한다. 희랍어에만 장음 표기를 적용한다.
- 해당 고유 명사의 자리는 단편 번호나 장절로 표시하되, 해당 단편이 길거나 다른 이유로 쉽게 찾기 어려운 경우 보다 상세한 자리 표시를 병기한다. 주석에만 등장하는 경우는 주석 번호를 따로 표시한다.
- 해당 고유 명사에 관한 상세한 안내가 등장하는 곳은 '☆'로 표시한다.
- 고유 명사가 포함된 일반 용어는 일반 용어 찾아보기에서 다루고 화살표(→)로 해당 일반 용어를 안내한다. 이름의 다른 표기나 형태 등으로 인해 같은 대상에 대해 복수 항목이 있을 경우에도 화살표(→)로 대표 표제어를 안내한다.

(ㄱ)

가이아 Gaia 13B.1(주석 39, 주석 40)

가이우스 바레누스 Gaius Varenus 3B.3

@갈라티아 Galatia 17A.3

¶ 갈레노스 Galenos 2B.9.(b)☆, 2B.9.(b)(주석 282), 3B.21, 3B.22, 3B.23s, 3B.25, 3B.26, 3B.27, 3B.28, 5A.17, 5B.3, 5B.4, 5B.19(주석 156), 5B.41,

5B.52, 7A.3, 10B.43, 10B.43(주석 221)

@갈리아 Gallia (영어: Gaul) 17A.3(주석 16)

갈리오 Gallio 5B.97

게뤼온 Gēryōn 8B.1, 8B.1(주석 29)

고르고피스 Gorgōpis 4B.25

¶고르기아스 Gorgias 머리말, 1장 안내(주석 13), 1A.9, 1B.6(주석 135), 1B.15(주석 209), 1B.24(주석 261), 1B.32(주석 275), 1B.37, 1B.44(주석 299), 1B.55(주석 352), 2장(생략), 3장 안내, 3A.1(주석 9), 3A.2, 3A.3, 3A.9(주석 27), 3A.12, 3A.15(주석 47), 3A.16, 3A.27, 3A.28, 3A.30, 3B.2, 3B.7, 3B.8, 3B.19, 3B.23s(주석 139), 3B.28, 3B.49(주석 209), 4장 안내, 4A.8, 4A.14, 4B.10(주석 68), 4B.16, 4B.36, 5A.1, 5A.4(주석 24), 5A.18, 6A.34(주석 120), 6A.45, 6A.47(주석 146), 6B.40, 6B.43 (주석 257), 7장 안내, 7A.2(주석 22), 7A.4, 7B.1(주석 46), 7B.7, 7B.8, 7B.9, 7B.16, 7B.26(주석 125), 7B.29(주석 134), 7B.30, 8A.4, 8B.1 (주석 28), 8B.6(주석 41), 9A.1, 10장 안내, 10A.1(주석 8, 주석 22), 10A.7(주석 38, 주석 43), 10A.8, 10B.45, 11장 안내, 11B.13, 12B.7(주석 70), 13장 안내, 13장 안내(주석 16), 13B.5(주석 118), 13B.8(주석 178), 14장 안내, 14B.6(주석 25), 14B.7(주석 27), 14B.9(주석 32, 주석 33), 15장 안내, 15A.1, 15A.2, 15A.3(주석 7), 15A.4, 15B.6, 15B.18, 15B.19, 15B.20(주석 78, 주석 118), 15B.21(주석 119), 16장 안내, 16B.7, 17장 안내, 17A.7, 17A.10, 17A.13, 17A.14(주석 66), 17A.17, 17A.29, 17A.35(주석 124), 17A.36(주석 126), 17A.37, 17A.41, 17A.46(주석 159), 17A.48, 17B.1(주석 189, 주석 190), 17B.7(주석 206), 17B.18(주석 259)

공자 孔子 머리말 주석 22, 4장 안내

귀게스 → 귀게스의 반지

¶그레고리오스 Grēgorios 10B.18

그륄로스 Gryllos 3A.17, 3B.47

글라우코니데스 Glaukōnidēs 6A.1(30절)

글라우코스 Glaukos 3B.24(주석 141), 5A.4

글라우콘 Glaukōn 1A.5, 3A.12(주석 39), 6A.1(29절), 6A.60, 6B.26, 7B.23(주석 112, 주석 114), 7B.25, 10A.2, 10A.12, 10A.17, 10B.5(주석 127), 12장 안내, 13B.5, 17A.43, 17A.45, 17B.11, 17B.15(주석 250)

기가스(족) Gigantes 13B.1, 13B.1(주석 39, 주석 40)

(ㄴ)

나우시퀴데스 Nausikydēs 8장 안내, 8A.8, 8A.8(주석 20)

나우크라테스 Naukratēs 2B.71(주석 632), 15B.19(주석 77)

@나우크라티스 Naukratis 1A.6(주석 89), 2A.38, 2A.38(주석 188), 2B.2 (주석 194), 4A.14, 9A.4

@나우팍토스 Naupaktos 15B.10(주석 30)

@나우플리아 Nauplia 15B.21(주석 142, 주석 144)

나우플리오스 Nauplios 15B.21

나이스 Nais 15B.5

나이아스 (나이스) Naias (Nais) 6A.12

@나일(강) Neilos 3B.32

@낙소스(섬) Naxos Ⓜ1-4 2B.3

네스토르 Nestōr 2B.37, 4A.2, 4B.4, 4B.15, 4B.23, 5A.1, 5A.4, 5A.6, 7B.29(주석 134), 7B.30, 10B.17(주석 156), 15B.21(22절), 17A.41

네오클레스 Neoklēs 10B.49

네옵톨레모스 Neoptolemos 4A.2, 4B.4, 4B.15, 7A.10

네펠레(구름) Nephelē 10B.17

넬레우스 Nēleus 10A.2

누마 Numa 4B.6

니케라토스 Nikēratos 7B.15

니코마키데스 Nikomachidēs 6B.63

니코메데스 Nikomēdēs 4B.20☆

@니코메데이아 (니코메디아) Nikomēdeia Ⓜ1-1 9A.9(주석 22)

디오뉘시아(축제) Dionysia 6A.1, 10B.59

디오뉘시오스 Dionysios

— ¶디오뉘시오스(할리카르나소스 출신) 1B.55, 2A.7, 2B.1☆, 2B.23, 2B.68, 3A.28, 5A.3, 7장 안내, 7A.1, 7A.2, 7A.3, 15A.4, 15B.14, 17A.48 cf. 위-디오뉘시오스

— 디오뉘시오스(시라쿠사 참주) 5A.4(1세), 5A.6(1세), 5B.93, 6A.41, 14장 안내(2세), 14A.1(2세)

— 디오뉘시오스(로도스 출신) 5A.10

— (아일리오스) 디오뉘시오스 Ailios Dionysios (Aelius Dionysius) 1A.3, 5B.59

디오뉘시오스 페리헤게테스 Dionysios Perihēgētēs 4B.26

¶디오도로스 Diodōros 1B.53, 2장 안내(주석 2), 2A.7, 2장 주석 595, 2B.68, 6A.1(주석 62), 6A.22, 6A.57, 10A.16(주석 95), 10장 주석 146

디오도토스 Diodotos 17B.14

디오메데스 Diomēdēs 15B.21, 17A.26

디오스쿠로이 Dioskouroi [제우스의 아들들=카스토르와 폴뤼데우케스] 3B.38, 10B.13(주석 150), 10B.17(주석 156), 15B.21(주석 148)

디오클레스 Dioklēs 15A.1

디오티마 Diotima 6A.9, 6B.44, 9A.3, 17A.9(주석 49), 17A.15

디오페이테스 Diopeithēs 4A.1, 4B.9

¶디온 크뤼소스토모스 (디오 코케이아누스) Diōn Chrysostomos (Dio Cocceianus) 3A.16☆, 10B.54

디케 Dikē 3장 주석 187

@디퓔론(문) Dipylon Ⓜ4-2, Ⓜ5-2 머리말 주석 31, 6A.1(주석 60)

@딕테(산) Diktē Ⓜ1-4 3B.37☆

(ㄹ)

라기스케 Lagiskē 4A.4

라다만튀스 Rhadamanthys 5B.24(주석 191), 10장 주석 149, 10B.13(주석 150)

@라리사 Larisa Ⓜ1-2 2장 안내, 2장 주석 117, 주석 127, 2A.19(주석 133), 2A.21, 2A.31(주석 170), 2B.58(주석 565), 6A.1, 7장 안내, 7B.21(주석 94), 10B.17(주석 156)

@라오디케아 Laodikeia 15B.5(주석 22)

라이비우스 Laevius 9A.10

라이스포디아스 Laispodias 5장 B 서두

@라케다이몬 Lakedaimōn [=스파르타] Ⓜ1-3 4A.2, 4A.5, 5A.4, 5A.6, 6B.74, 10장 A 서두, 10B.6, 10B.8, 10B.9, 10B.35, 10B.39, 13B.2(25절)

라케스 Lachēs 3B.20, 6A.17

@라코니아 Lakōnia Ⓜ1-3 6B.74, 10A.1, 10B.36, 10B.39(주석 214)

라피테스(족) Lapithai 10B.17(주석 156), 13B.1(10절, 주석 36, 주석 37, 주석 38), 15B.21, 15B.21(주석 129, 주석 157)

@람누스 Rhamnous Ⓜ1-2.5, Ⓜ3-1 2A.2, 4A.12, 5장 안내, 5장 A 서두 (주석 4), 5A.1, 5A.3(주석 19, 주석 21, 주석 22), 5A.4, 5A.6, 5A.13, 5A.16, 5A.18, 7B.4, 10A.10

람프로스 Lampros 4A.12, 5A.13

람프로클레스 Lamproklēs 6A.1

람프리아스 Lamprias 17A.5

@람프사코스 Lampsakos Ⓜ1-1 2B.71(주석 632), 3A.14, 4A.7, 7B.33(주석 145), 9A.5, 15B.7, 15B.19(주석 77)

@레기움 (레기온) Rhegium (Rhēgion) Ⓜ2-4 4B.3, 5A.4, 10B.60(주석 287)

@레나이아(섬) (레네이아, 레네) Rhēnaia (Rhēneia, Rhēnē) 10B.37☆

레다 Lēda 2B.13, 10B.13(주석 150)

레아 Rhea (Rheia) 6A.1(40절, 주석 53)

레오니데스 Leōnidēs 9B.1

레온 Leōn 6A.1, 6A.21, 17A.6

@레온티니 (레온티노이) Leontini (Leontinoi) Ⓜ2-4 2장 안내, 2A.1, 2A.4, 2A.5, 2A.6, 2A.7, 2A.10, 2A.15, 2A.16, 2A.18, 2A.23, 2A.26, 2A.28, 2A.29, 2A.31, 2A.33, 2A.37, 2B.3, 2B.5, 2B.19, 2B.25, 2B.31, 2B.32,

2B.34, 2B.49, 2B.51, 2B.53, 2B.58, 2B.59, 2B.64, 2B.70, 2B.71, 2B.72, 2B.74, 3A.3, 3A.16, 3A.27, 3A.28, 3A.30, 3B.7, 6A.44, 7A.4, 7B.9, 9A.1, 10A.1, 11B.13, 15A.1, 15B.19, 16B.7, 17A.10, 17A.13, 17A.37

@레우코프뤼스(섬) Leukophrys 10장 주석 146

레우콜로피데스 Leukolophidēs 3A.6

레우키포스 Leukippos 2B.4, 10B.13(주석 150),

@렘노스(섬) Lēmnos Ⓜ1-1.5 1A.2(주석 72), 5A.15, 6A.1(46절)

@로도스(섬) Rhodos Ⓜ1-4 2A.6, 2B.32, 4B.5, 5A.10, 7B.17(주석 81), 17A.10

@로마 (로메) Roma (Rhomē) Ⓜ2-2 1A.2(주석 72), 1A.4(주석 80), 1B.37 (주석 285), 2A.9(주석 91), 2A.31(주석 166), 3B.37(주석 167, 주석 171), 5B.97(주석 283), 7B.34(주석 146), 10A.6(주석 35), 10B.43(주석 221), 10B.45(주석 236)

@로크리스 Lokris 15B.30(주석 30)

¶롱기누스 Longinus 1B.7(주석 141), 5B.106

¶루키아노스 Loukianos 2B.80s, 3A.14☆, 4A.7, 5A.8, 10B.32

@뤼디아 Lydia Ⓜ1-1 5B.99(주석 287), 10B.6

뤼사니아스 Lyssanias 6A.36

뤼산드로스 Lysandros 10A.1

뤼소니데스 Lysonidēs 5장 안내, 5A.4(주석 33), 5A.6(주석 49)

뤼시스 Lysis 6A.1

¶뤼시아스 Lysias 2A.18, 2B.63, 2B.64, 5A.4, 5A.16, 6A.1(40절, 41절), 6B.71(주석 316), 7A.2, 7A.5, 7B.4, 7B.31, 10A.5, 10A.6, 10A.9, 10A.10, 10A.14, 10A.15(주석 90), 13B.2(주석 52), 15A.4(주석 8), 17A.9, 17A.48

뤼시포스 Lysippos 6A.1(43절)

@뤼케이온 Lykeion Ⓜ4-4.5 1A.1(54절), 3B.50, 3B.52, 11A.1

뤼코메데스 Lykomēdēs 7B.15

뤼코프론 Lykophrōn 1B.27, 2A.13(주석 115), 2A.31(주석 170), 2B.76(주석 649), 6B.72(주석 319), 14장(생략), 15장 안내, 15B.18, 16장 안내, 17장

마크로케팔로이(족)[장두족(長頭族)] Makrokephaloi 5B.61, 17B.19

¶ 막시모스 (카시우스 막시무스 튀리우스) Maximos (Cassius Maximus Tyrius) 3A.9☆, 4B.16, 6A.9, 6A.56, 7B.26, 9A.3

막시모스 플라누데스 → 플라누데스

@메가라 Megara ⓜ1-3, ⓜ3-2 1B.24(주석 258), 1B.47, 2A.13(주석 115), 6A.38, 6A.41, 6A.60, 7장 안내, 10B.5(주석 127), 13장 주석 4, 14A.1 (주석 9)

¶ (플라비우스) 말리우스(혹은 만리우스) 테오도루스 10B.3☆

메가뷔조스 Megabyzos 17B.12

메가클레이데스 Megakleidēs 1A.1

메길로스 Megillos 17A.14

메난드로스 Menandros

— ¶ 메난드로스(라오디케아 출신 연설가, 주석가) 15B.5☆

— 메난드로스(희극 작가) 9장 안내, 9A.10

메네데모스 Menedēmos 6A.2

메네스테우스 Menestheus 15B.21

메넥세노스 Menexenos

— 메넥세노스(소크라테스의 제자) 4A.12, 5A.3, 5A.13, 6A.8, 6A.38

— 메넥세노스(소크라테스의 아들) 6A.1

메넬라오스 Menelaos 15B.21

메노도토스 Mēnodotos 5A.11

메논 Menōn 2장 주석 96, 2A.16(주석 120), 2A.21, 2장 주석 199, 2B.11, 2B.27, 2B.28(주석 435), 2B.29(주석 437), 2B.30, 2B.48, 3B.16, 3B.19, 6A.5, 6B.43, 6B.49, 17A.48

메누키아누스 Menucianus 15B.5(주석 22)

메니포스 Menippos 10B.32, 16A.1

@메디아 Mēdia 7B.17(주석 81)

메로페 Meropē 10장 주석 197

메리오네스 Mērionēs 15B.21(주석 147)

@메세네 Messēnē Ⓜ1-3 10B.13(주석 150), 15B.1(주석 9)

@메세니아 Messēnia Ⓜ1-3 10B.39(주석 214), 15장 안내, 15B.1

@메소포타미아 Mesopotamia 17A.3(주석 14)

메이디아스 Meidias 6A.1

메트로도로스 Mētrodōros

— 메트로도로스(람프사코스 출신) 7B.33☆

— 메트로도로스(키오스 출신) 11B.13, 16B.7

메트로비오스 Mētrobios 6A.7, 6A.8

@메트로온 Mētrōion Ⓜ5-3.5 6A.1☆

@멘데 Mendē 1A.5

멜라니페 Melanippē 10B.18

멜란토스 Melanthos 10A.2

멜란티오스 Melanthios 2B.20

¶멜람푸스 Melampous 5B.102

멜레사고라스 Melēsagoras 2B.3☆

@멜레스(강) Melēs 10B.56(주석 277)

멜레시게네스 Melēsigenēs 10B.56(주석 277)

멜레시아스 Melēsias 6B.55(주석 279)

멜레토스 Melētos 6A.1, 6A.18, 6A.49(주석 152, 주석 158), 6A.50(주석 161), 6A.57, 6B.21, 6B.27

@멜로스(섬) Mēlos Ⓜ1-3 1B.43(주석 294), 3B.35, 7장 안내, 17B.15(주석 246)

멜리소스 Melissos 2B.4, 2B.4(주석 231), 2B.6, 2B.9, 3B.28, 17A.7(주석 29)

모니모스 Monimos 11B.13, 16장 주석 1, 16장 안내, 16A.1(주석 12), 16A.3, 16B.6, 16B.7

모세 Mōysēs (Moses) 10B.22(주석 170)

몰로스 Molos 15B.21

@무니키아(언덕) (무뉘키아) Mounichia (Mounychia) 10장 주석 18, 10A.16 (주석 95)

무사이오스 Mousaios 15B.21

뮈로스 Myrrhos 5장 B 서두, 5B.11

뮈르토 Myrtō 6A.1

@뮈리누스 Myrrhinous ⑩3-4 4A.10

뮈손 Mysōn 6B.74

@뮈시아 Mysia ⑩1-1 15B.21

@뮈케네 (미케네, 뮈케나이) Mykēnai (Mykēnē) ⑩1-3 10B.18

@뮈틸레네 Mytilēnē ⑩1-1 6B.74, 15B.7, 17B.14(주석 235), 17B.15(주석 246)

뮤즈(들) (무사이) Mousai 1B.55, 2B.76, 3B.13, 3B.39, 6A.1, 6A.9(주석 84), 9A.3(주석 8), 15A.1(주석 5), 15장 주석 27, 15B.10(주석 29), 15B.18, 15B.20, 15B.21, 17A.48

므네시마코스 Mnēsimachos 6A.1(주석 10)

므네시필로스 Mnēsiphilos 17A.8

미노스 Minōs 10장 주석 149, 15B.21(주석 147)

미누키아노스 Minoukianos 15B.14

¶ (마르쿠스) 미누키우스 펠릭스 Marcus Minucius Felix 3B.37☆

미타이코스 Mithaikos 3A.9☆, 4B.16, 7B.26

밀레토스 Milētos

— @밀레토스(도시) ⑩1-4 1장 안내, 1A.3, 1A.10(주석 102), 2A.22, 2B.78, 3A.2, 3A.4, 4B.7, 6B.74, 9A.9(주석 23), 10A.7, 10B.2, 10B.37, 17B.1

— 밀레토스(아폴론의 아들) 10장 주석 149

밀티아데스 Miltiadēs 10B.50(주석 257)

(ㅂ)

@바빌로니아 (바뷜로니아) Babylonia 17A.3

바코스 (바쿠스) Bakchos (Bakchus) [=디오뉘소스] 3B.37(주석 171), 3B.42, 9B.6, 10B.34

바퀼리데스 Bakchylidēs 3A.1(주석 7)

바튀클레스 Bathyklēs 3B.24

베누스 Venus 3B.37

벨레로폰 Bellerophōn 10장 주석 146

@보스포로스(해협) Bosporos (Bosphoros) Ⓜ1-1 7장 안내

@보이오티아 Boiōtia Ⓜ1-2.5, Ⓜ3-2 2장 주석 65, 2A.13(주석 115), 2A.15,
　2A.16, 2장 주석 127, 3장 안내, 3A.17, 6A.17(주석 97), 10A.16(주석 95),
　17A.46(주석 164)

@부르디갈라 Burdigala [=보르도(Bordeaux)] 9A.10(주석 24)

@뷔잔티온 (뷔잔티움, 비잔티움) Byzantion (Byzantium) Ⓜ1-1 1B.35,
　2A.26, 2B.37(주석 483), 2B.70, 2B.71(주석 632), 6A.1, 7A.10(주석 41),
　7B.9, 15B.9(주석 77), 17A.48

브델뤼클레온 Bdelykleōn 2A.20

브로미오스 Bromios [=디오뉘소스] 10B.1☆

브뤼손 Brysōn 6A.60, 11B.12, 14A.1(주석 9)

비아스 Bias 3B.52, 5A.15, 6A.1, 6B.74, 17A.5, 17A.14(주석 66), 17B.17

@비튀니아 Bithynia Ⓜ1-1 7장 안내, 7A.1

(ㅅ)

사르페돈 Sarpēdōn 10장 주석 149

@사모사타 Samosata 3A.14(주석 43), 5A.8(주석 61)

@사모스 Samos Ⓜ1-4 5A.4(주석 32), 6A.1, 6장 주석 94, 6A.16(주석 96)

@사모트라케(섬) Samothrakē Ⓜ1-1 5A.3(주석 14), 5장 B 서두

사튀로스 Satyros
—사튀로스(반인반수 정령) 6A.10☆, 6A.12, 10A.3, 13B.1 cf. '사튀로스 극'
　(일반 용어)
—사튀로스(전기 작가) 2A.4☆, 6A.1

사포 Sapphō 15B.7

살라로스 Salaros 5A.15, 6A.1

@살라미스 Salamis Ⓜ1-3, Ⓜ3-3 6A.1, 6A.21, 7B.17(주석 81)

세네카 Seneca

— ¶대 세네카(수사가, 스토아 철학자 세네카의 아버지) Annaeus Seneca maior 5B.97☆

— ¶세네카(스토아 철학자, 소 세네카) Lucius Annaeus Seneca minor 1B.29

세라피온 Serapiōn 5A.10, 5B.103

¶섹스투스 엠피리쿠스 (섹스토스 엠페이리코스) Sextus Empiricus (Sextos Empeirikos) 1A.1(주석 34), 1A.12, 1B.2, 1B.8, 1B.9, 1B.26, 1장 주석 267, 1B.40, 2A.5(주석 61), 2B.4(주석 200), 2B.5, 3B.32, 3B.35, 3B.36, 6B.5, 10장 B 서두(주석 105), 10B.33, 11B.12, 11B.13, 11B.14, 13장 안내, 16장 안내, 16A.1(주석 12), 16A.2, 16B.1, 16B.2, 16B.3, 16B.4, 16B.5, 16B.6, 16B.7

@셀륌브리아 Sēlymbria 1B.47, 2A.10(주석 101), 3A.30, 3B.23(주석 136), 3B.23s(주석 139)

셈노테오스들 Semnotheoi 17A.3

소시비오스 Sōsibios 5A.15, 6A.1

소시크라테스 Sōsikratēs 16A.3

소크라테스 Sōkratēs 머리말, 1장 주석 1, 1장 안내, 1A.1(주석 15, 주석 30, 주석 44), 1A.5, 1A.6(주석 90), 1A.7, 1A.8, 1A.9, 1A.12, 1A.13, 1B.4, 1B.5, 1B.11, 1B.12, 1B.13, 1B.15, 1B.23, 1B.32, 1B.34(주석 280), 1B.43(주석 296), 1B.45, 1B.46, 1B.47, 1B.48, 1B.49(주석 340), 1B.52, 1B.55, 1B.57, 1B.61, 1B.63, 2장 안내, 2A.3, 2A.5, 2A.8, 2A.13 (주석 115), 2A.16(주석 119), 2A.21, 2A.22, 2A.31(주석 171), 2A.36 (주석 176) 2장 주석 199, 2B.11, 2B.13(주석 333), 2B.14(주석 375), 2B.27, 2B.29(주석 437), 2B.30, 2B.35, 2B.36, 2B.36s, 2B.37, 2B.38, 2B.39, 2B.40, 2B.42, 2B.44, 2B.48, 2B.50(주석 547), 2B.55(주석 556), 2B.64(주석 580, 주석 582), 2B.70, 2B.78, 2B.80, 2B.81, 3장 안내, 3A.1(주석 6), 3A.3, 3A.6, 3A.12, 3A.13, 3A.19, 3A.20, 3A.21, 3A.22,

솔론 Solōn 4B.15, 6B.74, 10A.1, 10A.2, 10A.12, 15B.7, 17A.4, 17A.8, 17A.9

¶『수다』 Souda (Suda) 1A.3(주석 77), 1A.10☆, 2장 주석 96, 2A.10, 2B.1 (주석 191), 2장 주석 447, 2B.33, 2B.67, 2B.74(주석 640), 3A.1, 3A.3(주석 10), 3A.5, 3A.30, 4A.1, 4B.1, 4B.9, 5장 안내, 5A.1, 5A.3(주석 10, 주석 16), 5B.7, 5B.11, 5B.13, 5장 주석 203, 5B.34, 5B.58, 5B.74, 5B.78, 6A1(주석 58), 6A.4, 6A.47(주석 146), 6A.60, 6B.1, 7장 안내, 7A.1, 7B.1, 7B.10, 7B.34, 9장 안내, 9A.4, 9A.8s, 15장 안내, 15A.1, 15A.2, 15A.3, 15A.4, 17A.26(주석 96)

¶ 쉬리아노스 Syrianos 1B.56(주석 355), 2B.1☆, 2B.23, 2B.63

쉬아그로스 Syagros 6A.1

스메르디스 Smerdis 17B.12(주석 216)

@스뮈르나 (스뮈르네) Smyrna (Smyrnē) [=이즈미르] Ⓜ1-1 2A.36(주석 180), 10B.56(주석 277)

스카만드로스 Skamandros 1B.62(주석 377) cf. 크산토스

스코파스 Skopas 1B.63, 6A.1, 10B.9

스코펠리아노스 Skopelianos 2A.37☆

@스퀴티아 Skythia 11B.13, 16B.7

스퀼라 Skylla 2B.5, 3B.53

스퀼락스 Skylax 5B.62

스키론 Skirōn 14B.9, 15B.18

스키르팔로스 Skirpalos 16B.9

스키아포데스 Skiapodes 5B.60☆, 17B.19(주석 267)

스테넬로스 Sthenelos 15B.21

스테시코로스 Stēsichoros 2B.6(주석 267), 4B.19

¶ 스테파누스(뷔잔티온 출신) (스테파노스) Stephanus (Stephanos) 1B.35

¶ 스토바이오스 Iōannēs Stobaios 1B.50, 2A.30, 3B.15, 3B.48, 3B.52(주석 225, 주석 227), 4B.37, 4B.38, 5B.63, 5B.65, 5B.66, 5B.67, 5B.68, 5B.70, 5B.71, 5B.72, 5B.73, 5B.75, 5B.79, 5B.80, 5B.81, 9B.4, 9B.5,

9B.7, 9B.8, 10B.10, 10B.12, 10B.16, 10B.20, 10B.23, 10B.27, 10B.28, 10B.29, 10B.30, 10B.31, 10B.61(주석 288), 14B.6, 15B.9, 17B.16

¶스트라본 Strabōn 10B.15.

스트라톤 Stratōn 5A.10

스트렙시아데스 Strepsiadēs 1B.33, 1B.61, 6A.43, 6B.2, 17A.20

스틸베 Stilbē 13B.1(주석 37)

@스파르타 (스파르테) Sparta (Spartē) Ⓜ1-3 cf. 라케다이몬 2A.6(주석 75), 2A.24(주석 155), 2B.6(주석 267), 2B.59(주석 569), 3장 안내, 3A.9, 3A.16, 4장 안내, 4A.6(주석 28), 4B.16, 5A.4(주석 36), 5A.6(주석 50), 5장 주석 99, 6B.74(주석 325), 6B.75, 7B.26, 10장 안내, 10A.1(주석 10, 주석 11, 주석 18), 10A.14(주석 89), 10장 주석 125, 10B.6, 10B.8(주석 138, 주석 139), 10B.9(주석 144), 10B.13(주석 150), 10B.17(주석 156), 10B.39(주석 214), 10B.50, 15B.1(주석 9), 15B.21(주석 147), 17B.15(주석 146)

@스페르케이오스(강) Spercheios 6B.74(주석 327)

@스페토스 Sphēttos Ⓜ3-4 3A.29(주석 78), 6A.36

스핀타로스 Spintharos 6A.1

@시나이(산) Sinai 10B.22(주석 170)

시니스 (시네스) Sinis (Sinēs) 14B.9

@시라쿠사 (쉬라쿠사이) Siracusa (Syrakousai) Ⓜ2-4 2A.5(주석 62, 주석 63), 2A.1(주석 169), 3A.9, 3A.28, 4B.16, 5A.4(주석 35), 7B.26, 9A.4, 14장 안내, 15B.12, 16A.3

@시리아 (쉬리아) Syria 6A.1

시모니데스 Simōnidēs 6A.1

시몬 Simōn 6A.60

시뷔르티오스 Sibyrtios 5B.104

시센나 Sisenna 9A.9(주석 23)

시쉬포스 Sisyphos 10장 주석 197☆

@시칠리아(섬) (시켈리아) Sicilia (Sikelia) Ⓜ2-3.5 1장 안내, 1A.1, 1A.3,

— 아르테미도로스(변증가) 1A.1(53절), 1B.22

— ¶아르테미도로스(에페소스 출신 점술가) 5B.99☆, 9B.12.(b), 9B.15

아르테미스 Artemis 6A.1, 6B.1, 7B.12(주석 73), 10B.13

아리그노토스 Arignōtos 3A.29

아리스타르코스 Aristarchos 5A.3(주석 11)

아리스테이데스 Aristeidēs 6A.1, 9A.2, 9A.9

¶아리스토텔레스 Aristotelēs 머리말 3절(주석 14), 1A.1(주석 15 및 53절,
   54절), 1A.15, 1장 주석 147, 1B.17, 1B.18, 1B.20, 1B.21, 1B.23(주석
   254), 1B.25, 1B.34, 1B.36, 1B.58, 1B.59, 1B.60, 1B.67, 1B.69, 1B.69s,
   2A.1(주석 28), 2A.5(주석 61, 주석 62), 2A.12, 2A.18, 2A.30, 2A.36
   (주석 179) (이하 생략)

아리스토파네스 Aristophanēs

— 아리스토파네스(뷔잔티온 출신) 7A.10(주석 41)

— ¶아리스토파네스(희극 작가) 머리말 1절 및 주석 6, 1B.33, 1B.61, 2장 안
   내(주석 2), 2A.1(주석 26), 2A.19, 2A.20, 2B.62(주석 575), 3장 안내,
   3A.1(주석 6), 3A.22, 3A.23, 3A.24, 3A.25, 3장 B 서두, 3B.40, 3B.41,
   3B.44, 5A.17, 6장 안내, 6A.1(주석 10, 20절, 주석 33, 28절, 38절),
   6A.15, 6A.17, 6A.43, 6B.2, 6B.60(주석 282), 7장 안내, 7A.3, 7B.3,
   10B.22(주석 171), 10B.24(주석 177), 10B.59(주석 285), 17A.20, 17A.22,
   17장 주석 258, 17B.19(주석 267)

¶아리스톡세노스 Aristoxenos 1B.6☆, 6A.1(19절, 20절), 6A.2, 6A.4

아리스톤 Aristōn 6A.36, 10A.2, 10B.5(주석 127),

아리스티포스 Aristippos 2장 안내, 2A.21, 3B.48, 6A.1, 6A.38, 6A.40,
   6A.41, 6A.59

¶아리아누스 (아리아노스) Lucius Flavius Arrianus (Arrianos) 9장 안내,
   9A.9☆

아리아드네 Ariadnē 15B.10, 15B.21(주석 151)

아리프라데스 Ariphradēs 3A.29(주석 77)

아리프론 Ariphrōn 5A.4(주석 44), 5B.104

아메입시아스 Ameipsias 1A.6, 6A.1(주석 33), 6장 주석 109

@아뷔도스 Abydos 5B.105

아브라함 Abraham 9A.7(주석 18), 17A.3(주석 14)

아소포스(강신) Asōpos 10장 주석 197 cf. 아소포스강 Ⓜ3-2

@아스칼론 (아슈켈론) Askalōn (Ashkelon) 5B.103

아스클레피오스 Asklēpios 6A.58

아스튀다마스 Astydamas 6A.1

아스파시아 Aspasia 2A.22, 5A.13(주석 71), 6A.6, 6A.8, 6A.9, 9A.3, 10A.7

@아시리아 (아쉬리아) Assyria 3A.14(주석 43)

@아시아 Asia [=소아시아] 10A.12(주석 62), 10B.6, 10B.18, 15A.1, 15B.21

아에르 Aēr 1B.61

¶아에티오스 Aëtios 5B.12, 5장 주석 203, 5B.38, 5B.39, 5B.40, 5B.44,
   10B.33(주석 199)

아우게 Augē 15B.21

아우게아스 Augeas 15B.21

¶(데키무스/데키미우스 마그누스) 아우소니우스 Decimus/Decimius Magnus
   Ausonius 9장 안내, 9A.10☆

아우토클레스 Autoklēs 9A.8

아우톨뤼코스 Autolykos 3A.12(주석 38), 10장 주석 197, 10B.52(주석 262)

아욱소 Auxō 3장 주석 187☆ cf. 호라이

¶아울루스 겔리우스 Aulus Gellius 1A.4☆, 3A.26, 6A.45(주석 141),
   17A.37(주석 131)

@아이고스포타모이 Aigos Potamoi Ⓜ1-1 10A.14(주석 88), 10장 주석 125

아이기나 Aigina

─아이기나(강신 아소포스의 딸) 10장 주석 197

─@아이기나(섬) Ⓜ1-3, Ⓜ3-3 6A.38, 16B.9

아이스퀼로스 Aischylos 2장 안내, 2A.1, 2B.50(주석 546), 2B.57, 3A.31,
   5A.5, 6A.1, 10B.25(주석 180), 13B.3

아이스키네스 Aischinēs

— 아이스키네스(소크라테스학파, 뤼사니아스의 아들, 스페토스 구역 출신)
    Aischinēs Sōkratikos 2A.1(주석 28), 2장 주석 96, 2A.18, 2A.22, 2B.78,
    3A.29, 6A.1, 6A.36, 6A.38, 6A.40, 6A.41, 6A.60, 17A.9
— ¶아이스키네스(연설가, 아트로메토스의 아들) 2A.6, 2B.32, 5A.12,
    6A.47☆, 7B.6, 10장 안내(주석 1), 10A.18, 15장 안내, 15A.3, 15B.11,
    17A.10, 17A.38
아이아스 Aias 15B.21(주석 130)
아이아코스 Aiakos 2B.17, 10B.18
아이안토도로스(소크라테스의 제자, 팔레론 출신 아폴로도로스의 형제)
    Aiantodōros 6A.36
아이올로스 Aiolos 10장 주석 197
@아이올리스 (아이올리아) Aiolis (Aiolia) Ⓜ1-1 5B.10, 15장 안내
아이피키아노스 Aiphikianos 10B.43☆
¶(클라우디우스) 아일리아누스 Claudius Aelianus 2A.9☆, 2A.29, 3A.7
    (주석 19), 4A.8, 4B.12(주석 77), 10B.33(주석 199), 10B.48, 10B.49
¶(푸블리우스) 아일리우스 아리스티데스 테오도루스 Publius Aelius Aristides
    Theodorus 2B.26(주석 420), 6A.48☆, 10B.51, 10B.52, 17A.9
¶아일리우스 헤로디아누스 Aelius Herodianus 10B.45☆
@아카데미 (아카데메이아) Akadēmeia Ⓜ4-2 1A.1(주석 15), 1B.27(주석
    264), 2B.1(주석 190), 2B.2(주석 194), 3B.52, 6A.59, 10A.2(주석 26)
@아카르나니아 Akarnania 11A.1
@아카르나이 Acharnai Ⓜ3-1 8A.1, 8B.5
@아카이아 Achaia Ⓜ1-2.5 15B.21, 17A.6(주석 27)
아카칼리스 Akakalis 10장 주석 149
아쿠메노스 Akoumenos 4A.10
@아크로코린토스 Akrokorinthos 10장 주석 197
@아크로폴리스 Akropolis Ⓜ4-4.5, Ⓜ5-4 머리말, 2A.19(주석 129), 6A.1,
    6A.3, 10A.17(주석 97)
아킬레우스 Achilleus 1B.62, 2B.17, 4A.2, 4B.4, 4B.23, 4B.32, 6B.60,

악시오코스 Axiochos 3B.52, 3B.53, 11A.1

안니아누스 Annianus 9A.10

안도키데스 Andokidēs 10A.9(주석 46)

안드로티온 Androtiōn 4A.10, 6A.48, 8A.8, 17A.9

안드론 Andrōn 4A.10, 5장 주석 99, 8장 안내, 8A.8

안튈로스 Antyllos 2B.74☆, 3B.7

안티메니다스 Antimenidas 5A.15, 6A.1

안티모이로스 Antimoiros 1A.5

안티스테네스 Antisthenēs 1A.1, 1B.23(주석 254), 1B.24(주석 256), 2A.17,
   3A.32(주석 87), 3A.34, 3B.42, 4A.9, 6A.1, 6A.38, 6A.60, 10B.34, 11장
   안내(주석 1), 12장 안내(주석 3), 17A.27(주석 97)

안티오코스 Antiochos 2B.78

@안티오키스(부족) Antiochis 6A.21

안티클레이아 Antikleia 10장 주석 197

안티파트로스 Antipatros 5B.95, 5B.98

¶안티폰 Antiphōn 머리말 주석 18, 1B.48(주석 316), 2A.1(주석 10),
   2A.2, 3A.31, 4장 안내(주석 1), 4A.12, 5장(생략), 6A.1, 6A.36, 6B.61
   (주석 290), 7장 안내, 7B.4, 7B.6(주석 62), 8장 안내(주석 3), 10장 안내,
   10A.1(주석 11), 10A.10, 10A.11, 10B.44, 10B.47(주석 248), 10B.57, 12장
   안내(주석 2, 주석 3), 14장 안내 주석 6, 15B.11, 17장 주석 62

안틸로코스 Antilochos 5A.15, 6A.1

알레오스 Aleōs 15B.21

알레우아스 Aleuas 2A.21, 10B.9(주석 142)

알레테이아 Alētheia 머리말 주석 13, 5A.8

알렉산드로스 Alexandros
— ¶알렉산드로스(아프로디시아스 출신) 3B.9, 10B.62, 14A.1(주석 9),
   14B.2, 14B.8
— 알렉산드로스(『철학자들의 계보』 저자) 6A.1
— 알렉산드로스(파리스) 2B.6(주석 267), 2B.13(19절), 15B.21(7절, 17절,

18절), 17A.35

ㅡ알렉산드로스(할리카르나소스 출신 디오뉘시오스의 아버지) 2B.1(주석
193)

ㅡ알렉산드로스 17B.16

@알렉산드리아 Alexandria 1B.30, 1B.44(주석 298), 1B.56(주석 355),
2A.36(주석 180), 2B.1(주석 190), 2B.3, 2B.19, 2B.26, 2B.72(주석 633),
3B.37(주석 169), 4B.7(주석 55), 4B.21, 5A.3(주석 11), 5A.11, 5B.54s,
5B.56s, 5B.69, 5B.100, 6A.2, 7B.8, 7B.21, 7B.34(주석 146), 10B.4(주석
126), 10B.22, 10B.24, 10B.40, 10B.45(주석 236)

알렉시노스 Alexinos 11B.12

알렉시니코스 Alexinikos 2A.31

@알로페케 Alōpekē Ⓜ3-4.5 6장 안내, 6A.1, 8B.5

알카이오스 Alkaios 5A.15, 6A.1

알퀴오네우스 Alkyoneus 13B.1(주석 40)

알크마이온 Alkmaiōn 2B.7, 2B.9.(b), 3B.28, 5B.40, 13B.3, 17A.7

¶ 알키다마스 Alkidamas 1B.55(주석 351), 2A.10, 2B.14(주석 341),
2B.24(주석 418), 2B.27(주석 425), 2B.71, 5A.12, 6A.47(주석 146),
6B.72(주석 319), 7B.6, 7B.29(주석 134), 14장 안내, 14B.9(주석 33), 15장
(생략), 16장 안내, 17A.48(주석 179, 주석 180), 17장 주석 254

알키비아데스 Alkibiadēs 2A.1, 2장 주석 96, 3A.6(주석 18), 3A.29(주석 77),
4A.3(주석 19), 5A.4, 5A.6(주석 51), 5B.88(주석 268), 5B.104, 6A.1,
6A.10, 6A.13, 6A.16(주석 96), 6A.17, 6A.23(주석 111), 6A.30, 6A.31,
6A.33(주석 118, 주석 119), 6A.34, 6A.51, 6A.60, 6B.15, 6B.17, 7A.3,
8A.7, 10장 안내, 10A.5, 10A.6, 10A.8, 10A.13, 10B.4, 10B.5, 10장 주
석 156, 11장 안내(주석 4)

암마이오스 Ammaios 5A.12

암모니오스 Ammōnios

ㅡ¶ 암모니오스(문법학자) 1B.62☆, 5B.107

ㅡ암모니오스(신플라톤주의자) 1B.56(주석 355)

암피메네스 Amphimenēs 5A.15, 6A.1

@암피폴리스 Amphipolis Ⓜ1-2 6A.1, 6A.1(주석 25), 6A.16, 10B.49(주석 254), 15A.4

@압데라 Abdēra Ⓜ1-1.5 1장 안내☆, 1A.1, 1A.2, 1A.3, 1A.4, 1B.8, 1B.41, 1B.43, 1B.70, 3A.1, 3A.2, 3A.8, 3A.30, 3B.29, 6A.45, 7A.4, 7B.28, 17A.37

압세피온 Apsephiōn 6A.1

앙카리우스 Ancharius 3B.3

에나레테 Enaretē 10장 주석 197

에니포 Enipō 10B.47

에라시스트라토스 Erasistratos 2A.18(주석 125), 3B.50, 5A.4

에라토스테네스 Eratosthenēs 7A.10(주석 41), 9장 안내, 9A.7, 10A.14

에레보스 Erebos 3B.40

@에레소스 Eresos 6A.40

@에레트리아 Eretria Ⓜ1-2 6A.59

에로스(신) Erōs 2B.80, 3B.43, 6A.29, 10B.1, 15B.17, 17A.15 cf. 일반 용어의 '사랑(에로스)'

에뤽시마코스 Eryximachos 3B.43, 4A.10, 17B.6

에뤽시스 Eryxis 3A.29☆

에뤽시아스 Eryxias 3B.50(주석 212), 10B.63

@에에티오네이아 Ēetiōneia 5A.4☆

에우노모스 9B.15

에우노미아 Eunomia 3장 주석 187

에우데모스 Eudēmos 2B.3

에우독소스 Eudoxos 1B.35

에우디코스 Eudikos 4B.10, 4B.15

에우로페 Eurōpē 4B.26, 10장 주석 149, 10B.18

에우뤼바테스 Eurybatēs 15B.21

에우뤼스테우스 Eurystheus 8B.1(주석 29), 10B.18, 10B.19

에우뤼티온 Eurytiōn 13B.1(주석 38)

에우뤼폰 Euryphōn 3B.23s

에우뤼로코스 Eurylochos 6A.1

@에우리포스(해협) Euripos Ⓜ3-1 17A.46☆

¶에우리피데스 Euripidēs 1A.1(54절, 55절), 1A.15, 2B.6(주석 267), 3A.26,
　　3A.31(주석 84), 3B.23, 5A.5(주석 46), 6A.1(18절, 22절, 33절, 44절,
　　45절), 6장 주석 76, 6B.42(주석 254), 7A.7(주석 38), 7B.21, 10장 B 서두
　　(주석 105), 10B.7, 10B.11, 10B.12, 10B.14, 10B.15, 10B.16, 10장 주석
　　156, 10B.18, 10B.21, 10B.22, 10B.24, 10B.25, 10B.26, 10B.27, 10B.31,
　　10B.32, 10B.33(주석 199), 10B.40, 16B.8(주석 44), 17B.4, 17B.8,
　　17B.16, 17B.17

에우마레스 Eumarēs 6A.60

에우몰포스 Eumolpos 2A.31, 2A.32, 10장 주석 146, 15B.21

@에우보이아(섬) Euboia Ⓜ1-2, Ⓜ3-1 15B.10(주석 30), 17A.46(주석 164)

에우불로스 Euboulos 16A.1

에우불리데스 Euboulidēs 6A.1, 11B.12, 13B.4(주석 107)

¶에우세비오스 Eusebios 1A.1(주석 40), 1A.15(주석 110, 주석 113), 1B.7,
　　1B.38(주석 288), 1B.39, 9장 안내, 9A.7.

¶에우스타티오스 Eustathios 1B.71☆, 4B.26, 5B.59(주석 242), 10B.38

에우아틀로스 Euathlos 1A.1, 1A.15

에우에노스 Euēnos (Evenus) 1A.1(주석 44), 3B.30(주석 158), 6A.9, 9장(생
　　략), 16장 안내, 17A.48

에우크라테스 Eukratēs 17B.14

에우클레이데스 Eukleidēs 1B.24(주석 258), 6A.1, 6A.38, 6A.60, 11B.12
　　(주석 90)

에우튀데모스 Euthydēmos

― 에우튀데모스(소피스트) 머리말 주석 17, 1B.12, 1B.23(주석 229), 3B.17
　　(주석 121), 4B.31(주석 107), 11장(생략), 13B.5(주석 118), 13B.8(주석
　　179), 16장 안내, 17A.17, 17B.3

118), 14B.3, 17A.11, 17A.17, 17A.19, 17A.34(주석 119), 17A.41(261c), 17A.42

@엘레우시스 Eleusis Ⓜ3-2 머리말 주석 3, 3B.37, 10A.1(주석 18), 10A.17, 10B.21, 13B.4(주석 101), 15B.21

@엘리스 Ēlis Ⓜ1-3 2A.31, 2B.22, 3A.3, 3A.16, 3A.34, 4장 안내, 4A.1, 4A.2, 4A.5, 4A.9, 4A.10, 4A.11, 4A.12, 4A.13(주석 44), 4B.3, 4B.5, 4B.6, 4B.9, 4B.10, 4B.11, 4B.19, 4B.27, 4B.34, 6A.45, 6A.60, 7A.4, 9A.1, 15B.21, 17A.13, 17A.37

엠페도클레스 Empedoklēs 1B.16, 2A.3, 2A.4, 2A.5, 2B.7, 2B.11, 2B.33, 6B.5, 10B.61(주석 288), 11장 안내, 15B.2, 15B.8, 17A.7, 17A.34

오나타스 Onatas 5A.15, 6A.1(46절)

오노마클레스 Onomaklēs 5장 주석 99

@오데이온 Ōideion Ⓜ4-4.5 10A.17☆

오뒤세우스 (오디세우스) Odysseus 2B.14, 2B.37, 3A.6(주석 15), 4B.23(주석 99), 4B.32, 6B.34, 6B.60, 7B.30, 10B.33(주석 197), 15B.21, 17A.26 (주석 96), 17A.41

오레스테스 Orestēs 13B.3

오르페우스 Orpheus 1A.5, 1B.47, 2A.6, 2B.50, 2B.53, 3A.15, 3B.45, 4B.21, 10B.3, 5B.21(21절)

¶ 오리게네스 Origenēs 1B.44(주석 298), 5B.15☆

@오에 Oē 3B.20(주석 126)

@오이네온 Oineōn 15B.10(주석 30)

@오이노안다 Oinoanda 1B.43(주석 293), 5B.96

@오이노에 Oinoē Ⓜ3-1 15B.10(주석 30)

오이노피온 Oinopiōn 10B.2, 15B.21(17절)

오이아그로스 Oiagros 15B.21(22절)

@오이타(산) (오이테) Oitē 6B.74(주석 327)

오케아노스 Ōkeanos 4B.26.

오타네스 Otanēs 17B.12

오토 유니우스 Otho Iunius 5B.97

@옥쉬륑쿠스 Oxyrhynchus 1B.62, 5B.22, 5B.24, 5B.25, 5B.26, 10B.17, 10B.19,

옥타비우스 야누아리우스 Octavius Ianuarius 3B.37(주석 167)

올로로스 Oloros 2B.59(주석 569)

¶ 올륌피오도로스 Olympiodōros 2A.3, 2A.24, 2B.9.(a), 2B.20(주석 403), 2B.43, 6A.1(주석 63)

@올림포스(산) Olympos Ⓜ1-2 13B.1(주석 36)

@올림피아 Olympia Ⓜ1-3 1A.1(55절), 1A.15, 2장 안내, 2A.1, 2A.3, 2A.10, 2A.22, 2A.24(주석 155), 2A.31, 2A.32, 2A.35, 2B.9(a), 2B.16, 2B.18, 2B.19, 2B.20, 3장 6절, 3A.14(주석 46), 3장 주석 187, 4A.2, 4A.7(주석 30), 4B.3, 4B.6, 4B.8, 4B.10, 5B.68, 5B.96, 6A.1(43절), 6B.9, 9A.7, 10A.7, 10A.15, 10B.9(주석 144), 13B.3, 14A.1(주석 7)

요셉 Yōsef (Joseph) 10장 주석 146

요한네스 크리소스토모스 Iōannēs Chrysostomos 3A.16(주석 52), 3A.18 (주석 57)☆, 5B.43(주석 227)

우라노스 Ouranos 13B.1(주석 39, 주석 40)

울피아노스 Oulpianos 9B.1

¶ 위-디오뉘시오스 Pseudo-Dionysios 10B.55☆ cf. 디오뉘시오스(할리카르 나소스 출신)

¶ 위-롱기누스 Pseudo-Longinus 2B.25

¶ 위-루키아노스 Pseudo-Loukianos 2A.27

¶ 위-아리스토텔레스 Pseudo-Aristotelēs 2B.4, 9B.8

¶ 위-칼리스테네스 Pseudo-Kallisthenēs 5B.101

¶ 위-크세노폰 Pseudo-Xenophōn 10B.59

¶ 위-플라톤 Pseudo-Platōn 3A.3(주석 10), 3B.50, 3B.51, 3B.52, 3B.53, 6B.71, 7B.35, 10B.63

¶ 위-플루타르코스 Pseudo-Plutarchos 1B.51, 1B.65, 2A.2, 2A.10(주석 97, 주석 104), 2A.14, 3A.28, 4A.4, 5A.4, 5A.6(주석 48, 주석 49, 주석 55),

5A.7(주석 59), 6A.22(주석 107), 10A.5, 10B.26, 15B.20(주석 100)

¶ (데키무스 유니우스) 유베날리스 Decimus Iunius Iuvenalis 7A.8, 7A.9

유스투스 Iustus (Ioustos) 6A.1(41절)

유스티노스 Ioustinos (Iustinus) 5B.15(주석 144)

유스티니아누스 Iustinianus 1A.3(주석 77), 1B.27(주석 264)

유피테르 Iuppiter 3B.37

@율리스 Ioulis Ⓜ1-3 3장 안내, 3A.1(주석 7)☆

율리우스 베스티누스 Iulius Vestinus 7B.34☆

@이뉘코스 (이뉘콘) Inykos (Inykon) Ⓜ2-3 4A.2☆

이다스 Idas 10B.13(주석 150, 주석 151, 주석 153)

이도메네우스 Idomeneus 6A.1 15B.21(주석 147)

이사르코스 Isarchos 4A.11

이사이오스 Isaios 5A.12, 5A.16, 7B.6, 7B.34, 15A.4, 15B.11

¶ 이소크라테스 Isokratēs 머리말 2절, 1A.3, 1A.10(주석 103), 1B.23(주석
    254), 1B.24, 2A.10, 2A.12, 2A.13, 2A.14, 2장 주석 117, 주석 127,
    2A.19(주석 133), 2A.20(주석 137), 2A.23, 2A.28, 2A.31(주석 171),
    2B.6, 2B.7, 2B.13(주석 293), 2B.15, 2B.16(주석 388), 2B.17, 2B.18,
    2B.26, 2장 주석 447, 2B.65, 2장 주석 595, 2B.69, 2B.71, 3A.4, 3A.27,
    3A.28, 4A.4, 5A.12, 6A.22(주석 107), 6A.47(주석 146), 7A.1, 7B.5,
    7B.6, 7B.7, 7B.34, 11장 안내(주석 3), 15장 안내, 15A.2, 15A.4, 15B.11,
    15B.12, 15B.14, 15B.19, 15B.20(주석 78, 주석 84, 주석 98, 주석 100),
    17A.4, 17A.7, 17A.9

이솝 (아이소포스) Aisōpos 6A.1, 6B.1, 9A.6

이스코마코스 Ischomachos 6A.9, 9A.3

@이스트모스 Isthmos [=코린토스] 6A.1

이스트미아(경기) Isthmia 15B.18

¶ 이시도로스 Isidōros 2B.72☆

이시스 Isis 3B.37

이아손(테살리아 참주) Iasōn 2장 주석 39, 2A.13(주석 115), 2A.31☆

15B.10, 15B.21, 17A.1, 17A.26, 17A.29, 17A.41, 17A.46, 17B.1, 17B.3, 17B.9

조일로스 Zōïlos 5A.16, 7B.4, 10A.10, 15A.4

(ㅊ)

¶ (요안네스) 체체스 Iōannēs Tzetzēs 5A.9☆, 15B.14, 15B.15, 15B.16

(ㅋ)

@카레오티스 Kareōtis 5A.8

카르만티데스 Charmantidēs 2A.10, 2A.31, 2A.32

카르미데스 Charmidēs 1A.5, 6A.1, 6장 주석 96, 6B.16(주석 204), 10장 안
   내, 10A.2, 10A.12, 10A.17, 10B.5, 10B.46, 17A.16

@카르타고 Carthago 3A.7(주석 21)

카르포 Karpō 3장 주석 187☆ cf. 호라이

카리스 Charis (복수: Charites) 6A.1

@카리아 Karia Ⓜ1-4 2A.6, 2B.32, 10B.2, 10장 주석 149, 17A.10

카리클레스 Chariklēs 10A.13☆

카마일레온 Chamaileōn 10A.3☆

카산드라 Kasandra 15B.21

카스토르 Kastōr 10B.13(주석 150)☆, 15B.21, 17A.35(주석 122)

카오스 Chaos 3B.40

카이레몬 Chairēmōn 3B.23, 7A.7(주석 38)

카이레크라테스 Chairekratēs 6A.32(주석 117), 6A.39

카이레폰 Chairephōn 6A.39, 6A.60, 6B.19, 8A.4, 8A.5, 8A.6, 10A.12

(가이우스 율리우스) 카이사르 Gaius Iulius Caesar 17A.3(주석 16)

카이킬리우스(칼레악테 출신 수사학자) 5A.3(주석 10, 주석 11)☆, 5A.4 및
   주석 24, 주석 28, 5A.6(주석 57)

카이킬리우스 나탈리스 Caecilius Natalis 3B.37(주석 167)

카키아 Kakia 2B.50, 3B.44, 3B.45, 3B.47, 3B.48, 3B.49

카토 Cato (Katōn) 3A.7☆

카투다이오이 Katoudaioi 5B.62☆

칸타로스 Kantharos 2A.31

@칼다이아 (갈데아) Chaldaia (Chaldea) 17A.3☆

칼라이스크로스 Kallaischros 6A.34

@칼레악테 (칼락타, 칼락테) Kalē Aktē (Kalakta, Calacte) 5A.3(주석 10)☆

칼론 Kallōn 4B.3

칼리마코스 Kallimachos 2A.36(주석 180), 3B.35(주석 161), 3B.41

칼리스트라토스 Kallistratos 5장 B 서두

칼리아데스 Kalliadēs 6A.1(43절)

칼리아스 Kallias 1장 안내, 1A.5, 1A.6, 1장 주석 97, 1B.47(주석 310), 1B.57, 1B.72, 2장 안내, 3장 주석 15, 3A.6, 3A.12(주석 38), 3A.29 및 주석 77, 주석 78, 주석 79, 3A.32(주석 87), 3A.34, 4A.3(주석 19, 주석 20), 4A.9, 5A.21, 5장 안내, 6A.1(주석 10), 6A.34(주석 120), 6A.55 (주석 173), 6B.45, 6B.51, 8A.8(주석 20), 9장 안내, 9A.1(주석 3, 주석 4), 10A.3, 10B.52(주석 262), 15B.12, 17A.13, 17A.27(주석 97), 17A.40, 17A.44

칼리오페 Kalliopē 15B.21

칼리클레스 Kalliklēs 2B.7(주석 273), 2B.30(주석 442), 2B.35, 4B.33(주석 124), 6A.31, 6B.33, 6B.42, 6B.66, 7장 안내, 8장(생략), 10장 안내, 12B.6(주석 62, 주석 63), 17A.7(주석 33), 17A.17

@칼케돈 Chalkēdōn Ⓜ1-1 1B.70, 2B.3(주석 196), 2B.70, 3B.29, 5A.16, 6A.45, 7장 안내☆, 7A.1, 7A.4, 7A.10, 7B.4, 7B.5, 7B.9, 7B.17, 7B.18, 7B.19, 7B.28, 10A.10, 17A.37, 17A.48

칼콘 Chalkōn 3B.24(주석 141)

@칼키스 Chalkis Ⓜ1-2 2A.7, 17A.46(주석 164)

캄뷔세스 Kambysēs 17B.12

@케라메이스 Kerameis Ⓜ3-4.5 머리말 1절, 3A.6

@케라메이코스 Kerameikos Ⓜ4-2 머리말 1절☆, 6A.1(주석 60), 17B.13 (주석 232)

케레스 Ceres 3B.37☆

케뤼케스(씨족) Kērykes 8장 안내

케르베로스 Kerberos 10장 주석 156, 10B.18

케르콥스 Kerkōps 5A.15

케베스 Kebēs 2A.13, 6A.38, 6A.39, 6A.60, 6B.3, 9A.6, 17A.46, 17A.47

@케오스(섬) Keōs Ⓜ1-3 1A.1, 1A.3, 1A.10, 1B.47, 1B.70, 2B.50, 2B.74, 3장 안내, 3A.1, 3A.2, 3A.4, 3A.5, 3A.6, 3A.11, 3A.13, 3A.14, 3A.17, 3A.23, 3A.27, 3A.28, 3B.7, 3B.29, 3B.32, 3B.34, 3B.35, 3B.45, 3B.50, 4A.7, 6A.45, 7A.4, 7B.28, 9A.1

케크롭스 Kekrops 1A.1☆

케피소도로스 Kēphisodōros 2B.71(주석 632), 7B.6

케피스 Kēpis 3A.6

@케피시아 Kēphisia Ⓜ3-1 6A.36

@켄 Chēn 6B.74☆

켄타우로스 Kentauros 3B.53, 10장 주석 156, 13B.1(주석 36), 15B.21

켈소스 (켈수스) Kelsos (Celsus) 5B.15☆

켈트(족) Keltoi 17A.3

코논 Konōn 3B.23, 6A.1(39절), 7A.7(주석 35)

코드로스 Kodros 10A.2

코락스 Korax 2A.5☆, 2장 주석 447, 2B.45, 7B.29(주석 134) cf. 티시아스

@코르도바 Cordoba 5B.97(주석 283)

@코린토스 Korinthos Ⓜ1-3, Ⓜ3-2 cf. 에퓌라 1B.43(주석 294), 5A.4, 5A.6(주석 47), 6A.1(41절, 주석 27), 10B.18, 10장 주석 197, 11B.13, 14B.9(주석 35), 16장 안내, 16A.2, 16A.3, 16B.1, 16B.3, 16B.4, 16B.6, 16B.7, 16B.9, 17A.6(주석 27)

@코스(섬) Kōs Ⓜ1-4 3A.7(주석 19), 5A.4(주석 44), 5A.15

크뤼시포스 Chrysippos 1A.1, 1B.22, 5B.98, 9A.9, 13B.9

크리토불로스 Kritoboulos 6A.12, 6A.25, 6A.36, 6A.37(주석 123), 6A.38, 6A.60, 11A.1

크리톤 Kritōn 1B.23, 2A.13(주석 115), 3B.1, 5B.25(주석 199), 6A.1, 6A.7, 6A.26, 6A.36, 6A.37, 6A.38(주석 125), 6A.39, 6장 주석 150, 6A.58, 6A.60, 6B.32, 6B.61, 6B.64, 6B.68, 11A.1, 11A.2, 11A.3, 11B.1, 11B.2, 11B.3, 11B.4, 11B.5, 11B.6, 11B.7, 11B.8, 17B.3

크리톨라오스 Kritolaos 5B.12

크리티아스 Kritias 1A.2(주석 72), 1B.47(주석 310), 1B.58(주석 359), 2A.1, 2장 주석 96, 2A.22, 3A.1(주석 6, 주석 18), 3A.29(주석 77, 주석 81), 3B.12, 3B.18, 3B.42, 3B.50, 3B.51, 4A.3(주석 19), 5A.4, 5A.6(주석 50), 5A.16, 5B.8, 6A.1(24절), 6A.16(주석 96), 6A.33(주석 118, 주석 119), 6A.34, 6A.35, 6A.47, 6A.51, 6B.2(주석 184), 6B.16(주석 205), 6B.74 (주석 325), 7장 안내, 7B.4, 10장(생략), 12장 안내, 13B.1(주석 36), 16장 안내, 17A.16, 17장 주석 208, 17B.18(주석 259)

크산토스(강신) Xanthos 1B.62☆, 13B.5 cf. 스카만드로스

크산티아스 Xanthias 2A.20

크산티페 Xanthippē 6A.1(26절) 및 주석 32

크산티포스 Xanthippos 6A.8

― 크산티포스(페리클레스의 아들) 1A.5☆, 1A.6, 1B.65

― 크산티포스(페리클레스의 아버지) 6A.8

크세노메데스 Xenomēdēs 6A.60

크세노크라테스 Xenokratēs 6A.59

크세노파네스 Xenophanēs 2B.4(주석 200, 주석 231), 5A.15, 6A.1(46절), 11B.13, 16장 주석 1, 16B.1, 16B.4, 16B.7

¶ 크세노폰 Xenophōn 1A.1(주석 44), 1장 주석 97, 2A.15, 2A.16, 2A.31 (주석 171), 2장 주석 660, 2B.81, 3장 안내, 3A.12, 3A.17, 3A.18, 3A.23, 3A.32(주석 87), 3A.34, 3B.45(주석 191), 3B.46, 3B.47, 3B.48, 4장 안내, 4A.9, 4B.12(주석 77), 4B.30, 4B.34, 4B.35, 5장 안내, 5A.4, 5A.5

(주석 55), 5A.11, 5장 주석 67, 5A.14, 5A.15(주석 80, 주석 81), 5B.13
(주석 139), 6장 안내, 6A.1(19절, 22절, 27절 주석 32, 29절, 31절, 32절,
45절, 46절 주석 66, 47절), 6A.12, 6A.19, 6A.21(주석 105, 주석 106),
6A.25, 6A.28, 6A.32(주석 117), 6A.38(주석 127), 6A.39, 6A.49, 6A.50,
6A.51, 6A.52, 6A.55, 6A.60, 6B.4, 6B.9, 6B.16, 6B.23, 6B.31, 6B.34,
6B.53, 6B.57, 6B.63, 6B.69, 6B.70, 6B.73, 6B.75, 7B.15(주석 79), 8
장 안내, 10A.1(주석 13), 10A.13, 10A.15, 10A.16, 10A.17, 10B.36,
10B.51, 10B.54(주석 271), 10B.58(주석 280), 11장 안내, 11A.4, 12장 안
내(주석 8), 13B.7(주석 166), 17A.2, 17A.18, 17A.27

크세니아데스 Xeniadēs 2장 안내, 11장 주석 1, 11B.13, 16장(생략)

크세륵세스 Xerxēs 1장 안내, 1A.2, 2B.25(주석 419), 7B.17(주석 82), 8B.1,
14B.9, 15B.18

크테시비오스 Ktēsibios 15B.12

크테시포스 Ktesippos 1B.23, 6A.38, 11장 안내, 11B.2(주석 18), 11B.3,
11B.4, 11B.6(주석 63), 11B.7

크테시폰 Ktēsiphōn 17A.10(주석 53)

@클라조메나이 Klazomenai Ⓜ1-1 2A.37(주석 185), 6B.21

¶클레멘스 Klēmēns (Titus Flavius Clemens) 1B.30, 2B.3, 2B.19, 3B.52
(주석 227), 4B.21, 5B.69, 5B.100, 7B.21, 10B.22, 10B.24, 10B.40

클레아르코스 Klearchos 2A.26

클레아이네토스 Kleainetos 17B.14

클레오뉘모스 Kleōnymos 1B.61☆

클레오메데스 Kleomēdēs 17B.15

클레오불로스 Kleoboulos 6B.74

클레오불리나 (클레오불리네) Kleoboulinē 13B.2(주석 70), 13B.3☆

클레온 Kleōn 10B.49(주석 254), 7B.14, 17B.15(주석 249)

클레옴브로토스 Kleombrotos 6A.38

클레이니아스 Kleinias 3B.17, 3B.52, 5A.6, 6A.31, 8A.7, 10B.4, 11A.1(주석
6), 11A.2, 11A.3, 11A.4(주석 13), 11B.1, 11B.2, 11B.3, 11B.6(주석 63),

11A.24

클레이토폰 Kleitophōn 6B.71☆, 7B.35

@클렙쉬드라 Klepsydra 2A.19☆

클뤼타임네스트라 Klytaimnēstra 2A.31(주석 171), 10B.13(주석 150)

키뉘라스 Kinyras 15B.21

키마이라 Chimaira 2B.5

키몬 Kimōn 2B.59☆, 6B.66, 10B.9, 10B.50☆

@키오스(섬) Chios Ⓜ1-1 2B.64(주석 582), 3A.14, 4A.7, 5B.16(주석 147), 6A.1, 6장 주석 94, 7B.3, 10B.2, 10B.35, 10B.37, 11장 안내, 11A.1, 11B.13, 15B.7, 15B.21, 16B.7

¶ (마르쿠스 툴리우스) 키케로 Marcus Tullius Cicero 1장 안내, 1A.4(주석 83), 1A.11, 1B.36, 1B.41, 1B.70, 2장 안내(주석 2), 2A.13, 2A.28, 2A.34, 2A.45, 2B.49, 2장 주석 595, 2B.68(주석 608), 2B.69, 2B.70, 2B.75, 3B.29, 3B.34, 3B.37(주석 170), 5A.18, 5B.94, 5B.95, 5B.98, 6A.45, 6A.54, 6A.59, 6B.6, 6B.37, 7장 안내, 7A.2(주석 22), 7A.4, 7B.7, 7B.9, 7B.11, 7B.28, 10A.6, 12장 안내(주석 9), 15B.4, 16B.9(주석 46), 17장 주석 81, 17A.37

@키티온 Kition 3B.37(주석 170)

킬론 (케일론) Chilōn (Cheilōn) 6B.74, 10B.7, 10B.8☆, 15B.7, 17A.5

(ㅌ)

타나토스 Thanatos 10장 주석 197

@타렌툼 (타라스) Ⓜ2-1 1B.47(주석 308)

타르겔리아(축제) Thargēlia 2A.21, 2B.78, 4B.7, 6A.1, 10B.59

타르겔리온(달) Thargēliōn 6A.1

@타르타로스 Tartaros 10장 주석 197

타뮈리스 (타뮈라스) Thamyris (Thamyras) 2A.6, 2B.50, 3A.15, 3B.45

@타소스(섬) Thasos Ⓜ1-2 10B.35, 10B.48

@타우로메니움 (타우로메니온) Tauromenium (Tauromenion) [지금의 타오르미나(Taormina)] 2A.7(주석 80)

탄탈로스 Tantalos 3A.6

탈레스 Thalēs 4장 안내, 4B.19, 4B.29, 5A.15, 6A.1, 6B.5, 6B.72, 6B.74, 10B.8(주석 136), 17A.5, 17A.14(주석 66), 17B.1

탈로 Thallō 3장 주석 187☆ cf. 호라이

@테게아 Tegea 15B.21 Ⓜ1-3

@테네도스(섬) Tenedos Ⓜ1-1 10장 주석 146☆

테라메네스 Thēramenēs 3A1(주석 6), 3장 9절, 3A.23, 3A.27, 3A.28(주석 76), 3A.29, 5A.21, 6A.22☆, 10A.6, 10A.15(주석 90), 10A.16, 12장 주석 3

테레우스 Tēreus 2B.77(주석 658)

¶ 테르툴리아누스 Quintus Septimius Florens Tertullianus 4A.13, 5A.10

테릅시온 Terpsiōn 6A.38, 6A.60

테미스토클레스 Themistoklēs 6B.66, 10B.49, 17A.8

¶ 테미스티오스 Themistios 3A.8☆, 3B.39, 5B.19(주석 157), 5B.21

@테베 (테바이) Thēbai Ⓜ1-2.5, Ⓜ3-2 2장 주석 65, 2A.6, 2A.13(주석 115), 2장 주석 117, 2A.24(주석 155), 2B.50, 3장 안내, 3A.15, 3A.18, 6A.38, 6A.60, 10A.3, 10B.2, 13B.1, 15B.1(주석 9), 15B.7, 15B.21(주석 131)

@테살리아 Thessalia Ⓜ1-2 1B.63, 2장 안내, 2A.1(주석 28), 2장 주석 65, 2A.13☆, 2장 주석 117, 주석 127, 2장 8절, 2A.21, 2A.22, 2A.23, 2A.24(주석 155), 2A.31, 2B.30(주석 442), 2장 주석 594, 2B.69, 2B.78, 10장 안내, 10A.1, 10A.6, 10A.13, 10장 7절, 10A.15(주석 90), 10A.16, 10B.2, 10B.9(주석 142), 10장 주석 156, 주석 197, 10B.35, 10B.41, 13B.1(주석 36, 주석 37, 주석 38), 13B.2, 14장 주석 4, 15장 안내,

테세우스 Thēseus 10장 주석 156☆, 10B.18, 10B.19, 10B.22(주석 168), 10B.25, 10B.26, 10B.31(주석 194, 주석 196), 13B.1(주석 38), 14B.9(주석 35), 17A.35

테아게스 Theagēs 3A.3(주석 10), 3A.32(주석 87), 3A.33, 6A.36

테아이테토스 Theaitētos 머리말 주석 20, 1장 주석 13, 1B.3, 1B.4, 1B.10,

1B.11, 1B.13, 1B.14(주석 200), 1B.15, 1B.31, 1B.42, 1B.44(주석 301), 2A.3, 2A.13(주석 115), 2B.37(주석 483), 3A.32, 3A.33, 6장 주석 2, 6A.1, 6A.10(주석 89), 6A.11, 6A.38(주석 128), 6B.24, 6B.41, 17A.11, 17A.19, 17A.44

테오덱테스 Theodektēs 2B.71(주석 632), 5A.12, 7B.6

테오도시오스 (테오도시우스) Theodosios (Theodosius) 2B.72(주석 633)

테오도로스 Theodōros

— 테오도로스(기하학자) 1B.4, 1B.13, 6A.9, 6A.11, 9A.3, 17A.44

— 테오도로스(무신론자. 퀴레네학파 철학자, 아리스티포스의 손자 소 아리스티포스의 제자) Theodōros ho atheos 3B.35, 6A.60

— 테오도로스(비잔티온 출신) 2B.37☆, 2B.70, 2B.71, 5A.12, 7B.6, 7B.9, 7B.29, 7B.30, 9B.2, 15B.11, 15B.19, 17A.41, 17A.48

(푸블리우스 아일리우스 아리스티데스) 테오도루스 → 아일리우스 아리스티데스 테오도루스

(플라비우스 말리우스) 테오도루스 → 말리우스 테오도루스

테오도토스 Theodōtos 1A.1, 6A.36

@테오스 Teōs Ⓜ1-4.5 1장 주석 2, 1A.1☆, 10B.1

테오조티데스 Theozotidēs 6A.36

테오폼포스 Theopompos 2B.71(주석 632), 3A.14, 4A.7, 7B.3☆, 15B.19 (주석 77)

¶ 테오프라스토스 Theophrastos 2B.10, 5A.11, 7A.2, 7B.5

테우크로스 Teukros 15B.21

테우트라스 Teuthras 15B.21

테이산드로스 Teisandros 8장 안내

테이시마코스 Teisimachos 17B.15

테이시아스 (티시아스) Teisias (Tisias)

— 테이시아스(수사가) 2A.5☆, 2A.31, 2장 주석 447, 2B.37(주석 483), 2B.44, 2B.45, 3A.27, 3A.28, 3B.8, 7B.29, 17A.48 cf. 코락스

— 테이시아스(테이시마코스의 아들) 17B.15

2B.59(주석 569), 2B.77(주석 658), 6A.1, 6A.16(주석 96), 10장 안내, 10B.1(주석 108), 13B.2, 15B.21, 17A.3(주석 16), 17A.26(주석 96)

트로고뒤타이 Trōgodytai 5B.62☆

@트로이 (트로이아) Troia Ⓜ1-1 1A.1(주석 19), 2B.6(주석 267), 2B.14(주석 341, 주석 355), 2B.37(주석 481), 3B.23(주석 138), 4A.2 4B.4, 4B.15, 4B.23, 7B.30(주석 140), 10장 주석 146, 13B.1, 13B.9(주석 204), 15B.21(주석 122, 주석 132, 주석 145, 주석 147, 주석 158), 17A.41(주석 147)

@트로이젠 Troizēn Ⓜ1-3 14B.9(주석 35)

트로포니오스 Trophōnios 3B.52

티마르코스 Timarchos 6A.47, 10A.18, 17A.38(주석 138)

티마이오스 Timaios 2A.7(주석 80), 2B.64, 2B.68(주석 604)☆, 3B.25(주석 147), 3B.27(주석 148, 주석 151, 주석 154), 6A.2, 10A.2(주석 28, 주석 29), 17A.12, 17A.17

티모크라테스 Timokratēs 5장 7절 B

티모크레온 Timokreōn 5A.15, 6A.1, 7장 8절, 7B.17☆

티몬 Timōn 1A.1(51절), 1A.12, 3A.10, 6A.1, 6A.41, 17A.42

@티베리아스 Tiberias 6A.1(41절)

티시아스 → 테이시아스

(ㅍ)

@파나이 Phanai 2A.19☆

파나이티오스 Panaitios 1B.6, 12장 안내(주석 9)

파나테나이아(축제) Panathēnaia 6A.1(주석 60), 10B.59

파니아스 Phanias 6A.40

파랄로스 Paralos 1A.5☆, 1A.6, 1B.65

파랄리오스 Paralios 6A.36

@파로스(섬)(퀴클라데스) Paros Ⓜ1-4 2A.36(주석 183), 7A.10(주석 40), 9장

안내, 9A.1, 9A.8, 9A.8s, 9B.1, 9B.2, 10B.48, 15B.7, 17A.13, 17A.48

@파로스(섬)(알렉산드리아) Pharos 3B.37☆

파르메니데스 Parmenidēs 머리말 주석 13, 1장 주석 13, 1A.7(주석 100), 1B.15(주석 209), 1B.23(주석 254), 2장 안내, 2A.3, 2장 주석 198, 2B.7, 2B.9.(b), 3B.28, 3B.50(주석 214), 5B.24(주석 182), 6B.5, 6B.64(주석 294), 15B.8, 17A.7, 17A.17, 17A.42, 17B.18(주석 259)

@파르살로스 Pharsalos 1B.66

@파르테니온(산) Parthenion (Parthenios) 15B.21☆

파리스 Paris 3B.23(주석 138), 10장 주석 146, 15B.21(주석 132☆, 주석 146, 주석 147), 17A.35(주석 121)

@파리온 Parion Ⓜ1-1 7A.10(주석 40)☆

파보리누스 Favorinus (Phabōrinos) 1A.1, 1B.6, 6A.1

@파셀리스 Phasēlis 2B.59(주석 569)

파우사니아스 Pausanias

— ¶파우사니아스(지리학자) 2A.31, 2A.33, 2장 주석 447, 2B.34, 4B.3, 6A.3, 10B.9(주석 144), 10B.39(주석 214)

— 파우사니아스(케라메이스 출신, 플라톤『향연』연설자) 3A.6, 13B.2(주석 52)

파이나레테 Phainaretē 6장 주석 2

파이돈 Phaidōn 2A.13(주석 115), 3A.1(주석 6), 6장 안내, 6A.1, 6A.38, 6장 주석 150, 6A.55, 6A.58, 6A.60, 6B.1(주석 181), 6B.3, 6B.21(주석 215), 9장 안내, 9A.6, 12장 안내, 17A.46, 17A.47

파이돈데스 Phaidōndēs (파이도니데스 Phaidōnidēs, 파이돈다스 Phaidōndas) 6A.38(주석 127)

파이드로스 Phaidros 1B.16(주석 218), 1B.55, 1B.56, 2A.5(주석 63), 2A.10(주석 101), 2A.36(주석 176), 2B.6(주석 267), 2B.37, 2B.44, 2B.64(주석 580, 주석 582), 2B.65, 2B.70, 2B.80, 3B.8, 3B.11, 3B.43, 4A.10, 4B.11, 6A.14, 6A.29, 6B.48, 7장 안내, 7A.5, 7B.9(주석 67), 7B.18, 7B.19, 7B.27, 7B.29(주석 134), 7B.30, 7B.31, 9장 안내, 9B.2,

9B.3, 13B.2(주석 52), 15B.16(주석 40), 17A.41, 17A.48, 17B.5, 17B.6

@파이아니아 Paiania ⓜ3-4.5 6A.38

파이악스 Phaiax 2A.18☆

파트로클레스 Patroklēs 11B.6(주석 71)

파트로클로스 Patroklos 13B.9(주석 204), 17A.35

파티제이테스 Patizeithēs 17B.12(주석 216)

판디온 Pandiōn 2B.77(주석 658)

판토이데스 Panthoidēs 11B.12

팔라메데스 Palamēdēs 2장 주석 4, 2B.13(주석 324), 2B.14☆, 2B.37, 6A.1
(44절), 7B.30, 12B.7(주석 70), 15장 안내, 15B.21, 17A.34(주석 119),
17A.41

@팔레론 Phalēron ⓜ3-4 6A.26

팜필레 (팜필라) Pamphilē (Pamphila) 6A.1(24절)

팜필로스 Pamphilos 7B.34, 10B.21

@팜필리아 (팜퓔리아) Pamphylia 2B.59(주석 569)

페넬로페 (페넬로페이아) Pēnelopē (Pēnelopeia) 2B.54

@페니키아 (포이니키아, 포이니케) Phoinikē 10B.2, 15B.21

페라이 Pherai ⓜ1-2 2장 안내, 2장 주석 39, 주석 127, 2A.31(주석 170)

페레퀴데스 Pherekydēs 2B.53, 2B.80(주석 668), 4B.18, 6A.1(46절)

@페르가몬 Pergamon ⓜ1-1 2B.9.(b)(주석 282), 15장 안내(주석 1)

페르사이오스 Persaios 3B.37☆, 3B.38

페르세포네 Persephonē 3B.39(주석 177), 10장 주석 156

@페르시아 Persia 1장 안내, 1A.1, 1장 6절, 1A.2, 1B.27(주석 264), 2A.1,
2A.2, 2B.16, 2B.25, 2B.59(주석 569), 4B.8, 4B.10(주석 68), 5A.4,
7B.17, 10A.12(주석 61), 10B.1(주석 108), 10B.41, 10B.50(주석 257),
13B.1, 13B.2, 13B.6, 14B.9(주석 34), 17A.3, 17B.12

페리클레스 Periklēs 머리말, 1A.5, 1A.13, 1B.65, 1B.66, 2장 안내, 2A.1
(주석 25), 2A.10, 2장 주석 127, 2A.22, 2B.59(주석 569), 3B.20(주석
126), 5A.4, 5B.104, 6A.6, 6A.8, 6B.21(주석 215), 6B.66, 10장 안내,

폴레마르코스 Polemarchos 3A.6(주석 15), 10A.15(주석 90)

폴로스 Pōlos 1B.55, 2A.10, 2A.11, 2B.35, 2B.64, 3A.14, 3A.16, 3B.23, 4A.7, 6B.42, 6B.46, 6B.62, 6B.65, 7A.7, 7B.23(주석 114), 8B.1, 15A.2, 17A.17, 17A.29, 17A.48

폴룩스 Pollux

— ¶ (율리우스) 폴룩스 (율리오스 폴뤼데우케스) Iulius Pollux (Ioulios Polydeukēs) 2B.2☆, 5B.5, 5B.6, 5B.8, 5B.9, 5B.10, 5B.29s, 5B.46, 5B.47, 5B.48, 5B.49, 5B.50, 5B.51, 5B.53, 5B.54, 5B.55, 10B.39(주석 214), 10B.42, 10B.57, 10B.58, 10B.59(주석 283)

— 폴룩스(디오스쿠로이 중 하나, 튄다레오스의 아들) → 폴뤼데우케스

폴뤼네이케스 Polyneikēs 15B.2, 17B.10

폴뤼데우케스(디오스쿠로이 중 하나, 튄다레오스의 아들) (폴룩스) Polydeukēs (Pollux) 10B.13(주석 150, 주석 153), 15B.21(주석 148), 17A.35(주석 122)

폴뤼에욱토스 Polyeuktos 6A.1(38절)

폴뤼젤로스 Polyzēlos 1A.1(54절), 1A.15

폴뤼크라테스 Polykratēs 2A.31☆, 5A.16, 6A.50(주석 161), 7B.4, 10A.10, 10A.13(주석 64, 주석 65), 10B.1(주석 108)

폴뤼클레이토스 Polykleitos 13B.6☆

폴뤼포이테스 Polypoitēs 10장 주석 156, 15B.21(주석 129)☆

폴뤽세노스 Polyxenos 14A.1☆

폴뤼카레스 Polycharēs 10A.15

@폼페이온 Pompeion 6A.1☆

¶ (파비우스 플랑키아데스) 풀겐티우스 Fabius Planciades Fulgentius 5B.103☆

@퓌라 Pyrrha 6A.2

퓌론 Pyrrhōn 1B.9, 1장 주석 267, 6A.59, 13장 주석 17, 16장 주석 1, 16B.4, 16B.5

퓌릴람페스 Pyrilampēs 6A.31, 8A.7, 10A.12(주석 60)☆

퓌토 Pythō 2A.1, 2B.16, 2B.21, 6B.17

석 128), 12장 안내(주석 1), 13B.6, 15B.7, 15B.8, 17A.6, 17A.9

피타코스 Pittakos 1B.63, 5A.15, 6A.1(46절), 6B.74, 17A.5, 17A.14(주석 66), 17B.1

@피토스 Pithos 6A.1(40절)

¶핀다로스 Pindaros 2B.11, 2B.80(주석 668), 6A.1, 3A.31, 3장 주석 187, 4B.25, 4B.27, 4B.33(주석 124), 5A.5, 5A.15, 6A.1(46절), 8B.1, 10B.9(주석 142), 12B.6(주석 63), 17A.1

필레타스 (필리타스) Philētas (Philitas) 3A.7

필로노메 Philonomē 10장 주석 146

¶필로데모스 Philodēmos 1B.68☆, 3B.33, 3B.38, 3B.42, 5A.2, 7A.10(주석 41), 7B.33, 10B.34

필로멜라 Philomēla (Philomēlē) 2B.77(주석 658) cf. 제비[일반 용어]

필로멜로스 Philomēlos 1A.5

¶필로스트라토스 (루키우스 플라비우스 필로스트라투스) Philostratos (Lucius Flavius Philostratus) 1장 안내, 1A.2☆, 1A.14, 2장 안내, 2A.1, 2A.6, 2A.11, 2A.22, 2A.37, 2A.38, 2장 주석 188, 2B.2(주석 194), 2B.16, 2B.21, 2B.24, 2장 주석 447, 2B.31, 2B.32, 2B.50, 2B.64(주석 583), 2장 주석 594, 2B.74(주석 643), 2B.78, 3A.6(주석 17), 3A.11(주석 37), 3A.15, 3A.16(주석 53), 3A.17, 3A.18(주석 58), 3B.45, 3B.46, 3B.47, 3B.48(주석 198), 3B.49, 4A.2, 4A.14, 4B.4, 4장 주석 69, 5A.4 (주석 24), 5A.6, 6A.35, 6A.47(주석 146), 10장 안내, 10A.1, 10A.7, 10A.8, 10A.13(24절 주석 76), 10B.45(주석 238), 10B.51(주석 261), 10B.56, 15장 안내(주석 3), 15A.3(주석 7), 15B.13, 17A.10, 17장 주석 62, 17A.38

필로코로스 Philochoros 1A.1, 1A.15, 5A.10, 5B.103, 6A.1(44절)

필로크라테스 Philokratēs 6A.2

¶(요안네스) 필로포노스 Iōannēs Philoponos 5B.18, 10B.61, 10B.62

필록세노스 Philoxenos 3A.29

필록테테스 Philoktētēs 7B.15

(헤렌니오스) 필론 Herennios Philōn 1A.3

필롤라오스 Philolaos 6A.38(주석 126), 9A.6

필리노스 Philinos 5장 B 서두

필리스코스 Philiskos 2B.71(주석 632), 5A.12, 7B.6, 15B.11, 15B.19(주석 77)

필리스토스 Philistos 9A.4

필리포스 Philippos

―필리포스(고르기아스의 제자) 2A.19☆, 2A.20

―필리포스(마케도니아 왕 필리포스 2세) 2A.31(주석 170), 5B.101, 7B.3 (주석 48)

―필리포스 5장 B 서두

필리피데스 Philippidēs 1A.5

(ㅎ)

하데스 Hāidēs

―하데스(신) 2B.80(주석 668), 5B.26, 10장 주석 156, 10B.18, 10B.32, 10장 주석 197, 17A.9(주석 48, 주석 49)

―@하데스(저승) 1A.1(55절, 주석 68), 1A.12, 1B.1, 3A.6(주석 15), 10장 주석 156, 10B.18, 10B.31(주석 194), 10장 주석 197, 15B.9

하드리아누스 Caesar Trianus Hadrianus 7B.34(주석 146), 10B.43(주석 221), 15B.10(주석 29)

하르팔로스 Harpalos 16B.9(주석 46)

¶ (발레리오스) 하르포크라티온 Balerios Harpokratiōn 5B.1☆, 5B.2, 5B.6, 5B.7, 5B.13s, 5B.14, 5B.20, 5B.23, 5B.24(주석 178), 5B.29, 5B.30, 5B.31, 5B.32, 5B.33, 5B.35, 5B.36, 5B.37, 5B.42, 5B.45, 5B.56, 5B.57, 5B.60, 5B.61, 5B.62, 5B.64, 5B.76, 5B.82, 5B.83, 5B.84, 5B.85, 5B.86, 5B.89, 5B.90, 9장 안내, 9A.8, 10B.47(주석 248)

@할리카르나소스 Halikarnassos Ⓜ1-4 1B.55(주석 352), 2A.7(주석 80),

2B.1(주석 193), 2B.23(주석 412), 2B.51, 2B.64, 2B.71, 2B.79, 3A.27, 5A.3(주석 10), 5A.12, 5A.16, 7A.2, 7B.4, 7B.5, 7B.6, 7B.20, 10A.9, 10A.10, 15B.11, 15B.14, 15B.19, 17A.48(주석 180)

헤게몬 Hēgēmōn 3A.10

헤게시다모스 Hēgēsidamos 4A.1(주석 8)

헤게시퓔레 Hēgēsiphylē 2B.59(주석 569)

헤라 (헤레) Hēra (Hērē) 3B.23(주석 138), 6A.14, 6B.70, 10B.17(주석 159), 13B.1(주석 36)

헤라클레스 Hēraklēs 2A.9(주석 92), 2A.20(주석 135), 2B.50, 3장 안내, 3장 7절, 3A.15(주석 48), 3장 14절, 3B.43, 3B.44, 3B.45, 3B.47, 3B.48, 3B.49, 4A.8(주석 31), 6B.26, 8B.1, 10장 주석 156, 10B.18, 10B.19, 10B.25(주석 181), 10B.32(주석 196), 12B.6(주석 67), 13B.1(주석 38, 주석 40), 15B.21

헤라클레이데스 Hērakleidēs 1A.1(50절)☆, 1B.53(주석 342), 17A.6

@헤라클레이아 Hērakleia 1A.1(주석 22), 6A.1(43절), 6A.60, 10A.3

헤라클레이토스 Hērakleitos 1B.14(주석 200), 2장 안내, 4장 안내, 5B.40, 5B.64, 6A.1(22절), 6B.5, 6B.19(주석 212), 13B.5(주석 118)

헤로데스 Hērōdēs

— 헤로데스(안티폰 연설에 등장) 2A.37(주석 185), 5A.3(주석 13), 5A.4, 5장 B 서두

— 헤로데스 아티쿠스 Hērōdēs Atticus 2A.37(주석 185), 10장 안내 및 주석 13☆, 10A.17(주석 97), 10장 B 서두(주석 106), 10B.45(주석 237)

¶헤로도토스 Hērodotos 2B.6(주석 267), 3A.14, 3B.23s, 4A.7, 4B.10(주석 68), 4B.12(주석 72), 10B.41(주석 218), 13B.2(13절 주석 61, 14절 주석 62, 주석 63), 17A.9, 17B.12, 17장 주석 258

헤로디코스 Hērodikos 1B.47, 2A.10, 2B.39(주석 489), 3A.30, 3B.23(주석 136), 3B.23s, 7A.7(주석 36)

헤르메스 Hermēs 1B.48, 5A.4(주석 36), 6A.3

헤르메이아스 Hermeias

강철웅

서울대 철학과를 졸업하고 같은 학교 대학원에서 플라톤 인식론 연구로 석사 학위를, 파르메니데스 단편 연구로 박사 학위를 받았으며, 하버드대 철학과에서 박사 논문 연구를, 케임브리지대 고전학부에서 기원전 1세기 아카데미 철학을 주제로 박사후 연수를 수행했다. 고대 희랍-라틴 고전의 번역과 연구에 매진하는 정암학당의 창립 멤버이자 케임브리지대 클레어홀 종신 멤버이며, 미 국무부 초청 풀브라이트 학자로 보스턴 칼리지 철학과에서 활동했다. 현재 강릉원주대 철학과 교수로 있다.

저서로 『설득과 비판: 초기 희랍의 철학 담론 전통』(2017 학술원 우수학술도서, 제29회 열암철학상), 『서양고대철학 1』(공저)이 있고, 역서로 『소크라테스 이전 철학자들의 단편 선집』(공역), 플라톤의 『소크라테스의 변명』, 『뤼시스』, 『향연』, 『법률』(공역), 『편지들』(공역), 존 던의 『민주주의의 수수께끼』(공역, 2016 학술원 우수학술도서), 『소피스트 단편 선집』 등이 있다. 고대 희랍이 가꾼 문화 자산인 '진지한 유희'를 단초로 삼아 우리 담론 문화가 이분법과 배타성을 넘어 열린 자세와 균형을 찾는 데 일조하려 하며, 특히 역사 속에서 희미해진 '마이너'들의 목소리를 듣고 되살리려 애쓰고 있다. (이메일: cukang@gwnu.ac.kr)

소피스트 단편 선집

대우고전총서 057

1판 1쇄 찍음 | 2023년 1월 2일
1판 1쇄 펴냄 | 2023년 1월 20일

엮어 옮긴이 | 강철웅
펴낸이 | 김정호

책임편집 | 박수용
디자인 | 이대응

펴낸곳 | 아카넷
출판등록 2000년 1월 24일(제406-2000-000012호)
10881 경기도 파주시 회동길 445-3
전화 031-955-9510(편집) · 031-955-9514(주문) | 팩스 031-955-9519
www.acanet.co.kr

ISBN 978-89-5733-835-3 94160
ISBN 978-89-89103-56-1 (세트)

이 책은 대우재단의 지원을 받아 연구 및 출간되었습니다.